Mußhoff/Hirschauer
Modernes Agrarmanagement

Modernes Agrarmanagement

Betriebswirtschaftliche Analyse- und Planungsverfahren

von

Prof. Dr. Oliver Mußhoff

und

Dr. Norbert Hirschauer

Verlag Franz Vahlen München

VERLAG
VAHLEN
MÜNCHEN
www.vahlen.de

ISBN 978 3 8006 3684 6

Wilhelmstraße 9, 80801 München
Satz: DTP-Vorlagen der Autoren
Druck und Bindung: Druckhaus Nomos
In den Lissen 12, 76547 Sinzheim

Gedruckt auf säurefreiem, alterungsbeständigem Papier
(hergestellt aus chlorfrei gebleichtem Zellstoff)

„Nichts muntert mich mehr auf, als wenn ich etwas Schweres verstanden habe, und doch suche ich so wenig Schweres zu verstehen zu lernen. Ich sollte es öfter versuchen."

C.G. Lichtenberg (1742-1799; Professor in Göttingen)

Vorwort

Zu den Themenfeldern „Allgemeine Betriebswirtschaftslehre", „Unternehmensmanagement" und „Landwirtschaftliche Betriebslehre" gibt es bereits eine Vielzahl von Lehrbüchern. Es könnte daher die Frage gestellt werden, wozu ein weiteres Lehrbuch erforderlich ist. Die Antwort darauf ist einfach: Die Bedeutung eines an ökonomischer Effizienz orientierten Managements nimmt aufgrund der Liberalisierung der Agrarmärkte, steigender Ertrags- und Marktrisiken sowie instabiler Finanzmärkte gerade im Agrarbereich immer mehr zu. Das wichtigste Anliegen der Betriebswirtschaftslehre besteht darin, durch geeignete Entscheidungshilfen die Qualität unternehmerischer Entscheidungen zu verbessern. Den veränderten Anforderungen an das praktische betriebswirtschaftliche Know-How von Managern in der Agrar- und Ernährungswirtschaft wird in klassischen Lehrbüchern aber nicht ausreichend Rechnung getragen.

Aus Gesprächen mit Studierenden der Agrar-, Forst- und Ernährungswissenschaften wissen wir, dass diese insbesondere in den ersten Semestern den Kontakt mit ökonomischen Lehrinhalten scheuen. Häufig wird die Frage gestellt, was man mit ökonomischen Kalkulationen denn eigentlich anfangen kann. Was ist darauf zu antworten? Ein Blick in die Agrarstatistik zeigt, dass zwischen der wirtschaftlichen Leistungsfähigkeit des oberen und des unteren Viertels der Unternehmen ein großer Unterschied besteht. Überdurchschnittlich gute Unternehmer reagieren mit ihren ökonomischen Entscheidungen effizient auf die Anforderungen des Marktes und beherrschen die technischen Prozesse in den komplexen Mensch-Technologie-Umwelt-Systemen der landwirtschaftlichen Produktion besonders gut. Man könnte auch sagen: Sie sind gute Betriebswirte und gute Naturwirte. Der große Abstand zwischen guten und schlechten Unternehmen zeigt, dass ein Teil der Landwirte nicht über das erforderliche ökonomische und/oder produktionstechnische Können der erfolgreicheren Landwirte verfügt. Liegt das Problem im ökonomischen Bereich, würde eine verbesserte betriebswirtschaftliche Problemlösungskompetenz die Leistungsfähigkeit der bisher „schlechten" Landwirte erhöhen. Zudem können aber auch „gute" Landwirte durch eine verbesserte Entscheidungsunterstützung ihre wirtschaftliche Leistungsfähigkeit noch steigern.

Wir sind in verschiedenen Untersuchungen der Fragestellung nachgegangen, ob man durch den gezielten Einsatz formaler Planungsverfahren die Rentabilität von Agrarunternehmen steigern kann. Sowohl bei Produktions- als auch bei Investitions- und Finanzierungsentscheidungen konnten wir auch für überdurchschnittlich erfolgreiche Unternehmen nachweisen, dass formale Entscheidungshilfen ein beachtliches Erfolgspotenzial haben. Besseres Entscheiden durch betriebswirtschaftliche Kalkulationen ist also keine „Worthülse".

Wenn man dieses Verbesserungspotenzial ausschöpfen will, muss man betriebswirtschaftliche Methoden anwenden können. Das oberste Ziel dieses Lehrbuchs besteht deshalb darin, das Know-How für die praktische Betriebsplanung, bis hin zur Anwendung von Tabellenkalkulationsprogrammen, zu vermitteln. Das Buch unterstützt den Leser systematisch dabei, die Kompetenz für die selbstständige Durchdringung und Lösung ökonomischer Probleme zu erwerben. Hierfür braucht man ein theoretisch-konzeptionelles Verständnis von Entscheidungsproblemen *und* eine gute Kenntnis des betriebswirtschaftlichen Analyse- und Planungsinstrumentariums. Es geht also - ganz nach dem Motto „nichts ist praktischer als eine gute Theorie" - darum, dem Leser beim Erwerb analytischer Fähigkeiten und einer problemlösungsorientierten Methoden- und Fachkompetenz zu helfen. Quantitative Analyse- und Planungsverfahren stehen dabei im Vordergrund.

Während das Ziel dieses Lehrbuchs einfach zu benennen ist, stellt die didaktische Umsetzung eine Herausforderung dar. Zwei grundsätzliche Strukturmerkmale des Buchs sollen dem Leser beim Aufbau seines betriebswirtschaftlichen Erkenntnisapparats helfen. *Erstens* spiegelt die Abfolge der Kapitel den Ablauf unternehmerischen Entscheidens wider. Die Kapitel lassen sich drei Bereichen zuordnen: Grundlagen und Ziele unternehmerischen Entscheidens (Kapitel 2), Kontrolle und Analyse (Kapitel 3) sowie Unterstützung von Wahlhandlungen in wichtigen unternehmerischen Entscheidungsfeldern (Kapitel 4 bis 8). *Zweitens* folgt die Anordnung der Abschnitte innerhalb der Kapitel der Logik „vom Einfachen zum Schwierigen". Zusammenhänge und Methoden werden Schritt für Schritt entwickelt, so dass sich der Leser die Inhalte auch ohne ökonomische Vorkenntnisse von Grund auf aneignen kann. Durch diesen systematischen Aufbau ist das Lehrbuch direkt in der Bachelorausbildung einsetzbar. Gleichzeitig gehen die Inhalte der höheren Abschnitte der einzelnen Kapitel deutlich über das Machbare in der Bachelorausbildung hinaus. Kommt der Leser in den jeweiligen Kapiteln nicht ganz bis ans Ende, entgehen ihm zwar weiterführende Sachverhalte. Die bis zu diesem Punkt erworbenen Kompetenzen stehen aber für sich und können z.B. im Rahmen des Masterstudiums durch die Hinzunahme der Folgeabschnitte erweitert werden.

Die Adressaten des Lehrbuchs sind nicht nur Studierende der Agrarökonomik, sondern alle, die sich mit Entscheidungsfragen in der Agrar- und Ernährungswirtschaft auseinandersetzen. Dies schließt Technologen und Ingenieure auf den verschiedenen Stufen der Lebensmittelproduktion (und Studierende, die dies werden wollen) ebenso ein wie Landwirte und Lebensmittelunternehmer, die an einer Verbesserung ihrer betrieblichen Entscheidungspraxis Interesse haben. Hinzu kommt, dass sich das Buch zwar mit Blick auf die gewählten Beispiele zunächst an Studierende und Praktiker in der Agrar- und Ernährungswirtschaft wendet. Gleichzeitig stellt es aber ein methodenorientiertes Lehrbuch dar, das an grundsätzlichen betriebswirtschaftlichen Problemstrukturen und Methoden ausgerichtet ist und unabhängig vom konkreten Branchenbezug als betriebswirtschaftliches Grundlagenbuch eingesetzt werden kann. Die Inhalte sind also auch für Studierende anderer wirtschaftswissenschaftlicher Disziplinen von grundsätzlichem Interesse.

An dieser Stelle möchten wir allen danken, die zur Erstellung des Lehrbuchs beigetragen haben. Unser besonderer Dank gilt Herrn Prof. Dr. Wilhelm Brandes, Herrn Prof. Dr. Manfred Köhne und Herrn Prof. Dr. Martin Odening, die Teile des Manuskripts kritisch gelesen und uns wichtige inhaltliche Hinweise gegeben haben. Wir danken auch Frau Dr. Miroslava Bavorová, Herrn Bernhard Forstner und Frau Dr. Frauke Pirscher für konstruktive Hinweise. Darüber hinaus haben Frau Gesa Sophie Holst, Frau Katharina Jerchel, Frau Bianka Johne, Frau Ulla Kellner und Herr Philipp Schilling durch Korrekturlesen, technische Hilfestellungen und nicht zuletzt durch ihre unermüdliche Einsatzbereitschaft dazu beigetragen, die didaktische und formale Darstellung zu verbessern. Ebenfalls danken wir den vielen, hier nicht namentlich genannten Mitarbeitern und Studierenden unterschiedlicher Universitäten, die das Buch „testgelesen" haben. Nicht zuletzt danken wir dem Vahlen-Verlag für die gute Zusammenarbeit bei der Fertigstellung des Lehrbuchs.

Göttingen und Halle
im Oktober 2009

Oliver Mußhoff und Norbert Hirschauer

Inhaltsübersicht

Inhaltsverzeichnis

Notation und Abkürzungen

Griechische Buchstaben

α	Driftrate
γ	Risikoaversionskoeffizient bei Annahme einer quadratischen Risikonutzenfunktion
Δ	bezeichnet diskrete Änderungen
ε	standardnormalverteilter Störterm
λ	Risikoaversionskoeffizient bei Annahme einer exponentiellen Risikonutzenfunktion
μ	Erwartungswert
π	Ludolfsche Zahl oder einfach pi (= 3,1416)
ρ	Korrelationskoeffizient
σ	Standardabweichung
$\phi(\cdot)$	Präferenzwert
ω	Optimismusparameter

Lateinische Buchstaben und Buchstabenfolgen

a	Auszahlung
A	Annuität
AB	Anfangsbestand
ABP	Arithmetischer Brownscher Prozess
abs	kennzeichnet absolute Größen
AF	Aufzinsungsfaktor
Afa	Abschreibung
AfA	Absetzung für Abnutzung im Steuerrecht
AG	Aktiengesellschaft
Akh	Arbeitskraftstunde
AktG	Aktiengesetz
AO	Abgabenordnung
app	kennzeichnet approximativ bestimmte Größen
Ar	Arbeit
ARIMA	AutoRegressive-Integrierte-Moving-Average-Modelle
AV	Anlagevermögen
AW	Anschaffungswert
b	Kapazitätsansprüche eines Produktionsverfahrens
B	(1) Bruttoerfolg
	(2) Barwert der Investitionsrückflüsse
BAB	Betriebsabrechnungsbogen
BeW	Betriebswert
BewG	Bewertungsgesetz
BGB	Bürgerliches Gesetzbuch

BK	Betriebskosten
BMELV	Bundesministerium für Ernährung, Landwirtschaft und Verbraucherschutz
Bo	Boden
Br	Brache
BVR	Befalls-Verlust-Relation
BW	(1) Buchwert (2) MS-EXCEL-Funktion „Barwert“
°C	Grad Celsius
c	standardnormalverteilte Zufallsvariable
C	Kapital (capital)
CARA	konstante absolute Risikoaversion (constant absolute risk aversion)
CCP	Chance-Constrained-Programming
CO_2	Kohlenstoffdioxid
Cov	Kovarianz (covariance)
c.p.	ceteris-paribus oder unter sonst gleichen Bedingungen
CRRA	konstante relative Risikoaversion (constant relative risk aversion)
CSR	freiwilliges gesellschaftlich verantwortungsbewusstes Handeln (Corporate Social Responsibility)
d	(1) Ordnung des Lower-Partial-Moment Maßes (2) Abschreibungssatz
DARA	abnehmende absolute Risikoaversion (decreasing absolute risk aversion)
DB	Deckungsbeitrag
DE	durchschnittlicher Einzahlungsüberschuss
DF	Diskontierungsfaktor
DK	Durchschnittskosten
DL	Durchschnittsleitung
DLG	Deutsche Landwirtschafts-Gesellschaft
dt	Dezitonne
e	(1) Einzahlung (2) Eulersche Zahl (= 2,7183)
E	Erlöse
$E(\cdot)$	Erwartungsoperator
EB	Endbestand
EBIT	Earnings Before Interest and Taxes
EDV	elektronische Datenverarbeitung
EF	Rentenendwertfaktor
eff	kennzeichnet effektive Größen
eG	eingetragene Genossenschaft
EGE	Europäische Größeneinheit
EK	Eigenkapital
emp	empirisch
ENÜ	Entnahmeüberschuss
EStDV	Einkommensteuerdurchführungsverordnung
EStG	Einkommensteuergesetz
EU	(1) Europäische Union (2) Erwartungsnutzen
eV	eingetragener Verein

EV	Erwartungswert-Varianz
EVF	Rentenendwertverteilungsfaktor
°F	Grad Fahrenheit
f	durchschnittlich gebundener Anlagewert oder einfach f-Wert
F	Wert einer Investition unter Berücksichtigung von zeitlicher Flexibilität
Fe	Ferkel
Fi	Fisch
FK	Fremdkapital
Fl	Fläche
Fu	Futter
FSC	Forest Stewardship Council
FSD	stochastische Dominanz 1. Grades (first degree stochastic dominance)
g	kennzeichnet ein Gleichgewicht
G	Gewinn
GAP	Gemeinsame Agrarpolitik
GbR	Gesellschaft bürgerlichen Rechts
GDB	Gesamtdeckungsbeitrag
GenG	Genossenschaftsgesetz
GewStG	Gewerbesteuergesetz
GG	Grundgesetz
GK	(1) Gesamtkapital (2) Grenzkosten
GL	Grenzleistung
GmbH	Gesellschaft mit beschränkter Haftung
GmbHG	Gesellschaft mit beschränkter Haftung Gesetz
GoB	Grundsätze ordnungsmäßiger Buchführung
GOK	Gesamtopportunitätskosten
GRS	Grenzrate der Substitution
GRT	Grenzrate der Transformation
$GrVW$	Grenzverlustwert
GuV	Gewinn- und Verlustrechnung
GV	gentechnisch verändert
GWB	Gesetz gegen Wettbewerbsbeschränkungen
h	(1) relative Häufigkeit (2) Wert für die Aufwärtsbewegung (high) einer Zufallsvariablen innerhalb eines definierten Zeitintervalls Δt bei Annahme eines Binomialprozesses
H	absolute Häufigkeit
ha	Hektar (10 000 m^2 = 1 ha)
HA	Handlungsalternative
HGB	Handelsgesetzbuch
$hilf$	kennzeichnet Hilfsgrößen
i	(1) Zinssatz (2) kennzeichnet die jeweilige Kapazität ($i = 1, 2, \dots, I$) (3) kennzeichnet die jeweilige Realisation einer Zufallsvariable ($i = 1, 2, \dots, n$)
I	Anzahl der Kapazitäten
IARA	zunehmende absolute Risikoaversion (increasing absolute risk aversion)
IFRS	internationale Rechnungslegungsstandards (International Financial Reporting Standards)

IKV MS-EXCEL-Funktion „Interne-Kapitalverzinsung"
i_H Habenzinsfuß
i^{infl} Inflationsrate
i_{int} interner Zinsfuß
i_{kalk} Kalkulationszinsfuß
i_{rent} Rendite einer Investition gemäß statischer Investitionsrechnung
i_S Sollzinsfuß
IRRA zunehmende relative Risikoaversion (increasing relative risk aversion)

j kennzeichnet eine mögliche Ausprägung einer Zufallsvariable ($j = 1, 2, \ldots, J$)
J Zahl der theoretisch möglichen Ausprägungen einer Zufallsvariable
jA jährliche Auslastung einer Maschine

k kennzeichnet die jeweilige Portfoliokomponente ($k = 1, 2, \ldots, K$)
K (1) Kosten
(2) Zahl der Portfoliokomponenten
Ka Kartoffeln
KF Kapitalisierungsfaktor
kg Kilogramm
KG Kommanditgesellschaft
KN Kapazitätsnutzung
KStG Körperschaftsteuergesetz
KTBL Kuratorium für Technik und Bauwesen in der Landwirtschaft
$Kurt$ Wölbung (kurtosis)
KW Kapitalwert

l Wert für die Abwärtsbewegung (low) einer Zufallsvariablen innerhalb eines definierten Zeitintervalls Δt bei Annahme eines Binomialprozesses
L Lohnunternehmersatz
LF landwirtschaftliche Nutzfläche
LHS linke Seite eines LP (Left-Hand-Side)
LKD Leistungs-Kostendifferenz
LKR Leistungs-Kostenrechnung
LP lineare Programmierung
LPM Lower-Partial-Moment
$\ln(\cdot)$ natürlicher Logarithmus

m (1) Zahl unterjähriger Perioden
(2) Zahl von Gruppen einer Zufallsstichprobe
(3) Meter
Ma Maschine
MAD mittlere absolute Abweichung (mean absolute deviation)
max Maximalwert
$\max(\cdot)$ Maximumoperator
max! kennzeichnet ein Maximierungsproblem
min Mindestwert
$\min(\cdot)$ Minimumoperator
min! kennzeichnet ein Minimierungsproblem
mm Millimeter
mod Modus

n	(1) Zahl der Realisationen einer Zufallsvariable
	(2) leistungsbezogene Nutzungsdauer einer Maschine
N	(1) zeitbezogene Nutzungsdauer einer Investition
	(2) Kapitalanlagedauer oder Laufzeit eines Darlehens
NBW	MS-EXCEL-Funktion „Nettobarwert"
Ne	Netz
nom	kennzeichnet nominale Größen
$norm$	kennzeichnet Normalwerte
OHG	Offene Handelsgesellschaft
OK	Opportunitätskosten
ÖPNV	Öffentlicher Personennahverkehr
p	Produktpreis
P	Eintrittswahrscheinlichkeit (probability)
p.a.	pro Jahr
PS	Zahl der Pferdestärken als Angabe der Motorleistung
PublG	Publizitätsgesetz
q	(1) Faktorpreis
	(2) Aufzinsungsfaktor für eine Periode $(1 + i)$
r	Rendite
Ra	Raps
RA	Risikoaversion
$real$	kennzeichnet reale Größen
rel	kennzeichnet relative Größen
RHS	rechte Seite eines LP (Right-Hand-Side)
RMZ	MS-EXCEL-Funktion „Regelmäßige-Zahlungen"
RP	Risikoprämie
Ro	Roggen
RW	Restwert
s	(1) kennzeichnet die jeweilige Handlungsalternative ($s = 1, 2, \ldots, S$)
	(2) Grenzsteuersatz
S	Anzahl potenzieller Handlungsalternativen
Sa	Saatgutmenge
$SÄ$	Sicherheitsäquivalent
Sc	Schweine
SG	Schlachtgewicht
$Skew$	Schiefe (skewness) einer Verteilung
so	sozial
SSD	stochastische Dominanz 2. Grades (second degree stochastic dominance)
st	Größen nach Berücksichtigung von Steuern
s.t.	unter den Nebenbedingungen (subject to)
St	Stickstoff
StDB	Standarddeckungsbeitrag
SW	Spannweite
SV	Semivarianz
t	(1) Betrachtungszeitpunkte
	(2) Tonne

T	Zeitraum ausgedrückt in Tagen
TKR	Teilkostenrechnung
u	Umfang einer Portfoliokomponente
$U(\cdot)$	Nutzenfunktion
UDG	Unkrautdeckungsgrad
UNGC	United Nations Global Compact
UStG	Umsatzsteuergesetz
UV	Umlaufvermögen
v	Schlupfvariable
V	Varianz
VaR	Value-at-Risk
VEW	Vermögensendwert
VK	Variationskoeffizient
VKR	Vollkostenrechnung
vs.	gegenüber (versus)
VV	Viehvermögen
w	(1) Zielfunktionskoeffizient (2) kennzeichnet die jeweilige Investition in einer Investitionskette
W	Anzahl von Investitionen in einer Investitionskette
WACC	gewichtetes Mittel der Kosten für das Eigen- und Fremdkapital (weighted average cost of capital)
We	Weizen
WF	Wiedergewinnungsfaktor
WG	Wirkungsgrad
WTO	Welthandelsorganisation (World Trade Organization)
x	(1) Faktoreinsatzmenge oder Kapazitätsausstattung (2) tatsächliche Realisationen von Zufallsvariablen
X	mögliche Ausprägungen von Zufallsvariablen
y	Produktionsmenge bzw. physischer Ertrag
z	kennzeichnet den jeweiligen Umweltzustand ($z = 1, 2, \ldots, Z$)
Z	(1) Zielgröße oder Zielfunktionswert (2) Anzahl potenzieller Umweltzustände
ZMP	Zentrale Markt- und Preisberichtsstelle
ZW	MS-EXCEL-Funktion „Zukunftswert“

Sonstige Symbole

*	rechtsseitig hochgestellter Stern (z.B. UDG^*), kennzeichnet einen kritischen oder optimalen Wert
–	oberhalb stehender Querbalken (z.B. $\bar{x}$), kennzeichnet ein vorgegebenes Niveau oder einen Mittelwert

1 Einleitung

1.1 Einordnung der Agrarbetriebslehre

Wirtschaften bedeutet, den Einsatz von knappen Ressourcen entsprechend der Ziele eines Entscheiders festzulegen. Die eingesetzten Ressourcen bezeichnet man auch einfach als Inputs oder Mittel. Ohne Ziele oder bei freier Verfügbarkeit der Mittel müsste man sich über wirtschaftliches Handeln keine Gedanken machen. Weder das eine noch das andere ist aber in der Wirklichkeit der Fall. Als Ökonom (z.B. in der Funktion eines Unternehmensberaters) muss man deshalb sowohl die Knappheitsverhältnisse als auch die Ziele des jeweiligen Unternehmers berücksichtigen.

Wirtschaftliche Entscheidungen sollten nach dem **Rationalprinzip** (rational choice) erfolgen, das auch als Vernunftsprinzip bezeichnet wird. Für einen Unternehmensberater bedeutet dies *nicht*, die Ziele (Präferenzen) des jeweiligen Entscheidungsträgers zu verändern. Allerdings geht es im Rahmen der Entscheidungsunterstützung durchaus auch darum, aufzuzeigen, auf wie viele Einheiten eines Ziels (z.B. Gewinn) der Unternehmer verzichten muss, wenn er eine Einheit eines anderen Ziels (z.B. Freizeit) mehr erreichen möchte. Ausgehend von vorhandenen Zielen des Unternehmers lassen sich drei Ausgangssituationen unterscheiden: (1) Ist ein bestimmtes Zielniveau vorgegeben, geht es darum, wie man dieses mit einem möglichst geringen Einsatz an Inputs erreicht. Nimmt man diese Perspektive ein, spricht man vom **Minimumprinzip**. (2) Ist dagegen die Menge der verfügbaren Inputs absolut begrenzt, geht es darum, wie man die gegebene Inputmenge so verwertet, dass ein möglichst hohes Output- und damit Zielniveau erreicht wird. Man spricht vom **Maximumprinzip**. (3) Sind die Inputs nicht absolut begrenzt, sondern nur in dem Sinn knapp, dass sie zu den gegebenen Marktpreisen beschafft werden müssen, geht es darum, die Inputs und Outputs so aufeinander abzustimmen, dass sich ein maximaler Gesamtnutzen ergibt. Dies setzt voraus, dass man den Nutzen verschiedener Handlungsalternativen analysiert, indem man die jeweils verbrauchten Inputs und die produzierten Outputs entsprechend der eigenen Ziele bewertet. Wenn man diese Sichtweise einnimmt, spricht man vom allgemeinen **Optimumprinzip**.

Ganz allgemein lassen sich die **Wirtschaftswissenschaften** (economics) als Lehre vom Umgang mit knappen Ressourcen verstehen. Die **Agrarökonomik** beschäftigt sich anwendungsorientiert mit den wirtschaftlichen Aspekten der Agrar- und Ernährungswirtschaft. Sie ist eine Teildisziplin der als problemorientierten Systemwissenschaft ausgelegten Agrarwissenschaft, die sich interdisziplinär mit den drängenden Fragen der Landnutzung und der Ernährung auseinandersetzt (vgl. Abb. 1-1).

Innerhalb der agrarökonomischen Lehre und Forschung wurde lange Zeit hauptsächlich zwischen den drei großen Teildisziplinen „Landwirtschaftliche Betriebslehre", „Agrarpolitik(lehre)" und „Agrarmarktlehre" unterschieden. Als zusätzliche Teildisziplin gibt es die Agrarsoziologie, zu der gelegentlich auch die Bereiche „Beratung" und „Kommunikation" gezählt werden. In jüngerer Zeit ist die Umwelt- und Ressourcenökonomie als eigenständiger Bereich hinzugekommen. Bis auf die Landwirtschaftliche Betriebslehre haben diese agrarökonomischen Teildisziplinen schon immer eine über den landwirtschaftlichen Betrieb hinausgehende Perspektive eingenommen und sich mit dem Sektor „Agrar- und Ernährungswirtschaft" insgesamt befasst.

Abb. 1-1: Agrarbetriebslehre als Wissenschaftsdisziplin

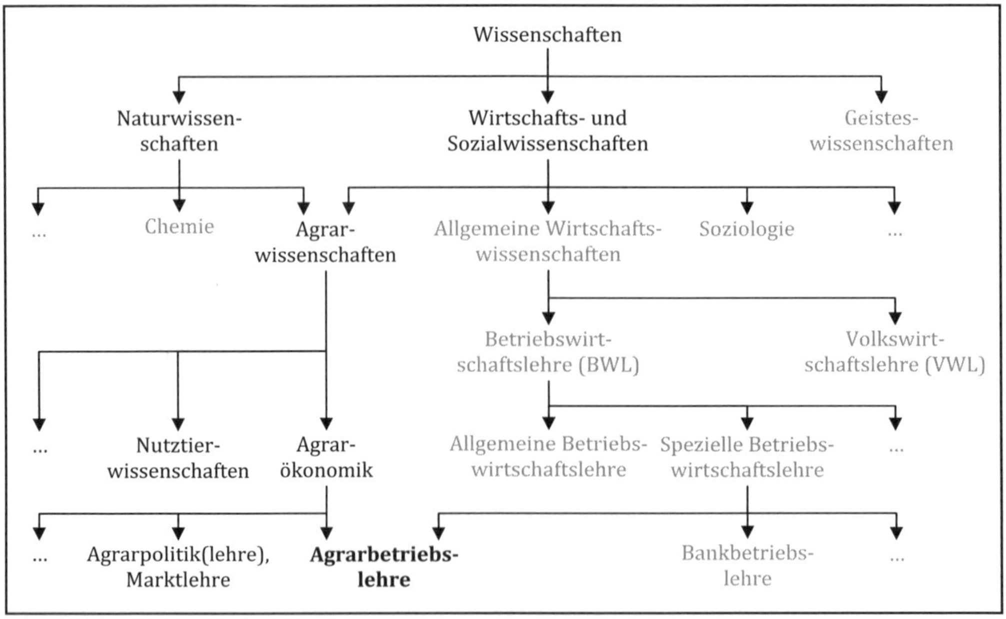

Ein klassischer Gegenstand der **Agrarpolitik(lehre)** ist die volkswirtschaftliche Bewertung agrarpolitischer Maßnahmen. Dabei geht es bspw. um die Frage, welche gesamtwirtschaftlichen Konsequenzen eine politisch vorgegebene Preisuntergrenze für bestimmte Produkte hat. Die **Agrarmarktlehre** beschäftigt sich mit Analysen und Preisprognosen auf den hochaggregierten Märkten für agrarische Rohstoffe und Endprodukte. Erkenntnisobjekt der **Agrarsoziologie** sind Lebensbedingungen, Normen und Werte, Beziehungsgeflechte und soziale Probleme innerhalb der ländlichen Gesellschaft sowie deren Wandel. Die **Ressourcenökonomie** befasst sich mit Fragen der Nachhaltigkeit, d.h. mit zukünftigen ökologischen und sozialen Auswirkungen wirtschaftlichen Handelns in einer Welt mit begrenzten natürlichen Ressourcen.

Demgegenüber konzentrierte sich die **Landwirtschaftliche Betriebslehre** als eng gefasste bzw. spezielle Betriebswirtschaftslehre fast ausschließlich auf die landwirtschaftliche Primärproduktion und auf produktionsökonomische Probleme, wie z.B. die Frage, was im landwirtschaftlichen Betrieb mit welchen Inputs und Verfahrenstechnologien produziert werden soll. Historisch bedingt lag dabei der Fokus auf landwirtschaftlichen Familienunternehmen, die insbesondere im westlichen Teil Deutschlands nach wie vor vorherrschend sind. Aufgrund neuer Entwicklungen, wie z.B. der zunehmenden Verflechtung zwischen den verschiedenen Stufen der Agrar- und Ernährungswirtschaft, wird die Perspektive der betriebswirtschaftlichen Betrachtungen in der Agrarökonomik erweitert. Man spricht von einer „wertschöpfungskettenbezogenen Sichtweise", um zu verdeutlichen, dass Entscheidungen von miteinander verflochtenen Unternehmen des Agribusiness - von der Vorleistungsindustrie über die Landwirtschaft und die Verarbeitungsindustrie bis hin zum Einzelhandel - betrachtet werden. Anstelle von „Landwirtschaftlicher Betriebslehre" könnte man die Bezeichnung „Betriebswirtschaftslehre des Agribusiness" verwenden, um so dem erweiterten Bezug auf die Agrar- und Ernährungswirtschaft Rechnung zu tragen. Wir sprechen der Einfachheit halber von „**Agrarbetriebslehre**", um den Bezug zur Agrarbranche insgesamt anzudeuten.

Mit Blick auf den **Betrachtungsgegenstand der Betriebswirtschaftslehre** ist zwischen Haushalt, Betrieb und Unternehmen zu unterscheiden. Ein **Haushalt** ist eine Wirtschaftseinheit, die Sachgüter oder Dienstleistungen konsumiert. Ein **Betrieb** ist eine Wirtschaftseinheit, die Inputs in Outputs transformiert, d.h. Sachgüter oder Dienstleistungen produziert. Der Betrieb ist eine räumlich-organisatorisch abgrenzbare Produktionseinheit. Ein **Unternehmen** ist eine finanziell-rechtlich selbstständige Einheit und kann mehrere rechtlich unselbstständige Produktionseinheiten an mehreren Standorten, d.h. mehrere Produktions- bzw. Betriebsstätten umfassen. Da Betrieb und Unternehmen in vielen Fällen zusammenfallen, werden die beiden Begriffe häufig - und so auch im vorliegenden Lehrbuch - synonym gebraucht. Unser Hauptbetrachtungsgegenstand ist der Betrieb bzw. das Unternehmen.

Mit Blick auf die **Aufgaben der Betriebswirtschaftslehre** sind zwei Bereiche zu unterscheiden, nämlich die deskriptive und die präskriptive Betriebswirtschaftslehre. Abb. 1-2 verdeutlicht dies am Beispiel der Agrarbetriebslehre.

Abb. 1-2: Aufgabenbereiche der Agrarbetriebslehre

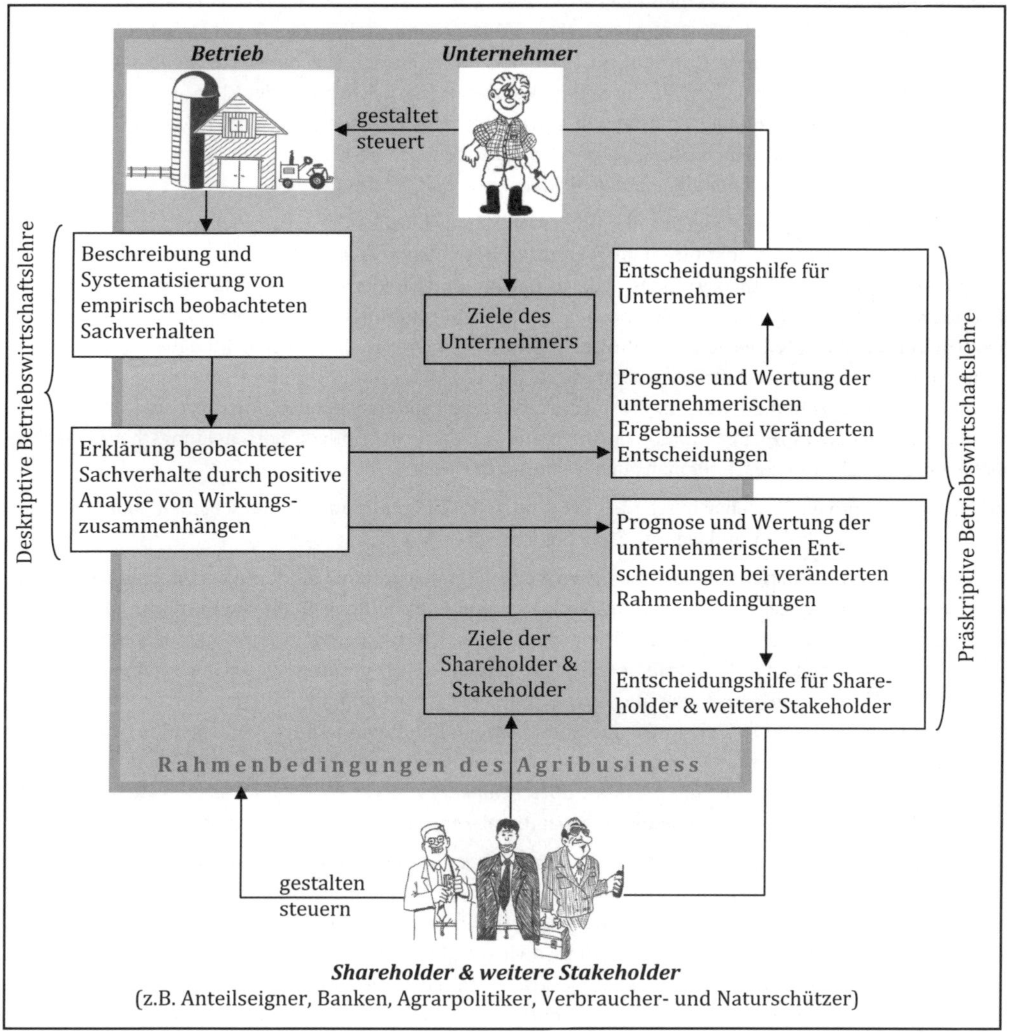

Die **deskriptive Betriebswirtschaftslehre** bzw. Entscheidungstheorie (descriptive decision theory) analysiert das empirisch beobachtete Entscheidungs- und Problemlösungsverhalten von Unternehmern. Es geht also um das rekonstruierende Verstehen von beobachtetem Verhalten. Man sucht nach Erklärungen und fragt, wie und warum die in der wirtschaftlichen Praxis beobachteten Entscheidungen gefällt wurden.

Diesen Erklärungsversuch bezeichnet man auch als positive Analyse. Beispielsweise kann das Phänomen „Betriebsgrößenwachstum“ durch das zielgerichtete Handeln von Unternehmern und ihre Anpassungsentscheidungen an veränderte Rahmenbedingungen, wie z.B. technischen Fortschritt, erklärt werden. Als Vorbedingung für solche Erklärungen müssen die relevanten Sachverhalte, die untersucht werden sollen, beschrieben und systematisiert werden. Ein Beispiel hierfür ist die Klassifizierung von Betrieben nach ihrer Faktorausstattung und Größe, ihrem Produktionsprogramm, ihrem Erfolg und ihrer Entwicklung im Zeitablauf.

Bei deskriptiven Erklärungsansätzen nimmt man als gegeben hin, dass Unternehmer in der Realität nicht immer die besten Entscheidungen treffen. Sie verfügen nur über unvollständige Informationen und haben unzureichende Informationsverarbeitungskapazitäten. Dadurch kann es zu Abweichungen vom Rationalverhalten kommen, d.h. zu Inkonsistenzen zwischen unternehmerischen Zielen und Entscheidungen. Dies bezeichnet man als **begrenzte Rationalität** (bounded rationality). Insbesondere in komplexen und neuartigen Entscheidungssituationen, die durch eine Vielzahl zu berücksichtigender Ziele, eine unübersichtliche Anzahl möglicher Handlungsalternativen sowie hohe Unsicherheit gekennzeichnet sind, kann es zu Unterschieden zwischen dem bestmöglichen und dem beobachteten Entscheidungsverhalten kommen. Begrenzte Rationalität hat dann einen hohen Erklärungsgehalt für das tatsächlich beobachtete Verhalten.

Die im Rahmen der positiven Analyse identifizierten Schwachstellen des tatsächlichen Entscheidungsverhaltens sind ein Ausgangspunkt für die **präskriptive Betriebswirtschaftslehre** bzw. Entscheidungstheorie (prescriptive decision theory). Dabei geht es darum, Entscheidern, die möglicherweise mehrere Ziele (z.B. Gewinn, Sicherheit und Freizeit) mit begrenztem Informationsstand und begrenzten Informationsverarbeitungskapazitäten verfolgen, Hilfestellung für zielentsprechende Entscheidungen zu geben (Entscheidungsunterstützung). Letztlich sollen sie in die Lage versetzt werden, die aus ihrer Sicht besten Handlungsmöglichkeiten zu wählen. Die präskriptive Entscheidungstheorie präzisiert und operationalisiert das bereits angesprochene Rationalprinzip. Die von der präskriptiven Entscheidungstheorie verfolgte Gestaltungsaufgabe bezeichnet man auch als normative Analyse.

Bei der präskriptiven Betriebswirtschaftslehre sind **zwei Zielgruppen** zu unterscheiden, nämlich Unternehmer sowie Shareholder und weitere Stakeholder:

- Mit Blick auf **Unternehmer**, die möglicherweise begrenzt rational sind, fragt man, welche Informationsbeschaffungsaktivitäten, Planungsmethoden und Entscheidungshilfen man braucht, um sie in die Lage zu versetzen, bessere Entscheidungen zu fällen. Hierbei kommen normative Modelle zum Einsatz, die man auch als „Prognosemodelle“ bei veränderten (optimierten) Entscheidungen verstehen kann. Es geht um die Frage, wie die Unternehmen bei einer optimalen Ausrichtung der Entscheidungen an die Unternehmerziele in der Zukunft aussehen könnten. Die Entscheidungshilfe besteht darin, *die Handlungsergebnisse, die sich bei besser informierten und rationaleren Entscheidungen einstellen würden, vorherzusagen und aus Sicht des Unternehmers zu bewerten.* Dazu muss man auch eine mögliche Veränderung der Rahmenbedingungen antizipieren, d.h. die Zukunft prognostizieren.
- Auch für **Shareholder und weitere Stakeholder** kann die präskriptive Entscheidungstheorie Entscheidungshilfen in Form von Prognosemodellen bereitstellen. Der Begriff „Shareholder“ meint die Anteilseigner eines Unternehmens, die die Unternehmensführung delegiert haben. Der Begriff „Stakeholder“ umfasst zusätzlich die Kreditgeber sowie die Mitarbeiter, Lieferanten, Verpächter, Käufer und Anwohner. Zu den Stakeholdern gehören auch weitere externe Interessensgruppen rund um die Agrar- und Ernährungswirtschaft wie Agrarpolitiker, Verbraucher-, Tier- und Naturschützer, der Staat in Form des Finanzamts etc. Externe Stakeholder wollen häufig das unternehmerische Verhalten durch eine Veränderung der Rahmenbedingungen beeinflussen. Hierzu zählt die Einführung von Vorschriften (z.B. Verbot von chemischem Pflanzenschutz in der Nähe von Fließgewässern, Vorgabe einer Produktionsobergrenze für bestimmte Produkte) ebenso wie finanzielle Anreize (z.B. Zahlung einer Prämie für die Umstellung auf Ökolandbau). Aus Sicht der Stakeholder geht es darum, *das Verhalten von*

Unternehmern, das sich bei veränderten Bedingungen ergeben würde, vorherzusagen und zu bewerten. Man will wissen, wie Unternehmen auf exogene Stimuli, wie z.B. eine geänderte Investitionszulage, reagieren, und wie Unternehmen in der Zukunft aussehen. Derartige Prognosen müssen die begrenzte Rationalität der Unternehmer berücksichtigen und dürfen nicht auf der Annahme rationalen Entscheidungsverhaltens basieren. Veränderte Rahmenbedingungen finden nur in dem Maß einen Niederschlag in Entscheidungen, in dem sie von den Akteuren auch als solche wahrgenommen werden.

Die präskriptive Entscheidungstheorie berücksichtigt bei der Ableitung von Entscheidungshilfen explizit die Zielsetzungen des Adressaten. Das muss aber nicht immer heißen, dass man zu einer eindeutigen Handlungsempfehlung gelangt. Manchmal geht es auch „nur" darum, zu zeigen, welche Konsequenzen die Verfolgung bestimmter Ziele hat, und wo Zielkonflikte liegen. Will ein landwirtschaftlicher Unternehmer z.B. unbedingt einen Mastschweinestall bauen, obwohl er in diesem Bereich bisher nur schlechte Leistungen erzielt hat, könnte man als Berater aufzeigen, dass er bei einer Investitionsdurchführung in zwei Jahren insolvent werden würde. Will ein Landwirt trotz geringer Druschfläche unbedingt einen eigenen Mähdrescher fahren, könnte man berechnen, wie viel Euro er sich das „Herzblut" kosten lässt, das an der Eigenmechanisierung hängt. Mit anderen Worten: Man könnte ausweisen, wie viel kostengünstiger z.B. die Arbeitserledigung der Getreideernte durch einen Lohnunternehmer ist. Genauso könnte es sein, dass der Unternehmer unbedingt aus steuerlichen Gründen einen eigenen Mähdrescher anschaffen möchte, der sich trotz Steuerersparnissen nicht rechnet. Man könnte ausrechnen, wie viel Geld ihn die „diebische" Freude kostet, weniger Steuern zu zahlen. Als Politikberater könnte es darum gehen, die Konsequenzen einer bestimmten Politikmaßnahme auf die oftmals nicht ohne Weiteres miteinander zu vereinbarenden Politikziele „Wettbewerbsfähigkeit landwirtschaftlicher Betriebe" und „biologische Vielfalt" aufzuzeigen.

1.2 Zielsetzung und Aufbau des Lehrbuchs

Mit dem vorliegenden Lehrbuch werden Studierende und andere interessierte Leser in die Lage versetzt, die grundsätzlichen Strukturen unternehmerischer Entscheidungsprobleme zu durchdringen und die wichtigsten quantitativen betriebswirtschaftlichen Analyse- und Planungsinstrumente anzuwenden. Im Einzelnen werden folgende **Lernziele** verfolgt:

- Der Leser wird mit den **zentralen betriebswirtschaftlichen Begriffen**, wie z.B. Kosten, Leistungen, Deckungsbeitrag oder Kapitaldienst, vertraut gemacht. Ein Verständnis der Fachbegriffe und der damit verbundenen Konzepte ist sowohl die Voraussetzung für zielgerichtete Analysen als auch für das Verständnis und die Kommunikation von Inhalten. So muss man Begriffe, wie z.B. Gewinn, Gesamtkapitalrentabilität oder sonstige betriebliche Erträge, verstehen, wenn man nutzbringende Informationen aus dem Jahresabschlussvergleich zwischen Unternehmen ziehen will.
- Der Leser lernt **wichtige betriebliche Entscheidungssituationen** kennen und erwirbt die Fähigkeit, zu analysieren, welche Ziele vorliegen, worin das Entscheidungsproblem und die Entscheidungsalternativen bestehen und von welchen Parametern das Niveau der Zielerreichung abhängt. Als Beispiel sei die Frage genannt, bei welcher Parameterkonstellation (Einsatzfläche, Maschinenpreis, Arbeitskosten etc.) die Anschaffung einer eigenen Maschine, das Leasing, die Miete oder die Arbeitserledigung durch den Lohnunternehmer kostengünstiger wäre und deshalb vorgezogen werden sollte.
- Der Leser lernt die **wichtigsten betriebswirtschaftlichen Analyse- und Planungsinstrumente** kennen. In diesem Zusammenhang sind bspw. die stufenweise Fixkostendeckungsrechnung, die lineare Programmierung, der Kapitalwert oder die stochastische Simulation zu nennen.
- Der Leser erwirbt die Kompetenz, eine **problemadäquate Auswahl von Analyse- und Planungsinstrumenten** in unterschiedlichen Situationen vorzunehmen. Er trägt dabei der Tatsache Rechnung, dass sich Entscheidungssituationen in ihrer Struktur und Komplexität unterscheiden, und dass sowohl die Ziele als auch die Informationsbedürfnisse von Entscheidern individuell verschieden sind.

Zudem berücksichtigt er als „ökonomischer Planer", dass die ausgewählten Planungsinstrumente so einfach wie möglich und so komplex wie nötig sein müssen. Letztlich muss auch die formale Planung immer mehr bringen als sie kostet.

- Der Leser erwirbt das **praktische Know-How**, die wichtigsten quantitativen Analyse- und Planungsinstrumente auf häufig vorkommende betriebliche Entscheidungsfragen anzuwenden. Dazu werden die grundlegenden Verfahren handlungsorientiert anhand einfacher Beispiele dargelegt. Die Beispiele sind häufig didaktisch motiviert, d.h. es geht uns darum, die grundsätzlichen Sachverhalte so einfach wie möglich zu verdeutlichen. So schauen wir gelegentlich aus Gründen des Platzes und der Überschaubarkeit der Zahlenwerte auf einen sehr kleinen landwirtschaftlichen Betrieb, auch wenn moderne Agrarunternehmen größer und komplexer strukturiert sind. So erhält der Leser eine problemorientierte Anleitung zur Lösung wichtiger Entscheidungsprobleme, die auf eine Vielzahl von praktischen Anwendungssituationen übertragbar ist. Dies beinhaltet auch den Umgang mit Tabellenkalkulationsprogrammen, die die Lösung von Entscheidungsproblemen in vielen Fällen erleichtern.
- Neben der Methodenkompetenz wird das Gefühl für die **Größenordnung betriebswirtschaftlich relevanter Zahlen** geschärft. Aufgrund der im Agribusiness sehr unterschiedlichen Technologien fokussieren wir dabei auf die landwirtschaftliche Primärproduktion. So weiß der Leser bspw. nach der Lektüre, dass in guten landwirtschaftlichen Betrieben in Deutschland der Weizenertrag bei ca. 85 dt/ha liegt. Mit Blick auf Faktor- und Produktpreisannahmen ist zu beachten, dass Märkte volatil sind, so dass Preise schwanken. In den Beispielen werden daher „runde" Werte verwendet, die allenfalls zufällig den jeweils aktuellen Preisen entsprechen. Die Aneignung von Sachwissen stellt zwar nur einen Nebeneffekt dieses vornehmlich auf Methodenkenntnisse ausgerichteten Lehrbuchs dar, aber natürlich ist Sachwissen in der Planungspraxis unabdingbar. Ein Modell, das mit unrealistischen Annahmen „gefüttert" wird, liefert keine aussagekräftigen Ergebnisse.

Der **Aufbau des Lehrbuchs** ist durch zwei grundlegende Aspekte des unternehmerischen Handelns motiviert. Zum einen beziehen wir uns auf die **Phasen des Entscheidungsprozesses**: (1) Analyse, (2) Planung, (3) Alternativenbewertung, Entscheidung und Durchführung sowie (4) Kontrolle. Das erklären wir in Punkt 2.1 ausführlicher. Zum anderen basiert die Gliederung auf dem Verständnis des Betriebs als Ort der Transformation von Inputs in Outputs, d.h. sie greift wichtige **Managementbereiche** aus den grundsätzlichen unternehmerischen Funktionsbereichen „Beschaffung", „Produktion" und „Absatz" und den damit zusammenhängenden Querschnittsaufgaben auf. In Abb. 1-3 sind diejenigen Managementbereiche, auf die das vorliegende Lehrbuch fokussiert, durch Fettdruck hervorgehoben.

Unternehmen treten auf den Beschaffungsmärkten als Nachfrager von Inputs und auf den Absatzmärkten als Anbieter von Outputs auf. Dazwischen liegt der Betrieb als Ort der Produktion, in dem Inputs in Outputs transformiert werden. Die zielgerichtete Entscheidung, welche Produkte in welchem Umfang mit welchen Produktionsanlagen und welchem Faktoreinsatz produziert werden sollen, ist Aufgabe des Produktionsmanagements. Neben der Frage, welche kurzfristig verbrauchten Betriebsmittel (z.B. Dünger oder Futtermittel) in welchem Umfang zu welchem Zeitpunkt bei welchem Händler eingekauft werden, gehört zum Beschaffungsmanagement auch der wichtige Bereich „Investition und Finanzierung" (Beschaffung dauerhafter Produktionsfaktoren wie Gebäude oder Maschinen). Beim Absatzmanagement geht es um die Wahl des Distributionskanals (z.B. Direktvermarktung vs. Verkauf an Landhändler) und ggf. um explizite Marketingmaßnahmen zur Erzielung von Preisvorteilen. Anders gesagt: Die Ein- und Verkaufsplanung ist u.a. deshalb bedeutsam, weil Input- und Outputpreise Aktionsparameter darstellen, die auch vom landwirtschaftlichen Unternehmer in gewissen Grenzen beeinflussbar sind. Neben diesen am Güterfluss orientierten Funktionsbereichen gibt es weitere Managementbereiche, die übergreifende Querschnittsaufgaben darstellen. Dazu zählen die Organisation, die unternehmerische Steuer- und Subventionspolitik, das Personalmanagement, das Controlling, das Risikomanagement und die Berücksichtigung der Unternehmensethik im Rahmen der sog. Corporate Social Responsibility.

Abb. 1-3: Managementbereiche der Unternehmensführung [a)]

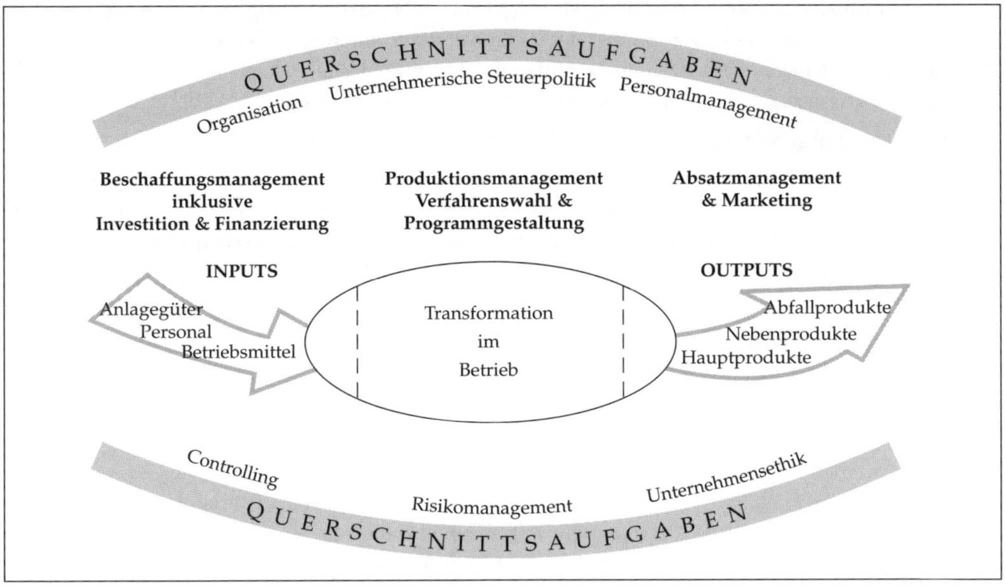

[a)] Managementbereiche, die fett gedruckt sind, werden im Folgenden explizit behandelt.

Die in Abb. 1-3 nicht durch Fettdruck hervorgehoben Managementbereiche werden im vorliegenden Lehrbuch aus den folgenden Gründen nicht behandelt: (1) Organisation, Personalmanagement und Marketing stellen Gestaltungsaufgaben dar, die einer formal-quantitativen Planung nur eingeschränkt zugänglich sind, gleichzeitig aber aufgrund ihrer Bedeutung und Spezifik sowie ihres Umfangs eine eigenständige Behandlung erfordern. (2) Die Aufgabe des Controllings besteht - ganz allgemein gesprochen - darin, die für die Erfüllung sämtlicher Managementfunktionen notwendige Entscheidungsunterstützung zu gewährleisten. Das vorliegende Buch hat deshalb mit seinem zentralen Anliegen der Entscheidungsunterstützung zwar eine große Schnittmenge mit dem Controlling. Der umfassende Anspruch des Controllings geht aber weit über die hier angesprochenen Grundlagen der Analyse und Planung hinaus und erfordert ebenfalls eine eigenständige Behandlung. (3) Die Interaktion zwischen Unternehmen und Staat führt dazu, dass Steuerzahlungen und ggf. Subventionen in einem gewissen Maß von den Unternehmen gestaltet werden können. Zur optimalen Ausgestaltung der unternehmerischen Steuer- und Subventionspolitik braucht man z.B. das Spezialwissen eines Steuerberaters, der die sich laufend ändernden gesetzlichen Regelungen kennt. Derartiges Spezialwissen hat ebenfalls keinen Platz in diesem entscheidungs- und methodenorientierten Grundlagenbuch. (4) Im Buch werden die konkreten Finanzierungsfragen diskutiert, die sich bei Investitionen stellen. Unternehmer müssen darüber hinaus aber auch über die Beziehungen zum Kapitalmarkt entscheiden. Dabei geht es um die grundsätzliche Auswahl zwischen verschiedenen Kapitalanlage- und Kapitalbeschaffungsmöglichkeiten, die die Eigner-Gläubiger-Schuldner-Beziehung im Unternehmen bestimmen. Von Eignern und Gläubigern bekommt das Unternehmen Eigen- bzw. Fremdkapital, für das ggf. Zinsen und Kapitalrückzahlungen anfallen. Von Schuldnern erhält es Zinsen und Kapitalrückzahlungen für verliehenes Kapital. Allgemeine Fragen der Finanzplanung im Sinne der Gestaltung der langfristigen Finanzierungsstruktur werden nicht angesprochen. Dabei handelt es sich um strategische Fragen, die mit formal-quantitativen Analysen ebenfalls nur eingeschränkt beantwortet werden können.

Abgesehen von diesen „Lücken", deren Schließung thematisch anders ausgerichteten Lehrbüchern überlassen werden muss, stellt das vorliegende Buch einen kompakten Streifzug durch die formal-quantitativen Kerngebiete der Betriebswirtschaftslehre dar. **Das zentrale Anliegen des Lehrbuchs** besteht darin, das Allerwichtigste im Bereich der quantitativen betriebswirtschaftlichen Analyse- und Planungsverfahren übersichtlich und so leicht verständlich wie möglich darzulegen. Dies erfolgt anhand von kleinen Beispielen, die überwiegend aus dem Bereich der Agrarwirtschaft kommen. Jeder, der mit ökonomischen Fragestellungen irgendeiner Art zu tun hat, hat damit die Chance, das unabdingbare betriebswirtschaftliche Methodenwissen zu erwerben, auf dem bei Bedarf aufgebaut werden kann.

Um diesem Anliegen gerecht zu werden, ist das Lehrbuch wie folgt aufgebaut:

In **Kapitel 2** wird die Unternehmertätigkeit als Planungsprozess beschrieben. Nach einer kurzen Darstellung der möglichen Ziele von Unternehmern sowie der Rahmenbedingungen der Agrarproduktion wird die Grundidee ökonomischen Handelns anhand der grundsätzlichen ökonomischen Planungsprinzipien erläutert. Außerdem werden wichtige Entscheidungsprobleme und Entscheidungsunterstützungsinstrumente systematisiert.

In **Kapitel 3** werden die Hauptinstrumente für die Kontrolle und Analyse von Unternehmen behandelt. Der erste Schwerpunkt liegt hier auf dem Jahresabschluss mit seinen wichtigen Instrumenten „Bilanz" und „Gewinn- und Verlustrechnung". Den zweiten Schwerpunkt bildet die Leistungs-Kostenrechnung, die ein wesentliches Instrument bei der Suche nach Schwachstellen in Unternehmen darstellt.

In **Kapitel 4** werden die zentralen Inhalte der Produktionstheorie dargestellt. Dabei geht es - vereinfacht ausgedrückt - um die Frage, was, wie viel und womit produziert werden soll. Die Produktionstheorie stellt die konzeptionelle Basis für die Ableitung von Entscheidungshilfen bereit und ist unabdingbar für die Durchdringung betriebswirtschaftlicher Planungsprobleme. Sie beinhaltet aber keine Operationalisierung in Form konkreter Planungsinstrumente und erlaubt noch nicht die praktische Bestimmung der optimalen Betriebsorganisation.

In **Kapitel 5** geht es um die anwendungsorientierte Bestimmung des optimalen Produktionsprogramms. In diesem Zusammenhang werden die Grundlagen der linearen Programmierung beschrieben, die das zentrale mathematische Verfahren zur Lösung von Optimierungsproblemen darstellt.

In **Kapitel 6** werden zunächst die finanzmathematischen Grundlagen dargelegt, mit deren Hilfe man Zahlungen zu unterschiedlichen Zeitpunkten vergleichbar machen kann. Darauf aufbauend wird die Vorgehensweise bei der Rentabilitätsanalyse von Investitionen erläutert. Außerdem wird aufgezeigt, wie die Zusammenhänge von Investition und Finanzierung bei der Planung zu berücksichtigen sind.

In **Kapitel 7** wird die Querschnittsaufgabe „Risikomanagement" behandelt. Zum einen werden Risikoursachen und Maßnahmen zur Reduzierung von Risiken angesprochen. Zum anderen werden verschiedene Ansätze zur Risikomessung und zur Berücksichtigung von Risiko in der Planung beschrieben.

In **Kapitel 8** gehen wir über die Grenzen der betrieblichen Betrachtung hinaus und fokussieren auf die sog. Corporate Social Responsibility und auf die gesellschaftlichen Folgen des einzelwirtschaftlichen Handelns. Hier geht es darum, wie unerwünschte externe Effekte im Zusammenspiel zwischen unternehmerischer Verantwortungsethik und veränderten ökonomischen Anreizen abgebaut werden können.

Mit Blick auf die Nutzung des Lehrbuchs seien einige weitere kurze Anmerkungen gemacht:

- Die vermittelten Grundprinzipien und Methoden sind auf allen Stufen des Agribusiness und darüber hinaus anwendbar, auch wenn die Beispiele überwiegend aus der landwirtschaftlichen Primärproduktion kommen.
- Wir nennen bei ausgewählten ökonomischen Termini auch den englischsprachigen Fachbegriff. Dies soll dem Leser den Zugang zu englischsprachiger Literatur erleichtern.
- Wir heben im laufenden Text nicht nur die besonders wichtigen Begrifflichkeiten hervor, sondern versuchen, durch Fettdruck den „roten Faden" zu verdeutlichen. Dies soll eine schnelle Orientierung ermöglichen. Außerdem sind ausführliche Beispiele in die einzelnen Kapitel integriert, um die prakti-

sche Anwendung der vermittelten Grundprinzipien und Methoden zu erleichtern. Sie sind jeweils eindeutig gekennzeichnet. Man kann die Beispiele auch überblättern, ohne den roten Faden zu verlieren.

- Wir verzichten in den laufenden Kapiteln dieses Lehrbuchs aufgrund seines Grundlagencharakters bewusst auf Literaturverweise. Am Ende der jeweiligen Kapitel findet sich eine kurze Liste ausgewählter Literaturen aus dem agrarökonomischen Bereich und den allgemeinen Wirtschaftswissenschaften. Der Leser findet so schnell alternative und weiterführende Darstellungen der Lehrinhalte.
- Wie bereits erwähnt, nutzen wir die grundlegenden Funktionen und Anwendungsmöglichkeiten von Tabellenkalkulationsprogrammen, wenn dies zur didaktischen Klarheit und zur Erlangung von Methodenkompetenz sinnvoll ist. Es werden in diesem Buch aber keine Kenntnisse über kommerzielle Spezialsoftware vermittelt (z.B. Buchführungs-, Statistik- oder Risikosimulationsprogramme). Allerdings ist für die kundige Nutzung solcher Spezialprogramme das hier vermittelte Methodenwissen Voraussetzung.

Am Schluss dieser einführenden Bemerkungen zur Nutzung des Lehrbuchs sei auf zwei „didaktische Figuren" hingewiesen, auf die wir im Rahmen unserer problemlösungsorientierten Herangehensweise immer wieder zurückgreifen. Um zu betonen, welche nachvollziehbaren, aber leider falschen Schlussfolgerungen man selbst bei einfachen Fragestellungen ohne ökonomisches Problemverständnis ziehen kann, begleiten uns in diesem Buch der Kollege Onno Überleg und die Kollegin Su Sidenkt. Onno „weiß immer relativ schnell Bescheid", während Su immer etwas länger über die Struktur des Entscheidungsproblems nachdenkt, bevor sie sich äußert. Folgerichtig liegt Onno mit seinen Schlussfolgerungen des Öfteren falsch, während Su zu richtigen Entscheidungen gelangt.

2 Grundlagen und Ziele unternehmerischen Entscheidens

Im folgenden Abschnitt 2.1 werden zunächst die Kernfunktionen und Abläufe der unternehmerischen Führungstätigkeit beschrieben. Dabei wird die Unternehmensführung, die man synonym auch als „Unternehmensmanagement" oder „Unternehmensplanung i.w.S." bezeichnet, als Planungs- und Entscheidungsprozess verstanden, durch den die organisatorische Einheit „Unternehmen" gemäß der Ziele des Unternehmers und unter Berücksichtigung der gegebenen Rahmenbedingungen gelenkt, gestaltet und entwickelt wird. Auf die unternehmerischen Ziele und Rahmenbedingungen gehen wir in den Abschnitten 2.2 und 2.3 differenziert ein. In Abschnitt 2.4 verdeutlichen wir die Grundsätze ökonomisch-rationalen Denkens, auf denen die Unternehmensführung aufbaut. In Abschnitt 2.5 geht es dann um die sog. Metaplanung, also die Festlegung eines adäquaten Planungssystems im Lichte der jeweiligen Informationsanforderungen.

2.1 Die Unternehmertätigkeit als Planungsprozess

2.1.1 Das zentrale Anliegen des Unternehmensmanagements

Es lassen sich **vier Ebenen von Managementaufgaben** unterscheiden. Sie sind in Tab. 2-1 überblicksartig dargestellt.

Tab. 2-1: Die vier Aufgabenebenen des Unternehmensmanagements

<table>
<tr><th colspan="2">Aufgabenebene</th><th>Erklärung</th><th>Maßzahl</th><th>Formulierung des Managementziels</th></tr>
<tr><td colspan="2">1. Effektivität bzw. technische Effizienz</td><td>= Ressourcensparende Produktionsweise</td><td>Physische Produktivität</td><td>Effektiver handeln!</td></tr>
<tr><td rowspan="2">2. Allokative Effizienz</td><td>a) Kosteneffizienz (Minimumprinzip)</td><td>= Effektivität
+ effiziente Faktorallokation</td><td>Stückkosten</td><td>Kosteneffizienter handeln!
= Die Dinge besser tun!
= Besseres Management!</td></tr>
<tr><td>b) Erlöseffizienz (Maximumprinzip)</td><td>= Effektivität
+ effiziente Produktallokation</td><td>Monetäre Produktivität</td><td>Erlöseffizienter handeln!
= Richtigere Dinge tun!
= Richtigeres Management!</td></tr>
<tr><td colspan="2">3. Effizienz (Optimumprinzip)</td><td>= Effektivität
+ effiziente Faktorallokation
+ effiziente Produktallokation</td><td>Leistungs-Kostenverhältnis bzw. -differenz</td><td>Effizienter handeln!
= Richtigere Dinge besser tun!
= Richtigeres und besseres Management!</td></tr>
</table>

Auf der ersten Ebene geht es um die **Effektivität** (technical efficiency), die auch als technische Effizienz bezeichnet wird. Damit ist der mengenmäßig bzw. physisch möglichst wirksame Mitteleinsatz gemeint. Manchmal spricht man in diesem Zusammenhang auch von einer möglichst ressourcensparenden Produktionsweise. Die Maßzahl für die Effektivität ist die **physische Produktivität**, die ein Mengenverhältnis, genauer gesagt den Quotienten aus der Produktionsmenge (Output) und der jeweiligen Menge an Produktionsmitteln (Input) bezeichnet. Sobald man es mit mehreren Inputs und/oder Outputs zu tun hat, lassen sich physische Produktivitäten nur als Teilproduktivitäten (partielle Produktivitäten) ausdrücken. Zum Beispiel könnte man die Flächenproduktivität, wie den Weizenertrag pro ha, oder die Arbeitsproduktivität, wie die erzeugten Mastschweine pro Arbeitskraftstunde, betrachten. Aus der Produktivität für sich genommen kann man wenig ableiten, denn Ziel ist nicht der minimale, sondern der optimale Input. Eine aussagekräftige Interpretation physischer Produktivitätsmaße erfordert immer einen Vergleich, wie z.B. mit einer Zielvorgabe oder einem anderen Unternehmen. Wenn man eine höhere physische Produktivität hat als andere Unternehmen, ist man effektiver. Eine praktische Fragestellung ist bspw., ob man durch eine bessere Organisation von Arbeitsabläufen Produktionsmittel und Arbeitszeit einsparen kann.

Auf der zweiten Ebene geht es um die **Kosteneffizienz** (cost efficiency), also darum, gegebene Ziele bzw. Outputs mit Inputs zu erreichen, die möglichst geringe Kosten verursachen (Minimumprinzip). Um die Kosteneffizienz zu maximieren, reicht es nicht aus, möglichst effektiv zu sein. Vielmehr ist zusätzlich zu prüfen, ob man im Lichte gegebener Faktorpreise kostengünstiger produzieren kann, wenn man die Inputs in einem anderen Verhältnis bzw. mit einer anderen Intensität (= Input 1 pro Input 2) einsetzt. Mit Blick auf die Aufgabe, angesichts der gegebenen Faktorpreise optimale Faktoreinsatzentscheidungen zu treffen, spricht man auch von effizienter Faktorallokation. Die Maßzahl für die Kosteneffizienz sind die **Stückkosten**, die den monetären Wert der Inputs bezeichnen, die für die Produktion einer Outputeinheit verbraucht werden. Wenn man geringere Stückkosten als andere Unternehmen hat, ist man kosteneffizienter. Beispielhafte Fragen bzgl. zweier in unterschiedlichem Verhältnis einsetzbarer Ressourcen sind: Soll man mehr oder weniger Tiere pro Flächeneinheit halten? Soll man in der Roggenproduktion 180 kg oder 150 kg Stickstoff pro ha einsetzen? Soll man mehr Kapital pro Arbeitskraft einsetzen und z.B. das Melken automatisieren? Eine plakative Formulierung für das Managementziel auf der zweiten Ebene ist die Frage, ob man *„die Dinge im Unternehmen besser tun"* kann. Kosteneffizient (nicht kosteneffizient) zu sein, kann man demzufolge als Ergebnis von „gutem" („schlechtem") Management verstehen.

Auf der dritten Ebene geht es um die **Erlöseffizienz** (revenue efficiency). Damit ist gemeint, gegebene Inputs für die Erzeugung von Produkten einzusetzen, die einen möglichst hohen Erlös bringen (Maximumprinzip). Um die Erlöseffizienz zu maximieren, reicht es wiederum nicht aus, möglichst effektiv zu sein. Vielmehr ist auch zu prüfen, ob man in Anbetracht gegebener Produktpreise mit den vorhandenen Produktionskapazitäten höhere Erlöse generieren kann, wenn man ein anderes Produktionsprogramm wählt. Mit Blick auf die Aufgabe, angesichts der gegebenen Produktpreise optimale Entscheidungen bzgl. der zu erzeugenden Produkte zu treffen, spricht man auch von effizienter Produktallokation. Die Maßzahl für die Erlöseffizienz ist die **monetäre Produktivität**, die angibt, wie viel Erlös man pro Inputeinheit erzielt. Wenn man eine höhere monetäre Produktivität als andere Unternehmen erzielt, ist man erlöseffizienter. In diesem Zusammenhang fragt man bspw. danach, mit welchen Roggen- und Weizenanteilen man seine Fläche bestellt, ob man an einem bestimmten Standort nicht besser Hirse statt Roggen produzieren soll oder ob es sinnvoll ist, von der Futter- und Nahrungsmittelerzeugung zur Energieerzeugung überzugehen. Es geht also darum, nicht an den Produktmärkten „vorbei zu produzieren". Eine plakative Formulierung für das Managementziel auf der dritten Ebene ist die Frage, ob man *„richtigere Dinge tun"* kann. Erlöseffizient (nicht erlöseffizient) zu sein, kann man demzufolge als das Ergebnis von „richtigem" („falschem") Management verstehen.

Auf der vierten Ebene geht es um die (ökonomische) **Effizienz** (overall efficiency), d.h. um die Wirtschaftlichkeit insgesamt. Die Maßzahl für die Effizienz ist das **Leistungs-Kostenverhältnis** oder die Leistungs-Kostendifferenz. Das Leistungs-Kostenverhältnis bezeichnet ein Wertverhältnis, genauer gesagt den Quotienten der monetär bewerteten Gütererzeugung (Leistung) und des monetär bewerteten Faktoreinsatzes (Kosten). Man ist nur dann ökonomisch effizient, wenn man auf allen drei vorgelagerten Managementebenen optimal entschieden hat (Optimumprinzip). Um ökonomisch effizient zu sein, muss man die Produktionsfaktoren möglichst effektiv einsetzen und gleichzeitig sowohl effiziente Faktorallokationsentscheidungen als auch effiziente Produktallokationsentscheidungen treffen. Eine plakative Formulierung für das Managementziel auf der vierten Ebene ist die Frage, ob man *„richtigere Dinge besser tun"* kann.

Effizient zu sein kann man demzufolge als Ergebnis von gutem und richtigem Management verstehen. Wenn man nicht effizient ist, hat man schlechtes und/oder falsches Management betrieben.

Um Verwirrung zu vermeiden, sei abschließend auf zwei abweichende Verwendungen der Begriffe „Effektivität" und „Effizienz" hingewiesen. Erstens werden manchmal Maßnahmen bereits als effektiv bezeichnet, wenn durch sie vorgegebene Ziele tatsächlich erreicht werden. Diese Begriffsverwendung abstrahiert also vollständig vom Mitteleinsatz und schließt auch Maßnahmen ein, die die vorgegebenen Ziele mit einem unnötig hohen Mitteleinsatz erreichen. Nach unserer Definition werden dagegen nur die Maßnahmen als effektiv bezeichnet, die die vorgegebenen Ziele mit dem geringstmöglichen Mitteleinsatz erreichen. Zweitens wird in vielen Fällen verkürzend von „effizient" gesprochen, obwohl „kosteneffizient" gemeint ist. Dies ist dann zulässig (wenngleich verwirrend), wenn auf der Outputseite gar keine Entscheidungen mehr zu treffen sind oder - anders ausgedrückt - die Produktallokationsentscheidung schon getroffen ist, und es lediglich darum geht, vorgegebene Ziele mit möglichst geringem Ressourceneinsatz zu erreichen. Dies ist bspw. der Fall, wenn eine Mengenobergrenze für die Lieferung von Milch vorliegt.

2.1.2 Entscheidungsphasen der unternehmerischen Planung

Die Begriffe „Unternehmensmanagement" und „Unternehmensplanung i.w.S." können als Synonyme verwendet werden. Wie Abb. 2-1 zeigt, umfasst die Unternehmensplanung i.w.S. die Funktionen (1) Analysieren, (2) Planen i.e.S., (3) Bewerten von Handlungsalternativen, Entscheiden und Durchführen sowie (4) Kontrollieren. Diese Unternehmerfunktionen stellen gleichzeitig Phasen eines Planungsprozesses dar, der immer wieder von Neuem zu durchlaufen ist.

Abb. 2-1: Unternehmerfunktionen und Ablaufphasen der Unternehmensplanung

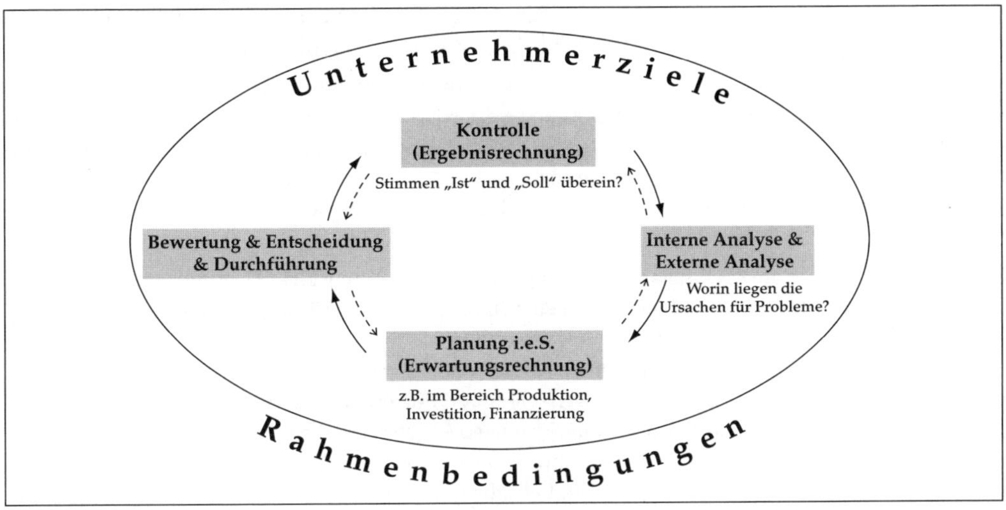

Schauen wir uns die in Abb. 2-1 dargestellten **Ablaufphasen der Unternehmensplanung** genauer an. Stellen wir uns vor, Sie überlegen, wie sich der zukünftige Erfolg Ihres bislang ausschließlich Marktfrüchte produzierenden Betriebs ändert, wenn Sie heute in einen Mastschweinestall investieren würden. Sie hätten also zwei Handlungsalternativen: (1) Sie führen die bestehende Betriebsorganisation fort oder (2) Sie investieren in die Schweinemast. **Planung i.e.S.** bedeutet nun, dass man Handlungsalternativen genau spezifiziert, gedanklich durchläuft und den zukünftigen Unternehmenserfolg jeweils prognostiziert. Es geht also um die gedanklich-gestalterische Vorwegnahme der Zukunft. Man spricht in diesem Zusammenhang von Erwartungs- bzw. Soll-Rechnung. Bei „Planung i.e.S." zeigt der Zusatz „im *engeren* Sinne" an, dass man sich nicht mehr auf den vollständigen Phasenablauf der Planung bezieht, sondern dass es um die Analyse konkreter Handlungsalternativen geht.

Im Rahmen der Planung i.e.S. werden immer mindestens zwei Alternativpläne aufgestellt. Um einen vernünftigen Vergleich und eine sinnvolle **Bewertung** zu ermöglichen, bezieht sich einer dieser Pläne grundsätzlich auf die Alternative „keine Veränderung gegenüber der bisherigen Betriebsorganisation" (Status quo). Zwischen den betrachteten Handlungsalternativen trifft der Unternehmer eine bewusste Auswahl, die man als **Entscheidung** bezeichnet. Dazu bewertet er alle Pläne hinsichtlich ihres erwarteten Zielerreichungsgrades und ihres Risikos. **Durchführung** bedeutet, dass er die Handlungsalternative praktisch umsetzt, die seinen Nutzen maximiert. So könnte er bspw. berechnet haben, dass sich bei einer Investition in die Schweinemast der Gewinn voraussichtlich erhöht. Er würde die Investition dann durchführen.

Die **Kontrolle** ist die nachträgliche Bestimmung des Ergebnisses der gewählten Handlung. Man spricht in diesem Zusammenhang auch von Ergebnis-, Ex-post- oder Ist-Rechnung. Durch die Ist-Rechnung wird der Unternehmer in die Lage versetzt, Probleme zu erkennen. So könnte er bspw. feststellen, dass nach der Durchführung der Investition in die Schweinemast der Unternehmensgewinn nicht mit der ursprünglichen Zielvorstellung übereinstimmt.

Stellt man negative Abweichungen der Ergebnisse vom Planziel bzw. von den Erwartungen fest (Soll-Ist-Vergleich), muss man Schwachstellen, Problemursachen sowie Ansatzpunkte für die Verbesserung der Betriebsorganisation finden. Dazu muss der Unternehmer sowohl eine interne als auch eine externe Analyse durchführen. Die **interne Analyse**, die auch einfach als Unternehmensanalyse bezeichnet wird, meint die systematische Sammlung und Auswertung von betrieblichen Informationen. Der Unternehmer überprüft also z.B. die Rentabilität der einzelnen Produktionsverfahren und Betriebszweige. Ist der neue Betriebszweig „Schweinemast" für den zu geringen Gewinn verantwortlich? Haben bestehende Betriebszweige schlechter abgeschnitten als erwartet? Wenn ja, woran liegt dies? Liegt es an einer unzureichenden physischen Produktivität, gesunkenen Produktpreisen oder gestiegenen Faktorpreisen?

Angesichts der sich stetig ändernden Anforderungen an das Unternehmen ist bei der Suche nach Handlungsalternativen auch immer eine **externe Analyse** erforderlich. Diese bezeichnet man auch einfach als Umfeldanalyse. Nur durch eine vorausschauende Umfeldanalyse kann man rechtzeitig Wettbewerbschancen und -risiken erkennen. Die zentrale Frage ist hier, ob es Ansatzpunkte für betriebliche Veränderungen (z.B. Flächenwachstum, Aufnahme neuer Geschäftsfelder) gibt, die über die laufenden Produktionsaktivitäten hinausgehen.

Es ist zu beachten, dass die Ablaufphasen der Unternehmensplanung ein **zirkuläres System** ohne eindeutigen Anfang und Ende bilden: Sind im Lichte neuer Informationen mögliche Ansatzpunkte für Verbesserungen identifiziert, ist man wieder bei der Ausarbeitung neuer Handlungsalternativen angekommen. Die Ablaufphasen der Unternehmensplanung müssen dann von Neuem durchlaufen werden. Außerdem ist zu beachten, dass es bereits **Rückkopplungen zwischen den einzelnen Stufen** des Planungsprozesses geben kann. Zum Beispiel kann sich während der Planung i.e.S. herausstellen, dass vor der Entscheidungsfindung noch weitere Informationen durch interne und/oder externe Analysen gewonnen werden müssen. Versucht man im Rahmen der normativen Betriebswirtschaftslehre für den unternehmerischen Planungsprozess Entscheidungshilfen bereit zu stellen (vgl. Abb. 1-2), muss man zum einen berücksichtigen, dass Unternehmer bestimmte **Ziele** verfolgen und rational handeln wollen. Zum anderen können Unternehmer zwischen mehreren durch die **Rahmenbedingungen** gegebenen Handlungsalternativen wählen.

2.2 Zu den möglichen Zielen von Unternehmern

Im Rahmen der im Betrieb gegebenen Möglichkeiten transformiert der (landwirtschaftliche) Unternehmer Produktionsmittel in (agrarische) Produkte. Dieser Transformationsprozess dient ihm dazu, seine Wünsche bzw. Ziele, die sehr unterschiedlich sein können, zu befriedigen. Grundsätzlich ist zwischen egoistischen und altruistischen Unternehmerzielen sowie zwischen monetären und nicht-monetären Unternehmerzielen zu unterscheiden (vgl. Tab. 2-2).

Eigennützige oder **egoistische Ziele** sind bspw. Gewinnerwirtschaftung, Risikoreduzierung, Minderung der persönlichen Arbeitsbelastung und soziales Prestige in der Familie und im Kreis der Berufskollegen. Auch die sog. Zeitpräferenz des Konsums reflektiert eine egoistische Zielsetzung. Damit ist gemeint, dass eine sofortige Konsummöglichkeit einer zukünftigen Konsummöglichkeit vorgezogen wird, auch wenn in der Zukunft mehr konsumiert werden könnte. Ein anschauliches und durchaus auf andere Kontexte übertragbares Beispiel wäre, wenn jemand eine Tafel Schokolade heute gegenüber zwei Tafeln Schokolade in zwei Wochen vorzieht. Hier wird der Vorteil, *heute* eine Tafel Schokolade zu haben, höher gewichtet als der Nachteil, damit eine Tafel weniger zu bekommen, als in zwei Wochen. Die Sicherstellung der permanenten Zahlungsfähigkeit (Liquidität) führen wir explizit nicht als eigenständiges Unternehmerziel auf, weil sie Voraussetzung für das Bestehen eines Unternehmens ist.

Nichteigennützige oder **altruistische Ziele** beziehen sich dagegen auf positive Wirkungen, die durch das unternehmerische Handeln bei Dritten entstehen. Es geht also z.B. um soziale Verantwortung gegenüber Dritten oder die Verantwortung gegenüber der Umwelt und gegenüber zukünftigen Generationen. Wenn ein Betriebsleiter einen langjährigen Arbeitnehmer nicht entlässt, obgleich er weiß, dass dies wirtschaftlicher wäre, handelt er altruistisch; er kümmert sich um das Wohl anderer. Gleiches gilt, wenn er aus eigenem Antrieb Produktionsverfahren einsetzt, die für ihn selbst weniger wirtschaftlich, dafür aber umweltfreundlicher sind. Das Ziel „Beibehaltung einer Tradition" haben wir zunächst als egoistisches Ziel klassifiziert. Damit wird unterstellt, dass dem Entscheider geringe Veränderungen gegenüber einem Status quo einfach „lieber" sind. Man kann sich allerdings auch vorstellen, dass jemand eine traditionelle Produktionstechnologie beibehält, weil sich die Mitmenschen dann an alten Maschinen erfreuen können. In diesem Fall würde es sich um ein altruistisches Ziel handeln.

Monetäre Ziele, wie z.B. Einkommensziele, sind grundsätzlich leicht messbar. Bei den **nicht-monetären Zielen** gibt es Ziele (z.B. Freizeit), bei denen die Zielerreichung leicht quantifizierbar ist. Es gibt aber auch Ziele (z.B. soziales Prestige), bei denen die Zielerreichung schwer oder gar nicht quantifizierbar ist.

Tab. 2-2: Systematik und Beispiele möglicher Ziele von Unternehmern

		Egoistische Ziele	**Altruistische Ziele**
Monetäre Ziele		Gewinnerwirtschaftung; Risikoreduzierung; Zeitpräferenz des Konsums	Verbesserung der Einkommenssituation Dritter
Nicht-monetäre Ziele	**Messbar**	Freizeit; Selbstständigkeit	Einfache Umweltziele (z.B. Vermeidung von Nitratauswaschung ins Grundwasser oder Biodiversität)
	Schwer messbar	Sicherheit des Arbeitsplatzes; Arbeitsklima; Soziales Prestige; Wunsch nach Abwechslung; Tradition	Komplexe Umweltziele (z.B. Vermeidung von Schäden durch chemischen Pflanzenschutz)

Unternehmer haben regelmäßig **Mehrfachziele** (multiple goals); d.h. sie streben das maximal Mögliche bei so verschiedenen Dingen wie Einkommen, Sicherheit, Freizeit, Umweltschutz etc. an. Dabei ist zu beachten, dass sich manche Ziele gegenseitig bedingen bzw. komplementär sind. Ein Beispiel für **komplementäre Ziele** sind i.d.R. Gewinn und soziales Prestige. Ist ein Unternehmer sehr erfolgreich, schauen alle Nachbarn auf ihn und seine Wünsche werden in doppelter Hinsicht erfüllt. Andere Ziele sind konfligierend, d.h. sie konkurrieren miteinander oder schließen sich sogar gegenseitig aus. **Konfligierende Ziele** sind z.B. Gewinn und Freizeit, Gewinn und Sicherheit oder unternehmerisches Wachstum und sofortiger privater Konsum.

Bei Mehrfachzielen ist es nicht einfach, den Grad der Bedürfnisbefriedigung zu messen. Manche Ziele sind - wie bereits erwähnt - nicht oder nur schwer zu quantifizieren. Messbare Ziele, wie z.B. Gewinn und Freizeit, werden in unterschiedlichen Einheiten gemessen und man hat das Problem des „Vergleichs von Äpfeln und Birnen". Der Grad der Befriedigung von Wünschen wird von Ökonomen als **Nutzen** (utility) bezeichnet.

Eine **Präferenzfunktion** (preference function) ordnet jeder Handlungsalternative HA_s $(s = 1, 2, \ldots, S)$ *einen* Wert zu, der eine Rangordnung bzgl. der Vorteilhaftigkeit der Handlungsalternativen erlaubt. Beispielsweise könnte für einen landwirtschaftlichen Unternehmer, für den der Gewinn G_s und sein Arbeitseinsatz Ar_s (anders ausgedrückt: seine Freizeit) relevant sind, die Präferenzfunktion wie folgt aussehen:

$$\phi(HA_s) = 1\,000 + G_s - 0{,}1 \cdot Ar_s \rightarrow \max_{HA_s}! \qquad (2\text{-}1)$$

Es ist die Handlungsalternative HA_s zu wählen, die die Präferenzfunktion maximiert. In Gleichung (2-1) wird der Präferenzwert der Handlungsalternative $\phi(HA_s)$ als gewichtete Summe von Einzelnutzen berechnet (lineare Präferenzfunktion). Der unterstellte positive Wert für die Konstante in Höhe von 1 000 bedeutet, dass der Unternehmer einen Nutzen daraus zieht, überhaupt in der Landwirtschaft tätig zu sein. Außerdem steigt der Nutzen mit dem Gewinn G_s der jeweiligen Handlungsalternative HA_s. Mit zunehmendem Arbeitseinsatz Ar_s sinkt der Nutzen. Die Präferenzfunktion wird im Fall sicherer Erwartungen vielfach als Wertfunktion (value function) und bei Berücksichtigung von Unsicherheit als Risikonutzenfunktion (risk utility function) bezeichnet (vgl. auch Kapitel 7).

Auf der Grundlage der relevanten Präferenzfunktion könnte man für alle zur Auswahl stehenden Handlungsalternativen den Nutzen bestimmen und in eine Rangordnung bringen. Man spricht in diesem Zusammenhang auch davon, dass ein geeignetes **Entscheidungskalkül** bzw. Entscheidungskriterium berechnet und zur Entscheidungsfindung genutzt wird. Dieses Kalkül muss *alle* positiven und negativen Effekte berücksichtigen, die sich bei den zu vergleichenden Handlungsalternativen unterscheiden. Mit anderen Worten: Man muss **allen disponiblen Effekten einer Entscheidung Rechnung tragen**, die sich in Abhängigkeit von einer unternehmerischen Entscheidung (Disposition) verändern. Sind von einer Entscheidung keine Ziele des Entscheiders betroffen, so handelt es sich für ihn um kein relevantes Entscheidungsproblem.

Ein Blick auf Gleichung (2-1) zeigt, dass eine Handlungsalternative, die 1 € mehr Gewinn liefert als eine andere Handlungsalternative, vorzuziehen ist, solange dies nicht mit 10 oder mehr zusätzlichen Arbeitseinheiten erkauft werden muss. Man spricht bei konfligierenden Mehrfachzielen auch davon, dass ein Tradeoff zu berücksichtigen ist. Der Begriff „**Tradeoff**" bedeutet so viel wie Austauschrate und gibt - einfach ausgedrückt - an, auf wie viel Zielerreichung man bei einem Ziel verzichten würde, wenn man dafür eine Einheit eines anderen Zieles mehr bekommt. In Gleichung (2-1) beträgt der Tradeoff 1 € Gewinn je 10 Arbeitseinheiten.

Beispiel 2-1
Mehrfachziele - Gewinn und Freizeit

Tab. 2-3 verdeutlicht den grundsätzlichen Ablauf der Planung bei Mehrfachzielen anhand eines Beispiels mit zwei Handlungsalternativen (HA_1 und HA_2) und zwei Zielen. Der Landwirt verfolgt die konfligierenden Ziele „Gewinn" und „Freizeit". Gegenwärtig erzielt er bei einer monatlichen Arbeitsbelastung von 190 Stunden ein Einkommen von 4 000 € pro Monat (Status quo: HA_1). Durch eine Rationalisierungsinvestition könnte er die Arbeitsbelastung auf 160 Stunden senken. Gleichzeitig reduziert sich allerdings auch das Einkommen auf 3 550 € (HA_2).

Der Landwirt hat durch die Rationalisierungsinvestition 450 € weniger an monatlichem Einkommen, gleichzeitig aber 30 Stunden weniger an monatlicher Arbeitsbelastung. Wie er diesen Zielkonflikt bewertet, hängt von seiner persönlichen Präferenz ab. Unterstellt man, dass er einen Tradeoff von 16 € an Einkommen pro Stunde Freizeit akzeptiert, ihm also jede zusätzliche Stunde Freizeit 16 € wert ist, dann beträgt der Nutzen von HA_2 4 030 € (= 3 550 € + 30 h · 16 €/h). Weil der Nutzen von HA_1 nur 4 000 € beträgt, sollte der Landwirt die Rationalisierungsinvestition HA_2 tätigen.

Tab. 2-3: Alternativenvergleich bei den (Mehrfach)Zielen „Einkommen" und „Freizeit"

		Handlungsalternative HA_1 (Beibehaltung des Status quo)	**Handlungsalternative HA_2** (Durchführung einer Rationalisierungsinvestition)
Anpassungskosten		0 €	450 €
Veränderung der Arbeitsbelastung		0 h	-30 h Arbeit
Erwartete Zielerreichung	Einkommen	4 000 €	3 550 €
	Arbeitszeit	190 h	160 h
Erwarteter Nutzen [a)]		4 000 €	4 030 €
Rangfolge		**2**	**1**

[a)] Der Tradeoff zwischen Einkommen und Freizeit wird mit 16 €/h Freizeit angenommen.

Wenn der Landwirt eine andere Präferenz hätte und nur einen Tradeoff von 14 € pro Stunde Freizeit akzeptieren würde, dann überstiege die Nutzeneinbuße aus der Einkommensreduzierung in Höhe von 450 € den Wert der zusätzlichen Freizeit in Höhe von 420 € (= 30 h · 14 €/h). Das heißt, dieselbe Investition wäre für ihn nicht sinnvoll (nicht Nutzen maximierend). Der kritische Tradeoff, bei dem beide Handlungsalternativen gleichwertig sind, beträgt 15 € pro Arbeitsstunde.

Kurz zusammengefasst kann man sagen, dass der Landwirt im Beispiel das Problem des „Vergleichs von Äpfeln und Birnen" gelöst hat, indem er den Wert der erzielten Freizeit mit Hilfe des von ihm akzeptierten Tradeoff in der monetären Maßeinheit des ersten Zieles misst. Dadurch kann er den aus beiden Zielen resultierenden Nutzen der jeweiligen Handlungsalternative als Einkommensäquivalent angeben.

Ende des Beispiels

Die **praktische Bestimmung einer individuellen Präferenzfunktion** für konkrete Entscheider ist sehr schwierig. Versuchen könnte man dies über eine Befragung oder mit Laborexperimenten. Dabei zeigen sich aber häufig Inkonsistenzen im Antwortverhalten. Zudem besteht die Schwierigkeit, dass die Präferenzfunktion sich im Zeitablauf schnell ändern kann. Beispielsweise kann ein Zeitungsartikel neue Wünsche wecken oder Präferenzen verschieben.

Bei ökonomischen Analysen unterstellt man vielfach, dass Entscheider als „**homo oeconomicus**" handeln (sollten). Es wird angenommen, dass sie rational sind und in Einklang mit ihren Präferenzen ihren Nutzen maximieren. Mangels einer allgemeingültig anerkannten Definition des Begriffs „homo oeconomicus" kommt es - insbesondere wenn man interdisziplinär mit der Verhaltenswissenschaft zusammen arbeitet - immer wieder zu Verwirrungen. Wir unterscheiden deshalb folgende Verhaltensannahmen:

- Der homo oeconomicus *im engsten Sinne* ist ein eigennützig-rationaler Entscheider mit der eindimensionalen Zielsetzung der Gewinnmaximierung, die er unter Einbeziehung sämtlicher Informationen und Planungsinstrumente verfolgt. Mit dieser Verhaltensannahme abstrahiert man von Mehrfachzielen mit dem Argument, dass der Gewinn für Unternehmer, die sich im Wettbewerb behaupten müssen, das weitaus wichtigste Ziel darstellt. Der Gewinn wird also als Näherungskalkül (Proxy) für den Nutzen verschiedener Handlungsmöglichkeiten angesehen. Zusätzlich unterstellt man, dass der homo oeconomicus im engsten Sinne alle gesetzlichen Ge- und Verbote ganz unabhängig von den Konsequenzen bei einem Verstoß einhält. Man abstrahiert außerdem von den Informationssuch- und den Informationsverarbeitungskosten der Planung.
- Eine gängige Erweiterung dieser Sichtweise könnte man als homo oeconomicus *im engen Sinne* bezeichnen. Er ist ein eigennützig-rationaler Gewinnmaximierer, der nun risikoavers ist und die Kosten

der Informationsbeschaffung und Planung in sein Kalkül einbezieht. Außerdem hält der homo oeconomicus im engen Sinne Regeln nur dann ein, wenn es seinen Präferenzen entspricht. Das heißt, eine Regel wird nicht eingehalten, weil sie existiert, sondern nur dann, wenn es sich mehr lohnt, sie zu befolgen als sie zu brechen.

- Der homo oeconomicus *im weiten Sinne* verfolgt neben der Gewinnmaximierung und dem Sicherheitsstreben möglicherweise weitere egoistische Ziele. Er berücksichtigt bspw. bei der Frage nach der optimalen Vorgehensweise beim Drusch von Getreide auch den Komfort und die Leistungsstärke des Mähdreschers, weil er selbst viel Zeit auf der Maschine verbringt und dem „Fahrspaß" einen Wert beimisst. Diese weiteren Ziele können auch nicht-materieller Natur sein. Ein Beispiel ist das Streben nach Ruhm und sozialer Anerkennung.
- Der homo oeconomicus *im weitesten Sinne* verfolgt nicht nur egoistische, sondern auch altruistische Ziele, deren Erfüllung seinen Nutzen erhöhen kann. Er verzichtet also bspw. freiwillig auf rentable Produktionsverfahren, die die Umwelt schädigen würden, weil ihm das Wohlergehen anderer etwas wert ist.

Im Verlauf des Lehrbuchs greifen wir auf verschiedene „Arten" des homo oeconomicus zurück, machen die jeweils getroffenen Annahmen aber immer deutlich. Aufgrund der Tatsache, dass es um das Entscheidungsverhalten von Unternehmern geht, liegt der **Schwerpunkt auf dem risikoaversen Gewinnmaximierer**, den wir oben als homo oeconomicus *im engen Sinne* bezeichnet haben. Wir fokussieren auf die beiden Unternehmerziele „Gewinn" und „Sicherheit", um die Entscheidungsmodelle möglichst einfach zu halten. Damit argumentieren wir implizit, dass Entscheidungsvorbereitung zwei Schritte umfasst: Zunächst werden Kalkulationen unter Berücksichtigung der beiden wichtigsten Unternehmerziele durchgeführt. Nachgelagert ist zu erwägen, wie sich die Vorzüglichkeit einer Handlungsalternative im Lichte weiterer Unternehmerziele darstellt. Allerdings weisen wir z.B. in Punkt 5.3.3 auch darauf hin, wie man Entscheidungsmodelle grundsätzlich erweitern könnte, um neben dem Gewinn- und Sicherheitsstreben weitere unternehmerische Ziele zu betrachten. Wir berücksichtigen auch, dass die Informationsbeschaffung und die Planung mit Kosten verbunden sind. Ein Mehr an Planungsaufwand ist nur gerechtfertigt, solange die Kosten durch den Planungsmehrertrag gedeckt sind. Aus diesem Sachverhalt ergibt sich z.B. die Notwendigkeit der „Planung der Planung", die in Abschnitt 2.5 angesprochen wird. In Kapitel 8 erweitern wir schließlich die Sichtweise zum homo oeconomicus *im weitesten Sinne* und berücksichtigen unter dem Stichwort „Corporate Social Responsibility" die ethischen Motivationsanteile unternehmerischen Verhaltens.

2.3 Zu den Rahmenbedingungen der Agrarproduktion

Als Rahmenbedingungen der wirtschaftlichen Tätigkeit bezeichnet man diejenigen Faktoren, die den unternehmerischen Handlungsspielraum und Erfolg beeinflussen, auf die der einzelne Unternehmer aber keinen Einfluss hat. Dazu zählen erstens die institutionell-rechtlichen Rahmenbedingungen, die die Rechte und Pflichten unternehmerischen Handelns regeln. Zweitens müssen die Marktgegebenheiten (Angebot an Produktionsfaktoren, Nachfrage nach Produkten) und insbesondere die Marktpreise vom (nicht-monopolistischen) Unternehmer als mehr oder weniger gegebenes „Datum" hingenommen werden. Dies gilt auch für die natürlichen Produktionsbedingungen am jeweiligen Standort, die für die landwirtschaftliche Primärproduktion eine besonders große Bedeutung haben. Im Folgenden werden in Punkt 2.3.1 zunächst die institutionellen Rahmenbedingungen im Sinne der zur Auswahl stehenden Rechtsformen erläutert. Punkt 2.3.2 fokussiert auf die Grundlagen und Bedingungen der Agrarproduktion. In Punkt 2.3.3 werden die wichtigsten Entwicklungstendenzen angesprochen, die sich für Agrarunternehmen am Ende der ersten Dekade dieses Jahrtausends abzeichnen.

2.3.1 Institutionelle Rahmenbedingungen und Rechtsformen

Institutionelle Rahmenbedingungen regeln die grundsätzlichen Rechte und Möglichkeiten unternehmerischen Entscheidens (Eigentumsrecht, Vertragsfreiheit etc.) sowie die Grenzen der unternehmerischen Entscheidungsfreiheit. Beispiele für letztere sind arbeits-, verbraucher-, umwelt- oder tierschutzrechtliche Regelungen und das allgemeine Verbot sittenwidriger Verträge. Die Rechte und Möglichkeiten unternehmerischen Entscheidens lassen sich in Deutschland auf die Artikel 12 und 14 des Grundgesetzes (GG) zurückführen. Der Schutzbereich des Artikels 12 GG umfasst u.a. die Gewerbefreiheit des Einzelnen. Artikel 14 GG regelt sowohl das Recht auf Eigentum als auch die Sozialpflichtigkeit des Eigentums.

Es gibt für ein Unternehmen eine unendliche Zahl denkbarer Formen, die Beziehungen, Rechte und Pflichten zu den verschiedenen Shareholdern und Stakeholdern zu organisieren, die in irgendeiner Weise ein Interesse an einem Unternehmen haben. Beispielsweise kann über einen Kooperationsvertrag die gegenseitige Unterstützung bei der Durchführung von Feldarbeiten und die entsprechende Vergütung geregelt sein. Mit der **Rechtsformwahl** werden insbesondere die Beziehungen zwischen den verschiedenen Kapitalgebern sowie die steuerlichen Verpflichtungen des Unternehmens festgelegt. Man könnte auch sagen, die Rechtsformen erleichtern das organisatorische Entscheidungsproblem und erhöhen die Transparenz durch die Reduzierung der Gestaltungsmöglichkeiten mit Blick auf die Aufteilung von Entscheidungskompetenzen und die Regelung der Beziehungen eines Unternehmens zu verschiedenen Kapitalgebern und zum Staat.

Mit der Rechtsformwahl bestimmt man, wer mit welchem Kapital haftet und wer das Unternehmen nach außen vertritt. Damit legt die Rechtsform die **rechtlichen Beziehungen gegenüber Dritten**, d.h. zu den Geschäftspartnern auf den Faktor- und Produktmärkten sowie anderen gesellschaftlichen Anspruchsgruppen, fest. Zudem bestimmt die Rechtsform das **Binnenverhältnis innerhalb des Unternehmens** und regelt, welche Macht und Entscheidungsbefugnisse die verschiedenen Personengruppen auf die Unternehmensführung haben und wie die Gewinnverteilung erfolgt.

In Abb. 2-2 sind die wichtigsten Unternehmensformen nach deutschem Recht systematisiert. Auf die Darstellung von Mischformen, wie z.B. der GmbH & Co. KG, wird hier verzichtet.

Abb. 2-2: Systematik der Rechtsformen von Unternehmen

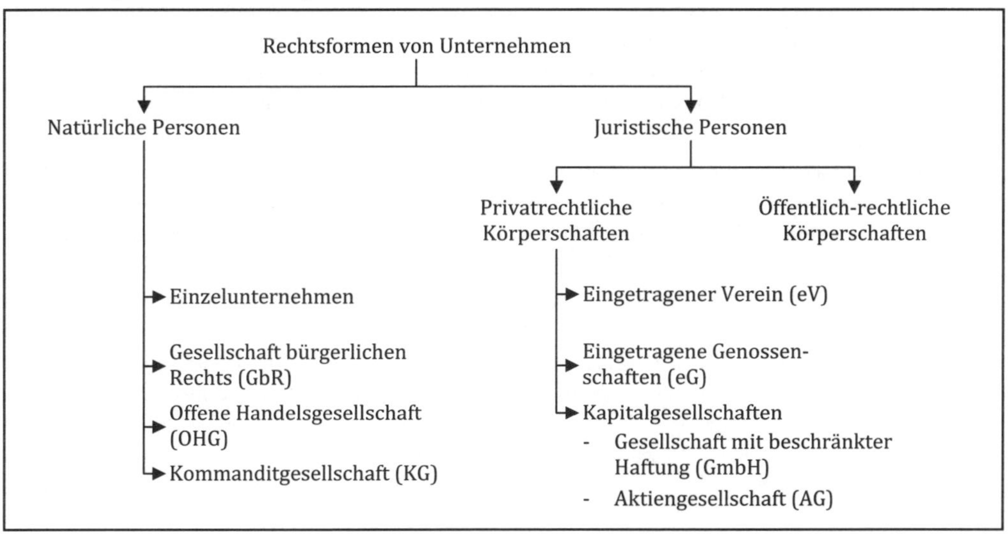

Grundsätzlich ist zwischen Natürlichen und Juristischen Personen zu unterscheiden. Betont man die allgemeine Rechtsfähigkeit von Menschen, so bezeichnet man Menschen als **Natürliche Personen**. Natürliche Personen, die als Unternehmer Gewinn durch einen Geschäftsbetrieb erzielen wollen, werden als Einzelunternehmer bezeichnet. Hierzu zählen die meisten landwirtschaftlichen Familienbetriebe. Zu den Natürlichen Personen zählen auch die sog. Personengesellschaften, die Vereinigungen von mehreren Natürlichen Personen darstellen und die auf der Basis von Gesellschaftsverträgen entstehen. Hierzu gehören die Gesellschaft bürgerlichen Rechts (GbR), die Offene Handelsgesellschaft (OHG) und die Kommanditgesellschaft (KG).

Juristische Personen sind rechtsfähige soziale Einheiten. Sie lassen sich in die beiden Hauptgruppen „öffentlich-rechtliche Körperschaften" (z.B. Bund, Länder, Gemeinden und Universitäten) und „privatrechtliche Körperschaften" unterteilen. Zu letzteren zählt auch der eingetragene Verein (eV), der als Idealverein keine Gewinnerzielungsabsicht hat. Insbesondere in der Landwirtschaft gibt es zudem sog. wirtschaftliche Vereine, deren Zweck auf den wirtschaftlichen Geschäftsbetrieb ausgerichtet ist. Dazu zählen viele Erzeugergemeinschaften und forstwirtschaftliche Vereine. Der wirtschaftliche Verein erlangt seine Rechtsfähigkeit nicht wie der eingetragene Verein durch Eintragung in das Vereinsregister, sondern durch eine staatliche Genehmigung („Verleihung"). Diese wird nur in Ausnahmefällen gewährt. Unternehmen können als eingetragene Genossenschaft (eG) oder als Kapitalgesellschaft in der Form der Gesellschaft mit beschränkter Haftung (GmbH) sowie der Aktiengesellschaft (AG) geführt werden. Für diese Formen gibt es jeweils eigenständige gesetzliche Grundlagen: das Genossenschaftsgesetz, das GmbH-Gesetz und das Aktiengesetz. Weitere Kapitalgesellschaften sind z.B. die sog. Mini- oder 1-Euro-GmbH und die Limited Company, die deutlich geringere Anforderungen an die Gründung stellen als ihre großen Pendants.

Tab. 2-4 verdeutlicht, welche rechtlichen und steuerlichen Implikationen sich bei den verschiedenen Rechtsformen ergeben. Die Frage nach der **optimalen Rechtsform** stellt sich insbesondere bei der Unternehmensgründung. Aber auch ein bestehendes Unternehmen kann seine Rechtsform bei Bedarf ändern. Es lässt sich nicht pauschal sagen, welche Rechtsform optimal ist. Alle Rechtsformen sind mit gewissen Vor- und Nachteilen verbunden, die in Abhängigkeit von der Situation und der eigenen Zielsetzung gegeneinander abgewogen werden müssen. Die Wahlfreiheit zwischen den einzelnen Rechtsformen ist aus den folgenden Gründen bedeutsam:

- Eine Juristische Person **haftet** gegenüber Dritten nur mit ihrem Eigenkapital. Dies ist von Vorteil, wenn man die eigene Haftung beschränken möchte. Charakteristisch für Natürliche Personen ist dagegen, dass der Einzelunternehmer bzw. die Gesellschafter einer Personengesellschaft für die Schulden des Unternehmens mit ihrem gesamten persönlichen Vermögen haften.
- Der Leiter eines Unternehmens der Rechtsform „Juristische Person" besitzt in aller Regel nur eingeschränkte **Entscheidungsbefugnisse**, da die Eigentümer über die Organe der Gesellschaft Einfluss nehmen können. In Personengesellschaften, wie der OHG, müssen Entscheidungen sogar einstimmig erfolgen, wenn dies im Gesellschaftsvertrag nicht explizit anders geregelt ist. Im Vergleich zum Einzelunternehmen begrenzt dies die Entscheidungsbefugnis des einzelnen Gesellschafters. Natürliche Personen hingegen, bei denen Eigentümerschaft und Geschäftsführung in einer Person zusammenfallen, haben alleinige Entscheidungsbefugnisse.
- Eine AG kann im Regelfall mehr Eigenkapital aufbringen als ein Einzelunternehmen oder eine eG. Für eine AG eröffnet bspw. ein Börsengang zusätzliche **Kapitalbeschaffungsmöglichkeiten**. Bei einer eG werden - wenn gemäß Satzung kein Mehrfachstimmrecht möglich ist - Beschlüsse nach Köpfen und nicht nach Kapitalanteilen gefasst, so dass ein verstärktes Engagement des einzelnen Genossenschaftsmitglieds formal nicht mehr Entscheidungsmöglichkeiten mit sich bringt. Mit Blick auf die Möglichkeiten der Fremdkapitalaufnahme ist zu beachten, dass z.B. Banken Kreditentscheidungen von der Eigenkapitalhöhe und den Sicherheiten und damit auch von den Haftungsregelungen der jeweiligen Rechtsform abhängig machen. Hier sind Natürliche Personen gegenüber Kapitalgesellschaf-

ten und insbesondere gegenüber der GmbH im Vorteil. Dies gilt vor allem dann, wenn Kapitalgesellschaften mit einer geringen Eigenkapitaldecke ausgestattet sind.

- Die OHG und die KG sowie Juristische Personen sind grundsätzlich im Handelsregister eingetragen. Die Eintragung in das Handelsregister bedingt, dass ein Unternehmen **buchführungspflichtig** ist. Einzelunternehmen haben also tendenziell weniger verwaltungstechnischen Aufwand. GbRs sind aufgrund ihrer Größe vielfach buchführungspflichtig.
- **Rechnungslegungsvorschriften und Publizitätspflichten** sind bei Einzelunternehmen und Personengesellschaften geringer als bei einer GmbH, AG und eG. Die für die jeweilige Rechtsform relevanten Rechnungslegungsvorschriften und Publizitätspflichten bedingen unterschiedliche Kosten.

Tab. 2-4: Charakteristika grundlegender Rechtsformen

	Einzel-unternehmen	Personen-gesellschaften	GmbH	AG	eG
Spezielle gesetzliche Grundlagen		§705 ff. BGB (für GbR); §105 ff. HGB (für OHG); §161 ff. HGB (für KG) [a]	GmbH-Gesetz (GmbHG)	Aktiengesetz (AktG)	Genossenschaftsgesetz (GenG)
Gründung	Allein	Formloser Gesellschaftsvertrag zwischen mindestens 2 Gesellschaftern	Notariell beurkundeter Gesellschaftsvertrag	Notariell beurkundeter Gesellschaftsvertrag	Schriftliches Statut; Eintragung in Genossenschaftsregister; mindestens 3 Personen
Haftung	Allein mit seinem gesamten Vermögen	Jeder Gesellschafter mit gesamten Vermögen; außer Kommanditisten in KG, die nur mit ihrer Einlage haften	Beschränkt auf gesamtes Eigenkapital der GmbH	Gesamtes Eigenkapital der AG	Gesamtes Eigenkapital der eG; evtl. Nachschusspflicht der Genossenschaftsmitglieder
Geschäftsführungs- und Vertretungsbefugnis	Allein	Alle gemeinsam (nicht Kommanditisten in KG)	Geschäftsführer	Vorstand	Vorstand
Beschlussfassung	Allein	Festlegbar im Gesellschaftsvertrag	Mehrheit nach Kapitalanteilen	Mehrheit nach Kapitalanteilen	Mehrheit nach Köpfen (ggf. Mehrfachstimmrecht gemäß Satzung)
Gewinnverteilung	Keine	Gemäß Gesellschaftsvertrag	Nach Kapitalanteilen	Nach Kapitalanteilen	Nach Kapitalanteilen oder in Form der Warenrückvergütung
Handelsregistereintrag	Nein	Nein für GbR; ja für OHG und KG	Ja	Ja	Ja

[a] BGB steht für Bürgerliches Gesetzbuch und HGB für Handelsgesetzbuch.

Für die Wahl der Rechtsform spielte in der Land- und Forstwirtschaft bis zum Jahr 2008 auch noch die sog. **Umsatzsteuerpauschalierung** eine Rolle. Für Juristische Personen sowie OHG und KG war qua Rechtsform nur die reguläre Umsatzbesteuerung zulässig, bei der der Unternehmer den Differenzbetrag zwischen der vereinnahmten und der gezahlten Umsatzsteuer in regelmäßigen Abständen an das Finanzamt abzuführen hat. Damit wird der im Unternehmen tatsächlich erzielte Mehrwert besteuert. Für land- und forstwirtschaftliche Einzelunternehmen und GbRs entfiel ein Umsatzsteuerabgleich mit dem Finanzamt. Einzelunternehmen und GbRs blieben damit umsatzsteuerliche Aufzeichnungen erspart. Mittlerweile ist die Umsatzsteuerpauschalierung mit Verweis auf den Grundsatz der steuerlichen Neutralität der Rechtsform für alle Unternehmen möglich, die einer land- und forstwirtschaftlichen Tätigkeit nachgehen.

2.3.2 Grundlagen und Bedingungen der Agrarproduktion

Der Rahmen, in dem sich die landwirtschaftliche Produktion vollzieht, wird zum einen geprägt durch die in einer Region herrschenden natürlichen und wirtschaftlichen Bedingungen und zum anderen durch die spezifische Situation der einzelnen Betriebe (Abb. 2-3). Man spricht in diesem Zusammenhang auch von standortspezifischen und betriebsspezifischen Verhältnissen. Die durch Ort und Zeit vorgegebenen standortspezifischen Verhältnisse kann der Landwirt im Gegensatz zu den betriebsspezifischen Verhältnissen nicht beeinflussen. Allenfalls bei Unternehmensneugründungen bestehen diesbezügliche Wahlfreiheiten.

Abb. 2-3: Systematik betriebsgestaltender Faktoren

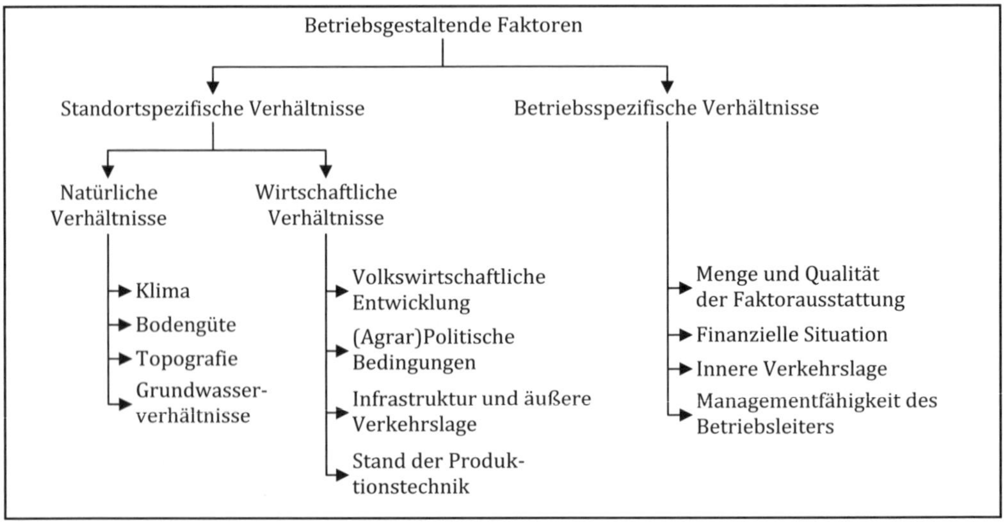

a) Standortspezifische Verhältnisse

Natürliche Verhältnisse

Ein Standort wird durch die natürlichen und wirtschaftlichen Verhältnisse charakterisiert (Abb. 2-3). Unter dem Begriff natürliche Verhältnisse werden die **klimatischen Bedingungen** (Temperatur-, Niederschlags-, Wind- und Lichtverhältnisse) sowie die **Bodengüte** (Fruchtbarkeit, Steinbesatz), die **topografische Lage** (Hangneigung) und die **Grundwasserverhältnisse** verstanden. Der Einfluss der natürlichen Verhältnisse auf die Ergiebigkeit und den Erfolg der landwirtschaftlichen Produktion ist besonders offensichtlich, denn diese unterscheidet sich von der gewerblichen Wirtschaft dadurch, dass sie stark von natürlichen Wachstumsfaktoren und -prozessen abhängig ist. Die natürlichen Verhältnisse bestimmen, wie wettbewerbsfähig bestimmte Betriebszweige und Produktionsverfahren am jeweiligen Standort sind. So ist die Ertragsfähigkeit des Marktfruchtbaus in Höhenlagen oder auf sandigen Böden und bei ungünstigen Niederschlagsverhältnissen schwach. Zudem unterscheiden sich die Aufwendungen, die an unterschiedlichen Standorten für bestimmte Betriebszweige erforderlich sind. So ist bspw. die Milchproduktion im Norden Neuseelands aufgrund des ganzjährig milden Klimas im Gegensatz zur Milchproduktion in Deutschland nicht an Stallungen gebunden.

Wirtschaftliche Verhältnisse

Die Möglichkeiten und Organisationsformen der landwirtschaftlichen Produktion hängen nicht nur von den natürlichen Bedingungen ab. Sie werden auch in starkem Maße durch die wirtschaftlichen Verhältnisse bestimmt. Der **Stand der volkswirtschaftlichen Entwicklung** kann an verschiedenen Merkmalen gemessen werden. Beispiele sind die Höhe und Verteilung des Einkommens je Kopf der Bevölkerung, der Anteil einzelner Wirtschaftszweige an der Gesamtzahl der Beschäftigten oder der Pro-Kopf-Konsum bestimmter Erzeugnisse. Der Stand der volkswirtschaftlichen Entwicklung und die jeweils aktuelle konjunkturelle Entwicklung wirken auf die Agrar- und Ernährungswirtschaft durch die Input- und Outputpreise, die sich durch die Nachfrage nach Erzeugnissen sowie das Angebot an Produktionsfaktoren ergeben.

Unter der Bezeichnung „**agrarpolitische Rahmenbedingungen**" fasst man zum einen die staatlichen Maßnahmen zur Förderung des Sektors Landwirtschaft, die mit staatlichen Transferzahlungen unterschiedlicher Art (Direktzahlungen, Investitionsbeihilfen, Betriebsaufgabeprämien etc.) verbunden sind. Zum anderen fasst man darunter Zahlungen, die für Leistungen der Landwirtschaft gewährt werden, die nicht über den Markt honoriert werden. Dazu zählen die Programme zur Förderung einer umweltverträglichen und extensiven Bewirtschaftung. Vielfach werden auch Auflagen an die landwirtschaftliche Produktion, die sich aus den Bereichen „Umweltschutz", „Verbraucherschutz" oder „Tierschutz" ergeben, zu den agrarpolitischen Bedingungen im weiteren Sinne dazugerechnet. Agrarpolitische Maßnahmen wirken auf jeden Betrieb unterschiedlich. Sie können von seiner Größe und Produktionsstruktur oder der individuellen Situation des Betriebsinhabers abhängig sein. Zum Beispiel betrifft das Verbot einer Käfighaltung von Legehennen nur die Betriebe direkt, die Legehennen halten. Ein anderes Beispiel sind Programme, wie Investitionsförderprogramme für Junglandwirte, die nur vom angesprochenen Kreis junger Landwirte in Anspruch genommen werden können.

Die **äußere Verkehrslage** kennzeichnet zunächst die Entfernung eines Betriebs von seinen Bezugs- und Absatzmärkten. Die Entfernung findet in den sog. Frei-Hof- bzw. Loco-Hof-Preisen ihren Ausdruck. Für erzeugte Produkte ist der Frei-Hof-Preis gleich dem Verkaufspreis abzgl. der Transportkosten zum Markt. Für Produktionsmittel entspricht der Frei-Hof-Preis dem Einkaufspreis zzgl. der Transportkosten zum Hof. Die äußere Verkehrslage umfasst im weiteren Sinne aber auch alle infrastrukturellen Gegebenheiten. Damit sind z.B. Starkstromanschlüsse, Funklöcher etc. gemeint. In diesem Zusammenhang ergeben sich vielfach Netzwerkexternalitäten, d.h. Vor- oder Nachteile, die mit einer zunehmenden Anzahl von Produzenten mit ähnlicher Technologie steigen. Ein Beispiel für positive Netzwerkexternalitäten sind Veredlungsregionen, in denen man gerade wegen der hohen Anzahl von Schweineproduzenten sowohl beim Bezug von Produktionsmitteln (bis hin zum Zugang zu kompetenter Beratung) als auch beim Absatz der produzierten Erzeugnisse günstige Bedingungen vorfindet. Ein Landwirt, der als Einziger in seiner Region Schweine mästet, hat es dagegen schwerer.

Mit **Stand der Produktionstechnik** ist zum einen das mechanisch-technische Leistungsvermögen, wie bspw. die Schlagkraft von Maschinen, gemeint. Zum anderen gehört dazu auch das biologisch-technische Leistungsvermögen, wie bspw. das durch die Züchtung erreichte Ertragspotenzial der Fruchtarten. Außerdem ist das organisatorisch-technische Leistungsvermögen von Technologien relevant. Ein Beispiel ist eine Buchführungssoftware, die den Verwaltungsaufwand reduziert. Der Stand der landwirtschaftlichen Produktionstechnik ist ein wesentlicher Bestimmungsfaktor für die Art, Struktur und Effizienz der Produktionsprozesse. In diesem Zusammenhang ist der Begriff „technischer Fortschritt" wichtig. Von technischem Fortschritt spricht man, wenn verbesserte Produkte eingeführt werden oder wenn sich bereits eingeführte Produkte mit geringerem Aufwand als bisher oder bei gleichem Aufwand in erhöhter Menge und/oder verbesserter Qualität herstellen lassen. Biologisch-technischer Fortschritt (z.B. Züchtungsfortschritt bei Saatgut) kann von großen und kleinen Betrieben meist in gleichem Maße übernommen werden, weil Produktionsmittel, wie z.B. Saatgut, auch in kleinen Einheiten zu erwerben sind. Dagegen ist die Einführung von mechanisch-technischem Fortschritt (z.B. neuer Mähdrescher mit größerer Arbeitsbreite oder Precision-Farming-Technologien) oder von organisatorisch-technischem Fortschritt (z.B. neuartige Software für die Unternehmensanalyse und -planung) i.d.R. an den Kauf unteilbarer (nicht stückelbarer) langlebiger Aggregate gebunden, die in kleineren Betrieben oft keine genügende Auslastung erfahren.

b) Betriebsspezifische Verhältnisse

Während standortspezifische Verhältnisse den Handlungsspielraum landwirtschaftlicher Unternehmen vorgeben, können betriebsspezifische Verhältnisse durch den Unternehmer aktiv gestaltet werden. Sie kennzeichnen die individuelle Situation des Betriebs hinsichtlich seiner **Faktorausstattung** (Abb. 2-3). Die Menge und Qualität der verfügbaren Produktionsfaktoren hat Einfluss auf das Produktionsergebnis. Außerdem kann die Faktorausstattung vom Unternehmer hinsichtlich ihres Einsatzes variiert werden. Neben der klassischen Einteilung der Produktionsfaktoren in Boden, Arbeit, Kapital, bei der außer Boden alle Güter als Kapitalgüter gefasst und Rechte nicht als Produktionsfaktoren berücksichtigt werden, ist auch eine Untergliederung der Produktionsfaktoren in **Güter**, **Dienste** sowie **Rechte** möglich (Abb. 2-4).

Abb. 2-4: Systematik der Produktionsfaktoren

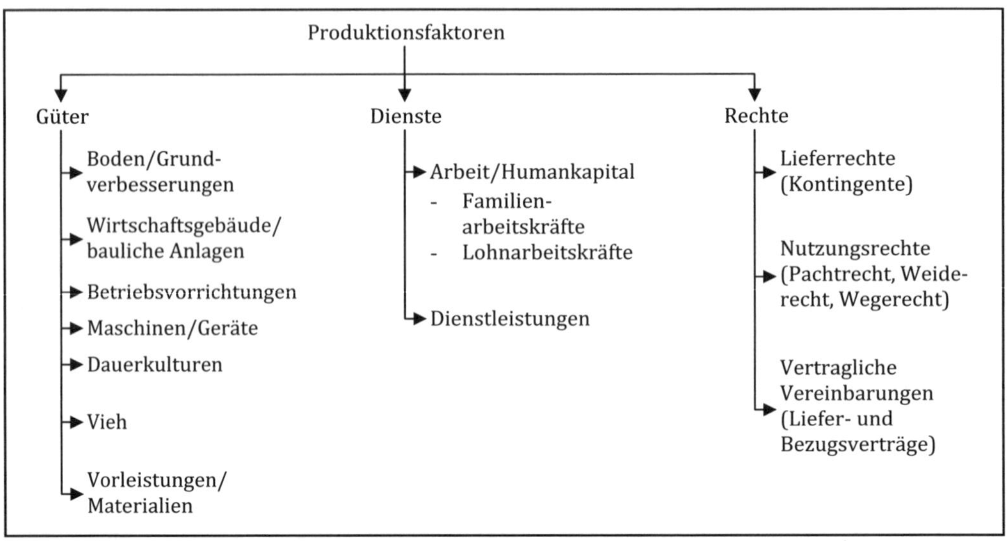

Güter umfassen die physischen Produktionsfaktoren. Dabei wird neben dem lebenden Vieh zwischen Gebrauchs- und Verbrauchsgütern unterschieden. Als Gebrauchsgüter werden jene Güter bezeichnet, die durch den Produktionsprozess keine wesentliche Umformung erfahren und damit über mehrere Produktionsperioden einsetzbar sind, aber oftmals zunehmend abgenutzt werden. Zu den Gebrauchsgütern gehören Boden/Grundverbesserungen, Wirtschaftsgebäude/bauliche Anlagen, Betriebsvorrichtungen, Maschinen/Geräte und Dauerkulturen. Gebrauchsgüter werden vielfach auch als Anlagegüter bezeichnet. Verbrauchsgüter in Form von Vorleistungen/Materialien werden dagegen in einer Produktionsperiode verbraucht. Verbrauchsgüter werden auch als Umlaufgüter oder Betriebsmittel bezeichnet.

Der **Boden** ist in der Landwirtschaft nicht nur Standort für Produktionsgebäude, sondern auch ein Produktionsfaktor mit eigener Erzeugungskraft. Er bestimmt maßgeblich das biologische Wachstum der Kulturpflanzen. Aus ökonomischer Sicht ist der Faktor „Boden" durch drei besondere Eigenschaften ausgezeichnet: (1) Seine Unbeweglichkeit verlangt bewegliche Geräte und bewirkt oft einen hohen Transportaufwand. (2) Seine Unvermehrbarkeit, also die Tatsache, dass man Boden nicht produzieren kann, bedeutet für den einzelnen Betrieb, dass der Boden häufig nur zu sehr hohen Preisen erworben werden kann oder vielfach sogar absolut knapp ist. (3) Der Boden unterliegt - im Unterschied zu anderen Gebrauchsgütern - nicht der Abnutzung. Mit anderen Worten: Bei ordnungsgemäßer Bearbeitung und Pflege (guter fachlicher Praxis) bleibt der Boden in seiner Qualität weitgehend unverändert. Die Boden- oder Flächenausstattung eines Betriebs wird in Hektar (ha) landwirtschaftliche Nutzfläche (LF) gemessen. Die Preise für Boden sind i.d.R. von seiner Qualität abhängig. Es gibt aber auch spezifische Situationen, in denen das nicht der Fall ist. So sind bspw. auch die Preise für relativ schwache Böden in einer Region vergleichsweise hoch, wenn Veredlung betrieben wird und Ausbringungsflächen für Gülle knapp sind. Außerdem unterliegen Bodenpreise außerlandwirtschaftlichen Einflüssen, wie z.B. der Nähe zu Siedlungsgebieten.

Mit dem Boden untrennbar verbunden sind **Grundverbesserungen**. Damit meint man Maßnahmen, die zur Förderung der Qualität des Bodens beitragen, wie z.B. Be- und Entwässerungsanlagen, die Anreicherung des Bodens mit Humus und Feinerde, eine Entsteinung der Böden oder der Tiefenumbruch der Flächen. Grundverbesserungen bzw. die mit deren Durchführung verbundenen Kosten lassen sich i.d.R. nicht wieder rückgängig machen.

Zu den **Wirtschaftsgebäuden** zählen Stallungen, Lager und Maschinenhallen. Wie bereits erwähnt wurde, besteht ein Zusammenhang zwischen den natürlichen Bedingungen und den Anforderungen an Gebäude, wie z.B. Stallungen. Die Gebäudekapazität wird über die Zahl der Tierplätze, die Lagerfläche oder den Lagerraum angegeben. Unter **baulichen Anlagen** versteht man Bauten für spezielle Zwecke, die nicht den Charakter von Gebäuden haben. Dazu zählen z.B. Silos, Dungstätten oder Behälter für Gülle. **Betriebsvorrichtungen** sind ortsfeste, unbewegliche Aggregate wie Förder-, Trocknungs- oder Futterzubereitungsanlagen.

Maschinen und Geräte haben den Zweck, durch Arbeitsersparnis, Arbeitserleichterung und Verbesserung der Arbeitsqualität die Produktivität der menschlichen Arbeit zu erhöhen. Beispiele sind Schlepper, Drillmaschinen, Düngerstreuer oder Futterwagen. Ihre Kapazität wird über ihre Motorleistung (z.B. in kW oder PS), ihre Arbeitsbreite oder -leistung (z.B. Druschleistung pro Betriebsstunde) oder auch über das Fassungsvermögen (z.B. in Kubikmeter oder Tonnen) angegeben.

Zu den **Dauerkulturen** zählen z.B. Obst- und Weinbauanlagen. Dabei handelt es sich im Unterschied zu Verfahren, wie z.B. der Getreideproduktion, um mehrjährige Kulturen. **Vieh** wird heute vorrangig gehalten, um landwirtschaftliche Primärprodukte in hochwertige tierische Erzeugnisse umzuwandeln. Arbeits- bzw. Zugtiere spielen in der landwirtschaftlichen Produktion Mitteleuropas - bedingt durch die Maschinisierung - nahezu keine Rolle mehr. Eindeutige Verbrauchsgüter sind **Vorleistungen/Materialien**, wie z.B. Saatgut, Dünger, Pflanzenschutz- und Futtermittel, Energie und Kraftstoffe, die - wie der Name sagt - in einer Produktionsperiode verbraucht werden.

Neben den Gütern bilden die **Dienste** eine zweite Gruppe der Produktionsfaktoren. Sie beinhalten die Arbeit, die durch Familienarbeitskräfte und familienfremde Arbeitskräfte bzw. Lohnarbeitskräfte bereitgestellt wird. Außerdem gehören die Dienstleistungen dazu. Der Arbeitsumfang wird in Arbeitskraftstunden (Akh) gemessen. Eine Arbeitskraft pro Jahr entspricht in der Landwirtschaft etwa 2 000 Akh. Mit Dienstleistungen sind extern zugekaufte Arbeitsleistungen und Verrichtungen Dritter gemeint. Dazu gehören z.B. der Einsatz eines Lohnunternehmers beim Rübenroden, der Tierarzt oder Leistungen des Betriebs- oder Steuerberaters.

Rechte und vertragliche Vereinbarungen bilden die dritte Gruppe der Produktionsfaktoren. Rechte sind die Ansprüche des Betriebs auf bestimmte Leistungen, wie z.B. das Recht auf öffentliche Beihilfen bei Erfüllung bestimmter Voraussetzungen, oder Kontingente, die dem Betrieb den Absatz vertraglich festgesetzter Gütermengen für z.B. Milch und Zucker ermöglichen. Auch privatvertragliche Beziehungen und

Abmachungen wirken auf die Produktionsmöglichkeiten und das Produktionspotenzial eines Betriebs ein. Beispiele sind Anbauverträge für Saatgut oder Lieferverträge für Energiepflanzen. Daneben sind auch Kooperationen relevant. Beispielsweise kommt ein Landwirt, der durch die Mitgliedschaft in einem Maschinenring Schlepper, Mähdrescher etc. regelmäßig beziehen kann, mit weniger eigenen Gebrauchsgütern aus, als ein Landwirt, dem sich die Möglichkeit überbetrieblicher Maschinennutzung nicht bietet oder der sie sich nicht aufgebaut hat.

In Abb. 2-3 wurden neben der Faktorausstattung drei weitere betriebsspezifische Aspekte gesondert hervorgehoben, die bisher noch nicht kommentiert wurden. Dies soll nun nachgeholt werden: Die **finanzielle Situation** beeinflusst den Entscheidungsspielraum zur Beschaffung von Produktionsfaktoren. Sie wird durch das Eigenkapital und die Liquidität, also den Bestand an flüssigen Finanzmitteln gekennzeichnet. Zum Beispiel kann ein Unternehmen, das mit eigenen Mitteln gut ausgestattet ist, bei sonst gleichen Bedingungen leichter eine große Investition finanzieren, als ein Unternehmen, das in stärkerem Maße auf Fremdkapital zurückgreifen muss und über weniger Vermögen verfügt, das als Sicherheit dienen kann. Die **innere Verkehrslage** des Betriebs bezieht sich auf einen besonders wichtigen Qualitätsaspekt des Faktors „Boden", nämlich die Entfernung der Felder zur Hofstelle, die Wegeverhältnisse sowie die Formen und Größen von Flurstücken. Eine ungünstige innere Verkehrslage führt zu erhöhten Transport- und Arbeitskosten. Auch die **Managementfähigkeit** zielt auf einen essenziellen Qualitätsaspekt der Führung, nämlich das produktionstechnische Know-How, die Kommunikationsfähigkeit mit Arbeitnehmern, Abnehmern, Zulieferern und Verpächtern sowie die allgemeinen Organisations- und Führungsfähigkeiten des Betriebsleiters, der einen Teil des Faktors „Arbeitskraft" darstellt. Um die Bedeutung der Qualität unternehmerischer Entscheidungen, die man auch als unternehmerische Dispositionen bezeichnet, zu betonen, spricht man auch manchmal vom „dispositiven Produktionsfaktor".

2.3.3 Entwicklungstrends in der Agrarwirtschaft

a) Kurzbeschreibung der Ausgangssituation

Als Ausgangspunkt für die Beschreibung der wichtigsten Trends in der Agrarwirtschaft wird nachstehend die Ausgangssituation in Deutschland kurz angerissen. Damit werden zwei Zielsetzungen verfolgt: Zum einen lernen wir die Bedingungen kennen, die bei der Analyse und Planung von Agrarbetrieben zu beachten sind. Zum anderen geht es auch um agrarstrukturelle Merkmale wie die Verteilung der Rechtsformen, Betriebsgrößen, Erwerbsformen und Betriebsformen. Insofern dienen die folgenden Ausführungen auch dazu, wichtige Begrifflichkeiten und Klassifikationen einzuführen, die man benötigt, um sich in der relevanten Literatur und in (Agrar)Statistiken zu orientieren. Betriebsstrukturen stellen als Momentaufnahme das aggregierte Ergebnis von Entscheidungen dar, die in der Vergangenheit von den wirtschaftlichen Akteuren getroffen wurden. Sie unterliegen im Zeitablauf einem Wandel, dessen Tempo von der Dynamik der Umweltfaktoren ebenso abhängt wie von der betriebsinternen Änderungsbereitschaft.

Natürliche Verhältnisse

Unter den natürlichen Verhältnissen ist insbesondere das **Klima** zu nennen. Es ist in Mitteleuropa durch relativ milde Winter und i.d.R. ausreichende Niederschläge zu den aus pflanzenbaulicher Sicht relevanten Zeitpunkten gekennzeichnet. Die Naturalerträge sind in Europa aufgrund der natürlichen Bedingungen deutlich höher und auch weniger stark schwankend als z.B. in den USA und Kanada. Deshalb hat Europa - weltweit gesehen - hervorragende Bedingungen für einen hochproduktiven Pflanzenbau. Beim Futterbau (Milchproduktion und intensive Rindermast) sind allerdings die klimatischen Bedingungen auf der Südhalbkugel der Erde denen auf der Nordhalbkugel überlegen. In Europa ist weitgehend Stallhaltung erforderlich, während bspw. in Neuseeland und Argentinien vielfach ganzjährige Freilandhaltung möglich ist.

Wirtschaftliche Verhältnisse

Das Unternehmensergebnis je landwirtschaftlicher Familienarbeitskraft hat in vielen zurückliegenden Jahren nicht mit dem gewerblichen Vergleichslohn Schritt gehalten. Diese sog. **Einkommensdisparität** wird zum einen auf den hohen Preisdruck in der Landwirtschaft zurückgeführt, dessen Ursache darin gesehen wird, dass die Nachfrage nach Nahrungsmitteln in Industrieländern weniger stark steigt als das Einkommen (Engelsches Gesetz). Zum anderen wird die Einkommensdisparität mit Mobilitätshemmnissen erklärt. Mit Mobilitätshemmnissen meint man eine geringe Bereitschaft der praktizierenden Landwirte, aus der Agrarproduktion auszuscheiden. Für Mobilitätshemmnisse gibt es mehrere Argumente: (1) In der Landwirtschaft investiertes Kapital ist i.d.R. ortsgebunden und sektorspezifisch, so dass es nicht ohne Weiteres frei gesetzt werden kann. (2) Zusätzliche außerlandwirtschaftliche Erwerbsquellen ermöglichen - auch bei einem geringen landwirtschaftlichen Einkommen - die Sicherung des Lebensunterhalts. (3) Insbesondere in strukturschwachen Regionen gibt es wenig alternative Verwertungsmöglichkeiten der bislang in der Landwirtschaft eingesetzten Arbeitskraft. (4) Landwirte könnten die Erwartung hegen, dass zukünftig bessere Einkommenschancen in der Landwirtschaft bestehen, an denen man bei einer Betriebsaufgabe nicht mehr teilhaben könnte. (5) Nicht-ökonomische Ziele, wie z.B. Tradition, Unabhängigkeit und ländlich-bäuerlicher Lebensstil, stiften einen Zusatznutzen.

Betriebsspezifische Verhältnisse

In Punkt 2.3.1 wurden die relevanten **Rechtsformen** für Agrarunternehmen bereits kurz charakterisiert. Tab. 2-5 zeigt, wie viele landwirtschaftliche Betriebe in Deutschland im Jahr 2007 den einzelnen Rechtsformen zuzuordnen waren.

Tab. 2-5: Landwirtschaftliche Betriebe nach Rechtsformen im Jahr 2007 [a)]

	Betriebe		Fläche		Durchschnittliche Betriebsgröße
	Zahl in 1000	Anteil in %	ha in 1000	Anteil in %	ha LF
Einzelunternehmen	346,7	93,5	11 579,4	68,4	33,4
Personengesellschaften	19,0	5,1	2 405,7	14,2	126,6
Darunter: GbR	15,7	4,2	1 885,6	11,1	120,3
Juristische Personen des privaten Rechts	4,6	1,2	2 905,6	17,2	637,0
Darunter: eG	1,1	0,3	1 465,2	8,7	1 305,9
GmbH	2,7	0,7	1 307,5	7,7	482,1
AG	0,1	0,0	97,8	0,6	789,1
Juristische Personen des öffentlichen Rechts	0,6	0,2	44,8	0,3	74,2
Betriebe insgesamt	**370,8**	**100**	**16 935,4**	**100**	**45,7**

a) Nur Betriebe mit mindestens 2 ha LF; Datengrundlage: BMELV (2008).

Wie aus Tab. 2-5 ersichtlich ist, werden über 90% der landwirtschaftlichen Betriebe in Deutschland von Natürlichen Personen bewirtschaftet. Nur 1,2% der Betriebe sind Juristische Personen. Sieht man sich allerdings die Flächenverteilung an, so stellt man fest, dass Juristische Personen einen Anteil von 17,2% an der landwirtschaftlichen Nutzfläche haben und bei weitem nicht so unbedeutend sind, wie die Zahl der Betriebe zunächst vermuten ließe. Im Umkehrschluss bedeutet dies, dass Juristische Personen im Durchschnitt über eine sehr viel größere Flächenausstattung verfügen als Natürliche Personen. In den östlichen Bundesländern gibt es überdurchschnittlich viele große Juristische Personen. Dies hat vor allem politisch-historische Gründe, darunter u.a. die Zwangskollektivierung in der ehemaligen DDR.

Die **Größe von Agrarunternehmen** als zweites wichtiges Strukturmerkmal lässt sich inputorientiert (über die Produktionskapazitäten) oder outputorientiert (über die Produktionsmenge oder eine davon abgeleitete Größe) messen. Als Maßstab für eine inputorientierte Größenmessung kommen Parameter wie die bewirtschaftete Fläche, die Zahl der Arbeitskräfte oder auch der Kapitaleinsatz in Betracht. Traditionell wird in der Landwirtschaft insbesondere die **bewirtschaftete Fläche** als Größenmaßstab herangezogen. Tab. 2-5 zeigt, dass in Deutschland von etwa 371 000 Betrieben insgesamt ca. 17 Mio. ha Fläche bewirtschaftet werden. Die durchschnittliche Betriebsgröße beträgt 45,7 ha. Allerdings gibt es - gemessen an der Fläche - viele kleine und wenige große Betriebe. Die Betriebe sind in Süddeutschland tendenziell kleiner als in Norddeutschland und in Westdeutschland bedeutend kleiner als in Ostdeutschland. Die Verwendung der bewirtschafteten Fläche als Betriebsgrößenindikator ist problematisch, da hierdurch die Produktionskapazität von (weitgehend) bodenunabhängigen Betriebszweigen wie Veredlung oder Dienstleistungen nicht berücksichtigt werden. Deshalb reicht die Fläche als alleiniges Kriterium zur Kennzeichnung der Betriebsgröße nicht aus.

Die Verwendung der **Arbeitskräfte** als Größenmaßstab hat den Vorteil, dass damit auch die Kapazität flächenunabhängiger Betriebszweige erfasst wird. Im Jahr 2007 waren in der Landwirtschaft deutschlandweit etwa 1,25 Mio. Personen beschäftigt. Dies entspricht ca. 3% aller Arbeitskräfte in Deutschland. Von den in der Landwirtschaft tätigen Arbeitskräften sind etwa 730 000 Familienarbeitskräfte. Dazu kommen 185 000 ständige und 335 000 nicht ständige familienfremde Arbeitskräfte (BMELV 2008). Aus der alleinigen Anwendung des Kriteriums „Arbeitskräfte" auf die Leistungskapazität eines Sektors oder eines Betriebs schließen zu wollen, ist aber ebenfalls problematisch, weil hier eine unterschiedliche Ausstattung mit Fläche und Kapital keine Berücksichtigung findet.

Seit geraumer Zeit wird in offiziellen Statistiken die wirtschaftliche Betriebsgröße oftmals in der „**Europäischen Größeneinheit**" (EGE) angegeben. Eine EGE entspricht einem Standarddeckungsbeitrag (StDB) von 1 200 €. Der StDB ist *keine* Erfolgsgröße, sondern ein normierter outputorientierter Größenmaßstab. Er gibt an, welcher Deckungsbeitrag durchschnittlich erzielt wurde. Der StDB wird für Deutschland vom KTBL (Kuratorium für Technik und Bauwesen in der Landwirtschaft) nach Regionen und Produktionszweigen differenziert ausgewiesen. Man unterscheidet zwischen Kleinbetrieben (bis 50 EGE), Mittelbetrieben (50 bis 100 EGE) und Großbetrieben (100 und mehr EGE).

Die **Erwerbsform** stellt ein Strukturmerkmal von Einzelunternehmen dar. Einzelunternehmen können nach der Einkommensherkunft, d.h. dem Verhältnis der landwirtschaftlichen Einkünfte zu den gesamten Familieneinkünften, in verschiedene Gruppen eingeteilt werden. Bei Haupterwerbsbetrieben stammt das Erwerbseinkommen zu mehr als 50% aus der Landwirtschaft. Bei Nebenerwerbsbetrieben wird das Einkommen überwiegend außerbetrieblich erwirtschaftet. Oftmals werden Haupterwerbsbetriebe noch in Vollerwerbs- und Zuerwerbsbetriebe untergliedert. Bei einem Vollerwerbsbetrieb bezieht der Inhaber bzw. das Inhaberehepaar ein außerbetriebliches Erwerbseinkommen von unter 10% und bei einem Zuerwerbsbetrieb von 10 bis 50%. In Deutschland wurden im Jahr 2007 etwa 55% der Einzelunternehmen im Nebenerwerb geführt (BMELV 2008). Nebenerwerbsbetriebe sind im Durchschnitt bedeutend kleiner als Haupterwerbsbetriebe. Dies ist u.a. auch darin begründet, dass der Nebenerwerb vielfach als Übergang zur Betriebsaufgabe gewählt wird.

Neben der Rechtsform, der Betriebsgröße und der Erwerbsform stellt die **Betriebsform**, d.h. die Ausrichtung der betrieblichen Aktivitäten, ein weiteres Strukturmerkmal landwirtschaftlicher Unternehmen dar. Dieses Strukturmerkmal ist insbesondere deshalb bedeutsam, weil die Vielzahl möglicher Produkte aus der landwirtschaftlichen Produktion einen Vergleich zwischen den Betrieben erschwert. Grundlage für die Klassifizierung der Betriebe nach der Betriebsform bildet die Struktur des StDB. Tab. 2-6 stellt die Verteilung der Betriebe nach Betriebsformen in Deutschland dar.

Grundsätzlich werden die Betriebsformen „Ackerbau", „Gartenbau", „Dauerkulturen", „Futterbau", „Veredlung" und „Gemischt" unterschieden. Den einzelnen Betriebsformen werden alle Betriebe zugeordnet, bei denen der StDB des jeweiligen Betriebszweigs, welcher der betreffenden Betriebsform den Namen gibt, einen Anteil von mindestens 2/3 des gesamten StDB des Betriebs hat. Wenn kein Betriebszweig mehr als

2/3 des StDB ausmacht, spricht man von einem Gemischtbetrieb. In Deutschland gibt es relativ viele Betriebe der Betriebsformen „Futterbau", „Gemischt" und „Ackerbau".

Tab. 2-6: Betriebsformen und jeweiliger Anteil der landwirtschaftlichen Haupterwerbsbetriebe im Jahr 2005/06 [a)]

Betriebsform		Definition (ausgedrückt als Anteil am StDB)	Anteil
Ackerbau		Getreide, Hülsenfrüchte, Kartoffeln, Zuckerrüben, Handelsgewächse, Feldgemüse, Futterpflanzen, Sämereien, Hopfen größer als 2/3	17,7%
Gartenbau		Gemüse, Erdbeeren im Freiland und unter Glas, Blumen und Zierpflanzen im Freiland und unter Glas, Baumschulen größer als 2/3	6,4%
Dauer-kulturen	Weinbau	Rebanlagen größer als 2/3	4,4%
	Obst	Obst größer als 2/3	1,2%
	Sonstige	Sonstige Dauerkulturen größer als 2/3	0,6%
Futter-bau	Milchvieh	Milchkühe, Färsen, weibliche Jungrinder größer als 2/3	36,2%
	Sonstige	Rinder, Schafe, Pferde größer als 2/3	5,8%
Veredlung		Schweine, Geflügel größer als 2/3	4,2%
Gemischt		Jeder einzelne Zweig kleiner als 2/3	23,5%

a) Nur Betriebe mit mindestens 2 ha LF; Datengrundlage: BMELV (2007).

b) Trends

Unternehmerische Entscheidungen müssen unter Rahmenbedingungen getroffen werden, die sich stetig und teilweise sogar schnell verändern. Aus solchen Änderungen des Unternehmensumfelds in der Agrar- und Ernährungswirtschaft ergeben sich neue Herausforderungen, denen sich Agrarmanager stellen müssen. Für eine grobe Einschätzung der relevanten Entwicklungstendenzen sind insbesondere nachfolgende Aspekte von Bedeutung.

Strukturwandel: Trotz der Mobilitätshemmnisse ist ein lebhafter Strukturwandel in der Landwirtschaft zu beobachten, d.h. Betriebsgrößen, Produktionsrichtungen, Arbeitskräfteausstattungen etc. ändern sich. Allein die durchschnittliche Betriebsgröße ist von 28,8 ha im Jahr 1993 auf 45,7 ha im Jahr 2007 angestiegen. Bei nahezu konstanter gesamter landwirtschaftlicher Nutzfläche ist die Zahl der Betriebe in den vergangenen 10 Jahren um etwa 4% p.a. gesunken. Dabei hat die Anzahl der kleinen Betriebe von Jahr zu Jahr abgenommen und die der großen Betriebe ist gestiegen („Wachsen oder Weichen"). Eine Fortsetzung des Größenwachstums und eine damit einhergehende Abnahme der Anzahl der Betriebe ist auch in Zukunft zu erwarten.

Steigendes Qualitäts- und Umweltbewusstsein der Verbraucher: Verbraucher fragen vielfach preisgünstige Nahrungsmittel nach. Gleichzeitig nimmt mit steigendem Einkommen das Ernährungs- und Gesundheitsbewusstsein tendenziell zu, d.h. Verbraucher fordern zunehmend eine höhere Lebensmittelqualität und -sicherheit sowie eine sozial- und umweltverträgliche Produktionsweise. Zudem sind die Verbraucherwünsche bzgl. des Verarbeitungsgrades von Lebensmitteln (Convenience- und Fast-Food-Produkte) gestiegen. Diese Entwicklungen bieten die Chance, Lebensmittelprodukte an den Verbraucheranforderungen auszurichten und ggf. für Premiumqualitäten höhere Preise zu erzielen. Bei diesen Verbraucherwünschen geht es z.B. darum, ob Eier aus Käfighaltung oder aus der Bodenhaltung stammen, oder ob die Nahrungsmittel konventionell oder ökologisch erzeugt wurden. Außerdem wird der ländliche Raum, also z.B. ein blühendes Rapsfeld oder ein Maislabyrinth, als knappes Gut begriffen. Daraus ergibt sich die Chance, den ländlichen Raum zu vermarkten.

Steigende weltweite Nachfrage nach Nahrungsmitteln: Es ist zu erwarten, dass sich die Nachfrage nach Nahrungsmitteln weltweit weiter erhöhen wird. Dies ist zum einen im zunehmenden Kalorienbedarf der weiterhin zunehmenden Weltbevölkerung begründet. Zum anderen steigt im Zuge der wirtschaftlichen Entwicklung die Kaufkraft der Bevölkerung in den Schwellenländern. Dies ist mit veränderten Konsummustern, wie z.B. einer Zunahme des Pro-Kopf-Verbrauchs und einer zunehmenden Nachfrage nach höherwertigen und proteinreicheren Lebensmitteln in Schwellenländern, verbunden. Der Steigerung der Nachfrage steht eine Reduzierung verfügbarer Flächen mit hohem natürlichen Ertragspotenzial durch Siedlungsaktivitäten und Verstädterung sowie Erosion, Versalzung und fortschreitende Wüstenbildung (Desertifikation) gegenüber. Hinzu kommt, dass die Produktion von Energiepflanzen und anderen Non-Food-Produkten zunehmend in Konkurrenz zur Nahrungsmittelproduktion tritt.

Erweiterung der landwirtschaftlichen Produktpalette: Technischer Fortschritt führt dazu, dass im Non-Food-Bereich neue Verwertungsmöglichkeiten für landwirtschaftliche Produkte und Produktionskapazitäten erschlossen werden. So werden mittlerweile Getreideganzpflanzen, Silage etc. gezielt zur Energiegewinnung eingesetzt. Ein anderes Beispiel ist die Erzeugung von Energieholz auf Ackerflächen in Pappel-Schnellwuchsplantagen, das in Holzhackschnitzelheizungen verwertet wird. In diesem Zusammenhang spricht man auch vom „Landwirt als Energiewirt". Anreize für die Weiterentwicklung und den Einsatz dieser neuen Technologien sind bei hohen Preisen für fossile Energieträger besonders ausgeprägt.

Mechanisch- und organisatorisch-technischer Fortschritt: Infolge des technischen Fortschritts hat der Technisierungsgrad in der Landwirtschaft laufend zugenommen. Auf der mechanisch-technischen Ebene haben Transportkosten für Güter im Zeitablauf zunehmend abgenommen, so dass ursprünglich regional ausgerichtete Märkte zusammengewachsen sind. Außerdem sind arbeitssparende Betriebsmittel, wie z.B. größere Schlepper, im Verhältnis zur Arbeit billiger geworden. Dies führte zu einer Substitution von teurer Arbeit durch Kapital. In den letzten 15 Jahren sind in Deutschland jährlich ca. 2% der Arbeitskräfte in der Landwirtschaft eingespart worden oder abgewandert. Auf der organisatorisch-technischen Ebene wurden durch die Verbreitung von Computern und modernen Kommunikationsmitteln große Rationalisierungspotenziale geschaffen. Weiterer technischer Fortschritt in der Informations- und Kommunikationstechnik wird nicht nur das Organisationsmanagement, sondern auch die Produktionstechnologien weiter verbessern. Als Beispiel sei hier die automatisierte Erfassung von Produktionsdaten über Bordcomputer, die satellitengestützte Vermessung von Ackerschlägen oder auch das Precision-Farming genannt.

Biologisch-technischer Fortschritt: Auch auf der biologisch-technischen Ebene wurden in den vergangenen Jahren erhebliche Fortschritte erzielt. Dies betrifft insbesondere die Bereiche „Pflanzenschutz", „Düngung", „Züchtung" und „Fütterung". Bereits der konventionelle biologisch-technische Fortschritt ermöglichte Ertragssteigerungen in der pflanzlichen und tierischen Produktion von 1 bis 2% p.a. Beispielsweise sind die Winterweizenerträge in Deutschland zwischen 1950 und 2005 von durchschnittlich 30 dt/ha auf 80 dt/ha angestiegen. Der in der Vergangenheit beobachtete biologisch-technische Fortschritt wird weitergehen und möglicherweise zunehmen. Durch das Zusammenwachsen der klassischen Pflanzenzüchtung mit gentechnischen Verfahren entstehen sog. gentechnisch veränderte (GV-) Pflanzen. Diese sollen Vorteile in der Krankheitsresistenz, höhere Erträge oder eine verbesserte stoffliche Zusammensetzung haben. Es ist bislang nicht abzusehen, ob sich in Europa ein bedeutsames Marktpotenzial für GV-Pflanzen ergibt. Der Verbreitung der Gentechnik in der Landwirtschaft sind in Europa aktuell enge Grenzen gesetzt, da die mit ihrem Einsatz verbundenen Risiken von vielen Bürgern und Politikern als zu hoch erachtet werden.

Klimawandel: Nicht erst seit den auch für deutsche Landwirte extremen Wetterjahren 2000, 2003 und 2006 werden der Klimawandel und seine Folgen auf die Landwirtschaft diskutiert. Bedingt durch den Anstieg der Konzentration von Treibhausgasen in der Atmosphäre wird erwartet, dass in weiten Teilen Deutschlands zukünftig die Temperatur ansteigen und in den wachstumsrelevanten Monaten weniger

Niederschlag zu verzeichnen sein wird. Außerdem werden stärkere Schwankungen der Temperaturen und der Niederschläge erwartet. Hinzu kommt eine höhere Wahrscheinlichkeit für Extremwetterereignisse, wie Hagel oder Starkregen, in vielen Regionen Deutschlands. Die zeitliche Verschiebung der Niederschläge für sich genommen wirkt sich nachteilig auf die pflanzlichen Erträge aus. Dagegen führt eine Erhöhung der Kohlendioxidkonzentration zu einer effizienteren Nutzung des Wassers durch die Pflanzen und eine Erhöhung der Temperatur zu einer Verlängerung der Wachstumsphase. Außerdem werden Landwirte - wie auch in der Vergangenheit - auf Wetterschwankungen durch Anpassungen reagieren. Sie können Produktionsverfahren anders ausgestalten, also z.B. andere Sorten einsetzen oder Bestellzeitpunkte ändern. Sie können ferner andere Produktionsverfahren in ihr Programm aufnehmen oder in Technologien zur Steuerung der Umwelt investieren (Beregnung, Gewächshäuser, Folienabdeckungen). Zudem könnte der Marktmechanismus Änderungen in den Produktionsmengen monetär ausgleichen. Es ist deshalb nicht klar, für welche Landwirte sich Klimaänderungen wie auswirken werden.

Zunehmende Kopplung staatlicher Transfers an Gegenleistungen: Bis zum Jahr 1992 war die EU-Agrarpolitik auf Marktintervention durch Stützung der Erzeugerpreise ausgerichtet (**Interventionspreissystem**). In den Jahren 1993 bis 2004 wurde die Preisstützung abgebaut. Stattdessen wurde ein **Direktzahlungssystem** eingeführt, bei dem Transferzahlungen an die Produktionsentscheidung gekoppelt sind. Der Abbau der Marktintervention wird weiterhin vorangetrieben. Dafür gibt es mehrere Gründe. Zum einen sind nicht verzerrte Preise volkswirtschaftlich sinnvoll und zum anderen wird in den Verhandlungen der Welthandelsorganisation (WTO) die Liberalisierung des internationalen Agrarhandels gefordert. Der Abbau der Preisstützung führt dazu, dass landwirtschaftliche Erzeugerpreise sich direkt an den Weltmarktpreisen orientieren und tendenziell stärker schwanken werden. Auch das gegenwärtige System der Direktzahlungen ist bereits wieder im Umbruch: Durch die **Entkopplung der Direktzahlungen** von der Produktion werden Transferzahlungen unabhängig von der Produktionsstruktur gezahlt, d.h. vom Erzeugnis auf den Erzeuger verlagert. Mit der Einführung von **Cross-Compliance** wurden die Direktzahlungen an die Einhaltung von Umwelt-, Tierschutz- und Qualitätsvorschriften geknüpft. Das heißt, Zahlungen können gekürzt werden, wenn Landwirte die geltenden Standards, wie z.B. Tierkennzeichnungspflichten oder bestimmte Regelungen bei der Ausbringung von Gülle, nicht einhalten. Die außerdem eingeführte **Modulation** bedeutet die schrittweise Reduktion aller Direktzahlungen. Mit den durch die Modulation eingesparten Mitteln sollen die Entwicklung der ländlichen Räume gefördert und Maßnahmen finanziert werden, die der EU-Landwirtschaft helfen, auf gesellschaftlich relevante Herausforderungen in den Bereichen „Klimawandel", „Wassermanagement", „Schutz der biologischen Vielfalt" und „Erzeugung von Bioenergie" besser zu reagieren. Die an die Landwirtschaft fließenden Mittel zur Bewältigung gesellschaftlich relevanter Herausforderungen (sog. zweite Säule der Gemeinsamen Agrarpolitik; GAP) werden zukünftig gegenüber den ohne Gegenleistung gezahlten Direktzahlungen (sog. erste Säule der GAP) an Bedeutung gewinnen. Mit Blick auf die Rechtfertigung von Direktzahlungen an die Landwirte wird oftmals auf die Multifunktionalität der Landwirtschaft hingewiesen. Das bedeutet, dass Landwirte neben Nahrungsmitteln und nachwachsenden Rohstoffen auch gesellschaftlich erwünschte Zusatzleistungen, wie z.B. bestimmte Landschaftsbilder in Form einer bestimmten Kulturlandschaft, liefern, die über den Markt nicht entlohnt werden.

Fazit: Es gibt einige Argumente dafür, dass Preise für landwirtschaftliche Erzeugnisse zukünftig tendenziell steigen. Ob dies tatsächlich eintritt, ist allerdings unsicher und von vielen Faktoren, wie z.B. dem technischen Fortschritt und der Entwicklung der Kaufkraft in den Transformations- und Entwicklungsländern, abhängig. Zu beachten ist, dass steigende Outputpreise nicht zwangsläufig bedeuten, dass sich der Erfolg landwirtschaftlicher Unternehmen verbessert. Letztlich ist zu erwarten, dass mit den Preisen für Outputs auch die Preise für Produktionsmittel steigen. Eines scheint sicher: Die Schwankungen des Einkommens aus der Landwirtschaft werden steigen. Auf der einen Seite werden Subventionen abgebaut, die eine sichere Einkommenskomponente darstellen. Auf der anderen Seite werden zukünftig Extremwetterereignisse und allgemeine Wetterschwankungen häufiger zu beobachten sein.

2.4 Wirtschaftliches Denken und ökonomische Planungsprinzipien

Im Lichte der Rahmenbedingungen, die für den jeweiligen Betrieb gelten, hat der Unternehmer unterschiedliche Wahlmöglichkeiten. Bei der Bestimmung der optimalen Betriebsorganisation sind sog. Planungsprinzipien zu beachten. Sie stellen grundsätzliche Herangehensweisen für die Lösung von wirtschaftlichen Entscheidungsproblemen dar und haben unabhängig vom konkreten Planungsgegenstand Gültigkeit. Tab. 2-7 liefert einen ersten Überblick.

Tab. 2-7: Planungsprinzipien im Überblick

Planungsprinzip		Bedeutung	Beispiel
1. Allgemeines Grenzwertprinzip	a) Differenzrechnung	Umfasst den Vergleich *diskreter* Handlungsalternativen anhand eines geeigneten Entscheidungskalküls	Bestimmung des kostengünstigsten Verfahrens der Arbeitserledigung (Alternative A: Eigenmechanisierung, Alternative B: Lohnunternehmer)
	b) Marginalprinzip	Schreibt vor, die Auswirkung *marginaler* Änderungen der Betriebsorganisation auf den ökonomischen Erfolg zu analysieren	Bestimmung des optimalen Düngeraufwands in der Pflanzenproduktion (Düngermenge stetig variierbar)
2. Opportunitätskostenprinzip (mittelfristiges Grenzwertprinzip)		Schreibt vor, die bei alternativem Einsatz absolut knapper Faktoren möglichen, aber nicht realisierten Gewinne zu berücksichtigen	Planung des Anbauprogramms (Fläche als knapper Faktor)
3. Kostendeckungsprinzip (langfristiges Grenzwertprinzip)		Betont, dass bei langfristig wirksamen Änderungen der Betriebsorganisation die langfristigen Grenzleistungen und Grenzkosten relevant sind	Aufbau und Abbau von Produktionskapazitäten

Das grundlegende Planungsprinzip ist das allgemeine Grenzwertprinzip (marginal principle), das es in zwei Ausgestaltungen gibt: Steht eine begrenzte Anzahl diskreter Handlungsalternativen zur Auswahl, kommt es in Form der Differenzrechnung zum Ausdruck. Bei stetig variierbaren Entscheidungen, bei denen unendlich viele Alternativen zur Auswahl stehen, drückt es sich dagegen im Marginalprinzip aus. Das sog. Opportunitätskostenprinzip (opportunity cost principle) stellt einen Spezialfall des Grenzwertprinzips dar. Es fokussiert auf einen kurz- bis mittelfristigen Planungshorizont, bei dem es zu einer Nutzungskonkurrenz um absolut knappe Produktionsfaktoren (Kapazitäten) kommt. Auch das sog. Kostendeckungsprinzip (long-term marginal principle) kann als Spezialfall des Grenzwertprinzips gesehen werden. Es betont, dass bei langfristig wirksamen Änderungen der Betriebsorganisation die langfristigen Grenzleistungen und die langfristigen Grenzkosten relevant sind.

Im Folgenden werden die Prinzipien anhand von Beispielen erläutert, die aus didaktischen Gründen im Vergleich zu realen Planungsproblemen stark vereinfacht sind. So wird jeweils nur ein Umweltzustand betrachtet und davon abstrahiert, dass die Zukunft unsicher ist bzw. mehrere Umweltzustände eintreten können. Außerdem wird unterstellt, dass der Entscheider seinen Gewinn maximiert, also andere Ziele, wie z.B. Freizeit, nicht beachtet werden müssen.

2.4.1 Das allgemeine Grenzwertprinzip

a) Die Differenzrechnung bei diskreter Betrachtung

Bei der Differenzrechnung geht es um den modellbasierten Vergleich einer begrenzten Anzahl **diskreter Handlungsalternativen** mit Hilfe eines Entscheidungskalküls, das den Grad der unternehmerischen Zielerreichung abbildet. Manchmal werden solche modellbasierten Prognosen der Handlungsfolgen in Anlehnung an die alltagssprachliche Verwendung des Begriffs auch als Simulation bezeichnet. Bei der Festlegung des Entscheidungskalküls ist darauf zu achten, dass die erforderlichen *Kalkulationen so komplex wie nötig, aber so einfach wie möglich* gehalten werden. Anders gesagt: Für die Bewertung von Alternativen ist das einfachste Entscheidungskalkül zu berechnen, das gerade noch aussagefähig ist. In den seltensten Fällen müssen die Auswirkungen von Alternativen bis zum Gewinn des Gesamtunternehmens durchkalkuliert werden.

Die Differenzrechnung ist auf das Entscheidungskalkül zu beziehen, das alle (disponiblen) Kosten- und Leistungsbestandteile erfasst, die von der betrachteten Entscheidung abhängig sind. Wenn es bspw. darum geht, die optimale Vorgehensweise beim Drusch einer gegebenen Getreidefläche zu bestimmen, dann muss man die einzelnen Varianten, wie z.B. Eigenmechanisierung und Arbeitserledigung durch den Lohnunternehmer, nur hinsichtlich ihrer Kosten vergleichen. Die Leistungsseite ist für jede Handlungsalternative gleich und muss daher nicht in die Kalkulationen einbezogen werden. Schließlich wird die Handlungsalternative realisiert, die den höchsten Zielerreichungsgrad verspricht. Mit Blick auf den Getreidedrusch ist dies das kostengünstigste Verfahren der Arbeitserledigung.

Beispiel 2-2
Differenzrechnung - Stickstoffeinsatz im Roggenanbau

Ein Landwirt will entscheiden, mit wie viel Stickstoff x_{St} er seinen Winterroggen düngen soll. Technisch bedingt kann er seine Stickstoffausbringungsmenge nur in 25 kg Schritten variieren. Ihm sind die Ergebnisse von Feldversuchen bekannt, die an einem Standort mit ähnlichen natürlichen Bedingungen durchgeführt wurden. Dabei wurde die Stickstoffintensität in 25 kg Schritten zwischen 0 und 225 kg pro ha variiert und jeweils die Roggenerträge y_{Ro} aufgezeichnet. In Spalte 1 und Spalte 2 der Tab. 2-8 sind die Stickstoff-Roggenertrags-Kombinationen angezeigt. Nun stellt sich die Frage, welche dieser Stickstoff-Roggenertrags-Kombinationen aus ökonomischer Sicht optimal ist. Der Stickstoffpreis liegt bei q_{St} = 1 €/kg Reinstickstoff. Der Landwirt rechnet mit einem zukünftigen Roggenpreis von p_{Ro} = 20 €/dt. Der Landwirt vergleicht nun seine Düngungsalternativen mit Hilfe der Differenzrechnung. Hinsichtlich der Wahl des adäquaten Entscheidungskalküls berücksichtigt er Folgendes:

- Bei den verschiedenen Düngungsvarianten wurden die Einsatzmengen der übrigen Produktionsfaktoren (Pflanzenschutzmittel, Arbeit etc.) konstant gehalten. Deren Kosten unterscheiden sich nicht zwischen den Stickstoffeinsatz-Roggenertrags-Kombinationen, die zur Auswahl stehen.
- Der Produktionsinput „Stickstoff" kann am Markt in beliebiger Menge zugekauft werden. Deshalb hat seine Nutzung in der Roggenproduktion keinen beschränkenden Einfluss auf die Möglichkeiten des Stickstoffeinsatzes bei anderen Produktionsprozessen.
- Weder der Roggenpreis noch der Stickstoffpreis noch die Höhe der Subventionszahlungen, sondern allein der Roggenertrag sind von der Stickstoffeinsatzmenge abhängig.

Wie bei vielen unternehmerischen Entscheidungen ist es auch bei der hier betrachteten Düngungsfrage gar nicht notwendig, die Konsequenzen jeder zur Auswahl stehenden Handlungsalternative bis zum Gewinn durchzurechnen. Im vorliegenden Fall ist die Betrachtung der Bruttoerfolgsgröße „stickstoffkostenfreier Erlös" (Spalte 7) ausreichend. Dieser wird als Differenz zwischen den Roggenerlösen (Spalte 3) und den Stickstoffkosten (Spalte 5) berechnet.

Wird kein Stickstoff eingesetzt (Handlungsalternative 1), ergibt sich ein Bruttoerfolg in Höhe von 800 €/ha. Bei Alternative 2 werden 25 kg Stickstoff pro ha Roggen eingesetzt. Es ergibt sich ein Bruttoerfolg von 981 €/ha. Alternative 2 ist aus ökonomischer Sicht vorteilhafter als Alternative 1. Berechnet man den Bruttoerfolg für alle Handlungsalternativen, sieht man, dass sich der maximale Bruttoerfolg bei Alternative 6 ergibt. Es sollten also pro ha 125 kg Stickstoff eingesetzt werden. Dies führt zu einem Bruttoerfolg in Höhe von 1 331 €/ha.

Tab. 2-8: Differenzrechnung zur Bestimmung des Stickstoffeinsatzes im Roggenanbau [a]

	Spalte 1	Spalte 2	Spalte 3	Spalte 4	Spalte 5	Spalte 6	Spalte 7	Spalte 8
	Stickstoff	Roggenertrag	Roggenerlös		Stickstoffkosten		Bruttoerfolg	
	x_{St}	y_{Ro}	$p_{Ro} \cdot y_{Ro}$	Änderung	$q_{St} \cdot x_{St}$	Änderung	$p_{Ro} \cdot y_{Ro} - q_{St} \cdot x_{St}$	Änderung
	(kg/ha)	(dt/ha)	(€/ha)	(€/ha)	(€/ha)	(€/ha)	(€/ha)	(€/ha)
1	0	40,00	800		0		800	
2	25	50,31	1 006	206	25	25	981	181
3	50	58,75	1 175	169	50	25	1 125	144
4	75	65,31	1 306	131	75	25	1 231	106
5	100	70,00	1 400	94	100	25	1 300	69
6	**125**	**72,81**	**1 456**	**56**	**125**	**25**	**1 331**	**31**
7	150	73,75	1 475	19	150	25	1 325	-6
8	175	72,81	1 456	-19	175	25	1 281	-44
9	200	70,00	1 400	-56	200	25	1 200	-81
10	225	65,31	1 306	-94	225	25	1 081	-119

[a] Roggenpreis p_{Ro} = 20 €/dt und Stickstoffpreis q_{St} = 1 €/kg.

Zum gleichen Ergebnis wie beim Vergleich der Absolutwerte für die Zielgröße „Bruttoerfolg" gelangt man, wenn man Erlös- und Kosten*veränderungen* miteinander vergleicht, die sich durch den Übergang von einer Alternative zur nächsten ergeben. Beim Übergang von Alternative 1 zu Alternative 2 beträgt die Erlöszunahme 206 € (Spalte 4), die Kostenzunahme aber nur 25 € (Spalte 6). Dieser Schritt ist also aus ökonomischer Sicht sinnvoll. Erlös- und Kostenveränderungen kann man nun für alle aufeinander folgenden Alternativen berechnen. Beim Übergang von Handlungsalternative 6 zu Alternative 7 wird die Erlöszunahme geringer als die Kostenzunahme. Dementsprechend ergibt sich hier eine negative Differenz des maßgeblichen Bruttoerfolgs (Spalte 8), so dass Alternative 6 aus ökonomischer Sicht optimal ist.

Ende des Beispiels

b) Das Marginalprinzip bei stetiger Betrachtung

Das Marginalprinzip kommt zum Einsatz, wenn Handlungsalternativen stetig variiert werden können und damit unendlich viele Alternativen zur Auswahl stehen. Es geht um die Frage, wie sich ein Entscheidungskalkül ändert, wenn **marginale Änderungen der Betriebsorganisation** (z.B. durch einen in infinitesimal kleinen Einheiten variierten Einsatz von Dünger oder Saatgut) vorgenommen werden. Grundlage dabei ist ein funktionaler Zusammenhang zwischen der Entscheidungsvariablen (z.B. der Stickstoffmenge) und der Zielgröße (z.B. dem Bruttoerfolg der Roggenproduktion).

Beispiel 2-3
Marginalprinzip - Stickstoffeinsatz im Roggenanbau

Wir betrachten weiterhin die Fragestellung, wie viel Stickstoff in der Winterroggenproduktion eingesetzt werden soll, um den Bruttoerfolg „stickstoffkostenfreier Roggenerlös" zu maximieren. Allerdings sei jetzt die Ausbringung jeder beliebigen Stickstoffmenge technisch möglich. Der funktionale Zusammenhang zwischen dem Stickstoffeinsatz und dem Roggenertrag (die sog. Produktionsfunktion) wurde basierend auf den in Spalte 1 und 2 der Tab. 2-8 dargestellten Versuchsergebnissen geschätzt:

$$y_{Ro}(x_{St}) = 40 + 0{,}45 \cdot x_{St} - 0{,}0015 \cdot x_{St}^2 \qquad (2\text{-}2)$$

Dabei kennzeichnet y_{Ro} den Roggenertrag in dt/ha und x_{St} den Stickstoffeinsatz in kg/ha. Der Bruttoerfolg B_{Ro} ist wie folgt definiert:

$$B_{Ro} = p_{Ro} \cdot y_{Ro}(x_{St}) - q_{St} \cdot x_{St} \tag{2-3}$$

Das Maximum des Bruttoerfolgs kann bestimmt werden, indem man die erste Ableitung von Gleichung (2-3) bildet und gleich Null setzt. Es ergibt sich:

$$\frac{dB_{Ro}}{dx_{St}} = p_{Ro} \cdot \frac{dy_{Ro}}{dx_{St}} - q_{St} = 0 \Rightarrow p_{Ro} \cdot \frac{dy_{Ro}}{dx_{St}} = q_{St} \Leftrightarrow p_{Ro} \cdot dy_{Ro} = q_{St} \cdot dx_{St} \tag{2-4}$$

Gleichung (2-4) bedeutet, dass man das Maximum des Bruttoerfolgs dann erreicht, wenn die marginale Zunahme der Stickstoffmenge gerade so viel bringt ($p_{Ro} \cdot dy_{Ro}$), wie sie kostet ($q_{St} \cdot dx_{St}$). Solange eine Zunahme noch mehr bringt als sie kostet, würde ein gewinnmaximierender Landwirt den Stickstoffeinsatz erhöhen. Bei einem Stickstoffpreis von q_{St} = 1 €/kg und einem Roggenpreis von p_{Ro} = 20 €/dt gilt für die bruttoerfolgsmaximale Stickstoffmenge:

$$20 \cdot (0{,}45 - 0{,}003 \cdot x_{St}) = 1 \Rightarrow x_{St} = 133{,}33 \tag{2-5}$$

Bei einer Stickstoffmenge von 133,33 kg/ha wird ein Ertrag von 73,3 dt/ha, ein Erlös von 1466,67 €/ha und ein Bruttoerfolg von 1 333,33 €/ha erzielt.

Ende des Beispiels

In der praktischen Betriebsplanung kommt anstelle des allgemeinen Marginalprinzips vielfach die Differenzrechnung zur Anwendung. Man vergleicht also meist diskrete Entscheidungsalternativen. Für die **Relevanz diskreter Entscheidungsalternativen** gibt es zwei Gründe: Erstens nutzt man die diskrete Betrachtung, um eine begrenzte Anzahl überschaubarer Handlungsalternativen in Situationen zu gewinnen, in denen die Handlungsmöglichkeiten stetig ausgeprägt sind. Ein Beispiel hierfür ist die gedankliche Variation der Stickstoffdüngungsintensitäten in 10 kg Schritten, die für den Praktiker leichter zu verstehen ist, als eine auf einer stetigen Produktionsfunktion aufbauenden Marginalbetrachtung. Zweitens gibt es vielfach Situationen, in denen infolge technischer Gegebenheiten die zur Auswahl stehenden Handlungsalternativen tatsächlich diskret ausgeprägt sind. Beispiele hierfür sind die folgenden Fragestellungen: Soll man zur Getreideernte den Lohnunternehmer beauftragen oder einen eigenen Mähdrescher anschaffen? Soll man einen kleinen oder einen großen Mähdrescher kaufen? Soll man eine Unkrautspritzung durchführen oder nicht?

2.4.2 Das Opportunitätskostenprinzip bei absoluter Faktorknappheit

Bisher hatten wir das allgemeine Grenzwertprinzip auf Planungssituationen bezogen, in denen Produktionsmittel in beliebiger Menge zugekauft werden konnten. In diesem Zusammenhang sagt man auch, dass die Knappheit über den Preis ausgedrückt wird, die Ressourcen aber aus einzelwirtschaftlicher Sicht nicht absolut begrenzt sind. Nun betrachten wir Planungssituationen, in denen dies nicht für alle Produktionsmittel zutrifft. So kann z.B. die Ausstattung eines Betriebs mit Boden oder Gebäuden kurzfristig nicht verändert werden. Diese Faktoren sind bei einem kurz- bis mittelfristigen Planungshorizont absolut knapp und bestimmen damit die Produktionskapazität, um die innerbetrieblich eine Konkurrenz bei der Nutzung entsteht. Das heißt, die Ausdehnung einer Produktionsaktivität kann nur bei gleichzeitiger Einschränkung einer anderen Aktivität erfolgen, bei der dann die Erlöse reduziert sind.

Das Opportunitätskostenprinzip fokussiert auf die Tatsache, dass aus ökonomischer Sicht entgangene Leistungen genauso Kosten darstellen wie tatsächlich verausgabte Kosten. **Opportunitätskosten** (opportunity cost) - oftmals auch als Nutzungskosten bezeichnet - stellen den entgangenen Nutzen dar, der bei Inanspruchnahme begrenzt verfügbarer Kapazitäten durch die Verdrängung der besten Alternative entsteht. Opportunitätskosten begegnen uns in vielen Zusammenhängen. Ein Beispiel ist Ihre knappe Zeit. Ihnen entstehen beim Lesen dieses Lehrbuchs Opportunitätskosten. Sie verzichten nämlich auf andere Aktivitäten, wie z.B. Fernsehen. Sie lesen dieses Buch also nicht nur, weil Sie sich davon einen positiven Nutzen versprechen, sondern weil Sie bei keiner anderen Handlungsalternative einen höheren Nutzen erwarten.

Man kann das Opportunitätskostenprinzip als Anwendung der Differenzrechnung auf Planungssituationen verstehen, bei denen es um den bestmöglichen Einsatz von Produktionskapazitäten geht, die mittelfristig in einer bestimmten Menge vorgegeben sind. Es wird deshalb auch als **mittelfristiges Grenzwertprinzip** bezeichnet. **Praktische Anwendung** findet das Opportunitätskostenprinzip in einer Vielzahl von Planungssituationen. Die folgenden klassischen Fälle können unterschieden werden:

- **Einsatz der knappen Faktoren „Familienarbeitskraft" und „eigener Boden"**: Für diese beiden „eigenen" Produktionsfaktoren müssen weder Lohn- noch Pachtzahlungen getätigt werden. Um zu beurteilen, ob sich ihr Einsatz im Betrieb lohnt, werden die verdrängten Alternativen „außerbetriebliche Beschäftigung" und „Verpachtung der eigenen Flächen" berücksichtigt, indem sog. Lohn- und Pachtansätze in Höhe des erzielbaren Lohns (abzgl. Mobilitätskosten, wie z.B. Umzugs- und Weiterbildungskosten) und der erzielbaren Pachtzahlungen als Kosten der innerbetrieblichen Nutzung dieser Faktoren angesetzt werden.
- **Einsatz des knappen Faktors „eigenes Kapital"**: Auch beim Einsatz von Eigenkapital (z.B. für Investitionen) sind Opportunitätskosten zu berücksichtigen. Es lohnt sich ja nur, eigenes Geld in das Unternehmen zu investieren, wenn dies rentabler ist als die außerbetriebliche Geldanlage, wie z.B. bei der Bank. Im Rahmen der Investitionsrechnung (vgl. Kapitel 6) berücksichtigt man deshalb bei der Berechnung der durchschnittlichen Kosten des eingesetzten Kapitals nicht nur die gezahlten Darlehenszinsen, sondern auch die alternativ mögliche Rendite für das im Investitionsvorhaben eingesetzte Eigenkapital. Dabei kann es sich z.B. um die entgangenen Guthabenzinsen bei einer Geldanlage auf dem Bankkonto handeln.
- **Einsatz knapper Produktionsfaktoren für zeitgleich konkurrierende Produktionsverfahren**: Bei einem kurz- bis mittelfristigen Planungshorizont konkurrieren verschiedene Produktionsverfahren um die Nutzung der vorgegebenen Produktionskapazitäten. Beispielsweise kann man den knappen Faktor „verfügbare Ackerfläche" nicht gleichzeitig für die Roggen- und Weizenproduktion einsetzen. Vielmehr muss man sich - unter Berücksichtigung des Nutzens der verdrängten Produktionsalternative - entweder für das eine oder das andere Produktionsprogramm entscheiden.
- **Einsatz knapper Produktionsfaktoren für aufeinander folgende Produktionsprozesse**: Auch bei zeitlich aufeinander folgenden Produktionsprozessen kommt es zur Konkurrenz um die Nutzung von Produktionskapazitäten. Ein Beispiel ist die Frage nach der optimalen Mastdauer von Tieren bei knappen Stallplätzen. Eine Verlängerung der Mastdauer der gegenwärtig im Stall befindlichen Tiere um einen Tag verursacht Opportunitätskosten in Höhe des durchschnittlichen täglichen Bruttoerfolgs des nächsten Umtriebs. Diese Opportunitätskosten der Mastverlängerung müssen neben den anfallenden variablen Kosten für Ferkel, Futter, Energie etc. durch die zusätzlichen Erlöse der Mastverlängerung gedeckt sein.

Grundsätzlich lässt sich bei Handlungsalternativen, die sich wechselseitig ausschließen, die **Entscheidungsregel auf zwei unterschiedliche Arten formulieren**: Erstens, wähle die Alternative, bei der alle Kosten einschließlich der Opportunitätskosten gedeckt sind! Zweitens, wähle die Alternative, die am höchsten bewertet ist und den höchsten Nutzen stiftet! Beide Formulierungen sind äquivalent. Während die erste Formulierung bereits auf die Änderungen von Erlösen und Kosten abzielt, die durch den Übergang von einer Alternative zur anderen ausgelöst werden (also den Vergleich implizit mitdenkt), beruht die zweite auf einer eigenständigen Bewertung aller Alternativen und der anschließenden Auswahl. Da man bei der zweiten Formulierung keinen impliziten Vergleich von gewählter und verdrängter Alternative anstellt, muss man die Opportunitätskosten nicht berücksichtigen.

Beispiel 2-4
Opportunitätskostenprinzip - optimales Produktionsprogramm

Ein landwirtschaftlicher Betrieb überlegt, wie er das Produktionsprogramm für seine Marktfruchtfläche von 100 ha gestalten soll. Der Produktionsfaktor „Boden" ist also absolut knapp. Es wird unterstellt, dass der Betrieb nur zwei Produktionsverfahren zur Auswahl hat, nämlich Winterroggen und Winterweizen. Zur Komplexitätsreduktion betrachten wir nicht die Möglichkeit, den Weizenanteil in unendlich vielen marginalen Schritten von 0% auf 100% zu steigern. Aufgrund der Flächenstruktur habe der Landwirt die Wahl zwischen diskreten Entscheidungsalternativen mit 0%, 10%, 20% etc. Weizenanteil. Trotz der damit unterstellten 10-ha Entscheidungsschritte werden im Folgenden gemachte Angaben der Übersichtlichkeit halber durchschnittlich je Hektar ausgewiesen.

Roggen ist selbstverträglich, d.h. der Anbauerfolg des Winterroggens sinkt nicht, auch wenn er nicht wechselseitig mit anderen Kulturen angebaut wird. Der Roggen liefert deshalb bei technisch optimaler Ausgestaltung unabhängig von seinem Anbauumfang einen Erlös von 1 467 € pro ha (vgl. Beispiel 2-3). Für die Roggenproduktion sind variable Kosten, die mit dem Produktionsumfang variieren, in Höhe von 467 €/ha aufzuwenden. Die Stickstoffdüngung hat daran einen Anteil von 133 €/ha. Die Differenz zwischen dem Umsatzerlös und den variablen Kosten, die man auch als Deckungsbeitrag bezeichnet, beträgt 1 000 €/ha (DB_{Ro}). Würde man die gesamten 100 ha Fläche mit Roggen bewirtschaften, so könnte man einen Gesamtdeckungsbeitrag GDB von 100 000 € (= 100 ha · 1 000 €/ha) erzielen. Dieser Gesamtdeckungsbeitrag steht zur Deckung der noch nicht berücksichtigten und unabhängig von der Roggenproduktion anfallenden produktionsfixen Kosten sowie zur Erzielung eines Gewinns zur Verfügung.

Weizen ist im Gegensatz zu Roggen nicht selbstverträglich. Dies ist bspw. darin begründet, dass der Druck von weizenspezifischen Pilzerkrankungen zunimmt, wenn Weizen in einer „engen Fruchtfolge", d.h. mit einem geringen zeitlichen Abstand auf der gleichen Fläche angebaut wird. Was bedeutet es, wenn man in der Planungsrechnung nur ein Jahr betrachtet? Die Bodennutzung hat eine Historie. Beispielsweise könnten im betrachteten Betrieb in den letzten Jahren jeweils 20 ha Weizen angebaut worden sein. Wenn nun 100 ha Weizen angebaut werden, wird auf 20 ha direkt Weizen nach Weizen angebaut. Auf den übrigen Flächen ergibt sich ein zeitlicher Abstand zwischen ein bis vier Jahren. Wenn - wie im letzten Jahr - wiederum nur 20 ha Weizen angebaut werden würden, dann könnte der gesamte Weizen auf Flächen angebaut werden, auf denen vier Jahre lang andere Fruchtarten umgesetzt wurden. Wegen der negativen Effekte einer engen Fruchtfolge sind mit zunehmendem Weizenanteil abnehmende Erträge und/oder zunehmende Kosten verbunden. In Tab. 2-9 sind in den Spalten 2 bis 4 für unterschiedliche Fruchtfolgen die Erlöse E_{We}, die variablen Kosten K_{We} und die Deckungsbeiträge DB_{We} für Weizen angegeben. Für die ersten 10 ha Weizen erzielt der Landwirt einen durchschnittlichen Deckungsbeitrag von 1 500 €/ha. Würde der Landwirt die gesamten 100 ha Marktfruchtfläche mit Weizen bewirtschaften, würde er durchschnittlich nur 600 €/ha erzielen.

Für Onno Überleg ist das optimale Produktionsprogramm nach einem kurzen Blick auf die in den Spalten 4 und 5 der Tab. 2-9 ausgewiesenen Deckungsbeiträge für Weizen und Roggen offensichtlich: Er argumentiert, dass der Weizen bis zu einem Weizenanteil von 70% einen höheren Deckungsbeitrag pro ha als der Roggen liefert. Bei einem höheren Weizenanteil ist der Roggen überlegen. Deshalb sollte man Handlungsalternative 8 wählen und 70 ha Weizen und 30 ha Roggen anbauen.

Su Sidenkt meint nach einigem Überlegen, dass Onno über den Deckungsbeitrag des Roggens nicht alle mit der Ausdehnung des Weizenanteils verbundenen Opportunitätskosten berücksichtigt hat. Su argumentiert wie folgt: Die Wechselkosten setzen sich aus den variablen Kosten des Weizens (Spalte 3) *und* den Opportunitätskosten OK des Wechsels zu einer Fruchtfolge mit einem jeweils 10% höheren Weizenanteil zusammen. Die Opportunitätskosten wiederum beinhalten hier sowohl den Deckungsbeitrag des verdrängten Roggens (Spalte 5) als auch die fruchtfolgebedingten Deckungsbeitragsminderungen (Spalte 6), die sich durch den Übergang zu einem höheren Weizenanteil für die bereits vorhandene Weizenfläche ergeben. Der Deckungsbeitrag des Roggens beträgt unabhängig vom Veränderungsschritt 1 000 €/ha. Die fruchtfolgebedingten Deckungsbeitragsminderungen steigen mit zunehmendem Weizenanteil an. Zur Berechnung ist jeweils die Deckungsbeitragsminderung auf der insgesamt schon mit Weizen bewirtschafteten Fläche auf die zusätzlich mit Weizen zu bewirtschaftende Fläche zu beziehen. Beispielsweise beträgt die Deckungsbeitragsminderung beim Wechsel von 10% auf 20% Weizenanteil 11 € (= 1 500 − 1 489) je zusätzlichem Hektar Weizen, weil sich auch der Deckungsbeitrag der ersten 10 ha durch diese Entscheidung um diesen Betrag reduziert. Beim Schritt von 20% auf 30% Weizenanteil beläuft sich die Deckungsbeitragsminderung bereits auf 66 € je zusätzlichem Hektar Weizen, da bei den bereits vorhandenen 20 ha Weizen der Deckungsbeitrag um weitere 33 €/ha sinkt (66 = (1 489 − 1 456) · 20/10). Beim Übergang von 30 auf 40% Weizen sinkt auf den bereits mit Weizen bewirtschafteten 30 ha Ackerfläche der Deckungsbeitrag um 56 €/ha und damit bezogen auf die 10 zusätzlichen Hektar Weizen um 168 €/ha (= (1 456 − 1 400) · 30/10) etc.

Tab. 2-9: Opportunitätskostenprinzip zur Bestimmung des optimalen Produktionsprogramms [a)]

	Spalte 1	Spalte 2	Spalte 3	Spalte 4	Spalte 5	Spalte 6	Spalte 7	Spalte 8
	Weizen-anteil	Weizen			Opportunitätskosten durch Wechsel zu 10% mehr Weizen		Wechsel-kosten	Gesamt-deckungs-beitrag GDB
		Erlös E_{We}	Variable Kosten K_{We}	Deckungs-beitrag DB_{We}	Verdrängter Deckungsbeitrag Roggen	Reduzierung Deckungsbeitrag Weizen [b)]		
	(%)	(€/ha)	(€/ha)	(€/ha)	(€/ha)	(€/ha)	(€/ha)	(€)
1	0				1 000			100 000
2	10	2 115	615	1 500	1 000		1 615	105 000
3	20	2 104	615	1 489	1 000	11	1 626	109 780
4	30	2 071	615	1 456	1 000	66	1 681	113 680
5	40	2 015	615	1 400	1 000	168	1 783	116 000
6	**50**	**1 937**	**615**	**1 322**	**1 000**	**312**	**1 927**	**116 100**
7	60	1 837	615	1 222	1 000	500	2 115	113 320
8	70	1 715	615	1 100	1 000	732	2 347	107 000
9	80	1 571	615	956	1 000	1 008	2 623	96 480
10	90	1 404	615	789	1 000	1 336	2 951	81 010
11	100	1 215	615	600	1 000	1 701	3 316	60 000

a) Verfügbare Ackerfläche: 100 ha.

b) Es wird jeweils die Deckungsbeitragsminderung auf der insgesamt schon mit Weizen bewirtschafteten Fläche auf die zusätzlich mit Weizen bewirtschaftete Fläche bezogen. Beim Wechsel von 20% auf 30% Weizenanteil beläuft sich die Deckungsbeitragsminderung bspw. auf 33 · 20/10 = 66 € je zusätzlichem Hektar Weizen.

Um das optimale Produktionsprogramm zu bestimmen, muss man die beim Wechsel zu einer Fruchtfolge mit einem höheren Weizenanteil erzielten Erlöse (Spalte 2) mit den Gesamtkosten dieser Wechselentscheidung (Spalte 7) vergleichen. Die ökonomisch optimale Fruchtfolge liegt im gewählten Beispiel bei einem Weizen-Roggen-Verhältnis von 50:50 (Handlungsalternative 6). Beim Übergang zu dieser Fruchtfolge sind die Wechselkosten mit 1 927 €/ha noch geringfügig niedriger als die erzielten Erlöse von 1 937 €/ha. Beim Sprung in die nächste Stufe wären die Kosten bereits höher. Damit ist die vordergründig nahe liegende Schlussfolgerung von Onno Überleg, Alternative 8 zu wählen, leider falsch.

Zum gleichen Ergebnis würde man gelangen, wenn man jede der diskreten Fruchtfolgealternativen für sich durchdenkt, den jeweils erzielbaren Gesamtdeckungsbeitrag berechnet und anschließend die am höchsten bewertete Handlungsalternative auswählt. Der Gesamtdeckungsbeitrag entspricht dem mit dem Umfang der jeweiligen Frucht gewichteten Deckungsbeitrag. Beispielsweise würde man für Alternative 2 rechnen: $10 \cdot 1\,500 + 90 \cdot 1\,000 = 105\,000$ €. Man würde im Ergebnis dieser Kalkulationen ebenfalls Handlungsalternative 6 wählen, da sie den maximalen Gesamtdeckungsbeitrag von 116 100 €/ha liefert.

Ende des Beispiels

2.4.3 Das Kostendeckungsprinzip bei langfristiger Planung

Für die Produktion werden langlebige Anlagegüter, wie z.B. Gebäude, benötigt, die nur in großen, unteilbaren Einheiten beschafft und abgebaut werden können. Bei Entscheidungen, die sich auf langlebige Anlagegüter beziehen, müssen neben den kurz- und mittelfristig disponiblen Leistungen und Kosten auch die nur langfristig beeinflussbaren Leistungen und Kosten beachtet werden. Dies bezeichnet man als Kostendeckungsprinzip. Es stellt eine Anwendung der Differenzrechnung auf Planungssituationen dar, bei denen es um Produktionskapazitäten geht, die nur langfristig in ihrer Menge veränderlich sind. Man spricht deshalb auch vom **langfristigen Grenzwertprinzip**. Mit Blick auf die Konsequenzen des Kostendeckungsprinzips für unternehmerische Entscheidungen ist zwischen zwei grundsätzlich unterschiedlichen Entscheidungssituationen zu differenzieren:

- Erstens geht es um Situationen, in denen über die Beschaffung von Anlagegütern und damit den **Aufbau von Produktionskapazitäten** entschieden wird (Investitionsentscheidungen). Alle von einer Investitionsentscheidung verursachten Leistungen und Kosten sind entscheidungsrelevant. Man sagt auch, das Kostendeckungsprinzip fordere, dass beim Aufbau von Produktionskapazitäten die **langfristigen Grenzkosten** durch die langfristigen Grenzerlöse gedeckt sein müssen.
- Zweitens geht es um Situationen, in denen man z.B. aufgrund von Verlusten im laufenden Unternehmen über den **Abbau von Produktionskapazitäten** nachdenkt. Im Gegensatz zum Kapazitätsaufbau kann es beim Kapazitätsabbau Kosten geben, die *nicht* entscheidungsrelevant sind, da sie *nicht* eingespart werden können, auch wenn der gesamte Betrieb(szweig) aufgegeben wird und ein Stall dann bspw. leer steht. Solche nicht disponiblen Kosten bezeichnet man als **versunkene Kosten**. Man kann in diesem Fall auch sagen, das Kostendeckungsprinzip fordere, dass diejenige Handlungsalternative gewählt wird, bei der unter Berücksichtigung der Disponibilität von Kosten und Leistungen die Gesamtkosten *so gut wie möglich gedeckt* sind. Schließlich wäre es ja ökonomisch unsinnig, bei Verlusten (also bei Nicht-Kostendeckung) einen Schweinemaststall stillzulegen, wenn durch die Stilllegung noch mehr Kosten ungedeckt wären und damit höhere Verluste entstehen würden als bei der Weiterproduktion. In solchen Fällen ist es für einen gewinnmaximierenden Unternehmer vielmehr rational, durch die Aufrechterhaltung und Optimierung der Produktion Verluste zu minimieren. Allerdings hätte man den Betriebszweig natürlich nicht aufgebaut, wenn man den Sachverhalt erwartet hätte.

Das Kostendeckungsprinzip fordert also ganz allgemein, bei der Definition der zu untersuchenden Handlungsalternativen darauf zu achten, dass man nicht nur kleine Änderungsschritte in der Betriebsorganisation betrachtet und damit möglicherweise bei einem lokalen Optimum „hängen bleibt". Vielmehr muss man auch größere Änderungsschritte in Erwägung ziehen. Dies bedeutet, dass man nicht nur innerhalb der in der Vergangenheit getätigten Investitionen und der üblichen Betriebsabläufe optimiert, sondern auch über grundsätzlich neue Investitionen und Desinvestitionen nachdenkt. Möglicherweise kann man sein Wohlbefinden über ein lokales Optimum hinaus steigern, wenn man „nicht kleckert, sondern klotzt" (globales Optimum).

Beispiel 2-5
Kostendeckungsprinzip - Marktfruchtbetrieb

In Beispiel 2-4 haben wir das optimale Produktionsprogramm für einen 100 ha großen Marktfruchtbetrieb bestimmt. Der unter Maßgabe des optimalen Produktionsprogramms zu erzielende Gesamtdeckungsbeitrag beträgt 116 100 €. Mit Blick auf das Kostendeckungsprinzip könnte man zwischen folgenden Ausgangssituationen unterscheiden:

- Situation A: Das optimale Produktionsprogramm wurde bestimmt, um zu entscheiden, ob man einen Marktfruchtbetrieb aufbauen sollte. In Anbetracht des deutlich positiven Deckungsbeitrags liegt zunächst die Schlussfolgerung nahe, dass es sich um ein lohnendes Vorhaben handelt. Bei der endgültigen Entscheidungsfindung ist allerdings zu beachten, dass der Gesamtdeckungsbeitrag nicht dem Gewinn entspricht. Im Gesamtdeckungsbeitrag sind produktionsfixe Kosten (z.B. Gebäudekosten oder Arbeitskosten) noch nicht berücksichtigt. Gemäß Kostendeckungsprinzip ist zusätzlich zu prüfen, ob der Gesamtdeckungsbeitrag ausreicht, um die fixen Kosten inkl. der Opportunitätskosten für die eigene Arbeitskraft, den eigenen Boden und das Eigenkapital zu decken. Betragen die Fixkosten bspw. 150 000 €, würde man sich gegen den Aufbau des Betriebs entscheiden. Nur wenn die fixen Kosten niedriger sind als 116 100 €, sollte der Betrieb aufgebaut werden.
- Situation B: Das optimale Produktionsprogramm wurde für einen bereits bestehenden Marktfruchtbetrieb bestimmt. Im Betrieb fallen fixe Kosten in Höhe von 150 000 € pro Jahr an. Es werden also Verluste erwirtschaftet. Dies legt vordergründig die Schlussfolgerung nahe, dass der Betrieb sofort aufgegeben werden sollte, wenn keine zukünftige Besserung zu erwarten ist. Vor einer Betriebsaufgabe ist aber zu fragen, welcher Anteil der fixen Kosten tatsächlich einsparbar ist und welche fixen Kosten unabhängig von der Betriebsaufgabe bestehen bleiben. Nur wenn durch die Betriebsaufgabe auf das Jahr bezogen mehr als 116 100 € an fixen Kosten eingespart werden können, sollte der Betrieb aufgegeben werden.

Ende des Beispiels

2.4.4 Die Break-Even-Analyse

Bislang haben wir die ökonomischen Planungsprinzipien unter der Annahme diskutiert, dass wir unter ganz bestimmten Rahmenbedingungen (z.B. Ausstattung eines Betriebs mit Fläche) zwischen verschiedenen Handlungsalternativen (z.B. Eigenmechanisierung vs. Arbeitserledigung durch den Lohnunternehmer) auswählen können. Bei der diskreten Perspektive, die bei der Differenzrechnung eingenommen wird, waren dementsprechend zunächst die einzelnen Handlungsalternativen zu definieren. Anschließend wurden die Leistungs- und Kostenveränderungen berechnet, die durch den Übergang von einer Alternative zu einer anderen verursacht werden. Entscheidungsfragen unter veränderten Umweltbedingungen (z.B. geänderte Flächenausstattung nach Flächenzukauf) wurden als neue Planungsprobleme betrachtet, für die jeweils neue Differenzrechnungen angestellt werden müssen.

Zwecks Ersparnis von Planungsaufwand nutzt man bei variablen Rahmenbedingungen eine spezifische Form der Differenzrechnung, die man als Kritische-Wert-Analyse (critical value analysis) oder Break-Even-Analyse bezeichnet. Statt die Planungsrechnungen bei unterschiedlichen Bedingungen jedes Mal zu wiederholen, bestimmt die Break-Even-Analyse eine **Handlungsstrategie in Form eines kritischen Wertes**, der c.p. denjenigen Zustand der betrachteten Variable angibt, bei dem man indifferent zwischen zwei Handlungsalternativen ist (z.B. bei 250 ha Flächenausstattung sind die Eigenmechanisierung und der Lohnunternehmer gleich teuer). Dabei steht „c.p." für ceteris paribus und meint soviel wie „unter sonst gleichen Bedingungen".

Beispiel 2-6
Break-Even-Analyse - ökonomische Schadschwelle im Pflanzenbau

Ein Betriebsleiter hat darüber zu entscheiden, ob er eine Unkrautspritzung durchführen soll oder nicht. Der Unkrautdeckungsgrad UDG, der einen zusammenfassenden Parameter für die Anzahl und die Größe der Unkräuter an einem Standort darstellt, beträgt auf einer bestimmten Weizenanbaufläche 5%. Basierend auf Feldversuchsergebnissen ist bekannt, dass am betrachteten Standort der Weizenertrag bei einer 1%igen Zunahme des Unkrautdeckungsgrades um 0,4% bezogen auf den „Normalertrag" bei hypothetischer Unkrautfreiheit sinkt (Befalls-Verlust-Relation BVR = 0,4). Der Normalertrag des Weizens bei hypothetischer Unkrautfreiheit y_{We}^{norm} beträgt 85 dt/ha. Der Verkaufspreis für Weizen p_{We} liegt bei 25 €/dt. Die variablen Kosten der Unkrautspritzung K belaufen sich auf 80 €/ha und der Wirkungsgrad der Behandlung WG ist 97%. Die Frage ist nun, ob man eine Herbizidspritzung durchführen soll oder nicht.

Für die Bestimmung der Leistung der Unkrautspritzung ist zunächst zu fragen, welcher Ertragsverlust beim betrachteten Unkrautdeckungsgrad von 5% zu verzeichnen ist. Bei einem Unkrautdeckungsgrad von 5% würden ohne Herbizidspritzung 1,7 dt/ha (= 85 dt/ha · 5% · 0,4) an Ertrag verloren gehen. Wenn der Wirkungsgrad des Herbizids bei 97% liegt, dann können durch die Spritzung 1,649 dt/ha (= 1,7 dt/ha · 97%) „gerettet" werden. Bei einem Weizenpreis von 25 €/dt ergibt sich durch die Unkrautspritzung ein Mehrerlös von 41,225 €/ha (= 1,649 dt/ha · 25 €/dt). Da die variablen Kosten 80 €/ha betragen, ist eine Herbizidspritzung also ökonomisch nicht sinnvoll.

Wir unterstellen nun, dass der betrachtete Landwirt mehrere Ackerschläge bewirtschaftet, die sich nur in ihrem Unkrautdeckungsgrad unterscheiden. Er könnte für jeden Schlag mit Hilfe einer Differenzrechnung kalkulieren, ob die Durchführung einer Unkrautbehandlung ökonomisch sinnvoll ist. Das würde ebenso viele Differenzrechnungen erforderlich machen wie der Landwirt Schläge hat. Zur Reduzierung des Rechenaufwands bestimmt der Landwirt eine Handlungsstrategie in Form des kritischen Unkrautdeckungsgrades, bei dem die Alternativen „Spritzung durchführen" und „Spritzung unterlassen" ökonomisch gleichwertig sind. Den kritischen Unkrautdeckungsgrad bezeichnet man auch als „ökonomische Schadschwelle im Pflanzenbau". Auf Schlägen, auf denen die ökonomische Schadschwelle überschritten ist, sollte eine Spritzung durchgeführt werden, auf den anderen nicht (siehe Abb. 2-5).

Abb. 2-5: Ökonomische Schadschwelle im Pflanzenbau

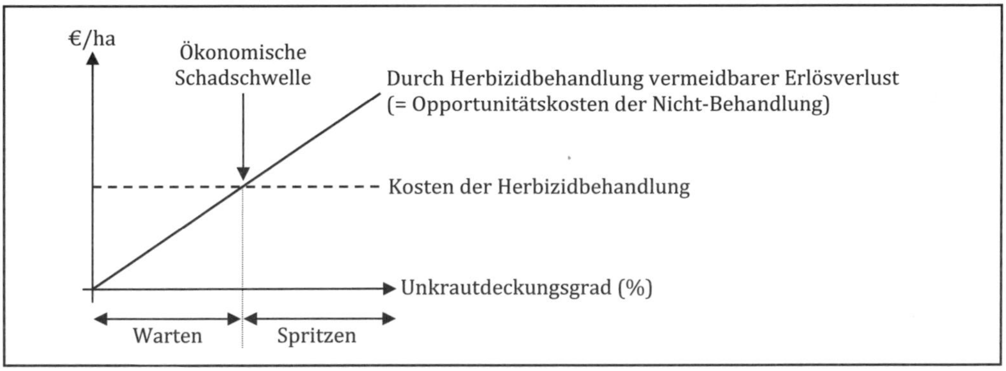

Die ökonomische Schadschwelle im Pflanzenbau liegt dort, wo die Spritzkosten dem durch die Herbizidbehandlung vermeidbaren Erlösverlust entsprechen. Dies stellt eine Anwendung der Differenzrechnung dar. Letztlich ist der Unkrautdeckungsgrad gesucht, bei dem die Grenzkosten der Spritzung gleich dem Grenzerlös sind. Algebraisch lässt sich das Problem wie folgt fassen:

$$K = y_{We}^{norm} \cdot UDG^{*} \cdot BVR \cdot WG \cdot p_{We} \qquad (2\text{-}6)$$

Zur Bestimmung des kritischen Unkrautdeckungsgrades UDG^*, oberhalb dessen eine Spritzung rentabel ist, muss Gleichung (2-6) nach UDG^* umgestellt werden:

$$UDG^* = \frac{K}{y_{We}^{norm} \cdot BVR \cdot WG \cdot p_{We}} \tag{2-7}$$

Bei den gegebenen Annahmen liegt die ökonomische Schadschwelle UDG^* bei 9,7%, d.h. auf Ackerschlägen mit einem Unkrautdeckungsgrad von mehr als 9,7% sollte der Landwirt eine Unkrautbekämpfung durchführen.

Ende des Beispiels

2.5 Metaplanung

Unterschiedliche Ausgangssituationen und verschiedene Unternehmerziele in Verbindung mit unterschiedlichen Kompetenzen im Umgang mit Planungsproblemen führen zu unterschiedlichen Ansprüchen an die Entscheidungsunterstützung. Unter Metaplanung versteht man die Ausgestaltung und das Design der Planung im Sinne der **Auswahl problemadäquater Planungs- bzw. Entscheidungsinstrumente**. Es geht gewissermaßen um die „Planung der Planung". Es muss u.a. festgelegt werden, in welchen Situationen man die Komplexität reduzieren und von bestimmten Eigenschaften des Planungsproblems abstrahieren kann. Beispielsweise liegt es in einer Situation mit geringer Unsicherheit nahe, nur eine deterministische, also von Unsicherheit abstrahierende Planung durchzuführen. Die auf dem allgemeinen Grenzwertprinzip beruhende Fragestellung an den ökonomischen Metaplaner heißt also: Ab wann bringt zusätzlicher Planungsaufwand weniger als er kostet? Zur Beantwortung der Frage nach der optimalen Komplexität der Planung braucht der Metaplaner nicht nur ein systematisches Verständnis der verschiedenen potenziell auftretenden Planungsprobleme, sondern auch der zur Verfügung stehenden Planungs- und Entscheidungsinstrumente.

Im folgenden Punkt 2.5.1 werden zunächst unterschiedliche Skalen für Variablen sowie die jeweils zulässigen mathematischen Operationen erklärt. Letztlich muss man zur Planung der Planung wissen, wie man aus Daten Planannahmen generiert und welche Rechnungen zulässig sind. In Punkt 2.5.2 wird verdeutlicht, dass die Anforderungen an die Metaplanung zunächst von den Charakteristika bzw. der Komplexität der zu lösenden Entscheidungsprobleme abhängen. Man könnte auch sagen, dass die durch die Art des Entscheidungsproblems getriebene „Nachfrage" nach Planungsinstrumenten beschrieben wird. Punkt 2.5.3 systematisiert die wichtigsten formal-quantitativen Verfahren. Es wird also das „Angebot" von Planungsinstrumenten diskutiert. In Punkt 2.5.4 werden wichtigen Entscheidungsproblemen die jeweils adäquaten Planungsinstrumente zugeordnet.

2.5.1 Zum Problem des Messens

Das Ziel der Planung ist es, rationale Entscheidungen zu ermöglichen. Um rationale Entscheidungen treffen zu können, sind „vernünftige" Pläne erforderlich, die sowohl zielgerichtet als auch realistisch sind. Um realistische Planannahmen aufstellen zu können, muss man die Wirklichkeit erfassen, d.h. sich ein zutreffendes Bild vom Ist-Zustand und den voraussichtlichen Entwicklungen im jeweiligen Entscheidungsfeld machen. Zur Erfassung der Realität muss man die relevanten Variablen (Preise, Erträge, Faktoransprüche etc.) messen. Aus Messungen entstehen zunächst Daten, die Auskunft über die Ausprägungen einer Variablen in einem bestimmten Kontext geben (z.B. eine Zeitreihe der Milchpreise in einer bestimmten Region über die letzten 60 Monate). Es ist letztlich das zentrale Anliegen des vorliegenden Lehrbuchs, aufzuzeigen, wie man aus Daten Informationen (z.B. bzgl. des zukünftig zu erwartenden Milchpreises) generiert und in Modellen zu Entscheidungskalkülen (z.B. zum Kapitalwert einer Investition in einen Milchviehstall) verarbeitet. Die vorausgehende Tätigkeit des Messens und die Existenz von Daten werden dabei im Folgenden vorausgesetzt. Deshalb machen wir an dieser Stelle einige essentielle Vorbemerkungen zu dem gar nicht so trivialen Problem, wie man **durch Messen zu Daten kommt** und was man mit diesen Daten machen kann/darf und was nicht.

Die Art und Weise, wie man misst und was man mit den Messdaten machen kann, hängt von der Variable ab, deren Ausprägung man erfassen will. Dabei ist zunächst **zwischen Maßen, Messinstrumenten und Maßfunktionen zu unterscheiden**. Unterschiedliche Variablen, wie z.B. Niederschlag, Temperatur, Milchleistung, Getreideertrag, Löhne oder Preise, misst man nicht nur mit unterschiedlichen Maßen (mm, dt, € etc.), sondern auch mit unterschiedlichen Messinstrumenten. Darüber hinaus können viele Eigenschaften nicht direkt gemessen werden. So kann man zwar Preisausprägungen direkt erfassen und dokumentieren. Aber schon bei der Messung der Temperatur braucht man - auch wenn man sich dessen oft nicht bewusst ist - eine Maßfunktion. Wenn es sich bei dem Messgerät bspw. um eine Quecksilbersäule handelt, muss der funktionale Zusammenhang zwischen der beobachteten Ausdehnung in Millimeter und der Temperatur in Grad Celsius oder Kelvin hergestellt werden. Gerade bei ökonomischen Untersuchungsgegenständen ist die kritische Hinterfragung der Maßfunktion oft besonders wichtig, da vielfach der funktionale Zusammenhang zwischen dem erfassten Maß und der eigentlich interessierenden Eigenschaftsausprägung nicht eindeutig ist. Als Beispiel sei hier die Messung der „Leistung" von leitenden Mitarbeitern angeführt.

Verschärft wird das Problem des Messens, wenn man kausale Zusammenhänge der generellen Form $y = f(x)$ untersucht. Häufig sind bei derartigen Untersuchungen entweder die unabhängige Variable x oder die abhängige Variable y oder sogar beide Variablen nicht direkt messbar. Man denke bspw. an eine Analyse, die den Zusammenhang zwischen der „Personalerfahrung" eines Unternehmensleiters ($= x$) und der „Zufriedenheit" der Mitarbeiter im Unternehmen ($= y$) zum Gegenstand hat. In aller Regel nutzt man in solchen Fällen zur Operationalisierung der Fragestellung sog. **Proxyvariablen**. Proxyvariablen sind Stellvertretervariablen, von denen man unterstellt, dass sie die eigentlichen Variablen - man spricht auch von dem theoretischen Konstrukt - indirekt messen. Im vorliegenden Beispiel wäre denkbar, die Zahl der Berufsjahre in einer Leitungsposition als Proxy für „Personalerfahrung" zu nutzen. Als Proxy für die ebenfalls nicht direkt messbare „Zufriedenheit" könnte man die in einer Mitarbeiterbefragung erfassten Schulnoten (1 = sehr zufrieden; 6 = vollkommen unzufrieden) heranziehen (vgl. Abb. 2-6).

Abb. 2-6: Von der Theorie zur Beobachtung und von der Beobachtung zur Theorie

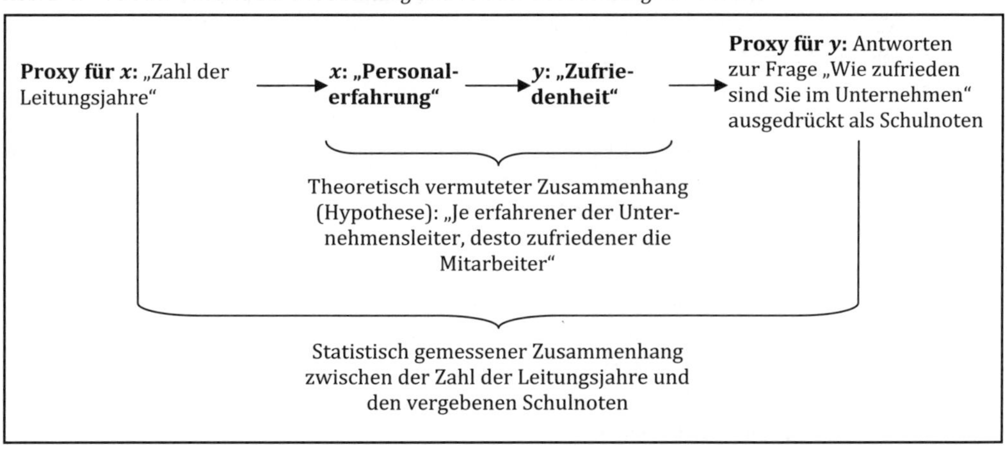

Wenn sowohl die abhängige als auch die unabhängige Variable über die Messung von Proxys operationalisiert werden muss, kann man zunächst lediglich statistische Zusammenhänge zwischen den Proxyvariablen etablieren. Man muss sich im Klaren darüber sein, dass die gemessene Variable nicht automatisch mit der eigentlich interessierenden Größe zusammenfällt, sondern - bestenfalls - eine „relativ" eindeutige Maßfunktion zwischen beiden besteht. In den meisten empirisch-ökonomischen Untersuchungen wird diese Maßfunktion aber weniger eindeutig sein als im Fall der Temperaturmessung. In unserem Fall könnte es bspw. sein, dass der Unternehmensleiter zwar lange Jahre eine wichtige leitende Position eingenommen hatte, aber nicht mit dem Personalmanagement betraut war. Die Zahl der Leitungsjahre wäre dann kein gutes Proxy für die „Personalerfahrung". Derartige Sachverhalte müssen bei einer kritischen Interpretation von empirischen Untersuchungsergebnissen immer berücksichtigt werden.

Neben der Berücksichtigung der Tatsache, dass zwischen dem, was man messtechnisch erfasst, und dem, was man eigentlich in Erfahrung bringen will, nur ein mehr oder weniger abgesicherter funktionaler Zusammenhang besteht, muss man auch wissen, wie man die gewonnenen Daten behandeln darf. Zur Systematisierung dieses Problems hat sich die Einteilung nach dem sog. Messniveau eingebürgert, das auch als **Skalenniveau** (scale of measurement) bezeichnet wird. Das Skalenniveau entspricht einer hierarchischen Klassifizierung von Merkmalen in Abhängigkeit vom Informationsgehalt und der mathematischen „Verrechenbarkeit" der Ausprägungen. Nominal- und Ordinalskalen werden als nicht-metrische Skalen bezeichnet, Intervall- und Ratioskalen als metrische Skalen. Die beiden letztgenannten Skalen werden auch unter der Bezeichnung „Kardinalskala" zusammengefasst.

Die **Nominalskala** (nominal scale) ist eine nicht-metrische Skala. Hier lässt sich nur feststellen, ob sich eine Ausprägung einer Eigenschaft von einer anderen Ausprägung unterscheidet oder nicht ($=; \neq$). Ein Beispiel ist die Messung der Farbausprägungen eines Gegenstandes (rot, gelb, blau) oder des Geschlechts einer Person (weiblich, männlich). Weder die Bildung einer Rangfolge zwischen verschiedenen Ausprägungen noch die Anwendung mathematischer Operationen ist bei nominalskalierten Variablen möglich.

Die **Ordinalskala** (ordinal scale) ist ebenfalls nicht-metrisch. Im Gegensatz zu nominalskalierten Variablen können aber die Ausprägungen ordinalskalierter Variablen nicht nur festgestellt, sondern auch in eine Rangfolge bzw. Hierarchie gebracht werden. Es sind also die Aussagen „größer", „gleich" und „kleiner" ($<; =; >$) möglich. Ein klassisches Beispiel ist ein Wettlauf, bei dem die Zeit nicht mit der Stoppuhr gemessen, sondern nur die Reihenfolge der Läufer an der Ziellinie (1. Platz, 2. Platz, 3. Platz etc.) erfasst wird.

Die **Intervallskala** (interval scale) ist dagegen metrisch. In Erweiterung zu ordinalskalierten Eigenschaften haben die zahlenmäßigen Abstände zwischen den Ausprägungen nun eine aussagekräftige Bedeutung. Ein Beispiel wäre die Temperaturmessung mit Hilfe der Celsius- oder der Fahrenheitskala. Hier kann man sagen, dass ein Abstand zwischen zwei Temperaturwerten (z.B. zwischen 20°C und 40°C) doppelt so groß ist wie ein anderer Abstand (z.B. zwischen 20°C und 30°C). Neben den Aussagen „größer", „gleich", und „kleiner" sind nun also auch die mathematischen Operationen „Subtraktion" und „Addition" ($<; =; >; -; +$) möglich. Bei intervallskalierten Variablen kann man Differenzen ins Verhältnis setzten, so dass man sagen kann, dass ein Abstand doppelt so groß ist wie ein anderer. Es existiert allerdings kein natürlicher absoluter Nullpunkt für die Skala, der als Nicht-Existenz der Eigenschaft interpretiert werden könnte und somit nicht unterschritten werden kann. Sowohl die Maßeinheit als auch der Nullpunkt sind vielmehr frei wählbar. Die Quotienten der Variablenausprägungen selbst haben deshalb keine Aussagekraft. So kann man bei der Celsiusskala nicht sagen, dass ein bestimmter Gegenstand, der z.B. 40°C hat, doppelt so warm sei wie ein anderer, der 20°C hat. Die Unsinnigkeit einer derartigen Aussage sieht man sofort, wenn man die beiden Temperaturen in Fahrenheit ausdrückt: 20°C entspricht 68°F und 40°C entspricht 104°F.

Die **Ratioskala** (ratio scale), die auch als Verhältnisskala bezeichnet wird, ist ebenfalls metrisch. In Erweiterung zu intervallskalierten Eigenschaften besitzen ratioskalierte Eigenschaften einen natürlichen absoluten Nullpunkt. Ein Beispiel ist die Temperaturmessung in Kelvin, ein anderes die Ackerflächenausstattung eines Betriebs. In beiden Fällen kann der Nullpunkt nicht unterschritten werden. Unabhängig davon, ob die Fläche in ha oder Quadratmeter gemessen wird, sind deshalb Aussagen wie „die Fläche hat sich im Vergleich zum letzten Jahr verdoppelt", gehaltvoll. Mit anderen Worten: Neben den Aussagen „größer",

„gleich“ und „kleiner“ sowie der Subtraktion und Addition sind bei ratioskalierten Eigenschaften nun zusätzlich die mathematischen Operationen „Division“ und „Multiplikation“ möglich $(<; =; >; -; +; \cdot ; /)$.

2.5.2 Systematisierung von Planungs- und Entscheidungsproblemen

Im Folgenden werden Planungs- und Entscheidungsprobleme zunächst nach den unternehmerischen Funktionsbereichen und der Art der eingesetzten Produktionsfaktoren gegliedert. Anschließend systematisieren wir Planungs- und Entscheidungsprobleme nach unterschiedlichen Komplexitäten. Dies reicht von der Unterscheidung in gut- und schlecht-strukturierte Entscheidungsprobleme bis hin zu eindimensionalen und mehrdimensionalen Problemen. Die im Folgenden vorgenommene Systematisierung ist letztlich für die Auswahl adäquater Planungsinstrumente maßgeblich.

Gliederung nach unternehmerischen Funktionsbereichen

Ausgehend vom Verständnis des Betriebs als Ort der Transformation von Inputs in Outputs kann man Planungsprobleme nach den unternehmerischen Funktionsbereichen gliedern, in denen Entscheidungen gefällt werden müssen. Dementsprechend wird die folgende Unterscheidung vorgenommen (vgl. Abb. 1-3): Die **Beschaffungsplanung** hat die Frage zu beantworten, welche Produktionsmittel von welchem Lieferanten und zu welchem Zeitpunkt beschafft werden. Durch die **Produktionsplanung** wird festgelegt, welche Produkte in welchem Umfang und mit welchen Produktionsmitteln produziert werden. Die **Absatzplanung** bzw. das Marketing kümmert sich um die Frage, welche Produkte in welchem Umfang an welche Käufer zu welchem Preis verkauft werden.

Gliederung nach der Art der eingesetzten Produktionsfaktoren

Zur Strukturierung von Planungsgegenständen ist auch eine einfache Gliederung nach der Art der eingesetzten Produktionsfaktoren gebräuchlich. Dementsprechend unterscheidet man z.B. zwischen der **Personalplanung** (Welche Arbeitskräfte sollen für welche Aufgaben eingesetzt werden?), der **Futterplanung** (Welche Futtermittel soll man in welcher Menge in der Schweinemast einsetzen?), der **Düngerplanung** (Welche Düngemittel soll man in welcher Menge wann in der Weizenproduktion einsetzen?) oder der **Maschineneinsatzplanung** (Welche Maschinen soll man wann zur Stoppelbearbeitung einsetzen?).

Gut-strukturierte vs. schlecht-strukturierte Planungsprobleme

In Abhängigkeit vom Informationsstand bzw. dem Grad des Nichtwissens unterscheidet man zwischen gut- und schlecht-strukturierten Problemen. Die Begriffe „gut-strukturiert“ und „schlecht-strukturiert“ bezeichnen dabei die Extrempunkte auf einem Informationskontinuum: **Gut-strukturierte Planungsprobleme** sind dadurch gekennzeichnet, dass man die Ursache-Wirkungsbeziehungen sowie die Möglichkeiten kennt, wie man durch eigene Handlungen Einfluss auf das Ergebnis nehmen kann. Sie sind i.d.R. quantitativ fassbar und lassen sich in Form konkreter Handlungsalternativen und Plankalkulationen operationalisieren. Ein Beispiel für ein gut-strukturiertes Planungsproblem ist die Bestimmung der optimalen Stickstoffeinsatzmenge in der Roggenproduktion auf der Grundlage einer bekannten Produktionsfunktion (vgl. Beispiel 2-2). **Schlecht-strukturierte Planungsprobleme** sind dagegen Probleme, bei denen noch nicht alle Ursache-Wirkungsbeziehungen eindeutig bekannt sind, geschweige denn funktionale Beziehungen quantifiziert werden können. Allerdings liegen möglicherweise Informationen in Form schwacher Signale vor, die Gefahren oder Chancen für das Unternehmen andeuten. Ein Beispiel für schwache Signale wären sich häufende Meldungen aus der Wissenschaft, dass aufgrund des Klimawandels zukünftig in der Region, in der man wirtschaftet, zunehmend mit Vorsommertrockenheit zu rechnen ist.

Die begriffliche Unterscheidung in gut- und schlecht-strukturierte Entscheidungsprobleme soll die Aufmerksamkeit darauf lenken, dass in einem unsicheren Unternehmensumfeld eine frühzeitige und abgestufte Reaktion in informations- und dringlichkeitsadäquater Form erforderlich ist. Aufgrund der bei schlecht-strukturierten Problemen fehlenden Kenntnis der genauen Wirkungszusammenhänge macht dies immer ein situatives Expertenurteil erforderlich. Dabei ist zu beachten, dass eine voreilige Reaktion auf ein fehlinterpretiertes Signal sich genauso verlustbringend auswirken kann wie eine verpasste Anpassungsreaktion. Bei einem sehr hohen Grad des Nichtwissens wird die adäquate Reaktion darin bestehen, die schwachen Signale zunächst nur weiter zu beobachten. Beispielsweise wäre es nicht zielführend, unverzüglich auf die Hirseproduktion umzustellen, solange für eine zunehmende Vorsommertrockenheit lediglich schwache Signale vorliegen. Allerdings kann es nützlich sein, bereits jetzt Fachartikel zu lesen, in denen der Hirseanbau thematisiert wird. Sind die grundsätzlichen Bereiche bekannt, aus denen Bedrohungen oder Chancen kommen, dann sind Maßnahmen sinnvoll, die die eigene Flexibilität und Anpassungsfähigkeit erhöhen. Wenn man dagegen bereits konkrete Entwicklungen sowie die Ergebnisse eigener Handlungsalternativen absehen kann, lassen sich direkte Aktionspläne initiieren. Wenn also bspw. genügend Informationen vorliegen, um zu berechnen, dass bei einer Aufnahme der Hirseproduktion der Gesamtdeckungsbeitrag gesteigert werden kann, dann sollte man eine Programmanpassung vornehmen.

Langfristige vs. kurzfristige Planungsprobleme

Eine weitere Gliederung unterscheidet nach der Länge des Planungshorizonts. Bei **langfristigen Planungsproblemen** geht es um Entscheidungen, die sich auf mehrjährige Zeiträume und langfristig nutzbare Produktionskapazitäten beziehen und die oftmals die strategische Ausrichtung eines Unternehmens am Markt für lange Zeit festlegen. Man spricht dann auch von **strategischer Planung.** Im Rahmen der strategischen Planung geht es um die Festlegung der Geschäftsfelder sowie der langfristigen Entwicklungslinien des Unternehmens und damit z.B. auch um Investitionsfragen. Die Festlegung von Produktionsaktivitäten und die Bestimmung konkreter Maßnahmen zur Umsetzung strategischer Pläne stellen **mittel- und kurzfristige Planungsprobleme** dar. Man spricht auch von **operativer Planung**. Die operative Planung ist detaillierter als die strategische Planung und weist einen kürzeren Planungshorizont auf. Sie bezieht sich auf Entscheidungen, wie z.B. die Festlegung der Anbaustruktur im Ackerbau, die auch innerhalb einer gegebenen Kapazitätsausstattung von Jahr zu Jahr variiert werden kann. Operative Fragestellungen umfassen auch all die Entscheidungen, die zum „Tagesgeschäft" des Betriebsleiters gehören, also z.B. die Frage, ob im Pflanzenbau die ökonomische Schadschwelle erreicht ist und man eine Pflanzenschutzbehandlung durchführen sollte oder nicht.

Nicht-interdependente vs. interdependente Planungsprobleme

In Abhängigkeit davon, ob systembedingte Wechselwirkungen zwischen einzelnen Entscheidungen bestehen, unterscheidet man zwischen nicht-interdependenten und interdependenten Planungsproblemen. Bei **nicht-interdependenten Planungsproblemen** können Entscheidungen unabhängig voneinander gefällt werden. Die Optimierung des Klimas im Mastschweinestall hat bspw. keinen Einfluss auf die Frage nach dem optimalen Anbauprogramm im Betriebszweig „Marktfruchtbau". Das Gleiche gilt für eine Investition „auf der grünen Wiese", die keine Auswirkungen auf den bestehenden Betrieb hat. In der Realität handelt es sich aber oftmals um **interdependente Planungsprobleme**, die aufgrund innerbetrieblicher Verflechtungen miteinander in Verbindung stehen. Die optimale Düngung im Marktfruchtbau ist bspw. davon abhängig, in welchem Umfang Tierbestände aufgebaut werden und wie viel tierischer Dünger zu welchen Zeitpunkten bereitgestellt wird. Interdependenzen entstehen auch immer dann, wenn verschiedene Verwendungsmöglichkeiten um absolut knappe Faktoren konkurrieren. Aufgrund der betrieblichen Gegebenheiten oder knapper finanzieller Mittel schließen sich Investitionsvorhaben bspw. oftmals gegenseitig aus (Entweder-Oder-Entscheidung). Ein ähnlicher Sachverhalt ergibt sich bei knapper Fläche. Wird bei gegebener Flächenausstattung entschieden, den Weizenanbau auszudehnen, so muss die Produktion anderer Marktfrüchte eingeschränkt werden. Grundsätzlich kann es sich bei dem knappen Faktor auch um die zeitlich begrenzte Planungskapazität des Betriebsleiters handeln. Neben Synergien sind Opportunitätskosten (vgl. Punkt 2.4.2) somit die wichtigste Ursache für Interdependenzen.

Statische vs. dynamische Planungsprobleme

Mit Blick auf die Frage, ob der Zeitpunkt der Durchführung eines Vorhabens eine Entscheidungsvariable darstellt, unterscheidet man zwischen statischen und dynamischen Entscheidungsproblemen. Solange es nur darum geht, zu einem gegebenen Zeitpunkt zwischen (ggf. interdependenten) Handlungsalternativen auszuwählen, spricht man von **statischen Planungsproblemen**. Wenn zeitliche Interdependenzen vorliegen, d.h. wenn Entscheidungen, die zu einem früheren Zeitpunkt getroffen werden, die Handlungsmöglichkeiten und Ergebnisse späterer Entscheidungen beeinflussen, spricht man dagegen von **dynamischen Planungsproblemen**. Bei dynamischen Entscheidungsproblemen geht es nicht nur um die Frage, *ob*, sondern auch um die Frage, *wann* ein Vorhaben durchgeführt werden soll. Ein Beispiel hierfür sind zeitlich flexible Investitionsvorhaben. Kann eine Investition *entweder* sofort *oder* zu einem späteren Zeitpunkt durchgeführt werden (z.B. Investition in einen Schweinemaststall mit bereits vorliegender Baugenehmigung, die über einen längeren Zeitraum gültig ist), so verdrängt die sofortige Investitionsdurchführung die spätere Investition. Auch damit sind Opportunitätskosten verbunden. Möglicherweise ist die spätere Investitionsdurchführung ja rentabler als eine sofortige Investition.

Deterministische vs. stochastische Planungsprobleme

In Abhängigkeit von der Sicherheit oder Unsicherheit der Planannahmen unterscheidet man zwischen deterministischer und stochastischer Planung. Man spricht von **deterministischen Planungsproblemen**, wenn Sicherheit bzgl. der Planannahmen besteht und einwertige Planannahmen gerechtfertigt sind. Dies ist allenfalls bei einem sehr kurzfristigen Planungshorizont plausibel. Planung ist in die Zukunft gerichtet und in aller Regel mit erheblicher Unsicherheit behaftet. Sie kann sich deshalb nur auf unsichere Erwartungen bzgl. der Zufallsvariablen, wie z.B. Inputpreise, Verbrauchsmengen, Erträge und Outputpreise, stützen. Auch vordergründig deterministische Entscheidungsprobleme (z.B. die Bestimmung einer kostenminimalen Futtermittelmischung) sind bei genauer Betrachtung mit Unsicherheit behaftet, da bestimmte Einflussgrößen Zufallsvariablen (z.B. schwankende Inhaltsstoffe der verschiedenen Futtermittelkomponenten) darstellen. Liegt Unsicherheit vor, spricht man von **stochastischen Planungsproblemen**. Will man Unsicherheit bei der Planung berücksichtigen, muss man anstelle einwertiger Planannahmen systematisch die Wahrscheinlichkeitsverteilungen der relevanten Zufallsvariablen erfassen und berücksichtigen.

Eindimensionale vs. mehrdimensionale Planungsprobleme

Mit Blick auf die unternehmerischen Ziele unterscheidet man zwischen ein- und mehrdimensionalen Planungsproblemen (vgl. Abschnitt 2.2). **Eindimensionale Planungsprobleme** bestehen, wenn der Entscheider tatsächlich nur ein einziges Ziel hat. Vereinfachend wird häufig von der eindimensionalen unternehmerischen Zielsetzung „Gewinnmaximierung" ausgegangen. Dies führt dann zu einer **einkriteriellen Planung**, die die Handlungsalternativen nur nach ihrer Gewinnwirkung beurteilt. Oftmals haben Entscheider aber Mehrfachziele. Mehrfachziele führen zu **mehrdimensionalen Planungsproblemen**. Will man Mehrfachziele in der Planung berücksichtigen, gibt es zwei grundsätzliche Möglichkeiten: (1) Möchte man trotz Mehrfachzielsetzung zu einer einkriteriellen Planung kommen, muss man die Tradeoffs zwischen den verschiedenen Zielen bestimmen und alle Ziele in einer „Währung" messen. (2) Man kann im Rahmen einer **mehrkriteriellen Planung** Ergebnisinformationen in Form der bestmöglichen Kombinationen verschiedener Ziele ausweisen. Beispielsweise könnte man für unterschiedliche Niveaus an Freizeit jeweils den maximal möglichen Gewinn bestimmen. Der Unternehmer müsste anschließend die zu seiner Nutzenfunktion am besten passende Kombination auswählen.

2.5.3 Systematisierung von Entscheidungsunterstützungsinstrumenten

Planungsansätze lassen sich zum einen nach ihrem Formalisierungsgrad und zum anderen nach ihrem Integrationsgrad gliedern. Des Weiteren kann man noch danach unterscheiden, ob a priori vorgegebene diskrete Handlungsalternativen verglichen werden oder im Rahmen von Optimierungsverfahren explizit nach der besten Handlungsalternative gesucht wird.

Kreativitätsmethoden vs. formal-quantitative Planungsansätze

Ausgehend vom Wissensstand und der Strukturiertheit von Planungsproblemen ist zwischen Kreativitätsmethoden und formal-quantitativen Planungsansätzen zu unterscheiden. **Kreativitätsmethoden** (z.B. Brainstorming) stellen keine formalisierten Planungsverfahren dar. Sie zielen vielmehr darauf ab, bei schlecht-strukturierten Problemen systematisch die Informationen zu gewinnen, die in Form von Experteneinschätzungen und damit impliziten mentalen Modellen vorhanden sind. **Formal-quantitative Planungsansätze** zielen dagegen auf gut-strukturierte Probleme ab. Hier werden quantitative Informationen und funktionale Zusammenhänge, die nach geeigneten Informationsbeschaffungsaktivitäten und Datenanalysen zur Verfügung stehen, systematisch in einem Formalmodell verarbeitet und ggf. einem Lösungsalgorithmus (z.B. Optimierung) zugeführt.

Partialplanungsansätze vs. integrierte Planungsansätze

Mit Blick auf die Vollständigkeit der Abbildung systembedingter Wechselwirkungen kann man zwischen integrierten und partiellen Planungsansätzen unterscheiden. Zur Vereinfachung der praktischen Planung muss in aller Regel eine Separation von Planungsproblemen in Teilplanungsprobleme vorgenommen werden. Dies führt letztlich zu **Partialplanungsansätzen** (partial budgeting), die sich mit mehr oder weniger eng umrissenen „isolierten" Planungsproblemen (z.B. der optimalen technologischen Ausgestaltung von Produktionsverfahren oder der Anbauprogrammplanung) beschäftigen. Dies stellt eine starke Vereinfachung dar und führt i.d.R. wegen einer unvollständigen Abstimmung der einzelnen Teilplanungen nicht zum Gesamtbetriebsoptimum. Wie leicht einsichtig ist, kann bspw. eine Änderung der Maschinenausstattung das optimale Anbauprogramm beeinflussen. Deshalb wird im Rahmen **integrierter Planungsansätze** versucht, über alle interdependenten Planungsprobleme simultan zu entscheiden. Ein Beispiel hierfür ist die gleichzeitige Bestimmung der optimalen Ausstattung eines Betriebs mit dauerhaften Produktionsfaktoren wie Fläche, Gebäude etc. und des optimalen Anbauprogramms. Zu beachten ist, dass ein Planungsansatz auch dann als partiell zu bezeichnen ist, wenn er einen eigentlich dynamischen und/oder stochastischen Sachverhalt als statisch oder deterministisch abbildet. Da eine vollständige Abbildung des Systems „Unternehmen/Unternehmensumfeld" in einem formalen Gesamtplanungsmodell praktisch nicht möglich ist, stellen die als integriert bezeichneten Planungsansätze letztlich immer nur teilintegrierte Planungen dar. Mit anderen Worten: Sie liegen irgendwo auf dem Kontinuum zwischen dem (nicht existenten) Gesamtplanungsmodell und den Partialplanungsmodellen.

Der hohe Aufwand für die Datenbereitstellung und Erstellung hoch integrierter Modelle führt dazu, dass für praktische unternehmerische Planungsprobleme vielfach gering integrierte Planungsansätze oder reine Partialplanungsansätze genutzt werden. Zur Koordination der verschiedenen Teilplanungen wird in der Praxis auf das Prinzip der **hierarchischen Planung** zurückgegriffen. Dies bedeutet, dass die Vorgaben und Ergebnisse zeitlich vorgelagerter Entscheidungsebenen als Basis für die nachgelagerten Entscheidungsebenen genutzt werden. Hierdurch sollen die teilintegrierten und partiellen Planungen so miteinander verknüpft werden, dass sich ein stimmiges Gesamtplanungssystem ergibt.

Auf der untersten Ebene eines hierarchischen Planungssystems ist die sog. **Voranschlagsplanung** einzuordnen. Sie bewältigt Detailplanungsprobleme, die bei der Umsetzung von Entscheidungen der höheren Ebenen entstehen. Man könnte auch sagen, sie operationalisiert die Entscheidungen der höheren Planungsebenen, indem Abläufe spezifiziert und zeitlich-räumliche Dispositionsentscheidungen getroffen werden, die bei der übergeordneten Planungsebene nur auf einem hochaggregierten Niveau berücksichtigt wurden. Einen Voranschlag zu machen bedeutet, dass man sich den Ressourcenbedarf vergegenwärtigt, der an einem bestimmten Ort und zu einem bestimmten Zeitpunkt entsteht. Ein Beispiel hierfür ist die Futtervoranschlagsplanung mit der Frage: Welches und wie viel Futter wird wann gebraucht, um die vorhandenen Tiere bedarfsgerecht zu füttern? Ein anderes Beispiel ist die Voranschlagsplanung bei der Ernte mit der beispielhaften Frage: Wer steht wann mit welchem Anhänger an welcher Seite des Ackers zum Abfahren des Erntegutes bereit?

Differenzrechnung vs. Optimierung

Neben den Unterschieden im Integrationsgrad lassen sich die konkreten Methoden, die zu den formal-quantitativen Planungsansätzen zu zählen sind, danach gliedern, welche und wie viele Alternativen zur Auswahl gestellt werden. Bei der **Differenzrechnung** werden die zukünftigen Wirkungen einer begrenzten Anzahl von ad-hoc, d.h. „aus dem Stegreif", generierten Alternativen anhand der jeweiligen Ergebnisse verglichen. Die optimale Handlungsalternative befindet sich möglicherweise gar nicht unter den zur Auswahl gestellten Alternativen. Im Unterschied dazu wird bei der **Optimierung** aus *allen* gangbaren Handlungsalternativen modellendogen die Optimallösung bestimmt. Bei der Differenzrechnung würden also bspw. drei verschiedene Produktionsprogramme hinsichtlich des interessierenden Gesamtdeckungsbeitrags untersucht. Das Programm, das von diesen Programmen den höchsten Gesamtdeckungsbeitrag liefert, würde man umsetzen. Bei der Optimierung würde man demgegenüber zunächst einzelne Produktionsverfahren und entsprechende Fruchtfolgeober- und -untergrenzen definieren. Anschließend würde man modellbasiert das optimale Produktionsprogramm berechnen. Dies könnte z.B. im Rahmen einer linearen Programmierung erfolgen (vgl. Kapitel 5).

Der **Begriff „optimal"** ist mit großer Vorsicht zu interpretieren. Mit Blick auf die Anwendung der Differenzrechnung ist zu beachten, dass die Optimallösung gar nicht gefunden wird, wenn sie nicht zur Auswahl gestellt wurde. Ganz allgemein ist zu beachten, dass bei den Kalkulationen immer eine mehr oder weniger starke Separierung des Gesamtplanungsproblems vorliegt. Damit kann das Optimum immer nur ein Optimum bezogen auf die jeweils modellierte Zielgröße darstellen. Mit anderen Worten: Es ist ein Optimum, das an die restriktiven Annahmen des jeweils genutzten Partialmodells gebunden ist. Die Verwendung eines mathematischen Optimierungsalgorithmus ist also keine Garantie dafür, dass auch tatsächlich eine betriebliche Optimallösung für das reale Gesamtplanungsproblem gefunden wird.

2.5.4 Auswahl adäquater Planungsverfahren

Tab. 2-10 nimmt eine methodenorientierte Systematisierung der wichtigsten formal-quantitativen Verfahren vor. Dabei wird jeweils ein Beispiel aus dem Entscheidungsfeld der Produktionsprogrammplanung - einem regelmäßig wiederkehrenden Planungsproblem - und aus dem Entscheidungsfeld der Investitionsplanung - einem sporadisch wiederkehrenden Planungsproblem - genannt. Verfahren, die in diesem Buch angesprochen werden, sind grau unterlegt. Tab. 2-10 stellt also einen Vorgriff auf Inhalte dar, die in den folgenden Kapiteln dieses Lehrbuchs beschrieben werden.

Die in Tab. 2-10 nicht grau unterlegten Verfahren sind aus systematischen Gründen genannt. Sie sind entweder nicht operationalisierbar oder sie haben nur eine geringe Bedeutung für die praktische Betriebsplanung. Dies ist dann der Fall, wenn eine Separierung des Planungsproblems im Rahmen einer hierarchischen Planung vorteilhafter ist, d.h. ein besseres Leistungs-Kostenverhältnis hat, als die Integration mehrerer Planungsaspekte in hochkomplexen und möglicherweise dennoch wenig adäquaten Planungsmodellen.

Tab. 2-10: Formal-quantitative Planungsverfahren und Entscheidungsprobleme [a)]

		Differenzrechnung		**Endogene Optimierung**	
		Produktionsprogrammentscheidung	**Investitionsentscheidung**	**Produktionsprogrammentscheidung**	**Investitionsentscheidung**
Statisch	**Deterministisch**	Vergleich der Gesamtdeckungsbeiträge diskreter Produktionsprogramme	Vergleich der Kapitalwerte diskreter Investitionsmöglichkeiten zum gleichen Zeitpunkt	Lineare Programmierung zur Bestimmung des optimalen Produktionsprogramms	Lineare Programmierung zur Bestimmung des optimalen Investitionsprogramms
Statisch	**Stochastisch**	*Mehrkriteriell:* Stochastische Simulation zum Vergleich der Wahrscheinlichkeitsverteilungen der Gesamtdeckungsbeiträge diskreter Produktionsprogramme *Einkriteriell:* Risikonutzenvergleich diskreter Produktionsprogramme	*Mehrkriteriell:* Stochastische Simulation zum Vergleich der Wahrscheinlichkeitsverteilungen der Kapitalwerte diskreter Investitionsmöglichkeiten *Einkriteriell:* Risikonutzenvergleich diskreter Investitionsmöglichkeiten	*Mehrkriteriell:* Quadratische Programmierung zur Bestimmung effizienter Produktionsprogramme *Einkriteriell:* Quadratische Programmierung zur Maximierung des Risikonutzens von Produktionsprogrammen	*Mehrkriteriell:* Quadratische Programmierung zur Bestimmung effizienter Investitionsprogramme *Einkriteriell:* Quadratische Programmierung zur Maximierung des Risikonutzens von Investitionsprogrammen
Dynamisch	**Deterministisch**	Vergleich der Gesamtdeckungsbeiträge einzelner diskreter Produktionsprogrammfolgen	Vergleich der Kapitalwerte diskreter Investitionsmöglichkeiten zu unterschiedlichen Zeitpunkten	Mehrperiodische lineare Programmierung zur Bestimmung der optimalen Produktionsprogrammfolge	Dynamische Programmierung im Rahmen der flexiblen Investitionsplanung
Dynamisch	**Stochastisch**	*Mehrkriteriell:* Stochastische Simulation zum Vergleich der Wahrscheinlichkeitsverteilungen der Gesamtdeckungsbeiträge diskreter Produktionsprogrammfolgen *Einkriteriell:* Risikonutzenvergleich diskreter Produktionsprogrammfolgen	*Mehrkriteriell:* Stochastische Simulation der Kapitalwerte diskreter Investitionsmöglichkeiten zu unterschiedlichen Zeitpunkten *Einkriteriell:* Stochastische Simulation des Risikonutzens diskreter Investitionsmöglichkeiten zu unterschiedlichen Zeitpunkten	*Mehrkriteriell:* Mehrperiodische quadratische Programmierung zur Bestimmung der effizienten Produktionsprogrammfolge *Einkriteriell:* Mehrperiodische quadratische Programmierung zur Maximierung des Risikonutzens von Produktionsprogrammfolgen	*Mehrkriteriell:* Stochastisch-dynamische Programmierung zur Bestimmung effizienter Investitionsprogramme *Einkriteriell:* Stochastisch-dynamische Programmierung zur Maximierung des Risikonutzens im Rahmen der flexiblen Investitionsplanung

[a)] Relevante Verfahren, die in diesem Buch angesprochen werden, sind grau unterlegt.

Solange wir uns nicht auf stochastische Planungssituationen beziehen, unterstellen wir in Tab. 2-10, dass der Entscheider nur auf das Ziel „Gewinnmaximierung" fokussiert. Solche eindimensionalen Planungsprobleme lassen sich immer einkriteriell beurteilen. Das haben wir in Tab. 2-10 bei der Beschreibung der deterministischen Planungssituationen nicht explizit betont. Berücksichtigt man Unsicherheit in der Planung, handelt es sich per se (mindestens) um ein zweidimensionales Planungsproblem: Sowohl das Einkommen als auch das Risiko sind relevant. Wie bereits erwähnt, gibt es in diesem Fall zwei grundsätzliche Herangehensweisen, die wir in Tab. 2-10 jeweils unterschieden haben: Erstens, man misst beide Ziele in einer „Währung", indem man sie z.B. durch eine Gewichtung zusammenfasst. Hierdurch kann man unterschiedliche Handlungsalternativen wieder einkriteriell beurteilen. Zweitens, man weist effiziente Kombinationen der verschiedenen Ziele aus. Damit ist z.B. gemeint, dass man für unterschiedliche Risikohöhen jeweils das einkommensmaximale Produktionsprogramm bestimmt. Eine derartige mehrkriterielle Optimierung bezeichnet man auch als Pareto-Optimierung. Den Kalkulationen nachgelagert muss der Entscheider das Produktionsprogramm auswählen, das am besten zu seinen Präferenzen passt.

Zumindest in der Planungspraxis kleinerer landwirtschaftlicher Unternehmen ist vielfach zu beobachten, dass systematische und formal-quantitative Analyse- und Planungsverfahren nur in geringem Umfang zur Lösung von betrieblichen Entscheidungsproblemen eingesetzt werden. Stattdessen werden Entscheidungen oft aus dem „Bauch" heraus oder mit Hilfe einfacher **Heuristiken** (Faustregeln) getroffen. Wie kann man das erklären?

Eine Erklärungsmöglichkeit besteht darin, dass sich Unternehmer **satisfizierend verhalten**. Damit ist gemeint, dass sie mit einem bestimmten Zielerreichungsniveau zufrieden sind und keine weiteren Planungsanstrengungen unternehmen, also gar nicht zwangsläufig optimieren wollen. Insbesondere wenn ein Unternehmen in hohem Umfang eigene Produktionsfaktoren (eigenen Boden, eigene Arbeit und eigenes Kapital) einsetzt, die mit keinen festen Zahlungsverpflichtungen verbunden sind, kann es selbst dann überleben, wenn suboptimale Entscheidungen getroffen werden. Ein alternativer Erklärungsansatz besteht darin, dass die zusätzlichen Kosten einer Formalplanung nicht durch die zusätzlichen Leistungen gedeckt werden, die damit erzielt werden können. In diesem Fall ist es ökonomisch sinnvoll, auf eine Formalplanung zu verzichten.

Planungskosten entstehen sowohl für die Informationsbeschaffung als auch für die Informationsverarbeitung in Modellen und Planungsrechnungen. Dabei ist Folgendes zu beachten: Erstens, je weniger man sich mit modernen Methoden der Datenaufbereitung und betriebswirtschaftlichen Analyse- und Planungsverfahren auskennt, desto mehr Lern- und Zeitaufwand muss man für ihren Einsatz betreiben. Zweitens, je knapper die Zeit und je wichtiger die eigentlichen Führungsaufgaben sind, desto höher sind die Opportunitätskosten je aufgewendeter Zeiteinheit. Auf den Punkt gebracht wird es also für einen Unternehmensleiter umso rationaler, sich mit suboptimalen Entscheidungen zu begnügen, je weniger Methodenkenntnisse er hat und je wichtiger die anderen Führungsaufgaben sind. Formalplanung macht dem Unternehmer zudem möglicherweise weniger „Spaß" als andere Arbeiten. Sie ist dann mit hohen subjektiv gefühlten Kosten des Arbeitsleids verbunden. Hinzu kommt, dass sich durch eine zeitlich aufwändige Planung gewinnbringende Entscheidungen möglicherweise verzögern und dadurch Opportunitätskosten entstehen.

Gleichzeitig ist mit Blick auf die **Leistungsseite einer Planung** festzustellen, dass einfache Heuristiken häufig gar nicht schlecht funktionieren. Einfache Heuristiken können oft in dem Merksatz zusammengefasst werden: „Mache es nicht viel anders als in der Vergangenheit und nicht viel anders als die in der Vergangenheit erfolgreichen Kollegen!" Eine derartige Faustregel kann als Lernen von erfolgreichen Verhaltensmustern und als erfahrungsbasiertes Handeln interpretiert werden, das letztlich dazu führt, dass man auch ohne analytische Durchdringung der unternehmerischen Entscheidungsprobleme „überleben" kann.

Eine Erklärung, warum Nachahmung auch in einer Wettbewerbsumwelt erfolgreich sein kann, liefert die **evolutorische Ökonomik**. Demnach werden - analog zur biologischen Evolution - unterschiedlich gute unternehmerische Entscheidungen (Verhaltensvariationen) im wirtschaftlichen Wettbewerb zwar einer Selektion unterworfen und die Wettbewerbsfähigsten („Fittesten") überleben. Ist die Wettbewerbsintensität aber gering, weil nur wenige Unternehmen effizientere Wettbewerbsstrategien und Produktionsweisen finden, so ist auch der Selektionsdruck gering. Das Ergebnis ist eine relativ stabile Branchenumwelt, in der man durch nachahmendes Lernen relativ erfolgreich sein und relativ lang überleben kann, ohne seine

Entscheidungsprobleme jemals explizit analysiert zu haben. Es gibt also Raum für nicht-optimales Verhalten, da weniger innovative und langsamer lernende Unternehmer nicht sofort durch den Wettbewerb verdrängt werden. Daraus folgt, dass die „Unternehmenspopulation“, die man zu einem bestimmten Zeitpunkt beobachtet, heterogen ist, weil die von den einzelnen Unternehmern getroffenen Entscheidungen unterschiedlich gut sind.

Wenn die (Formal)Planung mehr kostet als sie bringt, ist es anzuraten, sich auf die erfahrungsbasierte Intuition des Betriebsleiters zu verlassen. Das Leistungs- und damit Verbesserungspotenzial einer formalen Planung hängt neben der Qualität der bestehenden Planung von der Erfolgsrelevanz des Entscheidungsproblems ab. Die Kosten der Planung ergeben sich sowohl aus den methodischen Kompetenzen des Entscheiders als auch aus der objektiven Komplexität des Planungsproblems und damit der Komplexität der notwendigen Methoden. Abb. 2-7 verdeutlicht den Sachverhalt bezogen auf die Dimensionen „Erfolgsrelevanz“ und „Komplexität des Planungsproblems“.

Abb. 2-7: Erfahrungsbasierte Intuition und betriebswirtschaftliche Kalkulationen als Grundlage von Entscheidungen

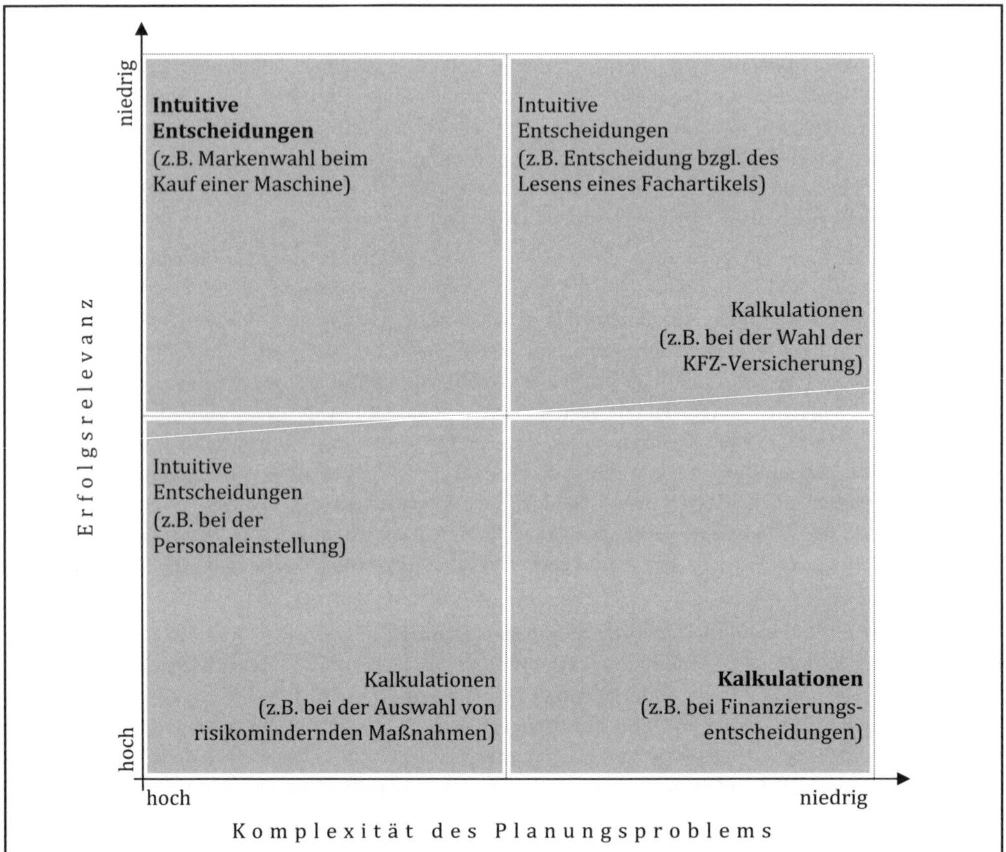

Ein Beispiel, in dem die Entscheidung auf der Grundlage der erfahrungsbasierten Intuition des Betriebsleiters getroffen werden sollte, stellt bspw. die Markenwahl beim Kauf einer Maschine dar (linker oberer Quadrant). Das Planungsproblem ist einerseits nicht ohne Weiteres in Zahlen zu fassen und daher sehr komplex. Andererseits beeinflusst die Entscheidung den Unternehmenserfolg nur in sehr begrenztem Maße. Bei vielen Entscheidungen sind „Bauchentscheidungen" aber fehl am Platz. Man denke nur an Finanzierungsentscheidungen, die aufgrund ihrer hohen „Durchschlagskraft" für den Erfolg von Unternehmen von großer Bedeutung sind (rechter unterer Quadrant). Hier kann und muss der Unternehmensleiter oder Berater betriebswirtschaftlich analysieren und kalkulieren, bei welchem Finanzierungsangebot die geringsten Kapitalkosten entstehen.

Das zentrale Anliegen der normativen Betriebswirtschaftslehre ist die Entscheidungsunterstützung (vgl. Abb. 1-2). Dieses Anliegen ist nur sinnvoll, wenn tatsächlich begrenzt-rationale Unternehmer existieren, deren Entscheidungen man durch systematische Planung verbessern kann. In vielen relevanten gut strukturierten Entscheidungssituationen, in denen z.B. mehrere konfligierende Unternehmerziele, viele Handlungsalternativen und Unsicherheit hinsichtlich des Ergebnisses berücksichtigt werden müssen, ist der Entscheider mit seinem sog. „gesunden Menschenverstand" oft überfordert. Um dann eine systematische Entscheidungsunterstützung bereitstellen zu können, benötigt man eine adäquate formale Planung. Hier liegt die zentrale Aufgabe der sog. Metaplanung. Sie muss auf einer übergeordneten Ebene Entscheidungen bzgl. des Planungsgeschehens selbst treffen, d.h. es geht darum, welche und wie viel Informationen zu beschaffen und welche Modelle und Methoden auszuwählen sind.

Die Forderung, adäquate **Modelle** einzusetzen, bedeutet - kurz gesagt -, dass diese so komplex wie nötig und so einfach wie möglich sein müssen. Dies wird oft mit der Forderung untersetzt, dass Modelle eine realitätsbezogene Struktur haben müssen, nur mit realistischen Planannahmen gefüttert werden dürfen und zielorientiert sind:

- **Realitätsbezogene Struktur von Modellen** bedeutet, dass die Modelle die essentiellen Zusammenhänge zutreffend abbilden. Dabei ist zu berücksichtigen, dass bei Modellbetrachtungen immer eine gedankliche Vereinfachung der Realität vorgenommen wird. Dies ist nicht nur der Notwendigkeit geschuldet, den Planungsaufwand in einem vertretbaren Maß zu halten. Vielmehr sind Erkenntnisse erst durch ein gewisses Maß an Abstraktion möglich, denn ein Modell, mit dem man die Realität in ihrer gesamten Komplexität abbildet, ist so hilfreich wie eine Landkarte im Maßstab 1:1. Bildet ein Modell allerdings die reale Entscheidungssituation nicht hinreichend gut ab, lässt sich nur noch das im Modell definierte Problem lösen. Für das Realproblem erhält man aber keine Entscheidungsunterstützung. Anders ausgedrückt: Man löst Probleme, die es nicht gibt. Überträgt man diese „Lösungen" dann auf die Praxis, läuft man Gefahr, schlechtere Entscheidungen zu treffen, als Entscheider, die sich ohne formale Entscheidungsmodelle auf ihre erlernten „Bauchentscheidungen" und ihre Intuition verlassen. Ein adäquates ökonomisches Modell betont grundlegende Zusammenhänge und schließt irrelevante Aspekte aus der Betrachtung aus. Es geht also immer darum, ob ein Modell nützlich oder nicht nützlich für die unternehmerische Entscheidungsunterstützung ist und nicht darum, ob ein Modell richtig oder falsch ist.
- **Realistische Planannahmen** meint, dass die Informationen, die in Modelle eingefüttert werden, die tatsächlichen Gegebenheiten widerspiegeln. Es ist allerdings zu betonen, dass bei Kalkulationen vielfach auch bewusst „Unzutreffendes" unterstellt wird. So wird bspw. im Rahmen von Variantenrechnungen untersucht, in welcher Richtung und in welchem Ausmaß sich Modellergebnisse verändern, wenn man unterschiedliche Planannahmen unterstellt. In diesem Zusammenhang kommt der sog. Ceteris-Paribus-Bedingung eine besondere Bedeutung zu. Sie besagt, dass nur eine Einflussgröße bewusst verändert wird und alle anderen Größen gedanklich unverändert bleiben. Ceteris-Paribus-Analysen ermöglichen Wenn-Dann-Aussagen und damit eine Untersuchung der Wirkungsrichtung der verschiedenen Einflussfaktoren.
- **Zielorientiertheit** meint, dass die Modelle relevant sind und die Zielgröße(n) abbilden, die für den Entscheider von Interesse sind. Anders gesagt: Um Entscheidungsunterstützung bereit stellen zu können, müssen Entscheidungsmodelle den Zielerreichungsgrad messen, der mit den verschiedenen Handlungsalternativen erreicht wird.

2.6 Literaturhinweise

BMELV (2007): Agrarpolitischer Bericht der Bundesregierung 2007. Bundesministerium für Ernährung, Landwirtschaft und Verbraucherschutz, Berlin.

BMELV (2008): Ausgewählte Daten und Fakten der Agrarwirtschaft 2008. Bundesministerium für Ernährung, Landwirtschaft und Verbraucherschutz, Berlin.

BRANDES, W. und E. WOERMANN (1982): Landwirtschaftliche Betriebslehre. Band I: Allgemeiner Teil. Parey, Hamburg und Berlin.

DABBERT, S. und J. BRAUN (2006): Landwirtschaftliche Betriebslehre - Grundwissen Bachelor. Ulmer, Stuttgart.

KUHLMANN, F. (2007): Betriebslehre der Agrar- und Ernährungswirtschaft. DLG Verlag, Frankfurt am Main.

ODENING, M. und W. BOKELMANN (Hrsg.) (2001): Agrarmanagement. Ulmer, Stuttgart.

OLSON, K.D. (2004): Farm Management: Principles and Strategies. Iowa State Press, Ames.

REISCH, E. und G. KNECHT (Hrsg.) (1995): Betriebslehre. Ulmer, Stuttgart.

3 Kontrolle und Analyse

3.1 Vorbemerkungen

Zweck des Rechnungswesens

Zentrales Anliegen des Rechnungswesens bzw. der Buchführung besteht in der systematischen Erfassung und Auswertung aller „zählbaren" Vorgänge in einem Unternehmen für die Informationserfordernisse unterschiedlicher Zielgruppen. In diesem Zusammenhang unterscheidet man die Finanzbuchführung und die Betriebsbuchführung (Abb. 3-1).

Abb. 3-1: Teilbereiche des Rechnungswesens

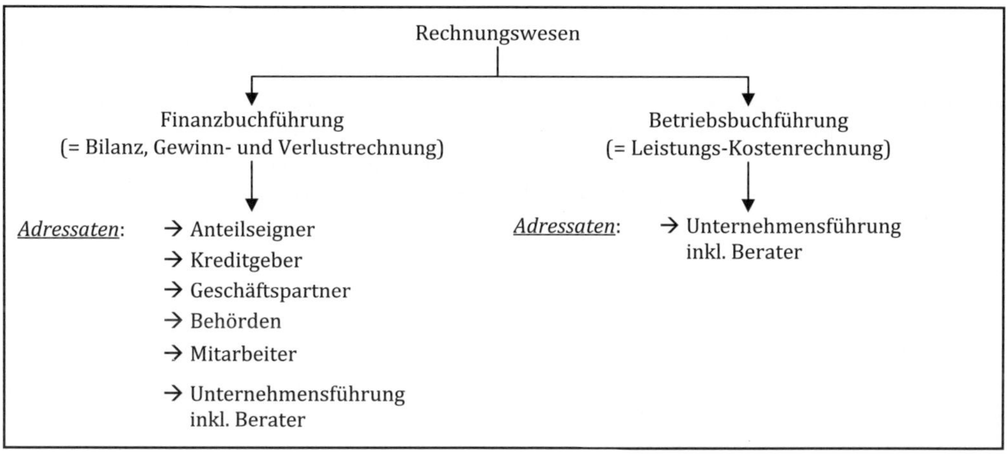

Die **Finanzbuchführung** basiert auf der zeitlich und sachlich geordneten und lückenlosen Aufzeichnung aller Geschäftsvorfälle eines Unternehmens innerhalb eines bestimmten Abrechnungszeitraums. Die Grundlage bilden Belege. Die Finanzbuchführung ist immer unternehmens- und periodenbezogen (z.B. auf ein Geschäftsjahr) und liefert als Ergebnis den Jahresabschluss, d.h. die Bilanz sowie die Gewinn- und Verlustrechnung (GuV). Adressaten sind (potenzielle) Anteilseigner, Kreditgeber, Geschäftspartner wie Lieferanten und Kunden, der Fiskus sowie die Mitarbeiter. Veröffentlichte Buchführungsergebnisse können von Anteilseignern und Investoren genutzt werden, um sachlich begründete Anlageentscheidungen zu treffen. Kreditgeber können das Kreditausfallrisiko prüfen und dementsprechend sachlich begründete Kreditvergabeentscheidungen fällen. Außerdem dienen die Buchführungsergebnisse der Bemessung von Zahlungen an den Fiskus (z.B. Einkommensteuer) und an Anteilseigner (z.B. Dividenden). Für Mitarbeiter kann es darum gehen, die Sicherheit des eigenen Arbeitsplatzes zu beurteilen oder die Fähigkeit des Unternehmens einzuschätzen, branchenübliche Löhne zu bezahlen. Da die Finanzbuchführung zunächst an externe Adressaten außerhalb der Unternehmensführung gerichtet ist, wird sie auch als **externes Rechnungswesen** (financial accounting) bezeichnet. Mit Blick auf das externe Rechnungswesen sind zum einen gesetzliche Vorgaben hinsichtlich der Durchführungs- und Veröffentlichungspflicht zu beachten. Zum anderen gibt es Vorschriften hinsichtlich Form und Inhalt, die letztlich zu einer Standardisierung und einer leichteren Vergleichbarkeit verschiedener Unternehmen führen sollen.

Neben Anteilseignern, Kreditgebern und dem Fiskus gibt es in der Landwirtschaft noch weitere externe Adressaten der Finanzbuchführung:

- Aufgrund von Verwaltungsvorschriften entsteht die Verpflichtung zur sog. **Auflagenbuchführung** im Zusammenhang mit der Subventionierung einzelbetrieblicher Investitionen. Unternehmen, die Investitionsfördermittel erhalten wollen, sind verpflichtet, für zukünftige Jahre ihre Jahresabschlüsse den zuständigen Stellen bereitzustellen. Außerdem ist ein Investitionskonzept bzw. ein Betriebsentwicklungsplan vorzulegen, der auf der Grundlage der jüngsten drei Jahresabschlüsse (sog. Vorabbuchführung) die geplante Entwicklung des Betriebs im zeitlichen Ablauf darstellt.
- Im Rahmen der sog. **Testbetriebsbuchführung** stellen landwirtschaftliche Unternehmen ihren Abschluss auf freiwilliger Basis den zuständigen Stellen zur Verfügung. Auf dieser Grundlage berichtet die Bundesregierung dann gemäß dem Landwirtschaftsgesetz über die wirtschaftliche Lage der deutschen Landwirtschaft im Agrarbericht, der bis zum Jahr 2007 jährlich erschienen ist und seitdem im 4-Jahresrhythmus erscheint. Die Buchführungsergebnisse werden aber weiterhin jährlich veröffentlicht.

Im Gegensatz zum externen Rechnungswesen richtet sich die **Betriebsbuchführung** vor allem nach innen. Es geht um die Abbildung des wirtschaftlich bedeutsamen Geschehens im Betrieb. Ihre Adressaten sind unternehmensinterne Interessenten wie Manager, Controller oder auch Berater des jeweiligen Unternehmens. Sie wird deshalb auch als **internes Rechnungswesen** (management accounting) bezeichnet. Das heißt, es geht um die Feststellung des Erfolgs der unternehmerischen Aktivitäten zum Zweck der Selbstinformation, Kontrolle und Entscheidungsunterstützung. Zugleich liefert das interne Rechnungswesen eine Datengrundlage für zukunftsbezogene Planungsrechnungen. Das wichtigste Instrument des internen Rechnungswesens ist die Leistungs-Kostenrechnung. Gesetzliche Vorschriften müssen hierbei nicht beachtet werden, es geht allein um eine sachgerechte Bereitstellung der erforderlichen Managementinformationen. Die Bedeutung des internen Rechnungswesens ist in der Praxis unumstritten. Weit verbreitet ist das Sprichwort: „Wer schreibt, der bleibt!" „Schreiben" bedeutet dokumentieren, kontrollieren und planen. „Bleiben" heißt, im Wettbewerb erfolgreich zu sein.

Mit Blick auf das Zusammenspiel zwischen internem und externem Rechnungswesen und der Funktion des Rechnungswesens bei der Entscheidungsunterstützung sind folgende Punkte zu beachten:

- Das externe Rechnungswesen ist zuallererst ein Informationsinstrument, mit dem die Transparenz und Koordination zwischen dem Unternehmen und seinen Shareholdern sowie weiteren Stakeholdern gewährleistet werden soll. Damit soll unter anderem der Gefahr von Veruntreuung und dauerhaftem Missmanagement begegnet werden. Darüber hinaus stellt das **externe Rechnungswesen ein Informationsinstrument für die Unternehmensführung** dar. Der Unternehmensführung stehen für ihre Managemententscheidungen allerdings über das interne Rechnungswesen noch weitaus mehr und detailliertere Informationen zur Verfügung.
- Die unterschiedlichen Zwecke der Finanzbuchführung können oft nicht durch einen einzelnen Jahresabschluss erfüllt werden. Das bedeutet, dass man entweder parallel zwei Jahresabschlüsse erstellt. Alternativ kann man im Nachhinein einen für externe Zwecke gemäß formaler Regeln erstellten **Jahresabschluss umarbeiten, um ihn als betriebswirtschaftliches Informationsinstrument verwenden zu können**. So kann sich z.B. die betriebswirtschaftliche von der steuerlichen Nutzungsdauer von Anlagegütern unterscheiden. Dies kann bspw. daran liegen, dass Unternehmen den Steueraufwand möglichst gering halten wollen und deshalb die steuerliche Ertragslage im Rahmen der gesetzlichen Möglichkeiten gezielt schlechter darstellen als sie betriebswirtschaftlich tatsächlich ist.

- Aufgabe sowohl des externen als auch des internen Rechnungswesens ist zunächst die Bereitstellung vergangenheitsbezogener (ex post) Nachkalkulationen bzw. Kontrollrechnungen (Ist-Rechnung). Diese sind ihrerseits die Grundlage für zukunftsbezogene (ex ante) Vorkalkulationen bzw. Planungsrechnungen (Soll-Rechnung). Erst durch den Vergleich zwischen „Soll" und „Ist" können Schwachstellen in der Betriebsführung aufgedeckt und realistische neue Pläne für ihre Beseitigung aufgestellt werden. Beim Übergang von der Ist-Rechnung zur zukunftsgerichteten Planung und damit zu neuen Soll-Rechnungen ist immer kritisch zu hinterfragen, inwiefern die Daten und Ergebnisse der Vergangenheit plausible Annahmen für die Zukunft darstellen und welche Größen in der Zukunft möglicherweise variieren. Die Soll-Rechnung dient der **Entscheidungsvorbereitung** und ist nach der Entscheidung und Planumsetzung das **Referenzsystem für zukünftige Kontrollrechnungen**.
- Sowohl Vor- als auch Nachkalkulationen können auf **unterschiedlichen Aggregationsebenen** sinnvoll sein, d.h. sie können sich auf das Gesamtunternehmen, einzelne Betriebszweige oder letztlich einzelne wirtschaftliche Entscheidungen beziehen.

Zur Jahrtausendwende haben in Deutschland etwa 40% aller landwirtschaftlichen Betriebe aufgrund steuergesetzlicher Vorschriften Bücher geführt. Die Zahl der aus sonstigen Gründen für externe Zwecke buchführenden Betriebe ist gering. Die buchführenden Betriebe bewirtschaften mehr als 80% der landwirtschaftlichen Nutzfläche. Buchführende Betriebe sind damit tendenziell die größeren Betriebe. Dies ist auch darin begründet, dass für viele kleine landwirtschaftliche Betriebe gar keine Buchführungspflicht besteht. Damit ist gleichzeitig zu erklären, warum der Anteil buchführender Betriebe in den östlichen Bundesländern bedeutend höher ist als in den westlichen.

Kontrolle vs. Controlling

Wenn man von den Aufgaben spricht, die im Rahmen der Entscheidungsvorbereitung im Unternehmen erfüllt werden müssen, fällt in aller Regel auch der **Begriff „Controlling"**. Vordergründig könnte man vermuten, dass dies einfach ein Anglizismus für Kontrolle sei. Dies ist jedoch nicht richtig. Das Controllingkonzept geht weit über die einfache Ausführungs- bzw. Ergebniskontrolle hinaus. Es geht beim Controlling darum, alle relevanten Informationsquellen zu erschließen und aus dem betriebswirtschaftlichen Instrumentarium diejenigen methodischen Konzepte auszuwählen, die in der jeweiligen Situation die beste Entscheidungsunterstützung ermöglichen. Das Controlling hat die Erhöhung der Effizienz des Unternehmens sowie die Steigerung der Anpassungsfähigkeit an veränderte Bedingungen zum Ziel.

Konkret werden folgende **Anforderungen an den Controller** gestellt:

- Identifikation relevanter Entscheidungssituationen und -probleme,
- Sammlung von Daten und Verarbeitung zu entscheidungsproblembezogenen Informationen mit Hilfe geeigneter methodischer Konzepte und Planungsverfahren,
- Bereitstellung entscheidungsrelevanter Informationen zum richtigen Zeitpunkt und in einem der jeweiligen Entscheidungsebene angepassten Verdichtungsgrad und
- zielorientierte Interpretation der bereitgestellten Information und Vorlage konkreter Entscheidungsvorschläge.

Die zentrale Aufgabe des Controllings besteht darin, die für die Erfüllung sämtlicher Führungsfunktionen notwendige Informationsversorgung zu gewährleisten (**Informationsfunktion des Controllings**). Dazu muss der Controller ein guter Metaplaner sein (vgl. Abschnitt 2.5), der das Angebot und den Bedarf an Entscheidungsunterstützung kennt. Das heißt, er muss die zur Verfügung stehenden Kontroll-, Analyse- und Planungsmethoden kennen und geeignete Methodeneinsatzentscheidungen fällen, um bedarfsgerechte Informationen bereitzustellen. Ein Controller ist damit ein betriebswirtschaftlicher Experte, der das (höhere) Management berät und Entscheidungen beschlussfähig vorstrukturiert. Es bleibt aber die Aufgabe der Unternehmensführung, Ausgangsziele vorzugeben sowie Entscheidungen zu fällen, zu verantworten und organisatorisch umzusetzen. Aufgrund dieser gedanklichen und häufig auch personellen Trennung zwischen Entscheidungsvorbereitung einerseits und Entscheidungsfindung sowie -umsetzung andererseits, wird der Controller auch als „Navigator der Unternehmensführung" bezeichnet.

Die Controllingaufgaben lassen sich einerseits sach- und formalzielbezogen und andererseits funktionsorientiert gliedern. Bei einer sach- und formalzielbezogenen Gliederung kann man bspw. Prozess-, Erfolgs- und Liquiditätscontrolling unterscheiden. Bei einer funktionsorientierten Gliederung kann man eine Unterscheidung in Beschaffungs-, Produktions- und Absatzcontrolling vornehmen. Unabhängig von der genutzten gedanklichen Unterteilung der Aufgaben ist das Controlling immer systemorientiert. Man ist sich also bewusst, dass letztlich alle unternehmerischen Entscheidungen simultan betrachtet und durch ein Gesamtmodell abgebildet werden müssten, da im System „Unternehmen und Unternehmensumfeld" alles mit allem zusammenhängt. Eine simultane modellbasierte Gesamtbetrachtung ist jedoch aufgrund der hohen Komplexität praktisch nicht möglich. Deshalb wird im Rahmen von Controllingansätzen explizit eine Separation von Planungsproblemen vorgenommen. Mit anderen Worten: Durch komplexitätsreduzierende Partialbetrachtungen sowie geeignete Analyse- und Planungsmethoden wird dafür gesorgt, dass Entscheidungsprobleme handhabbar werden. Gleichzeitig wird gewährleistet, dass die Planungen für unterschiedliche Teilbereiche und Planungsperioden konsistent sind und sich insgesamt ein stimmiges Planungs- und Kontrollsystem ergibt (**Koordinationsfunktion des Controllings**). In der Regel wird dies durch den Aufbau einer hierarchischen Planung (vgl. Abschnitt 2.5) gewährleistet, bei der die Vorgaben und Ergebnisse zeitlich vorgelagerter Entscheidungsebenen die Basis für nachgelagerte Ebenen bilden.

Es stellt sich nun die organisatorische Frage, ob man im Unternehmen Controlling als Dienstleistung zukaufen oder sogar einen Controller einstellen soll, der als betriebswirtschaftlicher Spezialist das Geschäft der Datenaufbereitung und Entscheidungsvorbereitung übernimmt und damit das Management entlastet. Ob eine arbeitsteilige Spezialisierung zwischen Informationsbeschaffung einerseits und Entscheidung und Umsetzung andererseits sinnvoll ist, hängt von der Qualität des Controllers und der individuellen Situation des Betriebes ab. Hier ist aufgrund der Größendegression insbesondere die Betriebsgröße zu nennen. Eine derartige Arbeitsteilung lohnt sich, wenn die Erträge einer verbesserten Planung die Personalkosten des Controllers decken und wenn diese geringer sind als die Opportunitätskosten, die entstehen würden, wenn sich die Unternehmensleitung selbst um die Datenaufbereitung und Entscheidungsvorbereitung kümmern würde.

Das vorliegende Buch hat mit seinem zentralen Anliegen der Entscheidungsunterstützung eine große Schnittmenge mit dem Controlling. Das im Zentrum von Kapitel 3 stehende betriebliche Rechnungswesen mit einer entscheidungsorientiert aufgebauten Leistungs-Kostenrechnung, die eine planerische und überprüfende Gegenüberstellung von Ressourcenverbrauch und Zielerreichung ermöglicht, stellt im Rahmen des Controllings *eine* wichtige Informationsgrundlage dar. Das Controlling ist aber in Abhängigkeit von der Entscheidungssituation durch die Auswertung anderer, insbesondere unternehmensexterner Quellen zu ergänzen. Dasselbe gilt für die in diesem Buch dargestellten Planungsverfahren und insbesondere für die Methoden zur Berücksichtigung von Unsicherheit, wie z.B. die Risikosimulation und die Risikoprogrammierung (vgl. Kapitel 7). Sie stellen für ein umfassendes Controlling wichtige Grundlagen dar, sind aber kontextabhängig zu ergänzen.

Der umfassende Anspruch des Controllings geht mit Blick auf seine systemorientierte Koordinationsfunktion über die in diesem Kapitel angesprochenen Grundlagen der Analyse und Planung hinaus. Damit stellt sich die Frage, ob nicht ein eigenständiges Controllingkapitel im Rahmen eines solchen Lehrbuchs erforderlich wäre. Ähnlich wie bei anderen Themen, wie dem Marketing oder dem Personalmanagement, die eine eigenständige Behandlung erforderlich machen, haben wir uns aus pragmatischen Gründen dagegen entschieden. Wir vertiefen die Controllingkonzeption unter Verweis auf unsere Zielsetzung, ein komprimiertes Lehrbuch mit dem Schwerpunkt „quantitative Analyse- und Planungsverfahren" zu verfassen, nicht weiter. Im Sinne der Vermittlung von Grundlagenwissen gehen wir stattdessen zunächst im vorliegenden Kapitel auf die allerwichtigsten Instrumente ein, die aus den internen Daten des Unternehmens entscheidungsunterstützende Informationen machen. Dies bildet die Grundlage, um die in den folgenden Kapiteln angesprochenen Planungsrechnungen bei verschiedenen Anlässen mit realistischen Annahmen durchführen zu können.

In Abschnitt 3.2 dieses Kapitels erfolgt eine Klärung wichtiger Fachbegriffe, die insbesondere im Zusammenhang mit dem Rechnungswesen immer wieder genannt werden und deren betriebswirtschaftliche Definition häufig von ihrer umgangssprachlichen Verwendung abweicht. In Abschnitt 3.3 werden die Grundlagen der Finanzbuchführung behandelt. Die Schwerpunkte liegen in der Beschreibung des Aufbaus der Bilanz und der GuV, des technischen Ablaufs der Finanzbuchführung sowie ausgewählter Jahresabschlusskennzahlen. Gegenstand von Abschnitt 3.4 ist die Leistungs-Kostenrechnung, bei deren Beschreibung wir klassisch in Teil- und Vollkostenrechnung unterscheiden. Das Kapitel schließt mit einer Zusammenfassung (Abschnitt 3.5).

3.2 Grundlegende Begriffsdefinitionen

Umgangssprachlich werden die Begriffspaare „Einzahlung/Auszahlung“, „Einnahme/Ausgabe“, „Ertrag/Aufwand“ und „Leistungen/Kosten“ vielfach synonym verwendet. Betriebswirtschaftlich sind diese Größen jedoch unterschiedlich definiert. Gemeinsam ist ihnen, dass es sich um periodenbezogene Größen handelt. Die kaskadenartige Darstellung in Abb. 3-2 und Abb. 3-3 verdeutlicht die Unterschiede zwischen den Begriffen auf einen Blick. Die Überlappungsbereiche der Kästen, in denen die einzelnen Begriffe genannt sind, deuten an, dass es betriebliche Vorgänge gibt, für die mehrere Begriffe zutreffend sind. In den Bereichen der Kästen, in denen es keine Überlappung gibt, sind jeweils Beispiele für betriebliche Vorgänge genannt, über die sich die Begriffe abgrenzen lassen. Zu beachten ist, dass die Unterschiede zwischen den Begriffen umso geringer sind, je länger der Betrachtungszeitraum ist.

Im Folgenden wird auf die Unterscheidung der verschiedenen Größen im Einzelnen eingegangen. Bei diesen Ausführungen ist die Informationsdichte sehr hoch. Lassen Sie sich davon nicht abschrecken und lesen Sie über die einzelnen Definitionen zunächst ruhig hinweg. Dieser Abschnitt wird später eine Hilfestellung sein, um schnell die einzelnen Definitionen nachschlagen zu können.

Abb. 3-2: Abgrenzung der Abgangsgrößen

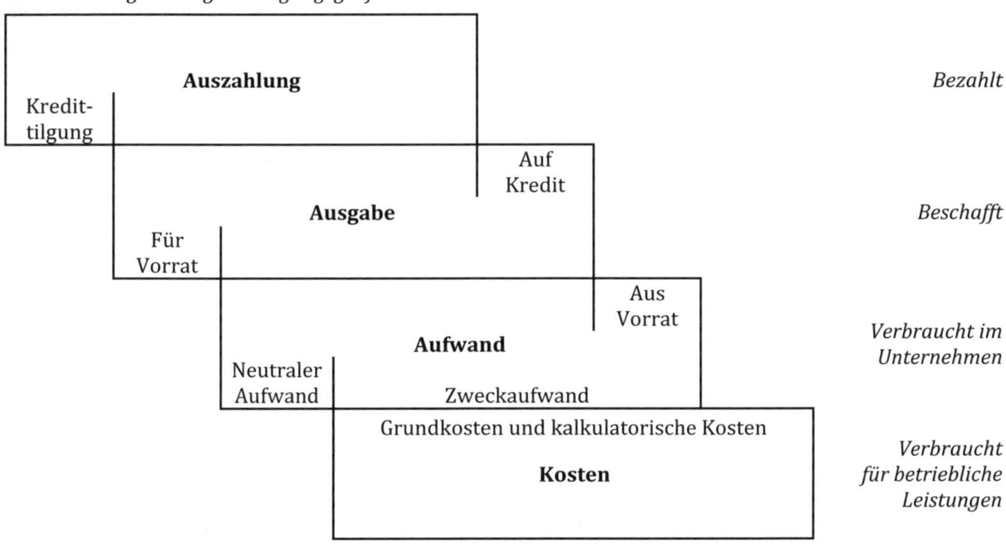

Abb. 3-3: Abgrenzung der Zugangsgrößen [a)]

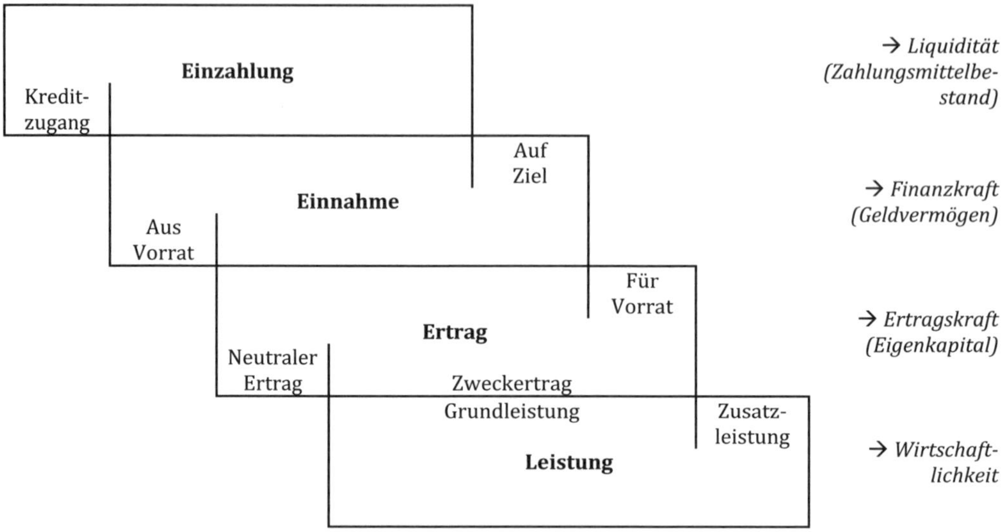

a) Die jeweils korrespondierende Bestandsgröße ist auf der rechten Seite in Klammern angezeigt.

Die rechte Seite von Abb. 3-2 pointiert sprachlich den Unterschied zwischen den verschiedenen Abgangsgrößen. Auszahlungen bedeuten, dass man etwas *bezahlt*, also Geld fließt. Ausgaben bezeichnen den Geldwert der Güter und Dienstleistungen, die man *beschafft*. Aufwand meint den Geldwert beschaffter Güter und Dienstleistungen, die in einem Geschäftsjahr *in einem Unternehmen verbraucht* werden. Kosten sind der Geldwert aller beschafften und nicht beschafften Güter und Dienstleistungen, die *für typische betriebliche Leistungen verbraucht* werden. Die rechte Seite von Abb. 3-3 stellt mit Blick auf die Zugangsgrößen dar, welche Art von Analysen mit den jeweiligen Größen durchgeführt werden können und welche Bestandsgröße durch die jeweilige Zu- und Abgangsgröße beeinflusst wird.

Zahlungen sind Geldmittel, die von einem Wirtschaftsubjekt an ein anderes übergeben werden. **Einzahlungen** sind also Zahlungsmittel, die dem Unternehmen bar über die Kasse oder unbar über die Bank zufließen. **Auszahlungen** sind Mittel, die das Unternehmen verlassen. Ein Beispiel hierfür ist das Geld, das der Landwirt an den Landhändler überweist, um seine Düngemittel zu bezahlen. Mit Blick auf die Abgrenzung zwischen den einzelnen Zu- und Abgangsgrößen ist es wichtig zu beachten, dass die Rückzahlung eines Darlehens (Kredittilgung) ebenfalls eine Auszahlung und der Erhalt eines Darlehens (Kreditzugang) eine Einzahlung darstellt. Die Strömungsgrößen „Einzahlungen" und „Auszahlungen" beeinflussen die Bestandsgröße „**Zahlungsmittelbestand**" eines Unternehmens. Da Liquidität die Fähigkeit eines Unternehmens meint, seine Zahlungsverpflichtungen jederzeit und vollständig erfüllen zu können, kann sie mit Hilfe einer Einzahlungs-Auszahlungsrechnung analysiert und kontrolliert werden.

Einnahmen umfassen die Erlöse des Unternehmens, also den Geldwert verkaufter Güter und Dienstleistungen, unabhängig davon, ob beim Verkauf Zahlungsmittel geflossen sind oder Forderungen erworben wurden. Forderungen entstehen z.B. durch den Verkauf von Produkten, bei denen die Bezahlung nicht sofort erfolgt. Analog bezeichnen **Ausgaben** den Geldwert beschaffter Güter und Dienstleistungen. Dabei ist es wiederum egal, ob beim Kauf sofort Zahlungsmittel abfließen oder ob Verbindlichkeiten eingegangen werden. Verbindlichkeiten entstehen z.B. beim Einkauf von Produktionsmitteln, die erst später bezahlt werden. Die Strömungsgrößen „Einnahmen" und „Ausgaben" beeinflussen die Bestandsgröße „**Geldvermögen**", die auch als Nettofinanzvermögen bezeichnet wird und die dem Zahlungsmittelbestand zzgl. (Geld)Forderungen abzgl. Verbindlichkeiten entspricht. Die Tilgung eines Kredits ist also eine Auszahlung, aber keine Ausgabe. Durch die Tilgungszahlung verringern sich zwar die Zahlungsmittel, gleichzeitig werden aber auch die Verbindlichkeiten reduziert, so dass sich das Geldvermögen insgesamt nicht ändert. Die Beschaffung von Pflanzenschutzmitteln auf Ziel, d.h. z.B. mit einem Lieferantenkredit, ist dagegen eine Ausgabe, aber keine Auszahlung. Schließlich hat sich der Zahlungsmittelbestand nicht verändert, aber das Geldvermögen. Zweck der Einnahmen-Ausgabenrechnung ist die Analyse und Kontrolle der sog. Finanzkraft als Ausdruck für die Fähigkeit eines Unternehmens, Geldvermögen zu generieren.

Als **Ertrag** bezeichnet man den gesamten monetären Wertzugang aus der Leistungserstellung des Unternehmens in einer Wirtschaftsperiode. **Aufwand** ist der gesamte monetäre Wertverzehr eines Unternehmens für beschaffte und verbrauchte Produktionsfaktoren in einer Wirtschaftsperiode. Erträge und Aufwendungen sind also Wertänderungen, die nicht nur im Geld-, sondern auch im Sachvermögen bzw. bei den physischen Vermögensgegenständen stattfinden. „Erträge" und „Aufwendungen" wirken sich auf die Bestandsgröße „**Eigenkapital**" bzw. Reinvermögen eines Unternehmens aus, das als Summe aus Sachvermögen und Geldvermögen definiert ist. Der Kauf von Futtermitteln auf Vorrat ist bspw. eine Ausgabe, jedoch kein Aufwand, weil das Futter nicht verbraucht wurde. Dagegen ist der Verbrauch von Futtermitteln aus Vorräten ein Aufwand, jedoch keine Ausgabe. Um einen Ertrag handelt es sich unabhängig davon, ob der Wertzugang direkt verkauft wurde oder sich zunächst in Veränderungen in Beständen und Vorräten widerspiegelt. Rechenergebnis der Ertrags-Aufwandsrechnung ist der Gewinn oder Verlust, den das Unternehmen in einer Periode erwirtschaftet und der (ohne Privatentnahmen und -einlagen bei Einzelunternehmen oder Kapitalausschüttungen und -erhöhungen bei Juristischen Personen) der Eigenkapitalveränderung entspricht. Der Rechnungszweck ist die Analyse und Kontrolle der unternehmerischen Ertragskraft und damit der Fähigkeit eines Unternehmens, über den Wert des Aufwands hinaus eine (Residual)Entlohnung der eigenen Produktionsfaktoren zu erwirtschaften.

Die Unterscheidung zwischen Auszahlung und Ausgabe einerseits und Aufwand andererseits ist insbesondere bei der Anschaffung mehrjährig nutzbarer bzw. langlebiger Anlagegüter wie Gebäude oder Maschinen wichtig. Langlebige Anlagegüter müssen zwar i.d.R. sofort bei der Beschaffung bezahlt werden, können dann aber über mehrere Jahre im Unternehmen genutzt werden. Gedanklich kann man sich vorstellen, dass das Leistungspotenzial **dauerhafter Produktionsmittel** „auf Vorrat" beschafft und dann im Lauf der Zeit zunehmend „verzehrt" wird. Langlebige Vermögensgegenstände verlieren also erst mit der Zeit und der Nutzung an Wert. Die Auszahlung für die Anschaffung bspw. eines Schleppers stellt deshalb zum Zeitpunkt des Kaufs keinen Aufwand dar. Der Aufwand ergibt sich erst aus dem jährlichen Wertverlust des Schleppers, den man auch als **Abschreibung** bezeichnet. Zur Berechnung der Abschreibung muss der Anschaffungswert eines Schleppers, dessen Leistungspotenzial in *mehreren* Nutzungsjahren verbraucht wird, abzgl. eines Restwertes am Ende der Nutzungsdauer auf die einzelnen Jahre umgelegt werden. Bei einem Anschaffungswert von 160 000 €, einer erwarteten Nutzungsdauer von 8 Jahren und einem Restwert von Null beträgt die durchschnittliche jährliche Abschreibung für die Abnutzung des Schleppers bspw. 20 000 €. Weil Erträge und Aufwendungen letztlich auch derartige periodisierte Komponenten beinhalten, sind es im Unterschied zu den Einzahlungen/Auszahlungen und Einnahmen/Ausgaben keine Strömungsgrößen im engeren Sinne.

Beim Ertrag und Aufwand wird in Zweckertrag und Zweckaufwand einerseits und neutralen Ertrag und neutralen Aufwand andererseits unterschieden. **Zweckertrag** und **Zweckaufwand** entstehen in der Erfüllung des eigentlichen Betriebszwecks, d.h. der Produktion oder auch der Erbringung von Dienstleistungen. Einen Zweckertrag (Zweckaufwand) in einem landwirtschaftlichen Betrieb stellt bspw. der Verkaufserlös für Winterweizen (die mit dem Kauf von Weizensaatgut verbundenen Kosten) dar. Der **neutrale Ertrag** und der **neutrale Aufwand** speisen sich aus zwei Hauptquellen:

1. Zeitraumfremde Erträge und Aufwendungen, die nicht ausschließlich dem jeweiligen Geschäftsjahr zugeordnet werden können. Ein zeitraumfremder Ertrag ergibt sich z.B. beim Verkauf eines Mähdreschers über seinem Buchwert - man spricht auch davon, dass Buchgewinne realisiert wurden. Dabei

ist zu beachten, dass Buchgewinne zwar zu einem konkreten Zeitpunkt realisiert werden, aber erst durch z.B. entsprechend intensive Wartungs- und Pflegemaßnahmen des Mähdreschers über die Nutzungsjahre hinweg ermöglicht werden. Einen zeitraumfremden Aufwand stellen z.B. die Abschreibungen auf zeitraumfremde Forderungen dar.

2. Außerordentliche Erträge und Aufwendungen fallen außerhalb der gewöhnlichen Geschäftstätigkeit des Unternehmens an, d.h. sind ungewöhnlich und selten. Damit sind z.B. Spenden, Bußgelder, die Realisation von Buchgewinnen aus dem Verkauf von bedeutenden Beteiligungen oder der Eintritt von Verlusten aufgrund außerordentlicher Schadensfälle, wie z.B. Blitzschlag, gemeint.

Die drei bislang diskutierten Begriffspaare „Einzahlung/Auszahlung", „Einnahme/Ausgabe" und „Ertrag/Aufwand" beziehen sich nur auf solche Vorgänge im Unternehmen, die sich in den zählbaren Beständen niederschlagen. Dies erschwert Vergleiche zwischen Betrieben, die in unterschiedlichem Umfang über eigene Produktionsfaktoren wie Eigentumsflächen, Familienarbeitskräften und Eigenkapital verfügen. Schließlich liegen für die Entlohnung der eigenen Produktionsfaktoren keine Quittungen oder Rechnungsbelege vor. Vielmehr steht der Unternehmensgewinn als Residualentlohnung für die Entlohnung aller eingesetzten eigenen Faktoren zur Verfügung. Hier setzt die Definition von Leistungen und Kosten an. Unter **Leistungen** versteht man den Geldwert aller im Rahmen der typischen betrieblichen Tätigkeit erzeugten Güter und Dienstleistungen. Man spricht auch kurz von der „monetär bewerteten Güterentstehung". Unter **Kosten** versteht man den Geldwert aller Güter und Dienstleistungen, die für betriebliche Leistungen verbraucht werden. Man spricht auch kurz vom „monetär bewerteten Güterverzehr". Mit Hilfe der Leistungs-Kostenrechnung will man die Frage beantworten, wie gut ein Unternehmen wirtschaftet, und zwar ganz unabhängig vom Umfang der eingesetzten eigenen Produktionsfaktoren. Deshalb berücksichtigt man über sog. kalkulatorische Ansätze explizit den Sachverhalt, dass auch der betriebliche Einsatz von eigenem Boden, eigener Familienarbeitskraft und eigenem Kapital einen Güterverzehr darstellt. Man hätte ja beim außerbetrieblichen Einsatz der eigenen Produktionsfaktoren Pachteinkommen, Lohneinkommen und Kapitalerträge erzielen können. Diese entgangenen außerbetrieblichen Entlohnungen müssen als Opportunitätskosten (vgl. Punkt 2.4.2) berücksichtigt werden, wenn man die Güte der unternehmerischen Aktivitäten beurteilen will.

Bei den Leistungen wird in Grundleistungen und kalkulatorischen Leistungen unterschieden. Die **Grundleistungen** entsprechen dem Zweckertrag (ertragsgleiche Leistungen) und umfassen damit Umsatzerlöse aus dem Verkauf von Gütern und Dienstleistungen sowie Veränderungen in Beständen und Vorräten. **Kalkulatorische Leistungen** sind Leistungen, die nicht in den jahresbezogenen Erträgen des Unternehmens erfasst werden. Sie werden deshalb auch als Zusatzleistungen bezeichnet. Ein Beispiel hierfür ist der Vorfruchtwert von Leguminosen, wie z.B. Lupinen, für den nachfolgenden Weizen. Neutrale Erträge, die per se nicht mit dem Kerngeschäft eines Unternehmens in Verbindung stehen, finden in den Leistungen grundsätzlich keine Berücksichtigung (vgl. Abb. 3-4).

Abb. 3-4: Abgrenzung von Ertrag und Leistung

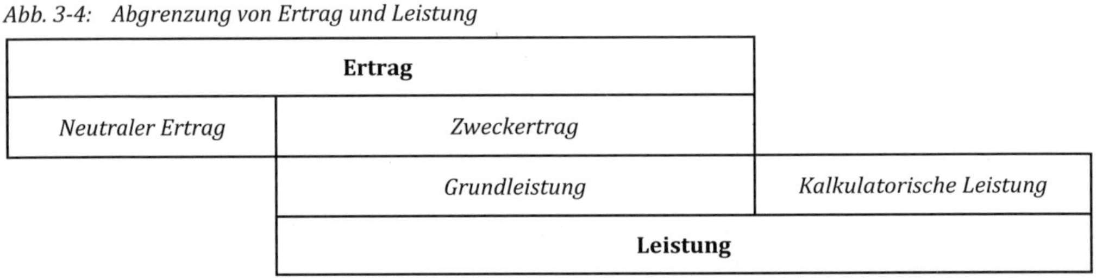

Bei den Kosten werden zunächst Grundkosten und kalkulatorische Kosten unterschieden. **Grundkosten** sind alle Kosten für Positionen, die in gleicher Höhe wie die entsprechenden Aufwendungen anfallen (aufwandsgleiche Kosten). Beispiele sind Aufwendungen für Betriebsstoffe, Löhne und Dienstleistungen

Dritter oder auch Schuldzinsen für Fremdkapital. **Kalkulatorische Kosten** müssen - wie die Bezeichnung schon sagt - erst kalkuliert werden, weil sie nicht direkt aus Belegen abzulesen sind. Sie lassen sich in Anderskosten und Zusatzkosten unterteilen (vgl. Abb. 3-5).

Abb. 3-5: Abgrenzung von Aufwand und Kosten

Aufwand			
Neutraler Aufwand	*Zweckaufwand*		
	Als Kosten verrechnet	Nicht als Kosten verrechnet	
	Grundkosten	Anderskosten	Zusatzkosten
		Kalkulatorische Kosten	
	Kosten		

Anderskosten betreffen Kostenpositionen, die in der Ertrags-Aufwandsrechnung als Position enthalten sind, jedoch in anderer Höhe. Hierfür gibt es die folgenden Gründe:

- Abschreibungen stellen in aller Regel Anderskosten dar. Nur in Sonderfällen entsprechen die steuerlichen Aufwendungen für Abschreibung dem betriebswirtschaftlichen Wertverlust dauerhafter Produktionsmittel. Dies liegt zum einen daran, dass sich die „betriebsübliche Nutzungsdauer" gemäß der für die steuerliche Buchführung relevanten Abschreibungstabellen von der tatsächlich plausiblen Nutzungsdauer im jeweiligen Betrieb unterscheidet. Zum anderen können die Anschaffungspreise identischer Anlagegüter, die zu verschiedenen Zeitpunkten erworben wurden, unterschiedlich sein. Um Vergleichbarkeit zwischen Unternehmen herzustellen, die zu unterschiedlichen Zeitpunkten dauerhafte Produktionsmittel angeschafft haben, unterstellt man bei der Berechnung der Kosten vielfach, dass alle Maschinen gerade neu angeschafft wurden (Abschreibungen als Anderskosten wegen Abschreibung nach Wiederbeschaffungswerten).
- Kalkulatorische Wagniskosten für aperiodisch wirksam werdende Risiken, wie z.B. nicht versicherter Hagelschlag, werden berechnet, indem man die Schadenshäufigkeit mit der Schadenshöhe multipliziert und schließlich als (Anders)Kosten des Risikomanagements ansetzt. Dadurch wird ein Vergleich von Betrieben mit und ohne Versicherung möglich.

Den **Zusatzkosten** ist im Unterschied zu den Anderskosten gar keine Aufwandsposition zuzuordnen. Sie berücksichtigen den Sachverhalt, dass auch der Einsatz und Verbrauch von Produktionsfaktoren, die sich im Eigentum des Unternehmers befinden, wirtschaftlich gesehen einen Güterverzehr darstellt und Opportunitätskosten verursacht. Diesen Güterverzehr berücksichtigen die Zusatzkosten in Form des sog. **Pachtansatzes** (Opportunitätskosten des eigenen Bodens), **Lohnansatzes** (Opportunitätskosten der Familienarbeitskraft) und **Zinsansatzes** (Opportunitätskosten des Eigenkapitals).

Nach dieser recht umfassenden Präzisierung der wichtigsten Grundbegriffe, die im Zusammenhang mit dem Rechnungswesen verwendet werden, sei einschränkend darauf hingewiesen, dass **einzelne Begriffe mit unterschiedlichen Bedeutungen belegt** sind. Ein gutes Beispiel hierfür ist der Begriff „Ertrag". Bisher haben wir darunter den monetären Wertzugang eines Unternehmens in einer Wirtschaftsperiode verstanden. In vielen Fällen meint der Begriff aber auch einfach den *physischen* Ertrag. Zum Beispiel spricht man von einem Ertrag von 80 dt Weizen pro ha. Darüber hinaus gibt es auch noch die Bezeichnung „Ertragslage", die bereits auf die Differenz zwischen Ertrag und Aufwand, also eigentlich den Gewinn abzielt. An diese Verwendung lehnt sich auch die steuerliche Begrifflichkeit „Ertragsteuern" an, mit der die Steuern auf den Erfolg bspw. von den Verbrauchsteuern abgegrenzt werden. Mehrfachbedeutungen gibt es auch beim Begriff „Leistung". Bisher haben wir darunter den Geldwert von Gütern und Dienstleistungen verstanden, die im Rahmen der betrieblichen Tätigkeit hergestellt werden. Man spricht aber bspw. auch von der Milchleistung und meint damit die von einer Milchkuh produzierte Milchmenge in Kilogramm.

Oder man spricht von Arbeitsleistung und meint damit ebenfalls nicht den Geldwert, der mit einer Arbeitsstunde erzielt werden kann, sondern vielmehr die Zahl der abgegebenen Arbeitsstunden (z.B. eines Schleppers).

Im Lichte dieser terminologischen Unschärfen sei noch auf folgende Besonderheit hingewiesen: In der Landwirtschaft kommt den **Transferzahlungen** eine besondere Bedeutung zu. Transferzahlungen stellen eindeutig eine Einzahlung, eine Einnahme und einen Ertrag dar. Wenn die Vergabe von Transferzahlungen an die Produktion von gesellschaftlich erwünschten Zusatzleistungen (z.B. Extensivierung zur Erhöhung der Biodiversität oder zur Vermeidung eines Stickstoffbilanzüberhangs) gekoppelt ist, werden sie auch als Leistungen betrachtet. Wenn Transferzahlungen allerdings lediglich an das Bestehen des Betriebs gekoppelt sind, kann man sie nicht mehr als Leistungen im Sinne der allgemeinen Definition als „monetär bewertete Güterentstehung" betrachten. Gelegentlich werden derartige „leistungslosen Erträge" aber dennoch als Leistungen bezeichnet.

3.3 Jahresabschluss

Das Kernelement des externen Rechnungswesens ist der Jahresabschluss, der einen Rechenschaftsbericht für ein vergangenes Geschäftsjahr eines gesamten Unternehmens darstellt. Im Steuerrecht wird das **Geschäftsjahr** - ein Begriff des Handelsrechts - auch als Wirtschaftsjahr bezeichnet. Im Gegensatz zu vielen anderen Branchen stimmt das Geschäftsjahr in der Land- und Forstwirtschaft in aller Regel nicht mit dem Kalenderjahr überein. Beispielsweise geht das Geschäftsjahr für Ackerbaubetriebe vom 01.07. des einen Kalenderjahres bis zum 30.06. des Folgejahres (vgl. §4a EStG). Dieser Rhythmus ist darin begründet, dass in der Zeit kurz vor der Ernte nur sehr wenige Vorräte erfasst werden müssen. Dies vereinfacht den Aufwand bei der Erhebung der Vorräte. Es hat aber aus betriebswirtschaftlicher Sicht gleichzeitig den Nachteil, dass die zu einem Geschäftsjahr gehörenden Erträge nicht direkt mit den Aufwendungen desselben Geschäftsjahres verglichen werden können. Mit Blick auf die pflanzliche Produktion wird dies besonders deutlich, denn hier gehören Erträge und Aufwendungen eines Geschäftsjahres i.d.R. nicht zur selben Vegetationsperiode. In Betrieben mit einem Grünlandanteil von mindestens 80% der landwirtschaftlichen Nutzfläche kann für das Geschäftsjahr der Zeitraum vom 01.05. bis 30.04. und in Forstbetrieben vom 01.10. bis 30.09. gewählt werden (vgl. §8c Einkommensteuerdurchführungsverordnung; EStDV). Der für die Ertragsteuer relevante Gewinnermittlungszeitraum ist grundsätzlich - also ganz unabhängig vom Geschäftsjahr - das Kalenderjahr, d.h. der steuerliche Gewinn wird ggf. anteilig aus dem Gewinn zweier Geschäftsjahre ermittelt.

Im Folgenden werden zunächst die gesetzlichen Grundlagen und Grundsätze ordnungsmäßiger Buchführung angesprochen, die bei der Erstellung eines Jahresabschlusses zu beachten sind (Punkt 3.3.1). Der Gegenstand von Punkt 3.3.2 ist die Erläuterung der wichtigsten Bestandteile des Jahresabschlusses, nämlich der Bilanz und der GuV. Außerdem wird die Inventur und das das Inventar angesprochen, die eine wichtige Grundlage für die Erstellung des Jahresabschlusses bilden. In Punkt 3.3.3 wird dargelegt, welche Arbeitsschritte bei der Finanzbuchführung konkret notwendig sind. Abschließend gehen wir auf die Jahresabschlussanalyse ein, welche die betriebswirtschaftliche Erfolgskontrolle eines Unternehmens unterstützen soll (Punkt 3.3.4).

3.3.1 Gesetzliche Grundlagen und Grundsätze ordnungsmäßiger Buchführung

Bei der Buchführung für externe Zwecke sind - wie bereits angesprochen - gesetzliche Vorschriften zu beachten. Sie sollen sicherstellen, dass die Ertrags- und Vermögenslage aller Unternehmen nach den gleichen Maßgaben dargestellt wird. Abb. 3-6 liefert eine Übersicht der wichtigsten für den Jahresabschluss relevanten Vorgaben.

Abb. 3-6: Relevante Vorgaben für den Jahresabschluss

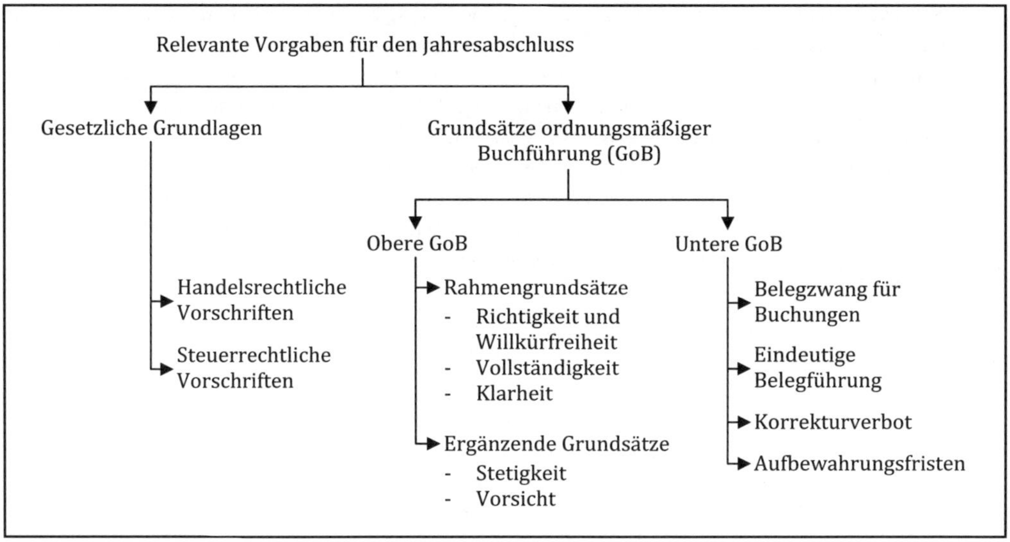

Gesetzliche Grundlagen

Bei den gesetzlichen Grundlagen der Finanzbuchführung sind zum einen handelsrechtliche Vorschriften (vgl. Handelsgesetzbuch) und zum anderen steuerrechtliche Vorschriften (vgl. Abgabenordnung) zu unterscheiden. In §238 Handelsgesetzbuch (HGB) ist definiert, wer verpflichtet ist, eine sog. doppelte Buchführung nach Handelsrecht vorzunehmen (**HGB-Buchführung**). Demzufolge sind Gewerbebetriebe, die im Handelsregister eingetragen sind, grundsätzlich zur HGB-Buchführung verpflichtet. Somit ist die HGB-Buchführung in jedem Fall für Juristische Personen sowie für die OHG und KG relevant. Veröffentlichte HGB-Buchführungsergebnisse können von externen Interessenten, wie z.B. potenziellen Anteilseignern oder Kreditgebern, dazu genutzt werden, sachlich begründete Entscheidungen zu fällen. Darüber hinaus gibt es rechtsformspezifische Regelungen, wie z.B. im Aktiengesetz für die AG und im GmbH-Gesetz für die GmbH. Ferner ist das Publizitätsgesetz (PublG) zu beachten. Danach müssen Unternehmen ab einer bestimmten Größe unabhängig von der Rechtsform Buchführungsergebnisse offen legen (§1 PublG).

Das grundlegende steuerliche Regelwerk ist die Abgabenordnung (AO). Hier ist definiert, wer verpflichtet ist, eine Buchführung nach Steuerrecht vorzunehmen (**steuerliche Buchführung**). Gemäß §140 AO unterliegen Unternehmen, die nach anderen Gesetzen als den Steuergesetzen zu einer Buchführung verpflichtet sind, automatisch auch der steuerlichen Buchführungspflicht. Damit sind Juristische Personen sowie OHG und KG, für die die HGB-Buchführung qua Rechtsform vorgeschrieben ist, grundsätzlich auch zur steuerlichen Buchführung verpflichtet. Einzelne Steuergesetze beziehen sich i.d.R. auf bestimmte Steuerarten. Besonders relevant sind das Einkommensteuergesetz (EStG), das Körperschaftsteuergesetz (KStG), das Gewerbesteuergesetz (GewStG), das Umsatzsteuergesetz (UStG) und das Bewertungsgesetz (BewG). Außerdem sind sonstige Vorschriften, wie bspw. Abschreibungstabellen, zu beachten.

Die steuerliche Buchführung wendet sich explizit an den Adressaten „Fiskus". Es geht dabei um die Feststellung des Unternehmensgewinns (steuerlich auch als Unternehmensertrag bezeichnet) zum Zweck der Festsetzung der Ertragsteuerschuld. Mit Blick auf die **steuerlich relevante Gewinnermittlung** ist Folgendes zu beachten:

- Für land- und forstwirtschaftliche Betriebe, die nicht aus anderen gesetzlichen Gründen (z.B. nach HGB) buchführungspflichtig sind, kann der steuerlich relevante **Gewinn nach Durchschnittssätzen** ermittelt werden (§13a EStG). Diese Möglichkeit der Gewinnermittlung gibt es nur für land- und forstwirtschaftliche Betriebe. Voraussetzung ist, dass die selbst bewirtschaftete landwirtschaftliche Nutzfläche 20 ha nicht überschreitet, die Tierbestände insgesamt 50 Vieheinheiten nicht übersteigen und der steuerliche Wert der selbst bewirtschafteten Sondernutzungen nicht über 1 021 € liegt. In diesen Betrieben sind keine Aufzeichnungen zur Festsetzung der Ertragsteuerschuld erforderlich. Neben dem daraus resultierenden geringeren verwaltungstechnischen Aufwand kann sich für überdurchschnittlich erfolgreich wirtschaftende Betriebe noch ein weiterer Vorteil ergeben: Die tatsächlich erzielten Gewinne liegen über dem nach Durchschnittssätzen ermittelten Gewinn, so dass aus der Gewinnermittlung nach Durchschnittssätzen Steuervorteile resultieren. Ein Betrieb kann auf Antrag aus der Gewinnermittlung nach Durchschnittssätzen für einen Zeitraum von mindestens 4 Jahren ausscheiden.

- Betriebe, für die die Gewinnermittlung nach §13a EStG zwar nicht (mehr) zulässig ist, die aber nicht aus anderen gesetzlichen Gründen buchführungspflichtig sind, können zur Festsetzung der Ertragsteuerschuld eine sog. **Einnahmen-Ausgaben-Überschussrechnung** (§4 Absatz 3 EStG) durchführen. Man spricht in diesem Zusammenhang auch von „einfacher Buchführung". Hier werden keine Bilanz und keine GuV erstellt. Die Gewinnermittlung erfolgt durch einen Vergleich der Einnahmen und Ausgaben im jeweiligen Geschäftsjahr. Beispielsweise sind deshalb Mehrungen in den Vorräten nicht gewinnwirksam. Die einfache Buchführung ist möglich, solange der Umsatz nicht mehr als 500 000 € im Kalenderjahr beträgt, solange der Wirtschaftswert (vgl. §46 Bewertungsgesetz) der selbst bewirtschafteten Flächen nicht über 25 000 € liegt, oder solange nicht mehr als 50 000 € Gewinn aus Gewerbebetrieb im Wirtschaftsjahr *und* nicht mehr als 50 000 € Gewinn aus Land- und Forstwirtschaft im Kalenderjahr erzielt werden. In diesen Betrieben ist zwar keine Buchführung im Sinne der Aufstellung einer Bilanz und GuV erforderlich. Es besteht aber eine Aufzeichnungspflicht bzgl. der Betriebseinnahmen und -ausgaben. Außerdem müssen für Wirtschaftsgüter des Anlagevermögens bestimmte Verzeichnisse geführt werden.
- Für Unternehmen ist die **Gewinnermittlung über die Bilanz** und GuV (doppelte Buchführung) Pflicht, wenn der Umsatz mehr als 500 000 € im Kalenderjahr beträgt, der Wirtschaftswert der selbst bewirtschafteten Flächen über 25 000 € liegt, mehr als 50 000 € Gewinn aus Gewerbebetrieb im Wirtschaftsjahr *oder* mehr als 50 000 € Gewinn aus Land- und Forstwirtschaft im Kalenderjahr erzielt werden (vgl. §141 AO; Stand: 2009). Man spricht in diesem Zusammenhang auch von „Gewinnermittlung durch Betriebsvermögensvergleich" (vgl. §4 Absatz 1 EStG), wobei der EStG-Begriff „Betriebsvermögen" dem in der Betriebswirtschaft üblichen Begriff „Eigenkapital" entspricht.[1]
- Wenn ein Unternehmen seiner Pflicht zur Erstellung einer Einnahmen-Ausgaben-Überschussrechnung oder seiner Buchführungspflicht nicht nachkommt, erfolgt die **Gewinnermittlung durch Schätzung** (§162 AO). Diese Vorgehensweise ist für ein Unternehmen bei der Festsetzung der Ertragsteuerschuld i.d.R. nachteilig.

Neben der Buchführung zur Ermittlung der Ertragsteuerschuld besteht eine Aufzeichnungspflicht für Unternehmen zur Festsetzung der **Umsatzsteuerschuld**. Bei der Regelumsatzbesteuerung muss der Unternehmer den Differenzbetrag zwischen der vereinnahmten und der gezahlten Umsatzsteuer an das Finanzamt abführen oder bekommt ihn erstattet. Ausgenommen von der Regelumsatzbesteuerung sind Unternehmen, deren Umsatz zzgl. der darauf entfallenden Steuer im vergangenen Kalenderjahr 17 500 € und im laufenden Kalenderjahr voraussichtlich 50 000 € nicht übersteigt (**Kleinunternehmerregelung**;

[1] Neben der kaufmännischen, d.h. der einfachen und doppelten Buchführung, wird noch die kameralistische Buchführung unterschieden. Bei der kameralistischen Buchführung handelt es sich um eine reine Kassenrechnung, d.h. es werden lediglich Ein- und Auszahlungen festgehalten. Sie ist bspw. für Behörden relevant, wird aber auch dort zunehmend durch die kaufmännische Buchführung ersetzt.

§19 UStG). Kleinunternehmer dürfen weder in Rechnungen die Umsatzsteuer ausweisen noch die gezahlte Vorsteuer abziehen. Es bestehen somit keine umsatzsteuerlichen Aufzeichnungspflichten. Für land- und forstwirtschaftliche Betriebe gibt es darüber hinaus die spezifische Möglichkeit der **Umsatzsteuerpauschalierung** (§24 UStG). Eine Umsatzsteuerpauschalierung ist für land- und forstwirtschaftliche Betriebe unabhängig von ihrer Rechtsform und ihrer Größe anwendbar. Bei der Pauschalierung zahlt man beim Einkauf von Produktionsmitteln die reguläre Umsatzsteuer (Vorsteuer) von 19% oder 7%. Beim Verkauf erhält der Landwirt (Forstwirt) für seine Produkte eine Umsatzsteuer von 10,7% (5,5%) (Stand: 2009). Ein Umsatzsteuerabgleich mit dem Finanzamt entfällt, da angenommen wird, dass sich die ausgegebene und eingenommene Umsatzsteuer ausgleichen. Auch hier entfallen also umsatzsteuerliche Aufzeichnungspflichten. Unternehmen, die unter die Kleinunternehmerregelung fallen oder die pauschalieren dürfen, können erklären, dass sie zur Regelbesteuerung wechseln. Man spricht in diesem Zusammenhang auch von „optieren". Dies kann bspw. relevant sein, wenn größere Investitionsvorhaben durchgeführt werden. Allerdings muss die Regelbesteuerung nach einem Wechsel für einen Zeitraum von mindestens fünf Jahren beibehalten werden.

Grundsätze ordnungsmäßiger Buchführung

Die Grundsätze ordnungsmäßiger Buchführung (GoB) stellen allgemein anerkannte und rechtsformunabhängige Buchführungs- und Bilanzierungsregeln dar. Sie sind zum Teil in Gesetzen (i.d.R. im HGB) festgeschrieben. Mit Blick auf gesetzlich festgeschriebene GoB spricht man auch von kodifizierten Vorschriften. Andere GoB sind nicht kodifiziert. Es handelt sich um „guten kaufmännischen Brauch". Allerdings ist auch die grundsätzliche Einhaltung der nicht einzeln kodifizierten GoB in Gesetzen vorgeschrieben.

Man fasst die wichtigsten Grundsätze oftmals unter der Bezeichnung **„obere GoB"** zusammen. Dazu gehören zunächst die **Rahmengrundsätze** (1) Richtigkeit und Willkürfreiheit, (2) Vollständigkeit sowie (3) Klarheit. Der **Grundsatz der Richtigkeit und Willkürfreiheit** verlangt eine qualitativ und quantitativ richtige Aufzeichnung und Berücksichtigung von Geschäftsvorfällen im Rahmen der Finanzbuchführung. Der **Grundsatz der Vollständigkeit** schreibt vor, dass sämtliche Vermögensgegenstände, Schulden und buchführungspflichtigen betrieblichen Vorgänge erfasst werden. Dabei dürfen Bilanzierungswahlrechte nur im gesetzlich genau umgrenzten Rahmen wahrgenommen werden. Bilanzierungsverbote und -gebote sind einzuhalten. Der **Grundsatz der Klarheit** bezieht sich auf die äußere Form der Aufzeichnungen und des Jahresabschlusses. Er schreibt vor, die Posten in der Bilanz und der GuV nach einer vorgeschriebenen Reihenfolge zu gliedern sowie zutreffend und eindeutig zu bezeichnen. Außerdem beinhaltet er zum einen das Gebot der Einzelbewertung. Damit ist gemeint, dass die verschiedenen Vermögensgegenstände und Schuldenpositionen einzeln ausgewiesen werden müssen. Zum anderen gilt das Saldierungsverbot, d.h. weder Aufwendungen und Erträge noch Aktiv- und Passivposten dürfen miteinander verrechnet werden. Nur in Ausnahmefällen sind Sammel- oder Gruppenbewertungen von gleichartigen und gleichwertigen Vermögensgegenständen (z.B. Vieh) erlaubt. Dabei ist das Anschaffungswertprinzip zu beachten, d.h. Vermögensgegenstände dürfen nur mit den tatsächlichen Anschaffungs- oder Herstellungskosten bewertet werden. Mit anderen Worten: Eine Bewertung mit Wiederbeschaffungskosten o.ä. ist nicht zulässig. Im Ergebnis führt die Einhaltung des Grundsatzes der Klarheit dazu, dass die Buchführung einem sachverständigen Dritten, wie z.B. einem Betriebsprüfer des Finanzamts, innerhalb einer angemessenen Zeit einen Überblick über die Geschäftsvorfälle und über die Lage des Unternehmens vermitteln kann.

Weiterhin gehören zu den oberen GoB die **„ergänzenden Grundsätze"** (1) der Stetigkeit und (2) der Vorsicht. Der **Grundsatz der Stetigkeit** (oder: Kontinuität) schreibt vor, dass Bilanzen über die Jahre hinweg vergleichbar sein müssen. Unter „formeller Bilanzkontinuität" versteht man, dass die Gliederung und die Postenbezeichnung im Zeitablauf beibehalten werden müssen. Unter „materieller Bilanzkontinuität" versteht man, dass der Wertzusammenhang durch Wertfortführung im Zeitablauf bestehen bleiben muss. Im Ergebnis stellt man die Bilanzidentität sicher, d.h. die Übereinstimmung der Anfangsbilanz jedes Jahres mit der Schlussbilanz des Vorjahres hinsichtlich Gliederung, Ansatz und Bewertung.

Nach dem **Grundsatz der Vorsicht** hat ein Kaufmann seinen Betrieb bei der Bilanzierung im Zweifel eher ärmer darzustellen. Das Vorsichtsprinzip ist überall dort anzuwenden, wo aufgrund unvollständiger Information oder der Unsicherheit künftiger Ereignisse Ermessensspielräume dahingehend bestehen, in welcher Periode eine Vermögensveränderung ausgewiesen wird. Das Vorsichtsprinzip ist ein Oberbegriff für eine Vielzahl von Einzelgrundsätzen und -vorschriften, die darauf abzielen, dass Positionen im Jahresabschluss nicht zu optimistisch ausgewiesen werden. Es umfasst zum einen das **Realisationsprinzip**, wonach Gewinne nur ausgewiesen werden dürfen, nachdem sie realisiert wurden. So dürfen z.B. selbsterstellte Waren, die verkauft werden sollen, nicht zum voraussichtlich erzielbaren Verkaufspreis bilanziert werden, sondern höchstens zu den Herstellungskosten. Zum anderen verlangt das **Imparitätsprinzip**, dass Verluste schon dann angezeigt werden, wenn sie zu erwarten sind. Konkretisiert wird das Imparitätsprinzip über das Niederstwertprinzip auf der Aktivseite und das Höchstwertprinzip auf der Passivseite der Bilanz. Das **Niederstwertprinzip** schreibt vor, dass von mehreren möglichen Wertansätzen für Vermögenspositionen der niedrigere Wert angesetzt wird. Ist z.B. eine Aktie seit dem Kauf im Kurs gefallen, so ist dies in der Bilanz auszuweisen, auch wenn die Aktie weiter gehalten wird. Gemäß **Höchstwertprinzip** ist für Schuldenpositionen der höhere Wert anzusetzen. Ist bspw. bei Verbindlichkeiten in einer fremden Währung die Fremdwährung im Kurs gestiegen, so muss die Verbindlichkeit zum höheren Wert in der Bilanz berücksichtigt werden. Das Vorsichtsprinzip wird mit dem Gläubiger- und Eigentümerschutz begründet, denn je höher der Unternehmenswert ist, desto eher werden Eigenkapital- und Kreditgeber Kapital in das Unternehmen investieren bzw. Kredite an das Unternehmen ausreichen.

Neben den „oberen GoB" gibt es Detailvorgaben, die man als „**untere GoB**" bezeichnet. Sie können als Präzisierung der oberen GoB verstanden werden und umfassen die folgenden Vorgaben (vgl. insbesondere §§239, 257 HGB und §147 AO):

- **Belegzwang für Buchungen**: Es darf keine Buchung ohne Beleg erfolgen.
- **Eindeutige Belegführung**: (1) Alle Belege (Rechnungen, Bankauszüge, Quittungen) sind mit einem Ausstellungsdatum zu versehen (Datumspflicht von Buchungsbelegen). (2) Belege müssen in einer lebenden Sprache gehalten werden. Der Jahresabschluss ist in deutscher Sprache zu verfassen und die Bedeutung von Abkürzungen, Ziffern, Buchstaben sowie Symbolen muss eindeutig definiert sein (unmissverständlicher Belegtext). (3) Ausgehend von der Buchung muss man zum entsprechenden Beleg gelangen und vice versa (gegenseitiges Verweisprinzip).
- **Korrekturverbot**: Fehlerhafte Eintragungen dürfen nicht einfach gelöscht werden, sondern müssen offen rückgängig gemacht werden (Storno).
- **Einhaltung von Aufbewahrungsfristen**: Inventare und Jahresabschlüsse müssen zehn Jahre aufbewahrt werden.

3.3.2 Instrumente der Finanzbuchführung

Die wichtigsten Bestandteile der doppelten Buchführung sind die Bilanz und die GuV. Der Ausgangspunkt für die Erstellung der Bilanz und der GuV ist das Inventar. Der Anhang des Jahresabschlusses, der im Folgenden nicht weiter angesprochen wird, kann z.B. die folgenden Teile enthalten: (1) einen Anlagenspiegel, der die Entwicklung der einzelnen Posten des Anlagevermögens der Bilanz widerspiegelt, (2) einen Naturalbericht, aus dem die Veränderungen der Tierbestände und der Vorräte hervorgeht, (3) Angaben zum Umfang und zu den Eigentumsverhältnissen der Betriebsfläche und (4) Informationen zu den Arbeitskräften. Die Anforderungen an den Aufbau des Anhangs sind rechtsform- und branchenspezifisch. Für Land- und Forstwirte sind in §142 AO ergänzende Vorschriften benannt. So ist für Land- und Forstwirte bspw. die Führung eines Anbauverzeichnisses vorgeschrieben, in dem ausgewiesen wird, welche Flächen im zurückliegenden Geschäftsjahr mit welchen Kulturen bewirtschaftet wurden. Außerdem müssen größere Kapitalgesellschaften einen Lagebericht erstellen, der die derzeitige und zukünftige Situation eines Unternehmens hinsichtlich der Chancen und Risiken darstellen soll.

a) Inventur und Inventar

Grundsätzliches

Unter einer **Inventur** versteht man zum einen die physische Erfassung *sämtlicher* Bestandsgrößen, die handelsrechtlich als Vermögensgegenstände und steuerrechtlich als Wirtschaftsgüter bezeichnet werden. Zum anderen werden die Schulden eines Unternehmens - im Handelsrecht auch als Fremdkapital oder Verbindlichkeiten bezeichnet - festgestellt. Beides erfolgt zu einem bestimmten Zeitpunkt (Stichtag). Dabei ist zu beachten, dass man bestimmte Vermögensgegenstände wie Gebäude oder Vieh zählen, messen oder wiegen kann (**körperliche Bestandsaufnahme**). Die Bestände anderer Vermögensgegenstände (z.B. Bankguthaben) und der Schulden ergeben sich aus den Unterlagen (**buchmäßige Bestandsaufnahme**).

Bei der Inventur sind nur Vermögensgegenstände zu erfassen, die dem Unternehmen gehören und zur Bewirtschaftung des Betriebs notwendig sind (notwendiges Betriebsvermögen). Beispielsweise sind selbst bewirtschaftete und verpachtete betriebseigene Flächen relevant, während vom Betrieb gepachtete Flächen nicht zu berücksichtigen sind. Mit Blick auf Einzelunternehmen ist zu beachten, dass Vermögensgegenstände, die gar keinen Bezug zum Unternehmen haben, sog. notwendiges Privatvermögen darstellen und nicht im Rahmen einer Inventur erfasst werden (z.B. privat genutztes Wohnhaus). Neutrales Betriebsvermögen ist zur Bewirtschaftung eines Betriebs nicht unbedingt notwendig, kann ihm aber dienen (z.B. Festgeld). Es kann nach eigenem Ermessen erfasst werden. Wird es erfasst, spricht man von gewillkürtem Betriebsvermögen, sonst von gewillkürtem Privatvermögen. Eine Inventur ist bei Gründung und Auflösung eines Betriebs sowie am Ende jedes Geschäftsjahres durchzuführen.

Es ist zu beachten, dass nicht alle dem Unternehmen gehörenden Vermögensgegenstände im Inventar ersichtlich sind. Immaterielle Vermögensgegenstände (intangible assets) bezeichnen u.a. Quoten (z.B. zugekaufte Milchkontingente) und andere Rechte (z.B. zugekaufte Zahlungsansprüche für Prämienzahlungen). Nicht entgeltlich erworbene immaterielle Vermögensgegenstände (z.B. unentgeltlich zugewiesene Milchkontingente) dürfen nicht erfasst werden.

Die durch die Inventur ermittelten Bestände für Vermögensgegenstände und Schulden werden im Inventarverzeichnis bzw. **Inventar** (inventory report) festgehalten (vgl. §240, 241 HGB). Das Inventar ist sehr ausführlich gegliedert. Es beinhaltet jeden betrieblichen Vermögensgegenstand sowie jede Schuldenposition nach Art, Menge und Wert. In Tab. 3-1 sind aus Darstellungsgründen nur die Kategorien genannt. Tatsächlich wird z.B. die Position „Sachanlagen" in Flurstück 1, Flurstück 2, ..., Gebäude 1, Gebäude 2, ..., Maschine 1, Maschine 2, ... etc. untergliedert. Das Inventar wird in der sog. Staffelform dargestellt, d.h. die einzelnen Vermögensgegenstände und die Schulden werden untereinander aufgelistet.

Die **Vermögensgegenstände** werden danach geordnet, wie schnell sie in Geld überführt werden können (Liquidierbarkeit). Die am wenigsten liquiden Vermögensgegenstände werden zuerst dargestellt. Es wird zwischen Anlagevermögen, Viehvermögen (landwirtschaftsspezifisch) und Umlaufvermögen unterschieden. Zum **Anlagevermögen** gehören Vermögensgegenstände, die dem Betrieb langfristig dienen und auf längere Sicht die Struktur der Produktion bestimmen. Das Anlagevermögen lässt sich wiederum in entgeltlich erworbene immaterielle Vermögensgegenstände sowie (materielle) Sachanlagen und Finanzanlagen unterteilen. Unter der Bezeichnung „Sachanlagen" werden z.B. Boden, Wirtschaftsgebäude und Maschinen zusammengefasst. Mit Finanzanlagen sind z.B. Beteiligungen an anderen Unternehmen gemeint. In der Landwirtschaft bezieht sich dies meistens auf Beteiligungen an Unternehmen des nachgelagerten Bereichs. **Umlaufvermögen** ist zum einen die Sammelbezeichnung für Vorräte, d.h. für Vermögensgegenstände die zum kurzfristigen Verkauf oder Verbrauch bestimmt sind. Zum anderen bezeichnet das Umlaufvermögen auch Forderungen, liquide Mittel und Wertpapiere, die kurzfristig angelegt sind. Zwischen dem Anlagevermögen (Gebrauchsgüter) und dem Umlaufvermögen (Verbrauchsgüter) steht in der Landwirtschaft das **Viehvermögen**.

Die **Schulden** werden im Inventar nach der Fälligkeit bzw. Dringlichkeit der Zahlung unterteilt und geordnet. Verbindlichkeiten können langfristig, mittelfristig und kurzfristig zurückzuzahlen sein. Langfristige Verbindlichkeiten haben eine Gesamtlaufzeit von mehr als 5 Jahren, mittelfristige eine Gesamtlaufzeit zwischen 1 bis 5 Jahre und kurzfristige von weniger als 1 Jahr. Der Gesamtschuldenstand zeigt an, mit wie viel fremdem Kapital ein Unternehmen wirtschaftet. Die Differenz zwischen dem Gesamtvermögen und den Gesamtschulden ergibt das **Eigenkapital** eines Unternehmens, das im Steuerrecht auch als Reinvermögen bezeichnet wird.

Tab. 3-1: Hauptkategorien eines Inventars [a)]

		Menge	Wert (€)
I	**Vermögen**		
	A Anlagevermögen		
	1. Immaterielle Vermögensgegenstände		
	2. Sachanlagen		
	3. Finanzanlagen		
	B Viehvermögen		
	1. Rinder		
	2. Schweine		
	C Umlaufvermögen		
	1. Vorräte		
	2. Forderungen		
	3. Wertpapiere		
	4. Kassenbestand		
	Gesamtvermögen		
II	**Schulden**		
	A Langfristig		
	B Mittelfristig		
	C Kurzfristig		
	Gesamtschulden		
III	**Errechnung des Eigenkapitals**		
	Gesamtvermögen		
	- Gesamtschulden		
	Eigenkapital		

a) Obwohl im Inventar jeder Vermögensgegenstand und jede Schuldenposition einzeln aufgelistet ist, sind hier aus Darstellungsgründen nur die Hauptkategorien genannt und keine kalkulatorischen Posten, wie z.B. der Sonderposten mit Rücklagenanteil, aufgeführt.

Zur Bewertung von Vermögensgegenständen

Mit Blick auf die rechte Spalte des in Tab. 3-1 angezeigten Inventars wird deutlich, dass bei der Erstellung die Bestimmung des Wertes von Vermögensgegenständen erforderlich ist. Bei der **Erstbewertung** von Vermögensgegenständen geht man bei einem Erwerb von Dritten von den Anschaffungskosten und bei Eigenerstellung von Herstellungskosten aus. Gemäß §255 HGB sind **Anschaffungskosten** Ausgaben, die anfallen, um einen Vermögensgegenstand zu erwerben und entsprechend seinem Zweck in einen betriebsbereiten Zustand zu versetzen (Anschaffungspreis abzgl. Rabatte zzgl. Anschaffungsnebenkosten, wie z.B. Transportkosten). Ebenfalls in §255 HGB ist definiert, was unter den **Herstellungskosten** zu verstehen ist. Sie umfassen Ausgaben für im Betrieb neu erstellte, erweiterte oder wesentlich verbesserte Vermögensgegenstände (Fertigungsmaterialkosten zzgl. Fertigungslohnkosten zzgl. angefallene Verwaltungskosten).

Zu beachten ist zum einen, dass in bestimmten Fällen von fiktiven Anschaffungs- oder Herstellungskosten ausgegangen werden kann. Dies gilt z.B. bei vor 1948 hergestellten Gebäuden. Zum anderen gibt es insbesondere bei der steuerlichen Buchführung für die Bewertung Vereinfachungsvorschriften. Diese sind den steuerlichen Einzelgesetzen oder - wenn dort keine Bewertungsvorschriften für das betreffende Wirtschaftsgut aufgeführt sind - dem Bewertungsgesetz zu entnehmen. Beispielsweise trifft dies in den alten Bundesländern für Boden zu, der schon vor dem 01.07.1970 zum Betrieb gehörte. Zudem kann die Viehbewertung an steuerlichen Durchschnittssätzen ausgerichtet sein.

Bei der **Folgebewertung** ergibt sich der Buchwert von abnutzbaren Anlagegütern aus der Differenz zwischen Anschaffungs- oder Herstellungskosten und der bis zum jeweiligen Zeitpunkt bereits vorgenommenen Abschreibung, die dem als Aufwand gebuchten Wertverlust des Anlagegutes entspricht (vgl. Abschnitt 3.2):

$$BW_t = BW_{t-1} - Afa_t \tag{3-1}$$

Dabei kennzeichnet BW_{t-1} den Buchwert zum Zeitpunkt $t-1$ bzw. im Jahresabschluss des Vorjahres und Afa_t den Abschreibungsbetrag des laufenden Geschäftsjahres. Den ursprünglichen Buchwert vermindert um alle bisherigen Abschreibungen bezeichnet man als fortgeschriebene Anschaffungs- oder Herstellungskosten.

Mit Blick auf die Abschreibungen ist zwischen planmäßigen und außerplanmäßigen Abschreibungen sowie Sonderabschreibungen zu unterscheiden. **Planmäßige Abschreibungen** haben den Zweck, die Anschaffungs- oder Herstellungskosten für *abnutzbare* Anlagegüter nach einem bestimmten Plan bis zu einem Erinnerungswert von 1 € über die voraussichtliche Nutzungsdauer zu verteilen. Im Steuerrecht werden sie mit dem Begriff „Absetzung für Abnutzungen" (oder kurz: AfA) bezeichnet, Der Erinnerungswert wird bis zum endgültigen Ausscheiden des Anlagegutes aus dem Betrieb beibehalten. Abschreibungsbeginn ist der Zeitpunkt der Lieferung bzw. Fertigstellung. Die Nutzungsdauer bezeichnet den geplanten Verwendungszeitraum eines Anlagegutes. Gründe für planmäßige Abschreibungen sind wertmäßige Abnutzung (z.B. gebrauchsbedingte Abnutzung oder natürlicher Verschleiß bspw. durch Verrostung einer Maschine oder technischen Fortschritt) oder mengenmäßige Abnutzung (z.B. Substanzverringerung einer Kiesgrube durch Abbau).

Planmäßige Abschreibungen können linear, degressiv oder leistungsbezogen erfolgen. **Lineare Abschreibung** bedeutet, dass in jedem Jahr während der zeitbezogenen Nutzungsdauer N der gleiche absolute Betrag abgeschrieben wird:

$$Afa_t = \frac{AW - RW}{N} \tag{3-2}$$

Dabei kennzeichnet AW den Anschaffungswert und RW den Restwert des dauerhaften Produktionsmittels. Mit **degressiver Abschreibung** ist gemeint, dass ein konstanter relativer Anteil abgeschrieben wird:

$$Afa_t = d \cdot BW_{t-1} \tag{3-3}$$

d beschreibt den Abschreibungssatz. Bei degressiver Abschreibung wird zunächst ein relativ großer absoluter Betrag abgeschrieben, der mit fortschreitender Nutzungsdauer immer geringer ausfällt. Bei der **leistungsorientierten Abschreibung** orientiert man sich an der Zahl der abgegebenen Leistungseinheiten, wie z.B. der Stunden, Kilometer oder ha. Man bestimmt also zunächst die Abschreibung pro Leistungseinheit und gewichtet diesen Wert anschließend mit der jeweiligen jährlichen Auslastung Die Abschreibungsbeträge können damit von Jahr zu Jahr variieren. Die leistungsbezogene Abschreibung kann für Maschinen relevant sein. Eine **progressive Abschreibung** meint, dass mit fortschreitender Nutzungsdauer absolut immer stärker abgeschrieben wird. Die progressive Abschreibung ist nur in der Planung von Bedeutung. In der Buchführung ist sie nicht zulässig, weil sie dem Vorsichtsprinzip widerspricht.

Vom Bundesministerium der Finanzen herausgegebene **Abschreibungstabellen** zeigen die betriebsgewöhnliche Nutzungsdauer für bestimmte Anlagegüter an, die bei der Bestimmung der steuerlich anzusetzenden Abschreibung zugrunde zu legen ist. Es gibt allgemeine und branchenspezifische Abschreibungstabellen. Wenn branchenspezifische Abschreibungstabellen vorhanden sind, dann ist auf sie zurückzugreifen. So ist für Schlepper in der allgemeinen Abschreibungstabelle eine Nutzungsdauer von zwölf Jahren und in der für die Landwirtschaft spezifischen Abschreibungstabelle eine Nutzungsdauer von acht Jahren angegeben. Außerdem ist zu beachten, dass Abschreibungstabellen nicht rechtsverbindlich sind, d.h. in begründeten Fällen kann von dort genannten Nutzungsdauern auch abgewichen werden. Die betriebsgewöhnliche Nutzung von Gebäuden ist in §7 Absatz 4 EStG geregelt. Beispielsweise ist für neuere zum Betriebsvermögen gehörende Gebäude eine steuerlich relevante Nutzungsdauer von 33 Jahren zu beachten.

Von **außerplanmäßigen Abschreibungen** spricht man, wenn Vermögensgegenstände außergewöhnliche Wertminderungen aufweisen. Im Steuerrecht werden sie als Teilwertabschreibungen bezeichnet. Eine außerplanmäßige Abschreibung wird vorgenommen (und ist steuerlich zulässig), wenn der Wert eines Anlagegutes am Bewertungsstichtag voraussichtlich dauerhaft unterhalb der fortgeschriebenen Anschaffungs- oder Herstellungskosten liegt. Ein Beispiel ergibt sich, wenn eine Maschine bspw. aufgrund eines Unfalls nicht - wie ursprünglich angenommen - acht Jahre, sondern nur drei Jahre genutzt werden kann. Außerplanmäßige Abschreibungen sind nicht nur für Anlagegüter, sondern auch für Umlaufvermögen möglich. Beispielsweise sind Wertpapiere auf den Marktpreis abzuschreiben, wenn er unterhalb des Anschaffungspreises liegt (Niederstwertprinzip).

Sonderabschreibungen liegen keine wirtschaftlichen Wertminderungen zugrunde. Sie werden vielmehr in manchen Situationen vom Gesetzgeber als Steuererleichterung gewährt. Sonderabschreibungen sind nämlich zusätzlich zur planmäßigen Abschreibung als Betriebsaufwand anzusetzen und können damit die Steuerschuld eines Unternehmens mindern. Allerdings ist zu beachten, dass über die gesamte Nutzungsdauer nicht mehr als 100% des Vermögensgegenstandes abgeschrieben werden können, d.h. in den Jahren nach der Sonderabschreibung ist die planmäßige Abschreibung entsprechend geringer.

Das Gegenteil einer Abschreibung wird als **Zuschreibung** bezeichnet. Bei einer Zuschreibung handelt es sich also um eine Erhöhung des Buchwertes eines Vermögensgegenstands. Sie kommt bspw. zum Tragen, wenn sich nach einer außerplanmäßigen Abschreibung herausstellt, dass die Gründe, die zu dieser Abschreibung geführt haben, nicht mehr bestehen. Man spricht in diesem Zusammenhang auch von Wertaufholung.

b) Bilanz

Die Bilanz (balance sheet) ist eine **verkürzte Form des Inventars**. Sie wird für ein Unternehmen zu einem bestimmten Stichtag (i.d.R. dem Ende des Geschäftsjahres) aufgestellt, indem die einzelnen Positionen und Werte des Inventars in eine vorgegebene Struktur übertragen werden (vgl. Abb. 3-7). Dabei ist Folgendes zu beachten:

- In der Bilanz werden aus Gründen der Übersichtlichkeit die einzelinventarisierten Vermögensgegenstände gleicher Art zusammengefasst. Für eine Vielzahl von Inventarpositionen, wie z.B. Maschine 1, Maschine 2 etc., findet man dann nur die Position „Maschinen" in der Bilanz.
- In der Bilanz werden nur art- und wertmäßige Angaben übernommen, d.h. auf physische Mengenangaben wird verzichtet.

- Die Bilanz wird üblicherweise in der sog. T-Kontoform aufgestellt, d.h. sie besteht aus den nebeneinander angeordneten zwei Seiten „Aktiva“ und „Passiva“.

Abb. 3-7: Grundsätzliche Struktur einer Bilanz

	Wohin floss das Geld, das in das Unternehmen investiert wurde (Mittelverwendung)?	Woher stammt das Geld, das im Unternehmen eingesetzt wurde (Mittelherkunft)?	
Güter nach steigender Liquidierbarkeit geordnet	**Aktiva**	**Passiva**	Eingesetztes Kapital nach Verfügungsdauer geordnet
	Anlagevermögen (AV) Viehvermögen (VV) Umlaufvermögen (UV)	Eigenkapital (EK) Fremdkapital (FK)	
	Summe Aktiva = Summe Passiva		

Die Güter finden in der Bilanz auf zweifache Weise ihren rechnerischen Ausdruck: Die linke Seite der Bilanz zeigt unter dem Begriff **„Aktiva“**, in welcher Form das Kapital im Betrieb verwendet wird. Dabei werden die im Unternehmen verfügbaren Vermögensgegenstände - analog zum Inventar - nach dem Grad der Liquidierbarkeit geordnet. Unter dem Begriff **„Passiva“** wird die Herkunft der im Betrieb eingesetzten Mittel ausgewiesen; es sind die Verpflichtungen des Betriebs gegenüber den Eigenkapitalgebern und den außenstehenden Fremdkapitalgebern. Das Kapital auf der Passivseite wird nach der Verfügungsdauer gegliedert. Das im Unternehmen verfügbare Eigenkapital ist nicht zeitlich befristet, d.h. es steht im Normalfall am langfristigsten zur Verfügung. Die Verbindlichkeiten sind innerhalb eines vertraglich vereinbarten Zeitraums zurückzuzahlen.

Die Buchführung legt also stets doppelt Rechenschaft ab: Einmal auf der Aktiv- und einmal auf der Passivseite. Dadurch wird sichergestellt, dass das vorhandene Gesamtvermögen des Betriebs dem vorhandenen Kapital entspricht. Bei der Bilanz ist die Summe der Aktiva gleich der Summe der Passiva. Man spricht auch davon, dass die Bilanz ausgeglichen sein muss:

Summe Aktiva	=	**Summe Passiva**	
= Gesamtvermögen des Betriebs	=	Gesamtkapital	(3-4)
= Anlagevermögen + Viehvermögen + Umlaufvermögen	=	Eigenkapital + Fremdkapital	

Die Unterscheidung zwischen Anlagevermögen und Umlaufvermögen bezieht sich auf die Fristigkeit. Alternativ kann man mit Blick auf die physische Natur des Vermögens auch von Sach- und Finanzvermögen sprechen. Tut man dies, dann lässt sich der Bezug zu den Zugangs- und Abgangsgrößen „Einzahlung/Auszahlung“, „Einnahme/Ausgabe“ und „Ertrag/Aufwand“ herstellen (vgl. Abschnitt 3.2): Einzahlungen/Auszahlungen beeinflussen den Zahlungsmittelbestand und damit das Finanzvermögen. Einnahmen/Ausgaben verändern das Geldvermögen, das als Zahlungsmittelbestand (inkl. langfristiger Finanzanlagen) zzgl. Forderungen abzgl. Verbindlichkeiten definiert ist. Erträge/Aufwendungen verändern das Eigenkapital.

In Tab. 3-2 ist das Gliederungsschema einer Bilanz angezeigt (vgl. §238ff. HGB). Es ist im Vergleich zum in Abb. 3-7 dargestellten Grundschema detaillierter. Außerdem enthält das in Tab. 3-2 angezeigte Gliederungsschema noch die kalkulatorische Posten „Rechnungsabgrenzungsposten“, „Sonderposten mit Rücklagenanteil“ und „Rückstellungen“.

Tab. 3-2: Vereinfachtes Gliederungsschema der Bilanz

Aktiva		Passiva	
	Wert (€)		Wert (€)
A Anlagevermögen 1. Immaterielle Vermögensgegenstände (z.B. entgeltlich erworbene Milchlieferrechte) 2. Sachanlagen (z.B. Boden, Gebäude, Maschinen) 3. Finanzanlagen (z.B. Beteiligungen) **B Viehvermögen** 1. Rinder 2. Schweine **C Umlaufvermögen** 1. Vorräte 2. Forderungen 3. Wertpapiere 4. Kassenbestand **D Rechnungsabgrenzungsposten**		**A Eigenkapital** *Bei Einzelunternehmen:* 1. Anfangskapital 2. Einlagen 3. Entnahmen 4. Gewinn 5. Summe Eigenkapital *Bei Juristischen Personen:* 1. Gezeichnetes Kapital 2. Kapitalrücklage 3. Gewinnrücklage 4. Bilanzgewinn **B Sonderposten mit Rücklagenanteil** **C Rückstellungen** **D Verbindlichkeiten** 1. Langfristig 2. Mittelfristig 3. Kurzfristig **E Rechnungsabgrenzungsposten**	
Summe Aktiva		**Summe Passiva**	

Eine **Rechnungsabgrenzung** wird gebildet, um Erträge und Aufwendungen zwischen verschiedenen Geschäftsjahren abgrenzen bzw. Eigenkapitalveränderungen eines Unternehmens periodengerecht ermitteln zu können. Ein Rechnungsabgrenzungsposten auf der Aktivseite (Passivseite) bedeutet, dass ein Aufwand (Ertrag) des kommenden Geschäftsjahres bereits im aktuellen Jahr eine Auszahlung (Einzahlung) verursacht. Beispiele für aktive Rechnungsabgrenzungen wären Vorauszahlungen auf zu zahlende Pachten, Mieten oder Zinsen des Folgejahres. Erhält man solche Vorauszahlungen, ist ein Rechnungsabgrenzungsposten auf der Passivseite zu bilden. Tab. 3-3 verdeutlicht, welche Situationen in Abhängigkeit vom Zeitpunkt der Zahlung und vom Zeitpunkt der Erfolgswirksamkeit zu unterscheiden sind.

Tab. 3-3: Zur Abgrenzung von Rechnungsabgrenzung, Verbindlichkeiten und Forderungen

	Eine heutige Zahlung, die einen ...	**Eine zukünftige Zahlung, die einen ...**
Sofortige Erfolgswirksamkeit	sofortigen Aufwand oder sofortigen Ertrag darstellt → Normalfall	sofortigen Aufwand darstellt → Zugänge zu Verbindlichkeiten oder Rückstellungen sofortigen Ertrag darstellt → Zugänge zu Forderungen
Zukünftige Erfolgswirksamkeit	zukünftigen Aufwand darstellt → Zugänge zum aktiven Rechnungsabgrenzungsposten zukünftigen Ertrag darstellt → Zugänge zum passiven Rechnungsabgrenzungsposten	zukünftigen Aufwand oder zukünftigen Ertrag darstellt → Normalfall

Einen weiteren kalkulatorischen Posten bilden die **Rückstellungen**. Rückstellungen entstehen durch Aufwendungen, die dem aktuellen Geschäftsjahr zuzuordnen sind und von denen man sicher davon ausgehen kann, dass sie in naher Zukunft anfallen. Sie sind deshalb schon im rechten oberen Quadranten der Tab. 3-3 genannt. Die Höhe und/oder der genaue Auszahlungszeitpunkt dieser Aufwendungen sind aber unbekannt. Ein klassisches Beispiel für Rückstellungen sind unterlassene Aufwendungen für Instandhaltung, die im folgenden Geschäftsjahr innerhalb von drei Monaten nachgeholt werden. Die noch nicht getätigten Aufwendungen für Instandhaltungsmaßnahmen, die gemäß Wartungsplan oder nach Eintritt eines objektiven Ereignisses im aktuellen Geschäftsjahr notwendig wären, sind zum einen in ihrer voraussichtlichen Höhe in die Rückstellungen einzustellen und zum anderen schon im aktuellen Geschäftsjahr als Aufwand und damit Eigenkapitalminderung zu verbuchen. Wenn die Instandhaltungsmaßnahme erfolgt ist, wird die gebildete Rückstellung aufwandsneutral aufgelöst. Unterscheidet sich der erwartete vom tatsächlichen Aufwand für die Instandhaltungsmaßnahme, so ergibt sich eine zeitraumfremde Ertrags- oder Aufwandsänderung.

Der **Sonderposten mit Rücklagenanteil** ist ein Passivposten der Bilanz, in dem z.B. steuerliche Sonderabschreibungen ausgewiesen werden. Sonderabschreibung bedeutet, dass man z.B. 30% statt 10% des Anschaffungswertes im ersten Jahr steuerlich als Abschreibung geltend machen kann. Eine derartige Sonderabschreibung von zusätzlich 20% wird als neutraler Aufwand behandelt, der das Eigenkapital in der Bilanz verringert. Da dieser Sonderabschreibung keine tatsächliche Wertminderung von Vermögensgegenständen gegenüber steht, wird die Bilanz nicht entsprechend verkürzt. Vielmehr wird der Sonderabschreibungsbetrag auf der Passivseite der Bilanz zwischen Eigen- und Fremdkapital ausgewiesen. Schreibt man in den Folgejahren den von der Sonderabschreibung betroffenen Vermögensgegenstand normal ab, so ist diese Normalabschreibung zu hoch, da insgesamt nur 100% der Anschaffungs- oder Herstellungskosten abgeschrieben werden dürfen. Der Sonderposten ist daher in den Folgejahren in Höhe der Differenz zwischen der Normalabschreibung und der unter Berücksichtigung der Sonderabschreibung noch zulässigen geringeren Abschreibung aufzulösen (neutraler Ertrag). Der Sonderposten unterliegt bei seiner Auflösung der Besteuerung. Der Anteil, der später als Steuer abgeführt werden muss, stellt Fremdkapital dar. Der restliche Betrag ist dem Eigenkapital zuzurechnen. Die Tatsache, dass Sonderposten mit Rücklagenanteil weder Eigen- noch Fremdkapital sind, spiegelt sich auch in ihrer Positionierung in der Bilanz wieder.

Folgende **Besonderheiten sind hinsichtlich des in der Bilanz ausgewiesenen Eigenkapitals** zu beachten (vgl. Tab. 3-2):

- **Beim Einzelunternehmen** steht der gesamte Gewinn dem Unternehmer zu. Im Verlustfall ist der gesamte Verlust vom Unternehmer zu tragen. Gewinne und Verluste schlagen sich deshalb direkt im Eigenkapital nieder. Das Eigenkapital am Ende eines Geschäftsjahres ergibt sich wie folgt: Eigenkapital zu Beginn des Geschäftsjahres zzgl. Gewinn und Privateinlagen abzgl. Privatentnahmen. Privateinlagen und -entnahmen tätigt der Unternehmer. Der Gewinn wird in der GuV ermittelt (vgl. Punkt 3.3.2c).
- **Bei Juristischen Personen** wird das Eigenkapital stärker untergliedert (§266 HGB): Das gezeichnete Kapital ist das Kapital, das die Gesellschafter eingebracht haben. Die Kapitalrücklage umfasst das von außen durch die Gesellschafter zugeführte Kapital, das keine Einzahlungen auf das gezeichnete Kapital darstellt (z.B. Aufgeld bei Aktienemissionen). In die Gewinnrücklage werden aufgrund von gesetzlichen Vorschriften oder Gesellschafterbeschlüssen nicht ausgeschüttete und bereits versteuerte Gewinne des Unternehmens eingestellt. Der Bilanzgewinn ergibt sich aus dem als Jahresüberschuss oder -fehlbetrag bezeichneten Gewinn der Gesellschaft sowie einem evtl. Gewinn- oder Verlustvortrag im handelsrechtlichen Sinn.[2] Der Bilanzgewinn kann an die Anteilseigner ausgeschüttet, als Gewinnrück-

[2] Im steuerrechtlichen Sinn versteht man unter dem Begriff „Verlustvortrag" die Möglichkeit, Verluste des aktuellen Wirtschaftsjahres mit zukünftigen Gewinnen zu verrechnen, um dadurch eine schwankende Ertragslage zu glätten und damit Steuern zu sparen. Die Möglichkeit der Bildung von Verlustvorträgen ist durch gesetzliche Regelungen eingeschränkt.

lage eingestellt oder als Gewinnvortrag in das kommende Jahr übertragen werden. Letzteres würde sich anbieten, wenn die Gesellschaft im folgenden Jahr mit einem schlechten Ergebnis rechnet. Ein Verlustvortrag bedeutet, dass ein Bilanzverlust nicht durch die Auflösung von Rücklagen kompensiert wird, sondern ins Folgejahr übertragen wird. Der Jahresüberschuss oder -fehlbetrag ist direkt der GuV zu entnehmen (vgl. Punkt 3.3.2c).

Es ist zu berücksichtigen, dass ein **Auseinanderfallen zwischen Handelsbilanz und Steuerbilanz möglich** ist. Ist dies nicht der Fall, spricht man von einer Einheitsbilanz. Die Handelsbilanz wird unter Beachtung handelsrechtlicher Vorschriften erstellt. Sie dient vorwiegend der Information der Anteilseigner und Gläubiger. Die Steuerbilanz wird entweder eigens neben der Handelsbilanz erstellt oder aus der Handelsbilanz abgeleitet. Die Steuerbilanz folgt steuerrechtlichen Vorschriften und dient vorrangig der Gewinnermittlung als Grundlage für die Besteuerung. Beim Zusammenspiel der handelsrechtlichen und der steuerrechtlichen Vorschriften sind folgende Prinzipien zu unterscheiden:

1. **Maßgeblichkeitsprinzip**: Eine handelsrechtlich verbindliche Vorschrift gilt - sofern steuerliche Bestimmungen nicht zwingend etwas anderes vorschreiben - auch für die steuerliche Buchführung. Man spricht in diesem Zusammenhang auch von der Maßgeblichkeit der Handelsbilanz für die Steuerbilanz. Dies bezieht sich bspw. auf die HGB-Bilanzierungsgebote (Positionen, wie z.B. der betriebseigene Schlepper, die zwingend zu bilanzieren sind) und HGB-Bilanzierungsverbote (Positionen, wie z.B. nicht entgeltlich erworbene immaterielle Vermögensgegenstände, die nicht bilanziert werden dürfen).
2. **Umkehrung des Maßgeblichkeitsprinzips**: Existiert sowohl im Handelsrecht als auch im Steuerrecht ein Wahlrecht, so muss - wenn das steuerrechtliche Wahlrecht ausgeübt wird - dieses auch in der Handelsbilanz erfolgen. Steuerbilanzwerte werden also in die Handelsbilanz übernommen. Dies ist bspw. dann der Fall, wenn steuerpflichtige Teile des Gewinns z.B. durch Sonderabschreibungen in zukünftige Geschäftsjahre verlagert werden sollen, um so die gegenwärtige Steuerlast zu mindern. Solche Gewinnverlagerungen werden in der Steuerbilanz nur dann anerkannt, wenn sie auch in der Handelsbilanz vorgenommen werden.
3. **Auseinanderfallen von Handels- und Steuerbilanz durch Wahrnehmung eines handelsrechtlichen Wahlrechts**: Ein handelsrechtliches Wahlrecht, dem eine steuerrechtlich verbindliche Vorschrift gegenübersteht, kann in der Handelsbilanz unabhängig von der Bilanzierung in der Steuerbilanz ausgeübt werden. Ein Beispiel hierfür ist die Bemessung der Abschreibungen bei Gebäuden. Während die Handelsbilanz eine an den tatsächlich erwarteten Verschleiß und damit an die wirtschaftliche Nutzungsdauer angepasste Abschreibung zulässt, ist steuerrechtlich die lineare Abschreibung über die betriebsgewöhnliche Nutzungsdauer von 33 Jahren vorgeschrieben. Wird das handelsrechtliche Wahlrecht abweichend von den steuerlichen Bestimmungen ausgeübt, kommt es zu einem Auseinanderfallen zwischen Handelsbilanz und Steuerbilanz.
4. **Auseinanderfallen von Handels- und Steuerbilanz durch verbindlich unterschiedliche Vorschriften**: Es gibt auch betriebliche Vorgänge, die handelsrechtlich verbindlich anders geregelt sind als steuerrechtlich. Tritt dies auf, kommt es zu einem unvermeidlichen Auseinanderfallen zwischen Handelsbilanz und Steuerbilanz. Ein Beispiel hierfür sind sog. Drohverlustrückstellungen. Beispielsweise könnte man in einem Geschäftsjahr mit einem Kunden einen Vertrag über die Herstellung einer Maschine abgeschlossen haben, die im kommenden Geschäftsjahr geliefert werden soll. Der vereinbarte Kaufpreis liegt bei 200 000 € und die erwarteten Materialkosten betragen 100 000 €. Wegen einer Rohstoffknappheit sind die Gesamtkosten kurz nach Vertragsschluss sprunghaft auf 250 000 € angestiegen. Die Herstellung und der Verkauf der Maschine wird im nächsten Geschäftsjahr also einen Verlust von 50 000 € verursachen. Gemäß §249 HGB und Imparitätsprinzip ist dieser Verlust durch die Bildung einer Drohverlustrückstellung bereits im aktuellen Geschäftsjahr zu antizipieren. Mit Blick auf die Steuerbilanz gilt gemäß §5 Absatz 4a EStG ein Passivierungsverbot.

Tab. 3-4 liefert eine Übersicht zum Zusammenspiel handelsrechtlicher und steuerrechtlicher Vorschriften.

Tab. 3-4: Zusammenspiel zwischen handelsrechtlichen und steuerrechtlichen Vorschriften

Handelsrechtlich / Steuerrechtlich	Gebot	Wahlrecht	Verbot
Gebot	Normalfall	Mögliches Auseinanderfallen von Handelsbilanz und Steuerbilanz	Zwingendes Auseinanderfallen von Handelsbilanz und Steuerbilanz
Wahlrecht	Maßgeblichkeit der Handelsbilanz für die Steuerbilanz	Umkehrung des Maßgeblichkeitsprinzips	Maßgeblichkeit der Handelsbilanz für die Steuerbilanz
Verbot	Zwingendes Auseinanderfallen von Handelsbilanz und Steuerbilanz	Mögliches Auseinanderfallen von Handelsbilanz und Steuerbilanz	Normalfall

Es ist zu beachten, dass sowohl bei der Auflagen- als auch bei Testbetriebsbuchführung in der Landwirtschaft die Form des Jahresabschlusses dem vom Bundesministerium für Ernährung, Landwirtschaft und Verbraucherschutz (BMELV) vorgegebenen Jahresabschluss (**BMELV-Jahresabschluss**) entsprechen muss. Der BMELV-Jahresabschluss stellt hinsichtlich der Ansatz- und Bewertungsvorschriften im Wesentlichen einen steuerlichen Abschluss dar. Er unterscheidet sich aber von dem Abschluss, den die Finanzverwaltung fordert, durch eine feinere Gliederung der Bilanz und der GuV sowie ergänzende Verzeichnisse.

Insbesondere größere Unternehmen treten zunehmend global auf. Deshalb wollen Geschäftspartner und insbesondere Fremdkapitalgeber und Investoren **Unternehmen auch international vergleichen**. Aussagekräftigen Vergleichen waren jedoch lange Zeit Grenzen gesetzt, da es für das externe Rechnungswesen und die Erstellung von Jahresabschlüssen unterschiedliche nationale Vorschriften gibt. Deshalb ist bspw. ein nach HGB erstellter deutscher Jahresabschluss nicht mit dem Jahresabschluss eines amerikanischen Unternehmens zu vergleichen. Aus diesem Grund wurden vom International Accounting Standards Board - einem privatrechtlich organisierten, gemeinnützigen internationalen Gremium - Richtlinien für die Rechnungslegung entwickelt, die vornehmlich der international transparenten Kommunikation von Unternehmen mit dem Kapitalmarkt dienen sollen. Diese seit 2001 international anerkannten einheitlichen Standards tragen die Bezeichnung „**International Financial Reporting Standards**" (IFRS). Ihre Anwendung ist in vielen Teilen der Welt zugelassen oder sogar vorgeschrieben. In Deutschland müssen börsennotierte Kapitalgesellschaften einen IFRS-Abschluss erstellen (§315a HGB). Große, nicht börsennotierte Kapitalgesellschaften haben bei den Pflichtveröffentlichungen das Wahlrecht zwischen IFRS- und HGB-Abschluss. Allerdings ist für die Bemessung von Ausschüttungen weiterhin ein HGB-Abschluss erforderlich. Unternehmen, die das Wahlrecht in Anspruch nehmen, müssen also parallel den IFRS- und den HGB-Abschluss erstellen.

Im Vergleich zum HGB räumen die IFRS der **Informationsfunktion für den Investor** auf den Kapitalmärkten einen größeren Stellenwert ein. Das Ziel ist, ein möglichst zutreffendes Bild der Vermögens- und Ertragslage („true and fair view") zu geben, ohne die Aspekte der Vorsicht über zu betonen. Damit wird im Vergleich zum HGB das Vorsichtsprinzip eingeschränkt, das dem Gläubigerschutz dienen soll. Konkret bedeutet der Übergang zur IFRS-Rechnungslegung, dass das Imparitätsprinzip keine Anwendung findet. Das heißt, dass für Vermögens- und Schuldenpositionen die wahrscheinlichsten und eben nicht die konservativsten Werte angezeigt werden. Vermögensgegenstände können also auch mit einem Wert über den Anschaffungs- oder Herstellungskosten in die Bilanz aufgenommen werden. Aber nicht nur das Imparitätsprinzip, sondern auch das Realisationsprinzip findet bei einer IFRS-Rechnungslegung keine Anwendung. Das heißt, dass Erträge auch ohne Umsatzrealisation ausgewiesen werden können. Zentral ist in diesem

Zusammenhang der Begriff „Fair Value“. Er bezeichnet den Betrag, zu dem ein Vermögenswert zwischen informierten Geschäftspartnern getauscht werden würde. Es ist also ein hypothetischer Marktpreis. Wenn bspw. ein Forstbetrieb einen neuen Wald anlegt, der erst nach einem Zeitraum von 30 Jahren verkaufsreifes Holz liefert, dann darf er gemäß HGB zunächst nur die damit verbundenen Aufwendungen ausweisen. Der Wachstumsfortschritt würde in der Bilanz keinen Niederschlag finden. Das bedeutet gleichzeitig, dass sich die Bilanzen zweier Forstbetriebe, von denen der eine einen 20 Jahre alten Wald gekauft hat und der andere über einen Zeitraum von 20 Jahren herangewachsenen Wald verfügt, deutlich unterscheiden würden, obwohl ihre Vermögenslage faktisch identisch ist. Gemäß IFRS ist die Verbuchung eines Ertrags dagegen bereits vor seiner Realisation zulässig. Beide Betriebe könnten damit gleich dargestellt werden. Während dieses kleine Forstbeispiel zeigt, dass die Verbuchung nach IFRS-Regelungen durchaus sinnvoll sein kann, sind die mit einer solchen Vorgehensweise verbundenen Risiken für die Gläubiger z.B. angesichts der immer wieder auftretenden „Immobilienblasen“ offensichtlich. Diese entstehen ja vereinfacht gesagt dadurch, dass auf Immobilienwertsteigerungen, die noch nicht am Markt realisiert wurden, Kredite vergeben werden.

c) Gewinn- und Verlustrechnung

Während die Bilanz die Aktiva und die Passiva eines Unternehmens gegenüberstellt, erfasst die GuV (income statement) alle innerhalb eines Geschäftsjahres auftretenden betrieblichen **Vorgänge, die zu Erträgen und Aufwendungen geführt haben**. Die GuV wird deshalb oftmals auch als Ertrags-Aufwandsrechnung bezeichnet. Sie hat die Funktion, die Entstehung des Jahresergebnisses aus den einzelnen Erfolgsquellen aufzuzeigen. Die Differenz zwischen allen Erträgen und Aufwendungen ergibt den Gewinn oder Verlust. Bei Genossenschaften und Kapitalgesellschaften wird das Ergebnis der GuV als Jahresüberschuss oder -fehlbetrag bezeichnet.

Die GuV wird i.d.R. in Staffelform dargestellt. Dabei wird das Betriebsergebnis, Finanzergebnis, außerordentliches Ergebnis und Steuerergebnis differenziert ausgewiesen. Der grundsätzliche Aufbau ist in Tab. 3-5 angezeigt (vgl. §275 HGB). In Ergänzung zu dem in Tab. 3-5 dargestellten Aufbauschema einer GuV ist Folgendes zu beachten:

- Für Unternehmen, die der regulären Umsatzbesteuerung unterliegen, stellt die Umsatzsteuer einen durchlaufenden Posten dar. Sie weisen daher alle Erträge und Aufwendungen ohne Umsatzsteuer, also netto aus. Pauschalierende Betriebe müssen ihre Erträge und Aufwendungen dagegen mit Umsatzsteuer, also brutto ausweisen.
- In der GuV findet man im Allgemeinen die Gegenüberstellung der Erträge und Aufwendungen für alle Positionen des aktuellen und des vorhergehenden Geschäftsjahres. Im landwirtschaftlichen Rechnungswesen werden Ertrag und Aufwand oftmals aus den zusätzlich in die GuV aufgenommenen Spalten „Einnahmen/Ausgaben“, „Bestandsveränderung/Abschreibung“ und ggf. „Naturalentnahmen/Privatanteil“ abgeleitet.
- In Tab. 3-5 ist der grundsätzliche Aufbau einer GuV nach dem für landwirtschaftliche Betriebe maßgeblichen Gesamtkostenverfahren angezeigt. Eine nach dem Umsatzkostenverfahren gegliederte GuV ist anders strukturiert (vgl. auch §275 HGB). Im Unterschied zum Gesamtkostenverfahren werden dabei z.B. die Aufwendungen nicht nach Aufwandsarten (Material, Personal etc.), sondern nach Funktionsbereichen (Herstellung, Verwaltung etc.) unterteilt.

Bei der **Interpretation des Ergebnisses einer GuV** ist zu beachten, dass der Gewinn als Entlohnung für alle noch nicht entlohnten Produktionsfaktoren und die unternehmerische Risikoübernahme zur Verfügung steht. Er ist damit von der Rechtsform und der sog. Arbeitsverfassung abhängig. Bei Juristischen Personen sind bereits alle Arbeitskräfte inkl. des Betriebsleiters entlohnt. Der Jahresüberschuss ist ein Gewinn nach Steuern und steht voll für die Entlohnung des Eigenkapitals zur Verfügung. Aus dem Gewinn eines Einzelunternehmens ist dagegen nicht nur das Eigenkapital (inkl. des eigenen Bodens), sondern auch die Arbeitskraft des Unternehmers und der sonstigen Familienarbeitskräfte zu entlohnen. Außerdem ist die Einkommensteuer noch nicht berücksichtigt, da diesbezüglich nicht das Einzelunternehmen, sondern der Unternehmer Steuerschuldner ist. Der mit Hilfe der GuV ermittelte Gewinn eines Unternehmens schlägt sich unter Berücksichtigung der Entnahmen und Einlagen (bei Einzelunternehmen) und Ausschüttungen und Kapitalerhöhungen (bei Juristischen Personen) in der Bilanz als **Eigenkapitalveränderung** nieder.

Tab. 3-5: Vereinfachtes Schema einer Gewinn- und Verlustrechnung

	Betrag (€)
+ **Betriebliche Erträge**	
Umsatzerlöse (Erlöse aus dem eigentlichen Betriebszweck) *Bestandsveränderungen bei selbsterzeugten Produkten und Tieren* *Aktivierte Eigenleistungen* (z.B. eigener Material- und Personalaufwand für unternehmensintern errichtete Getreidelagerhalle) *Sonstige betriebliche Erträge* (z.B. Zulagen und Zuschüsse, Auflösung von Sonderposten, zeitraumfremde Erträge wie Buchgewinne aus dem Verkauf von Boden oder Finanzanlagen)	
– **Betriebliche Aufwendungen**	
Materialaufwand (Aufwendungen für Roh-, Hilfs- und Betriebsstoffe) *Bestandsveränderungen bei zugekauften Betriebsstoffen* *Personalaufwand* (Löhne und Gehälter inkl. Nebenkosten) *Abschreibungen* (planmäßige und außerplanmäßige Abschreibungen auf Vermögensgegenstände des Anlagevermögens) *Sonstige betriebliche Aufwendungen* (z.B. Kfz-Versicherung, Pacht, Leasing, Abschreibungen auf Forderungen)	
= **Betriebsergebnis**	
+ **Finanzergebnis**	
+ *Finanzerträge* (z.B. Dividenden aus Beteiligungen, Zinserträge) – *Finanzaufwand* (z.B. Zinsaufwendungen, Abschreibungen auf Finanzanlagen)	
= **Ergebnis der gewöhnlichen Geschäftstätigkeit**	
+ **Außerordentliches Ergebnis**	
+ *Außerordentliche Erträge* (z.B. Buchgewinne aus dem Verkauf von bedeutenden Beteiligungen) – *Außerordentliche Aufwendungen* (z.B. Verluste aufgrund außerordentlicher Schadensfälle)	
+ **Steuerergebnis**	
Jeweils saldiert: *Steuern vom Einkommen und Ertrag, für die das Unternehmen Steuerschuldner ist* (z.B. Körperschaftsteuer und Gewerbesteuer) *Sonstige Steuern* (z.B. Grundsteuer für Eigentumsflächen, Kfz-Steuer)	
= **Gewinn/Verlust oder Jahresüberschuss/-fehlbetrag des Geschäftsjahres**	

3.3.3 Technischer Ablauf der doppelten Buchführung

Wir haben in Punkt 3.3.2 gesehen, wie die Instrumente der Finanzbuchführung grundsätzlich aussehen. Im Folgenden soll kurz angesprochen werden, wie sich der technische Ablauf der Finanzbuchführung darstellt. Abb. 3-8 liefert eine entsprechende Übersicht.

Abb. 3-8: Technischer Ablauf der Finanzbuchführung

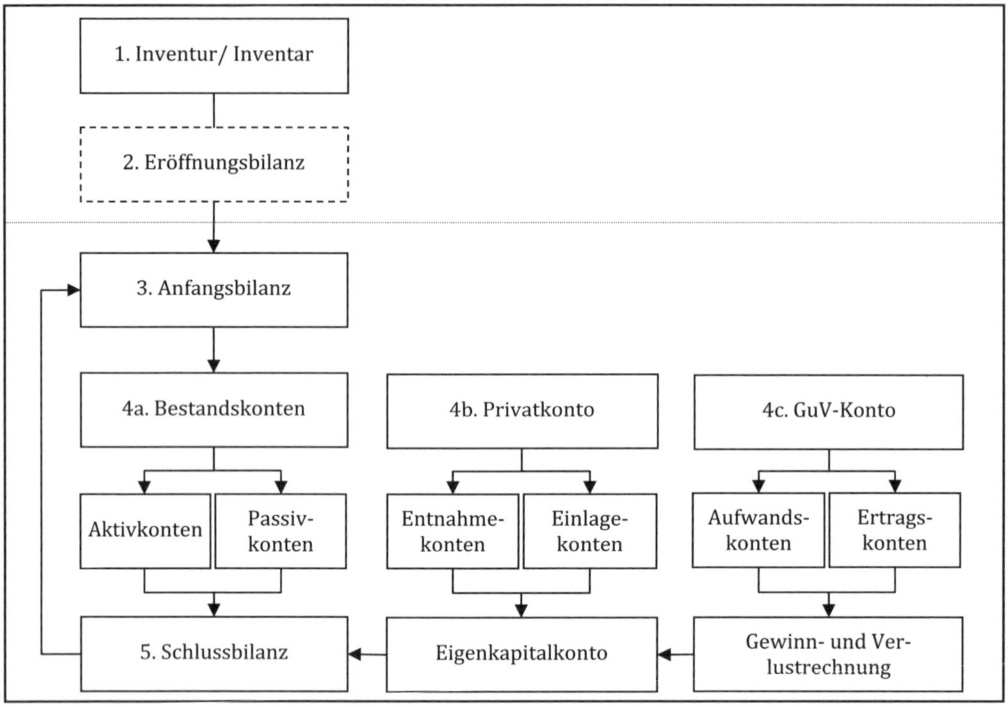

1. Ausgangspunkt der Buchführung ist die Inventur und das **Inventar**.
2. Anschließend kann die **Eröffnungsbilanz** eines Unternehmens aufgestellt werden. Dazu werden die im Inventar erfassten Werte für die einzelnen Vermögensgegenstände und Schulden in das in Tab. 3-2 dargestellte Gliederungsschema für die Bilanz eingeordnet. Von einer Eröffnungsbilanz spricht man, wenn für ein Unternehmen erstmalig eine Bilanz aufgestellt wird.
3. Die Eröffnungsbilanz entspricht zugleich der **Anfangsbilanz**. Wurde in einem Unternehmen bereits zu vorherigen Zeitpunkten eine Bilanz aufgestellt, dann entspricht die Schlussbilanz des Vorjahres automatisch der Anfangsbilanz des betrachteten Geschäftsjahres.
4. Die Zusammensetzung der Vermögensgegenstände und der Schulden ändert sich im Laufe eines Geschäftsjahres mehrfach: Es wird eine neue Maschine angeschafft, es wird Saatgut gekauft, der Landhändler bezahlt das angelieferte Getreide, die Futtermittelvorräte ändern sich etc. In der Praxis wäre es deshalb zumindest im Rahmen einer Handbuchführung sehr aufwändig, nach jedem betrieblichen Vorgang (Geschäftsvorfall, Transaktion) die Bilanz anzupassen. Deshalb geht man einen anderen Weg: Man löst die Anfangsbilanz in **Konten** auf. Anschließend bucht man die Geschäftsvorfälle in diese Konten. Ein Konto stellt eine Einzelrechnung für jeweils eine bestimmte Vermögens- bzw. Schuldenposition dar. Es kann zur Verbesserung der Übersichtlichkeit jeweils weiter untergliedert werden.
5. Am Ende eines Geschäftsjahres führt man diese Konten zur **Schlussbilanz** zusammen.

Der Aufbau des Inventars (Ablaufschritt 1) und der Bilanz (Ablaufschritt 2, 3 und 5) wurde in Punkt 3.3.2a) bzw. Punkt 3.3.2b) beschrieben. Es bleibt noch zu klären, wie die Konten, die ein Bindeglied zwischen Anfangs- und Schlussbilanz darstellen (Ablaufschritt 4), aussehen.

Für jeden Bestand in der Anfangsbilanz wird ein eigenes **Bestandskonto** gebildet. Dabei werden Sachkonten (z.B. für Boden oder Gebäude), Finanzkonten (z.B. für Forderungen, Bankvermögen oder Darlehen) und das Konto für das Eigenkapital unterschieden. Ein Bestandskonto ist praktisch eine eigene Bilanz für *eine* bestimmte Bilanzposition. Jedes Konto hat zwei Seiten (T-Kontoform), von denen die linke Seite mit „Soll" und die rechte Seite mit „Haben" bezeichnet wird (vgl. Abb. 3-9, untere linke Hälfte). In jedem Konto gibt es jeweils eine Position für den Anfangsbestand, für Zugänge (Bestandsmehrungen), für Abgänge (Bestandsminderung) und für den Endbestand. Die Anfangsbestände sind jeweils der Anfangsbilanz zu entnehmen. Dabei gilt bzgl. der Stellung im Soll und Haben, dass das, was in der Anfangsbilanz links steht, auch im Konto links steht und anders herum. Daraus folgt, dass sich Aktiv- und Passivkonten in ihrem Aufbau unterscheiden: Anfangsbestände der Aktiva gehören ins Soll, Anfangsbestände der Passiva ins Haben. Die Endbestände werden auf der jeweils anderen Seite gebucht. Abgänge und Zugänge ergeben sich aus den Geschäftsvorfällen. Zugänge stehen immer auf der Seite, auf der auch die Anfangsbestände stehen. Abgänge stehen auf der entgegengesetzten Seite. Die Endbestände werden bestimmt, nachdem alle Geschäftsvorfälle in den Konten berücksichtigt sind. Dabei ist zu beachten, dass die Summe der Sollseite grundsätzlich der Summe der Habenseite entsprechen muss, so dass gilt:

$$\text{Endbestand} = \text{Anfangsbestand} + \text{Zugang} - \text{Abgang} \quad (3\text{-}5)$$

Abb. 3-9: Konten- und Buchungssystematik

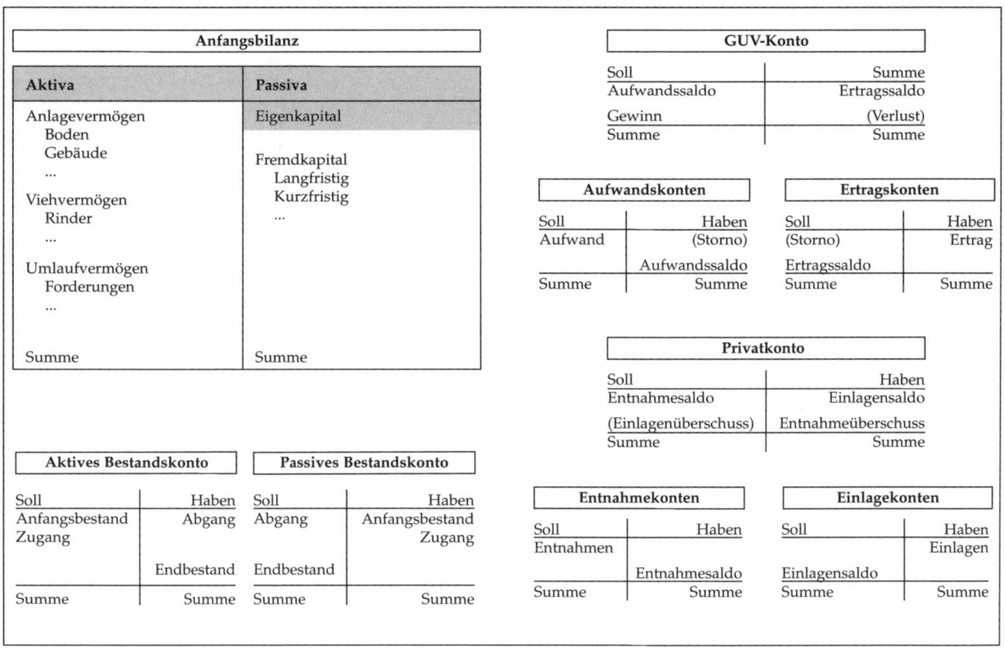

Neben den Konten, die sich unmittelbar aus den einzelnen Bilanzpositionen ableiten lassen, werden i.d.R. zwecks Übersichtlichkeit noch Unterkonten geführt. Privatkonto und GuV-Konto sind Unterkonten des Eigenkapitalkontos (vgl. Abb. 3-9, rechte Hälfte). Im **Privatkonto**, das nur für Einzel- oder Personenunternehmen relevant ist, werden auf der linken Seite bzw. Soll-Seite die Privatentnahmen und auf der rechten Seite bzw. Haben-Seite die Privateinlagen berücksichtigt. Mit Privatentnahmen (Privateinlagen) ist gemeint, dass der Unternehmer seinem Unternehmen Geld oder andere Vermögensgegenstände entnimmt (zuführt), wodurch sich die im Unternehmen verbleibenden Vermögensgegenstände ändern. Im **GuV-Konto** bzw. Erfolgskonto werden auf der linken Seite die Aufwendungen und auf der rechten Seite die Erträge vermerkt. Zwecks Übersichtlichkeit wird oftmals das Privatkonto mit Konten für Entnahmen und Einlagen sowie das GuV-Konto mit Konten für einzelne Aufwandskonten (z.B. Saatgutaufwand) und Ertragspositionen (z.B. Getreideertrag) untersetzt. Sowohl das GuV- als auch das Privatkonto beinhalten keinen Anfangsbestand. Der sich im Ergebnis des Privatkontos ergebende Einlagenüberschuss (Entnahmeüberschuss) und der sich im Ergebnis des GuV-Kontos ergebende Gewinn (Verlust) wird schließlich jeweils als Zugang (Abgang) im Eigenkapitalkonto berücksichtigt.

Um die einzelnen Geschäftsvorfälle innerhalb dieser Konten konkret buchen zu können, ist es wichtig zu wissen, dass grundsätzlich

- jeder betriebliche Vorgang Auswirkungen auf (mindestens) zwei Konten hat und
- jeder Geschäftsvorfall einmal im Soll und einmal im Haben gebucht wird (Buchung und Gegenbuchung).

Man spricht aufgrund der zweifachen Buchung von Geschäftsvorfällen in Konten auch von **doppelter Buchführung** oder Doppik. Diese Bezeichnung ist auch darin begründet, dass der Gewinn eines Unternehmens in zweifacher Weise ermittelt wird: Zum einen kann der Gewinn eines Einzelunternehmens bestimmt werden, indem man die Differenz zwischen dem Eigenkapital am Ende und am Anfang eines Geschäftsjahres berechnet. Außerdem müssen die im Geschäftsjahr getätigten Entnahmen zum Gewinn dazu addiert und die Einlagen abgezogen werden (Gewinnermittlung durch Vermögensvergleich; vgl. §4 Absatz 1 EStG). Zum anderen kann der Gewinn über die GuV bestimmt werden (Gewinnermittlung durch Ertrags- und Aufwandsvergleich).

Um richtig buchen zu können, ist auch die in Abb. 3-10 angezeigte **Systematik der Geschäftsvorfälle** bedeutsam. Es ist wichtig zu unterscheiden, ob der jeweilige Geschäftsvorfall vermögensumschichtend oder vermögensändernd wirkt und erfolgswirksam oder erfolgsneutral ist. Zwar ergibt sich oftmals erst durch den inhaltlichen Zusammenhang, welche Konten durch den jeweiligen Geschäftsvorfall genau angesprochen werden. Allerdings hilft die in Abb. 3-10 angesprochene Systematisierung, die relevanten Konten einzugrenzen.

Abb. 3-10: Systematik der Geschäftsvorfälle

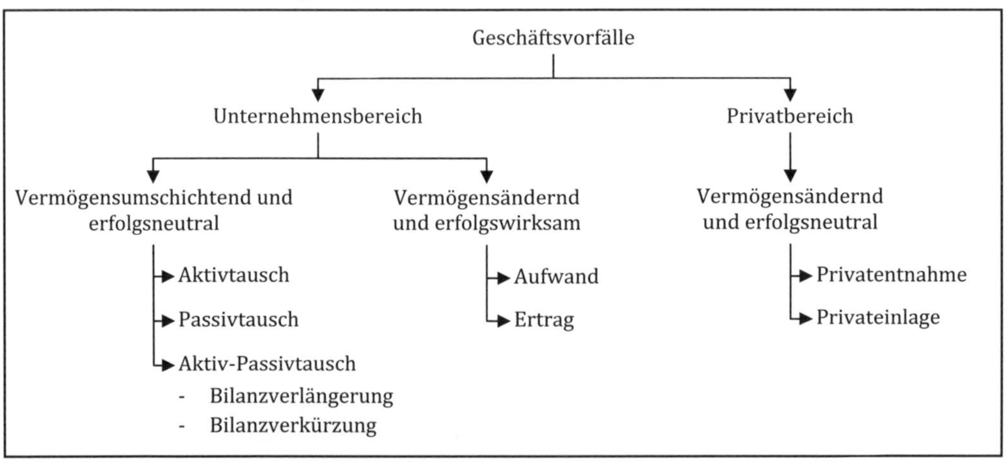

Vermögensumschichtende Geschäftsvorfälle sind grundsätzlich erfolgsneutral, d.h. der Wert des Unternehmens bzw. das Eigenkapital ändert sich durch den Geschäftsvorfall nicht. Vermögensumschichtende Geschäftsvorfälle lassen sich unterscheiden in Aktivtausch, Passivtausch, Bilanzverlängerung und Bilanzverkürzung. Bei einem **Aktivtausch** werden zwei Positionen der Aktivseite der Bilanz beeinflusst. Ein Beispiel ist der Kauf von Boden aus dem Bankguthaben. Auf dem Bodenkonto ist ein Zugang und auf dem Bankguthabenkonto ein Abgang zu verzeichnen. Analog sind von einem **Passivtausch** zwei Passivkonten bzw. - genauer gesagt - zwei Fremdkapitalkonten betroffen. Beispielsweise erhöht sich bei einer Umschuldung kurzfristiger in langfristige Verbindlichkeiten der Bestand an langfristigem Fremdkapital, während der Bestand an kurzfristigem Fremdkapital sinkt.

Die Bilanzverlängerung und die Bilanzverkürzung (Aktiv-Passivtausch) führen - im Unterschied zum Aktiv- und Passivtausch - zu einer Änderung der Bilanzsumme. Bei einer **Bilanzverlängerung** erhöht sich der Bestand einer Aktivposition und des Fremdkapitals. Ein Beispiel ist der Kauf von Boden auf Kredit. Ganz analog bedeutet die **Bilanzverkürzung**, dass sich der Bestand einer Aktivposition und des Fremdkapitals vermindert. Ein Beispiel ist die Tilgung eines Kredits aus dem Bankguthaben.

Vermögensändernde Geschäftsvorfälle können sowohl erfolgswirksam als auch erfolgsneutral sein. Vermögensändernd und *erfolgswirksam* sind alle Geschäftsvorfälle, die einen Aufwand oder Ertrag mit sich bringen. Sie wirken sich also immer auf ein Aufwands- oder Ertragskonto und damit auf das GuV- und Eigenkapitalkonto aus. Beispielsweise beeinflusst der Verkauf von geerntetem Getreide gegen Einzahlung auf der Bank das Ertragskonto „Getreide" und das Konto „Bank". Die Ernte von Getreide mit anschließender Einlagerung beeinflusst neben dem Ertragskonto „Getreide" das Konto „Getreidevorräte". Vermögensändernde und *erfolgsneutrale* Geschäftsvorfälle sind Privatentnahmen und Privateinlagen, die immer das Privatkonto und - sofern es sich nicht um Veränderungen im Naturalbereich handelt - das Konto „Bank" beeinflussen. Aus Privatentnahmen und Privateinlagen resultieren Eigenkapitalveränderungen, die nicht in der Geschäftstätigkeit begründet sind. Derartige Geschäftsvorfälle bedingen daher keine Erträge oder Aufwendungen.

Nachdem geklärt ist, welche Konten bei welchem Geschäftsvorfall prinzipiell angesprochen werden können, ist darauf hinzuweisen, dass man sog. Buchungssätze erstellt. Dies tut man, um in kurzer, formaler Art und Weise die Konten zu benennen, die mit Blick auf den jeweiligen Geschäftsvorfall relevant sind. Ein Buchungssatz hat grundsätzlich folgende Form:

Soll AN Haben (Betrag) (3-6)

Zuerst wird das Konto genannt, dessen Sollseite durch den Geschäftsvorfall beeinflusst wird. Anschließend wird das Konto angesprochen, auf dem im Haben gebucht werden muss. Für alle im Laufe eines Geschäftsjahres zu verzeichnenden Vorgänge wird der Buchungssatz benannt. Im sog. **Journal**, das auch als Grundbuch oder Geld- und Kassenbericht bezeichnet wird, werden alle Geschäftsvorfälle mit dem jeweils dazugehörigen Buchungssatz zeitlich geordnet festgehalten. Wird bspw. kurzfristiges Fremdkapital in Höhe von 80 000 € über das Bankkonto zurückgezahlt bzw. getilgt (Bilanzverkürzung), lautet der entsprechende Buchungssatz:

Kurzfristiges Fremdkapital AN Bank (80 000 €) (3-7)

Im sog. **Hauptbuch** werden alle Buchungen des Journals auf den in den Buchungssätzen genannten Konten eingetragen und damit sachlich geordnet. Die Konten werden am Anfang eines jeden Geschäftsjahres durch die Auflösung der Anfangsbilanz und die Übernahme des Anfangsbestands eröffnet. Zum Ende des Geschäftsjahres werden die Konten geschlossen. Dazu wird gemäß Gleichung (3-5) jeweils der Endbestand berechnet und bei den Aktivkonten auf der Haben- und bei den Passivkonten auf der Sollseite festgehalten. Betrifft nur der in Gleichung (3-7) genannte Geschäftsvorfall die Bestandskonten „Bank" und „kurzfristiges Fremdkapital", dann ergeben sich die in Abb. 3-11 angezeigten geschlossenen Konten. Dabei wird von einen Anfangsbestand des Bankkontos von 145 000 € und des kurzfristigen Fremdkapitalkontos von 100 000 € ausgegangen.

Abb. 3-11: Beispielhafte Darstellung eines geschlossenen Aktiv- und Passivkontos

Soll	***Bank***		Haben
Anfangs-bestand	145 000	Abgang	80 000
Zugang	0	Endbestand	65 000
Summe	145 000	Summe	145 000

Soll	***Kurzfristiges Fremdkapital***		Haben
Abgang	80 000	Anfangs-bestand	100 000
Endbestand	20 000	Zugang	0
Summe	100 000	Summe	100 000

Am Ende des Geschäftsjahres wird der Jahresabschluss vorbereitet. Dies betrifft insbesondere folgende Punkte:

- Durch eine Inventur werden Differenzen aufgedeckt, die ggf. zwischen den sich aus den Konten buchmäßig bestimmten und den tatsächlich vorhandenen Beständen ergeben (z.B. Diebstahl von Lagervorräten, Änderungen im Tierbestand). Mehr- oder Minderbestände werden als Ertrag bzw. Aufwand berücksichtigt.
- Es werden Wertänderungen von Vermögensgegenständen und Schulden sowie der kalkulatorischen Bilanzposten (Rückstellungen, Sonderposten und Rechnungsabgrenzungsposten) ermittelt. (Außer)planmäßige Wertänderungen von Vermögensgegenständen werden durch (außer)planmäßige Abschreibungen oder Zuschreibungen berücksichtigt.
- Naturalentnahmen werden bewertet.

Im Zusammenhang mit den drei genannten Punkten spricht man auch von Jahresabschlussbuchungen.

Vermerke und Erläuterungen zu bestimmten Hauptbuchkonten werden in sog. **Nebenbüchern** festgehalten. In Nebenbüchern findet sich z.B. wie hoch die Forderungen gegenüber einem Kunden sind und wann sie fällig werden. Außerdem können sie Vorräteverzeichnisse beinhalten.

Beispiel 3-1
Handbuchführung - Beispielbetrieb

Um das Verständnis bzgl. der Vorgehensweise bei der doppelten Buchführung zu fördern, soll im Folgenden der Ablauf der Handbuchführung anhand eines einfachen geschlossenen Beispiels erläutert werden. Es wird ein fiktives Einzelunternehmen betrachtet, das über einen sehr kleinen Mastschweinestall mit 200 Plätzen verfügt (in veredlungsintensiven Regionen Deutschlands werden gegenwärtig Ställe mit durchschnittlich 2 000 Mastplätzen gebaut) und 100 ha Ackerfläche bewirtschaftet (davon 70 ha Pachtfläche). Das Unternehmen unterliegt der Regelumsatzbesteuerung, d.h. alle Angaben sind ohne Umsatzsteuer ausgewiesen. Auf die begleitende Erfassung von Vorsteuer und Umsatzsteuer wird verzichtet. Die auf den Nutzflächen heranwachsenden Pflanzenbestände, die man auch als Feldvorräte oder Feldinventar bezeichnet, werden - so wie in der Praxis auch üblich - nicht berücksichtigt.

Tab. 3-6: Anfangsbilanz im Beispielbetrieb (01.07.2008)

Aktiva		**Passiva**	
	€		€
Boden	450 000	Eigenkapital	717 000
Gebäude	97 000	Langfristiges Fremdkapital	50 000
Maschinen	290 000	Kurzfristiges Fremdkapital	100 000
Schweine	10 000		
Bank	20 000		
Summe Aktive	**867 000**	**Summe Passiva**	**867 000**

Das Ziel besteht darin, ausgehend von einer Anfangsbilanz unter Berücksichtigung bestimmter Geschäftsvorfälle die Schlussbilanz und die GuV für das Geschäftsjahr 2008/09 zu erstellen. Es sind nur solche Geschäftsvorfälle aufgetreten, die nicht zu einem Auseinanderfallen zwischen Handels- und Steuerbilanz führen. Die Anfangsbilanz zum 01.07.2008, die der Schlussbilanz des vorhergehenden Geschäftsjahres 2007/08 entspricht, ist in Tab. 3-6 angezeigt.

Die während des Geschäftsjahres 2008/09 im Unternehmen stattfindenden Geschäftsvorfälle sind in Tab. 3-7 genannt.

Tab. 3-7: Geschäftsvorfälle im Beispielbetrieb (Geschäftsjahr 2008/09)

Nr.	Geschäftsvorfall	€
1	Verkauf eines Schleppers (Buchwert: 60 000 €), Einzahlung auf Bankkonto	70 000
2	Tilgung von kurzfristigen Verbindlichkeiten über Bankkonto	80 000
3	Kauf von Produktionsmitteln über Bankkonto	215 000
	Davon: (a) Materialaufwand	165 000
	(b) Pachtaufwand	35 000
	(c) Zinsaufwand	10 000
	(d) Grund- und Kfz-Steuer	5 000
4	Verkaufserlöse und Direktzahlungen, Einzahlung auf Bankkonto	300 000
	Davon: (a) Umsatzerlöse	270 000
	(b) Sonstige betriebliche Erträge (Direktzahlungen)	30 000
5	Privatentnahmen über Bankkonto	30 000
6	Abschreibungen Gebäude	3 000
7	Abschreibungen Maschinen	40 000
8	Bestandszunahme Schweine	1 000

Mit Blick auf die Geschäftsvorfälle 6 bis 8, die Jahresabschlussbuchungen darstellen, ist Folgendes zu beachten:

- Geschäftsvorfall 6: Der im Unternehmen verfügbare Mastschweinestall wurde zu Beginn des vorhergehenden Geschäftsjahres 2007/08 erstellt. Die Anschaffungskosten in Höhe von 100 000 € sind - wie steuergesetzlich vorgeschrieben - über einen Zeitraum von 33 Jahren und damit mit 3% p.a. abzuschreiben.
- Geschäftsvorfall 7: Ein in der Anfangsbilanz noch berücksichtigter Schlepper mit einem Buchwert von 60 000 € wurde gleich zu Beginn des Geschäftsjahres 2008/09 für 70 000 € veräußert (vgl. Geschäftsvorfall 1). Ein zweiter dem Unternehmen gehörender Schlepper ist zu Beginn des aktuellen Geschäftsjahres 6 Jahre alt und wird gemäß der von der Finanzverwaltung herausgegebenen Abschreibungstabelle linear über einen Zeitraum von 8 Jahren abgeschrieben. Bei einem Anschaffungswert von 120 000 € ergibt sich eine jährliche Abschreibung von 15 000 € und zu Beginn des Geschäftsjahres 2008/09 ein Buchwert von 30 000 €. Außerdem befindet sich im Unternehmen ein Mähdrescher inkl. Spezialschneidwerk für die Maisernte. Die jährliche Abschreibung beträgt 25 000 € (250 000 € Anschaffungswert, 10 Jahre Nutzungsdauer, 200 000 € Buchwert zu Beginn des Geschäftsjahres 2008/09).
- Geschäftsvorfall 8: Gemäß dem am Ende des Geschäftsjahres 2008/09 erstellten Inventar weist der Schweinebestand einen Wert von 11 000 € auf. Bei einem in der Anfangsbilanz ausgewiesenen Anfangsbestand von 10 000 €, ergibt sich deshalb eine Bestandszunahme von 1 000 €.

Außerdem ist beachtenswert, dass die unmittelbare Verfütterung von selbst erzeugtem Getreide in der Tierproduktion nicht als Geschäftsvorfall aufgeführt wäre, auch wenn sie erfolgen würde. Letztlich werden ja grundsätzlich keine innerbetrieblichen Austauschvorgänge in der Finanzbuchführung erfasst. Da

Erzeugnisse zu Herstellungskosten zu bilanzieren sind, wird ein Gewinn nicht schon durch die Produktion, sondern erst durch den erzielten Erlös oder eine Bestandszunahme begründet (Realisationsprinzip).

Um die in Tab. 3-7 benannten Geschäftsvorfälle in die richtigen Konten buchen zu können, ist es wichtig, zu unterscheiden, ob der jeweilige Geschäftsvorfall vermögensumschichtend oder vermögensändernd wirkt (vgl. Abb. 3-10). Tab. 3-8 liefert eine entsprechende Übersicht. Hinsichtlich des Geschäftsvorfalls 1 ist zu beachten, dass der Verkaufserlös für den Schlepper bis zum Buchwert einen Aktivtausch darstellt (Geschäftsvorfall 1a). Der über den Buchwert hinausgehende Verkaufserlös entspricht einem Ertrag (Geschäftsvorfall 1b).

Tab. 3-8: Systematisierung der Geschäftsvorfälle im Beispielbetrieb

Nr.	Geschäftsvorfall	Vermögens-umschichtend	Vermögensändernd	
			Erfolgswirksam	Erfolgsneutral
1a	Verkaufsanteil eines Schleppers bis zum Buchwert, Einzahlung auf Bankkonto	Aktivtausch	–	–
1b	Verkaufsanteil eines Schleppers über Buchwert, Einzahlung auf Bankkonto	–	Ertrag	–
2	Tilgung von kurzfristigen Verbindlichkeiten, Zahlung über Bankkonto	Bilanzverkürzung	–	–
3	Kauf und sofortiger Verbrauch von Produktionsmitteln, Zahlung über Bankkonto	–	Aufwand	–
4	Verkaufserlöse und Direktzahlungen, Einzahlung auf Bankkonto	–	Ertrag	–
5	Privatentnahmen, Zahlung über Bankkonto	–	–	Privatentnahme
6	Abschreibungen Gebäude	–	Aufwand	–
7	Abschreibungen Maschinen	–	Aufwand	–
8	Bestandszunahme Schweine	–	Ertrag	–

Auf der Grundlage der in Tab. 3-8 vorgenommenen Einteilung und der in der Beschreibung der einzelnen Geschäftsvorfälle z.T. schon direkt angesprochenen Konten lassen sich die Buchungssätze benennen. Mit Blick auf die in Tab. 3-9 dargestellten Buchungssätze ist zu beachten, dass das Eigenkapitalkonto in das Privatkonto und das GuV-Konto unterteilt wird. Auf die weitere in der Praxis übliche Untersetzung des Privatkontos durch Entnahme- und Einlagekonten sowie des GuV-Kontos durch Ertrags- und Aufwandskonten wird aufgrund der Überschaubarkeit der betrieblichen Vorgänge verzichtet.

Tab. 3-9: Buchungssätze im Beispielbetrieb

Nr.	Soll (Zugang auf Aktivkonto bzw. Abgang auf Passivkonto)	AN	Haben (Abgang auf Aktivkonto bzw. Zugang auf Passivkonto)	€
1a	Bank		Maschinen	60 000
1b	Bank		GuV-Konto	10 000
2	Kurzfristiges Fremdkapital		Bank	80 000
3	GuV-Konto		Bank	215 000
4	Bank		GuV-Konto	300 000
5	Privatkonto		Bank	30 000
6	GuV-Konto		Gebäude	3 000
7	GuV-Konto		Maschinen	40 000
8	Schweine		GuV-Konto	1 000

Die Buchungssätze erlauben es, die einzelnen Geschäftsvorfälle in Konten einzutragen. Dies wird in Abb. 3-12 gemacht.[3]

Abb. 3-12: Kontenschreibung im Beispielbetrieb (30.06.2009) [a)]

Soll	**Boden**		Haben
AB	450 000	*EB*	*450 000*
Summe	450 000	Summe	450 000

Soll	**Gebäude**		Haben
AB	97 000	(6)	3 000
		EB	*94 000*
Summe	97 000	Summe	97 000

Soll	**Maschinen**		Haben
AB	290 000	(1a)	60 000
		(7)	40 000
		EB	*190 000*
Summe	290 000	Summe	290 000

Soll	**Schweine**		Haben
AB	10 000		
(8)	1 000	*EB*	*11 000*
Summe	11 000	Summe	11 000

Soll	**Bank**		Haben
AB	20 000	(2)	80 000
(1a)	60 000	(3)	215 000
(1b)	10 000	(5)	30 000
(4)	300 000	*EB*	*65 000*
Summe	390 000	Summe	390 000

Soll	**GuV-Konto**		Haben
(3)	215 000	(1b)	10 000
(6)	3 000	(4)	300 000
(7)	40 000	(8)	1 000
Gewinn	*53 000*		
Summe	311 000	Summe	311 000

Soll	**Privatkonto**		Haben
(5)	30 000	*ENÜ*	*30 000*
Summe	30 000	Summe	30 000

Soll	**EK**		Haben
ENÜ	30 000	AB	717 000
EB	*740 000*	Gewinn	53 000
Summe	770 000	Summe	770 000

Soll	**Langfristiges FK**		Haben
EB	*50 000*	AB	50 000
Summe	50 000	Summe	50 000

Soll	**Kurzfristiges FK**		Haben
(2)	80 000	AB	100 000
EB	*20 000*		
Summe	100 000	Summe	100 000

a) AB = Anfangsbestand, EB = Endbestand, ENÜ = Entnahmeüberschuss, EK = Eigenkapital und FK = Fremdkapital; Angaben in €.

3 Der formal-technische Schritt der Erstellung eines Anfangs- und Schlussbilanzkontos wird nicht explizit dargelegt: Mit Blick auf das Anfangsbilanzkonto wird dabei zunächst die Anfangsbilanz gespiegelt und anschließend die Aktivseite (Passivseite) mit Haben (Soll) bezeichnet. Schließlich können die auf der Habenseite des Anfangsbilanzkontos ausgewiesenen Werte für die Aktivpositionen als Anfangsbestand in die Sollseite der Bestandskonten gebucht werden. Die Sollseite des Anfangsbilanzkontos beinhaltet die im Haben zu buchenden Anfangsbestände der Passivkonten. In einem Schlussbilanzkonto werden die Endbestände der Aktiv- und Passivkonten zusammengeführt und anschließend gespiegelt als Schlussbilanz dargestellt.

Unter Rückgriff auf die in Abb. 3-12 in den einzelnen Bestandskonten angezeigten Endbestände kann die Schlussbilanz erstellt werden, die für den betrachteten Beispielbetrieb wie in Tab. 3-10 angezeigt aussieht. In Tab. 3-11 ist die GuV für den Beispielbetrieb angezeigt, die dem in Staffelform dargestellten GuV-Konto entspricht.

Tab. 3-10: Schlussbilanz im Beispielbetrieb (30.06.2009)

Aktiva		Passiva	
	€		€
Boden	450 000	Eigenkapital	740 000
Gebäude	94 000	Langfristiges Fremdkapital	50 000
Maschinen	190 000	Kurzfristiges Fremdkapital	20 000
Schweine	11 000		
Bank	65 000		
Summe Aktive	**810 000**	**Summe Passiva**	**810 000**

Tab. 3-11: Gewinn- und Verlustrechnung im Beispielbetrieb (Geschäftsjahr 2008/09) [a]

	Einnahme/ Ausgabe €	Bestands- veränderung/ Abschreibung €	Ertrag/ Aufwand €
Betriebliche Erträge	**310 000**	**1 000**	**311 000**
Umsatzerlöse (4a)	270 000		270 000
Bestandsveränderungen (8)		1 000	1 000
Sonstige betriebliche Erträge (1b und 4b)	40 000		40 000
Betriebliche Aufwendungen	**200 000**	**43 000**	**243 000**
Materialaufwand (3a)	165 000		165 000
Abschreibungen Gebäude (6)		3 000	3 000
Abschreibungen Maschinen (7)		40 000	40 000
Pachtaufwand (3b)	35 000		35 000
I **Betriebsergebnis**	**110 000**	**-42 000**	**68 000**
II **Finanzergebnis**	**-10 000**		**-10 000**
Zinsaufwand (3c)	10 000		10 000
III **Ergebnis der gewöhnlichen Geschäftstätigkeit [I + II]**	**100 000**	**-42 000**	**58 000**
IV **Außerordentliches Ergebnis**	**0**		**0**
V **Steuerergebnis**	**-5 000**		**-5 000**
Grund- und Kfz-Steuer (3d)	5 000		5 000
VI **Gewinn des Geschäftsjahres [III + IV + V]**	**95 000**	**-42 000**	**53 000**

a) In runden Klammern sind die jeweils korrespondierenden Geschäftsvorfälle genannt.

Ende des Beispiels

Die Handbuchführung wird sehr aufwändig, wenn der Betrieb etwas komplexer strukturiert ist und damit viele Geschäftsvorfälle zu berücksichtigen sind. Deshalb erfolgt die praktische Durchführung der Buchführung heutzutage fast ausschließlich EDV-gestützt mit Hilfe einer **Buchführungssoftware**. Stammdaten, die sich nur sehr selten ändern (z.B. Rechtsform des Unternehmens), bleiben im System gespeichert. Bewegungsdaten, die die einzelnen Geschäftsvorfälle betreffen, müssen jeweils eingegeben werden (z.B. Kauf von Saatgut aus dem Bankguthaben). Jedes Buchführungsprogramm führt die Auflösung der Bilanz in Konten, das Buchen jedes Geschäftsvorfalls auf mindestens zwei Konten etc. automatisch durch. Allerdings müssen sämtliche Geschäftsvorfälle über eine Buchungsmaske in Form von Buchungssätzen eingegeben werden. In der Landwirtschaft weit verbreitet ist bspw. die Buchführungssoftware der LAND-DATA und der NLB.

Die externe Buchführung muss von sachverständigen Dritten in angemessener Zeit nachvollzogen werden können. Um dies zu erleichtern, gibt es gewisse Standards, die bei der EDV-gestützten Buchführung eingehalten werden müssen. So muss jeder Betrieb bei der Einrichtung seiner softwaregestützten Buchführung einen **Kontenrahmen** auswählen. Er dient der Kontengliederung. Der Kontenrahmen ist branchenspezifisch aufgebaut und beinhaltet eine gewisse Anzahl an bereits benannten Konten, welche für Betriebe dieser Branche typisch sind. So wählt man in der Landwirtschaft den landwirtschaftlichen Kontenrahmen, wie z.B. den Code-Katalog des BMELV-Jahresabschlusses, welcher bspw. Konten für Tiere, Düngemittel und Produkte der Bodenproduktion beinhaltet. Solche Kontenbezeichnungen wird hingegen ein Autobauer nicht benötigen. Er wird einen für ihn besser geeigneten Kontenrahmen auswählen. Jeder Kontenrahmen kann auf die Spezifika des einzelnen Unternehmens zugeschnitten werden, indem zusätzlich benötigte Konten eingefügt und nicht benötigte ausgeblendet werden. Ein derartig bearbeiteter Kontenrahmen wird dann **Kontenplan** genannt. Innerhalb eines jeden Kontenrahmens werden verschiedene Konten mit ähnlicher Funktion noch in sog. **Kontenklassen** zusammengefasst.

Bei der EDV-gestützten Buchführung werden die einzelnen Konten nicht - wie bei der Handbuchführung - mit einem ausformulierten Namen angesprochen, sondern bekommen Nummern. Das Sachvermögen bildet bspw. die Kontenklasse 0, Finanzkonten die Kontenklasse 1, Privatkonten die Kontenklasse 2, Aufwandskonten die Kontenklasse 3 bis 5 und die Ertragskonten die Kontenklasse 6 bis 9. Mit der nächsten Nummer wird kenntlich gemacht, um welches Sachvermögenskonto es sich konkret handelt. Beispielsweise entspricht der Code „01" in der Kontenklasse 0 der Kontogruppe „Grund und Boden". Bei Bedarf kann die einzelne Kontogruppe mit zusätzlichen Ziffern weiter untergliedert werden.

3.3.4 Jahresabschlussanalyse

In Punkt 3.3.2 und Punkt 3.3.3 haben wir gesehen, wie der Jahresabschluss aufgebaut ist und wie die Finanzbuchführung grundsätzlich abläuft. Wir hatten in diesem Zusammenhang darauf hingewiesen, dass nicht nur Shareholder und externe Stakeholder, sondern auch das Unternehmensmanagement Adressaten des Jahresabschlusses sind. Im Folgenden beschreiben wir, wie man im Rahmen der sog. Jahresabschlussanalyse aus den Daten des Jahresabschlusses möglichst viele betriebswirtschaftliche Informationen extrahiert.

a) Anliegen und Ablauf

Das Ziel der Jahresabschlussanalyse besteht in der Beurteilung der wirtschaftlichen Situation eines Unternehmens. Dabei unterscheidet man die Rentabilitäts-, Liquiditäts- und Stabilitätslage. Bei der Beurteilung der **Rentabilitätslage** geht es darum, mit welchem Erfolg Produktionsfaktoren eingesetzt werden und in welchem Umfang das Unternehmen in der Lage ist, einen über den Aufwand hinausgehenden Ertrag zu erwirtschaften. Bei der Beurteilung der **Liquiditätslage** geht es um die Fähigkeit eines Unternehmens, seinen bestehenden Zahlungsverpflichtungen fristgerecht nachkommen zu können. Die Analyse der **Stabilitätslage** blickt auf das unternehmerische Risiko und versucht die Fähigkeit eines Unternehmens einzuschätzen, die Rentabilität und Liquidität auch bei Eintritt veränderter Rahmenbedingungen langfristig zu sichern.

Die Jahresabschlussanalyse verwendet als Datenbasis im Wesentlichen die Bilanz und die GuV. Für betriebsindividuelle Analysen sind die daraus direkt ablesbaren absoluten Größen wichtig. Mit Blick auf Vergleiche zwischen mehreren Unternehmen sind absolute Größen aber vielfach nur wenig aussagekräftig. Ein Gewinn in bestimmter Höhe kann für ein kleines Unternehmen viel sein, für ein größeres Unternehmen dagegen wenig. Um die Interpretation und die Vergleichbarkeit zu erleichtern, bildet man oftmals Verhältniszahlen, d.h. man setzt absolute Größen zueinander in Beziehung. Im einfachsten Fall ist damit gemeint, dass man ausgewählte Größen aus der Bilanz oder dem Jahresabschluss auf Inputgrößen bezieht. So könnte bspw. der Gewinn pro ha landwirtschaftlicher Nutzfläche berechnet werden. In der Regel werden bei der Jahresabschlussanalyse aber sog. Strukturanalysen von Bilanz und/oder GuV mit Veränderungsanalysen kombiniert. Bei den **Strukturanalysen** lassen sich drei Varianten unterscheiden:

- **Analyse der Bilanzstruktur** bedeutet, dass man Relationen oder Differenzen zwischen verschiedenen Bilanzpositionen bildet, um Informationen über Vermögensstruktur, Kapitalstruktur, Anlagendeckung und Liquidität zu erhalten: (1) Vermögensstrukturanalyse meint den Vergleich von Positionen auf der Aktivseite (z.B. das Verhältnis von Anlagevermögen zu Umlaufvermögen). (2) Die Kapitalstrukturanalyse blickt auf die Passivseite und vergleicht dort ausgewiesene Positionen (z.B. Verhältnis zwischen Eigenkapital und Fremdkapital). (3) Bei der sog. Anlagendeckung geht es um die Relation zwischen dem langfristig im Unternehmen gebundenen Anlagevermögen (Aktivseite) und dem langfristig verfügbaren Kapital (Passivseite). (4) Bei der bilanzbasierten Liquiditätsanalyse werden die liquiden bzw. schnell liquidierbaren Vermögensgegenstände (Aktivseite) dem nur kurzfristig im Unternehmen verfügbaren Kapital (Passivseite) gegenübergestellt.
- **Analyse der GuV-Struktur** bedeutet, dass man Relationen oder Differenzen zwischen verschiedenen Positionen der GuV bildet. Dabei lassen sich einige Zwischenergebnisse der GuV (z.B. der Gewinn des Geschäftsjahres), die selbst schon als Differenz errechnet werden, als Kennzahl verstehen. Andere Kennzahlen, wie z.B. das Verhältnis von Unternehmensgewinn zu Unternehmensertrag (hier verstanden als Umsatz), das auch als Gewinnrate bezeichnet wird, müssen erst berechnet werden.
- **Simultane Analyse der Bilanz und GuV** bedeutet, dass man Relationen zwischen Positionen der Bilanz und der GuV bildet. Ein Beispiel ist die sog. Eigenkapitalrentabilität, die dem Verhältnis von Unternehmensgewinn zum Eigenkapitalbestand entspricht.

In Tab. 3-12 sind die Varianten der Strukturanalysen anhand von zwei Bilanzpositionen und zwei GuV-Positionen verdeutlicht. Natürlich können bei einer Strukturanalyse auch mehr als zwei Positionen zueinander ins Verhältnis gesetzt werden.

Tab. 3-12: Strukturanalyse des Jahresabschlusses

	Bilanzposition 1 (z.B. Eigenkapital)	**Bilanzposition 2** (z.B. Fremdkapital)	**GuV-Position 1** (z.B. Gewinn)	**GuV-Position 2** (z.B. Ertrag)
Bilanz-position 1	Analyse der Bilanzstruktur		Simultane Analyse der Bilanz und GuV	
Bilanz-position 2				
GuV-Position 1	Simultane Analyse der Bilanz und GuV		Analyse der GuV-Struktur	
GuV-Position 2				

Während bei Strukturanalysen Jahresabschlusspositionen *eines* Geschäftsjahres aufeinander bezogen werden, vergleicht man bei **Veränderungsanalysen** Jahresabschlusspositionen von *mehreren* Geschäftsjahren miteinander. Es lassen sich drei Arten von Veränderungsanalysen unterscheiden: (1) der Vergleich von Bilanzpositionen im Zeitablauf (z.B. absolute oder prozentuale Steigerung des Eigenkapitals), (2) der

Vergleich von GuV-Positionen im Zeitablauf (z.B. absolute oder prozentuale Steigerung des Gewinns) und (3) der Zeitvergleich von Relativkennzahlen, die bei der Strukturanalyse gebildet wurden (z.B. Veränderung der Eigenkapitalrentabilität).

Der **Ablauf bei der betriebswirtschaftlichen Jahresabschlussanalyse** stellt sich wie folgt dar:

1. **Sammlung des verfügbaren Datenmaterials**: Dies betrifft zunächst die Jahresabschlussdaten des betrachteten Unternehmens und mindestens eines Vorjahres. Darüber hinaus bietet sich zum Vergleich mit Jahresabschlüssen anderer Unternehmen an, auch diesbezüglich Informationen zu sammeln.
2. **Aufbereitung der Daten**: Bei der Unternehmensanalyse interessiert vor allem das regelmäßig anfallende und aus der eigentlichen Betriebstätigkeit resultierende Ergebnis. Um dieses Ergebnis zu erhalten, wird der unter Berücksichtigung von externen Rechtsvorschriften erstellte Jahresabschluss um zeitraumfremde und außerordentliche Erträge und Aufwendungen sowie um rein steuerlich motivierte Größen bereinigt. So ist bspw. zu beachten, dass die Abschreibungen angepasst werden müssen, wenn die unterstellte Nutzungsdauer nicht der betriebswirtschaftlichen Abschreibungszeit entspricht. Außerdem würden Sonderabschreibungen die betriebswirtschaftliche Analyse verfälschen.
3. **Verdichtung der Daten zu Informationen**: Ein wichtiges Instrument der Informationsverdichtung ist die Bildung, Berechnung und Interpretation von Kennzahlen. Unter Kennzahlen versteht man Messgrößen, die für die Beurteilung der wirtschaftlichen Situation des Unternehmens herangezogen werden.
4. **Zusammenfassung der Ergebnisse zu einem Gesamtbild des Unternehmens**: Eine einzelne Kennzahl, die alle unternehmensrelevanten Informationen in sich verdichtet, gibt es nicht. Vielmehr geben Einzelkennzahlen jeweils nur Hinweise bzgl. eines Teilaspekts der wirtschaftlichen Situation eines Unternehmens. Erst mehrere Kennzahlen in der „Gesamtschau" erlauben eine fundierte Einschätzung der Lage eines Unternehmens.

b) Ausgewählte Jahresabschlusskennzahlen

Grundsätzlich lassen sich sehr viele Kennzahlen berechnen. Erschwerend kommt hinzu, dass manche Kennzahlen nicht einheitlich definiert sind und deshalb gelegentlich von unterschiedlichen Leuten unterschiedlich berechnet werden. Zudem gibt es keine Regeln, anhand derer man entscheiden kann, ob eine bestimmte Kennzahl sinnvoll ist oder nicht. Man kann nur sagen, dass bestimmte Kennzahlen von Experten häufig genutzt werden, um sich ein Bild über die wirtschaftliche Lage eines Unternehmens zu verschaffen. Bei der wirtschaftlichen Lage wird entweder in Vermögens-, Ertrags- und Finanzlage oder alternativ in Rentabilitäts-, Liquiditäts- und Stabilitätslage unterschieden. Wir folgen der letztgenannten, in der Land- und Forstwirtschaft üblichen Unterteilung. Im Folgenden werden die gebräuchlichsten diesbezüglichen Kennzahlen angesprochen.

Rentabilitätskennzahlen

Zur Beurteilung der Rentabilitätslage wird der Gewinn in absoluter Höhe oder der Gewinn in Beziehung zu anderen Größen, wie z.B. den eingesetzten Produktionsfaktoren „Kapital" und „Arbeit", gesetzt. Folgende Kennzahlen sind weit verbreitet:

1. **Unternehmensgewinn**: Der Unternehmensgewinn kann zum einen über einen Ertrags-Aufwandsvergleich aus der GuV ermittelt werden (Unternehmensgewinn = Unternehmensertrag – Unternehmensaufwand). Zum anderen lässt sich der Gewinn über einen Vermögensvergleich aus der Bilanz ableiten (Unternehmensgewinn = Eigenkapital in der Schlussbilanz – Eigenkapital in der Anfangsbilanz + Privatentnahmen – Privateinlagen). Der Unternehmensgewinn kann für Privatentnah-

men der Unternehmerfamilie (Entlohnung des im Unternehmen eingesetzten eigenen Bodens, der eigenen Arbeit und des eigenen Kapitals sowie Unternehmergewinns) bzw. für Ausschüttungen an Anteilseigner eingesetzt werden. Alternativ kann er auch im Unternehmen belassen und zur Eigenkapitalbildung genutzt werden.

2. **Ordentliches Ergebnis**: Zur Beurteilung der nachhaltigen Rentabilitätslage wird vielfach anstelle des Gewinns auf das ordentliche Ergebnis abgestellt, das auch als ordentlicher Gewinn oder Zweckgewinn bezeichnet wird. Das ordentliche Ergebnis entspricht dem Unternehmensgewinn abzgl. des neutralen Gewinns. Der neutrale Gewinn ergibt sich als Differenz zwischen den zeitraumfremden und außerordentlichen Erträgen einerseits und den zeitraumfremden und außerordentlichen Aufwendungen andererseits. Man kann das ordentliche Ergebnis auch direkt als Differenz zwischen dem Zweckertrag und dem Zweckaufwand berechnen.
3. **Earnings Before Interest and Taxes (EBIT)**: Das EBIT ist der ordentliche Gewinn vor Zinsen (Interests) und Steuern (Taxes). Es wird berechnet, indem das ordentliche Ergebnis um das Zins- und Steuerergebnis bereinigt wird. Vielfach findet man auch die Formulierung, dass es dem ordentlichen Ergebnis zzgl. der gezahlten Zinsen und Steuern entspricht. Das EBIT vereinfacht den Vergleich des betrieblichen Gewinns von Unternehmen in verschiedenen Ländern und zu verschiedenen Zeitpunkten, der durch unterschiedliche Zins- und Steuersätze verzerrt sein kann.
4. **Nettowertschöpfung**: Die Nettowertschöpfung wird auch als ordentliches Betriebseinkommen bezeichnet. Sie entspricht dem ordentlichen Ergebnis zzgl. der tatsächlich geleisteten Faktorentlohnung (Nettowertschöpfung = ordentliches Ergebnis + Pachtaufwand + Zinsaufwand + Personalaufwand). Die Nettowertschöpfung steht für die Entlohnung der gesamten im Unternehmen eingesetzten Faktoren „Boden", „Kapital" und „Arbeit" zur Verfügung.
5. **Eigenkapitalrentabilität**: Eine aus dem Unternehmensgewinn abgeleitete Kennzahl ist die Eigenkapitalrentabilität bzw. -verzinsung. Dabei wird der Unternehmensgewinn auf das Eigenkapital bezogen. Anstelle des in der Anfangs- oder Schlussbilanz ausgewiesenen Eigenkapitals wird oftmals das durchschnittliche Eigenkapital eines Geschäftsjahres verwendet, das als Mittelwert aus dem Eigenkapital in der Anfangsbilanz und dem Eigenkapital in der Schlussbilanz berechnet wird. Die Eigenkapitalrentabilität gibt darüber Auskunft, zu wie viel Prozent sich das Kapital verzinst, das vom Unternehmer und ggf. von weiteren Anteilseignern eingesetzt wird. Die über den Zinssatz für langfristige Geldanlagen hinausgehende Eigenkapitalrentabilität steht für die Entlohnung der eigenen Arbeit und als Risikoprämie zur Verfügung. Vielfach wird als Quotient aus ordentlichem Ergebnis und Eigenkapital auch eine **ordentliche Eigenkapitalrendite** bestimmt.
6. **Gesamtkapitalrentabilität**: Die Gesamtkapitalrentabilität gibt an, zu wie viel Prozent sich das im Unternehmen eingesetzte Gesamtkapital verzinst. Sie wird als Verhältnis von Unternehmensgewinn plus Zinsaufwand einerseits und Gesamtkapital andererseits berechnet. Analog zur Berechnung der Eigenkapitalrentabilität kann man auch hier auf das ordentliche Ergebnis und/oder den Mittelwert des Gesamtkapitals in der Anfangs- und Schlussbilanz zurückgreifen.
7. **Ordentliches kalkulatorisches Ergebnis**: Das ordentliche kalkulatorische Ergebnis erhält man, indem man vom ordentlichen Ergebnis die Opportunitätskosten der eigenen Faktoren in Form des Pacht-, Zins- und Lohnansatzes abzieht. Das ordentliche kalkulatorische Ergebnis fällt mit dem Nettoerfolg der Leistungs-Kostenrechnung (vgl. Abschnitt 3.4) zusammen, der dort auch als kalkulatorischer Gewinn oder Unternehmergewinn bezeichnet wird. Insbesondere die letzte Bezeichnung verdeutlicht seine Interpretation: Ein positiver Wert gibt an, dass neben der Kostendeckung bzw. Entlohnung aller eingesetzten Faktoren auch eine Entlohnung der unternehmerischen Tätigkeit an sich erzielt wird.

Liquiditätskennzahlen

Wenn ein Unternehmen zu jedem Zeitpunkt in der Vergangenheit seine fälligen Zahlungsverpflichtungen erfüllen konnte, war offensichtlich die Zahlungsfähigkeit bzw. Liquidität des Unternehmens gegeben. Mit Blick auf die zukunftsbezogene Beurteilung der Liquiditätslage geht es um die Einschätzung der Gefahr, dass ein Unternehmen zu einem zukünftigen Zeitpunkt in Zahlungsschwierigkeiten gerät. Hierzu werden einerseits Kennzahlen verwendet, die auf der GuV und damit auf zeitraumbezogenen Größen aufbauen. Die zentrale Kennzahl ist hier der Cash-Flow, d.h. die in einer Abrechnungsperiode geschaffenen Zahlungsmittel. Andererseits werden auch Kennzahlen verwendet, die auf der Analyse der horizontalen Bilanzstruktur und damit auf zeitpunktbezogenen Größen aufbauen. Hierbei geht es um das Verhältnis zwischen den kurz-, mittel- und langfristig gebundenen Vermögensgegenständen und den kurz-, mittel- und langfristig fälligen Verbindlichkeiten. Die folgenden Liquiditätskennzahlen werden häufig verwendet:

1. **Cash-Flow**: Der sog. **Brutto-Cash-Flow** (Cash-Flow I) bezeichnet den durch die gewöhnliche Geschäftstätigkeit erzielten Einzahlungsüberschuss eines Unternehmens. Er kann auf direkte und auf indirekte Weise ermittelt werden. Zur *direkten Ermittlung* werden alle in einer Periode im Zusammenhang mit der ordentlichen Geschäftstätigkeit stehenden zahlungswirksamen Aufwendungen von den zahlungswirksamen Erträgen subtrahiert. Die *indirekte Ermittlung* des Brutto-Cash-Flows geht vom ordentlichen Ergebnis aus und rechnet alle zahlungsungleichen Werte zurück. Dies betrifft z.B. Abschreibungen und Zuschreibungen sowie Änderungen in den Beständen, Vorräten und Rückstellungen. In der Praxis wird vereinfachend oftmals folgende Berechnungsweise verwendet: Brutto-Cash-Flow = ordentliches Ergebnis + Abschreibungen. Der Brutto-Cash-Flow gibt Auskunft über die Innenfinanzierungskraft und kann für Privatentnahmen, Nettoinvestitionen (= Investitionen – Abschreibungen – Desinvestitionen) und andere Aktivmehrungen (z.B. Erhöhung der Betriebsmittelvorräte) sowie für die Schuldentilgung verwendet werden. Bei der Ableitung des **Netto-Cash-Flows** (Cash-Flow II) werden Privatvorgänge berücksichtigt (Netto-Cash-Flow = Brutto-Cash-Flow – Privatentnahmen + Privateinlagen). Der Netto-Cash-Flow steht damit für die Schuldentilgung, Nettoinvestitionen oder eine nicht investive Erhöhung der Aktiva zur Verfügung. Die Differenz zwischen dem Netto-Cash-Flow und der Schuldentilgung zeigt die eigenen verfügbaren Finanzierungsmittel (Cash-Flow III).

2. **Relative Liquidität**: Die **Liquidität 1. Grades** berechnet man, indem man die Summe aus Kassenbeständen und Bankguthaben ins Verhältnis zum kurzfristigen Fremdkapital setzt. Die Liquidität 1. Grades gibt darüber Auskunft, inwieweit die direkt verfügbaren liquiden Zahlungsmittel ausreichen, um die kurzfristigen Verbindlichkeiten zu decken. Die **Liquidität 2. Grades** bezieht die Forderungen mit ein (Liquidität 2. Grades = Summe aus Kassenbeständen, Bankguthaben und Forderungen im Verhältnis zum kurzfristigen Fremdkapital) und gibt damit die Liquidität auf kurze Sicht wieder. Die **Liquidität 3. Grades** (mittelfristige Liquidität) bezieht sich auf das gesamte liquidierbare Umlaufvermögen und Viehvermögen (Liquidität 3. Grades = Summe aus Umlaufvermögen und Tiervermögen im Verhältnis zum kurzfristigen Fremdkapital). Tendenziell ist die Gefahr einer Illiquidität umso geringer, je höher die Liquidität 1., 2. und 3. Grades ist. Allerdings ist bei der Interpretation der genannten Kennzahlen zu beachten, dass sie nicht anzeigen, ob, wann und in welcher Höhe einzelne Vermögensgegenstände tatsächlich liquidierbar sind und die Verbindlichkeiten des Unternehmens zu Auszahlungen führen.

3. **Absolute Liquidität**: Neben der über die Liquiditätsgrade gemessenen relativen Liquidität wird oftmals auch die absolute Liquidität berechnet. Analog zu den Liquiditätsgraden entspricht die **Liquiditätsstufe 1** der Summe aus Kassenbeständen und Bankguthaben abzgl. des kurzfristigen Fremdkapitals, die **Liquiditätsstufe 2** der Summe aus Kassenbeständen, Bankguthaben und Forderungen abzgl. des kurzfristigen Fremdkapitals und die **Liquiditätsstufe 3** der Summe aus Umlaufvermögen und Tiervermögen abzgl. des kurzfristigen Fremdkapitals.

4. **Langfristige Anlagendeckung**: Die mit dem Überbegriff „langfristige Anlagendeckung" bezeichneten Kennzahlen spiegeln die Forderung wider, dass langfristig im Unternehmen gebundene Vermögensgegenstände mit langfristig zur Verfügung stehendem Kapital finanziert sein sollten, um die Gefahr von Zahlungsschwierigkeiten zu vermeiden. Es wird der **Anlagendeckungsgrad I** (= Verhältnis von Eigenkapital zu Anlagevermögen), der **Anlagendeckungsgrad II** (= Summe aus Eigenkapital und langfristigem Fremdkapital bezogen auf das Anlagevermögen) und der **Anlagendeckungsgrad III** (= Summe aus Eigenkapital und langfristigem Fremdkapital bezogen auf die Summe aus Anlagevermögen und langfristig gebundenem Umlaufvermögen) unterschieden.

Stabilitätskennzahlen

Bei der Stabilitätslage geht es um die Beurteilung der zukünftigen Fähigkeit des Unternehmens, Rentabilität und Liquidität auch bei Eintritt unvorhergesehener Risiken langfristig zu sichern. Zur Beurteilung der Stabilität wird eine Vielzahl unterschiedlicher Kennzahlen verwendet, die auf Struktur- und Veränderungsanalysen beruhen:

1. **Eigenkapitalveränderung**: Die Differenz zwischen dem Eigenkapital in der Schlussbilanz und dem Eigenkapital in der Anfangsbilanz gibt die Eigenkapitalveränderung im Geschäftsjahr an. Alternativ kann sie auch aus dem Unternehmensgewinn abgeleitet werden (Eigenkapitalveränderung = Unternehmensgewinn – Privatentnahmen + Privateinlagen). Die Eigenkapitalveränderung steht für Nettoinvestitionen und für die Schuldentilgung zur Verfügung. Häufig wird die Eigenkapitalveränderung auch als **ordentliche Eigenkapitalveränderung**, d.h. ausgehend vom ordentlichen Ergebnis berechnet. Neben der Eigenkapitalveränderung im Unternehmen ist die **Eigenkapitalveränderung beim Unternehmer** von Bedeutung. Sie kann als Eigenkapitalveränderung im Unternehmen zzgl. der Privatentnahmen und abzgl. der Privateinlagen berechnet werden.
2. **Kapitalanteile**: Das Verhältnis von Eigenkapital (EK) zu Gesamtkapital (GK) bezeichnet man als **Eigenkapitalanteil** (= EK/GK) oder Eigenkapitalquote. Sie wird als Indikator dafür genutzt, wie viel Unternehmensrisiko durch die Eigenkapitalgeber getragen wird. Bei einem höheren Eigenkapitalanteil ist c.p. die Wahrscheinlichkeit größer, Kreditgeber zu finden und günstigere Kredite zu erhalten. Den gleichen Informationsgehalt besitzt der **Fremdkapitalanteil** (= FK/GK), der auch als Fremdkapitalquote bezeichnet wird. Es gilt: $FK/GK + EK/GK = 1$. Häufig werden die Kapitalanteile auch durch das Verhältnis FK/EK ausgedrückt, das als **Verschuldungsgrad** bezeichnet wird. Bei einem hohen Fremdkapitalanteil oder Verschuldungsgrad ist das Unternehmen stark von externen Gläubigern abhängig. Die beiden Kennzahlen können damit als Indikator für die finanzielle Flexibilität gesehen werden, mit der ein Unternehmen auf geänderte Rahmenbedingungen reagieren kann.
3. **Umsatzrentabilität**: Bei der Berechnung der Umsatzrentabilität wird das ordentliche Ergebnis auf den betrieblichen Umsatz bezogen. Sie gibt Auskunft bzgl. der Sensitivität des Betriebserfolgs gegenüber Erlösschwankungen. Eine Umsatzrentabilität von 10% bedeutet bspw., dass 10% vom Zweckumsatz als ordentliches Ergebnis „übrig bleiben". Dies ist gleichbedeutend mit der Aussage, dass die Produktpreise oder -mengen c.p. um 10% sinken können, ohne dass die Erfolgsschwelle unterschritten wird. Je höher die Umsatzrentabilität ist, desto stabiler ist der Betriebserfolg mit Blick auf negative Preis- oder Mengeneinflüsse. Die **ordentliche Gewinnrate** ist sehr ähnlich definiert. Hier wird aber das ordentliche Ergebnis auf den Zweckertrag bezogen. Im Unterschied zur Umsatzrentabilität werden also Bestandsveränderungen mit erfasst. In einer weiteren Kennzahlenabwandlung findet man auch noch die **Gewinnrate**, die dem Verhältnis von Unternehmensgewinn und Unternehmensertrag entspricht.
4. **Anlagenintensität**: Die Anlagenintensität drückt den Anteil des Anlagevermögens am Gesamtkapital aus. Mit der i.d.R. zutreffenden Vermutung, dass das Anlagekapital aufgrund der Spezifik vieler Investitionen kurzfristig nicht freigesetzt werden kann, bedeutet eine höhere Anlagenintensität, dass mehr

Kapital dauerhaft gebunden ist und das Unternehmen damit stark in seiner Struktur gebunden ist. Deshalb wird die Anlagenintensität - so wie der Verschuldungsgrad - oft als Flexibilitätskriterium interpretiert.

5. **Veralterungsgrad**: Der Veralterungsgrad gibt Auskunft über das Verhältnis zwischen dem Buchwert des abnutzbaren Anlagevermögens und dem Anschaffungswert. Vielfach wird im Nenner anstelle des historischen auch der aktuelle Anschaffungswert verwendet. Entgegen einer vorschnellen sprachlichen Interpretation gilt: Je *niedriger* der Veralterungsgrad ist, desto älter sind die Anlagegüter und desto mehr Zeit der möglichen Nutzungsdauer ist bereits abgelaufen. Auch bei guter Ertrags- und Liquiditätslage deutet ein niedriger Veralterungsgrad darauf hin, dass man in der Vergangenheit von der Substanz gelebt und nicht genügend Ersatzinvestitionen getätigt hat, um die physische Vermögenssubstanz zu erhalten. Dies bedeutet, dass bei der Unternehmensfortführung (Going Concern) ein investiver Nachholbedarf entsteht.

6. **Ausschöpfung von Kapitaldienstgrenzen**: Während man den Begriff der Kapitaldienstgrenzen in Standardwerken zur Betriebswirtschaftslehre oftmals vergebens sucht, wird ihre Bedeutung als Stabilitäts- und auch Liquiditätsindikator in deutschsprachigen Lehrbüchern zur landwirtschaftlichen Betriebslehre und finanzwirtschaftlichen Ratgebern vielerorts hervorgehoben. Der **Kapitaldienst** ist die für Fremdkapital pro Periode zu leistende Zahlung und entspricht der Summe aus Zinsen und Tilgung. Die sog. **langfristige Kapitaldienstgrenze** erhält man, indem man zur Eigenkapitalveränderung die gezahlten Fremdkapitalzinsen hinzu addiert. Rechnet man dann noch die Abschreibungen dazu, erhält man die sog. **kurzfristige Kapitaldienstgrenze**. Den Kapitaldienstgrenzen wird die Aufgabe zugewiesen, über die einzelwirtschaftlich maßgebliche Grenze der Fremdkapitalaufnahme im Hinblick auf Stabilität (langfristige Kapitaldienstgrenze) und Liquidität (kurzfristige Kapitaldienstgrenze) zu informieren. In der Regel werden deshalb Grenzwerte bzgl. der prozentualen **Ausschöpfung der Kapitaldienstgrenzen** formuliert. Dazu wird der tatsächliche Kapitaldienst auf die jeweilige Kapitaldienstgrenze bezogen.

In Tab. 3-13 werden die angesprochenen Rentabilitäts-, Liquiditäts- und Stabilitätskennzahlen für das Unternehmen berechnet, das wir in Beispiel 3-1 betrachtet haben. Grundlage der Kennzahlenberechnung sind die in Tab. 3-10 dargestellte Bilanz und die in Tab. 3-11 angezeigte GuV.

c) Residualentlohnungsgrößen über den Gewinn hinaus

In Punkt 3.3.4b) haben wir uns ausgewählte Kennzahlen angesehen, die unabhängig voneinander berechnet wurden, aber in der Gesamtschau ein Bild der Rentabilitäts-, Liquiditäts- und Stabilitätslage vermitteln sollen. Daneben sind in der Landwirtschaft zwei eng miteinander verwandte Kennzahlen*systeme* gebräuchlich, in denen sachlogisch miteinander zusammenhängende Kennzahlen berechnet werden. Dies erfolgt, indem sukzessive die **Entlohnung verschiedener Kategorien von Produktionsfaktoren** ermittelt wird. Im Ergebnis der Berechnungen weisen diese Kennzahlensysteme dann unterschiedliche Bruttoerfolge aus, die jeweils als Residualentlohnung für die noch nicht entlohnten Produktionsfaktoren zur Verfügung stehen.

Abb. 3-13 verdeutlicht die Kennzahlenbildung im ersten System, das mit der Fiktion des „pacht- und schuldenfreien Betriebs" zu umschreiben ist. Ausgehend von den Erlösen und den unbaren Erträgen (z.B. geerntetes, aber noch nicht verkauftes Getreide) wird zunächst der (Gesamt)Betriebsertrag berechnet. Hiervon wird der sog. Sachaufwand abgezogen. Die resultierende Bruttoerfolgsgröße „(ordentliches) **Betriebseinkommen**" haben wir - mit einer anderen Bildungsvorschrift - bereits als Nettowertschöpfung bei der Beurteilung der Rentabilitätslage kennen gelernt. Das Betriebseinkommen ist die Residualentlohnungsgröße, die zur Verfügung steht, um den Faktor Arbeit sowie das im Unternehmen gebundene Kapital (inkl. Bodenvermögen) zu entlohnen.

Tab. 3-13: Berechnung ausgewählter Erfolgskennzahlen für den Beispielbetrieb

a) Kennzahlen zur Beurteilung der Rentabilität

1. Unternehmensgewinn	= Unternehmensertrag – Unternehmensaufwand = 311 000 – 258 000 = 53 000 €
2. Ordentliches Ergebnis	= Zweckertrag – Zweckaufwand = 301 000 – 258 000 = 43 000 €
3. EBIT	= Ordentliches Ergebnis + gezahlte Zinsen + gezahlte Steuern = 43 000 + 10 000 + 5 000 = 58 000 €
4. Nettowertschöpfung	= Ordentliches Ergebnis + Pachtaufwand + Zinsaufwand + Personalaufwand = 43 000 + 35 000 + 10 000 + 0 = 88 000 €
5. Eigenkapitalrentabilität	= Ordentliches Ergebnis/Eigenkapital Schlussbilanz = 43 000/740 000 = 5,8%
6. Gesamtkapitalrentabilität	= (Ordentliches Ergebnis + Zinsaufwand)/Gesamtkapital Schlussbilanz = (43 000 + 10 000)/810 000 = 6,5%
7. Ordentliches kalkulatorisches Ergebnis	= Ordentliches Ergebnis – Pachtansatz – Zinsansatz – Lohnansatz = 43 000 – 15 000 – 17 400 – 25 000 = –14 400 € [a]

b) Kennzahlen zur Beurteilung der Liquidität

1. Brutto-Cash-Flow (vereinfacht)	= Ordentliches Ergebnis + Abschreibungen = 43 000 + 43 000 = 86 000 €
2. Liquidität 1. Grades	= (Kassenbestand + Bankguthaben)/kurzfristiges Fremdkapital = (0 + 65 000)/20 000 = 325%
3. Liquiditätsstufe 1	= Kassenbestand + Bankguthaben – kurzfristiges Fremdkapital = 0 + 65 000 – 20 000 = 45 000 €
4. Anlagendeckungsgrad I	= Eigenkapital Schlussbilanz/Anlagevermögen Schlussbilanz = 740 000/734 000 = 101%

c) Kennzahlen zur Beurteilung der Stabilität

1. Eigenkapitalveränderung	= Eigenkapital Schlussbilanz – Eigenkapital Anfangsbilanz = 740 000 – 717 000 = 23 000 €
2. Eigenkapitalanteil	= Eigenkapital Schlussbilanz/Gesamtkapital Schlussbilanz = 740 000/810 000 = 91%
3. Umsatzrentabilität	= Ordentliches Ergebnis/Umsatz = 43 000/270 000 = 15,9%
4. Anlagenintensität	= Anlagevermögen Schlussbilanz/Gesamtkapital Schlussbilanz = 734 000/810 000 = 90,6%
5. Veralterungsgrad	= Buchwert des abnutzbaren Anlagevermögens Schlussbilanz/ Anschaffungswert = 284 000/470 000 = 60,4%
6. Ausschöpfung der langfristigen Kapitaldienstgrenze	= (Fremdkapitalzinsen + Tilgung)/(Eigenkapitalveränderung + Fremdkapitalzinsen) = (80 000 + 10 000)/(23 000 + 10 000) = 273%

[a] Es entstehen folgende Opportunitätskosten: Pachtansatz von 15 000 € für 30 ha Land im Eigentum des Unternehmens, Lohnansatz von 25 000 € für die Arbeitskraft des Betriebsleiters, Zinsansatz von 17 400 € für das Eigenkapital (740 000 €) abzgl. des bereits entlohnten Bodenvermögens (450 000 €) bei einem unterstellten Zinssatz von 6%.

Abb. 3-13: Erfolgsgrößen des pacht- und schuldenfreien Betriebs

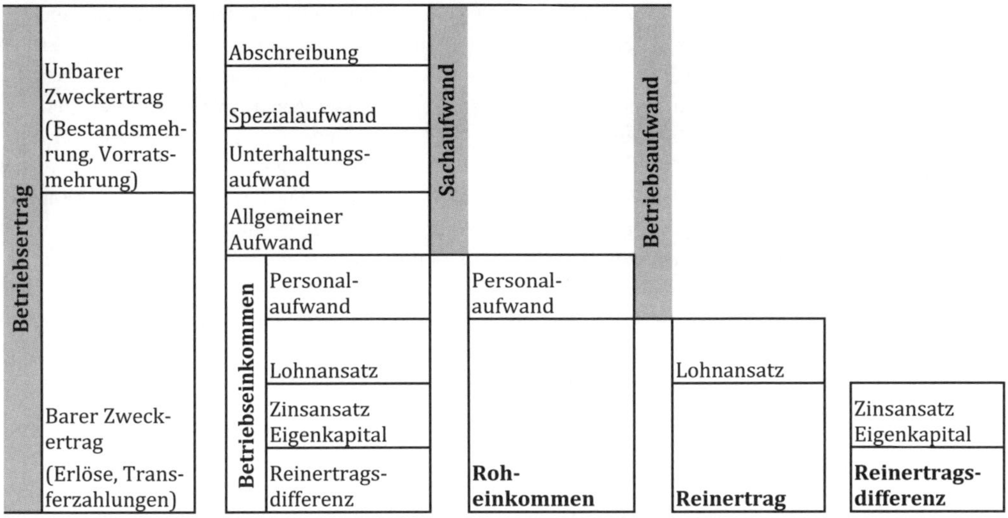

Abb. 3-14: Erfolgsgrößen des Unternehmens

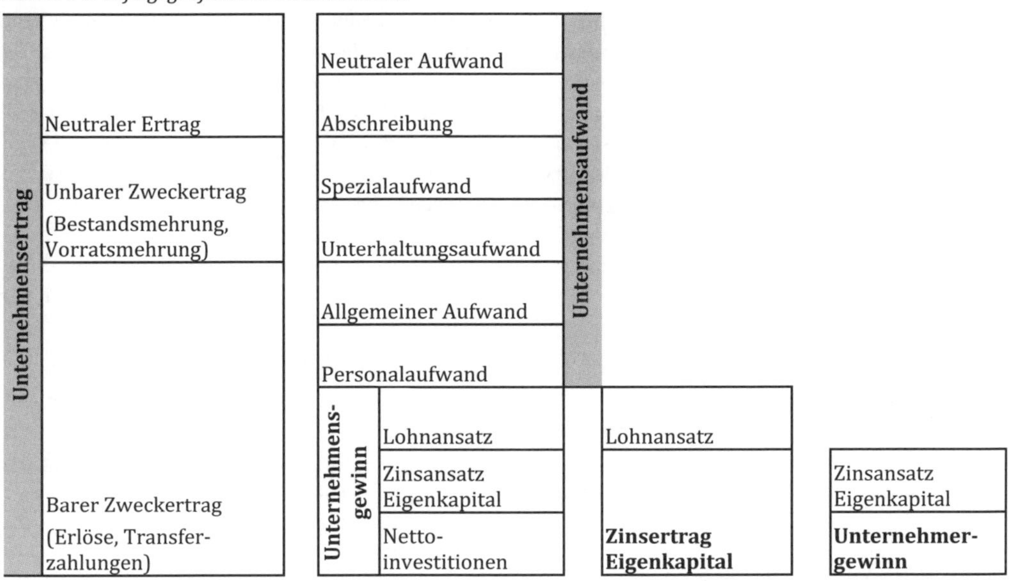

Zieht man vom Betriebseinkommen den tatsächlich geleisteten Personalaufwand ab, erhält man das **Roheinkommen**, das zur Entlohnung der eigenen Arbeitskraft und zur Entlohnung des Kapitals verbleibt. Zieht man nun noch eine kostendeckende Entlohnung für die eigene Arbeitskraft in Form eines Lohnansatzes ab, erhält man den **Reinertrag**. Der Reinertrag spiegelt die Ertragskraft des Betriebs als solches wider, d.h. unbeeinflusst durch spezifische Eigentumsverhältnisse. Er steht zur Entlohnung des im Betrieb insgesamt gebundenen Kapitals zur Verfügung. Zieht man nun noch einen Zinsansatz für das Eigenkapital ab, verbleibt die sog. **Reinertragsdifferenz**, die im schuldenfreien Betrieb angibt, wie hoch die Entlohnung der unternehmerischen Tätigkeit nach kostendeckender Entlohnung aller eingesetzten Produktionsfaktoren ist.

Abb. 3-14 zeigt ein Kennzahlensystem der Residualentlohnung für den realistischeren Fall eines Unternehmens, das sowohl fremden Boden pachtet als auch fremdes Kapital einsetzt. Neben den baren und den unbaren Erträgen wird nun ggf. auch der neutrale Ertrag berücksichtigt, der dem Unternehmen außerhalb des eigentlichen Betriebszwecks zufließt. Zieht man vom gesamten Unternehmensertrag den gesamten Unternehmensaufwand (inkl. Pacht- und Personalaufwand) ab, so erhält man den **Unternehm*ens*gewinn**. Wir wissen, dass der Gewinn eine Residualgröße darstellt, die zum einen für die Entlohnung der eigenen Produktionsfaktoren und zum anderen für Nettoinvestitionen zur Verfügung steht. Zieht man vom Gewinn den Lohnansatz ab, erhält man den **Zinsertrag für das im Unternehmen eingesetzte Eigenkapital**. Zieht man von diesem Zinsertrag die Opportunitätskosten des Eigenkapitals (inkl. Bodenvermögen) ab, so erhält man eine als **Unternehm*er*gewinn** bezeichnete letzte Residualgröße. Diese Größe haben wir bereits bei der Beurteilung der Rentabilität als ordentliches kalkulatorisches Ergebnis bzw. kalkulatorischen Gewinn kennen gelernt. Ein positiver Wert des Unternehmergewinns besagt, dass sich der Einsatz des eigenen Kapitals im eigenen Unternehmen mehr rentiert als die Kapitalanlage bei der Bank. Oder anders gesagt: Es liegt eine Entlohnung der unternehmerischen Tätigkeit als solche vor.

d) Potenziale und Probleme der Kennzahlenanalyse

Die Jahresabschlussanalyse hat in der Praxis große Bedeutung. Insbesondere externe Stakeholder, wie z.B. potenzielle Kreditgeber, machen sich durch Kennzahlen ein ungefähres Bild des Unternehmens und erlangen erste Anhaltspunkte darüber, ob bei einem „Weiter-so-wie-bisher" Probleme entstehen. Dabei ermöglicht insbesondere die Bilanzkontinuität bei Vorliegen mehrerer aufeinanderfolgender Abschlüsse eine „relativ gute" **Beurteilung der Unternehmensentwicklung**. Die Jahresabschlussanalyse ist nicht nur für unternehmensexterne Adressaten von Bedeutung. Sie stellt insbesondere in Unternehmen, in denen das interne Rechnungswesen nur schwach ausgeprägt ist und betriebswirtschaftliche Kontrollen nicht sehr detailliert sind, ein wichtiges Instrument dar, um Störungen zu identifizieren, bevor diese zu langjährigen Fehlentwicklungen führen. Dies gilt insbesondere dann, wenn man die Entwicklung von Jahresabschlusskennzahlen über einen längeren Zeitraum betrachtet und ergänzende Verzeichnisse zum Jahresabschluss (z.B. Anbauverzeichnis) in die Analyse einbezieht. Gleichzeitig können der Jahresabschluss und die daraus gewonnenen Kennzahlen eine **Basis für Planungsrechnungen** sein. Außerdem unterstützt die Kennzahlenanalyse die **Bemessung von Zahlungen** an die (Anteils)Eigner. So kann sie z.B. einem Einzelunternehmer dazu dienen, die vertretbare Höhe der Entnahmen zu bestimmen.

Trotz ihrer Bedeutung in der Praxis sind mit der Kennzahlenanalyse einige grundsätzliche Probleme verbunden, die im Folgenden angesprochen werden. Versucht man diese Probleme systematisch zu fassen, lassen sich vier Einzelprobleme unterscheiden:

- Fehlen eines sachlogischen Zusammenhangs zwischen Kennzahlen und dem eigentlichen Ziel der Verbesserung unternehmerischer Entscheidungen unterschiedlicher Art,
- Fehlen einer objektiven Referenz,
- mögliche Widersprüchlichkeit von Kennzahlen und
- begrenzter Informationsgehalt des Jahresabschlusses für die zukünftige Leistungsfähigkeit.

Fehlen eines sachlogischen Zusammenhangs

Das eigentliche Informationsinteresse bei der Jahresabschlussanalyse und der Berechnung von Kennzahlen besteht in der Beurteilung der zukünftigen Leistungsfähigkeit des Unternehmens. Mit Blick auf dieses Hauptziel wird das Kernproblem der Jahresabschlussanalyse schon aus der Beschreibung ihres Ablaufs (vgl. Punkt 3.3.4a) deutlich: Sie ist ein **weitgehend theorieloses Unterfangen**. Der Hauptgrund hierfür liegt darin, dass unklar bleibt, wie das, was man misst, mit dem zusammenhängt, was man wissen möchte. Anders ausgedrückt: Es fehlt ein theoretisch begründeter funktionaler Zusammenhang zwischen den genutzten Kennzahlen und dem eigentlichen Erkenntnisziel. Unterstellt man nicht einfach die Konstanz der Gewinn(veränderung) und damit der Rahmenbedingungen, bleibt bspw. bei der Analyse der Stabilitätslage bereits die einfache Frage unbeantwortet, welchen Zusammenhang der (die) in der Jahresabschlussanalyse festgestellte Gewinn(veränderung) mit der *zukünftigen* Leistungsfähigkeit hat. Die zukünftige Leistungsfähigkeit von Unternehmen mit unterschiedlichen Strategien hängt sehr stark von der Richtung und der Geschwindigkeit ab, mit der sich Umweltbedingungen ändern.

Hinzu kommt, dass mit der Berechnung von Kennzahlen allenfalls eine Problemidentifikation erfolgen kann, das **„Diagnoseproblem" aber nicht zu lösen** ist. Mit anderen Worten: Auch wenn Probleme identifiziert werden (z.B. wenn Verluste erwirtschaftet wurden), bleibt offen, wodurch die Leistungsstörung entstanden ist und wie die Situation verbessert werden kann. Deshalb hat die Jahresabschlussanalyse für das Management auch nur die Funktion, auf Probleme aufmerksam zu machen und Suchprozesse nach den eigentlichen Ursache-Wirkungszusammenhängen auszulösen. Im Ergebnis dieses Suchprozesses könnte sich z.B. herausstellen, dass eine schlechte Mitarbeitermotivation zu schlechten Arbeitsleistungen und in der Folge zu einem Gewinnrückgang geführt hat. Die Analyse des dem betrieblichen Geschehen zeitlich nachgelagerten Jahresabschlusses sollte für das Unternehmensmanagement nur ein ergänzendes Instrument vorgelagerter und zeitnaher Kontroll- und Analyseaktivitäten darstellen. Identifiziert man Fehlentwicklungen erstmalig aus dem dokumentierten Jahresergebnis, so ist im Sinne einer möglichst frühzeitigen Erkennung von Störungen „das Kind bereits in den Brunnen gefallen". Trotzdem bildet in der Praxis das Ergebnis des Jahresabschlusses oft erst den Auslöser für die Suche nach Schwachstellen.

Erst bei Kenntnis der Ursachen können Gegenmaßnahmen abgeleitet und entscheidungsorientierte Planungsrechnungen durchgeführt werden. Im Gegensatz zu Kennzahlen beruhen Planungsrechnungen tatsächlich auf theoriegeleiteten Hypothesen, die funktionale Zusammenhänge zwischen der Ausgangslage und den eigenen Handlungen einerseits und der zukünftigen Leistungsfähigkeit des Unternehmens andererseits herstellen. Damit ist bspw. gemeint, dass man im Rahmen der Planung fragt, um welchen Betrag sich das jährliche Einkommen bei Durchführung einer bestimmten Investition ändert. Für die realistische Spezifikation der Annahmen bei derartigen Planungsrechnungen sind Aufzeichnungen im Rahmen des Rechnungswesens eine sehr bedeutsame Grundlage.

Fehlen einer objektiven Referenz

Oftmals ist nicht klar, **welche Werte für bestimmte Kennzahlen gut** oder schlecht sind. So stellt sich z.B. die Frage, ob ein Gewinn in bestimmter Höhe einen Änderungsbedarf in der Unternehmensorganisation andeutet. Pauschal kann man hierauf keine Antwort geben. Beispielsweise könnte es sein, dass im betreffenden Geschäftsjahr regional eine schlechte Ernte erzielt wurde. Im Vergleich zu ähnlichen Unternehmen hat der zu analysierende Betrieb aber möglicherweise gut abgeschnitten. Es könnte auch sein, dass im betrachteten Unternehmen Restrukturierungsmaßnahmen unternommen worden sind, also z.B. eine unrentable Milchproduktion aufgegeben wurde. Möglicherweise erzielt das Unternehmen im Vergleich zu den Vorjahren überhaupt wieder einen Gewinn. Um Kennzahlen besser einordnen und interpretieren zu können, sind Vergleichsmaßstäbe hilfreich. Hierfür bieten sich Zeit- und/oder Konkurrenzvergleiche an (Abb. 3-15).

Einen **Zeitvergleich**, der die Kennzahlen des aktuellen Jahresabschlusses (oder auch unterjähriger Perioden) mit den Ergebnissen des eigenen Unternehmens in den vorangegangenen Perioden vergleicht, bezeichnet man als vertikalen Betriebsvergleich. Letztlich ist dadurch neben der absoluten Größe einer Kennzahl auch eine Aussage zu ihrer Entwicklung möglich. Möglicherweise lassen sich Trends erkennen. Unter der Rubrik „Zeitvergleich" kann man auch Soll-Ist-Vergleiche fassen. Dabei werden (ex ante) geplante Kennzahlen mit den (ex post) erzielten Kennzahlen verglichen. Der Vorteil eines Zeitvergleichs besteht darin, dass die benötigten Informationen (unternehmensintern) schnell verfügbar gemacht werden können. Außerdem sind in Anbetracht der Erfolgsschwankungen gerade in der Landwirtschaft mehrjährige Analysen sehr wichtig.

Abb. 3-15: Systematik betrieblicher Vergleiche

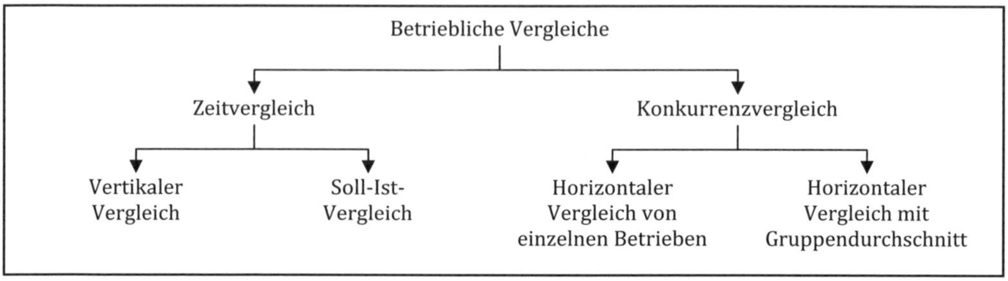

Bei einem **Konkurrenzvergleich** werden Kennzahlen eines Unternehmens mit den Kennzahlen anderer ähnlicher Unternehmen oder mit Gruppendurchschnitten (z.B. Gesamtdurchschnitt einer Gruppe von ähnlichen Unternehmen oder Durchschnitt der 25% besten Betriebe) aus dem gleichen Geschäftsjahr verglichen. Man spricht von einem horizontalen Betriebsvergleich. Der Vergleich mit ausgewählten anderen Unternehmen hat den Vorteil, dass keine Nivellierung stattfindet und man sich tatsächlich mit Spitzenunternehmen messen kann, die eine sog. Benchmark darstellen. Der Nachteil besteht darin, dass Informationen von einzelnen (Konkurrenz)Unternehmen, die die Benchmark bilden könnten, oft nicht ohne Weiteres verfügbar sind und betriebsspezifische Besonderheiten den Vergleich verzerren können.

Bei einem Zeitvergleich und insbesondere bei einem Konkurrenzvergleich ist zu beachten, dass **Vergleichszahlen aussagekräftig** sein müssen, um sie als Referenz nutzen zu können. Beispielsweise muss man bei einem vertikalen Betriebsvergleich darauf achten, dass nach Wachstumsschritten nur Relativkennzahlen, wie z.B. der Gewinn je ha oder je Familienarbeitskraft, aussagekräftig sind. Bei einem horizontalen Betriebsvergleich müssen die einbezogenen Unternehmen hinsichtlich der (zumindest kurzfristig) nicht zu beeinflussenden Größen, wie z.B. Standortbedingungen, Betriebsgröße, Produktionsrichtung, übereinstimmen.

Wünschenswert wäre es, über kritische Referenzwerte (**Soll- bzw. Normdaten**) für ausgewählte Kennzahlen zu verfügen, die einen Änderungsbedarf in der Betriebsorganisation eindeutig anzeigen. Bei der Liquidität gibt es horizontale Kapital-Vermögensstruktur-Regeln und eine vertikale Kapitalstruktur-Regel, die in ihrer Bedeutung als Referenz zwar nicht unumstritten sind, aber in der Praxis als Faustregeln verwendet werden:

- Die **Goldene Finanzierungs- bzw. Bankregel** fordert ganz allgemein Fristenkongruenz zwischen Finanzierung und Investition, d.h. die Bindungsdauer des Kapitals (z.B. Kreditlaufzeit) soll mit der Nutzungsdauer des damit beschafften dauerhaften Produktionsmittels übereinstimmen. Langfristige Investitionsobjekte wie ein Mastschweinestall sollen also z.B. nicht durch kurzfristige Kontokorrentkredite finanziert werden. Dahinter steht die Überlegung, dass die Rückzahlung von Kapital aus dem laufenden Leistungsprozess erfolgen sollte.
- Die **Goldene Bilanzregel** ist eine bilanzorientierte Operationalisierung der goldenen Bankregel. Sie fordert eine langfristige Anlagendeckung von über 100%. Allerdings ist die „Vorschrift" nicht eindeutig. Je nachdem, welche Teile des Vermögens und des Kapitals als langfristig angesehen werden, wird gefordert, dass der Anlagendeckungsgrad I, II oder III über 100% liegen soll.
- Einem **weiteren Finanzierungsgrundsatz** zufolge soll das Fremdkapital den Wert des Maschinen-, Finanzanlage-, Vieh- und Umlaufvermögens nicht überschreiten. Dem liegt die Argumentation zugrunde, dass diese Vermögensgegenstände vergleichsweise gut zu veräußern sind und im Fall einer

Betriebsaufgabe eine schuldenfreie Verpachtung des Betriebs oder eine schuldenfreie Rückgabe eines Pachtbetriebs möglich sein sollte.

- **Vertikale Kapitalstrukturregeln** machen normative Aussagen über die Mindesteigenkapitalanteile. Bei strenger Auslegung wird mindestens 50% Eigenkapital gefordert. Solche Mindestforderungen sind darin begründet, dass Banken vielfach Kredite nur gewähren oder günstigere Konditionen offerieren, wenn ein Mindestmaß an Eigenkapital vorhanden ist. Außerdem verstärkt das mit hohen Fremdkapitalanteilen verbundene Finanzierungsrisiko das allgemeine Produktionsrisiko, da Fremdkapital unabhängig von der Ertragslage eine verbindliche Zahlungsverpflichtung nach sich zieht. Die Entlohnung des Eigenkapitals stellt demgegenüber eine Residualgröße dar.

Zu den genannten Finanzierungsregeln ist kritisch anzumerken, dass ihre Einhaltung das Auftreten von Liquiditätsproblemen nicht ausschließen kann oder ein Verstoß nicht zwangsläufig Liquiditätsprobleme nach sich zieht.

Neben den Finanzierungsregeln gibt es auch noch **weitere kritische Werte für bestimmte Kennzahlen**, die mehr oder weniger anerkannt sind. Beispielsweise wird mit dem Argument der Sicherung des Lebensunterhalts ein Gewinn von mindestens 20 000 € je Familienarbeitskraft gefordert. Die relative Eigenkapitalveränderung, die einen Wachstumsindikator darstellt, sollte bei mehr als 4% liegen, um mindestens die Inflationsrate und die durch technischen Fortschritt bedingte Preissteigerung auszugleichen. Außerdem wird vielfach ein Veralterungsgrad von weniger als 40% als kritisch angesehen.

Mögliche Widersprüchlichkeit von Kennzahlen

Da die verschiedenen Kennzahlen, die im Zusammenhang mit der Jahresabschlussanalyse vorgeschlagen werden, ohne verbindende Theorie einfach gemäß ihrer jeweiligen Bildungsvorschrift berechnet werden, kann es zum einen zu **direkten Widersprüchen zwischen verschiedenen Kennzahlen** kommen. Zum anderen besteht die Gefahr, dass aus einer bestimmten Kennzahl **falsche Schlussfolgerungen** abgeleitet werden. So können hohe Werte von Ertrags- und Stabilitätskennzahlen gerade das Gegenteil einer guten Ertrags- und Stabilitätslage bedeuten. Der tatsächliche Sachverhalt steht dann im Widerspruch zu der „üblichen" Interpretation der Kennzahl. Im Folgenden werden ein paar anschauliche Beispiele für diese Probleme angeführt:

- Es ist bspw. durchaus nicht unüblich, eine bestimmte Obergrenze für die Ausschöpfung der langfristigen Kapitaldienstgrenze als Indikator für eine stabile Unternehmensentwicklung aufzufassen und ihre Einhaltung normativ zu fordern. Grenzwerte für die Ausschöpfung der Kapitaldienstgrenzen stehen aber in aller Regel - d.h. bis auf ein zufälliges Zusammenfallen - im Widerspruch zu Grenzwerten für die Eigenkapitalbildung. Diese wird aber ebenfalls als Stabilitätsindikator genutzt. So impliziert bspw. die Einhaltung einer maximal 100%igen Ausschöpfung der langfristigen Kapitaldienstgrenze die Forderung, dass eine Eigenkapitalbildung in Höhe der Tilgung erfolgt. Bei einem Verschuldungsgrad von $FK/EK = 1/5$ sowie einer durchschnittlichen Tilgung von 5% entspricht dies der Forderung nach einer Eigenkapitalveränderung von 1%. Bei einem c.p. höheren Verschuldungsgrad von bspw. $FK/EK = 2/1$ entspricht sie dagegen der Forderung nach einer Eigenkapitalveränderung von 10%. Die implizit geforderte Eigenkapitalveränderung steigt also mit zunehmendem Fremdkapitalanteil. Dies ist mit Blick auf das Finanzrisiko grundsätzlich zu befürworten. Allerdings ist das konkrete Ausmaß fragwürdig. Es ist bei einem geringen Fremdkapitalanteil zu niedrig und bei einem hohen Fremdkapitalanteil zu hoch. Außerdem steigt die geforderte Eigenkapitalveränderung mit der Tilgung. Warum diese Forderung sinnvoll sein soll, bleibt offen.
- Ein Unternehmen kann einen sehr hohen Gewinn ausweisen, der auf eine gute Rentabilitätslage des Betriebs hindeutet. Es könnte allerdings sein, dass dieser hohe Gewinn auf Einmaleffekte (z.B. durch Landverkauf realisierte Buchgewinne) zurückzuführen ist. Für betriebswirtschaftliche Analysen ist

der bereinigte Gewinn aussagekräftiger. Diesem Einwand wird allerdings bei einer kundigen Analyse durch die Berechnung des ordentlichen Ergebnisses Rechnung getragen.

- Die Eigenkapitalrendite kann sehr hoch sein. Das macht zunächst einen guten Eindruck, da man üblicherweise hohe Renditen als positiv bewertet. Die hohe Eigenkapitalrendite kann aber durch einen hohen Fremdkapitalanteil bei gleichzeitig geringen absoluten Gewinnen verursacht sein. Dies spricht dafür, auf den absoluten Gewinn zurückzugreifen. Dieser hat aber als Absolutgröße seinerseits wenig Aussagefähigkeit für einen Vergleich der Ertragskraft von Unternehmen.
- Der Fremdkapitalanteil kann gering sein. Das sieht zunächst gut aus. Der geringe Fremdkapitalanteil könnte allerdings darin begründet sein, dass Reinvestitionen unterlassen und Abschreibungen zur Schuldentilgung eingesetzt wurden.

Durch diese ausgewählten Beispiele ist deutlich geworden, dass es weder *die* Erfolgskennzahl noch *den* Referenzwert gibt. Auch gibt es weder für den landwirtschaftlichen noch für den industriellen Bereich einen einheitlichen, gemeinhin akzeptierten Kennzahlenkatalog, wenngleich immer wieder empirische Begründungsversuche durch die Wissenschaft vorgenommen werden. Man muss also zur Beurteilung eines Unternehmens **immer auf mehrere Kennzahlen zurückgreifen** und diese mit Fachverstand kritisch interpretieren, um zu einem Bild der tatsächlichen wirtschaftlichen Lage zu kommen.

Begrenzter Informationsgehalt des Jahresabschlusses

Der Jahresabschluss ist ein **vergangenheitsbezogener Rechenschaftsbericht** für eine abgelaufene Periode. Gerade in Phasen größerer struktureller Änderungen sagen die aus einem Jahresabschluss gewonnenen Kennzahlen nicht genug über die zukünftige Entwicklung aus. In solchen Fällen gibt bspw. der Gewinn des letzten Geschäftsjahres keine Auskunft über zukünftige Rentabilitätspotenziale. Aus einem Jahresabschluss abgeleitete Kennzahlen können deshalb allenfalls als erste Problemindikatoren genutzt werden, und auch dies nur dann, wenn man ein Weiter-so-wie-bisher unterstellen kann.

Außerdem fokussiert die Bilanz **ausschließlich auf finanzielle Vermögensgegenstände**. Damit wird bspw. der Wert eines guten Managements und guter Geschäftsbeziehungen vernachlässigt. Technisch gesagt, darf ein (immaterieller) *Geschäfts*wert nicht ausgewiesen werden. Dies sei am Beispiel eines sehr „schlanken" Marktfruchtbetriebs verdeutlicht: Der Betrieb hat durch eine gute „Verpächterpflege" stabile und kostengünstige Pachtverträge abgeschlossen, aber gleichzeitig nur eine Minimalausstattung an Maschinen, da er den Großteil der Arbeiten durch einen verlässlichen Lohnunternehmer erledigen lässt. Er hat deshalb eine sehr geringe Bilanzsumme, auch wenn seine Gewinnsituation hervorragend ist. Hinzu kommt, dass nur solche immateriellen *Vermögens*gegenstände in der Bilanz eingestellt werden dürfen, die entgeltlich erworben wurden. Unentgeltlich zugewiesene Kontingente bzw. Lieferrechte für Zuckerrüben oder Milch gehen nicht aus der Bilanz hervor, auch wenn sie werthaltig sind. Die aus einer Bilanz ersichtlichen Informationen sind also unvollständig und spiegeln u.U. nicht den gesamten Unternehmenswert wider.

Darüber hinaus dürfen Vermögensgegenstände in der Bilanz nur mit ihren Anschaffungs- oder Herstellungskosten bewertet werden. Das Vermögen kann daher erhebliche **stille Reserven** beinhalten, die der positiven Differenz zwischen dem Marktwert von Vermögensgegenständen und dem Buchwert entsprechen. Ein anschauliches Beispiel hatten wir mit dem Forstbetrieb bereits kennengelernt, der vor Jahrzehnten einen neuen Wald anlegt hat, den Wachstumsfortschritt und den Marktwert aber vor der Realisation durch einen Verkauf nicht in der Bilanz ausweisen darf. Beispielsweise sind bei der Beurteilung einer Insolvenzgefahr stille Reserven durch ergänzende Analysen zu berücksichtigen.

Instrumente zur Beeinflussung des Gewinns können die Aussagekraft einer Bilanz verfälschen. Man spricht in diesem Zusammenhang auch von bilanzpolitischen Maßnahmen. Zum einen können vor dem Bilanzstichtag *Geschäftsvorfälle gestaltet* werden. Damit ist z.B. gemeint, dass aufwändige Reparaturen in das nächste Geschäftsjahr verlegt werden, um eine Ergebnisverschlechterung im aktuellen Jahr zu vermeiden oder den Gewinn im nächsten Jahr zu reduzieren. Der Gewinn könnte auch durch den Verkauf nicht betriebsnotwendiger Vermögensgegenstände, die stille Reserven enthalten, erhöht werden. Zum anderen kann die *Darstellung von Geschäftsvorfällen gestaltet* werden. Dies ist möglich, wenn gesetzliche Bilanzierungs- und Bewertungswahlrechte oder Ermessensspielräume bestehen. So gibt es z.B. ein Wahlrecht hinsichtlich der Aktivierung des Feldinventars für Einzelunternehmen sowie für Juristische Personen, die nur Land- und Forstwirtschaft betreiben. Auch bezüglich der Passivierung von Rückstellungen für unterlassene Instandhaltungsmaßnahmen besteht ein Wahlrecht. Mit Blick auf Bewertungswahlrechte ist z.B. die Wahl der Abschreibungsmethode (lineare vs. degressive Abschreibung) zu nennen. Ermessensspielräume bestehen z.B. hinsichtlich der Abgrenzung zwischen Herstellungskosten und Erhaltungsaufwand. Das bedeutet, dass eine konkrete Maßnahme, wie z.B. eine Gebäudemodernisierung, als Aufwand im betrachteten Jahr angesetzt werden kann (Erhaltungsaufwand) oder zu einer Erhöhung des Gebäudevermögens führt, das dann erst in den nächsten Jahren entsprechend höhere Abschreibungen ermöglicht (Herstellungskosten).

3.4 Leistungs-Kostenrechnung

3.4.1 Zweck der Leistungs-Kostenrechnung

Die in der GuV ausgewiesenen Erträge und Aufwendungen sind stark aggregiert. Die Aggregation erfolgt nicht nur über einen langen Zeitraum (das ganze Geschäftsjahr), sondern auch für eine große organisatorische Einheit (das ganze Unternehmen) und damit über eine Vielzahl unterschiedlicher Produktionsfaktoren. Dadurch gehen viele Einzelinformationen verloren. So gibt eine für einen landwirtschaftlichen Betrieb typische Position „Aufwand für Düngemittel" zwar Auskunft über den monetären Wert der im Geschäftsjahr im Unternehmen insgesamt verbrauchten Düngemittel. Es lässt sich aber nicht ableiten, für *welche* Fruchtart, *welchen* Düngungszeitpunkt und *welchen* Ackerschlag *welche* Düngemittel in *welchem* Umfang verbraucht wurden. Verstärkt wird dieses Problem dadurch, dass genutzte eigene Ressourcen, d.h. eigene Arbeit, eigener Boden und eigenes Kapital, in der GuV gar nicht auftauchen. Damit stellt die **GuV ein zu „grobes" Instrument** dar, um die Wirtschaftlichkeit zurückliegender unternehmerischer Entscheidungen beurteilen und konkrete Fehlentscheidungen identifizieren zu können. Dasselbe gilt mit Blick auf die Lieferung von Informationen für zukunftsbezogene Entscheidungen, die sich immer auf konkrete Fragestellungen, d.h. auf bestimmte Entscheidungs- und damit Kalkulationsobjekte, beziehen. Für einen landwirtschaftlichen Unternehmer geht es bspw. um die Frage, welche Stickstoffmenge für Weizen ausgebracht werden soll und welche Leistung hiermit voraussichtlich verbunden sein wird. Die für die Bewertung zurückliegender und zukünftiger Entscheidungen erforderlichen Informationen können nur durch ein „feineres" Instrument, wie es die Leistungs-Kostenrechnung (LKR; cost and performance analysis) darstellt, bereitgestellt werden. Diese basieren in aller Regel auf detaillierten betrieblichen Aufzeichnungen, wie z.B. Schlagkarteien.

Die LKR versteht den Betrieb als Ort, an dem Inputs in Outputs transformiert werden. In diesem wertschöpfungsorientierten Transformationsprozess bezeichnet der Begriff „Leistungen" die monetär bewerteten Outputs und der Begriff „Kosten" die monetär bewerteten Inputs. Diese Definition spiegelt direkt das Anliegen der LKR wider: Bei prinzipiell frei wählbarem Aggregationsgrad und Bezugspunkt bzw. Entscheidungsobjekt **geht es bei der LKR immer darum, den Leistungen die Kosten gegenüberzustellen** und so die Wirtschaftlichkeit unternehmerischen Handelns zu beurteilen, Erfolgsstörungen aufzudecken sowie Korrekturmaßnahmen und unternehmerische Anpassungsentscheidungen zu unterstützen. Dies gilt sowohl bei der ex post Betrachtung (d.h. bei der Kontrolle und Analyse) als auch bei der ex ante Betrachtung (d.h. bei der Planung). Dabei kann es sich um so unterschiedliche Entscheidungsobjekte handeln wie die Einstellung oder Entlassung eines Betriebsleiters, die Höhe der Qualitätsdüngung im Weizen, die Veränderung des Anbauumfangs einzelner Ackerfrüchte, der Aufbau oder die Aufgabe eines Betriebszweigs, die Durchführung einer Fortbildungsmaßnahme für Melker, der Kauf eines Mähdreschers, der Bau eines Getreidesilos, die Durchführung von Marketingmaßnahmen, die Bestimmung einer kritischen Preisuntergrenze, ab der man die Produktion aufnehmen bzw. einstellen sollte, oder sogar die Einführung einer aussagekräftigeren LKR.

Durch diese weit gestreute Aufzählung werden zwei Dinge deutlich:

- Die LKR stellt einen Versuch dar, das Grenzwertprinzip zu operationalisieren. Man möchte wissen, welchen **Änderungen bei den Leistungen und Kosten** durch unternehmerische Entscheidungen hervorgerufen werden. Dies bezieht sich sowohl auf die ex post Kontrolle der Auswirkungen von Entscheidungen in der Vergangenheit als auch auf die ex ante Vorwegnahme der erwarteten Konsequenzen zukünftiger Entscheidungen. Bei Entscheidungsfragen, bei denen die Leistungsseite unberührt bleibt, kann man sich auf isolierte Kostenvergleiche stützen. Im Allgemeinen müssen aber die Veränderungen von Kosten und Leistungen unternehmerischer Entscheidungen berücksichtigt werden. Wir betonen diesen Sachverhalt, indem wir von Leistungs-Kostenrechnung und nicht einfach von Kostenrechnung sprechen.
- Die LKR kann auf jedes beliebige Entscheidungsobjekt bezogen werden. Aufgrund der quasi unendlichen Zahl unternehmerischer Entscheidungen entsteht aber ein Problem. Aus praktischen Gründen kann die LKR **nicht als allumfassende „Vorratsrechnung"** ausgestaltet werden, die *alle* in der Vergangenheit getroffenen und *alle* aktuell denkbaren Einzelentscheidungen abdeckt und durchrechnet. Ein derartiger Versuch würde selbst mehr zusätzliche Kosten als zusätzliche Leistungen verursachen und wäre damit unrentabel.

Um diesem Problem zu entkommen, werden in den Unternehmen unterschiedlich aufgebaute und unterschiedlich ausgefeilte Standardsysteme der LKR genutzt. Diese Systeme kann man tatsächlich als Vorratsrechnungen verstehen, da sie schematisch, d.h. ohne konkreten Entscheidungsbezug, in regelmäßigen Abständen die Leistungen und Kosten für vorgegebene Kalkulationsobjekte ausweisen. Das Ziel beim Aufbau einer **standardisierten Vorratsrechnung** ist es, diese Kalkulationsobjekte so festzulegen und zu strukturieren, dass man entscheidungsrelevante Informationen bei Bedarf schnell und mit dem geringstmöglichen Aufwand ableiten kann.

Der Aufbau einer LKR, die hierfür die besten Voraussetzungen bietet, ist keine einfache Aufgabe. Es gibt kein allgemeingültiges Design, das für alle Unternehmen und Situationen gleichermaßen geeignet wäre. Im Gegensatz zur Finanzbuchführung unterliegt der Unternehmer bei der Ausgestaltung der Betriebsbuchführung und damit bei der LKR **keinen verbindlichen Vorgaben von außen**. Er ist weder an einen bestimmten Detaillierungsgrad, eine bestimmte Form noch eine bestimmte Abrechnungsperiode gebunden. Jeder Unternehmer hat die vollständige Freiheit, *seine* LKR *seinen* Informationsbedürfnissen entsprechend auszugestalten. Es gibt also nicht „richtig oder falsch", sondern nur „nützlich oder nicht nützlich". Die LKR nimmt aber i.d.R. eine unterjährige bis einjährige Sicht ein. Mehrjährige Leistungs-Kostenbetrachtungen sind Gegenstand der Investitionsrechnung. Die Investitionsrechnung wird gesondert in Punkt 6.3.3c) behandelt.

Bei allen Unterschieden, die man bei den LKR-Systemen in Unternehmen unterschiedlicher Größe und Branchen findet, lassen sich die in der Praxis genutzten **Standardsysteme in zwei große Klassen unterscheiden**: die Teilkostenrechnung und die Vollkostenrechnung (vgl. Abb. 3-16). Die Wahl eines der beiden Systeme oder evtl. die gleichzeitige Nutzung beider Systeme sowie ihre konkrete Ausgestaltung werden durch den Informationsbedarf bestimmt, den die Unternehmensführung bei der Analyse und der Entscheidungsunterstützung hat.

In Punkt 3.4.2 erklären wir wichtige Begriffe, die insbesondere im Zusammenhang mit der Leistungs-Kostenrechnung sehr häufig verwendet werden. Sowohl die Teilkostenrechnung als auch die Vollkostenrechnung basiert auf der Kostenartenrechnung und der Kostenstellenrechnung, die wir in Punkt 3.4.3 beschreiben. Bei der Teilkostenrechnung gibt es zwei Grundformen: die einstufige Deckungsbeitragsrechnung und die mehrstufige Fixkostendeckungsrechnung (vgl. Punkt 3.4.4). Die Vollkostenrechnung - oder genauer gesagt, die Kostenträgervollkostenrechnung - kann in Form der Stückkosten- bzw. Stückgewinnrechnung und als Prozesskostenrechnung ausgestaltet sein. Die Vollkostenrechnung ist Gegenstand von Punkt 3.4.5.

Abb. 3-16: Systematisierung der Leistungs-Kostenrechnung

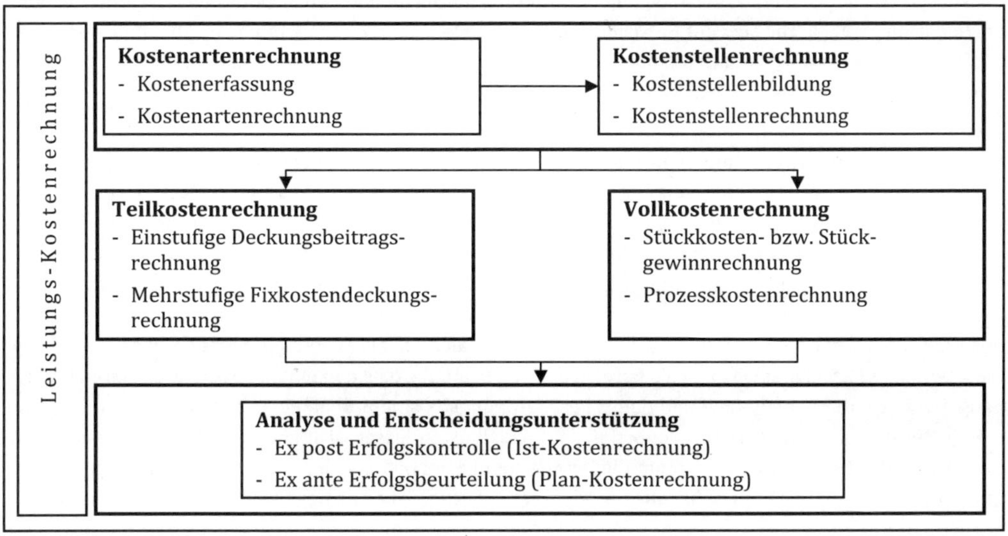

3.4.2 Wichtige Kostenbegriffe

Die Abhängigkeit der Leistungen und Kosten von den unternehmerischen Entscheidungen hat zu einer Vielzahl von Begrifflichkeiten geführt, die verschiedene Aspekte dieses Zusammenhangs charakterisieren. Zur Erleichterung des Verständnisses werden die wichtigsten dieser Begriffe hier erklärt. Obwohl Entscheidungen immer einen Einfluss auf Leistungen *und* Kosten haben können, sprechen wir dabei der Einfachheit halber von „Kosten". Bei den jeweiligen Begriffen „disponible Kosten", „variable Kosten" etc. ist also gedanklich immer „... und Leistungen" zu ergänzen. Für die in diesem Punkt folgenden Ausführungen gilt - ähnlich wie für Abschnitt 3.2 -, dass die Informationsdichte sehr hoch ist. Lassen Sie sich davon nicht abschrecken, sondern verschaffen Sie sich zunächst „im Schnelldurchgang" einen Überblick. Später wird die kompakte Darstellung der einzelnen Definitionen eine Hilfestellung für Sie sein und ein schnelles Nachschlagen ermöglichen.

Disponible/nicht-disponible Kosten: Der Begriff der disponiblen Kosten wurde direkt mit Blick auf die Entscheidungsunterstützung geschaffen. Synonym verwendet man auch die Begriffe „relevante Kosten" oder „entscheidungsabhängige Kosten". Darunter versteht man die Kosten, die durch eine bestimmte unternehmerische Entscheidung bzw. Disposition hervorgerufen oder eingespart werden. Nicht-disponible Kosten sind Kosten, die durch die betrachtete Entscheidung nicht verändert werden.

Variable/fixe Kosten: Kosten werden als variabel bezeichnet, wenn sie davon abhängen, in welchem Umfang ein Produkt erzeugt wird. Die Kosten für Saatgut und Futtermittel wären Beispiele. Damit ist zunächst noch nichts über die Art des funktionalen Zusammenhangs (linear oder nicht-linear) gesagt. Fixe Kosten werden dagegen von den vorhandenen Produktionskapazitäten verursacht, und zwar unabhängig von den erzeugten Mengen. Beispiele sind die Kosten des Betriebsleiters und seines Büros. Die Unterscheidung „variabel/fix" zielt also auf Produktionsmengen- oder Größenentscheidungen ab. Um dies zu betonen, spricht man auch von *beschäftigungs*variablen und *beschäftigungs*fixen Kosten. Die Begriffe „variabel/fix" dürfen deshalb nicht mit „veränderlich/nicht-veränderlich" gleichgesetzt werden, obwohl dies in der Praxis oftmals gemacht wird. Investitions- und Desinvestitionsentscheidungen verursachen bspw. eine Veränderung der fixen Kosten. Um zu vermeiden, dass man in solchen Zusammenhängen von „variablen fixen Kosten" sprechen muss, unterscheiden wir zwischen den *speziellen* Begriffen „variabel" und „fix", die sich allein auf die Produktionsmengenentscheidung beziehen, und den *allgemeinen* Begriffen „disponibel/nicht-disponibel", die sich auf Entscheidungen jedweder Art beziehen können. In Abhängigkeit davon, wie sich Kosten mit der Produktionsmengenentscheidung konkret verändern, unterscheidet man proportionale/disproportionale sowie progressive/degressive Kosten. Beide Begriffspaare werden im Folgenden erläutert.

Proportionale/disproportionale Kosten: Die Begriffe „proportional/disproportional" werden i.d.R. in Verbindung mit dem Wort „Spezialkosten" verwendet, durch das ausgedrückt wird, dass es sich um Kosten handelt, die eindeutig der Erzeugung eines speziellen Produkts zuzuordnen sind. Proportionale Spezialkosten steigen linear mit dem Produktionsumfang an. Bei den variablen Kosten handelt es sich also dann um proportionale Spezialkosten, wenn der Zusammenhang zwischen variablen Kosten und Produktionsmenge stetig linear ist. Ein Beispiel ist die Veränderung der Saatgutmenge für Weizen mit der Ausdehnung der Weizenanbaufläche. Dagegen liegt bei disproportionalen Spezialkosten ein nicht-stetiger Zusammenhang vor. Man bezeichnet sie auch als bereichs- bzw. sprungfix, da sie in einem bestimmten Bereich unabhängig vom Produktionsumfang und damit beschäftigungsfix sind und ab einer bestimmten Produktionsmenge sprunghaft ansteigen. Disproportionale Spezialkosten lassen sich ebenfalls eindeutig einem Produkt zuordnen. Es handelt sich z.B. um die beschäftigungsunabhängigen Kosten von dauerhaften Spezialmaschinen wie Abschreibung, Zinsansatz oder Versicherung, die im Gegensatz zu Betriebsmitteln wie Stickstoff nur in unteilbaren, d.h. ganzzahligen Einheiten beschafft werden können. Ein typischer Fall wäre ein Maisgebiss, das als spezielles Mähdrescherschneidwerk nur bei der Körnermaisernte zum Einsatz kommt und von dem wir unterstellen, dass seine jährlichen Kosten unabhängig von der Auslastung sind. Eine Einschränkung des Maisanbaus von bspw. 20 ha auf 15 ha würde die Höhe dieser Kosten nicht verändern. Ab einem Anbauumfang von z.B. 400 ha könnte jedoch ein zweites Gebiss erforderlich sein. Geht man über diese Produktionsmenge hinaus, steigen die Kosten sprunghaft an (vgl. Abb. 3-17).

Abb. 3-17: Zusammenhänge zwischen Produktionsmenge und Kosten

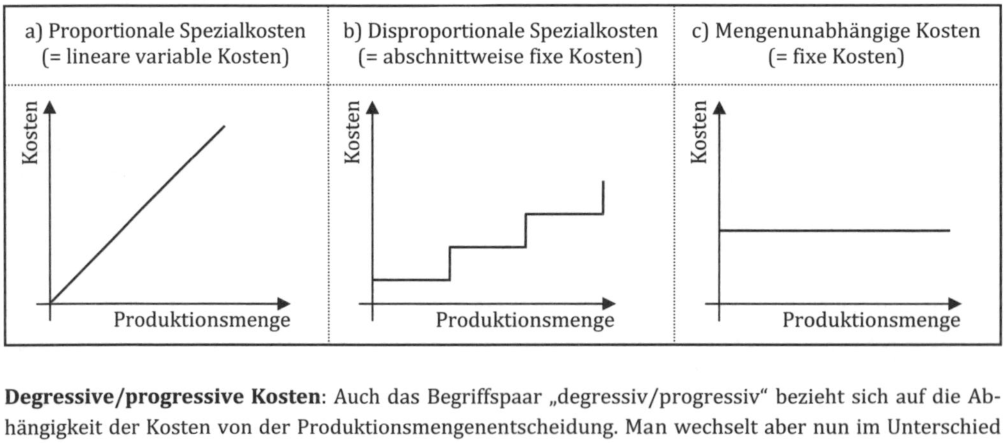

Degressive/progressive Kosten: Auch das Begriffspaar „degressiv/progressiv" bezieht sich auf die Abhängigkeit der Kosten von der Produktionsmengenentscheidung. Man wechselt aber nun im Unterschied zum Begriffspaar „proportionale/disproportionale Kosten" von einer Absolutkostenbetrachtung zu einer Durchschnittskostenbetrachtung (Kosten pro Stück Output). Der Begriff „degressive Kosten" lässt sich am Beispiel der disproportionalen Kosten des Maisgebisses erklären: Wird das Maisgebiss nur für 20 ha im Jahr genutzt, ist es „unterbeschäftigt". Würde man es voll auslasten, könnte man seine Kosten, die im Bereich von Null bis 400 ha als konstant angenommen wurden, auf eine größere Produktmenge umlegen. Dies bezeichnet man als *Beschäftigungsdegression*. Man spricht dagegen von *Verfahrensdegression*, wenn das Sinken der outputbezogenen Durchschnittskosten durch den Übergang zu einer anderen Verfahrenstechnologie, wie z.B. zu einem größeren Mähdrescher mit einem breiteren Schneidwerk, verursacht wird. Für beide Effekte zusammen nutzt man die Begriffe „Größenvorteile" und „Skaleneffekte" (economies of scale). Der Begriff „progressive Kosten" bezeichnet den umgekehrten Sachverhalt, nämlich dass ab einer bestimmten Produktionsmenge bzw. Betriebsgröße die Durchschnittskosten aus verschiedenen Gründen (z.B. Transportkosten und Koordinationskosten) auch wieder steigen können. Bei proportionalen Spezialkosten sind die Durchschnittskosten konstant.

In Tab. 3-14 sind die Zusammenhänge zwischen proportionalen, disproportionalen, degressiven, progressiven und fixen Kosten jeweils an einem kleinen Zahlenbeispiel verdeutlicht.

Tab. 3-14: Beispielzahlen zur Abgrenzung von proportionalen, disproportionalen, degressiven, progressiven und fixen Kosten

Produktionsmenge	Proportionale Kosten		Disproportionale Kosten		Degressive Kosten [a]		Progressive Kosten		Fixe Kosten	
	Absolut	Ø	Absolut	Ø	Absolut	Ø	Absolut	Ø	Absolut	Ø
1	10	10	10	10,00	10,00	10,00	10,00	10,00	10	10,00
2	20	10	10	5,00	19,80	9,90	20,20	10,10	10	5,00
3	30	10	10	3,33	29,40	9,80	30,60	10,20	10	3,33
4	40	10	10	2,50	38,80	9,70	41,20	10,30	10	2,50
:										
20	200	10	10	0,50	162,00	8,10	238,00	11,90	10	0,50
21	210	10	20	0,95	168,00	8,00	252,00	12,00	10	0,48
22	220	10	20	0,91	173,80	7,90	266,20	12,10	10	0,45
23	230	10	20	0,87	179,40	7,80	280,60	12,20	10	0,43
:										

[a] Disproportionale und fixe Kosten führen ebenfalls zu einem degressiven Kostenverlauf.

Versunkene Kosten: Der Begriff „versunkene Kosten" (sunk cost) betont ein spezifisches zeitliches Phänomen von Kosten im Zusammenhang mit Investitions- und Desinvestitionsentscheidungen: *Vor* der Investition sind alle Kosten disponibel, d.h. wenn man sich für die Investition entscheidet, entstehen sie. Wenn man sich gegen die Investition entscheidet, entstehen sie nicht. *Nach* der Investition sind jedoch die Handlungsmöglichkeiten oft so eingeschränkt, dass man auf einen Großteil der Kosten keinen Einfluss mehr hat. So lassen sich nach dem Bau einer Schweinemastanlage zwar die beschäftigungsvariablen Kosten, wie z.B. Ferkel-, Futter- und Energiekosten, einsparen, wenn man die Produktion bei gesunkenen Preisen einstellt. Die beschäftigungsfixen Kosten, d.h. vor allem Abschreibung und Zinsansatz, der Anlage bleiben aber bestehen; es sei denn, man findet eine kostenreduzierende Alternativverwendung, wie z.B. durch den Verkauf der Anlage an einen Diskobetreiber. Wenn man aufgrund der Spezifität einer Anlage keine alternative Verwendung findet, entstehen die Anlagekosten unabhängig davon, was man tut. In diesem Fall ist es am besten, weiter zu produzieren, solange man die variablen Kosten decken kann (vgl. Punkt 2.4.3). Man spricht deshalb auch von der Irreversibilität von Investitionen oder davon, dass Kosten nicht wieder freigesetzt werden können. Versunkene Kosten sind ein besonderer Fall nicht-disponibler Kosten: Während die Bezeichnung „nicht-disponibel" lediglich aussagt, dass die Kosten nicht von der gerade betrachteten Entscheidung beeinflusst werden, haben wir es bei versunkenen Kosten mit einer *absoluten* Nicht-Disponibilität zu tun. Es gibt gar keine Handlungsmöglichkeit, durch die man den Teil der Kosten, der als versunken bezeichnet wird, abbauen könnte.

Pagatorische/kalkulatorische Kosten: Pagatorische Kosten oder Grundkosten sind Kosten, für die es Belege gibt und die - falls die Abrechnungsperiode der LKR das der GuV zugrunde liegende Geschäftsjahr ist - in gleicher Höhe als Aufwand erfasst werden. Im Unterschied dazu handelt es sich bei den kalkulatorischen Kosten um beleglose Kosten, die in irgendeiner Form berechnet und in Anders- und Zusatzkosten unterteilt werden (vgl. Abb. 3-5). Anderskosten ergeben sich bei einem Güterverzehr, der von der Sache her auch Aufwand darstellt, sich von dem Aufwand aber in der Höhe unterscheidet. Bei Abschreibungen ist dies häufig der Fall. Zusatzkosten entstehen für den Verbrauch der Produktionsfaktoren „eigene Arbeit", „eigener Boden" und „eigenes Kapital". Es entstehen ja Opportunitätskosten in Form des entgangenen außerbetrieblichen Arbeitseinkommens, entgangener Pachteinnahmen und entgangener Zinsen. Werden die Opportunitätskosten durch den betrieblichen Einsatz nicht gedeckt, ist der außerbetriebliche Einsatz lohnenswerter.

Einzelkosten/Gemeinkosten: Einzelkosten sind Kosten, die sich einem bestimmten Kalkulationsobjekt eindeutig zuordnen lassen. Gemeinkosten - auch Bereitschaftskosten genannt - sind Kosten, die man dem Kalkulationsobjekt nicht allein und damit nicht eindeutig zuordnen kann. Lange Zeit hat man den Begriff „Einzelkosten" mit den proportionalen und disproportionalen Spezialkosten gleichgesetzt, also mit den Kosten, die eindeutig einem speziellen Endprodukt zugeordnet werden können. Dementsprechend wurde der Begriff „Gemeinkosten" summarisch für alle Kosten benutzt, die nicht eindeutig einem Endprodukt zugeordnet werden können. Inzwischen berücksichtigt man aber, dass man Kosten nicht nur auf das Endprodukt, sondern auch auf andere, stärker aggregierte Kalkulationsobjekte beziehen kann. So sind bspw. die Kosten des Weizen- und Rapssaatgutes Einzelkosten für die Endprodukte Weizen und Raps. Die Kosten einer Maschinenhalle für Ackergeräte stellen dagegen für die Kalkulationsobjekte „Weizen" und „Raps" gemeinsame Kosten dar, die nicht eindeutig den einzelnen Produkten zugeordnet werden können. Nutzt man dagegen den Betriebszweig „Ackerbau" mit Blick auf die Analyse der Wirtschaftlichkeit der dort getroffenen oder zu treffenden Entscheidungen als Kalkulationsobjekt, so kann man die Kosten der Maschinenhalle dem Betriebszweig „Ackerbau" eindeutig als Einzelkosten zuordnen. Die Kosten eines Unternehmensleiters (Gehalt, Telefon, PKW etc.), der für mehrere Betriebszweige (z.B. Schweinemast, Ackerbau und Milchviehhaltung) zuständig ist, stellen dagegen für diese Betriebszweige gemeinsame Kosten dar. Sie lassen sich ihrerseits erst dem Kalkulationsobjekt „Gesamtunternehmen" eindeutig zuordnen. Das heißt, die Begriffe Einzel- und Gemeinkosten werden *relativ* zu einem bestimmten Kalkulationsobjekt verwendet. Statt Kalkulationsobjekt spricht man in diesem Zusammenhang auch einfach von Kostenstelle.

Ist-Kosten/Plan-Kosten: Das Begriffspaar „Ist-Kosten/Plan-Kosten" spiegelt die Rolle der LKR in den verschiedenen Phasen des unternehmerischen Entscheidungsprozesses wider (vgl. Punkt 2.1.2). Im Rahmen der Unternehmensanalyse bestimmt man die *Ist-Kosten*, d.h. die Kosten, die durch die wirtschaftliche Tätigkeit in der Vergangenheit entstanden sind. Man spricht auch von einer ex post Erfolgskontrolle. Im Rahmen der Unternehmensplanung schätzt man dagegen die Plan-Kosten, die für eine bestimmte Art der zukünftigen wirtschaftlichen Tätigkeit entstehen. *Plan-Kosten* werden auch als ex ante Kosten oder Soll-Kosten bezeichnet. Dies betont, dass sie das antizipierte Ergebnis des unternehmerischen Handelns und der zukünftigen unsicheren Entwicklungen sind. Sie beschreiben die Zielvorgabe, mit der die in der Zukunft tatsächlich erzielten Ergebnisse verglichen werden können. Zusätzlich findet man manchmal den Begriff *„Normal-Kosten"*. Normal-Kosten bedeutet, dass man z.B. durch vertikale Vergleiche (d.h. aus der mehrperiodischen Betrachtung des eigenen Unternehmens) und horizontale Vergleiche (d.h. aus dem Vergleich mit ähnlich strukturierten Unternehmen) eine Idee entwickelt, wie hoch die Kosten bei guter wirtschaftlicher Praxis „normalerweise" sind. Mit Blick auf das Verhältnis von Plan- und Normal-Kosten ist zu beachten, dass man nie einfach Durchschnittswerte als Sollwerte ansetzen sollte. Anders gesagt: Daten der Vergangenheit taugen nicht direkt als Planannahmen für die Zukunft. Erstens möchte man ja besser werden und aus vergangenen Fehlern lernen. Zweitens sind für die Zukunft möglicherweise andere Rahmenbedingungen zu erwarten. Bei Plankosten geht es also darum, plausible Planannahmen für das betriebsspezifisch Erreichbare zu treffen. Im Idealfall heißt das, im Wettbewerb mit anderen Unternehmen überdurchschnittlich zu sein und sich an erwartete zukünftige Entwicklungen bestmöglich anzupassen.

Kostenzurechnungsprinzipien: In engem Zusammenhang mit der Nutzung der LKR für die Entscheidungsunterstützung stehen die sog. Kostenzurechnungsprinzipien. Man unterscheidet zwischen dem Verursachungsprinzip auf der einen Seite und den als Einwirkungs-, Durchschnitts- und Tragfähigkeitsprinzip bezeichneten untergeordneten Prinzipien auf der anderen Seite:

- Beim **Verursachungsprinzip** werden einem Kalkulationsobjekt nur diejenigen Kosten zugeordnet, die allein durch dieses Kalkulationsobjekt hervorgerufen werden. Einem Kalkulationsobjekt „Endprodukt" werden bspw. Kosten nur dann zugeordnet, wenn diese Kosten eindeutig durch die Entscheidung hervorgerufen wurden, dieses Produkt zu erzeugen. Ein Beispiel wären die Kosten für Weizensaatgut, die eindeutig durch die Weizenproduktion bedingt sind. Analog werden einem Kalkulationsobjekt „Betriebszweig" Kosten nur dann zugeordnet, wenn sie eindeutig durch Entscheidungen auf dieser Ebene entstanden sind. So wird z.B. die Abschreibung für den Mähdrescher durch den Teilbetriebszweig „Marktfruchtbau ohne Hackfrüchte" hervorgerufen.
- Beim **Einwirkungsprinzip** werden Kosten, die für mehrere Kalkulationsobjekte bzw. Kostenstellen gemeinsam entstanden sind, der einzelnen Kostenstelle jeweils nach Maßgabe der tatsächlich empfangenen innerbetrieblichen Leistungen zugerechnet. Man würde also bspw. die fixen Kosten eines Mähdreschers der jeweiligen Druschfrucht anteilig nach den vom Betriebsleiter aufgezeichneten Druschstunden zurechnen. Man argumentiert, dass ohne die Einwirkung des Mähdreschers die Erzeugung des Produkts nicht möglich gewesen wäre. Die anteilig den Produkten zugerechneten Mähdrescherkosten eignen sich trotzdem nur sehr bedingt für die Kontrolle der Wirtschaftlichkeit der Kostenstelle „Endprodukt". Die fixen Mähdrescherkosten lassen sich im Gegensatz zu den variablen Kosten nicht reduzieren, wenn man sich auf der Produktebene dazu entscheidet, die Menge zu reduzieren. Im Gegenteil, die Wirtschaftlichkeit verschlechtert sich sogar, wenn die gleichen Fixkosten für eine geringere Produktionsmenge entstehen.
- Noch geringer ist die Aussagefähigkeit bzgl. der Wirtschaftlichkeit von Entscheidungen auf den verschiedenen Kostenstellenstufen, wenn man das **Durchschnittsprinzip** nutzt. Beim Durchschnittsprinzip werden die Gemeinkosten proportional zu einer Größe geschlüsselt, die weder die Einwirkung der Kapazität widerspiegelt noch von den Produktpreisen abhängt. Als Schlüssel kommen Mengengrößen (z.B. Mitarbeiterzahlen, Raummaße) und produktpreisunabhängige Wertgrößen (z.B. Lohnsummen) in Betracht. Ein Beispiel wäre die Verteilung der Kosten der Unternehmensführung nach der Zahl der Mitarbeiter oder der Lohnsumme der Mitarbeiter auf die Betriebszweige.
- Ebenfalls gering ist die Aussagefähigkeit beim **Tragfähigkeitsprinzip**, durch das Gemeinkosten proportional zu einer produktpreisabhängigen Wertgröße auf die Kalkulationsobjekte geschlüsselt werden. Der Umsatzerlös kann bspw. eine solche Schlüsselgröße sein. Mit Blick auf die Kosten der Unternehmensführung würde das bedeuten, dass man sie im Verhältnis der jeweiligen Betriebszweigerlöse auf die einzelnen Betriebszweige überwälzt. Insbesondere das Tragfähigkeitsprinzip verdeutlicht die Schwierigkeiten, die sich ergeben, wenn man zur Wirtschaftlichkeitskontrolle auf Kostengrößen zurückgreift, die durch eine Kostenverteilung mit Hilfe von Schlüsseln entstehen. Im vorliegenden Fall würden einem Betriebszweig umso mehr Kosten angelastet, je erfolgreicher der Betriebszweig Umsatz generiert.

Die Kostenzurechnungsprinzipien stehen in einem direkten Zusammenhang mit den beiden grundlegenden Systemen der LKR. Die Teilkostenrechnung basiert allein auf Einzelkosten, die den einzelnen Kostenstellen eindeutig nach dem Verursachungsprinzip zugeordnet werden. Dagegen ergibt sich bei der Vollkostenrechnung die Notwendigkeit, auf die untergeordneten Kostenzurechnungsprinzipien zurückzugreifen. Dies liegt daran, dass man in aller Regel nicht alle Kosten mit Hilfe des Verursachungsprinzips den Endprodukten zuordnen kann. Vielmehr müssen bei der Vollkostenrechnung die Gemeinkosten mit Hilfe des Einwirkungs-, Durchschnitts- oder Tragfähigkeitsprinzips auf die als Kostenträger bezeichneten Endprodukte geschlüsselt werden.

3.4.3 Kostenarten- und Kostenstellenrechnung

a) Kostenerfassung und Kostenartenrechnung

Die Kostenartenrechnung stellt den ersten Arbeitsschritt und die Voraussetzung für alle weiteren Schritte der LKR dar. In der Kostenartenrechnung werden zunächst die **Kosten der betrachteten Abrechnungsperiode erfasst**. Bei der Beschaffung der hierfür erforderlichen Informationen ist zu berücksichtigen, dass es drei unterschiedliche Gruppen von Kosten gibt (vgl. Abb. 3-5): die aus Belegen ableitbaren Grundkosten, die aufwandsverschiedenen kalkulatorischen Anderskosten sowie die kalkulatorischen Zusatzkosten in Form der Lohn-, Pacht- und Zinsansätze.

Bildlich gesprochen besteht die Aufgabe der Kostenerfassung darin, alle relevanten Rechnungsbelege der betrachteten Abrechnungsperiode „in einem Karton zu sammeln" und durch Eigenbelege für die Anderskosten und die Zusatzkosten zu ergänzen. Wie der Name „Kostenartenrechnung" sagt, belässt man es aber nicht dabei, die Kosten nur chronologisch zu erfassen und aufzusummieren. Vielmehr nimmt man eine **Gliederung der Kosten nach der physischen Art der Produktionsfaktoren** vor, die verbraucht oder genutzt wurden. Man legt die Kosten also in unterschiedlichen „Schubladen" ab, die bspw. wie folgt bezeichnet werden: Saatgutkosten, Düngemittelkosten, Bodenkosten (unterteilt nach gezahlten Pachten und Pachtansatz), Personalkosten (unterteilt nach gezahlten Löhnen und Lohnansatz), Gebäudekosten, Kapitalkosten (unterteilt nach gezahlten Zinsen und Zinsansatz), Energiekosten etc. Viele Kostenarten lassen sich noch feiner untergliedern. So kann bspw. beim Saatgut zwischen Weizensaatgut- und Rapssaatgutkosten unterschieden werden. Dagegen wird zwischen dem Stickstoffdünger für Weizen und Raps in der Kostenartenrechnung zunächst nicht differenziert, da er physisch nicht unterscheidbar ist.

Tab. 3-15 verdeutlicht die grundsätzliche Vorgehensweise der Kostenartenrechnung anhand des relativ kleinen Einzelunternehmens, das bereits in Beispiel 3-1 betrachtet wurde. Im Unternehmen werden auf 200 Plätzen Schweine gemästet. Außerdem wird auf 100 ha Fläche Marktfruchtbau betrieben. Jeweils 30 ha Ackerfläche werden zur Weizen- und Rapsproduktion genutzt. Auf den verbleibenden 40 ha wird Körnermais produziert. Jede Zeile der Tab. 3-15 repräsentiert eine der oben angesprochenen „Schubladen", in der die Kosten nach der physischen Art sortiert abgelegt werden.

Bei den folgenden Kalkulationen wird die Produktionsperiode 2008/09 betrachtet. Aus Vereinfachungsgründen und zum Zweck der Vergleichbarkeit der Ergebnisse der LKR mit denen der GuV wird unterstellt, dass die Grundleistung und die Grundkosten den bei der Finanzbuchführung für den Abrechnungszeitraum vom 01.07.2008 bis zum 30.06.2009 benannten Werten entsprechen (vgl. Tab. 3-7). Damit wird zum einen das gleiche Produktionsprogramm und Preisniveau wie in der vorherigen Produktionsperiode angenommen. Wäre das nicht so, dann müsste man die Erträge aus dem Geschäftsjahr 2009/10 und die Aufwendungen aus dem Geschäftsjahr 2008/09 bei der Analyse der Produktionsperiode 2008/09 zugrunde legen. Zum anderen wird vereinfachend unterstellt, dass Abschreibungskosten in aufwandsgleicher Höhe entstehen. Mit Blick auf die Zusatzkosten für den eigenen Boden, die eigene Arbeitskraft und das eigene Kapital werden die folgenden Annahmen getroffen:

- Der Betriebsleiter bringt seine eigene Arbeitskraft in das Einzelunternehmen ein. Als Lohnansatz wird das bei außerbetrieblicher Verwertung der Arbeitskraft zu erzielende Gehalt in Höhe von 25 000 € berücksichtigt.

- 30 ha der bewirtschafteten Fläche sind Eigentum des Betriebsleiters. Als Pachtansatz wird die regionsübliche Pacht in Höhe von 500 €/ha, d.h. insgesamt 15 000 €, berücksichtigt.
- Für das im Unternehmen eingesetzte Eigenkapital wird ein (nominaler) Zinsansatz von 6% p.a. angenommen. Dies entspricht dem Zins, den der Betriebsleiter erzielen könnte, wenn er das Eigenkapital langfristig in Finanzanlagen investieren würde. Multipliziert man den Zinsansatz mit dem Eigenkapitalbestand (740 000 €) abzgl. des bereits entlohnten Bodenvermögens (450 000 €) ergibt sich ein absoluter Betrag von 17 400 € (= 290 000 · 6%).

Tab. 3-15: Übersicht der Kostenarten im Beispielbetrieb für die Produktionsperiode 2008/09

Kostenarten	Kosten (€)		
	Pagatorisch	Kalkulatorisch	Gesamt
Saatgut	20 000		20 000
Dünger	40 000		40 000
Pflanzenschutz	20 000		20 000
Ferkel	32 000		32 000
Futter	35 000		35 000
Tierarzt und Medikamente	3 000		3 000
Treibstoff	5 000		5 000
Bodenkosten	35 000	15 000	50 000
Personalkosten		25 000	25 000
Gebäudeabschreibung (Schweinestall)		3 000	3 000
Maschinenabschreibung (Schlepper)		15 000	15 000
Maschinenabschreibung (Mähdrescher)		22 000	22 000
Maschinenabschreibung (Maisgebiss)		3 000	3 000
Kapitalkosten (Zinsen)	10 000	17 400	27 400
Sonstiges (Strom, Kfz-Steuer etc.)	15 000		15 000
Summe Kosten	**215 000**	**100 400**	**315 400**

Fazit: Die Kostenartenrechnung beantwortet die Frage, für welche Ressourcen im Abrechnungszeitraum Kosten entstanden sind. Sie beantwortet noch nicht die Frage, wo (bei welcher Kostenstelle) und wofür (für welche Leistung) die Kosten angefallen sind. Dennoch sind auch schon auf der Basis der Kostenartenrechnung erste Schwachstellenanalysen möglich. Möglicherweise stellt man ja beim Vergleich der Energiekosten im Zeitablauf fest, dass diese im Abrechnungszeitraum ohne Änderungen der Betriebsorganisation stark gestiegen sind. Wenn man gleichzeitig feststellt, dass sich weder die Energiepreise noch die Unternehmensgröße verändert haben, liegt es nahe, nach „Energielecks" zu suchen.

b) Kostenstellenbildung und Kostenstellenrechnung

Die **Kostenstellenrechnung bezieht sich auf einzelne Kalkulationsobjekte**, die man auch als Kostenstellen bezeichnet. Sie stellt den zweiten Arbeitsschritt der LKR dar. Wir wissen, dass der Unternehmer bei der Festlegung der Kalkulationsobjekte, für die er in seiner LKR Kosten ausweisen will, vollkommen frei ist. Anders gesagt: Er kann die **Kostenstellenstruktur kreativ so festlegen**, wie es seinem Informationsinteresse entspricht. Die Kostenstellen müssen den betrieblichen Eigenarten angepasst werden, damit man aus der standardisierten Vorratsrechnung die Kostenveränderungen, die durch unternehmerische Dispositionen verursacht werden, einfach ableiten kann. Zur Vermeidung von Missverständnissen sei angemerkt, dass der Begriff „kreativ" sich hier auf eine Struktur der Informationsauswertung bezieht, die nach eigenem Dafürhalten möglichst kosteneffiziente Entscheidungsunterstützung ermöglicht. Damit ist *nicht* gemeint, dass man mit fiktiven Werten für Leistungen und Kosten arbeitet, um im Rahmen der sog. kreativen Buchführung möglicherweise andere zu täuschen.

Im einfachsten Fall beschränkt man sich auf **zwei Kostenstellen- bzw. Hierarchiestufen**: Die unterste (und gleichzeitig zweite) Stufe mit den Endprodukten als Kalkulationsobjekte und die oberste (und gleichzeitig erste) Stufe mit dem Gesamtunternehmen als Kalkulationsobjekt. Für den aus der Kostenartenrechnung bekannten Beispielbetrieb bilden die vier Endprodukte „Schwein", „Weizen", „Raps" und „Mais" die Kalkulationsobjekte auf der untersten Stufe (vgl. Abb. 3-18).

Abb. 3-18: Zweistufige Kostenstellenstruktur eines landwirtschaftlichen Unternehmens

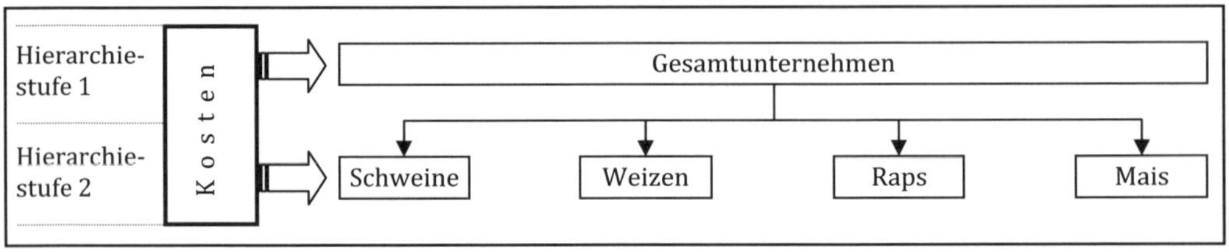

In aller Regel wird man aber ein größeres Informationsinteresse haben und die Kosten auf mehreren Entscheidungsebenen erfassen wollen. In diesem Fall ist eine LKR mit mehr als zwei Kostenstellenstufen aufzubauen. Die genaue Auswahl der Kostenstellen hängt von den verfolgten kostenrechnerischen Zielen (z.B. Tiefe der Kontrolle) und der Komplexität des Betriebs (z.B. Diversifizierungsgrad und innerbetriebliche Verflechtungen) ab. Grundsätzlich sollte man die **Kostenstellenstruktur an die Organisationsstruktur anlehnen** und mindestens so viele Kostenstufen abbilden, wie es Entscheidungsebenen gibt. In divisional gegliederten Unternehmen, deren Aufbaustruktur sich an den Haupterzeugnissen ausrichtet, bietet sich unterhalb der Unternehmensebene die Bildung betriebszweigbasierter Kostenstellen (Schweinemast, Marktfruchtbau etc.) an, die ihrerseits nach Maßgabe des abgrenzbaren Ressourceneinsatzes in weitere Teilbetriebszweige (Halmfrüchte, Hackfrüchte etc.) untergliedert werden können. Eine „Verästelung" der Kostenstellengliederung ist aber nur sinnvoll, solange der Ressourceneinsatz und damit die Kosten der einzelnen Stellen nach Kostenarten getrennt erfasst werden und die getrennte Erfassung auch wirtschaftlich zu vertreten ist. Eine Definition von Schlägen als eigenständige Kostenstellen wäre z.B. nur dann sinnvoll, wenn die automatische und kostengünstige Erfassung schlagspezifischer Ausbringungsmengen über Sensoren und Bordcomputer möglich ist.

Abb. 3-19 zeigt, wie die Kostenstellenstruktur für den Beispielbetrieb mit den Betriebszweigen „Schweinemast" und „Marktfruchtbau" aussehen könnte. Dabei werden **drei Hierarchiestufen** unterschieden: Die unterste (und gleichzeitig dritte) Stufe mit den Endprodukten, die mittlere Stufe mit den Betriebszweigen und die oberste (und gleichzeitig erste) Stufe mit dem Gesamtunternehmen als Kalkulationsobjekt.

Abb. 3-19: Dreistufige Kostenstellenstruktur eines landwirtschaftlichen Unternehmens

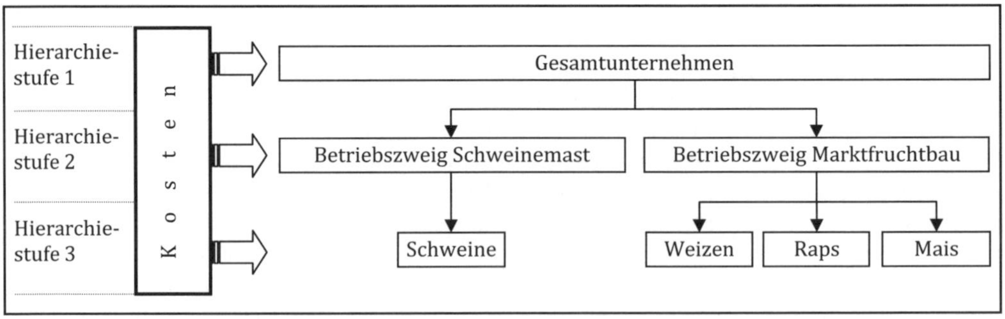

Nach der Festlegung der Kostenstellen versucht man im Rahmen der **Kostenstellenrechnung, die Kosten in der Kostenstellenhierarchie so weit unten wie möglich abzulegen**. Hierfür wird nur das Verursachungsprinzip genutzt. Man legt also die Kosten an den Kostenstellen „ab", bei denen sie eindeutig entstehen. Die so abgelegten Kosten bezeichnet man als Kostenstelleneinzelkosten. Bei dieser Zuordnung sind Informationen aus der sog. Naturalbuchführung und den Schlagkarteien hilfreich. Jedwede Schlüsselung wird unterlassen.

Wenn Kosten auf einer bestimmten Stufe nicht eindeutig einem einzelnen Kalkulationsobjekt zugeordnet werden können, handelt es sich bezogen auf diese Stufe um Gemeinkosten. Man geht dann soweit nach oben, bis man sie eindeutig als Einzelkosten einem übergeordneten Kalkulationsobjekt zuordnen kann. Auf horizontale Querverbindungen zwischen verschiedenen Kostenstellen weist man oftmals gesondert hin. Im betrachteten Beispielbetrieb liefert die Schweinemast Wirtschaftsdünger für die Körnermaisproduktion.

Abb. 3-20 verdeutlicht den grundsätzlichen Ablauf der Kostenstellenrechnung anhand des Beispielbetriebs mit den in Abb. 3-19 angezeigten drei Hierarchiestufen.

Abb. 3-20: Beispielhafte Kostenstellenrechnung für den Beispielbetrieb [a)]

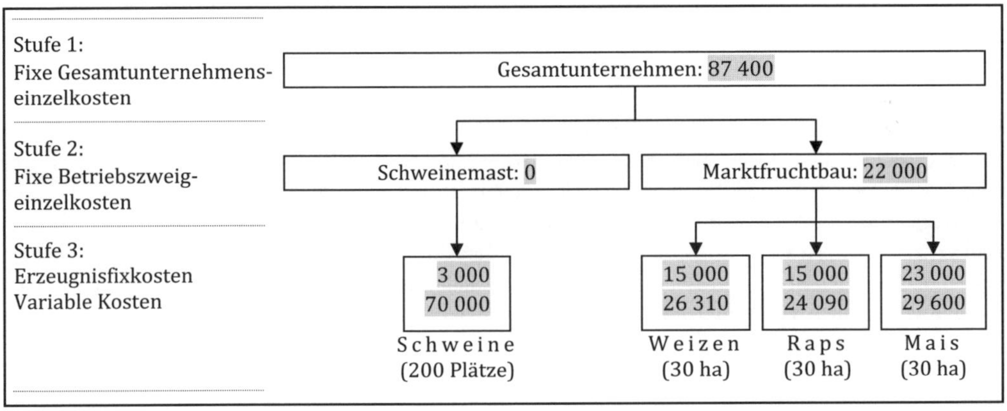

a) Die Schweinemast liefert eine innerbetriebliche Leistung in Form des Wirtschaftsdüngers, die hier bei der Kostenstellenrechnung nicht explizit berücksichtigt wird.

Von den 315 400 € Gesamtkosten (vgl. Tab. 3-15) können 206 000 € den Endprodukten als variable Kosten oder Erzeugnisfixkosten direkt und damit auf der Stufe 3 zugeordnet werden. Es sind also die folgenden Kostenarten berücksichtigt: Saatgut, Dünger und Pflanzenschutz, Ferkel, Futter und Tierarzt sowie Boden, Abschreibung Schweinestall und Abschreibung Maisgebiss. Auf der Stufe 2 ist dem Betriebszweig „Marktfruchtbau" die Abschreibung des Mähdreschers in Höhe von 22 000 € zuzuordnen. Der Betriebszweig „Schweinemast" liefert nur ein Endprodukt, so dass auf der Stufe 2 keine Kosten zuzuordnen sind, die nicht schon eindeutig auf der Stufe 3 abgelegt werden konnten. Auf der Stufe 1 sind dem Kalkulationsobjekt „Gesamtunternehmen" 87 400 € zuzuordnen (Treibstoff, Personal, Abschreibung Schlepper, Kapital und Sonstiges), die gemeinsam für die darunter liegenden Kostenstellen entstehen.

Auf zwei **Besonderheiten der Kostenstellenrechnung** sei ausdrücklich hingewiesen:

- Auf der untersten Kostenstufe bzw. bei den Endprodukten unterscheidet man regelmäßig zwischen **beschäftigungsvariablen und beschäftigungsfixen Einzelkosten**. Man führt also - bezogen auf das gleiche Kalkulationsobjekt - sowohl für kurzfristige Mengenentscheidungen als auch für mittel- bis langfristige Dispositionen eine Vorratsrechnung durch. Grundsätzlich wäre es möglich, auch bei übergeordneten Kalkulationsobjekten unterschiedliche Arten von Entscheidungen vorzudenken. Innerhalb der kostenstellenbezogenen Einzelkosten könnte man bspw. in kurzfristig abbaubare und mittelbis langfristig abbaubare Kosten differenzieren. In der Praxis wird eine derartige Differenzierung innerhalb der gleichen Kostenstelle aber häufig nur auf der untersten Stufe vorgenommen.

- Manche Kosten werden aus Wirtschaftlichkeitsgründen gar nicht einzeln an den Kostenstellen erfasst, wo sie anfallen. Vielmehr werden sie als gemeinsame Kosten dieser Kostenstellen behandelt und erst einer übergeordneten Kostenstelle - nämlich dort, wo sie gemessen werden - als Einzelkosten zugerechnet. Ein Beispiel sind die Stromkosten, wenn diese nur mit einem Stromzähler für das Unternehmen insgesamt erfasst werden. Man spricht in diesem Zusammenhang von **unechten Gemeinkosten**, da eine verursachungsgerechte Zuordnung möglich, aber unverhältnismäßig aufwändig wäre. Mit Blick auf die Stromkosten wäre an jeder Verbrauchsstelle ein Stromzähler erforderlich.

Die Kostenartenrechnung hatte bereits die Frage beantwortet, *für welche Ressourcen* Kosten entstanden sind. Die Kostenstellenrechnung hat nun die Frage beantwortet, *wo* im Unternehmen die Kosten entstanden sind. Weder bei der Kostenarten- noch bei der Kostenstellenrechnung wurden aber die Leistungen berücksichtigt. In manchen Bereichen, wie z.B. den öffentlichen Verwaltungen (Lebensmittelüberwachung, Polizei, Justiz, Standesamt etc.), war dies in der Vergangenheit auch nicht üblich. Man wies dort im Rahmen einer nach Behördenbereichen differenzierten Kostenkontrolle lediglich aus, von welcher Abteilung wie viel Geld für welche Ressourcen (Personal, Papier, Elektrizität etc.) ausgegeben wurde. Eine Gegenüberstellung mit den behördlichen Leistungen (Lebensmittelsicherheit, öffentliche Sicherheit, Eintragungen ins Standesamtsregister etc.) erfolgte in aller Regel nicht, da diese nur sehr schwer zu messen und/oder zu bewerten sind. Auch hier versucht man aber inzwischen, Mittelverwendungsentscheidungen auf explizite Kosten- *und* Leistungsrechnungen zu stützen.

In einem Wirtschaftsunternehmen ist von vornherein offensichtlich, dass eine ausschließliche Betrachtung von Kosten nicht ausreicht. Hier gibt es auch keinen Grund, nur auf die Kosten zu fokussieren, da die Leistungen über die Produktionsmengen und die Marktpreise gemessen werden können. Bei einer ausschließlichen Betrachtung der Kosten besteht immer dann die Gefahr von Fehlentscheidungen, wenn Entscheidungen gleichzeitig zu Kosten- und Leistungsveränderungen führen. Wie wir im Folgenden sehen werden, gibt es aber sehr unterschiedliche Formen, wie in den Unternehmen bei der Zuordnung von Leistungen und Kosten verfahren wird.

3.4.4 Teilkostenrechnung

Die Begriffe „Teilkostenrechnung", „Deckungsbeitragsrechnung" oder „retrograde Bruttoerfolgsrechnung" werden synonym verwendet. Jeder dieser Begriffe weist auf einen besonderen Aspekt dieses LKR-Systems hin, das direkt auf den Einzelkosten aufbaut, wie sie in der Kostenstellenrechnung ausgewiesen werden: Die Bezeichnung „Teilkostenrechnung" (TKR) zeigt lediglich an, dass **nur ein Teil der Kosten dem Kalkulationsobjekt „Endprodukt" zugeordnet** wird. Entgegen einer vordergründig nahe liegenden Assoziation ist die Teilkostenrechnung aber nicht unvollständig in dem Sinne, dass sie bestimmte Kostenelemente vernachlässigen würde. Sie berücksichtigt ausgehend von den variablen Kosten sukzessive alle weiteren Kosten „in Blöcken", so wie sie als Einzelkosten auf den Kostenstellen liegen. Der Begriff „Bruttoerfolg", den wir schon in Abschnitt 2.4 kennen gelernt haben, meint die einfachste aussagekräftige Größe, die auf der jeweiligen Entscheidungsstufe alle relevanten Leistungen und Kosten berücksichtigt. Die **Bruttoerfolge unterschiedlicher Entscheidungsebenen** sind die Erfolgsbeiträge, die sich auf den jeweiligen Hierarchiestufen nach Abzug der Einzelkosten ergeben. Bruttoerfolge stehen zur Verfügung, um die Kosten, die auf der jeweiligen Stufe noch gemeinsame Kosten darstellen und noch nicht berücksichtigt wurden, abzudecken und evtl. einen Gewinn zu erzielen. Von retrograd spricht man, weil man zunächst einen Bruttoerfolg auf der untersten Kostenstellenstufe ausweist und sich dann **in der Hierarchie stufenweise „nach oben hangelt"**. Man bezeichnet die Form der LKR, die auf verursachungsgerecht zugeordneten Einzelkosten beruht und ohne jegliche Schlüsselung von Kosten auskommt, deshalb auch als Deckungsbeitragsrechnung. Nach Abzug des letzten Kostenblocks auf der obersten Kostenstellenstufe ergibt sich der Nettoerfolg.

a) Einstufige Deckungsbeitragsrechnung

Die einstufige Deckungsbeitragsrechnung ist die einfachste Form der Teilkostenrechnung und wird auch als Direct-Costing bezeichnet. Ihr Name drückt aus, dass es nur einen Stufenübergang gibt. Anders gesagt: Die einstufige Deckungsbeitragsrechnung baut auf einer Kostenstellenrechnung mit **zwei Hierarchiestufen** auf (vgl. Abb. 3-18). Auf der untersten (zweiten) Stufe befinden sich die Endprodukte mit ihren Leistungen, denen die variablen Kosten als Einzelkosten zugeordnet sind. Auf der obersten (ersten) Stufe werden alle anderen Kosten dem Unternehmen insgesamt als ein Block zugeordnet (vgl. Abb. 3-18). Dementsprechend werden auch nur zwei Erfolgsgrößen ausgewiesen: der Bruttoerfolg in Form des einfachen Deckungsbeitrags (gross margin), den wir hier mit dem Kürzel *DB*Ia bezeichnen, und der Nettoerfolg, den man auch als kalkulatorischen Gewinn oder Unternehm*er*gewinn bezeichnet. Die Bruttoerfolgsgröße *DB*Ia berechnet man, indem man bei den einzelnen Erzeugnissen die variablen Kosten von den Leistungen abzieht und die jeweils erzielten Deckungsbeiträge, die man auch Erzeugnisdeckungsbeiträge nennt, aufsummiert. Nach Abzug des Blocks aller restlichen Kosten auf der obersten Stufe hat man dann bereits den Nettoerfolg.

Zur einstufigen Deckungsbeitragsrechnung kann man auch noch die Berechnung des Erzeugnis-Deckungsbeitrags *DB*Ib zählen. Er ergibt sich, indem man von den Leistungen die variablen Kosten und die disproportionalen Spezialkosten abzieht. Die disproportionalen Spezialkosten bezeichnet man auch als Erzeugnisfixkosten. Die Erzeugnisfixkosten z.B. für das bereits angesprochene Maisgebiss lassen sich zwar wie die variablen Kosten dem Kalkulationsobjekt „Endprodukt" eindeutig zuordnen. Sie sind aber nicht beschäftigungsvariabel. Die Einordnung dieses Rechenschritts unter die einstufige Deckungsbeitragsrechnung ergibt sich daraus, dass man zwar einen weiteren Bruttoerfolg *DB*Ib berechnet und auf eine andere Entscheidung als die Produktionsmengenentscheidung abzielt, aber beim Kalkulationsobjekt „Endprodukt" bleibt. Man nutzt also weiterhin die einfachste Kostenstellenstruktur mit nur zwei Hierarchiestufen.

Tab. 3-16 verdeutlicht den Ablauf der einstufigen Deckungsbeitragsrechnung inkl. der Berechnung des *DB*Ib anhand unseres Beispielbetriebs, der folgende Leistungen erzielt:

- Auf 200 Plätzen werden Schweine gemästet. Pro Stallplatz und Jahr werden 2,78 Mastschweine mit einem Schlachtgewicht von jeweils 90 kg erzeugt. Dies entspricht 250 kg Schlachtgewicht pro Stallplatz und Jahr. Bei einem Preis von 1,70 €/kg Schlachtgewicht ergibt sich ein Erlös von insgesamt 85 000 €/Jahr.
- Jeweils 30 ha Ackerfläche werden zur Weizen- und Rapsproduktion genutzt. Auf den verbleibenden 40 ha wird Körnermais produziert. Der Weizenertrag beläuft sich auf 80 dt/ha, der Rapsertrag auf 40 dt/ha und der Körnermaisertrag auf 90 dt/ha. Der Weizenpreis beträgt 25 €/dt, der Rapspreis 45 €/dt und der Körnermaispreis 20 €/dt. Neben den Umsatzerlösen gibt es staatliche Transfers in Form der Direktzahlungen von 300 €/ha.
- In der Schweinemast fallen 2,2 m^3 Gülle pro Mastplatz und Jahr an. Diese Gülle wird in der Körnermaisproduktion verwertet. Auf diese Querverbindung zwischen den Kostenstellen „Schweine" und „Körnermais" wird in den folgenden Darstellungen aus Vereinfachungsgründen nicht hingewiesen.

Im Ergebnis der einstufigen Deckungsbeitragsrechnung zeigt sich, dass für eine kostendeckende Entlohnung aller im Unternehmen eingesetzten Faktoren 14 400 € fehlen. Diesen kalkulatorischen Gewinn haben wir bereits als ordentliches kalkulatorisches Ergebnis in Tab. 3-13 hergeleitet. Aus Tab. 3-16 können wir allerdings erkennen, dass alle Erzeugnisdeckungsbeiträge positiv sind. Jedes Endprodukt liefert also einen positiven Beitrag zur Deckung der Unternehmensfixkosten. Bei Aufgabe oder Einschränkung der

Produktion würde sich also die ungedeckte Kostensumme erhöhen, weil letztlich mehr Leistungen als Kosten wegfallen würden. In diesem Zusammenhang spricht man auch davon, dass die kurz- und mittelfristige Leistungs- oder Preisuntergrenze nicht unterschritten ist.

Tab. 3-16: Einstufige Deckungsbeitragsrechnung für den Beispielbetrieb

Stufe						Summe
1	**Kalkulatorischer Gewinn (€)**	**-14 400**				**-14 400**
	Unternehmensfixkosten (€)	109 400				109 400
2	**Erzeugnis-*DB*Ib (€)**	**12 000**	**27 690**	**23 910**	**31 400**	**95 000**
	Erzeugnisfixkosten (€)	3 000	15 000	15 000	23 000	56 000
	Erzeugnis-*DB*Ia (€)	**15 000**	**42 690**	**38 910**	**54 400**	**151 000**
	Umfang (Plätze; ha)	200	30	30	40	
	Einfacher *DB* (€/Platz; €/ha)	75	1 423	1 297	1 360	
	Variable Kosten (€/Platz; €/ha)	350	877	803	740	
	Leistungen (€/Platz; €/ha) [a]	425	2 300	2 100	2 100	
	Preis (€/kg; €/dt)	1,7	25	45	20	
	Ertrag (kg/Platz; dt/ha)	250	80	40	90	
	Endprodukte	**Schweine**	**Weizen**	**Raps**	**Mais**	

[a] Bei den pflanzlichen Verfahren wird ein staatlicher Zuschuss von 300 €/ha berücksichtigt.

Der kritische Produktpreis, bei dem die Leistungen gerade die variablen Kosten decken, wird als **kurzfristige Preisuntergrenze** bezeichnet. Liegt der Preis darüber, sollte man kurzfristig weiterproduzieren. Der kritische Produktpreis, der gerade ausreicht, um die variablen Kosten und die Erzeugnisfixkosten zu decken, ist die **mittelfristige Preisuntergrenze**. Wird er überschritten, sollte man auch mittelfristig weiterproduzieren. Bei der **langfristigen Preisuntergrenze** sind die gesamten Kosten gedeckt. In Abb. 3-21 sind die Zusammenhänge grafisch veranschaulicht.

Abb. 3-21: Definition unterschiedlicher Preisuntergrenzen

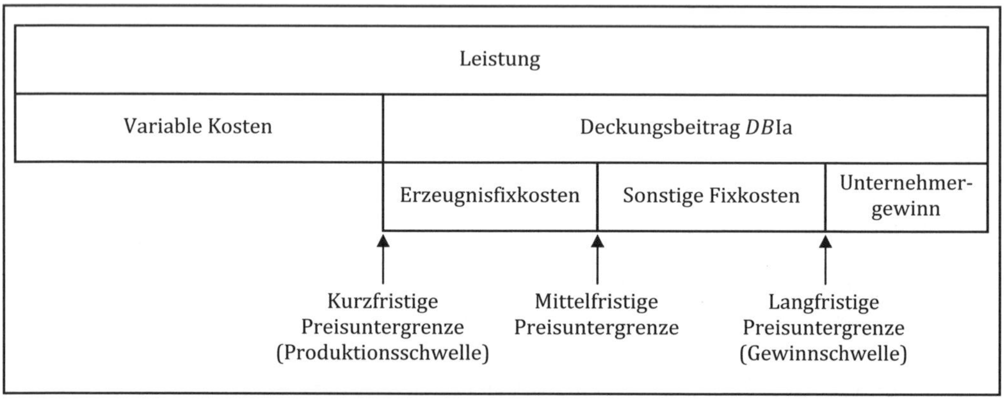

Zu beachten ist, dass man in der Deckungsbeitragsrechnung Transferzahlungen, die vollkommen von der Produktion entkoppelt und ausschließlich an die Existenz des Unternehmens gebunden sind, de facto wie ein eigenständiges Produktionsverfahren behandeln könnte. An der in Tab. 3-16 dargestellten Struktur der Deckungsbeitragsrechnung würde sich nichts ändern. Derartige Leistungen würden nur zu einer weiteren Spalte führen. Variable Kosten, Erzeugnisfixkosten etc. sind nicht relevant. Diese Transferzahlungen würden aber dazu beitragen, die Unternehmensfixkosten zu decken und ggf. einen Unternehmergewinn zu erzielen.

In der Praxis nutzt man regelmäßig das **Konzept des Produktionsverfahrens**. Ein Produktionsverfahren - in der Betriebsplanung auch synonym als Aktivität bezeichnet - beschreibt die konkrete Form der Herstellung eines Produkts, definiert durch das Endprodukt und die Faktorintensitäten. Quantitativ ist ein Produktionsverfahren durch den Deckungsbeitrag, die Lieferung oder Beanspruchung innerbetrieblicher Leistungen und die Ansprüche an fixe Produktionskapazitäten gekennzeichnet. Durch das Konzept des Produktionsverfahrens wird der Deckungsbeitrag des jeweiligen Produkts zunächst auf eine Kapazität (z.B. Fläche, Arbeitskraftstunde oder Stallplatz) normiert. Man hat also z.B. einen Deckungsbeitrag für Weizen in € je ha Fläche oder einen Deckungsbeitrag der Schweinemast in € je Stallplatz und Jahr. Der flächenkapazitätsbezogene Deckungsbeitrag für Weizen ist bspw. wie folgt definiert:

$$DB_{We} = \text{Leistung des Weizens/ha} - \text{variable Kosten des Weizens/ha} \tag{3-8}$$

Leistungen umfassen Erlöse aus der Produktion des jeweiligen Produkts und staatliche Transferzahlungen, die mit der Produktion bzw. der Ressourcennutzung gekoppelt sind. Variable Kosten im Pflanzenbau sind z.B. die Kosten für Saatgut, Maschinenmiete etc. Der kapazitätsbezogene Deckungsbeitrag muss mit dem Umfang des jeweiligen Verfahrens multipliziert werden, um den Erzeugnisdeckungsbeitrag zu erhalten. Die Summe aller Erzeugnisdeckungsbeiträge bezeichnet man als Gesamtdeckungsbeitrag. Der Gesamtdeckungsbeitrag abzgl. der Unternehmensfixkosten führt zum Unternehmergewinn.

Tab. 3-17 verdeutlicht, wie sich der Deckungsbeitrag des Produktionsverfahrens „Winterweizen" in unserem Beispielbetrieb zusammensetzt. Bei einem Ertrag von 80 dt/ha und einem Weizenpreis von 25 €/dt ergeben sich Umsatzerlöse von 2 000 €/ha. Außerdem werden pro ha 300 € Transferzahlungen gewährt. Diese waren in der Vergangenheit für einzelne Verfahren der Bodennutzung unterschiedlich, sind gegenwärtig aber gleich. Wir betrachten sie dennoch als Leistung des jeweiligen Verfahrens, die zur Marktleistung hinzu kommt. Als beschäftigungsvariable Kosten werden hier nur die Kosten für Saatgut, Düngemittel und Pflanzenschutzmittel in Höhe von insgesamt 877 €/ha berücksichtigt. Darüber hinaus findet man unter den variablen Kosten häufig noch Positionen wie Hagelversicherung, Maschinenreparaturen und -betriebsmittel, Maschinenmiete, Saisonarbeitskräfte sowie Kapitalkosten für die Vorfinanzierung von Betriebsmitteln (in Form eines Zinsansatzes). Im vorliegenden Beispiel finden sich diese Positionen nicht bei den variablen Kosten. Sie fallen entweder annahmegemäß nicht an (vgl. Tab. 3-15) oder sie werden als unechte Gemeinkosten behandelt. Letzteres ist beim Zinsansatz der Fall, der mit den restlichen Kapitalkosten gemeinsam verrechnet wird. Als Differenz zwischen den Leistungen und den zugehörigen variablen Kosten ergibt sich damit ein (einfacher) Deckungsbeitrag von 1 423 €/ha. Insbesondere in der ex post Kontrolle wird für den einfachen Deckungsbeitrag auch der Begriff „direktkostenfreie Leistung" genutzt. Dabei wird allerdings im Gegensatz zu ex ante Betrachtungen kein Zinsansatz berücksichtigt. Bei 30 ha Weizenanbaufläche ergibt sich - wie wir bereits in Tab. 3-16 gesehen haben - ein *DB*Ia aus der Weizenproduktion von 42 690 €.

Tab. 3-17: Einfache Deckungsbeitragsrechnung für Winterweizen im Beispielbetrieb (€/ha)

Erlöse	2 000	
Transferzahlungen	300	
Leistungen		*2 300*
Saatgut	180	
Düngemittel	432	
Pflanzenschutzmittel	265	
Variable Kosten		*877*
(Einfacher) Deckungsbeitrag		**1 423**

Bei der Nutzung von Deckungsbeitragsrechnungen für die Planung ist ein grundsätzlicher, aber häufig übersehener Sachverhalt zu berücksichtigen: Solange man von einer „normalen" Situation ausgeht, in der die Leistungen die Kosten überschreiten, fallen **Fehleinschätzungen auf der Leistungsseite** immer schwerer ins Gewicht als Fehleinschätzungen auf der Kostenseite. Dementsprechend ist bei der Festlegung von Planannahmen für Leistungsgrößen besonders große Sorgfalt erforderlich. Liegt bei dem in Tab. 3-17 dargestellten Fall bspw. der Produktpreis oder der Ertrag 10% unter der getroffenen Annahme, verringert sich der Deckungsbeitrag von 1 423 € auf 1 223 €. Man erzielt dann also einen 14% geringeren Deckungsbeitrag als geplant. Liegen dagegen die variablen Kosten um 10% über den Planannahmen, erzielt man einen Deckungsbeitrag von 1 335 €. Er liegt also lediglich 6% unter der Plannahme. Noch geringer ist die Sensitivität der Zielgröße „Deckungsbeitrag" bei einer Fehlspezifikation einzelner Kostenkomponenten. Der Deckungsbeitrag würde bspw. nur um ca. 1% sinken, wenn man die Saatgutkosten um 10% unterschätzt hätte. Der beschriebene Sachverhalt ist umso bedeutsamer, je enger die „Schere" zwischen Leistungen und Kosten ist. Man vergegenwärtige sich nur eine Situation, in der man mit einer Leistung von 1 000 € und variablen Kosten von 900 € plant. Liegt man dann bei der Leistung 10% darunter, sinkt der Deckungsbeitrag auf Null. Liegt man dagegen bei den Kosten 10% über den Planannahmen, verbleibt ein Deckungsbeitrag von 10 €.

Die Berechnung einfacher Deckungsbeiträge bildet die Grundlage für eine Vielzahl von Entscheidungsfragen. Dazu zählen bspw. die häufig wiederkehrenden Entscheidungssituationen bzgl. der technischen Verfahrensausgestaltung und der Bestimmung des optimalen Produktionsprogramms (vgl. Kapitel 5). Die einstufige Deckungsbeitragsrechnung stellt aber nur eine spezielle, stark vereinfachte Form der Deckungsbeitragsrechnung dar. Sie ist deshalb unzureichend für alle Entscheidungen, bei denen es um die Beeinflussung der fixen Kosten geht, die gemäß der Kostenstellenrechnung auf höheren Stufen der Kostenstellenhierarchie (vgl. Tab. 3-19) abgelegt wurden. Um auch hierfür schnell Informationen bereitstellen zu können, kann man zu einer standardisierten Vorratsrechnung in Form der mehrstufigen Fixkostendeckungsrechnung übergehen.

b) Mehrstufige Fixkostendeckungsrechnung

Bei der mehrstufigen Fixkostendeckungsrechnung ist der Grundsatz der retrograden Berechnung von Bruttoerfolgen deutlicher sichtbar als bei der einstufigen Deckungsbeitragsrechnung. Dies liegt daran, dass es **mehr als zwei hierarchische Kostenstellenstufen** gibt und nacheinander mehrere Einzelkostenblöcke berücksichtigt werden, bevor man zum Nettoerfolg kommt. Anders ausgedrückt: In der zugrunde liegenden Kostenstellenrechnung werden neben den variablen Kosten auf mindestens zwei höheren Hierarchiestufen Gemeinkosten ausgewiesen. Die auf der jeweiligen Stufe nicht beeinflussbaren Gemeinkosten werden als beschäftigungsfixe Einzelkosten übergeordneter Stellen bei der Erfolgsrechnung berücksichtigt. Mit jeder zusätzlichen Hierarchiestufe, die bei der Kostenstellenrechnung berücksichtigt wird, kommt im Rahmen der mehrstufigen Fixkostendeckungsrechnung eine zusätzliche Bruttoerfolgsgröße hinzu. Da die beiden Hierarchiestufen der einstufigen Deckungsbeitragsrechnung in der mehrstufigen Fixkostendeckungsrechnung enthalten sind, werden auch die entsprechenden Erfolgsgrößen ausgewiesen. Die mehrstufige Fixkostendeckungsrechnung stellt also eine Verallgemeinerung der einstufigen Deckungsbeitragsrechnung dar.

In der Literatur findet man für die verschiedenen Kostenstellenstufen, Kostenblöcke und Erfolgsebenen **unterschiedliche Bezeichnungen**. Um Missverständnisse zu vermeiden, sollte man die Bruttoerfolgsebenen mit römischen Ziffern (*DB*I, *DB*II etc.) und die Kostenstellenstufen mit arabischen Ziffern (Stufe 1, Stufe 2 etc.) kennzeichnen. Die verbalen Bezeichnungen der Kostenstellenstufen sind insbesondere im „mittleren" Bereich nicht eindeutig definiert. Deshalb ordnen wir in Tab. 3-18 häufig anzutreffende Bezeichnungen in das eindeutige Ziffernschema ein. Dabei gehen wir von fünf Hierarchiestufen und Erfolgsebenen aus.

Tab. 3-18: Übliche Bezeichnungen in der Teilkostenrechnung

<table>
<tr><th>Kostenstellenstufe</th><th colspan="2">Kostenblöcke</th><th>Erfolgsebene</th></tr>
<tr><td>1 Gesamtunternehmen</td><td colspan="2">Unternehmensfixkosten, -einzelkosten</td><td>Nettoerfolg (Kalkulatorischer Gewinn)</td></tr>
<tr><td>2 Unternehmensbereich (z.B. Landwirtschaft, kommunale Dienstleistungen)</td><td colspan="2">Bereichsfixkosten, -einzelkosten</td><td>DBIV (Bereichs-Deckungsbeitrag)</td></tr>
<tr><td>3 Betriebszweige, Kostenstellen (z.B. Schweinemast, Marktfruchtbau)</td><td colspan="2">Betriebszweigfixkosten, -einzelkosten</td><td>DBIII (Betriebszweig-Deckungsbeitrag)</td></tr>
<tr><td>4 Erzeugnisgruppen, Teilbetriebszweige, Kostenplätze (z.B. Getreide, Hackfruchtbau)</td><td colspan="2">Erzeugnisgruppenfixkosten, -einzelkosten</td><td>DBII (Erzeugnisgruppen-Deckungsbeitrag)</td></tr>
<tr><td rowspan="2">5 Erzeugnisse, Endprodukte, Kostenträger (z.B. Weizen, Gerste)</td><td rowspan="2">Einzelkosten des Endprodukts</td><td>Erzeugnisfixkosten</td><td>DBIb (Erzeugnis-Deckungsbeitrag)</td></tr>
<tr><td>Variable Kosten</td><td>DBIa (Einfacher Deckungsbeitrag)</td></tr>
</table>

Auch eine mehrstufige Fixkostendeckungsrechnung bietet i.d.R. noch keine direkte Unterstützung für einzelfallbezogene Entscheidungsfragen in dem Sinne, dass die Grenzkosten und Grenzleistungen von beliebigen Entscheidungen direkt ausgewiesen würden. Sie ist als betriebsbezogen-standardisierte Vorratsrechnung zu verstehen, die unabhängig von konkreten Entscheidungsfragen vorgelegt wird. Die mehrstufige Fixkostendeckungsrechnung bildet damit die Voraussetzung dafür, dass die Wirtschaftlichkeitskontrolle bzw. das Herleiten von Kosten- und Leistungsveränderungen, die durch konkrete Entscheidungen verursacht werden, mit wirtschaftlich vertretbarem Aufwand zu bewerkstelligen ist. Sie zeigt auch auf, welche Daten je nach Fragestellung gewonnen werden müssen.

Tab. 3-19 verdeutlicht den **Aufbau einer mehrstufigen Fixkostendeckungsrechnung** für die bereits bekannte dreistufige Kostenstellenstruktur des betrachteten Beispielbetriebs (vgl. Abb. 3-20). Da der Betrieb sehr einfach strukturiert ist, werden im Unterschied zu Tab. 3-18 keine Erzeugnisgruppen und Unternehmensbereiche unterschieden.

In Tab. 3-19 wird die „gegenläufige" Beziehung zwischen den Kostenstellenstufen und den retrograd berechneten Bruttoerfolgen deutlich. Auf der mit Stufe 1 bezeichneten *obersten* Stufe wird immer die Erfolgsgröße ausgewiesen, die *zuletzt* berechnet wird. Dies ist der Nettoerfolg. Auf der *untersten* Hierarchiestufe (hier: Stufe 3) werden die *zuerst* berechneten Bruttoerfolge *DB*Ia und *DB*Ib ausgewiesen. Je mehr Hierarchiestufen bei der Kostenstellenbildung berücksichtigt werden, desto kleiner sind die Kostenblöcke, die von der einen Stufe zur nächsten abgezogen werden. Dies zeigt der Vergleich mit der einstufigen Deckungsbeitragsrechnung sehr anschaulich. Während die Unternehmensfixkosten bei der einstufigen Deckungsbeitragsrechnung 109 400 € betragen (vgl. Tab. 3-16), belaufen sie sich bei der mehrstufigen Fixkostendeckungsrechnung nur noch auf 87 400 €. Oder anders gesagt: Durch die Berücksichtigung der Stufe „Betriebszweige" können Kosten von 22 000 € schon hier eindeutig abgelegt werden.

Zu beachten ist, dass auch bei einer sehr detaillierten Kostenstellenstruktur mit vielen hierarchischen Kostenstellenstufen regelmäßig ein Rest an Unternehmensfixkosten verbleibt, der nach dem Verursachungsprinzip keinem Kalkulationsobjekt auf einer unteren Stufe, sondern nur der Kostenstelle „Gesamtunternehmen" auf der obersten Stufe zugeordnet werden kann.

Tab. 3-19: Mehrstufige Fixkostendeckungsrechnung für den Beispielbetrieb

Stufe						Summe
1	**Kalkulatorischer Gewinn (€)**	**-14 400**				**-14 400**
	Unternehmensfixkosten (€)	87 400				87 400
2	**Betriebszweig-*DB*II (€)**	**12 000**	**61 000**			**73 000**
	Betriebszweigfixkosten (€)	0	22 000			22 000
3	**Erzeugnis-*DB*Ib (€)**	**12 000**	**27 690**	**23 910**	**31 400**	**95 000**
	Erzeugnisfixkosten (€)	3 000	15 000	15 000	23 000	56 000
	Erzeugnis-*DB*Ia (€)	**15 000**	**42 690**	**38 910**	**54 400**	**151 000**
	Umfang (Plätze; ha)	200	30	30	40	
	Einfacher *DB* (€/Platz; €/ha)	75	1 423	1 297	1 360	
	Variable Kosten (€/Platz; €/ha)	350	877	803	740	
	Leistungen (€/Platz; €/ha) [a]	425	2 300	2 100	2 100	
	Preis (€/kg; €/dt)	1,7	25	45	20	
	Ertrag (kg/Platz; dt/ha)	250	80	40	90	
	Endprodukte	**Schweine**	**Weizen**	**Raps**	**Mais**	

[a] Bei den pflanzlichen Verfahren wird ein staatlicher Zuschuss von 300 €/ha berücksichtigt.

In Abb. 3-22 ist die mehrstufige Fixkostendeckungsrechnung grafisch dargestellt. Im Gegensatz zu Tab. 3-19 gehen wir dabei nicht von den auf Kapazitäten bezogenen und damit in €/Platz oder €/ha gemessenen Deckungsbeiträgen aus, sondern berechnen den Erzeugnis-*DB*Ia ausgehend von der Summe der Leistungen und der Summe der variablen Kosten, die für das jeweilige Endprodukt entstehen.

Abb. 3-22: Grafische Darstellung der mehrstufigen Fixkostendeckungsrechnung für den Beispielbetrieb (€)

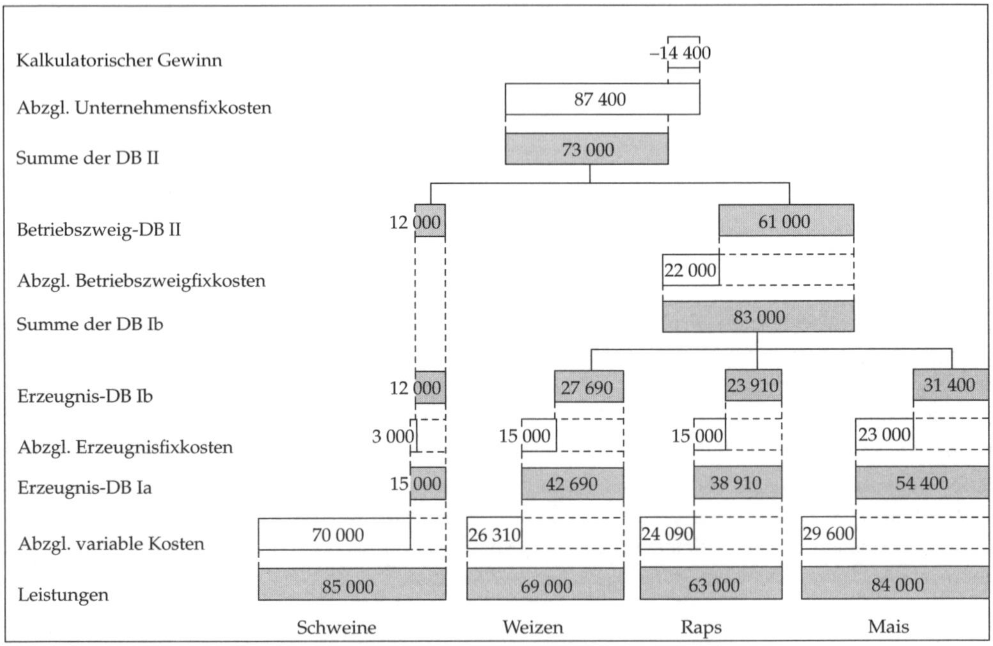

3.4.5 Vollkostenrechnung

a) Grundsätzlicher Ablauf

Im Gegensatz zur TKR geht es bei der Vollkostenrechnung (VKR) nicht um den Ausweis von Bruttoerfolgen auf unterschiedlichen Entscheidungsebenen. Vielmehr ist das Ziel der VKR die **Ermittlung der Stückkosten** - manchmal spricht man auch von Selbstkosten - je Produkteinheit (z.B. je dt Weizen oder je kg Schweinefleisch). Aus den Stückkosten und dem Endproduktpreis - wenn Transferzahlungen zu berücksichtigen sind, müsste man von Endproduktleistung sprechen - lässt sich direkt der Stückgewinn ableiten. Zur Berechnung der Stückkosten müssen *alle* Gemeinkosten auf die als Kostenträger bezeichneten Endprodukte übergewälzt werden. Da hierzu eine Proportionalisierung mit Hilfe der untergeordneten Kostenzurechnungsprinzipien (d.h. mit Hilfe des Einwirkungs-, Durchschnitts- oder Tragfähigkeitsprinzips) erfolgen muss, bezeichnet man diese Überwälzung auch als Kostenschlüsselung.

Zum leichteren Verständnis der Zusammenhänge sei auf einige Begrifflichkeiten hingewiesen, die im Rahmen der VKR genutzt werden und die das Ziel (Ausweis von Stückkosten) und den Ablauf (Überwälzung der Kosten von oben nach unten) widerspiegeln:

- Die Kalkulationsobjekte „Endprodukte" werden als Kostenträger oder als **Hauptkostenstellen** bezeichnet. Alle übergeordneten Kostenstellen - in unserem Beispiel also die Kostenstelle „Gesamtunternehmen" (Stufe 1) und die Kostenstellen „Betriebszweig Schweinemast" und „Betriebszweig Marktfruchtbau" (Stufe 2) - werden unter der Rubrik „**Hilfskostenstellen**" geführt. Diese Begriffsverwendung betont, dass die übergeordneten Kostenstellen nur eine Hilfsfunktion bei der Berechnung der Stückkosten haben und im Laufe der Kostenüberwälzung vollständig von ihren Einzelkosten „entlastet" werden.
- Die variablen und fixen Einzelkosten, die gemäß der verursachungsgerechten Zuordnung in der Kostenstellenrechnung auf den einzelnen Kostenstellen liegen, werden in der VKR auch als **Primärkosten** bezeichnet. Alle Kosten, die einer Kostenstelle durch eine Überwälzung von Kosten einer übergeordneten Stufe angelastet werden, werden dagegen als **Sekundärkosten** bezeichnet. Am Schluss liegen also auf den jeweiligen Hauptkostenstellen die direkt dort zugeordneten variablen und fixen Einzelkosten sowie ein Sekundärkostenblock, der die anteilig dorthin „übergewälzten" Gemeinkosten der Kostenträger angibt.

Abb. 3-23 verdeutlicht die Vorgehensweise der VKR anhand unseres Beispielbetriebs. Die Kostenstellenrechnung, in der die Kosten auf den Kostenstellen als Einzelkosten abgelegt wurden, wo sie eindeutig zuzuordnen waren, liefert auch für die VKR die Ausgangsinformation. Deshalb wird die aus Abb. 3-20 bereits bekannte Kostenstellenrechnung für den Beispielbetrieb in der oberen Hälfte von Abb. 3-23 noch einmal dargestellt. Die Kostenstellenstruktur muss zwar für die TKR und die VKR nicht zwingendermaßen dieselbe sein. Wir gehen hier aber davon aus. Letztlich bilden die Kostenstellen für die vier Endprodukte die Hauptkostenstellen und die Kostenstellen „Gesamtunternehmen" sowie „Betriebszweig Schweinemast" und „Betriebszweig Marktfruchtbau" die Hilfskostenstellen.

Die **„Richtung" der VKR ist entgegengesetzt zur TKR**. Man startet also nicht wie bei der TKR mit den Kosten auf der untersten Kostenstellenstufe „Endprodukte" und weist Beiträge zur Deckung der noch nicht berücksichtigten Kosten aus, die auf höheren Stufen abgelegt sind. Vielmehr beginnt man mit den Kosten auf der obersten Hierarchiestufe der Kostenstellen, d.h. den Einzelkosten des Kalkulationsobjekts „Gesamtunternehmen". Man hangelt sich dann - bildlich gesprochen - von der obersten Kostenstellenstufe nach unten durch.

Abb. 3-23: Ablauf der Vollkostenrechnung für den Beispielbetrieb [a]

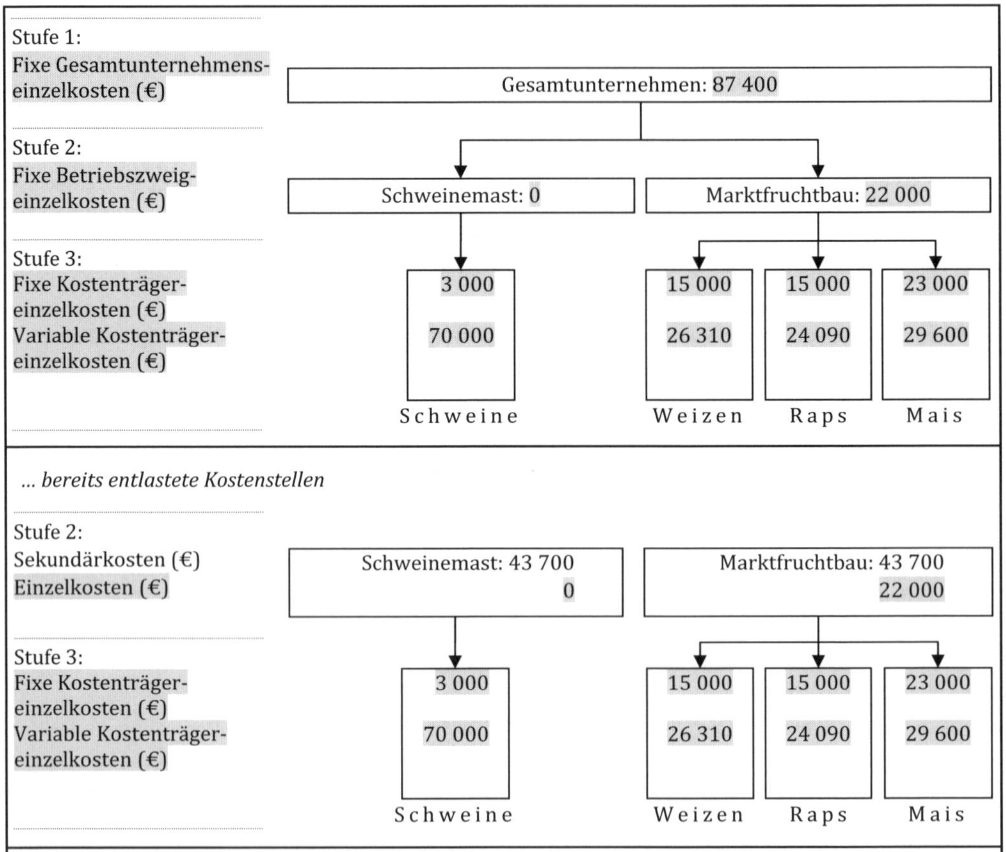

... bereits entlastete Kostenstellen

Stufe 3:	Schweine	Weizen	Raps	Mais
Sekundärkosten (€)	43 700	19 710	19 710	26 280
Fixe Kostenträger-einzelkosten (€)	3 000	15 000	15 000	23 000
Variable Kostenträger-einzelkosten (€)	70 000	26 310	24 090	29 600
Kostenträgerkosten gesamt (€)	**116 700**	**61 020**	**58 800**	**78 880**
Produzierte Menge (kg, dt)	50 000	2 400	1 200	3 600
Stückkosten (€/kg, €/dt)	**2,33**	**25,43**	**49,00**	**21,91**
Stückleistung (€/kg, €/dt) [b]	1,70	28,75	52,50	23,33
Stückgewinn (€/kg, €/dt)	**-0,63**	**3,32**	**3,50**	**1,42**

[a] Einzelkosten (Primärkosten) sind grau unterlegt.

[b] Bei den pflanzlichen Verfahren wird ein staatlicher Zuschuss von 300 €/ha berücksichtigt.

Das Kalkulationsobjekt „Gesamtunternehmen“ wird vollständig von seinen Kosten „entlastet“, indem diese auf die Kalkulationsobjekte der nächsten Stufe übergewälzt werden. In unserem landwirtschaftlichen Unternehmen sind fixe Gesamtunternehmenseinzelkosten in Höhe von 87 400 € auf die Betriebszweige „Schweinemast“ und „Marktfruchtbau“ zu schlüsseln. Im Beispiel werden die 87 400 € zu gleichen Anteilen auf die beiden Betriebszweige umgelegt. Dadurch entstehen dort Sekundärkosten von jeweils 43 700 € (vgl. Abb. 3-23, mittlere Hälfte).

Die Gesamtkosten der Kalkulationsobjekte „Betriebszweige“ (d.h. die Primär- und die hierhin bereits übergewälzten Sekundärkosten) werden dann auf die Endprodukte übergewälzt. Da der Betriebszweig „Schweinemast“ nur ein Produkt liefert, ist die Überwälzung direkt möglich. Bei den Kosten des Betriebszweigs „Marktfruchtbau“ ist ein Gemeinkostenschlüssel erforderlich. Im Beispiel werden sie entsprechend dem Anbauverhältnis übergewälzt, d.h. 30% der Kosten werden jeweils den Endprodukten „Weizen“ und „Raps“ und 40% der Kosten werden dem Endprodukt „Mais“ angelastet. Für Weizen und Raps werden dementsprechend je 19 710 € an Sekundärkosten ausgewiesen. Beim Mais sind es 26 280 € (vgl. Abb. 3-23, untere Hälfte). Durch eine letzte Schlüsselung wird die Summe der Primär- und Sekundärkosten, die bei den Kalkulationsobjekten „Kostenträger“ insgesamt ausgewiesen sind, auf „ein Stück Output“ bezogen. Als Resultat dieser Durchschnittsbildung ergeben sich Stückkosten von 2,33 €/kg erzeugtem Schweinefleisch sowie Stückkosten von 25,43 €/dt (49,00 €/dt, 21,91 €/dt) für Weizen (Raps, Mais). Die Differenz zwischen der auf ein Stück Output bezogenen Leistung und den Stückkosten wird als Stückgewinn bezeichnet.

b) Technische Durchführung mit dem Betriebsabrechnungsbogen

Ein technisches Hilfsmittel zur Durchführung der in Abb. 3-23 grafisch veranschaulichten Arbeitsschritte der VKR stellt der sog. **Betriebsabrechnungsbogen** (BAB) dar. Der BAB listet konventioneller Weise die kostenstellenbezogenen Kostenarten in Zeilen und die Kostenstellen in Spalten auf. Manuell lässt sich ein BAB nur bei einer geringen Anzahl von Kostenstellen und Kostenarten praktisch nutzen. Mit Hilfe entsprechender Software lassen sich aber EDV-gestützt die grundlegenden Abläufe auch auf große Probleme, d.h. auf Unternehmen mit einer Vielzahl von Kostenarten und Kostenstellen, übertragen. Um besser nachvollziehen zu können, was derartige Kostenrechnungsprogramme „intern“ machen, haben wir aus didaktischen Gründen für unser kleines Anwendungsbeispiel den BAB in Tab. 3-20 dargestellt.

Auf der linken Seite des BAB sind die Kostenarten und ihre Höhe angezeigt. Rechts daneben sind die Hilfskostenstellen (übergeordnete Kostenstellen) und dann die Hauptkostenstellen (Endprodukte) aufgeführt. Im ersten Arbeitsschritt werden alle Kostenarten verursachungsgerecht den Hilfs- und Hauptkostenstellen als Einzelkosten zugeordnet (vgl. Tab. 3-20 Zeile 1 bis 15). Die Betriebsmittelkosten für Saatgut, Düngemittel und Pflanzenschutzmittel, Ferkel-, Futter- und Tierarztkosten sowie die Bodenkosten und die Abschreibung für das Spezialgebäude „Schweinestall“ und die Spezialmaschine „Maisgebiss“ können direkt den Hauptkostenstellen zugeordnet werden. Eine Zuordnung der übrigen Kostenarten ist nur zu den Hilfskostenstellen verursachungsgerecht möglich. In Zeile 16 ist die Summe der Primärkosten der einzelnen Hilfs- und Hauptkostenstellen ausgewiesen.

Nachdem die Primärkosten bekannt sind, werden die gemeinsam von mehreren Hauptkostenstellen verursachten und auf den Hilfskostenstellen zwischenabgelegten Gemeinkosten der Kostenträger sukzessive, d.h. spaltenweise, von links nach rechts in Richtung der Hauptkostenstellen verrechnet (Treppenverfahren). Grundsätzlich kann dies direkt oder indirekt erfolgen. Direkt bedeutet, dass Hilfskostenstellen ihre Kosten unmittelbar an die Hauptkostenstellen überwälzen. Indirekt bedeutet, dass diese Überwälzung mittelbar erfolgt, indem die Kosten zunächst auf eine andere Hilfskostenstelle übergewälzt werden, die - bildlich gesprochen - weiter rechts liegt.

Tab. 3-20: Betriebsabrechnungsbogen für den Beispielbetrieb (€)

		Kosten		Hilfskostenstellen			Hauptkostenstellen				∑ Haupt-kosten-stellen
		Pagato-risch	Kalkula-torisch	Gesamt-unter-nehmen	Betriebs-zweig Schweine-mast	Betriebs-zweig Markt-fruchtbau	Schweine	Weizen	Raps	Mais	
1	Saatgut	20 000						5 400	3 710	10 890	20 000
2	Dünger	40 000						12 960	13 720	13 320	40 000
3	Pflanzenschutz	20 000						7 950	6 660	5 390	20 000
4	Ferkel	32 000					32 000				32 000
5	Futter	35 000					35 000				35 000
6	Tierarzt und Medikamente	3 000					3 000				3 000
7	Treibstoff	5 000		5 000							0
8	Bodenkosten	35 000	15 000					15 000	15 000	20 000	50 000
9	Personalkosten		25 000	25 000							0
10	Abschreibung Schweinestall		3 000				3 000				3 000
11	Abschreibung Schlepper		15 000	15 000							0
12	Abschreibung Mähdrescher		22 000			22 000					0
13	Abschreibung Maisgebiss		3 000							3 000	3 000
14	Kapitalkosten (Zinsen)	10 000	17 400	27 400							
15	Sonstiges (Strom etc.)	15 000		15 000							0
16	*∑ Primärkosten*			*87 400*	*0*	*22 000*	*73 000*	*41 310*	*39 090*	*52 600*	*206 000*
17	Umlage Gesamtunternehmen			-87 400	43 700	43 700					0
18	Umlage Schweinemast				-43 700		43 700				43 700
19	Umlage Marktfruchtbau					-65 700		19 710	19 710	26 280	65 700
20	*∑ Sekundärkosten*						*43 700*	*19 710*	*19 710*	*26 280*	*109 400*
21	Gesamtleistung						85 000	69 000	63 000	84 000	301 000
22	Gesamtkosten						116 700	61 020	58 800	78 880	315 400
23	**Kalkulatorischer Gewinn**						**-31 700**	**7 980**	**4 200**	**5 120**	**-14 400**

Die Zeilen 17 bis 19 verdeutlichen, wie technisch bei der Schlüsselung der Gemeinkosten vorgegangen wird. Wie in Abb. 3-23 bereits sichtbar wurde, werden zunächst die Kosten von der Hilfskostenstelle „Gesamtunternehmen" zu gleichen Teilen auf die Hilfskostenstellen „Schweinemast" und „Marktfruchtbau" übergewälzt (Zeile 17). Die damit auf der Hilfskostenstelle „Schweinemast" liegenden Kosten in Höhe von 43 700 € können direkt dem Endprodukt „Schweine" angelastet werden (Zeile 18). Die Gesamtkosten auf der Hilfskostenstelle „Marktfruchtbau" in Höhe von 65 700 € werden entsprechend der Anbauumfänge auf die pflanzlichen Produkte übergewälzt (Zeile 19). Zeile 20 weist die Summe der Sekundärkosten der jeweiligen Hauptkostenstellen aus, d.h. den von jedem Kostenträger zu tragenden Gemeinkostenanteil. Die Differenz zwischen der Gesamtleistung (Zeile 21) und den Gesamtkosten (Zeile 22) auf jeder Hauptkostenstelle entspricht ihrem **Beitrag zum kalkulatorischen Gewinn des Gesamtunternehmens** in der betrachteten Produktionsperiode (Zeile 23). Bei den im Beispiel gewählten Schlüsseln ergeben sich für die pflanzlichen Produktionsverfahren positive Stückgewinne. Bei der Schweinemast ergibt sich ein Stückverlust.

Aus den im BAB ausgewiesenen Gesamtkosten und -leistungen der jeweiligen Hauptkostenstellen werden regelmäßig die bereits aus Abb. 3-23 bekannten (durchschnittlichen) Stückkosten und Stückgewinne abgeleitet. Häufig wird dann weiter differenziert, indem die **Anteile der einzelnen Kostenarten an den Stückkosten** dargestellt werden. Dazu wird die jeweilige Kostenart durch die Produktionsmenge dividiert. Tab. 3-21 veranschaulicht dies am Beispiel der Schweinefleischerzeugung.

Tab. 3-21: Kostenanteile in der Schweinemast (€/kg Schlachtgewicht)

Ferkel	0,64	
Futter	0,70	
Tierarzt und Medikamente	0,06	
Variable (Kostenträgereinzel)Kosten		*1,40*
Abschreibung Schweinestall	0,06	
Fixe Kostenträgereinzelkosten (Erzeugnisfixkosten)		*0,06*
Treibstoff	0,05	
Personal	0,25	
Schlepper	0,15	
Kapital	0,27	
Sonstiges	0,15	
Anteilige Gemeinkosten		*0,87*
Stückkosten		**2,33**

c) Interpretation der Ergebnisse

Für Onno Überleg ist nach einem Blick auf den in Tab. 3-20 dargestellten BAB klar, dass der betrachtete Betrieb den Betriebszweig „Schweinemast" aufgeben sollte: Bei einer Einstellung der Schweinemast könne ein kalkulatorischer Verlust von 31 700 € eingespart werden. Dies würde nicht nur zu einem verbesserten, sondern sogar zu einem positiven Nettoergebnis für das Gesamtunternehmen führen. Su Sidenkt wirft nach kurzem Überlegen ein, dass dabei zwei Aspekte unberücksichtigt bleiben: Es wird bei der VKR nicht zwischen variablen und fixen Kosten unterschieden und die Gemeinkostenschlüsselung ist mit Willkür behaftet.

Keine Unterscheidung zwischen variablen und fixen Kosten: Die zentrale Schwierigkeit bei der Durchführung und Interpretation der VKR liegt darin, dass alle Kosten, die aus Sicht der Hauptkostenstellen Gemeinkosten darstellen, durch Überwälzung den einzelnen Endprodukten zugeordnet werden. Dadurch ist es zwar möglich, die Stückkosten und den Stückgewinn auszuweisen. Diese beiden Größen erscheinen vordergründig sehr „griffig". Bei ihrer Interpretation ist aber aufgrund der Zwangsproportionalisierung nicht proportionaler Kosten (z.B. Personalkosten) große Vorsicht angebracht: Die Stückkosten geben nicht an, wie viel Kosten man einspart (verursacht), wenn man die Produktionsmenge reduziert (erhöht). Damit sagen die Stückgewinne auch nicht aus, wie sich der Gesamterfolg des Unternehmens ändert, wenn man eine Produkteinheit mehr oder weniger produziert. Die VKR ist also nicht für kurzfristige Produktionsentscheidungen geeignet, denn dazu sind nur die variablen Kosten maßgeblich, die im Rahmen der VKR eben nicht von den fixen Kosten unterschieden werden. Dies sieht man im betrachteten Beispielbetrieb für den Betriebszweig „Schweinemast". Bei einer Betriebszweigaufgabe würden die Ferkel-, Futter- und Tierarztkosten wegfallen. Es ist aber zu beachten, dass Gemeinkostenkomponenten, die bislang der Betriebszweig „Schweinemast" mitträgt, durch die Betriebszweigaufgabe zumindest nicht vollständig eingespart werden können. Bei den unechten Gemeinkosten (z.B. Strom und Treibstoff) würden sich Änderungen ergeben. Echte Gemeinkosten würden sich durch die Betriebszweigaufgabe gar nicht ändern, sondern müssten auf andere Betriebszweige umgelegt werden. Dies trifft hier für die Abschreibung des Schleppers und die Personalkosten zu. Außerdem würde die Abschreibung für den Schweinestall nur wegfallen, wenn der Stall zum Buchwert verkauft werden könnte. Dies ist jedoch kaum realistisch, denn bei Betriebsleitern mit ähnlicher Managementfähigkeit wird die Zahlungsbereitschaft entsprechend gering sein, wenn sich die Schweinemast kaum rentiert (versunkene Kosten). Man darf aus dem in Tab. 3-20 dargestellten BAB also nicht schlussfolgern, dass man die Schweinemast aufgeben sollte. Schließlich könnte es sein, dass trotz eines negativen Stückgewinns bei der Betriebszweigaufgabe mehr Leistungen als Kosten wegfallen.

Willkür der Gemeinkostenschlüsselung: Hinzu kommt, dass die Rechtfertigung der Kostenzuordnung vom (1) Verursachungsprinzip über das (2) Einwirkungsprinzip hin zum (3) Durchschnittsprinzip und (4) Tragfähigkeitsprinzip abnimmt. Zwar gilt bei der Kostenüberwälzung der Grundsatz, dass man immer das Zurechnungsprinzip mit der höchst möglichen Rechtfertigung nutzen sollte. Jede Schlüsselung ist jedoch mit Willkür behaftet und kann nicht logisch begründet werden. Damit sind die anteiligen Kosten für Sonstiges (Strom, Telefon etc.), die in unserem Beispiel mit 0,10 €/kg Schweinefleisch ausgewiesen sind, grundsätzlich nur bei Kenntnis und im Lichte der verwendeten Schlüssel als vergleichsweise hoch oder niedrig interpretierbar. Wenn der Betriebsleiter Aufzeichnungen über seine für die einzelnen Betriebszweige geleisteten Arbeitsstunden geführt hätte, hätte man unter Verweis auf das Einwirkungsprinzip die 87 400 € Einzelkosten der Kostenstelle „Gesamtunternehmen" gemäß dem jeweiligen Stundenanteil den beiden Betriebszweigen „Schweinemast" und „Marktfruchtbau" anlasten können. Auch hier wäre allerdings kritisch zu fragen, ob dies für Kosten, wie z.B. für Strom, Zeitschriften etc., eine dem Einwirkungsprinzip gerecht werdende Schlüsselung ist. Da im Beispiel eine Schlüsselung nach Stunden mangels Stundennachweis nicht möglich war, haben wir den beiden Betriebszweigen diese Kosten (vgl. Abb. 3-23) zu gleichen Teilen von jeweils 43 700 € angelastet. Das verwendete Schlüsselungsprinzip lautete also: „durchschnittliche Verteilung nach Betriebszweigen". Viele andere Schlüssel wären denkbar gewesen. Gleich gut oder schlecht gerechtfertigt erscheint eine am Durchschnittsprinzip orientierte Proportionalisierung nach dem Verhältnis der variablen Kosten der Schweinemast (70 000 €) und des Marktfruchtbaus (80 000 €). Dies würde zu 40 787 € (= 87 400 · 7/15) an Sekundärkosten für die Schweinemast und zu 46 613 € (= 87 400 · 8/15) für den Marktfruchtbau führen. Ähnlich gut oder schlecht erscheint eine am Tragfähigkeitsprinzip orientierte Schlüsselung nach den Leistungen der Betriebszweige (85 000 € für die Schweinemast und 216 000 € für den Marktfruchtbau). Hierdurch würden der Schweinemast 24 681 € und dem Marktfruchtbau 62 719 € angelastet werden. Entsprechend unterschiedlich wären dann auch die jeweiligen Stückkosten und die anteilig ausgewiesenen Kosten für Sonstiges (Strom, Telefon etc.).

Fazit: Man kommt mit unterschiedlichen, häufig aber gleich plausiblen Schlüsseln beim exakt gleichen Sachverhalt zu ganz unterschiedlichen Stückkosten. Dies erschwert zum einen den Kostenvergleich zwischen verschiedenen Unternehmen. Deshalb gibt es verschiedene Vorschläge für die einheitliche Schlüsselung für Gemeinkosten. In der Landwirtschaft orientieren sich Betriebe und Berater zunehmend an einem

Vorschlag der Deutschen Landwirtschafts-Gesellschaft (DLG). Zum anderen ist es wegen der Schlüsselung sehr mühsam, aus einer als VKR ausgestalteten Vorratsrechnung die Änderungen von Leistungen und Kosten abzuleiten, die durch bestimmte unternehmerische Entscheidungen verursacht werden. Anstelle des Ausweises von Erfolgsgrößen auf unterschiedlichen Entscheidungsebenen werden alle Kosten zwangsproportionalisiert. Man weist also einen Anteil der Telefonkosten je kg Schweinefleisch oder je dt Weizen aus, obwohl auf der Ebene des Endprodukts kein Einfluss auf die Telefonkosten besteht. Diese können nur durch Handlungen des Betriebsleiters auf der Hierarchiestufe „Gesamtunternehmen" beeinflusst werden.

Unproblematisch sind Vollkostenrechnungen also nur dann, wenn eine sehr langfristige Perspektive eingenommen wird und ein Einproduktbetrieb betrachtet wird. Trotz dieser Schwierigkeiten findet man in vielen Unternehmen Vollkostenrechnungssysteme oder ein Nebeneinander von Voll- und Teilkostenrechnungssystemen. Dies deutet darauf hin, dass mit der LKR neben der direkten grenzkosten- und grenzleistungsorientierten Entscheidungsunterstützung weitere Zielsetzungen verfolgt werden. **Zwei praxisrelevante Ziele der VKR** sind in diesem Zusammenhang von besonderer Bedeutung: Mit Hilfe der VKR können zum einen die langfristigen Grenzkosten approximiert und zum anderen relative Kennzahlen generiert werden, mit deren Hilfe man horizontale Betriebsvergleiche durchführen kann.

Approximation der langfristigen Grenzkosten: Man kann Parallelen zwischen der VKR und der Investitionsrechnung (vgl. Kapitel 6) herstellen. In der Investitionsrechnung werden bei der Ermittlung der (ex ante) Leistungs-Kostendifferenz dauerhafter Produktionsmittel bestimmte Auslastungen zugrunde gelegt und die daraus ermittelten durchschnittlichen Grenzkosten (Durchschnittskosten) den durchschnittlichen Grenzleistungen (Durchschnittsleistung) gegenübergestellt. In diesem Sinne kann man die VKR als Versuch verstehen, durch *geeignete* Schlüssel eine Annäherung der langfristigen Grenzkosten zu finden, die bei einer investiven Betriebserweiterung oder bei einer Investition zum Aufbau eines Betriebs entstehen würden. Ein verlässliches Proxy ergibt sich aber nur, wenn man bei der Kostenverrechnung Schlüssel verwendet, die auf dem Einwirkungsprinzip beruhen und die fixen Kosten der Produktionskapazitäten nach Maßgabe der mengenmäßigen Leistungsabgabe auf die Endprodukte verrechnet. Gelingt dies, können sich Hinweise auf mittel- bis langfristige Kostensenkungspotenziale ergeben. Das heißt, VKR können erste Anregungen bei der Generierung von konkreten unternehmerischen Entscheidungsalternativen liefern. Diese müssen aber ihrerseits mit Grenzbetrachtungen beurteilt werden. So haben bspw. die Maschinen- und Arbeitskosten, die einem einzelnen Ackerschlag nach der zeitlich genau erfassten Beanspruchung von Maschinen und Arbeit zugeteilt werden, zwar keine Entscheidungsrelevanz, wenn sie durch Veränderung oder Aufgabe der Bearbeitung dieses Schlages nicht direkt disponibel werden. Vergleichsweise hohe Maschinen- und Arbeitskosten auf einem Teil der Schläge oder im Betrieb insgesamt können aber die Suche nach einer Alternative im Sinne eines realisierbaren Paketes von Veränderungsmaßnahmen induzieren. Letztlich könnte die Umstellung der Betriebsorganisation - bei Berücksichtigung der Unteilbarkeit bestimmter Produktionskapazitäten und der durch einen Abbau der Kapazitätsausstattung tatsächlich einzusparenden Kosten - zu einer Gesamtdeckungsbeitragserhöhung führen. Die durch die Vollkostenrechnung ausgelöste Gedankenkette könnte bspw. bei der durch Minimalbodenbearbeitung reduzierbaren Schlepperzeit wie folgt lauten: „Die schlaganteilig ausgewiesenen Fixkostenveränderungen geben einen Hinweis auf das Einsparungspotenzial, das mittelfristig entsteht, wenn Maschinen- und Arbeitsbesatz betrieblich gesehen tatsächlich verringert werden können."

Bildung relativer Kennzahlen für horizontale Vergleiche: Die Stückkosten sowie die proportionalen Anteile bestimmter Kostenarten je Produkteinheit (z.B. Anteil der Lohnkosten pro erzeugtes kg Milch) stellen Hilfsmittel für die Suche nach Verbesserungspotenzialen im Rahmen zwischenbetrieblicher Vergleiche dar. Bei solchen Vergleichen sind Vollkostengrößen als relative Kennzahlen zu verstehen, die unabdingbar sind, da absolute Werte (z.B. Lohnkostensummen) aufgrund unterschiedlicher Unternehmensgrößen einen sinnvollen Vergleich häufig nicht zulassen. Letztlich kann man so Anhaltspunkte erhalten, was erfolgreichere Betriebe bei der Herstellung einzelner Produkte im gleichen Jahr besser machen (Vollkostenrechnung als Ideengenerator). Bei den Schlussfolgerungen muss man sich aber vor Fehlinterpretationen hüten:

- Alle **Betriebe müssen mit den gleichen Gemeinkostenschlüsseln arbeiten**, damit aussagekräftige Kostenvergleiche angestellt werden können. Dies stellt kein besonderes Problem dar, solange die physische Inanspruchnahme einer Kapazität (z.B. Arbeitszeit) im Sinne des Einwirkungsprinzips als Kostenschlüssel genutzt wird. Bei Mehrproduktbetrieben, in denen Unternehmensgemeinkosten oder gar die Kosten ungenutzter Kapazitäten nach dem Durchschnitts- oder dem Tragfähigkeitsprinzip umgelegt werden müssen, ist die Forderung zur Verwendung gleicher Schlüssel nicht einfach einzuhalten.
- Auch wenn zwei Betriebe bspw. ihre anteiligen Lohnkosten pro kg Milch auf vergleichbare Weise (d.h. mit identischen Kostenverteilungsschlüssel) ermittelt haben, ist zu untersuchen, warum der eine z.B. mit Lohnkosten von 7 Cent/kg auskommt und der andere 10 Cent/kg benötigt. Geringfügig höhere Lohnkosten müssen nicht automatisch von Nachteil sein. Kommt der Betrieb mit höheren Lohnkosten mit entsprechend geringeren Abschreibungen aus, kann er am Ende mehr Gewinn erwirtschaften als der andere. Hält er jedoch tatsächlich Maßnahmen zur Senkung der Lohnkosten für sinnvoll, so muss er als relevantes Entscheidungskalkül die **Gesamtheit der durch die geplante Maßnahme ausgelösten Kosten- und Leistungsveränderungen berücksichtigen**. Es geht also um die Bruttoerfolgsänderung auf der Stufe, auf der die Entscheidung angesiedelt ist. Man wird sich deshalb wieder auf die standardisierte mehrstufige Deckungsbeitragsrechnung stützen, die die Kalkulationsobjekte so auf Entscheidungsebenen strukturiert, dass man entscheidungsrelevante Informationen mit geringem Aufwand ableiten kann.

d) Prozesskostenrechnung

Eine Weiterentwicklung der VKR stellt die sog. Prozesskostenrechnung dar, die versucht, das Problem der willkürbehafteten Schlüsselung von Gemeinkosten zu mildern. Bei der Prozesskostenrechnung sollen **ausschließlich Schlüssel verwendet werden, die auf dem Einwirkungsprinzip beruhen**. Das heißt, die Gemeinkosten sollen nur nach Maßgabe der tatsächlichen Inanspruchnahme der bereit gehaltenen Produktionskapazitäten (z.B. Maschinenstunden und Arbeitsstunden) auf die Kostenträger verrechnet werden. Zur Quantifizierung dieser Inanspruchnahme wird die Gesamtaufgabe der Leistungserstellung soweit wie möglich in kleinteilige Arbeitsprozesse untergliedert. Für jeden dieser Prozesse, die auch als Kostentreiber (cost driver) bezeichnet werden, sind dann die in Anspruch genommenen Kapazitäten als Kennzahlen festzuhalten, die aussagen, wer wie lange mit Hilfe welcher Maschine, Anlage etc. an diesem Prozess beteiligt ist.

Das Anliegen der Prozesskostenrechnung ist durchaus nachvollziehbar: Je besser die prozessbezogenen Informationen sind und je näher man einer Schlüsselung der Gemeinkosten nach der tatsächlichen Inanspruchnahme der Kapazitäten kommt, desto besser gelingt es, durch die Stückkosten die langfristigen Grenzkosten zu approximieren. Ein bestimmter Rest von Kosten, der nicht nach dem Einwirkungsprinzip aufzuteilen ist, verbleibt aber immer. So lassen sich bspw. die Kosten, die für diverse Maßnahmen der Mitarbeitermotivation entstehen, auch bei einer noch so kleinteiligen Prozessdefinition nicht ohne die Zuhilfenahme des Durchschnitts- oder Tragfähigkeitsprinzips auf die Kostenträger beziehen. Ein grundsätzliches Problem ergibt sich auch bei der Aufteilung von Kosten, die für ungenutzte (unterbeschäftigte) Kapazitäten entstehen. Grundsätzlich erleichtert eine konsequente Prozessorientierung bei der Ausgestaltung einer als VKR ausgerichteten Vorratsrechnung aber die Identifikation möglicher Einsparpotenziale, die durch in sich konsistente Veränderungen verschiedener Prozesse zu erzielen sind. Diese sind dann wieder mit einer entscheidungsorientierten Grenzbetrachtung zu beurteilen.

3.5 Zusammenfassung und kritische Würdigung

Im vorliegenden Kapitel 3 haben wir den Jahresabschluss und die Leistungs-Kostenrechnung als Hilfsmittel der Wirtschaftlichkeitskontrolle und als Informationsinstrument bei der Entscheidungsunterstützung beschrieben. In Tab. 3-22 sind die Zusammenhänge und die Unterschiede der beiden Instrumente kurz zusammengefasst.

Tab. 3-22: Zusammenfassende Gegenüberstellung von Jahresabschluss und Leistungs-Kostenrechnung

	Jahresabschluss	**Leistungs-Kostenrechnung**	
		Teilkostenrechnung	**Vollkostenrechnung**
Fragestellung	Wie erfolgreich ist ein Unternehmen in einer bestimmten Abrechnungsperiode?	Wie rentabel sind die verschiedenen wirtschaftlichen Aktivitäten im Betrieb unabhängig von den Eigentumsverhältnissen?	
Grundlage der Erfolgsrechnung	Erträge/Aufwendungen	Leistungen/Kosten; Kostenarten- und Kostenstellenrechnung	
Hilfsmittel	Bilanz sowie Gewinn- und Verlustrechnung	Einstufige Deckungsbeitragsrechnung sowie mehrstufige Fixkostendeckungsrechnung	Betriebszweigabrechnungsbogen
Rechtliche Vorgaben	Gegeben	Keine	Keine
Ergebnis	Unternehmensgewinn in einem Geschäftsjahr; Residualgröße, die für die Entlohnung aller eigenen Produktionsfaktoren (eigene Arbeit, eigener Boden und eigenes Kapital) zur Verfügung steht	Bruttoerfolge, d.h. Beiträge zur Deckung fixer Kosten auf unterschiedlichen Stufen und ggf. zur Erzielung eines Unternehmergewinns	Stückkosten bzw. Stückgewinn je Produkt- bzw. Leistungseinheit
Probleme bei Anwendung auf betriebswirtschaftliche Fragestellungen	Gesamtunternehmens- und Zeitraumbezogenheit sowie keine Berücksichtigung kalkulatorischer Kosten	Keine Annäherung der langfristigen Grenzkosten	Keine Unterscheidung zwischen den Kostenkategorien variabel/fix; willkürliche Gemeinkostenschlüsselung

Ein wichtiger Unterschied zwischen der GuV und der Leistungs-Kostenrechnung ist, dass bei der GuV keine kalkulatorischen Kosten berücksichtigt werden. Deshalb ist der in einer GuV ausgewiesene Gewinn von Unternehmen unterschiedlicher Rechtsformen nicht ohne Weiteres zu vergleichen. Bei einer GmbH ist bspw. das Gehalt des Betriebsleiters bereits als Aufwand abgezogen. Bei einem gleich großen und gleich erfolgreichen Einzelunternehmen ergibt sich ein größerer Unternehmensgewinn. Aus dem Gewinn speist sich aber hier das Einkommen des Betriebsleiters. Außerdem erlaubt der Jahresabschluss keine Aussagen hinsichtlich der Wirtschaftlichkeit einzelner Produktionsverfahren, weil er grundsätzlich auf das Gesamtunternehmen und ein Wirtschaftsjahr bezogen ist.

An diesen Kritikpunkten, die sich mit Blick auf eine betriebswirtschaftliche Analyse eines Betriebs ergeben, setzt die LKR an. Sie berücksichtigt explizit kalkulatorische Kosten und fokussiert auf bestimmte Kalkulationsobjekte (z.B. Endprodukte). Insbesondere die Deckungsbeitragsrechnung, die von ihrer Grundstruktur auf die Leistungen und Kosten abzielt, die bei Entscheidungen auf unterschiedlichen Ebenen disponibel werden, kann als Anwendung des Grenzwertprinzips verstanden werden. Sie ist damit als Standardrechnung für die Entscheidungsunterstützung in besonderer Weise geeignet. Durch die konsequente Unterscheidung in beschäftigungsvariable und beschäftigungsfixe Kosten gilt dies vor allem für die Produktionsmengenentscheidung. Die Vollkostenrechnung unterscheidet dagegen nicht zwischen variablen und fixen Kosten. Zudem nimmt sie eine Gemeinkostenschlüsselung vor, die immer mit einer gewissen Willkür behaftet ist. Dadurch ist sie zwar eine Ergänzung der Teilkostenrechnung und eine erste Hilfestellung bei der Identifikation möglicher Einsparpotenziale über horizontale und vertikale Vergleiche. Sie muss aber immer durch eine entscheidungsorientierte Grenzbetrachtung ergänzt werden.

3.6 Literaturhinweise

BMELV (2008): Codekatalog zum BMELV-Jahresabschluss. Bundesministerium für Ernährung, Landwirtschaft und Verbraucherschutz, Berlin.

COENENBERG, A.G. (2003): Jahresabschluss und Jahresabschlussanalyse. Schäffer-Poeschel, Stuttgart.

COENENBERG, A.G., A. HALLER, G. MATTNER und W. SCHULTZE (2007): Einführung in das Rechnungswesen: Grundzüge der Buchführung und Bilanzierung. Schäffer-Poeschel, Stuttgart.

DLG (Hrgs.) (2004): Die neue Betriebszweigabrechnung. Band 197. DLG, Frankfurt am Main.

DLG (Hrgs.) (2006): Effiziente Jahresabschlussanalyse. Band 194. DLG, Frankfurt am Main.

HALBIG, W. und R.P. MANTHEY (1999): Begriffskatalog zum Jahresabschluss. HLBS-Heft 80. Pflug und Feder, Sankt Augustin.

HIRSCHAUER, N. (2001): Controlling. In: Odening, M. und W. Bokelmann (Hrsg.): Agrarmanagement. Ulmer, Stuttgart, S. 276-339.

HUMMEL, S. und W. MÄNNEL (1990): Kostenrechnung Band I: Grundlagen, Aufbau und Anwendung. Gabler, Wiesbaden.

HUMMEL, S. und W. MÄNNEL (1990): Kostenrechnung Band II: Moderne Verfahren und Systeme. Gabler, Wiesbaden.

KÜTING, K. und C.-P. WEBER (2009): Die Bilanzanalyse - Beurteilung von Abschlüssen nach HGB und IFRS. Schäffer-Poeschel, Stuttgart.

REFARDT, M. und H. SPILS AD WILKEN (1999): Jahresabschlussanalyse in der Landwirtschaft. HLBS-Heft 100. Pflug und Feder, Sankt Augustin.

SCHMAUNZ, F. (2007): Buchführung in der Landwirtschaft. Ulmer, Stuttgart.

WÖHE G. und U. DÖRING (2008): Einführung in die Allgemeine Betriebswirtschaftslehre. Vahlen, München.

4 Produktionstheorie

4.1 Vorbemerkungen

Produktion heißt, Inputs (Produktionsfaktoren) einzusetzen und mit einer bestimmten Produktionstechnologie in Outputs (Produkte) zu transformieren. Die Produktionstheorie behandelt die grundlegenden ökonomischen Zusammenhänge, die bei Input- und Outputentscheidungen zu berücksichtigen sind. Die **drei zentralen Fragestellungen der Produktionstheorie** bestehen in der Bestimmung (1) der optimalen speziellen Intensität, (2) der Minimalkostenkombination und (3) der optimalen Produktionsrichtung.

Bei der **optimalen speziellen Intensität** geht es darum, welche Menge eines bestimmten Faktors eingesetzt werden soll (wie intensiv ein spezieller Faktor optimalerweise genutzt werden soll). Man spricht in diesem Zusammenhang auch von der optimalen Faktorintensität. Ein Beispiel in der landwirtschaftlichen Produktion ist die Ermittlung der optimalen Höhe des Stickstoffeinsatzes pro ha Weizen. Bei der **Minimalkostenkombination** wird gefragt, in welchen Mengenverhältnissen Produktionsfaktoren eingesetzt werden sollen (welche Faktorkombination die kostenminimale Produktion einer bestimmten Outputmenge gewährleistet). Man spricht hier auch von der optimalen Faktorallokation. Ein gut bekanntes Beispiel sind Rationalisierungsmaßnahmen, die die kostengünstigere Herstellung einer gegebenen Outputmenge durch eine Veränderung des Einsatzverhältnisses von Kapital und Arbeit ermöglichen. Bei der Frage nach der **optimalen Produktionsrichtung** geht es darum, das Mengenverhältnis zu bestimmen, in dem verschiedene Produkte hergestellt werden sollen (welche Ausrichtung der Produktion bei einer bestimmten Kapazitätsausstattung optimalerweise gewählt werden soll). Man bezeichnet dies als optimale Produktallokation. Ein Beispiel ist die Ermittlung des optimalen Anteils von Weizen und Gerste auf einer gegebenen Ackerfläche.

Stellvertretend für eine Vielzahl von Produktionsfaktoren, über deren Einsatz entschieden werden muss, und stellvertretend für eine Vielzahl von Produkten, die man in verschiedenen Kombinationen erzeugen kann, nehmen wir im Folgenden eine **Zwei-Variablen-Perspektive** ein. Tab. 4-1 verdeutlicht den Zusammenhang.

Tab. 4-1: Die variablen Größen der drei produktionstheoretischen Fragestellungen

<table>
<tr><th></th><th>Faktormenge 1
(z.B. Stickstoff)</th><th>Faktormenge 2
(z.B. Saatgut)</th><th>Produktmenge 1
(z.B. Weizen)</th><th>Produktmenge 2
(z.B. Kartoffeln)</th></tr>
<tr><td>Faktor-menge 1</td><td></td><td>Minimalkosten-kombination</td><td colspan="2" rowspan="2">Optimale spezielle Intensität</td></tr>
<tr><td>Faktor-menge 2</td><td>Minimalkosten-kombination</td><td></td></tr>
<tr><td>Produkt-menge 1</td><td colspan="2" rowspan="2">Optimale spezielle Intensität</td><td></td><td>Optimale Produktionsrichtung</td></tr>
<tr><td>Produkt-menge 2</td><td>Optimale Produktionsrichtung</td><td></td></tr>
</table>

Wir betrachten zwecks Übersichtlichkeit insgesamt nur vier Größen: zwei Inputs und zwei Outputs. Bei den einzelnen Fragestellungen nimmt die Produktionstheorie jeweils eine partielle Perspektive (Ceteris-

Paribus-Perspektive) ein, bei der nur zwei Größen als Variablen betrachtet und alle anderen Größen als gegebene Parameter unterstellt werden. Die durch die Matrixfelder bezeichneten Variablenkombinationen bezeichnen den Gegenstand der jeweiligen produktionstheoretischen Fragestellung.

Über die Zwei-Variablen-Perspektive hinaus werden die folgenden **Annahmen** getroffen:

1. **Unternehmerziel „Gewinnmaximierung"**: Der Unternehmer verfolgt eine eindimensionale Zielsetzung, nämlich die Maximierung des Gewinns. Andere Ziele werden nicht berücksichtigt.
2. **Vollkommene Information**: Der Unternehmer kennt alle zukünftigen Zustände und Entwicklungen sowohl im technischen als auch im wirtschaftlichen Bereich. Unsicherheit bzgl. der Erträge, Qualitäten und Preise werden nicht berücksichtigt.
3. **Homogenität**: Alle betrachteten Güter auf den Faktor- und Produktmärkten haben die gleichen Eigenschaften. Zum einen wird also von einer unterschiedlichen Wirkung einer in verschiedenen Stickstoffdüngemitteln (z.B. Kalkammonsalpeter und Ammoniumnitrat) enthaltenen Reinstickstoffmenge abstrahiert. Zum anderen werden preisbeeinflussende Unterschiede in der Produktqualität (z.B. unterschiedliche Rohproteingehalte im Weizen) vernachlässigt.
4. **Teilbarkeit**: Alle Inputs und Outputs sind beliebig stückelbar. Es wird somit bspw. davon abstrahiert, dass der Einsatz von bestimmten Inputs (z.B. Maschinen) oder die Produktion bestimmter Outputs (z.B. Tiere) nur ganzzahlig erfolgen kann.
5. **Statische Betrachtung**: Es wird nur eine Produktionsperiode betrachtet. Vernachlässigt wird also, dass gegenwärtige Entscheidungen positive oder negative Auswirkungen auf den zukünftigen Produktionserfolg haben können. Sachverhalte, wie z.B. der Vorfruchtwert von Leguminosen oder Erosionsschäden beim Maisanbau, bleiben somit unberücksichtigt.
6. **Nicht-Berücksichtigung externer Effekte**: Es wird eine einzelwirtschaftliche Sicht eingenommen, d.h. es wird davon abstrahiert, dass Entscheidungen negative oder positive Wirkungen außerhalb des Unternehmens haben können, die nicht zu Kosten oder Erlösen[4] für das Unternehmen führen (vgl. Kapitel 8). Sachverhalte, wie Umweltschäden oder der positive Effekt einer schönen Agrarlandschaft für die Gesellschaft, bleiben damit unberücksichtigt.
7. **Mengenanpassung**: Der Unternehmer hat durch seine Faktoreinsatz- und Produktionsmengenentscheidungen weder auf den Faktormärkten noch auf den Produktmärkten Einfluss auf die Preise. Man sagt auch: Die Faktor- und Produktpreise stellen für den Unternehmer ein Datum dar. Er kann aber die Faktornachfrage- und Produktionsmengen an die gegebenen Preise anpassen.

Die genannten Annahmen sind ohne Zweifel unrealistisch. In der Praxis sind die Dinge wesentlich komplexer. Dies ist zwar bei der Interpretation der Ergebnisse zu berücksichtigen, stellt an dieser Stelle aber keinen Nachteil, sondern einen Vorteil dar. Es geht ja zunächst „nur" darum, die grundsätzlichen ökonomischen Wirkungszusammenhänge zu durchdringen. Darauf aufbauend sind dann für unterschiedliche betriebliche Entscheidungssituationen konkrete Planungsverfahren zu entwickeln, um praktische Entscheidungen zu unterstützen.

Bei der Beantwortung der drei zentralen Fragestellungen der Produktionstheorie gehen wir stufenweise vor: In Abschnitt 4.2 wird die Bestimmung der optimalen speziellen Intensität behandelt. Die Bestimmung der Minimalkostenkombination ist Gegenstand von Abschnitt 4.3. In Abschnitt 4.4 wird auf den sog. Expansionspfad eingegangen, der den Zusammenhang zwischen den ersten beiden Fragestellungen herstellt. Abschnitt 4.5 widmet sich der Bestimmung der optimalen Produktionsrichtung. In Abschnitt 4.6 wird die Bedeutung der Produktionstheorie für praktische ökonomische Entscheidungen diskutiert.

---

[4] Man könnte hier auch von Kosten und Leistungen sprechen. Da man bei der Darstellung der allgemeinen produktionstheoretischen Zusammenhänge aber von Vorratshaltung und Zusatzleistungen abstrahiert, wird - der Konvention folgend - von Kosten und Erlösen gesprochen.

4.2 Optimale spezielle Intensität

4.2.1 Beschreibung und Lösung des Entscheidungsproblems

Im Folgenden beschreiben wir die Bestimmung der optimalen speziellen Intensität. Dabei betrachten wir das Beispiel der optimalen Stickstoffeinsatzmenge beim Anbau von Weizen. Um die Stickstoffintensität zu optimieren, muss man zunächst den Zusammenhang zwischen Stickstoffeinsatzmenge (Input) und technisch möglichem Weizenertrag (Output) kennen. Es sei unterstellt, dass dieser biologisch-technische Zusammenhang aufgrund von **ackerbaulichen Versuchen** bekannt ist. Bei diesen Versuchen wurde Winterweizen auf mehreren gleich großen Parzellen identischer Bodengüte mit steigenden Stickstoffmengen gedüngt. Alle weiteren Inputs wie die Aussaatmenge, die Düngung mit sonstigen Nährstoffen, Pflanzenschutz etc. wurden konstant gehalten. Die Ergebnisse der Versuche zeigen, welche Weizenerträge (in dt/ha) an diesem Standort bei Stickstoffmengen von 0, 20, 40, ..., 300 kg/ha gemessen wurden (vgl. Abb. 4-1).

Abb. 4-1: Versuchsaufbau zur Bestimmung des Zusammenhangs zwischen Stickstoffeinsatzmenge und Weizenertrag

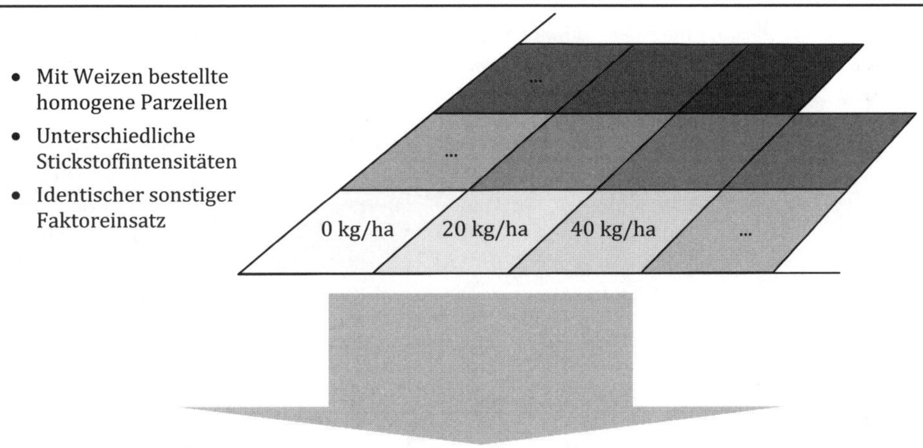

Zusammenhang zwischen Weizenertrag und Stickstoffeinsatz

Stickstoffeinsatz x_{St} (kg/ha)	Weizenertrag y_{We} (dt/ha)
0	45,0
20	52,6
...	...
180	84,6
200	85,0
220	84,6
...	...
300	75,0

Ein Blick auf die in der unteren Hälfte von Abb. 4-1 angegebenen Zahlenwerte zeigt, dass bereits die nicht gedüngte Parzelle aufgrund des im Boden vorhandenen Stickstoffs einen Ertrag von 45 dt/ha liefert. Die Zufuhr von Stickstoffdünger bringt zunächst erhebliche Ertragszuwächse. Diese nehmen jedoch mit wachsendem Stickstoffeinsatz ab. So kann durch eine Erhöhung der Stickstoffintensität von Null auf 20 kg/ha der Ertrag um 7,6 dt/ha gesteigert werden. Beim Schritt von 180 kg/ha auf 200 kg/ha ergibt sich nur noch eine Ertragssteigerung von 0,4 dt/ha. Mit Blick auf eine solche Ertragsentwicklung spricht man vom „**Gesetz vom abnehmenden Ertragszuwachs**". Dabei handelt es sich um eine Gesetzmäßigkeit, die sich in ganz unterschiedlichen Zusammenhängen beobachten lässt. Abnehmender Ertragszuwachs bedeutet ganz allgemein, dass mit steigendem Aufwandsniveau die gleiche zusätzliche Aufwandsmenge immer weniger an zusätzlicher Zielerreichung bringt. Im Beispiel wird bei einer Stickstoffmenge von 200 kg/ha das Ertragsmaximum erreicht. Bei einer weiteren Stickstoffzufuhr geht der Ertrag zurück. Dies kann u.a. durch eine vermehrte Lagerbildung und eine erhöhte Anfälligkeit der Pflanzenbestände gegenüber Schaderregern erklärt werden.

Aus derartigen Versuchsdaten kann man einen funktionalen Zusammenhang ableiten, der die Abhängigkeit der Produktionsmenge von der Faktoreinsatzmenge angibt. Man spricht in diesem Zusammenhang auch von der **Produktionsfunktion** oder der physischen Ertragsfunktion. Diesen einmal gefundenen funktionalen Zusammenhang kann man dann wiederum nutzen, um beliebige diskrete Wertkombinationen von Stickstoff und Weizenertrag zu berechnen. Dementsprechend kann man dann die optimale spezielle Intensität mathematisch-algebraisch und tabellarisch bestimmen.

Tabellarische Lösung

Bei der tabellarischen Bestimmung der optimalen speziellen Intensität kommt die **Differenzrechnung** (vgl. Punkt 2.4.1a) zur Anwendung. Tab. 4-2 verdeutlicht die Vorgehensweise. In den ersten beiden Spalten sind diskrete Stickstoff-Weizenertragskombinationen dargestellt.

Tab. 4-2: Tabellarische Bestimmung der optimalen speziellen Intensität [a)]

	Spalte 1	Spalte 2	Spalte 3	Spalte 4	Spalte 5	Spalte 6	Spalte 7
	Stickstoff-einsatz x_{St} (kg/ha)	Weizen-ertrag y_{We} (dt/ha)	Weizenerlös $E = p_{We} \cdot y_{We}$ (€/ha)	Stickstoff-kosten $K = q_{St} \cdot x_{St}$ (€/ha)	Bruttoerfolg $B = E - K$ (€/ha)	Zusatz- bzw. Grenzerlös $p_{We} \cdot \Delta y_{We}$ (€/ha)	Zusatz- bzw. Grenzkosten $q_{St} \cdot \Delta x_{St}$ (€/ha)
1	0	45,0	1 125	0	1 125		
2	20	52,6	1 315	20	1 295	190	20
3	40	59,4	1 485	40	1 445	170	20
4	60	65,4	1 635	60	1 575	150	20
5	80	70,6	1 765	80	1 685	130	20
6	100	75,0	1 875	100	1 775	110	20
7	120	78,6	1 965	120	1 845	90	20
8	140	81,4	2 035	140	1 895	70	20
9	160	83,4	2 085	160	1 925	50	20
10	**180**	**84,6**	**2 115**	**180**	**1 935**	**30**	**20**
11	200	85,0	2 125	200	1 925	10	20
12	220	84,6	2 115	220	1 895	-10	20

a) Weizenpreis p_{We} = 25 €/dt und Stickstoffpreis q_{St} = 1 €/kg.

Ausgehend von diesen Informationen stellt sich die Frage, wie hoch die optimale Stickstoffintensität ist. Der Kollege Onno Überleg weiß sofort die Antwort: Er meint, dass die optimale Stickstoffmenge ganz klar dort liegt, wo das **Ertragsmaximum** erreicht wird. Su Sidenkt gibt nach kurzem Überlegen zu bedenken, dass diese Schlussfolgerung nicht richtig sein muss. Ein Gewinnmaximierer richtet sich nicht am Ertragsmaximum, sondern am Grenzwertprinzip aus. Für ökonomische Kalkulationen ist es erforderlich, die physischen Input- und Outputmengen in monetäre Größen zu überführen. Der Weizenerlös (Spalte 3) entspricht dem Weizenpreis p_{We} von 25 €/dt multipliziert mit dem Weizenertrag y_{We} (Spalte 2). Die Stickstoffkosten (Spalte 4) sind das Produkt aus dem Stickstoffpreis q_{St} von 1 €/kg und der Stickstoffmenge x_{St} (Spalte 1).

Schauen wir uns zunächst den Bruttoerfolg - verstanden als Weizenerlös abzgl. der Stickstoffkosten - für die einzelnen Düngungsstufen genauer an: Beim Stickstoffeinsatz von 200 kg/ha (Düngungsstufe 11) ist nicht nur der Ertrag (85,0 dt/ha), sondern auch der Erlös (2 125 €/ha) maximal. Die Stickstoffkosten belaufen sich auf 200 €/ha und es ergibt sich ein Bruttoerfolg von 1 925 €/ha. Ein schneller Blick auf Spalte 5 zeigt, dass der **maximale Bruttoerfolg** von 1 935 € bereits bei Düngungsstufe 10 erreicht wird. Die optimale Stickstoffintensität liegt also bei 180 kg/ha.

Wie wir schon bei der Erläuterung der Differenzrechnung betont haben, kann man auch - anstatt die verschiedenen Handlungsalternativen getrennt durchzurechnen und dann miteinander zu vergleichen - direkt auf die Differenzen beim Wechsel von der einen zur anderen Handlungsalternative abstellen. Man kann die optimale Stickstoffmenge also auch bestimmen, indem man die **Zusatzerlöse mit den Zusatzkosten vergleicht** (Spalte 6 vs. Spalte 7), die durch den Wechsel auf die nächst höhere Düngungsintensitätsstufe verursacht werden. Die Intuition hierfür ist eindeutig: Eine Erhöhung der Stickstoffmenge lohnt sich, solange der dadurch erzielte Zusatzerlös größer ist als die Zusatzkosten ($p_{We} \cdot \Delta y_{We} > q_{St} \cdot \Delta x_{St}$). Ist der Zusatzerlös kleiner als die Zusatzkosten ($p_{We} \cdot \Delta y_{We} < q_{St} \cdot \Delta x_{St}$) rentiert sich der Einsatz der zusätzlichen Stickstoffmenge nicht. Die optimale spezielle Intensität wird erreicht, wenn der zusätzliche Stickstoff gerade so viel bringt wie er kostet ($p_{We} \cdot \Delta y_{We} = q_{St} \cdot \Delta x_{St}$). Der Vergleich der Zusatzerlöse und Zusatzkosten verdeutlicht noch einmal, dass es nicht rational wäre, die ertragsmaximale Variante zu wählen: Beim Übergang von Variante 10 zur ertragsmaximalen Variante 11 bringen die letzten 20 kg Stickstoff nur 10 €/ha, kosten aber 20 €/ha. Bei Bedarf würde eine feinere Abstufung der Stickstoffintensität zeigen, wo genau zwischen 160 und 200 kg die optimale spezielle Intensität liegt.

Algebraische Lösung mit Hilfe der Produktionsfunktion

Um die optimale spezielle Intensität algebraisch zu bestimmen, benötigt man ein Modell, das die Beziehung zwischen Faktoreinsatz und Ertrag in Form einer differenzierbaren mathematischen Funktionsgleichung beschreibt und eine **Marginalbetrachtung** zulässt. Der Ausgangspunkt der Überlegungen ist eine stetige **Produktionsfunktion**, die sich allgemein wie folgt darstellen lässt:

$$y = y(x_1, x_2, \dots, x_I) \qquad (4\text{-}1)$$

Dabei beschreibt y die Produktionsmenge und $x_1, x_2, \dots, x_I$ die Einsatzmengen der Produktionsfaktoren. Ist nur ein Produktionsfaktor (z.B. x_1) variabel, dann ergibt sich eine einfaktorielle Produktionsfunktion:

$$y = y(x_1 | x_2, \dots, x_I) = y(x_1) = y(x) \qquad (4\text{-}2)$$

Der senkrechte Strich hinter x_1 bedeutet, dass die übrigen Produktionsfaktoren $x_2, \dots, x_I$ konstant, in ihrer Höhe aber nicht zwangsläufig bekannt sind.

Ausgehend von der Produktionsfunktion lässt sich die Erlösfunktion $E(x)$ bestimmen:

$$E(x) = p \cdot y(x) = E \qquad (4\text{-}3)$$

p kennzeichnet den Produktpreis.

Bei dem hier unterstellten konstanten Preis q des betrachteten variablen Produktionsfaktors x ist die Kostenfunktion $K(x)$ eine Kostengerade:

$$K(x) = q \cdot x = K \qquad (4\text{-}4)$$

Zur Verdeutlichung ist der Zusammenhang zwischen Erlös- und Kostenfunktion in der unteren Hälfte von Abb. 4-2 grafisch veranschaulicht.

Abb. 4-2: Algebraische Bestimmung der optimalen speziellen Intensität

(a)	Produktionsfunktion aufstellen $y = y(x)$
(b)	Erlösfunktion aufstellen $E(x) = p \cdot y(x)$
(c)	Kostenfunktion aufstellen $K(x) = q \cdot x$
(d)	Zu maximierende Bruttoerfolgsfunktion bestimmen $B(x) = p \cdot y(x) - q \cdot x \rightarrow \text{max!}$
(e)	1. Ableitung der Bruttoerfolgsfunktion gleich Null setzen (notwendige Bedingung) $\frac{dB}{dx} = p \cdot \frac{dy}{dx} - q = 0 \Leftrightarrow p \cdot \frac{dy}{dx} = q$
(f)	2. Ableitung der Bruttoerfolgsfunktion auf negatives Vorzeichen prüfen (hinreichende Bedingung) $\frac{d^2B}{dx^2} = p \cdot \frac{d^2y}{dx^2} < 0$

B Bruttoerfolg
E Erlös
K Kosten
p Produktpreis
y Produktionsmenge
q Faktorpreis
x Faktormenge

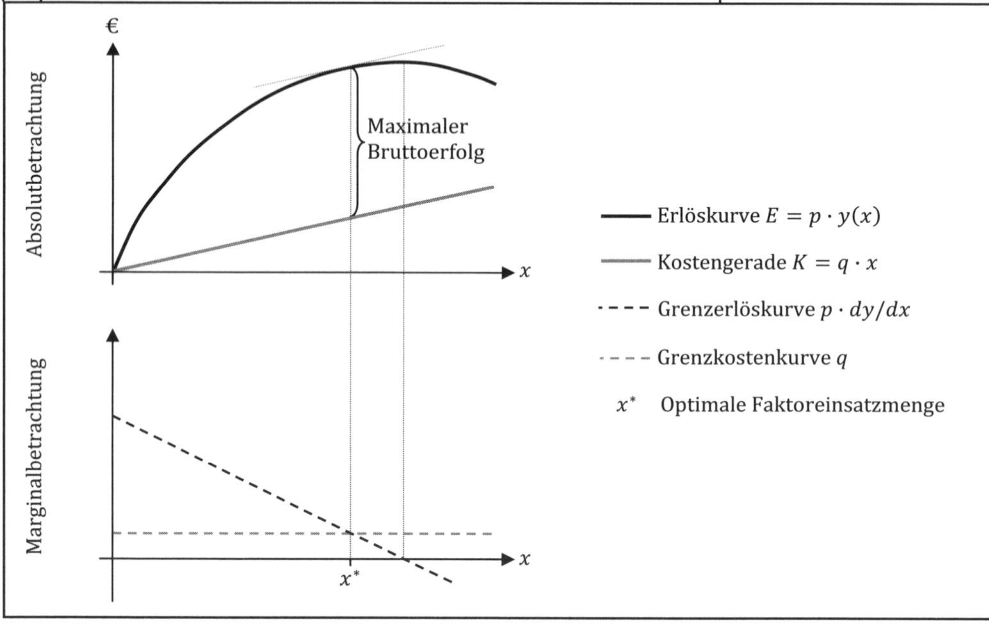

Der **Bruttoerfolg** $B(x)$, der nach Abzug der Kosten des Produktionsfaktors verbleibt und dessen Maximum zu bestimmen ist, ergibt sich aus der Differenz der Erlöse und der Kosten:

$$B(x) = p \cdot y(x) - q \cdot x = E - K = B \rightarrow \text{max!} \qquad (4\text{-}5)$$

An der Stelle des Maximums muss die Steigung und damit die erste Ableitung der Bruttoerfolgsfunktion gleich Null sein (**Optimalitätsbedingung**):

$$\frac{dB}{dx} = p \cdot \frac{dy}{dx} - q = 0 \Leftrightarrow p \cdot \frac{dy}{dx} = q \Leftrightarrow \frac{dy}{dx} = \frac{q}{p} \Leftrightarrow p \cdot dy = q \cdot dx \qquad (4\text{-}6)$$

dy/dx ist die erste Ableitung der Produktionsfunktion nach dem variablen Produktionsfaktor. Sie gibt Auskunft über den physischen Grenzertrag bzw. die Grenzproduktivität (marginal physical product). Das Produkt aus Produktpreis und physischem Grenzertrag $p \cdot dy/dx$ bezeichnet man als Grenzerlös, Wertgrenzprodukt (value of marginal product) oder monetären Grenzertrag. Die Optimalitätsbedingung $p \cdot dy/dx = q$ besagt, dass das optimale Einsatzniveau des variablen Faktors erreicht ist, wenn der **Grenzerlös dem Faktorpreis entspricht**. Anders gesagt: Die optimale spezielle Intensität ist erreicht, wenn der Grenzerlös den Grenzkosten (marginal input cost) entspricht. Wenn man dies in $p \cdot dy = q \cdot dx$ umformt, wird die Interpretation noch intuitiver: Die optimale spezielle Intensität ist erreicht, wenn die marginalen Kosten, die durch eine infinitesimal kleine Erhöhung der Faktormenge entstehen, gerade durch die marginalen Erlöse gedeckt werden. Mit anderen Worten: Die letzte infinitesimal kleine Faktoreinsatzmenge muss gerade so viel bringen, wie sie kostet.

Als hinreichende Bedingung für ein Maximum muss die zweite Ableitung der Bruttoerfolgsfunktion an der betreffenden Stelle negativ sein:

$$\frac{d^2B}{dx^2} = p \cdot \frac{d^2y}{dx^2} < 0 \qquad (4\text{-}7)$$

Da der Produktpreis p positiv ist, muss die zweite Ableitung der Produktionsfunktion an der Stelle der optimalen speziellen Intensität negativ sein. Anders gesagt: Die erste Ableitung der Produktionsfunktion und damit der physische Grenzertrag dy/dx muss einen fallenden Verlauf aufweisen. Abb. 4-2 fasst den Ablauf bei der Bestimmung der optimalen Intensität zusammen.

In der unteren Hälfte von Abb. 4-2 ist die Bestimmung der optimalen speziellen Intensität grafisch dargestellt. In der ersten Abbildung ist die vom variablen Produktionsfaktor abhängige **Erlöskurve** $E(x) = p \cdot y(x)$ angezeigt. Sie unterscheidet sich von der (hier nicht dargestellten) Produktionsfunktion $y = y(x)$ dadurch, dass auf der „y-Achse" (Ordinate) der Output nicht natural, sondern monetär angegeben ist. Der Anstieg der Erlöskurve unterscheidet sich vom Anstieg der Produktionsfunktion an jedem Punkt um einen Faktor in Höhe des Produktpreises p. Zusätzlich zur Erlöskurve ist die **Kostengerade** $K(x) = q \cdot x$ dargestellt. Der Abstand zwischen Erlöskurve und Kostengerade bezeichnet den Bruttoerfolg $B(x)$. Der bruttoerfolgsmaximale Faktoreinsatz liegt dort, wo dieser Abstand am größten ist. Er kann grafisch ermittelt werden, indem man die Kostengerade solange parallel verschiebt, bis sie zur Tangente der Erlöskurve wird. Von diesem Tangentialpunkt aus fällt man das Lot auf die „x-Achse" (Abszisse) und kann dort die optimale Faktoreinsatzmenge x^* ablesen.

In der unteren Grafik von Abb. 4-2 sind die Grenzerlös- und die Grenzkostenkurve dargestellt. Die **Grenzerlöskurve** hat einen negativen Anstieg, d.h. die Grenzerlöse sinken mit zunehmender Faktoreinsatzmenge und sind schließlich ab dem Ertragsmaximum negativ. Die **Grenzkostenkurve** entspricht dem Faktorpreis. Das optimale Faktoreinsatzniveau befindet sich dort, wo die Grenzerlöskurve die Grenzkostenkurve schneidet. Dies entspricht dem bereits durch die Tangentialverschiebung identifizierten Punkt x^*, an dem die Steigung der Erlöskurve gleich der Steigung der Kostengerade ist.

Wir haben gesehen, dass man zur Bestimmung der optimalen speziellen Intensität die physische Input-Output-Beziehung $y = y(x)$ sowie den Produktpreis p und den Faktorpreis q berücksichtigen muss. Wir haben auch gesehen, dass es für die Optimalitätsbedingung unterschiedliche algebraische Darstellungsformen gibt (vgl. Gleichung (4-6)). Die klassische Form $p \cdot dy/dx = q$ (Grenzerlös gleich Grenzkosten) korrespondiert direkt mit der Erlöskurve und der Kostengeraden, die in der unteren Hälfte von Abb. 4-2 angezeigt ist. Diese grafische Darstellung wird in der linken Hälfte von Abb. 4-3 wiederholt. Die rechte Hälfte von Abb. 4-3 greift auf die alternative algebraische Formulierung der Form $dy/dx = q/p$ zurück. Verbal ausgedrückt bedeutet das, dass das Optimum dort erreicht ist, wo der **physische Grenzertrag gleich dem Verhältnis von Faktorpreis zu Produktpreis** ist. Will man dies grafisch darstellen, muss man anstelle der Erlöskurve die Produktionsfunktion und anstelle der Kostengeraden die Isobruttoerfolgslinie einzeichnen. Auf dieser Isobruttoerfolgslinie liegen alle Kombinationen von Faktoreinsatzmenge und Ertrag, die zum gleichen Bruttoerfolg führen. Für einen beliebigen Bruttoerfolg $\bar{B}$ ist die Funktionsgleichung der Isobruttoerfolgslinie wie folgt definiert:

$$\bar{B} = p \cdot y(x) - q \cdot x \Leftrightarrow y(x, \bar{B}) = \frac{\bar{B}}{p} + \frac{q}{p} \cdot x \qquad (4\text{-}8)$$

Unter Rückgriff auf Gleichung (4-8) kann man grafisch eine Schar von Isobruttoerfolgslinien mit unterschiedlich hohem Bruttoerfolg darstellen, die alle die Steigung q/p aufweisen. Da die Produktionsfunktion alle Input-Output-Kombinationen angibt, die jeweils maximal möglich sind, findet man die optimale spezielle Intensität, indem man eine beliebige Isobruttoerfolgslinie solange parallel verschiebt, bis sie die Produktionsfunktion tangiert. Das ist die - bildlich gesprochen - am weitesten oben liegende Isobruttoerfolgslinie, die den maximalen Bruttoerfolg $\bar{B}^{max}$ darstellt. Von diesem Tangentialpunkt aus fällt man dann das Lot auf die Abszisse.

Abb. 4-3: Alternative grafische Darstellungen der optimalen speziellen Intensität [a]

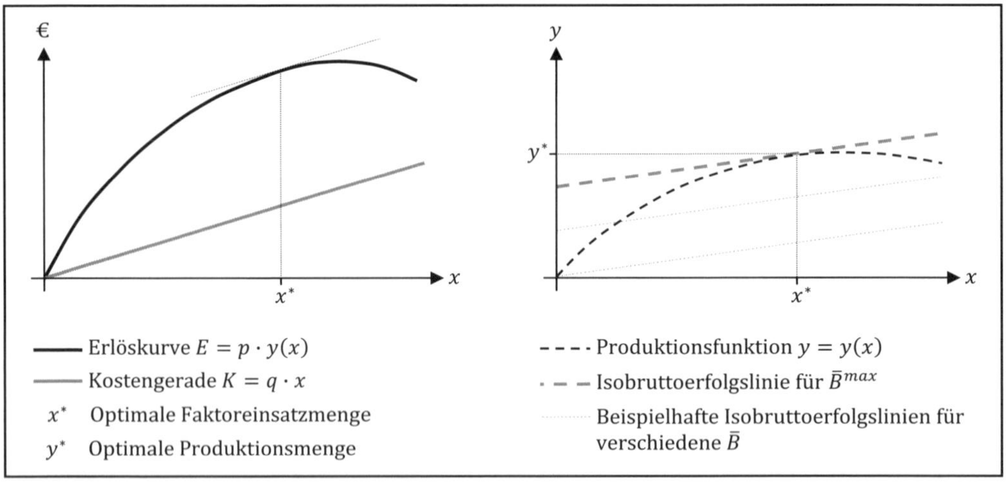

a) Beim Übergang von der linken zur rechten Darstellung wird ein Produktpreis $p > 1$ unterstellt.

Die beiden Hälften von Abb. 4-3 sind lediglich alternative Darstellungsformen desselben Sachverhalts und liefern das gleiche Ergebnis. Die unterschiedlichen Steigungen der Kurven in den beiden Darstellungen ergeben sich aus dem Produktpreis. Hier wurde unterstellt, dass der Produktpreis größer als Eins ist. Deshalb ist die Steigung der Produktionsfunktion geringer als die Steigung der Erlösfunktion und die Steigung der Isobruttoerfolgslinie geringer als die Steigung der Kostengerade.

Beispiel 4-1
Optimale spezielle Intensität - Stickstoffeinsatz im Weizenanbau

Es sei unterstellt, dass für das in Abb. 4-1 beschriebene Stickstoffbeispiel auf der Grundlage ackerbaulicher Versuchsdaten die folgende quadratische Produktionsfunktion geschätzt wurde:

$$y_{We} = 45 + 0{,}4 \cdot x_{St} - 0{,}001 \cdot x_{St}^2 \qquad (4\text{-}9)$$

Dabei kennzeichnet y_{We} den Weizenertrag in dt/ha und x_{St} den Stickstoffeinsatz in kg/ha.

Bei einem Weizenpreis p_{We} = 25 €/dt und einem Stickstoffpreis q_{St} = 1 €/kg ergibt sich die folgende Bruttoerfolgsfunktion:

$$B_{We} = 25 \cdot y_{We} - 1 \cdot x_{St} = 25 \cdot (45 + 0{,}4 \cdot x_{St} - 0{,}001 \cdot x_{St}^2) - 1 \cdot x_{St} \qquad (4\text{-}10)$$

Bildet man die erste Ableitung der Bruttoerfolgsfunktion nach der Stickstoffmenge x_{St} und setzt sie gleich Null, ergibt sich folgender Term:

$$\frac{dB_{We}}{dx_{St}} = 10 - 0{,}05 \cdot x_{St} - 1 = 0 \qquad (4\text{-}11)$$

Stellt man Gleichung (4-11) nach x_{St} um, ergibt sich eine Stickstoffmenge von 180 kg/ha. Dies stellt die optimale spezielle Intensität x_{St}^* dar, da die zweite Ableitung der Bruttoerfolgsfunktion negativ ist ($d^2B_{We}/dx_{St}^2 = -0{,}05$). Bei 180 kg Stickstoff pro ha ergibt sich ein Ertrag von 84,6 dt/ha. Der maximale Bruttoerfolg beträgt 1 935 €/ha.

Ende des Beispiels

4.2.2 Erweiterungen

a) Komparative Statik

Die optimale spezielle Intensität wird durch den Produktpreis p, den Faktorpreis q und den Verlauf der Produktionsfunktion $y = y(x)$ beeinflusst. Im Rahmen einer komparativen Analyse fragen wir danach, welchen Einfluss eine Veränderung dieser Parameter auf die optimale spezielle Intensität hat. Es wird also nicht einfach nur untersucht, wie sich der Betriebserfolg bei gegebener Faktoreinsatzentscheidung verändert, wenn sich die Rahmenbedingungen ändern. Vielmehr wird die spezielle Intensität jeweils optimal an die neuen Rahmenbedingungen angepasst. Im Vergleich zu einer einfachen Betrachtungsweise, in der keine Betriebsanpassung erfolgt, erhöht sich dadurch der Betriebserfolg.

Wir analysieren die Wirkungen (1) eines veränderten Produktpreises, (2) eines veränderten Faktorpreises und (3) veränderter physischer Input-Output-Relationen und damit einer veränderten Produktionsfunktion. Um die Effekte besser zeigen zu können, gehen wir dabei von einer *sehr* deutlichen Änderung der Parameter aus. Außerdem führen wir eine Ceteris-Paribus-Analyse durch. Beides ist unrealistisch, da zum einen zumindest kurzfristig eine sehr starke Änderung eines Parameters nicht plausibel ist und sich zum anderen in der Realität oft mehrere Parameter gleichzeitig ändern. Zum Verständnis von schwierigeren Zusammenhängen ist es aber erforderlich, zunächst die grundsätzlichen Effekte isolierter Preis- und Mengenänderungen zu durchdringen.

(1) Wie ändert sich die optimale spezielle Intensität c.p., wenn der Produktpreis sinkt? Ein Absinken des Produktpreises lässt den Verlauf der Kostengerade unverändert, da diese unabhängig vom Produktpreis ist (Abb. 4-4, linke Hälfte). Auch das Faktoreinsatzniveau, bei dem das Erlösmaximum erreicht wird, ist unabhängig vom Produktpreis. Die Grenzerlöskurve schneidet also die Abszisse vor und nach der Produktpreiserhöhung bei derselben Faktormenge. Ein reduzierter Produktpreis führt jedoch bei jeder Intensitätsstufe zu geringeren Erlösen und geringeren Grenzerlösen. Dadurch ergibt sich eine geringere Steigung der Erlöskurve, so dass die Gleichheit zwischen den unveränderten Grenzkosten (d.h. dem Faktorpreis) und den Grenzerlösen schon bei einem niedrigeren Einsatzniveau des Produktionsfaktors erreicht wird. Kurz gesagt: Ein niedrigerer Produktpreis führt c.p. zu einem geringeren optimalen Faktoreinsatzniveau. Genau der umgekehrte Sachverhalt gilt für einen Anstieg des Produktpreises.

(2) Wie ändert sich die optimale spezielle Intensität c.p., wenn der Faktorpreis steigt? Eine Erhöhung des Faktorpreises lässt den Verlauf der Erlöskurve unverändert (Abb. 4-4, rechte Hälfte). Er führt jedoch zu höheren Kosten und höheren Grenzkosten, d.h. zu einem stärkeren Anstieg der Kostengerade. Deshalb wird die Gleichheit zwischen den unveränderten Grenzerlösen und den Grenzkosten (d.h. dem Faktorpreis) schon bei einem niedrigeren Einsatzniveau des Produktionsfaktors erreicht. Kurz gesagt: Ein höherer Faktorpreis führt c.p. zu einer Reduzierung der optimalen Faktoreinsatzmenge. Genau der umgekehrte Sachverhalt gilt für eine Absenkung des Faktorpreises.

Abb. 4-4: Optimale spezielle Intensität und komparative Statik

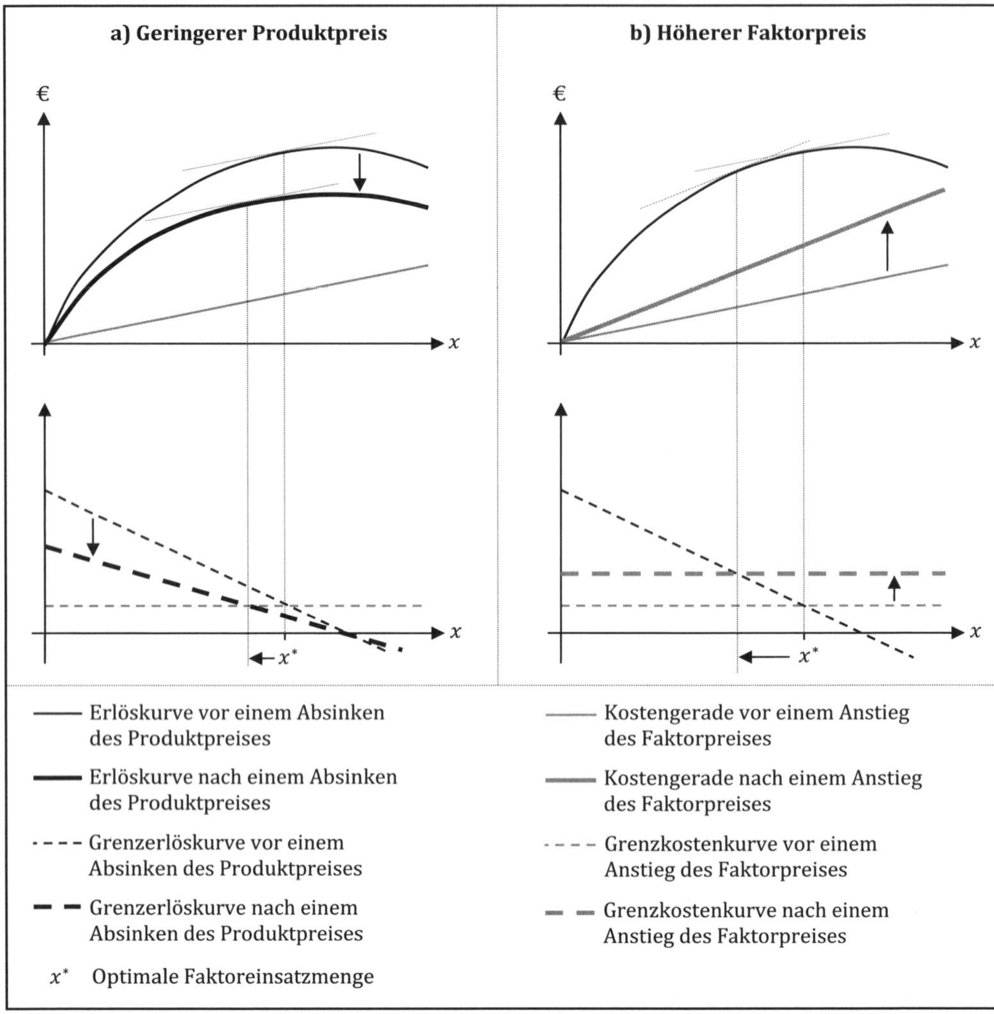

(3) Wie ändert sich die optimale spezielle Intensität c.p. bei verbesserten Input-Output-Relationen? Verbesserte Input-Output-Relationen können sich durch technischen Fortschritt ergeben. Ein Beispiel wäre die Einführung einer neuen Weizensorte, die beim gleichen Einsatz von Stickstoff zu einem 10% höheren Ertrag führt. Solche verbesserten Input-Output-Relationen führen - wie ein höherer Produktpreis - zu einem stärkeren Anstieg der Erlöskurve (vgl. Abb. 4-4, linke Hälfte). Deshalb wird die Gleichheit zwischen den höheren Grenzerlösen und den unveränderten Grenzkosten des betrachteten Produktionsfaktors erst bei einem höheren Einsatzniveau erreicht. Wenn es also durch technischen Fortschritt zu einer erhöhten Steigung der Produktionsfunktion kommt, führt dies zu einer Erhöhung der optimalen Faktoreinsatzmenge. Genau der umgekehrte Sachverhalt gilt für eine Verschlechterung der Input-Output-Relationen. Ein Beispiel wäre eine niedrigere Stickstoffverwertung aufgrund verringerter Niederschläge infolge des Klimawandels. Wird allerdings durch den technischen Fortschritt die Produktionsfunktion parallel verschoben, bleibt der optimale Produktionsmitteleinsatz konstant. Technisch gesprochen ändert sich nur die Konstante der Produktionsfunktion.

b) Alternative Formen der Produktionsfunktion

Bei dem in Beispiel 4-1 betrachteten Zusammenhang zwischen Stickstoffeinsatz und Weizenertrag wurde eine **quadratische Produktionsfunktion** unterstellt, also eine Funktion der Form $y = a + b \cdot x + c \cdot x^2$, mit $b > 0$ und $c < 0$ (vgl. Abb. 4-5a). Unterschiedliche Zusammenhänge zwischen Inputs und Outputs, die sich z.B. an einem anderen Standort ergeben, können zu anderen Funktionsparametern a, b und c führen. Der Zusammenhang zwischen Input und Output kann aber auch grundsätzlich anders sein, so dass er besser mit einer nicht-quadratischen Produktionsfunktion abzubilden ist.

Abb. 4-5: Optimale spezielle Intensität bei unterschiedlichen Beziehungen zwischen Faktoreinsatzmenge und Ertrag

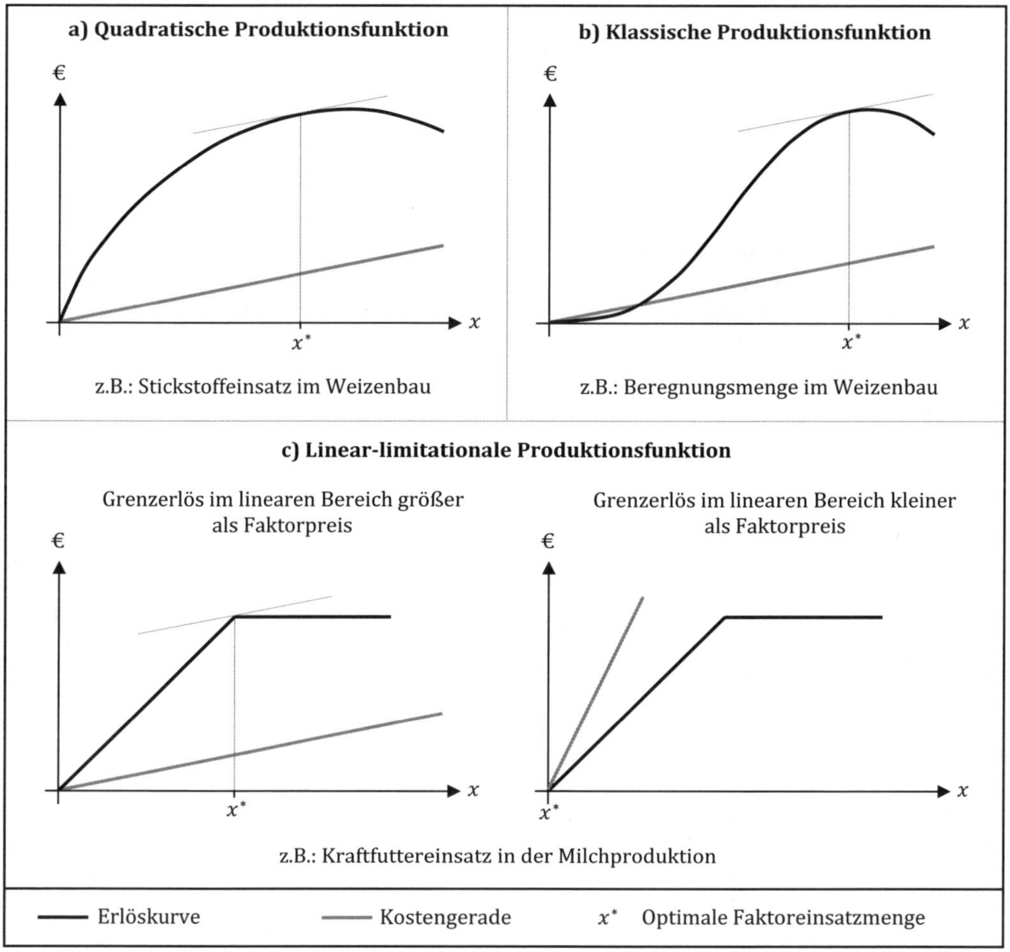

Klassische Produktionsfunktionen in der Form eines Polynoms dritten Grades sind für die Abbildung vieler biologisch-technischer Zusammenhänge geeignet. Der Kurvenverlauf von Polynomen dritten Grades, also Funktionen der Form $y = a + b \cdot x + c \cdot x^2 + d \cdot x^3$, mit $b < 0$, $c > 0$ und $d < 0$, ist in Abb. 4-5b)

grafisch dargestellt. Eine klassische Produktionsfunktion ist bspw. für den Weizenertrag in Abhängigkeit von der Beregnungsmenge plausibel: Zunächst ist durch die Beregnung nur eine relativ geringe Steigerung der physischen Erträge zu erzielen, weil das Beregnungswasser größtenteils verdunstet. Dann sind mit einer weiteren Erhöhung der Beregnungsmenge erst zu- und dann abnehmende Grenzerträge zu beobachten. Schließlich wird ein Maximalpunkt erreicht. Bei einer weiteren Erhöhung der Beregnungsmenge ergeben sich negative Grenzerträge aufgrund zu starker Vernässung. Man weiß von vornherein, dass ein Gewinnmaximierer - vorausgesetzt die Beregnung ist überhaupt rentabel - die Faktoreinsatzmenge auf jeden Fall erhöhen wird, solange die physischen Grenzerträge ansteigen. Im relevanten Bereich, in dem die optimale spezielle Intensität zu suchen ist, müssen die Grenzerträge also abnehmen. Der Funktionsverlauf im relevanten Bereich der klassischen Produktionsfunktion entspricht damit dem der quadratischen Produktionsfunktion.

In vielen Fällen lassen sich die produktionstechnisch-biologischen Zusammenhänge auch über eine **linear-limitationale Produktionsfunktion** annähern (vgl. Abb. 4-5c). Beispielsweise wird im Allgemeinen angenommen, dass der Zusammenhang zwischen Kraftfuttereinsatz und Milchleistung einer Kuh am besten durch eine linear-limitationale Produktionsfunktion beschrieben werden kann. Dabei geht man davon aus, dass die Gesamtmilchleistung mit zunehmender Kraftfuttermenge zunächst linear ansteigt. Ab einem bestimmten Kraftfuttereinsatz stößt man dann aber an die physiologische Leistungsfähigkeit der Kuh. Eine weitere Erhöhung des Kraftfuttereinsatzes führt zu keiner weiteren Steigerung der Milchleistung, wirkt jedoch auch nicht leistungsmindernd. Wenn sich der Einsatz einer Einheit des Produktionsfaktors grundsätzlich lohnt und damit die Steigung der Kostengerade geringer ist als die Steigung des linearen Teils der Erlösfunktion, dann sollte bei einer linear-limitationalen Produktionsfunktion der Faktoreinsatz bis zum Maximum ausgedehnt werden. Bildlich gesprochen ist dies der „Knick" der Produktions- und Erlösfunktion. Mit anderen Worten: Die technisch maximale und die ökonomisch optimale Produktionsmenge entsprechen einander (vgl. Abb. 4-5, linke untere Hälfte). Andernfalls sollte der Produktionsfaktor gar nicht eingesetzt werden (vgl. Abb. 4-5, rechte untere Hälfte). Im Spezialfall, in dem die Steigung des linearen Abschnitts der Produktionsfunktion und die Steigung der Kostengerade gleich sind, ist der ökonomische Erfolg bei einer Faktoreinsatzmenge von Null bis zum „Knick" gleich. Bei Vorliegen einer linear-limitationalen Produktionsfunktion bestimmt man die optimale spezielle Intensität über einen einfachen Alternativenvergleich (kein Faktoreinsatz vs. Faktoreinsatz am „Knick") im Rahmen der Differenzrechnung.

c) Zusammenhang zwischen Produktions- und Kostenfunktion

Der Ausgangspunkt bei der Bestimmung der optimalen speziellen Intensität war die Produktionsfunktion, bei der der physische Ertrag y die abhängige und das Einsatzniveau eines variablen Produktionsfaktors x die unabhängige Variable darstellte (vgl. Abb. 4-6, linke Hälfte). Die Produktionsfunktion multipliziert mit dem Produktpreis p führte zur Erlösfunktion.

Die optimale spezielle Intensität kann auch bestimmt werden, indem man anstelle der Produktionsfunktion $y = y(x)$ die **inverse Produktionsfunktion** $x = x(y)$ nutzt, bei der die abhängige und die unabhängige Variable vertauscht sind. Die inverse Produktionsfunktion gibt Auskunft, welches Ertragsniveau angestrebt werden muss, um eine bestimmte Faktormenge einsetzen zu können. Grafisch lässt sie sich aus der Produktionsfunktion durch Spiegelung an der Diagonalen herleiten (vgl. Abb. 4-6, mittlere Hälfte). Multipliziert man die inverse Produktionsfunktion mit dem Faktorpreis, so erhält man die Kostenfunktion $K(y)$ in Abhängigkeit von der Produktionsmenge. Der Anstieg der Kostenkurve unterscheidet sich an jedem Punkt vom Anstieg der inversen Produktionsfunktion um einen Faktor in Höhe des Faktorpreises q. In der rechten Hälfte von Abb. 4-6 wurde implizit ein Faktorpreis $q = 1$ unterstellt. Nur in diesem Spezialfall hat die Kostenfunktion $K(y)$ die gleiche Steigung wie die inverse Produktionsfunktion.

Abb. 4-6: Zusammenhang zwischen Produktions- und Kostenfunktion [a)]

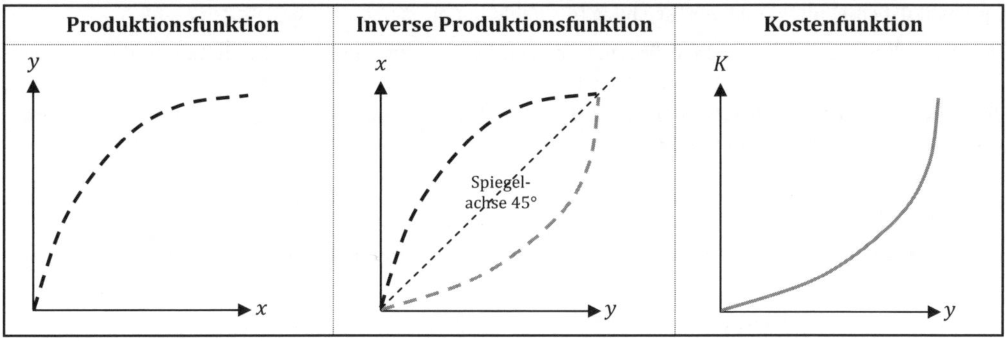

a) Beim Übergang von linker zu rechter Darstellung wird ein Faktorpreis q = 1 unterstellt.

Um die optimale spezielle Intensität ausgehend von der inversen Produktionsfunktion zu bestimmen, muss die produktionsmengenabhängige Kostenfunktion $K(y)$ mit der produktionsmengenabhängigen Erlösfunktion $E(y) = p \cdot y$ in Beziehung gebracht werden (vgl. Abb. 4-7, obere Hälfte). Die Erlösfunktion ist bei einem von der Produktionsmenge unabhängigen Produktpreis eine Gerade.

Abb. 4-7: Bestimmung der optimalen speziellen Intensität über die Kostenfunktion

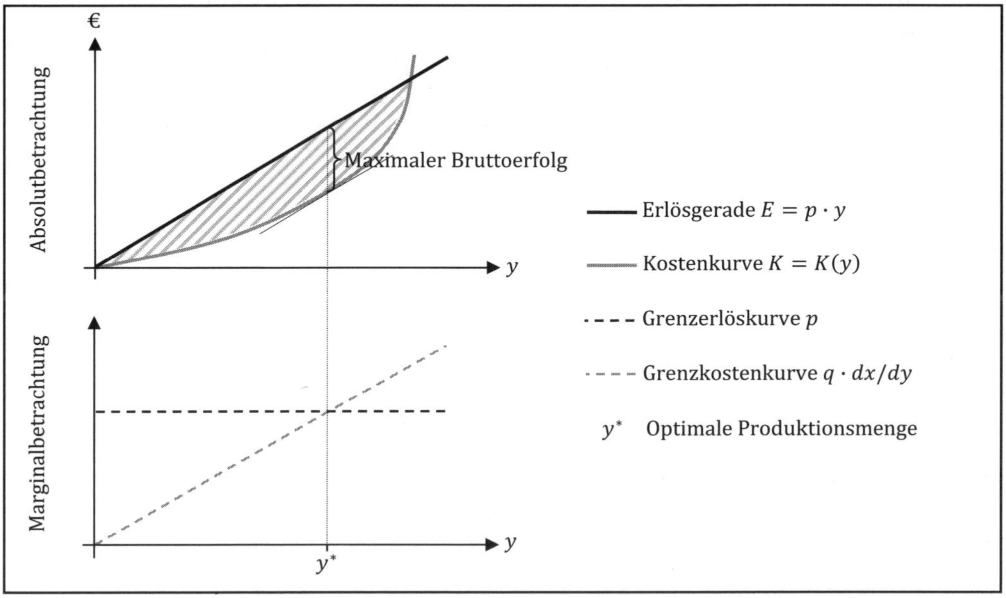

In dem Bereich, der in der oberen Hälfte von Abb. 4-7 schraffiert ist, übersteigt der Erlös E die Kosten K, d.h. der Unternehmer erzielt einen positiven Bruttoerfolg. Der maximale Bruttoerfolg ist beim größten vertikalen Abstand zwischen der Kostenfunktion $K(y)$ und der Erlösgeraden $E = p \cdot y$ erreicht. Die optimale Produktionsmenge y^* kann bestimmt werden, indem man die Erlösfunktion solange parallel nach unten verschiebt, bis die Kostenfunktion gerade tangiert wird.

Die untere Hälfte in Abb. 4-7 zeigt, dass man unter Rückgriff auf die Grenzkosten und die Grenzerlöse zum gleichen Ergebnis kommt. Die von der Produktionsmenge abhängigen Grenzkosten sind das Produkt aus der inversen Grenzproduktivität dx/dy und dem Faktorpreis q. Der Grenzerlös entspricht unabhängig von der Produktionsmenge dem Produktpreis p. Algebraisch lässt sich die alternative Formulierung der Optimalitätsbedingung direkt aus Gleichung (4-6) ableiten: $p \cdot dy/dx = q \Leftrightarrow q \cdot dx/dy = p$.

Die Darstellungsform der inversen Produktionsfunktion und die hiervon abgeleiteten produktionsmengenabhängigen Grenzkosten des einzelnen Unternehmers sind insbesondere von Interesse, wenn man **über die einzelwirtschaftliche Sicht hinausgeht** und sich für Märkte interessiert. Mit Blick auf Märkte sind zwei Fragen von besonderem Interesse:

1. Was bieten die Unternehmen auf einem Markt insgesamt an Produktionsmengen an (Güterangebotsfunktion)?
2. Was fragen Unternehmen auf einem Markt insgesamt an Produktionsmitteln nach (Faktornachfragefunktion)?

Die produktionsmengenabhängige Grenzkostenkurve (vgl. Abb. 4-7, untere Hälfte) entspricht der **Güterangebotsfunktion** eines Unternehmens. Die für einen ganzen Markt geltende Güterangebotsfunktion kann man gewinnen, indem man die Angebotsmengen aller einzelnen Unternehmen, die das betreffende Produkt herstellen, bei verschiedenen Produktpreisen addiert. In Abb. 4-8 ist dies für den Zwei-Unternehmensfall skizziert. Dabei ist zu beachten, dass auf der Ordinate der Produktpreis p genannt wird, obwohl man diese Größe häufig als exogene Variable ansieht.

Abb. 4-8: Von der Grenzkostenkurve bzw. Güterangebotsfunktion einzelner Unternehmen zur Angebotsfunktion eines Marktes

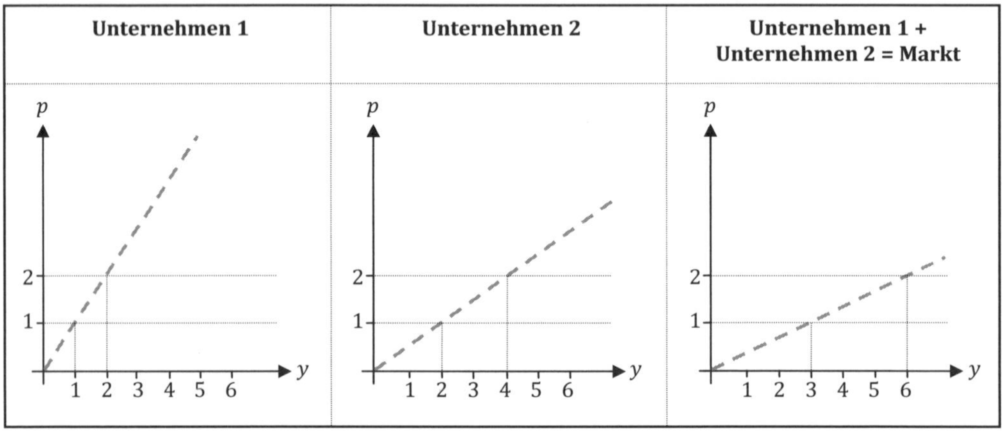

Analog könnte man die **Faktornachfragefunktion** mehrerer Unternehmen nach Produktionsmitteln bestimmen. Dazu sind die von der Faktoreinsatzmenge abhängigen Grenzerlöskurven einzelner Unternehmen (vgl. auch untere Grafik von Abb. 4-2) zu aggregieren. Im Ergebnis wird deutlich, wie sich auf einem Markt der Faktoreinsatz verändert, wenn der Faktorpreis variiert. In Abb. 4-9 ist dies für den Zwei-Unternehmensfall skizziert. Dabei ist auf der Ordinate der Faktorpreis genannt, der den Grenzkosten entspricht.

Abschließend sei noch auf einen zusätzlichen Aspekt hingewiesen: Die relative Änderung des Angebots oder der Nachfrage im Verhältnis zur relativen Änderung des Preises bezeichnet man auch als **Preiselastizität** des Angebots oder der Nachfrage. Die Höhe dieses Quotienten spiegelt sich im Verlauf der Angebots- und Nachfragefunktion wider. Wenn der Quotient betragsmäßig größer oder gleich Eins ist, spricht man von einer elastischen Nachfrage oder einem elastischen Angebot. Wenn er kleiner Eins ist, spricht man von einer unelastischen Nachfrage oder einem unelastischen Angebot.

Abb. 4-9: Von der Grenzerlöskurve bzw. Faktornachfragefunktion einzelner Unternehmen zur Nachfragefunktion eines Marktes

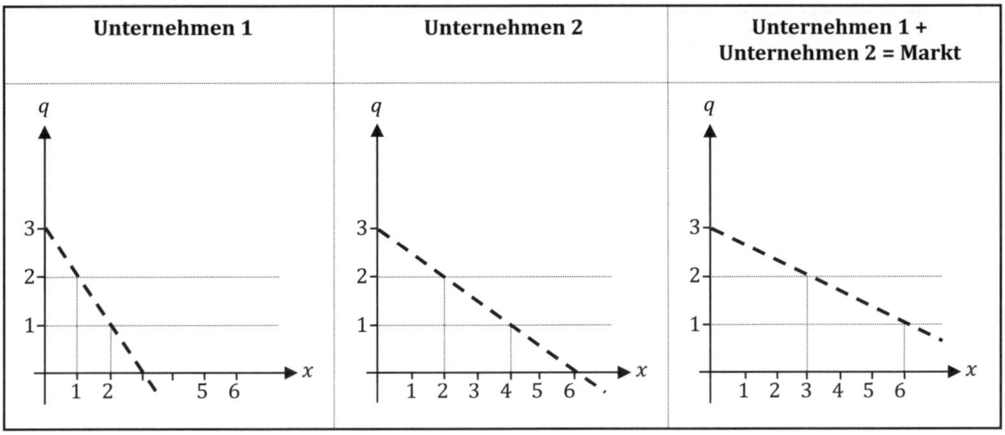

4.3 Minimalkostenkombination

4.3.1 Beschreibung und Lösung des Entscheidungsproblems

Bei unseren Überlegungen zur optimalen speziellen Intensität haben wir c.p. die bruttoerfolgsmaximale Einsatzmenge *eines* variablen Faktors bei der Herstellung *eines* Produkts ermittelt. Die Entscheidungssituation des Unternehmers ist damit noch nicht vollständig erfasst. In aller Regel werden zur Herstellung eines Produkts mehrere Faktoren benötigt, deren Einsatzmenge variiert werden kann und die in einem gewissen Grad gegenseitig austauschbar (substituierbar) sind. Im Rahmen unserer Zwei-Variablen-Perspektive (vgl. Tab. 4-1) tauschen wir bei der Bestimmung der Minimalkostenkombination die als gegeben unterstellten Parameter aus. Nun wird eine bestimmte Produktionsmenge als gegeben angenommen. Bei den betrachteten Entscheidungsvariablen handelt es sich um die Einsatzmengen zweier Faktoren. Bei der Minimalkostenkombination geht es darum, welche Kombination *zweier Produktionsfaktoren* zu wählen ist, um eine *vorgegebene Produktionsmenge* mit möglichst geringen Kosten herzustellen (vgl. auch Punkt 2.1.1).

Wir bleiben zur Verdeutlichung der Vorgehensweise bei dem bereits bekannten Beispiel mit dem Winterweizen. Wir sehen uns nun die beiden variablen Produktionsfaktoren „Stickstoff" und „Saatgut" an, die zumindest innerhalb eines bestimmten Bereichs gegeneinander austauschbar sind. Die Fragestellung lautet: Wie viel Stickstoff und wie viel Saatgut sollte man in der Weizenproduktion pro ha einsetzen, um einen angestrebten Ertrag in Höhe von 70 dt/ha mit minimalen Kosten zu erzeugen? Um diese Frage beantworten zu können, muss man die biologisch-technische Beziehung zwischen den beiden variablen Produktionsfaktoren und dem Ertrag kennen. Es sei unterstellt, dass **ackerbauliche Versuche** mit unterschiedlichen Stickstoffdünge- *und* Aussaatmengen durchgeführt wurden. Alle weiteren Faktoren, die den Produktionserfolg beeinflussen, wurden dabei konstant gehalten. Die in Tab. 4-3 dargestellten Feldversuchsergebnisse zeigen, welche Weizenerträge bei unterschiedlichen Kombinationen der beiden Faktoren gemessen wurden. Die in der letzten Spalte für eine Saatgutmenge x_{Sa} = 200 kg/ha dargestellten Ergebnisse bildeten bereits den Ausgangspunkt bei der Bestimmung der optimalen Stickstoffintensität (vgl. Tab. 4-2).

Tab. 4-3: *Versuchsergebnisse zur Bestimmung der Ertragswirkung des Einsatzes zweier Produktionsfaktoren*

Stickstoff (kg/ha)																					
100,0	57,0	58,7	60,2	61,7	63,1	64,5	65,7	66,9	68,0	69,0	69,9	70,8	71,6	72,3	72,9	73,5	73,9	74,3	74,6	74,9	75,0
97,5	56,8	58,4	60,0	61,4	62,8	64,2	65,4	66,6	67,6	68,6	69,6	70,4	71,2	71,9	72,5	73,0	73,5	73,8	74,1	74,4	74,5
95,0	56,5	58,2	59,7	61,2	62,5	63,9	65,1	66,2	67,3	68,3	69,2	70,0	70,8	71,5	72,1	72,6	73,0	73,4	73,7	73,9	74,0
92,5	56,3	57,9	59,4	60,9	62,2	63,5	64,7	65,9	66,9	67,9	68,8	69,6	70,4	71,0	71,6	72,1	72,5	72,9	73,1	73,3	73,4
90,0	56,0	57,6	59,1	60,6	61,9	63,2	64,4	65,5	66,6	67,5	68,4	69,2	69,9	70,6	71,1	71,6	72,0	72,4	72,6	72,8	72,9
87,5	55,8	57,3	58,8	60,3	61,6	62,9	64,0	65,1	66,2	67,1	68,0	68,8	69,5	70,1	70,7	71,2	71,5	71,9	72,1	72,3	72,3
85,0	55,5	57,0	58,5	59,9	61,2	62,5	63,7	64,8	65,8	66,7	67,6	68,3	69,0	69,7	70,2	70,7	71,0	71,3	71,6	71,7	71,8
82,5	55,2	56,7	58,2	59,6	60,9	62,1	63,3	64,4	65,4	66,3	67,1	67,9	68,6	69,2	69,7	70,1	70,5	70,8	71,0	71,1	71,2
80,0	54,9	56,4	57,8	59,2	60,5	61,7	62,9	63,9	64,9	65,8	66,7	67,4	68,1	68,7	69,2	69,6	70,0	70,2	70,4	70,6	70,6
77,5	54,5	56,0	57,5	58,9	60,1	61,3	62,5	63,5	64,5	65,4	66,2	66,9	67,6	68,2	68,7	69,1	69,4	69,7	69,9	70,0	70,0
75,0	54,2	55,7	57,1	58,5	59,7	60,9	62,1	63,1	64,0	64,9	65,7	66,4	67,1	67,6	68,1	68,5	68,9	69,1	69,3	69,4	69,4
72,5	53,8	55,3	56,7	58,1	59,3	60,5	61,6	62,6	63,6	64,4	65,2	65,9	66,6	67,1	67,6	68,0	68,3	68,5	68,7	68,8	68,7
70,0	53,5	55,0	56,4	57,7	58,9	60,1	61,2	62,2	63,1	64,0	64,7	65,4	66,0	66,6	67,0	67,4	67,7	67,9	68,1	68,1	68,1
67,5	53,1	54,6	56,0	57,3	58,5	59,6	60,7	61,7	62,6	63,5	64,2	64,9	65,5	66,0	66,5	66,8	67,1	67,3	67,4	67,5	67,4
65,0	52,7	54,2	55,5	56,8	58,0	59,2	60,2	61,2	62,1	62,9	63,7	64,3	64,9	65,4	65,9	66,2	66,5	66,7	66,8	66,8	66,8
62,5	52,3	53,8	55,1	56,4	57,6	58,7	59,8	60,7	61,6	62,4	63,1	63,8	64,4	64,9	65,3	65,6	65,9	66,0	66,1	66,2	66,1
60,0	51,9	53,3	54,7	55,9	57,1	58,2	59,3	60,2	61,1	61,9	62,6	63,2	63,8	64,3	64,7	65,0	65,2	65,4	65,5	65,5	65,4
57,5	51,5	52,9	54,2	55,5	56,6	57,7	58,8	59,7	60,5	61,3	62,0	62,6	63,2	63,7	64,0	64,3	64,6	64,7	64,8	64,8	64,7
55,0	51,0	52,4	53,8	55,0	56,1	57,2	58,2	59,2	60,0	60,8	61,4	62,1	62,6	63,0	63,4	63,7	63,9	64,0	64,1	64,1	64,0
52,5	50,6	52,0	53,3	54,5	55,6	56,7	57,7	58,6	59,4	60,2	60,9	61,4	62,0	62,4	62,8	63,0	63,2	63,4	63,4	63,4	63,2
50,0	50,1	51,5	52,8	54,0	55,1	56,2	57,1	58,0	58,9	59,6	60,3	60,8	61,3	61,8	62,1	62,4	62,5	62,7	62,7	62,6	62,5
47,5	49,7	51,0	52,3	53,5	54,6	55,6	56,6	57,5	58,3	59,0	59,6	60,2	60,7	61,1	61,4	61,7	61,8	61,9	62,0	61,9	61,7
45,0	49,2	50,5	51,8	52,9	54,0	55,1	56,0	56,9	57,7	58,4	59,0	59,6	60,0	60,4	60,7	61,0	61,1	61,2	61,2	61,1	61,0
42,5	48,7	50,0	51,2	52,4	53,5	54,5	55,4	56,3	57,1	57,8	58,4	58,9	59,4	59,7	60,0	60,3	60,4	60,5	60,5	60,4	60,2
40,0	48,2	49,5	50,7	51,8	52,9	53,9	54,8	55,7	56,4	57,1	57,7	58,2	58,7	59,0	59,3	59,5	59,7	59,7	59,7	59,6	59,4
37,5	47,6	48,9	50,1	51,3	52,3	53,3	54,2	55,1	55,8	56,5	57,1	57,6	58,0	58,3	58,6	58,8	58,9	59,0	58,9	58,8	58,6
35,0	47,1	48,4	49,6	50,7	51,7	52,7	53,6	54,4	55,1	55,8	56,4	56,9	57,3	57,6	57,9	58,1	58,2	58,2	58,1	58,0	57,8
32,5	46,5	47,8	49,0	50,1	51,1	52,1	53,0	53,8	54,5	55,1	55,7	56,2	56,6	56,9	57,1	57,3	57,4	57,4	57,3	57,2	56,9
30,0	46,0	47,2	48,4	49,5	50,5	51,5	52,3	53,1	53,8	54,4	55,0	55,4	55,8	56,1	56,4	56,5	56,6	56,6	56,5	56,3	56,1
27,5	45,4	46,6	47,8	48,9	49,9	50,8	51,7	52,4	53,1	53,7	54,3	54,7	55,1	55,4	55,6	55,7	55,8	55,8	55,7	55,5	55,2
25,0	44,8	46,0	47,2	48,3	49,2	50,2	51,0	51,7	52,4	53,0	53,5	54,0	54,3	54,6	54,8	54,9	55,0	55,0	54,8	54,6	54,4
22,5	44,2	45,4	46,6	47,6	48,6	49,5	50,3	51,0	51,7	52,3	52,8	53,2	53,6	53,8	54,0	54,1	54,2	54,1	54,0	53,8	53,5
20,0	43,6	44,8	45,9	47,0	47,9	48,8	49,6	50,3	51,0	51,6	52,0	52,5	52,8	53,0	53,2	53,3	53,3	53,3	53,1	52,9	52,6
17,5	43,0	44,2	45,3	46,3	47,2	48,1	48,9	49,6	50,2	50,8	51,3	51,7	52,0	52,2	52,4	52,5	52,5	52,4	52,2	52,0	51,7
15,0	42,3	43,5	44,6	45,6	46,5	47,4	48,2	48,9	49,5	50,0	50,5	50,9	51,2	51,4	51,6	51,6	51,6	51,5	51,4	51,1	50,8
12,5	41,7	42,8	43,9	44,9	45,8	46,7	47,4	48,1	48,7	49,3	49,7	50,1	50,4	50,6	50,7	50,8	50,7	50,6	50,4	50,2	49,8
10,0	41,0	42,2	43,2	44,2	45,1	46,0	46,7	47,4	48,0	48,5	48,9	49,3	49,5	49,7	49,8	49,9	49,8	49,7	49,5	49,3	48,9
7,5	40,4	41,5	42,5	43,5	44,4	45,2	45,9	46,6	47,2	47,7	48,1	48,4	48,7	48,9	49,0	49,0	48,9	48,8	48,6	48,3	47,9
5,0	39,7	40,8	41,8	42,8	43,6	44,4	45,2	45,8	46,4	46,9	47,3	47,6	47,8	48,0	48,1	48,1	48,0	47,9	47,7	47,4	47,0
2,5	39,0	40,1	41,1	42,0	42,9	43,7	44,4	45,0	45,6	46,0	46,4	46,7	47,0	47,1	47,2	47,2	47,1	47,0	46,7	46,4	46,0
0,0	38,3	39,3	40,3	41,3	42,1	42,9	43,6	44,2	44,7	45,2	45,6	45,9	46,1	46,2	46,3	46,3	46,2	46,0	45,7	45,4	45,0
	100	105	110	115	120	125	130	135	140	145	150	155	160	165	170	175	180	185	190	195	200
	Aussaatmenge (kg/ha)																				

Die Versuchsergebnisse bestätigen das **Gesetz vom abnehmenden Ertragszuwachs**: Der Vergleich innerhalb einer Spalte zeigt, dass bei einer gegebenen Aussaatmenge eine Erhöhung der Stickstoffmenge zu immer geringeren Ertragszuwächsen führt. Analog zeigt der Vergleich innerhalb einer Zeile, dass bei einer gegebenen Stickstoffmenge eine Erhöhung der Aussaatmenge zu immer geringeren Zuwächsen führt. Darüber hinaus verdeutlichen die Ergebnisse die Substituierbarkeit der beiden Produktionsfaktoren: Ein bestimmter Weizenertrag kann durch unterschiedliche Kombinationen von Stickstoff und Saatgut erzielt werden. In Tab. 4-3 sind die Kombinationen, die ein Ertragsniveau von annähernd 50, 60 bzw. 70 dt/ha liefern, mit jeweils unterschiedlichen Schattierungen hervorgehoben. Die Kombinationen zwischen den variablen Produktionsfaktoren, die zum gleichen Ertragsniveau führen, bilden in ihrer Gesamtheit letztlich konzentrische Ellipsen um das Ertragsmaximum, das im Beispiel bei der Kombination „230,2 kg Stickstoff und 253,6 kg Saatgut" liegt. Neben technisch effizienten Kombinationen der beiden physischen Faktoren gibt es damit auch **technisch ineffiziente Kombinationen**, bei denen von einem Faktor oder von beiden Faktoren „unnötig viel" verbraucht wird. Technisch ineffiziente Handlungsalternativen werden auch als ineffektive Lösungen bezeichnet (vgl. Punkt 2.1.1). So lässt sich bspw. ein Ertrag von 50,4 dt/ha sowohl mit der Kombination „12,5 kg Stickstoff und 160 kg Saatgut" als auch mit der Kombination „12,5 kg Stickstoff und 190 kg Saatgut" erzielen. Ganz unabhängig von den Preisen für Stickstoff und Saatgut wissen wir, dass nur die erste der beiden Lösungen technisch effizient ist. Technisch ineffiziente Kombinationen scheiden a priori aus und müssen bei der Bestimmung der Minimalkostenkombination nicht weiter berücksichtigt werden.

Aus den Versuchsdaten kann man einen funktionalen Zusammenhang ableiten, der bei gegebener Produktionsmenge die Abhängigkeit des zweiten Faktors (hier: Stickstoff) vom ersten Faktor (hier: Saatgut) angibt. Man spricht in diesem Zusammenhang von der **Isoquante**, also der Kurve, die alle Faktorkombinationen angibt, die zur *gleichen* (= iso) Produktions*menge* (= quante) führen. Mit der Isoquante ist auch bekannt, auf wie viele Einheiten Stickstoff man ohne Ertragseinbußen verzichten kann, wenn man eine Einheit Saatgut mehr einsetzt. Dies bezeichnet man auch als **Grenzrate der Substitution** (GRS; marginal rate of substitution). Den funktionalen Zusammenhang zwischen Saatgut- und Stickstoffeinsatzmenge bei gegebenem Weizenertrag kann man wiederum auszugsweise darstellen, indem man systematisch diskrete Wertkombinationen von Saatgut und Stickstoff berechnet und in Form einer Tabelle ausweist. Dementsprechend kann man dann die Minimalkostenkombination sowohl mathematisch-algebraisch als auch tabellarisch bestimmen.

Tabellarische Lösung

Bei der tabellarischen Lösung wird die **Differenzrechnung** genutzt. Tab. 4-4 verdeutlicht die Vorgehensweise anhand eines angestrebten Weizenertrags $\bar{y}_{We}$ von 70 dt/ha (Spalte 1). In Spalte 2 und Spalte 3 sind diskrete Kombinationen von Saatgut und Stickstoff ausgewiesen, die zu einem Ertrag von 70 dt/ha führen. Dabei wurde der Saatguteinsatz in Schritten von 5 kg/ha variiert.

Die in den Zeilen ausgewiesenen Kombinationen von Stickstoff- und Saatgutmenge verursachen unterschiedlich hohe **Gesamtkosten** (Spalte 6) und damit unterschiedlich hohe Gesamtbruttoerfolge. Dies liegt daran, dass sich mit zunehmendem Saatguteinsatzniveau die Substitutionsrate ändert. So kann durch eine Erhöhung der Saatgutmenge von 145 auf 150 kg/ha eine Stickstoffmenge von 7,24 kg/ha eingespart werden. Bei der Steigerung der Saatgutmenge von 165 auf 170 kg/ha ist dagegen nur noch eine Stickstoffmenge von 2,82 kg/ha substituierbar. Bei dem hier unterstellten Saatgutpreis q_{Sa} = 0,50 €/kg und dem Stickstoffpreis q_{St} = 1 €/kg stellt die Kombination 6 „170 kg Saatgut und 84,04 kg Stickstoff" die **gesamtkostenminimale Handlungsalternative** dar. Erhöht man die Aussaatmenge auf 175 kg/ha oder mehr, steigen die Gesamtkosten wieder an.

Tab. 4-4: Tabellarische Bestimmung der Minimalkostenkombination [a)]

	Spalte 1	Spalte 2	Spalte 3	Spalte 4	Spalte 5	Spalte 6	Spalte 7	Spalte 8
	Angestrebter Weizenertrag	Faktoreinsatzmenge		Kosten			Kostenveränderung	
	$\bar{y}_{We}$	Saatgut x_{Sa}	Stickstoff x_{St}	Saatgut $q_{Sa} \cdot x_{Sa}$	Stickstoff $q_{St} \cdot x_{St}$	gesamt	Saatgut $q_{Sa} \cdot \Delta x_{Sa}$	Stickstoff $q_{St} \cdot \Delta x_{St}$
	(dt/ha)	(kg/ha)	(kg/ha)	(€/ha)	(€/ha)	(€/ha)	(€/ha)	(€/ha)
1	70	145	107,68	72,50	107,68	180,18		
2	70	150	100,44	75,00	100,44	175,44	2,50	-7,24
3	70	155	94,84	77,50	94,84	172,34	2,50	-5,60
4	70	160	90,40	80,00	90,40	170,40	2,50	-4,43
5	70	165	86,86	82,50	86,86	169,36	2,50	-3,54
6	**70**	**170**	**84,04**	**85,00**	**84,04**	**169,04**	**2,50**	**-2,82**
7	70	175	81,83	87,50	81,83	169,33	2,50	-2,21
8	70	180	80,14	90,00	80,14	170,14	2,50	-1,69
9	70	185	78,90	92,50	78,90	171,40	2,50	-1,23
10	70	190	78,08	95,00	78,08	173,08	2,50	-0,82
11	70	195	77,63	97,50	77,63	175,13	2,50	-0,45
12	70	200	77,53	100,00	77,53	177,53	2,50	-0,11

a) Saatgutpreis q_{Sa} = 0,50 €/kg und Stickstoffpreis q_{St} = 1 €/kg.

Zum gleichen Ergebnis kommt man, wenn man die **Änderungen der Kosten** beim Übergang von einer Kombination zur nächsten betrachtet. Der Übergang von 145 auf 150 kg Saatgut pro ha führt zu einer Steigerung der Saatgutkosten um 2,50 €/ha (Spalte 7) und einer Reduzierung der Stickstoffkosten um 7,24 €/ha (Spalte 8). Ausgehend von 145 kg Saatgut pro ha sollte die Einsatzmenge also erhöht und damit die Stickstoffmenge reduziert werden. Aufgrund der mit der Saatguteinsatzmenge abnehmenden Substitutionsrate steigen die zusätzlichen Saatgutkosten relativ zu den eingesparten Stickstoffkosten immer weiter an. Beim Übergang von Kombination 6 zu Kombination 7 sind die zusätzlichen Kosten für Saatgut höher als die einzusparenden Kosten für Stickstoff. Der Austauschschritt würde sich nicht mehr lohnen. Die Kombination 6 stellt die Minimalkostenkombination dar. Eine feinere Abstufung der Austauschschritte würde zeigen, bei welcher Kombination zwischen 165 und 175 kg Saatgut und zwischen 86,86 und 81,83 kg Stickstoff die Minimalkostenkombination genau liegt. Sie ist erreicht, wenn die einzusparenden Stickstoffkosten gerade so viel bringen, wie das zusätzlich benötigte Saatgut kostet ($q_{St} \cdot \Delta x_{St} = -q_{Sa} \cdot \Delta x_{Sa}$).

Algebraische Lösung mit Hilfe der Isoquante

Um die Minimalkostenkombination algebraisch zu bestimmen, benötigt man ein Modell, das die Substitutionsbeziehung zwischen den variablen Produktionsfaktoren in Form einer differenzierbaren mathematischen Funktionsgleichung darstellt und eine **Marginalbetrachtung** zulässt. Der Ausgangspunkt der Überlegungen ist die **zweifaktorielle Produktionsfunktion**:

$$y = y(x_1, x_2) \qquad (4\text{-}12)$$

Dabei kennzeichnet y den physischen Ertrag, und x_1 und x_2 die Einsatzmenge der variablen Produktionsfaktoren 1 und 2.

Unter Rückgriff auf ein *gegebenes* Ertragsniveau $\bar{y}$ kann der eine Produktionsfaktor als Funktion des anderen Faktors dargestellt werden:

$$\bar{y} = \bar{y}(x_1, x_2) \Leftrightarrow x_2 = x_2(x_1, \bar{y}) = x_2(x_1) \qquad (4\text{-}13)$$

Diese Kurve von Faktorkombinationen, die zur *gleichen* Produktionsmenge $\bar{y}$ führen, ist die **Isoquante**. Bei Faktoren, die sich gegenseitig substituieren lassen, hat die Isoquante eine negative Steigung.[5]

Die Erlöse für eine vorgegebene Produktionsmenge $\bar{y}$ sind unabhängig von der Faktorkombination, mit der diese sichergestellt wird. Es gilt also:

$$E = p \cdot \bar{y} = \bar{E} = \text{konstant} \tag{4-14}$$

Die zweifaktorielle Kostenfunktion $K(x_1, x_2)$ ergibt sich als Summe der Kosten der beiden Faktoren. Bei einem Preis q_1 für den Faktor x_1 und einem Preis q_2 für den Faktor x_2 ist sie wie folgt definiert:

$$K(x_1, x_2) = q_1 \cdot x_1 + q_2 \cdot x_2 \tag{4-15}$$

Bei gegebener Produktionsmenge $\bar{y}$ und bekannter Isoquante (4-13) kann man die Kosten als Funktion der Einsatzmenge des Faktors 1 berechnen. Hierzu ist die Isoquante (4-13) in die Kostenfunktion (4-15) einzusetzen:

$$K(x_1) = q_1 \cdot x_1 + q_2 \cdot x_2(x_1) \tag{4-16}$$

Ausgehend von Gleichung (4-16) kann die zu maximierende **Bruttoerfolgsfunktion** aufgestellt werden:

$$\begin{aligned} &B(x_1) = \bar{E} - K(x_1) = p \cdot \bar{y} - (q_1 \cdot x_1 + q_2 \cdot x_2(x_1)) \to \text{max!} \\ &\Leftrightarrow K(x_1) = q_1 \cdot x_1 + q_2 \cdot x_2(x_1) \to \text{min!} \end{aligned} \tag{4-17}$$

Da der Ertrag bzw. der Erlös als gegeben angenommen wird (vgl. Gleichung (4-14)), wird der Bruttoerfolg maximiert, wenn die Kosten minimiert werden. Die kostenminimale Faktorkombination ist dort, wo die erste Ableitung (die Steigung) der Kostenfunktion (4-17) nach x_1 gleich Null ist (**Optimalitätsbedingung**):

$$\begin{aligned} &\frac{dK}{dx_1} = q_1 + q_2 \cdot \frac{dx_2}{dx_1} = 0 \\ &\Leftrightarrow -\frac{dx_2}{dx_1} = \frac{q_1}{q_2} \Leftrightarrow -q_2 \cdot \frac{dx_2}{dx_1} = q_1 \Leftrightarrow -q_1 \cdot dx_1 = q_2 \cdot dx_2 \end{aligned} \tag{4-18}$$

Der Ausdruck $-dx_2/dx_1$ ist die Grenzrate der Substitution. Sie gibt an, wie viele Einheiten x_2 (z.B. Stickstoff) durch eine Einheit x_1 (z.B. Saatgut) substituiert werden können. Die Optimalitätsbedingung $-dx_2/dx_1 = q_1/q_2$ besagt, dass die Minimalkostenkombination dort erreicht ist, wo die **GRS dem umgekehrten Faktorpreisverhältnis entspricht**. Wenn man dies in $-q_1 \cdot dx_1 = q_2 \cdot dx_2$ umformt, dann wird die Interpretation noch intuitiver: Die Minimalkostenkombination ist erreicht, wenn die marginalen Kosten, die durch eine infinitesimal kleine Erhöhung der Menge des ersten Faktors entstehen, gerade durch die marginalen Kostenersparnisse des zweiten Faktors gedeckt werden. Der letzte infinitesimal kleine Substitutionsschritt muss also gerade so viel bringen, wie er kostet.

Als hinreichende Bedingung für das Kostenminimum muss die zweite Ableitung der Kostenfunktion (4-17) an der betreffenden Stelle positiv sein:

$$\frac{d^2K}{dx_1{}^2} = q_2 \cdot \frac{d^2x_2}{dx_1{}^2} > 0 \tag{4-19}$$

Da Faktorpreise positiv sind, muss also auch die zweite Ableitung der Isoquante an der Stelle der Minimalkostenkombination positiv sein. Anders gesagt: Die erste Ableitung der Isoquante muss einen steigenden Verlauf und damit die GRS $-dx_2/dx_1$ einen fallenden Verlauf aufweisen. Abb. 4-10 fasst den Ablauf bei der Bestimmung der Minimalkostenkombination zusammen.

[5] Mit Blick auf die Form der algebraischen Darstellung ist Folgendes zu beachten: In der Darstellung $y = y(x_1|x_2, \dots, x_I)$, wie z.B. in Gleichung (4-2), wird durch den senkrechten Strich deutlich gemacht, dass x_2 eine Größe in konstanter, aber nicht genau bekannter Höhe ist. Im Unterschied dazu wird in Gleichung (4-13) mit $\bar{y}$ eine Größe bezeichnet, deren Höhe konstant und bekannt ist.

Abb. 4-10: Algebraische Bestimmung der Minimalkostenkombination

(a)	*Zweifaktorielle* Produktionsfunktion aufstellen $y = y(x_1, x_2)$
(a')	Isoquante für Produktionsmenge $\bar{y}$ bestimmen $\bar{y} = \bar{y}(x_1, x_2) \Leftrightarrow x_2 = x_2(x_1, \bar{y}) = x_2(x_1)$
(b)	Für Produktionsmenge $\bar{y}$ den Erlös bestimmen $E = p \cdot \bar{y} = \bar{E} = \text{konstant}$
(c)	*Zweifaktorielle* Kostenfunktion aufstellen $K(x_1, x_2) = q_1 \cdot x_1 + q_2 \cdot x_2$
(c')	Kostenfunktion für die Produktionsmenge $\bar{y}$ in Abhängigkeit von x_1 bestimmen (Isoquante in Kostenfunktion einsetzen) $K(x_1) = q_1 \cdot x_1 + q_2 \cdot x_2(x_1)$
(d)	Bruttoerfolgsfunktion aufstellen $B = \bar{E} - K(x_1) \rightarrow \text{max!}$ $\Leftrightarrow K(x_1) = q_1 \cdot x_1 + q_2 \cdot x_2(x_1) \rightarrow \text{min!}$
(e)	1. Ableitung der Kostenfunktion gleich Null setzen (notwendige Bedingung) $\frac{dK}{dx_1} = q_1 + q_2 \cdot \frac{dx_2}{dx_1} = 0 \Leftrightarrow -\frac{dx_2}{dx_1} = \frac{q_1}{q_2}$
(f)	2. Ableitung der Kostenfunktion auf positives Vorzeichen prüfen (hinreichende Bedingung) $\frac{d^2K}{dx_1{}^2} = q_2 \cdot \frac{d^2x_2}{dx_1{}^2} > 0$

B Bruttoerfolg
E Erlös
$\bar{E}$ Erlös bei Produktionsmenge $\bar{y}$
K Kosten der Faktoren 1 und 2
p Produktpreis
y Produktionsmenge
$\bar{y}$ vorgegebene Produktionsmenge
q_1 Preis des Faktors 1
q_2 Preis des Faktors 2
x_1 Einsatzmenge des Faktors 1
x_2 Einsatzmenge des Faktors 2

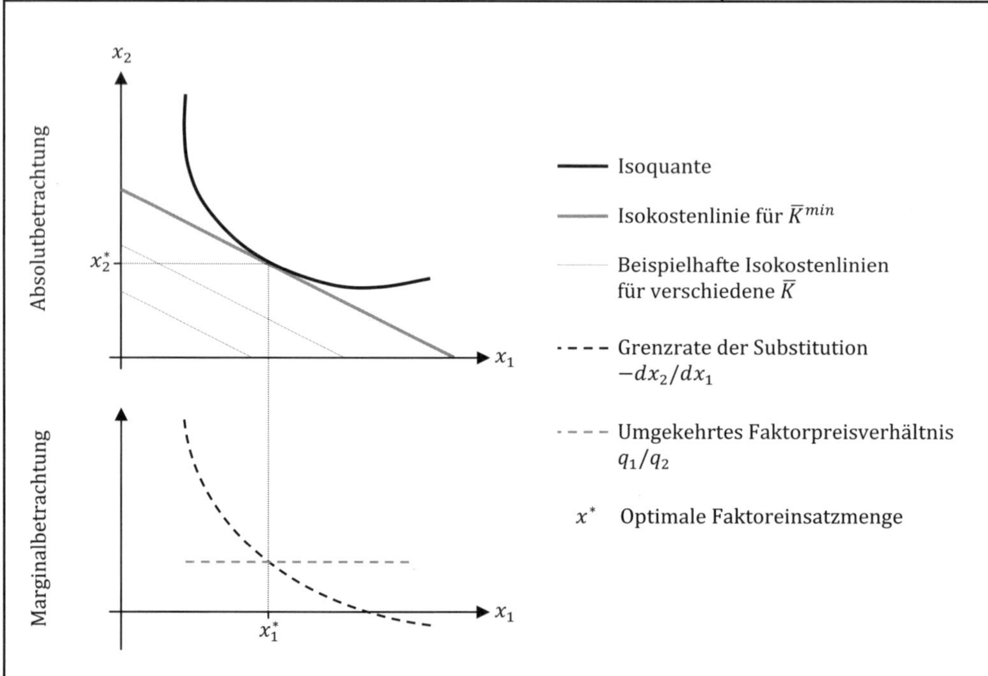

In der unteren Hälfte von Abb. 4-10 ist die Bestimmung der Minimalkostenkombination grafisch dargestellt. Auf der angezeigten **Isoquante** liegen alle Faktorkombinationen, mit denen man ein gegebenes Produktionsniveau $\bar{y}$ erreichen kann. Die Isoquante weist sowohl technisch effiziente als auch technisch ineffiziente Bereiche auf. In technisch ineffizienten Bereichen, in denen die Isoquante - bildlich gesprochen - nach innen abknickt, wird von einem oder beiden Faktoren „unnötig viel" verbraucht. Die Isoquante überführt den dreidimensionalen Zusammenhang der zweifaktoriellen Produktionsfunktion $y = y(x_1, x_2)$, die grafisch ein „Produktionsgebirge" ergeben würde, in den leichter überschaubaren zweidimensionalen Zusammenhang $x_2 = x_2(x_1, \bar{y})$. Abb. 4-11 verdeutlicht den Sachverhalt.

Abb. 4-11: Grafische Darstellung einer zweifaktoriellen Produktionsfunktion

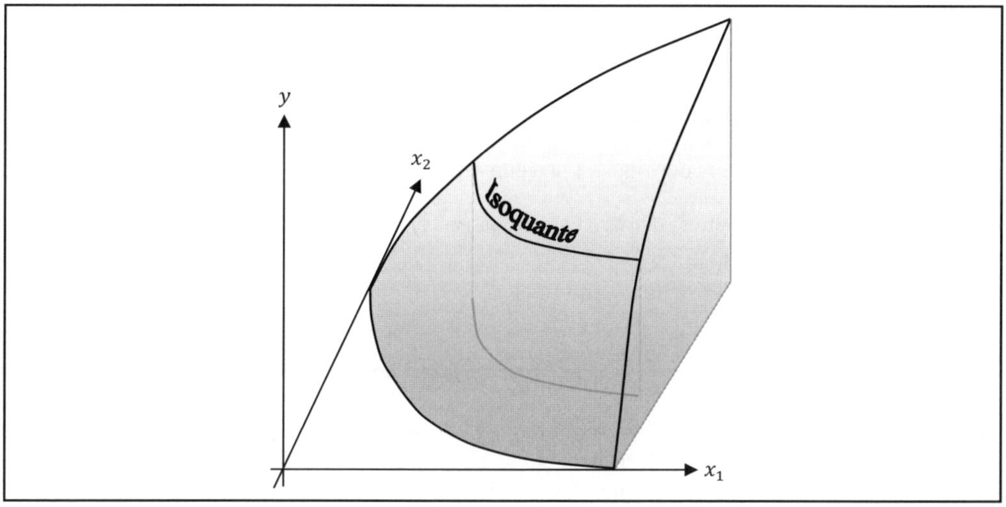

Bei der grafischen Bestimmung der Minimalkostenkombination greift man auf Geraden gleicher Kosten bzw. **Isokostenlinien** (isocost line) zurück, die allgemein wie folgt definiert sind:

$$\bar{K} = q_1 \cdot x_1 + q_2 \cdot x_2 \Leftrightarrow x_2(x_1) = \frac{\bar{K}}{q_2} - \frac{q_1}{q_2} \cdot x_1 \qquad (4\text{-}20)$$

Dabei kennzeichnet $\bar{K}$ einen beliebigen Kostenbetrag. Isokostenlinien zeigen alle möglichen Kombinationen der beiden Produktionsfaktoren, mit denen man zu einem jeweils gegebenen Kostenniveau $\bar{K}$ kommt. In Abb. 4-10 ist zusätzlich zur Isoquante eine Schar von Isokostenlinien dargestellt. Die Minimalkostenkombination liegt dort, wo eine der Isokostenlinien die Isoquante tangiert. Am Tangentialpunkt wird das gegebene Produktionsniveau $\bar{y}$ mit den geringstmöglichen Kosten $\bar{K}^{min}$ erreicht. Jede vom Tangentialpunkt abweichende Faktorkombination lässt entweder die Produktion des angestrebten Produktionsniveaus nicht zu oder verursacht höhere Kosten. Die Aussage, dass im Punkt der Minimalkostenkombination die Isoquante von einer Isokostenlinie tangiert wird, bedeutet, dass die Steigungen der Isoquante und der Isokostenlinie einander entsprechen.

Beispiel 4-2
Minimalkostenkombination - Saatgut- und Stickstoffeinsatzmenge bei gegebenem Weizenertrag

In Tab. 4-3 wurden für unterschiedliche Stickstoff- und Saatguteinsatzmengen die hektarbezogenen Winterweizenerträge ausgewiesen. Es sei unterstellt, dass auf der Grundlage dieser ackerbaulichen Versuchsdaten die folgende zweifaktorielle Produktionsfunktion geschätzt wurde:

$$y_{We} = 0{,}175 \cdot x_{St} - 0{,}001 \cdot x_{St}^2 + 0{,}54 \cdot x_{Sa} - 0{,}001575 \cdot x_{Sa}^2 + 0{,}001125 \cdot x_{St} \cdot x_{Sa} \qquad (4\text{-}21)$$

Hält man in dieser Funktion die Saatgutmenge x_{Sa} = 200 kg/ha fest, ergibt sich die Produktionsfunktion in Abhängigkeit vom Stickstoffeinsatz, die wir bereits bei der Bestimmung der optimalen speziellen Intensität betrachtet haben (vgl. Gleichung (4-9)). Hält man dagegen einen Weizenertrag $\bar{y}_{We}$ = 70 dt/ha fest und formt Gleichung (4-21) nach x_{St} um, so ergibt sich nachstehende Isoquante:

$$x_{St} = \frac{175}{2} + \frac{9}{16} \cdot x_{Sa} - \frac{1}{80} \cdot (-399\,000\,000 + 4\,086\,000 \cdot x_{Sa} - 8\,055 \cdot x_{Sa}^2)^{0,5} \qquad (4\text{-}22)$$

Bei einem Stickstoffpreis q_{St} = 1 €/dt und einem Saatgutpreis q_{Sa} = 0,50 €/kg ergibt sich die folgende Kostenfunktion (vgl. Gleichung (4-15)):

$$K = 1 \cdot x_{St} + 0{,}5 \cdot x_{Sa} \qquad (4\text{-}23)$$

Setzt man die mit Gleichung (4-22) definierte Isoquante in die Kostenfunktion (4-23) ein, hat man die Kosten als Funktion allein von x_{Sa} ausgedrückt:

$$K = \frac{175}{2} + \frac{17}{16} \cdot x_{Sa} - \frac{1}{80} \cdot (-399\,000\,000 + 4\,086\,000 \cdot x_{Sa} - 8\,055 \cdot x_{Sa}^2)^{0,5} \qquad (4\text{-}24)$$

Bilden wir nun die erste Ableitung der Kostenfunktion (4-24) nach x_{Sa} und setzen sie gleich Null, ergibt sich folgender Term:

$$\frac{dK}{dx_{Sa}} = \begin{bmatrix} \dfrac{17}{16} + \dfrac{4\,086\,000 - 16\,110 \cdot x_{Sa}}{160 \cdot (-399\,000\,000 + 4\,086\,000 \cdot x_{Sa} - 8\,055 \cdot x_{Sa}^2)^{0,5}} \\ \dfrac{17}{16} - \dfrac{4\,086\,000 - 16\,110 \cdot x_{Sa}}{160 \cdot (-399\,000\,000 + 4\,086\,000 \cdot x_{Sa} - 8\,055 \cdot x_{Sa}^2)^{0,5}} \end{bmatrix} \qquad (4\text{-}25)$$

Löst man Gleichung (4-25) nach x_{Sa} auf, so ergeben sich mathematisch zwei Lösungen: 170 und 337 kg Saatgut pro ha. Unter Rückgriff auf Gleichung (4-22) kann für jede der beiden Lösungen eine potenziell optimale Stickstoffmenge bestimmt werden: 84 bzw. 177,7 kg Stickstoff pro ha. Es sind also zwei Möglichkeiten, die einen Weizenertrag $\bar{y}_{We}$ = 70 dt/ha sicherstellen, zu betrachten: 170 kg Saatgut und 84 kg Stickstoff oder 337 kg Saatgut und 177,7 kg Stickstoff pro ha. Letztgenannte Kombination ist technisch ineffizient. Im Kostenminimum sollten also x_{Sa}^* = 170 kg und x_{St}^* = 84 kg pro ha eingesetzt werden. Damit sind Kosten in Höhe von 169 €/ha verbunden.

Ende des Beispiels

4.3.2 Erweiterungen

a) Komparative Statik

Die Minimalkostenkombination wird zum einen vom biologisch-technischen Zusammenhang zwischen den Produktionsfaktoren beeinflusst, der im Verlauf der Isoquante zum Ausdruck kommt. Zum anderen sind die Faktorpreise relevant. Im Rahmen einer komparativen Analyse fragen wir nun danach, welche Konsequenzen sich aus einem **veränderten Faktorpreisverhältnis** q_1/q_2 für die optimale Faktorallokation ergeben. Wir analysieren konkret, wie sich ein Anstieg des Faktorpreises q_1 bei Konstanz des Faktorpreises q_2 auswirkt (vgl. Abb. 4-12). Dies ist gleichbedeutend mit der Aussage, dass wir eine Variantenrechnung für den Fall durchführen, in dem Produktionsfaktor 2 relativ billiger geworden ist.

Die Isoquante bleibt von einer Faktorpreisveränderung unberührt. Die Veränderung der relativen Faktorpreise verändert jedoch die Steigung der Isokostenlinie $-q_1/q_2$. Eine Erhöhung des Faktorpreises q_1 führt zu einem steileren Verlauf der Isokostenlinie. Dadurch tritt ein sog. Substitutionseffekt ein: Anstelle des relativ teurer gewordenen Faktors 1 wird mehr von dem relativ günstigen Faktor 2 eingesetzt. Durch diese Anpassung an die veränderten Faktorpreisverhältnisse kann der preisbedingte Kostenanstieg reduziert werden. Der Substitutionseffekt reicht jedoch nicht aus, um den angestrebten Ertrag weiterhin zu gleichen Kosten zu erzeugen. Der Substitutionseffekt und damit die Chancen einer wirkungsvollen unternehmerischen Anpassung an neue Preisverhältnisse sind vom **Verlauf der Isoquante** abhängig. Der Substitutionseffekt ist umso größer, je weniger stark gekrümmt die Isoquante am bisherigen Tangentialpunkt verläuft. Wenn beide Faktorpreise ansteigen und dabei das Faktorpreisverhältnis konstant bleibt, bestehen keine kostenverringernden Anpassungsmöglichkeiten und es ändert sich nichts an der Minimalkostenkombination.

Abb. 4-12: Minimalkostenkombination und komparative Statik (Erhöhung des Faktorpreises q_1, Konstanz des Faktorpreises q_2)

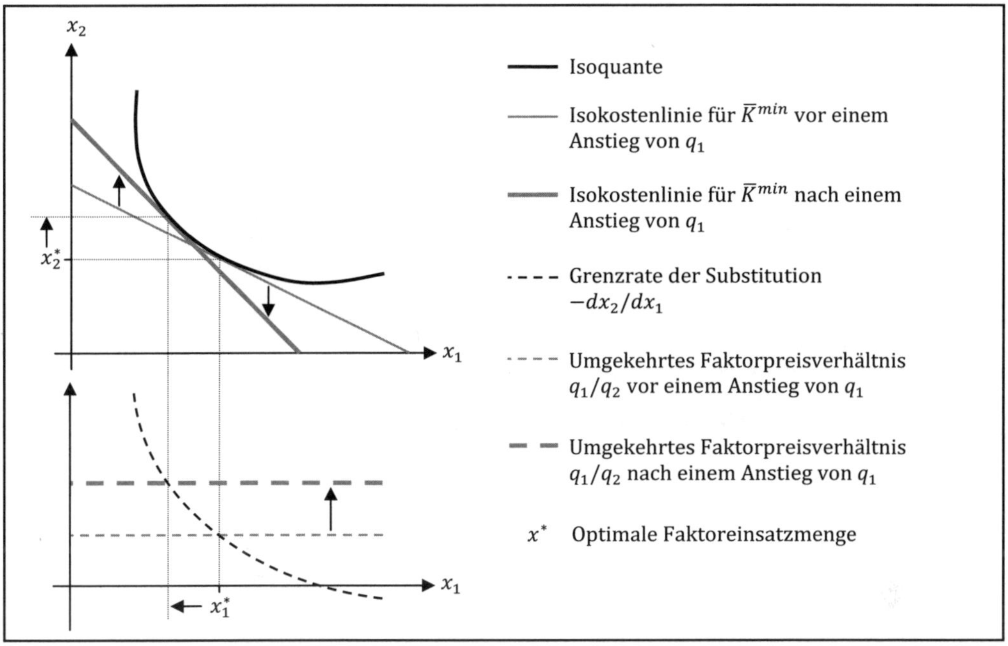

b) Alternative Formen der Isoquante

Die in Beispiel 4-2 betrachteten Produktionsfaktoren Saatgut und Stickstoff sind substituierbar und weisen eine **abnehmende Grenzrate der Substitution** auf, d.h. um z.B. eine Einheit Aussaatmenge zu substituieren sind immer mehr Einheiten Stickstoff notwendig. Die Isoquante verläuft in diesem Fall degressiv fallend (Abb. 4-13, linke obere Hälfte). Daneben gibt es zwei weitere Formen substitutiver Beziehungen zwischen Faktoren.

Eine **konstante Grenzrate der Substitution** ergibt sich, wenn sich Faktoren hinsichtlich ihrer Eigenschaften sehr ähnlich sind und sich gegenseitig vollständig ersetzen können. Dies ist z.B. bei verschiedenen Stickstoffdüngemitteln - denken Sie an Kalkammonsalpeter und Ammoniumnitrat - oder verschiedenen Futtermitteln der Fall. Die Einsparung des zweiten Produktionsfaktors um eine Einheit erfordert stets die gleiche mengenmäßige Ausdehnung des ersten Faktors. Die Isoquanten verlaufen dann linear (Abb. 4-13, rechte obere Hälfte). In diesem Fall gibt es für die Minimalkostenkombination drei mögliche Lösungen: Sie kann in einem der beiden Schnittpunkte der Isoquante mit den Achsen liegen, d.h. es wird entweder nur Faktor 1 oder nur Faktor 2 eingesetzt. Dies ergibt sich, wenn die Steigung der Isokostenlinie ungleich der Steigung der linearen Isoquante ist. Im Spezialfall, in dem die Steigung der Isokostenlinie und die Steigung der linearen Isoquante gleich sind, ist die Faktorkombination aus Kostengesichtspunkten gleichgültig. Bei Vorliegen einer konstanten GRS kann man die Minimalkostenkombination einfach mit Hilfe der Differenzrechnung bestimmen.

Abb. 4-13: Minimalkostenkombination bei substitutiven und limitationalen Beziehungen zwischen Produktionsmitteln

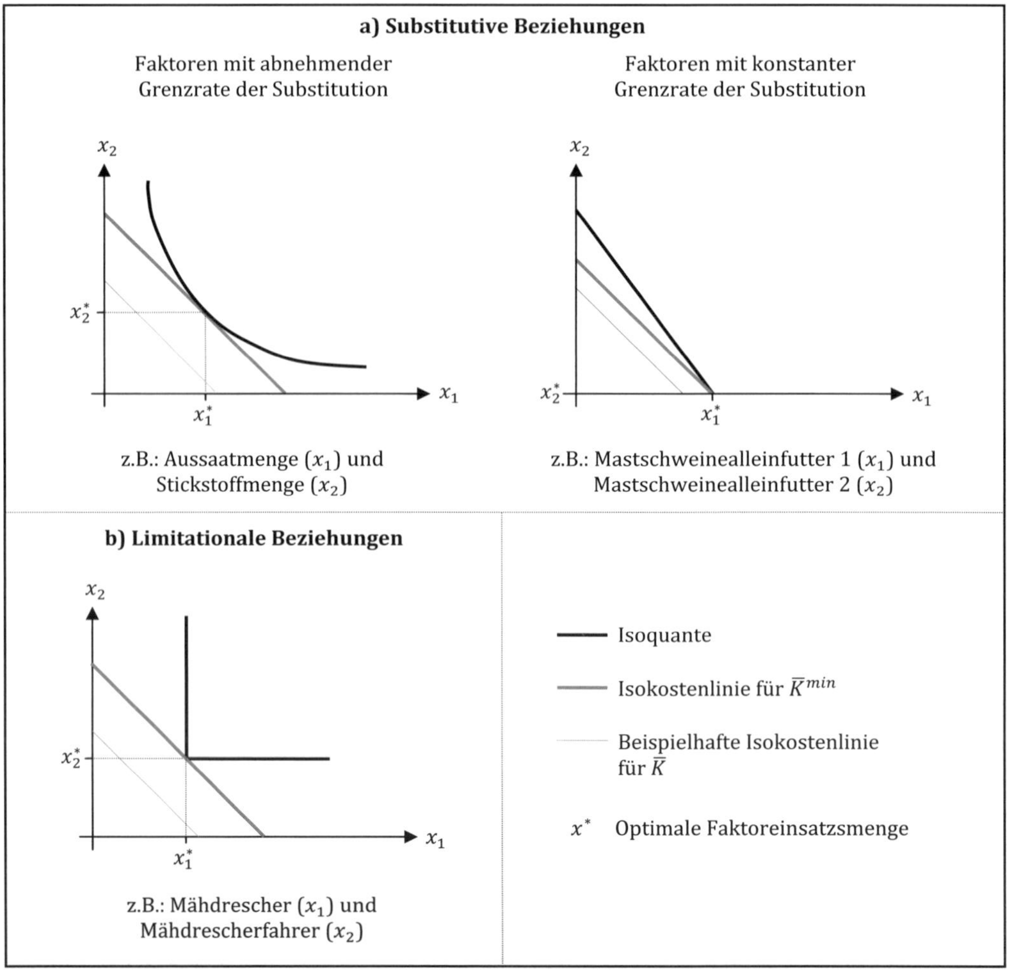

Ein in Abb. 4-13 nicht explizit dargestellter, aber denkbarer Zusammenhang in Form einer **zunehmenden Grenzrate der Substitution** ergibt sich, wenn der Einsatz des einen Faktors besondere Synergien mit sich bringt und eine Erhöhung des einen Faktors eine immer stärkere Reduzierung des anderen Faktors ermöglicht. Grafisch würde die Isoquante dann spiegelbildlich zu der Isoquante mit abnehmender GRS verlaufen. Bei einer zunehmenden Grenzrate der Substitution stellen die beiden Schnittpunkte der Isoquante mit den Achsen die möglichen Lösungen für die Minimalkostenkombination dar: Es wird entweder nur Faktor 1 oder nur Faktor 2 eingesetzt. Der Fall einer zunehmenden GRS ist von geringer praktischer Relevanz.

Eine **limitationale Beziehung zwischen Produktionsfaktoren** ergibt sich, wenn eine Substitution zwischen den Faktoren ausgeschlossen ist. Man spricht in diesem Zusammenhang auch von Komplementarität. Komplementäre Produktionsfaktoren müssen in einem bestimmten Verhältnis zueinander zum Einsatz kommen. Grafisch gesprochen bedeutet dies, dass die Isoquanten rechtwinklig verlaufen. Nur der Knickpunkt stellt eine technisch effiziente Kombination der beiden Faktoren dar (Abb. 4-13b). Derartige limitationale Beziehungen gelten vorwiegend im technischen Bereich. Ein Beispiel wäre die Anzahl von Mähdrescherfahrern und Mähdreschern. Nur wenn die Anzahl der Mähdrescher im gleichen Verhältnis wie die Anzahl der Fahrer variiert wird, wird ein unproduktiver Rest vermieden.

4.4 Expansionspfad

4.4.1 Beschreibung und Lösung des Entscheidungsproblems

In den Abschnitten 4.2 und 4.3 haben wir eine stark vereinfachende Zwei-Variablen-Perspektive eingenommen (vgl. Tab. 4-1): Bei der optimalen speziellen Intensität haben wir eine einfaktorielle Produktionsfunktion $y = y(x_1)$ betrachtet, weil wir unterstellt haben, dass das Einsatzniveau der übrigen Faktoren konstant ist. Bei der Minimalkostenkombination haben wir die zweifaktorielle Produktionsfunktion $y = y(x_1, x_2)$ zur Isoquante $x_2 = x_2(x_1, \bar{y})$ vereinfacht und unterstellt, dass die Produktionsmenge $\bar{y}$ gegeben ist. Beide Fragestellungen haben wir losgelöst voneinander am Beispiel der Winterweizenproduktion mit variabler Stickstoffmenge und Saatgutmenge diskutiert.

Bei der Frage nach dem Expansionspfad (expansion path) verlassen wir die vereinfachende zweidimensionale Betrachtung und **verbinden die Frage nach der optimalen speziellen Intensität mit der Frage nach der Minimalkostenkombination**. Anders ausgedrückt: Wir berücksichtigen simultan alle drei Variablen der zweifaktoriellen Produktionsfunktion $y = y(x_1, x_2)$. Grafisch gesprochen betrachten wir jetzt das gesamte dreidimensionale „Produktionsgebirge" (vgl. Abb. 4-11). Gefragt ist nun nach der optimalen Höhe des Faktoreinsatzes (und damit des Produktionsoutputs) *und* dem optimalen Einsatzverhältnis der beiden variablen Produktionsfaktoren.

Zur Verdeutlichung greifen wir das Beispiel mit variabler Stickstoff- und Saatgutmenge in der Weizenproduktion auf (vgl. Beispiel 4-2). Um die optimale Einsatzhöhe und das optimale Verhältnis beider Produktionsfaktoren auf tabellarischem Weg zu bestimmen, müsste man die zweifaktorielle Produktionsfunktion zunächst auszugsweise darstellen, indem man systematisch für verschiedene Weizenerträge die möglichen Kombinationen von Stickstoff und Saatgut berechnet. Dies entspräche einer Vervielfachung von Tab. 4-3. Für die unterschiedlichen Kombinationen von Stickstoff- und Saatgutmenge und dem damit jeweils verbundenen Ertrag wäre dann der Bruttoerfolg gemäß folgender Formel zu bestimmen:

$$\begin{aligned} &B(x_1, x_2) = p \cdot y(x_1, x_2) - (q_1 \cdot x_1 + q_2 \cdot x_2) \\ &\Rightarrow B(x_{St}, x_{Sa}) = p_{We} \cdot y_{We}(x_{St}, x_{Sa}) - (q_{St} \cdot x_{St} + q_{Sa} \cdot x_{Sa}) \end{aligned} \qquad (4\text{-}26)$$

Anschließend wäre die Kombination auszuwählen, die den maximalen Bruttoerfolg liefert. In Anbetracht des Umfangs der hierfür erforderlichen Tabellen verzichten wir auf die ausführliche Darstellung der tabellarischen Lösung. Stattdessen wird der Sachverhalt zum leichteren Verständnis zunächst grafisch veranschaulicht. Analog zur isolierten Betrachtung der ersten beiden produktionstheoretischen Fragestellungen gehen wir anschließend kurz darauf ein, wie das Problem algebraisch gelöst werden kann.

Grafische Darstellung

Wir wissen, dass für eine gegebene Produktionsmenge die Minimalkostenkombination dort liegt, wo die Isoquante von einer Isokostenlinie tangiert wird (vgl. Abb. 4-10). Nun geht es um die simultane Bestimmung der optimalen Einsatzhöhe und des optimalen Einsatzverhältnisses beider Faktoren. Dabei wird stufenweise vorgegangen: Zunächst wird für unterschiedliche Produktionsmengen $\bar{y}^1 < \bar{y}^2 < \bar{y}^3 < \cdots$ jeweils die kostenminimale Faktoreinsatzkombination bestimmt. Grafisch gesehen bestimmt man also die Tangentialpunkte einer Vielzahl von Isoquanten mit der Isokostenlinie. Dann wird geprüft, welche der Minimalkostenkombinationen gleichzeitig die optimale spezielle Intensität der beiden Produktionsfaktoren darstellt. In Abb. 4-14 ist diese Vorgehensweise verdeutlicht.

Abb. 4-14: Expansionspfad und bruttoerfolgsmaximale Faktorkombination [a)]

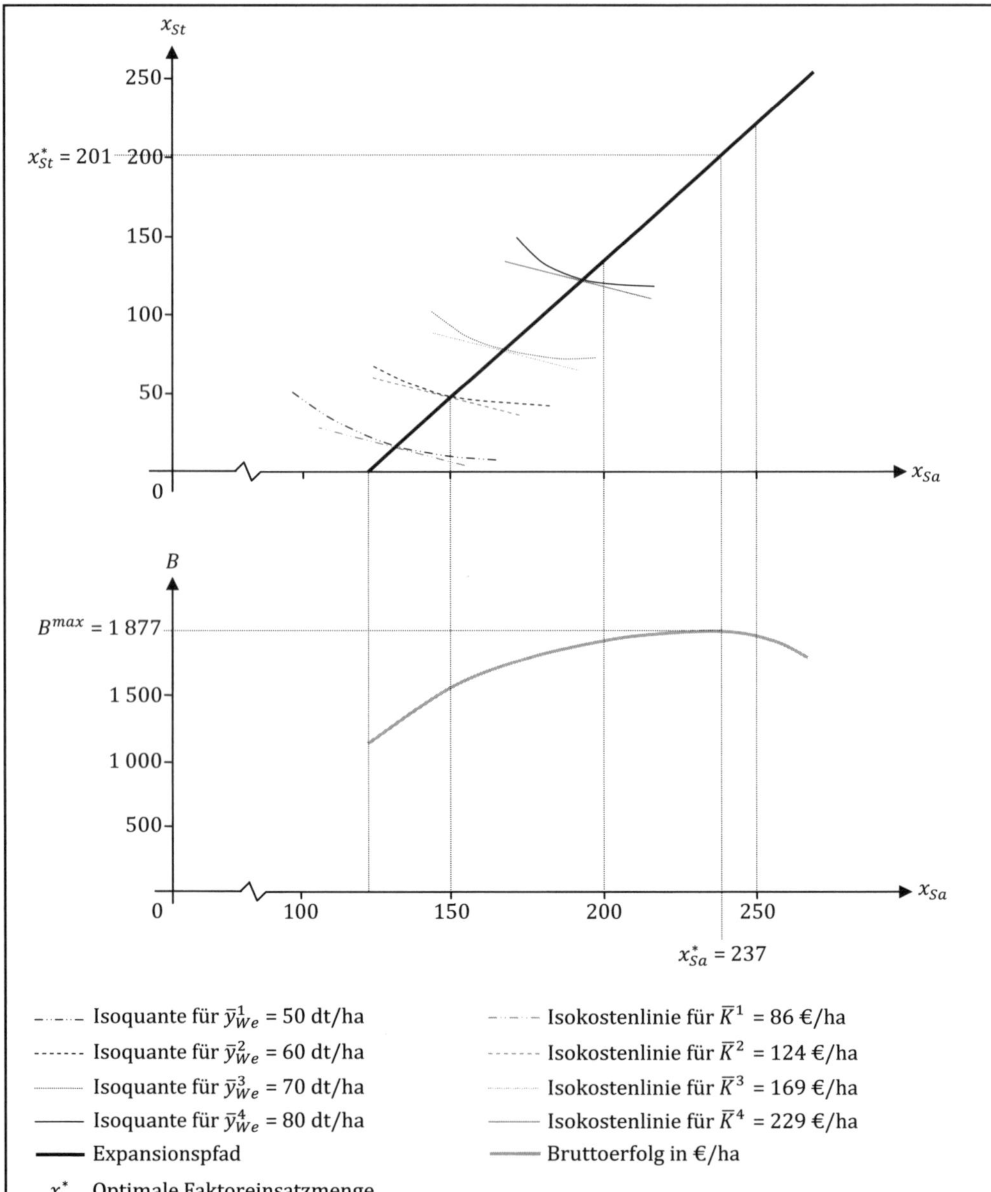

a) Weizenpreis p_{We} = 25 €/dt, Saatgutpreis q_{Sa} = 0,50 €/kg und Stickstoffpreis q_{St} = 1 €/kg.

Die Bestimmung der **Isoquante** folgt der bereits in Beispiel 4-2 dargestellten Vorgehensweise (vgl. Gleichung (4-22)). Statt einem festen Ertragsniveau von $\bar{y}_{We}$ = 70 dt/ha sind nun lediglich unterschiedliche Ertragsniveaus einzusetzen.

$$x_{St} = \frac{175}{2} + \frac{9}{16} \cdot x_{Sa} - \frac{1}{80} \cdot \left(49\,000\,000 - 6\,400\,000 \cdot \bar{y}_{We} + 4\,086\,000 \cdot x_{Sa} - 8\,055 \cdot x_{Sa}^2\right)^{0,5} \qquad (4\text{-}27)$$

Dabei kennzeichnet $\bar{y}_{We}$ ein beliebiges angestrebtes Weizenertragsniveau. Die zur Bestimmung der **Isokostenlinie** (vgl. Gleichung (4-20)) relevanten Faktorpreise werden weiterhin mit q_{Sa} = 0,50 €/kg und q_{St} = 1 €/kg angenommen.

Als **Expansionspfad bezeichnet man die Verbindung zwischen Minimalkostenkombinationen**, die für unterschiedliche vorgegebene Ertragsniveaus bestimmt wurden. Der Expansionspfad gibt die kostengünstigste Möglichkeit an, bei den gegebenen Faktorpreisverhältnissen und Produktionstechnologien zu expandieren, also die Produktionsmenge auszudehnen. Irgendwo auf dem Expansionspfad, auf dem alle kostenminimalen Kombinationen (Einsatzverhältnisse) zweier variabler Produktionsfaktoren zu finden sind, muss auch die Kombination liegen, welche die optimale spezielle Intensität (Einsatzhöhe) beider Faktoren darstellt und damit den Bruttoerfolg maximiert.

Zur Bestimmung des optimalen Punktes auf dem Expansionspfad muss der Produktpreis berücksichtigt werden. In unserem Beispiel also p_{We} = 25 €/dt. Damit kann man für alle kostenminimalen Kombinationen, d.h. für alle Punkte des Expansionspfades, den **Bruttoerfolg** ausweisen (vgl. Abb. 4-14). Im Maximum des Bruttoerfolgs lässt sich die gewinnmaximale Faktorallokation ablesen. Der Bruttoerfolg erreicht bei einer Aussaatmenge x_{Sa}^* = 237 kg/ha und einer Stickstoffmenge x_{St}^* = 201 kg/ha sein Maximum von 1 877 €/ha.

Algebraische Lösung mit Hilfe der zweifaktoriellen Produktionsfunktion

Der Bestimmung der optimalen speziellen Intensität lag die einfaktorielle Produktionsfunktion zugrunde. Im Beispiel 4-1 ging es um die Abhängigkeit des Weizenertrags von der Höhe des Stickstoffeinsatzes: $y_{We} = y_{We}(x_{St})$. Ausgehend vom Anliegen, den von der Entscheidung über den Faktoreinsatz abhängigen Bruttoerfolg zu maximieren, wurde die erste Ableitung des Bruttoerfolgs gleich Null gesetzt. Dabei zeigt sich, dass die optimale spezielle Intensität der Stickstoffdüngung dort erreicht ist, wo der Grenzerlös $p_{We} \cdot dy_{We}/dx_{St}$ dem Faktorpreis q_{St} entspricht (vgl. Gleichung (4-6)).

Im Fall der zweifaktoriellen Produktionsfunktion $y_{We} = y_{We}(x_{St}, x_{Sa})$ hängt der Weizenertrag sowohl vom Stickstoffeinsatz als auch von der Saatgutmenge ab. Ganz allgemein gilt, dass zur Bestimmung von Extrempunkten bei mehrfaktoriellen Funktionen für jede Variable eine partielle Ableitung gebildet und diese dann Null gesetzt werden muss. Zur Maximierung des in Gleichung (4-26) definierten Bruttoerfolgs muss also sowohl die **partielle Ableitung nach dem Stickstoffeinsatz als auch die partielle Ableitung nach der Saatgutmenge gleich Null** sein. Bildet man die erste Ableitung nach dem Stickstoffeinsatz und setzt sie gleich Null, so ergibt sich folgender Term:

$$\frac{\partial B}{\partial x_{St}} = p_{We} \cdot \frac{\partial y_{We}}{\partial x_{St}} - q_{St} = 0 \Leftrightarrow p_{We} \cdot \frac{\partial y_{We}}{\partial x_{St}} = q_{St} \qquad (4\text{-}28a)$$

Den Ausdruck $\partial y_{We}/\partial x_{St}$ bezeichnet man als partiellen Grenzertrag des Stickstoffs; partiell deswegen, weil die Konstanz des anderen, eigentlich auch variablen Produktionsfaktors unterstellt wird. Der einzige Unterschied zur einfaktoriellen Produktionsfunktion ist also zunächst, dass der Grenzertrag des Stickstoffs als partielle Ableitung der Produktionsfunktion berechnet werden muss. Die Optimalitätsbedingung muss aber nun für beide Produktionsfaktoren gelten. Das heißt, im Optimum muss zudem der partielle Grenzerlös der Saatgutmenge dem Preis für Saatgut entsprechen:

$$\frac{\partial B}{\partial x_{Sa}} = p_{We} \cdot \frac{\partial y_{We}}{\partial x_{Sa}} - q_{Sa} = 0 \Leftrightarrow p_{We} \cdot \frac{\partial y_{We}}{\partial x_{Sa}} = q_{Sa} \qquad (4\text{-}28b)$$

Für die in Gleichung (4-21) beispielhaft genutzte zweifaktorielle Produktionsfunktion ergeben sich die folgenden partiellen Grenzerträge:

$$\frac{\partial y_{We}}{\partial x_{St}} = 0{,}175 - 0{,}002 \cdot x_{St} + 0{,}001125 \cdot x_{Sa} \qquad (4\text{-}29a)$$

$$\frac{\partial y_{We}}{\partial x_{Sa}} = 0{,}54 - 0{,}00315 \cdot x_{Sa} + 0{,}001125 \cdot x_{St} \qquad (4\text{-}29b)$$

Die Optimalitätsbedingungen bei den Preisen von p_{We} = 25 €/dt, q_{St} = 1 €/kg und q_{Sa} = 0,50 €/kg lauten wie folgt:

$$p_{We} \cdot \frac{\partial y_{We}}{\partial x_{St}} = 25 \cdot (0{,}175 - 0{,}002 \cdot x_{St} + 0{,}001125 \cdot x_{Sa}) = 1 \qquad (4\text{-}30a)$$

$$p_{We} \cdot \frac{\partial y_{We}}{\partial x_{Sa}} = 25 \cdot (0{,}54 - 0{,}00315 \cdot x_{Sa} + 0{,}001125 \cdot x_{St}) = 0{,}5 \qquad (4\text{-}30b)$$

Im Falle zweier variabler Produktionsfaktoren findet man also ein System von zwei Gleichungen mit zwei Unbekannten, hier x_{St} und x_{Sa}. Löst man dieses Gleichungssystem, so ergibt sich x_{St} = 200,67 und x_{Sa} = 236,75. Die Überprüfung der zweiten partiellen Ableitungen der Bruttoerfolgsfunktion (4-26) zeigt, dass diese negative Vorzeichen aufweisen. Es kann also geschlussfolgert werden, dass mit Einsatzmengen von x^*_{St} = 200,67 kg Stickstoff und x^*_{Sa} = 236,75 kg Saatgut pro ha der maximale Bruttoerfolg erzielt wird. Diese Faktorkombination liegt auf dem Expansionspfad.

Alternativ kann man die optimale Einsatzmenge zweier Produktionsfaktoren bestimmen, indem man **zunächst den Expansionspfad herleitet und dann die Bruttoerfolgsfunktion einfaktoriell ausdrückt**. Hierzu stellt man die in Gleichung (4-28a) und Gleichung (4-28b) genannten Optimalitätsbedingungen nach dem Produktpreis p_{We} um und setzt sie gleich:

$$p_{We} = q_{St} \cdot \frac{\partial x_{St}}{\partial y_{We}} \text{ und } p_{We} = q_{Sa} \cdot \frac{\partial x_{Sa}}{\partial y_{We}}$$
$$\Longrightarrow \frac{\partial y_{We}}{\partial x_{Sa}} / \frac{\partial y_{We}}{\partial x_{St}} = \frac{q_{Sa}}{q_{St}} \qquad (4\text{-}31)$$

In Worten ausgedrückt bedeutet dies, dass sich im Optimum die partiellen Grenzerträge von je zwei Faktoren wie ihre Preise verhalten müssen. Setzt man die aus den Gleichungen (4-29a) und (4-29b) bekannten Definitionen der partiellen Grenzerträge für Stickstoff und Saatgut in Gleichung (4-31) ein, ergibt sich die folgende Formulierung des Expansionspfades:

$$\frac{0{,}54 - 0{,}00315 \cdot x_{Sa} + 0{,}001125 \cdot x_{St}}{0{,}175 - 0{,}002 \cdot x_{St} + 0{,}001125 \cdot x_{Sa}} = \frac{0{,}5}{1} \Leftrightarrow x_{St} = -212{,}94 + 1{,}747 \cdot x_{Sa} \qquad (4\text{-}32)$$

Der Expansionspfad beschreibt alle kostenminimalen Einsatzverhältnisse der beiden Faktoren x_{St} und x_{Sa}. Anders gesagt: Er drückt für alle denkbaren Einsatzniveaus die optimale Stickstoffmenge x_{St} als Funktion der Aussaatmenge x_{Sa} aus. Die zu maximierende Bruttoerfolgsfunktion (4-26) kann nun mit Hilfe von Gleichung (4-32) einfaktoriell ausgedrückt werden, indem x_{St} sowohl in der Erlös- als auch in der Kostenkomponente der Bruttoerfolgsfunktion durch Gleichung (4-32) ersetzt wird, so dass nur noch die Unbekannte x_{Sa} übrig bleibt. Nach Nullsetzen der ersten Ableitung der Bruttoerfolgsfunktion nach x_{Sa} kann die optimale Aussaatmenge berechnet werden, die dann gemäß Expansionspfad wieder mit einer bestimmten Stickstoffmenge korrespondiert.

4.4.2 Erweiterungen

a) Optimale Faktorkombination bei begrenztem Budget

Oftmals ist es von Interesse, die optimale Ausgestaltung eines Produktionsverfahrens unter Berücksichtigung eines gegebenen Budgets zu bestimmen, das für die Beschaffung der Produktionsfaktoren zur Verfügung steht. Wir wollen deshalb untersuchen, wie viel Stickstoff und Saatgut in der Weizenproduktion eingesetzt werden sollte, wenn ein festes Budget für die Beschaffung von Produktionsfaktoren in Höhe von $\overline{K}$ = 125 €/ha vorgegeben ist.

Wir wissen, dass die Minimalkostenkombination in dem Punkt erreicht ist, wo der Expansionspfad die Budgetlinie schneidet. Für die Isokostenlinie $x_2(x_1,\overline{K}) = x_{St}(x_{Sa},\overline{K})$, die sich bei einem vorgegebenem Budget $\overline{K}$ ergibt, gilt analog zu Gleichung (4-20):

$$\overline{K} = q_{Sa} \cdot x_{Sa} + q_{St} \cdot x_{St} = 125 \Leftrightarrow x_{St} = \frac{125}{q_{St}} - \frac{q_{Sa}}{q_{St}} \cdot x_{Sa} \qquad (4\text{-}33)$$

Der Expansionspfad ist uns ebenfalls bekannt (vgl. Gleichung (4-32)). Der **Schnittpunkt zwischen Expansionspfad und Budgetlinie** kann unter den getroffenen Annahmen algebraisch bestimmt werden, indem man die Budgetgleichung (4-33) und den Expansionspfad (4-32) gleichsetzt. Es ergibt sich eine optimale Saatgutmenge von x_{Sa}^* = 150,4 kg/ha. Setzt man die optimale Saatgutmenge in den Expansionspfad ein, so ergibt sich die optimale Stickstoffmenge von x_{St}^* = 49,8 kg/ha (vgl. Abb. 4-15). Dabei wird ein Weizenertrag y_{We}^* = 60,3 dt/ha und ein Bruttoerfolg von 1 381 €/ha erzielt.

Abb. 4-15: Expansionspfad und Budgetlinie [a)]

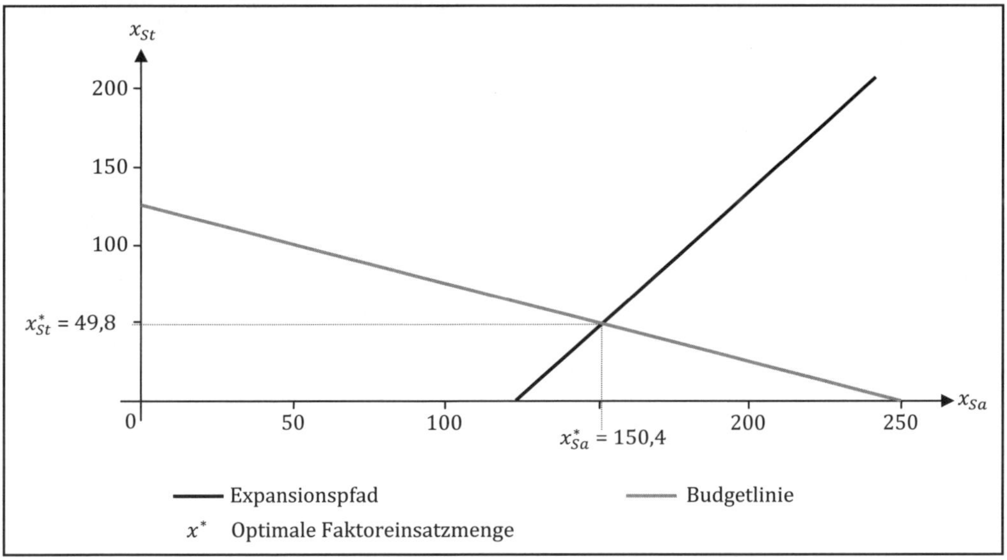

a) Budget $\overline{K}$ = 125 €/ha, Saatgutpreis q_{Sa} = 0,50 €/kg und Stickstoffpreis q_{St} = 1 €/kg.

Der Vergleich von Abb. 4-15 und Abb. 4-10 zeigt, dass die Frage nach der Minimalkostenkombination dem hier betrachteten Problem der optimalen Faktorallokation bei begrenztem Budget ähnelt. In beiden Fällen wird das dreidimensionale Problem, das durch eine zweidimensionale Produktionsfunktion $y = y(x_1, x_2)$ entsteht, in ein zweidimensionales Problem transformiert. Bei der Bestimmung der Minimalkostenkombination haben wir einen bestimmten Ertrag und damit Erlös als gegeben angenommen und - grafisch gesprochen - diejenige Faktorkombination und Isokostenlinie gesucht, die diesen Ertrag mit einem minimalen Budget gewährleistet. Bei der hier gestellten Frage wird dagegen ein bestimmtes Budget als gegeben angenommen, und wir suchen diejenige Faktorkombination und Isoquante, die bei dem vorhandenen Budget einen maximalen Ertrag und damit Erlös ermöglicht. Letztlich ließe sich unter Rückgriff auf den **Expansionspfad auch die Frage nach der Minimalkostenkombination beantworten**. Dazu müsste man bei einem gegebenen Ertragsniveau die Isoquante - im Beispiel also Gleichung (4-22) - und den Expansionspfad (4-32) gleichsetzen.

Bei der Bestimmung der optimalen Faktorkombination in der hier beschriebenen Art und Weise muss man grundsätzlich prüfen, ob es überhaupt sinnvoll ist, den vorgegebenen Ertrag anzustreben und das gesamte Budget auszuschöpfen. Möglicherweise wird dadurch das **bruttoerfolgsmaximale Faktoreinsatzniveau überschritten**. Für diese Überprüfung muss man die partiellen Grenzerlöse mit den jeweiligen Faktorpreisen vergleichen. Ohne Ertragsvorgabe und Budgetbeschränkung gilt für die optimale Faktoreinsatzmenge, dass der Grenzerlös gleich dem Faktorpreis ist. Übersteigt der Faktoreinsatz die optimale Faktoreinsatzmenge, dann ist der Grenzerlös geringer als der Faktorpreis. Mathematisch ist also auch noch zu prüfen, ob die partiellen Grenzerlöse größer sind als die jeweiligen Faktorpreise (vgl. Gleichung (4-30a) und (4-30b)). Andernfalls ist es sinnvoll, das Faktoreinsatzniveau zu reduzieren und den Anteil des Budgets zu bestimmen, der verwendet werden soll. Bei dem in Beispiel 4-2 vorgegebenen relativ niedrigen Ertragsniveau von 70 dt/ha und einem vergleichsweise niedrigen gegebenen Budgets von 125 €/ha entspricht die optimale Kombination beider Produktionsfaktoren bereits dem Optimum (vgl. Punkt 4.4.1).

Bei **Konsumentscheidungen privater Haushalte** ergibt sich eine Analogie zur Bestimmung der optimalen Faktorkombination bei begrenztem Budget in Unternehmen. Dabei geht es um die Frage, wie viele Einheiten eines bestimmten Gutes von einem Haushalt konsumiert werden sollten, um den Nutzen der Haushaltsmitglieder bei gegebenem Haushaltseinkommen bzw. Budget zu maximieren. Nach dem Ersten Gossenschen Gesetz liefert jede zusätzlich konsumierte Einheit eines homogenen Gutes c.p. einen geringeren Nutzenzuwachs als die vorausgehende Einheit. Analog zum Gesetz vom abnehmenden Ertragszuwachs nimmt also der Grenznutzen eines Gutes mit zunehmendem Konsum ab. Den Punkt, an dem der Grenznutzen Null ist, bezeichnet man auch als Sättigungspunkt. Bei der Betrachtung von zwei (oder mehr) Konsumgütern geht es um die optimale Verteilung des gegebenen Budgets auf Güter. Dabei muss man zunächst den Nutzen berücksichtigen, der sich beim Konsum unterschiedlicher Güterkombinationen ergibt. Dies erfolgt - analog zur Isoquante - über sog. Indifferenzkurven. Indifferenzkurven sind Linien gleicher Nutzen der Konsumgüter für einen Haushalt. Die Kombinationen zwischen den Konsumgütern, die das Budget jeweils ausschöpfen, bilden die Budgetlinie. Zur Bestimmung der optimalen Konsumgüterkombination eines Haushalts ist die Indifferenzkurve - bildlich gesprochen - so weit nach oben zu verschieben, bis sie die Budgetlinie gerade tangiert. Die entsprechende Konsumgüterkombination liefert das höchste Nutzenniveau. Anders gesagt: Die optimale Konsumgüterkombination ist dann erreicht, wenn die Grenznutzen aller Gütereinheiten pro Geldeinheit, die das jeweilige Gut kostet, gleich groß sind und damit bspw. der letzte für Brot ausgegebene Euro den gleichen Nutzen stiftet wie der zuletzt für Milch ausgegebene Euro (Zweites Gossensches Gesetz).

b) Zum Verhältnis von Expansionspfad und optimaler spezieller Intensität

In Abschnitt 4.2 haben wir die optimale spezielle Intensität für Stickstoff in der Weizenproduktion bestimmt. Dabei sind wir zunächst von einer gegebenen Aussaatmenge x_{Sa} in Höhe von 200 kg/ha ausgegangen. Die optimale Stickstoffmenge x_{St}^* in Höhe von 180 kg/ha liefert einen Weizenertrag von y_{We} = 84,6 dt/ha. Bestimmt man unter Rückgriff auf den Expansionspfad (vgl. Punkt 4.4.1) die optimale Kombination von Stickstoff- und Aussaatmenge, um einen gegebenen Ertrag von 84,6 dt/ha zu erreichen, so zeigt sich, dass 162,27 kg Stickstoff und 214,77 kg Saatgut pro ha eingesetzt werden sollten.

Onno Überleg meint, eine Inkonsistenz der Berechnungen gefunden zu haben. Er wundert sich nämlich, dass die optimale spezielle Intensität für einen variablen Produktionsfaktor nicht auf dem Expansionspfad liegt. Wie Su Sidenkt ihm aber erklärt, ist die Diskrepanz darin begründet, dass bei der Bestimmung der optimalen speziellen Intensität für Stickstoff die Saatgutmenge x_{Sa} von 200 kg/ha vorgegeben war. Nimmt man die Saatgutmenge nicht mehr als gegeben an, sondern optimiert sie ebenfalls - man spricht auch davon, dass man die Bestimmung der optimalen Saatgutmenge endogenisiert -, dann muss das Faktorpreisverhältnis berücksichtigt werden. Die **zusätzliche Wahlmöglichkeit bzgl. der Saatguteinsatzmenge** kann dazu führen, dass kostengünstigere Faktorkombinationen gefunden werden. Die Kosten für 200 kg Saatgut und 180 kg Stickstoff liegen bei 280 €. Für die ertragsgleiche Faktorkombination 214,77 kg Saatgut und 162,27 kg Stickstoff betragen die Kosten nur 269,66 €. Anders ausgedrückt: Eine Stickstoffintensität von 180 kg/ha stellt nicht die insgesamt beste Lösung dar. Wenn aber aus irgendeinem Grund kein zusätzliches Saatgut beschafft werden kann und nur 200 kg/ha zur Verfügung stehen, dann stellt eine Stickstoffintensität von 180 kg/ha die optimale unternehmerische Anpassung an diese Situation absoluter Knappheit dar. Man bezeichnet dies auch als Second-Best-Lösung.

4.5 Optimale Produktionsrichtung

4.5.1 Beschreibung und Lösung des Entscheidungsproblems

Mit der optimalen speziellen Intensität, der Minimalkostenkombination und dem Expansionspfad haben wir die optimale Höhe und das optimale Verhältnis von Faktoren bestimmt, die für die Herstellung *eines* Produkts eingesetzt werden. Damit wurde aber die Entscheidungssituation des Unternehmers immer noch nicht vollständig erfasst. Mit einer bestimmten Faktorausstattung (z.B. Ackerfläche, Gebäude, Maschinen und Arbeit) können verschiedene Produkte (z.B. Weizen, Gerste und Raps) hergestellt werden, deren Anteil variiert werden kann. Man spricht in diesem Zusammenhang von der Bestimmung des Produktionsprogramms bei gegebener Produktionskapazität. Im Rahmen unserer Zwei-Variablen-Perspektive (vgl. Tab. 4-1) tauschen wir bei der Optimierung des Produktionsprogramms die als gegeben unterstellten Parameter deshalb abermals aus. Nun wird eine bestimmte Produktionskapazität als gegeben angenommen und bei den betrachteten Entscheidungsvariablen handelt es sich um die Produktionsmengen zweier Produkte, die um die Verwendung der vorhandenen knappen Faktoren konkurrieren. Es geht also um die Frage, wie eine *vorgegebene Produktionskapazität* optimalerweise für die Erzeugung *zweier Produkte* zu nutzen ist, um den maximalen Bruttoerfolg zu erzielen (vgl. auch Punkt 2.1.1). Bei der hier zwecks Vereinfachung vorgenommenen Abstraktion von variablen Kosten entspricht dies der Maximierung der Erlöse.

Betrachten wir beispielhaft einen Betrieb, in dem eine Kapazität an Ackerfläche von $\bar{x}_{Fl}$ = 100 ha inkl. einer entsprechenden Maschinen- und Arbeitsausstattung für die Produktion von Winterweizen und Kartoffeln verfügbar ist. Die Fragestellung lautet: Wie viel Hektar Weizen und wie viel Hektar Kartoffeln sollte ein gewinnmaximierender Landwirt anbauen, der seine knappe Fläche bestmöglich nutzen will? Um die Frage nach der optimalen Kombination zweier Produkte beantworten zu können, muss man die biologisch-technische Beziehung zwischen den Erträgen der beiden Produkte und der Faktoreinsatzmenge kennen. Es sei unterstellt, dass **ackerbauliche Versuche** mit unterschiedlichen Anteilen der beiden Fruchtarten durchgeführt wurden. Die in Tab. 4-5 dargestellten Versuchsergebnisse zeigen, welche Weizen- und Kartoffelerträge auf jeweils 100 ha großen und von den Bedingungen her identischen Versuchsflächen mit unterschiedlichen Produktionsprogrammen erzielt wurden. Es sind zwei Aspekte zu beachten:

- Ein Weizenanteil von bspw. 50% bedeutet, dass bei einer Gesamtfläche von 100 ha in jedem Jahr 50 ha mit Weizen bewirtschaftet werden. Damit kommt Weizen spätestens jedes zweite Jahr auf die gleiche Fläche.

- Es wird angenommen, dass man mit einem Mehrfachen des Kapazitätsbündels das gleiche Mehrfache der jeweiligen Produktionsmengen erzielen kann. Dies entspricht der Annahme, dass es nicht zu Größenvorteilen oder -nachteilen kommt.

Wiederum kann aus den Versuchsdaten ein funktionaler Zusammenhang abgeleitet werden, der bei gegebener Produktionskapazität die Abhängigkeit der Menge des zweiten Produkts von der Menge des ersten Produkts angibt. Man spricht in diesem Zusammenhang von der **Kapazitätslinie**. Sie wird auch als Transformationskurve oder Produktionsmöglichkeitenkurve bezeichnet, da sie Produktkombinationen angibt, deren Erzeugung mit der vorhandenen Kapazität *möglich* ist. Mit der Kapazitätslinie ist auch bekannt, wie viele Einheiten Kartoffeln man bei der vorgegebenen Produktionskapazität weniger produziert, wenn man eine Einheit Weizen mehr produziert. Dies bezeichnet man als **Grenzrate der Transformation** (GRT; marginal rate of transformation). Diesen funktionalen Zusammenhang kann man auszugsweise darstellen, indem man systematisch diskrete Kombinationen von Weizen- und Kartoffelproduktionsmengen berechnet und in Form einer Tabelle ausweist. Dementsprechend kann man die optimale Produktionsrichtung sowohl mathematisch-algebraisch als auch tabellarisch bestimmen.

Tab. 4-5: Versuchsergebnisse zur Bestimmung der Ertragswirkung unterschiedlicher Produktionsprogramme [a]

	Spalte 1	Spalte 2	Spalte 3	Spalte 4	Spalte 5	Spalte 6	Spalte 7	Spalte 8
	Weizen-anteil	Ertrag				Ertragsänderung		GRT [b]
		Weizen		Kartoffeln		Weizen	Kartoffeln	
	(%)	(dt)	(dt/ha)	(dt)	(dt/ha)	(dt)	(dt)	
1	10	789	78,9	14 518	161,3			
2	20	1 373	68,7	13 850	173,1	585	-668	1,14
3	30	1 899	63,3	13 130	187,6	526	-720	1,37
4	40	2 391	59,8	12 344	205,7	492	-785	1,60
5	50	2 858	57,2	11 476	229,5	467	-868	1,86
6	60	3 307	55,1	10 496	262,4	449	-980	2,18
7	70	3 741	53,4	9 355	311,8	434	-1 141	2,63
8	80	4 163	52,0	7 955	397,7	422	-1 401	3,32

a) Die Versuchsfläche beträgt jeweils 100 ha.

b) GRT = Grenzrate der Transformation (negative Änderung der Produktionsmenge Kartoffeln im Verhältnis zur Änderung der Produktionsmenge Weizen).

Die Spalte 1 der Tab. 4-5 gibt die unterschiedlichen Anteile der beiden Fruchtarten an. Einem Weizenanteil von 10% (20%, 30%, ...) entspricht ein Kartoffelanteil von 90% (80%, 70%, ...). In der Spalte 2 ist die Weizenproduktionsmenge und in Spalte 4 die Kartoffelproduktionsmenge bei einer Flächenausstattung von 100 ha angezeigt. In den Spalten 3 und 5 ist zwecks besserer Einordnung der Versuchsergebnisse der hektarbezogene Weizen- und Kartoffelertrag ausgewiesen. Es zeigt sich, dass mit einer Erhöhung des Weizenanteils (Kartoffelanteils) eine immer stärker werdende Reduzierung des Hektarertrags von Winterweizen (Kartoffeln) einhergeht. Dies hat im vorliegenden Fall zwei Ursachen: Erstens entstehen umso mehr Fruchtfolgeprobleme durch Krankheiten und Schädlinge, je einseitiger eine Fruchtfolge ist. Zweitens kommt es umso mehr zu einer suboptimalen Arbeitserledigung in kritischen Arbeitszeitperioden, wie z.B. während der Ernte, und damit zu Mindererträgen, je schlechter die Arbeitsspitzen aufgrund einer einseitigen Fruchtfolge auseinander gezogen werden können. Dies liegt daran, dass die Ausstattung mit dauerhaften Produktionsmitteln, wie z.B. Maschinen und Arbeitskräften, bei den verschiedenen Fruchtfolgen unverändert geblieben ist. Außerdem wird deutlich, dass die Kartoffelerträge prozentual stärker mit einer Erhöhung des Kartoffelanteils sinken als die Weizenerträge mit einer Erhöhung des Weizenanteils.

Es wird deutlich, dass mit zunehmendem Weizenanteil die GRT steigt. So kann man durch eine Erhöhung des Weizenanteils von 10% auf 20% die Weizenmenge um 585 dt steigern. Gleichzeitig sinkt dadurch die

Kartoffelmenge um 668 dt, d.h. die Austauschrate liegt bei -1,14 dt Kartoffeln je zusätzlicher dt Weizen (GRT = 1,14). Bei der Steigerung des Weizenanteils von 50% auf 60% erzielt man dagegen nur noch eine zusätzliche Weizenmenge von 449 dt. Diese muss man zudem mit einer Reduktion der Kartoffelmenge von 980 dt „erkaufen", d.h. die GRT liegt bei 2,18 dt Kartoffeln je zusätzlicher dt Weizen.

Tabellarische Lösung

Bei der tabellarischen Lösung wird die **Differenzrechnung** genutzt. Tab. 4-6 verdeutlicht die Vorgehensweise anhand des Beispiels mit der Ackerfläche von $\bar{x}_{Fl}$ = 100 ha. In Spalte 1 sind in 5%-Schritten variierte Weizen- und damit Kartoffelanteile ausgewiesen. Bei der monetären Bewertung der unterschiedlichen Produktionsprogramme wird ein Weizenpreis p_{We} = 25 €/dt und ein Kartoffelpreis p_{Ka} = 15 €/dt unterstellt.

Tab. 4-6: Tabellarische Bestimmung der optimalen Produktionsrichtung [a)]

	Spalte 1	Spalte 2	Spalte 3	Spalte 4	Spalte 5	Spalte 6	Spalte 7	Spalte 8
	Weizen-anteil	Ertrag		Erlös			Erlösänderung	
		Weizen y_{We} (dt)	Kartoffeln y_{Ka} (dt)	Weizen $p_{We} \cdot y_{We}$ (€)	Kartoffeln $p_{Ka} \cdot y_{Ka}$ (€)	Gesamt E (€)	Weizen $p_{We} \cdot \Delta y_{We}$ (€)	Kartoffeln $p_{Ka} \cdot \Delta y_{Ka}$ (€)
	(%)							
1	20	1 373	13 850	34 330	207 749	242 079		
2	25	1 642	13 497	41 039	202 454	243 494	6 709	-5 294
3	30	1 899	13 130	47 484	196 944	244 427	6 444	-5 511
4	35	2 149	12 746	53 716	191 191	244 907	6 232	-5 752
5	**40**	**2 391**	**12 344**	**59 772**	**185 167**	**244 939**	**6 056**	**-6 024**
6	45	2 627	11 922	65 678	178 833	244 511	5 906	-6 334
7	50	2 858	11 476	71 454	172 143	243 597	5 776	-6 690
8	55	3 085	11 003	77 115	165 039	242 155	5 661	-7 104
9	60	3 307	10 496	82 674	157 444	240 119	5 559	-7 595
10	65	3 526	9 950	88 142	149 255	237 397	5 467	-8 189

a) Fläche $\bar{x}_{Fl}$ = 100 ha, Weizenpreis p_{We} = 25 €/dt und Kartoffelpreis p_{Ka} = 15 €/dt.

Die in den Zeilen ausgewiesenen Produktionsprogramme führen zu unterschiedlich hohen **Gesamterlösen** und damit unter Abstraktion von den Kosten zu unterschiedlich hohen Gesamtbruttoerfolgen (siehe Spalte 6 von Tab. 4-6). Dies liegt daran, dass mit zunehmendem Weizenanteil die GRT steigt und damit eine weitere Erhöhung des Weizenanteils zunehmend weniger bringt. Ein Blick auf Spalte 6 zeigt, dass die Kombination 5 „40% Weizen und 60% Kartoffeln" die **gesamterlösmaximale Handlungsalternative** darstellt.

Zum gleichen Ergebnis kommt man, wenn man sich die **Änderungen der Erlöse** der beiden Fruchtarten beim Übergang von Kombination 4 (35% Weizen und 65% Kartoffeln) auf Kombination 5 (40% Weizen und 60% Kartoffeln) anschaut: Der Erlös aus dem Weizen wird um 6 056 € gesteigert, während die Opportunitätskosten in Form des reduzierten Kartoffelerlöses nur 6 024 € betragen. Dieser Austauschschritt ist also rentabel. Eine weitere Erhöhung des Weizenanteils um 5% bringt weniger als sie an Opportunitätskosten verursacht. Eine feinere Abstufung der Austauschschritte würde zeigen, bei welchem Weizenanteil zwischen 35% und 45% die optimale Produktionsrichtung genau liegt. Sie ist dann erreicht, wenn der zusätzliche Erlös aus dem Weizen gerade so viel bringt, wie er Opportunitätskosten verursacht ($p_{We} \cdot \Delta y_{We} = -p_{Ka} \cdot \Delta y_{Ka}$).

Algebraische Lösung mit Hilfe der Kapazitätslinie

Um die optimale Produktionsrichtung algebraisch zu bestimmen, benötigt man ein Modell, das die Transformationsbeziehungen zwischen den Produkten in Form einer differenzierbaren mathematischen Funktionsgleichung darstellt und eine **Marginalbetrachtung** zulässt. Der Ausgangspunkt der Überlegungen ist die **inverse Produktionsfunktion**, die bei zwei Produkten wie folgt definiert ist:

$$x = x(y_1, y_2) \tag{4-34}$$

Dabei kennzeichnet x die Ausstattung mit knappen Produktionsmitteln, die kurzfristig nicht verändert werden kann und auch als Produktionskapazität bezeichnet wird.

Unter Rückgriff auf eine *gegebene* Produktionskapazität $\bar{x}$ kann ein Produkt als Funktion des anderen Produkts dargestellt werden:

$$\bar{x} = \bar{x}(y_1, y_2) \Leftrightarrow y_2 = y_2(y_1, \bar{x}) = y_2(y_1) \tag{4-35}$$

Diese Kurve, die bei gegebener Kapazität $\bar{x}$ alle möglichen Kombinationen zwischen Produktionsmenge y_1 und y_2 anzeigt, wird als **Kapazitätslinie** bezeichnet. Bei Produkten, deren Erzeugung in Konkurrenz zueinander steht, weist die Kapazitätslinie eine negative Steigung auf.

Die Kosten für eine vorgegebene Kapazität $\bar{x}$ sind unabhängig von der Nutzung dieser Kapazität. Es gilt also:

$$K = q \cdot \bar{x} = \bar{K} = \text{konstant} \tag{4-36}$$

Die Erlösfunktion $E(y_1, y_2)$ ergibt sich als Summe der Erlöse der beiden Produkte. Bei einem Preis p_1 für das Produkt 1 und einem Preis p_2 für das Produkt 2 ist sie wie folgt definiert:

$$E(y_1, y_2) = p_1 \cdot y_1 + p_2 \cdot y_2 \tag{4-37}$$

Bei gegebener Kapazität $\bar{x}$ und Kenntnis der Kapazitätslinie (4-35) können die Erlöse als Funktion der Produktionsmenge y_1 angeben werden. Dazu ist die Kapazitätslinie (4-35) in die Erlösfunktion (4-37) einzusetzen:

$$E(y_1) = p_1 \cdot y_1 + p_2 \cdot y_2(y_1) \tag{4-38}$$

Ausgehend davon kann die **Bruttoerfolgsfunktion** aufgestellt werden, die in Abhängigkeit von der Produktionsentscheidung zu maximieren ist:

$$\begin{aligned} &B(y_1) = E(y_1) - \bar{K} = p_1 \cdot y_1 + p_2 \cdot y_2(y_1) - q \cdot \bar{x} \rightarrow \text{max!} \\ &\Leftrightarrow E(y_1) = p_1 \cdot y_1 + p_2 \cdot y_2(y_1) \rightarrow \text{max!} \end{aligned} \tag{4-39}$$

Während bei der Bestimmung der Minimalkostenkombination ein bestimmter Ertrag und damit Erlös als konstant angenommen wurde, wird nun eine bestimmte Produktionskapazität und die dadurch verursachten Kosten als entscheidungsunabhängig angenommen. Anstelle des Bruttoerfolgs kann man deshalb direkt die Erlöse maximieren. An der Stelle des Bruttoerfolgsmaximums muss die erste Ableitung bzw. die Steigung der Erlösfunktion nach y_1 gleich Null sein (**Optimalitätsbedingung**):

$$\begin{aligned} &\frac{dE}{dy_1} = p_1 + p_2 \cdot \frac{dy_2}{dy_1} = 0 \\ &\Leftrightarrow -\frac{dy_2}{dy_1} = \frac{p_1}{p_2} \Leftrightarrow -p_2 \cdot \frac{dy_2}{dy_1} = p_1 \Leftrightarrow -p_1 \cdot dy_1 = p_2 \cdot dy_2 \end{aligned} \tag{4-40}$$

Der Ausdruck $-dy_2/dy_1$ ist die Grenzrate der Transformation. Sie gibt an, wie viele Einheiten y_2 (z.B. Kartoffeln) weniger produziert werden, wenn man eine Einheit y_1 (z.B. Weizen) mehr produziert. Die Optimalitätsbedingung $-dy_2/dy_1 = p_1/p_2$ besagt, dass die optimale Produktionsrichtung dort erreicht ist, wo die **GRT dem umgekehrten Produktpreisverhältnis entspricht**. Wenn man dies in $-p_1 \cdot dy_1 = p_2 \cdot dy_2$ umformt, wird die Interpretation noch intuitiver: Die optimale Produktionsrichtung ist erreicht, wenn die marginalen Zusatzerlöse, die durch eine infinitesimal kleine Erhöhung der Produktionsmenge des ersten Produkts entstehen, gerade die marginalen Opportunitätskosten decken, die durch die notwendige Reduzierung der Menge des zweiten Produkts verursacht werden. Der letzte infinitesimal kleine Substitutionsschritt muss also gerade so viel bringen, wie er kostet.

Abb. 4-16: Algebraische Bestimmung der optimalen Produktionsrichtung

(a)	*Inverse* Produktionsfunktion aufstellen $x = x(y_1, y_2)$
(a')	Kapazitätslinie für Kapazität $\bar{x}$ bestimmen $\bar{x} = \bar{x}(y_1, y_2) \Leftrightarrow y_2 = y_2(y_1, \bar{x}) = y_2(y_1)$
(b)	Für die feste Kapazität $\bar{x}$ die Kosten bestimmen $K = q \cdot \bar{x} = \bar{K} = \text{konstant}$
(c)	Erlösfunktion aufstellen $E(y_1, y_2) = p_1 \cdot y_1 + p_2 \cdot y_2$
(c')	Erlösfunktion für die Kapazität $\bar{x}$ in Abhängigkeit von y_1 bestimmen (Kapazitätslinie in Erlösfunktion einsetzen) $E(y_1) = p_1 \cdot y_1 + p_2 \cdot y_2(y_1)$
(d)	Bruttoerfolgsfunktion aufstellen $B = E(y_1) - \bar{K} \rightarrow \text{max!}$ $\Leftrightarrow E(y_1) = p_1 \cdot y_1 + p_2 \cdot y_2(y_1) \rightarrow \text{max!}$
(e)	1. Ableitung der Erlösfunktion gleich Null setzen (notwendige Bedingung) $\frac{dE}{dy_1} = p_1 + p_2 \cdot \frac{dy_2}{dy_1} = 0 \Leftrightarrow -\frac{dy_2}{dy_1} = \frac{p_1}{p_2}$
(f)	2. Ableitung der Erlösfunktion auf negatives Vorzeichen prüfen (hinreichende Bedingung) $\frac{d^2E}{dy_1{}^2} = p_2 \cdot \frac{d^2y_2}{dy_1{}^2} < 0$

B Bruttoerfolg
E Erlös für die Produkte 1 und 2
K Kosten
$\bar{K}$ Kosten der Kapazität $\bar{x}$
p_1 Preis des Produkts 1
p_2 Preis des Produkts 2
y_1 Produktionsmenge 1
y_2 Produktionsmenge 2
q Faktorpreis
x Faktoreinsatzmenge
$\bar{x}$ vorgegebene Produktionskapazität

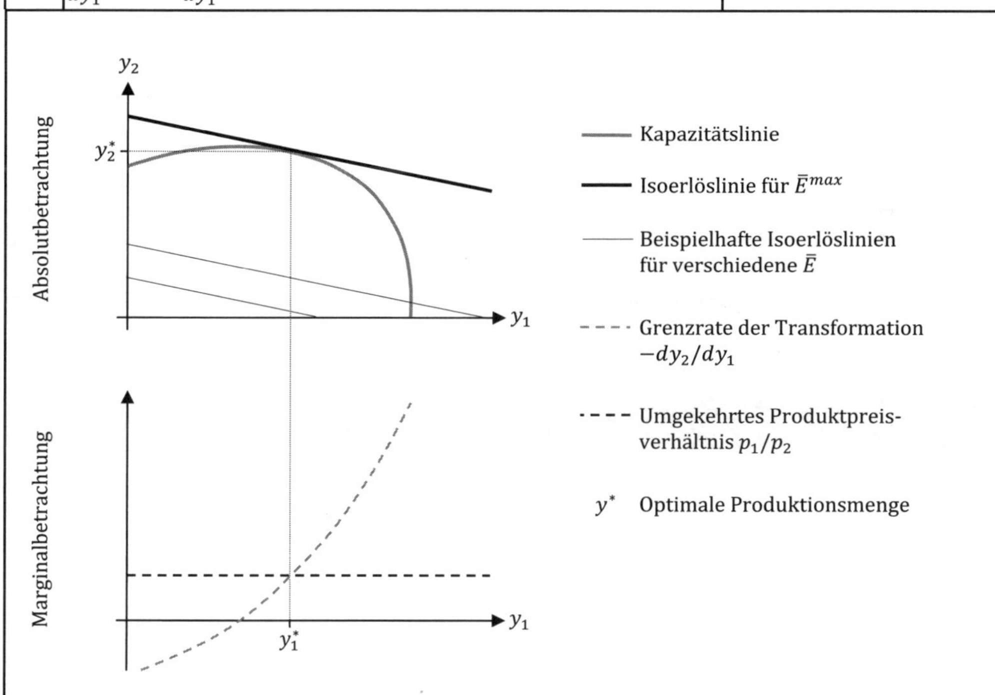

Als hinreichende Bedingung für den bruttoerfolgsmaximalen Produktionsmix muss die zweite Ableitung der Erlösfunktion (4-38) an der betreffenden Stelle negativ sein:

$$\frac{d^2E}{dy_1{}^2} = p_2 \cdot \frac{d^2y_2}{dy_1{}^2} < 0 \quad (4\text{-}41)$$

Da Produktpreise positiv sind, muss dementsprechend die zweite Ableitung der Kapazitätslinie an der Stelle der optimalen Produktionsrichtung negativ sein. Oder anders ausgedrückt: Die erste Ableitung der Kapazitätslinie dy_2/dy_1 muss einen fallenden Verlauf und damit die als $-dy_2/dy_1$ definierte GRT einen steigenden Verlauf aufweisen. Abb. 4-16 fasst den Ablauf bei der Bestimmung der optimalen Produktionsrichtung zusammen.

In der unteren Hälfte von Abb. 4-16 ist die Bestimmung der optimalen Produktionsrichtung grafisch veranschaulicht. Auf der angezeigten **Kapazitätslinie** liegen alle Produktkombinationen, die man bei der gegebenen Kapazität $\bar{x}$ erzielen kann. Die Kapazitätslinie überführt den dreidimensionalen Zusammenhang der inversen Produktionsfunktion mit zwei Produkten $x = x(y_1, y_2)$ in den leichter überschaubaren zweidimensionalen Zusammenhang $y_2 = y_2(y_1, \bar{x})$. Es ist zu beachten, dass die Kapazitätslinie sowohl technisch effiziente als auch technisch ineffiziente Bereiche aufweist. In technisch ineffizienten Bereichen, in denen die Kapazitätslinie - bildlich gesprochen - nach innen abknickt, wird von einem oder beiden Produkten „unnötig wenig" erzeugt. Technisch ineffiziente Kombinationen - wie sie sich bspw. auch bei der Bestimmung der Minimalkostenkombination ergeben haben (vgl. Tab. 4-3) - können von vornherein als nicht optimal abgelehnt werden.

Bei der grafischen Bestimmung der optimalen Produktionsrichtung greift man auf Geraden gleicher Erlöse zurück, die - analog zu den Isokostenlinien - als **Isoerlöslinien** (isorevenue line) bezeichnet werden und wie folgt definiert sind:

$$\bar{E} = p_1 \cdot y_1 + p_2 \cdot y_2 \Leftrightarrow y_2(y_1) = \frac{\bar{E}}{p_2} - \frac{p_1}{p_2} \cdot y_1 \quad (4\text{-}42)$$

Dabei kennzeichnet $\bar{E}$ einen beliebigen Erlösbetrag. Isoerlöslinien zeigen alle möglichen Kombinationen der beiden Produkte, mit denen man zu einem jeweils gegebenen Erlösniveau $\bar{E}$ kommt. In Abb. 4-16 ist zusätzlich zur Kapazitätslinie eine Schar von Isoerlöslinien dargestellt. Die optimale Produktionsrichtung liegt dort, wo eine der Isoerlöslinien die Kapazitätslinie tangiert. Am Tangentialpunkt wird mit der gegebenen Kapazität $\bar{x}$ der maximal mögliche Erlös $\bar{E}^{max}$ erzielt. Jede vom Tangentialpunkt abweichende Produktkombination führt entweder zu geringeren Erlösen oder ist mit der vorhandenen Kapazität nicht möglich. Die Aussage, dass im Punkt der optimalen Produktionsrichtung die Kapazitätslinie gerade von einer Isoerlöslinie tangiert wird, bedeutet, dass die Steigungen der Kapazitätslinie und der Isoerlöslinie einander entsprechen.

Beispiel 4-3
Optimale Produktionsrichtung - Weizen- und Kartoffelproduktion bei gegebener Flächenausstattung

In der Spalte 2 und der Spalte 4 der Tab. 4-5 sind die auf insgesamt 100 ha Ackerfläche zu erzeugenden Mengen an Weizen und Kartoffeln bei unterschiedlicher Flächenaufteilung auszugsweise angezeigt. Auf der Grundlage dieser über Feldversuche gewonnenen Informationen wird mit Hilfe statistischer Methoden folgender Zusammenhang zwischen der Weizenanbaufläche x_{We} und der Weizenproduktionsmenge y_{We} geschätzt:

$$y_{We} = 125 \cdot x_{We}{}^{0{,}8} \Leftrightarrow x_{We} = \left(\frac{y_{We}}{125}\right)^{1/0{,}8} \quad (4\text{-}43)$$

Für die Kartoffelproduktionsmenge y_{Ka} in Abhängigkeit von der Kartoffelanbaufläche x_{Ka} gilt analog zu Gleichung (4-43):

$$y_{Ka} = 2\,400 \cdot x_{Ka}{}^{0,4} \Leftrightarrow x_{Ka} = \left(\frac{y_{Ka}}{2\,400}\right)^{1/0,4} \tag{4-44}$$

Mit $x_{Fl} = x_{We} + x_{Ka}$ ergibt sich damit die folgende inverse Produktionsfunktion:

$$x_{Fl}(y_{We}, y_{Ka}) = \left(\frac{y_{We}}{125}\right)^{1/0,8} + \left(\frac{y_{Ka}}{2\,400}\right)^{1/0,4} \tag{4-45}$$

Bei der als gegeben angenommenen Fläche $x_{Fl} = \bar{x}_{Fl} = 100$ formt man nun Gleichung (4-45) nach y_{Ka} um. Es ergibt sich folgende Kapazitätslinie:

$$y_{Ka} = 2\,400 \cdot \left[100 - \left(\frac{y_{We}}{125}\right)^{1/0,8}\right]^{0,4} \tag{4-46}$$

Bei einem unterstellten Weizenpreis p_{We} = 25 €/dt und einem Kartoffelpreis p_{Ka} = 15 €/dt ergibt sich die nachstehende Erlösfunktion (vgl. Gleichung (4-37)):

$$E = 25 \cdot y_{We} + 15 \cdot y_{Ka} \tag{4-47}$$

Setzt man nun die Kapazitätslinie (4-46) in die Erlösfunktion (4-47) ein, hat man den Erlös als Funktion allein von y_{We} ausgedrückt:

$$E = 25 \cdot y_{We} + 15 \cdot \left[2\,400 \cdot \left[100 - \left(\frac{y_{We}}{125}\right)^{1/0,8}\right]^{0,4}\right] \tag{4-48}$$

Bildet man nun z.B. unter Zuhilfenahme eines Mathematikprogramms die erste Ableitung der Erlösfunktion (4-48) nach der Weizenproduktionsmenge y_{We} und setzt die erste Ableitung gleich Null, ergibt sich folgender Term:

$$\frac{dE}{dy_{We}} = \frac{15 \cdot 2\,400 \cdot 0,4 \cdot x_{We} \cdot (100 - x_{We})^{0,4} + 25 \cdot 0,8 \cdot x_{We} \cdot y_{We} - 25 \cdot 0,8 \cdot 100 \cdot y_{We}}{0,8 \cdot (100 - x_{We}) \cdot y_{We}} = 0 \tag{4-49}$$

In Gleichung (4-49) ist x_{We} gemäß Gleichung (4-43) einzusetzen. Löst man Gleichung (4-49) nach y_{We} auf, so ergibt sich für die optimale Weizenproduktionsmenge 2 288 dt. Dies entspricht gemäß Gleichung (4-43) einer Weizenanbaufläche von 37,85 ha. Unter Rückgriff auf Gleichung (4-46) gilt für die optimale Kartoffelproduktionsmenge y_{Ka} = 12 519 dt. Dies entspricht gemäß Gleichung (4-44) einer Kartoffelanbaufläche von 62,15 ha.

Ende des Beispiels

4.5.2 Erweiterungen

a) Komparative Statik

Die optimale Produktionsrichtung hängt einerseits vom Verlauf der Kapazitätslinie ab, d.h. von den biologisch-technisch bedingten Mengenbeziehungen zwischen den um knappe Produktionskapazitäten konkurrierenden Produkten. Andererseits wird sie von den Produktpreisen beeinflusst. Im Rahmen einer komparativen Analyse fragen wir nun danach, welche Konsequenzen sich aus einer **Änderung des Produktpreisverhältnisses** p_1/p_2 für die optimale Produktallokation ergeben. Wir analysieren konkret, wie sich ein Anstieg des Produktpreises p_1 bei konstantem Produktpreis p_2 auswirkt (vgl. Abb. 4-17). Dies ist gleichbedeutend mit der Aussage, dass sich die relativen Produktpreise zugunsten von Produkt y_1 verschoben haben.

Abb. 4-17: Optimale Produktionsrichtung und komparative Statik (Erhöhung des Produktpreises p_1, Konstanz des Produktpreises p_2)

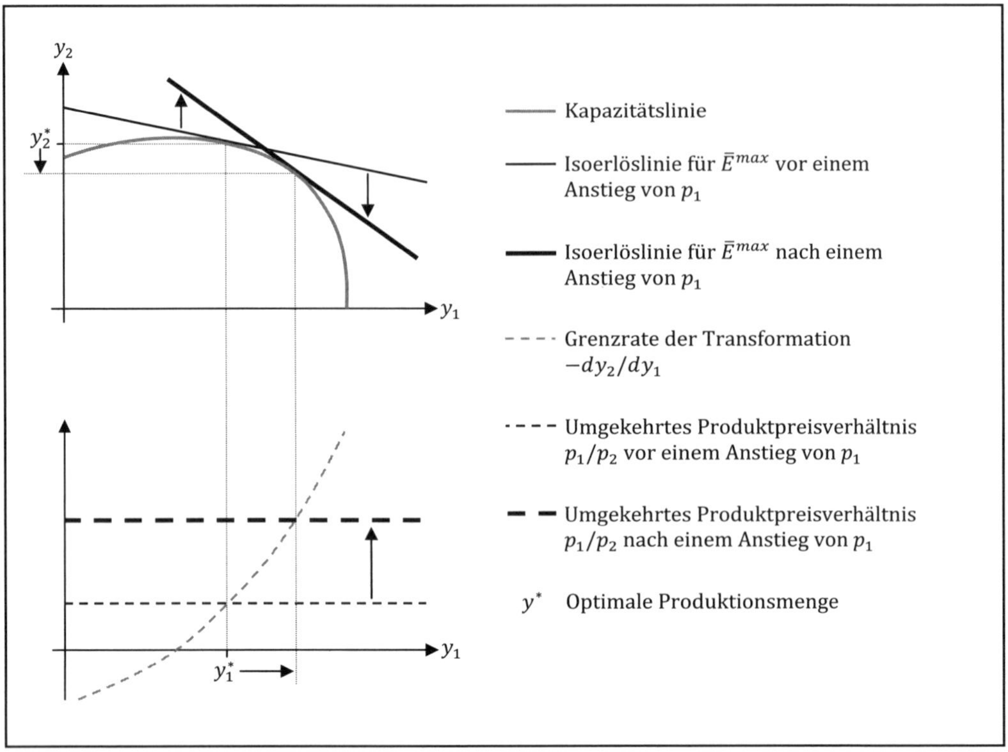

Die Kapazitätslinie bleibt von einer Änderung der Produktpreise unberührt. Allerdings ändert sich die Steigung der Isoerlöslinie $-p_1/p_2$. Eine Erhöhung von p_1 führt zu einem steileren Verlauf der Isoerlöslinie. Wieder tritt ein Substitutionseffekt ein: Anstelle des relativ im Wert gesunkenen Produkts 2 wird nun mehr von dem relativ höherwertigeren Produkt 1 hergestellt. Durch diese Anpassung an die veränderten Produktpreisverhältnisse kann der Erlös im Vergleich zu einer reinen „Mitnahme" der Preiserhöhung ohne Anpassung des Produktionsprogramms erhöht werden. Der Substitutionseffekt und damit die Chancen einer wirkungsvollen unternehmerischen Anpassung an neue Preisverhältnisse sind vom **Verlauf der Kapazitätslinie** abhängig. Der Substitutionseffekt ist umso größer, je weniger stark gekrümmt die Kapazitätslinie am bisherigen Tangentialpunkt verläuft. Wenn beide Produktpreise ansteigen und dabei das Produktpreisverhältnis konstant bleibt, bestehen keine zusätzlichen erlössteigernden Anpassungsmöglichkeiten und es ändert sich nichts an der optimalen Produktionsrichtung.

b) Alternative Formen der Kapazitätslinie

Die in Beispiel 4-3 betrachteten Produkte „Weizen" und „Kartoffeln" konkurrieren um die knappe fixe Faktorausstattung und weisen eine **zunehmende Grenzrate der Transformation** auf, d.h. um eine dt Weizen mehr zu produzieren, muss man auf zunehmend mehr Kartoffeln verzichten. Die Kapazitätslinie verläuft in diesem Fall progressiv fallend (Abb. 4-18, linke obere Hälfte). Daneben gibt es weitere Formen von Kapazitätslinien.

Abb. 4-18: Optimale Produktionsrichtung bei konkurrierenden und additiven Produktionsbeziehungen

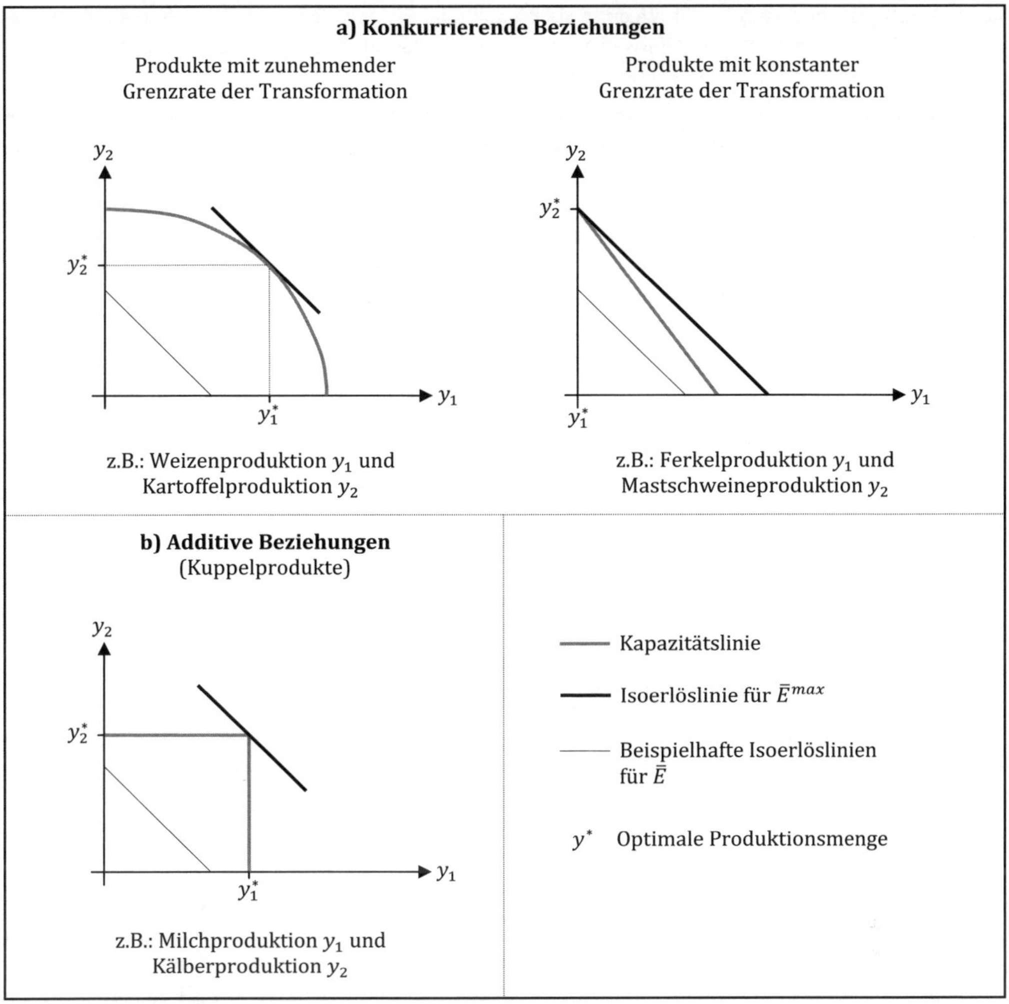

Die rechte obere Hälfte von Abb. 4-18 beschreibt eine konkurrierende Produktionsbeziehung mit einer **konstanten Grenzrate der Transformation**. Ein Beispiel wäre die kleinbäuerliche Schweinehaltung, in der anstelle von Zuchtsauen eine bestimmte Anzahl an zugekauften Mastschweinen gehalten werden können, auch wenn dann die speziellen technischen Hilfsmittel der Sauenhaltung ungenutzt bleiben. Hier liegt die optimale Produktionsrichtung in einem Schnittpunkt der Kapazitätslinie mit den Achsen, d.h. in Abhängigkeit davon, welches Produkt den höheren Gewinn verspricht, werden entweder Zuchtsauen oder Mastschweine gehalten. Im Spezialfall, in dem die Steigung der Transformationskurve gerade dem Produktpreisverhältnis entspricht, sind alle Kombinationen auf der Kapazitätslinie gleichwertig. Bei Vorliegen einer konstanten GRT kann man die optimale Produktionsrichtung einfach mit Hilfe der Differenzrechnung bestimmen.

Ein in Abb. 4-18 nicht explizit dargestellter, aber denkbarer Zusammenhang in Form einer Kapazitätslinie mit **abnehmender Grenzrate der Transformation** ergibt sich, wenn die Ausdehnung von Produkt 1 bei einer Einschränkung des Produkts 2 in immer kleinerem Umfang möglich ist. Grafisch würde die Kapazitätslinie dann spiegelbildlich zu der Kapazitätslinie mit zunehmender GRT verlaufen. In diesem Fall ergäben sich als mögliche Lösungen für die optimale Produktionsrichtung die beiden Schnittpunkte der Kapazitätslinie mit den Achsen: Es wird entweder nur Produkt 1 oder nur Produkt 2 erzeugt. Der Fall einer abnehmenden GRT ist von geringer praktischer Relevanz.

Neben konkurrierenden Beziehungen ist in manchen Fällen die Erzeugung eines (Haupt)Produkts fest an die Erzeugung eines weniger bedeutsamen (Neben)Produkts gekoppelt. Man spricht in diesem Fall von **Kuppelproduktion** oder Verbundproduktion (Abb. 4-18b). Ein Beispiel ist die Milchproduktion, bei der neben dem Hauptprodukt „Milch“ auch das Nebenprodukt „Kalb“ anfällt. Ein weiteres Beispiel ist die Erzeugung von Getreidekorn und Getreidestroh. Nur wenn die Erzeugung des Haupt- und des Nebenprodukts im gleichen Verhältnis variiert werden, wird ein unproduktiver Rest vermieden, der die Rentabilität der Kuppelproduktion insgesamt verringert.

Bei der in Abb. 4-18 nicht eigens dargestellten **parallelen Produktion** wird die Herstellung des einen Produkts nicht von der Erzeugung eines anderen Produkts beeinflusst. Dieser Fall liegt vor, wenn es keinen Produktionsfaktor gibt, der absolut knapp ist und um dessen Verwendung die Produkte konkurrieren. Ein Beispiel aus der Landwirtschaft, bei dem dies annäherungsweise zutrifft, ist die flächengebundene Marktfruchtproduktion einerseits und die Veredlungsproduktion (z.B. Mastschweine) auf der Basis von Spezialarbeitskräften und zugekauften Futtermitteln andererseits. Bei der parallelen Produktion kann die Herstellung der Produkte losgelöst voneinander optimiert werden. In den allermeisten Fällen stellt dies allerdings eine Vereinfachung dar, deren Adäquatheit kritisch überprüft werden muss. In aller Regel stellen zumindest das erforderliche Kapital oder auch die unternehmerische Leitungstätigkeit absolut knappe Faktoren dar.

4.6 Zusammenfassung und kritische Würdigung

Wir haben uns in Kapitel 4 mit der optimalen speziellen Intensität, der Minimalkostenkombination und der optimalen Produktionsrichtung beschäftigt. Dabei wurde deutlich, dass die **Produktionstheorie auf das allgemeine ökonomische Marginalprinzip zurückgreift** (vgl. Punkt 2.4.1b). In Abb. 4-19 befindet sich eine Übersicht der drei zentralen produktionstheoretischen Fragestellungen, deren Grundaussagen sich wie folgt zusammenfassen lassen:

- Die Grundlage der Bestimmung der erfolgsmaximalen Faktoreinsatzhöhe bilden der Produktpreis und der Faktorpreis sowie die physische Beziehung zwischen der Faktoreinsatzmenge und dem Ertrag (**Faktor-Produkt-Beziehung**). Die optimale spezielle Intensität ist erreicht, wenn - im Sinne des Marginalprinzips - die mit einer Erhöhung des Faktoreinsatzes erzielten Zusatzerlöse gerade die damit verbundenen Zusatzkosten kompensieren.
- Die Grundlage der Bestimmung des kostengünstigsten Faktoreinsatzverhältnisses bei gegebener Produktionsmenge bilden die Faktorpreise sowie die physische Beziehung zwischen den Einsatzmengen der variablen Produktionsfaktoren (**Faktor-Faktor-Beziehung**). Die Minimalkostenkombination ist erreicht, wenn - im Sinne des Marginalprinzips - die mit einer Reduzierung des Einsatzes eines Faktors einzusparenden Kosten gerade die zusätzlichen Kosten kompensieren, die für die Ausdehnung des anderen Faktors entstehen.
- Die Grundlage der Bestimmung der erfolgsmaximalen Produktkombination bei gegebener Faktorausstattung bilden die Produktpreise sowie die physische Beziehung zwischen den Produktionsmengen (**Produkt-Produkt-Beziehung**). Die optimale Produktionsrichtung ist erreicht, wenn - im Sinne des Marginalprinzips - die mit der Ausdehnung der Produktionsmenge eines Produkts erzielbaren zusätzlichen Erlöse gerade die Mindererlöse kompensieren, die durch die Einschränkung des anderen Produkts verursacht werden.

Abb. 4-19: Zusammenfassung der Produktionstheorie

	Optimale spezielle Intensität	Minimalkostenkombination	Optimale Produktionsrichtung
Variablen	Faktormenge x, Produktmenge y	Faktormenge x_1, Faktormenge x_2	Produktmenge y_1, Produktmenge y_2
Ziel allgemein	Maximierung des von der betrachteten Entscheidung abhängigen Bruttoerfolgs		
Ziel speziell	Maximierung der Differenz zwischen Erlös und Kosten	Minimierung der Kosten für die Produktion einer vorgegebenen Menge $\bar{y}$	Maximierung der Erlöse bei einer vorgegebenen Produktionskapazität $\bar{x}$
Grundlage	Erlösfunktion $E(x) = p \cdot y(x)$ Kostengerade $K(x) = q \cdot x$	Isoquante $x_2 = x_2(x_1, \bar{y})$ Isokostenlinie $x_2(x_1) = \bar{K}/q_2 - q_1/q_2 \cdot x_1$	Kapazitätslinie $y_2 = y_2(y_1, \bar{x})$ Isoerlöslinie $y_2(y_1) = \bar{E}/p_2 - p_1/p_2 \cdot y_1$
Fragestellung	Mit welchem Faktoreinsatz x welche Produktionsmenge y bei bekannter Faktor-Produkt-Beziehung erzeugen?	Mit welchem Faktoreinsatz x_1 und x_2 bei bekannter Faktor-Faktor-Beziehung eine gegebene Menge $\bar{y}$ erzeugen?	Welche Produktmengen y_1 und y_2 bei bekannter Produkt-Produkt-Beziehung und gegebener Kapazität $\bar{x}$ erzeugen?
Beispiel	Wie viel Stickstoff in der Weizenproduktion einsetzen?	Wie viel Saatgut und Stickstoff bei einem gegebenen Weizenertragsniveau einsetzen?	Wie viel Weizen und Kartoffeln bei einer gegebenen Faktorausstattung produzieren?
Optimalitätsbedingung	$p \cdot \frac{dy}{dx} = q$ Grenzerlös gleich Faktorpreis	$-\frac{dx_2}{dx_1} = \frac{q_1}{q_2}$ Grenzrate der Substitution gleich umgekehrtes Faktorpreisverhältnis	$-\frac{dy_2}{dy_1} = \frac{p_1}{p_2}$ Grenzrate der Transformation gleich umgekehrtes Produktpreisverhältnis
Typischer Verlauf	Abnehmender Ertragszuwachs	Abnehmende Grenzrate der Substitution	Zunehmende Grenzrate der Transformation
Grafische Darstellung	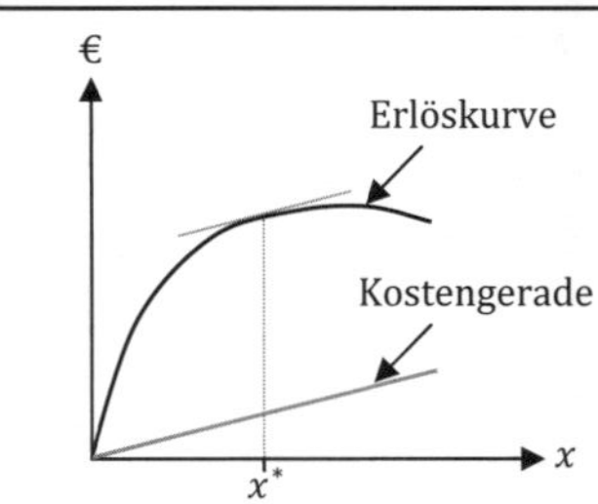	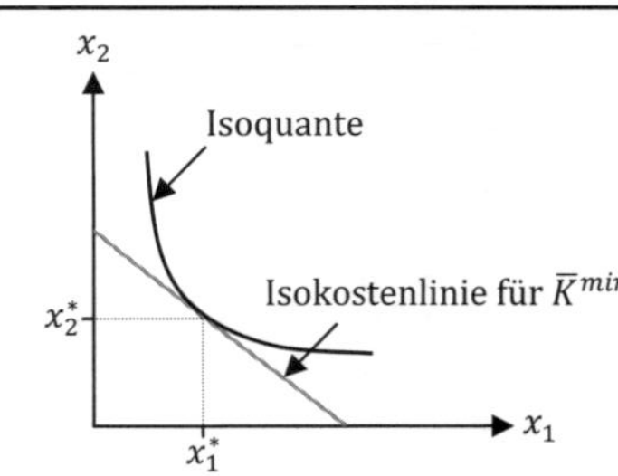	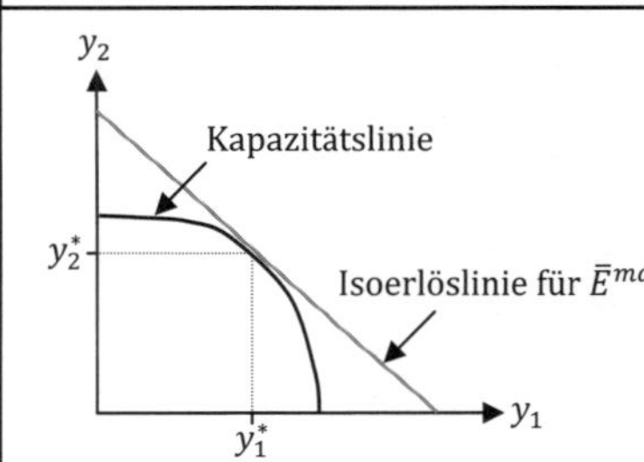

Insbesondere von Studierenden werden manchmal **Einwände gegen die Produktionstheorie** geäußert. Diese Einwände lassen sich - vereinfacht gesagt - in zwei Punkten zusammenfassen:

1. Manche Studierende bemängeln - vor allem, wenn man die Produktionstheorie noch etwas ausführlicher betreibt als im vorliegenden Lehrbuch -, dass die **Modelle so anspruchsvoll und komplex** seien, dass sie nur noch von einer kleinen Gruppe spezialisierter Theoretiker nachvollzogen werden können. Diese Kritik wird insbesondere dann geäußert, wenn man anstelle der vereinfachenden Ceteris-Paribus-Annahmen und Partialbetrachtungen zu Simultanbetrachtungen übergeht, wie dies hier ansatzweise bei den Ausführungen zum Expansionspfad erfolgt ist.
2. „Praktisch vorgebildete" Studierende, also etwa solche, die von einem landwirtschaftlichen Betrieb kommen, bemängeln dagegen häufig die fehlende Praxisrelevanz mit dem Argument, dass die getroffenen **Annahmen unrealistisch** seien und die Realität nicht richtig abbilden. Man habe es dort mit mehr als zwei Produkten und mehr als zwei Produktionsfaktoren zu tun. Außerdem gehe es für den Unternehmer immer um die simultane Bestimmung der optimalen Betriebsorganisation insgesamt und nicht um die partiellen Optima der Produktionstheorie, bei denen man jeweils nur zwei Größen als variabel betrachtet.

Fasst man beide Argumente zusammen, ergibt sich der Vorwurf, dass die Produktionstheorie zu komplex und gleichzeitig zu einfach sei. Was ist also zu tun? Wir haben im vorliegenden Kapitel versucht, die Grundlagen der Produktionstheorie so darzustellen, dass dem Leser ein möglichst einfacher Einstieg in die wichtigsten ökonomischen Fragestellungen und die Herangehensweise bei ihrer Lösung gelingt. Dabei sollte deutlich geworden sein, dass sich die verschiedenen ökonomischen Fragestellungen grundsätzlich dadurch unterscheiden, dass jeweils unterschiedliche Größen beeinflusst werden können. Diese als Entscheidungsvariablen bezeichneten Größen werden vom Unternehmer so gestaltet, dass der von der betrachteten Entscheidung abhängige Erfolg maximiert wird.

Aufgrund der Vielzahl und Vielfältigkeit realer Entscheidungssituationen sowie der sich ständig ändernden Rahmenbedingungen kann ökonomische Kompetenz und damit die Fähigkeit zur Erfolgsmaximierung aber nicht dadurch erworben werden, dass man bestimmte Sachverhalte oder konkrete Handlungsempfehlungen für spezifische Situationen auswendig lernt. Vielmehr muss man lernen, Problemstrukturen analytisch zu durchdringen und eigenständig Lösungen zu finden, die eine optimale Anpassung an die Rahmenbedingungen darstellen. Hierfür ist es erforderlich, grundsätzliche Zusammenhänge zu begreifen. Man muss verstehen, wie die durch den Stand der technischen Entwicklung und durch die natürliche Umwelt bedingten Produktionsfunktionen sowie die Faktor- und Produktpreise das unternehmerische Entscheidungsverhalten beeinflussen. In diesem Sinne stellen die behandelten **drei zentralen Fragestellungen der Produktionstheorie typische Entscheidungsprobleme und Musterlösungsansätze** dar, die letztlich auf alle praktischen Fragen angepasst und übertragen werden können. Damit ist die Produktionstheorie *die* Grundlage für die Lösung realer Planungsprobleme.

Mit Blick auf den ersten Einwand ist also zu sagen, dass die vorgenommenen Betrachtungen bereits so einfach wie möglich sind. Bei weitergehenden Vereinfachungen wäre der grundsätzliche Zusammenhang nicht mehr systematisch darstellbar. Mit Blick auf den zweiten Einwand ist zu konzedieren, dass die getroffenen Annahmen ohne Zweifel unrealistische Vereinfachungen darstellen. Diese Vereinfachungen sind allerdings beabsichtigt. Wie bereits am Anfang des Kapitels betont wurde, erleichtern solche Vereinfachungen das grundsätzliche Verständnis und damit die Aneignung von Kompetenz im Sinne von Problemlösungsfähigkeit. Dies ist die Voraussetzung dafür, reale Entscheidungsprobleme mit ihren von Fall zu Fall unterschiedlichen Spezifika zielentsprechend lösen zu können. Zudem soll durch diese Vereinfachungen, die gegenüber der Realität durchaus als restriktiv zu bezeichnen sind, das Verständnis dafür geschärft werden, dass modellbasierte Aussagen immer nur im Lichte der getroffenen Annahmen sinnvoll interpretiert werden können. Eine derartig selbstkritische Herangehensweise ist wiederum die Voraussetzung, um für konkrete betriebliche Entscheidungssituationen geeignete partielle Planungsverfahren (vgl. Punkt 2.5.3) entwickeln und sachgerecht anwenden zu können.

Kurz zusammengefasst lässt sich der **Beitrag, den diese Einführung in die Produktionstheorie leistet**, wie folgt zusammenfassen:

- Die Produktionstheorie stellt **Entscheidungshilfen für einfache unternehmerische Fragestellungen** bereit. Ein Beispiel ist die optimale Ausgestaltung von Produktionsverfahren mit Blick auf den Einsatz von Produktionsfaktoren, wie z.B. Stickstoff, die beliebig teilbar und in jeder beliebigen Menge beschaffbar sind. Hier reicht eine partielle Betrachtung aus, da die Bestimmung der optimalen Stickstoffmenge weitestgehend losgelöst vom Restbetrieb erfolgen kann. Allerdings setzt dies voraus, dass die Produktionsfunktion bekannt ist.
- Die Behandlung einfacher produktionstheoretischer Fragen führt in die grundlegende ökonomische Denkweise ein und ist die **didaktische Voraussetzung für das Verständnis schwierigerer Entscheidungssituationen** und der Abhängigkeit unternehmerischer Entscheidungen von den Rahmenbedingungen. Dies bezieht sich insbesondere auf das Grenzwertdenken: Welche Leistungs- und Kostenveränderungen sind mit einer Veränderung der Betriebsorganisation verbunden? Übersteigen die Leistungen die Kosten, so dass der betrachtete Veränderungsschritt sinnvoll ist?
- Die Produktionstheorie erlaubt im Rahmen komparativer Analysen - auch bei Abstraktion von vielen realwirtschaftlichen Details - die Ableitung von **Aussagen zu den grundsätzlichen Wirkungsrichtungen**, die von Veränderungen der unternehmerischen Rahmenbedingungen ausgehen. Dies ist mit Blick auf die Veränderung natürlicher Produktionsbedingungen, die Veränderungen von Preisrelationen durch wirtschafts- und agrarpolitische Maßnahmen oder auch mit Blick auf die Folgen technischen Fortschritts von Interesse. So sind bspw. Aussagen möglich, wie sich gewinnmaximierende Landwirte mit ihrer Produktion an veränderte Preisrelationen anpassen, die bspw. durch eine Stickstoffsteuer entstehen würden.

4.7 Literaturhinweise

BERGEN, V., W. LÖWENSTEIN und R. OLSCHEWSKI (2002): Forstökonomie. Volkswirtschaftliche Grundlagen. Vahlen, München.

DABBERT, S. und J. BRAUN (2006): Landwirtschaftliche Betriebslehre - Grundwissen Bachelor. Ulmer, Stuttgart.

DEBERTIN, D.L. (1986): Agricultural Production Economics. Macmillan, New York.

SCHNEEWEIß, C. (2002): Einführung in die Produktionswirtschaft. Springer, Berlin.

STEINHAUSER, H., C. LANGBEHN und U. PETERS (1992): Einführung in die landwirtschaftliche Betriebslehre. Band I: Allgemeiner Teil. Ulmer, Stuttgart.

VARIAN, H.R. (1992): Microeconomic Analysis. Norton & Company, New York.

5 Produktionsprogrammplanung

5.1 Vorbemerkungen

Die Identifikation der optimalen Betriebsorganisation ist aufgrund der vielschichtigen innerbetrieblichen Verflechtungen sowie der Abhängigkeit des unternehmerischen Erfolgs von den jeweiligen Rahmenbedingungen nicht trivial. Eine simultane Lösung aller miteinander zusammenhängenden Fragestellungen ist aufgrund der hohen Komplexität des Systems „Unternehmen" gar nicht möglich. Deshalb versucht man vielfach, durch mehrere aufeinander aufbauende Partialplanungen den praktischen Anforderungen an unternehmerische Entscheidungsunterstützung gerecht zu werden. Im Rahmen einer **hierarchischen Planung** (vgl. Punkt 2.5.3) wird oftmals dreistufig vorgegangen.

Auf der **Stufe A** geht es darum, **Produktionsverfahren technisch sinnvoll auszugestalten**. Zum einen ist festzulegen, welche Betriebsmittel in welchem Umfang und auf welche Art und Weise eingesetzt werden sollen. Bei pflanzlichen Produktionsverfahren geht es bspw. um die Bestimmung des Aussaatzeitpunktes, der Aussaatstärke, der Stickstoffintensität etc. Zum anderen sind die Ansprüche zu bestimmen, die die einzelnen Verfahren gemäß ihrer technischen Ausgestaltung an die fixe Faktorausstattung (z.B. Maschinen, Gebäude und Arbeit) haben. Dabei können für dasselbe Produkt zunächst verschiedene Verfahren (z.B. Weizen mit oder ohne Lagerung, Weizen intensiv oder extensiv etc.) spezifiziert werden. Es wird zunächst noch nicht *das* beste Verfahren ausgewählt, das zum Einsatz kommen soll. Allerdings muss die unendliche Vielzahl grundsätzlich denkbarer Verfahrensausgestaltungen auf eine handhabbare Zahl begrenzt werden. Konzeptionelle Hilfestellungen bei der technischen Ausgestaltung von Verfahren geben das Grenzwertprinzip im Allgemeinen und die optimale spezielle Intensität und die Minimalkostenkombination im Besonderen.

Auf der **Stufe B** geht es darum, **Produktionsverfahren im Rahmen der vorgegebenen fixen Faktorausstattung zielgerichtet zu kombinieren**, d.h. es ist das optimale Produktionsprogramm festzulegen. Die auf der Stufe A bestimmte endliche Menge grundsätzlich zur Auswahl stehender Produktionsverfahren bildet dabei die Grundlage. Auf der Stufe B fragt man bspw. danach, wie viel Hektar Ackerfläche unter Beachtung der verfügbaren Maschinen- und Arbeitskapazitäten mit Weizen, Kartoffeln, Raps etc. bewirtschaftet werden sollen, um den maximalen Unternehmenserfolg zu erzielen. Konzeptionelle Hilfestellungen hierfür bieten das Grenzwertprinzip im Allgemeinen und die produktionstheoretischen Erkenntnisse zur optimalen Produktionsrichtung im Besonderen.

Auf der **Stufe C** wird eine längerfristige Planungsperspektive eingenommen. Man fragt danach, ob **Veränderungen der Kapazitätsausstattung** vorgenommen und ob vorhandene Produktionskapazitäten, wie z.B. Gebäude oder Maschinen, nach Ablauf ihrer Nutzungsdauer ersetzt werden sollen. Möglicherweise würde sich ja unternehmerisches Wachstum durch eine Erweiterung bestehender oder die Aufnahme neuer Betriebszweige lohnen. Wenn dies der Fall ist, müssten die Produktionskapazitäten aufgestockt werden. Auch für Entscheidungen, die im Zusammenhang mit der Auf- bzw. Abstockung von Produktionskapazitäten getroffen werden, stellen das Grenzwertprinzip und die Produktionstheorie konzeptionelle Hilfestellungen dar.

In der praktischen Betriebsplanung werden die produktionstheoretischen Erkenntnisse genutzt und mit Hilfe geeigneter Planungsmethoden auf betriebsspezifische Entscheidungssituationen übertragen. In einfachen Fällen, wie z.B. der Frage, ob Mastschweine mit Futtermittel A oder B gefüttert werden sollen, kann auf die Differenzrechnung (vgl. Punkt 2.4.1a) zurückgegriffen werden. Für die Bestimmung des optimalen Produktionsprogramms braucht man dagegen schon aufwändigere Planungsmethoden. Hier kann die aus dem sog. Operations-Research-Bereich stammende lineare Optimierung bzw. **lineare Programmierung** (LP) genutzt werden. Mit Blick auf die Einordnung des Planungsinstruments „LP" ist zu beachten, dass es auch für Entscheidungsprobleme auf der Stufe A (z.B. bei der Minimierung von Kosten für variable Produktionsmittel) und auf der Stufe C (z.B. bei der Bestimmung des optimalen Investitions- und Finanzierungsprogramms) genutzt werden kann. Diese Anwendungen sind jedoch nicht Gegenstand des vorliegenden Kapitels.

Im vorliegenden Kapitel 5 geht es um die Partialplanung auf der Stufe B, d.h. um die Optimierung des Produktionsprogramms. Bei der Beschreibung dieses Planungsproblems und seiner Lösung kommt es - in wechselnden Zusammenhängen und Wortzusammensetzungen - zu einer Häufung des **Begriffs „Programm"**. Um Verwirrungen zu vermeiden, werden an dieser Stelle einige klärende Anmerkungen zur Bedeutung dieses Begriffs in den unterschiedlichen Zusammenhängen gemacht:

- Mit „Planung des Produktions*programms*" (Produktionsprogrammplanung) wird in der praktischen Betriebsplanung das aus der Produktionstheorie bekannte Problem der Bestimmung der optimalen Produktionsrichtung bezeichnet. Bei Ackerbaubetrieben sagt man auch häufig „Planung des Anbau*programms*".
- Der Begriff „lineare *Programmierung*" bezeichnet ganz allgemein ein mathematisches Verfahren zur Optimierung von (linearen) Zielfunktionen unter (linearen) Nebenbedingungen, das aus standardisierten, sich wiederholenden Ablaufschritten besteht, die als Iterationen bezeichnet werden.
- Unter dem Begriff „organisatorische *Programmierung*" versteht man ganz allgemein die Standardisierung und regelbasierte Steuerung wiederkehrender Arbeitsabläufe bzw. Prozesse mit Hilfe von Verfahrensrichtlinien. Diese Definition lässt sich auch auf die lineare Programmierung übertragen. Bei der linearen Programmierung handelt es sich nämlich um eine wiederholte, regelbasierte Abfolge von mathematischen Operationen.
- Auch in der Informatik bedeutet *„Programmierung"* zunächst die regelbasierte Steuerung von Prozessen. Bei der Programmierung, d.h. bei der Erstellung von Software (Computerprogrammen), kommt aber zusätzlich die Automatisierung der Prozesse hinzu.

Die verschiedenen Bedeutungen des Begriffs „Programm", die für uns relevant sind, lassen sich alle in einem Satz unterbringen: Eine einfache Lösung des Produktionsprogrammplanungsproblems wird ermöglicht, wenn jemand eine Software programmiert, die die mathematischen Ablaufschritte der linearen Programmierung automatisiert.

Der zweite namensgebende Bestandteil des Iterationsverfahrens „lineare Programmierung" ist die **Linearität**. Die Linearitätsannahme stellt eine Vereinfachung der komplexen produktionstheoretischen Zusammenhänge dar und ist *die* zentrale Voraussetzung für die Operationalisierung des Planungsproblems „Bestimmung der optimalen Produktionsrichtung". In der praktischen Betriebsplanung greifen wir nicht direkt auf den funktionalen Zusammenhang $y_2 = y_2(y_1)$ zurück. Zum einen kennen wir diesen Zusammenhang in aller Regel gar nicht. Zum anderen wäre diese Vorgehensweise bei mehrdimensionalen Problemen mit einer Vielzahl möglicher Produkte und begrenzend wirkender Produktionsfaktoren nicht operationalisierbar. Stattdessen geht man - obwohl für viele reale Zusammenhänge eine Kapazitätslinie mit zunehmender Grenzrate der Transformation plausibel ist - von einer abschnittsweis-linearen Kapazitätslinie aus. In Abb. 5-1 ist für den einfachen 2-Produktfall sowohl die aus der Produktionstheorie abgeleitete als auch eine aus drei linearen Abschnitten bestehende Kapazitätslinie abgetragen.

Abb. 5-1: Linearisierung der Kapazitätslinie

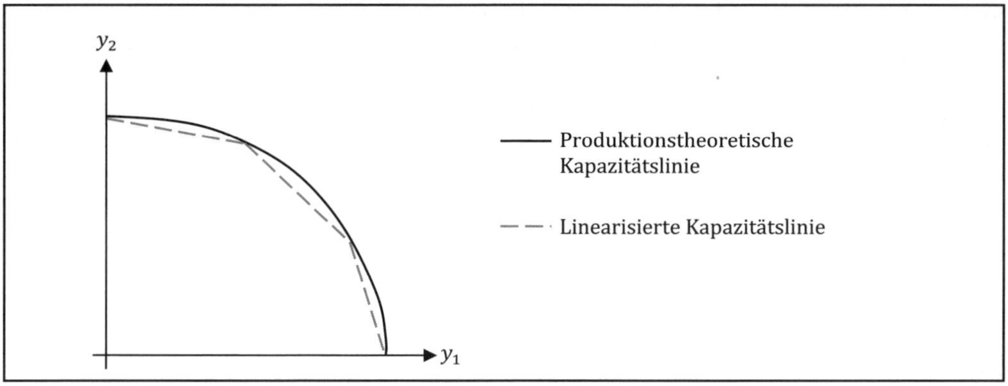

Die Annahme abschnittsweis-linearer funktionaler Zusammenhänge und damit abschnittsweis-konstanter Grenzraten der Transformation bedeutet, dass auf dem jeweiligen linearen Segment der erforderliche Faktoreinsatz je Produkteinheit unabhängig vom Produktionsumfang ist. Dies bedeutet Folgendes: Solange man sich auf einem Segment befindet, wird mit jeder Einheit weniger von y_2 eine konstante Faktormenge freigesetzt, mit der wiederum eine feste Menge mehr von y_1 produziert werden kann. Die Linearitätsannahme spiegelt sich im Konzept des Produktionsverfahrens wider. Mit der Definition eines hektarnormierten technischen Verfahrens impliziert man, dass zur Erzeugung einer bestimmten Menge (z.B. 70 dt Weizen) immer die gleiche Menge einer Kapazität (z.B. 1 ha Fläche) benötigt wird. Man unterstellt damit auch, dass die Verfahren einen festen Anspruch an alle anderen Produktionsfaktoren haben.

In Abschnitt 5.2 beschreiben wir, wie man das Planungsproblem „Optimierung des Produktionsprogramms" mit Hilfe der linearen Programmierung löst. In Abschnitt 5.3 gehen wir dann auf die modelltechnischen Erweiterungen ein, die notwendig sind, um reale Bedingungen und Zusammenhänge adäquat abzubilden.

5.2 Grundlagen der linearen Programmierung

5.2.1 Formulierung eines LP-Problems

Die grundsätzliche Vorgehensweise bei der Bestimmung des optimalen Produktionsprogramms lässt sich am besten mit Hilfe eines kleinen Beispiels zeigen, das gegenüber der Praxis stark vereinfacht ist, aber die wichtigsten strukturellen Charakteristika des Planungsproblems aufweist. Die für das Beispiel aufgezeigte Vorgehensweise kann als Muster verwendet und auf umfangreichere Planungsprobleme übertragen werden.

Schauen wir uns die Planung des Anbauprogramms in einem einfach strukturierten Marktfruchtbetrieb an. Die Zielsetzung bei der Anbauprogrammplanung besteht darin, die im Planungszeitraum nicht veränderlichen Produktionskapazitäten so zu nutzen, dass der maximale **Gesamtdeckungsbeitrag** (GDB; total gross margin) erreicht wird. Bei konstanter fixer Faktorausstattung entspricht das Gesamtdeckungsbeitragsmaximum dem maximalen Gewinn. Der betrachtete Betrieb verfüge über eine Ackerfläche von $\bar{x}_{Fl}$ = 100 ha und ein Arbeitszeitkontingent von $\bar{x}_{Ar}$ = 2 400 Arbeitskraftstunden (Akh). Weitere **Kapazitäten** seien nicht zu berücksichtigen. Die Wahlmöglichkeit des Betriebs bestehe lediglich darin zu entscheiden, in welchem Umfang Weizen (u_{We}) und in welchem Umfang Kartoffeln (u_{Ka}) produziert werden. Weitere **Aktivitäten** (Produktionsverfahren) stehen annahmegemäß nicht zur Auswahl. Allerdings müssen die vorhandene Fläche und Arbeit nicht zwangsläufig vollständig genutzt werden.

Der **Deckungsbeitrag** des optimal ausgestalteten Produktionsverfahrens „Weizen" betrage DB_{We} = 1 000 €/ha. Der Deckungsbeitrag des optimal ausgestalteten Produktionsverfahrens „Kartoffeln" liege bei DB_{Ka} = 4 000 €/ha. In einer Variantenrechnung werden wir den Kartoffeldeckungsbeitrag auf 2 000 €/ha reduzieren, um die Auswirkungen einer veränderten relativen Wettbewerbsfähigkeit der Produktionsverfahren zu untersuchen. Durch die hektarnormierte Angabe des Deckungsbeitrags ist bereits ausgedrückt, dass beide Verfahren 1 ha Fläche benötigen, um ihren jeweiligen Deckungsbeitrag zu generieren. Die Inanspruchnahme der Kapazität „Arbeit" ist aber unterschiedlich. Hier betragen die **Kapazitätsinanspruchnahmekoeffizienten** 10 Akh pro Hektar Weizen und 30 Akh pro Hektar Kartoffeln. Tab. 5-1 fasst die Annahmen zusammen, die für das betrachtete 2x2-Problem (zwei zur Auswahl stehende Aktivitäten, zwei begrenzende Kapazitäten) getroffen wurden.

Tab. 5-1: Beispielhafte Annahmen für die Planung des Anbauprogramms

	Aktivitäten		**Vorhandene Kapazitäten**
	Weizen	**Kartoffeln**	
Inanspruchnahme der Kapazität „Fläche" (ha)	1	1	100 ha
Inanspruchnahme der Kapazität „Arbeit" (Akh)	10	30	2 400 Akh
Deckungsbeitrag (€/ha)	1 000	4 000 (alternativ: 2 000)	

Bei der Formulierung des Entscheidungsproblems ergeben sich folgende Ablaufschritte:

1. Wie bei jedem Optimierungsproblem muss man sich zuerst darüber im Klaren sein, was die **Zielgröße** ist, die man maximieren oder minimieren will. Im vorliegenden Fall geht es um die Maximierung des Gesamtdeckungsbeitrags. Es reicht in der hier betrachteten Entscheidungssituation aus, anstelle des Gewinns die Bruttoerfolgsgröße „Gesamtdeckungsbeitrag" zu maximieren, da die Kosten der festen Kapazitäten unabhängig vom Produktionsprogramm sind.

2. Als nächstes sind die **Entscheidungsvariablen** zu bestimmen. Es geht also darum zu erkennen, auf welche zielrelevanten Größen man durch die betrachtete Entscheidung Einfluss nimmt. Beim hier betrachteten Planungsproblem sind dies die Anbauumfänge (in ha) von Weizen und von Kartoffeln.

3. Nun ist die **Zielfunktion** zu formulieren. Der Zielfunktionswert (Gesamtdeckungsbeitrag) ergibt sich aus der linearen Kombination der Entscheidungsvariablen und entspricht der mit den Umfängen gewichteten Summe der Zielfunktionsbeiträge (Deckungsbeiträge) der einzelnen Aktivitäten. Im betrachteten Beispiel ist der zu maximierende Gesamtdeckungsbeitrag GDB als Summe der Erzeugnisdeckungsbeiträge von Weizen ($DB_{We} \cdot u_{We}$) und Kartoffeln ($DB_{Ka} \cdot u_{Ka}$) zu berechnen:

$$GDB = 1\,000 \cdot u_{We} + 4\,000 \cdot u_{Ka} \rightarrow \max_{u_{We},u_{Ka}}! \tag{5-1}$$

4. Für das Maximierungsproblem gibt es aufgrund der betrieblichen Gegebenheiten **Nebenbedingungen,** die man auch als Restriktionen (constraints) bezeichnet, weil sie den Lösungsmöglichkeitenraum (set of feasible solutions) begrenzen. Im vorliegenden Fall sind das die Einschränkungen für das Anbauprogramm, die sich aufgrund der beiden begrenzten Produktionskapazitäten „Arbeit" und „Fläche" ergeben. Die vom Weizen- und Kartoffelanbau insgesamt beanspruchte Fläche darf die gegebene Kapazität von $\bar{x}_{Fl}$ = 100 ha nicht überschreiten. Analog gilt, dass die von den beiden Aktivitäten insgesamt in Anspruch genommene Arbeit nicht höher sein darf als das vorhandene Arbeitszeitkontingent

$\bar{x}_{Ar}$ = 2 400 Akh. Unter Nutzung der in Tab. 5-1 angeführten Kapazitätsinanspruchnahmekoeffizienten lassen sich die beiden Kapazitätsrestriktionen wie folgt formulieren:

$$1 \cdot u_{We} + \ \ 1 \cdot u_{Ka} \leq 100 \qquad \text{(Flächenrestriktion)} \qquad (5\text{-}2)$$

$$10 \cdot u_{We} + 30 \cdot u_{Ka} \leq 2\,400 \qquad \text{(Arbeitsrestriktion)} \qquad (5\text{-}3)$$

5. Mathematisch gesehen kann es für das mit den Gleichungen (5-1) bis (5-3) formulierte Maximierungsproblem negative Werte für die Entscheidungsvariablen geben. Bei dem hier betrachteten Entscheidungsproblem sind aber negative Anbauumfänge u_{We} und u_{Ka}, unsinnig. Die Menge der gangbaren Lösungen, unter denen die Optimallösung zu suchen ist, muss deshalb durch eine weitere Nebenbedingung auf den nichtnegativen Wertebereich eingegrenzt werden:

$u_{We} \geq 0$ und $u_{Ka} \geq 0$ (**Nichtnegativitätsbedingung**) (5-4)

Die Gleichungen (5-1) bis (5-4) bilden ein sog. *lineares* Optimierungsproblem, weil alle auftretenden Beziehungen linear sind.

5.2.2 Lösung eines LP-Problems

Im Folgenden werden anhand des oben eingeführten Beispiels drei Lösungsansätze für lineare Optimierungsprobleme unter Nebenbedingungen (constrained linear optimization problems) beschrieben: (1) der grafische Ansatz, (2) der enumerative Ansatz und (3) die Simplexmethode. Die ersten beiden Lösungsansätze erfüllen eine didaktische Funktion. Sie erleichtern das Verständnis der Problemstruktur und erlauben die Einführung wichtiger Begrifflichkeiten. Sie sind aber nur bei Miniproblemen praktikabel und nicht zur Lösung realer Planungsprobleme geeignet. Die Simplexmethode (mathematische lineare Programmierung) stellt dagegen ein standardisiertes Iterationsverfahren dar, das sich generell für die Lösung von linearen Optimierungsproblemen unter Nebenbedingungen verwenden lässt. Namensgebend spricht man deshalb auch einfach von linearen Programmierungsproblemen.

a) Grafischer Ansatz

Der grafische Ansatz hat nur illustrativen Charakter, da er nur bei zwei Aktivitäten praktikabel ist. Bei mehr als zwei Aktivitäten würde die Darstellung mehr als zwei Dimensionen umfassen. Zur geometrischen Lösung des in den Gleichungen (5-1) bis (5-4) beschriebenen LP-Problems erstellt man ein Koordinatensystem, auf dessen Achsen der Flächenumfang für Weizen u_{We} und der Flächenumfang für Kartoffeln u_{Ka} abgetragen werden (vgl. Abb. 5-2). Die **Restriktionen** begrenzen die Menge der realisierbaren Anbauprogramme. Die in Gleichung (5-4) formulierte Negativitätsbedingung bedeutet, dass nur der rechte obere Quadrant des Koordinatensystems relevant ist. Aus der Flächenrestriktionsungleichung (5-2) lassen sich zwei Extremprogramme ableiten: 100 ha Weizen (Punkt B) oder 100 ha Kartoffeln (Punkt F). Verbinden wir diese beiden Punkte, so ergibt sich die Flächenrestriktionslinie:

$$u_{Ka} = 100 - u_{We} \qquad (5\text{-}5)$$

Sie zeigt den maximalen Umfang der Produktionsprogramme an, die bei *alleiniger* Berücksichtigung der Flächenkapazität realisierbar wären. Punkte unterhalb der Flächenrestriktionslinie lasten die Kapazität nicht vollständig aus, wären aber von der Fläche her gangbar. Punkte oberhalb der Flächenrestriktionslinie sind nicht realisierbar. Ganz analog lassen sich aus der Arbeitsrestriktionsungleichung (5-3) zwei „Extremprogramme" bestimmen: Bei 2 400 Akh sind 240 ha Weizen (Punkt E) oder 80 ha Kartoffeln (Punkt D) möglich. Die Verbindungslinie der beiden Punkte D und E kann als Arbeitsrestriktionslinie in das Koordinatensystem aufgenommen werden:

$$u_{Ka} = 80 - 1/3 \cdot u_{We} \qquad (5\text{-}6)$$

Abb. 5-2: Grafische Darstellung der Restriktionen des LP-Problems

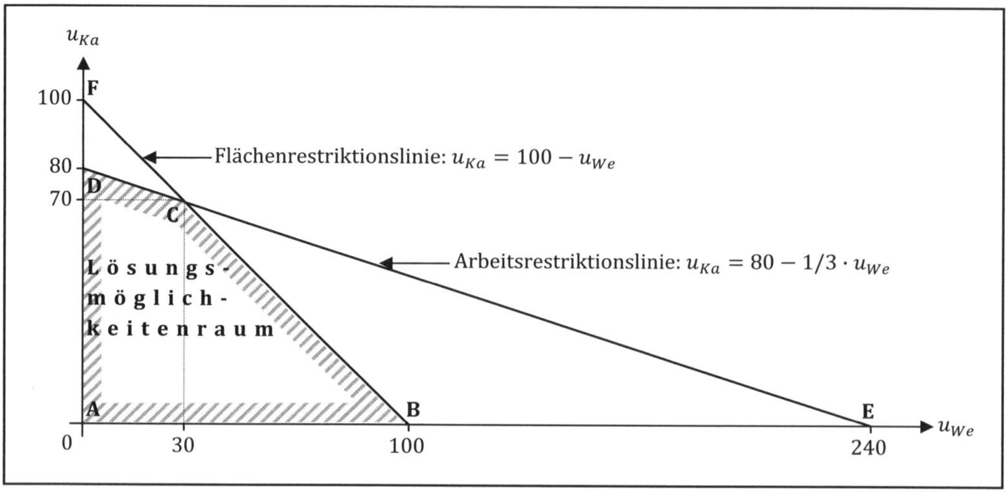

Die in das Koordinatensystem eingezeichneten Restriktionslinien verdeutlichen, dass nur Produktionsprogramme innerhalb des durch die Flächen- und Arbeitsrestriktion definierten **Lösungsmöglichkeitenraums** ABCD zulässig sind. Der Lösungsmöglichkeitenraum beinhaltet die Menge aller Produktionsprogramme, die beide Restriktionen einhalten und somit realisierbar sind. Die obere Begrenzung des Lösungsmöglichkeitenraums BCD bildet eine abschnittsweis-lineare Kapazitätslinie. Der Unterschied zu Abb. 5-1 besteht - abgesehen davon, dass zwei und nicht drei lineare Abschnitte betrachtet werden - darin, dass Abb. 5-2 auf das Konzept des Produktionsverfahrens zurückgreift und die erzeugte Menge als Anbauumfang in Hektar angibt. Durch Multiplikation des Anbauumfangs mit dem jeweiligen Hektarertrag lassen sich die beiden Darstellungsformen ineinander überführen. Das Produktionsprogramm, das zum maximalen Gesamtdeckungsbeitrag führt und innerhalb des realisierbaren Bereichs liegt, stellt die optimale Lösung des LP-Problems dar.

Jetzt stellt sich die Frage, wie man aus der Grafik das optimale Produktionsprogramm ableiten kann. Weil das Planungsproblem so einfach aussieht, weiß der Kollege Onno Überleg sofort Bescheid: Er meint, dass das optimale Produktionsprogramm bei Punkt C liegt, also dort, wo sich die beiden Restriktionslinien schneiden. Es seien 30 ha mit Weizen und 70 ha mit Kartoffeln zu bewirtschaften, um sowohl die vorhandene Fläche als auch die vorhandene Arbeitszeit vollständig zu nutzen. Hierdurch erziele man einen Gesamtdeckungsbeitrag von 310 T€. Algebraisch, fügt Onno Überleg hinzu, könne man das optimale Produktionsprogramm leicht berechnen, indem man einfach die Gleichung (5-2) nach u_{We} umforme und in die Gleichung (5-3) einsetze.

Kollegin Su Sidenkt widerspricht nach einer kurzen Denkpause. Sie weist darauf hin, dass das optimale Produktionsprogramm nicht nur von den Restriktionen, sondern auch von der relativen Wettbewerbsfähigkeit der Aktivitäten abhängig ist. Im Extremfall negativer Deckungsbeiträge für alle Aktivitäten würde man ja gar nicht produzieren, d.h. Punkt A wählen. Bei einem Deckungsbeitrag für Weizen von 1 000 € und für Kartoffeln von 4 000 € könne man in Punkt D - also mit einem Produktionsprogramm von 0 ha Weizen, 80 ha Kartoffeln und 20 ha Brache - einen Gesamtdeckungsbeitrag von 320 T€ erzielen und damit 10 T€ mehr als bei dem von Onno vorgeschlagenen Produktionsprogramm. Punkt D repräsentiere zudem das gesamtdeckungsbeitragsmaximale Produktionsprogramm, da man mit der Aufnahme der Weizenproduktion immer mehr an Erzeugnisdeckungsbeitrag Kartoffeln verliere als man an Erzeugnisdeckungsbeitrag Weizen gewinne.

Da die Argumentation von Su zweifellos zutrifft, stellt sich die Frage, wie die Optimallösung geometrisch bestimmt werden kann. In Anlehnung an die Isoerlöslinien, die wir bei der geometrischen Bestimmung der optimalen Produktionsrichtung verwendet haben (vgl. Abschnitt 4.5), ist zunächst eine Schar von **Iso-gesamtdeckungsbeitragslinien** (Iso-GDB-Linien) einzuzeichnen. Dazu geben wir einen beliebigen Gesamtdeckungsbeitrag $\overline{GDB}$ vor und fragen, durch welche Verfahrenskombinationen er gewährleistet wird. Hierzu formen wir die Definitionsgleichung des Gesamtdeckungsbeitrags (vgl. Gleichung (5-1)) nach u_{Ka} um und erhalten für jeden vorgegebenen $\overline{GDB}$ die Funktionsgleichung für eine Iso-GDB-Linie:

$$GDB = 1\,000 \cdot u_{We} + 4\,000 \cdot u_{Ka}$$

$$\Rightarrow u_{Ka} = \frac{\overline{GDB}}{4\,000} - \frac{1\,000}{4\,000} \cdot u_{We} \qquad (5\text{-}7)$$

Für einen $\overline{GDB}$ = 100 T€ lautet die Gleichung: $u_{Ka} = 25 - 0{,}25 \cdot u_{We}$. Alle auf dieser Iso-GDB-Linie liegenden Produktionsprogramme liefern einen Gesamtdeckungsbeitrag von 100 T€. Grafisch kann man die Iso-GDB-Linien am leichtesten konstruieren, indem man die Schnittstellen mit den beiden Achsen bestimmt. Einen Gesamtdeckungsbeitrag von 100 T€ könnte man sowohl durch 100 ha Weizen als auch durch 25 ha Kartoffeln erzielen. Verbindet man diese beiden Punkte, so hat man die entsprechende Iso-GDB-Linie gezeichnet (vgl. Abb. 5-3).

Abb. 5-3: Grafische Lösung des LP-Problems (DB_{Ka} = 4 000 €/ha)

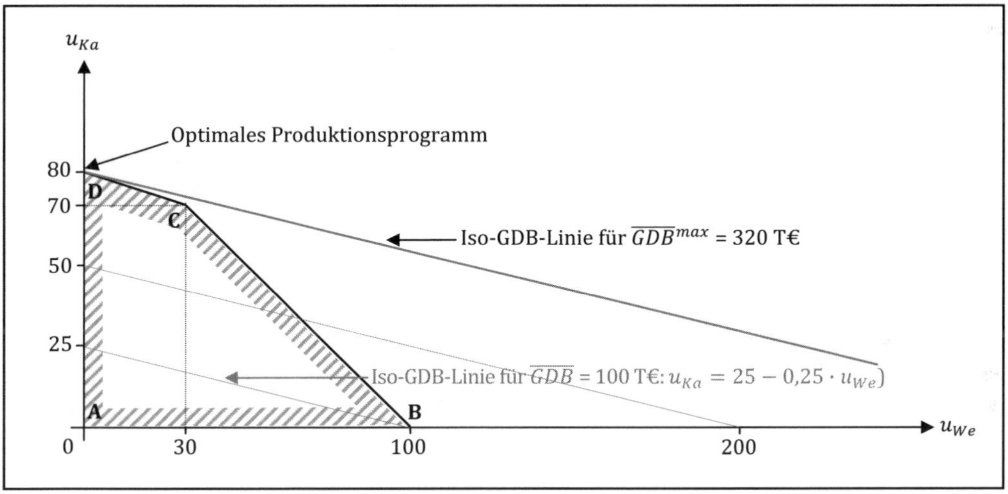

Iso-GDB-Linien für höhere Gesamtdeckungsbeiträge liegen - bildlich gesprochen - weiter rechts oben. Wir wollen durch die Wahl des optimalen Produktionsprogramms die am weitesten oben liegende Iso-GDB-Linie erreichen. Es zeigt sich, dass die Iso-GDB-Linie für $\overline{GDB}^{max}$ = 320 T€ tatsächlich die am weitesten oben liegende realisierbare Iso-GDB-Linie ist. Sie berührt den Lösungsmöglichkeitenraum gerade noch im Punkt D. Eine weiter oben liegende Iso-GDB-Linie ist nicht realisierbar. Wie Su Sidenkt bereits sagte, stellt der Punkt D den Optimalpunkt dar. Es sollten also 80 ha Kartoffeln und kein Weizen angebaut werden. Dabei wird die Arbeitskapazität voll in Anspruch genommen. 20 ha Ackerfläche bleiben aber als Brache ungenutzt.

Wir schauen uns nun an, wie sich eine Veränderung der relativen Wettbewerbsfähigkeit der Produktionsverfahren auswirkt. Abb. 5-4 verdeutlicht den Zusammenhang für einen c.p. auf 2 000 €/ha gesunkenen Kartoffeldeckungsbeitrag. Für einen $\overline{GDB}$ = 100 T€ lautet die Funktionsgleichung der Iso-GDB-Linie nun $u_{Ka} = 50 - 0{,}5 \cdot u_{We}$. Diesen Gesamtdeckungsbeitrag könnte man mit 50 ha Kartoffeln oder 100 ha Weizen erreichen. Man sieht, dass ein Absinken des Deckungsbeitrags für Kartoffeln zu einem steileren Verlauf der Iso-GDB-Linien führt. Dadurch liegt das optimale Produktionsprogramm jetzt im Punkt C.

Abb. 5-4: Grafische Lösung des LP-Problems (DB_{Ka} = 2 000 €/ha)

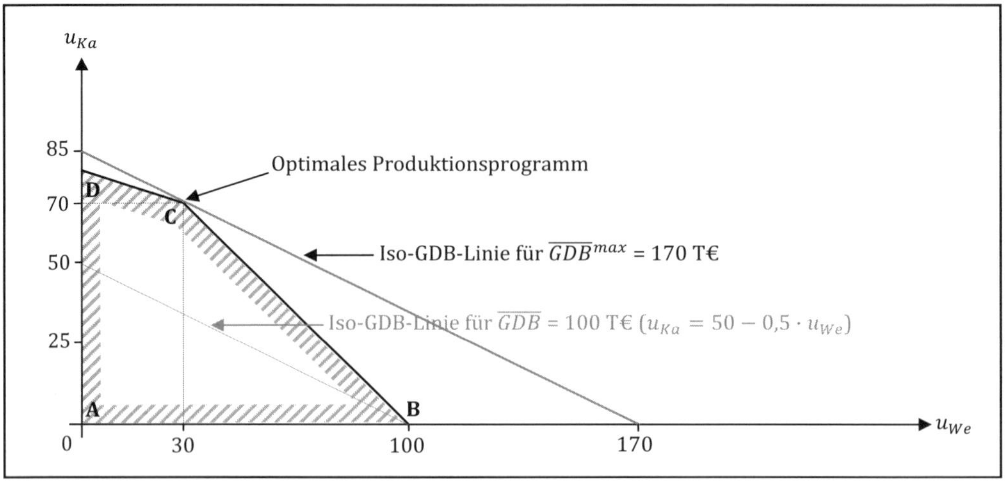

Bei einem DB_{Ka} = 4 000 €/ha ist Punkt D und bei einem DB_{Ka} = 2 000 €/ha ist Punkt C optimal. Im ersten Fall verläuft die Iso-GDB-Linie flacher als die Flächen- und Arbeitsrestriktionslinie. Im zweiten Fall ist die Iso-GDB-Linie steiler als die Arbeitsrestriktionslinie. Bei einem DB_{Ka} von 3 000 €/ha entspräche die Steigung der Iso-GDB-Linie genau der Steigung der Arbeitsrestriktionslinie. In diesem Spezialfall würden alle Kombinationen auf dem Segment CD zum selben Gesamtdeckungsbeitrag von 240 T€ führen. Bei einem darüber liegenden DB_{Ka} ist Punkt D optimal. Bei einem DB_{Ka} zwischen 1 000 und 3 000 € ist der Punkt C optimal. Würde der Kartoffeldeckungsbeitrag auf 1 000 €/ha sinken, würden alle Kombinationen auf dem Segment BC zum selben Gesamtdeckungsbeitrag von 100 T€ führen. Bei einem DB_{Ka} von weniger als 1 000 €/ha würden die Iso-GDB-Linien steiler verlaufen als die Flächenrestriktionslinie. In diesem Falle wäre Punkt B optimal.

Bei der geometrischen Lösung des LP-Problems ist deutlich geworden, dass nicht beliebig viele Kombinationsmöglichkeiten zwischen Weizen und Kartoffeln auf Optimalität hin zu untersuchen sind. Wenn alle Zielfunktionsbeiträge negativ wären, würde die Nulllösung (Punkt A), bei der gar nichts produziert wird, die Optimallösung darstellen. Wenn dieser Sonderfall nicht gegeben ist, wissen wir, dass **nur die Eckpunkte B, C und D im äußeren Bereich des Lösungsmöglichkeitenraums als Optimallösung in Betracht kommen**. Im Sonderfall, in dem die Iso-GDB-Linien dieselbe Steigung wie eine Kapazitätsrestriktion aufweisen, ist das optimale Produktionsprogramm nicht eindeutig, da jedes Programm auf dem entsprechenden linearen Segment der Kapazitätslinie denselben Zielfunktionswert liefert. Auch dann stellt der Eckpunkt aber eine (von mehreren) Optimallösung(en) dar. Kombinationen im inneren Bereich des Lösungsmöglichkeitenraums sind zulässig, aber nicht optimal. Es ist noch kein Faktor begrenzend, so dass die Produktion noch ausgeweitet und ein höherer Gesamtdeckungsbeitrag erzielt werden kann.

b) Enumerativer Ansatz

Im Rahmen des enumerativen Ansatzes wird für alle potenziell optimalen Lösungen der Zielfunktionswert berechnet und dann der Punkt mit dem maximalen oder minimalen Wert ausgewählt. Deshalb ist der enumerative Ansatz nur bei wenigen Aktivitäten und wenigen Restriktionen praktikabel. Mit der Diskussion des enumerativen Ansatzes können allerdings wichtige Begrifflichkeiten eingeführt werden. Die folgenden Ausführungen haben damit einen vorbereitenden Charakter für die anschließende Beschreibung des Simplexalgorithmus.

Um die beim enumerativen Ansatz zu testenden Lösungen zu identifizieren, wird zunächst das Ungleichungssystem (5-2) bis (5-3) durch Einführung von sog. **Schlupfvariablen** (slack activities) in ein Gleichungssystem überführt:

$$1 \cdot u_{We} + 1 \cdot u_{Ka} + 1 \cdot v_{Fl} = 100 \tag{5-8}$$

$$10 \cdot u_{We} + 30 \cdot u_{Ka} + 1 \cdot v_{Ar} = 2\,400 \tag{5-9}$$

Die Schlupfvariablen v_{Fl} und v_{Ar} kennzeichnen zusätzliche Aktivitäten, die sich mit „Nichtnutzung von Fläche" und „Nichtnutzung von Arbeit" umschreiben lassen. Die Schlupfvariablen verdeutlichen den mit den Ungleichungen implizit ausgedrückten Sachverhalt, dass eine Produktionskapazität nicht zwingenderweise voll genutzt werden muss. Im Gegensatz dazu nennt man die Umfänge der Produktionsverfahren u_{We} und u_{Ka} **Hauptvariablen**. Gleichung (5-8) bedeutet bspw., dass die unbekannte vom Weizen beanspruchte Fläche *plus* die unbekannte von den Kartoffeln beanspruchte Fläche *plus* die unbekannte nicht genutzte Fläche gleich 100 ha ist.

Die Gleichungen (5-8) und (5-9) beinhalten die vier unbekannten Variablen u_{We}, u_{Ka}, v_{Fl} und v_{Ar}. Mathematisch gesehen handelt es sich also zunächst um ein unterbestimmtes lineares Gleichungssystem, für das es unendlich viele Lösungen gibt. An dieser Stelle setzt der **Hauptsatz der linearen Programmierung** an. Er besagt, dass bei der Optimallösung so viele Variablen gleich Null sind, wie die Zahl der unbekannten Variablen die Zahl der Kapazitätsrestriktionen übersteigt. Damit ist zum einen klar, dass die Optimallösung eines LP-Problems nur unter dem Set derjenigen Lösungen zu suchen ist, die sich am Rande des Lösungsmöglichkeitenraums befinden und nicht unter den Lösungen im Inneren des Lösungsmöglichkeitenraums. Zum anderen werden beim enumerativen Ansatz aber zunächst auch die außerhalb des Lösungsmöglichkeitenraums befindlichen Schnittpunkte der Restriktionen untereinander sowie die Schnittpunkte aller Restriktionen mit den Achsen auf Optimalität hin untersucht.

Durch die Variablenstreichung gemäß dem Hauptsatz der linearen Programmierung ergeben sich für jede Lösung aus dem Lösungsset zwei Kategorien von Variablen: **Basisvariablen**, deren Wert ungleich Null ist und die zu bestimmen sind, und **Nichtbasisvariablen**, die einen Wert von Null aufweisen. Sowohl Haupt- als auch Schlupfvariablen können Basisvariablen und Nichtbasisvariablen sein.

Tab. 5-2 verdeutlicht, dass sich gemäß dem Hauptsatz der linearen Programmierung für das betrachtete 2x2-Problem sechs Kombinationen von Basis- und Nichtbasisvariablen ergeben, unter denen die Optimallösung zu suchen ist. Mit Blick auf Abb. 5-2 lassen sich die **potenziell optimalen Lösungsmöglichkeiten benennen**: Die Nulllösung A, der Schnittpunkt zwischen den beiden Restriktionslinien C sowie die Schnittpunkte zwischen den Restriktionslinien und den Achsen des Koordinatensystems B, D, E und F.

Tab. 5-2: Kombinatorische Bestimmung des Lösungssets gemäß Hauptsatz der linearen Programmierung [a)]

		Lösungsmöglichkeiten [b)]					
		Nulllösung (Punkt A)	**Schnitt-punkt B**	**Schnitt-punkt C**	**Schnitt-punkt D**	**Schnitt-punkt E**	**Schnitt-punkt F**
Haupt-variable	u_{We}	= 0	≠ 0	≠ 0	= 0	≠ 0	= 0
	u_{Ka}	= 0	= 0	≠ 0	≠ 0	= 0	≠ 0
Schlupf-variable	v_{Fl}	≠ 0	= 0	= 0	≠ 0	≠ 0	= 0
	v_{Ar}	≠ 0	≠ 0	= 0	= 0	= 0	≠ 0

a) Die gleich Null gesetzten Variablen sind die Nichtbasisvariablen. Die ungleich Null gesetzten Variablen sind die Basisvariablen, deren Umfang zu bestimmen ist.

b) Die Bezeichnung der Lösungsmöglichkeiten korrespondiert mit Abb. 5-2.

In Tab. 5-3 sind die Lösungen des Gleichungssystems (5-8) und (5-9) für alle sechs Kombinationsmöglichkeiten von Basis- und Nichtbasisvariablen ausgewiesen. Neben der Bestimmung dieser potenziell optimalen Produktionsprogramme wird zudem ausgerechnet, welcher Gesamtdeckungsbeitrag bei einem DB_{Ka} von 4 000 €/ha und bei einem DB_{Ka} von 2 000 €/ha jeweils erzielt wird. Das **gesamtdeckungsbeitragsmaximale Produktionsprogramm** bildet die Optimallösung.

Tab. 5-3: Enumerative Lösung des LP-Problems [a]

		Lösungsmöglichkeiten [b]					
		Nulllösung (Punkt A)	**Schnittpunkt B**	**Schnittpunkt C**	**Schnittpunkt D**	**Schnittpunkt E**	**Schnittpunkt F**
Hauptvariable	u_{We}	0	100	30	0	240	0
	u_{Ka}	0	0	70	80	0	100
Schlupfvariable	v_{Fl}	100	0	0	20	-140	0
	v_{Ar}	2 400	1 400	0	0	0	-600
GDB für DB_{Ka} = 4 000 €/ha		0	100 000	310 000	**320 000**	240 000	400 000
GDB für DB_{Ka} = 2 000 €/ha		0	100 000	**170 000**	160 000	240 000	200 000

a) Nur die Lösungen in den stärker umrandeten Spalten sind bei den gegebenen Kapazitäten zulässig. Andere Programme implizieren eine Übernutzung der Produktionskapazitäten.

b) Die Bezeichnung der Lösungsmöglichkeiten korrespondiert mit Abb. 5-2.

Wieder bestätigt sich die Aussage von Su Sidenkt, dass bei einem DB_{Ka} von 4 000 €/ha der Punkt D das gesamtdeckungsbeitragsmaximale Produktionsprogramm darstellt. Es bestätigt sich auch, dass bei einem c.p. auf 2 000 €/ha gesunkenen Kartoffeldeckungsbeitrag das durch Punkt C repräsentierte Produktionsprogramm optimal werden würde. Zur Vermeidung von Missverständnissen ist anzumerken, dass die beiden außerhalb des Lösungsmöglichkeitenraums liegenden Punkte E und F zwar Bestandteil des Lösungssets gemäß dem Hauptsatz der linearen Programmierung sind. Sie stellen aber Lösungen dar, die einen *negativen* Umfang der jeweils als Basisvariablen ausgewiesenen Schlupfvariablen erfordern. Ein negativer Wert für eine Schlupfvariable entspräche einer Kapazitätsausweitung. Im betrachteten Planungsproblem wurden die beiden Kapazitäten aber als gegeben angenommen. Die entsprechenden Produktionsprogramme sind somit nicht realisierbar. Schließt man negative Lösungen aus, reduzieren sich die enumerativ ausgewiesenen Lösungen auf die bereits grafisch bekannten Punkte A, B, C und D.

c) Simplexmethode

Mit dem grafischen und dem enumerativen Ansatz haben wir zwei Möglichkeiten zur Lösung von einfachen LP-Problemen kennen gelernt. Wie eingangs erwähnt wurde, ist ihr praktischer Nutzen allerdings begrenzt. Probleme mit vielen Aktivitäten sind grafisch nicht mehr darstellbar. Analog gilt für den enumerativen Ansatz, dass die Zahl der zu untersuchenden Lösungen mit der Zahl der zu berücksichtigenden Aktivitäten und Restriktionen stark ansteigt. Deshalb kann auch diese Vorgehensweise nur für überschaubare Probleme angewendet werden.

Die Simplexmethode stellt demgegenüber einen allgemein anwendbaren iterativen Optimierungsalgorithmus dar. Er baut - wie der enumerative Ansatz - auf dem Hauptsatz der linearen Programmierung auf, hat aber den Vorteil, dass nur ein Teil des Lösungssets, das sich kombinatorisch daraus ergibt, untersucht werden muss. Der Simplexalgorithmus geht nicht nur von nichtnegativen Hauptvariablen, sondern auch von nichtnegativen Schlupfvariablen aus. Die in Abb. 5-2 mit E und F gekennzeichneten Punkte werden also ausgeschlossen. Unter Rückgriff auf das hier betrachtete 2x2-Problem lässt sich die **Vorgehensweise des Simplexalgorithmus** wie folgt zusammenfassen:

1. Wie beim enumerativen Ansatz werden zunächst die Nebenbedingungen des LP-Problems, d.h. die Ungleichungen (5-2) und (5-3), durch Schlupfvariablen in das Gleichungssystem (5-8) und (5-9) überführt.
2. Aus dem Lösungsset, in dem sich gemäß dem Hauptsatz der linearen Programmierung die Optimallösung befindet, bestimmt man eine Startlösung. Dazu setzt man so viele Variablen gleich Null, wie die Zahl der Unbekannten die Zahl der Kapazitätsrestriktionen übersteigt. Bei der Startlösung muss es sich um eine *zulässige* Lösung handeln. Grafisch gesprochen wählt man also einen beliebigen Eckpunkt des Lösungsmöglichkeitenraums aus.
3. Ausgehend von einer zulässigen Startlösung werden durch die aufeinander folgenden Iterationen nur solche Lösungen aus dem Lösungsset aufgesucht, durch die es zu einer Verbesserung gegenüber der jeweils vorherigen Lösung kommt. Grafisch gesprochen werden nacheinander benachbarte Eckpunkte des Lösungsmöglichkeitenraums aufgesucht, bis die Optimallösung identifiziert ist. Wenn man im vorliegenden 2x2-Problem unter Annahme eines Kartoffeldeckungsbeitrags von 4 000 €/ha mit der Nulllösung A (vgl. Abb. 5-2) startet, findet man bereits mit der ersten Iteration das Optimum in Punkt D. Würde man den Simplexalgorithmus mit Punkt B starten, bräuchte man dagegen zwei Iterationen. In beiden Fällen müssen aber die restlichen Punkte des Lösungssets im Gegensatz zum enumerativen Ansatz nicht berücksichtigt werden.

Im Folgenden werden das Prinzip des Simplexalgorithmus und die zugrunde liegende Logik dargelegt. Die technische Fähigkeit, den Simplexalgorithmus in allen Einzelheiten selbst durchführen zu können, ist für den Anwender nicht erforderlich. Hier gibt es zahlreiche Computerprogramme, die einem die Handrechenarbeit abnehmen. Allerdings erlaubt erst das Grundverständnis der Vorgehensweise eine sachgerechte Anwendung des Verfahrens und eine kundige Interpretation der Ergebnisse. Dazu gehört das Verständnis, dass die Simplexmethode als mathematischer Algorithmus das ökonomische Grenzwertprinzip nachvollzieht. Letztlich erfolgt eine Anpassung der Lösung solange, wie die damit erzielten zusätzlichen Leistungen höher sind als die damit verbundenen Opportunitätskosten.

Ausgangstableau

Ausgangspunkt des Simplexalgorithmus ist ein beliebiger zulässiger Randpunkt des Lösungsmöglichkeitenraums. Wählt man im betrachteten 2x2-Problem die Nulllösung A, bedeutet dies, dass die Hauptvariablen, d.h. der Anbauumfang von Weizen u_{We} und der Anbauumfang von Kartoffeln u_{Ka}, die Nichtbasisvariablen darstellen ($u_{We} = 0$ und $u_{Ka} = 0$). Demzufolge wird ein Gesamtdeckungsbeitrag von Null erzielt. Alle Nebenbedingungen werden eingehalten. Die Schlupfvariablen v_{Fl} (Nichtnutzung von Fläche) und v_{Ar} (Nichtnutzung von Arbeit) sind in dieser Lösung die Basisvariablen und haben einen Umfang in Höhe der jeweils vorhandenen Kapazität.

Diese Informationen müssen nun in einer ganz speziellen Form dargestellt werden, die man als **Simplextableau** bezeichnet. Zur Erstellung des **Ausgangstableaus** formen wir zunächst die Gleichungen (5-8) und (5-9) nach den Basisvariablen v_{Fl} und v_{Ar} um. Wir stellen dies so dar, dass die beiden Basisvariablen als Funktion der beiden mit einem negativen Vorzeichen versehenen Nichtbasisvariablen $-u_{We}$ und $-u_{Ka}$ ausgedrückt werden. Ebenso verfahren wir mit der Zielfunktionsgleichung. Es ergibt sich dann folgendes Gleichungssystem:

$$v_{Fl} = 1 \cdot -u_{We} + 1 \cdot -u_{Ka} + 100 \qquad (5\text{-}10)$$

$$v_{Ar} = 10 \cdot -u_{We} + 30 \cdot -u_{Ka} + 2\,400 \qquad (5\text{-}11)$$

$$GDB = -1\,000 \cdot -u_{We} - 4\,000 \cdot -u_{Ka} = 0 \qquad (5\text{-}12)$$

In Tab. 5-4 ist veranschaulicht, wie das Ausgangstableau aussieht, wenn man die Informationen aus den Gleichungen (5-10) bis (5-12) einträgt. Das Tableau ist nur eine alternative Darstellungsform für das Gleichungssystem. Die ersten beiden Zeilen des Ausgangstableaus bezeichnen die Basisvariablen und die ersten beiden Spalten die Nichtbasisvariablen. Dabei ist zu beachten, dass die Spaltenköpfe mit der mit einem negativen Vorzeichen versehenen Nichtbasisvariablen gekennzeichnet werden. Dies haben wir auch schon bei der Formulierung der Gleichungen (5-10) bis (5-12) berücksichtigt. Die letzte Zeile bezieht sich auf den Zielfunktionswert. Die letzte Spalte gibt den Umfang der Größen in den jeweiligen Zeilen an. Zu beachten ist, dass man in der Literatur für die letzte Zeile auch die Bezeichnung „Zielfunktionswertverringerung" oder „Opportunitätskosten" findet. Diese Bezeichnungen beziehen sich auf die Werte, die im Bereich ③ ausgewiesen sind. Wir beziehen uns - analog zu den mit den Basisvariablen bezeichneten Zeilen - bei der Bezeichnung der letzten Zeile dagegen auf den Umfang, der in der letzten Spalte ausgewiesen ist.

Tab. 5-4: Simplexalgorithmus: Ausgangstableau (DB_{Ka} = 4 000 €/ha) [a]

Nichtbasis-variablen / **Basis-variablen**	$-u_{We}$ (Hauptvariable: Anbauumfang Weizen)	$-u_{Ka}$ (Hauptvariable: Anbauumfang Kartoffeln)	Umfang
v_{Fl} (Schlupfvariable: Nichtnutzung von Fläche)	① 1	1	② 100
v_{Ar} (Schlupfvariable: Nichtnutzung von Arbeit)	10	30	2 400
GDB (Zielgröße: Gesamtdeckungsbeitrag)	③ −1 000	−4 000	④ 0

[a] Die grau hervorgehobene Spalte (Zeile) kennzeichnet die Pivotspalte (Pivotzeile).

Die Tableauschreibweise stellt die Voraussetzung für die Durchführung der Iterationen dar. Außerdem beinhaltet die **Tableauschreibweise sehr aussagekräftige Informationen**:

- **Im Bereich** ① des Tableaus findet man die sog. Substitutionsraten. Sie geben an, um wie viele Einheiten die betreffende Basisvariable reduziert werden müsste, wenn man eine Einheit der bislang gleich Null gesetzten Nichtbasisvariablen einführen würde. Die Werte 1 und 10 in der ersten Nichtbasisvariablenspalte bedeuten bspw., dass man die Nichtnutzung von Fläche um eine Einheit und die Nichtnutzung von Arbeit um 10 Einheiten reduzieren müsste, wenn man 1 ha Weizen anbauen würde. Analog sind die Werte 1 und 30 in der zweiten Nichtbasisspalte zu interpretieren.
- **Im Bereich** ② des Tableaus findet man die Umfänge der Basisvariablen. Bei der hier dargestellten Nulllösung stellen die Schlupfvariablen „Nichtnutzung von Fläche" und „Nichtnutzung von Arbeit" die Basisvariablen dar. Sie haben einen Umfang in Höhe der jeweils vorhandenen Kapazität. Anders ausgedrückt: Sowohl die Flächenkapazität von 100 ha als auch die Arbeitskapazität von 2 400 Akh bleiben in der betrachteten Lösung vollständig ungenutzt.
- **Im Bereich** ③ des Tableaus findet man die negative Änderung des Zielfunktionswertes, die sich ergeben würde, wenn man eine Einheit der jeweiligen Nichtbasisvariable einführen würde. Der Wert -1 000 (-4 000) bedeutet, dass der Gesamtdeckungsbeitrag um 1 000 € (4 000 €) steigt, wenn man anstelle der hier dargestellten Nulllösung 1 ha Weizen (1 ha Kartoffeln) anbauen würde. Dies entspricht direkt den jeweiligen Deckungsbeiträgen, weil durch die erforderlichen Substitutionsvorgänge (vgl. Bereich ① des Tableaus) keine Opportunitätskosten entstehen; schließlich ist in der Nulllösung kein Produktionsfaktor knapp. Es ist im ersten Moment verwirrend, dass diese Werte im Tableau negativ dargestellt sind. Dies liegt daran, dass der Konvention folgend die Nichtbasisvariablen im Tableau mit negativen Vorzeichen versehen werden. Letztlich gilt: $-1\,000 \cdot -u_{We} = 1\,000 \cdot u_{We}$. Negative Werte im Bereich ③ bedeuten bei der hier vorliegenden klassischen Tableauform also tatsächlich,

dass der Zielfunktionswert steigt, wenn man eine Einheit der Nichtbasisvariablen in die Lösung aufnimmt. Negative Werte bedeuten damit auch, dass man die gegenwärtige Lösung noch verbessern kann und sich damit eine weitere Iteration lohnt. Positive Werte würden dagegen bedeuten, dass der Zielfunktionswert sinkt, wenn man die betroffene Nichtbasisvariable in die Lösung aufnimmt. Findet man eine Lösung, in der im Bereich ③ nur noch positive Werte stehen, hat man die Optimallösung erreicht.

- **Im Bereich** ④ des Tableaus findet man schließlich den Zielfunktionswert. Er lässt sich aus dem Tableau herleiten, indem man die Umfänge der Basisvariablen mit ihren jeweiligen Zielfunktionsbeiträgen multipliziert und aufsummiert. Da die Basisvariablen „Nichtnutzung von Fläche" und „Nichtnutzung von Arbeit" einen Zielfunktionsbeitrag von Null haben, ergibt sich in der Nulllösung ein Gesamtdeckungsbeitrag von Null $(0 \cdot v_{Fl} + 0 \cdot v_{Ar} = 0 \cdot 100 + 0 \cdot 2\,400 = 0)$.

Erste Iteration und Endtableau

Wie sieht nun die Iteration aus, mit der man vom Ausgangstableau zur nächsten besseren Lösung gelangt? Die Zahl der Zeilen (Basisvariablen) und Spalten (Nichtbasisvariablen) des Tableaus bleibt im Verlauf der Iterationen unverändert. Deshalb ist zuerst die Austauschspalte - man spricht auch von **Pivotspalte** - zu bestimmen. Dies entspricht der Frage, welche bisherige Nichtbasisvariable zur Basisvariablen werden soll. Gemäß Simplexkriterium ist bei Maximierungsproblemen diejenige Nichtbasisvariable in die Basis aufzunehmen, die pro zusätzliche Einheit den höchsten Anstieg des Zielfunktionswertes liefert. Im vorliegenden Beispiel erhöht sich durch eine Ausdehnung der Kartoffelanbaufläche um 1 ha der Gesamtdeckungsbeitrag um 4 000 €. Dagegen würde 1 ha Weizen den Gesamtdeckungsbeitrag nur um 1 000 € erhöhen. Die Nichtbasisvariable „Anbauumfang Kartoffeln" definiert deshalb die Pivotspalte, die in Tab. 5-4 grau unterlegt ist. Sie wird im ersten Austauschschritt zur Basisvariablen.

Für die Variable, die in die Basis eintritt, muss eine andere herausgenommen werden. Der nächste Arbeitsschritt besteht deshalb darin, die Austauschzeile - man spricht auch von **Pivotzeile** - zu bestimmen. Hierfür werden die Knappheitsverhältnisse geprüft und die stärkste Begrenzung ausgewählt. Dies erfolgt, indem der Wert in der letzten Spalte des Tableaus durch den Wert der Pivotspalte dividiert wird. Im vorliegenden Fall ergibt sich bei der ersten Basisvariablen ein Wert von 100 (= 100/1). Inhaltlich bedeutet dies, dass von der Fläche her gesehen 100 ha Kartoffeln möglich wären. Die Division bei der zweiten Basisvariablen ergibt einen Wert von 80 (= 2 400/30). Dies bedeutet, dass von der Arbeitskapazität her nur 80 ha Kartoffeln möglich sind. Arbeit ist offensichtlich der Faktor, der den Kartoffelanbau am schärfsten begrenzt. Die bisherige Basisvariable „Nichtnutzung von Arbeit" definiert die Pivotzeile, die in Tab. 5-4 ebenfalls grau unterlegt ist. Sie wird im ersten Austauschschritt zur Nichtbasisvariablen.

Wir wissen nun, welcher Austausch von Spalten und Zeilen vorzunehmen ist: Die Hauptvariable u_{Ka} und die Schlupfvariable v_{Fl} sind jetzt die Basisvariablen. Die Hauptvariable u_{We} und die Schlupfvariable v_{Ar} sind jetzt die Nichtbasisvariablen. Das heißt, der Weizenanbauumfang bleibt weiterhin bei Null ($u_{We} = 0$) und die Schlupfvariable „Nichtnutzung von Arbeit" wird Null gesetzt ($v_{Ar} = 0$). Außerdem sind der Umfang des Kartoffelanbaus u_{Ka} und der Umfang der Schlupfvariablen „Nichtnutzung von Fläche" v_{Fl} zu bestimmen. Wenn man dies wiederum grafisch ausdrückt, wird bei diesem Austauschschritt der Eckpunkt des Lösungsmöglichkeitenraums auf der „y-Achse" (vgl. Punkt D in Abb. 5-3) angesprochen.

Ein schneller Blick auf Tab. 5-5 verdeutlicht bereits die Struktur des neuen Tableaus, die sich durch den beschriebenen Spalten- und Zeilenaustausch ergibt. Nun ist nur noch zu klären, wie man die Werte des **neuen Simplextableaus** systematisch herleitet. Die Werte in den Basisvariablenzeilen werden berechnet, indem man die *neuen* Basisvariablen als Funktion der *neuen* Nichtbasisvariablen ausdrückt. Hierzu ist zunächst die Arbeitsrestriktionsgleichung (5-9) nach u_{Ka} umzuformen. Man erhält den Anbauumfang der Kartoffeln u_{Ka} als Funktion der beiden mit einem negativen Vorzeichen versehenen Nichtbasisvariablen $-u_{We}$ und $-v_{Ar}$:

$$
\begin{aligned}
u_{Ka} &= -\frac{10}{30}\cdot u_{We} - \frac{1}{30}\cdot v_{Ar} + \frac{2\,400}{30} \\
&= \frac{1}{3}\cdot -u_{We} + \frac{1}{30}\cdot -v_{Ar} + 80
\end{aligned} \tag{5-13}
$$

Mit Gleichung (5-13) hat man die Werte der zweiten Basisvariablenzeile bestimmt. Zur Bestimmung der Werte der ersten Basisvariablenzeile muss auch v_{Fl} als Funktion der beiden mit einem negativen Vorzeichen versehenen Nichtbasisvariablen $-u_{We}$ und $-v_{Ar}$ ausgedrückt werden. Hierzu muss man die Flächenrestriktionsgleichung (5-8) nach v_{Fl} auflösen und für u_{Ka} Gleichung (5-13) einsetzen. Es ergibt sich:

$$
\begin{aligned}
v_{Fl} &= -1\cdot u_{We} - 1\cdot u_{Ka} + 100 \\
&= -1\cdot u_{We} - 1\cdot\left(\frac{1}{3}\cdot -u_{We} + \frac{1}{30}\cdot -v_{Ar} + 80\right) + 100 \\
&= \frac{2}{3}\cdot -u_{We} - \frac{1}{30}\cdot -v_{Ar} + 20
\end{aligned} \tag{5-14}
$$

Zur Bestimmung der Werte in der letzten Zeile des Tableaus muss noch der Gesamtdeckungsbeitrag als Funktion der mit einem negativen Vorzeichen versehenen Nichtbasisvariablen $-u_{We}$ und $-v_{Ar}$ ausgedrückt werden. Hierzu muss man Gleichung (5-13) in die Zielfunktionsgleichung (5-12) einsetzen:

$$
\begin{aligned}
GDB &= -1\,000\cdot -u_{We} - 4\,000\cdot -\left(\frac{1}{3}\cdot -u_{We} + \frac{1}{30}\cdot -v_{Ar} + 80\right) \\
&= 333{,}33\cdot -u_{We} + 133{,}33\cdot -v_{Ar} + 320\,000
\end{aligned} \tag{5-15}
$$

Im Ergebnis der beschriebenen Arbeitsschritte kommt man zu Tab. 5-5.

Tab. 5-5: Simplexalgorithmus: Endtableau (DB_{Ka} = 4 000 €/ha)

Nichtbasis-variablen / **Basis-variablen**	$-u_{We}$ (Hauptvariable: Anbauumfang Weizen)	$-v_{Ar}$ (Schlupfvariable: Nichtnutzung von Arbeit)	Umfang
v_{Fl} (Schlupfvariable: Nichtnutzung von Fläche)	① 2/3	−1/30	② 20
u_{Ka} (Hauptvariable: Anbauumfang Kartoffeln)	1/3	1/30	80
GDB (Zielgröße: Gesamtdeckungsbeitrag)	③ 333,33	133,33	④ 320 000

Im Bereich ③ sind nur positive Werte vorzufinden. Es ist demzufolge bereits nach der ersten Iteration das **Endtableau** und damit die Optimallösung erreicht. Wie ein Blick auf die letzte Spalte zeigt, bestätigen auch diese Ergebnisse die Aussage von Su Sidenkt: Das optimale Produktionsprogramm umfasst 80 ha Kartoffeln und 20 ha Brache. Mit diesem Programm wird ein Gesamtdeckungsbeitrag von 320 T€ erzielt.

Wendet man den Simplexalgorithmus auf das Planungsproblem mit dem auf 2 000 €/ha gesunkenen Kartoffeldeckungsbeitrag an, sind ausgehend von der Nulllösung zwei Iterationen erforderlich: Grafisch gesprochen sucht man nacheinander die Punkte A, D und C auf (vgl. Abb. 5-4). Würde man zufälligerweise mit der Lösung B starten, würde wiederum eine einzige Iteration genügen, um zum Optimum (Punkt C) zu gelangen. Wie beim grafischen und beim enumerativen Ansatz findet man also beim niedrigeren Kartoffeldeckungsbeitrag ein optimales Produktionsprogramm, das 30 ha Weizen und 70 ha Kartoffeln umfasst und bei dem die verfügbare Arbeits- und Flächenkapazität vollständig genutzt werden (vgl. Tab. 5-6). Es wird allerdings nur noch ein Gesamtdeckungsbeitrag von 170 T€ erzielt. Im Vergleich zu dem in Tab. 5-5 dargestellten Produktionsprogramm werden nun 10 ha weniger Kartoffeln und 30 ha mehr Weizen angebaut. Dieser Substitutionseffekt, der durch die Veränderung des Deckungsbeitragsverhältnisses ausgelöst wurde, kann das Absinken des Kartoffeldeckungsbeitrags nicht vollständig kompensieren. Ohne unternehmerische Anpassung des Produktionsprogramms an das neue Deckungsbeitragsverhältnis würde man allerdings nur einen Gesamtdeckungsbeitrag von 160 T€ (= 2 000 €/ha · 80 ha Kartoffeln) erzielen.

Tab. 5-6: Simplexalgorithmus: Endtableau (DB_{Ka} = 2 000 €/ha)

Nichtbasisvariablen / **Basisvariablen**	$-v_{Fl}$ (Schlupfvariable: Nichtnutzung von Fläche)	$-v_{Ar}$ (Schlupfvariable: Nichtnutzung von Arbeit)	Umfang
u_{We} (Hauptvariable: Anbauumfang Weizen)	① 3/2	−1/20	② 30
u_{Ka} (Hauptvariable: Anbauumfang Kartoffeln)	−1/2	1/20	70
GDB (Zielgröße: Gesamtdeckungsbeitrag)	③ 500	50	④ 170 000

5.2.3 Ergebnisse eines LP-Problems

Neben den in der letzten Spalte ausgewiesenen Ergebnissen erlauben auch alle anderen Werte **im Endtableau relevante ökonomische Aussagen**. Insgesamt kann man in den Bereichen ① bis ④ eines Endtableaus sechs qualitativ unterschiedliche Informationen finden, auf die wir im Folgenden explizit eingehen. Zur Vermeidung von Missverständnissen sei darauf hingewiesen, dass sich zahlenbezogene Aussagen - wenn nicht ausdrücklich etwas anderes gesagt wird - auf das Beispiel mit dem Kartoffeldeckungsbeitrag von 4 000 €/ha und damit auf Tab. 5-5 beziehen.

① *Substitutionsraten von Basis- und Nichtbasisvariablen*

Wie wir bereits wissen, bezeichnet man die im Bereich ① angezeigten Werte als **Substitutionsraten zwischen Basis- und Nichtbasisvariablen**. Im Endtableau drücken sie aus, wie sich das Produktionsprogramm ändern würde, wenn man entgegen der Optimalität eine Nichtbasisvariable mit einer Einheit in die Lösung einführt. Dabei wird immer unterstellt, dass - abgesehen von dieser suboptimalen Veränderung - ein optimales Produktionsprogramm identifiziert wird. Eine positive Substitutionsrate bedeutet, dass der Umfang der jeweiligen Basisvariablen reduziert wird, wenn man eine Einheit der jeweiligen Nichtbasisvariablen in die Lösung aufnimmt. Eine negative Substitutionsrate bedeutet, dass der Umfang der Basisvariablen erhöht wird. Wollte man bspw. - entgegen der Optimalität - 1 ha Weizen anbauen, müsste man die Nichtnutzung von Fläche um 2/3 ha und die Kartoffelproduktion um 1/3 ha reduzieren (vgl. Tab. 5-5). Diese Substitution setzt genau 1 ha und 10 Akh frei, die man für eine Einheit Weizen benötigt. Auch wenn die Interpretation bei Schlupfvariablen etwas schwerer fällt, sind die Werte in der zweiten Nichtbasisspalte analog zu interpretieren: Wollte man entgegen der Optimalität eine Einheit „Nichtnutzung von Arbeit" in die Lösung aufnehmen, d.h. eine Akh freisetzen, müsste man die Nichtnutzung von Fläche um 1/30 erhöhen und den Anbauumfang von Kartoffeln um 1/30 reduzieren.

② *Umfänge der in der Optimallösung enthaltenen Aktivitäten*

Im Bereich ② des Endtableaus befinden sich die **Umfänge der Basisvariablen**. Das in Tab. 5-5 dargestellte Beispiel zeigt, dass es sich dabei sowohl um Hauptvariablen als auch um Schlupfvariablen handeln kann:

(a) Umfang von Aktivitäten: Bei Hauptvariablen als Basisvariablen gibt der hier ausgewiesene Wert an, in welchem Umfang die einzelnen Produktionsaktivitäten in der Optimallösung durchgeführt werden. Im vorliegenden Fall sind dies 80 ha Kartoffeln.

(b) Schlupf nicht knapper Kapazitäten: Bei Schlupfvariablen als Basisvariablen gibt der hier ausgewiesene Wert an, in welchem Umfang eine Kapazität in der Optimallösung nicht genutzt wird. Man spricht in diesem Zusammenhang auch davon, dass die Kapazität in der betrachteten betrieblichen Situation nicht knapp ist oder dass es zu einem Schlupf der Ressource kommt. Im vorliegenden Fall werden 20 ha Fläche nicht genutzt.

③ *Schattenpreise*

Im Bereich ③ des Endtableaus findet man die **Schattenpreise** (shadow prices), die man auch als Dualwerte bezeichnet. Auch hier zeigt das in Tab. 5-5 dargestellte Beispiel, dass es zwei unterschiedliche Fälle gibt:

(a) Grenzverlustwert nicht realisierter Aktivitäten: Wenn sich in der Nichtbasisspalte eine Hauptvariable befindet, bezeichnet man den ausgewiesenen Schattenpreis als Grenzverlustwert der nicht realisierten Produktionsaktivität. Der Grenzverlustwert gibt an, um wie viel der Gesamtdeckungsbeitrag sinken würde, wenn man entgegen der Optimalität eine Einheit dieser Aktivität in das Produktionsprogramm aufnehmen würde. Im vorliegenden Fall beläuft sich der Grenzverlustwert des Weizens auf 333,33 €/ha. Dieser Wert ergibt sich als Differenz zwischen den Opportunitätskosten der Weizeneinführung OK_{We} von 1 333,33 € und seinem Zielfunktionsbeitrag DB_{We} von 1 000 €. Die Opportunitätskosten sind aus den Substitutionsraten abzuleiten. Im vorliegenden Fall entstehen nur Opportunitätskosten in Höhe des durch die Weizeneinführung entgehenden Kartoffeldeckungsbeitrags. Für die erhöhte Flächennutzung, d.h. für die Reduzierung des Umfangs der Schlupfvariable „Nichtnutzung von Fläche", entstehen keine Kosten. Formal ist der Grenzverlustwert für Weizen $GrVW_{We}$ damit wie folgt zu berechnen:

$$GrVW_{We} = OK_{We} - DB_{We} = \left(\frac{2}{3} \cdot 0 + \frac{1}{3} \cdot 4\,000\right) - 1\,000 = 333{,}33 \qquad (5\text{-}16)$$

Der Grenzverlustwert der Aktivitäten, die im Endtableau in der Basis stehen und damit Bestandteil des optimalen Programms sind, ist grundsätzlich gleich Null. Dies wird im Endtableau nicht direkt angezeigt. Im Beispiel gilt dies für die Kartoffeln.

(b) Betriebswert knapper Kapazitäten: Wenn sich in der Nichtbasisspalte eine Schlupfvariable befindet, bedeutet dies, dass die entsprechende Produktionskapazität vollständig genutzt wird. Man sagt dann auch, dass diese Kapazität knapp ist. In diesem Fall bezeichnet man den ausgewiesenen Schattenpreis als Betriebswert. Der Betriebswert gibt zum einen an, um wie viel der Gesamtdeckungsbeitrag sinken würde, wenn man entgegen der Optimalität eine Einheit der Kapazität nicht nutzen bzw. die Schlupfaktivität „Nichtnutzung von Arbeit" von Null auf Eins erhöhen würde. Dies beantwortet gleichzeitig die Frage, was passieren würde, wenn man eine Einheit dieser Kapazität weniger zur Verfügung hätte.[6] Er gibt zum anderen aber auch an, was man bei bestmöglicher betrieblicher Verwertung gewinnen würde, wenn man c.p. eine Einheit mehr der jeweiligen Kapazität zur Verfügung hätte. Der Betriebswert bezeichnet damit sowohl den kritischen Zukaufspreis (die maximale Zahlungsbereitschaft) als auch den kritischen Verkaufspreis (die minimale Zahlungsforderung) für einen knappen Produktionsfaktor. Im vorliegenden Beispiel liegt der Betriebswert der Arbeit bei 133,33 €/Akh. Rein formal lässt sich dieser Wert zwar analog zum Grenzverlustwert als Differenz zwischen den Opportunitätskosten der Nichtnutzung von Arbeit OK_{Ar} und dem Zielfunktionsbeitrag berechnen. Im Unterschied zur Berechnung des Grenzverlustwertes ist aber der Zielfunktionsbeitrag immer gleich Null, da es sich um eine Schlupfvariable handelt. Demzufolge entspricht der Betriebswert direkt den Opportunitätskosten. Setzt man 1 Akh weniger ein, wird die Nichtnutzung

[6] Kennt man die Betriebswerte, lassen sich die Opportunitätskosten der Einführung nicht realisierter Aktivitäten und damit ihre Grenzverlustwerte auch durch die Gewichtung der Kapazitätsansprüche der jeweiligen Aktivität mit den entsprechenden Betriebswerten berechnen. Im betrachteten Beispiel hat die Fläche einen Betriebswert von Null und die Arbeit einen Betriebswert von 133,33 €/Akh. Da die Realisierung von Weizen einen Kapazitätsanspruch von 1 ha Fläche und 10 Akh hätte, ergibt sich ein Grenzverlustwert von 333,33 € (= $0 \cdot 1 + 133{,}33 \cdot 10 - 1\,000$).

von Fläche um 1/30 erhöht. Gleichzeitig wird 1/30 ha Kartoffeln weniger angebaut und es entgeht einem 1/30 des Kartoffeldeckungsbeitrags von 4 000 €/ha. Formal lässt sich der Betriebswert für 1 Akh BeW_{Ar} damit wie folgt berechnen:

$$BeW_{Ar} = OK_{Ar} - 0 = \left(-\frac{1}{30} \cdot 0 + \frac{1}{30} \cdot 4\,000\right) - 0 = 133{,}33 \qquad (5\text{-}17)$$

Bei der Interpretation des Betriebswertes ist zu beachten, dass nicht voll in Anspruch genommene Kapazitäten, die im Endtableau in der Basis stehen, grundsätzlich einen Betriebswert von Null haben. Dies wird im Endtableau nicht direkt angezeigt. Im Beispiel gilt dies für die Fläche.

Der Betriebswert ergibt sich infolge einer Ceteris-Paribus-Betrachtung. Er stellt einen Grenzwert dar, der bei einer Ausdehnung der betrachteten Kapazität und Konstanz der übrigen Produktionsfaktoren sinkt. Im vorliegenden Fall entspricht der Wert einer zusätzlichen Akh dem Deckungsbeitrag von 133,33 €/Akh für 1/30 ha Kartoffeln, der durch diese Arbeitsstunde erzielt werden kann. Dies gilt bis zu einer Ausdehnung der Arbeitskapazität auf 3 000 Akh. Bei mehr als 3 000 Akh wird die Ackerfläche knapp, d.h. man kann die zusätzliche Arbeitskraftstunde nicht mehr durch eine Erhöhung des Kartoffelanbauumfangs um 1/30 ha verwerten. Da sowohl der Einsatz einer Einheit Fläche als auch einer Einheit Arbeit in der Kartoffelproduktion mehr Deckungsbeitrag bringt als in der Weizenproduktion, ist es bei keinem Punkt der Ausdehnung der Arbeitskapazität sinnvoll, auf Weizen überzugehen. Bei einer Ausdehnung auf mehr als 3 000 Akh würde eine weitere Akh also nichts mehr bringen. Anders gesagt: Der Betriebswert für Arbeit sinkt bei einer Kapazität von 3 000 Akh von 133,33 €/Akh auf 0 €/Akh.

Grafisch gesprochen folgt der Betriebswert einem **treppenförmigen Verlauf**. Im betrachteten Beispiel mit dem hohen Kartoffeldeckungsbeitrag von 4 000 €/ha ergibt sich im Bereich zwischen Null und 3 000 Akh ein Betriebswert von 133,33 €/Akh. Danach sinkt er auf Null (Abb. 5-5, linke Hälfte).

Abb. 5-5: Verlauf des Betriebswertes für die Arbeitskapazität

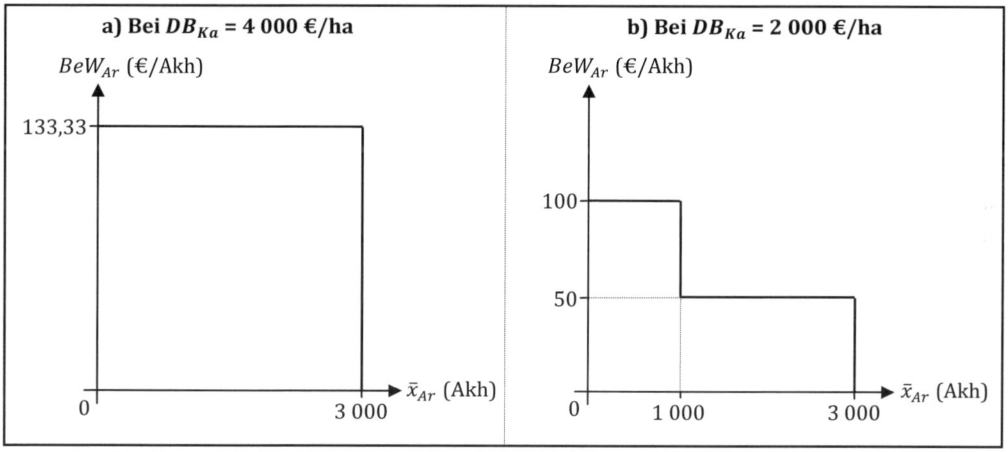

Im Fall des niedrigeren Kartoffeldeckungsbeitrags in Höhe von 2 000 €/ha ergeben sich dagegen bereits zwei Stufen (vgl. Abb. 5-5, rechte Hälfte): Im Bereich zwischen Null und 1 000 Akh wird nur Weizen produziert. Letztlich liefert Weizen mit einem Arbeitsanspruch von 10 Akh/ha und einem Deckungsbeitrag von 1 000 €/ha einen Deckungsbeitrag von 100 €/Akh und verwertet damit die knappe Arbeitskraft besser als die Kartoffeln. Kartoffeln weisen bei einem Arbeitsanspruch von 30 Akh/ha und einem Deckungsbeitrag von 2 000 €/ha nur einen Deckungsbeitrag von 66,67 €/Akh auf. Bei einer Arbeitsausstattung von weniger als 1 000 Akh kann der Weizenanbauumfang mit jeder zusätzlichen Arbeitskraftstunde um 1/10 ha und der Gesamtdeckungsbeitrag um 100 € gesteigert werden. Bei einer Ausstattung von mehr als

1 000 Akh reicht die Fläche nicht mehr aus, um zusätzliche Arbeit durch Weizen zu verwerten. Fläche wird knapp. Da die Kartoffeln mit einem Deckungsbeitrag von 2 000 €/ha die Fläche besser verwerten als der Weizen mit einem Deckungsbeitrag von 1 000 €/ha, werden beide Fruchtarten in das optimale Produktionsprogramm aufgenommen. Oberhalb von 1 000 Akh wird mit jeder zusätzlichen Arbeitskraftstunde der Weizenanbauumfang um 1/20 ha reduziert und der Kartoffelanbauumfang um 1/20 ha ausgedehnt. Es ergibt sich ein Betriebswert für Arbeit von 50 €/Akh (= 1/20 · 2 000 − 1/20 · 1 000). Bei mehr als 3 000 Akh wird die Fläche knapp, d.h. zusätzliche Arbeit kann nicht mehr sinnvoll verwertet werden. Der Betriebswert der Arbeit sinkt auf Null.

Einen ähnlichen Sachverhalt wie für die Betriebswerte findet man auch für die Grenzverlustwerte der Aktivitäten. Beim niedrigen Kartoffeldeckungsbeitrag von 2 000 €/ha beträgt der Grenzverlustwert für Kartoffeln bis zu einer Arbeitsausstattung von 1 000 Akh genau 1 000 €/ha. In diesem Bereich wird in der Optimallösung nur der die Arbeit besser verwertende Weizen realisiert. Bei einer Arbeitsausstattung von mehr als 1 000 Akh sind dagegen auch Kartoffeln in der Optimallösung enthalten. Ihr Grenzverlustwert sinkt damit von 1 000 €/ha auf Null. Wenn Arbeit nicht mehr knapp ist, d.h. ab einer Arbeitsausstattung von 3 000 Akh, werden im optimalen Programm nur noch die die Fläche besser verwertenden Kartoffeln realisiert. Der Grenzverlustwert von Weizen steigt damit von Null auf 1 000 €/ha.

④ *Optimaler Zielfunktionswert*

Aus dem Endtableau in Tab. 5-5 ist zu ersehen, dass der **maximale Gesamtdeckungsbeitrag** 320 T€ beträgt. Es gibt zwei Möglichkeiten, um ausgehend vom Endtableau den optimalen Zielfunktionswert zu berechnen. Die bereits bekannte Möglichkeit besteht darin, gemäß Gleichung (5-12) die Umfänge der Basisvariablen mit ihren Zielfunktionsbeiträgen zu gewichten:

$$GDB = DB_{We} \cdot u_{We} + DB_{Ka} \cdot u_{Ka} = 1\,000 \cdot 0 + 4\,000 \cdot 80 = 320\,000 \tag{5-18}$$

Die andere Möglichkeit ist, die Kapazitätsausstattung mit den Betriebswerten zu gewichten:

$$GDB = BeW_{Fl} \cdot \bar{x}_{Fl} + BeW_{Ar} \cdot \bar{x}_{Ar} = 0 \cdot 100 + 133{,}33 \cdot 2\,400 = 320\,000 \tag{5-19}$$

5.2.4 Formulierung als primales und duales Optimierungsproblem

Die folgenden Ausführungen zum Dualproblem sind nur für besonders interessierte Studierende gedacht, die tiefer in das Problem eindringen wollen. Sie stellen keine Voraussetzung für das Verständnis der nachfolgenden Inhalte dar.

Zu jedem linearen Maximierungsproblem kann ein lineares Minimierungsproblem definiert werden, das zum gleichen Ergebnis führt. Die beiden Problemformulierungen, die **jeweils das Spiegelbild des anderen Problems** darstellen, bezeichnet man als primales und duales Optimierungsproblem. Die Entscheidungsvariablen des dualen Problems sind die Betriebswerte des primalen Problems. Die Betriebswerte des dualen Problems sind die Entscheidungsvariablen des primalen Problems. Sie werden im Rahmen des Primalproblems deshalb auch als Dualwerte bezeichnet. Bezogen auf das 2x2-Beispiel bedeutet dies Folgendes: Die bereits bekannte Formulierung als primales Ressourcen*allokations*problem liefert als Lösung der Optimierung die Anbauumfänge der beiden Verfahren und als Zusatzinformation in Form von Schattenpreisen die Betriebswerte der beiden Ressourcen. Formuliert man dies in ein duales Ressourcen*bewertungs*problem um, bekommt man als Lösung der Optimierung die innerbetrieblichen Werte der beiden Ressourcen und als Zusatzinformation die beiden Anbauumfänge. Die duale Sichtweise wird vielfach in der empirischen Forschung, wie bspw. bei der Erfragung von Zahlungsbereitschaften für bestimmte Ressourcen, angewendet.

Diese Zusammenhänge sind ohne Beispiel nur schwer zu verstehen. Wir listen deshalb für unser 2x2-Problem in Tab. 5-7 auf, welche technischen Unterschiede zwischen der Formulierung als Primal- und Dualproblem bestehen. Darüber hinaus beschreiben wir, welche Größen sich in der primalen und der dualen Problemformulierung entsprechen und welche Nomenklatur hierfür verwendet wird.

Tab. 5-7: Zusammenhang zwischen dem primalen und dem dualen Problem [a]

	Primalproblem	**Dualproblem**
Technische Unterschiede in der Formulierung		
Zielfunktion	Maximierung des Gesamtdeckungsbeitrags (GDB) des Anbauprogramms	Minimierung der Gesamtopportunitätskosten (GOK) der eingesetzten Kapazitäten
Hauptvariablen	Umfang der Produktionsaktivitäten (u_{We}, u_{Ka})	Opportunitätskosten der Kapazitäten (OK_{Fl}, OK_{Ar})
Schlupfvariablen	Umfang der Nichtnutzung von Kapazitäten (v_{Fl}, v_{Ar})	„Über die Deckungsbeiträge hinausgehende Verwertung der Kapazitäten" (v_{We}, v_{Ka})
Spiegelbildliche Größen		
Deckungsbeiträge der Produktionsaktivitäten (DB_{We} und DB_{Ka})	Zielfunktionsbeitrag	Restriktion (Minimalbedingung)
Kapazitätsausstattung ($\bar{x}_{Fl}$ und $\bar{x}_{Ar}$)	Restriktion (Maximalbedingung)	Zielfunktionsbeitrag
Umfänge der Produktionsaktivitäten	Entscheidungsvariablen (u_{We}, u_{Ka})	Betriebswerte (BeW_{We}, BeW_{Ka})
Innerbetrieblicher Wert der Kapazitäten	Betriebswerte (BeW_{Fl}, BeW_{Ar})	Entscheidungsvariablen (OK_{Fl}, OK_{Ar})

[a] Die Größen in den grau schattierten Feldern stellen die Entscheidungsvariablen und Parameter des jeweiligen Optimierungsproblems dar.

Unter Nutzung dieser spiegelbildlichen Zusammenhänge lässt sich das Dualproblem (Minimierungsproblem), das mit dem in den Gleichungen (5-1) bis (5-4) spezifizierten Primalproblem (Maximierungsproblem) korrespondiert, wie folgt formulieren:

$$\begin{aligned} GOK &= \bar{x}_{Fl} \cdot OK_{Fl} + \quad \bar{x}_{Ar} \cdot OK_{Ar} \\ &= 100 \cdot OK_{Fl} + 2\,400 \cdot OK_{Ar} \rightarrow \min_{OK_{Fl}, OK_{Ar}}! \end{aligned} \tag{5-20}$$

unter den Nebenbedingungen:

$$1 \cdot OK_{Fl} + 10 \cdot OK_{Ar} \geq DB_{We}, \text{mit } DB_{We} = 1\,000 \tag{5-21}$$

$$1 \cdot OK_{Fl} + 30 \cdot OK_{Ar} \geq DB_{Ka}, \text{mit } DB_{Ka} = 4\,000 \tag{5-22}$$

$$OK_{Fl} \geq 0 \text{ und } OK_{Ar} \geq 0 \qquad \text{(Nichtnegativitätsbedingung)} \tag{5-23}$$

Wir wissen zwar, dass das duale Problem die korrespondierende Formulierung des Primalproblems ist. Es fällt aber zunächst schwer, sich eine **konkrete ökonomische Entscheidungssituation** vorzustellen, die durch die duale Problemformulierung abgebildet wird. Hilfsweise könnte man sich denken, dass der Betriebszweig „Ackerbau" eines Unternehmens Weizen und Kartoffeln produziert. Um die hierfür benötigten Ressourcen „Fläche" und „Arbeit" konkurrieren auch noch andere Betriebszweige (z.B. Viehhaltung). Nun geht es darum, den monetären Nachteil zu bestimmen, den ein Entzug der Ressourcen durch die Unternehmensleitung im Betriebszweig „Ackerbau" hätte. Natürlich will die ackerbauliche Abteilung den Verlust aus einem möglichen Ressourcenentzug durch die Unternehmensleitung möglichst gering halten. Die Zielfunktion des dualen Programms besteht also darin, die abteilungsinternen Gesamtkosten des Ressourcenentzugs zu minimieren. Die Zielfunktionsbeiträge (OK_{Fl} und OK_{Ar}) geben an, welchen Verlust der Betriebszweig „Ackerbau" erleiden würde, wenn die Unternehmensführung ihm eine Einheit der jeweiligen

Ressource entziehen würde. Aus Sicht des Unternehmens ist eine derartige Veränderung der Allokation knapper Ressourcen sinnvoll, solange in anderen Betriebszweigen eine höhere Verwertung erfolgt. Beim primalen Verständnis hat man also die Sicht, dass es zu einer optimalen Nutzung der Ressourcen innerhalb der ackerbaulichen Abteilung kommt, wenn das gesamtdeckungsbeitragsmaximale Produktionsprogramm umgesetzt wird. Beim dualen Verständnis hat man die Sicht der Minimierung der Gesamtkosten des Ressourcenentzugs. Beide Sichtweisen führen zum gleichen Ergebnis. Wegen des sperrigen intuitiven Zugangs zum Dualproblem begnügen wir uns damit, die Entsprechung der primalen und dualen Problemformulierung zu zeigen. Bei inhaltlichen Aussagen konzentrieren wir uns auf die primale Formulierung, deren Interpretation bereits bekannt ist.

Das betrachtete Dualproblem stellt ein Minimierungsproblem dar. Wenn man **Minimierungsprobleme mit Hilfe des Simplexalgorithmus lösen** will, ist Folgendes zu beachten:

1. Ganz allgemein gilt, dass eine Größer-Gleich-Bedingung (Minimalrestriktionen) dazu führt, dass eine Schlupfvariable auf der - bildlich gesprochen - rechten Seite einer Restriktion hinzuaddiert werden muss. Dies ist gleichbedeutend mit der Aussage, dass bei einer als Minimalrestriktion ($\geq$) formulierten Nebenbedingung die Schlupfvariable auf der linken Seite zu subtrahieren ist, während sie bei einer als Maximalrestriktion ($\leq$) formulierten Nebenbedingung hinzuaddiert werden muss, um zu einer Gleichung zu kommen. Minimalrestriktionen treten bei dem hier betrachteten Minimierungsproblem auf (vgl. Gleichung (5-21) und (5-22)).
2. Ganz allgemein gilt, dass die Nulllösung, in der alle Entscheidungsvariablen gleich Null gesetzt sind, dann keine zulässige Startlösung ist, wenn eine oder mehrere Nebenbedingungen als Minimalrestriktionen formuliert sind. Letztlich wären dann bei der Nulllösung nicht alle Nebenbedingungen eingehalten. Eine zulässige Startlösung kann unter Anwendung des Hauptsatzes der linearen Programmierung gesucht werden.
3. Bei Minimierungsproblemen ist mit Blick auf die Festlegung der Austauschspalte im jeweiligen Iterationsschritt zu beachten, dass die Nichtbasisvariable zur Basisvariablen wird, die die höchste *Reduzierung* des Zielfunktionswertes bzw. der Gesamtopportunitäts*kosten GOK* ermöglicht. Gesucht ist also die Spalte mit dem größten *positiven* Wert in der letzten Zeile des Tableaus. Die Austauschzeile ergibt sich wieder nach Division des Wertes in der letzten Spalte des Tableaus durch den Wert der Austauschspalte. Die Zeile, für die sich der niedrigste Wert ergibt, ist die Austauschzeile.
4. Die Optimallösung ist gefunden, wenn alle Zielfunktionswertänderungen ein negatives Vorzeichen aufweisen. Dies bedeutet, dass der Zielfunktionswert durch die Einführung einer Einheit der betreffenden Nichtbasisvariablen in die Lösung nicht mehr reduziert werden kann.

Im betrachteten Dualproblem ergeben sich nach Einführung der Schlupfvariablen v_{We} und v_{Ka} aus den Ungleichungen (5-21) und (5-22) folgende Gleichungen:

$$1 \cdot OK_{Fl} + 10 \cdot OK_{Ar} = 1\,000 + v_{We} \Leftrightarrow 1 \cdot OK_{Fl} + 10 \cdot OK_{Ar} - 1 \cdot v_{We} = 1\,000 \quad (5\text{-}24)$$

$$1 \cdot OK_{Fl} + 30 \cdot OK_{Ar} = 4\,000 + v_{Ka} \Leftrightarrow 1 \cdot OK_{Fl} + 30 \cdot OK_{Ar} - 1 \cdot v_{Ka} = 4\,000 \quad (5\text{-}25)$$

Wir haben im **Ausgangstableau** in Tab. 5-8 die Hauptvariable OK_{Ar} sowie die Schlupfvariable v_{Ka} als Nichtbasisvariablen verwendet und damit gleich Null gesetzt. Gleichzeitig haben wir die andere Hauptvariable OK_{Fl} sowie die Schlupfvariable v_{We} in die Basis gesetzt. Um die entsprechenden Koeffizienten zu bestimmen, sind die gewählten Basisvariablen und die Zielfunktion als Funktion der Nichtbasisvariablen darzustellen. In der ersten Basisvariablenzeile ergibt sie sich direkt nach Umstellung von Gleichung (5-25):

$$OK_{Fl} = 30 \cdot -OK_{Ar} - 1 \cdot -v_{Ka} + 4\,000 \quad (5\text{-}26)$$

Um die Koeffizienten der zweiten Basisvariablenzeile zu erhalten, muss man Gleichung (5-26) in Gleichung (5-24) einsetzen und nach v_{We} umstellen:

$$1 \cdot (30 \cdot -OK_{Ar} - 1 \cdot -v_{Ka} + 4\,000) + 10 \cdot OK_{Ar} - 1 \cdot v_{We} = 1\,000$$
$$\Leftrightarrow v_{We} = 20 \cdot -OK_{Ar} - 1 \cdot -v_{Ka} + 3\,000 \qquad (5\text{-}27)$$

Die letzte Zeile des Ausgangstableaus ergibt sich, indem man Gleichung (5-26) in Gleichung (5-20) einsetzt:

$$GOK = 100 \cdot (30 \cdot -OK_{Ar} - 1 \cdot -v_{Ka} + 4\,000) + 2\,400 \cdot OK_{Ar}$$
$$= 600 \cdot -OK_{Ar} - 100 \cdot -v_{Ka} + 400\,000 \qquad (5\text{-}28)$$

Bezogen auf das Primalproblem bedeutet die Startlösung des Dualproblems, dass 100 ha Kartoffeln angebaut und 600 Akh mehr genutzt werden als verfügbar sind. Damit ist die Startlösung des Dualproblems keine zulässige Lösung für das Primalproblem.

Tab. 5-8: Ausgangstableau des Dualproblems (DB_{Ka} = 4 000 €/ha) [a)]

Basisvariablen \ **Nichtbasisvariablen**	$-OK_{Ar}$ (Hauptvariable)	$-v_{Ka}$ (Schlupfvariable)	Umfang
OK_{Fl} (Hauptvariable)	① 30	−1	② 4 000
v_{We} (Schlupfvariable)	20	−1	3 000
GOK (Zielgröße)	③ 600	−100	④ 400 000

a) Die grau hervorgehobene Spalte (Zeile) kennzeichnet die Pivotspalte (Pivotzeile).

Tab. 5-9: Endtableau des Dualproblems (DB_{Ka} = 4 000 €/ha)

Basisvariablen \ **Nichtbasisvariablen**	$-OK_{Fl}$ (Hauptvariable)	$-v_{Ka}$ (Schlupfvariable)	Umfang
OK_{Ar} (Hauptvariable)	① 1/30	−1/30	② 133,33
v_{We} (Schlupfvariable)	−2/3	−1/3	333,33
GOK (Zielgröße)	③ −20	−80	④ 320 000

Mit Blick auf das Ausgangstableau sieht man, dass im ersten Austauschschritt die Opportunitätskosten der Arbeit OK_{Ar} zur Basisvariablen werden, weil in der letzten Zeile der relevanten Spalte ein positiver Wert angezeigt ist. Außerdem werden die Opportunitätskosten der Fläche OK_{Fl} zur Nichtbasisvariablen, weil der Wert der letzten Spalte dividiert durch die Pivotspalte hier kleiner ist als bei v_{We} (4 000/30 < 3 000/20). Formuliert man sowohl die neuen Basisvariablen OK_{Ar} und v_{We} als auch die Zielfunktion GOK als Funktion von OK_{Fl} und v_{Ka}, dann ergibt sich das in Tab. 5-9 dargestellte **neue Simplextableau**. In der letzten Zeile sind nur noch negative Werte ausgewiesen. Damit ist das **Endtableau** bzw. die Optimallösung gefunden. Bezogen auf das Primalproblem bedeutet die Optimallösung des Dualproblems, dass 80 ha Kartoffeln angebaut und 20 ha Fläche nicht genutzt werden. Die Optimallösung des Dualproblems ist damit auch eine zulässige Lösung des Primalproblems.

Tab. 5-10: Ergebnisse des primalen und dualen Problems [a)]

	Primalproblem	**Dualproblem**
Austauschbeziehungen bei Einführung einer Nichtbasisvariablen in die Lösung	Substitutionskoeffizienten (vgl. ①)	Substitutionskoeffizienten (vgl. ①)
Umfänge der Produktionsaktivitäten	Umfang der Hauptvariablen in der Basis: $u_{Ka} = 80$ (vgl. ②)	Betriebswerte der Schlupfvariablen in der Nichtbasis: [b)] $BeW_{Ka} = -80$ (vgl. ③)
	Umfang der Hauptvariablen in der Nichtbasis: $u_{We} = 0$	Betriebswerte der Schlupfvariablen in der Basis: $BeW_{We} = 0$
Umfang der Nichtnutzungsaktivitäten	Umfang der Schlupfvariablen in der Basis: $v_{Fl} = 20$ (vgl. ②)	Grenzverlustwert der Hauptvariablen in der Nichtbasis: [b), c)] $GrVW_{Fl} = -20$ (vgl. ③)
	Umfang der Schlupfvariablen in der Nichtbasis: $v_{Ar} = 0$	Grenzverlustwert der Hauptvariablen in der Basis: [c)] $GrVW_{Ar} = 0$
Innerbetrieblicher Wert voll genutzter Kapazitäten	Betriebswerte der Schlupfvariablen in der Nichtbasis: $BeW_{Ar} = 133{,}33$ (vgl. ③)	Umfang der Hauptvariablen in der Basis: $OK_{Ar} = 133{,}33$ (vgl. ②)
	Betriebswerte der Schlupfvariablen in der Basis: $BeW_{Fl} = 0$	Umfang der Hauptvariablen in der Nichtbasis: $OK_{Fl} = 0$
Zielverlust durch Einführung nicht realisierter Produktionsaktivitäten	Grenzverlustwert der Hauptvariablen in der Nichtbasis: $GrVW_{We} = 333{,}33$ (vgl. ③)	Umfang der Schlupfvariablen in der Basis: $v_{We} = 333{,}33$ (vgl. ②)
	Grenzverlustwert der Hauptvariablen in der Basis: $GrVW_{Ka} = 0$	Umfang der Schlupfvariablen in der Nichtbasis: $v_{Ka} = 0$
Relevanter Zielfunktionswert	Maximaler Gesamtdeckungsbeitrag des optimalen Produktionsprogramms: $GDB = 320\,000$ (vgl. ④)	Minimale Gesamtopportunitätskosten der Ressourcen bei optimalem Ressourceneinsatz: $GOK = 320\,000$ (vgl. ④)

a) Nur die Größen in den grau schattierten Feldern sind in den Endtableaus explizit ausgewiesen. Grenzverlustwerte von Hauptvariablen in der Basis, Betriebswerte von Schlupfvariablen in der Basis sowie der Umfang der Variablen in der Nichtbasis sind immer gleich Null.

b) In der dualen Formulierung als Kostenminimierungsproblem kommt es zu umgekehrten Vorzeichen im Bereich ③ des Tableaus.

c) Bei Minimierungsproblemen wird anstelle des Begriffs „Grenzverlustwert" i.d.R. die Bezeichnung „Reduzierte Kosten" verwendet.

Um das Verständnis des dualen Problems zu erleichtern, haben wir in Tab. 5-10 die leicht zu interpretierenden Ergebniswerte des primalen Problems aus Tab. 5-5 den Ergebniswerten des korrespondierenden dualen Problems aus Tab. 5-9 gegenübergestellt. Dabei wird explizit darauf hingewiesen, in welchem Tableaubereich die Werte stehen. Die Gegenüberstellung in Tab. 5-10 erklärt, warum man beim primalen Problem den maximierten Gesamtdeckungsbeitrag alternativ über die Betriebswerte der Ressourcen berechnen kann (vgl. Gleichung (5-19)), die als Schattenpreise des Maximierungsproblems ausgewiesen werden. Analog kann man beim dualen Problem die Gesamtopportunitätskosten alternativ über die Umfänge der Produktionsverfahren berechnen, die sich als Schattenpreise des Minimierungsproblems ergeben.

5.3 Anwendungen und Erweiterungen

5.3.1 Zusätzliche Aktivitäten und Restriktionen

Das in Abschnitt 5.2 anhand eines 2x2-Problems beschriebene Simplexverfahren kann ohne Weiteres auf realistische betriebliche Planungssituationen und damit größere Probleme übertragen werden. Die damit verbundenen **Erweiterungen äußern sich in den folgenden Veränderungen**:

- Durch die Berücksichtigung von zusätzlichen Produktionsaktivitäten ergeben sich mehr Spalten. Durch die Abbildung von zusätzlichen betrieblichen Kapazitätsrestriktionen ergeben sich mehr Zeilen.
- Mit der Zahl der Aktivitäten und Restriktionen steigt die Zahl der Werte, die in jedem Tableau zu berechnen sind. Gleichzeitig sind i.d.R. mehr Iterationen nötig, um ausgehend von einer zufällig gewählten Startlösung die Optimallösung zu finden.
- Lässt man c.p. eine zusätzliche Aktivität als Wahlmöglichkeit zu, wird der Lösungsmöglichkeitenraum erweitert. Der resultierende Gesamtdeckungsbeitrag ist demzufolge mindestens gleich hoch wie ohne zusätzliche Wahlmöglichkeit.
- Berücksichtigt man c.p. eine zusätzliche betriebliche Einschränkung als Restriktion, wird der Lösungsmöglichkeitenraum verkleinert. Der resultierende Gesamtdeckungsbeitrag ist demzufolge maximal so hoch wie ohne zusätzliche Restriktion.

Um von der 2x2-Perspektive weg und hin zu einer **allgemein gültigen Problemformulierung** zu kommen, führen wir zunächst einen Laufparameter k $(k = 1, 2, \dots, K)$ ein, der die zur Auswahl stehenden Aktivitäten bezeichnet. Mit einem weiteren Laufparameter i $(i = 1, 2, \dots, I)$ bezeichnen wir die zu berücksichtigenden Restriktionen. Zudem nutzen wir die Symbole w und Z, um in allgemeiner Form die Zielfunktionskoeffizienten bzw. den Zielfunktionswert zu bezeichnen. Kennzeichnet man die Kapazitätsansprüche der einzelnen Aktivitäten mit b, lässt sich das lineare Optimierungsproblem allgemein wie folgt schreiben:

$$Z = \sum_{k=1}^{K} w_k \cdot u_k \rightarrow \max_{u_k}!$$

unter den Nebenbedingungen: (5-29)

$$\sum_{k=1}^{K} b_{i;k} \cdot u_k \leq \bar{x}_i, \text{für } i = 1, 2, \dots, I$$

In einer etwas ausführlicheren Form lässt sich dies auch wie folgt darstellen:

$$Z = w_1 \cdot u_1 + w_2 \cdot u_2 + \cdots + w_K \cdot u_K \rightarrow \max_{u_1, u_2, \dots, u_K}!$$

unter den Nebenbedingungen:

$$\begin{aligned} &b_{1;1} \cdot u_1 + b_{1;2} \cdot u_2 + \cdots + w_{1;K} \cdot u_K \leq \bar{x}_1 \\ &b_{2;1} \cdot u_1 + b_{2;2} \cdot u_2 + \cdots + w_{2;K} \cdot u_K \leq \bar{x}_2 \\ &\vdots \\ &b_{I;1} \cdot u_1 + b_{I;2} \cdot u_2 + \cdots + w_{I;K} \cdot u_K \leq \bar{x}_I \end{aligned} \qquad (5\text{-}30)$$

Neben den dargestellten Restriktionen ist bei den meisten praktischen Optimierungsproblemen zusätzlich die Nichtnegativitätsbedingung einzuhalten (vgl. Gleichung (5-4)). In Tab. 5-11 werden die genutzten Symbole zusammengefasst, kurz erklärt und mit dem bereits bekannten Beispiel der Optimierung des Anbauprogramms in Verbindung gebracht.

Tab. 5-11: Bei der Formulierung des linearen Maximierungsproblems genutzte Symbole

Symbol	Erklärung	Beispiel: 2x2-Problem der Planung des Anbauprogramms
Z	Zielfunktionswert	Gesamtdeckungsbeitrag GDB
u_k	Entscheidungsvariablen	Umfang Weizen u_{We}, Umfang Kartoffeln u_{Ka}
w_k	Zielfunktionskoeffizienten	Deckungsbeitrag Weizen DB_{We}, Deckungsbeitrag Kartoffeln DB_{Ka}
$b_{i;k}$	Kapazitätsansprüche	Verfahrensbezogener Flächen- und Arbeitsbedarf (z.B. $b_{Ar;We}$ = 10 bedeutet 10 Akh für 1 Einheit Weizen)
$\bar{x}_i$	Ausstattung mit der jeweiligen Kapazität	Flächenkapazität $\bar{x}_{Fl}$, Arbeitszeitkapazität $\bar{x}_{Ar}$
I	Anzahl der Kapazitäten	I = 2 (Fläche und Arbeit)
K	Anzahl der Aktivitäten	K = 2 (Weizen und Kartoffeln)

Im Folgenden erweitern wir unser bereits bekanntes Beispiel um ein weiteres Verfahren und eine weitere Restriktion. Auf dieses **3x3-Problem** wenden wir nochmals die Tableauschreibweise des Simplexverfahrens an, um die grundsätzlichen Zusammenhänge bei der Problemerweiterung zu verdeutlichen. Dieses Problem bildet zum einen das Beispiel, anhand dessen wir im nächsten Punkt erläutern, wie man Optimierungsprobleme praktisch mit Hilfe gängiger Softwarepakete löst. Zum anderen stellt es das Ausgangsmodell dar, auf das wir in Punkt 5.3.3 bei der Beschreibung der modelltechnischen Abbildung betrieblicher Komplexitäten Bezug nehmen.

Neben dem Weizen und den Kartoffeln stehe ein zusätzliches Produktionsverfahren „Raps“ zur Auswahl, das einen Deckungsbeitrag von 1 250 €/ha liefert und dafür einen Flächenanspruch von 1 ha und einen Arbeitsanspruch von 8 Akh/ha hat. Neben der vorgegebenen Fläche und Arbeitszeit gibt es einen weiteren knappen Produktionsfaktor und damit eine weitere Restriktion: Kapital in Form liquider Mittel zur Finanzierung der erforderlichen Betriebsmittel steht nur in einem begrenzten Umfang von 195 T€ zur Verfügung. Die einzelnen Verfahren verursachen unterschiedlich hohe Betriebsmittelausgaben und haben damit auch unterschiedliche Kapitalansprüche. Weizen benötigt 500 €/ha, Kartoffeln 2 500 €/ha und Raps 800 €/ha.

Als lineares Optimierungsproblem lässt sich dies wie folgt darstellen:

$$GDB = 1\,000 \cdot u_{We} + 4\,000 \cdot u_{Ka} + 1\,250 \cdot u_{Ra} \rightarrow \max_{u_{We},u_{Ka},u_{Ra}}!$$

unter den Nebenbedingungen:

$$\begin{aligned} &1 \cdot u_{We} + 1 \cdot u_{Ka} + 1 \cdot u_{Ra} \leq 100 \\ &10 \cdot u_{We} + 30 \cdot u_{Ka} + 8 \cdot u_{Ra} \leq 2\,400 \\ &500 \cdot u_{We} + 2\,500 \cdot u_{Ka} + 800 \cdot u_{Ra} \leq 195\,000 \\ &u_{We}, u_{Ka}, u_{Ra} \geq 0 \end{aligned} \quad (5\text{-}31)$$

Die als Ungleichungen formulierten Kapazitätsrestriktionen können in Gleichungen überführt werden, indem man die Schlupfvariablen „Nichtnutzung von Fläche v_{Fl}“, „Nichtnutzung von Arbeit v_{Ar}“ und „Nichtnutzung von Kapital v_C“ einführt.

Nutzt man zur Lösung dieses 3x3-Optimierungsproblems die Tableauschreibweise und wählt die Nulllösung als Startlösung, findet man nach drei Iterationen das Produktionsprogramm mit dem maximalen Gesamtdeckungsbeitrag. Das heißt, wenn man die Lösungsschritte vollständig zeigen wollte, müsste man bei diesem Problem bereits vier Tableaus darstellen, nämlich das Ausgangstableau, zwei Zwischentableaus und das Endtableau. In Tab. 5-12 und Tab. 5-13 sind nur das Ausgangs- bzw. das Endtableau dargestellt.

Tab. 5-12: Ausgangstableau des 3x3-Problems

Basisvariablen \ Nichtbasisvariablen	$-u_{We}$ (Hauptvariable: Anbauumfang Weizen)	$-u_{Ka}$ (Hauptvariable: Anbauumfang Kartoffeln)	$-u_{Ra}$ (Hauptvariable: Anbauumfang Raps)	Umfang
v_{Fl} (Schlupfvariable: Nichtnutzung von Fläche)	① 1	1	1	② 100
v_{Ar} (Schlupfvariable: Nichtnutzung von Arbeit)	10	30	8	2 400
v_C (Schlupfvariable: Nichtnutzung von Kapital)	500	2 500	800	195 000
GDB (Zielgröße: Gesamtdeckungsbeitrag)	③ -1 000	-4 000	-1 250	④ 0

Tab. 5-13: Endtableau des 3x3-Problems

Basisvariablen \ Nichtbasisvariablen	$-v_{Ar}$ (Schlupfvariable: Nichtnutzung von Arbeit)	$-v_C$ (Schlupfvariable: Nichtnutzung von Kapital)	$-v_{Fl}$ (Schlupfvariable: Nichtnutzung von Fläche)	Umfang
u_{Ra} (Hauptvariable: Anbauumfang Raps)	① -1/5	1/500	1	② 10
u_{We} (Hauptvariable: Anbauumfang Weizen)	17/100	−11/5 000	2/5	19
u_{Ka} (Hauptvariable: Anbauumfang Kartoffeln)	3/100	1/5 000	−2/5	71
GDB (Zielgröße: Gesamtdeckungsbeitrag)	③ 40	11/10	50	④ 315 500

Das Endtableau zeigt, dass man bei dem betrachteten 3x3-Problem ein Produktionsprogramm mit 19 ha Weizen, 71 ha Kartoffeln und 10 ha Raps umsetzen sollte. Dabei werden alle drei Kapazitäten vollständig genutzt. Es ergibt sich ein Gesamtdeckungsbeitrag von 315 500 €. Eine hier nicht dargestellte Variantenrechnung zeigt, dass ohne die zusätzliche Kapitalrestriktion (also bei einem 3x2-Problem mit drei Wahlmöglichkeiten und *zwei* Restriktionen) nur *zwei* Verfahren in der Optimallösung sind (27,27 ha Raps und 72,73 ha Weizen). Mit diesem Produktionsprogramm erzielt man einen Gesamtdeckungsbeitrag von 325 T€. Eine weitere hier nicht dargestellte Variantenrechnung ohne die zusätzliche Aktivität „Raps" (also bei einem 2x3-Problem mit zwei Wahlmöglichkeiten und drei Restriktionen) führt zu einem optimalen Produktionsprogramm mit 15 ha Weizen und 75 ha Kartoffeln. Dabei wird ein Gesamtdeckungsbeitrag von 315 T€ erzielt. Wir erinnern uns zudem, dass im 2x2-Problem ein Gesamtdeckungsbeitrag von 320 T€ zu erzielen war (vgl. z.B. Tab. 5-5). Diese drei Ergebnisse bestätigen die eingangs gemachten Aussagen, dass sich zum einen der Zielfunktionswert durch zusätzliche Wahlmöglichkeiten erhöht oder gleich bleibt. Zum anderen wird der Zielfunktionswert durch zusätzliche Restriktionen reduziert oder nicht verändert.

Der Vergleich des 3x2- und des 3x3-Problems zeigt auch den noch nicht explizit angesprochenen Sachverhalt, dass die Anzahl der Kapazitätsrestriktionen die Zahl der Aktivitäten begrenzt, die in der Optimallösung enthalten sein können. Bei zwei Restriktionen und drei zur Wahl stehenden Aktivitäten muss also mindestens eine Aktivität gleich Null sein. Technisch gesehen hat das Simplextableau nur zwei Zeilen, in die von Null verschiedene Variablen eintreten können. Inhaltlich gesehen verwertet immer ein Verfahren die beiden Kapazitäten schlechter als eines der anderen beiden Verfahren. Weizen wird im 3x2-Problem nicht umgesetzt, weil durch die Kartoffelproduktion die Fläche und über die Rapsproduktion die Arbeit besser verwertet wird. Erst wenn es auch eine dritte Restriktion gibt, können auch drei Aktivitäten in die Optimallösung kommen. Im betrachteten 3x3-Fall ist dies der Fall, da die Kartoffeln die Fläche, der Raps die Arbeit und der Weizen das Kapital am besten verwertet.

Neben der Optimierung des Produktionsprogramms gibt es eine Vielzahl **weiterer Anwendungsbereiche für die lineare Programmierung** in der Betriebsplanung. So kann sie auch für die Ermittlung kostenminimaler Futtermittelrationen in der Tierhaltung oder die Bestimmung der kürzesten Wegstrecken z.B. bei der Direktlieferung von ökologisch erzeugten Produkten an Verbraucher eingesetzt werden. Außerdem findet die lineare Programmierung in der Politikberatung in Form der sog. interaktiven Programmierung Anwendung. Zum einen zwingt sie Politikentscheider, das Problem zu formulieren, d.h. ihre Ziele und die Entscheidungsvariablen zu benennen. Zum anderen können im Ergebnis Tradeoffs zwischen verschiedenen konkurrierenden Zielen ausgewiesen werden, die dann wiederum genutzt werden können, um interaktiv das Planungsmodell anzupassen.

Für unterschiedliche praktische Fragestellungen braucht man auch unterschiedliche Modellformulierungen. Bei der Bestimmung der optimalen Futtermittelration stellen bspw. die Futterkosten den Zielfunktionswert dar. Dieser ist nicht zu maximieren, sondern zu minimieren. Häufig sind auch Restriktionen zu berücksichtigen, die keine Obergrenze, sondern eine Untergrenze vorgeben. Dementsprechend stellen die Restriktionen keine Maximal-, sondern Minimalrestriktionen dar. Aus technischer Sicht ist erwähnenswert, dass man eine Minimalrestriktion durch Multiplikation mit -1 in eine Maximalrestriktion überführen kann. Bei der Futtermittelration sind durch die Mischung der Futterkomponenten bspw. Mindestnährstoffgehalte zu gewährleisten. Grundlegendere Modellerweiterungen ergeben sich, wenn nicht alle Funktionen des Optimierungsproblems linear sind. Dies ist z.B. bei der Berücksichtigung von Risiko im Rahmen der Produktionsprogrammplanung der Fall. In diesem Fall ergibt sich ein nichtlineares (quadratisches) Optimierungsproblem (vgl. Abschnitt 7.5).

5.3.2 Nutzung von Tabellenkalkulationsprogrammen

Bei der Erweiterung des 2x2-Problems (vgl. Tab. 5-4) auf das 3x3-Problem (vgl. Tab. 5-12) haben wir gesehen, dass sowohl die Zahl der zu berechnenden Tableauwerte als auch die Zahl der erforderlichen Iterationen mit der Größe des Problems zunimmt, gleichzeitig aber immer dieselben Ablaufschritte zu wiederholen sind. Hier kommt der Vorteil moderner Computer zum Tragen, deren Stärke in der schnellen und wiederholten Ausführung systematischer Rechenschritte liegt. Mit Hilfe von Tabellenkalkulationsprogrammen, wie z.B. MS-EXCEL, oder spezieller Optimierungssoftware lässt sich der Simplexalgorithmus leicht auch für umfangreiche reale Planungsprobleme operationalisieren. In MS-EXCEL kann dazu der sog. *Solver* verwendet werden. Der Solver ist ein MS-EXCEL Zusatzprogramm (Add-In), das in seiner Standardform in jede MS-EXCEL-Version integriert ist.

a) Lösung eines LP-Problems mit Hilfe von MS-EXCEL

Voraussetzung für die Lösung eines LP-Problems unter Verwendung des Solvers ist ein „**funktionsfähiges Modell**". Im vorliegenden Fall braucht man ein Modell, das den Gesamtdeckungsbeitrag und die Kapazitätsnutzung in Abhängigkeit vom Anbauprogramm berechnet. In einem funktionsfähigen Modell sind *nur* die vorgegebenen Planannahmen (Modellinputs), auf die bei der Berechnung der Zielgrößen des Modells (Modelloutputs) Bezug genommen wird, als Zahlenwerte spezifiziert. *Alle* Modellberechnungen müssen als Formeln in Abhängigkeit von den Modellinputs dargestellt werden. Ein funktionsfähiges Modell stellt sicher, dass bei einer im Rahmen von Variantenrechnungen vorgenommenen Veränderung der Planannahmen die Zielgröße des Modells *automatisch* als Ergebnis der veränderten Modellinputs ausgewiesen wird.

Grundsätzlich gibt es für die Darstellung eines Modells in einem Arbeitsblatt große Freiheiten. Das heißt, man kann im Prinzip die Planannahmen und die hiervon abhängigen Modellberechnungen beliebig auf dem Arbeitsblatt anordnen. Das Arbeitsblatt in Tab. 5-14 zeigt eine mögliche Darstellungsform für unser 3x3-Produktionsprogrammplanungsproblem. Diese Darstellung folgt wieder einer Konvention und greift auf eine Zeilen- und Spaltenanordnung zurück, die eine große Ähnlichkeit mit dem Simplex-Ausgangstableau aufweist.

In der Zeile 2 sind die Deckungsbeiträge der Produktionsverfahren eingetragen. In den Zellen B6 bis D8 sind die Kapazitätsansprüche festgehalten. Die Zellen E6 bis E8 geben Auskunft über die Kapazitätsausstattung. Aufgrund der großen Verbreitung dieser Art der Darstellung haben sich die Begriffe „**Left-Hand-Side**" (LHS) und „**Right-Hand-Side**" (RHS) als eigenständige Fachbegriffe durchgesetzt. LHS wird als Kurzbezeichnung für die Kapazitätsansprüche und RHS als Kurzbezeichnung für die vorhandenen Kapazitäten benutzt.

Tab. 5-14: GDB-Modell als Voraussetzung zur Lösung eines LP-Problems [a)]

	A	B	C	D	E	F
1	Aktivität	Weizen	Kartoffeln	Raps		
2	DB (€/ha)	1 000	4 000	1 250		
3	Umfang (ha)	19	71	10		
4						
5	*LHS: Kapazitätsansprüche*				*RHS: Kapazitätsausstattung*	*KN: Kapazitätsnutzung*
6	Fläche (ha)	1	1	1	100	100
7	Arbeit (Akh)	10	30	8	2 400	2 400
8	Kapital (€)	500	2 500	800	195 000	195 000
9						
10	**GDB (€)**	**315 500**				

a) Alle Nebenbedingungen sind als Maximalrestriktionen definiert, d.h. die im Zellbereich F6:F8 berechneten Werte müssen ≤ den im Zellbereich E6:E8 definierten Werten sein. Zellen, die Formeln beinhalten, sind grau unterlegt.

Eine zentrale Bedeutung kommt den Anbauumfängen in der Zeile 3 zu. Sie stellen die Entscheidungsvariablen der Optimierung und gleichzeitig Inputs des GDB-Modells dar. In Tab. 5-14 sind bereits die Werte angezeigt, die sich nach der Optimierung mit dem Solver ergeben haben. Vor der Optimierung stehen in diesen Zellen beliebige Werte. In Abhängigkeit von den Umfängen der Verfahren wird in den Zellen F6 bis F8 die **Kapazitätsnutzung** (KN) berechnet. Dazu werden folgende Formulierungen genutzt:

F6: *=B6*B3+C6*C3+D6*D3*

F7: *=B7*B3+C7*C3+D7*D3*

F8: *=B8*B3+C8*C3+D8*D3*

In der Zelle B10 wird die Zielgröße des GDB-Modells, die gleichzeitig den Zielfunktionswert des LP-Problems darstellt, berechnet. Dazu wird folgende Formel umgesetzt:

B10: *=B2*B3+C2*C3+D2*D3*

Für die in den Zellen F6, F7, F8 sowie B10 erforderliche Multiplikation und anschließende Addition der Produkte kann auch die MS-EXCEL-Funktion „SUMMENPRODUKT(Matrix 1; Matrix 2)" genutzt werden. Zur Beschleunigung des Solvers wird dies sogar empfohlen. Dementsprechend wäre bspw. in Zelle F6 zu formulieren:

F6: *=SUMMENPRODUKT($B$3:$D$3;B6:D6)*

Durch die Verwendung von „$“ in der Formel werden Zellfixierungen vorgenommen. Damit ist es möglich, die in Zelle F6 spezifizierte Funktion einfach in die Zellen F7 und F8 zu kopieren.

Dieses funktionsfähige GDB-Modell liefert für beliebig variierte Anbauumfänge automatisch die Modelloutputs in Form des Gesamtdeckungsbeitrags und der jeweiligen Kapazitätsnutzung. Man könnte also verschiedene Anbauprogramme ausprobieren und schauen, ob sie mit ihren Kapazitätserfordernissen innerhalb der gegebenen Grenzen bleiben, und welchen Gesamtdeckungsbeitrag man erzielt. Anstelle dieser zufälligen Suche nach dem besten gangbaren Produktionsprogramm nutzt man den **Solver**. Man kann ihn im Menü *„Extras“* aufrufen. Abb. 5-6 liefert einen Überblick der Einstellungen, die dabei vorzunehmen sind.

Abb. 5-6: Einsatz des Solvers zur Lösung des LP-Problems [a]

[a] Die Zellverweise beziehen sich auf das in Tab. 5-14 angezeigte MS-EXCEL-Arbeitsblatt.

Die *Zielzelle* entspricht der Zelle B10 (Gesamtdeckungsbeitrag) aus Tab. 5-14. Der Zielfunktionswert wird maximiert. Die Produktionsumfänge, die in den Zellen B3 bis D3 stehen, stellen die *veränderbaren Zellen* dar. Als *Nebenbedingungen* wird festgelegt, dass die Kapazitätsnutzung kleiner oder gleich der Kapazitätsausstattung ist. Die Formulierung „F6:F8 ≤ E6:E8“ ist eine praktische Kurzschreibweise. Sie bedeutet, dass die Werte im Zellbereich F6:F8 kleiner oder gleich ihren jeweils entsprechenden Werten im Zellbereich E6:E8 sein müssen. Man könnte auch die aufwändigere und weniger praktische Formulierung F6 ≤ E6, F7 ≤ E7 und F8 ≤ E8 nutzen. Die Nichtnegativität der Entscheidungsvariablen wird sichergestellt, indem man in den Solver-Optionen „Nicht-Negativ voraussetzen“ auswählt. Man könnte die Nichtnegativitätsbedingung auch als eigenständige Nebenbedingung spezifizieren, d.h. man könnte explizit formulieren, dass die Zellen B3 bis D3 größer oder gleich Null sein müssen (B3:D3 ≥ 0).

Wählt man nach der Spezifikation der Solver-Parameter den Button „Lösen“, dann schreibt der Solver die Optimallösungen in das Arbeitsblatt, in dem das GDB-Modell spezifiziert ist. Im vorliegenden Fall wird das optimale Produktionsprogramm (19 ha Weizen, 71 ha Kartoffeln, 10 ha Raps) in die Zellen B3 bis D3 geschrieben. Im funktionsfähigen GDB-Modell werden dann alle davon abhängigen Werte automatisch berechnet. In den Zellen F6 bis F8 sieht man, dass alle drei Kapazitäten voll genutzt werden. In der Zelle B10 sieht man den erzielten maximalen Gesamtdeckungsbeitrag von 315 500 €.

b) Interpretation von Sensitivitätsberichten

Bei der Optimierung mit dem Solver kann man sich zusätzliche Ergebnisberichte anzeigen lassen. Der sog. **Antwortbericht** wiederholt in tabellarischer Form die Ergebnisse, die auch im Arbeitsblatt mit dem GDB-Modell nach der Optimierung ersichtlich sind. Weiterführende Informationen liefert der sog. **Sensitivitätsbericht**, der für das vorliegende Beispiel in Tab. 5-15 dargestellt ist. Der Sensitivitätsbericht des Solvers gibt im Unterschied zum Simplex-Endtableau keine Auskunft bezüglich der Substitutionskoeffizienten. Dafür werden die Stabilitäts- bzw. Gültigkeitsbereiche der Schattenpreise numerisch ausgetestet und ausgewiesen.

Tab. 5-15: Sensitivitätsbericht des Solvers [a)]

Veränderbare Zellen							
	Zelle	Name	Lösung Endwert	Reduzierte Kosten	Ziel-koeffizient	Zulässige Zunahme	Zulässige Abnahme
1	B3	Umfang Weizen	19	0	1 000	500	125,00
2	C3	Umfang Kartoffeln	71	0	4 000	125	1 333,33
3	D3	Umfang Raps	10	0	1 250	200	50,00
Nebenbedingungen							
	Zelle	Name	Lösung Endwert	Schattenpreis	Rechte Seite	Zulässige Zunahme	Zulässige Abnahme
4	F6	Flächennutzung	100	50,00	100	177,50	10,00
5	F7	Arbeitsnutzung	2 400	40,00	2 400	50,00	111,76
6	F8	Kapitalnutzung	195 000	1,10	195 000	8 636,36	5 000,00

a) Die Zellverweise beziehen sich auf das in Tab. 5-14 angezeigte MS-EXCEL-Arbeitsblatt.

Der automatisch in der dargestellten Form generierte Sensitivitätsbericht, in dem sich alle Zellverweise auf das Arbeitsblatt mit dem GDB-Modell beziehen (Tab. 5-14), ist weitgehend selbsterklärend. In dem mit „veränderbare Zellen" überschriebenen oberen Zeilenblock werden die Lösungswerte für die Umfänge der einzelnen Aktivitäten und die jeweiligen Zielkoeffizienten (Zielfunktionsbeiträge) ausgewiesen. Die interessante Zusatzinformation sind hier die **Grenzverlustwerte**, die man unter der Bezeichnung „Reduzierte Kosten"[7] findet. Da im vorliegenden Fall alle Produktionsaktivitäten in der Optimallösung sind, sind alle Grenzverlustwerte gleich Null. Hätte man in der Optimallösung eine nicht realisierte Aktivität, würde hier ein negativer Wert stehen. In den letzten beiden Spalten findet man den sog. **Stabilitätsbereich**. Eine „zulässige Zunahme" von 500 bei Weizen bedeutet bspw., dass das optimale Anbauprogramm stabil (unverändert) bleibt, solange der Weizendeckungsbeitrag c.p. 1 500 €/ha nicht übersteigt. Steigt er aber auf 1 501 €/ha, verändert sich das optimale Anbauprogramm und es werden nur noch Weizen und Kartoffeln angebaut. Der Grenzverlustwert für Raps ist dann ungleich Null. Analog ist die Interpretation bei der „zulässigen Abnahme" vorzunehmen.

Der mit „Nebenbedingungen" überschriebene untere Zeilenblock ist gleich aufgebaut. Hier bezeichnen die Lösungswerte die Umfänge, mit denen die jeweiligen Kapazitäten in der Optimallösung genutzt werden. Die verfügbare Kapazitätsausstattung wird unter der Bezeichnung „Rechte Seite" wiederholt. Das Interessante sind hier die **Betriebswerte**, die man unter der Bezeichnung „Schattenpreis" findet. Sie sind im vorliegenden Fall alle positiv, da alle Kapazitäten voll genutzt werden. Man sagt in diesem Zusammenhang auch, dass alle Kapazitäten bindend oder einschränkend sind. Bei einer nicht voll genutzten und damit nicht bindenden Kapazität würde hier ein Wert von Null stehen. In den letzten beiden Spalten findet man für jede Kapazität die Gültigkeitsbereiche der Betriebswerte. Eine zulässige Abnahme von 10 und eine zulässige Zunahme von 177,5 bei der Fläche bedeutet bspw., dass die angezeigten Betriebswerte (50 €/ha

[7] Im Zusammenhang mit der Produktionsprogrammplanung ist die Bezeichnung „Reduzierte Kosten" (reduced cost), die aus der Kostenminimierung kommt, zunächst irreführend. Bei einem Minimierungsproblem geben die „Reduzierten Kosten" an, um wie viel der Zielfunktionsbeitrag reduziert werden müsste, damit die betreffende Nichtbasisvariable in die Lösung kommt. Da die lineare Programmierung historisch gesehen zunächst bei Minimierungsproblemen verbreitet war, hat sich der Begriff allgemein als Terminus technicus durchgesetzt. Bei Maximierungsproblemen besagt er, um wie viel der Zielfunktionsbeitrag steigen müsste, damit eine Nichtbasisvariable in die Lösung kommt.

Fläche, 40 €/Akh und 1,1 €/€ Kapital) c.p. in einem Bereich der Flächenausstattung zwischen 90 ha und 277,7 ha gültig sind. Analog sind wiederum die Werte in den anderen beiden Zeilen zu interpretieren.

Wir wissen, dass für die Betriebswerte in Abhängigkeit von der jeweils c.p. variierten Kapazitätsausstattung ein treppenförmiger Verlauf gilt (vgl. Abb. 5-5). Mit Hilfe des Sensitivitätsberichts kann man - ausgehend vom jeweils betrachteten Kapazitätsniveau - eine Stufe dieser Treppe identifizieren. Im vorliegenden Fall ist bekannt, dass der Wert der innerbetrieblichen Nutzung von Fläche bei 50 €/ha liegt, und zwar im Bereich zwischen 90 ha (= 100 − 10) und 277,5 ha (= 100 + 177,5). Hat man bspw. die Möglichkeit, 10 ha Fläche zu 500 €/ha zu verpachten, sollte man dies tun. Genauer gesagt können wir mit 10 ha, die wir für 500 €/ha verpachten, den Zielfunktionswert um 4 500 € erhöhen. Erzielt man bei der Verpachtung dagegen weniger als 50 €/ha, so sollte man die Fläche selbst nutzen. Aus dem Schattenpreis weiß man aber bspw. noch nicht, ob man auch mehr als 10 ha Fläche verpachten sollte. Dazu muss man die übrigen Stufen des Betriebswertes bestimmen. Hierfür nutzt man die sog. **parametrische Programmierung**, die man auch als erweiterte Sensitivitätsanalyse betrachten kann. Bei der parametrischen Programmierung wird die Kapazitätsgrenze systematisch variiert und jeweils das optimale Programm bestimmt. Im vorliegenden Fall würde man also eine erste Variantenoptimierung mit 90 ha Flächenausstattung durchführen. Hieraus ergibt sich ein Betriebswert von 250 €/ha mit seinem Gültigkeitsbereich zwischen 90 und 78 ha. Dieses Ergebnis ist dann der Ausgangspunkt für die Berechnung der nächsten Treppenstufe etc.

5.3.3 Hinweise zur modelltechnischen Abbildung realer Komplexitäten

Im Folgenden werden ausgewählte Modellverfeinerungen angesprochen, die eine realistischere Abbildung von realen Zusammenhängen wie Fruchtfolgen, Lieferverträgen etc. ermöglichen. Ausgangspunkt der Überlegungen bildet immer noch das in Tab. 5-12 beschriebene Planungsproblem mit den drei zur Auswahl stehenden Aktivitäten (Weizen, Kartoffeln und Raps) und den drei Kapazitätsrestriktionen (100 ha Ackerfläche, 2 400 Akh und 195 T€ Kapital).

Fruchtfolgerestriktionen

Nicht jeder Standort ist gleichermaßen für den Anbau einer Fruchtart geeignet. Außerdem sind Unverträglichkeiten der Fruchtarten untereinander und mit sich selbst zu beachten. Um dies in einem LP-Modell zu berücksichtigen, werden sog. Fruchtfolgerestriktionen eingeführt. Fruchtfolgerestriktionen kennzeichnen die maximal oder minimal zu realisierenden Anbauumfänge einzelner Fruchtarten.

Beispielsweise sollten Kartoffeln aus pflanzenbaulicher Sicht nur alle vier Jahre auf dem gleichen Standort angebaut werden. Wenn man bei 100% kartoffelfähiger Fläche den Kartoffelanteil in der Fruchtfolge dauerhaft auf über 25% steigern würde, wäre die Annahme eines unabhängig vom Anbauumfang zu erzielenden gleichbleibenden Deckungsbeitrags unrealistisch. Der wachsende Schaderregerdruck würde bspw. zu höheren variablen Kosten oder/und geringeren Leistungen führen. Bei einer Gesamtfläche von 100 ha könnte dies berücksichtigt werden, indem man das in Gleichung (5-31) formulierte Optimierungsproblem um die folgende Fruchtfolgerestriktion für den Kartoffelanbau erweitert:

$$0 \cdot u_{We} + 1 \cdot u_{Ka} - 0 \cdot u_{Ra} \leq 25 \qquad (5\text{-}32)$$

Die Formulierung in Gleichung (5-32) bezeichnet man auch als **externe Formulierung** der Fruchtfolgerestriktion. Sie hat den Nachteil, dass man auf der RHS explizit den Bezug zur vorhandenen Gesamtfläche herstellen muss. Man spricht mit Blick auf eine sich möglicherweise verändernde Gesamtfläche von einer starren Formulierung. Bei der **internen Formulierung** der Fruchtfolgerestriktion werden die Flächenanteile relativ, d.h. *ohne* Bezug zur absoluten Höhe der Gesamtfläche definiert. Dies hat den Vorteil, dass eine ggf. durch Zupachtungen oder Zukäufe veränderte Flächenausstattung automatisch Berücksichtigung findet. Die Koeffizienten der Kartoffel- und Nichtkartoffel-Aktivitäten findet man, indem man die Fruchtfolgerestriktion „maximal 25% Kartoffeln“ mathematisch formuliert und umformt:

$$\frac{Kartoffelfläche}{Nichtkartoffelfläche} \leq \frac{0{,}25}{1-0{,}25} \quad (5\text{-}33)$$
$$\Leftrightarrow +0{,}75 \cdot Kartoffelfläche - 0{,}25 \cdot Nichtkartoffelfläche \leq 0$$

Bezogen auf das betrachtete Beispiel mit den alternativen Produktionsverfahren „Weizen“ und „Raps“ ergibt sich für einen maximalen Kartoffelanteil von 25% die folgende Restriktion:

$$-0{,}25 \cdot u_{We} + 0{,}75 \cdot u_{Ka} - 0{,}25 \cdot u_{Ra} \leq 0 \quad (5\text{-}34)$$

Die Definition der Flächenanteile ohne Bezug zur vorhandenen Gesamtfläche ist zwar einerseits flexibler. Andererseits hat die interne Formulierung, die in Gleichung (5-34) beschrieben ist, aber den Nachteil, dass sich die prozentuale Aufteilung nur auf die Fläche beziehen kann, die von den realisierten Produktionsverfahren genutzt wird. Hierdurch kann es zu Problemen kommen, wenn mehrere Obergrenzen gleichzeitig berücksichtigt werden müssen. Nehmen wir bspw. an, dass neben der Kartoffelobergrenze von 25% auch noch ein maximaler Weizenanteil von 33% und ein maximaler Rapsanteil von 33% einzuhalten sind. Diese Obergrenzen ergeben in der Summe nur 91%, also weniger als 100%. Fügt man lediglich die internen Fruchtfolgeformulierungen analog zu Gleichung (5-34) in das Modell ein, ist nur die Nulllösung gangbar.

Um zu gewährleisten, dass sich die Restriktionen nicht auf die tatsächlich für die Produktion genutzte Fläche, sondern auf die insgesamt vorhandene Fläche beziehen, muss man die **indirekte Formulierung um die zusätzliche Aktivität „Brache“ (u_{Br}) erweitern**. Im Optimierungsproblem (5-31) sind damit die folgenden Restriktionen für Kartoffeln, Weizen und Raps aufzunehmen:

$$-0{,}25 \cdot u_{We} + 0{,}75 \cdot u_{Ka} - 0{,}25 \cdot u_{Ra} - 0{,}25 \cdot u_{Br} \leq 0 \quad (5\text{-}35)$$

$$+0{,}67 \cdot u_{We} - 0{,}33 \cdot u_{Ka} - 0{,}33 \cdot u_{Ra} - 0{,}33 \cdot u_{Br} \leq 0 \quad (5\text{-}36)$$

$$-0{,}33 \cdot u_{We} - 0{,}33 \cdot u_{Ka} + 0{,}67 \cdot u_{Ra} - 0{,}33 \cdot u_{Br} \leq 0 \quad (5\text{-}37)$$

Wenn eine Untergrenze für den Anbauumfang einer Fruchtart berücksichtigt werden soll, kann man ganz analog vorgehen. Soll bspw. der Rapsanbau wegen seiner guten Fruchtfolgewirkung mindestens 10% der Gesamtfläche umfassen, sind die für die interne Formulierung erforderlichen Fruchtfolgekoeffizienten wie folgt abzuleiten:

$$\frac{Rapsfläche}{Nichtrapsfläche} \geq \frac{0{,}1}{1-0{,}1} \quad (5\text{-}38)$$
$$\Leftrightarrow -0{,}9 \cdot Rapsfläche + 0{,}1 \cdot Nichtrapsfläche \leq 0$$

Bezogen auf das betrachtete Beispiel mit den alternativen Produktionsverfahren „Weizen“ und „Kartoffeln“ ergibt sich für die interne Formulierung unter Berücksichtigung der Aktivität „Brache“ damit folgende Formulierung:

$$+0{,}1 \cdot u_{We} + 0{,}1 \cdot u_{Ka} - 0{,}9 \cdot u_{Ra} + 0{,}1 \cdot u_{Br} \leq 0 \quad (5\text{-}39)$$

Integriert man die zusätzliche Aktivität „Brache“ sowie die vier Fruchtfolgerestriktionen (5-35) bis (5-37) und (5-39) in das Ausgangsmodell (vgl. Tab. 5-14), ergibt sich das in Tab. 5-16 dargestellte Modell. In der Optimallösung sind die Anbauumfänge aller Kulturen bis an die Anbauobergrenze ausgedehnt. Es handelt sich damit um bindende Maximalrestriktionen. Zur Rapsproduktion werden mehr als 10% der Fläche eingesetzt. Die Fruchtfolgeuntergrenze für Raps ist damit eine nicht einschränkende Minimalrestriktion. Gegenüber dem Basismodell mit einem ausgewiesenen Gesamtdeckungsbeitrags von 315 500 € (vgl. Tab. 5-14) wird der Zielfunktionswert durch die zusätzliche Berücksichtigung der Fruchtfolgerestriktionen auf 174 250 € reduziert.

Tab. 5-16: GDB-Modell zur Berücksichtigung von Fruchtfolgerestriktionen [a)]

	A	B	C	D	E	F	G
1	Aktivität	Weizen	Kartoffeln	Raps	Brache		
2	DB (€/ha)	1 000	4 000	1 250	0		
3	Umfang (ha)	33	25	33	9		
4							
5	*LHS*					*RHS*	*KN*
6	Fläche (ha)	1	1	1	1	100	100
7	Arbeit (Akh)	10	30	8	0	2 400	1 344
8	Kapital (€)	500	2 500	800	0	195 000	105 400
9	Weizen max. 33%	0,67	-0,33	-0,33	-0,33	0	0
10	Kartoffeln max. 25%	-0,25	0,75	-0,25	-0,25	0	0
11	Raps max. 33%	-0,33	-0,33	0,67	-0,33	0	0
12	Raps min. 10%	0,10	0,10	-0,90	0,10	0	-23
13							
14	**GDB (€)**	**174 250**					

a) Alle Nebenbedingungen sind als Maximalrestriktionen definiert, d.h. die im Zellbereich G6:G12 berechneten Werte müssen ≤ den im Zellbereich F6:F12 definierten Werten sein.

Im gerade betrachteten Beispiel haben wir bei der Spezifizierung der einzelnen Produktionsverfahren hinsichtlich der Erträge, variablen Kosten, Arbeitszeitansprüche etc. einen mittleren Anbauumfang innerhalb des minimal und maximal zulässigen Anbauumfangs unterstellt. Durch zusätzliche Fruchtfolgerestriktionen haben wir verhindert, dass der prozentuale Anteil der jeweiligen Fruchtart im Produktionsprogramm zu hoch oder zu niedrig wird. Demzufolge konnte man zumindest näherungsweise unterstellen, dass der Deckungsbeitrag pro ha und die Ansprüche des jeweiligen Verfahrens an die restlichen Kapazitäten konstant sind. In Erweiterung dazu könnte man auch höhere prozentuale Anteile einer Fruchtart zulassen. Hierzu müssten **alternative „Fruchtfolgeverfahren"** für ein und dasselbe Produkt definiert werden. So könnte man bspw. drei Fruchtfolgeverfahren für Weizen differenzieren: Weizen bei einem Anteil von 0% bis 33%, Weizen bei einem Anteil von 33% bis 66% und Weizen bei einem Anteil von 66% und mehr. Diese drei Verfahren unterscheiden sich technisch. Sie haben unterschiedliche Leistungen, unterschiedliche variable Kosten, unterschiedliche Fruchtfolgekoeffizienten und ggf. unterschiedliche Ansprüche an die festen Kapazitäten. Da Produktionsverfahren bei einem höheren Anteil im Produktionsprogramm aber häufig nicht wettbewerbsfähig sind, umgeht man oft die zusätzliche Mühe der Modellierung und sortiert sie a priori aus.

Anbau- oder Lieferverpflichtungen

Anbau- oder Lieferverpflichtungen können ähnlich wie Fruchtfolgerestriktionen berücksichtigt werden. Auch hier kann es sich um Obergrenzen (Lieferrechte, wie z.B. für Zuckerrüben) oder um Untergrenzen handeln. Sind bspw. aufgrund einer vertraglichen Vereinbarung mindestens 10 ha Fläche mit Raps zu bewirtschaften, ist das Optimierungsproblem (5-31) um folgende Restriktion zu ergänzen:

$$\begin{aligned} &0 \cdot u_{We} + 0 \cdot u_{Ka} + 1 \cdot u_{Ra} \geq 10 \\ \Leftrightarrow\ &-0 \cdot u_{We} - 0 \cdot u_{Ka} - 1 \cdot u_{Ra} \leq -10 \end{aligned} \tag{5-40}$$

Besteht eine vertragliche Vereinbarung, eine bestimmte Menge zu liefern, liegt es nahe, auch bei der Formulierung der entsprechenden Restriktion auf den Ertrag abzustellen. Bei einer vereinbarten Liefermenge von mindestens 400 dt Raps und einem Rapsertrag von 40 dt/ha kann die Lieferrestriktion wie folgt formuliert werden:

$$0 \cdot u_{We} + 0 \cdot u_{Ka} + 40 \cdot u_{Ra} \geq 400$$
$$\Leftrightarrow -0 \cdot u_{We} - 0 \cdot u_{Ka} - 40 \cdot u_{Ra} \leq -400 \quad (5\text{-}41)$$

Differenzierte Arbeitszeitrestriktionen

Agrotechnische Termine für Aussaat, Pflege und Ernte sind fruchtartenspezifisch. In einem Ackerbaubetrieb entstehen bspw. während der Getreide- oder Hackfruchternte oftmals kritische Arbeitsspitzen. Bei einer ausschließlichen Berücksichtigung der insgesamt pro Jahr vorhandenen Arbeitsausstattung kann es passieren, dass ein hoher Getreideanteil (Hackfruchtanteil) realisierbar erscheint, obwohl in den Monaten Juli und August (September und Oktober) mehr Arbeitsstunden anfallen, als tatsächlich verfügbar sind. Diesen Sachverhalt kann man abbilden, indem man **kritische Arbeitsperioden** definiert und die einzelnen Arbeitsgänge mit ihrem Zeitanspruch diesen Perioden zuordnet.

Der Einfachheit halber sei unterstellt, dass der Landwirt nur die Arbeitszeit als kritisch einschätzt, die während der Erntezeit für die Kartoffeln im September und Oktober verfügbar ist. In der kritischen Arbeitsperiode „September und Oktober" stehen 600 Akh zur Verfügung. Die Kartoffeln haben in diesem Zeitraum einen Arbeitsanspruch von 24 Akh/ha. Gleichzeitig entsteht ein Arbeitsbedarf für die Bestellung sowie Dünge- und Pflanzenschutzmaßnahmen von 4 Akh/ha im Weizen und von 1 Akh im Raps. Um diesen Sachverhalt abzubilden, ist die folgende Restriktion für die Arbeitsperiode „September und Oktober" zu formulieren:

$$4 \cdot u_{We} + 24 \cdot u_{Ka} + 1 \cdot u_{Ra} \leq 600 \quad (5\text{-}42)$$

Möglichkeiten der Kapazitätsänderung

In manchen Planungssituationen möchte man auch eine mögliche Veränderung der bisher fest vorgegebenen Kapazitätsausstattung in das Optimierungsproblem integrieren. Zum Beispiel könnte die Möglichkeit bestehen, Arbeitskapazität durch Saisonarbeitskräfte zu erweitern oder verfügbare Ackerfläche durch Zupachtung, Verpachtung, Zukauf oder Verkauf zu verändern. Beim Einsatz von Saisonarbeitskräften und bei der temporären Zupachtung von Ackerfläche sind die damit verbundenen Kosten auf eine Produktionsperiode bezogen. Diese Möglichkeit der Kapazitätserweiterungen können deshalb direkt als **zusätzliche Aktivität** bei der Optimierung berücksichtigt werden. Beim Zukauf von dauerhaften Produktionsmitteln müssen die Investitionskosten erst auf eine Produktionsperiode bezogen werden. Wie man dabei vorgehen muss, wird in Punkt 6.3.3d) erläutert.

Schauen wir uns den Fall an, dass Ackerfläche für 500 €/ha und Jahr sowohl zu verpachten als auch zu pachten ist. Eine Möglichkeit, die Frage nach der optimalen Zu- und Verpachtung zu beantworten, haben wir mit dem Sensitivitätsbericht und der parametrischen Programmierung bereits kennen gelernt (vgl. Punkt 5.3.2b). Im Folgenden wird ein alternativer Ansatz beschrieben, in dem die Verpachtungs- und die Zupachtungsmöglichkeit nicht über eine exogene Variation der Kapazität, sondern als eigenständige Aktivitäten im Modell abgebildet werden (vgl. Tab. 5-17, Spalte E und F). Die Aktivität „Verpachtung" weist einen positiven Zielfunktionsbeitrag von 500 €/ha auf und beansprucht pro realisierter Einheit 1 ha Ackerfläche. Die Aktivität „Zupachtung" verursacht dagegen einen negativen Zielfunktionsbeitrag und liefert 1 ha Fläche pro realisierte Einheit, auf dem dann über die Produktion von Weizen, Kartoffeln und Raps ein entsprechender Deckungsbeitrag erzielt werden kann.

Wir wissen, dass im Basismodell der Betriebswert für Fläche nur 50 €/ha beträgt (vgl. Tab. 5-15). Deshalb ist schon vor der Optimierung des erweiterten Modells klar, dass Flächenzupacht für 500 €/ha nicht in Frage kommt. Tatsächlich finden wir im Ergebnis der Optimierung, dass 22 ha Ackerfläche verpachtet werden, da die außerbetriebliche Verwertung mehr bringt als die innerbetriebliche Nutzung. Die restlichen 78 ha werden für die Kartoffelproduktion genutzt. Anstelle des Gesamtdeckungsbeitrags von

315 500 € im Basismodell wird durch die Verpachtungsmöglichkeit ein um 7 500 € höherer Gesamtdeckungsbeitrag erzielt.

Tab. 5-17: GDB-Modell zur Berücksichtigung einer veränderlichen Faktorausstattung [a)]

	A	B	C	D	E	F	G	H
1	Aktivität	Weizen	Kartoffeln	Raps	Landverpachtung	Landzupachtung		
2	DB (€/ha)	1 000	4 000	1 250	500	-500		
3	Umfang (ha)	0	78	0	22	0		
4								
5	*LHS*						*RHS*	*KN*
6	Fläche (ha)	1	1	1	1	-1	100	100
7	Arbeit (Akh)	10	30	8	0	0	2 400	2 340
8	Kapital (€)	500	2 500	800	0	0	195 000	195 000
9								
10	**GDB (€)**	**323 000**						

a) Alle Nebenbedingungen sind als Maximalrestriktionen definiert, d.h. die im Zellbereich H6:H8 berechneten Werte müssen ≤ den im Zellbereich G6:G8 definierten Werten sein.

Differenzierte Flächenrestriktionen

Verschiedene Standorte unterscheiden sich hinsichtlich ihrer Eigenschaften (Bodengüte, Klima, Hangneigung etc.). Oftmals wird in diesem Zusammenhang zwischen **Ackerland und Grünland** unterschieden. Aber auch innerhalb dieser beiden Kategorien kann es relevante Qualitätsunterschiede geben, die bei der Planung des Anbauprogramms zu berücksichtigen sind und bspw. eine ackerschlagbezogene Programmplanung erfordern könnten. Im Folgenden wird dargelegt, wie im Modell zwischen **beregnungsfähigen und nicht-beregnungsfähigen Flächen** differenziert werden kann (vgl. Tab. 5-18). Im Vergleich zum Basismodell bestehen folgende Unterschiede:

- Weizen und Kartoffeln kommen für den Anbau unter Beregnung in Betracht. In den Spalten E und F werden deshalb zwei zusätzliche Produktionsverfahren definiert: „Weizen bewässert" und „Kartoffeln bewässert". Diese Verfahren liefern im Vergleich zu den Verfahren ohne Beregnung einen höheren Deckungsbeitrag. Gleichzeitig sind diese Verfahren aber auch mit höheren Ansprüchen an Arbeit und Kapital verbunden.
- In Zeile 9 wird berücksichtigt, dass man zur Realisation von Weizen und Kartoffeln mit Beregnung 1 ha beregnungsfähige Fläche benötigt, die im Betrieb annahmegemäß nur in einem Umfang von insgesamt 30 ha verfügbar ist.
- Obwohl in Zeile 9 schon ein Teil der Gesamtfläche als „beregnungsfähige Fläche" berücksichtigt wird, ist in Zeile 6 die gesamte Flächenausstattung von 100 ha als Kapazitätsobergrenze definiert. Damit wird berücksichtigt, dass Flächen mit Beregnungsmöglichkeit auch ohne Beregnung bewirtschaftet werden könnten, also bspw. die Weizenproduktion ohne Beregnung im Extremfall einen Umfang von 100 ha annehmen kann. Dies wäre nicht möglich, wenn man in Zeile 6 als Kapazitätsobergrenze nur 70 ha eintragen würde.

Im Ergebnis der Optimierung zeigt sich, dass die beregnungsfähige Fläche von 30 ha vollständig für Kartoffeln genutzt werden sollte. Auf der nicht-beregnungsfähigen Ackerfläche werden 20,2 ha Weizen, 36,8 ha Kartoffeln und 13 ha Raps umgesetzt. Damit wird insgesamt ein Gesamtdeckungsbeitrag von 363 650 € erzielt.

Tab. 5-18: GDB-Modell zur Berücksichtigung unterschiedlicher Flächenqualitäten [a]

	A	B	C	D	E	F	G	H
1	Aktivität	Weizen	Kartoffeln	Raps	Weizen bewässert	Kartoffeln bewässert		
2	DB (€/ha)	1 000	4 000	1 250	1 400	6 000		
3	Umfang (ha)	20,2	36,8	13	0	30		
4								
5	*LHS*						*RHS*	*KN*
6	Fläche (ha)	1	1	1	1	1	100	100
7	Arbeit (Akh)	10	30	8	11,5	33	2 400	2 400
8	Kapital (€)	500	2 500	800	750	2 750	195 000	195 000
9	Beregnungsfähige Fläche (ha)	0	0	0	1	1	30	30
10								
11	GDB (€)	363 650						

[a] Alle Nebenbedingungen sind als Maximalrestriktionen definiert, d.h. die im Zellbereich H6:H9 berechneten Werte müssen $\leq$ den im Zellbereich G6:G9 definierten Werten sein.

Innerbetrieblich verwertbare Produkte

Grundsätzlich kann man zwischen (1) ausschließlich marktfähigen Produkten, (2) ausschließlich innerbetrieblich verwertbaren Produkten und (3) fakultativ marktfähigen Produkten unterscheiden. In unserem Basisbeispiel ging es bisher um Weizen, Kartoffeln und Raps; drei Produkte, die ausschließlich durch den Verkauf am Markt verwertet werden können. Ein anschauliches Beispiel für ausschließlich innerbetrieblich verwertbare Produkte ist das Grünfutter für die Milchviehhaltung. In mehreren Richtungen innerbetrieblich verwertbar sind oftmals pflanzliche Nebenprodukte (z.B. Stroh oder Zuckerrübenblatt). Hier kann man sich die Frage stellen, ob man die Nebenprodukte bergen und in der Tierhaltung einsetzen soll oder ob es vorteilhafter ist, die Düngerwirkung zu nutzen und Futtermittel zuzukaufen. Ein Beispiel für ein fakultativ marktfähiges Produkt ergibt sich, wenn man unterstellt, dass Weizen entweder verkauft oder innerbetrieblich über einen Betriebszweig „Schweinemast" verwertet - man spricht in diesem Fall auch von „veredelt" - werden kann.

Um uns an unser bisheriges Basismodell anlehnen zu können, betrachten wir eine Situation, in der neben der Ackerfläche zusätzlich 200 Plätze für die Schweinemast zur Verfügung stehen. Der Betriebsleiter habe vorweg die Entscheidung getroffen, die Schweine - falls sich die Schweinemast überhaupt lohnt - mit selbst erzeugtem Futterweizen zu füttern, sonst aber keinen Weizen zu produzieren. Der Weizen wird dadurch zu einem ausschließlich innerbetrieblichen Produkt. In Tab. 5-19 sind die Veränderungen gegenüber dem Basismodell leicht zu erkennen:

- In Spalte B ist das Produktionsverfahren „Schweinemast" spezifiziert. Es hat einen Zielfunktionsbeitrag („futterweizenkostenfreier Deckungsbeitrag") von 225 € pro Mastplatz und Jahr. Dafür sind pro Mastplatz und Jahr 1 Akh, 100 € Kapital und 2,5 dt Futterweizen erforderlich.
- In Spalte C ist das neue Verfahren „Produktion von Weizen" definiert, das wegen fehlender Erlöse einen Zielfunktionsbeitrag („Deckungsbeitrag in Höhe der variablen Kosten") von -500 €/ha hat. Dafür liefert das Verfahren aber innerbetrieblich 60 dt Futterweizen.
- In Zeile 9 ist die Stallplatzrestriktion definiert. Zur Realisation einer Einheit des Produktionsverfahrens „Schweinemast" benötigt man einen der insgesamt 200 Mastplätze.

- In Zeile 10 werden der Futterweizenbedarf und die Futterweizenlieferung bilanziert. Die Schweinemast braucht pro Stallplatz und Jahr neben etwa 5 dt zugekauften Futtermitteln 2,5 dt Weizen. Das Verfahren „Produktion von Weizen" liefert 60 dt/ha. Die Futterbilanz muss mindestens ausgeglichen sein, d.h. man muss mindestens so viel Futter bereitstellen wie benötigt wird.

Wir gehen aus didaktischen Gründen implizit davon aus, dass alle Zahlungen und Kapazitätsanforderungen zu einem Zeitpunkt erfolgen. Dies stellt eine stark vereinfachende Annahme dar, die bspw. impliziert, dass die Mastschweine das gesamte Futter am Tag der Ernte aufnehmen.

Tab. 5-19: GDB-Modell zur Berücksichtigung innerbetrieblich verwertbarer Produkte [a)]

	A	B	C	D	E	F	G
1	Aktivität	Schweinemast	Produktion von Weizen	Kartoffeln	Raps		
2	DB (€/ha, €/Platz)	225	-500	4 000	1 250		
3	Umfang (ha, Plätze)	200	8,33	68,33	0		
4							
5	*LHS*					*RHS*	*KN*
6	Fläche (ha)	0	1	1	1	100	76,67
7	Arbeit (Akh)	1	10	30	8	2 400	2 333
8	Kapital (€)	100	500	2 500	800	195 000	195 000
9	Stallplätze	1	0	0	0	200	200
10	Futtermenge (dt)	2,5	-60	0	0	0	0
11							
12	**GDB (€)**	**314 167**					

a) Alle Nebenbedingungen sind als Maximalrestriktionen definiert, d.h. die im Zellbereich G6:G10 berechneten Werte müssen ≤ den im Zellbereich F6:F10 definierten Werten sein.

Im Ergebnis der Optimierung wird die gesamte verfügbare Stallplatzkapazität ausgelastet. Dadurch ergibt sich ein Futterweizenbedarf von 500 dt, der über den Anbau von 8,33 ha Weizen bereitgestellt wird. Auf 68,33 ha werden Kartoffeln angebaut. Raps ist nicht in der Optimallösung enthalten. Kapital, Stallplätze und Futter sind knapp, während die Flächen- und Arbeitskapazität nicht voll genutzt werden. Durch die Möglichkeit der Verwertung des Weizens in der Schweinemast und die gleichzeitige Einschränkung, den Weizen nur als Futter in Betracht zu ziehen, ergibt sich gegenüber dem Basismodell ein etwas geringerer Gesamtdeckungsbeitrag von 314 167 €.

Wir haben in Zeile 10 der Tab. 5-19 gesehen, wie man Liefer- und Verbrauchsaktivitäten mit Hilfe einer **Bilanzzeile für Futter** verknüpft. Dies könnte man noch verfeinern, indem man mehrere im Modell miteinander konkurrierende Lieferaktivitäten einführt, die verschiedene Futtermittel mit unterschiedlichen Futterinhaltsstoffen und Kapazitätsansprüchen bereitstellen. Ein Beispiel ist die Grundfutterbereitstellung in der Milchviehhaltung über Wiese oder Weide. Man könnte auch dem jahreszeitlich unterschiedlichen Futterangebot (z.B. Grünfutter während der Vegetationsperiode und Silage im Winter) Rechnung tragen, indem man - analog zum saisonalen Arbeitsbedarf - jahreszeitbezogene Bilanzen für Futterlieferung und -verbrauch aufstellt.

Fakultativ marktfähige Produkte

Nun gehen wir einen Schritt weiter und unterstellen, dass nicht nur eine innerbetriebliche Weizenverwertung über die Schweinemast möglich ist, sondern auch der Weizenverkauf und -zukauf in Betracht kommen. Bei dem in Tab. 5-20 dargestellten Modell wird zunächst offen gelassen, ob die vorhandenen Stallkapazitäten von 200 Mastplätzen ausgelastet, der betriebsintern erzeugte Weizen als Futter in der Schweinemast eingesetzt oder Futtermittel am Markt dazugekauft werden. Bei der Formulierung der nun zusätzlich erforderlichen Aktivitäten „Verkauf von Weizen" und „Zukauf von Weizen" sind folgende Informationen zu berücksichtigen:

- Der Weizenverkaufspreis beträgt 25 €/dt und liefert Kapital in gleicher Höhe (Spalte D).
- Der Weizenzukaufspreis beträgt 30 €/dt und ist mit einem Kapitalbedarf in gleicher Höhe verbunden (Spalte E). Vordergründig mag es nahe liegen, zu schlussfolgern, dass die Zukaufsmöglichkeit für Weizen zu einem Preis von 30 €/dt niemals in der Optimallösung enthalten sein kann. Allerdings ist zu beachten, dass die Schweinemast auf der Basis von 30 €/dt zugekauftem Weizen rentabel sein könnte, aber die Verwertung der Fläche im Betrieb über Kartoffeln und Raps attraktiver ist als über Weizen, der über die Schweinemast „nur etwas über" 30 €/dt bringt.
- Die Aktivität „Produktion von Weizen" *liefert* einen Ertrag von 60 dt/ha. Die Aktivität „Schweinemast" *verbraucht* neben zugekauften Futtermitteln pro Stallplatz 2,5 dt Weizen. Die Aktivität „Weizenverkauf" *verbraucht* ebenfalls Weizen. Der Bedarf an Weizen zu Futterzwecken kann neben der innerbetrieblichen Produktion durch die Aktivität „Weizenzukauf" gedeckt werden. Insgesamt muss die Bilanz aber ausgeglichen sein (Zeile 10).

Weiterhin unterstellen wir der Einfachheit halber, dass alle Zahlungen und Kapazitätsanforderungen zu einem Zeitpunkt erfolgen.

Tab. 5-20: GDB-Modell zur Berücksichtigung fakultativ marktfähiger Produkte [a)]

	A	B	C	D	E	F	G	H	I
1	Aktivität	Schweine-mast	Produktion von Weizen	Verkauf von Weizen	Zukauf von Weizen	Kartoffeln	Raps		
2	DB (€/ha, €/Platz)	225	-500	25	-30	4 000	1 250		
3	Umfang (ha, Plätze, dt)	200	13,14	288,37	0	62,44	24,42		
4									
5	*LHS*							*RHS*	*KN*
6	Fläche (ha)	0	1	0	0	1	1	100	100
7	Arbeit (Akh)	1	10	0	0	30	8	2 400	2 400
8	Kapital (€)	100	500	-25	30	2 500	800	195 000	195 000
9	Stallplätze	1	0	0	0	0	0	200	200
10	Futtermenge (dt)	2,5	-60	1	-1	0	0	0	0
11									
12	**GDB (€)**	**325 930**							

a) Alle Nebenbedingungen sind als Maximalrestriktionen definiert, d.h. die im Zellbereich I6:I10 berechneten Werte müssen ≤ den im Zellbereich H6:H10 definierten Werten sein.

Im Ergebnis der Optimierung zeigt sich, dass die gesamte verfügbare Stallplatzkapazität ausgelastet wird. Durch die Nutzung der 200 Mastplätze ergibt sich ein Futterweizenbedarf von 500 dt, der innerbetrieblich bereitgestellt wird. Die auf 13,14 ha realisierte Weizenproduktion liefert sogar einen Ertrag von 788,37 dt, so dass 288,37 dt Weizen verkauft werden können. Auf 62,44 ha werden Kartoffeln und auf 24,42 ha Raps angebaut. Anstelle des Gesamtdeckungsbeitrags von 315 500 € im Basismodell ohne innerbetriebliche Verwertungsmöglichkeit für Weizen wird ein um etwa 10 500 € höherer Gesamtdeckungsbeitrag von 325 930 € erzielt.

Zusammenhänge zwischen mehreren Perioden

In der Realität bestehen oftmals Interdependenzen zwischen Entscheidungen, die zu verschiedenen Zeitpunkten getroffen werden müssen. So ist bspw. der Anbau von Energieholz im Kurzumtrieb, von Spargel, von Obst oder von Vermehrungsgras mit einer Produktionsdauer von mehreren Jahren verbunden. Auch die Nutzung einer Milchkuh erstreckt sich über mehrere Jahre. Die Entscheidung des betrachteten Jahres, mehrperiodige Kulturen anzubauen, reduziert direkt die Fläche, die für alternative Produktionsverfahren in den Folgejahren zur Verfügung steht. In aller Regel entstehen bei mehrperiodigen Kulturen in den ersten Jahren zwar variable Kosten, aber keine oder nur geringe Leistungen. Es kommt damit zunächst zu negativen Deckungsbeiträgen. Bei einperiodischer Betrachtung können solche Verfahren gar nicht in die Optimallösung kommen. Damit kann die partielle Betrachtung einer Planungsperiode zu suboptimalen Ergebnissen führen. Man kann im Rahmen der linearen Programmierung aber eine simultane Planung und Optimierung über mehrere Perioden gewährleisten. Hierzu ist es erforderlich, zur **mehrperiodischen linearen Programmierung** überzugehen.

In Tab. 5-21 ist ein zweiperiodisches LP-Modell dargestellt. Dabei bildet aus Gründen der Übersichtlichkeit nicht das 3x3-, sondern das eingangs besprochene 2x2-Problem den Ausgangspunkt (vgl. Tab. 5-1). Weizen und/oder Kartoffeln können im Jahr 1 (Spalte B und C) und im Jahr 2 (Spalte E und F) produziert werden. Als Kapazitäten stehen in beiden Jahren 100 ha Fläche und 2 400 Akh zur Verfügung. Zusätzlich wird unterstellt, dass zweijähriges Vermehrungsgras angebaut werden kann. Im Jahr 1 sind zur Umsetzung dieses Verfahrens 1 ha Fläche und 5 Akh (Bestellung, Pflanzenschutz, Düngung etc.) erforderlich. Außerdem liefert das Vermehrungsgras zunächst einen Deckungsbeitrag von -400 €/ha. Im Jahr 2 sind weiterhin 1 ha Fläche und 5 Akh (Drusch, Pflanzenschutz, Düngung etc.) aufzuwenden. Der im Jahr 2 zu erzielende Deckungsbeitrag beläuft sich auf 2 000 €/ha.

Tab. 5-21: GDB-Modell zur Berücksichtigung mehrerer Perioden [a)]

	A	B	C	D	E	F	G	H	I
1	Aktivität	Jahr 1			Jahr 2				
2		Weizen	Kartoffeln	Zweijähriges Vermehrungsgras	Weizen	Kartoffeln	Zweijähriges Vermehrungsgras		
3	DB (€/ha)	1 000	4 000	-400	1 000	4 000	2 000		
4	Umfang (ha)	0	76	24	0	76	24		
5									
6	*LHS*							*RHS*	*KN*
7	Fläche Jahr 1 (ha)	1	1	1	0	0	0	100	100
8	Arbeit Jahr 1 (Akh)	10	30	5	0	0	0	2 400	2 400
9	Fläche Jahr 2 (ha)	0	0	0	1	1	1	100	100
10	Arbeit Jahr 2 (Akh)	0	0	0	10	30	5	2 400	2 400
11	Vermehrungsgras	0	0	-1	0	0	1	0	0
12									
13	**GDB-Summe (€)**	**646 400**							

a) Alle Nebenbedingungen sind als Maximalrestriktionen definiert, d.h. die im Zellbereich I7:I11 berechneten Werte müssen ≤ den im Zellbereich H7:H11 definierten Werten sein.

In Zeile 11 wird modelliert, dass Vermehrungsgras eine zweijährige Kultur ist: Es kann nur dann im Jahr 2 ein Deckungsbeitrag von 2 000 € erzielt werden, wenn die Produktion bereits im Jahr 1 aufgenommen wurde. Letztlich könnte man Zeile 11 auch als **mehrperiodische Bilanzzeile** bezeichnen. Der als „GDB-Summe" bezeichnete Zielfunktionswert in Zeile 13 ist die Summe der Gesamtdeckungsbeiträge der beiden betrachteten Jahre. Von Verzinsungsmöglichkeiten und -ansprüchen für Kapital wird der Einfachheit halber abstrahiert.

Bei partieller Betrachtung der Jahre 1 und 2 hätten jeweils auf 80 ha Kartoffeln produziert werden sollen (Tab. 5-5). Weizen und Vermehrungsgras wären aufgrund zu geringer oder sogar negativer Deckungsbeiträge gar nicht im Produktionsprogramm enthalten. Bei simultaner Betrachtung der Jahre 1 und 2 sollten im Jahr 1 Kartoffeln im Umfang von nur 76 ha und Vermehrungsgras im Umfang von 24 ha produziert werden. Dabei wird zwar zunächst ein um 25 600 € geringerer Gesamtdeckungsbeitrag erzielt als bei partieller Betrachtung. Allerdings ist der Gesamtdeckungsbeitrag im Jahr 2 im Vergleich zur partiellen Betrachtung um 32 T€ höher. Insgesamt wird bei simultaner Planung eine GDB-Summe erzielt, die um 6 400 € höher ist als bei einer partiellen Planung der beiden Jahre.

Unternehmerische Mehrfachziele

Wenn man nicht nur das Ziel „Gewinnmaximierung" verfolgt, sondern auch Freizeit, Sicherheit oder nichtmaterielle Ziele anstrebt (vgl. Abschnitt 2.2), erhöht sich die Komplexität eines Optimierungsmodells beträchtlich. Es reicht nicht mehr aus, zu bestimmen, welche Handlung in Euro ausgedrückt am meisten bringt. Vielmehr hat man das Problem, dass man eine bestimmte Menge Äpfel mit Birnen (und womöglich gar noch mit Pflaumen) vergleichen muss. Im einfachsten Fall ignoriert man dies als Planer mit der Begründung, es gehe letztlich doch nur um *ein* wirklich wichtiges Ziel. Häufig ist dies dann die Gewinnmaximierung. Wenn man die mehrdimensionale Zielfunktion realer Entscheidungsträger aber nicht einfach „wegdefinieren" und andere Ziele vernachlässigen will (**Zielunterdrückung**), stehen die im Folgenden angesprochenen Ansätze zur Verfügung.

Beim **Ausweis mehrkriterieller Ergebniskombinationen** handelt es sich um ein zweistufiges Verfahren der Entscheidungsunterstützung, bei dem alle Zielgrößen betrachtet und sog. effiziente bzw. nichtdominierte Ergebniskombinationen ausgewiesen werden. Eine derartige mehrkriterielle Optimierung bezeichnet man auch als Pareto-Optimierung. Beispielsweise würde man bei Verfolgung der zwei konfligierenden Ziele „Gewinnmaximierung" und „Freizeitmaximierung" in der ersten Stufe das Niveau eines Ziels systematisch variieren und in Form eines Mindestniveaus als Nebenbedingung vorgeben. Hinsichtlich des anderen Ziels würde man jeweils optimieren. Im Ergebnis hat man sog. effiziente Lösungen ermittelt, also die bestmöglichen Ergebniskombinationen. Eine Wahl zwischen diesen Ergebniskombinationen ist ohne Kenntnis der Präferenz des Entscheiders nicht möglich und wird nicht modellendogen vorgenommen. Vielmehr legt man dem Entscheider in der zweiten Stufe der Entscheidungsunterstützung die effizienten Lösungen vor. Er wählt dann modellexogen eine der effizienten Lösungen aus, die am besten zu seinen persönlichen Präferenzen passt.

Der Vorteil des Ausweises effizienter Ergebniskombinationen besteht darin, dass die Nutzenfunktion des Entscheiders nicht bekannt sein muss. Schwierigkeiten ergeben sich dann, wenn für ein Problem eine große Zahl effizienter Lösungen ermittelt werden kann. Zum einen ist es rechenaufwändig, alle effizienten Lösungen zu bestimmen. Zum anderen fällt es dem Entscheider möglicherweise schwer, aus sehr vielen Alternativen auszuwählen. Die im Folgenden angesprochenen Vorgehensweisen liefern modellendogen *eine* Optimallösung.

Beim **lexikografischen Ansatz** geht man davon aus, dass der Entscheider eine strikte Ordnung hinsichtlich der einzelnen für ihn relevanten Ziele hat. Das heißt, dass er die verschiedenen Alternativen zunächst nur nach dem wichtigsten Ziel bewertet. Erst wenn mehrere Alternativen beim wichtigsten Ziel gleichwertig sind, wird das zweite Ziel zur Beurteilung genutzt etc. Diese Art der Präferenzordnung wird als „lexikografisch" bezeichnet, weil sie der Logik folgt, mit der auch Wörter in einem Lexikon angeordnet werden. Bei der Optimierung geht man mehrstufig vor: Zunächst optimiert man hinsichtlich des wichtigsten Ziels. Gelangt man hier nicht zu einer eindeutigen Lösung, d.h. sind mehrere Handlungsalternativen bzgl. des Zielerreichungsgrades für das wichtigste Ziel gleichwertig, optimiert man in der zweiten Stufe hinsichtlich des zweitwichtigsten Ziels und berücksichtigt dabei, dass das für das wichtigste Ziel in der ersten Stufe bestimmte bestmögliche Niveau nicht unterschritten werden darf etc. Da nur selten mehrere Handlungsalternativen bzgl. eines Ziels genau gleichwertig sind, entspricht der lexikografische Ansatz vielfach der Zielunterdrückung.

Bei der **Beschränkungsmethode** werden zwei Klassen von Zielen unterschieden. Ein Ziel ist die zu optimierende Größe. Für alle anderen Ziele werden Mindestniveaus vorgegeben, die als starre Restriktionen bei der Optimierung zu berücksichtigen sind. Substitutionsmöglichkeiten zwischen den einzelnen Zielen bestehen damit nicht. Eine Anwendung der Beschränkungsmethode haben wir indirekt schon kennen gelernt: Wenn man unterstellt, dass die zur Verfügung stehende Arbeitskapazität die eigene Arbeitskraft darstellt, bedeutet die Maximierung des Gesamtdeckungsbeitrags unter Berücksichtigung einer Arbeitszeitrestriktion, dass ein Mindestmaß an Freizeit gefordert wird.

Beim **Strafkostenansatz** optimiert man ein Oberziel. Bei den Unterzielen definiert man Wunschniveaus, bei denen es sich aber nicht mehr um starre Mindestniveaus handelt. Vielmehr ist ein Unterschreiten des gewünschten Zielerreichungsgrades möglich. Es wird aber mit sog. Strafkosten verbunden. Ein Beispiel wäre der Wunsch, ein Mindestmaß an Freizeit zu genießen und die eigene Arbeitszeit auf 2 400 Akh pro Jahr zu begrenzen. Gleichzeitig möchte man möglicherweise einen höheren Arbeitseinsatz und damit weniger Freizeit nicht kategorisch ausschließen, wenn er entsprechend lukrativ ist. Wie lukrativ er sein muss, definiert man über die Höhe der Strafkosten. 100 € Strafkosten pro Arbeitsstunde bedeuten, dass man ab dem Niveau von 2 400 Akh nur dann eine Stunde Mehrarbeit leistet, wenn der Gesamtdeckungsbeitrag dadurch um mindestens 100 € gesteigert werden kann. Unterhalb des Niveaus von 2 400 Akh setzt man dagegen Arbeitszeit ein, solange überhaupt eine Steigerung des Gesamtdeckungsbeitrags erzielt wird. Anders gesagt: Zusätzliche Freizeit hat keinen Wert, wenn das definierte Wunschniveau überschritten ist. Technisch gesehen kann man Strafkosten als kapazitätserweiternde Zukaufsaktivitäten in ein Optimierungsmodell integrieren. Gedanklich kauft man zusätzliche Arbeitsstunden bei sich selber, und zwar zu Opportunitätskosten in Höhe der Strafkosten.

Bei der **Zielgewichtung** werden alle Ziele in der Zielfunktion des Optimierungsmodells berücksichtigt. Dazu müssen die Tradeoffs zwischen den verschiedenen Zielen bekannt sein. Mit anderen Worten: Um das „Äpfel-Birnen-Pflaumen-Problem" in den Griff zu bekommen, müssen die zu berücksichtigenden Ziele mit derselben Maßeinheit (in einer „Währung") gemessen werden. Wenn es bspw. darum geht, die konfligierenden Ziele „Maximierung des Gesamtdeckungsbeitrags" und „Minimierung der Arbeitsbelastung" zu berücksichtigen, müsste man den monetären Wert einer Stunde Freizeit und damit den monetären Nachteil einer selbst geleisteten Arbeitsstunde kennen. Im Gegensatz zum Strafkostenansatz verliert bei der Methode der (linearen) Zielgewichtung ein Ziel (z.B. zusätzliche Freizeit) nicht seinen Wert, wenn ein bestimmtes Niveau überschritten wird.

Beim **Goal-Programming** definiert der Entscheider zunächst für alle Ziele sein Wunschniveau. Wenn es um die Ziele „Maximierung des Gesamtdeckungsbeitrags" und „Minimierung der Arbeitsbelastung" geht, könnte der Unternehmer z.B. einen Gesamtdeckungsbeitrag von 300 T€ und 20 Stunden Freizeit pro Arbeitstag fordern. In der Regel ist es nutzenmaximierenden Entscheidern in einer Welt mit knappen Ressourcen nicht möglich, alle gewünschten Zielniveaus zu erreichen. Deshalb wird das Produktionsprogramm bestimmt, das die Summe der (gewichteten) Abweichungen der jeweiligen Zielerreichung vom Zielwunschniveau minimiert. Die Gewichtungen sind in Abhängigkeit von der Präferenz des Entscheiders festzulegen.

Alternative Produktionstechnologien

In unserem Basismodell haben wir für jedes Produkt nur ein Produktionsverfahren spezifiziert und bei der Optimierung zur Auswahl gestellt. Oftmals kann man Produktionsverfahren aber auf verschiedene Weise technisch ausgestalten und a priori ist nicht klar, welche Form bevorzugt werden sollte. In Transformations- und Entwicklungsländern stellt sich möglicherweise die Frage, ob man in der Kartoffelproduktion das Unkraut manuell bekämpfen oder Herbizide einsetzen soll. Im erstgenannten Fall wird vergleichsweise viel Arbeit benötigt. Im zweiten Fall benötigt man relativ viel Kapital. Wenn man alternative technische Verfahrensvarianten modellexogen ausschließt, läuft man Gefahr, dass das Optimierungsmodell die tatsächliche Optimallösung wegen einer zu starken Einschränkung des Lösungsmöglichkeitenraums nicht findet. Das könnte bspw. der Fall sein, wenn man nur die kapitalintensive und nicht auch die arbeitsintensive Kartoffelproduktion als Aktivität zulässt. Um Fehler durch ein modellexogenes Aussortieren möglicher Verfahrensvarianten zu vermeiden, kann man **mehrere Verfahrensvarianten mit ihren jeweiligen Leistungen und Kapazitätsansprüchen in ein LP-Modell aufnehmen** und direkt miteinander um die knappen Faktoren konkurrieren lassen. Eine ähnliche Vorgehensweise haben wir mit Blick auf die Frage, ob man Verfahren ohne oder mit Bewässerung umsetzen sollte, schon kennen gelernt (vgl. Tab. 5-18).

Nicht-stetige Sachverhalte

In der Praxis gibt es Produktionsaktivitäten, die nur ganzzahlig realisierbar sind. Beispielsweise sind Milchkühe nicht teilbar. Andere Entscheidungsvariablen sind auf die Werte 0 oder 1 beschränkt (sog. Binärvariablen). Beispielsweise kann eine Investition in einen Schlepper entweder ganz oder gar nicht realisiert werden. Werden derartige Sachverhalte bei der Optimierung berücksichtigt, spricht man von ganzzahliger oder diskreter (linearer) Programmierung. Da in aller Regel stückelbare und nicht stückelbare Entscheidungsvariablen vorliegen, müssen **gemischt-ganzzahlige Programmierungsprobleme** (mixed integer programming) gelöst werden.

Bei ganzzahligen Programmierungsproblemen sucht man vielfach zunächst das theoretische Optimum, d.h. die Optimallösung ohne Beachtung der Ganzzahligkeit. Anschließend bestimmt man alle dem theoretischen Optimum nahe liegenden und gangbaren ganzzahligen Programme. Von diesen Programmen ermittelt man das Programm, das den höchsten Zielfunktionswert aufweist. Trotz der insbesondere bei vielen Aktivitäten und Restriktionen ungleich größeren mathematischen Anforderungen, die die ganzzahlige Programmierung an den Lösungsalgorithmus stellt, ist es für den Nutzer möglich, rein-ganzzahlige oder gemischt-ganzzahlige Probleme mit gängiger Software zu lösen. Im MS-EXCEL-Solver kann man bspw. als Nebenbedingung spezifizieren, welche Größen nur ganzzahlige oder binäre Werte annehmen dürfen.

5.4 Literaturhinweise

BLOECH, J., R. BOGASCHEWSKY, U. BUSCHER, A. DAUB, U. GÖTZE und F. ROLAND (2008): Einführung in die Produktion. Springer, Berlin.

BRANDES, W. (1974): Wie analysiere und plane ich meinen Betrieb? Parey, Hamburg und Berlin.

HAZELL, P.B.R. und R.D. NORTON (1986): Mathematical Programming for Economic Analysis in Agriculture. Macmillan, New York.

LAPIN, L.L. und W.D. WHISLER (2002): Quantitative Decision Making with Spreadsheet Applications. Wadsworth, Belmont.

MÜLLER-MERBACH, H. (1973): Operations Research. Vahlen, München.

6 Investitionsplanung und Finanzierung

6.1 Vorbemerkungen

In den Kapiteln 4 und 5 haben wir uns mit den ersten beiden Ebenen der Betriebsplanung (vgl. Abschnitt 5.1) beschäftigt. Dabei ging es um das kurz- bis mittelfristige Betriebsoptimum, d.h. die optimale Ausgestaltung von Produktionsverfahren und die Bestimmung des optimalen Produktionsprogramms bei gegebener fixer Faktorausstattung. Auf der Ebene 3 der Betriebsplanung geht es nun darum, die optimale fixe Faktorausstattung zu ermitteln und das **langfristige Betriebsoptimum** zu erreichen. Dies wird allgemein unter dem Stichwort „Investitionsplanung" diskutiert. Aufgrund des hohen Finanzbedarfs von Investitionen ist die Investitionsplanung eng mit der Finanzplanung verbunden. Wir befassen uns deshalb in diesem Kapitel sowohl mit Investitions- als auch mit Finanzierungsfragen.

Investition meint die langfristige, d.h. die mehr als eine Produktionsperiode überdauernde Anlage von Geldmitteln zu wirtschaftlichen Zwecken. Sach- bzw. **Realinvestitionen**, wie z.B. Boden-, Gebäude- oder Maschineninvestitionen, führen immer zu einer Änderung der Ausstattung eines Betriebs mit *Ge*brauchsgütern, die man auch als dauerhafte Produktionsmittel bezeichnet. Die Anschaffung von *Ver*brauchsgütern, wie z.B. Düngemittel, bezeichnet man im Allgemeinen nicht als Investition. Neben Investitionen in Sachvermögen gibt es auch Investitionen in immaterielles Vermögen, wie z.B. Quoten oder Bildung (**immaterielle Investition**). Zudem stellen auch Beteiligungen an anderen Unternehmen, der Erwerb von Aktien oder andere Formen der Geldanlage Investitionen dar. Man spricht in diesem Zusammenhang von **Finanzinvestition**. Das Gegenteil von Investitionen sind **Desinvestitionen**. Dies meint den Abbau von investiertem Vermögen. Ein Beispiel wäre der Verkauf eines Schleppers. Die Summe aller Investitionen eines Unternehmens in einer Periode bezeichnet man als **Bruttoinvestition**. Der Teil der Investitionen, der über die reinvestierten Abschreibungen und Desinvestitionserlöse hinausgeht, wird als **Nettoinvestition** bezeichnet.

Mit der obigen Aufzählung von Investitionsbeispielen wird deutlich, dass Sie nicht warten müssen, bis Sie Unternehmensleiter o.ä. sind, um die praktische Relevanz der folgenden Ausführungen zu erkennen. Vielmehr werden Sie Ihr methodisches Investitionswissen bspw. auch auf Ihre persönlichen Anlageentscheidungen oder auch auf die Frage anwenden können, ob Sie eine bestimmte Vorlesung besuchen sollen.

Realinvestitionen werden häufig in Erst-, Erweiterungs-, Ersatz- und Rationalisierungsinvestitionen unterschieden. Mit einer Erstinvestition wird ein neuer Betriebszweig aufgebaut. Durch eine Erweiterungsinvestition werden zusätzliche Anlagegüter zur Vergrößerung der Produktionskapazität in einem bestehenden Betriebszweig angeschafft. Eine Ersatzinvestition bezieht sich auf die erneute Beschaffung eines bereits abgenutzten dauerhaften Produktionsmittels. Eine Rationalisierungsinvestition bezeichnet die Beschaffung dauerhafter Produktionsmittel zur kostengünstigeren Erstellung der bisherigen Produktionsmenge.

Jede Investition ist durch den **Zahlungsstrom** charakterisiert, den sie ursächlich im Unternehmen auslöst. Der Zahlungsstrom umfasst Geldmittel, die das Unternehmen investitionsbedingt verlassen oder die dem Unternehmen zufließen. Bei der Abschätzung dieser Ein- und Auszahlungen kann die Buchführung und/oder die Produktionsplanung eine wichtige Grundlage bilden. Damit steht die Investitionsplanung in einem engen Zusammenhang zur Kontrolle und Analyse eines Betriebs (Kapitel 3) sowie zur Produktionsplanung (Kapitel 4 und 5).

In Abb. 6-1 ist der typische zeitliche Verlauf der **Ein- und Auszahlungen** einer Investition dargestellt. Üblicherweise beginnt eine Investition mit einer größeren Auszahlung, nämlich dem Anschaffungspreis (hier: 10 T€). Auch zu späteren Zeitpunkten können Auszahlungen in Form von Reparaturen, Betriebsstoffen oder Versicherungen anfallen. Dem stehen eine oder mehrere Einzahlungen gegenüber, die sich aus den Verkaufserlösen der durch die Investition erstellten Produkte oder Dienstleistungen während ihrer Nutzungsdauer (hier: 5 Jahre) ergeben. Der ggf. am Ende der Nutzungsdauer anfallende Veräußerungserlös (Restwert) des Investitionsobjekts gehört ebenfalls zu den Einzahlungen. Sowohl bei den Ein- als auch bei den Auszahlungen unterstellt man zur Vereinfachung, dass sie am Ende der betrachteten Perioden anfallen. Vielfach benutzt man als Standardperiode ein Jahr. Man spricht dann auch von der „**Jahresendfiktion**".

Abb. 6-1: Typischer Zahlungsstrom einer Investition

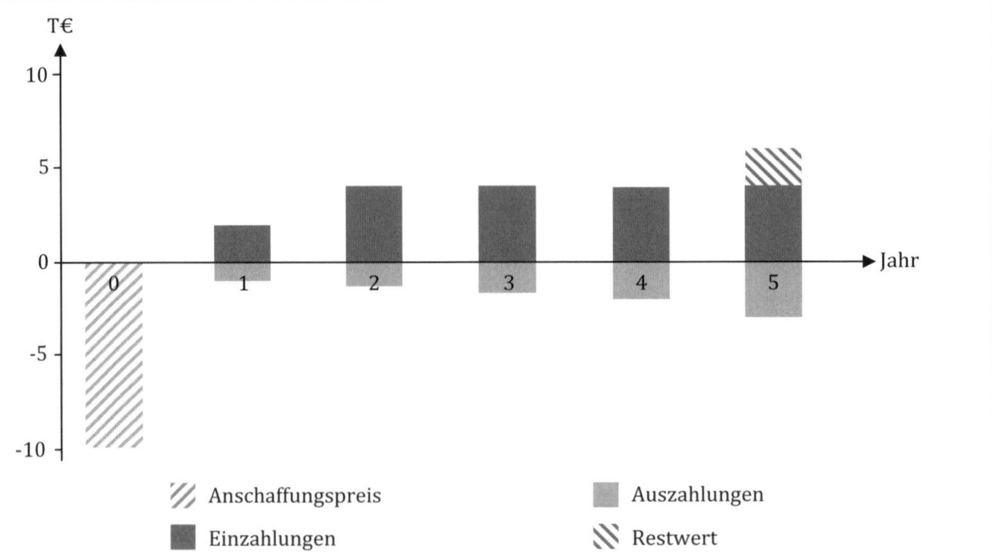

Welche Ziele verfolgt man mit der Durchführung von Investitionen? Man führt **Investitionen zur Steigerung des Einkommens** durch. Ein Beispiel ist die Erhöhung von Produktionskapazitäten (Ackerfläche, Stallgebäude, Mähdrescher etc.). Ein anderes Beispiel sind Investitionen, die zu einer Produktivitätssteigerung führen, indem technischer Fortschritt übernommen wird. Dies ist bspw. der Fall, wenn eine alte Maschine durch eine schlagkräftigere ersetzt wird. Ein anschauliches Beispiel liefert auch die Milchviehhaltung. Mit der entsprechenden technischen Ausrüstung kann das Melken mittlerweile vollautomatisiert erfolgen. Neben Einkommenssteigerungen können solche **Investitionen zur Minderung der eigenen Arbeitsbelastung** beitragen. Außerdem gibt es **Investitionen zur Minderung des Produktionsrisikos**. Zu denken ist hier z.B. an die Anschaffung von Möglichkeiten zur Feldberegnung. Ein anderes Beispiel ergibt sich mit Blick auf die Beschaffung von Maschinenüberkapazitäten. Auch wenn die bisherige Schlagkraft bei „normalem" Witterungsverlauf zur Arbeitserledigung ausreichend ist, verringert ein weiterer Mähdrescher das Risiko von Ernteverlusten in den Jahren, in denen witterungsbedingt weniger Druschtage zur Verfügung stehen.

Bei der Beurteilung der ökonomischen Vorteilhaftigkeit von Investitionen (investment analysis) sind die folgenden Aspekte von besonderer Bedeutung: (1) Neben der sofortigen Auszahlung in Form des Anschaffungspreises generieren Investitionen Rückflüsse während ihrer mehrjährigen Nutzungsdauer. Diese umfasst oft 10, 20 oder gar 30 Jahre. Damit ist das grundsätzliche Problem zu berücksichtigen, dass Zahlungen, die zu unterschiedlichen Zeitpunkten anfallen, nicht nominal, d.h. von ihrem Zahlenwert her, miteinander verglichen werden dürfen. Für die ökonomische Bewertung müssen sie erst finanzmathematisch vergleichbar gemacht werden. (2) Die Durchführung von Investitionen ist mit einem hohen Finanzbedarf verbunden. Daraus ergibt sich eine besondere Beziehung zwischen Investitions- und Finanzplanung. (3) Weil Investitionen sehr weit in die Zukunft gerichtet sind, ist die Unsicherheit besonders hoch. Während man die in naher Zukunft zu erwartenden Preise und Erträge noch relativ gut einschätzen kann, steigen mit zunehmendem Planungshorizont die Risiken an. Der Risikobewertung kommt deshalb bei der Investitionsplanung eine besondere Bedeutung zu.

Damit ergibt sich der folgende grundsätzliche Ablauf der Investitionsplanung (vgl. Abb. 6-2):

1. Um die **Rentabilität** einer Investition zu bewerten, muss das Investitionsvorhaben zunächst definiert und der **Investitionsplan aufgestellt** werden. Das heißt, man muss den Zahlungsstrom der Investition bestimmen, dessen typischen Verlauf wir uns bereits angesehen haben (vgl. Abb. 6-1). Das in der Investition gebundene Kapital steht nicht kostenlos zur Verfügung. Für das eingesetzte Eigenkapital entstehen Opportunitätskosten, die sich daraus ergeben, dass ein Unternehmen sein Geld auch alternativ am Kapitalmarkt anlegen könnte. Für das eingesetzte Fremdkapital entstehen Finanzierungskosten in Höhe des von der Bank geforderten Zinssatzes. Die Opportunitätskosten für das Eigenkapital und die Finanzierungskosten für das Fremdkapital werden über den sog. **Kalkulationszinsfuß** berücksichtigt. Dieser spiegelt die durchschnittlichen Kosten des eingesetzten Gesamtkapitals wider. Eine Investition lohnt sich, wenn sie mindestens so viel bringt, wie das Gesamtkapital kostet. Um dies beurteilen zu können, werden mit Hilfe der Finanzmathematik die **Investitionskalküle** (Rentabilitätskriterien) einer Investition berechnet.

2. Ist eine Investition rentabel, heißt das noch nicht, dass sie wirklich durchgeführt werden sollte oder kann. Vielmehr ist als nächstes zu prüfen, ob die Investition auch finanzierbar ist und während ihrer Nutzungsdauer nicht die Gefahr der Illiquidität des Betriebs entsteht. Denken Sie in diesem Zusammenhang bspw. an eine Obstbaum- oder Kurzumtriebsplantage. Diese können über die gesamte Nutzungsdauer betrachtet rentabel sein, aber nennenswerte Rückflüsse liefern sie nicht vor dem dritten Jahr nach der Anpflanzung. In dieser Zeit kann der Betrieb längst illiquide sein, wenn er z.B. mit der Bank eine zu kurzfristige Darlehenslaufzeit vereinbart hat. Die Auswirkungen einer Investition auf die **Liquidität** werden im Rahmen sog. Finanzpläne überprüft.

3. Selbst wenn eine Investition auf der Grundlage der *erwarteten* Ein- und Auszahlungen rentabel und finanzierbar ist, kann es immer noch sein, dass sie so riskant ist, dass sie nicht durchgeführt werden sollte. Denken Sie bspw. an eine Investition in die Schweinemast. In diesem Bereich führen Nachfrageschwankungen und Seuchen kombiniert mit einer zeitlichen Verzögerung der Produktionsanpassung immer wieder zu starken Preisfluktuationen und damit zu hohen jährlichen Einkommensschwankungen. Bei gleich hohen erwarteten Einkommenszuwächsen bringen riskantere Investitionsvorhaben risikoaversen Unternehmern weniger Nutzen als Vorhaben mit geringerem Schwankungsrisiko. Deshalb ist bei der Investitionsplanung im Rahmen einer **Risikoanalyse** zu prüfen, mit welcher Wahrscheinlichkeit welche Rentabilität erzielt wird und welche Auswirkungen auf die langfristige Existenzfähigkeit und Stabilität des Unternehmens zu erwarten sind.

4. Auf der Grundlage der Rentabilitäts-, Liquiditäts- und Risikoanalyse erfolgt die **endgültige Entscheidung** über die Durchführung einer Investition. Eine Investition wird angenommen, wenn sie rentabel ist, nicht die Liquidität des Unternehmens gefährdet und nicht zu riskant erscheint.

Abb. 6-2: Grundsätzliche Vorgehensweise bei der Beurteilung von Investitionen

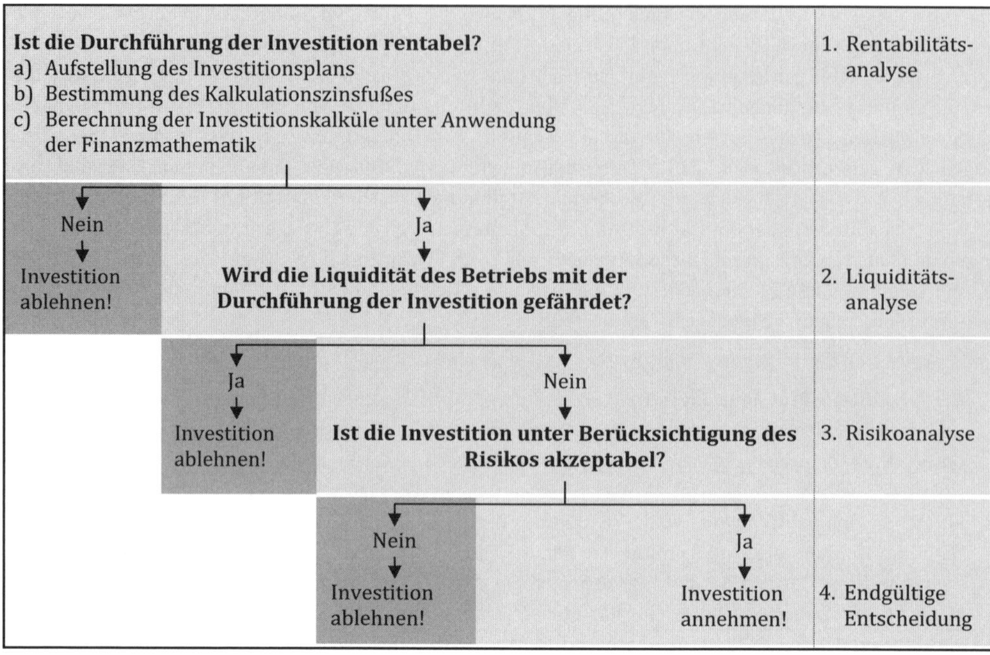

Die skizzierte Vorgehensweise bildet den Ausgangspunkt für die Gliederung des vorliegenden Kapitels: Abschnitt 6.2 beschreibt die grundsätzlichen finanzmathematischen Operationen. Dann kommen wir zur Rentabilitätsanalyse, d.h. zur Berechnung der Investitionskalküle (Abschnitt 6.3 bis Abschnitt 6.5). In Abschnitt 6.6 werden verschiedene Finanzierungsalternativen vorgestellt und verglichen. Zudem wird dargelegt, wie im Rahmen der Liquiditätsanalyse ein Finanzplan für Investitionsvorhaben aufzustellen ist. In Abschnitt 6.7 werden Investitions- und Finanzierungsentscheidungen simultan analysiert. Die Berücksichtigung von Unsicherheit in Form der Risikoanalyse und des Risikomanagements erfolgt dann gesondert in Kapitel 7.

6.2 Finanzmathematische Grundlagen

Die Zinseszinsrechnung i.w.S., die man auch als Finanzmathematik (financial mathematics) bezeichnet, ist die unabdingbare Voraussetzung für die Rentabilitätsanalyse von Investitionen. Beginnen wir zur Verdeutlichung mit einer einfachen Fragestellung: Sie geben uns 10 000 € und wir geben Ihnen (später) 11 000 € zurück. Ist das ein gutes Geschäft?

Es kommt darauf an, wann Sie die 11 000 € zurückbekommen und was Sie für Ihre 10 000 €, die Sie uns geben, alternativ an Zinsen erzielen könnten. Hätten wir gefragt, ob Sie uns 10 000 € geben, wenn Sie von uns später 10 000 € zurückerhalten, dann hätten Sie - vorausgesetzt Sie sind Gewinnmaximierer und es geht nicht um einen Freundschaftsdienst - sofort abgelehnt. Intuitiv ist Ihnen also klar, dass Geldbeträge in der Gegenwart ökonomisch einen höheren Wert besitzen als gleich hohe Geldbeträge in der Zukunft. Dies liegt daran, dass man Kapital gewinnbringend einsetzen und Zinsen erwirtschaften kann. Zahlungen wie die Ein- und Auszahlungen von Investitionen, die zu unterschiedlichen Zeitpunkten erfolgen, müssen deshalb erst vergleichbar gemacht werden. Das ist Anliegen der Finanzmathematik.

6.2.1 Aufzinsen und Abzinsen

a) Aufzinsen und Endwertberechnung heterogener Zahlungen

Nehmen wir an, Sie können 10 000 € bei der Bank über einen Zeitraum von $N = 5$ Jahren anlegen und einen Zins in Höhe von $i = 5\%$ pro Jahr (p.a.) erzielen. Was wird aus Ihren 10 000 € in 5 Jahren? Wenn man in einer einfachen Überschlagsrechnung lediglich die jährlichen Zinsen aufsummiert (also 10 000 · 5% · 5) und zum Anfangskapital hinzuaddiert, so würde man auf einen Wert von 12 500 € kommen. Der Fehler bei dieser Überschlagsrechnung besteht darin, dass die Zinseszinsen vernachlässigt werden.

Um zum exakten Ergebnis zu gelangen, muss man durch „korrektes" Aufzinsen berücksichtigen, dass die in den einzelnen Jahren schon erzielten Zinsen sich ihrerseits wieder verzinsen. Nach einem Jahr hat man ja bereits ein Kapital von 10 500 € (10 000 + 10 000 · 5% = 10 000 · 1,05). Im zweiten Jahr kann man dann diese 10 500 € zu 5% anlegen. Es wird dann am Ende des Jahres 2 ein Kapital von 11 025 € ($10\,000 \cdot 1{,}05^2$) erreicht. Nach drei Jahren hat man 11 576 € etc. Nach Ablauf der 5 Jahre erzielt man durch diesen Zins- und Zinseszinseffekt einen Betrag von 12 763 € ($10\,000 \cdot 1{,}05^5$).

Der Faktor, mit dem man den Anfangsbetrag C_0 bei einer gegebenen Anzahl von Jahren N und einem gegebenen Zins i multipliziert, heißt **Aufzinsungsfaktor** ($AF_{i;N}$; compounding factor). Zur Vereinfachung bezeichnet man den Aufzinsungsfaktor für ein Jahr $AF_{i;1}$ häufig mit dem Symbol q ($AF_{i;1} = q^1 = q = 1 + i$). Die Aufzinsungsformel beschreibt in allgemeiner Form, wie man den zukünftigen Wert C_N berechnet, den ein im Zeitpunkt Null verfügbarer Geldbetrag C_0 nach N Jahren einschließlich Zins und Zinseszins erreicht (vgl. Abb. 6-3):

$$C_N = C_0 \cdot q^N = C_0 \cdot AF_{i;N}, \text{mit } q = 1 + i \qquad (6\text{-}1)$$

Den gegenwärtigen Geldbetrag C_0 bezeichnet man auch als Gegenwartswert oder **Barwert** (present value). Bei dem zukünftigen Wert C_N spricht man auch von Zukunftswert oder **Endwert** (final value).

Abb. 6-3: Aufzinsen einer gegenwärtigen Zahlung

Fragestellung:
Welchen Endwert C_N besitzt ein im Zeitpunkt 0 verfügbarer Geldbetrag C_0 in N Jahren einschließlich Zins und Zinseszins?

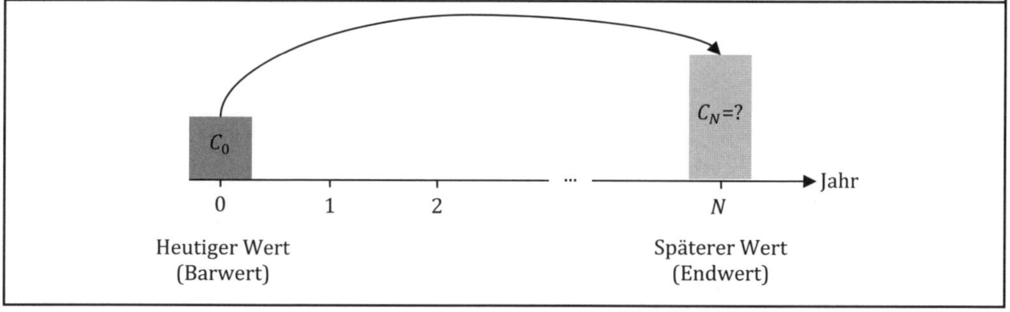

Beispiel 6-1
Aufzinsen - Geldrückzahlung

Sie haben bereits vor einiger Zeit Geld verliehen. Nun können Sie zwischen zwei Handlungsalternativen wählen, wie Sie das Geld zurückgezahlt bekommen möchten:

- HA_1: Sie bekommen sofort 360 000 € oder
- HA_2: Sie bekommen über die nächsten 4 Jahre - beginnend mit dem nächsten Jahr - jeweils am Ende des Jahres 100 000 €.

Zur Entscheidungsfindung möchten Sie wissen, welchen Kapitalbetrag Sie in 4 Jahren einschließlich Zins und Zinseszins jeweils erreichen. Sie können Geld zu einem festen Zinssatz i = 5% p.a. anlegen.

Durch den Aufzinsungsvorgang können zeitlich früher liegende Zahlungen mit einer Zahlung zu einem späteren Zeitpunkt vergleichbar gemacht werden. Bei einem Zinssatz von 5% entspricht ein gegenwärtiger Betrag von 360 000 € in N = 4 Jahren einem Betrag von 437 582 € (vgl. Gleichung (6-1)):

$$HA_1: C_4 = C_0 \cdot 1{,}05^4 = 360\,000 \cdot 1{,}05^4 = 437\,582$$

Zur Berechnung des Endwertes der vier zukünftigen Jahresraten von 100 000 € muss man die einzelnen Zahlungen über 3, 2, 1 und 0 Jahre aufzinsen und anschließend die sich ergebenden Werte aufsummieren:

$$\begin{aligned} HA_2: C_4 &= \sum_{t=1}^{4} C_t \cdot 1{,}05^{4-t} \\ &= 100\,000 \cdot 1{,}05^3 + 100\,000 \cdot 1{,}05^2 + 100\,000 \cdot 1{,}05^1 + 100\,000 \cdot 1{,}05^0 \\ &= 100\,000 \cdot 1{,}1576 + 100\,000 \cdot 1{,}1025 + 100\,000 \cdot 1{,}05 + 100\,000 \cdot 1 \\ &= 115\,763 + 110\,250 + 105\,000 + 100\,000 = 431\,013 \end{aligned}$$

Es ergibt sich ein zukünftiger Betrag von 431 013 €. Damit ist klar, dass man die Handlungsalternative 1 wählen sollte.

Ende des Beispiels

Für einen Überblick der Größenordnung der Aufzinsungsfaktoren sind diese in Anhang 1 für unterschiedliche Zinssätze und Laufzeiten dargestellt. Ein schneller Blick zeigt, dass die Aufzinsungsfaktoren umso höher sind, je höher der Zinssatz und je länger der Zeitraum ist. Anders ausgedrückt: Der zukünftige Wert einer gegenwärtigen Zahlung ist umso höher, je weiter entfernt der zukünftige Zeitpunkt und je höher der Zinssatz ist. Als eine „Daumenregel" für die Bestimmung der Verdopplungszeit für Kapital wird oftmals auf die Formulierung „70 durch den Zinssatz ausgedrückt als Prozentsatz" zurückgegriffen. So ergibt sich bspw. bei einem Zinssatz von 7% eine Verdopplungszeit von 10 Jahren (= 70/(0,07 · 100)). Tatsächlich beträgt der Aufzinsungsfaktor bei einem Zinssatz von 7% und einer Laufzeit von 10 Jahren 1,9672 und weicht damit nur geringfügig von 2 ab. Die Verdopplungszeit liegt genau bei 10,24 Jahren.

b) Abzinsen und Kapitalisieren heterogener Zahlungen

Aus Beispiel 6-1 wissen wir, dass ein gegebener gegenwärtiger Kapitalbetrag C_0 = 360 000 € bei einem Zinssatz von 5% p.a. über einen Zeitraum von 4 Jahren auf C_4 = 437 582 € anwächst. Die Antwort auf die umgekehrte Frage, wie viel Kapital Sie heute anlegen müssen, um in 4 Jahren bei einem Zinssatz von 5% einen vorgegebenen Wert von 437 582 € zu erreichen, ist Ihnen deshalb bekannt. Es sind nämlich 360 000 €. Wenn Sie aber ganz allgemein ausgehend von einem zukünftigen Betrag C_N berechnen wollen, wie hoch der gleichwertige heutige Betrag C_0 ist, so müssen Sie die Aufzinsungsformel umstellen. Diese Umkehrung des Aufzinsens wird als Abzinsen oder Diskontieren bezeichnet.

Der Faktor, mit dem man bei einer gegebenen Anzahl von Jahren N und einem gegebenen Zins i den zukünftigen Kapitalbetrag beim Abzinsen multipliziert, heißt Abzinsungs- bzw. **Diskontierungsfaktor** ($DF_{i;N}$; discount factor). Er ist der Kehrwert des Aufzinsungsfaktors. Damit ist der Diskontierungsfaktor für ein Jahr $DF_{i;1} = 1/q^1 = q^{-1}$. Die Diskontierungsformel beschreibt in allgemeiner Form, wie man den

Gegenwartswert C_0 eines zukünftigen Geldbetrags C_N unter Berücksichtigung von Zins und Zinseszins berechnet (vgl. Abb. 6-4):

$$C_0 = C_N \cdot q^{-N} = C_N \cdot \frac{1}{AF_{i;N}} = C_N \cdot DF_{i;N}, \text{mit } q = 1 + i \qquad (6\text{-}2)$$

Abb. 6-4: Abzinsen einer zukünftigen Zahlung

Fragestellung:
Welchen Barwert C_0 hat ein in N Jahren anfallender Geldbetrag C_N unter Berücksichtigung von Zins und Zinseszins?

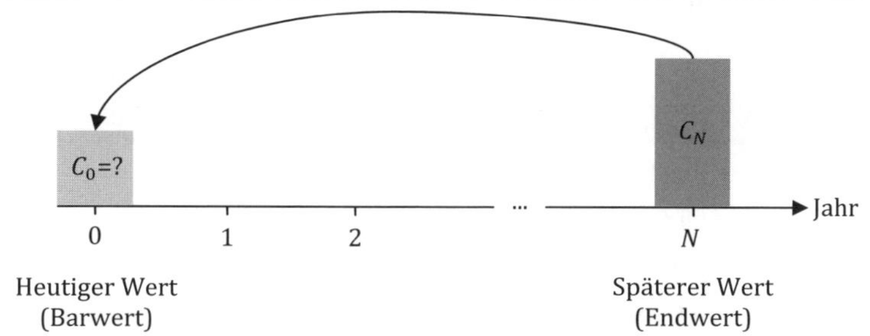

Beispiel 6-2
Abzinsen - Unternehmensanteilskauf

Ihnen werden Unternehmensanteile zum Kauf angeboten. Der Verkäufer verlangt 400 000 €. Sie wollen aber nur maximal 360 000 € bezahlen. Nach langen Verhandlungen kommt Ihnen der Verkäufer entgegen und bietet Ihnen an, dass Sie die 400 000 € nicht sofort in bar bezahlen müssen. Er lässt Ihnen vielmehr die Wahl, entweder 400 000 € nach 3 Jahren (HA_1) oder gleich hohe Raten von 100 000 € jeweils am Ende der kommenden vier Jahre (HA_2) zu bezahlen. Welche Alternative wählen Sie und welchen auf die Gegenwart bezogenen Wert C_0 haben die beiden Handlungsalternativen bei einem Zins von 5% p.a.?

Gemäß Gleichung (6-2) gilt:

$$HA_1: C_0 = C_3 \cdot 1{,}05^{-3} = 400\,000 \cdot 1{,}05^{-3} = 345\,535$$

$$\begin{aligned} HA_2: C_0 &= \sum_{t=1}^{4} C_t \cdot 1{,}05^{-t} \\ &= 100\,000 \cdot 1{,}05^{-1} + 100\,000 \cdot 1{,}05^{-2} + 100\,000 \cdot 1{,}05^{-3} + 100\,000 \cdot 1{,}05^{-4} \\ &= 100\,000 \cdot 0{,}9524 + 100\,000 \cdot 0{,}9070 + 100\,000 \cdot 0{,}8638 + 100\,000 \cdot 0{,}8227 \\ &= 95\,238 + 90\,703 + 86\,384 + 82\,270 = 354\,595 \end{aligned}$$

Durch Diskontieren kann die zukünftige Zahlung mit einer Zahlung zum gegenwärtigen Zeitpunkt vergleichbar gemacht werden. Bei einem Zinssatz von 5% ist die Zahlung von 400 000 € in 3 Jahren gleich viel wert wie ein heutiger Betrag von 345 535 €. Analog gilt, dass die vier zukünftigen jährlichen Raten von je 100 000 € einem heutigen Wert von 354 595 € entsprechen. Anders ausgedrückt: Bei Handlungsalternative 1 gewährt Ihnen der Verkäufer durch die Möglichkeit der späteren Zahlung einen Preisnachlass von 54 465 €. Bei Alternative 2 beläuft sich der Preisnachlass auf 45 405 €. Sie wählen also HA_1. Aus der Sicht des Verkäufers wäre es bei den getroffenen Annahmen vorteilhafter gewesen, Ihr Angebot anzunehmen, 360 000 € unverzüglich zu bezahlen. Er kennt sich mit der Finanzmathematik offensichtlich nicht gut aus.

Ende des Beispiels

Für einen Überblick der Größenordnung der Diskontierungsfaktoren sind diese in Anhang 2 für unterschiedliche Zinssätze und Laufzeiten dargestellt. Ein schneller Blick zeigt, dass die Diskontierungsfaktoren umso geringer sind, je höher der Zinssatz und je länger der betrachtete Zeitraum ausfallen. Anders ausgedrückt: Zukünftige Zahlungen sind bezogen auf die Gegenwart umso weniger wert, je weiter sie in der Zukunft liegen und je höher der Zinssatz ist.

Für den Vergleich von Alternativen mit Zahlungen, die zu unterschiedlichen Zeitpunkten anfallen, muss man diese auf *einen* Zeitpunkt beziehen. Für die Entscheidungsunterstützung ist es dabei egal, welchen Zeitpunkt man wählt: Entweder man bezieht alle Zahlungen durch Aufzinsen auf einen zukünftigen Zeitpunkt oder durch Diskontieren auf die Gegenwart. Das folgende Beispiel verdeutlicht den **Zusammenhang zwischen Aufzinsen und Abzinsen**.

Beispiel 6-3
Auf- und Abzinsen - Wahl zwischen Zahlungen zu unterschiedlichen Zeitpunkten

Sie haben die Wahl zwischen den Handlungsalternativen:

- HA_1: Sie bekommen 10 000 € in 15 Jahren,
- HA_2: Sie bekommen 8 000 € in 7 Jahren oder
- HA_3: Sie bekommen 5 000 € sofort.

Bei einem Zinssatz von 0% fällt die Entscheidung leicht: Obwohl die Zahlungen zu unterschiedlichen Zeitpunkten erfolgen, kann man den nominalen Geldbetrag der verschiedenen Alternativen direkt miteinander vergleichen. Sie wählen bei einem Zinssatz von 0% also Handlungsalternative 1. Welche Alternative bevorzugen Sie aber bei einem Zinssatz von 5% oder 10% p.a.? Tab. 6-1 verdeutlicht, durch welche finanzmathematischen Operationen Sie Entscheidungsunterstützung bekommen.

Tab. 6-1: Finanzmathematischer Alternativenvergleich

Berechnung des Endwertes aller Alternativen im Jahr 15			
	C_{15} bei i = 0%	C_{15} bei i = 5%	C_{15} bei i = 10%
HA_1: C_{15} = 10 000	10 000	10 000	10 000
HA_2: C_7 = 8 000	8 000	11 820	17 149
HA_3: C_0 = 5 000	5 000	10 395	20 886
Rangfolge bei Aufzinsen	$\boldsymbol{HA_1 \succ HA_2 \succ HA_3}$	$\boldsymbol{HA_2 \succ HA_3 \succ HA_1}$	$\boldsymbol{HA_3 \succ HA_2 \succ HA_1}$
Berechnung des Barwertes aller Alternativen			
	C_0 bei i = 0%	C_0 bei i = 5%	C_0 bei i = 10%
HA_1: C_{15} = 10 000	10 000	4 810	2 394
HA_2: C_7 = 8 000	8 000	5 685	4 105
HA_3: C_0 = 5 000	5 000	5 000	5 000
Rangfolge bei Diskontieren	$\boldsymbol{HA_1 \succ HA_2 \succ HA_3}$	$\boldsymbol{HA_2 \succ HA_3 \succ HA_1}$	$\boldsymbol{HA_3 \succ HA_2 \succ HA_1}$

Bei einem Zinssatz von 10% wäre Ihnen HA_1 (HA_2) auf heute bezogen 2 394 € (4 105 €) wert. Sie würden deshalb HA_3 wählen, bei der Sie heute 5 000 € erhalten. Diese Aussage können Sie leicht überprüfen, wenn Sie mittels Aufzinsen wieder in die Zukunft rechnen: Bei einem Zinssatz von 10% würden Sie bei der Wahl von HA_1 im Jahr 15 über 10 000 €, bei HA_2 über 17 149 € und bei HA_3 über 20 886 € verfügen. Beim Aufzinsen und beim Diskontieren ergibt sich zwangsläufig eine identische Rangfolge der Alternativen.

Die im Beispiel gewählten Zinssätze machen deutlich, dass bei einem hohen Zinssatz die frühere Zahlung eines geringeren Geldbetrags vorteilhafter sein kann als ein höherer Geldbetrag in der Zukunft. Dies liegt daran, dass man das Geld lukrativ nutzen kann. Anders ausgedrückt: Geld sofort zu haben, ist umso vorteilhafter, je höher der Zinssatz ist.

Ende des Beispiels

c) Unterjährige Verzinsungsperioden

Bisher sind wir davon ausgegangen, dass die Zinsen jeweils am Ende eines Jahres fällig sind. Man spricht in diesem Zusammenhang auch von einer nachschüssigen Verzinsung. Vielfach werden Zinsen aber auch innerhalb eines Jahres berechnet (halbjährlich, vierteljährlich, monatlich oder auch täglich). Stellen Sie sich vor, Sie wollen sich einen Geldbetrag C_0 in Höhe von 10 000 € über einen Zeitraum von N = 5 Jahren leihen. Es liegen zwei Angebote vor. Es handelt sich jeweils um ein sog. endfälliges Darlehen, d.h. das Darlehen ist mit allen Zinsen und Zinseszinsen nach Ablauf der 5 Jahre zurückzuzahlen. Unterschiede zwischen den zwei Angeboten bestehen bzgl. des Zinssatzes und der Berechnung der Zinsen:

- HA_1: Eine Bank fordert einen Jahreszins von i = 5,05% p.a.
- HA_2: Eine andere Bank wirbt mit einem geringeren nominalen Jahreszins von i^{nom} = 5,00%, fordert aber mit dem Verweis auf diesen nominalen Zins einen tatsächlichen Quartalszins von 1,25%.

Für welches Angebot entscheiden Sie sich?

Bei der Beantwortung dieser Frage sind unterjährige Zinseszinseffekte zu berücksichtigen. Bezeichnet man bei m unterjährigen Perioden den Zins je unterjähriger Periode mit $i_{1/m}$ (also z.B. den Quartalszins mit $i_{1/4}$), so ist der Endwert C_N ausgehend von einem Anfangsbetrag C_0 gemäß Gleichung (6-1) ganz allgemein wie folgt zu berechnen:

$$C_N = C_0 \cdot (1 + i_{1/m})^{m \cdot N} \tag{6-3}$$

Im Unterschied zu Gleichung (6-1) bezieht sich Gleichung (6-3) auf eine Verzinsungsperiode der Länge $1/m$ Jahr, so dass $m \cdot N$ Verzinsungsperioden zu berücksichtigen sind. Bei HA_1 müssen Sie nach 5 Jahren 12 793 € (= 10 000 · $1{,}0505^{1 \cdot 5}$) zurückzahlen und bei HA_2 einen Betrag von 12 820 € (= 10 000 · $1{,}0125^{4 \cdot 5}$). Ein Jahreszins von $i_{1/1}$ = 5,05% ist also eine geringere Verzinsung als ein Quartalszins von $i_{1/4}$ = 1,25%. Handlungsalternative 1 ist deshalb vorzuziehen.

In ökonomischen Zusammenhängen, in denen der **unterjährige Zinssatz** $i_{1/m}$ zunächst fälschlicherweise aus einem sog. **nominalen Jahreszins** i^{nom} in der Form $i_{1/m} = i^{nom}/m$ hergeleitet wird, bezeichnet man die entsprechende tatsächliche Jahresverzinsung auch als **effektiven Jahreszins** i^{eff}. Ganz allgemein gilt: $i^{eff} = i_{1/1} = i \geq i^{nom}$. Der Zusammenhang zwischen dem unterjährigen Zins $i_{1/m}$ und der entsprechenden effektiven Jahresverzinsung i^{eff} lässt sich durch Gleichsetzen von (6-3) und (6-1) sowie anschließendes Umformen wie folgt darstellen:

$$\begin{aligned} &C_N = C_0 \cdot (1 + i^{eff})^N = C_0 \cdot (1 + i_{1/m})^{m \cdot N} \\ &\Rightarrow i^{eff} = (1 + i_{1/m})^m - 1 \Leftrightarrow i_{1/m} = (1 + i^{eff})^{1/m} - 1 \end{aligned} \tag{6-4}$$

Wird unter dem irreführenden Verweis auf einen nominalen Jahreszins von i^{nom} = 5% tatsächlich ein unterjähriger Zins von $i_{1/4}$ = 1,25% je Quartal gefordert oder gezahlt, so entspricht dies einem effektiven Jahreszins von i^{eff} = 5,09%. Anders herum gilt: Soll ein effektiver Jahreszins von i^{eff} = 5,00% erreicht werden, darf nur ein Quartalszins von $i_{1/4}$ = 1,23% gefordert oder gezahlt werden. Der Vergleich von effektiven Jahreszinssätzen erlaubt eine Entscheidungsfindung: Im betrachteten Beispiel ist der effektive Jahreszins bei Handlungsalternative 1 niedriger als bei Handlungsalternative 2, d.h. Handlungsalternative 1 ist vorzuziehen. Wir haben also mit dem absolut zurückzuzahlenden Geldbetrag und dem effektiven Jahreszins zwei alternative Kalküle kennengelernt, die Entscheidungsunterstützung geben.

Tab. 6-2 fasst den Sachverhalt zusammen. Die erste Spalte gibt die Anzahl der unterjährigen Perioden m an. In der zweiten Spalte ist die Höhe der unterjährigen Zinssätze $i_{1/m}$ angezeigt. Dabei wird davon ausgegangen, dass mit Verweis auf einen nominalen Jahreszins von i^{nom} = 5% tatsächlich unterjährige Zinssätze in Höhe von $i_{1/m} = i^{nom}/m$ verlangt werden. Zur Schaffung von Transparenz ist in der dritten Spalte für jeden dieser gegebenen unterjährigen Zinssätze der effektive Jahreszins i^{eff} berechnet. Dabei wird zum einen ersichtlich, dass der effektive Jahreszins mit einer Erhöhung der Zahl der unterjährigen Verzinsungsperioden ansteigt. Zum anderen wird deutlich, dass dieser Anstieg mit steigender Anzahl unterjähriger Perioden immer geringer ausfällt. Im Extremfall einer gegen unendlich gehenden Zahl an Verzinsungsperioden m spricht man von einer **zeitstetigen Verzinsung** des Kapitals. Rechnerisch kann man den effektiven Jahreszins bei zeitstetiger Verzinsung ausgehend von einem nominalen Zinssatz wie folgt herleiten:

$$\begin{aligned} &\lim_{m\to\infty}\left(1+\frac{i^{nom}}{m}\right)^m = 1+i^{eff} = e^{(i^{nom})} \\ &\Leftrightarrow i^{eff} = e^{(i^{nom})} - 1 \end{aligned} \tag{6-5}$$

Hierbei kennzeichnet e in dem Ausdruck $e^{(\cdot)}$ die Eulersche Zahl. Bei einem nominalen Jahreszins i^{nom} in Höhe von 5% und zeitstetiger Verzinsung würde sich ein effektiver Jahreszins i^{eff} von 5,1271% ergeben. Da bei unendlich vielen unterjährigen Perioden $i^{eff} = e^{(i^{nom})} - 1$ gilt, wird i^{nom} auch als zeitstetige Verzinsung bezeichnet. Wie ein Blick auf die vorletzte Zeile von Tab. 6-2 verdeutlicht, weicht der effektive Jahreszins bei 1 000 Verzinsungsperioden pro Jahr nur geringfügig von dem effektiven Jahreszins bei zeitstetiger Verzinsung ab.

Tab. 6-2: Effektiver Jahreszins in Abhängigkeit von der Zahl der Verzinsungsperioden pro Jahr bei einem nominalen Jahreszins i^{nom} von 5%

Verzinsungsperioden m pro Jahr	**Unterjähriger Zins $i_{1/m} = i^{nom}/m$**	**Effektiver Jahreszins i^{eff}**
1	5,0000%	5,0000%
2	2,5000%	5,0625%
4	1,2500%	5,0945%
12	0,4167%	5,1162%
52	0,0962%	5,1246%
365	0,0137%	5,1267%
1 000	0,0050%	5,1270%
∞	$\to 0$	5,1271% = $e^{(0,05)} - 1$

Bisher haben wir die Perspektive eingenommen, dass wir ausgehend von einem gegebenen i^{nom} und einer gegebenen Anzahl unterjähriger Perioden m den effektiven Jahreszins i^{eff} suchen. Bei unendlich vielen unterjährigen Perioden ($m \to \infty$) ergab sich dabei der Zusammenhang $i^{eff} = e^{(i^{nom})} - 1$. Wenn wir nun ausgehend von einem gegebenen effektiven Jahreszins i^{eff} nach dem zeitstetigen Zinssatz i^{nom} suchen, müssen wir lediglich Gleichung (6-5) umformen. Dafür könnte es technische Gründe geben, da man mit dem zeitstetigen Zinssatz leichter arbeiten kann:

$$i^{eff} = e^{(i^{nom})} - 1 \Leftrightarrow i^{nom} = ln\,(1 + i^{eff}) \tag{6-6}$$

Hierbei kennzeichnet $ln\,(\cdot)$ den natürlichen Logarithmus. Liegt also bspw. der effektive Jahreszins i^{eff} bei 5%, so würde die zeitstetige Verzinsung i^{nom} etwa 4,88% betragen. Wie wir bereits wissen, entspricht ein effektiver Jahreszins i^{eff} = 5,1271% einer zeitstetigen Verzinsung i^{nom} = 5%.

Bei den folgenden Überlegungen wird unterstellt, dass der effektive Jahreszins bereits vorliegt. Es wird - sofern keine Unterscheidung zwischen Nominalzins und Effektivzins erforderlich ist - auf das Kürzel „eff“ verzichtet, d.h. es gilt: $i^{eff} = i$.

6.2.2 Rentenrechnung

Wenn bei finanzmathematischen Problemen regelmäßige Zahlungen auftreten, erspart es viel Rechenarbeit, wenn man vom Konzept der Rente (Annuität) ausgeht. Eine **Annuität** (annuity) bezeichnet einen Zahlungsstrom mit gleich hohen nach einer bestimmten Zeit immer wiederkehrenden Beträgen (uniforme und äquidistante Zahlungsreihe). Beispielsweise entspricht die in Beispiel 6-2 angesprochene Ratenzahlung beim Unternehmensanteilskauf einer Annuität. Weitere Beispiele wären die zum Planungszeitpunkt erwarteten homogenen Einzahlungsüberschüsse aus einer Investition in einen Mastschweinestall, der Kapitaldienst für ein Annuitätendarlehen (vgl. Punkt 6.6.1c) oder ein gleich bleibender Beitrag zu einer Lebensversicherung.

a) Kapitalisieren homogener Zahlungen

Zur Berechnung des Barwertes einer Rente A, die über N zukünftige Perioden gezahlt wird, muss man die Annuität mit dem **Kapitalisierungsfaktor** ($KF_{i;N}$; capitalization factor oder present worth of annuity factor) multiplizieren. Der Kapitalisierungsfaktor hängt vom Zinssatz i und der Laufzeit N ab. Die Kapitalisierungsformel beschreibt in allgemeiner Form, wie man den heutigen Wert C_0 von N identischen zukünftigen Geldbeträgen A unter Berücksichtigung von Zins und Zinseszins berechnet (vgl. Abb. 6-5):

$$C_0 = A \cdot \frac{q^N - 1}{q^N \cdot (q-1)} = A \cdot KF_{i;N} \tag{6-7}$$

Die Ermittlung des Gegenwartswertes ist sowohl bei homogenen als auch bei heterogenen Zahlungsströmen durch Diskontieren der einzelnen zukünftigen Zahlungen möglich. Dies ist aufwändig und wird deshalb nur bei heterogenen Zahlungsströmen gemacht. Homogene Zahlungsströme werden dagegen mit Hilfe des Kapitalisierungsfaktors kapitalisiert. Dies erspart viel Rechenarbeit.

Abb. 6-5: Kapitalisieren gleichmäßiger zukünftiger Zahlungen

Fragestellung:
Welchen Barwert C_0 besitzt eine über N Jahre anfallende Annuität A unter Berücksichtigung von Zins und Zinseszins?

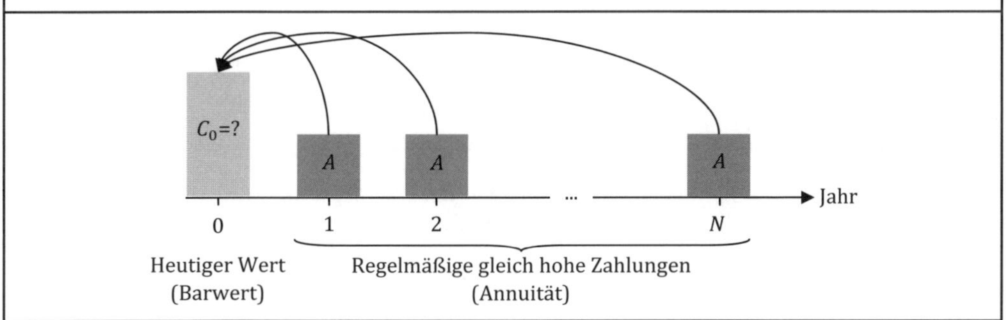

In Anhang 3 sind die Kapitalisierungsfaktoren für unterschiedliche Zinssätze und Laufzeiten dargestellt. Auf drei Spezialfälle sei hingewiesen:

- Bei einer Laufzeit von einem Jahr entspricht der Kapitalisierungsfaktor dem Diskontierungsfaktor: $KF_{i;1} = DF_{i;1} = q^{-1}$.
- In einer Welt ohne Zins (i = 0%) können auch Zahlungen, die zu unterschiedlichen Zeitpunkten anfallen, ohne Weiteres miteinander verglichen werden. Der Kapitalisierungsfaktor entspricht dann der Laufzeit der Rente: $KF_{0\%;N} = N$.

- Bei Vorliegen einer unendlichen Rente ($N = \infty$) entspricht der Kapitalisierungsfaktor dem Kehrwert des Zinssatzes: $KF_{i;\infty} = 1/i$. Approximativ gilt dies auch schon bei relativ langen Laufzeiten und hohen Zinsen, da weit in der Zukunft liegende Zahlungen durch das Diskontieren mit hohen Zinssätzen stark entwertet werden.

Beispiel 6-4
Kapitalisieren - Unternehmensanteilskauf

Eine Anwendung für den Kapitalisierungsfaktor ergibt sich bspw. bei dem in Beispiel 6-2 betrachteten Fall des Unternehmensanteilskaufs, der mit vier jährlichen Ratenzahlungen von 100 000 € erfolgen kann. Der Zinssatz beträgt 5% p.a. Bei der einfachen Diskontierung sind insgesamt fünf Rechenschritte notwendig, um den Barwert der vier aufeinander folgenden Jahresraten zu ermitteln: Jede der vier Raten war einzeln zu diskontieren. Anschließend mussten die diskontierten Werte aufsummiert werden. Bei gleich bleibenden Zahlungen kann man stattdessen den Kapitalisierungsfaktor verwenden und dadurch die Rechnung auf einen Schritt reduzieren. Das Ergebnis gemäß Gleichung (6-7) ist identisch:

$$C_0 = A \cdot KF_{5\%;4} = 100\,000 \cdot 3{,}5460 = 354\,595$$

Ende des Beispiels

b) Verrenten eines Barwertes

Will man ausgehend von einem heutigen Betrag C_0 berechnen, welche zukünftige über N Jahre gezahlte Rente unter Berücksichtigung von Zins und Zinseszins diesem Betrag entspricht, muss man die Kapitalisierungsformel umstellen. Die Umkehrung des Kapitalisierens nennt man Verrenten oder Annualisieren.

Der Faktor, mit dem man den heutigen Kapitalbetrag beim Verrenten multipliziert, heißt Annuitäten- oder **Wiedergewinnungsfaktor** ($WF_{i;N}$; annuity factor oder capital recovery factor). Er ist der Kehrwert des Kapitalisierungsfaktors. Die Verrentungsformel beschreibt in allgemeiner Form, wie man die Annuität A unter Berücksichtigung von Zins und Zinseszins bei gegebener Anzahl von Jahren N, gegebenem Zins i und gegebenem Barwert C_0 berechnet (vgl. Abb. 6-6):

$$A = C_0 \cdot \frac{q^N \cdot (q-1)}{q^N - 1} = C_0 \cdot \frac{1}{KF_{i;N}} = C_0 \cdot WF_{i;N} \tag{6-8}$$

Abb. 6-6: Verrenten einer heutigen Zahlung

Fragestellung:
Welche zukünftige über N Jahre anfallende Annuität A ist unter Berücksichtigung von Zins und Zinseszins gleich viel wert wie ein heutiger Geldbetrag C_0?

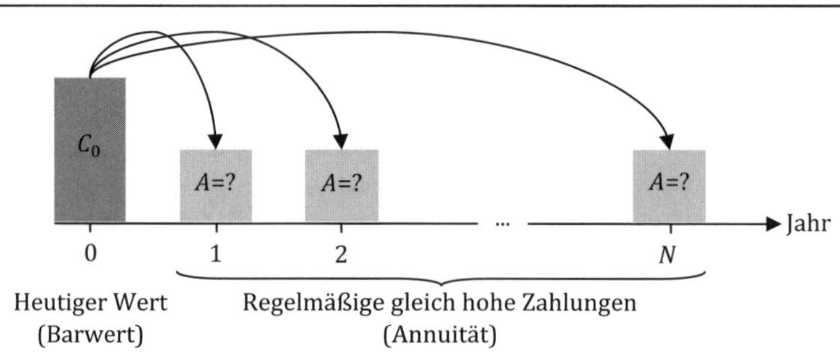

In Anhang 4 sind die Wiedergewinnungsfaktoren für unterschiedliche Zinssätze und Laufzeiten dargestellt. Genau wie beim Kapitalisierungsfaktor sei auf drei Spezialfälle hingewiesen:

- Bei einer Laufzeit von einem Jahr entspricht der Wiedergewinnungsfaktor dem Aufzinsungsfaktor: $WF_{i;1} = AF_{i;1} = q$.
- In einer Welt ohne Zins (i = 0%) können Zahlungen direkt miteinander verglichen werden. Der Wiedergewinnungsfaktor entspricht dann dem Kehrwert der Laufzeit, über die die Annuität gezahlt wird: $WF_{0\%;N} = 1/N$.
- Für die Bestimmung einer unendlichen Rente ($N = \infty$) entspricht der Wiedergewinnungsfaktor dem Zinssatz: $WF_{i;\infty} = i$.

Durch eine Umformung von Gleichung (6-8) kann man eine **Annuität in zwei Summanden aufsplitten**, die eine intuitive Interpretation zulassen:

$$A = \underbrace{\frac{C_0}{N}}_{\emptyset\ Kapitalanteil} + \underbrace{C_0 \cdot f_{i;N} \cdot (q-1)}_{\emptyset\ Zinsanteil}, \quad \text{mit } f_{i;N} = \frac{q^N}{q^N - 1} - \frac{1}{N \cdot (q-1)} \tag{6-9}$$

Der erste Summand C_0/N beschreibt den durchschnittlichen jährlichen Kapitalanteil (durchschnittlich gezahltes oder zu zahlendes Kapital) und der zweite Summand $C_0 \cdot f_{i;N} \cdot (q-1)$ den durchschnittlichen jährlichen Zinsanteil (durchschnittlich erhaltene oder gezahlte Zinsen) einer Annuität. Die Aufsplittung einer Annuität in ihre Komponenten eröffnet bei vielen Anwendungen, wie z.B. bei der Vermögensentnahme, der Berechnung von Durchschnittskosten einer Investition (vgl. Punkt 6.3.3d) oder der Rückzahlung von Annuitätendarlehen (vgl. Punkt 6.6.1c), eine aussagekräftige ökonomische Interpretation. Der sog. f-Wert $f_{i;N}$ lässt sich als der prozentuale Kapitalanteil interpretieren, der bei einer Annuität durchschnittlich gebunden ist, also verzinst wird. In Anhang 5 sind die f-Werte für unterschiedliche Laufzeiten und Zinssätze dargestellt.

Beispiel 6-5
Verrenten - Kapitalentnahme

Stellen Sie sich vor, Sie legen 10 000 € zu einem Zinssatz von 5% p.a. an und wollen in den nächsten 10 Jahren einen jährlich gleich bleibenden Betrag entnehmen. Wie viel Geld steht Ihnen jährlich zur Verfügung, wenn nach Ablauf der 10 Jahre das Kapital gerade aufgebraucht sein soll? Gemäß Gleichung (6-8) gilt:

$$A = C_0 \cdot WF_{5\%;10} = 10\,000 \cdot 0{,}1295 = 1\,295$$

Eine über einen Zeitraum von 10 Jahren regelmäßig wiederkehrende Zahlung in Höhe von 1 295 € entspricht bei einem Zinssatz von 5% dem Barwert von 10 000 €. Zum gleichen Ergebnis kommt man unter Verwendung von Gleichung (6-9):

$$A = \frac{C_0}{10} + C_0 \cdot f_{5\%;10} \cdot i = \frac{10\,000}{10} + 10\,000 \cdot 0{,}5901 \cdot 0{,}05 = 1\,000 + 295 = 1\,295$$

Allerdings zeigt diese alternative Berechnungsweise, dass Ihr Kapital *durchschnittlich* um 1 000 € pro Jahr abnimmt. Der f-Wert in Höhe von 0,5901 bedeutet, dass Ihr *durchschnittlich* gebundenes Kapital bzw. Guthaben 5 901 € beträgt. Bei einem Zinssatz von 5% erhalten Sie deshalb *durchschnittlich* jährlich 295 € (= 5 901 · 0,05) an Zinsen. Zu beachten ist jedoch, dass der *tatsächliche* Kapital- und Zinsanteil im jeweiligen Jahr unterschiedlich ist. So beträgt bspw. im ersten Jahr der Zinsanteil Ihrer Entnahme 500 € (= 10 000 · 0,05) und der Kapitalanteil 795 € (= 1 295 – 500).

Ende des Beispiels

c) Rentenendwertrechnung

Durch das Kapitalisieren kann der Barwert einer Annuität berechnet werden. Auch die Rentenendwertrechnung bezieht sich auf Annuitäten. Allerdings wird dabei nicht der Barwert, sondern der auf das Jahr N bezogene Endwert der über N Jahre gezahlten Annuitäten bestimmt. Der Rentenendwert entspricht also dem aufgezinsten Barwert einer Annuität. Das Produkt $KF_{i;N} \cdot AF_{i;N}$ wird als **Rentenendwertfaktor** ($EF_{i;N}$; accumulation of annuity factor) bezeichnet (vgl. Abb. 6-7 und Anhang 6):

$$C_N = A \cdot KF_{i;N} \cdot AF_{i;N} = A \cdot \frac{q^N - 1}{q - 1} = A \cdot EF_{i;N} \tag{6-10}$$

Abb. 6-7: Rentenendwertrechnung

Fragestellung:
Welchen Endwert C_N besitzt eine über N Jahre anfallende Annuität A unter Berücksichtigung von Zins und Zinseszins?

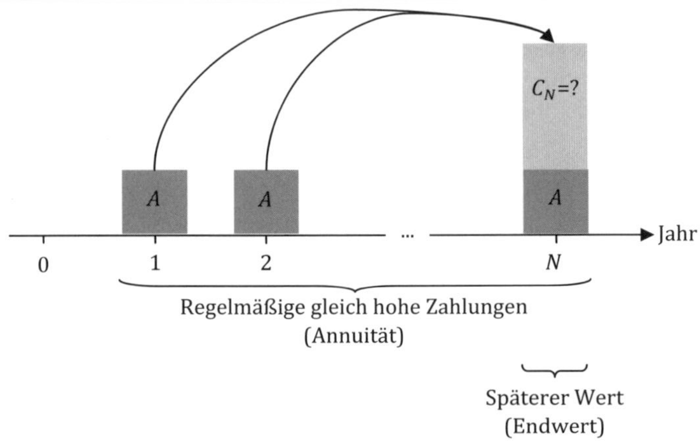

Beispiel 6-6
Rentenendwert - Kapitalanlage

Angenommen, Sie legen über die kommenden 4 Jahre - beginnend mit dem nächsten Jahr - jeweils am Ende des Jahres 100 000 € an. Der Zinssatz beträgt 5% p.a. Wie hoch ist der in 4 Jahren erreichte Kapitalbetrag? Gemäß Gleichung (6-10) gilt:

$$C_4 = A \cdot EF_{5\%;4} = 100\,000 \cdot 4{,}3101 = 431\,013$$

Ein Vergleich mit den Rechenschritten in Beispiel 6-1 zeigt, dass der Rentenendwertfaktor mehrere Aufzinsungsschritte zusammenfasst.

Ende des Beispiels

d) Rentenendwertverteilungsrechnung

Will man ausgehend von einem zukünftigen Betrag C_N berechnen, welche über N Jahre zu zahlende Rente A unter Berücksichtigung von Zins und Zinseszins diesem Betrag entspricht, muss man die Rentenendwertformel umstellen. Diese Umkehrung der Rentenendwertrechnung wird als Rentenendwertverteilungsrechnung bezeichnet:

$$A = C_N \cdot \frac{q-1}{q^N - 1} = C_N \cdot \frac{1}{EF_{i;N}} = C_N \cdot EVF_{i;N} \qquad (6\text{-}11)$$

Der Kehrwert des Rentenendwertfaktors wird als Restwert- oder **Rentenendwertverteilungsfaktor** ($EVF_{i;N}$; sinking fund factor) bezeichnet (vgl. Abb. 6-8 und Anhang 7).

Abb. 6-8: Rentenendwertverteilungsrechnung

Fragestellung:
Welche über N Jahre anfallende Annuität A ist unter Berücksichtigung von Zins und Zinseszins gleich viel wert wie ein Endwert C_N?

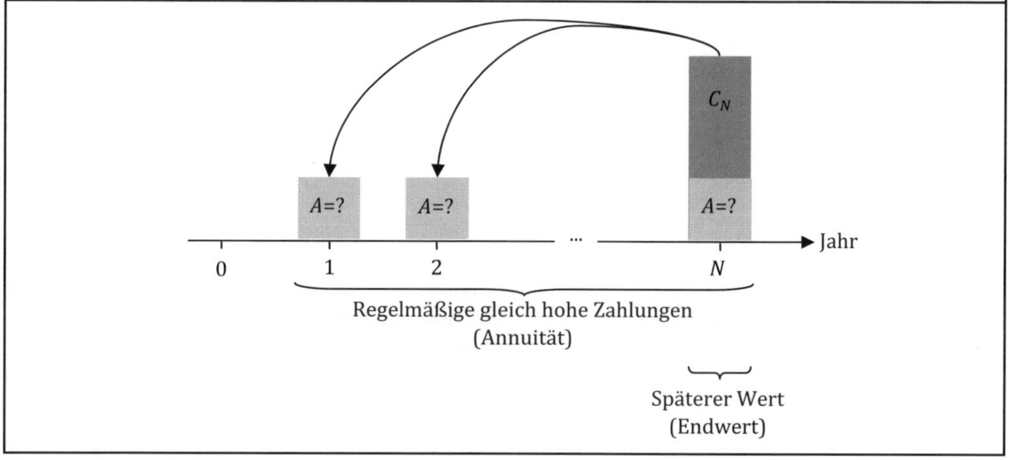

Beispiel 6-7
Rentenendwertverteilung - Kapitalentnahme

Angenommen, Sie verfügen über einen in 10 Jahren fälligen Zahlungsanspruch in Höhe von 10 000 €. Welche über 10 Jahre gleich bleibende Jahresrate ist bei einem Zinssatz i in Höhe von 5% p.a. gleich viel wert wie dieser Endwert? Gemäß Gleichung (6-11) gilt:

$$A = C_{10} \cdot EVF_{5\%;10} = 10\,000 \cdot 0{,}0795 = 795$$

Über einen Zeitraum von 10 Jahren jeweils 795 € zu bekommen, ist Ihnen bei einem Zinssatz von 5% gleich viel wert wie 10 000 € am Ende der 10 Jahre.

Ende des Beispiels

6.3 Rentabilitätsanalyse von Investitionen

Mit Hilfe der Rentabilitätsanalyse von Investitionen sollen folgende Fragen beantwortet werden:

1. Ist eine Investition für sich genommen rentabel (**absolute Vorteilhaftigkeit**)?
2. Ist eine Investition im Vergleich zu anderen (Sach)Investitionsalternativen rentabel (**relative Vorteilhaftigkeit**)?

3. Wie lange sollte die **Nutzungsdauer** sein, d.h. wie viele Jahre soll das durch die Investition beschaffte Gebrauchsgut genutzt und wann soll ggf. desinvestiert bzw. verkauft werden?

Im Folgenden wird zunächst die Analyse der absoluten Vorteilhaftigkeit von Investitionen diskutiert. Dabei unterstellen wir, dass sich die Zielsetzung des Investors auf monetäre Ziele beschränkt, er also „einfacher" Gewinnmaximierer ist. Weitere denkbare Ziele, die mit einer Investitionsentscheidung verfolgt werden könnten, wie sozialer Respekt (z.B. Prestigegewinn durch einen imposanten Maschinenpark), Umweltschutz o.ä., werden nicht berücksichtigt. Sie müssen ggf. in Form von Tradeoffs (vgl. Abschnitt 2.2) bewertet werden. Mögliche Liquiditätsengpässe infolge von Investitionen sowie das Investitionsrisiko werden ebenfalls noch nicht angesprochen (vgl. hierzu Abschnitt 6.6 und Kapitel 7).

Im Rahmen der Investitionsanalyse wird zunächst der Investitionsplan aufgestellt, der in Zahlen beschreibt, was durch die Investition wann ausgelöst wird (Punkt 6.3.1). Auf der Grundlage des Investitionsplans lässt sich noch nicht sagen, ob eine Investition rentabel ist und ihre Kosten deckt. Hierfür muss vielmehr zunächst der Kalkulationszinsfuß bestimmt werden, der die Kosten des verwendeten Kapitals widerspiegelt (Punkt 6.3.2). Basierend auf dem Investitionsplan und dem Kalkulationszinsfuß werden dann zur Entscheidungsunterstützung sog. Investitionskalküle berechnet (Punkt 6.3.3). Dazu benötigt man die Finanzmathematik, da die zu unterschiedlichen Zeitpunkten anfallenden Zahlungen vergleichbar gemacht werden müssen.

6.3.1 Aufstellung des Investitionsplans

Den Zahlungsstrom einer Investition spezifiziert man, indem man im Sinne der Differenzrechnung (vgl. Punkt 2.4.1) nach den **ursächlich durch die Investition ausgelösten Ein- und Auszahlungen** fragt. Genauer gesagt geht es um die Zahlungen, die zu bestimmten Zeitpunkten *zusätzlich* zu der Situation „Betrieb ohne Investition" erwirtschaftet werden. Es ist zu betonen, dass der Investitionsplan auf Zahlungen beruht, die zu den jeweiligen Zeitpunkten tatsächlich verursacht werden. Kalkulatorische Größen, wie z.B. Abschreibungen, die einen Aufwand, aber keine Zahlung darstellen, haben in einem Investitionsplan nichts zu suchen. Auch ein Rückgriff auf Einnahmen und Ausgaben ist nicht adäquat, da auch dies die zeitliche Zuordnung der Zahlungen verfälscht. So führen ja die Einnahmen einer Periode erst in einer Folgeperiode tatsächlich zu Einzahlungen, wenn sie auf Ziel sind und Forderungen erworben wurden (vgl. Abschnitt 3.2).

Bezüglich der Ein- und Auszahlungen müssen möglichst realistische Annahmen bzgl. der erwarteten Preise und Mengen getroffen werden. Dies bezieht sich sowohl auf die verbrauchten Inputs als auch auf die produzierten Outputs. Bei der Aufstellung des Zahlungsstroms muss der Zeitpunkt berücksichtigt werden, zu dem Zahlungen anfallen. Oftmals veranschlagt man aber der Einfachheit halber die Ein- und Auszahlungen, die durch die Investition irgendwann zwischen Januar und Dezember des jeweiligen Jahres verursacht werden, als Summe am Jahresende (Jahresendfiktion).

Manchmal kann man zur Bestimmung der konkreten Höhe der relevanten Ein- und Auszahlungen auf **eigene Daten und eigenes Erfahrungswissen** zurückgreifen. Dies gilt insbesondere dann, wenn es sich um eine Investition in einen Bereich handelt, in dem man schon lange Zeit engagiert ist. Allerdings ist zu beachten, dass es bei der Planung immer darum geht, die in der Zukunft erwarteten Preise und Mengen bestmöglich zu prognostizieren. Es dürfen also nicht „blind" die Daten der Vergangenheit als Planannahmen genutzt werden. Wenn sich Trends oder grundlegende Änderungen gegenüber der Vergangenheit abzeichnen, die sich bspw. aufgrund einer veränderten Marktsituation oder politischer Beschlüsse ergeben könnten, so sind diese in die Überlegungen mit einzubeziehen. Wenn man nicht auf eigene Erfahrungswerte zurückgreifen kann, müssen investitionsbezogene Informationen z.B. über **Expertenbefragungen oder über die Daten und Erfahrungen anderer Betriebe** beschafft werden. Man kann also sagen, dass in die Aufstellung eines Investitionsplans (business plan) das gesamte produktionstechnische, organisatorische und marktbezogene Know-How des Unternehmers bzgl. der relevanten Input-Output-Relationen einfließen muss.

Die Anforderungen an das Wissen des Investors und der Aufwand, der für die Aufstellung des Investitionsplans benötigt wird, hängen von der Komplexität des betrachteten Vorhabens und der Nutzungsdauer des Investitionsgutes ab. Unabhängig davon ist aber die grundsätzliche Struktur eines Investitionsplans immer identisch: Im Ergebnis aller Planannahmen bzgl. der erwarteten Preise und Mengen sind die Ein- und Auszahlungen für die einzelnen Jahre bekannt. Schließlich kann der **Einzahlungsüberschuss im jeweiligen Jahr** als Saldo berechnet werden. Man aggregiert also in jedem Jahr alle Planannahmen zu *einer* Zahl. Die Einzahlungsüberschüsse in den jeweiligen Jahren der Nutzungsdauer bilden die Grundlage der Rentabilitätsbewertung.

Nehmen wir an, Sie können heute einen besonders seltenen Kaktus für Anschaffungskosten von 1 000 € erwerben. Sie müssen den Kaktus zwei Jahre lang pflegen. Nach Ablauf dieser zwei Jahre erreicht der Kaktus Verkaufsreife und Sie können ihn an einen Liebhaber (von Kakteen!) veräußern, der Ihnen schon heute einen Preis von 1 500 € zusichert. Im Pflegezeitraum entstehen Ihnen keine weiteren Kosten: Die erforderlichen Pflanzenschutz- und Düngemittel sind bereits im Anschaffungspreis enthalten. Als Gießwasser verwenden Sie kostenlos aufgefangenes Regenwasser. Opportunitätskosten für Ihre Arbeit entstehen nicht, da sie nur einmal wöchentlich abends in einer Werbepause vor dem Fernseher gießen. Damit ergibt sich der in Tab. 6-3 dargestellte Investitionsplan.

Tab. 6-3: Die grundsätzliche Struktur eines Investitionsplans

Jahr *t*	**0**	**1**	**2 (= *N*)**
Einzahlungen e_t (€)	0	0	1 500
Auszahlungen a_t (€)	1 000	0	0
Einzahlungsüberschüsse $e_t - a_t$ (€)	**-1 000**	**0**	**1 500**

Die Investition ist gekennzeichnet durch eine anfängliche Auszahlung a_0 = 1 000 €, die auch als Anschaffungspreis oder Anschaffungswert ($a_0 = AW$) bezeichnet wird. Die Nutzungsdauer N beträgt zwei Jahre und am Ende von Jahr 2 ergibt sich eine einmalige Einzahlung e_2 = 1 500 €.

Neben der Kaktusinvestition gibt es andere „einfache" Investitionen, die tatsächlich durch *eine* einmalige Auszahlung und *eine* einmalige Einzahlung gekennzeichnet sind. Dies gilt z.B. für **Finanzinvestitionen**, wie z.B. Beteiligungen an Unternehmen ohne zwischenzeitliche Ausschüttungen. Betriebliche **Sachinvestitionen** sind häufig komplexer strukturiert. In aller Regel ergeben sich nach der anfänglichen Auszahlung über mehrere Nutzungsjahre oder gar Nutzungsjahrzehnte Einzahlungsüberschüsse. Je nach Investition können diese in jährlich gleich bleibender oder auch in unterschiedlicher Höhe anfallen. Für unterschiedlich hohe Einzahlungsüberschüsse gibt es auch ohne Annahme systematischer Preis- und Ertragsänderungen mehrere sachliche Gründe: (1) Anfänglich niedrigere Einzahlungsüberschüsse können durch **Lernkosten** verursacht werden. Damit ist gemeint, dass die ersten Jahre nach der Durchführung einer Investition mit Anlaufschwierigkeiten verbunden sein können und Investitionen deshalb erst nach einer gewissen Eingewöhnungsphase die vollen Einzahlungsüberschüsse entfalten. (2) Mit der Nutzungsdauer abnehmende Einzahlungsüberschüsse sind insbesondere bei Maschinen darin begründet, dass über die Zeit **ansteigende Reparaturkosten** entstehen. (3) In vielen Fällen lässt sich zudem am Ende der Nutzungsdauer durch einen Verkauf des Investitionsgutes eine Einmaleinzahlung erzielen, die als Desinvestitionserlös oder **Restwert** (RW) bezeichnet wird. Der Restwert kann auch negativ sein. Denken Sie in diesem Zusammenhang nur an Abrisskosten, wie sie z.B. am Ende der Nutzungsdauer von Windkrafträdern anfallen können. Die genannten Gründe für heterogene Einzahlungsüberschüsse können sich je nach Investition auch überlagern.

Beispiel 6-8
Investitionsplan - Mähdrescher

Ein Landwirt erwägt einen neuen Mähdrescher anzuschaffen, den er ausschließlich für Lohnarbeiten nutzen möchte. Der Anschaffungswert beträgt $a_0 = AW = 125$ T€. Der Mähdrescher soll 8 Jahre lang für den Lohndrusch von 500 ha jährlich eingesetzt werden. Die erwarteten Einzahlungen durch den Lohndrusch liegen bei 50 T€ je Jahr (100 €/ha). Nach Ablauf der Nutzungsdauer von $N = 8$ Jahren kann der Mähdrescher zu einem Restwert $RW = 10$ T€ verkauft werden. Jährliche Auszahlungen entstehen durch die Betriebskosten für Arbeit, Treibstoff, Schmiermittel und Reparaturen. Letztere betragen anfänglich 25 T€ pro Jahr (50 €/ha), steigen dann aber je Jahr um 2 T€ (4 €/ha) an. Entsprechend dieser Annahmen kommt der Unternehmer in seinem Investitionsplan zu dem in Abb. 6-9 dargestellten Zahlungsstrom.

Abb. 6-9: Investitionsplan für den Kauf eines Mähdreschers (T€)

Jahr t	**0**	**1**	**2**	**3**	**4**	**5**	**6**	**7**	**8 (= N)**	
e_t		50	50	50	50	50	50	50	60	
a_t	125	25	27	29	31	33	35	37	39	
$e_t - a_t$	**-125**	**25**	**23**	**21**	**19**	**17**	**15**	**13**	**21**	

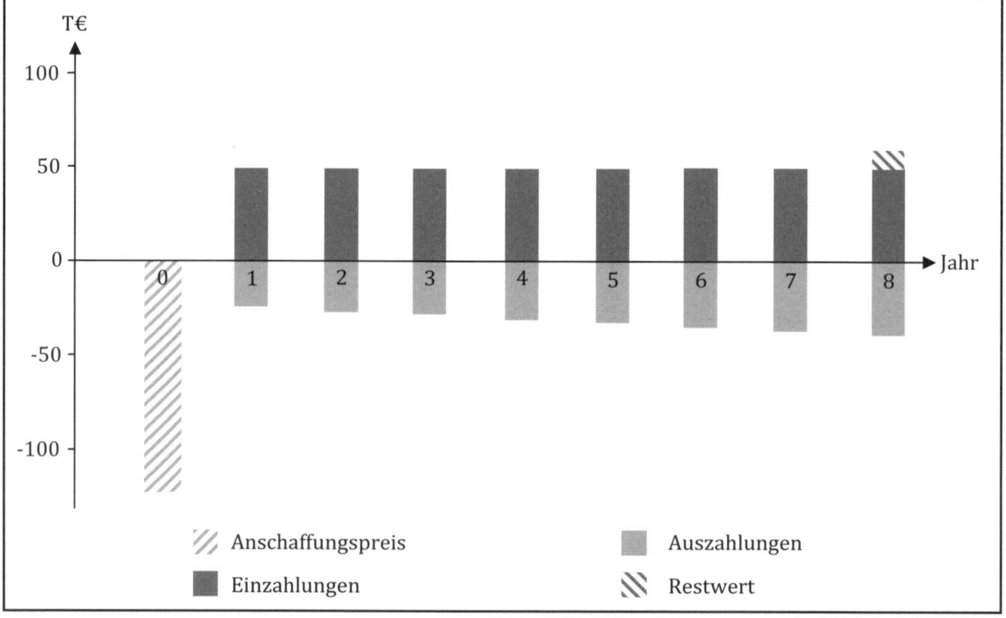

Trotz der soliden Plannannahmen ist Su Sidenkt, die mittlerweile Unternehmensleiterin ist, nach der Berechnung der jährlichen Einzahlungsüberschüsse nicht klar, ob diese Investition kostendeckend ist und sich lohnt. Sie bittet deshalb Onno Überleg, der den Investitionsplan aufgestellt hat und im Betrieb für das Rechnungswesen zuständig ist, um Entscheidungsunterstützung. Onno kommt in Sekundenschnelle zu folgendem Ergebnis:

$$\text{Summe der zukünftigen Einzahlungsüberschüsse} = \sum_{t=1}^{8}(e_t - a_t) = 154 \text{ T€}$$

Er rät zur Durchführung der Investition. Onno Überleg begründet dies damit, dass die Summe der zukünftigen Einzahlungsüberschüsse den Anschaffungspreis überschreitet und die Investition den Gewinn des Betriebs um insgesamt 29 T€ (= 154 − 125) erhöht. Obwohl Su Sidenkt es nicht für ausgeschlossen hält, dass sich die Investition rentiert, denkt sie nach dieser Begründung darüber nach, Onno Überleg fristlos zu entlassen. Sie überlegt es sich dann aber und vereinbart mit ihm, dass er zum nächstmöglichen Zeitpunkt eine Fortbildung zur Investitionsplanung besuchen soll.

Ende des Beispiels

Schauen wir uns nun vor dem Hintergrund dieses Beispiels systematisch an, was der Leiter des Rechnungswesens in einer solchen Fortbildung lernen müsste und welche Arbeitsschritte man durchführen muss, um zu einer zutreffenden Beurteilung der Rentabilität von Investitionen zu kommen.

6.3.2 Bestimmung des Kalkulationszinsfußes

Bei der Aufstellung des Investitionsplans dürfen ausschließlich die Zahlungen berücksichtigt werden, die durch das betriebliche Investitionsvorhaben ausgelöst werden. Die Zahlungsströme zwischen dem Fremdkapitalgeber und dem Unternehmen in Form des Kreditzugangs im Jahr 0 sowie in Form des Kapitaldienstes dürfen hier nicht eingetragen werden. Auf der Grundlage des Investitionsplans wird die Rentabilität des Vorhabens bewertet, und zwar unter Berücksichtigung der Kosten des für die Investition insgesamt eingesetzten Kapitals. Diese Kosten hängen von der Finanzierung ab und werden vollständig über den Kalkulationszinsfuß (i_{kalk}; adequate target rate) berücksichtigt.

Bei der Finanzierung gibt es zwei Extreme, nämlich 100%ige Fremdkapitalfinanzierung und 100%ige Eigenkapitalfinanzierung. Außerdem gibt es Mischfinanzierungsformen mit unterschiedlichen Fremd- und Eigenkapitalanteilen. Im Extremfall einer 100%igen **Fremdkapitalfinanzierung** ist die Bestimmung des Kalkulationszinsfußes einfach: Nehmen wir an, Sie finanzieren den Kauf des Kaktus (vgl. Tab. 6-3) über ein Darlehen von 1 000 €, für das die Bank einen Zinssatz i_{FK} = 9% p.a. fordert. Da die Investition mit 100% Fremdkapital (FK, debt) finanziert ist, fällt der Fremdkapitalzinssatz mit dem Kalkulationszinsfuß zusammen ($i_{kalk} = i_{FK}$ = 9%). Wie hoch sind aber die Kapitalkosten im Falle einer 100%igen **Eigenkapitalfinanzierung**? Sie müssen ja im Fall eines 100%igen Einsatzes von Eigenkapital (EK, equity) keine Zinsen an eine Bank bezahlen. Onno Überleg weiß Antwort: Er meint, dass das Kapital in diesem Fall nichts kostet. Su Sidenkt gibt zu bedenken, dass dies nicht stimmt! Schließlich würde man die Opportunitätskosten (vgl. Punkt 2.4.2) des Eigenkapitals vernachlässigen. Wenn man vorhandenes Eigenkapital für eine betriebliche Investition nutzt, entgeht ein alternativer Nutzen z.B. in Form von Guthabenzinsen, die sich bei der besten sicheren Alternativverwendung „Geldanlage bei einer Bank" ergeben würden. Wenn Sie den Kauf des Kaktus also mit 1 000 € Eigenkapital finanzieren und die Geldanlage bei der Bank zu einem Zinssatz von 5% p.a. die beste Alternativverwertung des Kapitals darstellt, dann gilt für den Kalkulationszinsfuß $i_{kalk} = i_{EK}$ = 5%.

Bei mischfinanzierten Investitionen muss der Kalkulationszinsfuß des für die Investition benötigten Gesamtkapitals ($GK = EK + FK$; total capital) als **gewichtetes Mittel der Kosten für das Eigen- und Fremdkapital** (WACC; weighted average cost of capital) berechnet werden. Werden jeweils 50% des Gesamtkapitals durch Eigen- und Fremdkapital bereitgestellt, so lässt sich der Kalkulationszinsfuß leicht im Kopf als einfacher Durchschnitt von Fremd- und Eigenkapitalzinssatz berechnen. Im obigen Zahlenbeispiel mit i_{EK} = 5% und i_{FK} = 9% würde jeder im Investitionsvorhaben eingesetzte Euro durchschnittlich 7% kosten. Allgemein kann der Kalkulationszinsfuß i_{kalk} wie folgt bestimmt werden:

$$i_{kalk} = \frac{i_{EK} \cdot EK + i_{FK} \cdot FK}{GK} = i_{EK} \cdot \frac{EK}{GK} + i_{FK} \cdot \frac{FK}{GK} \tag{6-12}$$

EK/GK und FK/GK kennzeichnen den Eigenkapital- bzw. Fremdkapitalanteil. Erfolgt die Bereitstellung des Fremdkapitals aus mehreren Quellen mit unterschiedlich hohen Zinssätzen, so muss der hier verwendete Fremdkapitalzinsfuß bereits als gewichtetes Mittel der verschiedenen Fremdkapitalzinssätze bestimmt werden.

Beispiel 6-9
Kalkulationszinsfuß - Mähdrescher

In Abhängigkeit von der Finanzierung ergeben sich die in Tab. 6-4 dargestellten Kalkulationszinsfüße für die Beschaffung des in Beispiel 6-8 beschriebenen Mähdreschers.

Tab. 6-4: Kalkulationszinsfuß für den Kauf eines Mähdreschers

Eigenkapitalanteil EK/GK	0%	25%	50%	75%	100%
Fremdkapitalanteil FK/GK	100%	75%	50%	25%	0%
Gesamtkapitaleinsatz GK (T€)			125		
Zinsansatz für Eigenkapital i_{EK}			5%		
Zinssatz für Fremdkapital i_{FK}			9%		
Kalkulationszinsfuß i_{kalk}	**9%**	**8%**	**7%**	**6%**	**5%**

Tab. 6-4 zeigt, dass in Abhängigkeit von der Kapitalbereitstellung unterschiedlich hohe Kapitalkosten entstehen: Je mehr teures Fremdkapital eingesetzt wird, desto höher ist der Kalkulationszinsfuß.

Ende des Beispiels

6.3.3 Berechnung und Interpretation von Investitionskalkülen

Die Einzahlungsüberschüsse $e_t - a_t$ vom Zeitpunkt $t = 0$ bis zum Ende der Nutzungsdauer $t = N$, die der letzten Zeile des Investitionsplans zu entnehmen sind, bilden zusammen mit dem Kalkulationszinsfuß i_{kalk} die Basis für die Rentabilitätsbeurteilung von Investitionen. Trotz der hochaggregierten Darstellung der erwarteten Zahlungen in *einer* Zahl pro Jahr und trotz der Berechnung *eines* Zinsfußes, der die durchschnittlichen Kapitalkosten angibt, ist damit noch nicht direkt ersichtlich, ob sich eine Investition lohnt. Das Entscheidungsproblem ist immer noch so komplex, dass Entscheidungsträger ohne weitere Entscheidungsunterstützung keine Schlüsse ziehen können. Die Komplexität entsteht dadurch, dass die Zahlungen, die zu unterschiedlichen Zeitpunkten anfallen, nicht direkt miteinander vergleichbar sind. Denken Sie in diesem Zusammenhang nur an die vorschnelle Schlussfolgerung von Onno Überleg in Beispiel 6-8, der diese Komplexität nicht berücksichtigt hatte. Um tatsächlich eine Entscheidungsunterstützung zu ermöglichen, muss man die Reihe aller **Einzahlungsüberschüsse und den Kalkulationszinsfuß zu einer Kennzahl verdichten**, aus deren Höhe man dann ablesen kann, ob es sich um eine rentable Investition handelt.

Die Vergleichbarkeit zwischen Zahlungen, die zu verschiedenen Zeitpunkten anfallen, kann auf zwei Arten ermöglicht werden (vgl. Abschnitt 6.2): Einerseits kann man durch Aufzinsen oder Diskontieren **alle Zahlungen auf einen Zeitpunkt beziehen**. Andererseits kann man durch die Rentenrechnung **Zahlungen in Annuitäten umwandeln**. Bei der Berechnung des Kapitalwertes und des internen Zinsfußes wird der erste Weg genutzt: Alle zukünftigen Einzahlungsüberschüsse werden auf die Gegenwart bezogen. Bei der Berechnung der Leistungs-Kostendifferenz und der Durchschnittskosten schlägt man dagegen den zweiten Weg ein: Zahlungen werden periodisiert.

a) Kapitalwert

Der Kapitalwert (KW; net present value) ist der Gegenwartswert aller durch die Investition ausgelösten Einzahlungsüberschüsse, d.h. die Summe der *diskontierten* Einzahlungsüberschüsse:

$$KW = (e_0 - a_0) \cdot q^{-0} + (e_1 - a_1) \cdot q^{-1} + (e_2 - a_2) \cdot q^{-2} + \cdots + (e_N - a_N) \cdot q^{-N} = \sum_{t=0}^{N} (e_t - a_t) \cdot q^{-t} \quad (6\text{-}13)$$

$(e_t - a_t)$ ist der Einzahlungsüberschuss zum jeweiligen Zeitpunkt t, q entspricht $1 + i_{kalk}$, und q^{-t} ist der Diskontierungsfaktor für das jeweilige Jahr. Da jede Investition eine Zahlungsreihe darstellt, die mit einer Auszahlung bzw. einem negativen Einzahlungsüberschuss beginnt ($a_0 > 0$ und $e_0 = 0$), lässt sich der Sachverhalt auch wie folgt darstellen:

$$KW = \underbrace{-a_0}_{Anschaffungswert} + \underbrace{\sum_{t=1}^{N} (e_t - a_t) \cdot q^{-t}}_{Barwert\ der\ Investitionsrückflüsse} \quad (6\text{-}14)$$

Bei der Berechnung des Kapitalwertes wird der **Anschaffungswert dem Barwert der zukünftigen Investitionsrückflüsse gegenübergestellt**. Dieser Barwert wird auf der Grundlage des Kalkulationszinsfußes berechnet. Bei Eigenfinanzierung erfolgt dadurch implizit ein Vergleich der zu bewertenden Investition mit der Alternative „Nicht-Durchführung der Investition und Geldanlage bei der Bank". Der Kapitalwert der Rückflüsse aus dieser Alternative muss nicht gesondert ermittelt werden. Er ist Null, da die Verzinsung der Geldanlage genau dem Kalkulationszinsfuß entspricht. Bei Fremdfinanzierung erfolgt ebenfalls implizit ein Vergleich. Hier wird gefragt, ob man sich mit der Durchführung der Investition ökonomisch besser stellt als bei der Alternative „Nicht-Durchführung und Unterlassung der Fremdkapitalaufnahme". Letzteres hat ebenfalls einen Kapitalwert von Null. Analog ist auch bei einer Mischfinanzierung der Kapitalwert der Alternative „Nicht-Durchführung der Investition" gleich Null, da der Kalkulationszinsfuß die Opportunitätskosten des Eigenkapitals und die Kosten des Fremdkapitals widerspiegelt. Die Kosten der Finanzierung fließen also bei Eigen-, Fremd- und Mischfinanzierung ausschließlich über den Kalkulationszinsfuß in die Kapitalwertberechnung ein.

Der Kapitalwert bezeichnet griffig den auf heute bezogenen Wert des gesamten betrieblichen Investitionsvorhabens. Er gibt in Form eines Absolutwertes an, wie viel mehr man mit der Investition erwirtschaftet als das eingesetzte Kapital kostet. Wenn der Kapitalwert einer Investition größer als Null ist, ist eine Investition unter Rentabilitätsgesichtspunkten durchführungswürdig. Sie bringt dann mehr als sie kostet. Andernfalls sollte man die Investition ablehnen. Wenn der Kapitalwert nur geringfügig größer als Null ist, sollte eine Investition nur dann realisiert werden, wenn der Unternehmer ausschließlich das Ziel der Gewinnmaximierung verfolgt. Sind zusätzliche Unternehmerziele sowie mit der Investition verbundene, aber nicht monetär bewertete Mühen zu berücksichtigen, so fordert der Unternehmer möglicherweise einen Kapitalwert, der deutlich größer als Null ist, bevor er eine Investition durchführt. Derartige Fragen werden im vorliegenden Abschnitt nicht diskutiert.

Für die Kaktusinvestition (vgl. Tab. 6-3) ergäbe sich bei 100%iger Eigenkapitalfinanzierung, d.h. bei i_{kalk} = 5%, ein Kapitalwert von 361 € (= −1 000 + 1 500 · $1{,}05^{-2}$). Da der Kapitalwert positiv ist, sollte die Investition durchgeführt werden. Bei einer 50:50 Mischfinanzierung des Kaktus (i_{kalk} = 7%) würde der Kapitalwert auf 310 € absinken (= −1 000 + 1 500 · $1{,}07^{-2}$). Bei 100%iger Fremdkapitalfinanzierung, d.h. bei i_{kalk} = 9%, hätte dieselbe Investition nur einen Kapitalwert von 263 € (= −1 000 + 1 500 · $1{,}09^{-2}$). Das heißt, die Rentabilität einer Investition hängt nicht nur von ihrer Leistungsfähigkeit ab. Vielmehr kann sich ein und dieselbe Investition in Abhängigkeit von der Finanzierung mehr oder weniger oder auch gar nicht rentieren.

Aus technischer Sicht ist erwähnenswert, dass sich bei Investitionen mit **homogenen zukünftigen Einzahlungsüberschüssen** ($e_1 - a_1 = e_2 - a_2 = \cdots = e_N - a_N = e - a$) die Kapitalwertformel (6-14) wie folgt vereinfachen lässt:

$$KW = -a_0 + (e - a) \cdot KF_{i_{kalk};N} \quad (6\text{-}15)$$

Beispiel 6-10
Kapitalwert - Mähdrescher

Tab. 6-5 verdeutlicht die Berechnung des Kapitalwertes für den in Beispiel 6-8 beschriebenen Kauf eines Mähdreschers. Dabei wird ein Kalkulationszinsfuß i_{kalk} von 5% unterstellt.

Tab. 6-5: Kapitalwert für den Kauf eines Mähdreschers (€) [a)]

Jahr t	0	1	2	3	4	5	6	7	8
Einzahlungs-überschüsse $e_t - a_t$	-125 000	25 000	23 000	21 000	19 000	17 000	15 000	13 000	21 000
Diskontierte Einzahlungs-überschüsse $(e_t - a_t) \cdot q^{-t}$	-125 000	23 810	20 862	18 141	15 631	13 320	11 193	9 239	14 214
Kapitalwert = $\sum_{t=0}^{N}(e_t - a_t) \cdot q^{-t}$ **= 1 409**									

a) i_{kalk} = 5% p.a.

Zunächst werden die Einzahlungsüberschüsse der einzelnen Jahre $(e_t - a_t)$ durch Diskontieren auf die Gegenwart bezogen $((e_t - a_t) \cdot q^{-t})$. Die Summe aller diskontierten Einzahlungsüberschüsse entspricht dem Kapitalwert, der sich im Beispiel auf 1 409 € beläuft. Der positive Kapitalwert zeigt an, dass der Kauf des Mähdreschers unter Rentabilitätsgesichtspunkten vorteilhaft ist.

Ende des Beispiels

Der Kapitalwert einer Investition wird maßgeblich durch folgende Größen beeinflusst:

- **Höhe der Einzahlungsüberschüsse**: Je höher c.p. die Einzahlungsüberschüsse in den einzelnen Jahren während der Nutzungsdauer einer Investition sind, umso höher ist der Kapitalwert der Investition.
- **Höhe des Kalkulationszinsfußes**: Je niedriger die Kosten des eingesetzten Kapitals c.p. sind, umso höher ist der Kapitalwert einer Investition.
- **Zeitliche Struktur anfallender Zahlungen**: Je eher Einzahlungen und je später Auszahlungen anfallen, desto rentabler ist eine Investition c.p.

b) Interner Zinsfuß

Der interne Zinsfuß (i_{int}; internal rate of return) gibt an, zu wie viel Prozent sich das in der Investition gebundene Kapital verzinst. Zwischen dem internen Zinsfuß und dem Kapitalwert besteht eine enge Verbindung. Zur Bestimmung des internen Zinsfußes führt man ein Gedankenexperiment in Form einer Kritischen-Wert-Analyse (vgl. Punkt 2.4.4) durch, bei der man fragt, wie hoch der Kalkulationszinsfuß maximal sein dürfte, um gerade einen Kapitalwert von Null zu erreichen. Der interne Zinsfuß ist also kurz gesagt der **kritische Kalkulationszinsfuß**, oberhalb dessen die Investition unrentabel wird:

$$i_{int} := \quad -a_0 + \sum_{t=1}^{N}(e_t - a_t) \cdot (1 + i_{int})^{-t} = KW \rightarrow 0! \qquad (6\text{-}16)$$

Die Unbekannte in Gleichung (6-16) ist der Zinsfuß i_{int}. In Abb. 6-10 ist der Zusammenhang zwischen Kalkulationszinsfuß und Kapitalwert grafisch veranschaulicht. Die linke Hälfte bezieht sich auf einen Zahlungsstrom, der mit einer Auszahlung beginnt, der Einzahlungsüberschüsse folgen (z.B. Investition in den Kaktus). Die rechte Hälfte bezieht sich auf einen Zahlungsstrom, der mit einer Einzahlung beginnt, der Auszahlungsüberschüsse folgen. Auf Letzteres werden wir im Zusammenhang mit der Finanzierung zurückkommen (vgl. Abschnitt 6.6).

Abb. 6-10: Zusammenhang zwischen Kalkulationszinsfuß und Kapitalwert

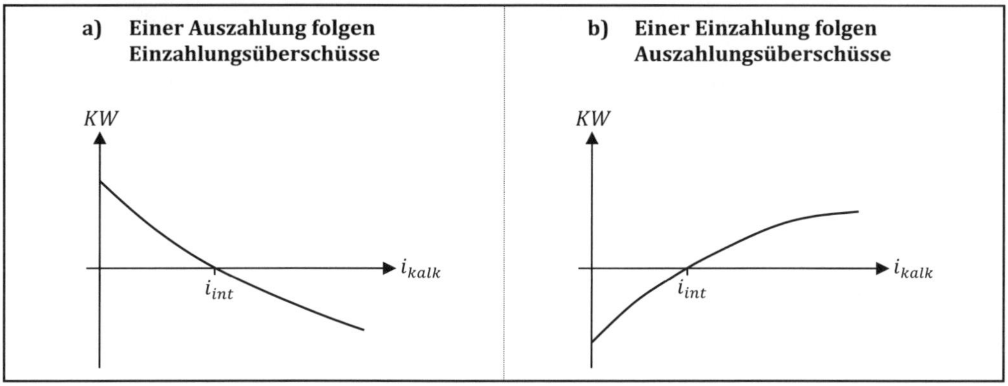

Im **einfachen Spezialfall** von Investitionen, die durch *eine* Anfangsauszahlung und *einen* zukünftigen Einzahlungsüberschuss gekennzeichnet sind, ist die Bestimmung des internen Zinsfußes einfach, da die Kapitalwertformel direkt nach dem Zinsfuß umgestellt werden kann:

$$i_{int}:= \quad -a_0 + (e_N - a_N)\cdot(1+i_{int})^{-N} = KW \rightarrow 0! \Leftrightarrow i_{int} = \left(\frac{e_N - a_N}{a_0}\right)^{1/N} - 1 \qquad (6\text{-}17)$$

Bei der Kaktusinvestition (vgl. Tab. 6-3) ergibt sich bspw. $i_{int} = (1\,500/1\,000)^{1/2} - 1 = 22{,}47\%$. Bei einem hypothetischen Kalkulationszinsfuß von 22,47% würde man mit der Investition also gerade so viel erwirtschaften, wie das eingesetzte Kapital kostet, nämlich 22,47 Cent pro Euro und Jahr. Mit anderen Worten: Würde das Kapital tatsächlich 22,47% kosten, so wäre der Investor unter Rentabilitätsgesichtspunkten indifferent zwischen Durchführung und Nichtdurchführung der Investition.

Bei **komplexer strukturierten Investitionen**, die mehrere zukünftige Zahlungen aufweisen, entspricht die Kapitalwertformel einem Polynom höherer Ordnung. Der interne Zinsfuß kann dann nicht ohne Weiteres algebraisch bestimmt werden.[8] Er kann in diesen Fällen aber über Näherungsverfahren bestimmt werden. Man könnte das Gedankenexperiment „zu Fuß" machen und durch Variantenrechnungen solange unterschiedliche Kalkulationszinsfüße ausprobieren, bis sich ungefähr ein Kapitalwert von Null ergibt. Alternativ könnte man linear interpolieren oder auf Tabellenkalkulationsprogramme wie MS-EXCEL zurückgreifen, die eine Funktion zur Bestimmung des internen Zinsfußes beinhalten.

Ein Blick auf Abb. 6-10 verdeutlicht, dass der Zusammenhang zwischen Kalkulationszinsfuß und Kapitalwert nicht linear ist. Durch **lineare Interpolation** lässt sich aber der Schnittpunkt der Kapitalwertkurve mit der „x-Achse" approximieren. Dazu werden zunächst in Abhängigkeit von zwei Testzinsfüßen, die wir

8 Zum einen ist es mathematisch sehr komplex, Nullstellen für Polynome höherer Ordnung zu bestimmen. Zum anderen ist die Lösung vielfach nicht eindeutig. Deutlich wird dies schon bei einer Investition mit einer Auszahlung und zwei Einzahlungsüberschüssen im Jahr 1 und 2. Hier stellt die Kapitalwertformel eine quadratische Gleichung dar, für die sich bei zwei Kalkulationszinsfüßen ein Kapitalwert von Null erreichen lässt (zwei Nullstellen). Hier ergibt sich die Notwendigkeit, aus sachlogischen Gründen bestimmte Nullstellen auszuschließen. Beispielsweise sind bei „Normalinvestitionen", bei denen einer Anfangsauszahlung positive Einzahlungsüberschüsse folgen, interne Zinsfüße von kleiner als -100% ökonomisch nicht plausibel, da sie mehr als den kompletten Verlust einer Einlage bedeuten würden.

mit i_0 und i_1 bezeichnen, zwei Testkapitalwerte KW_0 und KW_1 berechnet. Sinnvollerweise werden diese Zinsfüße so gewählt, dass sich ein positiver und ein negativer Kapitalwert ergeben. Anschließend wird folgende Interpolationsformel zur Bestimmung des internen Zinsfußes genutzt:

$$i_{int_{app}} = i_0 - \frac{i_1 - i_0}{KW_1 - KW_0} \cdot KW_0 \tag{6-18}$$

Ganz allgemein ist der Interpolationsfehler davon abhängig, wie weit der interne Zinsfuß von den Testzinsfüßen entfernt liegt. Die Genauigkeit kann erhöht werden, indem man neue Testzinssätze in der Nähe des vorläufig bestimmten internen Zinsfußes wählt und die Interpolationsformel mit kleineren Intervallen erneut anwendet.

Der interne Zinsfuß ist letztlich der finanzmathematische Fachbegriff für die geläufige Bezeichnung „**Rendite des eingesetzten Gesamtkapitals**". Man schreibt deshalb vielfach: $i_{int} = r_{GK}$. Die Tatsache, dass der interne Zinsfuß - im Unterschied zum Kapitalwert - eine Relativkennzahl darstellt, macht ihn zu einem sehr anschaulichen Kriterium, das einen schnellen Vergleich der geplanten Investition mit einer Bankanlage oder anderen Alternativinvestitionen ermöglicht. Es gilt: Eine Investition ist rentabel, wenn der interne Zinsfuß größer ist als der Kalkulationszinsfuß ($i_{int} > i_{kalk}$). Zu betonen ist, dass ein negativer Kapitalwert nicht impliziert, dass der interne Zinsfuß negativ ist. Ein negativer Kapitalwert bedeutet vielmehr, dass der interne Zinsfuß kleiner als der Kalkulationszinsfuß ist.

Beispiel 6-11
Interner Zinsfuß - Mähdrescher

Wenn wir die Kapitalkosten für den in Beispiel 6-8 beschriebenen Mähdrescher systematisch variieren, ergibt sich der in Abb. 6-11 dargestellte Zusammenhang zwischen Kalkulationszinsfuß i_{kalk} und Kapitalwert KW.

Abb. 6-11: Zusammenhang zwischen Kalkulationszinsfuß und Kapitalwert für den Kauf eines Mähdreschers [a]

i_{kalk} (%)	0	1	2	3	4	5	6	7	8	9	10	
KW (T€)	29,0	22,8	16,9	11,4	6,3	1,4	-3,2	-7,5	-11,5	-15,4	-19,0	

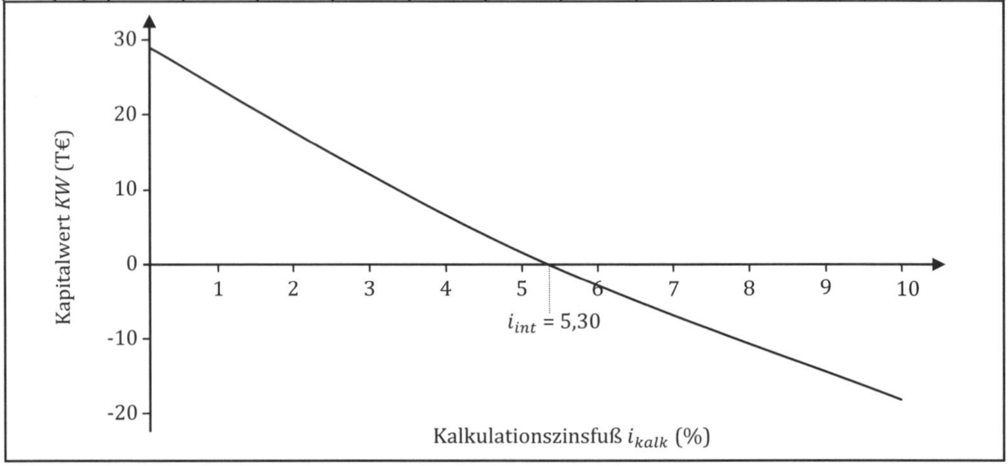

[a] Der den Berechnungen zugrunde liegende Zahlungsstrom ist Abb. 6-9 zu entnehmen.

Unterstellt man einen tatsächlichen Kalkulationszinsfuß von 5%, so liegt der Kapitalwert bei 1 409 € (vgl. Tab. 6-5). Bei einem hypothetischen Kalkulationszinsfuß von 6% wäre die Rentabilitätsschwelle unterschritten und es ergäbe sich ein Kapitalwert von -3 164 €. Bei einem Kalkulationszinsfuß irgendwo zwischen diesen beiden Werten ist der Kapitalwert also Null. Beim „Testen" weiterer Kalkulationszinsfüße zwischen 5% und 6% zeigt sich, dass der Kapitalwert im vorliegenden Beispiel bei einem Kalkulationszinsfuß von 5,30% Null werden würde. Wenn man als Testzinsfüße i_0 = 5% und i_1 = 6% wählt und mit den dazugehörigen Kapitalwerten KW_0 = 1 409 € und KW_1 = -3 164 € in die Interpolationsformel (6-18) einsetzt, so ergibt sich i_{int} = 5,31%. Die Approximation liefert also ein ziemlich gutes Ergebnis, das fast dem genauen Wert von 5,30% entspricht.

Ende des Beispiels

Aus technischer Sicht ist erwähnenswert, dass bei Investitionen, die zu **homogenen zukünftigen Einzahlungsüberschüssen** führen, die Kapitalwertformel nach dem Kapitalisierungsfaktor umgestellt werden kann:

$$i_{int}: = \quad -a_0 + (e - a) \cdot KF_{i_{int};N} = KW \to 0! \Leftrightarrow KF_{i_{int};N} = \frac{a_0}{e - a} \qquad (6\text{-}19)$$

Anschließend kann man unter Rückgriff auf eine Tabelle mit den Kapitalisierungsfaktoren (Anhang 3) prüfen, bei welchem Zinssatz sich der berechnete Kapitalisierungsfaktor bei der gegebenen Nutzungsdauer ergibt.

Beispiel 6-12
Interner Zinsfuß - Mastschweinestall

Die Investition in einen Mastschweinestall könnte bspw. mit Anschaffungskosten von 300 000 € und homogenen jährlichen Investitionsrückflüssen in Höhe von 33 000 € während der 20-jährigen Nutzungsdauer verbunden sein. Unter Anwendung von Gleichung (6-19) ergibt sich $KF_{i_{int};20}$ = 300 000/33 000 = 9,0909. Aus Anhang 3 lässt sich ablesen, dass sich bei einer 20-jährigen Nutzungsdauer der berechnete Kapitalisierungsfaktor bei einem (internen) Zinsfuß von etwa 9% p.a. ergibt.

Ende des Beispiels

c) Leistungs-Kostendifferenz

Auch zwischen der Leistungs-Kostendifferenz (LKD; net benefit of an investment) und dem Kapitalwert besteht ein enger Zusammenhang: Während der interne Zinsfuß das Ergebnis einer Kritischen-Wert-Analyse ist, ist die Leistungs-Kostendifferenz nur eine alternative finanzmathematische Darstellung des Kapitalwertes. Man kann sie bestimmen, indem man zunächst den Kapitalwert berechnet und diesen dann annualisiert:

$$LKD = KW \cdot WF_{i_{kalk};N} \qquad (6\text{-}20)$$

Für die Leistungs-Kostendifferenz findet man vielfach auch die Bezeichnung „**modifizierte Kapitalwertmethode**" oder „Annuitätenmethode".[9]

Die Leistungs-Kostendifferenz lässt sich alternativ auch direkt als Saldo der periodisierten Einzahlungen einer Investition und der periodisierten Auszahlungen bestimmen. Man könnte auch sagen, dass sie der

[9] Das Leistungs-Kostenverhältnis (benefit cost ratio) bildet ein weiteres ähnliches Rentabilitätskalkül für Investitionen. Hier werden die Durchschnittsleistung und die Durchschnittskosten ins Verhältnis gesetzt. Alternativ kann man auch den Barwert der Investitionsrückflüsse durch den Anschaffungswert der Investition dividieren. Ein Leistungs-Kostenverhältnis von größer als 1 zeigt an, dass die Investition rentabel ist.

Differenz zwischen den Durchschnittsleistungen und den Durchschnittskosten einer Investition entspricht:

$$LKD = \underbrace{\left(\sum_{t=0}^{N} e_t \cdot q^{-t}\right) \cdot WF_{i_{kalk};N}}_{Durchschnittsleistung} - \underbrace{\left(\sum_{t=0}^{N} a_t \cdot q^{-t}\right) \cdot WF_{i_{kalk};N}}_{Durchschnittskosten} \quad (6\text{-}21)$$

Hier werden die ggf. heterogenen Ein- und Auszahlungen einer Investition in ökonomisch gleichwertige homogene Beträge transformiert. Man spricht in diesem Zusammenhang auch von Periodisieren oder Annualisieren. DL kennzeichnet die Durchschnittsleistung und DK die Durchschnittskosten einer Investition. Die Leistungs-Kostendifferenz stellt damit eine jahresbezogene Größe dar, die die **durchschnittliche jährliche Einkommensänderung** anzeigt, die bei Durchführung der Investition erwartet wird.

Für das Kaktusbeispiel (vgl. Tab. 6-3) ergibt sich bei einem Kalkulationszinsfuß von i_{kalk} = 5% eine Leistungs-Kostendifferenz in Höhe von 194 € (= 361 · 0,5378). Bezüglich der Frage, ob eine Investition durchgeführt werden soll, liefert die Leistungs-Kostendifferenz die gleiche Information wie der Kapitalwert. Eine Investition ist rentabel, wenn die Leistungs-Kostendifferenz positiv ist ($LKD > 0$).

Beispiel 6-13
Leistungs-Kostendifferenz - Mähdrescher

Für den in Beispiel 6-8 beschriebenen Mähdrescher ergeben sich für unterschiedliche Kalkulationszinsfüße die in Tab. 6-6 dargestellten Leistungs-Kostendifferenzen.

Tab. 6-6: Leistungs-Kostendifferenz für den Kauf eines Mähdreschers [a]

Kalkulationszinsfuß i_{kalk} (%)	**5**	**6**	**7**	**8**	**9**
Kapitalwert KW (€)	1 409	-3 164	-7 475	-11 544	-15 386
Wiedergewinnungsfaktor $WF_{i_{kalk};N}$	0,1547	0,1610	0,1675	0,1740	0,1807
Leistungs-Kostendifferenz LKD (€)	**218**	**-510**	**-1 252**	**-2 009**	**-2 780**

a) Der den Berechnungen zugrunde liegende Zahlungsstrom ist Abb. 6-9 zu entnehmen.

Hier wird deutlich, dass das Vorzeichen der Leistungs-Kostendifferenz immer dem Vorzeichen des Kapitalwertes entspricht. Damit führen beide Investitionskalküle bei der Bewertung der absoluten Vorteilhaftigkeit von Investitionen zur gleichen Handlungsempfehlung.

Ende des Beispiels

Warum nutzt man neben dem Kapitalwert auch die Leistungs-Kostendifferenz? Zum einen ermöglicht die Nutzung einer jährlichen Erfolgsgröße insbesondere bei finanzmathematisch weniger versierten Entscheidern eine **einfachere Kommunikation**. Zum anderen wird die Leistungs-Kostendifferenz benutzt, weil viele Investitionsvorhaben während ihrer Nutzungsdauer **gleichmäßige jährliche Investitionsrückflüsse** in Form von Deckungsbeiträgen oder Deckungsbeitragsänderungen auslösen oder dies zum Planungszeitpunkt die plausibelste Annahme ist. Unterstellt man, dass die Investition gleich bleibende jährliche Deckungsbeiträge ($DB_1 = DB_2 = \cdots = DB_N = DB$) hervorruft, so müssen nur noch die jährlichen Durchschnittskosten (DK) der Investition bestimmt werden, um zur Leistungs-Kostendifferenz zu kommen:

$$LKD = DB - DK \quad (6\text{-}22)$$

In den Durchschnittskosten wird dem Anschaffungspreis, dem Restwert und den Betriebskosten (z.B. Reparaturkosten eines Stalls) der Investition Rechnung getragen. Mit Blick auf die Betriebskosten ist darauf zu achten, dass keine Zahlungen doppelt berücksichtigt werden. Die bei der Berechnung des Deckungsbeitrags berücksichtigten variablen Kostenkomponenten (z.B. Futterkosten) dürfen in Gleichung (6-22) also nicht nochmals als Betriebskosten in die Berechnung der Durchschnittskosten einbezogen werden. Im Folgenden werden die unterschiedlichen Vorgehensweisen der Durchschnittskostenkalkulation angesprochen.

d) Durchschnittskosten

Grundlagen

Für die Berechnung der Durchschnittskosten einer Investition (DK; average cost calculation of an investment) gibt es zwei Gründe: Erstens, die Einzahlungen liegen bereits als homogene Zahlungsreihe vor. Insbesondere bei Gebäuden mit ihrer vergleichsweise langen Nutzungsdauer sind **homogene Einzahlungen** zumindest im Planungszeitpunkt oftmals plausibel. In diesem Falle ermöglicht die Bestimmung der jährlichen Durchschnittskosten die Berechnung der Leistungs-Kostendifferenz gemäß Gleichung (6-22). Zweitens, die Einzahlungen sind für die Entscheidung nicht relevant, da vorab klar ist, dass es nur um die Frage der **kostengünstigsten Bereitstellung eines Gebrauchsgutes** geht, das z.B. im laufenden Betrieb auf jeden Fall zur Arbeitserledigung erforderlich ist. In landwirtschaftlichen Betrieben sind Schlepper hierfür ein gutes Beispiel. Hier stellt die Durchschnittskostenkalkulation ein eigenständiges Rentabilitätskalkül dar.

Neben der Nutzungsdauer und dem Kalkulationszinsfuß hängen die jährlichen Durchschnittskosten von drei Komponenten ab: dem Anschaffungswert des Investitionsgutes ($AW = a_0$; purchase cost), dem am Ende der Nutzungsdauer erzielbaren Restwert (RW; salvage value) und den im Zeitablauf erforderlichen Betriebskosten (BK_t; maintenance cost) inkl. Kosten für Reparaturen, Betriebsstoffe und Versicherungen. Für die Kalkulation der jährlichen Durchschnittskosten sind zwei Verfahren maßgeblich: (1) die finanzmathematisch exakte Kalkulation sowie (2) die sog. approximative Kalkulation.

Bei der **finanzmathematisch exakten Kalkulation** wird zunächst der Barwert aller Kostenkomponenten berechnet. Dieser Barwert wird anschließend mit Hilfe des Wiedergewinnungsfaktors annualisiert:

$$\begin{aligned} DK &= \left(AW - RW \cdot q^{-N} + \sum_{t=1}^{N} BK_t \cdot q^{-t} \right) \cdot WF_{i_{kalk};N} \\ &= \underbrace{(AW - RW \cdot q^{-N}) \cdot WF_{i_{kalk};N}}_{annualisierte\ Kapitalkosten} + \underbrace{\left(\sum_{t=1}^{N} BK_t \cdot q^{-t} \right) \cdot WF_{i_{kalk};N}}_{annualisierte\ Betriebskosten} \end{aligned} \tag{6-23}$$

Wie in der zweiten Zeile der Gleichung (6-23) deutlich wird, lassen sich die exakten jährlichen Durchschnittskosten auch als Summe der annualisierten Kapitalkosten und der annualisierten Betriebskosten schreiben. Die Bezeichnung „annualisiert" meint dabei, dass die durchschnittlichen Jahreswerte finanzmathematisch exakt ermittelt werden.

Die finanzmathematisch exakte Kalkulation ist in der Praxis nach wie vor eher selten. Unter Verweis darauf, dass die rechnerische Exaktheit in Anbetracht der Planungsunsicherheiten kaum gerechtfertigt erscheint, wird vielfach die **approximative Durchschnittskostenkalkulation** genutzt:

$$DK_{app} = \underbrace{\underbrace{\frac{AW - RW}{N}}_{\emptyset\ Abschreibung} + \underbrace{\left[(AW - RW) \cdot f_{i_{kalk};N} + RW \right] \cdot i_{kalk}}_{\emptyset\ Zinsansatz}}_{\emptyset\ Kapitalkosten} + \underbrace{\frac{1}{N} \cdot \sum_{t=1}^{N} BK_t}_{\emptyset\ Betriebskosten} \tag{6-24}$$

Die Formel zur approximativen Durchschnittskostenkalkulation besteht aus drei Teilen, nämlich der durchschnittlichen jährlichen Abschreibung, dem durchschnittlichen jährlichen Zinsansatz und den durchschnittlichen jährlichen Betriebskosten. Die durchschnittliche jährliche Abschreibung zzgl. des durchschnittlichen jährlichen Zinsansatzes entspricht den durchschnittlichen Kapitalkosten. Aus der intuitiven Interpretation dieser drei Summanden ergibt sich bei der Anwendung der approximativen Durchschnittskostenkalkulation ein Vorteil in der Kommunikation mit Praktikern:

- Die Abschreibung dient dazu, die durch Verschleiß und technische Veralterung bedingte Wertminderung dauerhafter Anlagegüter auf die voraussichtliche Nutzungsdauer der Anlage zu verteilen. Die **durchschnittliche jährliche Abschreibung** entspricht der gleichmäßig über die Nutzungsdauer N verteilten Differenz zwischen Anschaffungswert AW und Restwert RW. Zu beachten ist, dass es zwischen den Abschreibungen in der Kostenkalkulation und im Jahresabschluss Unterschiede geben kann. Bei der Kostenkalkulation geht es mit Blick auf die unternehmerische Entscheidungsunterstützung um die möglichst zutreffende Einschätzung des Wertverlusts. Dagegen werden die im Jahresabschluss ausgewiesenen Abschreibungen einerseits durch steuerrechtliche Vorgaben (z.B. über eine pauschal vorgegebene Nutzungsdauer) und andererseits durch steuerliche Wahlmöglichkeiten (z.B. durch die Wahl der Abschreibungsart oder die Inanspruchnahme von Sonderabschreibungen) bestimmt.
- Der Zinsansatz gibt die durchschnittlichen jährlichen Zinskosten des im Investitionsvorhaben eingesetzten Kapitals wieder. Der Term „Zins*ansatz*" spiegelt den Sachverhalt wider, dass Zinskosten nicht nur durch die Zinsen entstehen, die für das eingesetzte Fremdkapital zu zahlen sind, sondern auch durch die Opportunitätskosten des eingesetzten Eigenkapitals. Maßgeblich für die Berechnung des **durchschnittlichen jährlichen Zinsansatzes** sind der Kalkulationszinsfuß i_{kalk} und der durchschnittlich zu verzinsende Anlagewert $f_{i_{kalk};N}$ (vgl. Gleichung (6-9) und Anhang 5).
- Die **durchschnittlichen jährlichen Betriebskosten** entsprechen der gleichmäßig über die Nutzungsjahre verteilten Summe aller mit der Investition verbundenen Betriebskosten. Sie schließen - wie bereits angedeutet - Kosten für Reparaturen, Betriebsstoffe und Versicherungen mit ein.

Die approximative Durchschnittskostenkalkulation gemäß Gleichung (6-24) führt unter bestimmten Bedingungen zum gleichen Ergebnis wie die exakte Kalkulation gemäß Gleichung (6-23). Die erste Voraussetzung ist, dass die Betriebskosten konstant sind ($BK_1 = BK_2 = \cdots = BK_N$) und somit die Bildung des einfachen Mittelwertes zu keiner Abweichung gegenüber den finanzmathematisch exakt annualisierten Betriebskosten führt. Die zweite Voraussetzung ist, dass sich die approximative Kalkulation auf den f-Wert stützt, der bei gegebener Nutzungsdauer und gegebenem Zinssatz finanzmathematisch aus dem Wiedergewinnungsfaktor abgeleitet wurde. Letztlich stellt dann die Nutzung des f-Wertes nur eine alternative Schreibweise des Wiedergewinnungsfaktors dar (vgl. Punkt 6.2.2b). Unter den genannten Voraussetzungen müsste man also gar nicht von *approximativer* Durchschnittskostenkalkulation sprechen. Erst bei im Zeitablauf unterschiedlich hohen Betriebskosten ergibt sich durch Gleichung (6-24) ein Approximationsfehler. Beispielsweise ist der Mittelwert der Betriebskosten größer als die annualisierten Betriebskosten, wenn diese mit den Nutzungsjahren ansteigen. Eine Betriebskostenprogression führt bei Anwendung von Gleichung (6-24) also zu einer Überschätzung der Durchschnittskosten.

Besonderheiten bei der Durchschnittskostenkalkulation für Gebäude

Bei Gebäuden müssen - weitestgehend unabhängig von deren Nutzung - kleinere Gebäudeteile (z.B. Fensterscheiben) laufend und größere Gebäudeteile (z.B. Dacheindeckung) in gewissen Abständen erneuert werden. Da zum Planungszeitpunkt die Betriebskosten und hierbei insbesondere die Reparaturkosten nicht genau zu kalkulieren sind, setzt man die **Betriebskosten in der Planungspraxis vielfach mit 2% des Anschaffungswertes** an. Sie sind damit im Zeitablauf konstant. Das folgende Beispiel 6-14 verdeutlicht, dass bei derart homogenen Betriebskosten die approximative Durchschnittskostenkalkulation zum gleichen Ergebnis führt wie die finanzmathematisch exakte Kalkulation.

Beispiel 6-14
Durchschnittskosten - Mastschweinestall

Wie in Tab. 6-7 verdeutlicht, beläuft sich der Anschaffungswert für den betrachteten Mastschweinestall auf 300 000 €. Ein Restwert wird nicht erwartet. Die Nutzungsdauer beträgt 20 Jahre. Ein Kalkulationszinsfuß i_{kalk} in Höhe von 5% p.a. wird unterstellt. Die Betriebskosten werden jährlich mit 2% des Anschaffungswertes, d.h. mit 6 000 € pro Jahr, angesetzt.

Tab. 6-7: Durchschnittskosten für einen Mastschweinestall (€) [a]

Ausgangsdaten						
Jahr t	0	1	2	3	...	20
Anschaffungswert AW	300 000					
Restwert RW						0
Betriebskostenzahlungen BK_t		6 000	6 000	6 000	...	6 000
Finanzmathematisch exakte Kalkulation						
Annualisierte Kapitalkosten:	24 073					
Annualisierte Betriebskosten:	6 000					
Annualisierte Durchschnittskosten DK:	**30 073**					
Approximative Kalkulation mit $f_{5\%;20}$ = 0,6049						
Durchschnittliche jährliche Abschreibung:	15 000					
Durchschnittlicher jährlicher Zinsansatz:	9 073					
Durchschnittliche jährliche Betriebskosten:	6 000					
Durchschnittskosten DK_{app}:	**30 073**					

[a] i_{kalk} = 5% p.a.

Die annualisierten Kapitalkosten des Mastschweinestalls betragen 24 073 € und die annualisierten Betriebskosten 6 000 € (vgl. Gleichung (6-23)). Die durchschnittliche Abschreibung beläuft sich auf 15 000 €, der durchschnittliche Zinsansatz auf 9 073 € und die durchschnittlichen Betriebskosten auf 6 000 € (vgl. Gleichung (6-24)). Im betrachteten Beispiel mit homogenen Betriebskosten ergeben sich damit bei der approximativen Kalkulation die gleichen jährlichen Durchschnittskosten wie bei der finanzmathematisch exakten Kalkulation. Mit Blick auf die Interpretation der im Rahmen der approximativen Kalkulation bestimmten Komponenten „Abschreibung" und „Zinsansatz" ist aber zu beachten, dass sie durchschnittliche Größen darstellen. Den Zusammenhang mit der finanzmathematisch exakt bestimmten bzw. tatsächlichen Abschreibung und dem tatsächlichen Zinsansatz in den jeweiligen Nutzungsjahren sowie der Wertentwicklung des Mastschweinestalls verdeutlicht Tab. 6-8.

Tab. 6-8: Kosten und Wertentwicklung für einen Mastschweinestall (€) [a]

Jahr t	**0**	**1**	**2**	**3**	**...**	**20**	**Durchschnitt**
Abschreibung		9 073	9 526	10 003		22 926	15 000
Zinsansatz		15 000	14 546	14 070		1 146	9 073
Betriebskosten		6 000	6 000	6 000	...	6 000	6 000
Wert des Anlagegutes	**300 000**	**290 927**	**281 401**	**271 398**		**0**	**181 456**

[a] i_{kalk} = 5% p.a.

Im ersten Jahr lässt sich der Zinsansatz direkt aus dem Anschaffungswert und dem Kalkulationszins berechnen. Er beträgt 15 000 € (= 300 000 · 5%). Ausgehend von den finanzmathematisch exakt berechneten Durchschnittskosten von 30 073 € (vgl. Tab. 6-7), dem Zinsansatz des ersten Jahres von 15 000 € und den Betriebskostenzahlungen des ersten Jahres von 6 000 € lässt sich dann die tatsächliche Abschreibung (Wertverlust) als Residualgröße bestimmen: 30 073 – 15 000 – 6 000 = 9 073. Aus der Abschreibung des ersten Jahres ergibt sich der Wert der Anlage am Ende des ersten Jahres in Höhe von 290 927 € (= 300 000 − 9 073). Aus diesem Wert lässt sich dann der Zinsansatz des zweiten Jahres berechnen etc.

Sowohl die tatsächliche Abschreibung als auch der tatsächliche Zinsansatz sind also in jedem Jahr unterschiedlich hoch, ergeben aber in der Summe immer die bereits bekannten Kapitalkosten von 24 073 €. Bildet man von den einzelnen Jahresbeträgen den einfachen Mittelwert (vgl. Tab. 6-8, letzte Spalte), so erhält man die aus Tab. 6-7 bereits bekannte durchschnittliche Abschreibung und den durchschnittlichen Zinsansatz. Derselbe Zusammenhang gilt für den durchschnittlichen Wert des Anlagegutes. Er lässt sich als einfacher Durchschnitt der jeweiligen Jahreswerte oder - bei einem Restwert von Null - durch die Multiplikation des Anschaffungswertes mit dem f-Wert bestimmen (181 456 = 300 000 · 0,6049).

Ende des Beispiels

Besonderheiten bei der Durchschnittskostenkalkulation für Maschinen

Maschinen sind durch zwei Besonderheiten gekennzeichnet: Zum einen steigen die Betriebskosten im Zeitablauf an. Zum anderen ist zu unterscheiden, ob Maschinen ober- oder unterhalb ihrer jeweiligen Abschreibungsschwelle genutzt werden. Beide Aspekte haben Implikationen auf die Vorgehensweise bei der Durchschnittskostenkalkulation. Wir werden sie im Folgenden nacheinander ansprechen.

Neuere Maschinen weisen c.p. geringere Reparaturkosten auf als ältere. Das bedeutet, dass die Reparatur- und damit auch die **Betriebskosten einer Maschine im Zeitablauf ansteigen**. Bei der approximativen Durchschnittskostenkalkulation wird der unterschiedlich zeitliche Anfall nicht berücksichtigt. Vielmehr wird „finanzmathematisch unsauber" einfach die Summe der Betriebskosten gleichmäßig über die Jahre verteilt. Damit führt die approximative Kostenkalkulation gemäß Gleichung (6-24) nicht zum gleichen Ergebnis wie die exakte Kalkulation gemäß Gleichung (6-23). Bei im Zeitablauf ansteigenden Betriebskosten sind die durchschnittlichen jährlichen Betriebskosten größer als die annualisierten Betriebskosten. Diese Überschätzung ist umso ausgeprägter, je stärker die Progression der Betriebskosten ist. Diesen Approximationsfehler versucht man bei der Durchschnittskostenkalkulation für Maschinen zu kompensieren, indem man für den **f-Wert pauschal 0,5** annimmt. Dieser Wert ist niedriger als der gemäß f-Wert-Tabelle relevante Wert (vgl. Anhang 5). Damit wird der durchschnittliche jährliche Zinsansatz bewusst unterschätzt. Um die „Tauglichkeit" dieser Vorgehensweise bei der approximativen Durchschnittskostenkalkulation für Maschinen zu überprüfen, vergleichen wir in Beispiel 6-15 die finanzmathematisch exakt ermittelten Durchschnittskosten mit den approximativ ermittelten Durchschnittskosten eines Mähdreschers.

Beispiel 6-15
Durchschnittskosten - Mähdrescher

Lassen Sie uns die Durchschnittskosten für den in Beispiel 6-8 beschriebenen Mähdrescher berechnen (vgl. Tab. 6-9). Der Anschaffungswert AW beläuft sich auf 125 000 € und der Restwert RW liegt nach 8 Jahren Nutzungsdauer bei 10 000 €. Ein Kalkulationszinsfuß i_{kalk} von 5% wird unterstellt. Der Verlauf der Betriebskostenzahlungen spiegelt wider, dass bei Maschinen die Reparaturkosten mit zunehmendem Alter der Maschine ansteigen.

Bei Anwendung der finanzmathematisch exakten Durchschnittskostenkalkulation gemäß Gleichung (6-23) ergeben sich für den Mähdrescher annualisierte Kapitalkosten von 18 293 € und annualisierte Betriebskosten von 31 489 €. Insgesamt betragen die annualisierten Durchschnittskosten 49 782 €. Rechnet man weiter und bestimmt die Leistungs-Kostendifferenz, so kommt man zum gleichen Ergebnis (218 = 50 000 − 49 782) wie beim direkten Verrenten des Kapitalwertes (218 = 1 409 · $WF_{5\%;8}$ = 1 409 · 0,1547; vgl. Tab. 6-6).

Tab. 6-9: Durchschnittskosten für einen Mähdrescher (€) [a)]

Ausgangsdaten									
Jahr t	0	1	2	3	4	5	6	7	8
Anschaffungswert AW	125 000								
Restwert RW									10 000
Betriebskosten-zahlungen BK_t		25 000	27 000	29 000	31 000	33 000	35 000	37 000	39 000
Finanzmathematisch exakte Kalkulation									
Annualisierte Kapitalkosten:				18 293					
Annualisierte Betriebskosten:				31 489					
Annualisierte Durchschnittskosten DK:				**49 782**					
Approximative Kalkulation mit f = 0,5									
Durchschnittliche jährliche Abschreibung:				14 375					
Durchschnittlicher jährlicher Zinsansatz:				3 375					
Durchschnittliche jährliche Betriebskosten:				32 000					
Durchschnittskosten DK_{app}:				**49 750**					

a) i_{kalk} = 5% p.a.

Im Vergleich zur korrekten Annualisierung werden bei der approximativen Durchschnittskostenkalkulation gemäß Gleichung (6-24) durch die einfache Mittelwertbildung die jährlichen Betriebskosten um 511 € (= 32 000 – 31 489) *überschätzt.* Man versucht, diese Überschätzung zu korrigieren, indem man bei der Berechnung des durchschnittlichen Zinsansatzes pauschal mit einem f-Wert von 0,5 arbeitet. Bei Verwendung eines f-Wertes von 0,5 ergibt sich ein durchschnittlicher Zinsansatz von 3 375 €. Im Endergebnis unterschätzt diese Approximation der Durchschnittskosten zwar die annualisierten Kapitalkosten um 543 € (= 18 293 – 14 375 – 3 375), aber die annualisierten Durchschnittskosten nur um 32 € (= 49 782 – 49 750).

Wenn man dagegen den f-Wert aus der Tabelle nutzt ergibt sich folgende Situation: Unter Rückgriff auf einen f-Wert von $f_{5\%;8}$ = 0,5944 (vgl. Anhang 5) ergäben sich ein Zinsansatz von 3 918 € und - in Übereinstimmung mit der exakten Vorgehensweise - durchschnittliche Kapitalkosten von 18 293 €. Aufgrund der überschätzten durchschnittlichen Betriebskosten lägen die Durchschnittskosten dann aber um 511 € über den korrekt annualisierten Durchschnittskosten.

Die Wahl eines pauschalen f-Wertes von 0,5 führt also bei diesem heterogenen Zahlungsstrom zu einer sehr guten Annäherung an die annualisierten Durchschnittskosten. Bei einer etwas geringeren Progression der Betriebskosten würde die Approximation weniger gut passen. Hätte man bspw. bei den jährlichen Betriebskostenzahlungen anstatt einer jährlichen Zunahme von 2 000 € eine Zunahme von 1 000 € (BK_1 = 25 000, BK_2 = 26 000, ..., BK_8 = 32 000) unterstellt, so würde die Approximation mit Hilfe des f-Wertes von 0,5 die annualisierten Durchschnittskosten um 288 € unterschätzen. Den Zusammenhang mit der Abschreibung und dem Zinsansatz in den jeweiligen Nutzungsjahren sowie der Wertentwicklung des Mähdreschers verdeutlicht Tab. 6-10.

Der Zinsansatz im ersten Jahr in Höhe von 6 250 € ergibt sich auf der Grundlage des Anschaffungswertes des Mähdreschers (= 125 000 · 5%). Die Abschreibung im ersten Jahr von 18 532 € entspricht den annualisierten Durchschnittskosten abzgl. den bekannten Betriebskosten und dem berechneten Zinsansatz (= 49 782 – 25 000 – 6 250). Der Wert des Anlagegutes im Jahr 1 von 106 468 € ergibt sich als Differenz zwischen dem Wert des Mähdreschers im Jahr 0 und der Abschreibung (= 125 000 – 18 532). Der Wert des Mähdreschers im Jahr 1 ist wiederum Ausgangspunkt für die Berechnung des Zinsansatzes im Jahr 2 etc. In der letzten Spalte der Tab. 6-10 sind die durchschnittliche Abschreibung, der durchschnittliche Zinsansatz und die durchschnittlichen Betriebskosten angezeigt.

Tab. 6-10: Kosten und Wertentwicklung für einen Mähdrescher (€) [a]

Jahr *t*	**0**	**1**	**2**	**3**	**4**	**5**	**6**	**7**	**8**	**Durch-schnitt**
Abschreibung		18 532	17 459	16 332	15 148	13 906	12 601	11 231	9 792	14 375
Zinsansatz		6 250	5 323	4 450	3 634	2 876	2 181	1 551	990	3 407
Betriebs-kosten		25 000	27 000	29 000	31 000	33 000	35 000	37 000	39 000	32 000
Wert des Anlagegutes	**125 000**	**106 468**	**89 009**	**72 678**	**57 530**	**43 624**	**31 023**	**19 792**	**10 000**	**68 141**

[a] $i_{kalk} = 5\%$ p.a.

Der Wert, der sich aus dem Quotienten des durchschnittlichen Wertes des Anlagegutes und dem Anschaffungspreis ergibt ($68\,141/125\,000 = 0{,}5451$), entspricht nicht - wie bei der in Beispiel 6-14 betrachteten Gebäudeinvestition - dem tatsächlich durchschnittlich gebundenen Anlagewert. Dies ist zum einen darin begründet, dass der Restwert von Null verschieden ist und dieser Restwert über die gesamte Nutzungsdauer der Investition gebunden ist. Zum anderen sind die Betriebskosten im Zeitablauf nicht konstant.

Man könnte unter Rückgriff auf den in Tab. 6-10 angezeigten durchschnittlichen Zinsansatz in Höhe von 3 407 € den tatsächlich durchschnittlich gebundenen Anlagewert bestimmen, der letztlich sicherstellen würde, dass die approximative und die exakte Kalkulation zu den gleichen Durchschnittskosten führt. Dazu müsste man den durchschnittlichen Zinsansatz (vgl. Gleichung (6-24)) nach dem durchschnittlich zu verzinsenden Anlagewert bzw. dem f-Wert umstellen. Im Beispiel beträgt der entsprechende f-Wert $0{,}5056\ (= (3\,407/5\% - 10\,000)/(125\,000 - 10\,000))$.

Für praktische Kalkulationen ist bei heterogenen Betriebskostenzahlungen die exakte Bestimmung des tatsächlich durchschnittlich gebundenen Anlagewertes keine Hilfe, weil man dazu die finanzmathematisch richtigen Durchschnittskosten schon kennen muss. Kennt man die finanzmathematisch richtigen Durchschnittskosten, ist eine approximative Durchschnittskostenberechnung, durch die der Rechenaufwand reduziert werden soll, überflüssig. In Anbetracht der Planungsunsicherheit gibt man sich deshalb bei Maschinen, die eine Progression der Reparaturkosten aufweisen, vielfach mit der Approximation über einen f-Wert von 0,5 zufrieden.

Ende des Beispiels

Die zweite Besonderheit bei der Durchschnittskostenkalkulation für Maschinen besteht darin, dass **bei Maschinen zwei Ursachen das Nutzungsende bewirken können**: Zum einen eine technische Veralterung (Zahl der Nutzungsjahre) und zum anderen Verschleiß (Zahl der insgesamt abgegebenen Leistungseinheiten). Das Verhältnis aus leistungsbezogener Nutzungsdauer n (z.B. 4 000 ha für einen Mähdrescher) und zeitbezogener Nutzungsdauer N (z.B. 8 Jahre) wird als **Abschreibungsschwelle** jA^* bezeichnet:

$$jA^* = \frac{n}{N} \tag{6-25}$$

Liegt die **jährliche Auslastung** jA einer Maschine - verstanden als durchschnittliche tatsächliche Leistung bzw. Arbeitsmenge pro Jahr Maschinenlaufzeit - unterhalb der Abschreibungsschwelle ($jA \leq jA^*$), so ist die **zeitbezogene Nutzungsdauer** der stärker limitierende Faktor. Überschreitet die jährliche Auslastung jA einer Maschine dagegen die Abschreibungsschwelle ($jA > jA^*$), so ist der gesamte Leistungsvorrat der Maschine schon vor Ablauf der zeitbezogenen Nutzungsdauer aufgebraucht. In diesem Fall wirkt die **leistungsbezogene Nutzungsdauer** als restriktiver Faktor.

Die Durchschnittskosten einer Maschine in Abhängigkeit von ihrer Auslastung sind approximativ wie folgt zu berechnen:

$$DK_{app_{Ma}} = \begin{cases} \dfrac{AW - RW}{N} + [(AW - RW) \cdot 0{,}5 + RW] \cdot i_{kalk} + \dfrac{1}{N} \cdot \sum_{t=1}^{N} BK_t \text{, wenn } jA \leq jA^* \\ \dfrac{AW - RW}{n} \cdot jA + [(AW - RW) \cdot 0{,}5 + RW] \cdot i_{kalk} + \dfrac{1}{n} \cdot \sum_{k=1}^{n} BK_k \cdot jA \text{, wenn } jA > jA^* \end{cases} \quad (6\text{-}26)$$

Die approximativen Durchschnittskosten einer Maschine $DK_{app_{Ma}}$ sind im Fall der Nutzung unterhalb der Abschreibungsschwelle ($jA \leq jA^*$) gemäß dem oberen Term von Gleichung (6-26) zu berechnen. Im Fall der Nutzung oberhalb der Abschreibungsschwelle ($jA > jA^*$) gilt der untere Term von Gleichung (6-26). Dabei ist zunächst die Abschreibung pro Leistungseinheit ($(AW - RW)/n$) zu bestimmen und anschließend unter Rückgriff auf die jährliche Auslastung auf das Jahr zu beziehen ($[(AW - RW)/n] \cdot jA$). Bei der Berechnung der Betriebskosten sind die über alle n Leistungseinheiten anfallenden Kosten aufzusummieren, durch die Leistungseinheiten n zu dividieren und durch Multiplikation mit der jährlichen Auslastung auf das Jahr zu beziehen.

In Abb. 6-12 ist die durchschnittliche jährliche Abschreibung einer Maschine in Abhängigkeit von der jährlichen Auslastung jA angezeigt.

Abb. 6-12: Grundsätzlicher Zusammenhang zwischen durchschnittlicher jährlicher Auslastung und Abschreibung einer Maschine

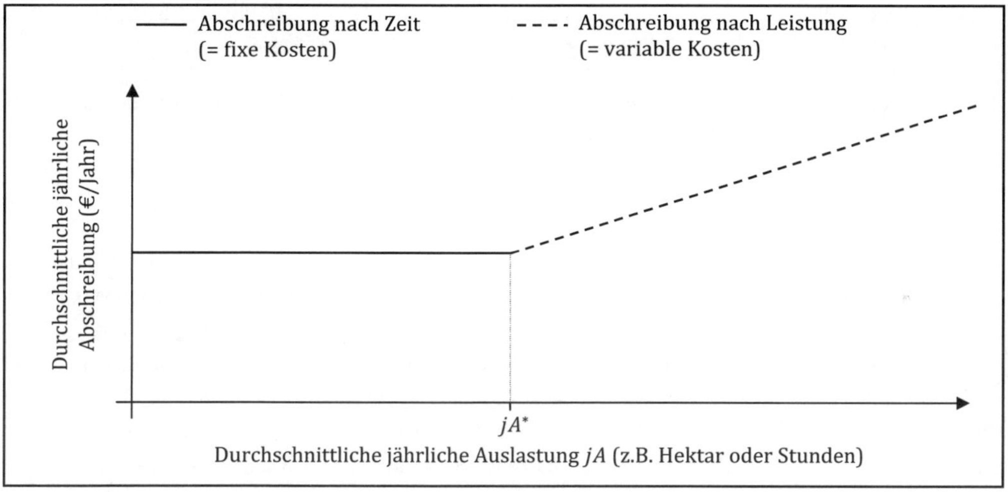

Bei einer jährlichen Auslastung einer Maschine unterhalb der Abschreibungsschwelle jA^* ist die Abschreibung pro Jahr konstant. Somit gehört die **Abschreibung zu den fixen Kosten**. Bei einer Auslastung oberhalb der Abschreibungsschwelle steigt die jährliche Abschreibung proportional mit der jährlichen Auslastung an und die Zahl der möglichen Nutzungsjahre sinkt aufgrund des höheren Verschleißes ab. In diesem Bereich gehört die **Abschreibung zu den variablen Kosten**.

Beispiel 6-16
Durchschnittskosten von Maschinen und Abschreibungsschwelle - Mähdrescher

Die zeitbezogene Nutzungsdauer des in Abb. 6-9 beschriebenen Mähdreschers beträgt N = 8 Jahre und die leistungsbezogene Nutzungsdauer n = 4 000 ha. Wie wir schon in Tab. 6-9 berechnet haben, ergeben sich bei einer jährlichen Einsatzfläche in Höhe der Abschreibungsschwelle von 500 ha approximativ jährliche

Durchschnittskosten von 49 750 €. Die Durchschnittskosten, die sich bei unterschiedlicher jährlicher Beanspruchung ergeben, sind in Tab. 6-11 dargestellt.

Tab. 6-11: Durchschnittskosten eines Mähdreschers bei unterschiedlicher Auslastung [a]

		Spalte 1	Spalte 2	Spalte 3	Spalte 4	Spalte 5
	Jährliche Auslastung jA (ha)	100	250	500	750	1 000
1	Zeitliche Nutzung N (Jahre)	8	8	8	5,33	4
2	Leistungsmäßige Nutzung n (ha)	800	2 000	4 000	4 000	4 000
	Durchschnittliche Abschreibung nach Zeit					
3	in €/Jahr: $(AW - RW)/N$	**14 375**	**14 375**	**14 375**		
4	in €/ha und Jahr	143,8	57,5	28,8		
	Durchschnittliche Abschreibung nach Leistung					
5	in €/Jahr: $[(AW - RW)/n] \cdot jA$			**14 375**	**21 563**	**28 750**
6	in €/ha und Jahr			28,8	28,8	28,8
	Durchschnittlicher Zinsansatz ($f = 0{,}5$)					
7	in €/Jahr	3 375	3 375	3 375	3 375	3 375
8	in €/ha und Jahr	33,75	13,50	6,75	4,50	3,375
	Durchschnittliche Betriebskosten					
9	in €/Jahr	6 400	16 000	32 000	48 000	64 000
10	in €/ha und Jahr	64	64	64	64	64
	Durchschnittskosten					
11	in €/Jahr	24 150	33 750	49 750	72 938	96 125
12	in €/ha und Jahr	242	135	100	97	96

[a] AW = 125 000 €, RW = 10 000 €, N = 8 Jahre, n = 4 000 ha und i_{kalk} = 5% p.a.

Hinsichtlich der in den Zeilen 3 bis 6 der Tab. 6-11 für unterschiedliche jährliche Auslastungen angezeigten Abschreibung für den Mähdrescher wird Folgendes bestätigt:

- Die ersten drei Spalten zeigen, dass eine Veränderung der jährlichen Auslastung der Maschine bis zur Abschreibungsschwelle von 500 ha keine Veränderung der Nutzungsdauer in Jahren (Zeile 1) bewirkt, weil diese hier noch durch die technische Veralterung bestimmt wird. In diesem Bereich ist die Abschreibung pro Jahr konstant (Zeile 3). Sie gehört also zu den fixen Kosten und ist bspw. bei der Entscheidung darüber, ob ein zusätzlicher Hektar Getreide angebaut werden sollte, nicht von Bedeutung.
- Die Spalten 3 bis 5 zeigen, dass eine Steigerung der jährlichen Auslastung über die Abschreibungsschwelle hinaus aufgrund des höheren Verschleißes zu einer Verringerung der Zahl der möglichen Nutzungsjahre führt (Zeile 1). In diesem Bereich steigt die jährliche Abschreibung mit der jährlichen Auslastung (Zeile 5). Sie gehört also zu den variablen Kosten.

Die Höhe des approximativ berechneten durchschnittlichen jährlichen Zinsansatzes einer Maschine ist unabhängig von ihrer jährlichen Auslastung (Zeile 7). Geht man davon aus, dass die durchschnittlichen Betriebskosten pro ha unabhängig von der jährlichen Auslastung sind (Zeile 10), dann zeigt sich, dass die jährlichen Durchschnittskosten je Hektar (Zeile 12) mit zunehmender Auslastung der Maschine sinken. Letztlich verteilt sich der Zinsansatz bei einer Erhöhung der jährlichen Auslastung auf eine höhere Zahl an jährlichen Leistungseinheiten. Unterhalb der Abschreibungsschwelle gilt dies auch für die Abschreibung.

Ende des Beispiels

In dem in Tab. 6-11 betrachteten Beispiel wurde deutlich, dass die Durchschnittskosten einer Maschine auf den ha bezogen mit zunehmender Auslastung sinken. Man spricht in diesem Zusammenhang auch von **Beschäftigungsdegression**. Die Kosten für den Einsatz eines Lohnunternehmers zur Arbeitserledigung sind demgegenüber weitestgehend unabhängig vom Einsatzumfang. Wenn der Lohnunternehmer für den Drusch von 1 ha Getreidefläche bei gleicher Arbeitsqualität 135 €/ha verlangt, dann kann man unter

Rückgriff auf die letzte Zeile von Tab. 6-11 folgern, dass ein Betrieb mindestens 250 ha Druschfläche benötigt, damit die Eigenmechanisierung dem Outsourcing über den Lohnunternehmer vorzuziehen ist.

Die **Mindesteinsatzfläche** einer Maschine jA^{min} kann auch ohne langwierige Variantenrechnungen bestimmt werden, indem man die Break-Even-Analyse anwendet (vgl. Punkt 2.4.4) und die Durchschnittskosten bei Eigenmechanisierung pro ha dem Lohnunternehmersatz L gleichsetzt:

$$\frac{DK_{Ma}}{jA^{min}} = L \Leftrightarrow jA^{min} = DK_{Ma}/L \tag{6-27}$$

Wendet man die Formel zur approximativen Durchschnittskostenkalkulation (6-26) an - wobei hier i.d.R. nur der obere Teil und damit eine Nutzung der Maschine unterhalb der Abschreibungsschwelle relevant ist - kann die Mindesteinsatzfläche wie folgt berechnet werden:

$$jA^{min} = \left[\frac{AW - RW}{N} + [(AW - RW) \cdot 0{,}5 + RW] \cdot i_{kalk} + \frac{1}{N} \cdot \sum_{t=1}^{N} BK_t\right] / L \tag{6-28}$$

Angewendet auf den in Beispiel 6-16 betrachteten Mähdrescher ergibt sich:

$$jA^{min} = \frac{14\,375 + 3\,375}{135 - 64} = 250$$

Ab einer Druschfläche von 250 ha ist also die Eigenmechanisierung der Arbeitserledigung durch den Lohnunternehmer unter Kostengesichtspunkten vorzuziehen. Ist eine Arbeitserledigung durch den Lohnunternehmer qualitativ schlechter als bei Eigenmechanisierung, weil z.B. Wartekosten aufgrund einer nicht termingerechten Ernte oder höhere Verluste beim Drusch aufgrund einer höheren Fahrgeschwindigkeit auftreten, so sind die damit verbundenen monetären Einbußen so zu behandeln, als wäre der Lohnunternehmer entsprechend teurer. Die Mindesteinsatzfläche jA^{min} würde im betrachteten Beispiel unter zusätzlicher Berücksichtigung von 30 €/ha Wartekosten und damit L = 165 €/ha auf 176 ha sinken.

Besonderheiten bei der Durchschnittskostenkalkulation für Boden

Der Boden unterliegt - eine sachgerechte und nachhaltige Bewirtschaftung sowie stabile Bodenpreise vorausgesetzt - **keiner Abschreibung** bzw. Wertminderung. Man könnte auch sagen: Boden hat eine unendlich lange Nutzungsdauer und unabhängig von der betrieblich geplanten Nutzung gilt: $RW = AW$. Zudem fallen **keine Betriebs- bzw. Reparaturkosten** an. Grundverbesserungen u.ä. würde man als separate Investitionen behandeln. Setzt man in Gleichung (6-24) zur approximativen Durchschnittskostenkalkulation $RW = AW$ und $BK_t = 0$, so ergeben sich direkt die jährlichen Kosten des Bodenkaufs:

$$DK_{app_{Bo}} = AW \cdot i_{kalk} = AW \cdot WF_{i_{kalk};\infty} \tag{6-29}$$

Das heißt, die durchschnittlichen jährlichen Kosten gekauften Bodens resultieren allein aus dem Zinsansatz für das eingesetzte Kapital. Formal lassen sich die Bodenkosten auch über den Wiedergewinnungsfaktor für den Sonderfall einer unendlichen Laufzeit (vgl. Punkt 6.2.1b) herleiten. Die durchschnittlichen jährlichen Kosten gekauften Bodens sind beim Vergleich mit der Alternative „Pachten" direkt mit dem jährlichen Pachtpreis zu vergleichen.

e) Eigenkapitalrendite

Der interne Zinsfuß gibt an, welche Rendite man für das gesamte in der Investition gebundene Kapital erwirtschaftet. Wie bereits erwähnt, schreibt man deshalb auch: $i_{int} = r_{GK}$. Mit Blick auf mischfinanzierte Investitionen ist für Unternehmer die Gesamtkapitalrendite allerdings eher von geringem Interesse. Die interessante Frage ist vielmehr, wie hoch sich das eingesetzte Eigenkapital verzinst, d.h. welche Rendite man für das Eigenkapital erzielt.

Bei den bisher durchgeführten Rentabilitätsbetrachtungen wurden die Kosten der Finanzierung einer Investition über die Berechnung des Kalkulationszinsfußes berücksichtigt (vgl. Punkt 6.3.2). Eine explizite Abbildung der Zahlungsströme, die sich aus der Eigen- und Fremdfinanzierung ergeben, war hierfür weder erforderlich noch zweckdienlich. Bei der Bestimmung der Eigenkapitalrendite (r_{EK}; return on equity) berechnet man nun aber explizit den für den Eigenkapitalgeber relevanten Zahlungsstrom. Dabei geht man vom erwirtschafteten Investitionszahlungsstrom aus, berücksichtigt dann aber explizit den fremdkapitalbezogenen Finanzierungszahlungsstrom. Für die Kaktusinvestition (vgl. Tab. 6-3) ist dies für den Fall einer 50%igen Eigen- und 50%igen Fremdfinanzierung (Verschuldungsgrad $FK/EK = 1$) in Tab. 6-12 verdeutlicht. Das Fremdkapital in Höhe von 500 € wird von der Bank zu einem Zinssatz von 9% zur Verfügung gestellt und ist inkl. Zinsen und Zinseszinsen am Ende des Jahres 2 zurückzuzahlen. Die übrigen Investitionskosten von 500 € werden über Eigenkapital bereitgestellt, das alternativ zu einem Zinssatz von 5% bei der Bank angelegt werden könnte. Es ergibt sich also ein Kalkulationszinsfuß von 7% (vgl. Gleichung (6-12)). In den Zeilen 4 und 5 sind der Kapitalwert und der interne Zinsfuß des Gesamtkapitalzahlungsstroms angezeigt.

Tab. 6-12: Gegenwartswert und interner Zinsfuß des Eigenkapitalzahlungsstroms für den Kaktuskauf (€) [a]

	Jahr t	**0**	**1**	**2**
1	Einzahlungsüberschüsse $e_t - a_t$	-1 000	0	1 500
2	Fremdkapitalzahlungsstrom	500	0	-594
3	Eigenkapitalzahlungsstrom	-500	0	906
4	Kapitalwert KW bei i_{kalk} = 7%:	310		
5	Gesamtkapitalrendite $r_{GK} = i_{int}$:	22,5%		
6	Gegenwartswert des Eigenkapitalzahlungsstroms bei $i_{kalk} = i_{EK}$ = 5%:	322		
7	Exakte Eigenkapitalrendite r_{EK}:	34,6%		
8	Approximative Eigenkapitalrendite $r_{EK_{app}}$:	35,9%		

[a] $FK/EK = 1$, i_{EK} = 5% p.a. und i_{FK} = 9% p.a.

Wie in Zeile 2 der Tab. 6-12 verdeutlicht wird, besteht im vorliegenden Beispiel der **Fremdkapitalzahlungsstrom**, d.h. der Zahlungsstrom zwischen Eigenkapitalgeber und Bank, aus einer Einzahlung in Höhe von 500 € im Jahr 0 (dem Darlehenszugang) und einer zukünftigen Auszahlung in Form des geforderten Kapitaldienstes in Höhe von 594 € (Zinsen und Tilgung für das Darlehen) am Ende der Investitionsdauer. Die Summe aus dem Gesamtkapitalzahlungsstrom der Investition (Zeile 1) und dem Fremdkapitalzahlungsstrom (Zeile 2) führt zu dem Zahlungsstrom, der für den Eigenkapitalgeber relevant ist (Zeile 3). Man bezeichnet den Zahlungsstrom nach Investition und Fremdfinanzierung auch als fremdkapitalbereinigte Einzahlungsüberschüsse oder als **Eigenkapitalzahlungsstrom**. Im Jahr 0 muss der Eigenkapitalgeber selbst nur 500 € aufbringen, um die Investition durchzuführen. Die übrigen 500 € werden über einen Kredit durch die Bank zur Verfügung gestellt. Im Jahr 1 fallen keine relevanten Zahlungen an. Im Jahr 2 beträgt der Einzahlungsüberschuss 1 500 €. Davon fließen 594 € in Form des Kapitaldienstes an die Bank. Die übrigen 906 € verbleiben beim Eigenkapitalgeber.

Ausgehend vom Eigenkapitalzahlungsstrom lässt sich die **Eigenkapitalrendite als interner Zinsfuß des Eigenkapitalzahlungsstroms** berechnen. Methodisch ist dabei wie in Punkt 6.3.3b) vorzugehen. Bei der Kaktusinvestition ist für den Eigenkapitalgeber nur eine Auszahlung im Investitionszeitpunkt und eine Einzahlung am Ende der Nutzungsdauer relevant. In diesem Fall ist die Berechnung des internen Zinsfußes einfach. Gemäß Gleichung (6-17) ergibt sich: $i_{int} = (906/500)^{1/2} - 1 = 34{,}6\%$. Jeder in der Investition gebundene Euro Eigenkapital bringt eine Rendite von 34,6% und damit mehr als die Gesamtkapitalrendite von 22,5%. Dies ist dadurch zu erklären, dass jeder Euro Fremdkapital nur 9 Cent pro Jahr kostet und 22,5 Cent bringt. Die Differenz zwischen der erwirtschafteten Gesamtkapitalrendite und dem niedrigeren Fremdkapitalzinssatz erhöht die Eigenkapitalrendite.

Wir wissen, dass die Berechnung eines internen Zinsfußes nicht immer so einfach ist, wie im betrachteten Beispiel. Gelegentlich bestimmt man die Eigenkapitalrendite deshalb mit Hilfe der folgenden, einfach anzuwendenden **Approximationsformel**:

$$\begin{aligned} r_{EK_{app}} &= \frac{r_{GK} \cdot GK - i_{FK} \cdot FK}{EK} \\ &= r_{GK} + \frac{FK}{EK} \cdot (r_{GK} - i_{FK}) \end{aligned} \tag{6-30}$$

Hier werden von der absoluten Verzinsung des Gesamtkapitals die absoluten Kosten des Fremdkapitals subtrahiert und die verbleibende Verzinsung auf das eingesetzte Eigenkapital bezogen. Wendet man Gleichung (6-30) auf die Kaktusinvestition an, dann ergibt sich eine approximative Eigenkapitalrendite von 35,9%. Im Beispiel kommt es bei Anwendung der Näherungsformel (6-30) also zu einer Überschätzung der Eigenkapitalrendite (34,6% vs. 35,9%).

Bei der Interpretation dieser Ergebnisse ist Folgendes hervorzuheben:

- Bei einem Auseinanderfallen von r_{GK} und i_{FK} kann die Eigenkapitalrendite durch eine Veränderung des Fremdkapitalanteils variiert werden. Man spricht in diesem Zusammenhang von der Hebelwirkung oder vom **Leverage-Effekt** des Fremdkapitals. Die Intuition für diesen Effekt liefert die approximative Formel. Wie die zweite Zeile von Gleichung (6-30) verdeutlicht, entspricht die Eigenkapitalrendite r_{EK} der Gesamtkapitalrendite r_{GK} zzgl. der mit dem Verschuldungsgrad FK/EK multiplizierten Differenz zwischen Gesamtkapitalrendite r_{GK} und Fremdkapitalzinssatz i_{FK}.
- Bei einer Differenz zwischen dem Fremdkapitalzinssatz i_{FK} und der Eigenkapitalrendite r_{EK} (also in den meisten Fällen) kommt es zu einem Auseinanderfallen des durchschnittlich gebundenen Fremdkapitals und des durchschnittlich gebundenen Eigenkapitals. Dies wird in der approximativen Formel nicht berücksichtigt. Hier lassen sich nur die Anfangskapitalbeträge eintragen. Damit kommt es bei Nutzung von Gleichung (6-30) zu einem **Approximationsfehler**, der mit der Differenz zwischen Fremdkapitalzinssatz und Eigenkapitalrendite steigt. Dieser Fehler ist zudem besonders hoch, wenn die Nutzungsdauer der Investition und die Laufzeit des Darlehens unterschiedlich sind, d.h. nicht fristenkongruent finanziert wurde.

Abb. 6-13 verdeutlicht die Hebelwirkung des Fremdkapitals für unterschiedliche Ausgangslagen: In der linken Hälfte liegt der Fremdkapitalzinssatz i_{FK} *unter* der erwirtschafteten Gesamtkapitalrendite r_{GK}. Es ergibt sich ein **positiver Leverage-Effekt**, den wir auch für die Kaktusinvestition gefunden haben. Finanziert man ganz ohne Fremdkapital, entspricht die Eigenkapitalrendite r_{EK} der erwirtschafteten Gesamtkapitalrendite. Mit zunehmendem Verschuldungsgrad steigt die Eigenkapitalrendite aber an. Den umgekehrten Sachverhalt illustriert die rechte Hälfte von Abb. 6-13. Wiederum entspricht in der Situation ohne Fremdkapital die Eigenkapitalrendite der erwirtschafteten Gesamtkapitalrendite. Nun liegt aber der Fremdkapitalzinssatz *über* der erwirtschafteten Gesamtkapitalrendite, d.h. ein Euro Fremdkapital bringt weniger als er kostet. Es ergibt sich ein **negativer Leverage-Effekt**. Mit zunehmendem Verschuldungsgrad nimmt die Eigenkapitalrendite ab. Einen hier nicht gesondert abgebildeten Spezialfall stellt die Situation dar, in der der Fremdkapitalzinssatz genau der Gesamtkapitalrendite entspricht. In diesem Fall gilt unabhängig vom Verschuldungsgrad: $i_{FK} = r_{GK} = r_{EK}$.

Neben dem relativen Kalkül „interner Zinsfuß des Eigenkapitalzahlungsstroms" ließe sich auch das absolute Kalkül „Gegenwartswert des Eigenkapitalzahlungsstroms" berechnen. Dies lässt sich als **Kapitalwert des Eigenkapitalzahlungsstroms** interpretieren. Weil der Kapitalwert der Finanzierung Null ist, könnte man vordergründig vermuten, dass dieser Wert mit dem Kapitalwert des Gesamtkapitalzahlungsstroms übereinstimmt. Das ist i.d.R. nicht der Fall, weil in die Gleichung (6-12) bei der Bestimmung des Kalkulationszinsfußes - ähnlich wie bei der approximativen Ermittlung der Eigenkapitalrendite gemäß Gleichung (6-30) - nicht die Höhe des durchschnittlich gebundenen Eigenkapitals und des durchschnittlich gebundenen Fremdkapitals einfließen, sondern nur die anfänglichen Kapitalbeträge.

Abb. 6-13: Leverage-Effekt

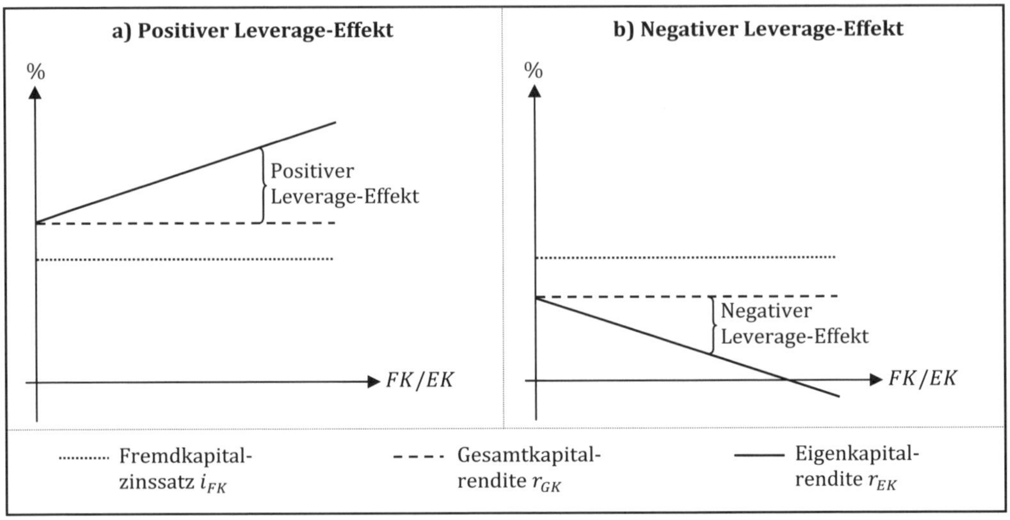

Stellen wir uns eine zu 50% eigenfinanzierte und zu 50% fremdfinanzierte Investition mit homogenen Investitionsrückflüssen vor, die außerordentlich rentabel ist und einen positiven Leverage-Effekt aufweist. Das eingesetzte Eigenkapital fließt bereits im Jahr 1 vollständig zurück, während das Fremdkapital zumindest teilweise über die gesamte Nutzungsdauer der Investition gebunden ist. Der herkömmliche Kapitalwert ist dann infolge eines inkorrekten Kalkulationszinsfußes nicht exakt. Zu einer Abweichung zwischen den anfänglich eingesetzten Kapitalanteilsverhältnissen und den durchschnittlich gebundenen Kapitalanteilsverhältnissen kommt es auch bei einer fristenkongruenten Fremdfinanzierung, und zwar immer dann, wenn die Zinssätze für Eigen- und Fremdkapital unterschiedlich sind (also eigentlich immer).

Durch die Berechnung des Kapitalwertes des Eigenkapitalzahlungsstroms wird dieser Fehler umgangen. Der Kapitalwert des Eigenkapitalzahlungsstroms entspricht dem durch die Investition ausgelösten Vermögenszuwachs ausgedrückt als Kapitalbetrag zum gegenwärtigen Zeitpunkt. Im Beispiel mit der Kaktusinvestition beträgt der Gegenwartswert des Eigenkapitalzahlungsstroms 322 € (vgl. Tab. 6-12). Würde man Ihnen heute diesen Geldbetrag geben, dann könnten Sie den Eigenkapitalzahlungsstrom der Investition exakt reproduzieren, indem Sie diesen Betrag sowie das nicht verausgabte Eigenkapital auf der Bank zum Eigenkapitalzinssatz i_{EK} anlegen (im Beispiel: $(322 + 500) \cdot 1{,}05^2 = 906$).

Beispiel 6-17
Eigenkapitalrendite - Mähdrescher

Tab. 6-13 zeigt in der ersten Zeile die Einzahlungsüberschüsse, die durch die Investition „Mähdrescher" verursacht werden (vgl. Abb. 6-9). Die Opportunitätskosten für das im Investitionsvorhaben gebundene Eigenkapital i_{EK} betragen 5% p.a. und Fremdkapital steht zu einem Zinssatz i_{FK} = 9% p.a. zur Verfügung. In den Zeilen 4 und 5 sind der herkömmliche Kapitalwert und die Gesamtkapitalrendite ausgewiesen, die sich bei 50%iger Fremdfinanzierung und damit bei i_{kalk} = 7% ergeben (vgl. auch Abb. 6-11). Die zweite Zeile spiegelt den fremdkapitalbezogenen Finanzierungsstrom wider. Für das Darlehen in Höhe von 62 500 € muss man der Bank in jedem der nächsten 8 Jahre einen gleich hohen Geldbetrag von 11 292 € (= 62 500 · $WF_{9\%;8}$) zahlen, um den Darlehensbetrag sowie die Zinsen und Zinseszinsen zurückzubezahlen. Man spricht in diesem Zusammenhang auch von einem fristenkongruenten Annuitätendarlehen (vgl. Punkt 6.6.1c). Ausgehend vom Fremdkapitalzahlungsstrom wird in der Zeile 3 der Eigenkapitalzahlungsstrom berechnet.

Tab. 6-13: Gegenwartswert und interner Zinsfuß des Eigenkapitalzahlungsstroms für den Kauf eines Mähdreschers (€) [a)]

	Jahr *t*	0	1	2	3	4	5	6	7	8
1	Einzahlungs-überschüsse $e_t - a_t$	-125 000	25 000	23 000	21 000	19 000	17 000	15 000	13 000	21 000
2	Fremdkapital-zahlungsstrom	62 500	-11 292	-11 292	-11 292	-11 292	-11 292	-11 292	-11 292	-11 292
3	Eigenkapital-zahlungsstrom	-62 500	13 708	11 708	9 708	7 708	5 708	3 708	1 708	9 708
4	Kapitalwert KW bei i_{kalk} = 7%:						-7 475			
5	Gesamtkapitalrendite $r_{GK} = i_{int}$:						5,3%			
6	Kapitalwert des Eigenkapitalzahlungsstroms bei $i_{kalk} = i_{EK}$ = 5%:						-9 075			
7	Exakte Eigenkapitalrendite r_{EK}:						0,5%			
8	Approximative Eigenkapitalrendite $r_{EK_{app}}$:						1,6%			

a) FK/EK =1, i_{EK} = 5% p.a. und i_{FK} = 9% p.a.

Trotz der im Investitionsvorhaben erzielten Gesamtkapitalrendite r_{GK} = 5,3% ergibt sich bei einem Fremdkapitalzinssatz von i_{FK} = 9% nur eine Rendite von 0,5% für das eingesetzte Eigenkapital von 62 500 €. Dies ist im negativen Leverage-Effekt begründet. Jeder eingesetzte Euro Fremdkapital kostet mit 9 Cent pro Jahr mehr als die 5,3 Cent, die im Investitionsvorhaben pro Jahr erwirtschaftet werden.

Da die erwirtschaftete Eigenkapitalrendite aufgrund des negativen Leverage-Effektes unterhalb der Opportunitätskosten des Eigenkapitals liegt, sollte die betrachtete Investition abgelehnt werden. Würde man die Investition dagegen ausschließlich mit Eigenkapital finanzieren, wäre die Durchführung der Investition rentabel. Dies wäre sogar bis zu einem Eigenkapitalanteil von 92,5% (einem Eigenkapitaleinsatz von 115 625 €) der Fall. Dann ergäbe sich eine Eigenkapitalrendite r_{EK} = 5%, die die Opportunitätskosten des Eigenkapitals i_{EK} = 5% gerade deckt.

Ende des Beispiels

Welche Schlussfolgerungen lassen sich nun aus dem Investitionskalkül „Eigenkapitalrendite" ziehen? Sollte man bei einem positiven Leverage-Effekt möglichst viel Fremdkapital bei der Finanzierung von Investitionen einsetzen? Sollte man Investitionen mit einem negativen Leverage-Effekt grundsätzlich ablehnen? Die folgenden Punkte weisen auf wichtige Sachverhalte hin, die bei der **Interpretation der Eigenkapitalrendite** berücksichtigt werden müssen.

- Die Eigenkapitalrendite ist eine **Relativkennzahl** und sagt nichts über die absolute Einkommenskapazität aus. Wenn man bei einem *positiven* Leverage-Effekt in einer Investition nur noch einen Euro Eigenkapital einsetzt, dann steigt die Eigenkapitalrendite für diesen einen Euro vielleicht auf mehrere hundert oder gar tausend Prozent. Absolut gesehen verdient man aber dennoch wenig Geld. Es kommt also darauf an, was man alternativ mit dem restlichen Eigenkapital machen kann. Kommt nur eine Anlage des Eigenkapitals zu einem Zinssatz in Betracht, der niedriger ist als die Gesamtkapitalrendite der Investition, dann sollte so viel Eigenkapital wie möglich in die Investition eingebracht werden.
- Bei einem **negativen Leverage-Effekt** ist die Durchführung der Investition auch unter Einsatz von Fremdkapital sinnvoll, wenn die Eigenkapitalrendite die Opportunitätskosten des Eigenkapitals deckt ($r_{EK} \geq i_{EK}$). Wenn genügend Kapital für eine 100%ige Eigenkapitalfinanzierung vorhanden ist, sollte man bei einem negativen Leverage-Effekt allerdings kein Fremdkapital einsetzen.

- Mit Blick auf das mit den Investitionsrückflüssen verbundene **Risiko** ist zu beachten, dass man zwar möglicherweise zum Planungszeitpunkt aufgrund der getroffenen Annahmen mit einem positiven Leverage-Effekt rechnet. Das Risiko, in der Zukunft dann tatsächlich bei einem negativen Leverage-Effekt zu landen, ist aber umso größer, je höher der Fremdkapitalanteil ist (vgl. Kapitel 7).
- Ebenfalls mit Blick auf das Risiko ist zu beachten, dass Fremdkapital eine **erfolgsunabhängige Zahlungsverpflichtung** nach sich zieht. Das heißt, ganz unabhängig von der wirtschaftlichen Lage eines Unternehmens werden Auszahlungen in Form von Zinsen und Tilgung fällig. Eigenkapital kann dagegen erfolgsabhängig entlohnt werden. Vom Eigenkapital geht also eine Pufferwirkung hinsichtlich der Liquidität aus. Man sagt deshalb auch, dass höhere Eigenkapitalanteile das Finanzrisiko verringern (vgl. Kapitel 7).

Neben diesen Punkten, die grundsätzlich bei der Interpretation der Eigenkapitalrendite zu berücksichtigen sind, ist kritisch zu hinterfragen, ob die getroffenen Annahmen die Wirklichkeit hinreichend genau widerspiegeln. Die Kosten für das Fremdkapital sind in der Praxis in aller Regel nicht unabhängig vom Verschuldungsgrad. Vielmehr fordern Banken mit zunehmendem Fremdkapitaleinsatz einen steigenden Risikozuschlag zum üblichen Zinssatz. Dieser Sachverhalt ist dann beim Vergleich verschiedener Alternativen zu berücksichtigen.

f) Übersicht der Investitionskalküle

Tab. 6-14 gibt eine Übersicht der bislang angesprochenen Rentabilitätskalküle von Investitionen. Zusätzlich ist mit dem Vermögensendwert ein Kalkül angesprochen, das wir bislang noch nicht behandelt haben. Da die Berechnung des Vermögensendwertes eine explizite Berücksichtigung der Finanzierungsvorgänge erfordert, beschreiben wir ihn erst bei der simultanen Planung von Investitionen und Finanzierung (vgl. Abschnitt 6.7).

Die in Tab. 6-14 genannten Rentabilitätskriterien werden auch unter dem Begriff „dynamische Investitionsrechenverfahren" subsumiert, um zu verdeutlichen, dass sie explizit die zeitliche Struktur des Investitionszahlungsstroms berücksichtigen. Daneben gibt es auch approximative Überschlagskalkulationen. Diese werden als **statische Investitionsrechenverfahren** bezeichnet, da sie die finanzmathematischen Sachverhalte vernachlässigen.

Insbesondere in der Vergangenheit wurde der Vorteil der statischen Verfahren darin gesehen, dass sie ohne finanzmathematische Berechnungen auskommen und **rechnerisch weniger anspruchsvoll** sind als die dynamischen Verfahren. Gleichzeitig bergen sie aber die große Gefahr, dass **falsche Handlungsempfehlungen** abgeleitet werden. Aufgrund der weiten Verbreitung von Computern und Tabellenkalkulationsprogrammen ist der mit den dynamischen Investitionsrechenverfahren verbundene Aufwand mittlerweile kaum höher. Deshalb müssen Fehler, die bei statischen Investitionsrechenverfahren entstehen, nicht mehr hingenommen werden. Wir haben sie deshalb in Tab. 6-14 nicht aufgelistet. Um dem Leser aber eine eigenständige und sachkundige Bewertung der statischen Investitionsrechenverfahren zu ermöglichen, werden zwei dieser Verfahren im Folgenden kurz angesprochen.

Bei der sog. **statischen Gewinnrechnung** soll der durch die Investition ausgelöste durchschnittliche jährliche Gewinn, den wir nachstehend mit G bezeichnen, berechnet werden:

$$G = DE - \left[\frac{AW - RW}{N} + \left(\frac{AW - RW}{2} + RW\right) \cdot i_{kalk}\right], \text{mit } DE = \left[\sum_{t=1}^{N} (e_t - a_t)\right] / N \qquad (6\text{-}31)$$

Dabei kennzeichnet DE den als einfachen Mittelwert berechneten durchschnittlichen Einzahlungsüberschuss aus dem operativen Bereich. e_t und a_t bezeichnen die jährlichen Ein- bzw. Auszahlungen aus dem operativen Bereich, d.h. ohne Anschaffungswert und ohne Restwert. AW beschreibt den Anschaffungswert und RW den Restwert des Investitionsobjektes. N bezeichnet die Nutzungsdauer und i_{kalk} den Kalkulationszinsfuß. Vom durchschnittlichen jährlichen Einzahlungsüberschuss werden die durchschnittlichen jährlichen Investitionskosten subtrahiert, die sich aus den Komponenten „durchschnittliche jährliche Abschreibung" und „durchschnittlicher jährlicher Zinsansatz" zusammensetzen. Bei der Berechnung des Zinsansatzes wird pauschal angenommen, dass durchschnittlich 50% des Anschaffungswertes gebunden sind.[10] Gemäß statischer Gewinnrechnung sollte eine Investition angenommen werden, wenn G positiv ist.

Tab. 6-14: Wichtige Rentabilitätskalküle für Investitionen im Überblick

Kalkül	Definition	Interpretation	Entscheidungsfindung
Kapitalwert KW	Der Barwert des Zusatzzahlungsstroms, der durch die Investition im Betrieb ausgelöst wird	Der Kapitalwert ist der auf heute bezogene Wert des betrieblichen Investitionsvorhabens	Investiere, wenn der Kapitalwert positiv ist!
Interner Zinsfuß i_{int}	Der kritische Kalkulationszinsfuß, bei dem der Barwert des betrieblich erwirtschafteten Zusatzzahlungsstroms den Wert Null annehmen würde	Der interne Zinsfuß ist die Verzinsung des in der Investition gebundenen Gesamtkapitals	Investiere, wenn der interne Zinsfuß den Kalkulationszinsfuß übersteigt!
Leistungs-Kosten-differenz LKD	Der über die Nutzungsdauer der Investition verrentete Kapitalwert	Die Leistungs-Kostendifferenz ist die durchschnittliche jährliche Einkommensänderung, die sich bei Durchführung der Investition ergibt	Investiere, wenn die Leistungs-Kosten-Differenz positiv ist!
Durchschnitts-kosten DK	Die in periodisierte Jahresbeträge (Kosten) überführten heterogenen Auszahlungen	Die Durchschnittskosten sind die durchschnittlichen jährlichen Kosten, die durch die Investition entstehen	Wähle bei alternativen Investitionen mit übereinstimmenden Einzahlungen diejenige mit den geringsten Durchschnittskosten aus!
Eigenkapitalrendite r_{EK}	Der kritische Eigenkapitalzinssatz, bei dem der Barwert des eigenkapitalbezogenen Zusatzzahlungsstroms den Wert Null annehmen würde	Die Eigenkapitalrendite ist die Verzinsung des in der Investition gebundenen Eigenkapitals	Investiere, wenn die Eigenkapitalrendite den Eigenkapitalzinssatz übersteigt!
Zusätzlicher Vermögens-endwert	Der Endwert des eigenkapitalbezogenen Zusatzzahlungsstroms, der durch die Investition ausgelöst wird	Der zusätzliche Vermögensendwert ist die durch die Investition ausgelöste Änderung des Vermögensstandes des Eigenkapitalgebers am Ende des Investitionszeitraums	Investiere, wenn der zusätzliche Vermögensendwert positiv ist!

Bei der sog. **statischen Rentabilitätsrechnung** wird die Gleichung (6-31) gleich Null gesetzt und nach dem Zinssatz umgestellt. Den so berechneten kritischen Kalkulationszinsfuß bezeichnen wir nachstehend mit i_{rent}:

[10] Aus finanzmathematischer Sicht sind die in Gleichung (6-31) getroffenen Annahmen nicht konsistent: Liegen homogene Einzahlungsüberschüsse vor, so macht man durch die einfache Mittelwertbildung zwar keinen Fehler bei der Berechnung der durchschnittlichen Leistung. In diesem Fall sind aber durchschnittlich deutlich mehr als 50% des Anlagekapitals gebunden (vgl. Punkt 6.3.3d). Anders herum ist die pauschale Annahme eines f-Wertes von 0,5 nur bei deutlich abnehmenden Einzahlungsüberschüssen z.B. infolge von progressiv zunehmenden Reparaturkosten ungefähr richtig. In diesem Fall macht man dann aber einen Fehler bei der Berechnung der durchschnittlichen Leistung.

$$i_{rent} = \left(DE - \frac{AW - RW}{N}\right) / \left(\frac{AW - RW}{2} + RW\right) \tag{6-32}$$

Das Ergebnis der Rentabilitätsrechnung soll die Rendite des in der Investition gebundenen Kapitals ausdrücken. Eine Investition soll der statischen Rentabilitätsrechnung folgend angenommen werden, wenn die gemäß Gleichung (6-32) berechnete Rendite größer ist als der Kalkulationszinsfuß.

Im Folgenden werden die **Ergebnisse der statischen Investitionsrechenverfahren mit denen der dynamischen Verfahren verglichen**. Der Zahlungsstrom des bereits in Beispiel 6-12 betrachteten Mastschweinestalls ist in Tab. 6-15 angezeigt. Der Anschaffungswert beträgt 300 000 €, der Restwert ist Null und während der 20-jährigen Nutzungsdauer können homogene jährliche Einzahlungsüberschüsse in Höhe von 33 000 € erzielt werden. Der Kalkulationszinsfuß beträgt 10%.

Tab. 6-15: Statische vs. dynamische Investitionsrechenverfahren für den Kauf eines Mastschweinestalls (€) [a]

Ausgangsdaten						
Jahr t	0	1	2	3	...	20
Einzahlungsüberschüsse $e_t - a_t$	-300 000	33 000	33 000	33 000	...	33 000
Statische Investitionsrechenverfahren						
Gewinnrechnung G:	3 000 €					
Rentabilitätsrechnung i_{rent}:	12,00%					
Dynamische Investitionsrechenverfahren						
Leistungs-Kostendifferenz LKD:	-2 238 €					
Interner Zinsfuß i_{int}:	9,06%					

[a] i_{kalk} = 10% p.a.

Die statische Gewinnveränderung G beträgt 3 000 € und die statische Rentabilität i_{rent} beläuft sich auf 12,00%. Nach den Entscheidungskalkülen der statischen Verfahren wäre die betrachtete Investition somit als rentabel einzuschätzen. Die finanzmathematisch genaue Berechnung der Rentabilitätskalküle „Leistungs-Kostendifferenz" (vgl. Gleichung (6-20)) und „interner Zinsfuß" (vgl. Gleichung (6-16)) zeigt aber, dass die Kosten des in der Investition gebundenen Kapitals nicht gedeckt sind. Die Leistungs-Kostendifferenz beträgt -2 238 € und liegt damit um 5 238 € unter der berechneten statischen Gewinnveränderung. Der interne Zinsfuß liegt mit 9,06% unter dem Kalkulationszinsfuß von 10%. Die Investition sollte also aus Sicht eines gewinnmaximierenden Landwirts auf keinen Fall durchgeführt werden.

6.4 Anwendungen und Erweiterungen

Finanzmathematische Berechnungen werden mittlerweile größtenteils mit Tabellenkalkulationsprogrammen durchgeführt. Wir zeigen deshalb in Punkt 6.4.1, wie man MS-EXCEL nutzen kann, um praktisch die Rentabilität von Investitionen zu bewerten. Zudem haben wir bei unseren bisherigen Investitionsanalysen aus Vereinfachungsgründen von Inflation und Steuern abstrahiert. Dies stellt keine realistische Annahme dar. In Punkt 6.4.2 und 6.4.3 gehen wir deshalb der Frage nach, welche Rentabilitätswirkungen Inflation und Steuern haben und wie man sie in der Investitionsplanung berücksichtigen kann.

6.4.1 Nutzung von Tabellenkalkulationsprogrammen

Um zu verdeutlichen, wie man die Rentabilität von Investitionen mit Hilfe von Tabellenkalkulationsprogrammen, wie z.B. MS-EXCEL, beurteilt, betrachten wir noch einmal die in Punkt 6.3.1 beschriebene Kaktusinvestition: Der Anschaffungswert beträgt 1 000 € und nach einer Nutzungsdauer von 2 Jahren wird ein einmaliger Investitionsrückfluss in Höhe von 1 500 € erzielt. Die Investition wird zu jeweils 50% eigen- und fremdfinanziert. Die Opportunitätskosten des Eigenkapitals betragen 5% p.a. und das Fremdkapital ist zu einem Zinssatz von 9% p.a. verfügbar. Unter Anwendung der finanzmathematischen Funktionen von MS-EXCEL berechnen wir den Kapitalwert, den internen Zinsfuß und die Leistungs-Kostendifferenz. Um die allgemeine Vorgehensweise aufzuzeigen, verzichten wir auf rechentechnische Vereinfachungen, die für diese einfache Investition mit nur einer Auszahlung und einer Einzahlung möglich wären. Der Aufbau des MS-EXCEL-Arbeitsblatts in Tab. 6-16 verdeutlicht, dass wir wiederum darauf geachtet haben, ein **funktionsfähiges Modell** zu erstellen, in dem lediglich die Ausgangsparameter als Zahlenwerte eingegeben sind. Dies ermöglicht eine schnelle Durchführung von Variantenrechnungen (vgl. auch Punkt 5.3.2).

Tab. 6-16: Modell zur Rentabilitätsanalyse von Investitionen [a)]

	A	B	C	D
1	**Aufstellung des Investitionsplans**			
2	Jahr t	0	1	2
3	Einzahlungen e_t (€)		0	1 500
4	Auszahlungen a_t (€)	1 000	0	0
5	Einzahlungsüberschüsse $e_t - a_t$ (€)	-1 000	0	1 500
6				
7	**Bestimmung des Kalkulationszinsfußes**			
8	Zinsansatz für Eigenkapital i_{EK}	5%		
9	Eigenkapitaleinsatz EK (€)	500		
10	Zinssatz für Fremdkapital i_{FK}	9%		
11	Fremdkapitaleinsatz FK (€)	500		
12	Kalkulationszinsfuß i_{kalk}	7%		
13				
14	**Berechnung der Investitionskalküle**			
15	Kapitalwert KW (€)	310		
16	Interner Zinsfuß i_{int}	22,5%		
17	Leistungs-Kostendifferenz LKD (€)	171,55		
18	Durchschnittsleistung DL (€)	724,64		
19	Durchschnittskosten DK (€)	553,09		

a) Zellen, die Formeln beinhalten, sind grau unterlegt.

In den Zeilen 1 bis 5 der Tab. 6-16 ist der Investitionsplan angezeigt. Zeile 5, in der die Annahmen bzgl. der Ein- und Auszahlungen aggregiert werden, stellt die sog. letzte Zeile des Investitionsplans dar. Diese Zeile bildet die Grundlage der Rentabilitätsanalyse. In den Zeilen 7 bis 11 sind die weiteren Annahmen festgehalten, die zur Bestimmung des in Zeile 12 berechneten Kalkulationszinsfußes (vgl. Gleichung (6-12)) erforderlich sind:

B12: *=(B8*B9+B10*B11)/B4*

Die Zelle B11 ist dabei wie folgt definiert:

B11: *=B4-B9*

Für finanzmathematische Kalkulationen stellt MS-EXCEL eine Vielzahl von Funktionen zur Verfügung, die unter *„Funktionen"* in der Kategorie *„Finanzmathematik"* aufgerufen werden können. Die **NBW-Funktion** (Nettobarwert-) erlaubt die Berechnung des Kapitalwertes einer Investition (vgl. Gleichung (6-14)). Bezogen auf das betrachtete Beispiel ist zu formulieren:

B15: *=NBW(B12;C5:D5)+B5*

Zur Diskontierung wird der Kalkulationszinsfuß aus Zelle B12 verwendet. In den Zellen C5 bis D5 stehen die jährlichen Investitionsrückflüsse, die zu diskontieren sind. Zahlungen des Jahres 0 dürfen *nicht* in die NBW-Funktion integriert werden, da die erste der in der Funktion angegebenen Zahlungen als Zahlung des Jahres 1 verstanden und unter Verwendung des Diskontierungsfaktors für ein Jahr diskontiert wird. Man könnte auch sagen, dass durch die NBW-Funktion der Barwert der *zukünftigen* Einzahlungsüberschüsse berechnet wird, von dem dann noch der Anschaffungswert der Investition zu subtrahieren ist.

Die **IKV-Funktion** (Interne-Kapitalverzinsung-) liefert den internen Zinsfuß einer Zahlungsreihe (vgl. Gleichung (6-16)) und wird wie folgt umgesetzt:

B16: *=IKV(B5:D5)*

Es ist zu beachten, dass die IKV-Funktion nur anwendbar ist, wenn die anfängliche Zahlung ein anderes Vorzeichen aufweist als der verbleibende Zahlungsstrom.

Die Leistungs-Kostendifferenz kann über das Verrenten des Kapitalwertes bestimmt werden (vgl. Gleichung (6-20)). Dies erfolgt über die **RMZ-Funktion** (Regelmäßige-Zahlungen-), die den Wiedergewinnungsfaktor liefert, der multipliziert mit dem Gegenwartswert die gesuchte Annuität liefert:

B17: *=-RMZ(B12;D2;1)*B15*

Bei der Berechnung der Leistungs-Kostendifferenz wird auf den in Zelle B12 definierten Kalkulationszinsfuß, die in Zelle D2 spezifizierte Nutzungsdauer und den in Zelle B15 berechneten Kapitalwert zurückgegriffen. Bei Verwendung der RMZ-Funktion wird ein automatischer Vorzeichenwechsel vorgenommen: Wenn der zu verrentende Barwert positiv ist, wird eine negative Annuität ausgewiesen und umgekehrt. Diese formelmäßige Umkehrung des Zahlungsstroms ist darin begründet, dass die RMZ-Funktion implizit die Perspektive eines Annuitätendarlehens (vgl. Punkt 6.6.1c) einnimmt: Die Vergabe (der Erhalt) des Darlehens im Jahr 0 stellt für die Bank (den Darlehensnehmer) eine Auszahlung (Einzahlung) dar. In der Zukunft entstehen dafür Kapitaldienstzahlungen, die für die Bank (den Darlehensnehmer) Einzahlungen (Auszahlungen) sind. Der automatische Vorzeichenwechsel kann neutralisiert werden, indem die RMZ-Funktion mit -1 multipliziert wird.

Die Formulierung „=-RMZ(B12;D2;1)" liefert den Wiedergewinnungsfaktor für einen Zinssatz von 7% und eine Laufzeit von 2 Jahren ($WF_{7\%;2}$) in Höhe von 0,5531 (vgl. Gleichung (6-8)). Zur Berechnung der zum Kapitalwert gehörigen Annuität könnte auch direkt formuliert werden:

B17: *=-RMZ(B12;D2;B15)*

Neben dem Verrenten des Kapitalwertes kann die Leistungs-Kostendifferenz auch als Differenz zwischen der Durchschnittsleistung und den Durchschnittskosten der Investition ermittelt werden. Hat man - wie im vorliegenden Beispiel - keine homogenen zukünftigen Einzahlungsüberschüsse, so muss zunächst die jährliche Durchschnittsleistung berechnet werden, indem man den Barwert der Einzahlungen berechnet und diesen anschließend verrentet:

B18: *=-RMZ(B12;D2;1)*NBW(B12;C3:D3)*

Alternativ könnte in diesem einfachen Beispiel mit nur einer Einzahlung am Ende der Nutzungsdauer die Durchschnittsleistung auch unter Verwendung des Kehrwertes der **ZW-Funktion** (Zukunftswert-) berechnet werden. Die ZW-Funktion selbst liefert den Endwertfaktor und - multipliziert mit einer vorgegebenen Annuität - den Endwert einer Annuität. 1/ZW führt demzufolge zum Kehrwert des Endwertfaktors, d.h. dem sog. Endwertverteilungsfaktor, und - multipliziert mit einem vorgegebenen Zukunftswert - zur dazugehörigen Annuität. Bezogen auf das betrachtete Beispiel ist zu formulieren:

B18: *=(-1/ZW(B12;D2;1))*D5*

Die Durchschnittskosten entsprechen dem verrenteten Anschaffungswert:

B19: *=-RMZ(B12;D2;1)*B4*

Für die Berechnung der Leistungs-Kostendifferenz gilt also alternativ:

B17: *=B18-B19*

Das Kapitalisieren eines homogenen Zahlungsstroms (Umkehroperation des Verrentens bzw. der RMZ-Funktion) kann unter Verwendung der **BW-Funktion** (Barwert-) durchgeführt werden. Mit anderen Worten: Wenn unter Rückgriff auf die Durchschnittsleistung und die Durchschnittskosten zunächst die Leistungs-Kostendifferenz berechnet worden wäre und anschließend nach dem dazugehörigen Kapitalwert gefragt wird, dann könnte man formulieren:

B15: *=-BW(B12;D2;1)*B17*

Während die NBW-Funktion sowohl zur Berechnung des Barwertes eines heterogenen als auch eines homogenen Zahlungsstroms verwendet werden kann, ist die BW-Funktion nur im Spezialfall einer Rente möglich. Sowohl bei Verwendung der ZW- als auch der BW-Funktion ist - wie bei der RMZ-Funktion - der automatische Vorzeichenwechsel zu beachten. In Tab. 6-17 sind die wichtigsten finanzmathematischen MS-EXCEL-Funktionen nochmals zusammenfassend dargestellt.

Tab. 6-17: Liste häufig gebrauchter finanzmathematischer MS-EXCEL-Funktionen

Funktionsname		Beschreibung	Syntax	Besonderheit
Deutsch	Englisch			
NBW	NPV	Liefert den Barwert zukünftiger Zahlungen oder Zahlungsüberschüsse	=NBW(i_{kalk}; $e_1 - a_1$; ...; $e_N - a_N$)	Der erste in die Funktion integrierte Wert wird bereits diskontiert [a]
IKV	IRR	Liefert die interne Verzinsung einer Zahlungsreihe	=IKV($e_0 - a_0$; ...; $e_N - a_N$)	Die anfängliche Zahlung muss ein von den übrigen Zahlungen verschiedenes Vorzeichen aufweisen
BW	PV	Liefert den Barwert einer Annuität bei gegebenem Zins und gegebener Laufzeit; Spezialfall von NBW	=−BW(i_{kalk}; N; A)	Automatischer Vorzeichenwechsel
RMZ	PMT	Liefert die Annuität für einen Gegenwartswert bei gegebenem Zins und gegebener Laufzeit; Umkehroperation zu BW	=−RMZ(i_{kalk}; N; C_0)	Automatischer Vorzeichenwechsel
ZW	FW	Liefert den zukünftigen Wert einer Annuität bei gegebener Laufzeit und gegebenem Zinssatz	=−ZW(i_{kalk}; N; A)	Automatischer Vorzeichenwechsel

[a] Bei der Berechnung des Kapitalwertes muss der Anschaffungswert außerhalb der NBW-Funktion berücksichtigt werden: KW = NBW(i_{kalk}; $e_1 - a_1$; ...;$e_N - a_N$) $- a_0$.

6.4.2 Inflation

Ganz allgemein bezeichnet Inflation eine **Geldentwertung**, d.h. eine Verminderung der Kaufkraft je Geldeinheit infolge eines Anstiegs des allgemeinen Preisniveaus in einer Volkswirtschaft. Die Höhe der Inflation wird über Preisindizes gemessen. Um „echte Preisänderungen" (Änderungen der Preisverhältnisse) von einer Verschiebung des allgemeinen Preisniveaus (Inflation) zu unterscheiden, differenziert man zwischen **Realzins** und **Nominalzins** sowie zwischen realen Preisen und nominalen Preisen. Der Zusatz „real" bezeichnet dabei die um die Inflation bereinigten, d.h. die deflationierten Größen. „Nominal" bezieht sich dagegen auf die Zinssätze und Preise, so wie sie inkl. Inflation ausgewiesen werden.

Wenn ein Investor einen Betrag C_0 = 1 000 € zum Nominalzins i^{nom} = 4% p.a. anlegt, erhält er nach einem Jahr einen Betrag von $C_1^{nom} = C_0 \cdot (1 + i^{nom})$ = 1 040 €. Beträgt die Inflationsrate i^{infl} allerdings 4% p.a., so erzielt er eine reale Verzinsung i^{real} von 0%. Er hat durch die einjährige Kapitalanlage keine zusätzliche Kaufkraft gewonnen, da der inflationsbereinigte zukünftige Wert dem investierten Kapitalbetrag entspricht ($C_1^{real} = C_1^{nom} \cdot (1 + i^{infl})^{-1}$ = 1 040 · 1,04^{-1} = 1 000). Die Herleitung des Realzinssatzes und damit den allgemeinen Zusammenhang zwischen realem Zinssatz i^{real}, Nominalzins i^{nom} und Inflationsrate i^{infl} verdeutlicht die folgende Gleichung:

$$C_0 = \underbrace{C_t^{real} \cdot \underbrace{(1 + i^{infl})^t}_{Inflation}}_{C_t^{nom}} \cdot \underbrace{(1 + i^{nom})^{-t}}_{Abzinsung} = C_t^{real} \cdot (1 + i^{real})^{-t} \tag{6-33}$$

$$\Leftrightarrow i^{real} = \frac{1 + i^{nom}}{1 + i^{infl}} - 1$$

Gleichung (6-33) verdeutlicht, dass die finanzmathematische Behandlung nominaler Preise oder Zahlungsströme mit nominalen Zinssätzen ($C_0 = C_t^{nom} \cdot (1 + i^{nom})^{-t}$) zum gleichen Ergebnis führt wie die Behandlung realer Preise oder Zahlungsströme mit realen Zinssätzen ($C_0 = C_t^{real} \cdot (1 + i^{real})^{-t}$). Es gibt also **zwei Möglichkeiten zur korrekten Berücksichtigung von Inflation** bei der Rentabilitätsanalyse von Investitionen, die zum gleichen Ergebnis führen: Entweder werden nominale Zahlungsströme mit dem Nominalzins auf- und abgezinst oder man arbeitet mit realen Zahlungsströmen und dem Realzins. Andere „Mischungen" sind unzulässig und führen zum falschen Ergebnis. Welche der beiden Varianten man wählt, hängt vom Planungsumfeld ab. Bei sehr hohen Inflationsraten wird man eher mit realen Größen arbeiten, da diese bei aller Unsicherheit besser zu prognostizieren sind als nominale Größen.

Beispiel 6-18
Investitionsplanung und Inflation - Wildgehege

Nehmen wir an, Sie können in ein Wildgehege investieren, das 10 000 € kostet, eine Nutzungsdauer von 5 Jahren hat und in jedem Nutzungsjahr einen nominalen Einzahlungsüberschuss von 3 000 € liefert. Die Investition ist eigenkapitalfinanziert. Die Opportunitätskosten des Eigenkapitals betragen nominal i_{kalk}^{nom} = 10% p.a. Die Inflationsrate i^{infl} liegt bei 4% p.a. Werden die nominalen Einzahlungsüberschüsse dieser Investition (Tab. 6-18, Zeile 1) unter Verwendung des nominalen Kalkulationszinsfußes i_{kalk}^{nom} diskontiert (Zeile 2) und die diskontierten Zahlungen aufsummiert, ergibt sich ein Kapitalwert in Höhe von 1 372 € (Zeile 3).

Tab. 6-18: Berücksichtigung von Inflation beim Kauf eines Wildgeheges (€) [a)]

	Jahr *t*	0	1	2	3	4	5
Kapitalwert unter Rückgriff auf nominalen Zahlungsstrom und Nominalzins							
1	Nominale Einzahlungsüberschüsse $e_t - a_t$	-10 000	3 000	3 000	3 000	3 000	3 000
2	Diskontierte nominale Einzahlungsüberschüsse $(e_t - a_t) \cdot (1 + i_{kalk}^{nom})^{-t}$	-10 000	2 727	2 479	2 254	2 049	1 863
3	**Kapitalwert *KW*:**	**1 372**					
Kapitalwert unter Rückgriff auf realen Zahlungsstrom und Realzins							
4	Reale Einzahlungsüberschüsse $(e_t - a_t) \cdot (1 + i^{infl})^{-t}$	-10 000	2 885	2 774	2 667	2 564	2 466
5	Diskontierte reale Einzahlungsüberschüsse $(e_t - a_t) \cdot (1 + i_{kalk}^{real})^{-t}$	-10 000	2 727	2 479	2 254	2 049	1 863
6	**Kapitalwert *KW*:**	**1 372**					

a) i_{kalk}^{nom} = 10%, i^{infl} = 4% und i_{kalk}^{real} = 5,77% p.a.

Zum gleichen Kapitalwert gelangt man, wenn man auf den realen Zahlungsstrom abstellt (Zeile 4). Bei dieser Vorgehensweise wird letztlich der Abzinsungsvorgang in zwei Schritte aufgeteilt: Zunächst werden die nominalen Einzahlungsüberschüsse mit der Inflationsrate deflationiert und somit auf das Preisniveau von $t = 0$ normiert. Dann werden die so berechneten realen Einzahlungsüberschüsse mit dem realen Kalkulationszinsfuß i_{kalk}^{real} diskontiert. i_{kalk}^{real} liegt gemäß Gleichung (6-33) bei 5,77% (= 1,10/1,04 – 1) pro Jahr.

Ende des Beispiels

Im Folgenden betrachten wir nominale Zahlungsströme und nominale Zinssätze. Es wird - sofern keine Unterscheidung zwischen realen und nominalen Größen erforderlich ist - auf das Kürzel „*nom*" verzichtet, d.h. es gilt: $C_t^{nom} = C_t$ und $i_{kalk}^{nom} = i_{kalk}$.

6.4.3 Steuern

Hinsichtlich der Auswirkungen von Steuern auf die Rentabilität von Investitionen ist zunächst zu unterscheiden, ob die Steuern gewinnunabhängig oder gewinnabhängig sind. Zu den gewinnunabhängigen Steuern gehören

- Verbrauchsteuern, die auf den Verbrauch von Gütern erhoben werden, im Verkaufspreis enthalten sind und vom Verkäufer abgeführt werden (z.B. Mineralölsteuer oder Stromsteuer),
- Verkehrsteuern, die wirtschaftliche Vorgänge besteuern (z.B. Umsatzsteuer, bei Abschluss einer Versicherung anfallende Versicherungsteuer oder bei Erwerb eines Grundstücks zu zahlende Grunderwerbsteuer) und
- Substanzsteuern, die sich allein auf der Grundlage eines bestimmten Vermögensbestands ergeben (z.B. Grundsteuer oder Erbschaftsteuer).

Gewinnabhängige Steuern, die auch als Ertragsteuern bezeichnet werden, sind die Einkommen-, Körperschaft- und Gewerbesteuer sowie der Solidaritätszuschlag und ggf. die Kirchensteuer. Zu den Steuern i.w.S. gehören auch Arbeitsleistungen im Dienste der Steuererhebung, wie z.B. die dafür benötigte Verwaltungsarbeit und Kosten für den Steuerberater, die im Folgenden aber nicht weiter beachtet werden.

Gewinnunabhängige Steuern sind bei der Aufstellung des Investitionsplans zum Zeitpunkt ihrer Fälligkeit als Auszahlungen zu erfassen. Sie sind methodisch bei der Rentabilitätsanalyse genau so wie Auszahlungen für z.B. Reparaturen, Treibstoff oder Strom zu berücksichtigen, die durch die Investition ausgelöst werden. Hinsichtlich der Berücksichtigung der Umsatzsteuer, die umgangssprachlich auch als Mehrwertsteuer bezeichnet wird, ist eine Fallunterscheidung vorzunehmen: Bei **regelumsatzbesteuerten Unternehmen** ist sie ein durchlaufender Posten. Man arbeitet mit **Nettopreisen**, da die beim Einkauf von Produktionsmitteln gezahlte Umsatzsteuer, d.h. die sog. Vorsteuer, vom Finanzamt erstattet wird und die beim Verkauf eingenommene Umsatzsteuer an das Finanzamt abgeführt wird. **Pauschalierende Unternehmen** bekommen dagegen die Vorsteuer nicht erstattet, müssen allerdings die beim Verkauf ihrer Produkte eingenommene Umsatzsteuer auch nicht abführen. Demzufolge ist bei der Aufstellung des Investitionsplans mit **Bruttopreisen** zu rechnen. Allerdings ist bei der Umsatzsteuer aufgrund der Vorsteuerberücksichtigung auch der Wechsel zwischen den Besteuerungsformen (Pauschalierung vs. Regelbesteuerung) rentabilitäts- und investitionsrelevant.

In Tab. 6-19 sind die **gewinnabhängigen Steuern** beschrieben, die in Unternehmen unterschiedlicher Rechtsformen (vgl. Punkt 2.3.1) anfallen. Die wichtigsten Ertragsteuern sind die Einkommensteuer, die Körperschaftsteuer und die Gewerbesteuer. Hinzu kommen Zuschlag- bzw. **Annexsteuern**, also Solidaritätszuschlag und Kirchensteuer. Die Bemessungsgrundlage des Solidaritätszuschlags ist die Einkommensteuer oder die Körperschaftsteuer. Mit „Bemessungsgrundlage" ist dabei die Größe gemeint, auf die der Steuersatz angewendet wird, um die Steuerschuld zu ermitteln. Der Satz für den Solidaritätszuschlag beträgt 5,5%. Beträgt die Einkommenssteuer bspw. 1 000 €, dann fallen 55 € Solidaritätszuschlag an. Die Kirchensteuer, die nur für konfessionsgebundene Natürliche Personen erhoben wird, liegt - je nach Bundesland - zwischen 8% und 9% der Einkommensteuer. Da sie bei der Ermittlung des zu versteuernden Einkommens als Sonderausgabe absetzbar ist, ist die effektive Belastung geringer. Die genannten Steuersätze spiegeln den Stand von 2009 wieder und sollen einen Eindruck über das ungefähre Niveau der jeweiligen Ertragsteuer vermitteln. Es ist aber zu berücksichtigen, dass Steuersätze häufigen Veränderungen unterworfen sind.

Das maßgebliche Gesetz für die **Einkommensteuer**, die auf das Einkommen von Natürlichen Personen erhoben wird, ist das Einkommensteuergesetz (EStG). Die **Körperschaftsteuer** ist eine Steuer auf das Einkommen Juristischer Personen. Im Körperschaftsteuerrecht gelten insbesondere hinsichtlich der Einkommens- und Gewinnermittlung die Vorschriften des Einkommensteuerrechts (vgl. Körperschaftsteuergesetz, KStG). Die rechtliche Basis der **Gewerbesteuer** bildet das Gewerbesteuergesetz (GewStG). Mit der Gewerbesteuer werden Natürliche und Juristische Personen belastet, die Einkünfte aus einem Gewerbebetrieb im Sinne des EStG haben. Zu beachten ist, dass das Einkommen von Anteilseignern einer Kapitalgesellschaft oder Genossenschaft wiederum der Einkommensteuer unterliegt. Mit anderen Worten: Ein Unternehmen zahlt bspw. Körperschafts- sowie Gewerbesteuer und auf Ausschüttungen des schon versteuerten Gewinns an die Anteilseigner wird Einkommensteuer erhoben. Um die Rechtsform „Natürliche Person" nicht per se bzgl. der Steuerbelastung besser zu stellen als die Rechtsform „Juristische Person", sind Einkünfte aus Beteiligungen an Kapitalgesellschaften vom Anteilseigner nur zum Teil zu versteuern (Teileinkünfteverfahren).

Tab. 6-19: Kurzcharakterisierung der Ertragsteuern

	Personensteuer		**Gewerbesteuer**
	Einkommensteuer	**Körperschaftsteuer**	
Steuer-subjekt	Natürliche Personen	Juristische Personen	Gewerbebetriebe
Bemes-sungs-grundlage	Zu versteuerndes Einkommen gemäß der 7 Einkunftsarten [a]	Zu versteuerndes Einkommen gemäß dem Steuerbilanz-gewinn	Gewerbeertrag (Steuerbilanz-gewinn zzgl. Zurechnungen abzgl. Kürzungen)
Steuersatz (Stand: 2009)	Progressiver Grenzsteuersatz (bei Einzelveranlagung bis 7 834 €: Grundfreibetrag; zwischen 7 835 € und 13 139 €: Grenzsteuersatz von 14% bis 24%; zwischen 13 140 € und 52 551 €: Grenzsteuersatz von 24% bis 42%; zwischen 52 552 € bis 250 400 €: 42%; über 250 400 €: 45%)	15% der Bemessungsgrund-lage	Bemessungsgrundlage x Gewerbesteuersatz [b] (z.B. 14,35% in Berlin) = Gewerbesteuerschuld

[a] Dabei handelt es sich um Einkünfte aus Land- und Forstwirtschaft, Gewerbebetrieb, selbstständiger Arbeit, nichtselbstständiger Arbeit, Kapitalvermögen, Vermietung und Verpachtung sowie sonstige Einkünfte (vgl. §2 EStG).

[b] Gewerbesteuersatz = Steuermesszahl (3,5%) x gemeindeabhängiger Hebesatz (z.B. 410% in Berlin).

Gewinnabhängige Steuerzahlungen ergeben sich nicht ausschließlich auf der Grundlage der Einzahlungsüberschüsse einer einzelnen Investition. Vielmehr sind Ertragsteuern auf der Grundlage des Einkommens des Gesamtunternehmens zu zahlen. Hinzu kommt, dass die Einkommenshöhe nicht nur die Bemessungsgrundlage bestimmt, sondern wegen der Progression der Einkommensteuer auch den Steuersatz. Kurz gesagt: Zur Ermittlung der steuerlichen Effekte, die durch ein Investitionsvorhaben ausgelöst werden, ist nicht nur die Rentabilität der Investition, sondern **auch der Gewinn des „Restunternehmens“ maßgeblich**. Um diese Effekte genau zu berücksichtigen, müsste man auch für die Beurteilung einzelner Investitionen das Gesamtunternehmen im Rahmen vollständiger Investitions- und Finanzierungsprogramme (vgl. Abschnitt 6.7) durchkalkulieren.

Da diese Vorgehensweise sehr aufwändig ist und auch Planungsrechnungen nicht mehr kosten dürfen als sie bringen, versucht man vielfach, die steuerlichen Rentabilitätseffekte im Rahmen einer isolierten Betrachtung zu approximieren. Dabei trifft man zwei vereinfachende Annahmen: Erstens, es wird mit einem **allgemeinen konstanten Grenzsteuersatz** gearbeitet. „Allgemein“ meint, dass verschiedene gewinnabhängige Steuern zu einem Steuersatz zusammengefasst werden. „Konstant“ meint, dass von jedem Euro Zusatzgewinn, der durch die Investition generiert wird, ein fester Steuersatz s an das Finanzamt abgeführt werden muss. Der Grenzsteuersatz wird also nicht durch die betrachtete Investition beeinflusst. Zweitens, man unterstellt einen **sofortigen Verlustausgleich**. Das bedeutet, dass steuerliche Verluste, die ggf. in bestimmten Perioden auftreten, sofort zu einer zahlungswirksamen Steuerminderung führen. Man geht also davon aus, dass das Unternehmen in der Gewinnzone ist und auch ohne Investition Ertragsteuern zahlt, die dann bei Verlusten aus der Investition entsprechend geringer ausfallen.

Steuerliche Effekte haben sowohl einen Einfluss auf die zu berücksichtigenden Einzahlungsüberschüsse als auch auf den relevanten Kalkulationszinsfuß. Ersetzt man in der Kapitalwertformel (6-14) die Vorsteuergrößen durch die Nachsteuergrößen, so erhält man schließlich die **Kapitalwertformel nach Steuern** (KW^{st}; after-tax net present value):

$$KW^{st} = \sum_{t=0}^{N} (e_t - a_t)^{st} \cdot (1 + i_{kalk}^{st})^{-t} \qquad (6\text{-}34)$$

Dabei kennzeichnet $(e_t - a_t)^{st}$ die Einzahlungsüberschüsse nach Steuern und i_{kalk}^{st} den Kalkulationszinsfuß nach Steuern.

Zur Ermittlung der **Einzahlungsüberschüsse nach Steuern** $(e_t - a_t)^{st}$ sind die Einzahlungsüberschüsse vor Steuern um die zusätzlich zu zahlenden oder gesparten Steuern zu bereinigen:

$$(e_t - a_t)^{st} = \begin{cases} -AW, & \text{wenn } t = 0 \\ (e_t - a_t) - s \cdot [(e_t - a_t) - Afa_t^{st}], & \text{wenn } 0 < t < N \\ (e_N - a_N) - s \cdot [(e_N - RW - a_N) - Afa_N^{st}] - s \cdot (RW - BW_N^{st}), & \text{wenn } t = N \end{cases} \qquad (6\text{-}35)$$

Der durch die Investition im Betrieb ausgelöste, steuerlich relevante Zusatzgewinn oder -verlust entspricht dem um die *steuerlichen* Abschreibungen Afa_t^{st} verminderten jährlichen Einzahlungsüberschuss. Die relevanten Abschreibungen ergeben sich aus dem Anschaffungswert AW und der *steuerlichen* Nutzungsdauer N^{st} (z.B. gemäß Abschreibungstabelle der Finanzverwaltungen). Am Ende der betriebswirtschaftlichen Nutzungsdauer N kann ein Veräußerungserlös bzw. Restwert RW anfallen, der vom Buchwert in der Bilanz BW_N^{st} abweicht. Solche Differenzen führen zu einem steuerlich relevanten Veräußerungsgewinn oder -verlust. Durch die Multiplikation des steuerpflichtigen Zusatzgewinns mit dem Grenzsteuersatz s ergibt sich die zusätzliche Steuerschuld.

Neben den Effekten, die von Ertragsteuern auf den Investitionsrückfluss ausgehen, senkt die Berücksichtigung von Ertragsteuern den Kalkulationszinsfuß. Zum einen sind im Fall einer Fremdfinanzierung die Fremdkapitalzinsen steuerlich als Betriebsaufwand abzugsfähig. Zum anderen unterliegen im Fall einer Eigenfinanzierung die Zinsen der Alternativanlage der Besteuerung (abgesehen von evtl. Freibeträgen). Beides senkt den **Kalkulationszinsfuß nach Steuern** i_{kalk}^{st}, der bei einem einheitlichen Grenzsteuersatz wie folgt ermittelt wird:

$$i_{kalk}^{st} = i_{kalk} - s \cdot i_{kalk} = (1 - s) \cdot i_{kalk} \qquad (6\text{-}36)$$

Beispiel 6-19
Investitionsplanung und Steuern - Wildgehege

Um zu verdeutlichen, wie man Steuereffekte im Rahmen der oben beschriebenen Betrachtung eines einzelnen Vorhabens berücksichtigt, greifen wir erneut das Beispiel „Wildgehege" auf. In den ersten drei Zeilen der Tab. 6-20 ist die Rentabilitätsbetrachtung vor Steuern noch einmal dargestellt. Wie wir bereits gesehen haben (vgl. Beispiel 6-18), ergibt sich bei einem Kalkulationszinsfuß i_{kalk} = 10% p.a. ein Kapitalwert vor Steuern von 1 372 €.

Tab. 6-20: Kapitalwert und steuerliche Effekte für den Kauf eines Wildgeheges (€) [a]

	Jahr *t*	**0**	**1**	**2**	**3**	**4**	**5**
1	Einzahlungsüberschüsse vor Steuern $e_t - a_t$	-10 000	3 000	3 000	3 000	3 000	3 000
2	Diskontierte Einzahlungsüberschüsse bei i_{kalk} = 10%	-10 000	2 727	2 479	2 254	2 049	1 863
3	**Kapitalwert vor Steuern *KW*:**	**1 372**					
4	Buchwert der Anlage BW_t	10 000	8 333	6 667	5 000	3 333	1 667
5	Steuerliche Abschreibung Afa_t^{st}		1 667	1 667	1 667	1 667	1 667
6	Buchgewinn						-1 667
7	Steuerlicher Gewinn		1 333	1 333	1 333	1 333	-333
8	Zusätzliche Steuerschuld		467	467	467	467	-117
9	Einzahlungsüberschüsse nach Steuern $(e_t - a_t)^{st}$	-10 000	2 533	2 533	2 533	2 533	3 117
10	Diskontierte Einzahlungsüberschüsse bei i_{kalk}^{st} = 6,5%	-10 000	2 379	2 234	2 097	1 969	2 275
11	**Kapitalwert nach Steuern KW^{st}:**	**953**					

a) i_{kalk} = 10% p.a., s = 35%, i_{kalk}^{st} = 6,5% p.a., N^{st} = 6 Jahre und RW = 0 €.

Der Kalkulationszinsfuß vor Steuern liegt bei 10% und der allgemeine Grenzsteuersatz s, der alle relevanten Steuerbelastungen zusammenfassen soll, wird mit konstant 35% angenommen. Steuerlich sei das Wildgehege über 6 Jahre (steuerliche Nutzungsdauer N^{st} = 6 Jahre) linear auf einen Erinnerungswert von 1 € abzuschreiben. Sonderabschreibungen sind nicht möglich. Die steuerliche Abschreibung Afa_t^{st} beträgt - wie in Zeile 5 angezeigt - in jedem Jahr also 1 667 € (= (10 000 − 1)/6). Die voraussichtliche betriebswirtschaftliche Nutzungsdauer liegt aber nur bei N = 5 Jahren.

Wie in Zeile 7 dargestellt ist, ergibt sich in den ersten vier Nutzungsjahren ein steuerlich relevanter Gewinn von 1 333 € (jährlicher Einzahlungsüberschuss von 3 000 € abzgl. der jährlichen Abschreibung von 1 667 €). Im Jahr 5 ist zusätzlich noch der Buchverlust in Höhe von 1 667 € zu berücksichtigen, durch den es zu einem negativen steuerlichen Gewinn von 333 € kommt. Die in Zeile 8 ausgewiesenen, in den ersten vier Jahren zusätzlich zu zahlenden Steuern sowie die im Jahr 5 durch den Verlustausgleich erzielte Steuerminderung ergibt sich durch Multiplikation des zusätzlichen steuerlich relevanten Gewinns (Zeile 7) mit dem Grenzsteuersatz s = 35%. Die durch die Investition ausgelöste zusätzliche Steuerschuld beträgt in den ersten vier Jahren jeweils 467 €. Die Steuerminderung im Jahr 5 beläuft sich auf 117 €. Der Kalkulationszinsfuß nach Steuern i_{kalk}^{st} gemäß Gleichung (6-36) beträgt 6,5%. Für den Kapitalwert nach Steuern - verstanden als Summe der mit dem Kalkulationszinsfuß nach Steuern diskontierten Einzahlungsüberschüsse nach Steuern - ergibt sich dann ein Wert von 953 € (Zeile 9 bis 11). Mit anderen Worten: Der Kapitalwert sinkt mit der Berücksichtigung von Steuern, aber die vor Steuern rentable Investition bleibt auch bei der Betrachtung nach Steuern rentabel.

Ende des Beispiels

Wenn man bei einer isolierten Betrachtung einzelner Vorhaben einen einheitlichen Grenzsteuersatz unterstellt, ergeben sich **verschiedene Effekte**: (1) Die Reduzierung der Einzahlungsüberschüsse um die Steuerschuld wirkt mindernd auf die Rentabilität einer vor Steuern vorteilhaften Investition. (2) Die Reduzierung des Kalkulationszinsfußes wirkt erhöhend auf die Rentabilität einer Investition. (3) In Abhängigkeit vom zeitlichen Anfall der abschreibungsbedingten Steuerminderungen und eines Buchgewinns oder -verlusts kann es zu einer Veränderung der zeitlichen Struktur des Zahlungsstroms kommen, die sich fallabhängig positiv oder negativ auf die Rentabilität auswirken kann. Die Wirkungen der beiden erstgenannten Effekte kompensieren sich teilweise. Dabei überwiegt i.d.R. aber der rentabilitätssenkende Effekt verringerter Einzahlungsüberschüsse. Es kommt jedoch nur zu einer **Verschiebung des Rentabilitätsniveaus verschiedener Alternativen und nicht zu einer Veränderung ihrer Rangfolge**. Eine vor Steuern rentable (rentablere) Investition bleibt auch nach der Berücksichtigung eines einheitlichen Grenzsteuersatzes rentabel (rentabler). Ausnahmen hiervon können sich bei Investitionsalternativen ergeben, bei denen die Zahlungsstromstruktur sehr heterogen ist. Zudem ist möglicherweise nach der Berücksichtigung von Steuern die Rentabilität einer Investition zwar noch gegeben, fällt aber so gering aus, dass sie nicht mehr realisiert wird. Dies könnte darin begründet sein, dass die Mühen, die mit der Investition verbunden sind und die nicht in die Kalkulationen einbezogen wurden, zu hoch sind. Um dies einschätzen zu können, kann eine nachträgliche Berücksichtigung von Steuern bei der Investitionsplanung über einen einheitlichen Grenzsteuersatz hilfreich sein.

In der Regel kann die Entscheidungsfindung, ob eine Investition oder welche Investition durchgeführt werden soll, bei Unterstellung eines allgemeinen Ertragsteuersatzes unabhängig von den Steuern erfolgen. Oder vorsichtiger formuliert: Im Interesse der Handhabbarkeit und Wirtschaftlichkeit der Planung ist es sinnvoll, die beiden Entscheidungsbereiche „Investitionsplanung" und „unternehmerische Steuerplanung" zu separieren und die **Optimierung der Steuerzahlungen als nachgelagertes Planungsproblem** anzugehen. Allerdings stellt dies eine Vereinfachung dar, durch die - wie bei allen planerischen Vereinfachungen - in spezifischen Situationen die Gefahr von Fehlentscheidungen entstehen kann.

Folgende **Spezialfälle**, bei denen nach Berücksichtigung von Steuern die Rangfolge zwischen verschiedenen Handlungsalternativen verändert wird, sind vorstellbar:

- Die Berücksichtigung von Ertragsteuern führt dazu, dass eine **vor Steuern rentable Investition nach Steuern unrentabel** oder im Vergleich zu Alternativinvestitionen weniger rentabel wird. Dieser Effekt kann durch zwei Konstellationen verursacht werden: (1) Eine Investition weist vor Steuern einen fallenden bzw. *degressiven* Zahlungsstrom auf, durch den es zu Beginn der Nutzungsdauer zu steuerlichen Gewinnen und damit Steuerzahlungen und später zu steuerlichen Verlusten und damit Steuerersparnissen kommt. Im Vergleich zur Betrachtung vor Steuern kommt es in diesem Fall durch den Verlustausgleich zu einer Verschiebung von Einzahlungen in Richtung Zukunft, die auf den Zeitpunkt der Investitionsdurchführung bezogen entsprechend weniger wert sind. (2) Ein Unternehmen macht aus steuerlicher Sicht Sprünge, so dass der Grenzsteuersatz de facto größer wird als 100%. Denken Sie in diesem Zusammenhang bspw. an einen landwirtschaftlichen Betrieb, der nach einer größeren Investition in die Schweinemast zu einem Gewerbebetrieb wird.
- Die Berücksichtigung von Ertragsteuern führt dazu, dass eine **vor Steuern unrentable Investition nach Steuern rentabel** oder im Vergleich zu Alternativinvestitionen rentabler wird. Der Effekt, dass der Kapitalwert einer Investition ansteigt, wird auch als „Steuerparadoxon" bezeichnet (vgl. Beispiel 6-20). Es kann verursacht werden, wenn eine Investition vor Steuern einen steigenden bzw. *progressiven* Zahlungsstrom aufweist, der zu Beginn der Nutzungsdauer steuerliche Verluste und damit Steuerersparnisse und später steuerliche Gewinne und damit Steuerzahlungen verursacht. Im Vergleich zur Betrachtung vor Steuern kommt es in diesem Fall durch den Verlustausgleich zu einer Verschiebung von Einzahlungen in Richtung Gegenwart, die auf den Zeitpunkt der Investitionsdurchführung bezogen entsprechend mehr wert sind. Dieser Effekt kann sich in Verbindung mit dem Gesamt-

unternehmen noch zusätzlich verstärken. Ebenfalls kann bspw. der Investitionsabzugsbetrag (§7g EStG) dazu führen, dass eine vor Steuern unrentable Investition rentabel wird. Der Investitionsabzugsbetrag, der bis zum Jahr 2008 als Ansparabschreibung bezeichnet wurde, ermöglicht es einem Unternehmen, Abschreibungen in bis zu drei Wirtschaftsjahren vor der Anschaffung oder Herstellung eines Wirtschaftsgutes anzusetzen.

Wenn (Anzeichen für) derartige Sonderfälle vorliegen, muss die Rentabilität einer Investition nach Steuern im Rahmen einer fallspezifischen Analyse der gesamtbetrieblichen Situation untersucht werden. Dies setzt die Kenntnis der bis dato vorgenommenen unternehmerischen Steuerplanung sowie fundierte Kenntnisse im komplexen und sich laufend ändernden Steuerrecht voraus. Hierfür wird in aller Regel ein Spezialist, wie z.B. ein Steuerberater, erforderlich sein.

Beispiel 6-20
Steuerparadoxon - Wildgehege

Zur Verdeutlichung des Steuerparadoxons bleiben wir bei dem Beispiel mit dem Wildgehege. Im Unterschied zu den in Beispiel 6-19 beschriebenen Planannahmen unterstellen wir nun aber keinen konstanten, sondern einen progressiven Verlauf für den Investitionsrückfluss (vgl. Tab. 21, Zeile 1). Gedanklich kann man sich vorstellen, dass der Wildbestand in den ersten Jahren der Nutzung langsam heranwächst und erst nach einer mehrjährigen Wachstumsperiode zur Schlachtreife gelangt. Bei einem Kalkulationszinsfuß von 10% ergibt sich ein Kapitalwert vor Steuern von -192 € (Zeile 3) und der interne Zinsfuß beträgt 9,5%. Die Investition ist vor Steuern also nicht rentabel.

Nach Steuern ergeben sich bei einem Grenzsteuersatz s = 35% in den Jahren 1 und 2 aufgrund des unterstellten sofortigen Verlustausgleichs höhere Investitionsrückflüsse (Zeile 9) als vor Berücksichtigung von Steuern (Zeile 1). Dies wirkt rentabilitätserhöhend. In den Jahren 3 bis 5 sind die Rückflüsse dann zwar geringer. Das wirkt sich aber nicht so stark rentabilitätsmindernd aus, weil spätere Rückflüsse auf das Jahr 0 bezogen ohnehin entsprechend weniger wert sind. Letztlich ergibt sich bei einem Kalkulationszinsfuß nach Steuern von 6,5% ein Kapitalwert von 124 € und der interne Zinsfuß nach Steuern beträgt 6,8%. Damit ist die Investition nach Steuern rentabel.

Tab. 21: Steuerparadoxon für den Kauf eines Wildgeheges (€) [a]

	Jahr t	0	1	2	3	4	5
1	Einzahlungsüberschüsse vor Steuern $e_t - a_t$	-10 000	0	500	3 000	5 000	6 000
2	Diskontierte Einzahlungsüberschüsse bei i_{kalk} = 10%	-10 000	0	413	2 254	3 415	3 726
3	**Kapitalwert vor Steuern KW:**	**-192**					
4	Buchwert der Anlage BW_t	10 000	8 333	6 667	5 000	3 333	1 667
5	Steuerliche Abschreibung Afa_t^{st}		1 667	1 667	1 667	1 667	1 667
6	Buchgewinn						-1 667
7	Steuerlicher Gewinn		-1 667	-1 167	1 333	3 333	2 667
8	Zusätzliche Steuerschuld		-583	-408	467	1 167	933
9	Einzahlungsüberschüsse nach Steuern $(e_t - a_t)^{st}$	-10 000	583	908	2 533	3 833	5 067
10	Diskontierte Einzahlungsüberschüsse bei i_{kalk}^{st} = 6,5%	-10 000	548	801	2 097	2 980	3 698
11	**Kapitalwert nach Steuern KW^{st}:**	**124**					

[a] i_{kalk} = 10% p.a., s = 35%, i_{kalk}^{st} = 6,5% p.a., N^{st} = 6 Jahre und RW = 0 €.

Ende des Beispiels

6.5 Verschiedene Investitionssituationen

6.5.1 Investitionen ohne wechselseitige Interdependenzen

Bei der Rentabilitätsbewertung von Investitionen sind - wie bei allen Planungsrechnungen - die Kalkulationen so komplex wie nötig, aber so einfach wie möglich zu halten. In diesem Zusammenhang sind zwei Aspekte zu beachten: (1) Wenn mehrere voneinander unabhängige Investitionsvorhaben durchführbar sind, dann kann die Rentabilität jeder einzelnen Investition für sich beurteilt werden. Alle rentablen Investitionsalternativen werden realisiert. (2) Mit Blick auf die Vorgehensweise und den Aufwand bei der Bestimmung der zu berücksichtigenden Zahlungsströme *eines* Vorhabens lassen sich drei Situationen unterscheiden:

- Eine Beschränkung auf die kostenrelevanten Zahlungen und damit die alleinige Nutzung des Investitionskalküls „Durchschnittskosten" im Rahmen eines **reinen Kostenvergleichs** ist sinnvoll, wenn z.B. aufgrund betrieblicher Zusammenhänge von vornherein klar ist, dass eine bestimmte Leistung erbracht werden muss und man nur noch nach dem kostengünstigsten Verfahren der Arbeitserledigung sucht. Derartige Verfahrensfragen treten in der Landwirtschaft relativ häufig auf. Ein klassisches Beispiel ist die **make-or-buy Entscheidung**, also z.B. die Frage, ob der Drusch einer gegebenen Getreidefläche mit einem eigenen Mähdrescher oder durch die Beauftragung eines Lohnunternehmers günstiger ist.
- Ist die Frage dagegen grundsätzlich offen, ob eine Investition getätigt werden soll, so muss auch die Einzahlungsseite berücksichtigt werden. Bei der sog. **isolierten Leistungsermittlung** bestimmt man die Zahlungsströme der Investition losgelöst vom Restbetrieb. Diese Herangehensweise ist maßgeblich, wenn es sich um ein **Investitionsvorhaben „auf der grünen Wiese"** handelt, ein Betrieb also erst aufgebaut wird. Sie ist auch möglich, wenn die Verflechtung der betrachteten Investition mit dem bestehenden Betrieb wenig komplex ist, so dass sich die dort ergebenden Zahlungsstromänderungen einfach bestimmen lassen. Ein Beispiel ist die Bewertung einer Investition in die Schweinemast in einem Marktfruchtbetrieb. Hier würde die Bestimmung der Zahlungen, die ursächlich der Investition zuzurechnen sind, leicht fallen.
- Komplizierter ist die Situation, wenn die betrachtete Investition die gesamte bestehende Betriebsorganisation beeinflusst. In diesem Fall lassen sich zwar planerische Annahmen für die Zahlungsströme des Gesamtbetriebs mit Investition treffen. Die Bestimmung der Zahlungsströme, die *ursächlich* durch die Investition ausgelöst werden, ist aber schwierig. In einer solchen Situation muss eine gesamtbetriebliche Betrachtung in Form einer **simultanen Leistungsermittlung** vorgenommen werden. Ein gutes Beispiel ist die Bewertung der Umstellung eines Betriebs auf den Ökolandbau: Man kann nicht den gesamten betrieblichen Deckungsbeitrag nach der Umstellung als Leistung der Umstellungsinvestition verstehen. Gedanklich prognostiziert man deswegen zuerst die Zahlungsströme des „Gesamtbetriebs mit Investition" und dann die Zahlungsströme des „Gesamtbetriebs ohne Investition". Ganz im Sinne der Differenzrechnung (vgl. Punkt 2.4.1a) wird hiervon der Saldo (**incremental cash-flow**) bestimmt, auf dessen Grundlage man dann die üblichen Investitionskalküle berechnen kann. Alternativ könnte man direkt die Barwerte der Zahlungsströme des Gesamtbetriebs mit Investition und des Betriebs ohne Investition berechnen. Anschließend würde man die Alternative wählen, die den höheren Barwert liefert.

6.5.2 Investitionen mit wechselseitigen Interdependenzen

Wenn mehrere Investitionsmöglichkeiten gleichzeitig bestehen, kann es zu Wechselwirkungen (Interdependenzen) in Form von **Entweder-Oder-Entscheidungen** kommen. Anstelle der einfachen Ja-Nein-

Entscheidung (absolute Vorteilhaftigkeit) bei einzeln zu betrachtenden Vorhaben stellt sich dann die Frage, *welche* der sich gegenseitig ausschließenden Alternativen gewählt werden soll (relative Vorteilhaftigkeit). Die Wahl ist unter Rückgriff auf die bekannten Investitionskalküle in den folgenden Situationen einfach:

- Es stehen mehrere unrentable Investitionsalternativen zur Auswahl. In diesem Fall wird gar nicht investiert.
- Es ist zwischen einer rentablen und einer oder mehreren unrentablen Investition zu wählen. In diesem Fall wird die rentable Investition realisiert.
- Es ist zwischen mehreren rentablen Investitionen zu wählen, die sowohl in ihrer Nutzungsdauer (Tiefe) als auch in ihrem Investitionsvolumen (Breite) vergleichbar sind. In diesem Fall wird die Investition angenommen, die den höheren Kapitalwert, den größeren internen Zinsfuß und die höhere Leistungs-Kostendifferenz aufweist. Alle drei Kriterien führen bei den getroffenen Annahmen zur gleichen Rangfolge der Alternativen.

Schwierigkeiten können allerdings auftreten, wenn man zwischen rentablen Investitionen zu wählen hat, die sich in ihrer Zahlungsstromtiefe und/oder der Zahlungsstrombreite unterscheiden. In diesem Fall können sich bei Anwendung der verschiedenen Rentabilitätskriterien zunächst unterschiedliche Rangfolgen der betrachteten Alternativen ergeben. Dies kann man beheben, indem man die alternative Verwendung der in einer Investition anfänglich weniger gebundenen oder früher wieder frei werdenden Mittel explizit berücksichtigt. Dies ist bei einer größeren Zahl von Investitionsalternativen relativ aufwändig. Man greift deshalb auf allgemeine Regeln zurück, welche Rentabilitätskalküle in welcher Situation eine adäquate Entscheidungsunterstützung gewährleisten. Im Folgenden werden diese Regeln anhand von einfachen Beispielen hergeleitet. Außerdem wird die Vorgehensweise zur Bestimmung des optimalen Investitionszeitpunktes erläutert, die relevant ist, wenn eine Investition zu unterschiedlichen Zeitpunkten durchgeführt werden kann.

a) Investitionen mit unterschiedlicher Tiefe

Vordergründige Widersprüche zwischen den einzelnen Rentabilitätskalkülen können sich ergeben, wenn die zu bewertenden Investitionsalternativen eine **unterschiedliche Nutzungsdauer** aufweisen. Man spricht in diesem Zusammenhang auch von einer Tiefendiskrepanz. Bleiben wir zur Verdeutlichung bei unserem Kaktusbeispiel. Fremdkapital steht nicht zur Verfügung. Sie haben aber exakt 1 000 € Eigenkapital zur Finanzierung von Investitionen. Als Investitionsmöglichkeiten kommen zwei Kakteen mit jeweils unterschiedlicher Nutzungsdauer in Frage, nämlich Kaktus A und Kaktus B. Beide Kakteen haben jeweils einen Anschaffungspreis in Höhe von 1 000 €. Kaktus A führt zu einem Rückfluss von 1 500 € im Jahr 2 (Tab. 6-22, Spalte 1). Mit Kaktus B erzielen Sie einen Rückfluss von 2 000 €, allerdings erst im Jahr 4 (Tab. 6-22, Spalte 4).

Wie wir bereits wissen, ist bei Opportunitätskosten für das Eigenkapital von 5% p.a. die Investition in Kaktus A rentabel (vgl. Punkt 6.3.3a): Der Kapitalwert liegt bei 361 €, die Leistungs-Kostendifferenz bei 194 € und der interne Zinsfuß bei 22,47% ($= (1\,500/1\,000)^{1/2} - 1$). Wie man leicht berechnen kann, beträgt der Kapitalwert der Investition in Kaktus B 645 €, die Leistungs-Kostendifferenz 182 € und die interne Verzinsung 18,92%. Offensichtlich ist auch Kaktus B rentabel.

Im vorliegenden Beispiel kann aufgrund der Kapitalknappheit nur eine der beiden Investitionen durchgeführt werden. Welche Alternative wählen Sie? Gemäß Kapitalwertkriterium scheint Kaktus B die bessere Investition zu sein, gemäß Leistungs-Kostendifferenz und internem Zinsfuß ist Kaktus A vorzuziehen. Nach welchem Kriterium soll man sich nun richten?

Tab. 6-22: Vergleich von Investitionsalternativen mit unterschiedlicher Tiefe I (€) [a]

	Spalte 1	Spalte 2	Spalte 3	Spalte 4
	Kaktus A			Zahlungsstrom Kaktus B
	Zahlungsstrom	Supplement-investition [b]	Ergänzter Zahlungsstrom (Spalte 1 + Spalte 2)	
Jahr 0	-1 000	0	-1 000	-1 000
Jahr 1	0	0	0	0
Jahr 2	1 500	-1 500	0	0
Jahr 3	0	0	0	0
Jahr 4	0	1 654	1 654	2 000
KW	361	0	**361**	**645**
LKD	194	0	**102**	**182**
i_{int}	22,47%	5%	**13,40%**	**18,92%**

a) i_{kalk} = 5% p.a.

b) Es wird unterstellt, dass die bei Kaktus A am Ende von Jahr 2 frei werdenden Mittel zum Kalkulationszinsfuß i_{kalk} wieder angelegt werden: 1 654 = 1 500 · 1,05².

Der Grund für den scheinbaren **Widerspruch zwischen Kapitalwert einerseits und Leistungs-Kostendifferenz und internem Zinsfuß andererseits** liegt darin, dass bei Kaktus A die gebundenen Mittel bereits nach zwei Jahren wieder freigesetzt werden, bei Kaktus B dagegen erst nach 4 Jahren. Nun kommt es darauf an, wie man die bei Kaktus A früher frei werdenden Mittel alternativ verwerten kann. Eine Entscheidung zwischen zwei Investitionen mit Hilfe des **Kapitalwertkriteriums** ist immer dann richtig, wenn man zum gegenwärtigen Zeitpunkt *keine* weiteren betrieblichen Investitionen in der Planung hat. Mit anderen Worten: Man sollte die Investition mit dem höchsten Kapitalwert wählen, wenn die beste Planannahme darin besteht, dass frei werdende Mittel zum Kalkulationszinsfuß angelegt werden können. Die frei werdenden Mittel verursachen dann ja keine Änderung des Kapitalwertes mehr, da sie sich gerade so verzinsen, wie sie dann diskontiert werden. Diese Sichtweise wird in Spalte 3 der Tab. 6-22 eingenommen.

In Spalte 2 wird zunächst berechnet, dass die im Jahr 2 bereits wieder frei werdenden Mittel von 1 500 € bei der Anlage zum Kalkulationszinsfuß bis zum Jahr 4 auf 1 654 € anwachsen. Diesen Zahlungsstrom bezeichnet man auch als Ergänzungs- bzw. **Supplementinvestition**. In Spalte 3 ist die Summe aus dem Investitionszahlungsstrom und der Supplementinvestition berechnet. Dieser ergänzte und damit vollständige Zahlungsstrom hat den gleichen Kapitalwert wie der Investitionszahlungsstrom. Damit wird deutlich, dass die beschriebene Supplementinvestition tatsächlich die Prämisse des Kapitalwertkriteriums widerspiegelt. Allerdings ergibt sich durch die Berücksichtigung der Supplemente eine Veränderung der Leistungs-Kostendifferenz und des internen Zinsfußes. Ausgehend von dem in der Tiefe ergänzten Zahlungsstrom ist die Rangfolge aller drei Kriterien dann eindeutig und Kaktus B ist vorzuziehen: Er hat einen höheren Kapitalwert (645 > 361), eine höhere Leistungs-Kostendifferenz (182 > 102) und einen höheren internen Zinsfuß (18,92% > 13,40%).

Die relative Vorzüglichkeit von Investitionen, die sich in der Tiefe unterscheiden, hängt vom Kalkulationszinsfuß ab. Wie Abb. 6-14 zeigt, sinkt ab einem Kalkulationszinsfuß von 15,47% der Kapitalwert von Kaktus B unter den von Kaktus A. Dieses Ergebnis ist einleuchtend: Die bei Kaktus B später zurückfließenden Mittel werden mit zunehmendem Kalkulationszinsfuß durch das Diskontieren relativ stärker entwertet. Als Vorgriff auf das Thema „Risiko" (vgl. Kapitel 7) lässt sich also Folgendes sagen: Der steilere Verlauf der Kapitalwertkurve bei Kaktus B bedeutet, dass die Rentabilität von Kaktus B sensibler auf eine Erhöhung der Kapitalkosten reagiert als diejenige von Kaktus A.

Abb. 6-14: Relative Vorzüglichkeit von Investitionen in Abhängigkeit vom Kalkulationszinsfuß [a]

i_{kalk} (%)	0	5	10	15	20	25	30	35	
KW A (€)	500	361	240	134	42	-40	-112	-177	
KW B (€)	1 000	645	366	144	-35	-181	-300	-398	

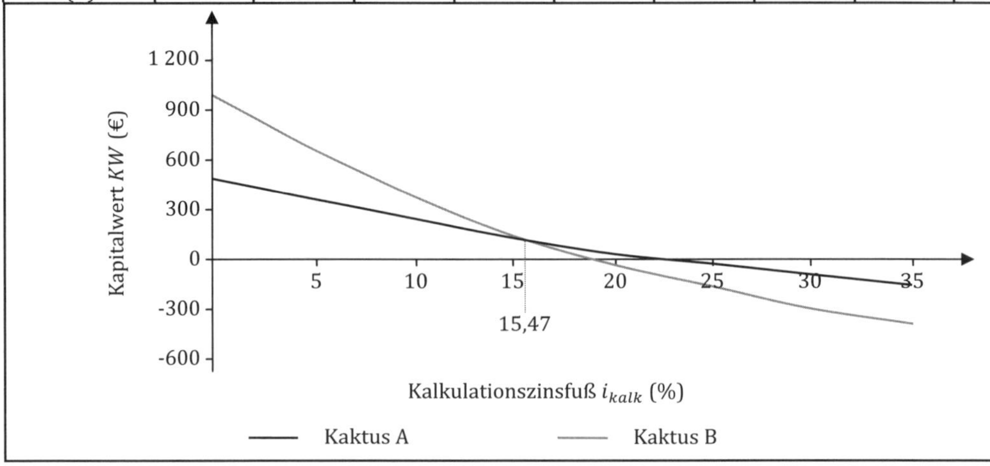

[a] Die den Berechnungen zugrunde liegenden Zahlungsströme sind Tab. 6-22 zu entnehmen.

Die Investitionsentscheidung auf der Grundlage der **Leistungs-Kostendifferenz** zu treffen, wäre bei der vorliegenden Entweder-Oder-Entscheidung nur dann richtig, wenn man plausiblerweise annehmen könnte, dass die frei werdenden Mittel für identische Reinvestitionen genutzt werden können. Eine Entscheidung auf der Grundlage des **internen Zinsfußes**, der ja nur ein spezieller Kalkulationszinsfuß ist, wäre dann richtig, wenn alle frei werdenden Mittel zum internen Zinsfuß angelegt werden können. Im praktischen Kontext ist es zwar wenig plausibel, dass man im Planungszeitpunkt von Anschlussinvestition ausgehen kann, die diesen Annahmen entsprechen. Zur Verdeutlichung des grundsätzlichen Zusammenhangs zeigt Tab. 6-23 aber die entsprechenden vollständigen Zahlungsströme einschließlich der Supplemente.

Tab. 6-23: Vergleich von Investitionsalternativen mit unterschiedlicher Tiefe II (€) [a]

	Spalte 1	Spalte 2	Spalte 3
	Ergänzter Zahlungsstrom Kaktus A bei ...		Zahlungsstrom Kaktus B
	identischer Reinvestition [b]	Wiederanlage der freien Mittel zum internen Zinsfuß [c]	
Jahr 0	-1 000	-1 000	-1 000
Jahr 1	0	0	0
Jahr 2	500 (= 1 500 - 1 000)	0 (= 1 500 - 1 500)	0
Jahr 3	0	0	0
Jahr 4	1 500	2 250	2 000
KW	688	851	645
LKD	194	240	182
i_{int}	22,47%	22,47%	18,92%

[a] i_{kalk} = 5% p.a.

[b] Es wird unterstellt, dass die bei Kaktus A am Ende von Jahr 2 frei werdenden Mittel durch eine erneute Durchführung der Investition zum Teil wieder angelegt werden. Die verbleibenden Mittel werden zum Kalkulationszinsfuß i_{kalk} angelegt.

[c] Es wird unterstellt, dass die bei Kaktus A am Ende von Jahr 2 frei werdenden Mittel zum internen Zinsfuß i_{int} wieder angelegt werden: $2\,250 = 1\,500 \cdot 1{,}2247^2$.

Unterstellt man identische Reinvestitionsmöglichkeiten (Spalte 1), so ist Kaktus A vorzuziehen. Er hat eine höhere Leistungs-Kostendifferenz (194 > 182), einen höheren internen Zinsfuß (22,47% > 18,92%) und einen höheren Kapitalwert (688 > 645). Die gleiche Rangfolge ergibt sich im Beispiel auch, wenn man - wie in Spalte 2 - eine Wiederanlage der freien Mittel zum internen Zinsfuß unterstellt (Wiederanlageprämisse).

b) Investitionen mit unterschiedlicher Breite

Vordergründige Widersprüche zwischen den einzelnen Rentabilitätskalkülen können sich auch ergeben, wenn die zu bewertenden Investitionsalternativen **unterschiedliche Anschaffungswerte** aufweisen. Man spricht in diesem Zusammenhang auch von Breitendiskrepanz. Sehen wir uns zur Verdeutlichung zwei Kakteen A und C an. Kaktus A ist wie gehabt ausgestaltet (Tab. 6-24, Spalte 1). Kaktus C ist mit 100 € Anschaffungskosten verbunden und liefert einen Investitionsrückfluss in Höhe von 170 € im Jahr 2 (Tab. 6-24, Spalte 2). Welche Investitionsalternative sollte gewählt werden, wenn für Investitionen exakt 1 000 € zur Verfügung stehen?

Tab. 6-24: Vergleich von Investitionsalternativen mit unterschiedlicher Breite (€) [a]

	Spalte 1	Spalte 2	Spalte 3	Spalte 4
	Zahlungsstrom Kaktus A	K a k t u s C		
		Zahlungsstrom	Supplement-investition [b]	Ergänzter Zahlungsstrom (Spalte 2 + Spalte 3)
Jahr 0	-1 000	-100	-900	-1 000
Jahr 1	0	0	0	0
Jahr 2	1 500	170	992	1 162
KW	**361**	54	0	**54**
LKD	**194**	29	0	**29**
i_{int}	**22,47%**	30,38%	5%	**7,81%**

a) i_{kalk} = 5% p.a.

b) Es wird unterstellt, dass die bei Kaktus C nicht in der Investition gebundenen Mittel zum Kalkulationszinsfuß i_{kalk} angelegt werden: $992 = 900 \cdot 1{,}05^2$.

Bei Kaktus A sind der Kapitalwert und die Leistungs-Kostendifferenz höher, der interne Zinsfuß ist dagegen kleiner als bei Kaktus C. Bei Vorliegen einer Breitendiskrepanz kann also ein **Widerspruch zwischen Kapitalwert und Leistungs-Kostendifferenz einerseits und internem Zinsfuß andererseits** entstehen. Fallen Investitionen lediglich in ihrer Breite, aber nicht in ihrer Tiefe auseinander, so führen **Kapitalwert und Leistungs-Kostendifferenz** immer zur gleichen Rangfolge, da die Leistungs-Kostendifferenz lediglich ein finanzmathematisches Umlegen des Kapitalwertes auf die Nutzungsdauer von Investitionen darstellt, die bei den beiden Alternativen identisch ist. Unterstellt man, dass Kaktus C nur 1 Mal realisierbar ist und die nicht in der Investition gebundenen Mittel von 900 € zum Kalkulationszinsfuß angelegt werden können (Spalte 4), so ergibt sich bei allen drei Kalkülen die Entscheidung zugunsten des Kaktus A.

Anders sieht es aus, wenn man unterstellt, dass das nicht in der Investition gebundene Kapital zum **internen Zinsfuß** angelegt werden kann. Im Beispiel würde das bedeuten, dass man Kaktus C 10 Mal realisieren kann. In diesem Fall wäre Kaktus C besser als Kaktus A. Die Investitionskalküle wären wieder im Einklang, denn es ergäbe sich 10 Mal der Kapitalwert bzw. 10 Mal die Leistungs-Kostendifferenz. Fraglich ist jedoch, ob die Investition mit geringerer Breite tatsächlich mehrfach durchgeführt werden kann. Denken Sie in diesem Zusammenhang bspw. auch an Investitionen in einen Hofladen bei gegebener Zahl potenzieller Nachfrager oder in die Schweinemast, wenn nur *eine* Stallbaugenehmigung vorliegt.

Fazit: Bezüglich der Methodenwahl bei Entweder-oder-Entscheidungen ist Folgendes festzuhalten: Wenn zwischen mehreren rentablen, in der Breite und/oder Tiefe unterschiedlichen Investitionen zu wählen ist, dann muss zunächst entschieden werden, wie die früher wieder frei werdenden oder nicht gebundenen Mittel alternativ verwendet werden können. Kommt eine Anlage zum Kalkulationszinsfuß in Betracht, dann sollte man dem Kapitalwertkriterium folgen, d.h. die Investition mit dem höchsten Kapitalwert wählen. Kommt eine Anlage zum internen Zinsfuß in Betracht, dann sollte man dem internen Zinsfuß-Kriterium folgen.

c) Dynamische Entscheidungsprobleme unter Sicherheit

Bislang haben wir immer die Perspektive einer Jetzt-Oder-Nie-Entscheidung eingenommen. Neben der Entscheidung zwischen mehreren, sich gegenseitig ausschließenden Investitionsalternativen zum gleichen Zeitpunkt (vgl. Punkt 6.5.2a) und Punkt 6.5.2b) muss man aber oftmals auch zwischen **verschiedenen Durchführungszeitpunkten** wählen. In diesem Zusammenhang spricht man von dynamischen oder flexiblen Investitionsentscheidungen. Zur Verdeutlichung stellen wir uns vor, dass eine Kaktusinvestition sofort oder zu einem beliebigen zukünftigen Zeitpunkt durchgeführt werden kann. Allerdings sei die Investitionsmöglichkeit nur einmal gegeben, d.h. durch die Investitionsdurchführung in einem bestimmten Jahr wird eine Investition zu einem späteren Zeitpunkt ausgeschlossen. Es ist also zu fragen, zu welchem Zeitpunkt der Kaktus optimalerweise angeschafft werden sollte.

Der Anschaffungspreis für den Babykaktus beträgt unabhängig vom Durchführungszeitpunkt 1 000 €. Nach einer Nutzungsdauer von $N = 2$ Jahren kann der Verkaufspreis für den herangewachsenen Kaktus realisiert werden. Wir nehmen an, dass der für vergleichbare verkaufsreife Kakteen **gegenwärtig zu beobachtende Preis als beste Annahme über die kommenden Jahre fortgeschrieben** werden kann. Es gilt: $p_0 = p_1 = \cdots = 1\,500$ €. Der Kalkulationszinsfuß i_{kalk} liegt bei 5% p.a. Tab. 6-25 verdeutlicht die Entscheidungslage für die getroffenen Annahmen.

Tab. 6-25: Optimaler Investitionszeitpunkt für die Kaktusinvestition (€) [a]

	Spalte 1	Spalte 2	Spalte 3
Jahr t	Entwicklung des Preises für den Kaktus p_t = konstant	Kapitalwert der Investition $KW_t = -1\,000 + p_{t+2} \cdot 1{,}05^{-2}$	Barwert des Kapitalwertes $KW_0 = KW_t \cdot 1{,}05^{-t}$
0	**1500,0**	**360,5**	**360,5**
1	1500,0	360,5	343,4
2	1500,0	360,5	327,0
3	1500,0	360,5	311,5
4	1500,0	360,5	296,6
:	:	:	:

[a] i_{kalk} = 5% p.a.

In Spalte 1 ist die Preisentwicklung dargestellt. Bei sofortiger Investition im Jahr 0 erzielt man für den verkaufsreifen Kaktus den Preis im Jahr 2, bei Investition im Jahr 1 erzielt man den Preis im Jahr 3 etc. Die Preise im Jahr 0 und im Jahr 1 spielen für die betrachtete Investition keine Rolle, weil der Kaktus zwei Jahre bis zur Verkaufsreife benötigt. In Spalte 2 sind die Kapitalwerte für unterschiedliche Durchführungszeitpunkte angezeigt. Es ergibt sich jeweils ein Wert von 360,5 €. Onno Überleg, der wieder besonders schnell sein will, meint, dass man im Lichte dessen indifferent bzgl. des Investitionszeitpunktes ist. Wie Su Sidenkt richtigerweise bemerkt, ist diese Schlussfolgerung falsch, weil auch Kapitalwerte, die sich auf unterschiedliche Zeitpunkte beziehen, nicht ohne Weiteres miteinander vergleichbar sind. Intuitiv ist klar, dass man einen gleich hohen Kapitalwert lieber heute als morgen haben möchte. In Spalte 3 werden die

Kapitalwerte zukünftiger Investitionen durch Diskontieren auf den Zeitpunkt Null bezogen. Der maximale Barwert des Kapitalwertes ergibt sich im Zeitpunkt Null und beträgt 360,5 €. Bei einmaliger Durchführungsmöglichkeit wird ein gewinnmaximierender Entscheidungsträger die Investition also - wie Su schon gesagt hat - unverzüglich durchführen.

Lassen Sie uns nun im Unterschied zu den bisherigen Annahmen unterstellen, dass der gegenwärtig beobachtete Preis für verkaufsreife Kakteen nicht einfach als beste Annahme in die Zukunft fortgeschrieben werden kann. Wir nehmen an, dass der Kaktuspreis in jedem Jahr um einen bestimmten Prozentsatz steigt, den wir als **Driftrate** α bezeichnen:

$$p_t = p_0 \cdot (1 + \alpha)^t \qquad (6\text{-}37)$$

Eine von Null verschiedene Driftrate kann bspw. in zukünftigen Änderungen der marktbezogenen Rahmenbedingungen oder technischem Fortschritt begründet sein.

Welche Auswirkungen hat nun eine Driftrate von z.B. 2% p.a. auf den optimalen Investitionszeitpunkt? Spalte 1 von Tab. 6-26 zeigt, dass sich bei der angenommenen Driftrate bspw. für das Jahr 2 für den verkaufsreifen Kaktus ein Preis von 1 560,6 € ergäbe. Dieser Preis wäre bei sofortiger Investition zu erzielen. Es ergäbe sich ein Kapitalwert von 415,5 €.

Tab. 6-26: Optimaler Investitionszeitpunkt für die Kaktusinvestition bei systematisch ansteigendem Kaktuspreis (€) [a)]

	Spalte 1	Spalte 2	Spalte 3
Jahr t	Entwicklung des Preises für den Kaktus $p_t = p_0 \cdot 1{,}02^t$	Kapitalwert der Investition $KW_t = -1\,000 + p_{t+2} \cdot 1{,}05^{-2}$	Barwert des Kapitalwertes $KW_0 = KW_t \cdot 1{,}05^{-t}$
0	1 500,0	415,5	415,5
1	1 530,0	443,8	422,7
2	1 560,6	472,7	428,7
:	:	:	:
7	1 723,0	626,0	444,9
8	1 757,5	658,5	445,7
9	**1 792,6**	**691,7**	**445,9**
10	1 828,5	725,5	445,4
11	1 865,1	760,0	444,4
:	:	:	:

a) i_{kalk} = 5% und α = 2% p.a.

Bei einer Drift in Höhe von 2% und einer einmaligen Durchführungsmöglichkeit wird ein gewinnmaximierender Entscheidungsträger die Kaktusinvestition nicht sofort vornehmen, obgleich der dabei zu erzielende Kapitalwert mit 415,5 € positiv wäre. Er berücksichtigt vielmehr in seinem Kalkül, dass bei einer späteren Investition ein höherer Kapitalwert erzielt werden kann, und dass dieser spätere Kapitalwert Opportunitätskosten für die unverzügliche Investitionsdurchführung darstellt. Die beste Strategie besteht darin, die Investition im Jahr 9 durchzuführen. Der Barwert des dadurch erzielten Kapitalwertes beträgt 445,9 €. Ein weiteres Hinauszögern ist nicht optimal, weil dann der negative Effekt der Diskontierung des erst später zu erhaltenden Kapitalwertes stärker ist als der positive Effekt des Preisanstiegs. Der Wert der Flexibilität, die Investition zeitlich hinauszögern zu können, bezeichnet man auch als **Wert des Wartens**. Er entspricht der Differenz zwischen dem bei optimaler zeitlicher Investitionsdurchführung und dem bei unverzüglicher Durchführung zu erzielenden Wert, hier also 30,4 € (= 445,9 – 415,5).

Fazit: Wir haben gesehen, dass der optimale Investitionszeitpunkt dort liegt, wo der auf heute bezogene Kapitalwert maximal ist. Wenn die Driftrate negativ oder Null ist, wird sofort investiert, falls der Kapitalwert überhaupt positiv ist. Mit zunehmend hoher Driftrate liegt der optimale Investitionszeitpunkt immer weiter in der Zukunft.

Mehrstufige Entscheidungen, wie der in Tab. 6-26 betrachtete Sachverhalt, werden auch häufig in der Form sog. **Entscheidungsbäume** (decision trees) dargestellt. Ein Entscheidungsbaum zeigt grafisch, zu welchen Zeitpunkten welche Entscheidungen möglich sind und welche Konsequenzen sich jeweils ergeben. Die Zeitpunkte, zu denen Entscheidungen möglich sind, bezeichnet man als Entscheidungsknoten. Abb. 6-15 zeigt den Entscheidungsbaum für das Kaktusbeispiel mit einer Driftrate für den Preis von 2% p.a.

Abb. 6-15: Bestimmung der optimalen Investitionsstrategie mit Hilfe eines Entscheidungsbaums [a)]

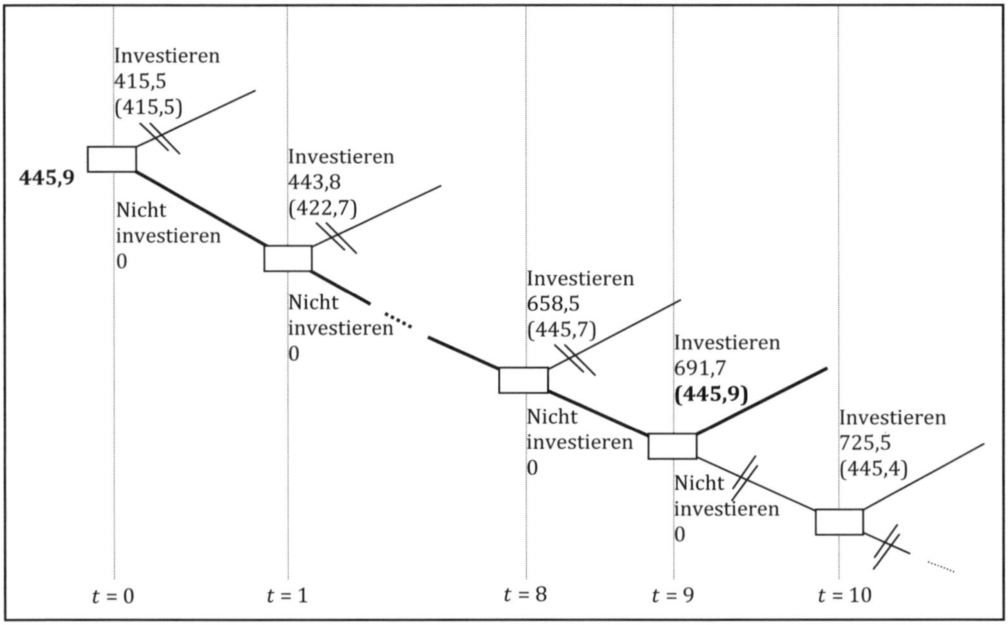

a) Die angegebenen Werte bezeichnen den Kapitalwert der Investitionen bezogen auf den jeweiligen Durchführungszeitpunkt. In Klammern sind die auf den gegenwärtigen Zeitpunkt bezogenen Barwerte dieser Kapitalwerte angegeben (i_{kalk} = 5% p.a.).

Eine besondere Bedeutung kommt Entscheidungsbäumen bei etwas umfangreicheren Problemen zu, bei denen es **mehrere mögliche Kombinationen von zukünftigen Entscheidungen** gibt. Abb. 6-16 verdeutlicht den Sachverhalt anhand eines kleinen Beispiels. Hier kann über einen Zeitraum von 3 Jahren zwischen verschiedenen sich ausschließenden Investitionsalternativen gewählt werden. Die Realisation einer Investitionsmöglichkeit eröffnet wieder neue, sich gegenseitig ausschließende Investitionsmöglichkeiten. So stehen im Jahr 1 Handlungsalternative HA_{11} und Handlungsalternative HA_{12} zur Auswahl. Durch die Handlungsalternative HA_{11} kann ein Kapitalwert von 3 und durch die Handlungsalternative HA_{12} ein Kapitalwert von 0 erzielt werden. Wird HA_{11} realisiert, kann in der darauffolgenden Periode dann entweder HA_{21} mit einem Kapitalwert von 1 oder HA_{22} mit einem Kapitalwert von 2 durchgeführt werden. Wird HA_{22} durchgeführt, kann im Jahr 3 zwischen HA_{33} mit einem Kapitalwert von 6 und HA_{34} mit einem Kapitalwert von 3 gewählt werden. Zur Bewertung der einzelnen Kombinationen von Investitionen unterstellen wir der Übersichtlichkeit halber einen Zinssatz von Null. Wir können damit auf die Diskontierung zukünftiger Zahlungen verzichten. Die Abfolge der sich nacheinander ergebenden Investitionsmöglichkeiten HA_{11}, HA_{22} und HA_{34} (Kombination ④) liefert also einen Zielwert bzw. Gesamtkapitalwert von 8 (= 3 + 2 + 3).

Abb. 6-16: Entscheidungsbaumverfahren bei mehreren möglichen Kombinationen von zukünftigen Entscheidungen [a)]

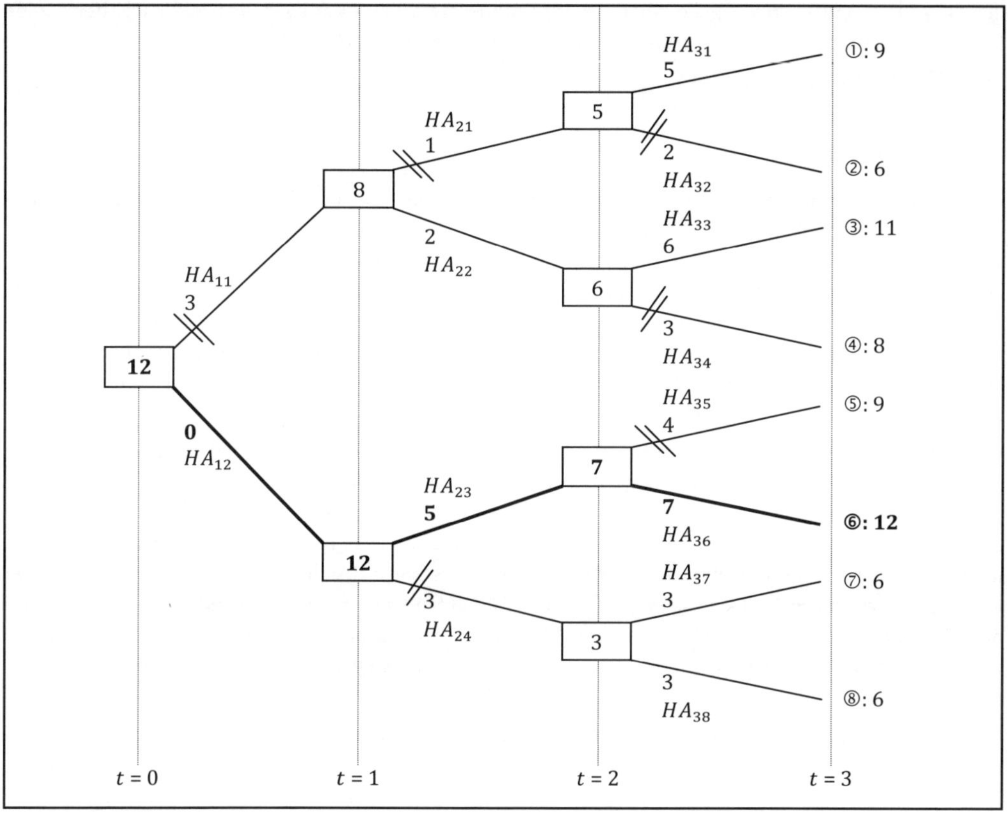

a) $i_{kalk} = 0\%$.

Im Gegensatz zu der in Abb. 6-15 dargestellten Entscheidungssituation ist nun die optimale Handlungsstrategie verstanden als zeitliche Abfolge von Entscheidungen nicht mehr auf den ersten Blick offensichtlich. Wie lässt sich die optimale Abfolge identifizieren? Grundsätzlich kann man im Rahmen einer **vollständigen Enumeration** für jede mögliche Abfolge den Zielwert berechnen. Im vorliegenden Fall, in dem wir drei Entscheidungszeitpunkte und jeweils zwei Wahlmöglichkeiten betrachten, stehen insgesamt 8 (= 2^3) Strategien zur Auswahl. Ihr jeweiliger Zielwert ist an den acht „Endpunkten" des Baums angezeigt. Man sieht, dass die mit ⑥ bezeichnete Strategie mit 12 den höchsten Zielwert liefert und optimal ist.

Das Verfahren der vollständigen Enumeration ist bei umfangreicheren Planungsproblemen und damit größeren Entscheidungsbäumen aufgrund der exponentiell steigenden Anzahl möglicher Strategien sehr aufwändig. Hier bietet die (rückwärts-rekursive) **dynamische Programmierung** eine Arbeitsvereinfachung. Dabei wird ein Entscheidungsproblem in mehrere Stufen zerlegt. Man vermeidet das mehrfache Durchlaufen anfänglich identischer Entscheidungsfolgen, indem man vom letztmöglichen Entscheidungszeitpunkt aus startet und Wahlhandlungen aussortiert, die nicht optimal sein können. In Abb. 6-16 ist dies durch die doppelt durchgestrichenen Linien angedeutet. So ist in $t = 2$ bspw. HA_{31} mit einem Kapitalwert von 5 gegenüber HA_{32} mit einem Kapitalwert von 2 zu präferieren. Damit ist der Handlungsalternative ② keine weitere Aufmerksamkeit zu schenken. Entsprechend gilt, dass HA_{33} mit einem Kapitalwert in Höhe von 6 gegenüber HA_{34} mit einem Kapitalwert von 3 zu präferieren ist usw. Der Wert der im Zeitpunkt

$t = 2$ jeweils präferierten Alternative wird in das Kästchen übernommen. In $t = 1$ liefert die Kombination aus HA_{21} und HA_{31} einen Kapitalwert von insgesamt 6. HA_{22} und HA_{33} führen zu einem Kapitalwert von insgesamt 8. Damit ist HA_{22} gegenüber HA_{21} zu präferieren. Für $t = 0$ kann man die zu präferierende Handlungsalternative analog bestimmen. Letztlich ergibt sich mit HA_{12}, HA_{23} und HA_{36} die optimale Handlungsstrategie.

6.5.3 Nutzungsdauerentscheidungen

Bislang haben wir als gegeben angenommen, dass eine Investition über ihre gesamte technische Nutzungsdauer eingesetzt wird. Oftmals hat der Unternehmer aber auch diesbezüglich eine Wahlmöglichkeit. Mit anderen Worten: Es ist **zwischen technisch möglicher und ökonomisch optimaler Nutzungsdauer zu unterscheiden**. Im einfachsten Fall stellt sich die Frage, wie lange man z.B. einen Mastschweinestall nutzen sollte. Hier würde man im Planungszeitpunkt aufgrund der langen Nutzungsdauer vielleicht zunächst von einer Investition ohne Nachfolgeinvestition ausgehen. Es gibt aber auch Investitionsvorhaben, bei denen schon im Planungszeitpunkt klar ist, dass eine Folgeinvestition relevant ist und demzufolge auch bei den Kalkulationen berücksichtigt werden muss.

Die Relevanz von Folgeinvestitionen im Agrarbereich wird bspw. bei einer Investition in eine Milchkuh deutlich. Ein Milchviehstall hat eine längere Nutzungsdauer als eine Kuh. Ab einem bestimmten Alter sinkt die Milchleistung einer Kuh, so dass ab einem bestimmten kritischen Leistungsniveau der Ersatz der Kuh aus ökonomischer Sicht attraktiv wird. Auch im Forstbereich gibt es Folgeinvestitionen. Hier geht es bspw. um den optimalen Rodungszeitpunkt und ggf. Wiederaufforstungszeitpunkt von Wald. Die Nutzungsdauer von Wald ist zwar vergleichsweise lang, aber der Waldboden kann nur begrenzt alternativ genutzt werden. Ein weiteres Beispiel ist die Bestimmung des optimalen Erntezeitpunktes von Energieholz, das auf Schnellwuchsplantagen produziert wird. Hier kann der einmal angelegte Pflanzenbestand mehrfach geerntet werden.

Es ist zu beachten, dass es sich bei Folgeinvestitionen um Investitionen mit identischen oder auch um Investitionen mit nicht identischen Leistungen und/oder Kosten handeln kann. Nicht identische Einzahlungsüberschüsse von aufeinander folgenden Investitionen ergeben sich möglicherweise dadurch, dass z.B. die Leistung einer Milchkuh wegen züchterischen Fortschritts im Zeitablauf ansteigt.

In Abb. 6-17 sind die unterschiedlichen Ausgangssituationen für die Bestimmung der optimalen Nutzungsdauer zusammenfassend dargestellt.

Abb. 6-17: Grundsätzliche Ausgangssituationen für die Bestimmung der optimalen Nutzungsdauer

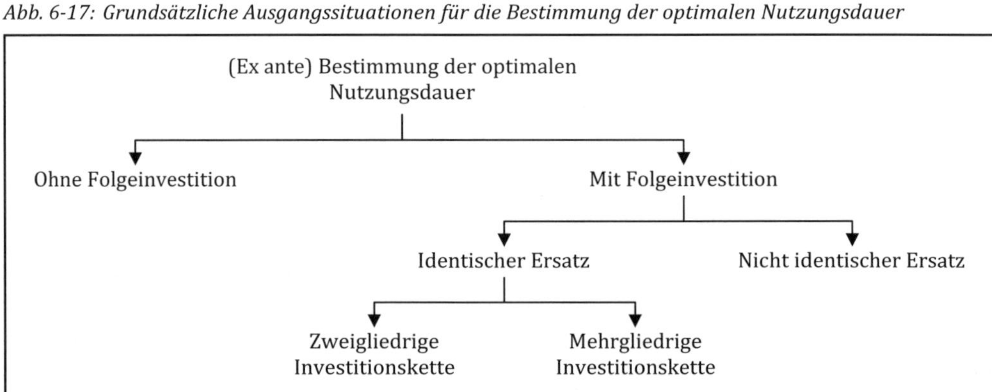

Wir zeigen, wie man - ausgehend vom Informationsstand vor der Investitionsdurchführung - die ex ante optimale Nutzungsdauer bestimmt. Dabei wird zwischen verschiedenen Ausgangssituationen differenziert (mit/ohne Folgeinvestition, identischer/nicht identischer Ersatz, Zahl der Folgeinvestitionen). Da im Zeitablauf i.d.R. Informationen hinzukommen, die von den Planannahmen abweichen, erklären wir auch, wie man - wenn das Investitionsgut schon vorhanden ist - den ex post optimalen Ersatzzeitpunkt bestimmt.

a) Ex ante optimale Nutzungsdauer einer Investition

Einmalige Investition

Die Bestimmung der optimalen Nutzungsdauer einer Investition, für die keine Folgeinvestition geplant ist und für die die Betriebskosten inkl. Reparaturen sowie der in Abhängigkeit von der jeweiligen Nutzungsdauer erzielbare Wiederveräußerungswert bekannt sind, erfolgt mit Hilfe der Differenzrechnung (vgl. Punkt 2.4.1a). Man entscheidet sich für die Weiternutzung, solange die von dieser Entscheidung abhängigen Grenzleistungen die Grenzkosten übertreffen. Solange dies zutrifft, nimmt auch der Kapitalwert zu.

Nehmen wir an, ein Gewächshaus mit einem Anschaffungswert von 2 500 € verursache über 5 Jahre konstante Einzahlungen e_t von 1 500 €. Die jährlichen Betriebskosten und damit die Auszahlungen a_t steigen mit zunehmender Nutzungsdauer an. Der erzielbare Restwert RW_t, der hier getrennt von den Einzahlungen aus dem operativen Bereich angeführt wird, nimmt mit zunehmender Nutzungsdauer ab. Bei einem Erwerb des Gewächshauses und unverzüglicher Wiederveräußerung entsteht ein Verlust z.B. aufgrund der verlorenen Händlerspanne in Höhe von 250 €. In späteren Jahren kommt zunehmender Verschleiß hinzu. Die Planannahmen sind in den ersten 3 Zeilen der Tab. 6-27 angezeigt. Der Kalkulationszinsfuß i_{kalk} wird mit 5% p.a. angenommen.

Tab. 6-27: Ex ante optimale Nutzungsdauer einer einmaligen Gewächshausinvestition (€) [a)]

	Jahr t	0	1	2	3	4	5
1	Einzahlungen aus operativem Bereich e_t		1 500	1 500	1 500	1 500	1 500
2	Auszahlungen a_t	2 500	400	600	800	1000	1200
3	Restwert RW_t	2 250	1 800	1 350	900	450	0
4	Grenzleistung der Weiternutzung GL_t		1 500	1 500	1 500	1 500	1 500
5	Grenzkosten der Weiternutzung GK_t		963	1 140	1 318	1 495	1 673
	Davon: Zusätzliche Betriebskosten		400	600	800	1 000	1 200
	Abnahme Restwert		450	450	450	450	450
	Zinsverlust Restwert [b)]		113	90	68	45	23
6	**Grenzgewinn der Weiternutzung**		**538**	**360**	**183**	**5**	**-173**
7	Kapitalwert der Investition bei $N = t$	-250	262	588	746	750	615
8	**Grenzkapitalwert der Weiternutzung** [c)]		**512**	**327**	**158**	**4**	**-135**

a) i_{kalk} = 5% p.a.

b) Der Zinsverlust beim Restwert ergibt sich durch Verschiebung der Veräußerung um ein Jahr. Beispiel für den Übergang von 2- auf 3-jährige Nutzung: 68 = 1 350 · 0,05.

c) Der Grenzkapitalwert der Weiternutzung entspricht auch dem diskontierten Grenzgewinn. Beispiel für den Übergang von 2- auf 3-jährige Nutzung: $158 = 746 - 588 = 183 \cdot 1{,}05^{-3}$.

Die **Grenzleistung der Weiternutzung** um ein Jahr (Zeile 4) entspricht der jeweiligen Einzahlung aus dem operativen Bereich:

$$GL_t = e_t \qquad (6\text{-}38)$$

Die Grenzleistung der Weiternutzung beträgt im betrachteten Beispiel unabhängig vom Nutzungsjahr 1 500 €.

Die **Grenzkosten der Weiternutzung** (Zeile 5) können wie folgt berechnet werden:

$$GK_t = a_t + (RW_{t-1} - RW_t) + i_{kalk} \cdot RW_{t-1} \tag{6-39}$$

Die Grenzkosten der Weiternutzung umfassen also drei Komponenten: (1) die bei Weiternutzung zusätzlich anfallenden Auszahlungen in Form der Betriebskosten, (2) die Abnahme des Restwertes sowie (3) Opportunitätskosten in Form des Zinsverlusts. Letztere entstehen dadurch, dass die Mittel aus der Veräußerung erst ein Jahr später zur Verfügung stehen. Im Beispiel steigen die Grenzkosten der Weiternutzung mit zunehmender Nutzungsdauer an. Die ex ante optimale Nutzungsdauer beträgt hier 4 Jahre. Beim Übergang auf 5 Jahre würden weniger zusätzliche Leistungen als zusätzliche Kosten und damit ein negativer **Grenzgewinn** entstehen.

Dieselbe Schlussfolgerung lässt sich mit Hilfe des **Kapitalwertes** ziehen (Zeile 7): Die optimale Nutzungsdauer N^* ist dann erreicht, wenn der Kapitalwert sein Maximum erreicht oder - anders ausgedrückt - wenn die Änderung des Kapitalwertes bei Nutzungsdauerverlängerung um ein Jahr (der Grenzkapitalwert) negativ wird. Im betrachteten Beispiel erreicht der Kapitalwert mit 750 € im Jahr 4 sein Maximum. Der Grenzkapitalwert entspricht dem *diskontierten* Grenzgewinn der Weiternutzung. In Abb. 6-18 ist der Verlauf des Kapitalwertes und des Grenzkapitalwertes in Abhängigkeit von der Nutzungsdauer grafisch veranschaulicht.

Abb. 6-18: Ex ante optimale Nutzungsdauer einer einmaligen Gewächshausinvestition

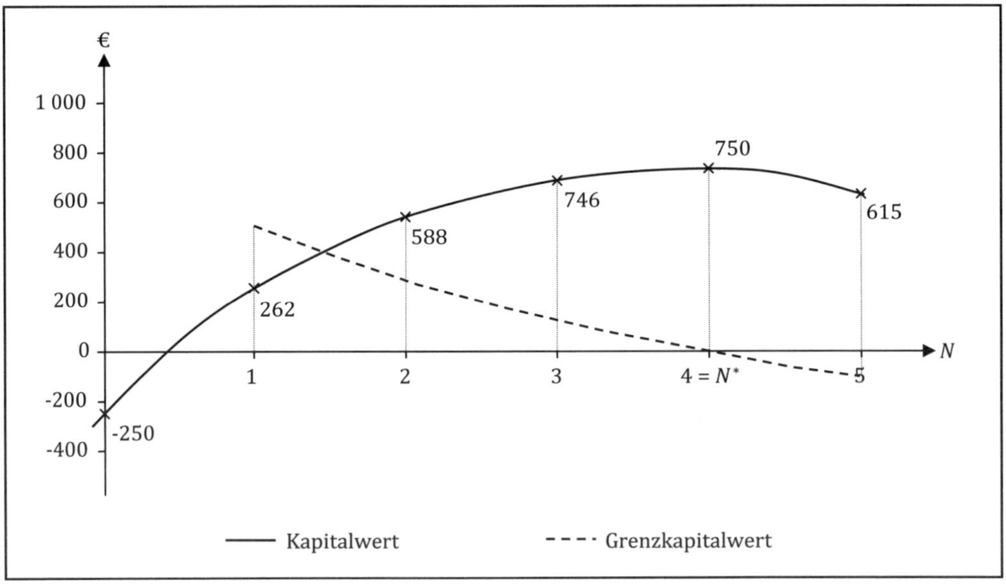

Zweigliedrige Investitionskette

Wir wechseln nun die Perspektive und betrachten eine zweigliedrige Investitionskette (Zahl der Investitionen $W = 2$). Das erste Glied der Investitionskette bezeichnen wir mit $w = 1$ und das zweite Glied mit $w = 2$. Wir unterstellen, dass eine *identische* Folgeinvestition möglich ist und fragen, welche Auswirkung dies auf die optimale Nutzungsdauer hat. Dabei ist die Situation für das zweite Glied der Kette identisch mit der bereits betrachteten einmaligen Investition: Die einmalige Investition und das letzte Glied einer Investitionskette haben keinen Nachfolger. Bezogen auf die bereits betrachtete Gewächshausinvestition sind die (ex ante) optimale Nutzungsdauer der **zweiten Investition der zweigliedrigen Kette** ($N^*(w = 2) = 4$) sowie ihr Kapitalwert ($KW(w = 2) = 750$ €) also bekannt (vgl. Tab. 6-27).

Auch mit Blick auf die **erste Investition der zweigliedrigen Kette** sind aus den vorherigen Überlegungen zur einmaligen Investition sowohl die Grenzleistung als auch die Grenzkosten der Weiternutzung bekannt. Die Zeilen 1 und 2 der Tab. 6-28 entsprechen deshalb den Zeilen 4 und 5 der Tab. 6-27. Bei der ersten Investition in der zweigliedrigen Kette kommt allerdings eine weitere Kostenkomponente hinzu: Es entstehen Opportunitätskosten durch die zeitliche Verschiebung der zweiten Investition. Der Kapitalwert der Folgeinvestition in Höhe von $KW(w = 2) = 750$ € wird mit jedem Jahr der Weiternutzung der ersten Investition um ein Jahr verschoben. Diese Opportunitätskosten belaufen sich bei einem Kalkulationszinsfuß von 5% p.a. auf 38 € (= 750 · 0,05).

Ein negativer Grenzgewinn der Weiternutzung (Tab. 6-28, Zeile 4) entsteht jetzt schon beim Übergang von 3- auf 4-jährige Nutzung. Mit anderen Worten: Wegen der zusätzlich zu berücksichtigenden Opportunitätskosten, die durch die zeitliche Verschiebung der zweiten Investition entstehen, ist die optimale Nutzungsdauer der ersten Investition ($N^*(w = 1) = 3$) einer zweigliedrigen Investitionskette weniger lang als bei einer Investition ohne Folgeinvestition.

Tab. 6-28: Ex ante optimale Nutzungsdauer der ersten Gewächshausinvestition einer zweigliedrigen Investitionskette bei identischem Ersatz (€) [a]

	Jahr t	**0**	**1**	**2**	**3**	**4**	**5**
1	Grenzleistung der Weiternutzung GL_t		1 500	1 500	1 500	1 500	1 500
2	Grenzkosten der Weiternutzung GK_t		963	1 140	1 318	1 495	1 673
3	Opportunitätskosten der Weiternutzung [b]		38	38	38	38	38
4	**Grenzgewinn der Weiternutzung**		**500**	**323**	**145**	**-33**	**-210**
5	Kapitalwert der *ersten* Investition bei $N(w = 1) = t$	-250	262	588	746	750	615
6	Kapitalwert der zweiten Investition bei $N^*(w = 2) = 4$	750	750	750	750	750	750
7	Auf den Zeitpunkt 0 bezogener Kapitalwert der *zweiten* Investition bei $N^*(w = 2) = 4$	750	714	680	648	617	588
8	Kapitalwert *beider* Investitionen	500	976	1 269	1 394	1 367	1 203
9	**Grenzkapitalwert der Weiternutzung** [c]		**476**	**293**	**125**	**-27**	**-165**

[a] $i_{kalk} = 5\%$ p.a.

[b] Die Opportunitätskosten für die Weiternutzung der ersten Investition um ein Jahr ergeben sich durch die Verschiebung des Kapitalwertes der Folgeinvestition: 38 = 750 · 0,05.

[c] Der Grenzkapitalwert der Weiternutzung der ersten Investition entspricht auch dem diskontierten Grenzgewinn. Beispiel für den Übergang von 2- auf 3-jährige Nutzung: $125 = 1\,394 - 1\,269 = 145 \cdot 1{,}05^{-3}$.

Zum gleichen Ergebnis gelangt man, wenn man unter Maßgabe der optimalen Nutzungsdauer der zweiten Investition den Kapitalwert der Investitionskette für eine unterschiedliche Nutzungsdauer der ersten Investition bestimmt (Zeile 8) und schließlich das Maximum sucht. Der Kapitalwert beider Investitionen entspricht dem Kapitalwert der ersten Investition zzgl. des auf den Zeitpunkt 0 bezogenen Kapitalwertes der zweiten Investition. Mit Blick auf den Kapitalwert beider Investitionen bei z.B. $N(w = 1) = 3$ gilt $746 + 750 \cdot 1{,}05^{-3} = 1\,394$ €.

Mehrgliedrige Investitionsketten und unendlicher identischer Ersatz

Wir wechseln nun noch einmal die Perspektive und betrachten eine mehrgliedrige Investitionskette. Wir unterstellen also, dass *mehrere* identische Folgeinvestitionen möglich sind und fragen, welche Auswirkung dies auf die optimale Nutzungsdauer hat. Bei der Beantwortung dieser Frage gehen wir wie im Folgenden beschrieben vor:

1. Auch bei mehreren Folgeinvestitionen ist das letzte Glied der Kette identisch mit der bereits betrachteten einmaligen Investition. Die optimale Nutzungsdauer liegt also für das zuvor betrachtete Ge-

wächshausbeispiel bei 4 Jahren (vgl. Tab. 6-27). Davon ausgehend kann man analog zur zweigliedrigen Kette die optimale Nutzungsdauer der zweitletzten Investition bestimmen, die im Beispiel bei 3 Jahren liegt (vgl. Tab. 6-28). Ausgehend von der bekannten optimalen Investitionsstrategie bei den letzten beiden Investitionen könnte man die optimale Nutzungsdauer der drittletzten Investition bestimmen. Dabei sind Opportunitätskosten für die zeitliche Verschiebung der zweiten und dritten Investition zu beachten. Diese **rückwärts-rekursive Vorgehensweise** ließe sich wiederholen, bis man die optimale Nutzungsdauer für alle Glieder der Investitionskette bestimmt hat. Im Ergebnis würde sich zeigen, dass sich die optimale Nutzungsdauer der ersten Investitionen bei vielgliedrigen Investitionsketten kaum voneinander unterscheidet. Dieser Aspekt ist in Abb. 6-19 grafisch dargestellt.

Abb. 6-19: Zusammenhang zwischen Zahl der Folgeinvestitionen und optimaler Nutzungsdauer

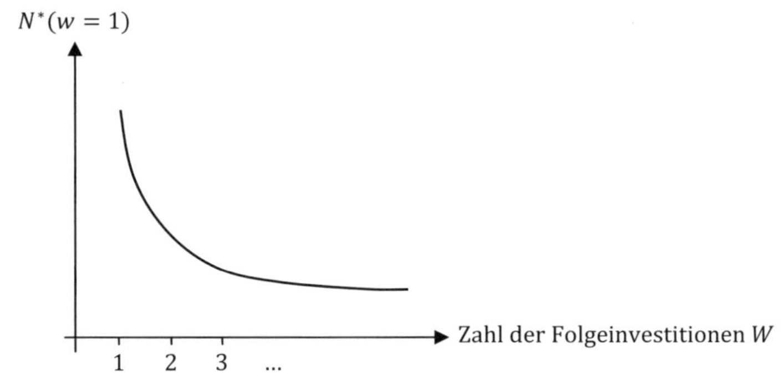

2. Aus diesem Grund bestimmt man die optimale Nutzungsdauer bei mehrgliedrigen Investitionsketten i.d.R. approximativ und unterstellt **unendlich viele identische Folgeinvestitionen**. Dadurch wird die Berechnung einfacher als im Fall des vielfachen endlichen identischen Ersatzes und die Ergebnisse stimmen trotzdem weitgehend überein. Da bei Annahme unendlich vieler Folgeinvestitionen alle Glieder der Kette nicht nur technisch, sondern auch bzgl. der Zahl der Folgeinvestitionen gleich sind, haben auch alle Investitionen die gleiche optimale Nutzungsdauer. Die optimale Nutzungsdauer ist diejenige Nutzungsdauer, bei der der Kapitalwert der gesamten Investitionskette maximal ist. Alternativ kann man auch nach der maximalen Leistungs-Kostendifferenz bei unterschiedlicher Nutzungsdauer suchen.
3. Die Suche nach dem Maximum der Leistungs-Kostendifferenz entspricht **bei konstanten jährlichen Einzahlungen** der Suche nach dem Minimum der Durchschnittskosten. Das Minimum der Durchschnittskosten liegt - bildlich gesprochen - dort, wo die Grenzkosten der Weiternutzung um ein Jahr (bestehend aus den Betriebskosten und dem Wert- und Zinsverlust beim Restwert) die Durchschnittskosten schneiden (vgl. Abb. 6-20). Sobald die Grenzkosten höher sind als die Durchschnittskosten, steigen die Durchschnittskosten wieder an.

In Abb. 6-20 ist die optimale Nutzungsdauer N^* für das in Tab. 6-27 beschriebene Gewächshaus bei unendlicher identischer Ersatzmöglichkeit bestimmt. Die Durchschnittskosten werden als verrentete Kosten der Investition bestimmt. Es wird also der Anschaffungswert abzgl. des diskontierten Restwertes zzgl. des Barwertes der jährlichen Auszahlungen mit dem Wiedergewinnungsfaktor multipliziert. Die maximale Leistungs-Kostendifferenz ergibt sich bei einer Nutzungsdauer von zwei Jahren. Der Kapitalwert KW entspricht bei unendlicher Wiederholungsmöglichkeit der mit dem Kapitalisierungsfaktor einer unendlichen Rente $KF_{i_{kalk};\infty} = 1/i_{kalk}$ multiplizierten Leistungs-Kostendifferenz. Auch er erreicht deshalb bei zweijähriger Nutzungsdauer sein Maximum. Die optimale Nutzungsdauer des Gewächshauses sinkt durch die Zunahme der Zahl der Folgeinvestitionen von 4 Jahre bei einmaliger Investition über 3 Jahre bei zweigliedriger Investitionskette auf 2 Jahre bei unendlichem identischen Ersatz.

Abb. 6-20: Ex ante optimale Nutzungsdauer bei unendlichem identischen Ersatz (€) [a]

	Jahr t	0	1	2	3	4	5
1	Durchschnittsleistung bei $N = t$		1 500	1 500	1 500	1 500	1 500
2	Durchschnittskosten bei $N = t$ (exakte Kalkulation)	-250	1 225	1 184	1 226	1 288	1 358
3	Grenzkosten der Weiternutzung bei $N = t$		963	1 140	1 318	1 495	1 673
4	**Leistungs-Kostendifferenz *LKD***	**-250**	**275**	**316**	**274**	**212**	**142**
5	Kapitalwert aller Investitionen	-5 000	5 500	6 329	5 479	4 231	2 841
6	Grenzkapitalwert der Weiternutzung		10 500	829	-850	-1 248	-1 390

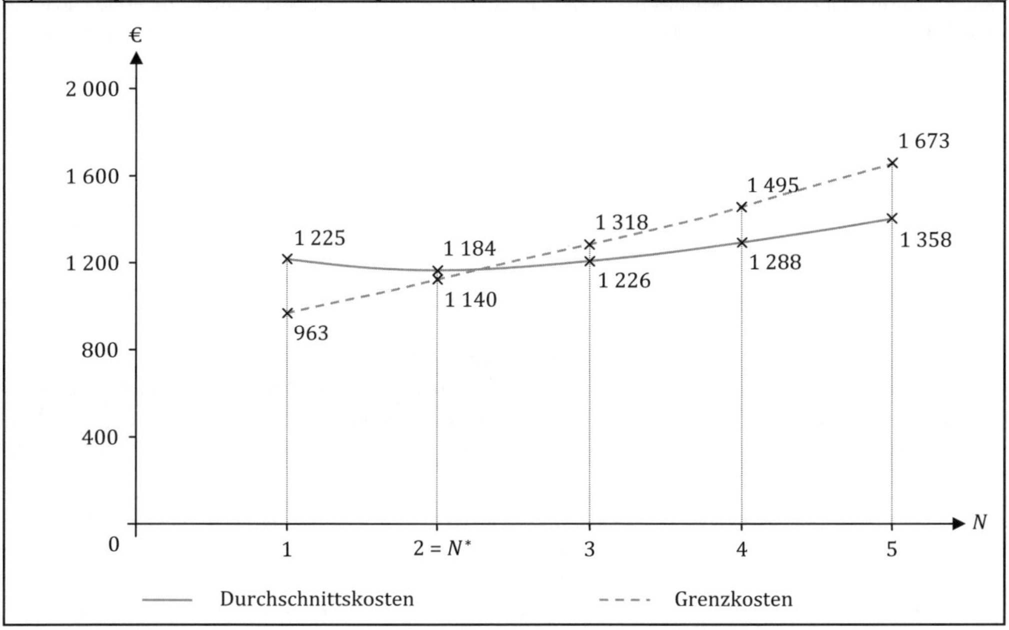

[a] i_{kalk} = 5% p.a.

Nichtidentischer Ersatz

Nichtidentischer Ersatz bedeutet, dass man von unterschiedlich leistungsfähigen Folgeinvestitionen ausgeht. Dafür liegen insbesondere bei langgliedrigen Investitionsketten zum Planungszeitpunkt oftmals keine begründeten Informationen vor. Man müsste ja annehmen, dass sich im Zusammenspiel von technischem Fortschritt, Marktmechanismen etc. die Wettbewerbsfähigkeit von Verfahren zukünftig anders darstellt als sie gegenwärtig ist. Da dies vielfach nicht begründet werden kann, ist identischer Ersatz oft die beste Annahme. Wenn dies bei kurzgliedrigen Ketten aber nicht der Fall sein sollte, so müsste man - ausgehend von den für die einzelnen Folgeinvestitionen jeweils getroffenen Annahmen - auf die bereits beschriebene **rückwärts-rekursive Vorgehensweise** zurückgreifen. Alternativ, aber aufwändiger, könnte man im Rahmen eines enumerativen Ansatzes auch alle möglichen Kombinationen von Nutzungsdauern der Kettenglieder ausprobieren und dann diejenige auswählen, die zum maximalen Kapitalwert der Gesamtkette führt.

Nichtidentischer Ersatz spielt in der Praxis als Annahme bei der Bestimmung der ex ante optimalen Nutzungsdauer eine geringe Rolle. Angesichts der hohen Informationsunsicherheit lohnt sich eine exakte, aber gleichzeitig aufwändige methodische Vorgehensweise nicht. Das heißt, der Zugewinn an Entscheidungsunterstützung rechtfertigt nicht den hohen Planungsaufwand. Anders sieht es aus, wenn man nach der Investitionsdurchführung neue Informationen bekommt, in deren Licht die Planannahmen für die Folgeinvestition neu bestimmt werden müssen.

b) Ex post optimaler Ersatzzeitpunkt einer Investition

Bei der Frage nach dem ex post optimalen Nutzungsende oder Ersatzzeitpunkt nehmen wir noch einmal einen Perspektivwechsel vor: Wir betrachten nicht mehr den Zeitpunkt vor einer Investitionsentscheidung, sondern einen **bestimmten Zeitpunkt nach der Investitionsdurchführung**. Der Unterschied bei der Betrachtung eines Zeitpunktes während der laufenden Nutzung eines Anlagegutes im Vergleich zur ex ante Betrachtung besteht darin, dass im Zeitablauf seit der Investitionsdurchführung möglicherweise neue Informationen hinzugekommen sind. Umgekehrt könnte man auch sagen: Wenn es nicht zu Abweichungen gegenüber den ursprünglich getroffenen Annahmen der Investitionsplanung kommt, so fällt das ex post bestimmte optimale Nutzungsende mit dem ex ante bestimmten optimalen Nutzungsende der Investition zusammen.

Bezüglich der **neu hinzukommenden Informationen**, die bei der Bestimmung der ex post optimalen Nutzungsdauer oder des ex post optimalen Ersatzzeitpunktes einer Investition zu berücksichtigen sind, lassen sich folgende Konstellationen unterscheiden:

1. Das **genutzte Anlagegut selbst** weist in den Auszahlungen und/oder den Einzahlungen eine andere Entwicklung auf als ursprünglich angenommen. Ein klassischer Fall wäre ein im Vergleich zu den Planannahmen stärkerer Anstieg der Reparaturkosten oder verringerte Leistungen, wie sie sich z.B. bei einer „Montagsmaschine" ergeben, deren Qualität unerwartet schlecht ist. Dies führt sowohl bei einer eingliedrigen als auch bei einer mehrgliedrigen Investitionskette zu einer verringerten Nutzungsdauer der „Montagsmaschine". Der umgekehrte Sachverhalt ergibt sich natürlich, wenn die Maschine unerwartet gut ist.
2. Auch wenn bei der bereits genutzten Maschine oder Anlage alles nach Plan läuft, können neue Informationen bzgl. möglicher Folgeinvestitionen die optimale Nutzungsdauer verändern. Beispielsweise könnte sich erst im Zeitablauf die grundsätzliche Möglichkeit der Folgeinvestition ergeben. Solche neuen Informationen können dazu führen, dass man **entgegen der ursprünglichen Planung eine Nachfolgeinvestition erwägt**, mit der Konsequenz, dass man bei der Bestimmung des optimalen Nutzungsendes der vorhandenen Maschine zusätzlich Opportunitätskosten berücksichtigen muss.
3. Auch innerhalb einer bereits mehrgliedrig geplanten Investitionskette können **veränderte Leistungs- und Kostenparameter von Folgeinvestitionen** zu einer Veränderung der Opportunitätskosten und in der Folge zu einer Verkürzung oder Verlängerung der Nutzungsdauer der vorhandenen Anlage gegenüber der ex ante bestimmten optimalen Nutzungsdauer führen. Gründe für veränderte Leistungs- und Kostenparameter von Folgeinvestitionen sind bspw. technische Fortschritte, veränderte Anschaffungskosten für Folgeinvestitionen oder Veränderungen des wirtschaftlichen Umfelds.

Kurz zusammengefasst könnte man auch sagen, dass sich neue Informationen sowohl auf die Einzahlungs- und Auszahlungsseite der laufenden Investition als auch auf die Einzahlungs- und Auszahlungsseite der Folgeinvestitionen beziehen können. Diese Informationen verändern nichts an der grundsätzlichen Vorgehensweise bei der Bestimmung des optimalen Nutzungsendes, die immer auf das allgemeine Grenzwertprinzip zurückgreift. Neue Informationen sind aber bei der Entscheidung zu berücksichtigen. Bei einer vielgliedrigen Investitionskette mit konstant-homogenen Einzahlungen und vom fraglichen Ersatzzeitpunkt aus gesehen identischen Folgeinvestitionen gilt damit die bereits bekannte Entscheidungsregel: Das optimale Nutzungsende ist erreicht, wenn die Grenzkosten der Weiternutzung den Durchschnittskosten der Folgeinvestitionen entsprechen. Sind die Einzahlungen dagegen - wie z.B. bei einer Dauerkultur - heterogen, müsste man den Grenzeinzahlungsüberschuss der Weiternutzung um ein Jahr mit der Leistungs-Kostendifferenz und damit der jährlichen Erfolgskapazität der Folgeinvestitionen vergleichen.

6.6 Finanzierung von Investitionen

Aus dem bisher Gesagten ist deutlich geworden, dass jede Investition technisch gesehen einen Zahlungsstrom darstellt, der häufig durch eine negative Zahlung im Jahr Null und positiven Zahlungen in den Folgejahren in Form der erwirtschafteten Einzahlungsüberschüsse gekennzeichnet ist. Für jede Mittelverwendung (Investition) müssen Mittel bereitgestellt werden (Finanzierung). Man spricht in diesem Zusammenhang auch von „**Dualität von Investition und Finanzierung**".

Im Gegensatz zur Investition beginnt der **Zahlungsstrom einer Finanzierung** aus Sicht des Investors (z.B. eines investierenden Landwirts) mit einer positiven Zahlung im Jahr Null, der negative Zahlungen in den späteren Perioden folgen. Im Fall der Fremdkapitalfinanzierung ist dies offensichtlich: Der Landwirt erhält von der Bank, die die Mittel bereitstellt, im Jahr Null eine Einzahlung in Höhe des Kreditbetrags. In den Folgeperioden entstehen ihm dadurch Auszahlungen in Form des vertraglich vereinbarten Kapitaldienstes (debt service), der der Summe aus Zins- und Tilgungszahlungen entspricht. Aber auch das für eine Investition zur Verfügung gestellte Eigenkapital stellt aus Sicht des investierenden Unternehmers einen Finanzierungszahlungsstrom dar, der mit einer Einzahlung beginnt. Ist der Unternehmer gleichzeitig Leiter und Eigentümer des Unternehmens, ist er allerdings sowohl Mittelempfänger als auch Mittelbereitsteller.

Aus der Perspektive des Fremdkapitalgebers, wie z.B. einer Bank, stellt die Auszahlung eines Kreditbetrags eine Investition dar, für die der Fremdkapitalgeber in den Folgejahren Einzahlungen in Form der Kapitaldienstzahlungen des Kreditempfängers erhält. Die Bank erzielt dadurch eine Rendite in Höhe des vereinbarten Kreditzinssatzes. Etwas anders sieht es bei der Eigenkapitalfinanzierung aus. Zwar stellt auch hier aus Sicht des Mittelgebers die Bereitstellung des Kapitals eine Auszahlung aus seinem vorhandenen Vermögensbestand und damit eine Investition dar. Dafür erhält der Eigenkapitalgeber aber keine feste Entlohnung, sondern eine Residualentlohnung in Form des fremdkapitalbereinigten Zahlungsstroms (vgl. hierzu Punkt 6.3.3e).

Bei einer Mischfinanzierung hat ein investierender Unternehmensleiter, der gleichzeitig Eigentümer ist, also eine Dreifachfunktion: (1) Mit Blick auf die Verwendung der Gesamtmittel ist er der unternehmerische *Investor des Gesamtkapitals.* (2) Als Beschaffer der Fremd- und Eigenmittel übt er die *Finanzierungsfunktion* aus und (3) als Bereitsteller von Eigenmitteln ist er *Investor des Eigenkapitals.* Der Unternehmer muss also nicht nur eine Wahl zwischen unternehmerischen Investitionsalternativen treffen. Es sind auch verschiedene **Möglichkeiten der Mittelbereitstellung und -beschaffung zu bewerten**, die ihrerseits die Rentabilität der dualen Entscheidung „Investition und Finanzierung" beeinflusst. Dabei geht es einerseits um die Frage der richtigen Eigen- und Fremdkapitalanteile. Andererseits geht es um die Auswahl von Finanzierungsangeboten und insbesondere um die Wahl zwischen verschiedenen Formen der Fremdkapitalfinanzierung.

In den Abschnitten 6.3 bis 6.5 wurden die Auswirkungen, die die Finanzierung auf die Rentabilität von Investitionsvorhaben hat, durch den Kalkulationszinsfuß berücksichtigt, der die Kosten des in der Investition gebundenen Kapitals ausdrückt. Dabei wurde eine bestimmte Finanzierung als exogen vorgegeben unterstellt. Im Folgenden wird die Frage nach der optimalen Finanzierungsmöglichkeit bei gegebenem Kapitalbedarf behandelt. Wir systematisieren in Punkt 6.6.1 zunächst die verschiedenen Finanzierungsformen. Obwohl der Fokus dabei auf den langfristigen Darlehensformen liegt, streifen wir auch die verschiedenen Möglichkeiten der kurzfristigen Fremdkapitalfinanzierung. In Punkt 6.6.2 zeigen wir, mit welchen Entscheidungskalkülen man die Vorzüglichkeit verschiedener Finanzierungsangebote bewerten kann. Anschließend gehen wir in Punkt 6.6.3 darauf ein, wie man die Liquidität mit Hilfe von Finanzplänen überprüft und sicherstellt.

6.6.1 Beschreibung verschiedener Finanzierungsformen

a) Rechtliche Stellung der Kapitalgeber und Herkunftsquellen von Kapital

Es gibt verschiedene Möglichkeiten, Finanzierungsformen zu systematisieren. Mit Blick auf die Rechtsstellung der Kapitalgeber wird eine **Unterscheidung in Eigenkapital und Fremdkapital** vorgenommen (vgl. Tab. 6-29). Sowohl Eigen- als auch Fremdkapital kann von mehreren Parteien bereitgestellt werden. So können sich mehrere Personen oder Unternehmen als Eigenkapitalgeber an einem Unternehmen beteiligen und damit (Mit)Eigentümer werden. Das Fremdkapital kann von unterschiedlichen Gläubigern wie Banken oder Personen bereitgestellt werden.

Tab. 6-29: Grundsätzliche rechtliche Charakteristika von Eigen- und Fremdkapital

	Eigenkapital (Eigentümerrechte)	**Fremdkapital** (Gläubigerrechte)
Entlohnungsansprüche	Residualentlohnung	Festes Entgelt
Haftung des Kapitalgebers	Ja	Nein
Formale zeitliche Befristung	Nein	Ja
Einfluss auf Unternehmensführung	Ja (teilweise)	Nein (teilweise)

Der Vorteil von Eigenkapital aus Sicht der Unternehmensführung besteht darin, dass im Gegensatz zu Fremdkapital keine erfolgsunabhängigen **Zahlungsverpflichtungen** entstehen. Dieser rechtliche Unterschied bei den Entlohnungsansprüchen lässt sich auch über den Begriff der **Haftung** ausdrücken. Der Fremdkapitalgeber haftet nicht. Er hat ein Anrecht auf seine vertraglich festgelegten Entlohnungsansprüche und die Rückzahlung seines Kapitals, „auch wenn es schlecht läuft". Im Gegensatz dazu müssen Eigentümer mit ihrer gesamten Einlage und ggf. sogar mit mehr „dafür gerade stehen", dass die Ansprüche der verschiedenen Fremdkapitalgeber auf Zins- und Tilgungszahlungen erfüllt werden. Gerät ein Unternehmen in schwieriges wirtschaftliches Fahrwasser, kann es für die Gläubiger zu einer Konkurrenzsituation kommen. Dies ist dann der Fall, wenn das Eigenkapital des Unternehmens als Schuldner nicht ausreicht, um die Ansprüche aller Gläubiger voll zu befriedigen. Deshalb fordern Darlehensgeber in vielen Fällen eine dingliche Absicherung, wie z.B. durch eine Hypothek auf den Grundbesitz oder den Fahrzeugbrief beim Kauf eines Schleppers. Eng mit den Unterschieden bei den Entlohnungsansprüchen verbunden ist die zeitliche Dauer der Kapitalbindung. Bei Eigenkapital gibt es keine formale **zeitliche Befristung**. Fremdkapital kann man dagegen je nach Dauer der Kapitalbereitstellung bzw. der vertraglich vereinbarten Rückzahlungsdauer der Kredite in kurzfristiges (< 1 Jahr), mittelfristiges (1 bis 5 Jahre) und langfristiges (> 5 Jahre) Kapital unterscheiden.

Mit der Bereitstellung von Eigenkapital erwirbt der Kapitalgeber Eigentümerrechte in Form von Mitspracherechten bei der Unternehmensführung. Wie diese genau ausgestaltet sind, hängt letztlich von der Rechtsform des Unternehmens ab (vgl. Punkt 2.3.1). In Kapitalgesellschaften und Genossenschaften gibt es eine von der Eigentümerschaft getrennte und relativ selbstständige Geschäftsführung, die allerdings im Interesse der Eigner zu handeln hat. Im Einzelunternehmen ist der Landwirt dagegen Eigentümer und Unternehmensleiter in Personalunion. Fremdkapitalgeber haben demgegenüber „nur" Gläubigerrechte. Dies bezieht sich zunächst auf die Möglichkeit, die Zinsen und Rückzahlungsmodalitäten festzulegen sowie Verzugskosten (Mahngebühren, Verzugszinsen, Gerichtskosten etc.) dem Unternehmen in Rechnung zu stellen. Allerdings wird die Vergabe gerade von mittel- und langfristigem Fremdkapital sowie großen Beträgen oft an eine konkrete Verwendung bzw. an eine bestimmte Investition gebunden. Damit gewinnt der Gläubiger einen teilweisen **Einfluss auf die Unternehmensführung**. Im Gegensatz dazu ist bspw. ein Kontokorrentkredit nicht zweckgebunden, d.h. der Kreditnehmer kann die Mittel frei verwenden.

Neben der rechtlichen Stellung der Kapitalgeber ist die **Herkunft finanzieller Mittel** das zweite wichtige Kriterium zur Systematisierung der Finanzierung. Dabei wird zunächst in Innen- und Außenfinanzierung unterschieden (vgl. Tab. 6-30).

Tab. 6-30: Systematisierung von Finanzierungsquellen

Innenfinanzierung	Außenfinanzierung
- Offene Selbstfinanzierung aus erwirtschafteten Gewinnen - Stille Selbstfinanzierung aus stillen Reserven - Erwirtschaftete Abschreibungen - Vermögensumschichtungen durch Desinvestitionen	- Langfristige Bankkredite (Darlehen) - Kontokorrentkredit (kurzfristige Bankkredite) - Lieferantenkredit (Handelskredit) - Kundenkredit - Einlagenfinanzierung durch den Unternehmer - Beteiligungsfinanzierung durch hinzutretende Teilhaber [- Leasing und Miete]

Zur **Innenfinanzierung** bzw. internen Finanzierung zählen zunächst alle Mittel, die aus dem Umsatzprozess des Unternehmens bereitgestellt werden. Diese ergeben sich durch die Erwirtschaftung von Gewinnen; man spricht von Selbstfinanzierung. Dabei ist zwischen offener und stiller Selbstfinanzierung zu unterscheiden. **Offene Selbstfinanzierung** meint die Finanzierung aus dem jeweiligen Periodengewinn, der nach Berücksichtigung der Entnahmen, Tilgung von Krediten und der Steuerzahlung für Investitionen im Unternehmen zur Verfügung steht. **Stille Selbstfinanzierung** meint die Finanzierung aus stillen Reserven bzw. unversteuerten Gewinnen, die z.B. dadurch zustande kommen, dass Vermögensgegenstände über ihre tatsächliche Wertminderung hinaus steuerlich abgeschrieben (z.B. Sonderabschreibung) werden.

Eine weitere interne Finanzierungsquelle sind die **erwirtschafteten Abschreibungen**. Abschreibungen stellen Aufwendungen, aber keine Auszahlungen dar. Mit anderen Worten: Bei einem Gewinn von Null hat man flüssige Mittel in Höhe der Abschreibungen erwirtschaftet, die für Investitionen zur Verfügung stehen. Investiert man genau den Abschreibungsbetrag, so hält man gerade den Wert des Anlagevermögens eines Unternehmens konstant. Eine Ähnlichkeit mit Abschreibungen haben **Vermögensumschichtungen durch Desinvestitionen**. Durch eine Desinvestition können Mittel freigesetzt werden, die für die Finanzierung von Investitionen zur Verfügung stehen. Das desinvestierte Kapital kann Eigen- oder Fremdkapital darstellen.

Im Gegensatz zur Innenfinanzierung umfasst die **Außenfinanzierung** bzw. externe Finanzierung alle außerhalb des Unternehmens liegenden Finanzierungsquellen. Dazu gehört einerseits die Fremdfinanzierung über langfristige Bankkredite bzw. **Darlehen** und andererseits die Fremdfinanzierung über kurzfristige Kredite wie **Kontokorrentkredite**, **Lieferantenkredite** und **Kundenkredite**. Neben der Fremdfinanzierung gehört zur Außenfinanzierung auch die **Einlagen- und Beteiligungsfinanzierung**. Dabei werden Mittel aus dem Privatvermögen des Unternehmers oder dem Vermögen Dritter in das Unternehmensvermögen überführt. Letztlich wird dadurch neues Eigenkapital in das Unternehmen eingebracht.

Beim **Leasing**, das insbesondere bei Maschinen zur Anwendung kommt, handelt es sich um einen Vertrag, durch den der Leasingnehmer (z.B. der Landwirt) von einem Leasinggeber (z.B. dem Landmaschinenhändler) gegen periodische Zahlungen in Form der Leasingraten ein periodenbezogenes Nutzungsrecht (z.B. für fünf Jahre) an einem dauerhaften Produktionsmittel (z.B. einem Mähdrescher) erhält. Dabei bleibt das Investitionsgut i.d.R. im Eigentum des Leasinggebers. Der Leasingnehmer trägt aber die laufenden Verpflichtungen wie Reparaturen und Versicherungen. Leasing kann mit dem Recht verbunden sein, das Investitionsgut nach Ablauf der vereinbarten Nutzungsdauer zurückzugeben und/oder zum Restwert zu kaufen. Eine **(Maschinen)Miete** ist - im Unterschied zum Leasing - üblicherweise nur über relativ kurze Zeiträume möglich. Weit verbreitet ist eine Einjahres-, Zweijahres- oder Dreijahresmiete. Außerdem verbleiben beim Mieter oftmals nur Reparaturkosten für den Verschleiß von Kleinteilen. Bis auf die ohnehin versicherten Schäden sind alle anderen Schäden während der Mietdauer durch die Garantie oder Kulanz des Herstellers bzw. Händlers gedeckt.

Häufig werden Leasing und Miete als Sonderformen der Finanzierung eingeordnet, weil sie eine „Lösung" von Finanzierungsproblemen bereitstellen. Genauer betrachtet handelt es sich aber gar nicht um eine Finanzierung im Sinne der Bereitstellung von Finanzmitteln. Vielmehr ist es ebenso wie die Landpacht eine Alternative zur Investition, d.h. eine alternative Form der Bereitstellung von Produktionskapazitäten, durch die der Finanzierungsbedarf reduziert wird. Mit anderen Worten: Der Kauf eines mehrjährig nutzbaren Investitionsgutes wird durch den laufenden Kauf von Nutzungseinheiten substituiert.

b) Kurzfristige Fremdfinanzierung

Im Wesentlichen stehen den landwirtschaftlichen Unternehmen für die kurzfristige Fremdfinanzierung Kontokorrentkredite, Lieferantenkredite und Kundenkredite zur Verfügung. Das dem Unternehmen von der Bank genehmigte Überziehen eines Girokontos bzw. der **Kontokorrentkredit** entspricht dem Dispositionskredit bei Privatpersonen. Zur Einräumung eines Kontokorrentkredits bedarf es - wie bei jedem anderen Bankkredit auch - einer Kreditvereinbarung und Besicherung. Man spricht in diesem Zusammenhang von einer vereinbarten Kreditlinie. Der Kontokorrentkredit wird i.d.R. für ein Jahr zugesagt und kann bei ordnungsgemäßer Kontoführung verlängert werden. Der Kontokorrentkredit ist (deutlich) zinsgünstiger als eine Überziehung des Girokontos über die Kreditlinie hinaus, die keine vertraglichen Vereinbarungen und auch keine Stellung von Sicherheiten erfordert. Verglichen mit anderen Fremdfinanzierungsmöglichkeiten ist der Kontokorrentkredit aber vergleichsweise teuer. Da Kontokorrentzinsen meist nur für den Betrag fällig werden, der auch tatsächlich genutzt wird, stellt dieser Kredit aber eine höchst flexible Liquiditätsreserve dar. Außerdem kann der Kontokorrentkredit zweckungebunden eingesetzt und zeitlich variabel zurückgezahlt werden.

Eine weitere wichtige Form der kurzfristigen Finanzierung stellt der **Lieferantenkredit** bzw. Handelskredit dar. Ein Lieferantenkredit entsteht dadurch, dass der Händler dem Kunden einen Zahlungsaufschub gewährt und i.d.R. ein Zahlungsziel von 30 Tagen festlegt. Als Anreiz für eine kurzfristige Bezahlung innerhalb von 8 bis 10 Tagen wird oftmals ein Barzahlungsrabatt bzw. Skonto in Höhe von 1 bis 3% gewährt. Begleicht der Kunde die Rechnung nicht innerhalb dieser Frist, verliert er die Möglichkeit des Skontoabzugs, d.h. es entstehen ihm Opportunitätskosten in Höhe des nicht realisierten Skontos. Man könnte auch sagen: Die Nichtnutzung des Skontos stellt de facto einen kurzfristigen Kredit dar, für den ein Zins in Höhe des entgangenen Skontos anfällt. Der Lieferantenkredit wird in der Landwirtschaft insbesondere wegen seiner Formlosigkeit geschätzt. Allerdings liegen die dafür in Form des nicht realisierten Skontos zu zahlenden Zinsen meistens über den Kreditzinsen der Banken.

Kundenkredit bedeutet ganz allgemein, dass ein Lieferant seinem Abnehmer etwas liefert und dieser erst später vollständig bezahlt, möglicherweise aber eine sofortige Abschlagszahlung leistet. Aus Sicht des Landwirts gibt es zwei Ausformungen des Kundenkredits: Ein Kundenkredit auf der Beschaffungsseite bedeutet, dass der Landhändler dem Landwirt zur Stärkung der Absatzbeziehung Betriebsmittel liefert und eine spätere Bezahlung akzeptiert. Hierfür verlangt der Lieferant einen Zinssatz. Ein Kundenkredit auf der Absatzseite bedeutet, dass der Landwirt dem Landhändler beim Verkauf seiner Produkte einen Kredit gewährt und die volle Bezahlung später akzeptiert. Hierfür verlangt der Landwirt einen Zinssatz. Kundenkredite werden mit unterschiedlichen Laufzeiten angeboten. Kurzfristige Kundenkredite für den Landwirt als Kreditnehmer sind insbesondere bei akut fehlender Liquidität zur Vorfinanzierung von Betriebsmitteln wie Saatgut, Düngung etc. von Bedeutung. In Fällen, in denen bspw. ein Landhändler gleichzeitig Lieferant und Finanzierer von Betriebsmitteln sowie Abnehmer landwirtschaftlicher Erzeugnisse ist, kann die Rückzahlung des Kundenkredits inkl. Zinsen auch in Form einer Preis- bzw. Umsatzkürzung erfolgen. Das heißt bspw., dass der Landhändler im Herbst die Betriebsmittel liefert und dafür das Recht erhält, in der Ernte des Folgejahres eine bestimmte Getreidemenge mit einem entsprechenden Preisabschlag zu kaufen.

c) Mittel- und langfristige Fremdfinanzierung

Zu den mittel- und langfristigen Fremdfinanzierungsformen zählen Darlehen. Es gibt sie mit einem variablen Zinssatz oder mit einer Festzinsvereinbarung über einen längeren Zeitraum. Bei **Darlehen mit variablem Zinssatz** kann der Darlehensnehmer ggf. unter Einhaltung einer kurzen Kündigungsfrist den Kredit flexibel zurückzahlen. Er trägt allerdings ein Zinsänderungsrisiko. Ein **Darlehen mit Festzinsvereinbarung** kann nicht ohne Weiteres zurückgezahlt werden. Möchte der Darlehensnehmer ein solches Darlehen außerplanmäßig zurückzahlen, so muss er i.d.R. eine sog. Vorfälligkeitsentschädigung an die Bank zahlen. Nachteilig ist ein langfristiger Kredit mit Festzinsvereinbarung also dann, wenn man über die entsprechende Liquidität verfügt, um den Kredit zurückzuzahlen, und für das verfügbare Kapital nur eine geringere Rendite erzielt als den Zinssatz, den man für das Darlehen zahlt. Allerdings werden bei Darlehen mit Festzinsvereinbarung oftmals Sondertilgungsmöglichkeiten vereinbart, die eine kostenneutrale außerplanmäßige Zurückzahlung in gewisser Höhe pro Periode erlauben.

Bevor ein Unternehmen ein Bankdarlehen erhält, wird seine Bonität (Kreditwürdigkeit) im Rahmen eines sog. **Ratingverfahrens** geprüft. Dazu werden das Vermögen und der Ertrag eines Unternehmens auf der Grundlage von Jahresabschlüssen bewertet. Es wird ebenfalls geprüft, wie hoch der Fremdkapitalanteil im Unternehmen bereits ist, und ob das Unternehmen in der Vergangenheit seinen Zahlungsverpflichtungen termingerecht nachgekommen ist. Zudem werden die Bedingungen im Unternehmensumfeld sowie die Betriebsleiterqualifikation berücksichtigt. Das Ergebnis des Ratingverfahrens entscheidet, ob ein Unternehmen überhaupt ein Bankdarlehen erhält, und wenn ja, zu welchen Konditionen.

Langfristige Bankkredite werden in den Jahren nach ihrer Auszahlung über einen sog. Kapitaldienst an den Darlehensgeber zurückgezahlt. Der **Kapitaldienst** entspricht der Summe aus Zins- und Tilgungszahlungen. Je nach Modalität der vertraglich vereinbarten Kapitaldienstzahlungen lassen sich vier Darlehensformen unterscheiden: (1) Tilgungsdarlehen, (2) Annuitätendarlehen, (3) endfälliges Darlehen (Festdarlehen, Rückzahlungsdarlehen) mit laufender Zinszahlung und (4) endfälliges Darlehen mit Zinszahlung am Ende. Die Darstellung der zeitlichen Verteilung des Kapitaldienstes und seine Aufteilung in gezahlte Zinsen und Tilgungsbeträge in jedem Jahr während der Laufzeit des Darlehens bezeichnet man auch als **Zins- und Tilgungsplan**. Für die Aufstellung eines Zins- und Tilgungsplans müssen die Darlehensmodalitäten bekannt sein. In Abb. 6-21 sind die Zins- und Tilgungspläne für die genannten Darlehensformen dargestellt. Dabei werden folgende Konditionen unterstellt:

- Darlehensbetrag C_0 = 10 000 € (Restschuld = 0 €),
- Fremdkapitalzinssatz i_{FK} = 10% p.a. und
- Laufzeit N = 5 Jahre.

Beim **Tilgungsdarlehen** (redeemable loan; vgl. Abb. 6-21a) sind die Tilgungen in jeder Periode gleich. Man erhält sie, indem man den Darlehensbetrag (ggf. abzgl. einer im Beispiel nicht relevanten Restschuld) durch die Laufzeit des Darlehens dividiert (2 000 = 10 000/5). Die Zinsbelastung im jeweiligen Jahr richtet sich nach dem Schuldenstand am Ende des Vorjahres, der sich durch die Tilgungen im Zeitablauf verringert. Im Ergebnis zeigt sich, dass der Kapitaldienst von Jahr zu Jahr sinkt. Aufgrund des in den ersten Jahren relativ hohen und dann abfallenden Kapitaldienstes ist das Tilgungsdarlehen insbesondere nicht für die Finanzierung von Investitionen mit zunächst niedrigen und erst allmählich ansteigenden Einzahlungsüberschüssen geeignet. Für Investitionen in bekannte Geschäftsfelder ohne zu erwartende Anlaufschwierigkeiten kann das Tilgungsdarlehen interessant sein.

Abb. 6-21: Struktur der Kapitaldienstzahlungen bei unterschiedlichen Darlehensformen (€) [a]

a) Tilgungsdarlehen

Ende Jahr ...	Schulden	Zinsen	Tilgung	Kapitaldienst
0	10 000			
1	8 000	1 000	2 000	3 000
2	6 000	800	2 000	2 800
3	4 000	600	2 000	2 600
4	2 000	400	2 000	2 400
5	0	200	2 000	2 200
Summe		3 000	10 000	13 000
Durchschnitt	6 000	600	2 000	2 600

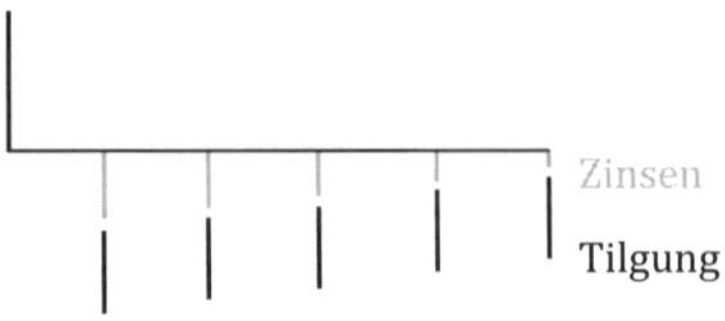

b) Annuitätendarlehen

Ende Jahr ...	Schulden	Zinsen	Tilgung	Kapitaldienst
0	10 000			
1	8 362	1 000	1 638	2 638
2	6 560	836	1 802	2 638
3	4 578	656	1 982	2 638
4	2 398	458	2 180	2 638
5	0	240	2 398	2 638
Summe		3 190	10 000	13 190
Durchschnitt	6 380	638	2 000	2 638

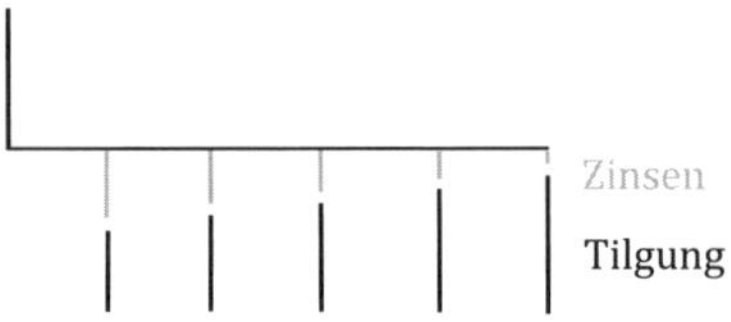

c) Endfälliges Darlehen mit laufender Zinszahlung

Ende Jahr ...	Schulden	Zinsen	Tilgung	Kapitaldienst
0	10 000			
1	10 000	1 000	0	1 000
2	10 000	1 000	0	1 000
3	10 000	1 000	0	1 000
4	10 000	1 000	0	1 000
5	0	1 000	10 000	11 000
Summe		5 000	10 000	15 000
Durchschnitt	10 000	1 000	2 000	3 000

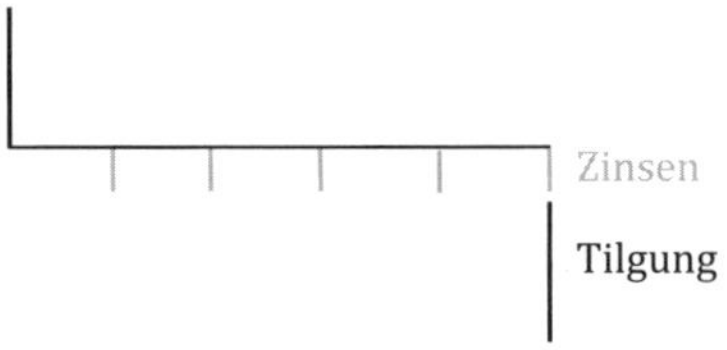

d) Endfälliges Darlehen mit Zinszahlung am Ende

Ende Jahr ...	Schulden	Zinsen	Tilgung	Kapitaldienst
0	10 000			
1	11 000	0	0	0
2	12 100	0	0	0
3	13 310	0	0	0
4	14 641	0	0	0
5	0	6 105	10 000	16 105
Summe		6 105	10 000	16 105
Durchschnitt	12 210	1 221	2 000	3 221

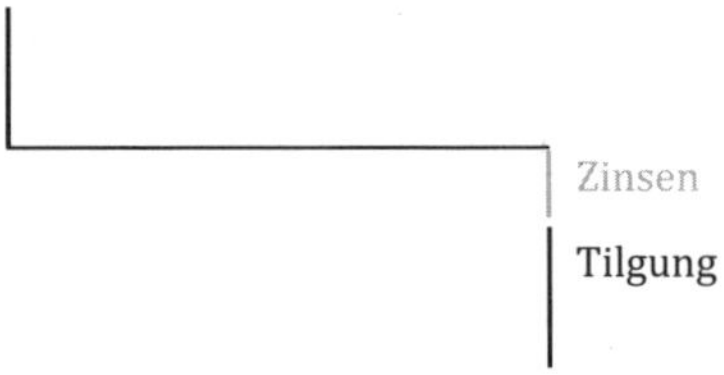

[a] C_0 = 10 000 € (Restschuld = 0 €), i_{FK} = 10% p.a. und N = 5 Jahre.

Beim **Annuitätendarlehen** (annuity loan; vgl. Abb. 6-21b) ist der Kapitaldienst in jeder Periode gleich. Deshalb nehmen die Zinszahlungen im Zeitablauf ab, während die Tilgungszahlungen im Zeitablauf ansteigen. Zur Aufstellung des Zins- und Tilgungsplans wird zunächst der Kapitaldienst mit Hilfe des Wiedergewinnungsfaktors berechnet. Die Differenz zwischen Darlehensbetrag und Barwert der Restschuld ist dazu zu verrenten ($2\,638 = 10\,000 \cdot 0{,}2638 = C_0 \cdot WF_{10\%;5}$; vgl. Punkt 6.2.2b). Der Zinsanteil der ersten Kapitaldienstzahlung ($1\,000 = 10\,000 \cdot 10\%$) ist leicht zu bestimmen. Der Tilgungsanteil ergibt sich als Residuum zum Kapitaldienst ($1\,638 = 2\,638 - 1\,000$). Aus dem Tilgungsanteil lässt sich wiederum der Schuldenstand nach der ersten Kapitaldienstzahlung ($8\,362 = 10\,000 - 1\,638$) berechnen. Dieser Schuldenstand ist dann der Ausgangspunkt für die Berechnung der Zins- und Tilgungszahlung im Jahr 2 etc. Zu beachten ist, dass beim Annuitätendarlehen das durchschnittlich geliehene Kapital leicht über den f-Wert ermittelt werden kann (vgl. Gleichung (6-9)). In dem in Abb. 6-21b) betrachteten Beispiel lässt sich der durchschnittliche Schuldenstand wie folgt berechnen: $C_0 \cdot f_{10\%;5} = 10\,000 \cdot 0{,}6380 = 6\,380$ €.

Beim **endfälligen Darlehen mit laufender Zinszahlung** (fixed date loan with serial interest payments; vgl. Abb. 6-21c) steigt der Schuldenstand zwar nicht an, da in jeder Periode die Zinsen ($1\,000 = 10\,000 \cdot 10\%$) gezahlt werden. Allerdings werden keine Schulden während der Laufzeit getilgt. Am Ende der Laufzeit erfolgt die Rückzahlung des gesamten Darlehensbetrags sowie die letzte Zinszahlung ($11\,000 = 10\,000 + 10\,000 \cdot 10\%$). Beim **endfälligen Darlehen mit Zinszahlung am Ende** (fixed date loan without serial interest payments; vgl. Abb. 6-21d) steigt dagegen der Schuldenstand während der Laufzeit um die Zinsen und Zinseszinsen an, da während der Laufzeit weder Zins- noch Tilgungszahlungen geleistet werden. Es gibt nur eine einzige Kapitaldienstzahlung am Ende der Laufzeit, durch die der Darlehensbetrag inkl. aller aufgelaufenen Zinsen und Zinseszinsen ($16\,105 = 10\,000 \cdot 1{,}10^5$) zurückbezahlt wird. Die Aufnahme eines endfälligen Darlehens ist vielfach an eine zum Zeitpunkt der Fälligkeit sichere Geldquelle geknüpft. Beispiele für solche Geldquellen sind das Holz eines heranwachsenden Waldes, die Auszahlung einer Kapitallebensversicherung und der Verkauf einer Immobilie.

Des Weiteren ist zu beachten, dass es auch Mischformen der genannten Darlehensformen gibt. Beispielsweise wird manchmal vereinbart, dass ein Annuitätendarlehen in den ersten Jahren tilgungsfrei ist. Nun bleibt die Frage, welches die **günstigste Darlehensform** bei sonst gleichen Konditionen ist. Im Ergebnis der aufgestellten Zins- und Tilgungspläne ist die Antwort für Onno Überleg klar: Das Tilgungsdarlehen ist zu bevorzugen, weil die durchschnittlich pro Jahr zu zahlenden Zinsen mit 600 € niedriger sind als beim Annuitätendarlehen mit Zinsen von durchschnittlich 638 €. Su Sidenkt meint nach einigem Überlegen, dass diese Formulierung ökonomisch nicht aussagekräftig sein kann. Klar ist, dass beim gleichen Zinssatz beide Darlehen dieselben Kapitalkosten je geliehenem Euro und Jahr verursachen. Der Unterschied besteht nur darin, dass der Darlehensempfänger beim Tilgungsdarlehen das geliehene Kapital schneller zurückzahlt als beim Annuitätendarlehen. Dies lässt sich leicht am Schuldenstand in den jeweiligen Jahren oder auch am durchschnittlich geliehenen Kapital ablesen. Noch deutlicher wird dieser Sachverhalt, wenn man auf die endfälligen Darlehen schaut. Durch die spätere Rückzahlung steht bei diesem Rückzahlungsmodus - trotz gleicher Konditionen bzgl. Darlehenshöhe, Laufzeit und Zins - deutlich mehr Kapital länger zur Verfügung als bei den erstgenannten Darlehensformen. Welches Darlehen ist nun aus Sicht eines gewinnmaximierenden Investors vorzuziehen? Wie leicht einzusehen ist, hängt dies davon ab, wie hoch der Kapitalbedarf der zu finanzierenden Investition im Zeitablauf ist. Grundsätzlich gilt, dass vergleichsweise teures Fremdkapital nicht länger als nötig genutzt werden sollte. Auf diese Fragestellung gehen wir in Abschnitt 6.7 ein, in dem wir Investitions- und Finanzierungsfragen simultan betrachten.

6.6.2 Vorteilhaftigkeit unterschiedlicher Fremdfinanzierungsangebote

Insbesondere bei der Fremdkapitalfinanzierung entstehen Wahlmöglichkeiten zwischen verschiedenen Finanzierungsangeboten. Da sich die Angebote in vielen Darlehensmodalitäten unterscheiden können, ist häufig der ausgewiesene Zinssatz nicht ausreichend, um zu entscheiden, welches Angebot das beste ist.

Wir zeigen nachstehend anhand einiger einfacher Fälle auf, wie man durch die stringente Anwendung der Finanzmathematik diese unternehmerische Auswahlentscheidung unterstützen kann.

a) Lieferantenkredit vs. Kontokorrentkredit

Im Folgenden gehen wir der Frage nach, ob man einen Skonto nutzen sollte oder nicht. Stellen Sie sich vor, Ihnen liege eine Rechnung über 10 000 € mit einem **Zahlungsziel** von 30 Tagen vor. Bei Bezahlung innerhalb der **Skontofrist** von 8 Tagen wird ein **Skonto** in Höhe von 1% gewährt. Sollen Sie nun den Skonto nutzen? Die Antwort hängt von Ihrer finanziellen Lage ab: (1) Haben Sie genügend Liquiditätsreserven, entgehen Ihnen bei Nutzung des Skontos die Guthabenzinsen für 22 Tage. (2) Fehlen Ihnen diese Liquiditätsreserven, müssen Sie Ihren Kontokorrentkredit für 22 Tage nutzen. (3) Haben Sie Ihren Kontokorrentkredit schon ausgeschöpft, müssen Sie sogar auf einen Überziehungskredit zurückgreifen. Im Folgenden gehen wir zunächst davon aus, dass Sie bei Nutzung des Skontos auf einen Kontokorrentkredit mit einem effektiven Jahreszins von 9% p.a. zurückgreifen (vgl. Tab. 6-31).

Bei der Fragestellung, ob der Lieferantenkredit oder der Kontokorrentkredit in Anspruch genommen werden soll, weiß man zunächst nicht, welche Entscheidung besser ist, weil sich die Zinssätze der alternativen Finanzierungsmöglichkeiten auf unterschiedliche Zeiträume beziehen. Es bestehen zwei Möglichkeiten der Entscheidungsunterstützung: Man kann die **Zinssätze „normieren"** und auf die gleiche Periodenlänge beziehen (vgl. Tab. 6-31, Zeile 4). Der effektive unterjährige Zins für T Tage i_T^{eff} kann wie folgt aus dem effektiven Jahreszins $i_{365}^{eff} = i^{eff}$ hergeleitet werden (vgl. auch Gleichung (6-4)):

$$\begin{aligned} & C_1 = C_0 \cdot (1 + i_{365}^{eff})^1 = C_0 \cdot (1 + i_T^{eff})^{365/T} \\ & \Rightarrow i_{365}^{eff} = (1 + i_T^{eff})^{365/T} - 1 \Leftrightarrow i_T^{eff} = (1 + i_{365}^{eff})^{T/365} - 1 \end{aligned} \tag{6-40}$$

Dabei kennzeichnet $365/T$ letztlich die Zahl der potenziellen unterjährigen Verzinsungsperioden. Der gemäß Gleichung (6-40) zu berechnende effektive Tageszins i_1^{eff} des Kontokorrentkredits beträgt 0,0236% (= $(1 + 9\%)^{1/365} - 1$) oder bezogen auf 22 Tage 0,5208% ($i_{22}^{eff} = (1 + 9\%)^{22/365} - 1$).

Tab. 6-31: Vergleich von Lieferantenkredit und Kontokorrentkredit [a)]

	Lieferantenkredit		Kontokorrentkredit	
1	Zahlungsziel	30 Tage	Effektiver Jahreszins	9%
2	Skontofrist	8 Tage	Effektiver Tageszins	0,0236%
3	Kreditdauer	22 Tage	Kreditdauer	22 Tage
4	**Skontosatz bei 22 Tage früherer Bezahlung**	**1%**	**Effektiver Zins für 22 Tage**	**0,5208%**
5	**Kosten des Lieferantenkredits**	**100 €**	**Kosten des Kontokorrentkredits**	**52,08 €**

a) Der Wert der Warenlieferung beträgt 10 000 €.

Alternativ kann man auch die **absoluten Kreditkosten berechnen**, die bei der jeweiligen Finanzierung entstehen (vgl. Tab. 6-31, Zeile 5). Bei Nutzung des Kontokorrentkredits entstehen im betrachteten Beispiel Kosten von 52,08 € (= 0,5208% · 10 000). Dies ist wesentlich weniger als die Kosten, die bei Inanspruchnahme des Lieferantenkredits entstehen würden. Dieser würde Kreditkosten in Höhe des nicht realisierten Skontos von 100 € verursachen. Beide Möglichkeiten des Vergleichs der Finanzierungsalternativen zeigen übereinstimmend, dass man im vorliegenden Beispiel den Skonto nutzen sollte, auch wenn man die frühere Bezahlung der Warenlieferung durch die Aufnahme eines Kontokorrentkredits finanzieren muss.

Unter Nutzung von Gleichung (6-40) lässt sich der kritische Bankzins bestimmen, bei dem man indifferent zwischen der Nutzung des Lieferantenkredits und der Nutzung einer kurzfristigen Finanzierung über die Bank wäre. Im vorliegenden Beispiel mit einem Skontosatz von 1% beträgt dieser **kritische Bankzins**

17,95% p.a. (= $(1 + 1\%)^{365/22} - 1$). Dieser kritische Zinssatz lässt sich auch als der effektive Jahreszins des Skontos verstehen. Die Inanspruchnahme des Skontos ist also solange zu empfehlen, wie die Kosten der Bereitstellung des dafür erforderlichen Kapitals unterhalb dieses Wertes liegen.

Um Fehler bei der Finanzierungsentscheidung zu vermeiden, sei auf die Ungenauigkeit hingewiesen, die sich bei der weit verbreiteten approximativen Berechnung des effektiven Jahreszinses ergibt. Die approximative Herangehensweise vernachlässigt die Finanzmathematik und rechnet den Skontosatz in Form eines einfachen Dreisatzes auf ein Jahr hoch. Im vorliegenden Beispiel käme man so auf einen kritischen Jahreszins von 16,59% (= 365 · (1%/22)). Der Approximationsfehler beträgt knapp 1,4%. Mit anderen Worten: Es würde zu einer unternehmerischen Fehlentscheidung kommen, wenn die Kosten der Kapitalbeschaffung zwischen 16,59 und 17,95% liegen würden.

b) Darlehen mit Disagio vs. Darlehen ohne Disagio

Das Problem eines unterschiedlichen Bezugspunktes ergibt sich auch beim Vergleich von Darlehensangeboten mit und ohne Auszahlungsverlust, der auch als Disagio oder Damnum bezeichnet wird. Ein Disagio ist ein **Abschlag vom Nominalwert des Darlehens**, d.h. bei Vorliegen eines Disagios ist der Betrag, den die Bank bei der Darlehensgewährung auszahlt, geringer als der Betrag, den man der Bank schuldet. Gleichzeitig wird ein Darlehen mit Disagio oftmals zu einem **niedrigeren Nominalzinssatz** angeboten als ein Darlehen ohne Disagio. Was ist nun mit geringeren Kosten verbunden: Der Disagio oder der höhere Zinssatz? Es geht beim Vergleich von Darlehensangeboten mit und ohne Disagio nicht - wie bei der Frage nach der Nutzung eines Skontos - um die Länge der Zeitperiode, auf die sich der jeweilige Zinssatz bezieht. Vielmehr sind Unterschiede in der Höhe des tatsächlich bereitgestellten Kapitals und der Höhe des Zinssatzes relevant.

Stellen Sie sich vor, Sie benötigen zur Finanzierung einer Investition Fremdkapital in Höhe von 10 000 €. Bank A bietet Ihnen ein fünfjähriges Annuitätendarlehen mit einem Zinssatz von 10% p.a. ohne Disagio an (vgl. Abb. 6-21b). Bank B bietet Ihnen ein fünfjähriges Annuitätendarlehen zu 9,5% p.a. an, fordert aber ein Disagio von 300 €. Welche Finanzierung sollte man wählen?

Tab. 6-32: Vergleich von Darlehen mit und ohne Disagio

		Annuitätendarlehen ohne Disagio	**Annuitätendarlehen mit Disagio**
1	Laufzeit	5 Jahre	5 Jahre
2	Nennbetrag	10 000 €	10 300 €
3	Disagio	0 €	300 €
4	Auszahlungsbetrag	10 000 €	10 000 €
5	Nominaler Jahreszins	10%	9,5%
6	**Kapitaldienst**	**2 638 €**	**2 682 €**
7	**Effektiver Jahreszins**	**10%**	**10,66%**

Wie in Tab. 6-32 angezeigt, ergibt sich beim Annuitätendarlehen ohne Disagio mit einem Fremdkapitalzinssatz von 10% p.a. und einer Laufzeit von 5 Jahren ein jährlicher Kapitaldienst von 2 638 € (= 10 000 · 0,2638 = $C_0 \cdot WF_{10\%;5}$). Beim Darlehen mit dem Disagio von 300 € muss der Nennbetrag des Darlehens dagegen bei 10 300 € liegen, damit man die 10 000 € erhält, die für die Finanzierung der Investition benötigt werden. Bei diesem Nennbetrag entsteht trotz des geringeren nominalen Zinssatzes von 9,5% p.a. ein höherer Kapitaldienst von 2 682 € (= 10 300 · 0,2604 = $C_0 \cdot WF_{9,5\%;5}$). Bezieht man nun diesen Kapitaldienst auf den tatsächlichen Auszahlungsbetrag von 10 000 €, so zahlt man letztlich einen effektiven Jahreszins von 10,66%. Letztlich gilt für den Kapitalwert der Finanzierung bei i^{eff} = 10,66%: $KW = 10\,000 - 2\,682 \cdot KF_{10,66\%;5} = 10\,000 - 2\,682 \cdot 3,7277 = 0$. Mit anderen Worten: Bank B erwirtschaftet mit diesem Darlehen einen internen Zinsfuß von 10,66%. Das Darlehen mit Disagio ist also trotz der vermeintlich geringeren Zinsen für den Kunden teurer als das Darlehen ohne Disagio. Neben dem aus Sicht der Bank möglicherweise vorteilhaften „Nebel", den derartige Darlehensangebote bei potenziellen Kunden erzeugen, können steuerliche Aspekte zu einer Verschiebung der Vorteilhaftigkeit in Richtung Disagio führen, da dieser sofort steuerlich absetzbar ist (vgl. Punkt 6.4.3).

c) Abschlussgebühren, Zinsverbilligungen und verlorene Zuschüsse

Vielfach ist der Abschluss eines Darlehensvertrags mit **Abschlussgebühren** verbunden, die unmittelbar bei Kreditausreichung anfallen. Trotz der unterschiedlichen Benennung des Sachverhalts wirken Abschlussgebühren in gleicher Weise auf die relative Vorzüglichkeit von Finanzierungsangeboten wie ein Disagio. Auch sie führen zu einem Auszahlungsverlust. Mit Blick auf das oben beschriebene Annuitätendarlehen wird dies sofort klar. Wenn man einen Finanzierungsbedarf von 10 000 € hat und eine Abschlussgebühr von 300 € erhoben wird, benötigt man ein Darlehen von 10 300 €. Auch hier ist also zur Entscheidungsunterstützung der fällige Kapitaldienst oder der effektive Jahreszins zu berechnen.

Eine ähnlich gelagerte Fragestellung ergibt sich für Landwirte bei der Investitionsförderung, also bei staatlich subventionierten Investitionen. Hier können die Landwirte gelegentlich zwischen einer **Zinssubvention** und einem sog. einmaligen **verlorenen Zuschuss** wählen, der einen direkt an den Landwirt transferierten Betrag darstellt. Letzteres wirkt wie ein negatives Disagio, d.h. es verringert den Darlehensbetrag, der bei der Bank aufgenommen werden muss.

Gehen wir zur Verdeutlichung von einem Finanzierungsbedarf von 10 000 € sowie von einer Zinssubvention in Höhe von 6% aus. Das heißt, der Landwirt muss für das in Tab. 6-32 beschriebene fünfjährige Annuitätendarlehen ohne Disagio anstelle von 10% nur einen effektiven Jahreszins von 4% p.a. bzw. einen Kapitaldienst von 2 246 € (= 10 000 · 0,2246 = $C_0 \cdot WF_{4\%;5}$) zahlen. Alternativ kann er einen einmaligen Zuschuss wählen. Wie in Tab. 6-33 angezeigt, beläuft sich die kritische Höhe dieses Zuschusses auf 1 485 €. Der kritische Zuschuss kann als kapitalisierte Differenz zwischen dem Kapitaldienst bei höherem Zinssatz und dem Kapitaldienst bei niedrigerem Zinssatz jeweils bezogen auf 10 000 € berechnet werden:

$$= (C_0 \cdot WF_{10\%;5} - C_0 \cdot WF_{4\%;5}) \cdot KF_{10\%;5} = (10\,000 \cdot 0{,}2638 - 10\,000 \cdot 0{,}2246) \cdot 3{,}7908$$
$$= (2\,638 - 2\,246) \cdot 3{,}7908 = 1\,485$$

Bei diesem Zuschuss würde der Landwirt nur noch ein Bankdarlehen von 8 515 € benötigen und dafür bei einem Fremdkapitalzinssatz von 10% p.a. denselben Kapitaldienst von 2 246 € zahlen wie für den um 6% zinssubventionierten Kredit mit einer Darlehenssumme von 10 000 € (Tab. 6-33, Zeile 6). Er wäre also indifferent. Zum gleichen Schluss kommt man, wenn man den effektiven Jahreszins für die Variante „einmaliger Zuschuss von 1 485 €" berechnet, indem man den Kapitaldienst auf das über das Darlehen und den Zuschuss insgesamt bereitgestellte Kapital von 10 000 € bezieht (Tab. 6-33, Zeile 7).

Tab. 6-33: Vergleich von Zinssubvention und verlorenem Zuschuss

		Zinssubvention	**Verlorener Zuschuss**
1	Laufzeit des Annuitätendarlehens	5 Jahre	5 Jahre
2	Kapitalbedarf und -bereitstellung	10 000 €	10 000 €
3	**Verlorener Zuschuss**	**0 €**	**1 485 €**
4	Erforderliche Darlehenshöhe	10 000 €	8 515 €
5	Darlehenszins	4%	10%
6	Kapitaldienst	2 246 €	2 246 €
7	**Effektiver Jahreszins für das bereitgestellte Kapital**	**4%**	**4%**

6.6.3 Liquiditätsmanagement und Finanzpläne

Liquidität bedeutet die Fähigkeit, seinen Zahlungsverpflichtungen stets fristgerecht nachkommen zu können. Die Gewährleistung der Liquidität ist die unabdingbare Voraussetzung der unternehmerischen Existenz. Man kann auch pointiert sagen: Ist die Liquidität aus dem laufenden Unternehmensgeschehen heraus nicht gegeben, wird das Unternehmen liquidiert, d.h. seine Vermögensgegenstände werden durch Zwangsverkauf in liquide (flüssige) Mittel umgetauscht, um die Zahlungsforderungen der Gläubiger zu befriedigen.

Die in den vorherigen Abschnitten durchgeführten Rentabilitätsanalysen von Investitions- und Finanzierungsalternativen stellen ein *zeitraum*bezogenes Konzept dar. Das heißt, die Rentabilitätskalküle berücksichtigen den durch die Investition und/oder Finanzierung verursachten Zahlungsstrom während des gesamten relevanten Zeitraums. Dagegen stellt die Liquiditätsanalyse ein **zeitpunktbezogenes Konzept** dar, da die Fähigkeit zur Erfüllung von Zahlungsverpflichtungen jederzeit gewährleistet sein muss.

Nachdem man im Rahmen der Investitionsplanung zunächst die Frage nach der Rentabilität beantwortet hat, ist nun zusätzlich ein Finanzplan aufzustellen (vgl. Abb. 6-2). Finanzpläne sind das Instrument zur Analyse und zur Sicherstellung der jederzeitigen Zahlungsfähigkeit. Ein **Finanzplan** (cash flow statement) beinhaltet die systematische Auflistung sämtlicher Finanzmittel, die dem Unternehmen in den aufeinander folgenden Perioden des Planungszeitraums zufließen und die es verlassen. Aus einem Finanzplan ist ersichtlich, ob es tatsächlich zu keinem Zeitpunkt während der Nutzungsdauer einer Investition zu Liquiditätsengpässen kommt.

Tab. 6-34 verdeutlicht anhand eines stilisierten Beispiels den **grundsätzlichen Aufbau eines Finanzplans**.

Tab. 6-34: Grundsätzlicher Aufbau eines Finanzplans (T€)

	Periode 1	Periode 2	...
I Zahlungsmittelbestand zu Beginn einer Periode	**1 100**	**200**	
II Summe Mittelherkunft	**700**	...	
a) *Davon Umsatzbereich* Einzahlungen aus dem Verkauf pflanzlicher und tierischer Erzeugnisse, Dienstleistungen, Pachten, Zinsen	*500*	...	
b) *Davon Anlagenbereich* Verkauf von Boden, Gebäuden, Maschinen (Desinvestitionen)	*100*	...	
c) *Davon Privat- und Kapitalbereich* Privateinlagen, Beteiligungen Kreditaufnahme, Subventionen, Einzug von Forderungen	*100*	...	
III Summe Mittelverwendung	**1 600**	...	
a) *Davon Umsatzbereich* Auszahlungen für Verbrauchsgüter, Löhne, Dienstleistungen, Pachten, Fremdkapitalzinsen	*200*	...	
b) *Davon Anlagenbereich* Kauf von Boden, Gebäuden, Maschinen (Investitionen), Finanzanlagen	*1 250*	...	
c) *Davon Privat- und Kapitalbereich* Privatentnahmen, Auszahlungen an andere Eigner, Kredittilgung	*150*	...	
IV Verfügbare Mittel am Ende einer Periode (I + II – III) = Zahlungsmittelbestand zu Beginn der Folgeperiode	**200**	...	

Je nach Detaillierungsgrad kann sich die im Schema genannte Spaltenbezeichnung „Periode" auf ein Jahr, ein Quartal, einen Monat etc. beziehen. Es ist aber bspw. wenig sinnvoll, einen tagbezogenen Finanzplan über einen Zeitraum von 20 Jahren aufzustellen. Vielmehr wird man für die Finanzplanung der nahen Zukunft eine kurze Periodenlänge wählen, für weit in die Zukunft reichende Zeiträume dagegen längere Perioden. Auch die Zahl der im Finanzplan betrachteten Perioden ist vom Informationsinteresse abhängig. Die grundsätzliche Struktur eines Finanzplans ist von der Periodenlänge und Periodenzahl unabhängig: Ausgehend vom (I) Zahlungsmittelbestand zu Beginn einer Periode werden die verschiedenen (II) Mittelherkunftsquellen sowie (III) Mittelverwendungsbereiche aufgelistet. Das Saldo (I + II – III) kennzeichnet dann den (IV) Zahlungsmittelbestand am Ende der betrachteten Periode. Dieser Endbestand wird als Zahlungsmittelbestand zu Beginn der folgenden Periode übernommen.

Da es um die Sicherstellung der Liquidität geht, zielt der Finanzplan auf die Berücksichtigung von drei Liquiditätsaspekten ab, die für die zeitpunktbezogene Zahlungsfähigkeit maßgeblich sind, auf die aber bisher noch nicht eingegangen wurde:

1. **Verbundenheit der Investition mit Restunternehmen und Haushalt**: Die Fähigkeit, Zahlungsverpflichtungen nachzukommen, ergibt sich nicht durch das betrachtete Investitions- und Finanzierungsvorhaben allein. Es ist immer auch der Verbund mit dem Gesamtunternehmen und bei Einzelunternehmen zusätzlich der Verbund mit dem Haushalt zu beachten. Die Liquiditätsanalyse bezieht sich auf die organisatorische Einheit, wie z.B. das Einzelunternehmen, die rechtlich den Zahlungsverpflichtungen nachkommen muss. Auch bei einem höchst rentablen Investitionsvorhaben kann die Liquidität gefährdet sein, wenn man das Vorhaben in einem laufenden Unternehmen durchführen will, das für sich genommen auf zukünftige Zahlungsschwierigkeiten zusteuert. In diesem Fall zeigt der Finanzplan, dass man das Vorhaben im betrachteten Unternehmen nicht durchführen und der Anschaffungswert z.B. als Liquiditätspolster vorgehalten werden sollte. Neben dem laufenden Unternehmen sind auch die Verflechtungen mit dem Haushalt und damit die geplanten Entnahmen zu berücksichtigen. Wenn der Betriebsleiter beabsichtigt, jedes Jahr nach der Investition ein neues Sportauto zu kaufen, so kann er möglicherweise seinen Kapitaldienstverpflichtungen trotz hoher Rentabilität des Investitionsvorhabens nicht nachkommen. Der Finanzplan zeigt dann auf, dass zur Sicherstellung der Liquidität die Entnahmen für Konsumzwecke zurückgefahren werden müssen.
2. **Unterjährige Finanzierungserfordernisse**: Während es bei der Rentabilitätsanalyse zunächst ausreicht, Jahresperioden zu betrachten, macht die Liquidität als Zeitpunktkonzept auch die Betrachtung kürzerer Perioden erforderlich. Insbesondere in landwirtschaftlichen Unternehmen, in denen es aufgrund des saisonalen Produktionsgeschehens zu stark schwankenden Ein- und Auszahlungen kommt, sollten die Zahlungsströme unterjährig erfasst werden. Ein monatsbezogener Finanzplan kann bspw. aufzeigen, dass im Jahresablauf eine Liquiditätslücke entsteht, weil Betriebsmittel wie Saatgut, Dünger etc. mehrere Monate vorfinanziert werden müssen. Ist dies der Fall, muss eine kurzfristige Finanzierung aus dem Privatbereich oder durch die Aufnahme eines Kredits bereitgestellt werden, um das Vorhaben durchführen zu können. Da mit der zusätzlichen Finanzierung Kosten verbunden sind, muss eigentlich die Rentabilitätsanalyse, die zwecks Vereinfachung auf der Jahresendfiktion beruht und somit unterjährige Finanzierungskosten zunächst nicht berücksichtigt, überarbeitet werden. Ergeben sich aus der Liquiditätsanalyse nur kleine Änderungen, so wird man im Interesse der Wirtschaftlichkeit der Planung oftmals darauf verzichten.
3. **Passfähigkeit der Finanzierung zur Investition**: Die Rentabilitätskriterien einer Investition „Kapitalwert", „interner Zinsfuß" und „Leistungs-Kostendifferenz" berücksichtigen nicht, ob die gewählte Finanzierung fristenkongruent ist und von der Zahlungsstromstruktur zu dem Investitionszahlungsstrom passt. Bei einer Investition im Obst- oder Waldbau können bspw. erst nach einigen Jahren nennenswerte Einzahlungsüberschüsse erwirtschaftet werden. Zu deren Finanzierung bietet sich ein endfälliges Darlehen mit Zinszahlung am Ende an. Finanziert man solche Investitionen mit einem Annui-

tätendarlehen, so entstehen in den ersten Jahren aus dem Vorhaben heraus Liquiditätslücken. Können diese nicht aus dem laufenden Unternehmen gedeckt werden, müssen Mittel aus dem Privatbereich oder durch die Aufnahme eines Kredits bereitgestellt werden. Da mit der zusätzlichen Bereitstellung von Kapital Kosten verbunden sind, ist die ursprüngliche Finanzierungsentscheidung zu überprüfen, um ein langfristiges finanzielles Ungleichgewicht zu vermeiden. Dies würde bedeuten, dass man nach einem zum Zahlungsstrom der Investition passenden Finanzierungszahlungsstrom sucht. Beispielsweise könnte man versuchen, anstelle eines regulären Annuitätendarlehens eine Vereinbarung über kapitaldienstfreie oder zumindest tilgungsfreie Anfangsjahre zu treffen. Werden grundsätzliche Strukturprobleme der Finanzierung aufgedeckt, so ergibt sich die Notwendigkeit, die Rentabilitätsanalyse der Investition zu überarbeiten. Die genannten Maßnahmen verursachen ja ihrerseits möglicherweise beträchtliche Kosten, die die Rentabilität reduzieren (vgl. Punkt 6.7.1).

Das zentrale Ergebnis des Finanzplans ist die gesamte letzte Zeile, d.h. der Zahlungsmittelbestand am Ende der jeweiligen Periode. Hier darf zu keinem Zeitpunkt ein negativer Wert auftreten. Ist dies doch der Fall, so muss man über entsprechende Anpassungsmaßnahmen nachdenken (vgl. Abb. 6-22). Vor der Durchführung eines Investitionsvorhabens identifizierte Liquiditätsengpässe kann man durch sog. **ex ante Maßnahmen** beheben. Bei der Beschreibung der oben angeführten Liquiditätsaspekte ist klar geworden, dass es dabei neben dem Verzicht auf die Durchführung des liquiditätszehrenden Vorhabens drei weitere grundsätzliche Möglichkeiten gibt: (1) Mittelzufuhr aus dem Privatbereich oder Reduzierung der Entnahmen, (2) Aufnahme kurzfristiger Kredite sowie (3) Aufnahme von Darlehen zur Bereitstellung von zusätzlichem langfristigem Fremdkapital. Vor der Durchführung eines Vorhabens wird man im Sinne einer vorausschauenden Planung nach der günstigsten Möglichkeit zur Gewährleistung der erforderlichen Liquidität bzw. des aus Risikogesichtspunkten gewünschten Liquiditätspolsters suchen.

Trotz aller planerischen ex ante Bemühungen können sich aber in der Zukunft aufgrund der Unsicherheit, unter der unternehmerische Entscheidungen getroffen werden müssen, unerwartete Liquiditätsengpässe ergeben. Zur Sicherung der Unternehmensexistenz müssen in einer solchen Situation schnelle Maßnahmen zur Gewährleistung der Liquidität ergriffen werden. Bei der Auswahl geeigneter **ex post Maßnahmen** ist zu unterscheiden, ob es sich bei dem identifizierten Liquiditätsproblem um ein kurzfristiges bzw. temporäres Problem oder um ein dauerhaftes finanzielles Ungleichgewicht handelt.

Abb. 6-22: Maßnahmen zur Behebung von Liquiditätsengpässen

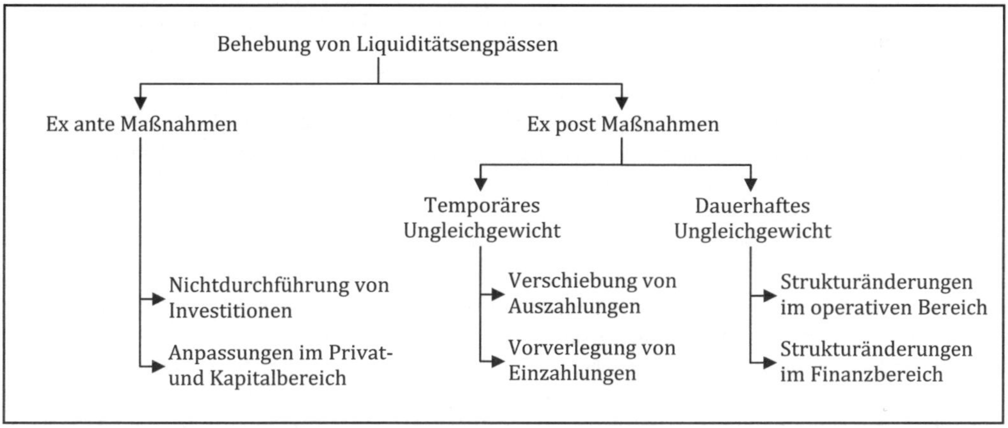

Neben den bei der ex ante Betrachtung genannten Maßnahmen zur Behebung von Liquiditätsproblemen kommen bei der ex post Bewältigung eingetretener Liquiditätskrisen einige Maßnahmen hinzu, die man „aus der Not heraus" ergreifen kann. Sie sind mit vergleichsweise hohen Kosten verbunden, so dass man sie bei einer vorausschauenden Planung i.d.R. nicht in Betracht zieht. Ein **temporäres Ungleichgewicht** kann zum Beispiel das Ergebnis eines durch Ertrags- und Preisrisiken gekennzeichneten Unternehmensumfelds sein, das zu einem schockartigen Einbruch der Umsätze geführt hat. Bei Vorliegen eines temporären finanziellen Ungleichgewichts bieten sich zunächst Maßnahmen an, die auf eine kurzfristige zeitliche Verschiebung von Zahlungen hinauslaufen. Dies betrifft neben der ad-hoc Inanspruchnahme teurer Kurzfristkredite (Kontokorrentkredite, Lieferantenkredite oder Kundenkredite) die **Verschiebung von Auszahlungen**. Dazu zählen (1) der Abbau von Lagerbeständen bei Betriebsmitteln über das übliche Maß hinaus, (2) die Verschiebung von Ersatzinvestitionen, Reparaturen und Instandhaltungsmaßnahmen sowie (3) der liquiditätsbedingte Rückgriff auf das Leasing oder die Miete zur Bereitstellung von Produktionskapazitäten anstelle des Kaufs. Darüber hinaus können Maßnahmen ergriffen werden, die zu einer zeitlichen **Vorverlegung von Einzahlungen** führen. Hierzu zählen (1) die vorzeitige Liquidation von Forderungen, (2) der vorzeitige Verkauf von Produkten, obwohl Lagermöglichkeiten vorhanden sind und später höhere Preise erwartet werden, sowie (3) der Abbau von bestehenden Lagerbeständen bei Produkten. Diese Maßnahmen sind mit direkten Kosten oder entgangenen Gewinnen verbunden. Welche Maßnahmen in welchem Umfang und welcher Reihenfolge zum Tragen kommen sollten, hängt vom jeweiligen Kostenumfang im betrieblichen Kontext ab. Die Auswirkungen unterschiedlicher Maßnahmen auf die Liquiditätslage können mit Hilfe von Finanzplänen eingeschätzt werden.

In manchen Fällen kommen Unternehmer, die sich aufgrund einer unzureichenden Finanzplanung unerwartet mit Zahlungsschwierigkeiten konfrontiert sehen, ihren Zahlungsverpflichtungen ohne Einwilligung des Gläubigers verspätet nach. Andere tun dies trotz vorhandener Möglichkeiten zur fristgerechten Bereitstellung der erforderlichen Mittel, weil sie die damit verbundenen Kosten (z.B. für einen Überziehungskredit) sparen wollen. Ungeachtet der Motivation, lässt sich ein solches Verhalten als **eigenmächtige Beschaffung eines kurzfristigen Kredits** interpretieren, der die Liquidität zwar (kurzfristig) herstellt, aber eben nicht mit dem Geschäftspartner abgesprochen ist. Kein Geschäftspartner, egal ob Handelspartner oder Bank, wird einen solchen Vertragsbruch einfach hinnehmen. Vielmehr werden diese Akteure ihre berechtigten Interessen durchsetzen oder zumindest ihr zukünftiges Geschäftsverhältnis gegenüber dem vertragsbrüchigen Unternehmen neu gestalten. Letztlich entstehen also auch durch einen eigenmächtig genommenen Kredit Kosten. Dabei kann es sich um Verzugszinsen, Schadensersatzforderungen, Gerichtskosten u.ä. oder auch um die Beendigung von lukrativen Geschäftsbeziehungen bzw. den Verlust vorteilhafter Geschäftskonditionen handeln. Werden Zahlungsverpflichtungen in hohem Ausmaß und auf lange Dauer nicht erfüllt, kann es schließlich zur Liquidation eines Unternehmens kommen.

Ein **dauerhaftes finanzielles Ungleichgewicht** bedeutet, dass ein Betrieb grundsätzlich unterfinanziert ist und auch ohne besondere Vorkommnisse immer wieder mit Zahlungsschwierigkeiten zu kämpfen hat, die notdürftig über kurzfristige und teure Maßnahmen behoben werden müssen. Eine derartige strukturelle Unterfinanzierung kann durch einen Planungsfehler, wie z.B. der Durchführung einer größeren Investition in ein unattraktives Geschäftsfeld oder eine stark vom Prinzip der Fristenkongruenz abweichende Finanzierung, hervorgerufen werden. Unabhängig von der Ursache ist ein dauerhaftes finanzielles Ungleichgewicht nur durch strukturändernde Maßnahmen zu beseitigen. Dies zielt einerseits auf eine dauerhafte Erhöhung der Erträge und/oder Senkung der Aufwendungen ab, die man ohnehin aus Rentabilitätsgesichtspunkten anstreben sollte. Grundsätzliche Ansatzstellen für **Strukturänderungen im operativen Bereich** sind Änderungen im Produktionsprogramm oder die Beseitigung von Ineffizienzen im Produktionsanlagenbereich, wie z.B. der Verzicht auf eine zu teure Eigenmechanisierung. Andererseits geht es um **Strukturänderungen im Finanzbereich**. Eine Maßnahme ist hier die Umschuldung eines permanent beanspruchten kurzfristigen Kontokorrentkredits oder gar Überziehungskredits durch ein langfristiges Darlehen. Andere zu prüfende Maßnahmen sind Vermögensverkäufe, die Verringerung von Privatentnahmen oder Ausschüttungen sowie die Zufuhr von zusätzlichem Eigenkapital.

6.7 Simultane Betrachtung von Investition und Finanzierung

Zur Reduzierung der Komplexität haben wir in den vorherigen Abschnitten die Planungsprobleme „Investition" und „Finanzierung" separiert: Zunächst haben wir die Rentabilität von einzelnen Investitionen (Abschnitt 6.3) und mehreren sich ausschließenden Investitionen (Abschnitt 6.5) bei *exogen vorgegebener* Finanzierung und damit vorgegebenen Kapitalkosten analysiert. In Abschnitt 6.6 haben wir dann die Vorteilhaftigkeit von Finanzierungen bei *exogen vorgegebenem* Kapitalbedarf untersucht. Dabei wurde aber bereits darauf hingewiesen, dass die Wahl zwischen grundsätzlich unterschiedlichen Finanzierungsangeboten (z.B. Tilgungsdarlehen, Annuitätendarlehen, Darlehen mit unterschiedlicher Höhe und unterschiedlichen Laufzeiten) nicht losgelöst vom Kapitalbedarf der jeweiligen Investition getroffen werden kann. Das heißt, man muss Investitions- und Finanzierungsentscheidungen simultan betrachten, um zu bestimmen, welche Finanzierung für welche Investition am besten geeignet ist und welche Investitionen im Lichte der vorhandenen Finanzierungsmöglichkeiten durchgeführt werden sollen.

Im Folgenden führen wir die Investitions- und Finanzierungsbetrachtung explizit zusammen und zeigen, wie man die Finanzierung identifiziert, die für eine bestimmte Investition am besten geeignet ist. In Punkt 6.7.1 bestimmen wir zunächst die Rentabilität der Finanzierung bezogen auf ein konkretes Investitionsvorhaben. In Punkt 6.7.2 wird die simultane Bestimmung optimaler Investitions- und Finanzierungsstrategien diskutiert.

6.7.1 Maximierung des Vermögensendwertes bei Entweder-Oder-Entscheidungen

Betrachten wir zwecks Anschaulichkeit wieder das Beispiel des Wildgeheges. Die Investitionskosten belaufen sich auf 10 000 € und während der fünfjährigen Nutzungsdauer können jährliche Einzahlungsüberschüsse in Höhe von 3 000 € erzielt werden (vgl. Beispiel 6-18). Die Finanzierung erfolgt zu 25% über Eigenkapital, das alternativ zu einem Zinssatz i_{EK} = 5% p.a. bei der Bank angelegt werden könnte. Es bestehen **zwei Möglichkeiten der Finanzierung** der verbleibenden 75% des Anschaffungswertes: (1) Der Hersteller des Geheges bietet im Rahmen seiner Absatzförderung einen Kundenkredit in Form eines endfälligen Darlehens mit Zinszahlung am Ende einer fünfjährigen Laufzeit an. Dafür fordert er einen Zinssatz von 10% pro Jahr. (2) Alternativ können Sie auf ein Annuitätendarlehen zurückgreifen, das Ihre Hausbank zu einem Zinssatz von 12% p.a. anbietet. Damit stellt sich die Frage, ob die Investition rentabel und welche Art der Finanzierung vorteilhafter ist.

Onno Überleg, der immer noch keinen Kurs „Investition und Finanzierung" besucht hat, weiß sofort Rat: Er argumentiert, dass aufgrund der in Beispiel 6-18 durchgeführten Planungsrechnungen - bei denen bereits mit einem Kalkulationszinsfuß von 10% gearbeitet wurde - die Rentabilität der Investition außer Frage stehe. Außerdem bedürfe es zur Beantwortung der Frage nach der vorteilhaftesten Art der Finanzierung der Investition keiner weiteren Berechnungen. Man müsse ja lediglich die Zinssätze der beiden Finanzierungsmöglichkeiten miteinander vergleichen. Die Finanzierungsalternative mit dem niedrigeren Zinssatz habe offensichtlich die niedrigeren Kapitalbereitstellungskosten und sei demzufolge vorteilhafter. Das Gehege solle also über das endfällige Darlehen des Herstellers finanziert werden, das im Vergleich zum Angebot der Hausbank quasi ein Geschenk beinhalte.

Weil sich die Empfehlungen von Onno bereits wiederholt als vorschnell erwiesen haben, ist Unternehmensleiterin Su Sidenkt auch diesmal skeptisch. Sie rechnet selber nach und kommt zu den in Tab. 6-35 dargestellten Ergebnissen. In der Zeile 1 ist der Gesamtkapitalzahlungsstrom des Investitionsvorhabens ausgewiesen. Der als gewichtetes Mittel gemäß Gleichung (6-12) berechnete Mischkalkulationszinsfuß beträgt bei Nutzung des endfälligen Darlehens 8,75%. Beim Annuitätendarlehen beträgt er 10,25%. In Zeile 2 und 3 sind die herkömmlichen **Kapitalwerte des Gesamtkapitalzahlungsstroms** ausgewiesen, die sich bei den jeweiligen Kalkulationszinsfüßen und Finanzierungsangeboten für das Investitionsvorhaben ergeben. Wird die Investition über das endfällige Darlehen finanziert, ergibt sich ein höherer Kapitalwert als bei Finanzierung über das Annuitätendarlehen. Damit scheinen sich die Vermutungen von Onno Überleg zu bestätigen.

Tab. 6-35: Der Vermögensendwert als Entscheidungshilfe bei der simultanen Betrachtung von Investition und Finanzierung am Beispiel „Wildgehege" (€)

	Jahr t	0	1	2	3	4	5
Gesamtkapitalzahlungsstrom der Investition							
1	Einzahlungsüberschüsse $(e_t - a_t)$	-10 000	3 000	3 000	3 000	3 000	3 000
2	Kapitalwert beim endfälligen Darlehen bei i_{kalk} = 8,75%:				1 745		
3	Kapitalwert beim Annuitätendarlehen bei i_{kalk} = 10,25%:				1 300		
Finanzierungszahlungsströme bei endfälligem Darlehen mit i_{FK} = 10% p.a.							
4	Fremdkapitalzahlungsstrom	7 500	0	0	0	0	-12 079 [a)]
5	Eigenkapitalzahlungsstrom	-2 500	3 000	3 000	3 000	3 000	-9 079
6	Vermögensendwert	0	3 000	6 150	9 458	12 930	**4 498**
7	Änderung Vermögensendwert	-2 500	375	3 394	6 563	9 892	1 307
8	Kapitalwert des Eigenkapitalzahlungsstroms bei $i_{kalk} = i_{EK}$ = 5%:				1 024		
9	Kritischer Sollzinssatz:				12,28%		
Finanzierungszahlungsströme bei Annuitätendarlehen mit i_{FK} = 12% p.a.							
10	Fremdkapitalzahlungsstrom	7 500	-2 081 [b)]	-2 081 [b)]	-2 081 [b)]	-2 081 [b)]	-2 081 [b)]
11	Eigenkapitalzahlungsstrom	-2 500	919	919	919	919	919
12	Vermögensendwert	0	919	1 885	2 898	3 963	**5 080**
13	Änderung Vermögensendwert	-2 500	-1 706	-871	4	924	1 889
14	Kapitalwert des Eigenkapitalzahlungsstroms bei $i_{kalk} = i_{EK}$ = 5%:				1 481		
15	Kritischer Sollzinssatz:				18,45%		
Geldanlage bei der Bank mit i_{EK} = 5% p.a.							
16	Vermögensendwert	2 500	2 625	2 756	2 894	3 039	**3 191**

a) $7\,500 \cdot 1{,}10^5 = 12\,079$ €.

b) $7\,500 \cdot WF_{12\%;5} = 7\,500 \cdot 0{,}2774 = 2\,081$ €.

Su ist weiterhin misstrauisch und fragt, bei welcher der beiden Alternativen sie am Ende der Nutzungsdauer das höhere Vermögen hat. Dazu berechnet sie zunächst in den Zeilen 4 und 5 sowie in den Zeilen 10 und 11 die **fremd- und eigenkapitalbezogenen Zahlungsströme**, die sich bei den Finanzierungsalternativen ergeben. Zusätzlich berechnet sie die Vermögensendwerte und die zusätzlichen Vermögensendwerte am Ende der einzelnen Perioden (Zeile 6 und 12 bzw. Zeile 7 und 13), die Kapitalwerte der jeweiligen Eigenkapitalzahlungsströme (Zeile 8 und 14) sowie die kritischen Sollzinssätze (Zeile 9 und 15).

Die **Vermögensendwerte** (Zeile 6 und 12) geben den Vermögensstand des Eigenkapitalgebers an, der bis zum jeweiligen Planungszeitpunkt bei Durchführung des betrachteten Investitions- und Finanzierungsvorhabens erreicht wird: Im Jahr Null reduziert sich der Vermögensstand des Eigenkapitalgebers bei beiden Finanzierungsalternativen von 2 500 € auf 0 €. Am Ende von Jahr 1 beträgt der Vermögenszuwachs bei Nutzung des endfälligen Darlehen 3 000 €. Dies ist der Betrag, der durch das Investitionsvorhaben erwirtschaftet wird und dem Eigenkapitalgeber zu diesem Zeitpunkt voll zufließt, da er noch keinen Kapitaldienst zu leisten hat. Im Jahr 2 werden wieder 3 000 € im Investitionsvorhaben erwirtschaftet. Außerdem konnte der Eigenkapitalgeber die ihm schon im Jahr 1 zugeflossenen Mittel in Höhe von 3 000 € ein Jahr lang zum Guthabenzins von 5% anlegen.[11] Der Vermögensstand des Eigenkapitalgebers ist also am

[11] Zu beachten ist, dass man sich bei der Berechnung der Vermögensendwerte der Unsicherheit bzgl. möglicher zukünftiger Investitionsalternativen zwar bewusst ist, aber als beste Annahme davon ausgeht, dass man für das im Zeitablauf frei werdende Eigenkapital keine bessere Verwertung findet, als es zum Guthabenzinsfuß anzulegen.

Ende des Jahres 1 auf 6 150 € (= 3 000 + 3 000 · 1,05) angewachsen. In gleicher Weise kann man die Vermögensendwerte für die weiteren Nutzungsjahre berechnen. Am Ende des Jahres 4 ergibt sich ein Vermögensendwert von 12 930 €. Durch den Mittelabfluss in Form des Kapitaldienstes in Höhe von 12 079 € zur Rückzahlung des endfälligen Darlehens reduziert sich dieser Wert im Jahr 5 auf 4 498 € (= 3 000 + 12 930 · 1,05 – 12 079). Analoge Berechnungen kann man für die Handlungsalternative „Finanzierung des Vorhabens über das Annuitätendarlehen" durchführen. Aufgrund der laufenden Kapitaldienstzahlungen kommt es hier zu einem langsamen, aber kontinuierlichen Anstieg des Vermögensendwertes. Im Ergebnis zeigt sich, dass der Vermögensendwert am Ende der Investitionsdauer beim endfälligen Darlehen mit 4 498 € deutlich niedriger ist als beim Annuitätendarlehen, bei dem er sich auf 5 080 € beläuft. Als gewinnmaximierende Unternehmerin zieht Su Sidenkt also das vordergründig teurere Annuitätendarlehen entgegen der Empfehlung von Onno Überleg vor, da sie dadurch am Ende mehr Geld in der Tasche hat als beim endfälligen Darlehen.

Zu beachten ist, dass man aus der Höhe des Vermögensendwertes nicht ohne Weiteres schlussfolgern kann, ob die Durchführung einer Investition überhaupt rentabel ist. Es könnte ja sein, dass man mit einer Geldanlage bei der Bank einen höheren Vermögensendwert erzielt. In Zeile 16 ist deshalb zusätzlich der **Vermögensendwert bei Nichtdurchführung der Investition** und Verzinsung des Eigenkapitals zum Eigenkapitalzinsfuß angezeigt. Hier ergibt sich ein Vermögensstand des Eigenkapitalgebers am Ende der Investitionsdauer von 3 191 €. Damit ist klar, dass das Annuitätendarlehen nicht nur dem endfälligen Darlehen, sondern auch der Geldanlage bei der Bank überlegen ist.

Um nicht sowohl für das zu bewertende Investitionsvorhaben als auch für die Geldanlage bei der Bank jeweils den Vermögensendwert bestimmen zu müssen, stellt man oftmals direkt auf den **zusätzlichen Vermögensendwert** ab. Er gibt die Änderungen des Vermögensstandes des Eigenkapitalgebers an, die bis zum jeweiligen Planungszeitpunkt durch das betrachtete Investitions- und Finanzierungsvorhaben gegenüber der Alternative „Nicht-Durchführung des Vorhabens und Geldanlage bei der Bank" verursacht werden. In dem in Tab. 6-35 betrachteten Vorhaben reduziert sich der Vermögensstand des Eigenkapitalgebers im Jahr Null um 2 500 € (Zeile 7 und 13). Am Ende von Jahr 1 beträgt die Veränderung des Vermögens bei Nutzung des endfälligen Darlehen 375 €: Einerseits fließen dem Eigenkapitalgeber 3 000 € durch das Investitionsvorhaben zu. Andererseits wäre das eingesetzte Vermögen des Eigenkapitalgebers ohne unternehmerische Investition durch Anlage bei der Bank auf 2 625 € (= 2 500 · 1,05) angestiegen. Es ergibt sich eine Differenz von 375 € gegenüber der Alternative „Nicht-Durchführung des Vorhabens". Im Jahr 2 werden wieder 3 000 € im Investitionsvorhaben erwirtschaftet. Außerdem konnte der Eigenkapitalgeber die ihm im Jahr 1 zugeflossenen zusätzlichen Mittel in Höhe von 375 € ein Jahr lang zum Guthabenzins anlegen. Sein Vermögensstand ist also um 3 394 € (= 3 000 + 375 · 1,05) höher als bei der Alternative „Nicht-Investieren". In gleicher Weise ergeben sich die zusätzlichen Vermögensendwerte für die weiteren Nutzungsjahre. Alternativ könnte der zusätzliche Vermögensendwert als Differenz zwischen dem für sich berechneten Vermögensendwert bei Durchführung der unternehmerischen Investition (Zeile 6 oder 12) und dem für sich berechneten Vermögensendwert bei Geldanlage bei der Bank (Zeile 16) berechnet werden.

Der zunächst augenfälligste **Unterschied zwischen herkömmlichem Kapitalwertverfahren und Vermögensendwert** oder zusätzlichem Vermögensendwert besteht darin, dass bei der Vermögensendwertberechnung kein Abzinsen des Zahlungsstroms auf das Jahr Null vorgenommen wird, sondern ein Aufzinsen auf das Ende des Investitionszeitraums. Berechnet man die Kapitalwerte der jeweiligen Eigenkapitalzahlungsströme (Zeile 8 und 14) unter Rückgriff auf die Opportunitätskosten des Eigenkapitals ($i_{EK} = i_{kalk}$) und vergleicht sie mit den entsprechenden zusätzlichen Vermögensendwerten, so wird klar, dass dies kein inhaltlicher, sondern ein rein rechentechnischer Unterschied ist: Der Kapitalwert des Eigenkapitalzahlungsstroms liegt beim endfälligen Darlehen bei 1 024 € und beim Annuitätendarlehen bei 1 481 €. Die jeweiligen zusätzlichen Vermögensendwerte lassen sich - alternativ zu den oben beschriebenen Vorgehensweisen - durch Aufzinsen direkt aus diesen Werten ableiten ($1\,307 = 1\,024 \cdot 1{,}05^5$ und $1\,889 = 1\,481 \cdot 1{,}05^5$).

Der Unterschied zwischen dem herkömmlichen Kapitalwertverfahren und der Vermögensendwertmethode besteht darin, dass man - ähnlich wie bei der Berechnung der Eigenkapitalrendite (vgl. Punkt 6.3.3e) - nun gezielt die Perspektive des Eigenkapitalgebers einnimmt. Damit verbunden ist ein „anderer" Umgang mit dem Zins. Anstelle eines einheitlichen, als gewichteten Mittelwert berechneten Kalkulationszinsfußes werden periodengenau Sollzinsen für die aufgenommenen Mittel und Habenzinsen für die freien Eigenmittel berücksichtigt. Dies stellt einerseits eine verbesserte Abbildung der Realität dar und ermöglicht eine verbesserte Entscheidungsunterstützung. Andererseits erlaubt es die zusätzliche Berechnung eines kritischen Sollzinssatzes, der aussagt, bei welchem Fremdkapitalzinssatz der zusätzliche Vermögensendwert Null werden würde. Ein zusätzlicher Vermögensendwert von Null bedeutet, dass der Eigenkapitalgeber indifferent ist zwischen den Alternativen „Durchführung des Vorhabens" und „Nicht-Durchführung des Vorhabens". Im betrachteten Beispiel beträgt der kritische Sollzinssatz beim endfälligen Darlehen 12,28% und beim Annuitätendarlehen 18,45% (Zeile 9 und 14). Mit anderen Worten: Erst wenn das Annuitätendarlehen 18,45% p.a. kostet, sollte die Investition unter Rentabilitätsgesichtspunkten abgelehnt werden. Beim endfälligen Darlehen wäre dies schon bei 12,28% der Fall.

Wie Su ihrem vorschnellen Leiter des Rechnungswesens Onno Überleg nun erklärt, ist die Tatsache, dass das Annuitätendarlehen trotz des höheren Zinssatzes die bessere Wahl darstellt, nur auf den ersten Blick kontraintuitiv. Auf seinen verwirrt fragenden Blick hin, der Su ihre Personalentscheidung bei der Einstellung zum wiederholten Mal überdenken lässt, führt sie aus Gründen der Personalentwicklung Folgendes aus:

- Beim endfälligen Darlehen wird länger mehr teures Fremdkapital genutzt als für die Durchführung der Investition erforderlich ist. Das heißt, dass der **durchschnittlich geliehene Kapitalbetrag** höher ist als beim Annuitätendarlehen (vgl. Punkt 6.6.1c). Der Mittelüberschuss während der Laufzeit kann aber - so die hier getroffene Annahme - nur zum vergleichsweise niedrigen Habenzinssatz angelegt werden. Der Vermögensnachteil, der daraus im Vergleich zum Annuitätendarlehen entsteht, ist im vorliegenden Fall größer als der Vorteil des geringeren Zinssatzes für das endfällige Darlehen. Dieser Sachverhalt wird bei der Vermögensendwertmethode, die eine simultane Betrachtung des Gesamtvorhabens „Investition und Finanzierung" und eine periodengetreue Berücksichtigung von Soll- und Habenzinsen vornimmt, berücksichtigt.
- Bei der herkömmlichen Kapitalwertmethode erfolgt dagegen keine periodengetreue Berücksichtigung von Soll- und Habenzinsen. Sie beruht ja auf dem gemäß Gleichung (6-12) berechneten Mischkalkulationszinsfuß und damit auf der **Fiktion eines einheitlichen Kalkulationszinsfußes**. Mit anderen Worten: Nicht die durchschnittlich gebundenen Eigen- und Fremdkapitalanteile werden berücksichtigt, sondern nur die Anfangsbeträge der jeweiligen Kapitalanteile im Jahr Null (vgl. auch Punkt 6.3.3e). Je stärker das Verhältnis der anfänglich eingesetzten Kapitalanteile vom Verhältnis der durchschnittlich gebundenen Kapitalanteile abweicht, desto höher ist die Gefahr, dass der herkömmliche Kapitalwert zu einer falschen Entscheidung führt. Dies könnte bspw. bedeuten, dass ein aus der Sicht des Eigenkapitalgebers unrentables Investitionsvorhaben durchgeführt oder ein weniger rentables Vorhaben bei mehreren zur Auswahl stehenden Alternativen ausgewählt wird. Solche Fehlentscheidungen ergeben sich insbesondere dann, wenn die Finanzierung einer Investition nicht fristenkongruent erfolgt. Fristenkongruent bedeutet, dass die zeitliche Struktur des Finanzierungszahlungsstroms spiegelbildlich zu der des Investitionszahlungsstroms ist. So ist eine Investition mit homogenen zukünftigen Einzahlungsüberschüssen bei Fristenkongruenz durch ein gleichlanges Annuitätendarlehen zu finanzieren.

In der Regel finanziert man in der Praxis möglichst fristenkongruent. Das heißt, man betrachtet - das in Tab. 6-35 aufgetretene Problem vorwegnehmend - von vornherein nur Finanzierungen, die einen Zahlungsstrom aufweisen, der möglichst spiegelbildlich zum Investitionszahlungsstrom verläuft. Darauf aufbauend geht man dann im Sinne der Planvereinfachung häufig davon aus, dass eine **Separation der Planungsprobleme „Investition“ und „Finanzierung“** möglich ist und dass z.B. die Nutzung des herkömmlichen Kapitalwertes als Entscheidungskalkül nicht zu Fehlentscheidungen führt. Wie das obige Beispiel für den Fall einer nicht fristenkongruent finanzierten Investition gezeigt hat, sind aber die kritische Hinterfragung dieser Vereinfachung und eine Überprüfung der Rentabilität durch die Vermögensendwertmethode durchaus angebracht.

Unter dem **Begriff „Vermögensendwert“** werden in der Literatur verschiedene Verfahrensvarianten und Definitionen beschrieben, auf die hier kurz eingegangen wird, um dem Leser eine sachkundige Einordnung der verschiedenen Formen zu ermöglichen. Tab. 6-36 systematisiert diese Varianten, die sich auf zwei Ebenen unterscheiden:

- Erstens geht es darum, ob die periodengetreue Ableitung der Soll- und Habenzinsen isoliert erfolgt oder ob dabei die Interdependenzen mit einem bestehenden Unternehmen und Haushalt (inkl. erforderlicher bzw. erwünschter Entnahmen für Konsumzwecke) berücksichtigt werden. Eine isolierte Betrachtung entspricht der Perspektive, dass das betrachtete Investitions- und Finanzierungsvorhaben „auf der grünen Wiese“ erfolgt und keine Interdependenzen mit einem bestehenden Unternehmen/Haushalt aufweist. Bei der simultanen Betrachtung verfolgt man gerade das Ziel, Interdependenzen zwischen Investitions- und Finanzierungsvorhaben und Restunternehmen/Haushalt zu berücksichtigen.
- Zweitens geht es darum, ob ein impliziter Vermögensvergleich zwischen den Handlungsalternativen „Durchführung des Vorhabens“ und „Nicht-Durchführung des Vorhabens“ vorgenommen wird oder ob der Vermögensstand für beide Alternativen getrennt berechnet wird. Bei der impliziten Verfahrensweise bezeichnet der *zusätzliche* Vermögensendwert die Vermögensendwert*änderung* des Investors im Vergleich zur Nicht-Durchführung des Investitionsvorhabens. Beim expliziten Vergleich der Alternativen „Nicht-Durchführung des Vorhabens“ und „Durchführung des Vorhabens“ bezeichnet der Vermögensendwert dagegen den Gesamtvermögensstatus der jeweiligen Investitionsalternativen. Das Entscheidungskalkül ergibt sich hier also erst aus dem Vergleich zweier *absoluter* Vermögensendwert*niveaus.*

Tab. 6-36: Systematisierung verschiedener Vermögensendwertverfahren [a)]

	Isolierte Betrachtung des Investitions- und Finanzierungsvorhabens	Simultane Betrachtung des Investitions- und Finanzierungsvorhabens mit Restunternehmen und Haushalt
Impliziter Vergleich über Vermögensendwert*änderung* durch Investitions- und Finanzierungsvorhaben	Variante 1	Variante 2
Expliziter Vergleich über Vermögensendwert*niveau* mit/ohne Investitions- und Finanzierungsvorhaben	Variante 3	Variante 4

a) Praxisrelevante Varianten sind grau unterlegt.

Mit Blick auf den zuletzt genannten Punkt ist zu beachten, dass verwirrenderweise sowohl der tatsächliche Vermögensstand als auch der im Vergleich zur Geldanlage bei der Bank zusätzliche Vermögensstand des Eigenkapitals als Vermögensendwert bezeichnet wird. Um den Unterschied deutlich zu machen, haben wir explizit zwischen dem „Vermögensendwert“ und dem „zusätzlichen Vermögensendwert“ unterschieden. Bei der Anwendung des klassischen Kapitalwertverfahrens tritt die Gefahr eines solchen Missverständnisses nicht auf, weil die Geldanlage bei der Bank einen Kapitalwert von Null besitzt. Deshalb sind Kapitalwert und zusätzlicher Kapitalwert identisch.

Die in Tab. 6-35 systematisierten Vermögensendwertverfahren lassen sich wie folgt beschreiben:

- **Variante 1** entspricht der in Tab. 6-35 beschriebenen Bestimmung des zusätzlichen Vermögensendwertes. Hier erfolgt die Beurteilung der Vorteilhaftigkeit der beiden Finanzierungsalternativen direkt über die Vermögensendwertänderungen, die sich im Vergleich zur Nicht-Realisierung des Vorhabens ergeben. In dem in Tab. 6-35 betrachteten Beispiel beträgt der zusätzliche Vermögensendwert bei Nutzung des endfälligen Darlehens 1 307 €. Bei Nutzung des Annuitätendarlehens ergibt sich dagegen ein zusätzlicher Vermögensendwert von 1 889 €.
- **Variante 2** ist weder gängig noch empfehlenswert. Bei eng mit dem Restunternehmen und Haushalt verbundenen Vorhaben ist es sehr schwer, die *ursächlich* durch das Vorhaben ausgelösten *Änderungen* des Vermögensstatus in jeder einzelnen Periode direkt zu bestimmen. In einer solchen Situation ist das planerische Durchdenken einer kompletten mit/ohne Situation leichter (vgl. Variante 4) als laufende mit/ohne Vergleiche in den einzelnen Perioden.
- **Variante 3** stellt lediglich ein ausführlicheres rechnerisches Herleiten von Variante 1 dar. Im in Tab. 6-35 betrachteten Beispiel wurde alternativ zum zusätzlichen Vermögensendwert der Vermögensstand berechnet, der sich ohne Realisierung des Vorhabens ergibt. Er beträgt 3 191 €. Außerdem wurden die Vermögensendwerte berechnet, die sich durch Realisierung des Vorhabens ergeben: 4 498 € bei der Finanzierung über das endfällige Darlehen und 5 080 € beim Annuitätendarlehen. Beim endfälligen Darlehen erzielt man also gegenüber dem Vermögensendwertniveau ohne Vorhaben eine Steigerung von 1 307 € (= 4 498 − 3 191) und beim Annuitätendarlehen eine Steigerung von 1 889 € (= 5 080 − 3 191) (vgl. Variante 1).
- **Variante 4** ist von hoher Relevanz. Die Vorteile des expliziten Vergleichs kommen vor allem zur Geltung, wenn man die positiven und negativen Interdependenzen zwischen der zeitlichen Zahlungsstromstruktur des Vorhabens und der Zahlungsstromstruktur des bestehenden Unternehmens/Haushalts berücksichtigt. Wegen der damit verbundenen Komplexität ist hier das planerische Durchdenken einer kompletten mit/ohne Situation leichter als der laufende mit/ohne Vergleich in den einzelnen Perioden (vgl. Variante 2). Ein anschauliches Beispiel für derartige Interdependenzen ist ein bestehendes Unternehmen mit zunächst hohen, dann aber abnehmenden Zahlungsüberschüssen. Wird hier eine Investition mit zunächst geringen, dann aber zunehmenden Einzahlungsüberschüssen getätigt, dann braucht man - im Gegensatz zu einer isolierten Betrachtung des Vorhabens - keine tilgungsfreien Anfangsjahre bei der Darlehensrückzahlung vereinbaren. Mit anderen Worten: In der Verbindung mit dem bestehenden Unternehmen kann man eine günstigere Finanzierung (z.B. ein reguläres Annuitätendarlehen) wählen, bei der man das teure Fremdkapital weniger lange nutzt. Man könnte auch sagen, man vermeidet, dass gleichzeitig Sollzinsen für Fremdmittel anfallen und Mittelüberschüsse zum geringeren Habenzins angelegt werden. In Variante 4 wäre eine detaillierte Analyse der durch das Vorhaben im Gesamtunternehmen ausgelösten steuerlichen Effekte möglich (vgl. Punkt 6.4.3).

Eine **allgemeine Vorschrift für den Vermögensendwert** VEW_t zu einem Zeitpunkt t kann wie folgt formuliert werden:

$$VEW_t = (e_t - a_t) + \left(e_t^{basis} - a_t^{basis}\right) + \begin{cases} VEW_{t-1} \cdot (1 + i_H), \text{wenn } VEW_{t-1} \geq 0 \\ VEW_{t-1} \cdot (1 + i_S)\text{, andernfalls} \end{cases} \quad (6\text{-}41)$$

Dabei kennzeichnet man mit $e_t - a_t$ den jeweiligen Einzahlungsüberschuss der Investition, und mit $e_t^{basis} - a_t^{basis}$ den Einzahlungsüberschuss aus dem Restunternehmen und dem Kapital- sowie Privatbereich und i_H (i_S) den Habenzinsfuß (Sollzinsfuß).

6.7.2 Zur Problematik umfassender Investitions- und Finanzierungsprogramme

In Punkt 6.7.1 wurde die Investitions- und Finanzierungsentscheidung simultan betrachtet, indem eine periodengetreue Berücksichtigung von Kapitalbeschaffungs- und Kapitalanlagemöglichkeiten zum Soll- oder Habenzinssatz erfolgte. Dabei wurden im umfassendsten Fall (vgl. Tab. 6-36, Variante 4) Interdependenzen mit dem laufenden Unternehmen/Haushalt berücksichtigt. Im Vergleich zu den herkömmlichen Investitionskalkülen stellt der Vermögensendwert also eine Erweiterung der Realitätsabbildung dar. Die Rentabilitätsanalyse ist aber immer noch auf ein einzelnes Vorhaben bezogen und als einfacher mit/ohne Vergleich des Gesamtunternehmens ausgelegt. Das heißt, neben der Durchführung und der Nichtdurchführung des betrachteten Vorhabens wurden im laufenden Unternehmen keine Interdependenzen mit weiteren Kapitalverwendungs- und Kapitalbeschaffungsmöglichkeiten berücksichtigt. Bisher haben wir uns also nur mit **Auswahlentscheidungen zwischen einzelnen sich gegenseitig ausschließenden Alternativen** beschäftigt. Wir haben gefragt, welche von mehreren sich ausschließenden Investitionen (Finanzierungen) bei gegebener Verfügbarkeit an finanziellen Mitteln (gegebenem Bedarf an finanziellen Mitteln) realisiert werden soll.

Im Rahmen der Vermögensendwertmethode wird letztlich nur ein kleiner Ausschnitt aller Investitions- und Finanzierungsmöglichkeiten abgebildet. Mit anderen Worten: Zur Komplexitätsreduktion erfolgt bei der Vermögensendwertmethode bezüglich des restlichen Investitions- und Finanzierungsprogramms eine Ceteris-Paribus-Betrachtung. Einem Unternehmer bietet sich aber oftmals eine Vielzahl unterschiedlicher Investitions- und Finanzierungsmöglichkeiten, die wechselseitige Interdependenzen aufweisen. So können sich Investitionen gegenseitig physisch ausschließen oder kombinierbar sein. Sie konkurrieren bei unterschiedlichen Kapitalerfordernissen und unterschiedlicher Struktur des Zahlungsstroms um das verfügbare Kapital, stellen aber selber wieder Kapital für weitere Investitionen zur Verfügung. Gleichzeitig sind die Finanzierungsmöglichkeiten abhängig von der Güte der zur Verfügung stehenden Investitionsmöglichkeiten. Für eine sehr vorteilhafte Investitionsalternative werden sich eher Investoren finden als für eine weniger interessante Investitionsalternative. Wenn sich nicht alle betrachteten Investitions- bzw. Finanzierungsalternativen ausschließen, sondern zumindest z.T. gleichzeitig realisierbar sind, dann spricht man von **Programmentscheidungen**.

Aufgrund der hohen Anzahl von Investitions- und Finanzierungsmöglichkeiten und der mit der Zahl der Möglichkeiten exponentiell ansteigenden Zahl von Kombinationsmöglichkeiten ist das Planungsproblem der simultanen Bestimmung optimaler Investitions- und Finanzierungsprogramme höchst komplex. Eine vollständige und simultane Berücksichtigung aller Wahlmöglichkeiten sowie die Bestimmung optimaler Investitions- und Finanzierungsprogramme würde die Aufstellung **vollständiger Finanzpläne** im Rahmen einer mehrperiodischen linearen Programmierung erforderlich machen. Vielfach werden noch umfassendere Simultanplanungsmodelle vorgeschlagen, die neben der Optimierung des Investitions- und Finanzierungsbereichs bspw. die Bestimmung des optimalen Produktionsprogramms beinhalten und einem „Totalmodell" des Unternehmens nahe kommen wollen. Dies ist für die praktische unternehmerische Entscheidungsunterstützung wegen des hohen Aufwands bei der Modellerstellung und der enorm hohen Informationserfordernisse bzgl. der Planannahmen nicht immer zweckmäßig. Gleichzeitig ist aber klar, dass man einzelne Vorhaben auch nicht immer isoliert betrachten kann. Um die Planung in einfacherer Weise handhabbar zu machen, greift man mit Blick auf Investitions- und Finanzierungsprogrammentscheidungen auf das einfache Rentabilitätskriterium „interner Zinsfuß" (Gesamtkapitalrendite) zurück und gibt - in Anlehnung an das allgemeine Grenzwertprinzip (vgl. Punkt 2.4.1) - folgende als **Faustregel** zu verstehende Handlungsempfehlung: Stehen mehrere gleichzeitig realisierbare Investitionsalternativen zur Auswahl, sollte man zunächst den jeweiligen internen Zinsfuß bestimmen und die Alternativen entsprechend dem internen Zinsfuß in eine Rangordnung bringen. Außerdem sind die Finanzierungsalternativen aufsteigend nach ihren Kosten zu ordnen. Alle Investitions- und Finanzierungsalternativen in den beiden Reihen sollten realisiert werden, bis der interne Zinsfuß der letzten Investition gerade den Kapitalbereitstellungskosten der letzten Finanzierung entspricht.

Faustregel zur Bestimmung optimaler Programme

Um zu verstehen, was diese Faustregel bedeutet, betrachten wir wieder einfache Kakteeninvestitionen, die sich technisch nicht ausschließen. Die Zahlungsströme der einzelnen Investitionen und ihre internen Zinsfüße sind in Tab. 6-37 dargestellt. Kaktus A und Kaktus B entsprechen den bereits in Punkt 6.5.2a) und Punkt 6.5.2b) hinsichtlich ihrer Rentabilität analysierten Kakteen A und B. Die Investition in Kaktus C bedeutet hier, dass der in Punkt 6.5.2b) betrachtete Kaktus C fünfmal realisiert werden kann, also bei einem Anschaffungswert von 500 € einen Einzahlungsüberschuss in Höhe von 850 € im Jahr 2 liefert. Zusätzlich wird ein Kaktus D betrachtet, der bei einem Anschaffungswert von 500 € und einem einmaligen Investitionsrückfluss im Jahr 4 von 874 € einen internen Zinsfuß von 15% p.a. aufweist.

Tab. 6-37: Beispielhafte konkurrierende Investitionsalternativen im Überblick

Zahlungsstrom						Interner Zinsfuß
Jahr *t*	**0**	**1**	**2**	**3**	**4**	
Kaktus A	-1 000	0	1 500			22,47%
Kaktus B	-1 000	0	0	0	2 000	18,92%
Kaktus C	-500	0	850			30,38%
Kaktus D	-500	0	0	0	874	15,00%

In Abb. 6-23 sind die einzelnen Investitionsalternativen nach abnehmender „Leistung" bzw. Gesamtkapitalrendite geordnet.

Abb. 6-23: Grafische Bestimmung des optimalen Investitions- und Finanzierungsprogramms

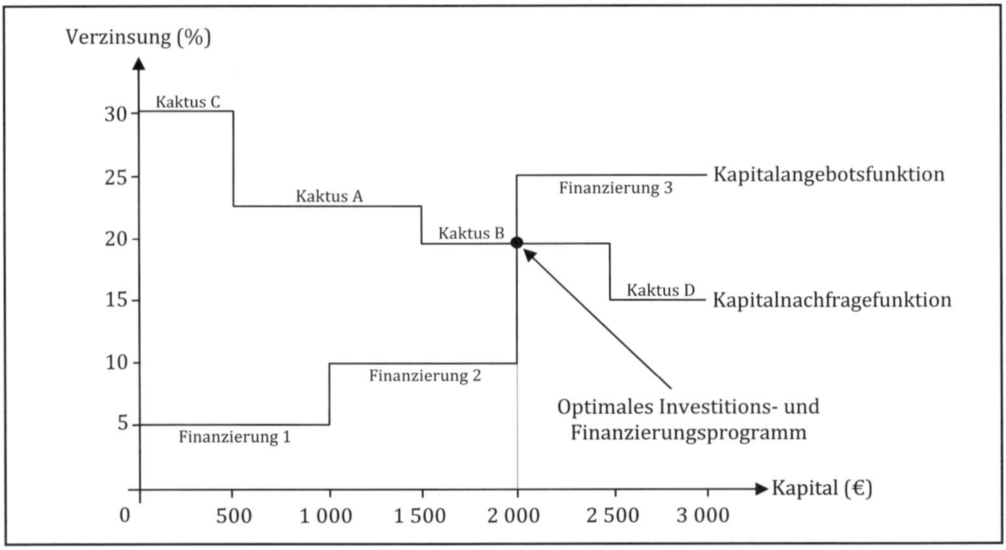

Zusätzlich sind in Abb. 6-23 die drei verfügbaren Finanzierungsmöglichkeiten nach ihren Kosten bzw. ihrem Effektivzinssatz aufsteigend dargestellt: (1) Es sind eigene Mittel in Höhe von 1 000 € vorhanden, die alternativ zur Durchführung von Investitionen zu einem Zinssatz von 5% p.a. bei der Bank angelegt werden könnten. (2) In gleichem Umfang wie Eigenkapital steht Fremdkapital in Form eines endfälligen Darlehens mit Zinszahlung am Ende zur Verfügung, das bei einer Laufzeit von 4 Jahren zu einem Zinssatz von

10% p.a. angeboten wird. (3) Weiteres Fremdkapital von bis zu 1 000 € kann durch Inanspruchnahme eines endfälligen Darlehens mit Zinszahlung am Ende, einer Laufzeit von 4 Jahren und (aufgrund der gesunkenen Bonität des Unternehmens) zu einem Zinssatz von 25% p.a. aufgenommen werden. Die in eine Rangordnung gebrachten Investitionsalternativen mit ihrem kumulierten Kapitalbedarf kann man - grafisch gesprochen - als **Kapitalnachfragefunktion** interpretieren. Analog gilt, dass die Finanzierungsalternativen mit ihrem kumulierten Kapitalangebot als **Kapitalangebotsfunktion** bezeichnet werden können.

Gemäß der in Abb. 6-23 visualisierten Faustregel ergibt sich folgende Handlungsempfehlung bzgl. des zu wählenden Investitions- und Finanzierungsprogramms: Kaktus C und Kaktus A sollten vollständig und Kaktus B zu 50% realisiert werden. Dazu sollten die eigenen Mittel in Höhe von 1 000 € und das endfällige Darlehen mit einem Effektivzins von 10% eingesetzt werden. Bei einem Effektivzins für die Finanzierung 3 in Höhe von 25% liegt dementsprechend keine Kapitalnachfrage mehr vor, weil dann im Gesamtinvestitionsprogramm Vorhaben enthalten wären, die mehr kosten als sie bringen. Das gemäß Faustregel bestimmte optimale Investitions- und Finanzierungsprogramm weist einen über die Geldanlage bei der Bank hinausgehenden auf das Jahr 4 bezogenen Vermögensendwert von 1 608 € auf.

Wie bereits erwähnt, stellt die in Abb. 6-23 skizzierte Vorgehensweise zur Bestimmung des optimalen Investitions- und Finanzierungsprogramms eine Faustregel dar, die das Planungsproblem handhabbar machen soll, aber **vereinfachende Annahmen** trifft. Um dem Leser eine kritische Bewertung dieser Faustregel zu ermöglichen, sei nachfolgend auf die Annahmen hingewiesen, die erfüllt sein müssten, um mit der Faustregel das optimale Programm zu finden:

1. Die in der Gegenwart beobachteten Kapitalbeschaffungskosten und Investitionsmöglichkeiten müssen auch in der Zukunft realisiert werden können. Die Möglichkeit der Wiederanlage freier Mittel zum internen Zinsfuß ist die implizite Prämisse des Internen-Zinsfuß-Kriteriums, die beim Vergleich von Investitionen mit unterschiedlicher Tiefe und Breite bedeutsam ist (vgl. Punkt 6.5.2).
2. Die Investitions- und Finanzierungsalternativen müssen beliebig teilbar sein. Es muss also möglich sein, Investitionen anteilig zu realisieren.
3. Die Kapitalbeschaffungskosten sind nicht an eine Kapitalverwendung für ein bestimmtes Vorhaben gebunden, sondern nur vom Volumen des aufgenommenen Fremdkapitals abhängig.

Diese Annahmen sind in der Realität nur selten erfüllt. Im Folgenden wird deshalb gezeigt, zu welchen Problemen es durch die Anwendung der Faustregel kommen kann. Dabei greifen wir auf die Vermögensendwerte zurück, die sich für die unterschiedlichen Investitionsprogramme im Vergleich zur Geldanlage bei der Bank zusätzlich ergeben. Sie sind für einige relevante Investitions- und Finanzierungsprogramme in Tab. 6-38 ausgewiesen. Grundlage der Berechnungen bilden die in Tab. 6-37 beschriebenen Investitionsalternativen.

Schauen wir uns zunächst die erste Annahme (**Wiederanlageprämisse**) kritisch an. Berechnet man die Vermögensendwerte für die einzelnen Investitionsprogramme zunächst auf der Grundlage der in Tab. 6-37 genannten Zahlungsströme, d.h. ohne Reinvestitionsmöglichkeit der bei Kaktus A und C früher wieder frei werdenden Mittel, dann führt das Investitionsprogramm 4 „Kaktus C, Kaktus B und Kaktus D“ mit 1 132 € zum höchsten Vermögensendwert. Das gemäß Faustregel bestimmte Investitionsprogramm 1 ist mit einem Vermögensendwert von 911 € unterlegen. Dies liegt daran, dass Kaktus B und Kaktus D über einen Zeitraum von 4 Jahren eine Verzinsung des eingesetzten Kapitals in Höhe von 18,92% bzw. 15,00% p.a. liefern. Dagegen bringt Kaktus A mit einem internen Zinsfuß von 22,47% zwar über 2 Jahre eine höhere Rendite. Entsprechend der getroffenen Annahmen können dann aber die im Vergleich zu Kaktus B und Kaktus D früher frei werdenden Mittel nur zum Eigenkapitalzinsfuß von 5% p.a. angelegt werden. Eine Investitionsentscheidung, die auf der Grundlage der Faustregel von Abb. 6-23 getroffen wird, maximiert nur dann den Vermögensendwert, wenn früher frei werdende Mittel tatsächlich zum internen Zinsfuß angelegt werden können. In unserem Beispiel müsste man also unterstellen, dass die Investitionen in Kaktus A und Kaktus C nach 2 Jahren erneut durchführbar sind. Wie die letzte Spalte von Tab. 6-38 verdeutlicht, führt das gemäß Faustregel bestimmte Programm 1 mit 1 608 € zum maximalen zusätzlichen Vermögensendwert, wenn man die entsprechenden Reinvestitionsmöglichkeiten berücksichtigt. Das optimale Finanzierungsprogramm ist in beiden Fällen identisch (einmal Finanzierung 1 und einmal Finanzierung 2).

Tab. 6-38: Vermögensendwert für unterschiedliche Investitions- und Finanzierungsprogramme

Investitionsprogramm	Kapitalbedarf [a]	Zusätzlicher Vermögensendwert ohne Reinvestitionsmöglichkeit [b]	Zusätzlicher Vermögensendwert mit Reinvestitionsmöglichkeit
1 Kaktus C, Kaktus A, 0,5-mal Kaktus B	2 000	911	**1 608**
2 Kaktus C, 0,5-mal Kaktus A, Kaktus B	2 000	1 084	1 582
3 Kaktus C, Kaktus A, Kaktus D	2 000	786	1 482
4 Kaktus C, Kaktus B, Kaktus D	2 000	**1 132**	1 431
5 Kaktus C, Kaktus A, Kaktus B	2 500	691	1 387
6 Kaktus A, Kaktus B	2 000	974	1 372
7 Kaktus C, Kaktus A	1 500	643	1 340
8 Kaktus C, Kaktus B	1 500	990	1 288
9 Kaktus C, Kaktus A, Kaktus B, Kaktus D	3 000	344	1 041

[a] Es werden immer zunächst die kostengünstigen Finanzierungsalternativen realisiert.

[b] Es wird unterstellt, dass die bei Investitionen in Kaktus A und Kaktus C mit geringerer Tiefe früher frei werdenden Mittel nicht durch Reinvestitionen zum internen Zinsfuß, sondern nur zum Eigenkapitalzinsfuß wieder angelegt werden können.

Schauen wir uns nun die zweite Annahme (**Teilbarkeit**) kritisch an. Wenn die betrachteten Investitionen nicht teilbar sind (lumpy investments), dann wäre das Investitionsprogramm 7 „Kaktus C und Kaktus A" dem gemäß Faustregel bestimmten Investitionsprogramm 1 am ähnlichsten und mit 1 000 € Eigenkapital und 500 € aus dem endfälligen Darlehen mit einem Zinssatz von 10% zu finanzieren. Wie die letzte Spalte von Tab. 6-38 verdeutlicht, liefert das Investitionsprogramm 7 mit 1 340 € aber nicht den maximalen Vermögensendwert der Investitionsprogramme, die keine geteilten Investitionen beinhalten. Schon das Programm 6 „Kaktus A und Kaktus B" würde zu einem höheren Vermögensendwert von 1 372 € führen, obwohl der bzgl. des internen Zinsfußes am besten abschneidende Kaktus C nicht Bestandteil dieses Programms ist. Dies liegt daran, dass wegen der Unteilbarkeit die breitere Investition in Kaktus B nur durch den Verzicht auf Kaktus C möglich ist. Der maximale zusätzliche Vermögensendwert von 1 482 € ergäbe sich aber durch das Programm 3 „Kaktus C, Kaktus A und Kaktus D". Die Aufnahme von Kaktus D in das optimale Programm erscheint im Lichte des internen Zinsfußes zunächst erstaunlich. Der Grund ist, dass es sich bei Unteilbarkeit lohnen kann, Investitionen zu realisieren, die gerade zum noch verfügbaren Kapitalangebot passen, auch wenn sie bzgl. des internen Zinsfußes relativ schlecht abschneiden.

Schauen wir uns abschließend die dritte Annahme (**Entkopplung von Kapitalbeschaffung und -verwendung**) kritisch an. Stellen wir uns dazu vor, dass Finanzierung 2 (endfälliges Darlehen mit Zinszahlung am Ende von 4 Jahren in Höhe von 1 000 € zu einem Zinssatz von 10% p.a.) nur erhältlich ist, wenn Kaktus B realisiert wird. Die Finanzierung 2 könnte bspw. einen vergleichsweise günstigen Kredit darstellen, den der Hersteller von Kaktus B zur Absatzförderung gewährt. Klar ist, dass Kaktus B realisiert werden sollte, weil die interne Verzinsung höher ist als die Kosten der Finanzierung 2. Das Investitionsprogramm 2 „einmal Kaktus C, 0,5-mal Kaktus A und einmal Kaktus B" liefert bei der genannten Kopplung von allen Investitionsprogrammen, die die vollständige Realisierung von Kaktus B beinhalten, mit 1 582 € den höchsten zusätzlichen Vermögensendwert. Sind die Investitionsalternativen zusätzlich auch noch unteilbar, dann liefert von den Programmen, in denen Kaktus B vollständig berücksichtigt wurde und keine geteilten Investitionen enthalten sind, Programm 4 „Kaktus C, Kaktus B und Kaktus D“ mit 1 431 € den maximalen zusätzlichen Vermögensendwert. Sowohl das Programm 2 als auch das Programm 4 hätte man gemäß Faustregel nicht identifizieren können.

Durch die Anwendung der in Abb. 6-23 skizzierten Vorgehensweise zur Bestimmung des optimalen Investitions- und Finanzierungsprogramms kann man in der Realität also oftmals nur zu einer „vernünftigen Proxystrategie“ gelangen. Außerdem wird im Rahmen dieser Vorgehensweise nur sichergestellt, dass das im Planungszeitpunkt verfügbare Kapital nicht durch die Anschaffungswerte der realisierten Investitionsvorhaben überschritten wird. Für die Folgejahre muss deshalb die Liquidität des gewählten Programms noch gesondert im Rahmen von Finanzplänen (vgl. Punkt 6.6.3) geprüft werden.

Mehrperiodische lineare Programmierung zur Bestimmung optimaler Programme

Zur simultanen Bestimmung des optimalen Investitions- und Finanzierungsprogramms kann die **mehrperiodische lineare Programmierung** zur Anwendung kommen (vgl. Punkt 5.3.3). Tab. 6-39 zeigt das entsprechende MS-EXCEL-Arbeitsblatt mit der Optimallösung für den Fall, dass keine Reinvestitionsmöglichkeit für die bei Kaktus B und Kaktus D früher frei werdenden Mittel möglich ist.

In den Spalten B bis E der Tab. 6-39 sind die Sachinvestitionsalternativen spezifiziert. Beispielsweise ist Kaktus A mit Auszahlungen von 1 000 € im Jahr 0 und Einzahlungen von 1 500 € im Jahr 2 verbunden (vgl. Spalte B). Als weitere Kapitalverwendungsmöglichkeit besteht die Geldanlage bei der Bank zu einem Zinssatz von 5% (Spalte F bis I). In Spalte F ist bspw. die Kapitaltransfermöglichkeit von Jahr 0 zu Jahr 1 formuliert. Jeder im Jahr 0 bei der Bank angelegte Euro wächst bis zum Jahr 1 auf 1,05 € an. Im Beispiel wird der Rückfluss aus dem einmal in der Optimallösung enthaltenen Kaktus C in Höhe von 850 € im Jahr 2 unverzüglich bei der Bank angelegt (Zelle H5). Daraus ergibt sich ein Bankguthaben im Jahr 3 von 892,5 €, das bei der Bank angelegt bleibt (Zelle I5). In den Spalten J bis L sind die Kapitalbereitstellungsalternativen spezifiziert. Beispielsweise ist Finanzierungsmöglichkeit 2 „endfälliges Darlehen zu einem Zinssatz von 10%“ mit 1 000 € Einzahlungen im Jahr 0 und 1 464 € ($= 1\,000 \cdot 1{,}10^4$) Auszahlungen im Jahr 4 verbunden. Die Kapitalbereitstellungsalternativen sind nicht auf 1 €, sondern auf 1 000 € dimensioniert. Dadurch besteht die Möglichkeit, im Rahmen einer ganzzahligen Programmierung eine beliebige Teilbarkeit der Kapitalbereitstellungsalternativen zu vermeiden.

Unter Berücksichtigung der verfügbaren Investitions- und Finanzierungsmöglichkeiten wird der **zusätzliche Vermögensendwert maximiert**. Der zusätzliche Vermögensendwert entspricht hier deshalb dem Geldbetrag, der auf das Jahr 4 bezogen mehr verdient wird als durch die Anlage des Eigenkapitals bei der Bank, weil die Opportunitätskosten für das in der Investition gebundene Eigenkapital explizit als Kosten der Kapitalbereitstellung berücksichtigt werden (Spalte J). Der Zielfunktionsbeitrag der einzelnen Kapitalverwendungs- und Kapitalbeschaffungsmöglichkeiten ist in Zeile 4 definiert, die den mit den einzelnen Alternativen verbundenen Zahlungen im Jahr 4 und damit der Zeile 12 entspricht. Die gesuchten Umfänge für die Alternativen werden in Zeile 5 bestimmt.

In der Spalte M ist die Right-Hand-Side (RHS) des LP formuliert. Während des 4-jährigen Betrachtungszeitraums muss immer die Liquidität sichergestellt sein. Der Einzahlungs-Auszahlungs-Saldo im jeweiligen Jahr darf also nicht negativ werden. Diese Untergrenze für den Saldo ist in den Zellen M8 bis M12 definiert. Des Weiteren darf jede Investitions- und Finanzierungsalternative nur einmal realisiert werden. Diese Obergrenze ist in den Zellen M13 bis M19 genannt.

Den in Spalte N und in Zeile 21 ausgewiesenen Werten liegen Funktionen zugrunde. In Spalte N wird die Kapazitätsnutzung (KN) berechnet, indem die zu bestimmenden Umfänge (Zeile 5) mit den entsprechenden Werten der jeweiligen Zeile multipliziert werden. Beispielsweise ist in Zelle N8 formuliert:

N8: *=SUMMENPRODUKT($B$5:$L$5;B8:L8)*

Tab. 6-39: Modell zur Bestimmung des optimalen Investitions- und Finanzierungsprogramms [a)]

	A	B	C	D	E	F	G	H	I	J	K	L	M	N
1	Aktivität	Kapitalverwendung								Kapitalbereitstellung				
2		Investitionsvorhaben				Kapitaltransfer (Geldanlage bei der Bank zu 5%)				Eigenkapital zu 5%	Endfälliges Darlehen zu 10%	Endfälliges Darlehen zu 25%		
3		Kaktus A	Kaktus B	Kaktus C	Kaktus D	Jahr 0 → Jahr 1	Jahr 1 → Jahr 2	Jahr 2 → Jahr 3	Jahr 3 → Jahr 4	Finanzierung 1	Finanzierung 2	Finanzierung 3		
4	Zahlung in Jahr 4	0	2 000	0	874	0	0	0	1,05	-1 216	-1 464	-2 441		
5	Umfang (€)	0	1	1	1	0	0	850	892,5	1	1	0		
6														
7	*LHS*												*RHS*	*KN*
8	Zahlung in Jahr 0	-1 000	-1 000	-500	-500	-1				1 000	1 000	1 000	0	0
9	Zahlung in Jahr 1	0	0	0	0	1,05	-1			0	0	0	0	0
10	Zahlung in Jahr 2	1 500	0	850	0		1,05	-1		0	0	0	0	0
11	Zahlung in Jahr 3	0	0	0	0			1,05	-1	0	0	0	0	0
12	Zahlung in Jahr 4	0	2 000	0	874				1,05	-1 216	-1 464	-2 441	0	1 132
13	Kaktus A	1											1	0
14	Kaktus B		1										1	1
15	Kaktus C			1									1	1
16	Kaktus D				1								1	1
17	Finanzierung 1									1			1	1
18	Finanzierung 2										1		1	1
19	Finanzierung 3											1	1	0
20														
21	**Zusätzlicher Vermögensendwert**	**1 132**												

a) Zellen, die Formeln beinhalten, sind grau unterlegt.

In Zelle B21 wird der Zielfunktionswert berechnet, der im vorliegenden Fall dem zu maximierenden zusätzlichen Vermögensendwert entspricht. Zur Berechnung des Vermögensendwertes werden die Umfänge mit den in Zeile 4 benannten Zielfunktionsbeiträgen multipliziert:

B21: *=SUMMENPRODUKT(B5:L5;B4:L4)*

Im Ergebnis zeigt sich, dass man unter den getroffenen Annahmen mit dem optimalen Investitions- und Finanzierungsprogramm (d.h. einmal Kaktus B, einmal Kaktus C und einmal Kaktus D sowie einmal Finanzierung 1 und einmal Finanzierung 2) am Ende der betrachteten 4 Jahre 1 132 € mehr verdient hat als wenn man „auf dem Sofa liegt“ und das Eigenkapital bei der Bank zu einem Zinssatz von 5% anlegt. Am Ende des Jahres 4 verfügt der Investor anstatt eines Betrags von 1 216 € (Zelle J12) über einen Vermögensendwert von 2 348 € (= 1 132 + 1 216).

6.8 Literaturhinweise

BRANDES, W. und M. ODENING (1992): Investition, Finanzierung und Wachstum in der Landwirtschaft. Ulmer, Stuttgart.

BREALEY, R.A. und S.C. MYERS (2000): Principles of Corporate Finance. McGraw-Hill, New York.

KRUSCHWITZ, L. (2003): Investitionsrechnung. Oldenbourg, München.

SCHEUERLEIN, A. (1997): Finanzmanagement für Landwirte. BLV Verlagsgesellschaft, München.

7 Querschnittsaufgabe Risikomanagement

7.1 Vorbemerkungen

Wenn das Wort „Risiko“ im Zusammenhang mit wirtschaftlicher Tätigkeit verwendet wird, ergeben sich bei unterschiedlichen gesellschaftlichen Gruppierungen häufig ganz unterschiedliche Assoziationen. Die Nicht-Unternehmer denken in erster Linie an die Gefahren, die für die Gesellschaft bspw. aus dem Einsatz der Gentechnik, der Nutzung fossiler Brennstoffe oder der Verwendung von Pflanzenschutzmitteln entstehen (**gesellschaftliche Risikoperspektive**). Mit diesem Risikoverständnis ist implizit die Frage verknüpft, durch welche staatlichen Maßnahmen die Wahrscheinlichkeit und Höhe von Schäden auf ein gesellschaftlich akzeptables Niveau verringert werden können. Risikomanagement wird dementsprechend als Aufgabe verstanden, das Verhalten der wirtschaftlichen Akteure - sei es durch Überzeugung und Aufklärung oder eine zielgerichtete Ausgestaltung der Rahmenbedingungen - so zu steuern, dass Gefahren für die Gesellschaft und zukünftige Generationen abgewendet werden. Ein gutes Beispiel sind staatliche Vorgaben und Kontrollen von Höchstwerten für bestimmte Inhaltsstoffe in Lebensmitteln. Eine gänzlich andere Erstbedeutung hat das Wort „Risiko“ dagegen für Unternehmer (**unternehmerische Risikoperspektive**). Für sie stellen Veränderungen der institutionell-rechtlichen Rahmenbedingungen ebenso wie die Entwicklungen auf den Märkten unsichere Umweltbedingungen und damit Quellen des Risikos dar, die den Erfolg der wirtschaftlichen Tätigkeit unsicher machen. Hier bezeichnet das Risiko die Tatsache, dass man nicht weiß, wie viel Geld man in der Zukunft verdienen oder verlieren wird. Risikomanagement wird hier als Querschnittsaufgabe der Unternehmensführung gesehen, da alle unternehmerischen Entscheidungsbereiche der Unsicherheit unterliegen.

Obwohl diese beiden Perspektiven auf den ersten Blick kaum unterschiedlicher sein könnten, haben sie doch etwas gemeinsam: In beiden Fällen bezeichnet Risiko die Wahrscheinlichkeitsverteilung einer zielrelevanten Größe. Bei der gesellschaftlichen Perspektive geht es um die Wahrscheinlichkeit von zukünftigen Schadwirkungen der Wirtschaftstätigkeit, die von der Gesellschaft getragen werden müssen (vgl. Kapitel 8). Aus der Perspektive eines Unternehmers geht es dagegen um die Wahrscheinlichkeitsverteilung des unternehmerischen Erfolgs, der sich bei den geltenden Rahmenbedingungen sowie den Input- und Outputpreisen ergibt. Da es im vorliegenden Buch um unternehmerische Entscheidungsunterstützung geht, fokussieren wir - trotz der offensichtlichen Relevanz der gesellschaftlichen Risikoperspektive - auf die unternehmerische Perspektive. Die zentrale Frage dabei ist, wie man die Unsicherheit des unternehmerischen Erfolgs bewerten und steuern kann.

Bei den bisherigen Überlegungen zur Entscheidungsunterstützung haben wir uns ausschließlich auf **einwertige Planungsrechnungen** gestützt. Das heißt, wir haben in die jeweiligen Planungs- und Entscheidungsmodelle die Erwartungswerte für Zufallsvariablen wie Preise, Mengen etc. eingesetzt und dann einfach unterstellt, dass sich diese Werte in der Zukunft einstellen werden. Dementsprechend wurden für die verschiedenen Handlungsalternativen auch lediglich einwertige Ergebnisgrößen (z.B. der erwartete Gesamtdeckungsbeitrag) ausgewiesen. Eine solche Vorgehensweise bezeichnet man als deterministische Planung.

Einwertige Planungsrechnungen abstrahieren von der Tatsache, dass wir in einer unsicheren Welt leben, in der viele Einflussfaktoren Zufallsvariablen darstellen. Eine deterministische Planung ist nur in den folgenden zwei Fällen adäquat: Erstens, die Unsicherheit ist so gering, dass man durch eine aufwändigere Planung, bei der man Unsicherheit explizit berücksichtigt, weniger gewinnen würde als sie kostet. Zweitens, dem Entscheider ist die Unsicherheit der Erfolgsgröße, die mit verschiedenen Alternativen verbunden ist, egal.

Bevor wir den Bereich deterministischer Planannahmen hinter uns lassen, sei der Vollständigkeit halber darauf hingewiesen, dass auch einwertige Planungsrechnungen das **Herleiten von Erwartungswerten** erforderlich machen. Die sinnvoller Weise in eine Planungsrechnung einzusetzenden Werte für Preise, Erträge etc. „fallen ja nicht vom Himmel", sondern müssen aus den vorhandenen Daten und Einschätzungen abgeleitet werden. Dies erfordert ein Mindestmaß an statistischen Kenntnissen. So darf bspw. der einfache Mittelwert der Preise oder Erträge der vergangenen 30 Jahre nicht ohne Weiteres mit dem für das nächste Jahr zu erwartenden Wert gleichgesetzt werden. Schon allein wegen so einfacher Sachverhalte wie Inflation oder technischem Fortschritt führt dies zu unsinnigen Planannahmen (vgl. auch Fußnote 15). Das Gleiche gilt auch für die Vernachlässigung von Korrelationen zwischen verschiedenen Zufallsvariablen. Da wir zunächst die grundlegenden Abläufe der wichtigsten Planungsverfahren aufzeigen wollten, haben wir aber in den bisherigen Kapiteln darauf verzichtet, explizit auf statistische Grundlagen und die Wahrscheinlichkeitstheorie einzugehen. Das holen wir im Folgenden nach.

Unternehmerische Entscheidungen müssen immer unter **Unsicherheit** getroffen werden. Dies bedeutet ganz allgemein, dass es sich bei Preisen, Erträgen etc. um Zufallsvariablen handelt. Zufallsvariablen können verschiedene zukünftige Werte annehmen, die man auch als Ausprägungen oder Umweltzustände bezeichnet. Wenn erfolgsrelevante Größen unsicher sind, wird auch der Erfolg einer unternehmerischen Wahlhandlung insgesamt zu einer Zufallsvariable, deren Ausprägung nicht mit Sicherheit vorhergesagt werden kann.

Unsicherheit heißt nicht per se, dass ein Planungsproblem schlecht-strukturiert ist (vgl. Punkt 2.5.2). In vielen Fällen kann Unsicherheit quantitativ abgebildet und in formalen Entscheidungsmodellen verarbeitet werden. Man spricht in diesem Zusammenhang auch von **mehrwertigen Planungsrechnungen** oder von stochastischer Planung. Tab. 7-1 systematisiert die verschiedenen Entscheidungssituationen in Abhängigkeit vom Grad der Unsicherheit. In der letzten Spalte der Tab. 7-1 werden schon die Kriterien genannt, die eine Entscheidungsfindung in der jeweiligen Situation unterstützen. Sie werden aber erst in späteren Abschnitten erklärt.

Wenn Informationen über die Eintrittswahrscheinlichkeiten verschiedener Umweltzustände vorliegen, spricht man von Entscheidungen unter **Risiko**. Für Risikosituationen existieren quantitative Entscheidungskriterien, die rationale Entscheidungen unterstützen. Ein Beispiel ist der sog. Erwartungsnutzen. Um dies zu betonen, spricht man auch von „quantifizierbarem Risiko". Entgegen der alltagssprachlichen Bedeutung wird der Begriff „Risiko" in der Entscheidungstheorie nicht nur für negative Ereignisse verwendet. Vielmehr bezeichnet er ganz neutral Ereignisse, die mit einer gewissen Wahrscheinlichkeit eintreten. Vielfach wird - und so auch in diesem Buch - der Begriff „Risiko" mit dem Begriff „Unsicherheit" gleichgesetzt, obwohl man eigentlich von „Unsicherheit i.e.S." und „Unsicherheit i.w.S." sprechen müsste, um die spezielle Bedeutung (= quantifizierbares Risiko) von der übergeordneten Bedeutung (= Unsicherheit insgesamt) abzusetzen.

Entscheidungen unter **Quasi-Sicherheit** stellen einen Spezialfall von Entscheidungen unter Risiko dar. Bei Quasi-Sicherheit weist die relevante Erfolgsgröße eine sehr geringe Streuung auf, d.h. sie liegt mit einer sehr hohen Wahrscheinlichkeit innerhalb eines sehr engen Wertebereichs. Aufgrund der geringen Streuung kann man sich auf einwertige Planungsrechnungen stützen, die wir in den letzten Kapiteln diskutiert haben. Eine aufwändige stochastische Planung würde einen geringen Informationsgewinn bringen. Für Quasi-Sicherheit kann es mehrere Gründe geben: Beispielsweise war für landwirtschaftliche Unternehmer das Marktrisiko lange Zeit sehr gering, da die Erzeugerpreise aufgrund staatlicher Garantien geringe Schwankungen aufwiesen. Für Bioenergieanlagenbetreiber sind die Erzeugerpreise aufgrund gesetzlicher Regelungen fixiert. Eine geringe Schwankung einer Erfolgsgröße kann sich aber auch ergeben, wenn sich diese als Ergebnis einer großen Anzahl wiederholter Handlungen ergibt. Aus Sicht des Anbieters einer Feuerversicherung kann bspw. die insgesamt zu zahlende Entschädigungssumme (unter der Abstraktion von unvermeidbaren systemischen Risiken) als quasi sichere Variable betrachtet werden. Bei einer großen Zahl versicherter Landwirte lässt sich die jährliche Gesamtschadenshöhe zuverlässig kalkulieren, d.h. mit hoher Wahrscheinlichkeit auf einen engen Wertebereich eingrenzen.

Tab. 7-1: Klassifizierung von Entscheidungssituationen unter Unsicherheit

Entscheidungssituation	Informationslage bzgl. der Zielgröße	Beispiel für Zufallsvariable	Entscheidungskriterien
Quasi-Sicherheit	Potenzielle Umweltzustände bekannt, Eintrittswahrscheinlichkeiten bekannt, Streuung sehr gering	Höhe der Erzeugerpreise bei staatlichen Preisgarantien	Erwartungswert
Risiko	Potenzielle Umweltzustände bekannt, Eintrittswahrscheinlichkeiten bekannt, Streuung nicht vernachlässigbar	Schadenshöhe durch Blitzschlag aus Sicht eines einzelnen Landwirts	Erwartungsnutzen, Erwartungswert-Varianz-Kriterium
Ungewissheit	Potenzielle Umweltzustände bekannt, Eintrittswahrscheinlichkeiten unbekannt, Streuung nicht vernachlässigbar	Schadenshöhe durch Blitzschlag aus Sicht eines einzelnen Landwirts bei sich stark verändernden Umweltbedingungen	Maximin-Regel, Maximax-Regel, Hurvicz-Regel, Laplace-Regel, Savage-Niehans-Regel
Unwissenheit	Potenzielle Umweltzustände nicht bekannt	Unsicherheitsgröße selbst nicht bekannt	–

In Abhängigkeit davon, wie man zu Wahrscheinlichkeitsinformationen kommt, unterscheidet man zwischen objektiven und subjektiven Wahrscheinlichkeiten. **Objektive Wahrscheinlichkeiten** bedeuten in diesem Zusammenhang, dass intersubjektiv nachvollziehbar ist, durch welche Analyseschritte man die Wahrscheinlichkeitsverteilungen ableitet. Hierfür gibt es drei grundlegende Herangehensweisen: (1) designbasiert, (2) durch statistische Zeitreihenanalysen und (3) durch statistische Querschnittsanalysen. Neben den drei objektiven Einschätzungen stellt der Rückgriff auf subjektive Wahrscheinlichkeiten, die durch Experteneinschätzungen gewonnen werden, eine vierte Möglichkeit dar, zu Verteilungsannahmen zu kommen. **Subjektive Wahrscheinlichkeiten** sind immer das Ergebnis impliziter mentaler Modelle und damit nicht ohne Weiteres intersubjektiv nachvollziehbar. Im Folgenden werden die genannten Möglichkeiten kurz beschrieben:

1. Bei einer **designbasierten Bestimmung von Wahrscheinlichkeitsverteilungen** greift man auf physische Eigenschaften zurück. Ein einfaches Beispiel ist der perfekt symmetrische Würfel. Hier ist „qua Design“ bekannt, dass die Eintrittswahrscheinlichkeit für jede Augenzahl zwischen 1 und 6 ein Sechstel beträgt.

2. Bei einer statistischen **Zeitreihenanalyse** leitet man die zukünftige Wahrscheinlichkeitsverteilung einer Zufallsvariable aus ihrem Entwicklungsmuster in der Vergangenheit ab. Dabei werden z.B. langfristige Trends oder zyklische Schwankungen der Zufallsvariable explizit berücksichtigt. Eine Zeitreihenanalyse ist nur dann sinnvoll, wenn man davon ausgehen kann, dass die in der Vergangenheit em-

pirisch beobachtete Entwicklung in die Zukunft fortgeschrieben werden kann (Zeitstabilitätshypothese). Zeitstabilität ist nicht immer gegeben. So kann z.B. die Abschaffung staatlicher Garantiepreise zu sog. Strukturbrüchen (Diskontinuitäten) führen, nach denen die vergangene Zeitreihe keinen Informationsgehalt mehr für die Zukunft hat.

3. Bei statistischen **Querschnittsanalysen** greift man auf die Daten einer Vergleichsgruppe zu einem bestimmten Zeitpunkt zurück, die man als repräsentative Stichprobe betrachtet und von der man dann auf die Wahrscheinlichkeitsverteilung der Grundgesamtheit schließt. So kann man bspw. die relative Häufigkeit und die Höhe von Schäden bestimmen, die bei einer repräsentativen Gruppe von Landwirten durch blitzschlagbedingtes Abbrennen der Felder entstanden sind. Die relative Häufigkeit interpretiert man dann als Wahrscheinlichkeit, dass der einzelne Landwirt vom Blitzschlag betroffen wird. Sie ist sehr gering und wäre durch eine Zeitreihenanalyse der Schadens- und Nichtschadensfälle des einzelnen Landwirts z.B. über die letzten 30 Jahre nicht zutreffend zu identifizieren. Dennoch stellt Blitzschlag für den einzelnen Landwirt eine risikobehaftete Zufallsvariable dar, für die er einen Erwartungsschaden berechnen kann, indem er die Summe der mit ihren Eintrittswahrscheinlichkeiten gewichteten Schäden bildet.
4. Bei **Experteneinschätzungen** versucht man, die subjektiven Wahrscheinlichkeitseinschätzungen zu erfassen, die versierte Experten auf der Grundlage eigener Erfahrungen und Überlegungen gebildet haben. Es liegt in der Natur der Sache, dass derartige Einschätzungen stark zwischen verschiedenen Befragten differieren können und dass die Informationsgrundlage weniger transparent ist als bei objektiven Wahrscheinlichkeiten. Die Gewinnung subjektiver Wahrscheinlichkeiten ist aber dennoch von großer praktischer Relevanz. Sie kommt immer dann zum Zug, wenn weder designbasierte Wahrscheinlichkeiten noch aussagekräftige Zeitreihen- oder Querschnittsdaten vorliegen, die statistisch analysiert werden können.

Von **Ungewissheit** spricht man schließlich, wenn man zwar möglicherweise weiß, dass bestimmte Umweltzustände nicht möglich sind (Eintrittswahrscheinlichkeit = 0), es aber gleichzeitig eine Vielzahl möglicher Umweltzustände gibt, deren (positive) Wahrscheinlichkeit *unbekannt* ist. Dies ist bspw. der Fall, wenn man die relevanten Wetterrisiken (z.B. Blitzschlag, Hagel, Dürre, Überschwemmung) und die damit potenziell verbundenen Kosten kennt, aber keine Informationen zur Wahrscheinlichkeit ihres Auftretens hat. Mögliche Ursachen für das Fehlen dieser Informationen sind fehlende Aufzeichnungen oder auch abrupte Änderungen der Umweltbedingungen, die dazu führen, dass Zeitstabilität nicht unterstellt werden kann. Wegen der fehlenden Wahrscheinlichkeiten ist Ungewissheit nur bedingt quantitativ fassbar und die für Risikosituationen entwickelten Entscheidungskriterien sind nicht anwendbar. Deshalb muss auf die weniger eindeutigen Entscheidungshilfen, wie z.B. die Maximin-Regel, zurückgegriffen werden, die für Ungewissheitssituationen entwickelt wurden.

Neben Quasi-Sicherheit, Risiko und Ungewissheit spricht man im Zusammenhang mit Unsicherheit auch noch von **Unwissenheit**. Damit assoziiert man schlecht-strukturierte Entscheidungsprobleme und einen noch höheren Grad des Nicht-Wissens als bei Ungewissheit. Es ist nicht einmal bekannt, welche zukünftigen Umweltzustände überhaupt auftreten können. Hier kann keine Entscheidungsunterstützung für konkrete Maßnahmen geleistet werden. Man sollte aber trotzdem nicht einfach warten, bis man genügend Informationen für quantitative Planungsrechnungen hat. Wie in Punkt 2.5.2 bereits beschrieben wurde, muss bei schlecht-strukturierten Entscheidungsproblemen eine frühzeitige und abgestufte Reaktion erfolgen. Dies kann bspw. bedeuten, dass man schwache Signale, die wichtige Entwicklungen nur vage andeuten, zunächst nur weiter beobachtet und noch keine kostenintensiven Maßnahmen durchführt. Es kann auch bedeuten, sich für Unvorhergesehenes zu „wappnen", indem man allgemeine Maßnahmen zur Erhöhung der unternehmerischen Flexibilität ergreift.

Durch **Informationsbeschaffungsaktivitäten** kann vielfach der Grad des Nicht-Wissens reduziert werden. Mit anderen Worten: Oft kann man durch geeignete Maßnahmen, wie z.B. Expertenbefragungen, Unwissenheit in Ungewissheit und Ungewissheit in Risiko überführen. Letztlich kann man Informationen als Produktionsfaktor ansehen, dessen optimaler Einsatz - analog zu dem anderer Faktoren - zu bestimmen ist. Die Frage nach dem richtigen Maß solcher Informationsbeschaffungsaktivitäten stellt ein Entscheidungsproblem dar, bei dem die Kosten der Informationsbeschaffung ihren ex ante schwer zu quantifizierenden Leistungen gegenübergestellt werden müssen. Um den Wert von Informationen zu bestimmen, muss man sie kennen. Hat man die Information schon, dann erübrigt sich aber die Frage, ob man sie einholen soll. Praktisch kann man den erwarteten Nutzenzuwachs der Informationsgewinnung also nur bestimmen, indem man subjektiv den Wert der für möglich gehaltenen Informationen jeweils mit der entsprechenden Eintrittswahrscheinlichkeit gewichtet.

Das Ziel der Entscheidungsunterstützung unter Unsicherheit besteht darin, zum Planungszeitpunkt eine Hilfestellung für rationale Entscheidungen zu geben. Man spricht in diesem Zusammenhang auch von **ex ante Optimalität**. Entscheidet sich ein Landwirt z.B. für den Bau eines Mastschweinestalls, weil dies gemäß der Informationen, die zum Planungszeitpunkt vorliegen, die beste Kapitalverwertung verspricht, so handelt es sich um eine ex ante optimale Entscheidung. Erst am Ende der Nutzungsdauer stellt sich dann heraus, ob die Investition auch zum gewünschten Ergebnis geführt hat. Ist dies der Fall, spricht man von **ex post Optimalität**. Mit Blick auf das grundsätzliche Prognoseproblem unter Unsicherheit sei an dieser Stelle ausdrücklich betont, dass auch eine noch so gute ex ante Planung niemals eine „Glaskugel" bereitstellen kann. Die Zukunft ist unsicher! Man kann im Planungszeitpunkt nur versuchen, diejenige Entscheidung zu fällen, die im Lichte der verfügbaren Informationen die beste ist. Man kann allerdings zum Planungszeitpunkt nicht mit Sicherheit sagen, ob eine ex ante optimale Entscheidung auch eine ex post optimale sein wird. In diesem Zusammenhang ist es möglicherweise hilfreich darauf hinzuweisen, dass das Sprichwort „Der dümmste Bauer erntet die dicksten Kartoffeln" vordergründig eine falsche Interpretation nahelegt. Es meint eigentlich: „In einer unsicheren Umwelt kann auch der dümmste Bauer ausnahmsweise mal die dicksten Kartoffeln ernten". In den meisten Fällen werden sich „dumme" Entscheidungen aber auch hinterher als falsch herausstellen. Mit anderen Worten: Sie werden im Durchschnitt der Fälle zu schlechteren Ergebnissen führen. Es ist also keine sinnvolle Strategie, dumme Entscheidungen zu fällen, auch wenn man damit manchmal „Glück hat".

Mit Blick auf Fehlerkonsequenzen sind zwei verschiedene **Fehlerarten** zu unterscheiden, nämlich ein sog. α-Fehler und ein β-Fehler. Ein α-Fehler liegt bspw. vor, wenn eine ex ante als rentabel eingeschätzte Investition realisiert wird, die sich ex post als unrentabel erweist. Ein β-Fehler tritt dagegen auf, wenn eine Investition ex ante als unrentabel eingeschätzt wird, die sich ex post als rentabel erwiesen hätte. Man muss immer beide Fehlermöglichkeiten und ihre Konsequenzen im Auge behalten. Da man Verluste häufig als schwerwiegender empfindet, wird dem α-Fehler oftmals eine größere Bedeutung zugewiesen. Schlägt man allerdings alle Gewinnchancen aus, um den α-Fehler auszuschließen, gefährdet auch dies langfristig den Betrieb.

Die Gliederung des vorliegenden Kapitels, das auf Entscheidungen unter Risiko fokussiert, orientiert sich an drei zentralen Fragestellungen des Risikomanagement: Erstens, welche Risikoquellen und Möglichkeiten der Risikominderung gibt es? Zweitens, wie kann man Risiko quantifizieren? Drittens, wie kann man Risiko formal in Entscheidungsmodellen berücksichtigen? Dementsprechend werden zunächst das Entscheidungsproblem und Risikomanagementinstrumente beschrieben (Abschnitt 7.2). Außerdem wird der grundsätzliche Ablauf des Risikomanagements erklärt. Anschließend werden die wahrscheinlichkeitstheoretischen Grundlagen für Risikoanalysen behandelt (Abschnitt 7.3). Darauf aufbauend geht es in Abschnitt 7.4 und Abschnitt 7.5 um die Risikoanalyse und die Entscheidungsfindung unter Unsicherheit. Wir erläutern in Abschnitt 7.5 auch kurz einige ausgewählte Regeln zur Entscheidungsfindung unter Ungewissheit. Abschließend gehen wir in Abschnitt 7.6 auf dynamische Entscheidungsprobleme unter Unsicherheit ein.

7.2 Einführung in das Risikomanagement

7.2.1 Beschreibung des Entscheidungsproblems

a) Handlungsalternativen, Umweltzustände und Eintrittswahrscheinlichkeiten

Um die grundsätzliche Struktur von Entscheidungsproblemen unter Risiko zu verdeutlichen, greift man vielfach auf eine **Ergebnismatrix** zurück. Eine Ergebnismatrix beschreibt das Problem idealtypisch durch Rückgriff auf *eine* Zufallsvariable mit einer *begrenzten* Menge von Umweltzuständen und entsprechenden Eintrittswahrscheinlichkeiten. Bei diesen Annahmen lassen sich Entscheidungsprobleme unter Risiko strukturell wie folgt beschreiben:

- Der Entscheider hat die Wahl zwischen verschiedenen **Handlungsalternativen** HA_s $(s = 1, 2, \dots, S)$. Ein Landwirt kann bspw. unterschiedliche Produktionsprogramme realisieren oder zwischen verschiedenen Investitionsalternativen wählen.
- Es existiert zumindest eine Zufallsvariable, die verschiedene zukünftige **Umweltzustände** X_j $(j = 1, 2, \dots, J)$ annehmen kann. Die zum Zeitpunkt der Bestellung unbekannten, aber ertragsrelevanten Niederschlagsmengen während der Wachstumsphase stellen bspw. die Zustände der Zufallsvariable „Niederschlag" dar.
- Dem jeweiligen Umweltzustand kann zumindest subjektiv eine **Eintrittswahrscheinlichkeit** $P_j = P(X_j)$ zugeordnet werden. Wenn alle möglichen Umweltzustände berücksichtigt werden, entspricht die Summe der Eintrittswahrscheinlichkeiten 1.
- Da die Zielgröße, d.h. der Erfolg unternehmerischen Handelns, nicht nur von der gewählten Handlungsalternative, sondern auch von der Zufallsvariablen abhängt, stellt der Erfolg selber eine Zufallsvariable dar, die wir als **Ergebnis** $Z_{s;j} = Z(HA_s, X_j)$ bezeichnen.

Abb. 7-1 verdeutlicht den Zusammenhang am Beispiel eines Marktfruchtbetriebs, bei dem die Gefahr von Vorsommertrockenheit besteht. Vereinfachend wird unterstellt, dass sich die Unsicherheit wie folgt äußert: Die Zufallsvariable „Niederschlag" nimmt mit den Wahrscheinlichkeiten P_1 = 30%, P_2 = 50% und P_3 = 20% die Umweltzustände X_1 = niedrig, X_2 = mittel und X_3 = hoch an. Der Landwirt habe annahmegemäß drei Handlungsalternativen:

- Handlungsalternative HA_1 entspricht der Wahl eines Produktionsprogramms mit einem hohen Anteil an Winterweizen. Bei geringen (mittleren, hohen) Niederschlägen erzielt der Landwirt hierdurch einen Gewinn von 12 T€ (20 T€, 28 T€).
- Handlungsalternative HA_2 entspricht einem Produktionsprogramm mit einem hohen Anteil an Winterroggen, der im Vergleich zum Weizen weniger trockenheitsempfindlich ist. Hierdurch wird bei geringen (mittleren, hohen) Niederschlägen ein Gewinn von 15 T€ (18 T€, 21 T€) erzielt.
- Handlungsalternative HA_3 bedeutet, dass sich der Unternehmer aus der landwirtschaftlichen Produktion zurückzieht und seinen Betrieb verpachtet. Unabhängig vom Witterungsverlauf betragen die Pachteinnahmen jährlich 16 T€.

Die Ergebnismatrix in Abb. 7-1 fasst die Entscheidungssituation zusammen und zeigt, welche Wahrscheinlichkeitsverteilung die Ergebnisse (hier: die Gewinne G) der einzelnen Handlungsalternativen aufweisen. Daraus lassen sich die erwarteten Gewinne der Alternativen ableiten. Dazu werden die jeweils möglichen Ergebniszustände mit den Eintrittswahrscheinlichkeiten gewichtet. Für HA_1 liegt der Erwartungswert bei 19,2 T€ (= 0,3 · 12 + 0,5 · 20 + 0,2 · 28). Analog ergibt sich für HA_2 ein erwarteter Gewinn von 17,7 T€ und für HA_3 von 16 T€.

Abb. 7-1: Schematischer Aufbau einer Ergebnismatrix in Risikosituationen (T€)

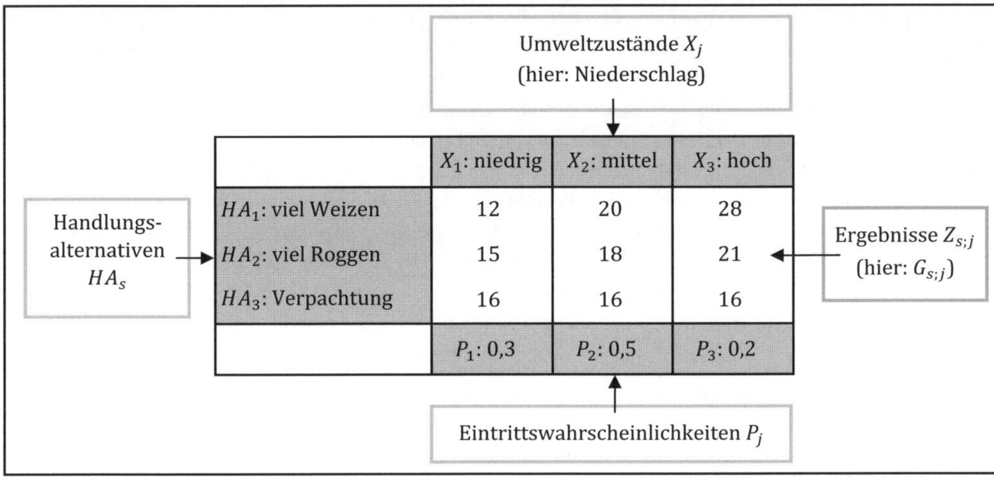

b) Individuelle Risikoeinstellung

Auch wenn man - wie im Folgenden - nur die Ziele „Einkommen" und „Sicherheit" betrachtet, ist man schon mit dem Problem konfrontiert, zwischen verschiedenen Handlungsalternativen wählen zu müssen, die unterschiedlich hohe Beiträge zur Erreichung konfligierender Ziele liefern (vgl. Abschnitt 2.2). Im Rahmen einer mehrwertigen Planung, wie sie bspw. durch die Ergebnismatrix in Abb. 7-1 ausgedrückt wird, gewinnt man zunächst nur die Kenntnis über die Umweltzustände und ihre Wahrscheinlichkeiten, die Handlungsalternativen und die Ergebniswerte. Welche Handlungsalternative man wählen sollte, ist damit noch nicht klar. Hierzu muss man wissen, welchen Nutzen der jeweilige Entscheider aus der Erreichung der einzelnen Ziele zieht.

Entscheidungsunterstützung bei Mehrfachzielen setzt die Kenntnis der subjektiven **Präferenzen des Entscheiders** voraus. Wenn es um die beiden Ziele „Einkommen" und „Sicherheit" geht, muss man die individuelle Risikoeinstellung (subjective risk attitude) kennen. Haben zwei Handlungsalternativen das gleiche Risiko, aber unterschiedlich hohe Einkommenserwartungen, dann wird sich jeder Unternehmer für die Alternative mit der höheren Einkommenserwartung entscheiden. Weist aber die Alternative mit der höheren Einkommenserwartung auch ein höheres unternehmerisches Risiko auf, ist die Entscheidungsfindung nicht per se eindeutig. Für einen risikoscheuen (oder risikoaversen) Entscheider besteht ein Zielkonflikt zwischen Einkommens- und Sicherheitsstreben. Er zieht möglicherweise eine weniger riskante Alternative trotz einer geringeren Einkommenserwartung vor. Dies ist dann der Fall, wenn ihm das geringere Risiko mehr Nutzen bringt als er durch die erwartete Einkommensreduzierung einbüßt.

Was individuelle Risikoeinstellung und insbesondere Risikoaversion bedeuten, lässt sich am besten anhand eines Glücksspiels (einer „Lotterie") erklären. Stellen Sie sich vor, Sie hätten die Möglichkeit, gegen Zahlung eines Spieleinsatzes an einem Münzwurf-Glücksspiel teilzunehmen. Die Ereignisse „Kopf" und „Zahl" ergeben sich jeweils mit der Wahrscheinlichkeit von 50%. Bei Kopf erhalten Sie 0 € und bei Zahl 1 000 €. Der Erwartungswert der Auszahlung des Spiels beträgt also 500 €. Wie viel wären Sie bereit, für die Teilnahme an diesem Glücksspiel maximal zu bezahlen?

Wenn Sie mehr als 500 € für die Teilnahme bezahlen würden, sind Sie **risikofreudig**. Der erwartete Gewinn der Spielteilnahme ist negativ, aber das Risiko als solches verschafft Ihnen einen Zusatznutzen. Wenn Sie bei einer Teilnahmegebühr von genau 500 € indifferent sind zwischen Spielen und Nicht-

Spielen, sind Sie **risikoneutral**. Die sicheren 500 €, die Sie als Spieleinsatz zu zahlen bereit sind, sind für Sie dann genau gleich viel wert wie der Erwartungswert der unsicheren Auszahlung des Spiels. Wenn Sie dagegen nur bereit wären, weniger als 500 € für die Spielteilnahme zu bezahlen, sind Sie **risikoavers**. Bei einer maximalen Zahlungsbereitschaft von bspw. 400 € sind Sie nur bereit, sich auf das unsichere Spiel einzulassen, weil Sie dafür einen durchschnittlichen Gewinn pro Spiel von 100 € erwarten können. Anders gesagt: Der Betrag in Höhe der Teilnahmegebühr von 400 €, den Sie ohne Spielteilnahme sicher haben, ist ihnen gleich viel wert wie der Erwartungswert des unsicheren Spiels von 500 €. Man spricht auch davon, dass Sie als risikoaverser Entscheider eine Prämie für die Risikoübernahme (**Risikoprämie**; risk premium) fordern. Im Beispiel beläuft sie sich auf 100 €. Die 400 € werden als **Sicherheitsäquivalent** (certainty equivalent) bezeichnet. Das ist der sichere Betrag, der für einen risikoaversen Entscheider denselben Nutzen stiftet wie der höhere Erwartungswert einer unsicheren Handlung. Der Zusammenhang zwischen erwartetem Einkommen, Risiko, Risikoprämie und Sicherheitsäquivalent ist in Abb. 7-2 grafisch veranschaulicht.

Abb. 7-2: Zusammenhang zwischen erwartetem Einkommen, Risiko, Risikoprämie und Sicherheitsäquivalent

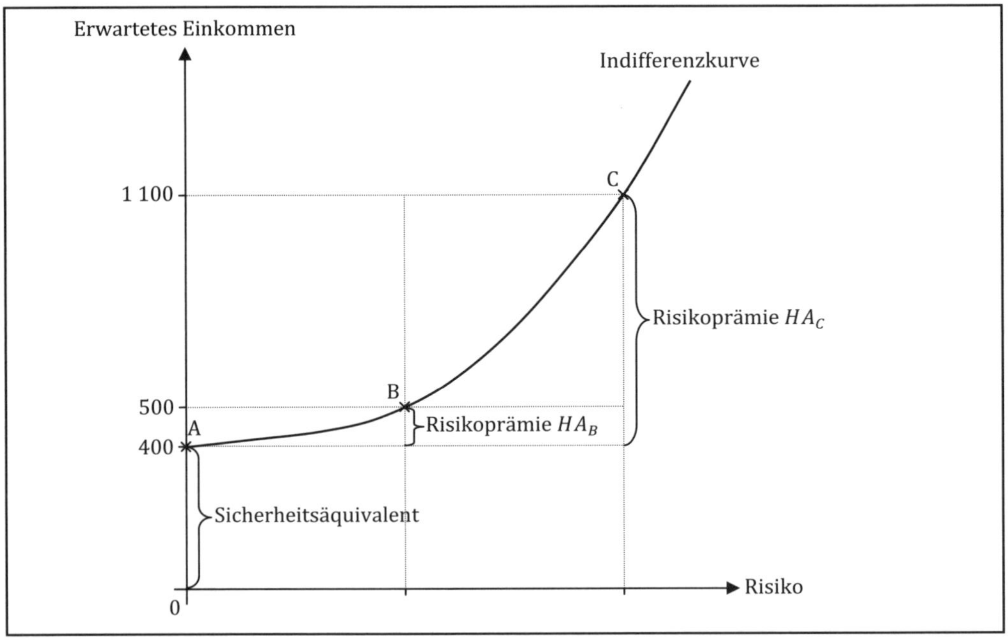

Die Risikoprämie ist ganz allgemein der Geldbetrag, der von einem risikoaversen Entscheider für die Übernahme von Risiko gefordert wird. Dies ist nichts anderes als der kritische Tradeoff (vgl. Abschnitt 2.2) zwischen den Zielen „Einkommen" und „Sicherheit", der zu Kombinationen von Einkommenserwartung und Risiko führt, bei denen der jeweilige Entscheidungsträger denselben Nutzen ϕ hat, also indifferent ist. Diese Kombinationen bezeichnet man als **Indifferenzkurven** oder Isonutzenlinien (Linien gleichen Nutzens).

Für den risikoaversen Entscheider ist der sichere Betrag von 400 € (Abb. 7-2, Punkt A), den er ohne Spielteilnahme hat, gleich viel wert wie das riskante Spiel mit seiner erwarteten Auszahlung von 500 € (Punkt B). Auch alle anderen Erwartungswert-Risiko-Kombinationen auf der Indifferenzkurve stiften dem betrachteten Entscheider den gleichen Nutzen. Bei der hier unterstellten Indifferenzkurve würde er - bei einem gleich bleibendem Spieleinsatz von 400 € - an einem Glücksspiel mit doppelt so hohem Risiko nur teilnehmen, wenn sich der Erwartungswert der Auszahlung um weitere 600 € auf 1 100 € erhöht (Punkt C). Anders gesagt: Er würde das höhere Risiko nur übernehmen, wenn seine Risikoprämie dafür von 100 € auf 700 € ansteigt.

In Abb. 7-3 sind die Indifferenzkurven für die verschiedenen grundsätzlichen Risikoeinstellungen schematisch dargestellt.

Abb. 7-3: Indifferenzkurven für verschiedene Risikoeinstellungen

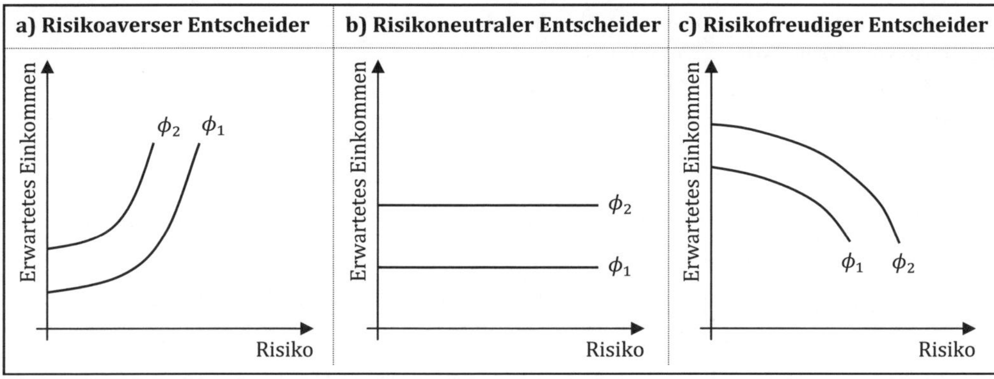

Man geht davon aus, dass **Unternehmer in der Realität risikoavers** sind, wenngleich in unterschiedlichem Maße. Nur unter dieser Annahme ist zu erklären, dass Unternehmer in einer riskanten Umwelt freiwillig Versicherungen abschließen, die aufgrund der Verwaltungskosten sowie der Gewinnmarge der Versicherung grundsätzlich mehr kosten als sie im Durchschnitt der Jahre bringen und somit die erwartete Einkommenshöhe reduzieren. Für risikoaverse Entscheider haben Handlungsalternativen c.p. einen umso geringeren Nutzen, je riskanter sie sind. Ihre Indifferenzkurven weisen eine positive Steigung auf (vgl. Abb. 7-3, linke Seite). Die Steigung und damit die geforderte Risikoprämie ist umso höher, je risikoaverser der Entscheider ist.

Es gibt auf der anderen Seite aber auch Situationen, in denen **risikofreudige Entscheidungsträger** beobachtet werden können. Für risikofreudige Entscheider haben Handlungsalternativen c.p. einen umso höheren Nutzen, je riskanter sie sind. Die Indifferenzkurven haben eine negative Steigung (vgl. Abb. 7-3, rechte Seite). Dies entspricht der Annahme, dass der Entscheider bereit ist, einen Geldbetrag herzugeben, um Risiko zu erfahren (negative Risikoprämie). Ein Beispiel sind Leute, die ins Kasino gehen. Jeder, der 100 € Spielgeld mit ins Kasino nimmt, weiß, dass der Erwartungswert des Geldbetrags, mit dem er nach Hause kommt, deutlich unter 100 € liegt. Dies liegt daran, dass man statistisch gesehen im Kasino mehr verliert als man gewinnt. Eine sinnvolle unternehmerische Strategie zum Geld verdienen ist der Kasinogang also nicht. Aber offensichtlich ergibt sich für manche Leute aus dem Risiko ein Nutzen z.B. aus dem Spielspaß, für den es sich sogar lohnt, Geld herzugeben.

Für **risikoneutrale Entscheider** würde das Risiko gar keine Rolle spielen. Ihr Nutzen ist allein vom Erwartungswert des Einkommens abhängig. Die Indifferenzkurven weisen eine Steigung von Null auf (vgl. Abb. 7-3, Mitte). Die geforderte Risikoprämie ist Null.

c) Risikoursachen

Das Risiko, dem Unternehmen ausgesetzt sind, ergibt sich aus einer Vielzahl von Geschäftsrisiken und dem Finanzrisiko (siehe Abb. 7-4). **Geschäftsrisiko** (operatives Risiko; operative risk) bedeutet, dass der wirtschaftliche Erfolg des Unternehmers aufgrund nicht vorhersehbarer Preis- und Mengenänderungen sowie aufgrund des unsicheren Verhaltens verschiedener Beteiligter Schwankungen unterworfen ist und schlimmstenfalls negativ werden kann. Ein hoher Anteil nicht unternehmenseigener dauerhafter Produktionsfaktoren (z.B. Fremdkapital und Pachtland) verstärkt die Risiken aus dem operativen Geschäft, weil man unabhängig von der Ertragslage Zahlungsverpflichtungen nachkommen muss. Dies bezeichnet man auch als **Finanzrisiko** (financial risk). Bei der Beurteilung des Finanzrisikos spielt es eine wichtige Rolle, ob Produktionsfaktoren eine zahlungswirksame Entlohnung erfordern (pagatorische Kosten) oder ob es sich um eigene Faktoren handelt, für die zunächst nur eine zahlungsunwirksame Entlohnung angesetzt wird (kalkulatorische Kosten). Ein weiterer Aspekt beim Finanzrisiko ist, dass aufgrund schwankender Preise für dauerhafte Produktionsmittel, wie z.B. Boden, Gebäude oder Maschinen, ein Vermögensrisiko besteht, das die Kreditwürdigkeit beeinflusst.

Abb. 7-4: Risikoarten und risikoreduzierende Maßnahmen

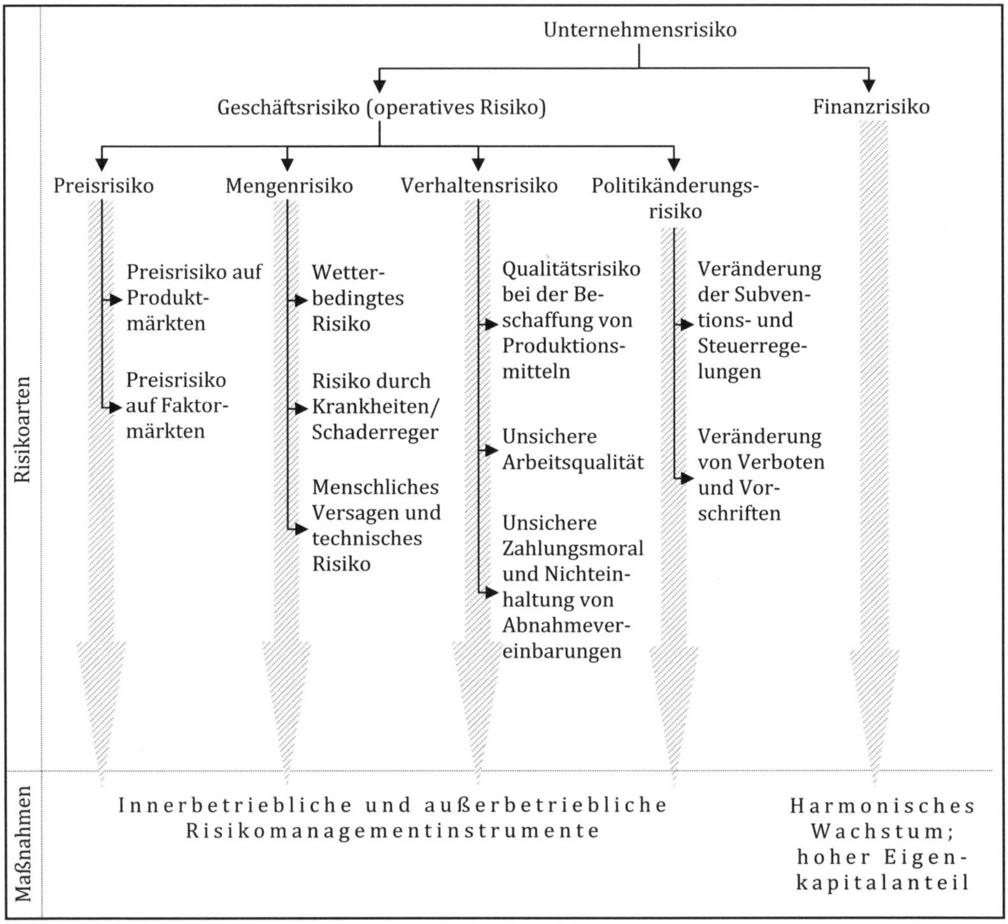

Preisrisiken (price risk) ergeben sich durch das Marktgeschehen, d.h. durch Nachfrage- und Angebotsschwankungen auf den Produkt- und Faktormärkten, die für das Unternehmen relevant sind. Aufgrund der Globalisierung und Liberalisierung der Märkte sind zunehmend auch internationale Schwankungen der Nachfrage und des Angebots relevant. Außerdem ist zu beachten, dass auch das Risiko der Änderung von Zinssätzen als Preis für den Input „Kapital" zu den Preisrisiken zu zählen ist.

Mengenrisiken (volumetric risk) ergeben sich vor allem infolge unsicherer Umweltbedingungen. Auch sie entstehen sowohl auf der Input- als auch auf der Outputseite. Ursachen sind in der Landwirtschaft insbesondere Wetterschwankungen sowie Risiken durch Krankheiten und Schaderreger. Zudem kann das Risiko, dass Mitarbeiter krank werden und ausfallen, als Mengenrisiko verstanden werden. Zu den Mengenrisiken lassen sich aber auch menschliches Versagen und technische Risiken (z.B. Unfälle, Maschinenausfälle) zählen, die bei den komplexen Mensch-Technologie-Umweltsystemen der landwirtschaftlichen Produktion nie ganz auszuschließen sind.

Eine weitere Risikoursache stellt das Verhalten von eigennützig handelnden oder inkompetenten Geschäftspartnern dar. In diesem Zusammenhang spricht man auch von **Verhaltensrisiko**, moralischem Risiko oder Moral Hazard. Auf der Beschaffungsseite zählt hierzu die Qualitätsunsicherheit zugekaufter Produktionsfaktoren, die bestimmte vom Käufer nicht ohne Weiteres zu überprüfende Vertrauenseigenschaften aufweisen. So besteht immer eine gewisse Gefahr, dass Lieferanten oder Dienstleister Inputs bereitstellen, die nicht den vereinbarten Standards entsprechen. Denken Sie in diesem Zusammenhang bspw. an verunreinigte Futtermittel, eine nicht termingetreue Lieferung von Saatgut oder eine ungenügende Maschinenreparatur. Ein weiteres verhaltensbedingtes Risiko ist die Arbeitsqualität von Arbeitskräften, die in vielen Betriebszweigen einen außerordentlich kritischen Erfolgsfaktor darstellt. Schließlich besteht auf der Absatzseite noch das Risiko, dass Abnehmer ihren vertraglichen Verpflichtungen nicht nachkommen. Dies bezieht sich zum einen auf eine schlechte Zahlungsmoral und zum anderen auf eine Nichteinhaltung terminlicher Abnahmevereinbarungen.

Politikänderungen oder - allgemeiner formuliert - die Veränderungen institutioneller Gegebenheiten stellen eine weitere Risikoursache dar. Das Politikänderungsrisiko kann sich auf jeden der oben genannten Risikobereiche beziehen. Politisch bedingte Preisrisiken bestehen bspw. durch die Änderung oder Abschaffung von Preisgarantien oder durch die Veränderung faktorbezogener Subventionsregelungen wie der Gasölbeihilfe. Als Preisrisiken lassen sich auch die Änderungen von Steuergesetzen interpretieren. Politisch bedingte Mengenrisiken auf der Input- und Outputseite können durch verfahrensbezogene Vorschriften entstehen. Als Beispiel sei eine Änderung der Wasserentnahmemöglichkeiten oder das Verbot der Käfighaltung von Legehennen genannt. Auch Verhaltensrisiken können sich in Abhängigkeit von den politisch-rechtlichen Vorgaben ändern. Man denke in diesem Zusammenhang nur an die Bedeutung eines zuverlässigen Rechtssystems für die Einhaltung von Verträgen.

7.2.2 Risikomanagement

a) Grundsätzlicher Ablauf

In den letzten Jahren ist insbesondere in der Landwirtschaft durch die zunehmende Marktliberalisierung das Preisrisiko gewachsen. Infolge des globalen Klimawandels ist zudem davon auszugehen, dass Schwankungen im Temperaturverlauf und der Niederschlagsmenge zukünftig weiter zunehmen und das Mengenrisiko verstärken; man denke nur an die zunehmende Vorsommertrockenheit in einigen Gebieten Deutschlands. Zusätzlich zu der Erhöhung von Preis- und Mengenrisiken steigt in vielen Betrieben die Risikosensitivität aufgrund des zunehmenden Einsatzes fremder Produktionsfaktoren. Insgesamt entsteht dadurch ein zunehmender Bedarf an Risikomanagement.

Risikomanagement heißt nicht von vornherein Risikominimierung. Vielmehr geht es darum, sich bewusst damit zu beschäftigen, welche Risiken man eingehen soll und welche nicht. **Risikomanagement lässt sich in vier Hauptaufgaben unterteilen** (vgl. Abb. 7-5): (1) Gefahrenidentifikation, (2) Risikobewertung, (3) Bewertung von Risikomanagementmaßnahmen und (4) Entscheidung sowie Umsetzung von Risikomanagementmaßnahmen.

Abb. 7-5: Ablauf des Risikomanagements

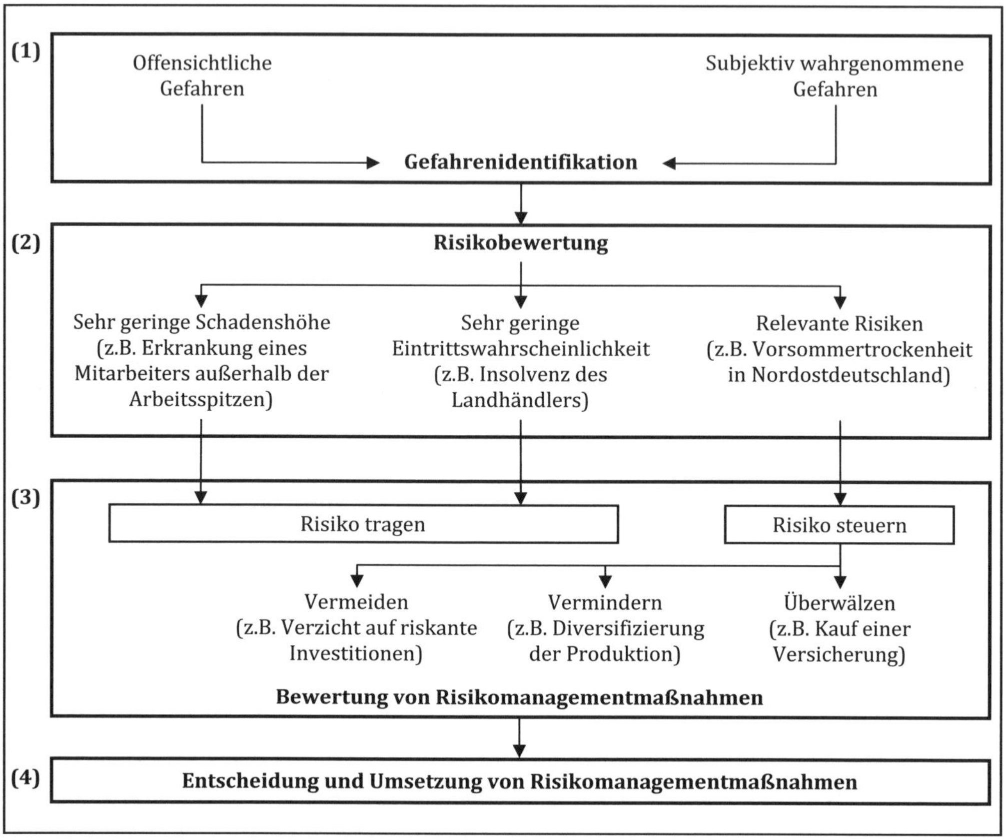

Bei der Gefahrenidentifikation und der Risikobewertung ist es wichtig, dass ein Unternehmer alle für den Betrieb relevanten **Risikofaktoren in ihrer Gesamtwirkung** analysiert und bewertet. Je nach Situation können die verschiedenen Risikofaktoren nämlich unterschiedliche Wirkungen haben. So wirkt dasselbe Wetterrisiko auf einen Betrieb, der sich ausschließlich auf die Umsetzung weniger pflanzlicher Produktionsverfahren spezialisiert hat, anders als auf einen breit diversifizierten Betrieb, der pflanzliche und tierische Produktionsverfahren umsetzt und außerdem noch Bioenergie erzeugt. Demzufolge haben auch dieselben Risikomanagementmaßnahmen in unterschiedlichen Betrieben unterschiedliche Wirkungen.

Es gibt **verschiedene Möglichkeiten, auf Risiken zu reagieren**. In manchen Situationen wird man das Risiko tragen. In anderen Fällen wird man versuchen, das Risiko durch verschiedene Maßnahmen zu steuern: Erstens kann man versuchen, Risiken zu vermeiden, indem man z.B. rentable, aber riskante Investitionen unterlässt. Zweitens kann man das Risiko durch innerbetriebliche Anpassungsmaßnahmen, wie z.B. die Diversifizierung des Produktionsprogramms, vermindern. Drittens kann man das Risiko auch außerbetrieblich, d.h. über den Markt, reduzieren, indem man es z.B. durch den Abschluss einer Versicherung auf einen Vertragspartner überwälzt. Für alle Maßnahmen der Risikoreduzierung gilt, dass sie Geld kosten. Außerdem können sich verschiedene Instrumente hinsichtlich ihrer risikoreduzierenden Wirkung unterscheiden. Man spricht in diesem Zusammenhang von Hedgingeffektivität. Mit dem aus der Finanzwelt stammenden Begriff „Hedging" bezeichnet man Maßnahmen zur Risikoreduzierung im Allgemeinen und marktbasierte Maßnahmen zur Risikoreduzierung im Besonderen.

Bei den grundsätzlichen Möglichkeiten, die für den Umgang mit Risiko zur Verfügung stehen, wird vielfach zwischen ex ante und ex post Ansätzen unterschieden. **Ex post Maßnahmen** sind Reaktionen auf bereits eingetretene Schadensereignisse. Sie umfassen (1) die Anpassung der Lebensstandards (reduzierter Konsum), (2) die Aufnahme von Notkrediten oder (3) Notverkäufe von Vermögensgegenständen (Tiere, Maschinen, Boden etc.).

Neben den ex post Ansätzen, die i.d.R. teuer sind und eigentlich zu spät kommen, da „das Kind bereits in den Brunnen gefallen ist", gibt es verschiedene **ex ante Strategien**, um das Finanz- und das Geschäftsrisiko zu reduzieren. Unter dem Begriff „Risikomanagement" subsumiert man i.d.R. nur die ex ante Strategien. Das Finanzrisiko kann bspw. durch eine Erhöhung des Eigenkapitalanteils reduziert werden. Insbesondere für Wachstumsbetriebe ist aber der Spielraum zur Steuerung des Anteils eigener und fremder Produktionsfaktoren gering, da es meist keine Alternativen zur Kreditaufnahme, zur Zupachtung von Flächen und zum Einsatz von Lohnarbeitskräften gibt. Nur die Wachstumsgeschwindigkeit kann beeinflusst werden. Das Finanzrisiko ist also vielfach vorgegeben. Deshalb kommt dem inner- und außerbetrieblichen Management des Geschäftsrisikos, das aufgrund von Preis-, Mengen- und Verhaltensrisiken[12] entsteht, besondere Bedeutung zu.

b) Innerbetriebliche Risikomanagementinstrumente

Viele Maßnahmen zur Reduzierung von Preis- und Mengenrisiken können innerhalb der eigenen Betriebsorganisation umgesetzt werden. Diese Maßnahmen fasst man unter der Bezeichnung „innerbetriebliche Risikomanagementinstrumente" zusammen (Tab. 7-2). Das innerbetriebliche Risikomanagement umfasst unterschiedliche Maßnahmen, wie z.B. die technische Ausgestaltung von Produktionsverfahren, die Verfahrenswahl, die Diversifizierung der Einkommensquellen, das Vorhalten von Überkapazitäten, den intertemporalen Risikoausgleich und den Einsatz von Technologien zur Umweltsteuerung.

Wir wollen die in der Praxis weit verbreiteten innerbetrieblichen Risikomanagementinstrumente nicht ausführlich diskutieren. Zum leichteren Verständnis der komprimierten Beschreibung in Tab. 7-2 geben wir im Folgenden aber noch einige zusätzliche Informationen: Mit Risikomanagement durch Verfahrensausgestaltung ist gemeint, dass z.B. Aussaatzeitpunkte vorsichtig gewählt werden. Unter Verfahrenswahl ist zu verstehen, dass bspw. trockenheitsunempfindlicherer Winterroggen anstelle von Winterweizen angebaut wird, obwohl der Winterweizen bei „normalem" Witterungsverlauf höhere Gewinne verspricht. Diversifizierung bedeutet, dass man ein breit gefächertes Produktionsprogramm mit einer Vielzahl unterschiedlicher Produktionsverfahren umsetzt. Diversifizierung kann auch bedeuten, dass man die landwirtschaftliche Tätigkeit noch mit anderen Einkommensquellen kombiniert. Zudem ist das Verkaufs- und Einkaufssplitting, d.h. der Verkauf von Produkten und der Einkauf von Produktionsmitteln von unterschiedlichen Geschäftspartnern und zu unterschiedlichen Zeitpunkten, zur Diversifizierung zu zählen. Von Überkapazitäten spricht man z.B., wenn ein dritter Mähdrescher angeschafft wird, obwohl bei „normalem" Witterungsverlauf die termingerechte Arbeitserledigung auch mit zwei Mähdreschern möglich wäre. Intertemporaler Risikoausgleich durch Reservenbildung meint einerseits die Schaffung von Lagermöglichkeiten und das Vorhalten von Vorräten, um Ernteprodukte (Betriebsmittel) nicht bei Marktbedingungen verkaufen (kaufen) zu müssen, die aus der Sicht des Landwirts ungünstig sind. Andererseits schließt die Reservenbildung aber auch das Halten von Liquiditätspolstern ein. Umweltsteuerung umfasst schließlich die Bereitstellung von Technologien zur Beeinflussung der Produktionsumwelt, also bspw. die Anschaffung von Bewässerungsanlagen.

[12] Das Management von Verhaltensrisiken bezieht sich zum einen auf Beziehungen mit Handelspartnern und zum anderen auf die eigenen Mitarbeiter. Verhaltensmanagement stellt einen getrennten Aufgabenbereich dar, der eigenständige und häufig qualitative Analysen erfordert. Trotz seiner Relevanz wird dieser Bereich hier nicht weiter thematisiert.

Tab. 7-2: Innerbetriebliche Risikomanagementinstrumente

Maßnahme	Beschreibung	Beispiel
Verfahrens-ausgestaltung	Risikoangepasste Produktionsweise	Vorsichtige Wahl der Aussaatzeitpunkte; prophylaktischer Pflanzenschutz; Tierseuchenprophylaxe
Verfahrens-wahl	Nutzung wenig riskanter Frucht-arten/Sorten und Tierarten/Rassen	Wahl des Anbaus von trockenheitsunempfindlicherem Winterroggen anstelle von Winterweizen
Diversifizierung	Umsetzung verschiedener Aktivitäten	Wahl eines breit gefächerten Produktionsprogramms mit verschiedenen Winter- und Sommergetreidearten; Einkommensdiversifizierung durch inner- und außerlandwirtschaftliche Tätigkeiten
Überkapazitäten	Vorhalten zusätzlicher dauerhafter Produktionsmittel	Anschaffung eines dritten Mähdreschers, obwohl bei „normaler“ Witterung die Arbeitserledigung auch mit zwei Mähdreschern möglich ist
Intertemporaler Risikoausgleich	Bildung von Reserven	Schaffung von Lagermöglichkeiten für Getreidevorräte; Vorhalten eines sofort verfügbaren Liquiditätspolsters
Umwelt-steuerung	Einsatz von Technologien zur Steuerung der Produktionsumwelt	Anschaffung von Bewässerungsanlagen; Folienabdeckungen

c) Außerbetriebliche Risikomanagementinstrumente

Neben den innerbetrieblichen Maßnahmen gibt es sowohl für Preis- als auch für Mengenrisiken außerbetriebliche Risikomanagementinstrumente. Hierbei ist der Landwirt auf einen Vertragspartner angewiesen. In Abb. 7-6 sind die **grundsätzlichen außerbetrieblichen Maßnahmen** zur Risikoreduzierung systematisiert.

Abb. 7-6: Systematisierung außerbetrieblicher Risikomanagementinstrumente

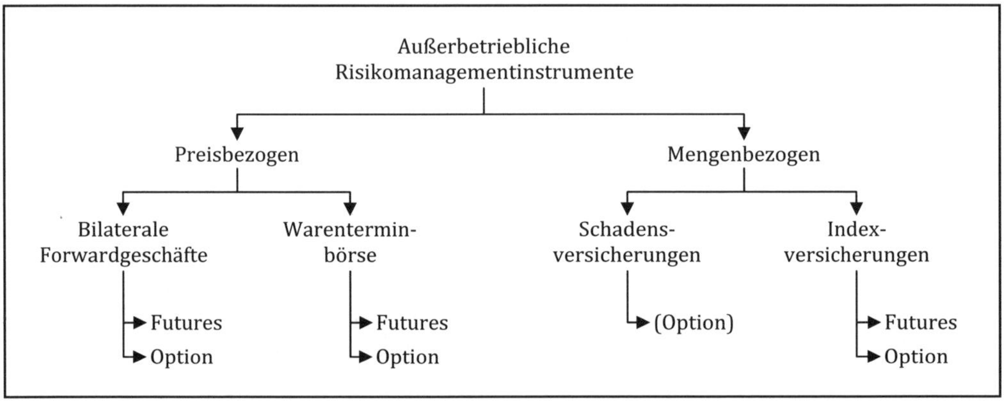

Bei den Instrumenten zur Absicherung von Preisrisiken unterscheidet man zwischen bilateralen Verträgen einerseits und an der Warenterminbörse handelbaren Kontrakten andererseits. Daneben gibt es z.B. auch noch sog. Prämienkontrakte, die die Kursentwicklung an der Warenterminbörse mit einem bilateralen Liefervertrag verbinden. Bei den Instrumenten zur Absicherung von Mengenrisiken kann man zwischen individuell-schadensbezogenen Versicherungen und Indexversicherungen differenzieren. Schadensversicherungen haben immer Optionscharakter. Die übrigen Instrumente können futures- oder optionsartig ausgestaltet sein. Die Unsicherheitsgröße, auf die sich das jeweilige Risikomanagementinstrument bezieht, wird als **Underlying** bezeichnet. Im Folgenden werden die grundsätzlichen Risikomanagementinstrumente angesprochen. Spezielle Instrumente, wie z.B. Prämienkontrakte u.ä., werden nicht explizit behandelt.

Es ist zu betonen, dass die genannten Instrumente **nicht das langfristige Preis- und Mengenrisiko ausschalten** können, das z.B. bei Investitionsentscheidungen entsteht. Der Zweck dieser Instrumente besteht aus Sicht eines Produzenten vielmehr darin, zum Zeitpunkt der Produktionsentscheidung den Deckungsbeitrag zu stabilisieren und zu verhindern, dass während der Produktionsperiode auftretende Preis- oder Mengenänderungen zu einer Verminderung der Rentabilität führen.

Preisabsicherung durch bilaterale Verträge

Bilaterale Verträge zur Preisabsicherung werden auch als Vorverträge oder Lieferverträge (Forwards; forward contracts) bezeichnet. Bei einem Vorvertrag handelt es sich um einen Vertrag, in dem zwei Handelspartner (z.B. ein Landwirt und ein Landhändler) in direkter Verhandlung einige Zeit vor der eigentlichen Lieferung des Underlying einen Preis vereinbaren, zu dem die Ware in der Zukunft gehandelt wird. Dabei kann man zwei grundsätzliche Ausgestaltungsformen unterscheiden: Erstens gibt es futuresartige Forwards, die einen Vertrag mit Liefer- und Abnahmeverpflichtung darstellen. Zweitens gibt es optionsartige Forwards, die entweder dem Verkäufer ein Wahlrecht bzgl. der Lieferung oder dem Käufer ein Wahlrecht bzgl. der Abnahme des Underlying einräumen. Mit Blick auf futuresartige Verträge spricht man auch von unbedingten Termingeschäften. Optionsartige Verträge sind aufgrund des Wahlrechts bedingte Termingeschäfte.

Ein **Forward-Kontrakt mit Liefer- und Abnahmeverpflichtung** hat sowohl für den Verkäufer als auch für den Käufer des Underlying die Auszahlungsstruktur eines Futures: Der Verkäufer verpflichtet sich, die vertraglich vereinbarte Warenmenge (z.B. 50 t Weizen) zu dem vereinbarten zukünftigen Zeitpunkt und dem festgelegten Preis zu liefern. Gleichzeitig verpflichtet sich der Käufer, diese Warenmenge zu den vereinbarten Konditionen abzunehmen. Der Vertrag ist verbindlich. Das heißt es muss ein Barausgleich erfolgen, wenn die Liefer- oder die Abnahmeverpflichtung nicht eingehalten wird. Wenn der Verkäufer seine Lieferverpflichtung nicht erfüllt und wenn gleichzeitig der Marktpreis für die Ware zum Lieferzeitpunkt *über* dem vertraglich vereinbarten Preis liegt, muss er dem Käufer die Differenz zwischen dem höheren Marktpreis und dem niedrigeren Vertragspreis erstatten. Erfüllt dagegen der Käufer seine Abnahmeverpflichtung nicht und liegt der Marktpreis zum Lieferzeitpunkt *unter* dem vertraglich vereinbarten Preis, muss er dem Verkäufer die Differenz zwischen dem niedrigeren Marktpreis und dem höheren Vertragspreis erstatten.

Durch einen als Futures ausgestalteten Forward-Kontrakt kann der Verkäufer also seinen Outputpreis vollkommen absichern. Gleichzeitig kann er aber von einer für ihn positiven Preisentwicklung (d.h. höheren Preisen für das Underlying) nicht mehr profitieren. Der Käufer kann seinerseits sein Inputpreisrisiko ausschalten, gleichzeitig aber von einer aus seiner Sicht positiven Preisentwicklung (d.h. niedrigeren Preisen für das Underlying) nicht mehr profitieren.

Bei **Forward-Kontrakten mit einem Wahlrecht** hat der Vertrag den Charakter einer Option. Hier muss unterschieden werden, ob durch den Kontrakt dem *Verkäufer* ein Wahlrecht bzgl. der Lieferung oder ob dem *Käufer* ein Wahlrecht bzgl. der Abnahme eingeräumt wird.

- Ein Vertrag, der dem Verkäufer eine Option bzgl. der Lieferung einräumt, würde einem Landwirt bspw. das Recht verbriefen, eine bestimmte Outputmenge (z.B. Weizen) zu einem bestimmten zukünftigen Zeitpunkt und dem vereinbarten Preis an den Landhändler zu verkaufen. Aufgrund des Lieferwahlrechts, das dem Landwirt eingeräumt wird, hat der Landhändler bei diesem Vertrag zunächst das

Nachsehen: Bei hohen Marktpreisen wird der Landwirt am Markt verkaufen. Bei niedrigen Marktpreisen wird er dagegen den Landhändler beliefern, der dann den vertraglich vereinbarten (höheren) Preis bezahlen muss. Der Landwirt hat also einen nach unten vollständig abgesicherten Outputpreis, kann aber jederzeit höhere Marktpreise „mitnehmen".

- Ein Vertrag, der dem Käufer eine Option bzgl. der Abnahme einräumt, funktioniert gerade umgekehrt. Er könnte dem Landwirt bspw. das Recht verbriefen, vom Landhändler eine bestimmte Menge Inputs (z.B. Futter- oder Düngemittel) in der Zukunft zu einem bestimmten Preis zu kaufen. Wieder entsteht dem Landhändler, der dem Landwirt die Option einräumt, durch die Struktur des Vertrags zunächst ein Nachteil: Bei niedrigen Marktpreisen wird der Landwirt auf dem Markt einkaufen. Bei hohen Marktpreisen wird er dagegen sein Bezugsrecht beim Landhändler wahrnehmen, der dann zu dem vertraglich vereinbarten (niedrigeren) Preis liefern muss. Der Landwirt hat also einen nach oben vollständig abgesicherten Inputpreis, kann aber jederzeit von niedrigeren Marktpreisen für die entsprechenden Inputs profitieren.

Aufgrund der **asymmetrischen Zahlungsstruktur** wird ein Handelspartner einem anderen Handelspartner eine Option nur gegen Zahlung eines gewissen Betrags einräumen. Bei einem Lieferwahlrecht entspricht der geforderte Optionspreis mindestens dem geldwerten Nachteil, der dem Optionsgeber (z.B. dem abnehmenden Landhändler) durch die erwarteten Mehrausgaben für die zugrunde liegende Ware entsteht. Analog entspricht der Preis einer Abnahmeoption mindestens dem Nachteil, der dem Optionsgeber durch die erwarteten Mindereinnahmen für das Underlying entsteht. Um den „fairen" Optionspreis, d.h. den Erwartungswert des Nachteils des Optionsgebers, zu berechnen, braucht man Verteilungsinformationen für die zukünftigen Preise des Underlying.

Preisabsicherung über Warenterminkontrakte

Neben Forward-Kontrakten kann man Preise auch absichern, indem man sog. Warenterminkontrakte einsetzt. Im Unterschied zu Forward-Kontrakten werden Warenterminkontrakte nicht bilateral zwischen zwei konkreten Vertragspartnern geschlossen. Vielmehr werden die vertraglichen Verpflichtungen zur Lieferung und Abnahme an der Warenterminbörse eingegangen. So wie bei den bilateralen Geschäften gibt es auch bei Warenterminkontrakten zwei grundsätzlich unterschiedliche Formen: Futures und Optionen. Warenterminkontrakte sind für Produkte, wie z.B. Weizen, Kartoffeln, Raps und Schweine, mit definierten Qualitäten an der Börse über standardisierte Verträge handelbar. Damit gibt es hier im Unterschied zu den Forwards nicht die Möglichkeit, individuelle Bedürfnisse der Handelspartner zu berücksichtigen.

Schauen wir uns zunächst die **Futures an der Warenterminbörse** (commodity futures) an. Der große Unterschied zu Forward-Kontrakten mit Liefer- und Abnahmeverpflichtungen besteht in der Zahlungsstromstruktur. Forwards verursachen nur eine Zahlung im Zeitpunkt ihrer Fälligkeit. Bei einem Futures ist schon bei Kontraktabschluss von beiden Vertragsparteien ein bestimmter Teil des Kontraktwertes zu entrichten. Diese sog. Sicherheitsleistung („Initial-Margin") in Höhe eines bestimmten Bruchteils (oftmals 5 bis 20% des Kontraktwertes) wird von jeder Vertragspartei auf eigens für ihre Warentermingeschäfte eingerichtete Konten einbezahlt. Je nachdem, wie sich der Futurespreis im Zeitablauf entwickelt, erhält die Partei, zu deren Gunsten die Entwicklung erfolgt, von der Gegenpartei einen entsprechenden Betrag gutgeschrieben. Die Abrechnung erfolgt börsentäglich. Unterschreitet der Kontostand einer Partei einen bestimmten Mindestwert, so müssen zusätzliche Einzahlungen auf das Konto geleistet werden. Man spricht in diesem Zusammenhang auch von einer Nachschusspflicht. Es wird so sichergestellt, dass jeder Vertragspartner seinen Zahlungsverpflichtungen nachkommen kann.

Ein Futures ist, vereinfacht gesagt, ein Kontrakt, der die zukünftigen Tauschbedingungen spezifiziert. Wenn man „long geht" - wir sprechen im Folgenden von **Long-Futures,** um eine längliche Formulierung zu vermeiden - beinhaltet dies die Verpflichtung, eine bestimmte Menge des Underlying zu einem bestimmten zukünftigen Zeitpunkt zum festgelegten Preis zu kaufen (Kauf auf Termin). Wenn man „short geht", verpflichtet man sich, das Underlying zu einem zukünftigen Zeitpunkt zum vereinbarten Preis zu verkaufen (Verkauf auf Termin). Beim Eingehen einer Short-Position ist auch davon die Rede, dass ein Leerverkauf vorgenommen wird. Wir sprechen verkürzt von **Short-Futures**.

Bei der Abwicklung des Geschäfts zum Fälligkeitszeitpunkt des Futures gibt es zwei Möglichkeiten: (1) Man kauft oder verkauft das Produkt tatsächlich an dem Ort, der im Kontrakt festgelegt ist. (2) Man führt ein kompensierendes Gegengeschäft an der Warenterminbörse durch. In diesem Zusammenhang spricht man auch vom Glattstellen. Gleichzeitig verkauft oder kauft man das Produkt am sog. Kassamarkt, d.h. im realen Geschäft mit dem Landhändler, Viehhändler etc. Der am Kassamarkt gültige Preis wird vielfach auch als Spotmarktpreis bezeichnet. Die letztgenannte Vorgehensweise, d.h. der sog. Papierhandel, stellt den Regelfall dar.

Um zu verstehen, wie der Barausgleich einerseits und die Risikoabsicherung andererseits funktionieren, muss man sich vergegenwärtigen, dass es bei Geschäften mit Futures drei relevante Preise gibt, die unterschieden werden müssen:

- Der **vereinbarte Futurespreis** ist der Preis, zu dem man sich bei Vertragsschluss verpflichtet, zum zukünftigen Fälligkeitstermin die Ware zu liefern oder zu kaufen.
- Der **Terminmarktpreis zum Fälligkeitszeitpunkt** des Futures ist die Referenzgröße, anhand der zum Fälligkeitszeitpunkt entschieden wird, ob der Verkäufer oder der Käufer des Futures einen Barausgleich zahlen muss.
- Der **Kassamarktpreis zum Fälligkeitszeitpunkt** des Futures ist der Preis, der zukünftig auf dem realen Ortsmarkt vom Verkäufer für die Ware erzielt werden kann bzw. vom Käufer bezahlt werden muss.

Wenn der Terminmarktpreis zum Fälligkeitszeitpunkt und der vereinbarte Futurespreis sich entsprechen, muss weder der Inhaber des Short-Futures (Verkäufer des Underlying auf Termin) noch der Inhaber des Long-Futures (Käufer des Underlying auf Termin) einen Barausgleich zahlen. Das heißt, durch das Warentermingeschäft ergeben sich in diesem Fall - abgesehen von den Gebühren für das Warentermingeschäft - für keinen der beiden Handelspartner Gewinne oder Verluste. Andernfalls gilt Folgendes: Liegt der vertraglich vereinbarte Futurespreis *unter* dem bei Fälligkeit beobachteten Terminmarktpreis, so muss der Verkäufer einen Barausgleich leisten. Wenn dagegen der vertraglich vereinbarte Futurespreis *über* dem zum Fälligkeitszeitpunkt beobachteten Terminmarktpreis liegt, muss der Käufer des Futures einen Barausgleich leisten.

Wenn der Kassapreis - genauer gesagt der Ortskassapreis -, den der Verkäufer (Käufer) für die physische Ware tatsächlich erhält (zahlen muss), fest mit dem Terminmarktpreis gekoppelt und damit perfekt korreliert wäre, könnten beide durch das Warentermingeschäft ihr Preisrisiko vollständig beseitigen. In der Regel ist der Terminmarktpreis zwar stark mit dem Ortskassapreis der einzelnen Unternehmen korreliert, aber eben nicht perfekt. Der Ortskassapreis ist bspw. stärker durch regionale Effekte, wie z.B. eine lokal verregnete Ernte, beeinflusst als der Futurespreis. Es verbleibt also ein Restrisiko bei den Unternehmen, das man auch als **Basisrisiko** bezeichnet.

Da wir daran interessiert sind, die grundsätzliche Funktionsweise von Warentermingeschäften zu verdeutlichen, abstrahieren wir bei den folgenden Ausführungen nicht nur von den Warenterminmarktgebühren, sondern auch vom Basisrisiko. Das heißt wir unterstellen, dass der Kassapreis der Unternehmer mit dem Terminmarktpreis zusammenfällt. Tab. 7-3 verdeutlicht für die unterschiedlichen Preiskonstellationen, welche Wirkungen sich bei einem Short-Futures und bei einem Long-Futures bei den getroffenen Annahmen ergeben.

Tab. 7-3: Wirkungsweise von Short-Futures und Long-Futures [a)]

	Short-Futures		Long-Futures	
	Alternative 1	**Alternative 2**	**Alternative 1**	**Alternative 2**
Vereinbarter Futurespreis *kleiner* als Terminmarktpreis zum Fälligkeitszeitpunkt	Verlust durch Liefern, da man unter dem Marktpreis verkaufen muss	Verlust durch Nicht-Liefern, da man glattstellen, d.h. den Barausgleich zahlen muss	Gewinn durch Abnehmen, da man unter dem Marktpreis beziehen kann	Gewinn durch Nicht-Abnehmen, da man glattstellen, d.h. sich den Barausgleich auszahlen lassen kann
Vereinbarter Futurespreis *größer* als Terminmarktpreis zum Fälligkeitszeitpunkt	Gewinn durch Liefern, da man über dem Marktpreis verkaufen kann	Gewinn durch Nicht-Liefern, da man glattstellen, d.h. sich den Barausgleich auszahlen lassen kann	Verlust durch Abnehmen, da man über dem Marktpreis beziehen muss	Verlust durch Nicht-Abnehmen, da man glattstellen, d.h. den Barausgleich zahlen muss

a) Ohne Transaktionskosten und Basisrisiko.

Die linke Hälfte von Abb. 7-7 verdeutlicht, dass der **Gewinn aus dem Einsatz eines Short-Futures** umso niedriger ausfällt, je höher der Terminmarktpreis für das Underlying zum Fälligkeitszeitpunkt ist. Um einen Short-Futures als Risikomanagementinstrument einsetzen zu können, muss der Gewinn aus der Produktion mit dem Preis des Underlying ansteigen. Beispielsweise steigt der Gewinn eines Schweinemästers mit einer Erhöhung des Schweinefleischpreises an. Die rechte Hälfte von Abb. 7-7 verdeutlicht die Situation für einen Long-Futures. Der **Gewinn aus dem Einsatz eines Long-Futures** ist umso höher, je höher der Terminmarktpreis für das Underlying zum Fälligkeitszeitpunkt ist. Ein Long-Futures kann damit ein Absicherungsinstrument gegenüber Faktorpreissteigerungen (z.B. Ferkel- oder Futterpreis) darstellen, die zu einer Reduzierung des Gewinns aus der Produktion (z.B. Schweinemast) führen würden.

Abb. 7-7: Funktionsweise eines Futures [a)]

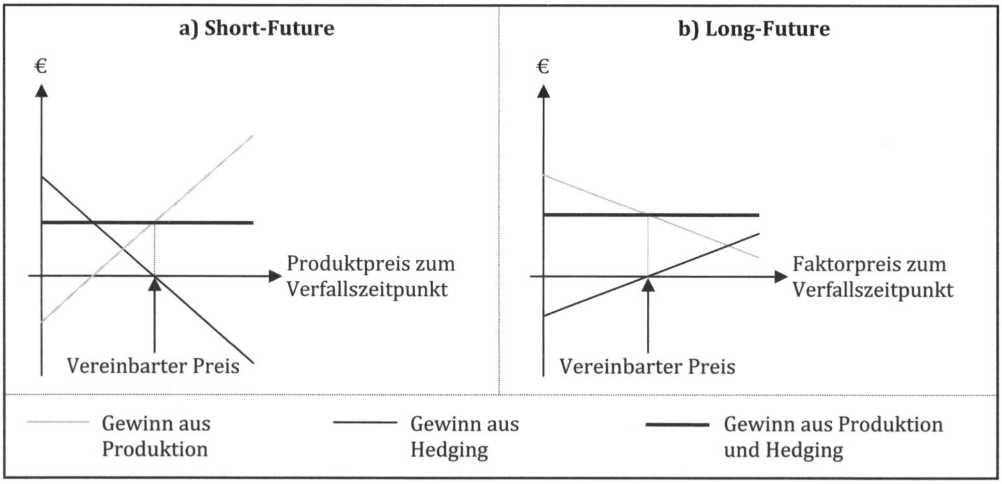

a) Ohne Transaktionskosten und Basisrisiko.

Auch die **optionsartigen Warenterminkontrakte** lassen sich leicht verstehen, wenn man die Analogie zu den bereits bekannten optionsartigen Forward-Kontrakten herstellt. Durch eine sog. Verkauf- bzw. **Put-Option** erhält man als Optionsnehmer das Recht, eine bestimmte Menge eines Underlying zu einem bestimmten zukünftigen Zeitpunkt (dem Fälligkeitstermin der Option) zu dem festgelegten Preis zu verkaufen. Eine Verkaufspflicht ist damit nicht verbunden. Man kann also immer vermeiden, dass sich eine ungünstige Marktentwicklung im Betriebserfolg niederschlägt. Gerade umgekehrt funktioniert eine Kauf- bzw. **Call-Option**, die einem das Recht gibt, eine bestimmte Menge des Underlying am Fälligkeitstermin zum festgelegten Preis zu kaufen. Auch hier handelt es sich um ein Wahlrecht, so dass man eine günstige Preisentwicklung „mitnehmen" kann. Der Optionsgeber hat also sowohl bei einer Put- als auch bei einer Call-Option durch die Vertragskonstruktion zunächst immer das Nachsehen. Wie wir bereits wissen, spricht man in diesem Zusammenhang auch von einer asymmetrischen Zahlungsstruktur. Deshalb erhält man eine Option nur gegen Zahlung des sog. Optionspreises.

Beispiel 7-1
Warenterminkontrakte - Mastschweinefutures

Um die Funktionsweise von preisbezogenen Risikomanagementinstrumenten zu verdeutlichen, betrachten wir einen Futureskontrakt auf Schweinefleisch. Stellen Sie sich vor, Sie seien ein Schweinemäster. Sie stehen am 01.06. vor der Entscheidung, Ihren Schweinestall wieder neu mit 100 Ferkeln zu belegen. Diese Ferkel werden bis zum 01.10. auf 80 kg Schlachtgewicht (SG) pro Schwein und damit auf 8 000 kg SG insgesamt herangewachsen sein. Von Tierverlusten wird abstrahiert. Der gegenwärtig am Kassamarkt zu erzielende Schweinepreis beträgt 1,30 €/kg SG. Allerdings wissen Sie, dass Schweinepreise schwanken. Beim gegenwärtigen Schweinepreis wäre der Deckungsbeitrag für Sie positiv, so dass Sie sich diesen Preis gern sichern würden.

Zur Preisabsicherung gehen Sie über die Warenterminbörse zum Zeitpunkt der Aufstallung am 01.06. einen Short-Futures mit Verfallszeitpunkt am 01.10. ein, der sich auf lebende Schweine mit einem Schlachtgewicht von 8 000 kg und 56% Muskelfleischanteil bezieht. Futureskontrakte werden genau zu dem aktuell beobachteten Kassapreis angeboten, da die Marktteilnehmer für den Schweinepreis in 4 Monaten keine Preisveränderung erwarten. Der vereinbarte Futurespreis liegt also bei 1,30 €/kg SG. Am 01.06. zahlen Sie 20% des Kontraktwertes, d.h. 0,26 €/kg SG, auf Ihr Konto bei der Warenterminbörse ein (Initial-Margin).

Tab. 7-4 verdeutlicht die Ein- und Auszahlungen, die für Sie bei fallendem und steigendem Schweinepreis mit dem Short-Futures verbunden sind. Wir nehmen an, dass der Kassapreis mit dem Terminmarktpreis bei Fälligkeit zusammenfällt, so dass beim Landwirt kein Basisrisiko verbleibt. Außerdem nehmen wir an, dass während der Kontraktlaufzeit die Futurespreisschwankungen nicht sehr stark sind und deshalb keine Nachschusspflicht entsteht. Von den mit dem Warenterminhandel verbundenen Gebühren, die tatsächlich etwa 1 Cent/kg SG betragen, wird ebenfalls abstrahiert.

Nehmen wir nun an, dass die 100 am 01.06. eingestallten Ferkel am 01.10. ein Schlachtgewicht von 80 kg erreicht haben und der Kassamarktpreis genau wie der Terminmarktpreis bis zum 01.10. um 15 Cent auf 1,15 €/kg SG gesunken ist (Tab. 7-4a). Sie als Mäster kaufen den Terminkontrakt an der Warenterminbörse zurück und verkaufen gleichzeitig die Schweine an Ihren Viehhändler zum Kassapreis von 1,15 €/kg SG. Sie erzielen einen Gewinn aus dem Warenterminhandel von 15 Cent/kg SG. Da Sie auch die Initial-Margin am Ende der Kontraktlaufzeit zurück erhalten, erzielen Sie zusammen mit dem Erlös am Kassamarkt von 1,15 €/kg SG einen Gesamterlös von 1,30 €/kg SG und damit den am 01.06. abgesicherten Preis.

Betrachten wir zum Vergleich auch noch eine Situation, in der die Schweinepreise auf 1,45 €/kg, also über den vertraglich vereinbarten Futurespreis gestiegen sind (Tab. 7-4b). In dieser Situation führt das Engagement an der Warenterminbörse zu einem geringeren Gesamterlös als eine reine Kassamarktstrategie: Für Sie ist der Warenterminhandel mit einem Verlust von 15 Cent/kg SG verbunden. Von Ihrem Viehhändler erhalten Sie aber den höheren Kassapreis von 1,45 €/kg SG. Insgesamt erreichen Sie trotz des Preisanstieges lediglich den abgesicherten Preis von 1,30 €/kg SG. Beide Fälle verdeutlichen, dass vom Warenterminhandel eine erlösstabilisierende Wirkung ausgeht.

Tab. 7-4: Funktionsweise des Schweinepreishedging mittels Futures (€/kg SG) [a]

a) Bei fallenden Preisen

Datum	Kassa-markt	Transaktion	Futuresmarkt	Transaktion	Zahlungsstrom
01.06.		Aufstallung der 100 Ferkel	1,30 [b]	Leerverkauf des Futures-kontrakts (8 000 kg SG)	−0,26
01.10.			1,15 [c]	Glattstellen der offenen Futuresposition	+0,26 +0,15
	1,15	Verkauf der 100 Schweine			+1,15
				Erlös mit Hedging	**=1,30**

b) Bei steigenden Preisen

Datum	Kassa-markt	Transaktion	Futuresmarkt	Transaktion	Zahlungsstrom
01.06.		Aufstallung der 100 Ferkel	1,30 [b]	Leerverkauf des Futures-kontrakts (8 000 kg SG)	−0,26
01.10.			1,45 [c]	Glattstellen der offenen Futuresposition	+0,26 −0,15
	1,45	Verkauf der 100 Schweine			+1,45
				Erlös mit Hedging	**=1,30**

[a] Ohne Transaktionskosten und Basisrisiko.

[b] Vertraglich vereinbarter Futurespreis.

[c] Beobachteter Terminmarktpreis zur Fälligkeit.

Ende des Beispiels

Schadens- und Indexversicherungen

Auch für die Reduzierung von Mengenrisiken stehen außerbetriebliche Risikomanagementinstrumente zur Verfügung. Ein Blick auf Abb. 7-6 zeigt, dass dabei zwei Typen zu unterscheiden sind: schadensbezogene Versicherungen einerseits und indexbezogene Versicherungen andererseits. Die schadensbezogenen Versicherungen kann man in Extremschadensversicherungen und Ertragsversicherungen unterteilen. Bei den indexbezogenen Versicherungen unterscheidet man Regionsindexversicherungen und Wetterindexversicherungen. Schadensversicherungen tragen grundsätzlich einen optionsartigen Charakter. Hier zahlt der Versicherungsnehmer zunächst den Preis für die Versicherung. Dafür erhält er mit einer gewissen Wahrscheinlichkeit später etwas, muss aber zu diesem späteren Zeitpunkt nie etwas bezahlen. Indexversicherungen können im Gegensatz dazu grundsätzlich futures- oder optionsartig ausgestaltet sein.

Mit den **extremschadensbezogenen Versicherungen**, wie z.B. der weit verbreiteten Hagel- und Tierseuchenversicherung, lassen sich ausschließlich Schäden von eindeutig nachweisbaren katastrophalen Ereignissen versichern. Allerdings bleibt z.B. im Pflanzenbau der unternehmerische Erfolg unsicher, da auch starke Ertragsdepressionen nicht versichert sind, wenn sie durch eine Kombination ungünstiger Witterungsverhältnisse, aber eben nicht durch das versicherte Extremereignis „Hagel" entstehen.

Ertragsversicherungen sichern dagegen ein bestimmtes betriebliches Ertragsniveau ab. Der Landwirt erhält eine Versicherungsleistung, wenn der gemessene betriebliche Durchschnittsertrag der versicherten Feldfrucht den vertraglich festgelegten Normertrag unterschreitet. Dieser Normertrag wird z.B. auf der Grundlage der zurückliegenden betrieblichen Erträge und unter Berücksichtigung eines Selbstbehalts festgeschrieben. Im Unterschied zu Katastrophenversicherungen sind Schäden unabhängig von ihrer Ursache versichert. Zur Berechnung der Versicherungsleistung ist zusätzlich ein Normpreis festgelegt, mit dem der versicherte Minderertrag multipliziert wird. Erlösversicherungen sind vergleichbar aufgebaut, beziehen allerdings neben dem Mengen- auch das Preisrisiko ein.

Bei **Regionsindexversicherungen** erfolgt die „Versicherungsleistung" im Unterschied zu den schadensbezogenen Versicherungen nicht bei Nachweis eines Schadens im Betrieb. Vielmehr ist die Zahlung an einen außerbetrieblichen und objektiv leicht zu überprüfenden Regionsindex (z.B. regionaler Durchschnittsertrag oder -erlös im Winterweizen oder durchschnittliche Tiersterberate in einer Erzeugerregion) gekoppelt. Dabei ist im Vertrag spezifiziert, mit welchen Daten und Verfahren dieser Regionsindex bestimmt wird. Auch wenn sich die betrieblichen Erträge in der Regel ähnlich wie die Regionserträge verhalten, verbleibt bei Regionsindexversicherungen ein Basisrisiko beim Landwirt. In Einzeljahren kann es durchaus zu einem betrieblichen Schaden kommen, ohne dass eine Ausgleichszahlung erfolgt. Aber natürlich kann auch das Gegenteil der Fall sein.

Wetterindexversicherungen, die auch als Wetterderivate bezeichnet werden, funktionieren ähnlich wie Regionsindexversicherungen. Im Unterschied zu diesen ist der Index aber nicht ergebnisbezogen. Vielmehr erfolgt die „Versicherungsleistung" in Abhängigkeit von einer ertragsbeeinflussenden Wettergröße, die an einer vertraglich festgelegten Wetterstation objektiv gemessen wird. Wetterderivate können als Futures oder Option ausgestaltet sein. Die Bezugsvariable kann z.B. eine Temperatur- oder Niederschlagssumme (oder ein zusammengesetzter Index) sein, die über einen bestimmten Zeitraum an einer definierten Referenzwetterstation objektiv gemessen wird. Der Landwirt erhält z.B. dann eine Zahlung, wenn die gemessene Niederschlagsmenge innerhalb eines bestimmten Zeitraums unterhalb des langjährigen Mittels liegt. Im Gegensatz zu Ertragsversicherungen geht es bei Wetterderivaten also nicht um die Versicherung fruchtartenbezogener Flächen. Vielmehr entscheidet der Landwirt je nach Ausgestaltung des Vertrags über die Zahl der Wetterderivate (Kontrakte), die er kauft. Wie bei Regionsindexversicherungen bleibt auch bei Wetterderivaten ein Basisrisiko beim Landwirt. Dafür gibt es zwei Gründe: Zum einen unterscheidet sich das Wetter im landwirtschaftlichen Betrieb mit größerer Entfernung zunehmend vom Wetter an der Messstation (geografisches Basisrisiko). Zum anderen ergibt sich der landwirtschaftliche Ertrag von vornherein nicht direkt aus der gemessenen Wettergröße oder dem Wetterindex, da es noch andere wachstumsrelevante Faktoren gibt (Basisrisiko der Produktion).

Beispiel 7-2
Indexversicherungen - Niederschlagsderivat

Wir betrachten einen Getreideproduzenten, der die (physischen) Weizenerträge gegen zu geringe Niederschlagsmengen in der relevanten Wachstumsperiode zwischen April und Juni absichern möchte. Wir abstrahieren der Einfachheit halber vom Basisrisiko der Produktion und nehmen an, dass 1 mm Niederschlag, der im ertragsrelevanten Zeitraum zwischen dem 01. April und dem 30. Juni auf dem Betrieb des Landwirts fällt, zu 1 dt/ha Weizenertrag führt. Allerdings ist der Weizenertrag bei 80 dt/ha gedeckelt, d.h. es liegt eine linear-limitationale Produktionsfunktion vor. Der Weizenpreis sei durch einen Lieferkontrakt fixiert. Es ist ein Wetterderivat verfügbar, das sich auf die an einer zentral gelegenen Wetterstation gemessene Niederschlagssumme der Monate April, Mai und Juni bezieht. Der Betrieb liegt in der Nähe der Referenzwetterstation.

Bei dem betrachteten Wetterderivat handelt es sich von der Struktur her um eine Put-Option: Der Käufer der Option erhält eine Zahlung, wenn die zwischen April und Juni des nächsten Jahres an der Referenzwetterstation gemessene Niederschlagssumme *unter* dem Schwellenwert von 80 mm liegt. Der vereinbarte Schwellenwert wird auch als Strike-Level bezeichnet. Über die sog. Tick-Size, die den Geldbetrag pro mm Unterschreitung des Strike-Levels definiert, wird der wetterabhängige Gesamtauszahlungsbetrag der Option bestimmt. Die Tick-Size wird hier mit 25 €/mm angenommen. Wird im relevanten Zeitraum zwischen

April und Juni des nächsten Jahres bspw. eine Niederschlagsmenge von 60 mm gemessen, so erhält der Landwirt 500 € (= (80 mm – 60 mm) · 25 €/mm) pro Kontrakt. Sollte die Niederschlagssumme 80 mm oder mehr betragen, kommt es zu keiner Versicherungsleistung. Bei einer Laufzeit von einem Jahr könnte ein Landwirt die Option am 01. Juli des Vorjahres erwerben und würde ggf. am 30. Juni des Folgejahres die Versicherungsleistung ausgezahlt bekommen. Es wird angenommen, dass der Betrieb eine Verkaufoption pro ha Weizenanbaufläche erwirbt.[13]

Da für den Käufer einer Option die zukünftige Zahlung nicht negativ werden kann, ergibt sich ein positiver Erwartungswert für die Versicherungsleistung. Deshalb kann - auch wenn man von Transaktionskosten absieht - eine Option vom Versicherer nicht kostenlos angeboten werden. Wir unterstellen, dass sich aufgrund statistischer Analysen von Niederschlagsdaten ein Erwartungswert der Versicherungsleistung von 250 € ergibt. Wenn der Versicherer die Option für 250 € anbietet, dann bringt sie dem Landwirt im Mittel der Jahre so viel wie sie ihn kostet. Tab. 7-5 verdeutlicht die Funktionsweise einer Niederschlagsoption.

Tab. 7-5: Funktionsweise einer Niederschlagsoption

	Spalte 1	Spalte 2	Spalte 3	Spalte 4	Spalte 5	Spalte 6
	Niederschlagssumme April bis Juni (mm) ...		Weizenertrag (dt/ha)	Weizenerlös (€/ha) [a]	Derivatgewinn (€/ha) [b]	Weizenerlös abzgl. Derivatgewinn (€/ha)
	im Betrieb	an Referenzwetterstation				
Günstige Ertragssituation	80	80	80	2 000	−250 +0	1 750
Ungünstige Ertragssituation	55	60	55	1 375	−250 +500	1 625

a) Unterstellter, über den Terminmarkt abgesicherter Weizenpreis: 25 €/dt.

b) Kaufpreis des Wetterderivats: 250 €, Strike-Level: 80 mm und Tick-Size: 25 €/mm.

Bei günstiger Niederschlags- und damit Ertragssituation (80 dt/ha) erzielt der Landwirt bei einem Weizenpreis von 25 €/dt einen Weizenerlös in Höhe von 2 000 €/ha. Tritt die ungünstige Ertragssituation (55 dt/ha) ein, beträgt der Erlös nur 1 375 €/ha. Bei der Bestimmung der ökonomischen Situation des Landwirts mit Einsatz des Wetterderivats ist zu beachten, dass der Landwirt zunächst - unabhängig von der (unbekannten zukünftigen) Wettersituation - einen Betrag von 250 € aufwenden muss, um die Niederschlagsoption zu kaufen. Liegt die Niederschlagsmenge zwischen April und Juni bei 80 mm oder darüber, erhält der Landwirt aus dem Wetterderivat keine Versicherungsleistung. Bei einem Weizenertrag von 80 dt/ha ergibt sich ein Weizenerlös von 2 000 €/ha. Nach Abzug des Kaufpreises für das Wetterderivat von 250 €/ha verbleiben dem Landwirt noch 1 750 €/ha. Werden an der Referenzwetterstation dagegen nur 60 mm gemessen, erhält der Landwirt eine Versicherungsleistung von 500 €. Bei Weizenerlösen von 1 375 € und dem Kaufpreis für die Option von 250 €/ha erzielt er insgesamt noch 1 625 €/ha. Der Landwirt kann also sein Mengenrisiko durch den Einsatz einer Niederschlagsoption reduzieren. In der ungünstigen Ertragssituation wird der Erlösausfall aber nicht vollständig kompensiert. Dies liegt am geografischen Basisrisiko. Im vorliegenden Fall wurde ja unterstellt, dass im Betrieb nur 55 mm und nicht - wie an der Referenzwetterstation gemessen - 60 mm Niederschlag gefallen sind. Natürlich kann auch der umgekehrte Fall eintreten, d.h. das Wetterderivat kann eine höhere Auszahlung als den Erlösausfall liefern.

Ende des Beispiels

[13] Eine Call-Option auf einen Wetterindex würde im Verfallszeitpunkt zu einer positiven Auszahlung führen, wenn der definierte Wetterindex den Strike-Level überschreitet. Eine solche Option könnte dazu beitragen, Qualitäts- und Wartekosten einer nicht termingerechten Ernte infolge einer lang anhaltenden Regenperiode während der Erntezeit zu kompensieren.

Onno Überleg wundert sich über die länglichen Ausführungen zu den indexbasierten Versicherungen. Sie seien doch der Hagelversicherung und ähnlichen klassischen Versicherungen grundsätzlich unterlegen: Zum einen seien bspw. Wetterderivate relativ teuer - das Wetterderivat in Beispiel 7-2 habe immerhin 250 € pro ha gekostet - und zum anderen verbleibe ein hohes Basisrisiko beim Landwirt. Su Sidenkt weist nach einigem Überlegen nochmals darauf hin, dass das in Beispiel 7-2 analysierte Wetterderivat dem Landwirt gerade so viel kostet, wie es ihm im Mittel der Jahre bringt. Mit anderen Worten: Das Risikomanagementinstrument „Wetterderivat“ ist einkommensneutral verfügbar. Jeder risikoaverse Entscheider müsste ein einkommensneutrales Instrument, dessen Auszahlung mit den Deckungsbeiträgen der Produktionsverfahren negativ korreliert ist, nachfragen. Es bringt Risikoreduzierung und hat erwartete Kosten von Null.

Onno wirft ein, dass das mit Blick auf das Beispiel zutreffen möge, die Annahme aber unrealistisch sei, dass eine Versicherung für einen Landwirt einkommensneutral verfügbar sei. Su stimmt dem zu, weist aber gleichzeitig darauf hin, dass - sogar wenn ein Wetterderivat einen negativen Beitrag zum erwarteten Einkommen aufweist und ein vergleichsweise hohes Basisrisiko vorliegt - es anderen Instrumenten nicht per se unterlegen sein muss. Es könnte ja sein, dass es zwar weniger Risikoreduzierung bringt als andere Instrumente, gleichzeitig aber günstiger angeboten wird.

Die **Vor- und Nachteile unterschiedlicher marktbasierter Risikomanagementinstrumente** ergeben sich aus der jeweiligen Vertragskonstruktion. In Tab. 7-6 sind die grundsätzlichen Vor- und Nachteile der verschiedenen außerbetrieblichen Instrumente zum Management von Wetterrisiken zusammengefasst.

Tab. 7-6: Vorteile (+) und Nachteile (–) verschiedener außerbetrieblicher Managementinstrumente für Wetterrisiken

Schadensbezogene Versicherungen		Indexbezogene Versicherungen	
Extremwetter-versicherung	Ertrags-versicherung	Regionsindex-versicherung	Wetterindex-versicherung
+ Im Schadensfall erfolgt mit Sicherheit eine Leistung	+ Im Schadensfall erfolgt mit Sicherheit eine Leistung	– Beim Versicherungsnehmer verbleibt ein Restrisiko	– Beim Versicherungsnehmer verbleibt ein Restrisiko
– Nur Absicherung von Extremwetterschäden	+ Auch Absicherung von weniger drastischen Witterungsschäden	+ Auch Absicherung von weniger drastischen Witterungsschäden	+ Auch Absicherung von weniger drastischen Witterungsschäden
+/– Mittlere Verwaltungs- und Regulierungskosten	– Sehr hohe Verwaltungs- und Regulierungskosten	+ Geringe Verwaltungs- und Regulierungskosten	+ (Sehr) Geringe Verwaltungs- und Regulierungskosten
+/– Geringe Moral-Hazard-Kosten	– Sehr hohe Moral-Hazard-Kosten	+/– Geringe Moral-Hazard-Kosten	+ Keine Moral-Hazard-Kosten

Wenn man Vor- und Nachteile von Risikomanagementinstrumenten benennen möchte, sind drei Begriffe zentral, nämlich (1) die faire Prämie, (2) der Aufpreis und (3) die Hedgingeffektivität. Würde eine Versicherung genau zu dem Preis angeboten, der der erwarteten jährlichen Rückzahlung entspricht, dann hätte der Landwirt ein Instrument zur Reduzierung seines Risikos, das einkommensneutral wäre. Diesen Preis bezeichnet man auch als „**versicherungsmathematisch faire Prämie**“ (actuarially fair premium). Kosten für das Risikomanagementinstrument entstehen dem Landwirt nur durch den Betrag, den der Versicherer über die faire Prämie hinaus als Versicherungsprämie verlangt. Dieser Betrag, den der Anbieter zur Deckung der Verwaltungs- und Regulierungskosten sowie als Gewinnmarge erhebt, wird als **Aufpreis** (loading) bezeichnet. Man darf sich beim Vergleich verschiedener Versicherungen also nicht von der Höhe der nominalen Versicherungsprämie leiten lassen, die der Summe aus fairer Prämie und Aufpreis entspricht. Aus Kostensicht ist allein die Differenz zwischen der jährlich zu zahlenden Versicherungsprämie und der durchschnittlich pro Jahr erwarteten Versicherungsleistung relevant. Unter der **Effektivität eines Hedginginstruments** (hedging effectiveness) wird die Fähigkeit des Instruments verstanden, die Volatilität (Streuung) der relevanten Bezugsgröße (z.B. des Gesamtdeckungsbeitrags) bei konstantem Erwartungswert zu verringern.

Der Vorteil von Ertragsversicherungen aus Sicht des Landwirts ist, dass abgesehen vom Selbstbehalt das betriebliche Schadensereignis - verstanden als Unterschreiten des vertraglich definierten Normertrags oder Normerlöses - in jedem Fall abgedeckt ist. Gleichzeitig sind Ertragsversicherungen auf Seiten der Versicherer aber mit relativ hohen Kosten verbunden. Dies führt zwangsläufig zu hohen Versicherungsprämien, da höhere Kosten grundsätzlich an die Versicherungsnehmer weitergereicht werden. Kostenerhöhend wirken die Begutachtungs- und Regulierungskosten. Zudem ist der Schadensumfang auch bei fachlich fundierter Begutachtung häufig nicht eindeutig festzustellen und es entsteht ein Verhaltensrisiko: In allen Fällen, in denen der Landwirt mit zusätzlichen Mühen und Kosten ohnehin nur das versicherte Einkommensniveau erzielen würde, entsteht kein Anreiz, den Schaden zu mindern. Als Beispiele sind hier die Neubestellung nach Auswinterungsschäden, die gute fachliche Führung von Beständen und Bemühungen zur Erzielung hoher Absatzpreise zu nennen. Zudem ziehen betriebliche Ertragsversicherungen „schlechte Versicherungsrisiken" an. Man spricht in diesem Zusammenhang auch von adverser Selektion (adverse selection). Für Landwirte mit hohen Produktionsrisiken, bei denen es zu starken Schwankungen der Erträge und Erlöse kommt, sind solche Versicherungen besonders attraktiv. Schließlich können sie relativ hohe Versicherungsleistungen erwarten. Diese müssen dann bei undifferenzierter Preisgestaltung über erhöhte Prämien von den Landwirten getragen werden, die über die Jahre ein relativ stabiles Einkommen haben.

Gerade umgekehrt ist es bei Indexversicherungen. Der Vorteil von Instrumenten, die sich auf einen außerbetrieblichen Index beziehen (also sowohl von Regionsindexversicherungen als auch von Wetterderivaten), liegt darin, dass keine Gefahr der Manipulation des Schadensereignisses durch den Versicherungsnehmer besteht (Moral Hazard). Eine denkbare Ausnahme ergibt sich allenfalls durch die Gefahr von Absprachen bei kleinräumigen Regionsversicherungen. Zudem sind insbesondere bei Wetterderivaten sehr geringe Verwaltungskosten zu erwarten: Der Index ist kostengünstig zu bestimmen und sowohl der Kauf der Kontrakte als auch die Auszahlung der Versicherungsleistung ist ähnlich wie beim Online-Banking fast vollständig automatisierbar. Bei indexbezogenen Instrumenten kann deshalb der Aufpreis gering ausfallen. Der Nachteil indexbezogener Instrumente ist allerdings, dass beim Landwirt ein Basisrisiko verbleibt und deshalb die Hedgingeffektivität vergleichsweise niedrig ist.

Ein Unternehmer kann aus einer Bandbreite unterschiedlicher risikoreduzierender Maßnahmen auswählen. Dabei ist zu beachten, dass sich die **Leistungen verschiedener Risikomanagementinstrumente** unterscheiden können. Die Leistung ist einerseits von der Hedgingeffektivität, d.h. der Wirksamkeit des Instruments zur Reduzierung des Risikos im jeweiligen betrieblichen Kontext, abhängig. Andererseits hängt die Leistung von der Risikoeinstellung des Unternehmers und damit der subjektiven Nutzenerhöhung durch ein vermindertes Risiko ab. Gleichzeitig verursachen verschiedene risikoreduzierende Maßnahmen **unterschiedlich hohe Kosten**: Die Umsetzung eines breit diversifizierten Produktionsprogramms, in dem weniger riskante Produktionsverfahren einen größeren Stellenwert einnehmen, liefert im Mittel einen geringeren Gewinn als ein nur auf die rentabelsten Produktionsverfahren fokussiertes Produktionsprogramm. Die Kosten einer Diversifizierung entstehen in Form von Opportunitätskosten. Mit dem Kauf von Versicherungen sind dagegen direkte Kosten verbunden.

Zur Auswahl geeigneter Risikomanagementinstrumente reichen isolierte Betrachtungen der Leistungsfähigkeit *oder* der Kosten nicht aus. Vielmehr muss beides gemeinsam berücksichtigt werden. Zudem muss man die gesamtbetriebliche Wirkung beachten. Sichert man bspw. Mastschweinepreise über die Warenterminbörse ab, kann das Unternehmensrisiko im Sinne der Streuung des Gewinns steigen. Dies liegt daran, dass die Risikoreduktion über den sog. natürlichen Hedge mit den Ferkelpreisen, die positiv mit den Mastschweinepreisen korreliert sind, nicht mehr erfolgt. Hier würde es also nicht reichen, einfach nach der Reduzierung der Streuung der Erlöse durch Futures zu fragen, um ihre Leistung als Risikomanagementinstrument zu bewerten. Ein Risikomanagementinstrument sollte dann eingesetzt werden, wenn seine **gesamtbetriebliche Leistung die gesamtbetrieblichen Kosten übertrifft**. Um die Frage zu beantworten, ob ein bestimmtes Risikomanagementinstrument in einem Unternehmen eingesetzt werden sollte oder nicht, braucht man entsprechende Entscheidungskalküle. Die Berechnung derartiger Kalküle ist allerdings erst nach einer Messung des unternehmerischen Risikos möglich (Abschnitt 7.3).

7.3 Wahrscheinlichkeitstheoretische Grundlagen der Risikoanalyse

Um das Risiko in Entscheidungsmodellen verarbeiten zu können, muss es quantifiziert werden. Anders gesagt: Für alle Zufallsvariablen, die einen relevanten Einfluss auf die Zielgröße haben, muss die (Wahrscheinlichkeits)Verteilung bestimmt werden oder bekannt sein. Der vorliegende Abschnitt beschreibt die wahrscheinlichkeitstheoretischen Grundlagen, die in diesem Zusammenhang erforderlich sind. In Punkt 7.3.1 gehen wir zunächst darauf ein, welche Arten von Zufallsvariablen es gibt und wie sie grundsätzlich dargestellt werden können. In Punkt 7.3.2 und 7.3.3 werden ausgewählte Maßzahlen zur Charakterisierung von Zufallsvariablen sowie verschiedene Typen von Verteilungen beschrieben.

7.3.1 Ausprägungs- und Darstellungsformen von Zufallsvariablen

a) Stetige und diskrete Zufallsvariablen

Bevor wir uns mit der Wahrscheinlichkeit des Auftretens verschiedener Umweltzustände beschäftigen, ist es wichtig zu verstehen, welche grundsätzlichen Ausprägungsformen stochastische Variablen annehmen können (vgl. Tab. 7-7).

Tab. 7-7: Systematik und Beispiele für Ausprägungsformen stochastischer Variablen

	Zustandsdiskret	**Zustandsstetig**
Zeitdiskret	Erscheinen oder Nicht-Erscheinen eines Mitarbeiters zum Arbeitsbeginn	Ertrag im Winterweizenanbau zum Erntezeitpunkt
Zeitstetig	Ausbruch oder Nicht-Ausbruch einer bestimmten Tierseuche	Temperaturverlauf über einen gewissen Zeitraum

Zustandsdiskret bedeutet, dass die Zufallsvariable nur eine begrenzte Anzahl konkreter Zustände annehmen kann. **Zeitdiskret** bedeutet dagegen, dass sie nur zu bestimmten Zeitpunkten einen Zustand annehmen kann. Ein Beispiel für eine zustands- und zeitdiskrete Zufallsvariable ist die stochastische Größe, ob ein Mitarbeiter morgens zur Arbeit kommt oder nicht. Während es hier zwischen Zustand 1 „Mitarbeiter kommt" und Zustand 2 „Mitarbeiter kommt nicht" keine Ausprägung gibt, kann eine **zustandsstetige** Zufallsvariable zumindest innerhalb eines bestimmten Wertebereichs unendlich viele Werte annehmen. Ein Beispiel hierfür ist der Ertrag im Winterweizenanbau. Sowohl zustandsdiskrete als auch zustandsstetige Variablen können auch zeitstetig sein. Statt zu einer begrenzten Anzahl von Zeitpunkten (z.B. jeden Morgen, jährlich zum Erntezeitpunkt) sind bei **zeitstetigen** Variablen unendlich viele Ausprägungszeitpunkte möglich. Der Ausbruch oder der Nichtausbruch einer Tierseuche im Zeitablauf stellt bspw. eine zeitstetige, aber zustandsdiskrete Zufallsvariable dar. Ein Beispiel für eine zeit- und zustandsstetige Variable ist die Temperatur, bei der es unendlich viele Ausprägungen und unendlich viele Ausprägungszeitpunkte gibt.

Bei der Unterscheidung zwischen zeitdiskret und zeitstetig sowie zustandsdiskret und zustandsstetig ist zu berücksichtigen, ob man sich auf den tatsächlichen Charakter der stochastischen Variable bezieht oder auf die Messung. Messwerte sind immer zeit- *und* zustandsdiskret. Wie ist das gemeint? Aus theoretischen Überlegungen ist bspw. bekannt, dass die Zufallsvariable „Temperatur" zeitstetig ist. Klar ist, dass man immer nur eine endliche Anzahl von Beobachtungswerten zu diskreten Zeitpunkten erfasst, selbst wenn man die Temperatur stündlich erfasst und damit sehr viele **Messungen einer eigentlich zeitstetigen Zufallsvariable** vorliegen. Bei zeitstetigen Zufallsvariablen kann der zugrunde liegende Sachverhalt durch Messen immer nur approximativ abgebildet werden, da die Grundgesamtheit unendlich groß ist. Anders gesagt: Die Messwerte stellen nur eine Stichprobe dar, die die Grundgesamtheit umso besser approximiert, desto höher die Anzahl der Messungen ist. Bei **Messungen von zeitdiskreten Variablen** (z.B. die individuelle Milchleistung aller Kühe in Deutschland zu einem bestimmten Zeitpunkt) kann man dagegen im Prinzip alle Ausprägungen feststellen. Bei einer großen Grundgesamtheit ist der Aufwand für eine vollständige Erfassung aber in aller Regel zu groß. Deswegen greift man häufig auf die Messung einer repräsentativen Stichprobe zurück, von der dann auf die Grundgesamtheit zurückgeschlossen wird.

Auch bei der **Messung einer eigentlich zustandsstetigen Zufallsvariable** ist nur eine zustandsdiskrete Erfassung möglich. Dies ist darin begründet, dass Werte immer nur mit einer bestimmten Genauigkeit gemessen werden können. Wenn man bspw. die eigentlich zustandsstetige Tagesniederschlagsmenge in Millimeter auf eine Nachkommastelle genau misst, hat man zustandsdiskrete Messwerte. Anders gesagt: Anstelle der eigentlich zeitstetigen Ausprägung werden durch die Messung Klassen mit der Breite von 0,1 mm geschaffen. Aus pragmatischen Gründen könnte man eine noch „gröbere" Klassenbildung vornehmen und Klassen mit einer Breite von 1 mm schaffen. Zudem lassen sich Messwerte von eigentlich zustandsstetigen metrischen Variablen zu ordinalen Variablen machen. Ein Beispiel ist, wenn man die Niederschläge einer bestimmten Periode nicht mehr in Millimeter, sondern nach Festlegung von bestimmten Klassengrenzen als gering, mittel und hoch angibt. Diese Vorgehensweise lag auch der Erstellung der in Abb. 7-1 angezeigten Ergebnismatrix zugrunde. Zu beachten ist, dass mit einer Ausweitung der Klassengrenzen der Informationsverlust immer weiter zunimmt.

b) Darstellungsformen von Verteilungsinformationen

Die bei der Darstellung von Verteilungsinformationen verwendete **Terminologie der Wahrscheinlichkeitstheorie** ist nicht selbsterklärend. Deshalb haben wir in Tab. 7-8 eine Matrix mit wichtigen Fachbegriffen und ihrer üblichen Verwendung zusammengestellt.

Tab. 7-8: Fachtermini für die Darstellungsformen von Verteilungsinformationen

	Zustandsdiskrete Zufallsvariable	**Zustandsstetige Zufallsvariable**
Stichprobe	a) *Relative Häufigkeitsverteilung;* relative Häufigkeitsfunktion (frequency function) b) *Relative Häufigkeitssumme;* aufsummierte relative Häufigkeiten; kumulierte relative Häufigkeitsverteilung (cumulative frequency function)	Nicht belegt; auch bei einem noch so großen Stichprobenumfang hat man nur eine begrenzte Anzahl von diskreten Beobachtungswerten
Grundgesamtheit	a) *Wahrscheinlichkeitsverteilung;* Wahrscheinlichkeitsfunktion (probability function) b) *Verteilungsfunktion* (distribution function); Summenverteilung; kumulierte Wahrscheinlichkeitsfunktion (cumulative probability function)	a) *(Wahrscheinlichkeits)Dichtefunktion* (density function) b) *Verteilungsfunktion* (distribution function); Summenverteilung; kumulierte Dichtefunktion (cumulative density function)

Bevor wir auf die Begriffe im Einzelnen eingehen, ist Folgendes festzuhalten: Erstens, es gibt sowohl für zustandsdiskrete als auch für zustandsstetige Zufallsvariablen zwei alternative Darstellungsformen der Verteilungsinformation. Die entsprechenden Begriffe sind in der Matrix jeweils mit a) und b) gekennzeichnet. Zweitens, die Vielzahl der Begriffe in den einzelnen Matrixfeldern zeigt, dass viele Synonyme verwendet werden. Drittens, das leere Feld oben rechts verdeutlicht, dass es sich bei Stichproben immer um eine möglicherweise große, aber begrenzte Zahl diskreter Messwerte handelt. Viertens, der hier für zustandsdiskrete Zufallsvariablen einer Grundgesamtheit verwendete Begriff „Wahrscheinlichkeitsverteilung" wird in Anlehnung an die Alltagssprache auch als Überbegriff für Verteilungen verwendet. Dies erfolgt unabhängig von der Darstellungsform der Verteilungsinformation und dem Charakter der Zufallsvariable.

Für zustandsdiskrete Sachverhalte lässt sich die Bedeutung der einzelnen Begriffe am leichtesten am Beispiel des perfekt symmetrischen Würfels darstellen. Ein Würfel trägt bei wiederholtem Werfen qua Design unendlich viele diskrete Ausprägungen in sich. Wir unterstellen in Tab. 7-9, dass durch sechsmaliges Würfeln nur sechs Beobachtungswerte für die Augenzahl vorliegen. Anders gesagt: Wir verfügen über eine sehr kleine Stichprobe aus der Grundgesamtheit eines perfekten Würfels.

Tab. 7-9: Verteilungsinformation bei einem perfekt symmetrischen Würfel

Augenzahlausprägungen (X_j)	**1**	**2**	**3**	**4**	**5**	**6**
Stichprobe bei sechsmaligem Würfeln						
Absolute Häufigkeit ($H_j = H(X_j)$)	2	0	2	1	1	0
Relative Häufigkeit ($h_j = h(X_j)$)	2/6	0/6	2/6	1/6	1/6	0/6
Relative Häufigkeitssumme (h_j kumuliert)	2/6	2/6	4/6	5/6	6/6	6/6
Mittelwert $\bar{x}$	2,83 (= 2/6 · 1 + 0/6 · 2 + 2/6 · 3 + 1/6 · 4 + 1/6 · 5 + 0/6 · 6)					
Grundgesamtheit						
Wahrscheinlichkeiten ($P_j = P(X_j)$)	1/6	1/6	1/6	1/6	1/6	1/6
Verteilungsfunktion (P_j kumuliert)	1/6	2/6	3/6	4/6	5/6	6/6
Erwartungswert $E(X)$	3,50 (= 1/6 · 1 + 1/6 · 2 + 1/6 · 3 + 1/6 · 4 + 1/6 · 5 + 1/6 · 6)					

Die absolute Häufigkeit $H_j = H(X_j)$ der Zufallszahl X für die Ausprägung j gibt an, wie oft die einzelnen Augenzahlen in der **Stichprobe** enthalten sind. Die relative Häufigkeit $h_j = h(X_j)$ zeigt, in wie viel Prozent der Fälle, d.h. des Stichprobenumfangs, die jeweilige Augenzahl beobachtet wurde. Im Beispiel ergab sich bei sechsmaligem Würfeln bei 2/6 aller Würfe eine Eins. Die relativen Häufigkeiten für alle Beobachtungswerte bezeichnet man zusammen als **relative Häufigkeitsverteilung**. Um die sog. **relative Häufigkeitssumme** zu bekommen, addiert man die relativen Häufigkeiten der von unten nach oben geordneten Ausprägungen bis zum jeweiligen Wert auf. Im Beispiel liegt die Häufigkeitssumme, mit der eine Augenzahl von kleiner oder gleich drei erreicht wurde, bei 4/6. Die im Mittel erreichte Augenzahl beträgt $\bar{x} = 2{,}83$. Diese Aussagen sind bezogen auf die betrachtete Stichprobe eindeutig und leicht zu verstehen.

Der Vergleich des oberen mit dem unteren Teil von Tab. 7-9 zeigt den Zusammenhang zwischen dem, was man aus einer Stichprobe an Verteilungsinformationen erhalten kann, und der tatsächlichen Verteilung einer **Grundgesamtheit**. Im unteren Teil von Tab. 7-9 gehen wir davon aus, dass wir die tatsächliche **Wahrscheinlichkeitsverteilung** qua Design kennen. Man würde also trotz der gerade beobachteten Wurfergebnisse bspw. annehmen, dass die Wahrscheinlichkeit für jede Augenzahl 1/6 beträgt ($P_1 = P_2 = \cdots = P_6 = 1/6$). Summiert man diese Wahrscheinlichkeiten für die von unten nach oben geordneten Augenzahlen auf, erhält man die sog. **Verteilungsfunktion**. Bei Entscheidungen in einem zukünftigen Glücksspiel würden wir auch davon ausgehen, dass die erwartete Augenzahl bei wiederholtem Würfeln bei $E(X) = 3{,}5$ liegt. Dieser Erwartungswert beinhaltet eine entscheidungsrelevante Information, obwohl er als Augenzahl gar nicht auftreten kann. Er ist der Maximalbetrag, den ein rationaler und risikoneutraler Entscheider für die Teilnahme an einem Glücksspiel bezahlen würde, bei dem man die geworfene Augenzahl in Euro ausbezahlt bekommt.

Zum (fast) gleichen Ergebnis wie durch die Designüberlegung würden wir auch durch häufig wiederholtes Würfeln und eine nachfolgende statistische Analyse der Ergebnisse kommen. Wirft man bspw. 6 000 mal einen perfekt symmetrischen Würfel, erhält man zwar aller Voraussicht nach nicht jede Augenzahl genau 1 000 mal. Die relative Häufigkeit für jede Augenzahl liegt aber ziemlich genau bei 1/6. Dies liegt am **Gesetz der großen Zahl** oder - anders ausgedrückt - daran, dass die Stichprobe groß genug ist, um die Verteilung der Grundgesamtheit zu repräsentieren. In diesem Fall kann man die relative Häufigkeitsverteilung und den Mittelwert der beobachteten Stichprobe als Proxy für die tatsächliche Wahrscheinlichkeitsverteilung bzw. den Erwartungswert der Grundgesamtheit verwenden.

Die Wahrscheinlichkeits- und Verteilungsfunktion ist in Abb. 7-8 für das Beispiel des symmetrischen Würfels (**zustandsdiskrete Zufallsvariable**) grafisch verdeutlicht. Die Wahrscheinlichkeitsfunktion einer Zufallsvariable X, die wir bisher mit $P(X)$ bezeichnet haben, wird i.d.R. einfach mit dem Kürzel $f(X)$ gekennzeichnet. Dagegen wird die entsprechende Verteilungsfunktion i.d.R. mit dem Symbol $F(X)$ versehen. Die **Wahrscheinlichkeitsverteilung** zeigt, mit welcher Wahrscheinlichkeit jede theoretisch mögliche Ausprägung einer zustandsdiskreten Zufallsvariable auftritt. Bei einem Würfel wird jede Augenzahl mit jeweils 1/6 Wahrscheinlichkeit realisiert. Die **Verteilungsfunktion** gibt für jede Ausprägung an, wie hoch die Wahrscheinlichkeit ist, darüber oder darunter zu liegen. Beispielsweise kann man im Würfelbeispiel sagen, dass die Wahrscheinlichkeit, eine Augenzahl von kleiner oder gleich 2 (größer 2) zu würfeln, 2/6 (4/6) beträgt.

Abb. 7-8: Wahrscheinlichkeits- und Verteilungsfunktion für die zustandsdiskrete Zufallsvariable „Augenzahl eines Würfels"

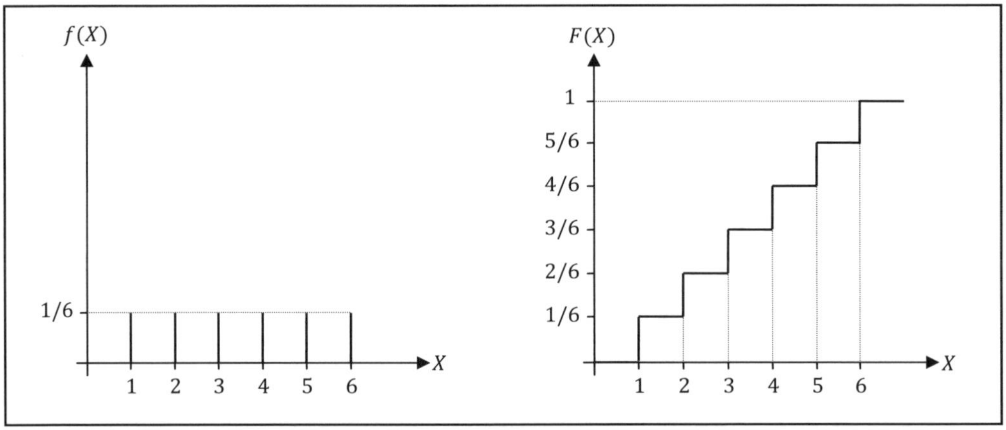

Bei der geworfenen Augenzahl eines Würfels handelt es sich um eine zustandsdiskrete Zufallsvariable. Die Augenzahl kann ja nur die endliche Menge von sechs ganzzahligen Ausprägungen annehmen. Schauen wir uns nun eine **zustandsstetige Zufallsvariable** anhand eines einfachen Beispiels an. Angenommen, Sie fahren jeden Morgen mit öffentlichen Verkehrsmitteln, wie z.B. der U-Bahn, zur Universität. Die U-Bahn verkehrt regelmäßig im 6-Minuten-Takt. Es ist allerdings zufällig, wann Sie innerhalb des 6-Minuten-Intervalls auf dem Bahnsteig ankommen. Mit anderen Worten: Alle Ankunftszeiten sind gleich wahrscheinlich. Im günstigsten Fall müssen Sie gar nicht warten und können sofort in die U-Bahn einsteigen. Im schlimmsten Fall verpassen Sie die U-Bahn gerade und müssen 6 Minuten auf die nächste warten. Nun kann man schätzen, wie groß die Wahrscheinlichkeit ist, dass die Wartezeit kleiner oder größer als ein bestimmter Wert ist. Beispielsweise müssen Sie in 50% der Fälle mit weniger als 3 Minuten Wartezeit rechnen. Ganz analog können Sie weitere Werte der **Verteilungsfunktion** $F(X)$ bestimmen, die in der rechten Hälfte von Abb. 7-9 grafisch veranschaulicht ist.

Abb. 7-9: Dichte- und Verteilungsfunktion für die zustandsstetige Zufallsvariable „Wartezeit am Bahnsteig"

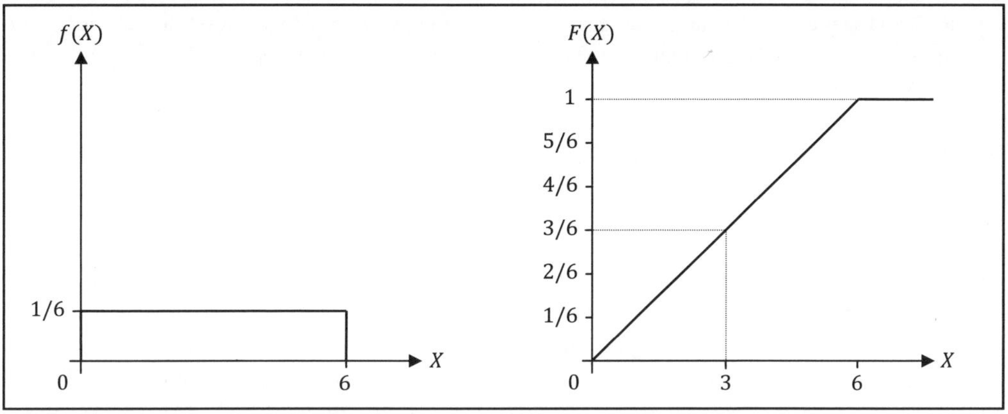

Wir haben bei der Darstellung der Verteilungsinformation für die zustandsstetige Zufallsvariable bewusst mit der Verteilungsfunktion begonnen, da sie die Risikoinformationen auch für Nicht-Fachleute verständlich macht. Das intuitive Verständnis der **Dichtefunktion** $f(X)$, die in der linken Hälfte von Abb. 7-9 dargestellt ist, ist nicht ganz so leicht, obwohl sich der Zusammenhang zwischen Dichte- und Verteilungsfunktion mathematisch einfach ausdrücken lässt: Die Dichtefunktion ist die erste Ableitung der Verteilungsfunktion. Umgekehrt ist die Verteilungsfunktion das Integral der Dichtefunktion. Grafisch wird bei der Dichtefunktion die kumulierte Wahrscheinlichkeit für einen bestimmten Wert durch die Fläche unter der Funktion bis zum Abszissenwert ausgedrückt. Bei der Summenfunktion findet man diesen Wert direkt auf der Ordinate. Da die Summe der Wahrscheinlichkeit aller möglichen Ereignisse (hier also einer Wartezeit auf die U-Bahn zwischen 0 und 6 Minuten) 100% beträgt, ist auch die Fläche unterhalb der Dichtefunktion gleich Eins.

Der **Unterschied zwischen Dichte- und Wahrscheinlichkeitsfunktion** besteht darin, dass die Dichte an einer bestimmten Stelle (also z.B. einer Wartezeit von genau 3 Minuten) nicht als die Wahrscheinlichkeit interpretiert werden darf, mit der der jeweilige Wert eintritt. Dies liegt daran, dass wir eine zustandsstetige Zufallsvariable betrachten, die eine unendliche Zahl möglicher Ausprägungen hat. Dies mag vordergründig kontraintuitiv erscheinen, weil man möglicherweise spontan an eine bestimmte Stichprobe mit einer endlichen Zahl diskreter Messwerte (also bspw. eine über 100 Tage auf eine Sekunde genau gemessene Wartezeit) denkt. Der Sachverhalt wird aber deutlich, wenn man sich klar macht, dass es eben nicht um eine Stichprobe, sondern um die Grundgesamtheit einer stetigen Variablen (wie bspw. der Wartezeit) geht, die eine unendliche Zahl möglicher Ausprägungen hat.

Die „Ähnlichkeit" zwischen Dichte- und Wahrscheinlichkeitsfunktion hängt direkt mit dem gerade beschriebenen Unterschied zusammen: Ein beliebiges bestimmtes Integral der Dichtefunktion entspricht genau der Wahrscheinlichkeit, dass die Ausprägungen der Zufallsvariablen in dem entsprechenden Wertebereich liegen. Mit anderen Worten: Jede Dichtefunktion lässt sich durch Klassenbildung in eine Wahrscheinlichkeitsfunktion überführen. So könnte man in unserem Fall alternativ zur Dichtefunktion auch angeben, dass die diskrete Wahrscheinlichkeit einer Wartezeit zwischen 0 und 1 Sekunde, 1 und 2 Sekunden etc. jeweils 1/360 beträgt. Bei jeder Art von Messung wird eine solche Klassenbildung notwendigerweise vorgenommen. Das heißt, auf der Grundlage einer relativen Häufigkeitsverteilung diskreter Stichprobenmesswerte muss auf stetige Sachverhalte geschlossen werden.

7.3.2 Maßzahlen zur Charakterisierung von Zufallsvariablen

Um eine leichte Charakterisierung und Verarbeitung von Zufallsvariablen zu ermöglichen, versucht man, die relevanten Verteilungsinformationen in möglichst wenige Maßzahlen zu verdichten. Dabei kommen verschiedene Lage- und Streuungsparameter zum Einsatz, die nachstehend kurz beschrieben werden. Außerdem erläutern wir, wie man den Zusammenhang zwischen verschiedenen Zufallsvariablen quantifizieren kann.

Lageparameter

Den Erwartungswert (expected value) haben wir bereits kennen gelernt. Beispielsweise haben wir - wenngleich ohne formelhafte Darstellung - für die Augenzahl beim Würfeln den Erwartungswert von 3,5 berechnet. Der Erwartungswert einer Zufallsvariable ist der wichtigste Lageparameter und wird auch als erstes Moment einer Verteilung bezeichnet. Grafisch gesehen bezeichnet er die Lage der Wahrscheinlichkeits- oder Dichtefunktion einer Zufallsvariable auf der „x-Achse".

Der **Erwartungswert für die Grundgesamtheit** einer zustandsdiskreten Zufallsvariablen, wie z.B. die Augenzahl beim Würfeln, bei der die Verteilung qua Design bekannt ist, kann als Summe aller mit ihren Eintrittswahrscheinlichkeiten P_j gewichteten *theoretisch möglichen Ausprägungen* X_j berechnet werden:

$$E(X) = \mu(X) = \sum_{j=1}^{J} X_j \cdot P_j\,, \text{mit} \sum_{j=1}^{J} P_j = 1 \tag{7-1}$$

Der Erwartungswert einer *Grundgesamtheit* wird häufig mit dem Symbol μ bezeichnet. Für die vollständig bekannte endliche Grundgesamtheit einer zustandsdiskreten oder zustandsstetigen Zufallsvariablen (z.B. die Körpergröße der Einwohner einer Kleinstadt) kann man den Erwartungswert auch berechnen, indem man alle *tatsächlichen Realisationen* (Werte) x_i aufsummiert und durch die Anzahl der Werte n teilt:

$$\mu(x) = \frac{1}{n} \cdot \sum_{i=1}^{n} x_i \tag{7-2}$$

Bei einer linearen Transformation der Zufallsvariable x_k in der Form $x_l = a + b \cdot x_k$ gilt:

$$\mu(x_l) = a + b \cdot \mu(x_k) \tag{7-3}$$

Diese Transformation ist bspw. relevant, wenn der Erwartungswert des Gewinns unter Berücksichtigung von Fixkosten ausgehend vom Erwartungswert des Gesamtdeckungsbeitrags ermittelt werden soll.

Bei ökonomischen Größen sind i.d.R. weder die Verteilungen qua Design noch die Grundgesamtheit bekannt. Deshalb muss man Verteilungsinformationen regelmäßig aus einem vorgegebenen Datenmaterial, d.h. aus einer möglichst repräsentativen Stichprobe mit einer endlichen Anzahl diskreter Messwerte, extrahieren. In der Praxis verwendet man deshalb häufig den arithmetischen Mittelwert $\bar{x}$ (arithmetic mean) der Stichprobe als Proxy bzw. erwartungstreuen Schätzer für den Erwartungswert μ der Grundgesamtheit. Zur Berechnung des **arithmetischen Mittels für die Stichprobe** einer zustandsdiskreten Zufallsvariable sind in Gleichung (7-1) lediglich die Wahrscheinlichkeiten P_j durch die relativen Häufigkeiten h_j zu ersetzen:

$$\bar{x} = \sum_{j=1}^{J} X_j \cdot h_j\,, \text{mit} \sum_{j=1}^{J} h_j = 1 \tag{7-4}$$

Zum gleichen Ergebnis kommt man, wenn man alle Realisationen x_i einer Stichprobe aufsummiert und durch die Anzahl der Stichprobenwerte n teilt:

$$\bar{x} = \frac{1}{n} \cdot \sum_{i=1}^{n} x_i \tag{7-5}$$

Für den Spezialfall, dass jeder Wert in einer Stichprobe nur einmal auftritt, sieht man sofort den Zusammenhang zwischen den Gleichungen (7-4) und (7-5): Im Spezialfall gilt $1/n = h_j$. Die in Gleichung (7-5) angezeigte Berechnungsweise gilt ebenfalls für das arithmetische Mittel einer Stichprobe einer zustandsstetigen Zufallsvariable.

Neben dem Erwartungswert und dem arithmetischen Mittel gibt es eine Reihe weiterer statistischer Parameter, die ebenfalls als Mittelwerte bezeichnet und zur Charakterisierung der Lage von Verteilungen herangezogen werden. Der **Median** oder Zentralwert (median) „halbiert" die nach ihrer Größe geordneten Realisationen einer Zufallsvariable. Mit anderen Worten: 50% der Werte liegen unter dem Median und 50% der Werte über dem Median. Damit ist der Median der Wert einer Zufallsvariable, bei der die Verteilungsfunktion den Wert von 50% annimmt. Ein weiterer Mittelwert ist der **Modus** oder Modalwert (mode). Er bezeichnet den Wert mit der höchsten Eintrittswahrscheinlichkeit und damit die Stelle, an der die Dichtefunktion ihr Maximum erreicht.

Bei der Interpretation der verschiedenen Mittelwerte sind folgende Aspekte zu beachten: Erstens, der Erwartungswert stellt nicht immer den wahrscheinlichsten Wert dar. Unter Umständen kann er sogar überhaupt nicht realisiert werden. Dies ist z.B. beim Werfen eines Würfels der Fall, bei dem der Erwartungswert 3,5 beträgt. Zweitens, in einigen Fällen gibt es keinen Modus, da alle Ausprägungen gleich wahrscheinlich sind. Auch dies ist beim Würfeln der Fall. Drittens, bei symmetrischen eingipfligen Verteilungen wie der Normalverteilung (siehe Punkt 7.3.3) fallen arithmetisches Mittel, Median und Modus zusammen.

Streuungsparameter

Streuungsparameter werden auch als Dispersionsmaße bezeichnet. Darunter versteht man statistische Kennziffern, die Auskunft darüber geben, wie weit auseinander die Realisationen einer Zufallsvariable liegen. Das wichtigste Streuungsmaß ist die Varianz (variance), die auch als zweites Moment einer Verteilung bezeichnet wird. Die Varianz drückt die Abweichung einer Zufallsvariable von ihrem Erwartungswert aus. Bei der Berechnung werden die Abweichungen vom Erwartungswert quadriert, damit sich negative und positive Abweichungen nicht gegenseitig aufheben. Die Summe der einfachen Abweichungen wäre ja bei einer symmetrischen Verteilung immer gleich Null. Die **Varianz der Grundgesamtheit** einer zustandsdiskreten Zufallsvariable ist als Summe der mit ihren Eintrittswahrscheinlichkeiten P_j gewichteten Abweichungsquadrate der Ausprägungen X_j vom Erwartungswert $E(X)$ bzw. μ zu berechnen:

$$\begin{aligned} V(X) = \sigma^2(X) &= \sum_{j=1}^{J} (X_j - \mu)^2 \cdot P_j \text{, mit} \sum_{j=1}^{J} P_j = 1 \\ &= E[(X - E(X))^2] = E(X^2) - (E(X))^2 \end{aligned} \tag{7-6}$$

Die Varianz einer Grundgesamtheit wird häufig mit dem Symbol „σ^2" abgekürzt. Für den perfekt symmetrischen Würfel ergibt sich bei einem Erwartungswert von 3,5 eine Varianz von 2,9167 (= $(1 - 3{,}5)^2 \cdot 1/6 + (2 - 3{,}5)^2 \cdot 1/6 + \ldots + (6 - 3{,}5)^2 \cdot 1/6$).

Für die endliche Grundgesamtheit einer zustandsdiskreten oder zustandsstetigen Zufallsvariable kann die Varianz auch berechnet werden, indem man die durchschnittliche quadratische Abweichung der tatsächlichen Realisationen x_i vom Erwartungswert berechnet:

$$\sigma^2(x) = \frac{1}{n} \cdot \sum_{i=1}^{n} (x_i - \mu)^2 \tag{7-7}$$

Bei einer linearen Transformation der Zufallsvariablen x_k in der Form $x_l = a + b \cdot x_k$ gilt:

$$\sigma^2(x_l) = b^2 \cdot \sigma^2(x_k) \tag{7-8}$$

Ebenso wie der Erwartungswert muss die Varianz ökonomischer Größen in aller Regel aus einer Stichprobe geschätzt werden. Aus Gründen, deren Nachweis statistischen Lehrbüchern überlassen wird, stellt die **korrigierte Stichprobenvarianz**, die auch als empirische Varianz oder einfach als Stichprobenvarianz bezeichnet wird, die erwartungstreue Schätzung für die Varianz einer Grundgesamtheit dar. Die korrigierte Stichprobenvarianz ist auf der Grundlage einer Stichprobe, die aus n beobachteten Realisationen x_i besteht, wie folgt zu berechnen:

$$s^2 = \frac{1}{n-1} \cdot \sum_{i=1}^{n} (x_i - \bar{x})^2 \tag{7-9}$$

Der Nachteil der Varianz besteht darin, dass ihre Bedeutung intuitiv schwer nachzuvollziehen ist, weil sie eine andere Einheit (z.B. Euro zum Quadrat oder Meter zum Quadrat) aufweist als die Zufallsvariable selbst. Deshalb nutzt man als weiteres Streuungsmaß auch oft die Quadratwurzel der Varianz, die man als **Standardabweichung** (σ; standard deviation) bezeichnet. Zur Vermeidung von Missverständnissen sei angemerkt, dass wir im Folgenden zwecks leichterer Nachvollziehbarkeit nicht mehr explizit zwischen der Grundgesamtheit und der Stichprobe unterscheiden. Wir sprechen nicht mehr von $\bar{x}$ und s, sondern verwenden immer μ und σ. Wir gehen also davon aus, dass wir die Grundgesamtheit zuverlässig geschätzt haben.

Im Gegensatz zur Varianz werden bei der Berechnung der **mittleren absoluten Abweichung** (mean absolute deviation; MAD), die gelegentlich auch als lineare Streuung bezeichnet wird, nicht die quadrierten Abweichungen vom Erwartungswert betrachtet, sondern der Absolutbetrag:

$$MAD = \frac{1}{n} \cdot \sum_{i=1}^{n} |x_i - \mu| \tag{7-10}$$

Der **Variationskoeffizient** (coefficient of variation) bezieht die Standardabweichung auf den Erwartungswert:

$$VK = \frac{\sigma}{\mu} \tag{7-11}$$

Der Variationskoeffizient ist ein relatives Streuungsmaß, das die Standardabweichung im Verhältnis zum Erwartungswert ausdrückt. Damit wird die Vergleichbarkeit der Streuung von Zufallsvariablen ermöglicht, deren Erwartungswerte ein ganz unterschiedliches Niveau annehmen.

Gelegentlich wird neben den bisher genannten Dispersionsmaßen auch die sog. Variationsbreite oder **Spannweite** (range) zur Charakterisierung der Streuung verwendet. Die Spannweite SW entspricht der Distanz zwischen der größten Realisation x_i^{max} und der kleinsten Realisation x_i^{min} einer Zufallsvariable:

$$SW = x_i^{max} - x_i^{min} \tag{7-12}$$

Das Problem bei der Spannweite besteht darin, dass sie keine Auskunft über die tatsächliche Streuung einer Zufallsvariable vermittelt. Anders gesagt: Durch einzelne Ausreißer kann die Spannweite sehr groß werden, auch wenn die meisten Realisationen der Zufallsvariable ganz eng um den Erwartungswert herum liegen.

Partial-Moment-Maße

Neben der Varianz, die sich auf die ganze Verteilung bezieht, gibt es auch Streuungsmaße, die gezielt nur einen bestimmten Bereich einer Verteilung beschreiben und die man deshalb unter dem Begriff „Partial-Moment-Maße" subsumiert. Da Entscheider häufig besonderes Interesse an negativen Abweichungen von einem bestimmten Zielwert x^* haben, kommt den sog. **Lower-Partial-Moment-Maßen** (LPM-Maßen) besondere Bedeutung zu:

$$LPM^d = \frac{1}{n} \cdot \sum_{i=1}^{n} \begin{cases} (x^* - x_i)^d, & \text{wenn } x_i < x^* \\ 0, & \text{andernfalls} \end{cases} \quad (7\text{-}13)$$

Dabei kennzeichnet d die Ordnung des LPM-Maßes. Das LPM-Maß der Ordnung Null (LPM^0) gibt die sog. Shortfall- oder Ausfallwahrscheinlichkeit an, mit der der Zielwert unterschritten wird. Dabei wird das Ausmaß der Unterschreitung des Zielwertes außer Acht gelassen. Das LPM-Maß erster Ordnung (LPM^1) liefert die mittlere Höhe der Unterschreitung des Zielwertes (expected shortfall). Über das LPM-Maß zweiter Ordnung (LPM^2) wird die Varianz der Unterschreitung des Zielwertes beschrieben.

Auch die sog. **Semivarianz** (semi-variance) stellt ein Partial-Moment-Maß dar. Es gibt sie in zwei Ausformungen, nämlich als Downside-Risikomaß und als Upside-Risikomaß. Das Downside-Risikomaß ist ein Sonderfall des LPM-Maßes zweiter Ordnung, bei dem gilt: $x^* = \mu$. Bildlich gesprochen wird nur die linksseitige Streuung einer Zufallsvariable von ihrem Erwartungswert μ berücksichtigt:

$$SV_{down} = \frac{1}{n} \cdot \sum_{i=1}^{n} \begin{cases} (\mu - x_i)^2, & \text{wenn } x_i < \mu \\ 0, & \text{andernfalls} \end{cases} \quad \text{(Downside – Risikomaß)} \quad (7\text{-}14)$$

Bei der Ausformung der Semivarianz SV als Upside-Risikomaß wird dagegen nur die rechtsseitige Streuung berücksichtigt:

$$SV_{up} = \frac{1}{n} \cdot \sum_{i=1}^{n} \begin{cases} (x_i - \mu)^2, & \text{wenn } x_i > \mu \\ 0, & \text{andernfalls} \end{cases} \quad \text{(Upside – Risikomaß)} \quad (7\text{-}15)$$

Die Berücksichtigung der negativen (positiven) Abweichungen über ein Downside-Risikomaß (Upside-Risikomaß) ist insbesondere für asymmetrische Verteilungen relevant. Downside- und Upside-Risikomaße liefern in diesem Fall zusätzliche Informationen bzgl. des „relevanten Risikos", das nicht über die Varianz abgebildet werden kann.

Auch die sog. **Quantile** (quantiles) liefern Informationen zu einem ausgewählten Teilbereich einer Verteilung. Sie replizieren direkt die Informationen der Verteilungsfunktion. Ein Quantil bezeichnet den Wert einer Zufallsvariable (Quantilwert), der mit einer bestimmten Wahrscheinlichkeit (z.B. 5% oder 25%) über- oder unterschritten wird. Ein perfekt symmetrischer Würfel hat bspw. einen Quantilwert von 2 (3, 4) für das untere 33,33%- (50%-, 66,67%-) Quantil. Dies bedeutet, dass mit einer Wahrscheinlichkeit von 33,33% (50%, 66,67%) Augenzahlen kleiner oder gleich 2 (3, 4) gewürfelt werden. Umgekehrt lässt sich sagen, dass mit einer Wahrscheinlichkeit von 33,33% (50%, 66,67%) Augenzahlen größer oder gleich 5 (4, 3) eintreten. Bei Stichproben wird der Zusammenhang häufig wie folgt ausgedrückt: Ordnet man die beobachteten Realisationen einer Zufallsvariable aufsteigend nach ihrer Größe und unterteilt sie in m gleich große Gruppen, so ergeben sich $m - 1$ Intervallgrenzen. Die Intervallgrenzen bezeichnen die Quantilwerte. Je nachdem, wie groß m gewählt wird, spricht man von Quartilen ($m = 4$), Dezilen ($m = 10$) oder Perzentilen ($m = 100$). Der uns bereits bekannte Median stellt also mit $m = 2$ ebenfalls einen speziellen Quantilwert dar, nämlich den Quantilwert für das 50%-Perzentil.

Es besteht eine inverse Beziehung zwischen Quantilen und dem LPM-Maß der Ordnung Null: Beim LPM-Maß der Ordnung Null wird der Zielwert vorgegeben und die Wahrscheinlichkeit gesucht, mit der er unterschritten wird. Bei Quantilen wird die Wahrscheinlichkeit vorgegeben und der dazu gehörige Wert der Zufallsvariablen gesucht, der mit dieser Wahrscheinlichkeit unterschritten wird.

Während Quantile - bildlich gesprochen - auf die Fläche der Wahrscheinlichkeitsverteilung oder der Dichtefunktion *bis* zu einem bestimmten Wert für die Zufallsvariable fokussieren, bezieht sich der sog. **Value-at-Risk** (VaR) auf die Differenz zwischen einem kritischen Wert und einem links davon liegenden Wert. Der VaR wird oftmals relativ zum Erwartungswert der Zufallsvariablen gemessen. Man spricht dann vom

relativen VaR. Hier bezeichnet VaR den Verlust, der ausgehend vom Erwartungswert bei einer zufallsbehafteten Zielgröße mit einer bestimmten Wahrscheinlichkeit nicht überschritten wird. Gelegentlich wird der VaR auch relativ zum Nullpunkt der Zufallsvariablen gemessen. Man spricht in diesem Zusammenhang vom **absoluten VaR**. Wenn die Zufallsvariable den Gewinn eines Unternehmens darstellt, könnte man dann sagen, dass der absolute VaR den maximalen Verlust beschreibt, den ein Unternehmen innerhalb eines definierten Zeitraums mit einer bestimmten Irrtumswahrscheinlichkeit maximal erleidet. Der VaR wird im Rahmen sog. Safety-First-Ansätze oftmals als eigenständiger Parameter genutzt, mit dem das sog. Downside-Risiko gemessen wird.

Abb. 7-10 fasst den Zusammenhang zwischen dem Lower-Partial-Moment- sowie dem Quantil- und dem relativen VaR-Konzept für einen Erwartungswert von 100 und einem 5%-Quantil mit einem Quantilwert von 30 zusammen.

Abb. 7-10: Zusammenhang zwischen Lower-Partial-Moment-, Quantil- und VaR-Konzept

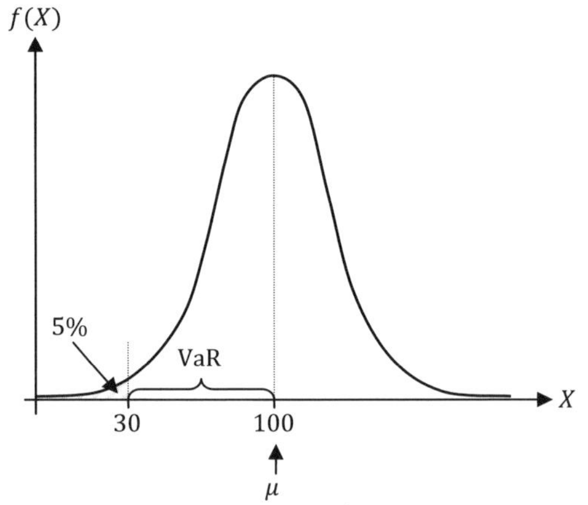

Lower-Partial-Moment-Konzept:
Zielwert $x^* = 30$
$\Rightarrow LPM^0 = 5\%$

Quantil-Konzept:
5%-Quantil
⇒ Quantilwert = 30

Value-at-Risk-Konzept:
5%-Wahrscheinlichkeit bei $\mu = 100$
⇒ relatives VaR = 70

Das Beispiel verdeutlicht, dass sich LPM^0, Quantile und relatives VaR ineinander überführen lassen. Die Aussage „Bei einem Zielwert von 30 beträgt der LPM^0 5%" ist gleichbedeutend mit der Aussage „Der Quantilwert des 5%-Perzentils ist 30". Dies kann alternativ auch formuliert werden, indem man sagt: „Bei einer 5%igen Wahrscheinlichkeit und einem Erwartungswert von 100 liegt der VaR bei 70".

Drittes und viertes Moment einer Verteilung

Die wichtigsten Parameter zur Charakterisierung einer Verteilung sind der Erwartungswert und die Varianz. Im Folgenden werden der Vollständigkeit halber zwei Momente höherer Ordnung kurz angesprochen, nämlich die Schiefe und die Wölbung.

Die **Schiefe** (skewness) stellt das dritte Moment einer Verteilung dar. Sie wird wie folgt berechnet:

$$Skew = \frac{E[(X - E(X))^3]}{\sigma^3} \tag{7-16}$$

Die Schiefe gibt an, wie groß die Asymmetrie einer Verteilung ist. Symmetrische Verteilungen haben einen Schiefewert von Null. Positive Schiefewerte kennzeichnen eine rechtsschiefe Verteilung, die manchmal auch als linkssteil bezeichnet wird. Negative Schiefewerte bezeichnen dagegen linksschiefe Verteilungen, die auch als rechtssteil bezeichnet werden (siehe auch Abb. 7-13).

Die **Wölbung** (kurtosis) ist als viertes Moment einer Verteilung ein Maß für die Konzentration einer Verteilung um den Erwartungswert. Man spricht auch vom Maß für die „Steilgipfligkeit" einer Verteilung:

$$Kurt = \frac{E[(X - E(X))^4]}{\sigma^4} \tag{7-17}$$

Je höher der Wölbungswert ist, desto höher ist die Konzentration einer Zufallsvariable um ihren Erwartungswert.

Messgrößen für den Zusammenhang zwischen Zufallsvariablen

Die **Kovarianz** misst den linearen Zusammenhang zwischen zwei Zufallsvariablen oder - vereinfacht ausgedrückt - ihre Tendenz, sich in die gleiche Richtung zu entwickeln. Die Kovarianz $Cov(X_k; X_l) = \sigma_{k;l}$ zwischen den Zufallsvariablen X_k und X_l entspricht dem Erwartungswert der Abweichungsprodukte der beiden Zufallsvariablen:

$$Cov(X_k; X_l) = \sigma_{k;l} = E[(X_k - \mu_k) \cdot (X_l - \mu_l)] \tag{7-18}$$

Der Vergleich von Gleichung (7-18) mit Gleichung (7-6) zeigt, dass die Kovarianz eine Verallgemeinerung der Varianz darstellt. Es gilt:

$$Cov(X_k; X_k) = \sigma_{k;k} = V(X_k) = E[(X_k - \mu_k) \cdot (X_k - \mu_k)] = \sigma_k^2 \tag{7-19}$$

Da die Kovarianz vom Maßstab der Zufallsvariablen abhängt, nutzt man an ihrer Stelle oftmals den maßstabslosen **Korrelationskoeffizienten**. Er entspricht dem Quotienten aus der Kovarianz $\sigma_{k;l}$ und dem Produkt der Standardabweichungen zwischen den Zufallsvariablen X_k und X_l:

$$\rho_{k;l} = \frac{\sigma_{k;l}}{\sigma_k \cdot \sigma_l}, \text{mit } \sigma_k, \sigma_l > 0 \tag{7-20}$$

Der Korrelationskoeffizient wird auf einer Skala von minus Eins bis plus Eins gemessen. Bei $\rho_{k;l} = 0$ besteht kein Zusammenhang zwischen den beiden Zufallsvariablen X_k und X_l. Wenn sich dagegen zwei stochastische Variablen genau gleichgerichtet bewegen, sind sie perfekt positiv korreliert ($\rho_{k;l} = +1$). Wenn sich zwei stochastische Variablen tendenziell entgegengesetzt bewegen, sind sie negativ korreliert ($-1 \leq \rho_{k;l} < 0$). Die Korrelation einer Zufallsvariable mit sich selbst ist immer gleich Eins.

7.3.3 Ausgewählte Verteilungen

Es gibt eine Vielzahl parametrischer Verteilungen, die die Charakterisierung von Zufallsvariablen erleichtern. Im Folgenden beschreiben wir die Binomial-, Gleich-, Dreiecks- und Normalverteilung, durch die bei geeigneter Parameterwahl eine Vielzahl stochastischer Sachverhalte abgebildet werden können.

Die Binomialverteilung als spezielle diskrete Verteilung

Die diskrete Verteilung haben wir anhand des Würfelspiels (vgl. Abb. 7-8) kennengelernt. Die einfachste Form der diskreten Verteilung stellt die Binomialverteilung dar, bei der es nur zwei mögliche Ausprägungen gibt. Zur eindeutigen **Charakterisierung einer Binomialverteilung** reichen die beiden Ausprägungen sowie die Wahrscheinlichkeit für das Eintreten einer der beiden Ausprägungen aus. Beispiele für Binomialverteilungen sind das Geschlecht eines Kalbes bei der Geburt mit seinen Ausprägungen „Bullenkalb“ oder „Kuhkalb“ sowie der bereits angesprochene Münzwurf mit seinen Ausprägungen „Kopf“ oder „Zahl“.

Schauen wir uns den Münzwurf genauer an. Mit einer Wahrscheinlichkeit von $P_1 = 50\%$ tritt „Kopf“ ein. Damit ist auch schon bekannt, dass mit $1 - P_1 = P_2 = 50\%$ „Zahl“ eintritt. Wir haben es in diesem Beispiel darüber hinaus mit dem Sonderfall gleicher Wahrscheinlichkeiten zu tun. Abb. 7-11 verdeutlicht die Wahrscheinlichkeits- und Verteilungsfunktion der Binomialverteilung bezogen auf den Münzwurf. Dabei wurde unterstellt, dass es bei „Kopf“ zu einer Zahlung von 0 und bei „Zahl“ zu einer Zahlung von 1 kommt.

Abb. 7-11: Wahrscheinlichkeits- und Verteilungsfunktion der Binomialverteilung

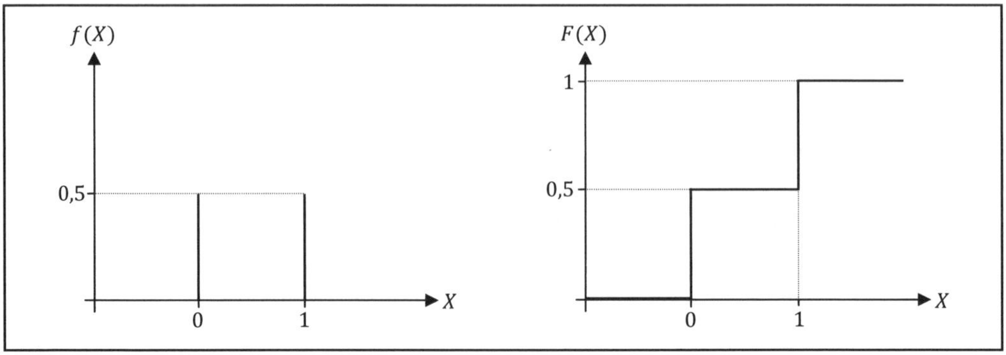

Grundsätzlich sind der Erwartungswert und die Varianz der Binomialverteilung einer metrischen Zufallsvariable gemäß der bereits bekannten Gleichungen (7-1) und (7-6) zu berechnen. Dort ist als Zahl für die theoretisch möglichen Ausprägungen $J = 2$ einzusetzen.

Ein etwas anderer Sachverhalt ergibt sich, wenn die Binomialverteilung sich auf eine Zufallsvariable bezieht, die ein nominales Messniveau aufweist. Ein Beispiel wäre der Münzwurf, bei dem man den beiden nominalen Ausprägungen „Kopf" und „Zahl" keinen Zahlenwert zuweist. Ein Erwartungswert und eine Varianz nach Gleichung (7-1) und (7-6) lassen sich aufgrund des nominalen Messniveaus grundsätzlich nicht berechnen. Gelegentlich ist aber die Frage interessant, wie hoch der Erwartungswert des Auftretens einer bestimmten Ausprägung $X = X_j$ bei n-maliger Wiederholung eines Zufallsexperiments ist. Für den so verstandenen Erwartungswert und die entsprechende Varianz gilt:

$$E(X = X_j, n) = n \cdot P \tag{7-21}$$

$$V(X = X_j, n) = n \cdot P \cdot (1 - P) \tag{7-22}$$

Bei einem zwanzigmaligen Münzwurf beträgt der Erwartungswert des Auftretens von „Kopf" $E(X = Kopf, 20) = 20 \cdot 0{,}5 = 10$ und die Varianz $V(X = Kopf, 20) = 20 \cdot 0{,}5 \cdot 0{,}5 = 5$.

Die Gleichverteilung

Die Gleichverteilung, die auch als Rechtecksverteilung bezeichnet wird, haben wir ebenfalls bereits kennengelernt, und zwar am Beispiel der Wartezeit am Bahnsteig (vgl. Abb. 7-9). Wir wollen ihre Eigenschaften im Folgenden ausführlicher darstellen. Zur eindeutigen **Charakterisierung einer Gleichverteilung** benötigt man zwei Parameter, nämlich die untere Grenze X^{min} und die obere Grenze X^{max} der Zufallsvariable. Abb. 7-12 veranschaulicht die Dichte- und Verteilungsfunktion der Gleichverteilung.

Die Dichtefunktion $f(X)$ und die Verteilungsfunktion $F(X)$ lassen sich wie folgt darstellen:

$$f(X) = \begin{cases} 0, & \text{wenn } X < X^{min} \\ \dfrac{1}{X^{max} - X^{min}}, & \text{wenn } X^{min} \leq X \leq X^{max} \\ 0, & \text{wenn } X^{max} < X \end{cases} \tag{7-23}$$

$$F(X) = \begin{cases} 0, & \text{wenn } X < X^{min} \\ \dfrac{X - X^{min}}{X^{max} - X^{min}}, & \text{wenn } X^{min} \leq X \leq X^{max} \\ 1, & \text{wenn } X^{max} < X \end{cases} \tag{7-24}$$

Abb. 7-12: Dichte- und Verteilungsfunktion der Gleichverteilung

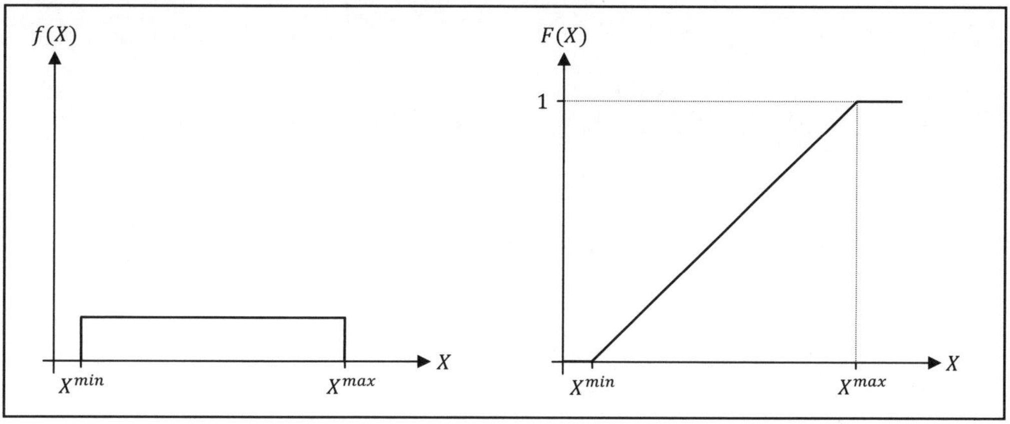

Grundsätzlich lassen sich der Erwartungswert und die Varianz bei Vorliegen einer Stichprobe gemäß der Gleichungen (7-5) und (7-9) bestimmen. Sind allerdings die Parameter X^{min} und X^{max}, die die Gleichverteilung eindeutig definieren, bekannt, so sind Erwartungswert und Varianz auch wie folgt zu berechnen:

$$E(X) = \frac{X^{min} + X^{max}}{2} \qquad (7\text{-}25)$$

$$V(X) = \frac{(X^{max} - X^{min})^2}{12} \qquad (7\text{-}26)$$

Die Gleichverteilung ist nicht nur zur Abbildung realer Sachverhalte wichtig. Sie ist insbesondere auch von Bedeutung, weil sich aus gleichverteilten Zufallszahlen über entsprechende Transformationen Zufallszahlen anderer Verteilung herleiten lassen (vgl. Punkt 7.4.3).

Die Dreiecksverteilung

Zur **Charakterisierung einer Dreiecksverteilung** sind drei Parameter erforderlich: der kleinste Wert X^{min}, der größte Wert X^{max} und der Modus X^{mod}. Abb. 7-13 veranschaulicht die Dichte- und Verteilungsfunktion der Dreiecksverteilung. Beim Modalwert hat die Verteilungsfunktion ihren Wendepunkt.

Abb. 7-13: Dichte- und Verteilungsfunktion der Dreiecksverteilung

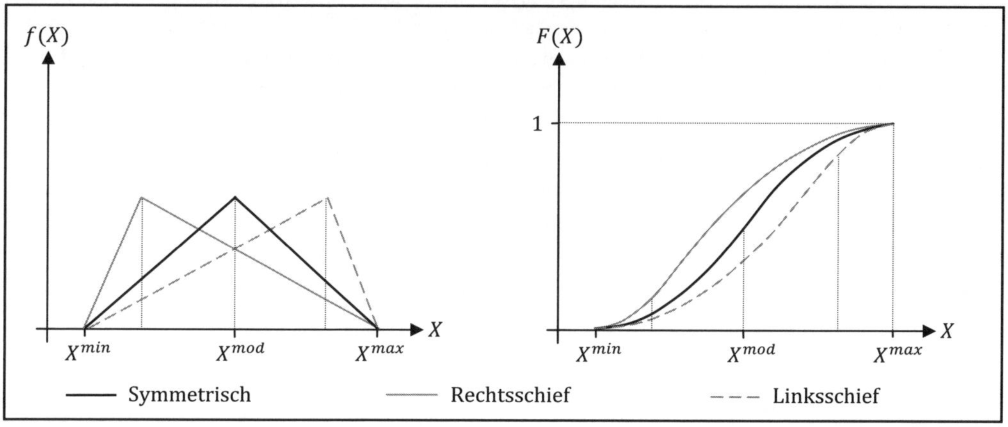

Für die Dichtefunktion $f(X)$ und die Verteilungsfunktion $F(X)$ gilt:

$$f(X) = \begin{cases} 0, & \text{wenn } X < X^{min} \\ \dfrac{2 \cdot (X - X^{min})}{(X^{max} - X^{min}) \cdot (X^{mod} - X^{min})}, & \text{wenn } X^{min} \leq X \leq X^{mod} \\ \dfrac{2 \cdot (X^{max} - X)}{(X^{max} - X^{min}) \cdot (X^{max} - X^{mod})}, & \text{wenn } X^{mod} < X \leq X^{max} \\ 0, & \text{wenn } X^{max} < X \end{cases} \tag{7-27}$$

$$F(X) = \begin{cases} 0, & \text{wenn } X < X^{min} \\ \dfrac{(X - X^{min})^2}{(X^{max} - X^{min}) \cdot (X^{mod} - X^{min})}, & \text{wenn } X^{min} \leq X \leq X^{mod} \\ \dfrac{(X^{max} - X)^2}{(X^{max} - X^{min}) \cdot (X^{max} - X^{mod})}, & \text{wenn } X^{mod} < X \leq X^{max} \\ 1, & \text{wenn } X^{max} < X \end{cases} \tag{7-28}$$

Aus einer Stichprobe lassen sich der Erwartungswert und die Varianz gemäß der Gleichungen (7-5) und (7-9) bestimmen. Kennt man die Parameter X^{min}, X^{max} und X^{mod}, die die Dreiecksverteilung eindeutig definieren, sind Erwartungswert und Varianz auch wie folgt zu berechnen:

$$E(X) = \frac{X^{min} + X^{mod} + X^{max}}{3} \tag{7-29}$$

$$V(X) = \frac{(X^{max} - X^{min})^2 - (X^{mod} - X^{min}) \cdot (X^{max} - X^{mod})}{18} \tag{7-30}$$

Die Dreiecksverteilung ist insbesondere deshalb bedeutsam, weil sie im Rahmen von Befragungen vergleichsweise leicht zu erheben ist. Außerdem ist sie relativ flexibel, da sich in Abhängigkeit von der Lage des Modus in Relation zum kleinsten und größten Wert eine symmetrische, rechtsschiefe oder linksschiefe Dreiecksverteilung darstellen lässt. Dies bedingt aber gleichzeitig, dass eine Dreiecksverteilung nicht allein durch ihren Erwartungswert und ihre Varianz charakterisierbar ist. Mit anderen Worten: Unterschiedlich schiefe Dreiecksverteilungen können einen gleichen Erwartungswert und eine gleiche Varianz aufweisen.

Die Normalverteilung

Zur eindeutigen **Charakterisierung einer Normalverteilung** sind zwei Parameter erforderlich, nämlich der Erwartungswert und die Varianz. Eine normalverteilte Zufallsvariable mit einem Erwartungswert μ und einer Varianz σ^2 wird oftmals wie folgt gekennzeichnet: $X: N(\mu; \sigma^2)$. Sie weist eine symmetrische, eingipflige Dichtefunktion auf (vgl. Abb. 7-14), die links- und rechtsseitig offen ist $(-\infty \leq X \leq \infty)$. Erweitert man die Normalverteilung linksseitig um eine Untergrenze und/oder rechtsseitig um eine Obergrenze, spricht man von einer beschränkten oder gestutzten Normalverteilung.

Grafisch gesprochen ist die Normalverteilung, die die Form der Gauß'schen Glockenkurve hat, durch die Wahl des Erwartungswertes auf der „x-Achse" verschiebbar. Durch die Standardabweichung ist sie in der Breite beeinflussbar. An der Stelle $X = \mu$ liegt das Maximum der Dichtefunktion. An den Stellen $\mu - \sigma$ und $\mu + \sigma$ befinden sich ihre Wendepunkte.

Für die Dichtefunktion $f(X)$ und die Verteilungsfunktion $F(X)$ einer Normalverteilung gilt:

$$f(X) = \frac{1}{\sqrt{2 \cdot \pi} \cdot \sigma} \cdot e^{\left[-\frac{1}{2} \cdot \left(\frac{X-\mu}{\sigma}\right)^2\right]} \tag{7-31}$$

$$F(X) = \frac{1}{\sqrt{2 \cdot \pi} \cdot \sigma} \cdot \int_{-\infty}^{X} e^{\left[-\frac{1}{2} \cdot \left(\frac{X-\mu}{\sigma}\right)^2\right]} dX \tag{7-32}$$

Der Erwartungswert und die Varianz einer Normalverteilung lassen sich aus einer Stichprobe gemäß der Gleichungen (7-5) und (7-9) bestimmen.

Abb. 7-14: Dichte- und Verteilungsfunktion der Normalverteilung

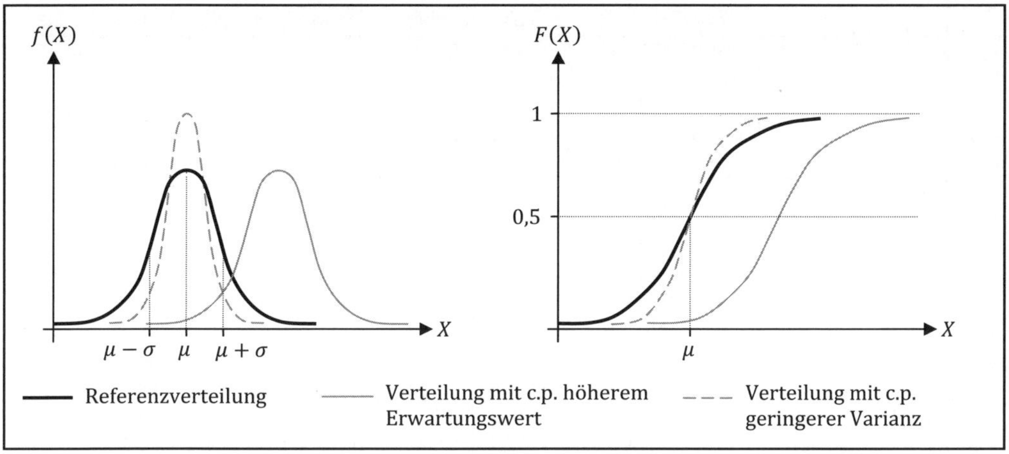

Bei einer Normalverteilung ist die Schiefe immer Null und die Wölbung weist einen Wert von 3 auf. Außerdem gilt zwischen der Standardabweichung σ und der mittleren absoluten Abweichung MAD folgender Zusammenhang:

$$MAD = \sqrt{2/\pi} \cdot \sigma \qquad (7\text{-}33)$$

Die Normalverteilung ist insbesondere deshalb bedeutsam, weil die Summe von mehreren Zufallsvariablen beliebiger Verteilungen nach dem zentralen Grenzwertsatz gegen eine Normalverteilung konvergiert. Außerdem weist die Normalverteilung günstige mathematische Eigenschaften auf, die es bspw. erlauben, analytisch die gemeinsame Verteilung mehrerer normalverteilter Zufallsvariablen zu ermitteln (vgl. Punkt 7.4.2a).

Ein Blick auf Gleichung (7-32) zeigt, dass die Verteilungsfunktion der Normalverteilung ein komplexes bestimmtes Integral ist. Deshalb ist es - zumindest ohne Rückgriff auf Tabellenkalkulationsprogramme (vgl. Punkt 7.4.3) - sehr aufwändig, Wahrscheinlichkeiten für Ergebnisse in einem konkreten Intervall zu berechnen. Man müsste das Integral jeweils neu lösen. Um diesen Aufwand zu vermeiden, kann man auf Tabellenwerke für die **standardisierte Normalverteilung** zurückgreifen, in denen die entsprechenden Wahrscheinlichkeiten ausgewiesen sind. Die standardisierte Normalverteilung hat einen Erwartungswert $\mu = 0$ und eine Varianz $\sigma^2 = 1$. Man könnte auch formulieren: $X: N(0; 1)$. Auf diese Standardnormalverteilung lassen sich alle Normalverteilungen transformieren. Dazu wird die betrachtete Normalverteilung zunächst so verschoben, dass das Maximum ihrer Dichtefunktion im Nullpunkt liegt. Außerdem wird sie so gestreckt oder gestaucht, dass die Standardabweichung 1 beträgt. Die Werte einer normalverteilten Zufallsvariable kann man durch folgende Formel in Werte einer standardnormalverteilten Zufallsvariable transformieren:

$$c_i = \frac{x_i - \mu}{\sigma} \Leftrightarrow x_i = c_i \cdot \sigma + \mu \qquad (7\text{-}34)$$

Hier kennzeichnet μ den Erwartungswert, σ die Standardabweichung und x_i eine beliebige Realisation der normalverteilten Zufallsvariablen. Das Symbol c_i bezeichnet die äquivalente Ausprägung der standardnormalverteilten Zufallsvariablen.

Tab. 7-10 beschreibt die Verteilungsfunktion der Standardnormalverteilung und weist für den Wertebereich von 0,00 bis 2,99 und für Intervallabstände von 0,01 die kumulierte Dichte aus.

Tab. 7-10: Verteilungsfunktion der Standardnormalverteilung im Intervall $-\infty$ bis c_i [a]

c_i	0,00	0,01	0,02	0,03	0,04	0,05	0,06	0,07	0,08	0,09
0,0	0,5000	0,5040	0,5080	0,5120	0,5160	0,5199	0,5239	0,5279	0,5319	0,5359
0,1	0,5398	0,5438	0,5478	0,5517	0,5557	0,5596	0,5636	0,5675	0,5714	0,5753
0,2	0,5793	0,5832	0,5871	0,5910	0,5948	0,5987	0,6026	0,6064	0,6103	0,6141
0,3	0,6179	0,6217	0,6255	0,6293	0,6331	0,6368	0,6406	0,6443	0,6480	0,6517
0,4	0,6554	0,6591	0,6628	0,6664	0,6700	0,6736	0,6772	0,6808	0,6844	0,6879
0,5	0,6915	0,6950	0,6985	0,7019	0,7054	0,7088	0,7123	0,7157	0,7190	0,7224
0,6	0,7257	0,7291	0,7324	0,7357	0,7389	0,7422	0,7454	0,7486	0,7517	0,7549
0,7	0,7580	0,7611	0,7642	0,7673	0,7704	0,7734	0,7764	0,7794	0,7823	0,7852
0,8	0,7881	0,7910	0,7939	0,7967	0,7995	0,8023	0,8051	0,8078	0,8106	0,8133
0,9	0,8159	0,8186	0,8212	0,8238	0,8264	0,8289	0,8315	0,8340	0,8365	0,8389
1,0	0,8413	0,8438	0,8461	0,8485	0,8508	0,8531	0,8554	0,8577	0,8599	0,8621
1,1	0,8643	0,8665	0,8686	0,8708	0,8729	0,8749	0,8770	0,8790	0,8810	0,8830
1,2	0,8849	0,8869	0,8888	0,8907	0,8925	0,8944	0,8962	0,8980	0,8997	0,9015
1,3	0,9032	0,9049	0,9066	0,9082	0,9099	0,9115	0,9131	0,9147	0,9162	0,9177
1,4	0,9192	0,9207	0,9222	0,9236	0,9251	0,9265	0,9279	0,9292	0,9306	0,9319
1,5	0,9332	0,9345	0,9357	0,9370	0,9382	0,9394	0,9406	0,9418	0,9429	0,9441
1,6	0,9452	0,9463	0,9474	0,9484	0,9495	0,9505	0,9515	0,9525	0,9535	0,9545
1,7	0,9554	0,9564	0,9573	0,9582	0,9591	0,9599	0,9608	0,9616	0,9625	0,9633
1,8	0,9641	0,9649	0,9656	0,9664	0,9671	0,9678	0,9686	0,9693	0,9699	0,9706
1,9	0,9713	0,9719	0,9726	0,9732	0,9738	0,9744	0,9750	0,9756	0,9761	0,9767
2,0	0,9772	0,9778	0,9783	0,9788	0,9793	0,9798	0,9803	0,9808	0,9812	0,9817
2,1	0,9821	0,9826	0,9830	0,9834	0,9838	0,9842	0,9846	0,9850	0,9854	0,9857
2,2	0,9861	0,9864	0,9868	0,9871	0,9875	0,9878	0,9881	0,9884	0,9887	0,9890
2,3	0,9893	0,9896	0,9898	0,9901	0,9904	0,9906	0,9909	0,9911	0,9913	0,9916
2,4	0,9918	0,9920	0,9922	0,9925	0,9927	0,9929	0,9931	0,9932	0,9934	0,9936
2,5	0,9938	0,9940	0,9941	0,9943	0,9945	0,9946	0,9948	0,9949	0,9951	0,9952
2,6	0,9953	0,9955	0,9956	0,9957	0,9959	0,9960	0,9961	0,9962	0,9963	0,9964
2,7	0,9965	0,9966	0,9967	0,9968	0,9969	0,9970	0,9971	0,9972	0,9973	0,9974
2,8	0,9974	0,9975	0,9976	0,9977	0,9977	0,9978	0,9979	0,9979	0,9980	0,9981
2,9	0,9981	0,9982	0,9982	0,9983	0,9984	0,9984	0,9985	0,9985	0,9986	0,9986

[a] In der ersten Spalte finden sich die Ziffern vor dem Komma sowie die erste Nachkommastelle der jeweiligen Ausprägung. Der ersten Zeile ist die zweite Nachkommastelle zu entnehmen.

Auf der Grundlage von Tab. 7-10 können folgende Auswertungen vorgenommen werden:

- Man kann die Wahrscheinlichkeit bestimmen, mit der eine standardnormalverteilte Zufallsvariable einen vorgegebenen Quantilwert unter- oder überschreitet. So beträgt bspw. die Wahrscheinlichkeit, dass der Wert $c_i = 2{,}00$ *unter*schritten wird, 97,72%. Dies ist gleichbedeutend mit der Aussage, dass mit 2,28%iger Wahrscheinlichkeit $(= 1 - 0{,}9772)$ der Wert $c_i = 2{,}00$ *über*schritten wird (vgl. Abb. 7-15, obere Hälfte).
- Man kann die Quantilwerte bestimmen, die sich für eine standardnormalverteilte Zufallsvariable bei vorgegebenen Wahrscheinlichkeiten ergeben. Zum Beispiel liegt der Quantilwert für das 84,13%-Quantil bei $c_i = 1{,}00$ $(= \sigma)$. Aufgrund der Symmetrie liegt der Quantilwert für das 15,87%-Quantil $(= 1 - 0{,}8413)$ bei $c_i = -1{,}00$ $(= -\sigma)$. Es sind also 84,13% aller Realisationen kleiner als 1 und 15,87% aller Realisationen kleiner als -1. Anders gesagt: 68,26% $(= 1 - 2 \cdot 0{,}1587)$ liegen im Intervall $\mu \pm \sigma$ (vgl. Abb. 7-15, untere Hälfte).

Abb. 7-15: Grafische Darstellung der Dichtefunktion (links) und der Verteilungsfunktion (rechts) einer standardnormalverteilten Zufallsvariablen

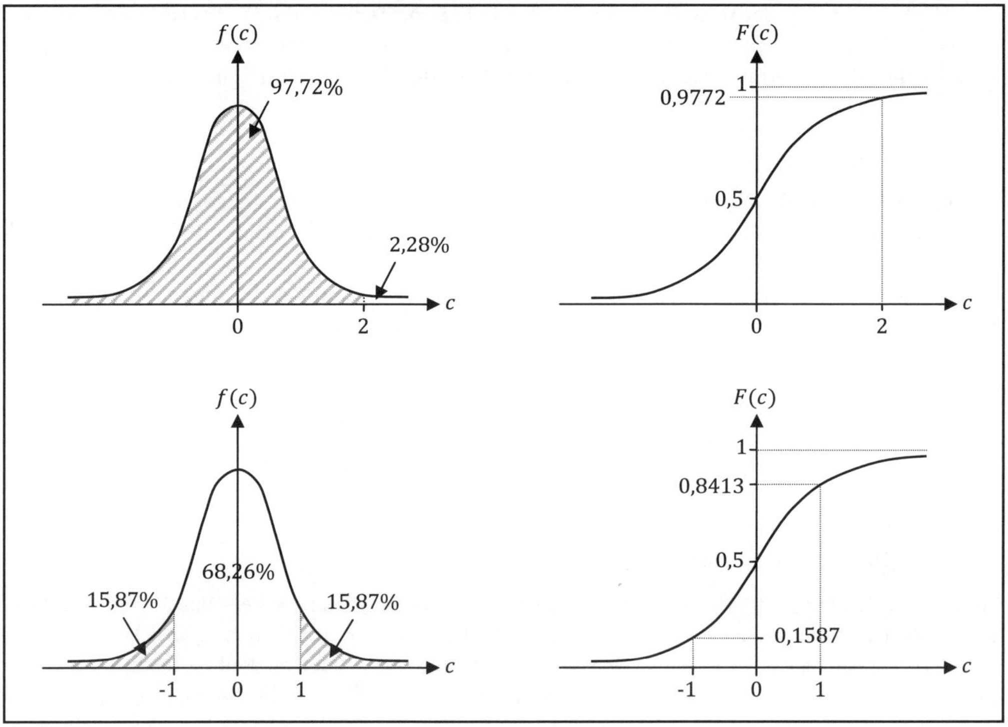

Die Informationen aus dem Tabellenwerk für die Standardnormalverteilung (vgl. Tab. 7-10) können für jede Normalverteilung genutzt werden. Hierzu sind unter Rückgriff auf Gleichung (7-34) die Werte der jeweils betrachteten Verteilung in die Werte der Standardnormalverteilung zu transformieren (und vice versa). Damit lassen sich bspw. folgende Fragen beantworten:

- Wie hoch ist die Wahrscheinlichkeit, mit der eine normalverteilte Zufallsvariable mit einem Erwartungswert $\mu = 100$ und einer Standardabweichung $\sigma = 20$ den Wert 130 unterschreitet? Man bestimmt unter Rückgriff auf Gleichung (7-34) zunächst die zu $x_i = 130$ äquivalente standardnormalverteilte Zufallsvariable $c_i = 1{,}50$. Dann entnimmt man der Tab. 7-10 die kumulierte Dichte für diese Ausprägung: $F(1{,}50) = 0{,}9332$. Die standardnormalverteilte Zufallsvariable ist mit 93,32%iger Wahrscheinlichkeit kleiner als 1,50. Die entsprechende normalverteilte Zufallsvariable ist mit 93,32%iger Wahrscheinlichkeit kleiner als 130.
- Wie hoch ist die Wahrscheinlichkeit, dass diese Zufallsvariable den Wert $x_i = 70$ unterschreitet? Man bestimmt unter Rückgriff auf Gleichung (7-34) zunächst $c_i = -1{,}50$ und entnimmt der Tab. 7-10 die kumulierte Dichte $F(1{,}50) = 0{,}9332$. Die gesuchte Wahrscheinlichkeit beträgt 6,68% (= 1 – 0,9332).
- Wie hoch ist der Wert für das 75%-Quantil einer Normalverteilung mit einem Erwartungswert $\mu = 100$ und einer Standardabweichung $\sigma = 20$? Man sucht in der Tab. 7-10 die kumulierte Dichte von 75% auf und kann $c_i = 0{,}67$ ablesen. Transformiert man diesen Wert gemäß Gleichung (7-34) in den Wert der betrachteten Normalverteilung ergibt sich für das 75%-Quantil ein Quantilwert von 113,4 (= 0,67 · 20 + 100). Bei der normalverteilten Zufallsvariablen mit einem Erwartungswert von $\mu = 100$ und einer Standardabweichung von $\sigma = 20$ unterschreiten also 75% der Realisationen den Wert $x_i = 113{,}4$.

- Wie hoch ist der Wert für das 25%-Quantil dieser Verteilung? Man sucht in der Tab. 7-10 die Wahrscheinlichkeit von 75% auf und liest c_i = 0,67 ab. Da nicht das 75%-Quantil, sondern das 25%-Quantil gesucht ist, beträgt der relevante Wert der Standardnormalverteilung -0,67. Transformiert man diesen Wert gemäß Gleichung (7-34) in den Wert der betrachteten Normalverteilung, ergibt sich für das 25%-Quantil der Normalverteilung ein Quantilwert von 86,6 (= -0,67 · 20 + 100).

7.4 Risikoanalyse

Im Folgenden gehen wir zunächst in Punkt 7.4.1 darauf ein, wie man durch statistische Analysen Verteilungsinformationen aus einem vorgegebenen Datenmaterial „extrahiert". Diese Ausführungen sind bewusst auf ein Minimum beschränkt. Sie sollen ein Verständnis dafür schaffen, wie man grundsätzlich an die statistische Risikoquantifizierung herangeht, ersetzen aber kein statistisches Lehrbuch. In den folgenden, entscheidungstheoretisch ausgerichteten Abschnitten nehmen wir dann an, dass die Informationen zu den Verteilungen der relevanten Zufallsvariablen bereits vorliegen. In Punkt 7.4.2 beschreiben wir, wie man ausgehend von den Verteilungsinformationen für mehrere Zufallsvariablen (z.B. Einzeldeckungsbeiträge verschiedener Produktionsverfahren) die Verteilung einer aggregierten Zielgröße (z.B. des Gesamtdeckungsbeitrags) bestimmen kann. In Punkt 7.4.3 wird schließlich auf die Nutzung von Tabellenkalkulationsprogrammen bei der Risikoanalyse eingegangen.

7.4.1 Identifikation adäquater Verteilungsannahmen

Die zentrale Voraussetzung jeder Risikoanalyse ist die Schätzung adäquater Verteilungen. Dabei geht es kurz gesagt darum, die plausibelsten Planannahmen bzgl. der zukünftigen Verteilung unsicherer Einflussgrößen (Preise, Erträge etc.) zu treffen. Neben der Gewinnung von subjektiven Wahrscheinlichkeiten über qualitative Prognoseverfahren (z.B. durch Expertenbefragungen oder Kundenbefragungen) greift man hierfür in aller Regel auf datenbasierte Verfahren zurück. Datenbasierte Verfahren führen zu sog. objektiven Verteilungsinformationen. „Objektiv" bedeutet in diesem Zusammenhang, dass intersubjektiv nachvollziehbar ist, aus welchem Datenmaterial und durch welche Analyseschritte die Verteilungsannahmen der Zufallsvariablen abgeleitet worden ist. Hierfür gibt es unterschiedliche methodische Ansätze, die im Folgenden kurz erläutert werden.

Bei der „naiven" **Schätzung statischer Verteilungen** wird die Häufigkeitsverteilung einer Stichprobe statistisch analysiert. Dabei unterstellt man a priori zeitinvariante Verteilungen. Man geht also davon aus, dass sich der Erwartungswert und die Streuung der Zufallsvariable im Zeitablauf nicht ändern. Dies kann in manchen Fällen eine plausible Annahme sein. Ein Beispiel wäre, wenn eine Versicherung den zukünftigen Erwartungswert und die Streuung von Brandschäden aus Querschnittsdaten der aktuellen Periode ableitet. Bei der Schätzung statischer Verteilungen unterstellt man von vornherein, dass der Mittelwert der beobachteten Werte den Erwartungswert der Verteilung bildet, d.h. alle Beobachtungswerte werden gleich gewichtet. Für die Identifikation der plausibelsten Verteilung gibt es verschiedene statistische Tests, wie z.B. den Chi-Quadrat-, den Kolmogorov-Smirnov- und den Anderson-Darling-Test. Man prüft mit diesen Tests, ob der Unterschied zwischen (1) der (empirischen) Verteilung der Beobachtungswerte und (2) einer bestimmten parametrischen (theoretischen) Verteilung, wie z.B. der Normalverteilung oder der Dreiecksverteilung, bei vorgegebener Signifikanz hinreichend klein ist. Führt man sie für verschiedene Verteilungen durch, kann die am besten zu einer empirischen Verteilung passende theoretische Verteilung bestimmt werden. Zur Durchführung der statistischen Tests kann man kommerziell erhältliche Hilfsprogramme, wie z.B. das MS-EXCEL-Add-In BestFit von Palisade, nutzen. Darüber hinaus ist zu beachten, dass die Ergebnisse der statistischen Analyse um inhaltliche Überlegungen ergänzt werden müssen. Beispielsweise können Preise nicht negativ werden, so dass es sinnvoll sein kann, von vornherein Verteilungen auszuschließen, die einen Vorzeichenwechsel zulassen.

Eine naive Schätzung statischer Verteilungen ist immer dann inadäquat, wenn es sich bei den Beobachtungswerten um eine Zeitreihe mit einem systematischen zeitlichen Entwicklungsmuster, wie z.B. einen langfristigen Trend, saisonale Schwankungen o.ä., handelt. Ein einfaches Beispiel wäre eine langjährige Ertragszeitreihe für Weizen. Beim Weizen ist es durch den Züchtungsfortschritt in den letzten Jahrzehnten zu einer kontinuierlichen Erhöhung des Ertragsniveaus gekommen. Wenn man dies im Rahmen der Schätzung einer statischen Verteilung vernachlässigt und einfach den Mittelwert der Beobachtungswerte der letzten Jahrzehnte mit dem zukünftig zu erwartenden Weizenertrag gleichsetzt, trifft man eine unsinnige Planannahme hinsichtlich der zukünftig zu erwartenden Verteilung. Hier setzen sog. **Zeitreihenanalysen** an. Sie berücksichtigen, dass man es möglicherweise mit zeitvarianten Verteilungen zu tun hat. Das heißt, sie sind ergebnisoffen und beschreiben die Verteilungen der Folgeperiode allgemein als Funktion der in den Vorperioden beobachteten Werte. Den solchermaßen spezifizierten funktionalen Zusammenhang bezeichnet man als **stochastischen Prozess** oder Zeitreihenmodell. Es gibt sowohl lineare als auch nichtlineare stochastische Prozesse. In vielen Fällen begrenzt man sich bei der Analyse aber aus pragmatischen Gründen auf lineare Prozesse, die unter dem Überbegriff AutoRegressive-Integrierte-Moving-Average-Modelle (ARIMA) zusammengefasst werden. Zur Identifikation des am besten zu einer Zeitreihe passenden stochastischen Prozesses gibt es statistische Tests (z.B. den Box-Jenkins-Test).

Alle stochastischen Prozesse haben die folgende Grundstruktur:

Wert in der Folgeperiode = systematische Komponente + Zufallskomponente (7-35)

Mit der systematischen Komponente wird der Varianzanteil einer Zeitreihe erfasst, der eine statistisch identifizierbare Struktur, d.h. ein systematisches zeitliches Entwicklungsmuster aufweist. Die Abweichungen der Zeitreihe vom erklärbaren Teil werden durch die Zufallskomponente erfasst. Diese Zufallskomponente stellt i.d.R. eine Normalverteilung dar. Wenn die systematische Komponente dem Mittelwert der Beobachtungswerte entspricht, hat man wieder den Sonderfall einer statischen Verteilung.

Obwohl wir hier nicht auf statistische Details eingehen können, beschreiben wir im Folgenden einen ausgewählten stochastischen Prozess, nämlich den arithmetischen Brownschen Prozess. Dies erfolgt mit dem Ziel, etwas Intuition für die allgemeine Funktionsweise von stochastischen Prozessen zu schaffen. Der **arithmetische Brownsche Prozesse** (ABP) ist ein spezieller ARIMA-Prozess. Er besitzt die Markov-Eigenschaft, d.h. die Wahrscheinlichkeitsverteilung für den zukünftigen Wert der Zufallsvariable hängt ausschließlich vom letzten Beobachtungswert ab. Die Wertänderungen dieses Prozesses sind normalverteilt, mit einer Standardabweichung, die mit der Quadratwurzel der Zeit anwächst („Square-Root-Regel"). Weil ein ABP beliebig „driften" kann, stellt er einen sog. nicht-stationären stochastischen Prozess dar. Außerdem ist zu beachten, dass bei einem ABP auch negative Werte für die stochastische Variable möglich sind. Deshalb ist er für die Beschreibung der Wertentwicklung von Preisen ungeeignet. Für z.B. Cash-Flows kann der ABP aber plausibel sein.

Es gibt - wie für viele stochastische Prozesse - drei Darstellungsformen des ABP: (1) Die zeit- und zustandsstetige Version, die insbesondere für algebraische Berechnungen relevant ist, (2) die zustandsstetige und zeitdiskrete Version, die die Grundlage einer Simulation des Prozesses bildet (vgl. Punkt 7.4.2c), und (3) die zustandsdiskrete und zeitdiskrete Version, die für Entscheidungsbäume von Bedeutung ist (vgl. Abschnitt 7.6).

Die **zeit- und zustandsstetige Version des ABP** stellt eine stochastische Differenzialgleichung dar, die wie folgt aussieht:

$$dX_t = X_t - X_{t-dt} = \alpha \cdot dt + \sigma \cdot \sqrt{dt} \cdot \varepsilon_t \qquad (7\text{-}36)$$

Die Drift α ist die nicht-stochastische Komponente des Prozesses, die einer absoluten Änderung (z.B. € p.a.) der stochastischen Variable X entspricht. Die erwartete Wertänderung $\alpha \cdot dt$ ist damit unabhängig vom Niveau der stochastischen Variable. Die erwartete Wertänderung wird von einem Zufallsterm überlagert, der dem Produkt aus der Standardabweichung σ, der Quadratwurzel der Zeit und einer standardnormalverteilten Störvariable ε_t entspricht. Das Symbol t kennzeichnet den Betrachtungszeitpunkt.

Die **zustandsstetige und zeitdiskrete Version des ABP** ist wie folgt definiert:

$$\begin{aligned} &\Delta X_t = X_t - X_{t-\Delta t} = \alpha \cdot \Delta t + \sigma \cdot \sqrt{\Delta t} \cdot \varepsilon_t \\ &\Leftrightarrow X_t = X_{t-\Delta t} + \alpha \cdot \Delta t + \sigma \cdot \sqrt{\Delta t} \cdot \varepsilon_t \end{aligned} \tag{7-37}$$

Da der Erwartungswert einer standardnormalverteilten Zufallszahl Null ist, ist der Erwartungswert der Störvariable ε_t gleich Null. Ein Blick auf Gleichung (7-37) zeigt, dass wir damit die Verteilung der Zufallsvariablen X_t kennen: $X_t\colon N\left[X_{t-\Delta t} + \alpha \cdot \Delta t; \sigma \cdot \sqrt{\Delta t}\,\right]$. Es handelt sich also um eine Normalverteilung mit einem Erwartungswert $E(X_t) = X_{t-\Delta t} + \alpha \cdot \Delta t$ und einer Standardabweichung $\sigma \cdot \sqrt{\Delta t}$.

Ausgangspunkt der **zeit- und zustandsdiskreten Version des ABP** ist die Diskretisierung der Zeit. Dazu wird der gesamte Betrachtungszeitraum T, über den die Zufallsvariable beschrieben werden soll, in kleine Zeitintervalle mit einer Länge Δt unterteilt. Es wird angenommen, dass sich der Wert der stochastischen Variable nur am Ende einer Periode ändert (zeitdiskret). Zustandsdiskret bedeutet, dass die Zufallsvariable nur bestimmte Werte annehmen kann. Im einfachsten Fall wird unterstellt, dass - ausgehend von $X_{t-\Delta t}$ - im Zeitpunkt t nur zwei Werte möglich sind: $X_{t-\Delta t}$ steigt um einen bestimmten absoluten Betrag h (high) auf ${}^hX_t$ oder fällt um einen Betrag l (low) auf ${}^lX_t$. Man spricht in diesem Zusammenhang auch von einem additiven binomialen Prozess.

Die beiden Werte, um die die Zufallsvariable steigt bzw. fällt, müssen zusammen mit der Eintrittswahrscheinlichkeit so bestimmt werden, dass der binomiale ABP den kontinuierlichen ABP möglichst gut approximiert. Weil der ABP eine vollständig durch den Erwartungswert und die Standardabweichung charakterisierbare Normalverteilung für die Zufallsvariable impliziert, genügt es, den binomialen Prozess so zu definieren, dass Erwartungswert und Standardabweichung mit den entsprechenden Werten des kontinuierlichen Modells konvergieren. Bei einem ABP werden üblicherweise die beiden Werte für das Absinken oder Ansteigen so festgelegt, dass $X_{t-\Delta t}$ um eine Standardabweichung pro Zeitintervall Δt steigt oder fällt.

Der für den Anstieg zu verwendende Betrag h kann wie folgt berechnet werden:

$$h = \sigma \cdot \sqrt{\Delta t} \tag{7-38}$$

Der für das Absinken der Unsicherheitsvariable zu verwendende Betrag l ergibt sich gemäß:

$$l = -\sigma \cdot \sqrt{\Delta t} = -h \tag{7-39}$$

Die entsprechenden Wahrscheinlichkeiten ${}^hP$ und ${}^lP$, mit denen die aus einem Anstieg bzw. Abstieg hervorgegangenen Werte zu gewichten sind, um den Erwartungswert der stetigen Formulierung des ABP sicherzustellen, sind folgendermaßen zu bestimmen:

$$\begin{aligned} &{}^hP = \frac{1}{2} \cdot \left(1 + \frac{\alpha}{\sigma} \cdot \sqrt{\Delta t}\right) \\ &{}^lP = 1 - {}^hP \end{aligned} \tag{7-40}$$

Für die zeit- und zustandsdiskrete binomiale Version des ABP ergibt sich für zwei Perioden (d.h. in einem Dreizeitpunktmodell) die in Abb. 7-16 dargestellte Struktur. Eine solche Modellierung der Wertentwicklung wird als Baum bezeichnet. Bemerkenswert ist, dass der Ausgangswert einer stochastischen Variable bei jedem geraden Zeitschritt wiederkehrt. Mit anderen Worten: Eine Aufwärtsbewegung gefolgt von einer Abwärtsbewegung führt zum gleichen Wertniveau, wie eine Abwärtsbewegung mit anschließender Aufwärtsbewegung. Man spricht in diesem Zusammenhang auch von einem rekombinierenden oder schließenden Baum.

Abb. 7-16: Darstellung eines binomialen ABP ($\Delta t = 1$; $h = -l$)

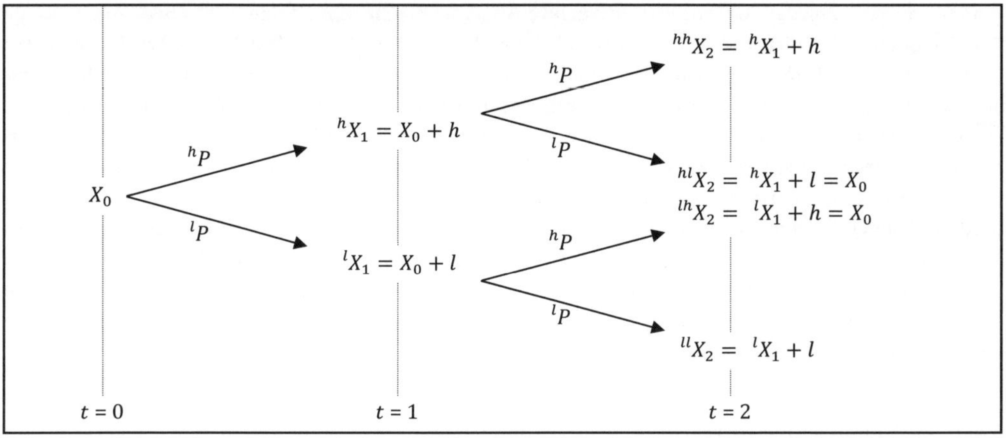

Abb. 7-17 verdeutlicht, welche grundsätzlichen Unterschiede bei der a-priori Annahme einer statischen Verteilung und einer ergebnisoffenen Zeitreihenanalyse auftreten können. Die Annahme einer statischen Verteilung impliziert, dass für jeden zukünftigen Zeitpunkt die gleiche Dichtefunktion gilt, deren Erwartungswert dem Mittelwert der vergangenen Beobachtungswerte entspricht. Bei stochastischen Prozessen ist dagegen die (zeitvariante) Dichtefunktion der Zufallsvariable zu zukünftigen Zeitpunkten immer funktional vom gegenwärtigen Beobachtungswert (und evtl. von weiter in der Vergangenheit liegenden Beobachtungswerten unterschiedlicher Gewichtung) abhängig. Gleichzeitig sind der Erwartungswert und die Standardabweichung der Zufallsvariable vom geschätzten stochastischen Prozess und vom Prognosezeitraum abhängig. Typischerweise steigt die Standardabweichung mit zunehmendem Prognosezeitraum an.

Abb. 7-17: Implizite Annahmen unterschiedlicher Prognosemodelle (stilisiert)

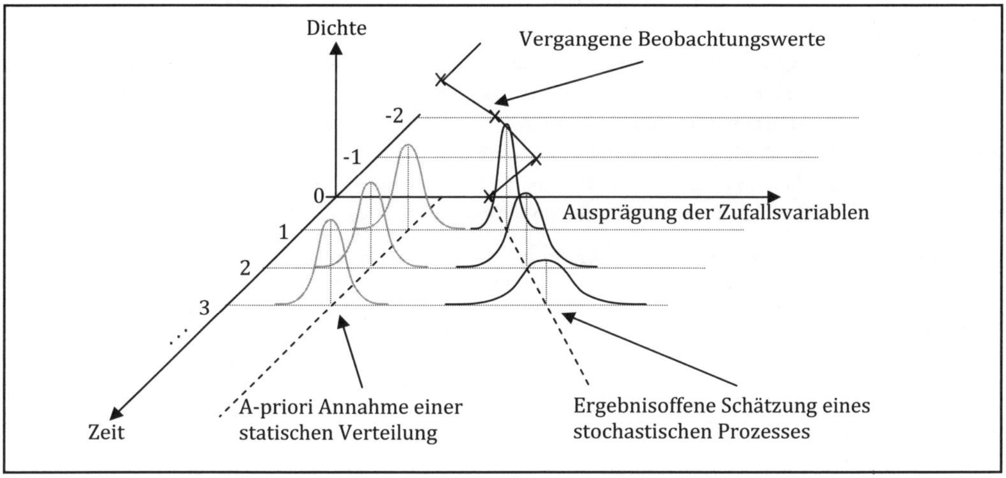

Der Vollständigkeit halber sei erwähnt, dass auch mit sog. Trendverfahren versucht wird, zeitvariante Verteilungen zu berücksichtigen. Im Unterschied zu Zeitreihenmodellen wird hierbei die Entwicklung der Zufallsvariable mit Hilfe einer Regression als Funktion der Zeit beschrieben. Dies schränkt die Chance, das tatsächliche Entwicklungsmuster aufzudecken, gegenüber Zeitreihenmodellen ein.

Sowohl die naive Schätzung statischer Verteilungen als auch die Zeitreihenanalyse und die Trendverfahren lassen sich unter dem Oberbegriff **univariate Analyseverfahren** einordnen. Dies bedeutet, dass die Entwicklung der Zufallsvariable als „autonom" angesehen und aus sich selbst heraus erklärt wird. Mit Blick auf Ursache-Wirkungsbeziehungen sind univariate Verfahren damit als Black-Box-Modelle einzuordnen. Im Gegensatz dazu sucht man bei **multivariaten Kausalmodellen** mit Hilfe einer multiplen Regression nach den zugrunde liegenden Ursache-Wirkungsbeziehungen. Auch wenn bei diesen ökonometrischen Analysen häufig gar kein Zeitindex genutzt wird, impliziert die Nutzung von Kausalmodellen für Prognosezwecke, dass man die zukünftige Verteilung einer Zufallsvariable aus einer zeitlich vorlaufenden Ursache ableitet. Beispielsweise könnte man versuchen, eine Zufallsvariable wie den Schweinepreis als Funktion der in der Vorperiode produzierten Schweinefleischmenge und des in der Vorperiode beobachteten Rindfleischpreises auszudrücken. Kausalmodelle können für Prognosen verwendet werden. Die Identifizierung von Ursache-Wirkungszusammenhängen kann aber auch jenseits der Prognose einen wichtigen Wissenszuwachs darstellen.

7.4.2 Bestimmung der Verteilung eines Portfoliowertes

Ein Unternehmer muss festlegen, welche Mischung von Aktivitäten er wählt. Diese Mischung bezeichnet man in Anlehnung an den Wortgebrauch in der Finanzwelt auch als **Portfolio**, da die Festlegung und Optimierung eines Wertpapierportfolios (= Mischung von Aktien und anderen Finanztiteln) eine ganz ähnliche Problemstruktur aufweist. Sowohl bei einem Wertpapierportfolio als auch bei einem Portfolio unternehmerischer Aktivitäten ergibt sich die Verteilung der (aggregierten) Zielgröße aus den Verteilungen mehrerer additiv verknüpfter (disaggregierter) Zufallsvariablen. Man bezeichnet deshalb die Zielgröße auch einfach als Portfoliowert und die einzelnen Zufallsvariablen als Portfoliokomponenten. Beispielsweise wird die Streuung des Gesamtdeckungsbeitrags (= Portfoliowert) durch den Umfang der Produktionsaktivitäten und ihrer unterschiedlich riskanten Einzeldeckungsbeiträge (= Portfoliokomponenten) bestimmt.

Zur Darstellung des Risikos der für Entscheidungen relevanten aggregierten Größe greift man häufig auf das sog. **Risikoprofil** zurück. Darunter versteht man die systematische Auflistung von Quantilen der Zufallsvariablen bei nicht-parametrischen Verteilungen oder die Darstellung der Verteilungsfunktion bei parametrischen Verteilungen. Gesucht ist also die Verteilung des Portfoliowertes Z. Sie kann auf der Grundlage von Verteilungsinformationen für die disaggregierten Zufallsvariablen X_k $(k = 1, 2, \ldots, K)$ bestimmt werden. Verfahrenstechnisch unterscheidet man bei der Bestimmung der Verteilung einer aggregierten Zufallsvariable zwischen analytischen und numerischen Verfahren einerseits sowie zwischen nicht-parametrischen und parametrischen Verfahren andererseits (vgl. Tab. 7-11).

Tab. 7-11: Verfahren zur Bestimmung der Verteilung einer aggregierten Zufallsvariable

	Nicht-parametrisch	**Parametrisch**
Analytisch	–	Varianz-Kovarianz-Methode *Anwendungsvoraussetzung*: Normalverteilung für alle additiv verknüpften Unsicherheitsvariablen
Numerisch	Historische Simulation *Anwendungsvoraussetzung*: Große Zahl an Beobachtungswerten für alle Unsicherheitsvariablen	Stochastische Simulation *Anwendungsvoraussetzung*: Beliebige parametrische Verteilungen für alle Unsicherheitsvariablen

Nicht-parametrische Verfahren beruhen auf empirischen Verteilungen beobachteter Werte für die Unsicherheitsgrößen. Da diese Verteilungen nicht eindeutig durch wenige Verteilungsparameter, wie z.B. den Erwartungswert und die Standardabweichung, charakterisiert werden können, spricht man - etwas verwirrend - auch von verteilungsfreien Verfahren. Parametrische Verfahren beruhen dagegen auf geschätzten Verteilungen, deren Eigenschaften eindeutig über ihre Parameter beschrieben werden können. Analytische Verfahren basieren auf einer geschlossenen Formel. Im Gegensatz dazu handelt es sich bei den numerischen Verfahren um Simulationen. Einfach ausgedrückt bedeutet dies, dass man wiederholt ausprobiert, welche Werte die interessierende Zielgröße bei unterschiedlichen Realisationen der einzelnen Zufallsvariablen annimmt. Insgesamt gibt es damit drei grundsätzliche Herangehensweisen, die Verteilung einer aggregierten Zufallsvariable zu bestimmen: (1) die analytische Methode, die Normalverteilungen voraussetzt, (2) die historische Simulation, die auf nicht-parametrischen Verteilungen aufbaut, sowie (3) die stochastische Simulation, die parametrische Verteilungen unterschiedlicher Art verarbeiten kann.

In Abb. 7-18 ist die Modellgrundstruktur verdeutlicht, die allen drei genannten Vorgehensweisen gemeinsam ist.

Abb. 7-18: Grundsätzlicher Aufbau eines stochastischen Modells

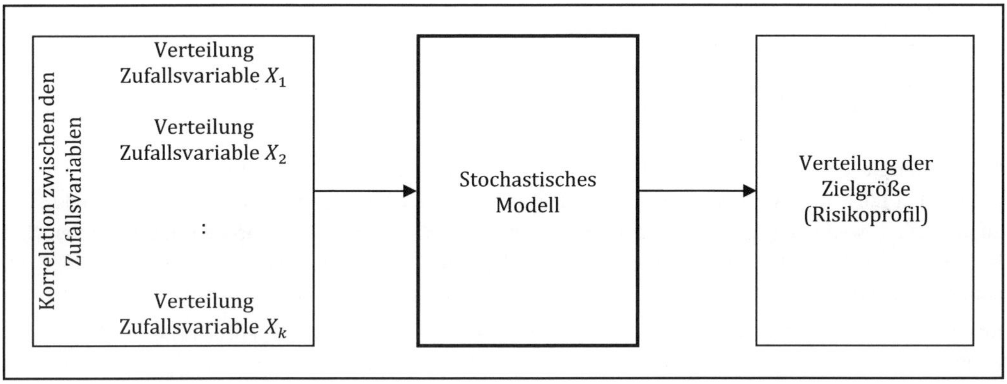

a) Analytische Methode

Bei der analytischen Methode, die auch als Varianz-Kovarianz-Methode bezeichnet wird, leitet man die Verteilung der Zielgröße auf algebraischem Weg aus den Parametern der unterstellten Einzelverteilungen her. Für die Anwendung der analytischen Methode müssen also die Erwartungswerte, Varianzen und Korrelationen der Portfoliokomponenten bekannt sein oder aus historischen Daten geschätzt werden. Als Vorteil der Varianz-Kovarianz-Methode wird der geringe Rechenaufwand genannt. Allerdings ist die analytische Methode nur anwendbar, wenn es sich bei den Verteilungen der unsicheren Portfoliokomponenten um additiv verknüpfte Normalverteilungen handelt.[14] Nur in wenigen, kaum praxisrelevanten Spezialfällen ist die analytische Methode auch bei Vorliegen nicht-normalverteilter und/oder nicht-additiv verknüpfter Portfoliokomponenten gangbar.

Der **Erwartungswert für die Zielgröße**, die sich aus K additiv verknüpften Zufallsvariablen X_k ergibt, entspricht dem mit dem Portfoliogewicht u_k multiplizierten Erwartungswert der einzelnen Portfoliobestandteile:

[14] Bei vielen Zufallsvariablen ist aus theoretischen Erwägungen die (rechts- und linksoffene) Normalverteilung ausgeschlossen. So können bspw. Preise nicht negativ werden. In diesem Fall lohnt es sich zu prüfen, ob den logarithmierten relativen Wertänderungen der Zufallsvariable eine Normalverteilung zugrunde liegt. Die eigentliche Zufallsvariable ist dann lognormalverteilt und damit ein Vorzeichenwechsel ausgeschlossen.

$$E(Z) = \sum_{k=1}^{K} u_k \cdot E(X_k) \tag{7-41}$$

Wenn die Zielgröße Z dem Gesamtdeckungsbeitrag eines Marktfruchtbetriebs entspricht, der $K = 2$ Produktionsverfahren (z.B. Weizen und Kartoffeln) umsetzt, dann wären der Deckungsbeitrag der Weizenproduktion ($X_1 = DB_{We}$) und der Deckungsbeitrag der Kartoffelproduktion ($X_2 = DB_{Ka}$) die beiden additiv verknüpften Zufallsvariablen. Die Anbauumfänge der jeweiligen Produktionsverfahren wären die Portfoliogewichte $u_1 = u_{We}$ und $u_2 = u_{Ka}$.

Für die **Varianz der Zielgröße** Z bei K additiv verknüpften normalverteilten Zufallsvariablen gilt allgemein:

$$\begin{aligned} V(Z) &= \sum_{k=1}^{K}\sum_{l=1}^{K} u_k \cdot u_l \cdot \sigma_{k;l} \\ &= \sum_{k=1}^{K}(u_k \cdot \sigma_k)^2 + 2 \cdot \sum_{k=1}^{K}\sum_{l<k}^{K} u_k \cdot u_l \cdot \sigma_{k;l} \\ &= \sum_{k=1}^{K}(u_k \cdot \sigma_k)^2 + 2 \cdot \sum_{k=1}^{K}\sum_{l<k}^{K} u_k \cdot u_l \cdot \sigma_k \cdot \sigma_l \cdot \rho_{k;l} \end{aligned} \tag{7-42}$$

Dabei kennzeichnet σ_k die Standardabweichung, $\sigma_{k;l}$ die Kovarianz und $\rho_{k;l}$ die Korrelation der Zufallsvariablen. Ein Blick auf Gleichung (7-42) zeigt, dass die Varianz der Summe mehrerer Zufallsvariablen der Summe der gewichteten Einzelvarianzen entspricht, wenn die Korrelation zwischen den Variablen Null ist.[15] Wird die Korrelation vernachlässigt und implizit ein Korrelationskoeffizient von Null unterstellt, kommt es also zu einer Über- oder Unterschätzung des Risikos der Zielgröße.

Keine perfekte, aber stark positive Korrelation besteht bspw. in der Schweineproduktion zwischen den Ferkelpreisen (und damit den Kosten) und den Mastschweinepreisen (und damit den Leistungen). Eine positive Korrelation zwischen Leistungs- und Kostengrößen führt zu einer verringerten Streuung der relevanten Erfolgsgröße. Der Deckungsbeitrag wird stabilisiert, weil hohe Kosten tendenziell mit hohen Erlösen und geringe Kosten mit geringen Erlösen zusammenfallen. Man spricht in diesem Zusammenhang auch von einem natürlichen Hedge. Auch bei einer negativen Korrelation kann es zu einem natürlichen Hedge kommen. Dies ist dann der Fall, wenn beide negativ korrelierten Zufallsvariablen Leistungsgrößen oder wenn beide negativ korrelierten Zufallsvariablen Kostengrößen darstellen. Ein Beispiel ist die negative Korrelation von Erträgen und Produktpreisen, die sich bei manchen Produkten, wie z.B. Kartoffeln, aufgrund des Marktmechanismus ergibt. Hier werden die Erlöse stabilisiert, da geringe Erträge tendenziell mit hohen Preisen zusammenfallen und vice versa.

---

[15] An dieser Stelle sei angemerkt, dass die Berücksichtigung von Korrelationen auch für risikoneutrale Entscheider von Bedeutung ist. Bei zwei multiplikativ verknüpften Zufallsvariablen (z.B. Kartoffelertrag und Kartoffelpreis) kann der Erwartungswert der Zielgröße (z.B. Kartoffelerlös) wie folgt berechnet werden: $E(Z) = E(X_k) \cdot E(X_l) + Cov(X_k; X_l)$. Der Erwartungswert der Zielgröße entspricht nur bei einer Kovarianz von Null dem Produkt der Erwartungswerte der disaggregierten Größen. Bei einer negativen Kovarianz zwischen den beiden disaggregierten Zufallsvariablen sinkt der Erwartungswert der Zielgröße mit zunehmender Schwankung. Somit würde auch der risikoneutrale Entscheider Risiken ungünstig bewerten. Daneben gibt es Situationen, in denen Abweichungen einer Zufallsvariable von ihrem Erwartungswert nach oben und unten aus unternehmerischer Sicht unterschiedlich zu bewerten sind. Beispielsweise kann man Überschüsse an Arbeit oder nur innerbetrieblich verwertbarem Futter genauso wie eine Überschreitung einer lieferrechtlich vorgegebenen Abnahmemenge, z.B. von Zuckerrüben, durch den tatsächlichen Ertrag schlechter verwerten, während eine Unterschreitung zu einer vollen Verminderung der Erlöse führt.

Zusammengefasst ergeben sich bei Anwendung der analytischen Methode folgende **Ablaufschritte**:

1. Identifikation der mit Risiko behafteten Portfoliokomponenten und Beschaffung geeigneter Zeitreihen,
2. Statistische Tests bzgl. der Plausibilität der Normalverteilungsannahme,
3. Berechnung des Erwartungswertes und der Standardabweichung des Portfolios unter Rückgriff auf Gleichung (7-41) bzw. Gleichung (7-42) und ggf. Ausweis weiterer Verteilungsparameter.

Beispiel 7-3
Analytische Methode - Deckungsbeitragsverteilung Schweinemast

Der Leiter eines spezialisierten Schweinemastbetriebs fragt sich, wie hoch das Deckungsbeitragsrisiko der Schweineerzeugung bei einer Umtriebszeit von 4 Monaten ist. Es wird unterstellt, dass immer alle 4 Monate Ferkel und Fertigfutter zu aktuellen Marktpreisen zugekauft werden und Mastschweine zur Schlachtreife gelangen. Mit dem Zukauf von 25 kg schweren Ferkeln und 265 kg Mastschweinealleinfutter werden jeweils 90 kg Schlachtgewicht erzeugt.

Der Deckungsbeitrag bezogen auf ein Schwein ist unter Vernachlässigung weiterer variabler Kosten folgendermaßen definiert:

$$\begin{aligned} DB_{Sc} &= u_{Sc} \cdot p_{Sc} + u_{Fe} \cdot p_{Fe} + u_{Fu} \cdot p_{Fu}, \text{mit } u_{Sc} > 0 \text{ und } u_{Fe}, u_{Fu} < 0 \\ &= 90 \cdot p_{Sc} - 25 \cdot p_{Fe} - 265 \cdot p_{Fu} \end{aligned} \tag{7-43}$$

Wir haben in Gleichung (7-43) von den Vorzeichen her eine ungewöhnliche Schreibweise gewählt, um zu verdeutlichen, dass der Deckungsbeitrag der Schweinemast als unsicherer Portfoliowert verstanden werden kann, der sich aus den additiv verknüpften Zufallsvariablen ergibt. Dabei kennzeichnet p_{Sc} den Mastschweinepreis in €/kg Schlachtgewicht, p_{Fe} den Ferkelpreis in €/kg und p_{Fu} den Futterpreis in €/kg. Das Schlachtgewicht u_{Sc}, das Ferkelgewicht u_{Fe} und der Futterverbrauch je Schwein u_{Fu} können als Portfoliogewichte interpretiert werden. Damit die Gleichung „von der Sache her" richtig ist, muss gelten: $u_{Sc} > 0$ sowie $u_{Fe}, u_{Fu} < 0$.

Um das Gesamtrisiko des Schweinemästers zu berechnen, werden die in Deutschland erzielten durchschnittlichen Schweine-, Ferkel- und Futterpreise über den Zeitraum von Dezember 1994 bis Dezember 2007 entsprechend der Umtriebszeit auf einer 4-Monats-Basis verwendet (40 Beobachtungen, vgl. Tab. 7-14, linke Seite), die von der Zentralen Markt- und Preisberichtstelle (ZMP) herausgegeben wurden. Tab. 7-12 liefert einen Überblick der Erwartungswerte, Standardabweichungen und Korrelationen der Preise. Dabei sind wir aufgrund statistischer Tests von normalverteilten Preisen ausgegangen. Das heißt, wir haben von den in Fußnote 14 angestellten Überlegungen zur Nichtnegativität von Preisen sowie von möglicherweise vorliegenden Zeitreiheneffekten, wie z.B. Trends, abstrahiert, um die Darstellung so einfach wie möglich zu halten.

Tab. 7-12: Erwartungswerte, Standardabweichungen und Korrelationen der Portfoliokomponenten

	Mastschweine (Sc)	**Ferkel (Fe)**	**Futter (Fu)**
Portfoliogewicht u (kg/Mastschwein)	90	-25	-265
Erwarteter Preis $E(p)$ (€/kg)	1,3791	1,8708	0,1824
Standardabweichung σ (€/kg)	0,2050	0,4214	0,0182
Matrix für die Korrelation ρ			
Mastschweine	1,0000	0,8059	0,2499
Ferkel		1,0000	0,0852
Futter			1,0000

Tab. 7-12 zeigt, dass insbesondere die Mastschweine- und Ferkelpreise mit einem hohen Maß an Unsicherheit behaftet sind. Außerdem ist ersichtlich, dass die Mastschweine- und Ferkelpreise mit $\rho_{Sc;Fe}$ = 0,8059 stark positiv korreliert sind. Weniger ausgeprägt ist die positive Korrelation zwischen den Mastschweine- und den Futterpreisen $\rho_{Sc;Fu}$ = 0,2499. Dadurch, dass die positiv mit dem Mastschweinepreis korrelierten Ferkel- und Futterpreise mit einem negativen Gewicht in das Portfolio eingehen, wird der Deckungsbeitrag stabilisiert. Wir wissen bereits, dass man eine solche positive Korrelation zwischen Leistungen und Kosten auch als natürlichen Hedge bezeichnet, da hier die Risikoreduzierung aus sich heraus entsteht und nicht das Ergebnis gezielter Risikomanagementmaßnahmen ist.

Da angenommen wurde, dass die Portfoliokomponenten normalverteilt sind, weist auch der Deckungsbeitrag eine Normalverteilung auf, ohne dass man den zentralen Grenzwertsatz braucht. Unter Verwendung der in Tab. 7-12 angezeigten Verteilungsparameter sowie der in Gleichung (7-43) dargelegten Gewichte der Portfoliokomponenten kann der Erwartungswert des Deckungsbeitrags in der Schweinemast (in €/Mastschwein) berechnet werden:

$$E(DB_{Sc}) = u_{Sc} \cdot E(p_{Sc}) + u_{Fe} \cdot E(p_{Fe}) + u_{Fu} \cdot E(p_{Fu}) = 29{,}0010 \qquad (7\text{-}44)$$

Für die Varianz des Deckungsbeitrags in der Schweinemast gilt gemäß Gleichung (7-42):

$$\begin{aligned} V(DB_{Sc}) = {} & (u_{Sc} \cdot \sigma_{Sc})^2 + (u_{Fe} \cdot \sigma_{Fe})^2 (u_{Fu} \cdot \sigma_{Fu})^2 \\ & +2 \cdot u_{Sc} \cdot u_{Fe} \cdot \sigma_{Sc} \cdot \sigma_{Fe} \cdot \rho_{Sc;Fe} \\ & +2 \cdot u_{Fe} \cdot u_{Fu} \cdot \sigma_{Fe} \cdot \sigma_{Fu} \cdot \rho_{Fe;Fu} \\ & +2 \cdot u_{Sc} \cdot u_{Fu} \cdot \sigma_{Sc} \cdot \sigma_{Fu} \cdot \rho_{Sc;Fu} \\ = {} & 125{,}5978 \end{aligned} \qquad (7\text{-}45)$$

Die Standardabweichung $\sigma(DB_{Sc})$ beträgt 11,2070 €/Mastschwein (= $\sqrt{125{,}5978}$). Um die Bedeutung dieser Streuungsinformation in Form eines Risikoprofils zu veranschaulichen, sehen wir uns einige Quantile der Verteilung an (vgl. Tab. 7-13). Zu deren Berechnung muss man lediglich Quantilwerte der Standardnormalverteilung (vgl. Tab. 7-10) gemäß Gleichung (7-34) transformieren. Beispielsweise lautet der Wert für das 25%-Quantil der Standardnormalverteilung -0,67. Für das 25%-Quantil der Normalverteilung mit einem Erwartungswert von 29,0010 € und einer Standardabweichung von 11,2070 € ergibt sich ein Wert von 21,44 € (= -0,67 · 11,2070 + 29,0010).

Tab. 7-13: Analytisch berechnete Quantile der Deckungsbeitragsverteilung (€/Mastschwein) [a)]

	Spalte 1	**Spalte 2**	**Spalte 3**
	Quantilwert der Standardnormalverteilung	**Quantilwert der Deckungsbeitragsverteilung**	**Value-at-Risk**
5%-Quantil	-1,64	10,57	18,43
10%-Quantil	-1,28	14,64	14,36
25%-Quantil	-0,67	21,44	7,56

a) Die normalverteilten Deckungsbeiträge weisen einen Erwartungswert von 29,0010 €/Mastschwein und eine Standardabweichung von 11,2070 €/Mastschwein auf.

Wir sehen aus Tab. 7-13 bspw., dass der Deckungsbeitrag der Schweinemast mit 75% Wahrscheinlichkeit über 21,44 €/Mastschwein liegt (Spalte 2). Oder anders formuliert: Die Wahrscheinlichkeit, dass der Deckungsbeitrag um mehr als 7,56 €/Mastschwein (= 29 – 21,44) unter den Erwartungswert sinkt (Spalte 3), beträgt 25%.

Ende des Beispiels

b) Historische Simulation

Die historische Simulation stellt ein numerisches, nicht-parametrisches Verfahren dar. Ihre Grundidee besteht darin, aus empirischen Verteilungen das Risikoprofil des Portfoliowertes zu bestimmen. Im Gegensatz zur analytischen Vorgehensweise schätzt man also keine parametrischen Verteilungen für die disaggregierten Zufallsvariablen, um die Verteilung der aggregierten Variablen charakterisieren zu können. Vielmehr berechnet man direkt die Werte der aggregierten Zielgröße aus den empirisch beobachteten Werten der disaggregierten Variablen. Dies kann man auch als **quasi-ex-ante Gedankenexperiment** verstehen: Es wird danach gefragt, welche Werte die interessierende Zielgröße (z.B. der Deckungsbeitrag der Schweinemast) angesichts der bekannten Werte der disaggregierten Zufallsvariablen in der Vergangenheit angenommen *hätte*, wenn man eine bestimmte Entscheidung (z.B. die Aufnahme der Schweinemast) gefällt *hätte*. Konkret ergeben sich bei der historischen Simulation folgende **Ablaufschritte**:

1. Identifikation der mit Risiko behafteten Portfoliokomponenten und Beschaffung geeigneter Zeitreihen,
2. Berechnung der Zielgröße anhand der beobachteten Realisation der disaggregierten Zufallsvariablen zu den unterschiedlichen zurückliegenden Zeitpunkten und
3. Erstellung des Risikoprofils für die Zielgröße.

Die historische Simulation ist sehr einfach anzuwenden. Allerdings kann sie nur dann eingesetzt werden, wenn sehr viele vergangene Beobachtungswerte für die einzelnen Portfoliokomponenten verfügbar sind und somit „experimentell" auch eine große Zahl von Werten für die Zielgröße berechnet werden kann.

Beispiel 7-4
Historische Simulation - Deckungsbeitragsverteilung Schweinemast

Wir betrachten wieder die Frage nach dem Deckungsbeitragsrisiko in der Schweinemast (vgl. Beispiel 7-3). In den Spalten 3 bis 5 der Tab. 7-14 sind die zwischen Dezember 1994 und Dezember 2007 beobachteten Preise dargestellt. In Spalte 6 ist der Deckungsbeitrag zu jedem Zeitpunkt gemäß Gleichung (7-43) berechnet. Da unterstellt wird, dass jeweils alle 4 Monate Ferkel und Fertigfutter zu aktuellen Marktpreisen zugekauft werden und Mastschweine zur Schlachtreife gelangen, wird bei der Berechnung des Deckungsbeitrags das zeitliche Auseinanderfallen der Zahlungen für Inputs und Outputs nicht berücksichtigt.

Auf der rechten Seite der Tabelle ist das Risikoprofil der Schweinemast dargestellt. Hierfür wurden die 40 Deckungsbeiträge, die auf der Grundlage der beobachteten Preise für die Portfoliokomponenten berechnet wurden, ihrer Größe nach aufsteigend geordnet (Spalte 7). Weist man daneben die kumulierte Häufigkeit aus (Spalte 8), hat man bereits die Quantile und damit das Risikoprofil der Deckungsbeitragsverteilung. Wenn man in den betrachteten 40 Viermonatsperioden Schweine gemästet hätte, hätte man bspw. nur in zehn von 40 Fällen einen Deckungsbeitrag von weniger als 19,07 €/Mastschwein erzielt. Anders ausgedrückt: Der Quantilwert für das 25%-Quantil beträgt gemäß historischer Simulation 19,07 €/Mastschwein.

Da bei der analytischen Methode und der historischen Simulation die gleiche Datengrundlage verwendet wurde, sind die Quantilwerte miteinander vergleichbar. Es fällt auf, dass die gemäß historischer Simulation bestimmten Quantilwerte sich von denen der analytischen Methode unterscheiden (vgl. Tab. 7-13). Dies ist dadurch zu erklären, dass bei der analytischen Methode eine Normalverteilung für die Portfoliokomponenten unterstellt wurde. Demgegenüber ist die historische Simulation ein verteilungsfreies Verfahren. Der vergleichsweise geringe Unterschied zwischen den Ergebnissen der analytischen Methode und der historischen Simulation deutet darauf hin, dass die Normalverteilung im betrachteten Beispiel eine gute Approximation für die empirische Verteilung der Portfoliokomponenten darstellt.

Tab. 7-14: Historische Simulation zur Bestimmung der Deckungsbeitragsverteilung [a)]

Spalte 1	Spalte 2	Spalte 3	Spalte 4	Spalte 5	Spalte 6	Spalte 7	Spalte 8
Nr.	Zeit	Beobachtungswerte			Deckungsbeitrag (€/Schwein)	Quantilwert (€/Schwein) [b)]	Quantil
		Schweinepreis (€/kg)	Ferkelpreis (€/kg)	Futterpreis (€/kg)			
1	12/94	1,320	1,932	0,201	17,20	7,39	2,5%
2	04/95	1,368	1,983	0,196	21,68	7,63	5,0%
3	08/95	1,367	2,547	0,195	7,63	15,36	7,5%
4	12/95	1,386	2,087	0,191	21,88	15,37	10,0%
5	04/96	1,460	2,173	0,185	28,07	15,80	12,5%
6	08/96	1,816	2,393	0,196	51,76	16,46	15,0%
7	12/96	1,562	1,994	0,198	38,22	16,47	17,5%
8	04/97	1,593	2,367	0,199	31,38	16,82	20,0%
9	08/97	1,850	2,746	0,193	46,73	17,20	22,5%
10	12/97	1,591	2,122	0,193	39,12	19,07	25,0%
11	04/98	1,346	2,137	0,192	16,82	21,53	27,5%
12	08/98	1,181	1,396	0,185	22,44	21,68	30,0%
13	12/98	0,914	0,900	0,168	15,37	21,88	32,5%
14	04/99	0,913	1,191	0,170	7,39	22,44	35,0%
15	08/99	1,173	1,314	0,169	28,06	25,01	37,5%
16	12/99	1,121	1,288	0,165	25,07	25,07	40,0%
17	04/00	1,183	1,810	0,171	15,80	25,35	42,5%
18	08/00	1,433	1,882	0,177	35,03	26,69	45,0%
19	12/00	1,488	1,754	0,177	43,10	28,06	47,5%
20	04/01	1,790	2,662	0,186	45,18	28,07	50,0%
21	08/01	1,655	2,373	0,187	40,13	29,22	52,5%
22	12/01	1,435	1,824	0,183	34,99	29,84	55,0%
23	04/02	1,348	2,230	0,185	16,47	30,86	57,5%
24	08/02	1,320	1,755	0,182	26,69	31,38	60,0%
25	12/02	1,243	1,467	0,167	30,86	33,62	62,5%
26	04/03	1,195	1,873	0,167	16,46	34,99	65,0%
27	08/03	1,225	1,438	0,168	29,84	35,03	67,5%
28	12/03	1,200	1,425	0,178	25,35	35,29	70,0%
29	04/04	1,243	1,777	0,196	15,36	36,58	72,5%
30	08/04	1,423	1,739	0,192	33,62	37,03	75,0%
31	12/04	1,473	1,922	0,163	41,40	38,22	77,5%
32	04/05	1,373	2,245	0,160	25,01	39,12	80,0%
33	08/05	1,415	1,940	0,159	36,58	40,13	82,5%
34	12/05	1,400	1,749	0,159	40,19	40,19	85,0%
35	04/06	1,398	2,163	0,160	29,22	41,40	87,5%
36	08/06	1,585	2,088	0,164	47,03	43,10	90,0%
37	12/06	1,420	1,797	0,173	37,03	45,18	92,5%
38	04/07	1,250	1,745	0,188	19,07	46,73	95,0%
39	08/07	1,383	1,412	0,203	35,29	47,03	97,5%
40	12/07	1,330	1,192	0,258	21,53	51,76	100,0%

a) Zur Erzeugung von 90 kg Schlachtgewicht sind 25 kg schwere Ferkel und 265 kg Mastschweinealleinfutter erforderlich.

b) Die Spalte 7 ergibt sich durch eine aufsteigende Ordnung der in der Spalte 6 berechneten historischen Deckungsbeiträge.

Ende des Beispiels

c) Stochastische Simulation

Die stochastische Simulation, die auch als Monte-Carlo-Simulation bezeichnet wird, ist sowohl ein parametrisches als auch ein numerisches Verfahren. Was bedeutet das? Im Gegensatz zur analytischen Methode wird die Verteilung der Zielgröße numerisch-experimentell ermittelt. Anders als bei der historischen Simulation wird die Zielgröße aber nicht direkt aus Stichprobendaten berechnet. Vielmehr werden aus den vorhandenen Daten zunächst parametrische Verteilungen für die einzelnen Zufallsvariablen geschätzt und Korrelationen berechnet. Aus diesen parametrischen Verteilungen und unter Berücksichtigung der Korrelationen werden dann im Rahmen einer Zufallsziehung **wiederholt Zufallszahlen erzeugt**, d.h. Werte für die disaggregierten Zufallsvariablen computergestützt generiert. Man spricht in diesem Zusammenhang auch von Simulationsläufen. Diese Simulationsläufe werden sehr häufig wiederholt, um nach dem Gesetz der großen Zahl die Verteilungen möglichst gut abzubilden. Für jeden Simulationslauf berechnet man die Zielgröße. Im Ergebnis hat man ebenso viele Werte für die Zielgröße, wie Simulationsläufe. Die in den einzelnen Läufen berechneten Werte für die Zielgröße lassen sich dann wieder aufsteigend anordnen.

Konkret ergeben sich bei Nutzung der stochastischen Simulation zur Bestimmung des Risikoprofils folgende **Ablaufschritte**:

1. Identifikation mit Risiko behafteter Portfoliokomponenten und Beschaffung geeigneter Zeitreihen,
2. Schätzung der am besten zu den Daten für die Zufallsvariablen passenden parametrischen Verteilungen,
3. Computergestützte Ziehung einer Zufallszahl für jede relevante Unsicherheitsvariable aus der vorgegebenen Verteilung unter Beachtung möglicher Korrelationen,
4. Berechnung der Zielgröße anhand der simulierten Werte der disaggregierten Zufallsvariablen,
5. Sehr häufige Wiederholung der Schritte 3 und 4 (mindestens 10 000 Simulationsläufe) und
6. Erstellung des Risikoprofils für die Zielgröße.

Der Vorteil der stochastischen Simulation besteht darin, dass für die einzelnen Portfoliokomponenten jede beliebige parametrische Verteilung unterstellt werden kann. Im Gegensatz zur analytischen Methode können bei der stochastischen Simulation also die Verteilungen verarbeitet werden, die am besten zu vergangenen Beobachtungswerten oder Expertenaussagen passen. Im Unterschied zur historischen Simulation können bei der stochastischen Simulation auch über Expertenbefragungen gewonnene Verteilungsinformationen verarbeitet werden. Die Durchführung einer stochastischen Simulation nimmt aber mehr Rechenzeit in Anspruch, als die analytische Methode. Außerdem ist die Erstellung eines entsprechenden Modells aufwändiger als bei der historischen Simulation. Die technische Umsetzung der stochastischen Simulation in Tabellenkalkulationsprogrammen wird in Punkt 7.4.3 kurz angesprochen.

Beispiel 7-5
Stochastische Simulation - Deckungsbeitragsverteilung Schweinemast

Wir betrachten wieder den spezialisierten Schweinemastbetrieb aus Beispiel 7-3, dessen Leiter sich fragt, wie hoch sein Risiko ist. Für die Portfoliokomponenten wird eine Normalverteilung unterstellt, deren Verteilungsparameter in Tab. 7-12 angezeigt sind. Zum einen ist die Normalverteilung gemäß statistischer Tests nicht abzulehnen und zum anderen ist so die direkte Vergleichbarkeit mit den Ergebnissen der analytischen Methode gewährleistet. Es werden jeweils 10 000 normalverteilte Zufallszahlen für die Portfoliokomponenten unter Beachtung der Korrelationen generiert. In der rechten Hälfte von Abb. 7-19 ist die sich ergebende Verteilungsfunktion für den Deckungsbeitrag angezeigt. Man erhält sie, indem man die Deckungsbeitragswerte, die in den 10 000 Simulationsläufen berechnet wurden, aufsteigend anordnet und die Quantile ausweist. Die entsprechende Dichtefunktion ist auf der linken Hälfte zu sehen.

Abb. 7-19: Mittels stochastischer Simulation bestimmte Dichtefunktion (links) und Verteilungsfunktion (rechts) für den Deckungsbeitrag (€/Mastschwein) [a]

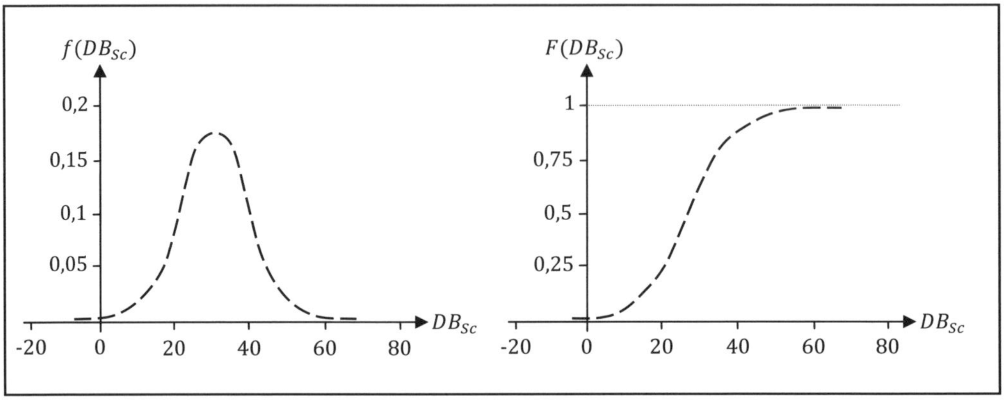

a) 10 000 Simulationsläufe.

Die Verteilung der Simulationsergebnisse beinhaltet wichtige Informationen. Der Deckungsbeitrag in der Schweinemast hat gemäß stochastischer Simulation

- einen Erwartungswert von 28,98 €/Mastschwein,
- eine Standardabweichung von 11,21 €/Mastschwein und
- einen Wert für das 25%- (5%-, 10%-) Quantil von 21,43 (10,61, 14,65) €/Mastschwein, d.h. der Deckungsbeitrag ist mit 25% Wahrscheinlichkeit kleiner als 21,43 (10,61, 14,65) €/Mastschwein.

Ein Blick auf Tab. 7-13 zeigt, dass die Ergebnisse der analytischen Methode und der stochastischen Simulation nahezu identisch sind. Dies ist nicht überraschend, da beiden Verfahren dieselben Verteilungsannahmen zugrunde gelegt wurden. Geringfügige Unterschiede sind in der Zufallszahlenziehung bei der stochastischen Simulation begründet. Anders gesagt: Trotz der hohen Anzahl von 10 000 Zufallsziehungen ist das Gesetz der großen Zahl noch nicht erfüllt und die unterstellte Verteilung wird noch nicht vollständig abgebildet. Dies gilt insbesondere für sehr kleine und sehr große Quantile.

Ende des Beispiels

7.4.3 Nutzung von Tabellenkalkulationsprogrammen

Zur technischen Umsetzung der stochastischen Simulation muss man Zufallszahlen entsprechend einer vorgegebenen Verteilung ziehen. Hierfür bietet sich die Verwendung von Tabellenkalkulationsprogrammen an, die eine Vielzahl nützlicher Funktionen aufweisen.

Zur Berechnung der kumulierten Dichte für eine konkrete Ausprägung einer normalverteilten Zufallsvariable hatten wir uns zunächst mit Tabellenwerken für die Standardnormalverteilung beholfen (vgl. Tab. 7-10). In MS-EXCEL lässt sich die **kumulierte Dichte für eine standardnormalverteilte Zufallszahl** einfach über folgende Funktion berechnen:

=STANDNORMVERT(x_i)

Dabei kennzeichnet x_i eine beliebige Ausprägung. In MS-EXCEL ist auch eine Verallgemeinerung der STANDNORMVERT-Funktion verfügbar. Die Funktion

=NORMVERT(x_i; μ; σ; 1)

liefert die kumulierte Dichte, mit der eine normalverteilte Zufallsvariable mit einem Erwartungswert von μ und einer Standardabweichung σ Werte bis maximal x_i annimmt. Durch die in der Funktion zuletzt angezeigte 1 wird die kumulierte Dichte berechnet. Setzt man hier eine Null ein, dann ergibt sich der Wert der entsprechenden Dichtefunktion.

Man kann einen Algorithmus konstruieren, der Zahlen liefert, die sich wie eine Stichprobe einer gleichverteilten Zufallsvariable verhalten. Einen solchen Algorithmus nutzt MS-EXCEL bei der folgenden Funktion, die **gleichverteilte Zufallszahlen** zwischen $X^{min} = 0$ und $X^{max} = 1$ liefert:

=ZUFALLSZAHL( )

Gleichverteilte Zufallszahlen zwischen 0 und 1 bilden technisch gesehen den Ausgangspunkt für die Generierung von Zufallszahlen aus anderen Verteilungen. Beispielsweise kann man eine gleichverteilte Zufallszahl zwischen beliebig gewählten Werten für X^{min} und X^{max} wie folgt erzeugen:

=ZUFALLSZAHL( ) · $(X^{max}-X^{min})+X^{min}$

Binomialverteilte Zufallszahlen können wie folgt simuliert werden:

=WENN(ZUFALLSZAHL( )< P_1*;* X_1*;* X_2*)*

Die Zufallsvariable nimmt mit einer Wahrscheinlichkeit von P_1 den Wert X_1 und mit einer Wahrscheinlichkeit von $(1 - P_1)$ den Wert X_2 an. Die WENN-DANN-Bedingung sichert technisch ab, dass X_1 nur mit der vorgegebenen Wahrscheinlichkeit P_1 eintritt. In allen anderen Fällen ergibt sich X_2.

Die Generierung **standardnormalverteilter Zufallszahlen** ist über die folgende Funktion möglich:

=STANDNORMINV(ZUFALLSZAHL( ))

Dabei wird für eine durch eine Zufallszahl zwischen 0 und 1 zufällig vorgegebene kumulierte Dichte der dazugehörige Wert c_i der Standardnormalverteilung berechnet. Die STANDNORMINV-Funktion ist also die Umkehrfunktion der STANDNORMVERT-Funktion.

Die standardnormalverteilte Zufallsvariable hat einen Erwartungswert von 0 und eine Standardabweichung von 1. Um eine **normalverteilte Zufallsvariable** mit einem beliebig gewählten Erwartungswert μ und einer beliebig gewählten Standardabweichung σ zu generieren, ist die standardnormalverteilte Zufallszahl c_i gemäß Gleichung (7-34) zu transformieren:

=STANDNORMINV(ZUFALLSZAHL( ))· $\sigma + \mu$

Die Ziehung einer **dreiecksverteilten Zufallszahl** erfordert eine aufwändige Formulierung:

=WENN(A1<=(X^{mod}*-* X^{min}*)/(* X^{max}*-*X^{min}*);* X^{min}*+WURZEL(A1*(* X^{max}*-*X^{min}*)*(* X^{mod}*-*X^{min}*));*
X^{max}*-WURZEL((1-A1)*(* X^{max}*-*X^{min}*)*(*X^{max}*-*X^{mod}*)))*

In dieser Formel wird auf Zelle A1 quer verwiesen, in der eine gleichverteilte Zufallszahl zwischen 0 und 1 erzeugt wird:

A1: *=ZUFALLSZAHL( )*

Diese etwas komplexe Formulierung lässt sich formal wie folgt darstellen:

$$d = \begin{cases} X^{min} + \sqrt{g \cdot (X^{max} - X^{min}) \cdot (X^{mod} - X^{min})}, & \text{wenn } 0 \leq g \leq \dfrac{X^{mod} - X^{min}}{X^{max} - X^{min}} \\ X^{max} - \sqrt{(1-g) \cdot (X^{max} - X^{min}) \cdot (X^{max} - X^{mod})}, & \text{andernfalls} \end{cases}$$

Dabei kennzeichnet d die dreiecksverteilte Zufallszahl und g eine gleichverteilte Zufallszahl zwischen 0 und 1.

Oftmals sind bei der Risikoanalyse **Korrelationen** zwischen den Zufallsvariablen zu berücksichtigen. Zwei korrelierte standardnormalverteilte Zufallszahlen X_k und X_l können mit Hilfe einer dritten Zufallszahl X_{hilf} berechnet werden: Sind X_k und X_{hilf} unabhängige Zufallszahlen, die aus der Standardnormalverteilung gezogen werden, dann ist

$$X_l = \rho_{k;l} \cdot X_k + \sqrt{1 - \rho_{k;l}^2} \cdot X_{hilf} \quad (7\text{-}46)$$

ebenfalls eine standardnormalverteilte Zufallszahl, wobei X_k und X_l eine Korrelation von $\rho_{k;l}$ aufweisen. Gleichung (7-46) gilt nicht nur für (standard)normalverteilte Zufallszahlen, sondern bspw. auch für gleichverteilte Zufallszahlen. Sind mehr als zwei Zufallszahlen zu generieren, kann man sich der sog. Cholesky-Zerlegung bedienen. Die Umsetzung der Cholesky-Zerlegung ist zu kompliziert, um sie an dieser Stelle ausführlich zu erklären. Zur technischen Umsetzung der Cholesky-Zerlegung ist das kostenlos downloadbare MS-EXCEL-Add-In „Matrix.xla" nützlich. Es erlaubt die Multiplikation, Transformation etc. von Matrizen und Vektoren.

Gibt man die beschriebenen Funktionen für die Generierung von Zufallszahlen in MS-EXCEL ein, ergibt sich zunächst nur *ein* Funktionswert und damit eine mögliche Zufallszahl. Zur **Abbildung einer vorgegebenen Verteilung** im Rahmen einer stochastischen Simulation muss das Gesetz der großen Zahl genutzt werden, das erst bei sehr vielen Zufallszahlenziehungen gilt. Man kann mehrere Zufallszahlen aus einer bestimmten Verteilung ziehen, indem man die Taste F9 drückt. Mit jedem Tastendruck wird eine neue Zufallszahl generiert. Die erzeugten Zufallszahlen könnte man als Werte manuell aufzeichnen. Dies ist aber sehr aufwändig. Einfacher wird es durch die Programmierung von sog. Makros, mit denen man die wiederholte Erzeugung von Zufallszahlen und ihre anschließende Aufzeichnung automatisieren kann. Alternativ zur Programmierung eines MS-EXCEL-Makros kann man auch kommerziell erhältliche Hilfsprogramme, wie z.B. das MS-EXCEL-Add-In @RISK von Palisade, nutzen.

7.5 Entscheidungsfindung unter Unsicherheit

Im Folgenden werden zunächst pragmatische Ansätze zur Berücksichtigung von Unsicherheit behandelt, die weder die Risikoeinstellung des Entscheiders noch Wahrscheinlichkeiten verarbeiten (Punkt 7.5.1). In Punkt 7.5.2 wird das Konzept der stochastischen Dominanz beschrieben, das in bestimmten Situationen eine Entscheidungsfindung ohne die genaue Kenntnis der Risikoeinstellung erlaubt. Anschließend werden mit dem Erwartungsnutzenprinzip und dem Erwartungswert-Varianz-Kriterium Entscheidungskalküle erläutert, die sowohl unterschiedliche Risikoeinstellungen als auch Verteilungsinformationen verarbeiten können (Punkt 7.5.3). In Punkt 7.5.4 werden Ansätze angesprochen, die Entscheidungsunterstützung in Ungewissheitssituationen geben sollen.

7.5.1 Pragmatische Ansätze zur Berücksichtigung des Risikos

Bei den sog. pragmatischen Ansätzen zur Berücksichtigung des Risikos handelt es sich um Variantenrechnungen, die zusätzlich zu der auf Erwartungswerten beruhenden deterministischen Planungsrechnung durchgeführt werden. Sie werden mit dem Attribut „pragmatisch" versehen, da sie methodisch gesehen wiederholte einwertige Planungsrechnungen darstellen und dementsprechend leicht umzusetzen sind. Die pragmatischen Ansätze tragen zwar über Variantenrechnungen der Tatsache Rechnung, dass unterschiedliche zukünftige Umweltzustände eintreten können. Sie weisen aber den Nachteil auf, dass sie nicht berücksichtigen, mit welcher Wahrscheinlichkeit der eine oder andere Umweltzustand eintritt. Das heißt, die Höhe des Risikos, das mit verschiedenen Handlungsalternativen verbunden ist, wird nicht vollständig erfasst. Dementsprechend kann für risikoaverse Entscheider modellendogen auch keine Handlungsempfehlung abgeleitet werden. Trotz dieser Kritik sind die pragmatischen Ansätze in der Praxis weit verbreitet, um mit einfachen Mitteln einen ersten Eindruck vom Risiko einer unternehmerischen Entscheidung zu gewinnen.

Sensitivitätsanalysen und Berechnung kritischer Werte

Bei **Sensitivitätsanalysen** wird - ausgehend vom deterministischen Planungsmodell - die Höhe einer einzelnen Zufallsvariable (z.B. Ertrag oder Produktpreis) variiert und untersucht, wie stark sich die Zielgröße (z.B. Gesamtdeckungsbeitrag oder Kapitalwert) c.p. verändert. Ganz eng damit verwandt ist die Berechnung **kritischer Werte**. Hier sucht man - wiederum ausgehend vom deterministischen Planungsmodell - gezielt für eine Zufallsvariable nach dem Wert, bei dem die Rentabilitätsschwelle unter- oder überschritten werden würde. Man spricht in diesem Zusammenhang auch von Break-Even-Analysen (vgl. Punkt 2.4.4). So ließe sich bei einer Investition in einen Milchviehstall bspw. eine kritische Schwelle für den Milchpreis oder die Arbeitskosten berechnen, bei der der Kapitalwert der Investition c.p. gerade Null werden würde. Bei der Investitionsplanung hatten wir gesehen, dass bei bestimmten Zufallsvariablen die kritischen Werte als eigenständige Entscheidungskalküle benutzt werden. So stellt der interne Zinsfuß einer Investition nichts anderes als den kritischen Preis des eingesetzten Kapitals dar, oberhalb dessen der Kapitalwert unter Null fallen würde (vgl. Punkt 6.3.3b). Analog entspricht die Eigenkapitalrendite dem kritischen Preis des eingesetzten Eigenkapitals, oberhalb dessen das Eigenkapital nicht in dem betrachteten Investitionsvorhaben eingesetzt werden sollte (vgl. Punkt 6.3.3e).

Welchen handlungsorientierten Aussagegehalt haben die Ergebnisse von Sensitivitäts- und Break-Even-Analysen? Klar ist, dass der Unternehmer auf die Einflussgrößen besonders achten muss, auf deren Variation die relevante Erfolgsgröße besonders stark reagiert. Insbesondere aus Break-Even-Analysen werden aber gelegentlich vorschnelle Rückschlüsse auf das Risiko unternehmerischer Handlungsalternativen gezogen. Dies ist dann der Fall, wenn man automatisch impliziert, dass ein großer Abstand des kritischen Wertes vom Erwartungswert - also bspw. ein 30% unter dem erwarteten Milchpreis liegender kritischer Milchpreis - aufgrund des „großen Puffers" ein geringeres Risiko darstellt als ein „kleiner Puffer". Dies muss nicht immer richtig sein. Die Wahrscheinlichkeiten, mit der solche Abweichungen zu erwarten sind, können ja bei verschiedenen Zufallsvariablen sehr unterschiedlich sein. Dies wird bei Break-Even-Analysen nicht berücksichtigt.

Szenarienanalysen

Auch **Szenarienanalysen** stellen Variantenrechnungen dar. Im Unterschied zu Sensitivitäts- und Break-Even-Analysen wird bei der Szenarienanalyse aber nicht nur der Wert einer Zufallsvariable verändert. Vielmehr werden die Werte mehrerer Zufallsvariablen gleichzeitig variiert und zwar in einer zueinander passenden Weise. Man berücksichtigt also bspw. den Sachverhalt, dass es aufgrund von Angebot und Nachfrage tendenziell zu einem Ansteigen (Absinken) der Kartoffelpreise kommt, wenn die Kartoffelerträge gering (hoch) sind. Die Annahme eines schlechteren Ertrags ohne gleichzeitige Variation des Preises - wie man dies bspw. im Rahmen einer Sensitivitätsanalyse machen würde - wäre damit keine plausible zukünftige Umweltsituation.

Neben dieser offensichtlichen Notwendigkeit zur gemeinsamen und konsistenten Variation verschiedener Unsicherheitsgrößen gehen Szenarienanalysen einen deutlichen Schritt weiter als Sensitivitäts- und Break-Even-Analysen. Sie beruhen auf einer überschaubaren Anzahl in sich **konsistenter Eventualentwicklungen** bzw. Zukunftssituationen. Um die Bandbreite möglicher Entwicklungen einschätzen zu können, wird man im Allgemeinen neben dem deterministischen, auf Erwartungswerten beruhenden Planungsmodell ein positives und ein negatives Extremszenario entwickeln. Man spricht in diesem Zusammenhang auch von Trend-, Best-Case- und Worst-Case-Szenario. Der Begriff „Szenarienanalyse" ist vor allem außerhalb des unternehmerischen Entscheidungsfelds im Zusammenhang mit der Einschätzung globaler Umweltrisiken bekannt geworden. Eine der bekanntesten Szenarienanalysen dürfte der Bericht des Club of Rome „Die Grenzen des Wachstums" gewesen sein, der bereits 1972 auf riskante Umweltentwicklungen hinwies.

Subjektive Risikoabschläge oder -zuschläge

Auch die sog. **subjektiven Risikoabschläge oder Risikozuschläge** stellen eine weitere Unterart von Variantenrechnungen dar. Der einzelne Entscheidungsträger rechnet hier sein Planungsmodell mit **etwas schlechteren Planannahmen** durch, indem er auf der Leistungsseite Abschläge und auf der Kostenseite Zuschläge ad-hoc vornimmt. Man kann subjektive Risikoabschläge und -zuschläge als ersten Versuch interpretieren, sowohl die Höhe des mit einer Entscheidung verbundenen Risikos als auch die subjektive Risikoeinstellung endogen in einem Planungsmodell zu berücksichtigen. Nach dieser Sicht variiert der Entscheider nicht einfach schematisch einzelne Werte oder versucht die denkbare Bandbreite der Entwicklung abzudecken. Vielmehr nimmt er systematisch umso höhere Risikoabschläge bei den Leistungen und Risikozuschläge bei den Kosten vor, je höher er subjektiv das Risiko solcher Abweichung einschätzt *und* je stärker risikoavers er ist. Wenn ihm dies konsistent gelingen würde, hätte er die zweidimensionale Zielsetzung „Maximierung des Erfolgs" und „Minimierung des Risikos" in eine eindimensionale Zielsetzung überführt.

Der große Vorteil subjektiver Risikoabschläge liegt in ihrer Einfachheit. Methodisch gesehen landet man ja wieder - ganz ohne Statistik und Wahrscheinlichkeitsrechnung - bei einer einwertigen Planungsrechnung. Der große Nachteil der Vorgehensweise ist, dass sie dem Entscheidungsträger keine Verteilungsinformationen liefert und damit wenig Entscheidungs*unterstützung* bereitstellt. Der Versuch, die Höhe des Risikos zu messen, wird gar nicht unternommen. Vielmehr soll der Entscheidungsträger im eigenen Kopf für alle relevanten Zufallsvariablen subjektive Wahrscheinlichkeiten bilden, ggf. Korrelationen berücksichtigen und dann entsprechend der subjektiven Risikoeinstellung geeignete Zu- und Abschläge vornehmen. Möglicherweise ist er damit aber überfordert, so dass es zu Inkonsistenzen kommt. So könnte es bspw. sein, dass er beim gleichen Problem und beim gleichen Informationsstand morgens andere Risikoabschläge und -zuschläge vornimmt als abends. Mit anderen Worten: Obwohl das Arbeiten mit subjektiven Risikoabschlägen und -zuschlägen in der Praxis weit verbreitet ist, stellen sie vielfach keine adäquate Lösung des Planungsproblems unter Unsicherheit bereit. Wir beschreiben deshalb in den folgenden Abschnitten, wie systematische Entscheidungsunterstützung unter Risiko mit Hilfe formaler Planungsmodelle aussehen kann.

Chance-Constrained-Programming

Abschließend sei darauf hingewiesen, dass es auch Kombinationen zwischen ad-hoc Risikoabschlägen und der Nutzung von Verteilungsinformationen gibt. Bei der linearen Programmierung werden im Rahmen des sog. **Chance-Constrained-Programming** (CCP) spezifische subjektive Risikoabschläge vorgenommen. Ausgangspunkt sind unsichere Informationen bzgl. der zur Verfügung stehenden Produktionskapazitäten, wie z.B. der Zahl der Feldarbeitstage und damit der Arbeitsstunden. CCP fordert bei der Optimierung des Zielfunktionswertes, dass eine Kapazitätsgrenze mit einer gewissen Wahrscheinlichkeit eingehalten werden muss. Technisch wird dazu das sog. deterministische Äquivalent der Wahrscheinlichkeitsrestriktion bestimmt. Oftmals wird dabei von einer Normalverteilung ausgegangen. Wenn eine Kapazität gemäß diesem deterministischen Äquivalent bspw. mit 95%iger Sicherheit eingehalten werden soll, wird anstelle des Erwartungswertes (Wert des 50%-Quantils) der Wert des 5%-Quantils als Restriktion genutzt und anschließend das LP-Problem mit der veränderten Kapazitätsrestriktion gerechnet. Dies entspricht einem subjektiven, verteilungsbezogenen Risikoabschlag bei der Kapazitätsannahme. Wenn bspw. die Zahl der Feldarbeitsstunden in einem bestimmten Zeitraum als normalverteilt angenommen wird und einen Erwartungswert von 100 sowie eine Standardabweichung von 20 hat, dann würde im Rahmen von CCP z.B. das 5%-Quantil in Höhe von 67 ($= -1{,}65 \cdot 20 + 100$; vgl. Gleichung (7-34)) Feldarbeitsstunden als Restriktion bei der Bestimmung des optimalen Produktionsprogramms verwendet werden.

7.5.2 Das Konzept der stochastischen Dominanz

Anders als bei den pragmatischen Risikoansätzen berücksichtigt man beim Konzept der stochastischen Dominanz nicht nur verschiedene Umweltzustände, sondern auch die Wahrscheinlichkeiten, mit der diese eintreten. Gleichzeitig geht man aber weiterhin davon aus, dass die individuelle Risikoeinstellung des Entscheiders nicht (genau) bekannt ist.

Das Konzept der stochastischen Dominanz **beruht auf zwei einfachen Schritten**: Zunächst wird für jede der betrachteten Handlungsalternativen das Risiko der relevanten Zielgröße in Form der Verteilungsfunktion ausgewiesen, die - wie wir wissen - als Risikoprofil bezeichnet wird. Dann wird geprüft, ob auf der Grundlage des Risikoprofils auch ohne Kenntnis der Risikoeinstellung eindeutige Handlungsempfehlungen gegeben werden können. Abb. 7-20 verdeutlicht grafisch den Zusammenhang anhand von zwei Handlungsalternativen HA_1 und HA_2, die sich gegenseitig ausschließen und deren Verteilungsfunktionen $F_1 = F[Z(HA_1)]$ und $F_2 = F[Z(HA_2)]$ unterschiedlich zueinander liegen:

- **Absolute stochastische Dominanz** ermöglicht die eindeutigste Handlungsempfehlung. HA_2 ist absolut dominant gegenüber HA_1, wenn das schlechteste Ergebnis von HA_2 mindestens so gut ist wie das beste Ergebnis von HA_1 (vgl. Abb. 7-20a). Beispielsweise ist das Werfen eines Spezialwürfels, der nur Augenzahlen zwischen 7 und 12 hat, absolut dominant gegenüber der Verwendung eines normalen Würfels. Jeder Entscheider, der eine hohe gegenüber einer niedrigen Augenzahl präferiert, würde ganz unabhängig von seiner individuellen Risikoeinstellung die absolut dominante Alternative vorziehen.
- **Stochastische Dominanz 1. Grades** (first degree stochastic dominance) wird in Anlehnung an die englische Bezeichnung auch einfach mit dem Kürzel FSD bezeichnet. HA_2 weist FSD gegenüber HA_1 auf, wenn die Verteilungsfunktion F_2 - bildlich gesprochen - rechts von F_1 liegt und sich die Verteilungsfunktionen nicht schneiden (vgl. Abb. 7-20b). Ein Beispiel ist die Augenzahlensumme beim Werfen von *zwei* Würfeln (HA_2) im Vergleich zum Werfen von *einem* Würfel (HA_1). Zwar wird mit zwei Würfeln nicht in jedem Fall eine höhere Augenzahl erzielt. Aber für jede beliebige Augenzahl zwischen 1 und 12 ist die Wahrscheinlichkeit, eine höhere Augenzahl zu erzielen, mit zwei Würfeln größer als bei einem Würfel. Jeder Entscheider, der eine hohe gegenüber einer niedrigen Augenzahl präferiert, würde unabhängig von seiner individuellen Risikoeinstellung die 1. Grades stochastisch dominante Alternative HA_2 wählen, d.h. lieber zwei als einen Würfel verwenden.
- **Stochastische Dominanz 2. Grades** (second degree stochastic dominance) wird oftmals einfach mit SSD abgekürzt. HA_2 weist SSD gegenüber HA_1 auf, wenn sich - bildlich gesprochen - die Verteilungsfunktion der beiden Handlungsalternativen so schneiden, dass die Fläche zwischen den beiden Verteilungsfunktionen unterhalb des Schnittpunktes (Fläche A) größer oder gleich der Fläche oberhalb des Schnittpunktes (Fläche B) ist (vgl. Abb. 7-20c). Um mit Hilfe von SSD eine Handlungsempfehlung zu geben, muss Risikoaversion unterstellt werden. Man muss allerdings nicht wissen, wie stark risikoavers der Entscheider ist. Jeder Entscheider, der die konfligierenden Ziele „Einkommen" und „Sicherheit" verfolgt, würde die 2. Grades stochastisch dominante Alternative HA_2 wählen. Ausgehend vom Schnittpunkt lässt sich dies leicht nachvollziehen: Bis zum Schnittpunkt dominiert die Verteilung F_2 die Verteilung F_1. Rechts vom Schnittpunkt ist es gerade umgekehrt. Ein risikoaverser Entscheider gewichtet Nachteile im unteren Bereich (d.h. das höhere Risiko von HA_1 für schlechte Ergebnisse) subjektiv stärker als Vorteile im oberen Bereich, d.h. die höhere Chance von HA_1 für gute Ergebnisse. Solange die Fläche A größer oder gleich der Fläche B ist, ist die Entscheidung eindeutig. Wenn - bildlich gesprochen - beide Flächen gleich groß sind, ergibt sich ein Sonderfall von SSD. Hier haben beide Verteilungen den gleichen Erwartungswert, aber eine unterschiedliche Varianz. Dieser Spezialfall wird manchmal auch unter der Bezeichnung „Mean Preserving Spread" als eigenständiges Kriterium diskutiert.

- **Praxisrelevante Entscheidungssituationen**, in denen es um die Wahl zwischen diskreten Risikomanagementmaßnahmen geht, können i.d.R. nicht durch SSD unterstützt werden. Anders gesagt: Die diskriminierende Kraft des Konzeptes der stochastischen Dominanz ist häufig gering. Ein einfaches Beispiel ist der Vergleich zwischen einer Betriebsorganisation mit und ohne Versicherung. Im Vergleich zur Situation ohne Versicherung (HA_1) reduziert zwar der Abschluss einer Versicherung (HA_2) das Risiko. Gleichzeitig sinkt mit dem Abschluss einer Versicherung aber der Erwartungswert der Zielgröße, da eine (nicht subventionierte) Versicherung immer mehr kostet als sie bringt. Damit ist - bildlich gesprochen - die Fläche B größer als die Fläche A (vgl. Abb. 7-20d). Um in diesem Fall eine eindeutige Handlungsempfehlung geben zu können, müsste man wissen, wie stark risikoavers der Entscheider ist. Anders gesagt: Es müsste bekannt sein, wie viel höher aus seiner Sicht die Vorteile im oberen Bereich der Verteilung F_1 (ohne Versicherung) sein müssen, damit diese die subjektiv stärker gewichteten Nachteile im unteren Bereich kompensieren. Wenn für einen Entscheider die Vorteile im oberen Bereich nicht durch die Nachteile im unteren Bereich kompensiert werden, die sich jeweils bei Verzicht auf eine Versicherung ergeben, dann sollte er eine Versicherung abschließen.

Abb. 7-20: Die verschiedenen Grade stochastischer Dominanz [a)]

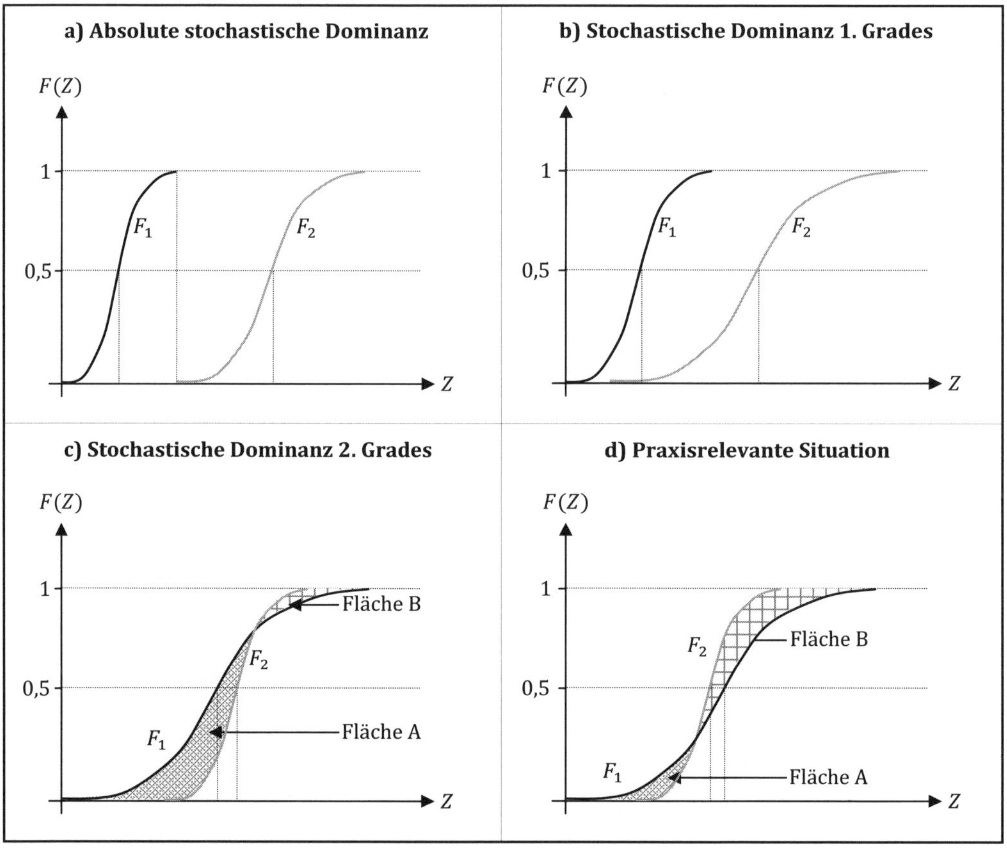

a) Die dargestellten Verteilungen repräsentieren nicht die Normalverteilung.

Das Konzept der stochastischen Dominanz ist interessant, wenn die Zielgrößen nicht normalverteilt sind (inkl. nicht-parametrischer Verteilungen). Sind die Zielgrößen dagegen normalverteilt, kann man durch den einfachen Vergleich von Erwartungswert und Varianz die dominierende (risikoeffizientere) Handlungsalternative identifizieren. Das heißt, das **Konzept der stochastischen Dominanz ist bei normalverteilten Zufallsvariablen** recht einfach:

- Absolute Dominanz gibt es bei normalverteilten Zufallsvariablen nicht, da die Dichtefunktion der Normalverteilung links- und rechtsseitig offen ist.
- Die Tatsache, dass die Normalverteilung rechts und links offen ist, hat auch Konsequenzen für die stochastische Dominanz 1. Grades. Im Gegensatz zu der Darstellung in Abb. 7-20b) ist FSD bei normalverteilten Zufallsvariablen nur dann gegeben, wenn beide Alternativen die gleiche Varianz aufweisen: $V(Z(HA_2)) = V(Z(HA_1))$. Bei ungleichen Varianzen käme es immer zu einem Schnittpunkt der Verteilungsfunktionen. Gleichzeitig hat die dominierende rechts liegende Verteilung F_2 einen höheren Erwartungswert als die dominierte Verteilung F_1. Es gilt also: $E(Z(HA_2)) > E(Z(HA_1))$. Die Entscheidung zwischen zwei Alternativen mit gleichem Risiko, aber unterschiedlicher Einkommenserwartung ist einfach.
- Stochastische Dominanz 2. Grades (vgl. Abb. 7-20c) bedeutet bei normalverteilten Zufallsvariablen zwingend, dass die dominierende Verteilung F_2 eine geringere Varianz bei gleichem oder höherem Erwartungswert aufweist als die dominierte Verteilung F_1. Es gilt also: $V(Z(HA_2)) < V(Z(HA_1))$ und $E(Z(HA_2)) \geq E(Z(HA_1))$. Die Entscheidung ist wiederum trivial: Jeder risikoaverse Entscheider zieht die Alternative mit dem geringeren Risiko und der mindestens gleich hohen Einkommenserwartung vor.
- Hat eine Alternative mit einem höheren Erwartungswert auch eine höhere Varianz, ist Fläche A kleiner als Fläche B (vgl. Abb. 7-20d). Man kann dann ohne Kenntnis der individuellen Risikoeinstellung nicht zwischen den Handlungsalternativen diskriminieren.

Fazit: Bei nicht normalverteilten Zufallsvariablen, deren Risiko nicht einfach mit Hilfe der Varianz beurteilt werden kann, stellt das Konzept der stochastischen Dominanz eine Hilfestellung bei der Auswahl der effizienteren Handlungsalternative dar. Denken Sie zwecks Intuition bspw. an eine Entscheidung zwischen einem sicheren Betrag von 500 € (HA_1) und einer Münzwurf-Lotterie (HA_2), bei der Sie mit jeweils 50%iger Wahrscheinlichkeit 500 € (bei „Kopf") oder 600 € (bei „Zahl") erhalten. Hier käme man mit Hilfe des Konzepts der stochastischen Dominanz zu einer eindeutigen und richtigen Entscheidung. Der schnelle Blick auf Erwartungswert und Varianz würde dagegen keine eindeutige Handlungsempfehlung zulassen, da der höhere Erwartungswert mit einer höheren Varianz verbunden ist. Bei normalverteilten Zufallsvariablen bringt das Konzept der stochastischen Dominanz nicht mehr als der schnelle Blick auf die Parameter „Erwartungswert" und „Varianz". Bei sehr vielen Handlungsmöglichkeiten kann die stochastische Dominanz allerdings eine wichtige Hilfestellung zur Identifikation des Sets an effizienten Lösungen sein. Das heißt, dass sich mit Hilfe des Konzepts der stochastischen Dominanz die Handlungsalternativen eliminieren lassen, die bzgl. der beiden Zielsetzungen „Gewinn" und „Sicherheit" anderen Handlungsalternativen unterlegen sind. Damit kommt man i.d.R. zwar nicht zu *der* Optimallösung, kann aber das Set der auf Optimalität hin zu untersuchenden Lösungen auf die auf der Effizienzlinie liegenden Lösungen (vgl. Punkt 5.3.3) und somit oftmals sehr stark einschränken.

7.5.3 Entscheidungskalküle unter Risiko

Im Folgenden werden Entscheidungskalküle beschrieben, die - im Unterschied zu den bisher angesprochenen Ansätzen - die Verteilungsinformationen von Zufallsvariablen *und* die Risikoeinstellung von Entscheidungsträgern berücksichtigen. Sie sind für Entscheider geeignet, deren Nutzen mit steigendem Einkommen zunimmt. Ganz allgemein wird ein rationaler Entscheider die Handlungsalternative HA_s $(s = 1, 2, \dots, S)$ wählen, die den **maximalen Präferenzwert** $\phi(HA_s)$ liefert (vgl. Abschnitt 2.2):

$$\phi(HA_s) \rightarrow \max_{HA_s}! \qquad (7\text{-}47)$$

Im Folgenden wird gezeigt, wie der Präferenzwert von Handlungsalternativen unter Berücksichtigung von Risiko bestimmt werden kann. Zur Veranschaulichung greifen wir dabei auf das bereits in Abb. 7-1 beschriebene Entscheidungsproblem zurück. Es geht darum, zwischen drei Betriebsorganisationen HA_s $(s = 1,2,3)$ zu wählen, die in Abhängigkeit von drei unsicheren Niederschlagsverläufen X_j $(j = 1,2,3)$ zu einem unterschiedlichen Wert für die Zielgröße $Z_{s;j}$, die dem Gewinn entspricht, führen.

Zur Erinnerung haben wir in den Spalten 1 bis 3 von Tab. 7-15 die Ergebnismatrix noch einmal dargestellt. In den Spalten 4 und 5 sind der gemäß Gleichung (7-1) berechnete Erwartungswert und die gemäß Gleichung (7-6) bestimmte Varianz des Gewinns der jeweiligen Handlungsalternative angezeigt. Ein Blick auf diese beiden Spalten zeigt, dass die Auswahl zwischen den betrachteten Handlungsalternativen nicht trivial ist, da mit zunehmendem Risiko auch der Erwartungswert des Gewinns steigt. Für einen risikoaversen Entscheider ergibt sich also ein Zielkonflikt. Deshalb sind in den Spalten 6 und 7 die Entscheidungskalküle „Erwartungsnutzenprinzip" (EU-Prinzip) und „Erwartungswert-Varianz-Kriterium" (EV-Kriterium) angezeigt, die in den folgenden Punkten ausführlich angesprochen werden.

Tab. 7-15: Vergleich unterschiedlicher Betriebsorganisationen mit Hilfe verschiedener Entscheidungskalküle unter Risiko (T€)

	Spalte 1	Spalte 2	Spalte 3	Spalte 4	Spalte 5	Spalte 6	Spalte 7
	Ergebnismatrix mit den Ergebniswerten $Z_{s;j}$			Statistische Kennzahlen		Entscheidungskalküle	
Niederschlag	X_1: niedrig	X_2: mittel	X_3: hoch	Varianz	Erwartungswert	EU ($\lambda = 0{,}3$)	EV ($\lambda = 0{,}3$)
HA_1: viel Weizen	12	20	28	31,36	**19,20**	3,10	14,50
HA_2: viel Roggen	15	18	21	4,41	17,70	**3,81**	**17,04**
HA_3: Verpachtung	16	16	16	0,00	16,00	3,35	16,00
Wahrscheinlichkeit P_j	0,3	0,5	0,2				

a) Das Erwartungsnutzen-Prinzip

Grundlagen

Der Ausgangspunkt der im Folgenden angestellten Überlegungen ist das **Erwartungswert-Kriterium**, das auch als Bayes-Regel oder einfach als μ-Regel bezeichnet wird. Das Erwartungswert-Kriterium ist zwar sehr leicht anzuwenden, stellt aber eigentlich noch gar kein Kriterium zur Entscheidung unter Risiko dar, da es die Streuung der Ergebnisse sowie die Risikoeinstellung des Entscheiders nicht berücksichtigt. Nach dem Erwartungswert-Kriterium sollte die Handlungsalternative HA_s gewählt werden, die den höchsten Erwartungswert der unsicheren Zielgröße $Z_s = Z(HA_s)$ aufweist. Formal gesehen wird also für zustandsdiskrete Zufallsvariablen die folgende Präferenzfunktion unterstellt:

$$\phi(HA_s) = E[Z(HA_s)] = E(Z_s) = \sum_{j=1}^{J} Z_{s;j} \cdot P_j \rightarrow \max_{HA_s}! \text{ , mit } \sum_{j=1}^{J} P_j = 1 \tag{7-48}$$

Von den in Tab. 7-15 betrachteten Handlungsalternativen sollte gemäß Erwartungswert-Kriterium (Spalte 5) die Handlungsalternative „viel Weizen" gewählt werden. Mit Hilfe des Erwartungswert-Kriteriums würde man zunächst ohne Berücksichtigung von Risiko kalkulieren. Nachgelagert müsste man dann prüfen, ob der erwartete Gewinn ausreicht, um die Risikoprämie zu decken. Die Entscheidungsvorbereitung würde also auf zwei Stufen basieren: (1) Kalkulationen bzgl. des erwarteten Gewinns und (2) ergänzende Erwägungen, in die weitere Unternehmerziele mit eingehen.

Da der Erwartungs*wert* offensichtlich unbefriedigend ist, um Entscheidungen unter Risiko zu unterstützen, wird vielfach auf den Erwartungs*nutzen* zurückgegriffen, der auch als Von-Neumann-Morgenstern- oder Bernoulli-Nutzen bezeichnet wird. Das Erwartungsnutzen-Prinzip (EU-Prinzip; expected utility principle) berücksichtigt sowohl das Risiko der unsicheren Zielgröße als auch die Risikoeinstellung des Entscheidungsträgers. Zum leichteren Verständnis erklären wir das EU-Prinzip und seine Annahmen in drei Schritten.

Schritt A: Der Ausgangspunkt ist die Annahme, dass wir es mit einem Entscheider zu tun haben, der die folgenden, unmittelbar einleuchtenden und gemeinhin als vernünftig empfundenen Grundannahmen für rationales Verhalten - man spricht in diesem Zusammenhang auch von **Rationalitätsaxiomen** - erfüllt:

1. **Vollständigkeit**: Der Entscheider kann Handlungsalternativen ordinal ordnen. Beim Vergleich zweier Alternativen kann er also eindeutig sagen, welche er präferiert ($HA_1 \succ HA_2$ oder $HA_1 \prec HA_2$) oder ob er indifferent ist ($HA_1 \sim HA_2$).
2. **Transitivität**: Die Präferenzordnung für verschiedene Handlungsalternativen ist widerspruchsfrei. Wenn $HA_1 \succ HA_2$ und $HA_2 \succ HA_3$, dann hat der Entscheider auch die Präferenz: $HA_1 \succ HA_3$.
3. **Unabhängigkeit**: Die Rangfolge von Alternativen wird nicht verändert, wenn sie mit einer dritten Handlungsalternative gemischt werden. Wenn $HA_1 \succ HA_2$, dann gilt auch: $w \cdot HA_1 + (1-w) \cdot HA_3 \succ w \cdot HA_2 + (1-w) \cdot HA_3$. w kennzeichnet dabei einen Gewichtungsfaktor zwischen Null und Eins ($0 \leq w \leq 1$).
4. **Kontinuität**: Wenn $HA_1 \succ HA_2$ und $HA_2 \succ HA_3$, dann gibt es eine Mischung zwischen der besten Alternative 1 und der schlechtesten Alternative 3, die den gleichen Nutzen wie die Alternative 2 aufweist: $w \cdot HA_1 + (1-w) \cdot HA_3 \sim HA_2$, mit $0 \leq w \leq 1$.

Schritt B: Ein rationaler gewinnmaximierender Entscheider, der keines dieser vier Axiome verletzt, kann für verschiedene Einkommensniveaus eine streng monoton steigende eindimensionale Präferenz- bzw. **Nutzenfunktion** $U(Z)$ angeben, die jedem möglichen Ergebnis einen kardinalen Nutzenwert zuordnet. Streng monoton steigend bedeutet, dass der Nutzen mit dem Einkommen steigt. Damit wird ein höheres Einkommen grundsätzlich einem niedrigeren Einkommen vorgezogen. Kardinal bedeutet, dass der Nutzen auf einer Intervallskala gemessen wird, deren Maßeinheit und Nullpunkt beliebig festgelegt werden kann. Damit entspricht einem bestimmten Ergebnis $Z_{s;j}$ kein fester Nutzenwert $U(Z_{s;j})$, sondern man könnte ihm ebenso gut den Wert $U^*(Z_{s;j}) = \alpha + \beta \cdot U(Z_{s;j})$, mit $\beta > 0$, zuordnen. Letztlich gilt:

$$HA_1 \prec HA_2 \Leftrightarrow U[Z(HA_1)] < U[Z(HA_2)] \tag{7-49}$$

Abb. 7-21 verdeutlicht, dass der grundsätzliche Verlauf der Nutzenfunktion konkav, linear oder konvex ist. Der grundsätzliche Verlauf sowie das Ausmaß der Krümmung der Nutzenfunktion sind vom individuellen Entscheider abhängig. Eine konkav verlaufende Nutzenfunktion entspricht einem abnehmenden Grenznutzen. Dies bedeutet, dass eine zusätzliche Einheit Einkommen mit zunehmendem Einkommensniveau immer weniger an Zusatznutzen stiftet. Demgegenüber bedeutet ein linearer (konvexer) Verlauf, dass der Nutzenzuwachs bei zunehmendem Einkommensniveau gleich bleibt (immer höher wird).

Schritt C: Nun wird die Nutzenfunktion des jeweiligen Entscheiders mit der Verteilungsinformation verknüpft. Ein Entscheider, der über die Ergebnismenge einer unsicheren Zielgröße Z eine streng monoton steigende Nutzenfunktion $U(Z)$ definiert hat, *muss* - um rational zu sein - den Erwartungswert seines Nutzens bzw. den Erwartungsnutzen maximieren. Die Präferenzfunktion $\phi(HA_s)$ entspricht also dem Erwartungsnutzen einer Handlungsalternative $E[U(Z_s)]$. Formal gesehen hat das Entscheidungsproblem für zustandsdiskrete Zufallsvariablen damit folgende Form:

$$\phi(HA_s) = E[U(Z_s)] = \sum_{j=1}^{J} U(Z_{s;j}) \cdot P_j \rightarrow \max_{HA_s}! \text{ , mit } \sum_{j=1}^{J} P_j = 1 \tag{7-50}$$

Anders ausgedrückt: Ausgehend von der Nutzenfunktion berechnet man für jede Handlungsalternative HA_s die Summe der mit den jeweiligen Eintrittswahrscheinlichkeiten P_j gewichteten Nutzen der einzelnen Ergebniswerte $U(Z_{s;j})$. Dadurch werden unsichere Handlungsalternativen in eine für den rationalen Entscheider eindeutige Rangordnung gebracht. Zu betonen ist in diesem Zusammenhang, dass ein konkaver Verlauf der Nutzenfunktion $U(Z)$ einen risikoaversen, ein linearer Verlauf einen risikoneutralen und ein konvexer Verlauf einen risikofreudigen Entscheider widerspiegelt. Man bezeichnet die Nutzenfunktion deswegen auch als **Risikonutzenfunktion**.

Abb. 7-21: Konkave, lineare und konvexe Nutzenfunktionen

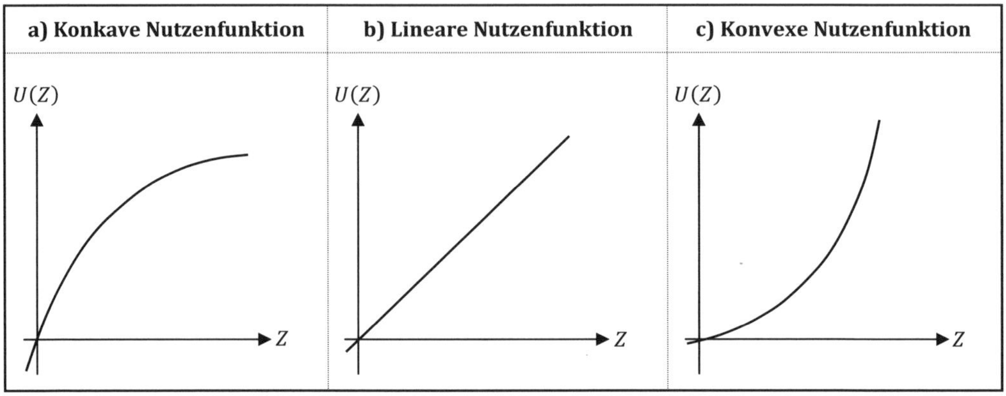

Das Konzept der Risikonutzenfunktion

Die Tatsache, dass der Verlauf der Nutzenfunktion die Risikoeinstellung abbildet und deshalb oftmals auch als Risikonutzenfunktion bezeichnet wird, mag auf den ersten Blick erstaunlich wirken, da es sich um eine eindimensionale Funktion handelt, die nur eine unabhängige Variable, nämlich das Einkommen, aufweist (vgl. Abb. 7-21). Auch wenn der axiomatische Beweis, dass die Risikonutzenfunktion die Risikoeinstellung widerspiegelt, der weiterführenden entscheidungstheoretischen Spezialliteratur überlassen bleiben muss, wollen wir nachstehend zumindest etwas Intuition schaffen. Abb. 7-22 verdeutlicht den Sachverhalt durch den Vergleich einer sicheren und einer unsicheren Handlungsalternative. Dabei wird auf die konkave Risikonutzenfunktion Bezug genommen, die den relevanten Fall eines risikoaversen Entscheiders abbildet.

Wir betrachten folgende Ausgangssituation: Eine Handlungsalternative 1 liefert ein sicheres Einkommen in Höhe des in Abb. 7-22 mit $E(Z^0)$ bezeichneten Wertes. Damit gilt für den Erwartungswert für Handlungsalternative 1: $E(Z_1) = E(Z^0)$. Bei Handlungsalternative 2 ist das Einkommen dagegen eine binomial verteilte Zufallsvariable. Mit jeweils gleicher Wahrscheinlichkeit $P(Z^-) = P(Z^+) = 0{,}5$ können die beiden Ergebnisse Z^- und Z^+ eintreten, die vom Erwartungswert der Handlungsalternative 1 jeweils gleich weit entfernt sind. Damit hat auch die Handlungsalternative 2 einen **Erwartungswert** von $E(Z_2) = E(Z^0)$. Es gilt: $E(Z_1) = E(Z_2) = E(Z^0)$.

Der **Erwartungsnutzen** der sicheren Handlungsalternative 1 ist direkt über die Risikonutzenfunktion abzulesen. Er entspricht dem Nutzen des sicheren Ergebnisses $E[U(Z_1)] = U[E(Z^0)]$. Der Erwartungsnutzen von Alternative 2 entspricht dagegen der Summe, der mit den Eintrittswahrscheinlichkeiten gewichteten Nutzenwerte der beiden möglichen Ausprägungen: $E[U(Z_2)] = 0{,}5 \cdot U(Z^-) + 0{,}5 \cdot U(Z^+)$. Er ist grafisch genau in der Mitte zwischen $U(Z^+)$ und $U(Z^-)$ abzulesen.

Bei einer konkaven Nutzenfunktion ist der Erwartungsnutzen einer unsicheren Alternative immer geringer als der Erwartungsnutzen einer sicheren Alternative mit dem gleichen Erwartungswert. In unserem

Fall gilt: $E[U(Z_2)] < E[U(Z_1)]$. Die Intuition hierfür wird in Abb. 7-22 deutlich sichtbar: Zum einen ergibt sich bei der unsicheren gegenüber der sicheren Handlungsalternative ein Nutzengewinn Δ^+, wenn die Ausprägung über dem Erwartungswert liegt. Zum anderen ist ein Nutzenverlust Δ^- relevant, der sich ergibt, wenn die andere Ausprägung in gleichem Abstand unter dem Erwartungswert liegt. Der Nutzengewinn Δ^+ ist wegen des konkaven Funktionsverlaufs geringer als der Nutzenverlust Δ^-. Dies gilt umso mehr, je stärker konkav die Risikonutzenfunktion ist.

Abb. 7-22: Nutzenfunktion und Risiko

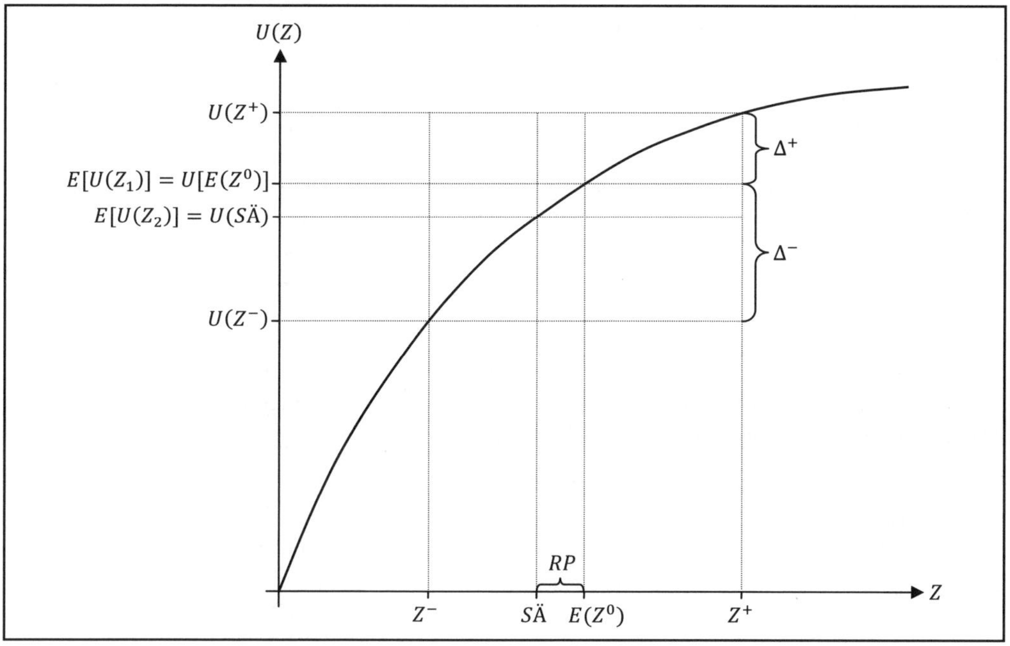

Die Beziehung zwischen dem Erwartungsnutzen einer sicheren und einer unsicheren Alternative kann auch mit Hilfe der **Risikoprämie** RP und des **Sicherheitsäquivalents** $SÄ$ beschrieben werden. Wie bereits in Punkt 7.2.1b) erklärt wurde, ist das Sicherheitsäquivalent $SÄ$ der sichere Betrag, der für einen risikoaversen Entscheider denselben Nutzen stiftet wie der Erwartungswert einer unsicheren Alternative. Die Risikoprämie ihrerseits ist die Differenz zwischen dem Erwartungswert der unsicheren Alternative und dem Sicherheitsäquivalent. Die Risikoprämie lässt sich auch als der Betrag verstehen, der von einem risikoaversen Entscheider subjektiv gefordert wird, um das Risiko einer unsicheren Alternative zu übernehmen. Man könnte die Risikoprämie damit als „subjektiv empfundene Risikokosten" oder als Zahlungsbereitschaft für eine Risikomanagementmaßnahme, wie z.B. eine Versicherung, verstehen, die Sicherheit herstellt. Formal gilt folgender Zusammenhang:

$$SÄ = E(Z) - RP \qquad (7\text{-}51)$$

Ausgehend von dem nach Gleichung (7-50) berechneten Erwartungsnutzen einer unsicheren Alternative erhält man das Sicherheitsäquivalent, indem man über die Umkehrfunktion der Risikonutzenfunktion das Argument des Erwartungsnutzens bestimmt. Anders ausgedrückt: Der Erwartungsnutzen einer unsicheren Alternative entspricht dem Nutzen des Sicherheitsäquivalents (vgl. auch Abb. 7-22). Der Vergleich der Sicherheitsäquivalente von Alternativen muss damit zur gleichen Rangordnung wie der Vergleich ihrer Erwartungsnutzen führen. Zu beachten ist allerdings, dass sich der Nutzen des Erwartungswertes vom Nutzen des Sicherheitsäquivalents unterscheiden kann. Bei einer konkaven Risikonutzenfunktion, d.h. bei

Risikoaversion, ist der Nutzen des Sicherheitsäquivalents immer kleiner als der Nutzen des Erwartungswertes. Es gilt:

$$E[U(Z)] = U(SÄ) = U[E(Z) - RP] < U[E(Z)] \tag{7-52}$$

Die Risikoprämie ist *ein* Maß für die Risikoeinstellung. Sie kann sich für unterschiedliche Punkte auf der Risikonutzenfunktion und damit für verschiedene Werte für das Vermögen unterscheiden. Die Risikoprämie an einer bestimmten Stelle Z beschreibt deshalb die Risikoeinstellung eines Entscheiders noch nicht vollständig. Hier setzen der absolute und der relative Risikoaversionskoeffizient an, die die Risikoeinstellung eines Entscheiders jeweils als Funktion vom Vermögen beschreiben.

Wir wissen, dass - grafisch gesprochen - die Risikoaversion umso stärker ist, je konkaver die Risikonutzenfunktion ist. Formal bedeutet dies, dass der Grad der Risikoaversion durch die zweite Ableitung der Risikonutzenfunktion nach dem Einkommen gemessen werden kann, die die Veränderung der Steigung der Risikonutzenfunktion beschreibt. Die Division der zweiten Ableitung der Risikonutzenfunktion durch die erste Ableitung ermöglicht eine Normierung der Risikoaversion. Multipliziert man das Ergebnis mit dem Faktor -1, erhält man das sog. Arrow-Pratt-Maß für die **absolute Risikoaversion** RA_{abs}:

$$RA_{abs} = -\frac{d^2U/dZ^2}{dU/dZ} \tag{7-53}$$

Die absolute Risikoaversion wird also quantifiziert, indem man die negative Veränderung der Steigung der Risikonutzenfunktion im Verhältnis zur Steigung selbst misst.

Die sog. **relative Risikoaversion** RA_{rel} erhält man, indem man die absolute Risikoaversion RA_{abs} mit dem jeweiligen Niveau des Gesamtvermögens multipliziert:

$$RA_{rel} = RA_{abs} \cdot Z \tag{7-54}$$

Bei einer konkaven Risikonutzenfunktion ist sowohl der absolute als auch der relative Risikoaversionskoeffizient positiv. Der gebräuchlichere der beiden Koeffizienten ist der absolute Risikoaversionskoeffizient.

Mit Blick auf den Zusammenhang zwischen dem Vermögensstand des Entscheiders und seiner Risikoeinstellung unterscheidet man zwischen abnehmender, konstanter und zunehmender Risikoaversion. Ist die erste Ableitung des Risikoaversionskoeffizienten nach dem Einkommen kleiner (größer) als Null, so liegt eine abnehmende (zunehmende) Risikoaversion vor. Ist die erste Ableitung des Risikoaversionskoeffizienten gleich Null, so handelt es sich um konstante Risikoaversion. Dies bezieht sich sowohl auf die absolute als auch für die relative Risikoaversion. Ein Entscheider weist **abnehmende absolute Risikoaversion** auf, wenn er mit zunehmendem Gesamtvermögen bereit ist, einen zunehmend höheren absoluten Betrag in risikobehafteten Anlagen zu binden. Ein Beispiel wäre ein Unternehmer, der bei einem Vermögen von 100 000 € bereit ist, einen Betrag von 30 000 € in eine riskante Investition zu stecken, und gleichzeitig bei einem Vermögen von 500 000 € sogar 100 000 € riskant investieren würde. In dem gewählten Zahlenbeispiel liegt eine zunehmende relative Risikoaversion vor, weil beim Vermögen von 100 000 € noch 30% und bei einem Vermögen von 500 000 € nur 20% riskant investiert werden würden. Bei **abnehmender relativer Risikoaversion** wäre ein Entscheider bereit, mit zunehmendem Gesamtvermögen einen zunehmend höheren relativen Anteil seines Gesamtvermögens in riskanten Anlagen zu binden.

Tab. 7-16 listet die wichtigsten Formen von Risikonutzenfunktionen auf und beschreibt, welche Art risikoaverser Einstellungen die jeweilige Funktionsform impliziert. Es scheint die Annahme plausibel, dass die **Risikoaversion realer Entscheider mit steigendem Vermögen sinkt** oder allenfalls konstant bleibt. Damit stellt die quadratische Risikonutzenfunktion keine realistische Annahme dar. Wenn Entscheider eine konstante absolute Risikoaversion haben, wie dies z.B. bei einer exponentiellen Risikonutzenfunktion der Fall ist, ist die Risikoprämie konstant. In diesem Fall ergibt sich der technische Vorteil, dass das Niveau des Gesamtvermögens keine Rolle bei der Bewertung des Nutzens einer riskanten Handlungsalternative spielt. Man kann sich deshalb beim Vergleich verschiedener Alternativen auf Nutzenänderungen beschränken. Insbesondere aufgrund dieses Vorteils unterstellt man bei der Ableitung von Entscheidungshilfen unter Berücksichtigung von Unsicherheit oftmals a-priori eine exponentielle Risikonutzenfunktion.

Tab. 7-16: Eigenschaften verschiedener Risikonutzenfunktionen risikoaverser Entscheider

Funktion		Absolute Risikoaversion RA_{abs}	Relative Risikoaversion RA_{rel}
1	$U(Z) = \alpha - \beta \cdot e^{-\lambda \cdot Z}$, mit $\beta, \lambda > 0$ (exponentiell)	λ (constant absolute risk aversion; CARA)	$\lambda \cdot Z$ (increasing relative risk aversion; IRRA)
2	$U(Z) = \alpha + \beta \cdot Z - \gamma \cdot \sigma^2$, mit $Z \leq \beta/(2 \cdot \gamma)$ und $\beta, \lambda > 0$ (quadratisch)	$\frac{2 \cdot \gamma}{\beta - 2 \cdot \gamma \cdot Z}$ (increasing absolute risk aversion; IARA)	$\frac{2 \cdot \gamma}{\beta - 2 \cdot \gamma \cdot Z} \cdot Z$ (increasing relative risk aversion; IRRA)
3	$U(Z) = \alpha - \beta \cdot \ln(Z)$, mit $Z \geq 0$ und $\beta < 0$ (logarithmisch)	$1/Z$ (decreasing absolute risk aversion; DARA)	1 (constant relative risk aversion; CRRA)

Beispiel 7-6
EU-Prinzip - optimale Betriebsorganisation

Wir bleiben bei unserer Frage nach der optimalen Betriebsorganisation (vgl. Abb. 7-1). Es stehen drei Handlungsalternativen zur Auswahl: eine Betriebsorganisation mit viel Weizen (HA_1), eine mit viel Roggen (HA_2) und die Verpachtung des Betriebs (HA_3). Für den Betriebsleiter unterstellen wir eine exponentielle Risikonutzenfunktion:

$$U(Z) = \alpha - \beta \cdot e^{-\lambda \cdot Z} \quad (7\text{-}55)$$

Wir wählen $\alpha = 5$, $\beta = 200$ und $\lambda = 0{,}3$. Die Risikoaversion wird über den Koeffizienten λ ausgedrückt. Je größer λ ist, desto ausgeprägter ist die unterstellte absolute Risikoaversion. Während die Spezifikation von λ die Rangfolge der Alternativen beeinflusst, wird durch die Wahl der Koeffizienten α und β nur das Nutzenniveau verschoben.

In den Spalten 1 bis 3 der Tab. 7-17 sind die Nutzenwerte ausgewiesen, die unter Maßgabe dieser Risikonutzenfunktion für die Ergebnismatrix von Tab. 7-15 berechnet wurden. Eine derartige Matrix, in der die Ergebnisse durch die Nutzenwerte ersetzt sind, wird auch allgemein als Entscheidungsmatrix bezeichnet.

Tab. 7-17: Vergleich unterschiedlicher Betriebsorganisationen nach dem EU-Prinzip [a)]

	Spalte 1	Spalte 2	Spalte 3	Spalte 4	Spalte 5	Spalte 6	Spalte 7	Spalte 8
	Entscheidungsmatrix mit den Nutzenwerten $U(Z_{s;j})$			Erwartungswert $E[Z_s]$	Erwartungsnutzen $E[U[Z_s]]$	Sicherheitsäquivalent $SÄ_s$	Risikoprämie RP_s	Nutzen des Erwartungswertes $U[E[Z_s]]$
Niederschlag	X_1: niedrig	X_2: mittel	X_3: hoch					
HA_1: viel Weizen	-0,46	4,50	4,96	**19,20**	3,10	15,53	3,67	4,37
HA_2: viel Roggen	2,78	4,10	4,63	17,70	**3,81**	**17,08**	0,62	4,01
HA_3: Verpachtung	3,35	3,35	3,35	16,00	3,35	16,00	0,00	3,35
Wahrscheinlichkeit P_j	0,3	0,5	0,2					

a) Exponentielle Risikonutzenfunktion der Form $U(Z) = 5 - 200 \cdot e^{-0{,}3 \cdot Z}$.

In Spalte 5 ist der Erwartungsnutzen der drei betrachteten Handlungsalternativen gemäß Gleichung (7-50) berechnet. Im Gegensatz zum Erwartungswert-Kriterium sollte gemäß EU-Prinzip nicht die

Handlungsalternative „viel Weizen", sondern die Handlungsalternative „viel Roggen" realisiert werden. Den zweithöchsten Erwartungsnutzen liefert die Handlungsalternative „Verpachtung". Ein Vergleich der Spalte 5 und der Spalte 8 zeigt, dass der Nutzen des Erwartungswertes kein Entscheidungskriterium sein kann. Es käme ja zu einer falschen Rangordnung.

Allerdings bestätigt ein Blick auf Spalte 6, dass der Vergleich der Sicherheitsäquivalente der Alternativen zur gleichen Rangordnung wie der Vergleich der Erwartungsnutzen führt. Das Sicherheitsäquivalent lässt sich mit Hilfe der Umkehrfunktion der Risikonutzenfunktion berechnen. Für die hier unterstellte Risikonutzenfunktion $U(Z) = \alpha - \beta \cdot e^{-\lambda \cdot Z}$ lautet die Umkehrfunktion:

$$Z(U) = -ln\frac{\alpha - U}{\beta} \cdot \frac{1}{\lambda} \tag{7-56}$$

Berechnet man nun den Wert der Umkehrfunktion an der Stelle des Erwartungsnutzens, erhält man das Sicherheitsäquivalent:

$$Z(E[U(Z)]) = -ln\frac{\alpha - E[U(Z)]}{\beta} \cdot \frac{1}{\lambda} = SÄ \tag{7-57}$$

In Abb. 7-23 sind die Zusammenhänge zwischen Erwartungswert, Erwartungsnutzen, Sicherheitsäquivalent und Risikoprämie für HA_2 grafisch veranschaulicht.

Abb. 7-23: Zusammenhang zwischen Erwartungswert, Erwartungsnutzen, Sicherheitsäquivalent und Risikoprämie für Handlungsalternative 2

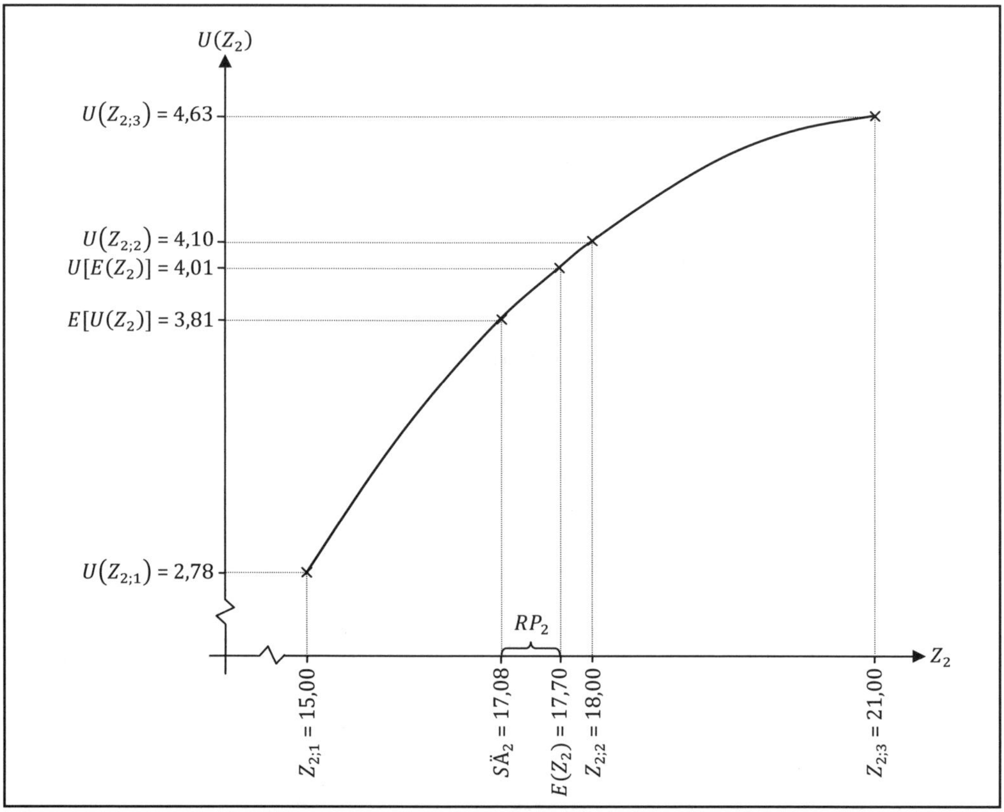

Ende des Beispiels

Wir haben bereits gesehen, dass der Vergleich der Erwartungsnutzen von verschiedenen Handlungsalternativen zur gleichen Rangordnung führt wie der Vergleich der Sicherheitsäquivalente. Insbesondere bei riskanten Investitionen spricht man deshalb auch vom Sicherheitsäquivalentverfahren und vom Risk-Adjusted-Discount-Rate-Verfahren. Beide lassen sich prinzipiell als alternative Darstellungsformen des EU-Prinzips verstehen.

Beim **Sicherheitsäquivalentverfahren** werden von den zukünftig erwarteten Investitionsrückflüssen Risikoabschläge und damit Risikoprämien gemäß der subjektiven Risikonutzenfunktion des jeweiligen Entscheiders vorgenommen. Da das Investitionsrisiko bereits durch die Reduzierung der zukünftigen Investitionsrückflüsse berücksichtigt wird, kann zur Diskontierung der Sicherheitsäquivalente die Verzinsung einer risikolosen Anlage bzw. der sog. risikolose Zinssatz verwendet werden. Beim **Risk-Adjusted-Discount-Rate-Verfahren** wird dagegen ein risikoangepasster Zinssatz subjektiv nach Maßgabe der Risikoaversion des Entscheiders bestimmt. Der Diskontierungssatz berücksichtigt dann das Investitionsrisiko. Er wird daher auf die nicht um eine Risikoprämie bereinigten Investitionsrückflüsse angewendet. Durch die Erhöhung des Zinssatzes im Rahmen des Risk-Adjusted-Discount-Rate-Verfahrens kommt es zu einer umso stärkeren zusätzlichen Entwertung der erwarteten Investitionsrückflüsse, je weiter diese in der Zukunft liegen. Das Risk-Adjusted-Discount-Rate-Verfahren entspricht also faktisch einer über die Jahre zunehmenden Risikoprämie.

Das Sicherheitsäquivalentverfahren und das Risk-Adjusted-Discount-Rate-Verfahren kommen zur gleichen Präferenzordnung wie das EU-Prinzip, *wenn* bei beiden Verfahren die Risikoprämien konsistent mit der Risikonutzenfunktion und den erwarteten zukünftigen Verteilungen gewählt werden. Diese Konsistenz herzustellen ist allerdings nicht trivial. In der praktischen Planung werden Sicherheitsäquivalent- und Risk-Adjusted-Discount-Rate-Verfahren deshalb vielfach losgelöst von der Risikonutzenfunktion angewendet. Anders ausgedrückt: Es wird gar nicht versucht, eine Aussage darüber zu treffen, welcher Risikonutzenfunktion und welchen zukünftigen Wahrscheinlichkeitsverteilungen eine bestimmte Verminderung der Investitionsrückflüsse oder eine bestimmte Erhöhung des Zinssatzes entspricht. Geht man so vor, nimmt man de facto wieder ad-hoc Risikoabschläge oder -zuschläge vor (vgl. Punkt 7.5.1).

Probleme und Grenzen bei der Anwendung des EU-Prinzips

Bislang haben wir von objektiven Wahrscheinlichkeiten für die Zufallsvariablen gesprochen, wenn wir sie durch eine statistische Analyse aus einem bestimmten Datenmaterial gewonnen hatten oder die Wahrscheinlichkeiten qua Design bekannt waren. Den Begriff „subjektive Wahrscheinlichkeiten" hatten wir dagegen verwendet, wenn wir subjektive Einschätzungen von Experten erfragt haben. Vielfach findet man aber den Verweis, dass es gar **keine objektiven Wahrscheinlichkeiten** gibt. Diese Aussage beruht auf einer engen Definition des Wortes „objektiv". Wie ist das gemeint? Bei einem Würfel kann man nur dann davon ausgehen, dass sich mit einer Wahrscheinlichkeit von 1/6 eine Eins ergibt, wenn man subjektiv annimmt, dass es sich um einen perfekt symmetrischen Würfel handelt. Tatsächlich könnte der Würfel aber eben auch nur annähernd symmetrisch sein. Relative Häufigkeiten, wie sie zum Beispiel durch das Testen des Würfels gewonnen werden können, sind dagegen objektiv, d.h. direkt beweisbar. Sie sind aber keine Wahrscheinlichkeiten. Beim Schluss von der relativen Häufigkeit auf die unbekannte Grundgesamtheit kann man zwar intersubjektive Transparenz herstellen, indem man darlegt, welches Datenmaterial man mit welchen statistischen Verfahren behandelt hat, um zu seinen Annahmen zu kommen. Die Auswahl des Datenmaterials - wie z.B. bei einer Zeitreihenanalyse die Wahl der Länge der Zeitreihe und des Zeitintervalls zwischen den Messpunkten - bleibt aber subjektiv. Nach dieser Sichtweise gäbe es also nur subjektive Wahrscheinlichkeiten. Um dies zu betonen, spricht man anstelle vom (objektiven) EU-Prinzip vom **subjektiven EU-Prinzip**. Die Welt wird so abgebildet, wie sie sich dem Entscheider darstellt. Damit können allerdings unzutreffende Wahrscheinlichkeitsschätzungen auch bei Anwendung zutreffender Entscheidungsregeln zu suboptimalen Entscheidungen führen. Wir bleiben bei der in Abschnitt 7.1 dargestellten begrifflichen Einordnung und verwenden das Wort „objektiv", wenn Wahrscheinlichkeiten nach anerkannten statistischen Methoden aus Daten abgeleitet werden und sowohl die Datenbasis als auch die Methoden intersubjektiv nachvollziehbar gemacht werden.

Das EU-Prinzip ist aus theoretischer Sicht in der Literatur unumstritten und gilt als *die* rationale Entscheidungsregel. Es gibt allerdings auch mehrere **Einwände gegen das EU-Prinzip**. Diese beziehen sich zum einen auf die Diskrepanz zwischen dem tatsächlichen Entscheidungsverhalten und den axiomatischen Anforderungen der Erwartungsnutzentheorie. Zum anderen geht es um die Operationalisierbarkeit des Konzeptes in der empirischen Forschung:

- In der Realität ist z.B. eine sog. Verlustaversion (loss aversion) zu beobachten. Was bedeutet das? Der Unterschied zur normativen Erwartungsnutzentheorie besteht darin, dass reale Entscheider eine Änderung des Einkommens in aller Regel nicht nur nach ihrer Höhe bewerten, sondern auch danach, wie sie zustande gekommen ist. Anders gesagt: Der Wert ist vom Framing der Situation bzw. den Rahmenbedingungen in Bezug auf einen **Referenzpunkt** abhängig, der häufig der Status quo ist. Der empfundene Verlust einer Einkommensreduzierung um 20 (z.B. durch eine Reduzierung von 100 auf 80) ist demnach betragsmäßig größer als der „empfundene Gewinn" einer Einkommenserhöhung um 20 (durch eine Einkommenserhöhung von 80 auf 100). Ordnet man dies mit Blick auf die uns bekannte Risikonutzenfunktion ein, könnte man stark vereinfacht sagen, dass sie rechts vom Referenzpunkt konkav und links vom Referenzpunkt konvex geformt ist. Diesem empirischen Entscheidungsverhalten versucht man im Rahmen der Prospect-Theorie durch die Definition spezifischer Wertfunktionen Rechnung zu tragen. Dabei wird der „Wert" eines Ergebnisses von dessen Lage relativ zu einem kontextabhängigen und damit beweglichen Referenzpunkt abhängig gemacht. Offen bleibt in diesem Zusammenhang zunächst die Frage, ob es sich um eine deskriptive Beschreibung eines begrenzt rationalen Entscheidungsverhaltens handelt oder ob daraus auch eine normative Entscheidungstheorie abzuleiten ist. Letzteres würde bedeuten, dass man die Verlustaversion als gegebene Präferenz der Entscheidungsträger akzeptiert und versucht, davon ausgehend optimale Entscheidungen herbeizuführen.
- Aus dem Bereich der empirischen Forschung wird auch darauf verwiesen, dass die zuverlässige **Bestimmung der „richtigen" Risikonutzenfunktion nicht möglich** sei. Dies bezieht sich sowohl auf die Form (exponentiell, quadratisch, logarithmisch) als auch auf die Parameter der Risikonutzenfunktion. Sie müssen ja zum jeweiligen Entscheider passen. Dies schränkt die Operationalisierbarkeit des EU-Prinzips als Entscheidungskriterium ein.

Ein erster Versuch, die Bestimmung der Risikonutzenfunktion empirisch vorzunehmen, stellt die Abfrage von Sicherheitsäquivalenten in einfachen hypothetischen Wahlproblemen dar. Den grundsätzlichen Ablauf kann man sich leicht vergegenwärtigen, wenn man auf Abb. 7-22 schaut. Die hypothetische Entscheidungssituation sieht nämlich i.d.R. so aus, dass dem Entscheider unsichere Handlungsalternativen mit jeweils zwei möglichen Ergebnissen Z^+ und Z^- sowie den dazugehörigen binomialen Wahrscheinlichkeiten P und $1-P$ vorgelegt werden. Bei jeder Handlungsalternative wird dann nach dem Sicherheitsäquivalent gefragt. Anschließend wird versucht, die Risikonutzenfunktion statistisch zu schätzen. Eine Vielzahl derartiger oder ähnlicher empirischer Versuche bestätigt allerdings die grundsätzliche Kritik an der Praktikabilität der Schätzung subjektiver Risikoeinstellungen. Wie schon in Abschnitt 2.2 im Zusammenhang mit der Bestimmung allgemeiner Nutzenfunktionen angesprochen, ergeben sich auch bei der Erfragung der Risikonutzenfunktion oftmals Inkonsistenzen im Antwortverhalten.

Neben dem Problem der Erfassung individueller Risikoeinstellungen bringt das EU-Prinzip auch technische Probleme mit sich. Bei diskreten Zufallsvariablen mit wenigen Ausprägungen (vgl. das in Abb. 7-22 genutzte Binomialbeispiel) ist die Berechnung des Erwartungsnutzens nach Gleichung (7-50) nicht aufwändig. Da für jede einzelne Ausprägung der Nutzenwert bestimmt werden muss, steigt der Aufwand mit der Zahl der Ausprägungen der Zufallsvariablen aber an. Wenn man es schließlich mit einer zustandsstetigen Zufallsvariable Z und ihrer Dichtefunktion $f(Z)$ zu tun hat, ist der Erwartungsnutzen wie folgt zu berechnen:

$$E[U(Z)] = \int_{-\infty}^{+\infty} U(Z) \cdot f(Z) \cdot dZ \tag{7-58}$$

b) Das Erwartungswert-Varianz-Kriterium

Um den mit der Anwendung des EU-Prinzips verbundenen Aufwand zu verringern, wurde nach einem **einfacheren Instrument zur Entscheidungsunterstützung gesucht**, das zur gleichen Präferenzordnung führt wie das EU-Prinzip. Ein solches Instrument hat man mit dem Erwartungswert-Varianz-Kriterium (EV-Kriterium), das auch als Erwartungswert-Standardabweichung-Kriterium (μ- σ-Kriterium) bezeichnet wird, gefunden. Der große Vorteil dieses Kriteriums ist, dass es nicht auf die Gesamtverteilung, sondern - wie der Name schon sagt - nur auf die Verteilungsparameter „Erwartungswert" und „Varianz" zurückgreifen muss. Der Nachteil des EV-Kriteriums ist, dass es nur unter bestimmten Bedingungen zur gleichen Präferenzordnung führt wie das EU-Prinzip.

Anwendungsvoraussetzungen

Das EV-Kriterium führt bei zwei Konstellationen zur gleichen Präferenzordnung wie das EU-Prinzip:

1. Es ist anwendbar, wenn die Risikoeinstellung des Entscheiders durch eine exponentielle Risikonutzenfunktion beschrieben wird *und* die Ergebnisse der Handlungsalternativen normalverteilt sind.
2. Es ist unabhängig von der Verteilung anwendbar, wenn die Risikoeinstellung des Entscheiders durch eine quadratische Risikonutzenfunktion beschrieben wird.

Bei einer **exponentiellen Risikonutzenfunktion und normalverteilten Ergebnissen** führt die folgende Präferenzfunktion zur gleichen Reihenfolge von Handlungsalternativen wie die Maximierung des Erwartungsnutzens:

$$\begin{aligned} \phi(HA) &= SÄ = E(Z) - RP \\ &= \mu \; - \; 0{,}5 \cdot \lambda \cdot \sigma^2 \end{aligned} \tag{7-59}$$

Hier entspricht der Präferenzwert dem Sicherheitsäquivalent der jeweiligen Handlungsalternative. Dieser hängt vom Erwartungswert der Zielgröße μ sowie von dem durch die Varianz σ^2 gemessenen Risiko des Portfolios und dem Risikoaversionskoeffizient λ ab. Bei $\lambda > 0$ werden Handlungsalternativen bevorzugt, die c.p. mit einer geringeren Varianz verbunden sind (risikoaverse Entscheider). Die Risikoprämie entspricht dem 0,5fachen der mit dem Risikoaversionskoeffizienten λ gewichteten Varianz. Diejenige Handlungsalternative, die zum maximalen Präferenzwert führt, ist optimal.

Unterstellt man keine exponentielle, sondern eine **quadratische Risikonutzenfunktion** der Form $U(Z) = Z - \gamma \cdot Z^2$, so führt die folgende Präferenzfunktion zur gleichen Reihenfolge von Handlungsalternativen wie die Maximierung des Erwartungsnutzens, und zwar unabhängig von der Verteilung der Zufallsvariablen:

$$\begin{aligned} \phi(HA) &= E(Z) - RP \\ &= \mu \; - \gamma \cdot \mu^2 - \gamma \cdot \sigma^2 \end{aligned} \tag{7-60}$$

Auch in Gleichung (7-60) ist der Präferenzwert nur vom hier mit γ bezeichneten Risikoaversionskoeffizient sowie vom Erwartungswert der Zielgröße μ und ihrer Varianz σ^2 abhängig.

Die Schwierigkeiten, die mit der Anwendung des EV-Kriteriums verbunden sein können, wenn bei Vorliegen einer **exponentiellen Risikonutzenfunktion die Zielgröße nicht normalverteilt** ist, sei durch das bereits bekannte Beispiel mit dem Glücksspiel verdeutlicht (vgl. Punkt 7.5.2): Sie haben die Wahl zwischen einer sicheren Zahlung von 500 € (HA_1) und der Teilnahme an einer Münzwurf-Lotterie (HA_2), in der Sie bei „Kopf" 500 € und bei „Zahl" 600 € bekommen. Wir wissen bereits, dass hier das Konzept der stochastischen Dominanz in Form der absoluten stochastischen Dominanz zur Anwendung kommen kann. Sie stellen sich bei Spielteilnahme unabhängig vom tatsächlichen Umweltzustand niemals schlechter als bei Nichtteilnahme. Deshalb ist Ihnen auch egal, dass der Rückfluss aus der Spielteilnahme unsicher ist, d.h. Sie präferieren die Handlungsalternative „Spielteilnahme" unabhängig von Ihrer Risikoeinstellung.

Wie sieht es nun bei Anwendung des EU-Prinzips und des EV-Kriteriums aus? Im oberen Zeilenblock der Tab. 7-18 ist der Erwartungsnutzen beider Handlungsalternativen berechnet. Dies erfolgte einmal gemäß einer exponentiellen Risikonutzenfunktion der Form $U(Z) = -e^{-0,2 \cdot Z}$ und einmal gemäß einer quadratischen Risikonutzenfunktion der Form $U(Z) = Z - 0{,}0001 \cdot Z^2$. Die beiden gewählten Risikonutzenfunktionen könnten zwei unterschiedliche Entscheider repräsentieren.

Tab. 7-18: Probleme des EV-Kriteriums bei einer nicht normalverteilten Zielgröße

		Spalte 1	Spalte 2	Spalte 3	Spalte 4
		Sichere Zahlung $P(500) = 1$		Unsichere Lotterie $P(500) = 0{,}5$; $P(600) = 0{,}5$	
		Exponentielle Risikonutzenfunktion [a]	Quadratische Risikonutzenfunktion [b]	Exponentielle Risikonutzenfunktion [a]	Quadratische Risikonutzenfunktion [b]
1	EU-Prinzip	$-3{,}72 \cdot 10^{-44}$	475,0	$-1{,}86 \cdot 10^{-44}$	519,5
2	**Rangfolge**	**2**	**2**	**1**	**1**
3	EV-Kriterium	500,0	475,0	300,0	519,5
4	**Rangfolge**	**1**	**2**	**2**	**1**

[a] Exponentielle Risikonutzenfunktion der Form $U(Z) = -e^{-0,2 \cdot Z}$.

[b] Quadratische Risikonutzenfunktion der Form $U(Z) = Z - 0{,}0001 \cdot Z^2$.

Bei der Anwendung des EU-Prinzips ergibt sich für beide Entscheider das schon mit Hilfe des Konzeptes der stochastischen Dominanz abgeleitete richtige Ergebnis: Die unsichere Alternative ist vorzuziehen. Letztlich ist der in Zeile 1 der in Spalte 1 und 2 ausgewiesene Wert größer als der jeweils korrespondierende Wert in Spalte 3 und 4. Die Ergebnisse des Konzeptes der stochastischen Dominanz zweiten Grades und der Erwartungsnutzentheorie sind also konsistent. Im unteren Zeilenblock der Tab. 7-18 ist zum Vergleich der Präferenzwert gemäß EV-Kriterium angezeigt, einmal bei Annahme der exponentiellen und einmal bei Annahme der quadratischen Risikonutzenfunktion. Bei der Berechnung des Präferenzwertes wird berücksichtigt, dass der Erwartungswert der Handlungsalternative „sichere Zahlung" bei 500 € und der Handlungsalternative „Spielteilnahme" gemäß Gleichung (7-4) bei 550 € liegt. Die Varianz beläuft sich bei der ersten Handlungsalternative auf 0 und bei der zweiten Handlungsalternative gemäß Gleichung (7-6) auf 5 000. Bei der quadratischen Risikonutzenfunktion wird Gleichung (7-60) angewendet. Es bleibt die unsichere Alternative überlegen. Bei der exponentiellen Risikonutzenfunktion wird auf Gleichung (7-59) zurückgegriffen. Es käme dann die offensichtlich unterlegene sichere Handlungsalternative auf Rang 1. Das EV-Kriterium verstößt in diesem Fall also gegen das Dominanzprinzip.

Die Schwäche des EV-Kriteriums bei exponentieller Risikonutzenfunktion und einer nicht normalverteilten Zielgröße wird auch deutlich, wenn man an zwei Handlungsalternativen denkt, deren Zielgröße dreiecksverteilt ist. Beide Dreiecksverteilungen haben bei übereinstimmendem Erwartungswert und identischer Varianz den gleichen Präferenzwert. Sie können allerdings eine unterschiedliche Schiefe aufweisen (vgl. Abb. 7-13), die auch rationalen risikoaversen Entscheidern nicht egal ist.

Wenn wir an unser Beispiel mit der Betriebsorganisation (vgl. Tab. 7-15) zurückdenken, erkennen wir, dass wir es dort nicht mit einer Normalverteilung, sondern mit einer diskreten unsymmetrischen Ergebnisverteilung zu tun hatten. Aus Gründen der Anschaulichkeit haben wir das EV-Kriterium mit einer unterstellten exponentiellen Risikonutzenfunktion angewendet, obwohl wir es nicht hätten anwenden dürfen. Bei einem Risikoaversionskoeffizient $\lambda = 0{,}3$ ergab sich trotzdem für Handlungsalternative „viel Roggen" der maximale Präferenzwert und damit die gleiche Rangfolge wie beim EU-Prinzip. Das war ein Zufall! Bei $\lambda = 1$ ergäben sich bspw. die Präferenzwerte $\phi(HA_1) = 3{,}52$, $\phi(HA_2) = 15{,}50$ und $\phi(HA_3) = 16{,}00$. Damit käme man bei Anwendung des EV-Kriteriums fälschlicherweise, d.h. in Abweichung vom EU-Prinzip, zu der Schlussfolgerung, dass die Handlungsalternative „Verpachtung" vorzuziehen sei. Tatsächlich ist die Handlungsalternative 2 zu präferieren ($U(HA_1)= 4{,}999631$, $U(HA_2)= 4{,}999980$ und $U(HA_3)= 4{,}999977$).

Die quadratische Risikonutzenfunktion setzt keine Normalverteilung für die Zielgröße voraus und scheint damit zunächst der exponentiellen Risikonutzenfunktion überlegen zu sein. Allerdings impliziert sie eine zunehmende absolute Risikoaversion. Es wird also unterstellt, dass der Entscheider mit zunehmendem Gesamtvermögen einen immer kleineren Betrag in risikobehaftete Anlagen investiert. Diese Annahme ist in der Praxis unrealistisch.

Welche Schlussfolgerungen ergeben sich aus dem bereits Erwähnten mit Blick auf den **praktischen Ablauf der Planung unter Unsicherheit**?

- Wenn die Ergebnisse der einzelnen Handlungsalternativen normalverteilt sind und die Risikopräferenz des Entscheiders durch eine exponentielle Risikonutzenfunktion beschrieben werden kann, dann kann das einfach zu handhabende EV-Kriterium gemäß Gleichung (7-59) verwendet werden. Die Annahme, dass die Ergebnisgröße als Normalverteilung approximiert werden kann, ist in vielen Fällen plausibel. Schon bei der Aggregation weniger Zufallszahlen mit beliebigen Verteilungen ergibt sich aufgrund des zentralen Grenzwertsatzes für die Zielgröße eine Normalverteilung.
- Wenn die Ergebnisse der einzelnen Handlungsalternativen *nicht* normalverteilt sind, müsste eine quadratische Risikonutzenfunktion vorliegen, um das EV-Kriterium zielführend anwenden zu können. Eine quadratische Risikonutzenfunktion ist für reale Entscheider nicht plausibel, da sie nicht nur eine zunehmende relative, sondern auch eine zunehmende absolute Risikoaversion unterstellt. Wenn keine Normalverteilung vorliegt, ist deshalb zu prüfen, ob man unter Rückgriff auf das Konzept der stochastischen Dominanz eine eindeutig zu präferierende Handlungsalternative identifizieren kann. Aufgrund der geringen diskriminierenden Kraft des Konzepts der stochastischen Dominanz wird dies beim Vergleich diskreter Risikomanagementalternativen selten gelingen. Letztlich muss man die Risikoreduktion regelmäßig durch eine Reduktion des Erwartungswertes bezahlen.
- Wenn das EV-Kriterium nicht angewendet werden kann und das Konzept der stochastischen Dominanz keine Entscheidungshilfe ermöglicht, muss man unter Rückgriff auf die Risikonutzenfunktion die potenziellen Ausprägungen der Zielgröße in einen Nutzenwert transformieren, um den Erwartungsnutzen zu berechnen. Wie bereits erwähnt, ist dies entsprechend aufwändig.

Das Konzept der Risikoeffizienzlinie bei vielen Handlungsalternativen

Das EV-Kriterium erfordert - genauso wie das EU-Prinzip - die konkrete Spezifikation der individuellen Risikonutzenfunktion. Da dies schwierig ist, werden wir einen Weg aufzeigen, wie man Entscheidungen durch den **Ausweis effizienter Kombinationen von Erwartungswert und Risiko der Zielgröße** unterstützen kann, ohne modellendogen den Risikoaversionskoeffizienten verarbeiten zu müssen. Voraussetzung ist, dass man es mit einem risikoaversen Entscheider zu tun hat, dessen Risikopräferenz durch eine exponentielle Risikonutzenfunktion beschrieben werden kann. Außerdem muss die Zielgröße normalverteilt sein. Die Funktionsgleichung für die **Indifferenzkurve** des Entscheiders, deren konzeptionelle Bedeutung wir bereits in Punkt 7.2.1b) bei der Beschreibung der Risikoeinstellung kennen gelernt haben, lässt sich unter diesen Annahmen dann direkt aus Gleichung (7-59) herleiten. Hierzu unterstellen wir einen beliebigen Präferenzwert $\bar{\phi}$ und formen Gleichung (7-59) nach μ um:

$$\bar{\phi} = \mu - 0{,}5 \cdot \lambda \cdot \sigma^2 \Leftrightarrow \mu = \bar{\phi} + 0{,}5 \cdot \lambda \cdot \sigma^2 \qquad (7\text{-}61)$$

Wir unterstellen auch, dass die Entscheidungsvariablen, dessen Belegung letztlich zu unterschiedlichen Erwartungswerten μ und Streuungen σ führt, zustandsstetig variiert werden können und damit unendlich viele Handlungsalternativen zur Auswahl stehen. Zur Bestimmung der optimalen Handlungsalternative muss zunächst zwischen den dominierenden (= risikoeffizienten) und den dominierten (= risikoineffizienten) Lösungen diskriminiert werden. Dabei kommt das Konzept der stochastischen Dominanz zur Anwendung, das insbesondere bei einer hohen Zahl an Alternativen eine hohe methodische Bedeutung hat. Effiziente Lösungen stellen bei gegebener Kapazitätsausstattung die bestmöglichen Kombinationen von Erwartungswert und Risiko dar. Sie liefern im Vergleich zu nicht-effizienten Lösungen beim gleichen Risiko einen höheren Erwartungswert oder liefern bei einem geringeren Risiko den gleichen Erwartungswert. In ihrer Gesamtheit bilden die risikoeffizienten Lösungen die sog. **Risikoeffizienzlinie**. Ausgehend von der Risikoeffizienzlinie kann die optimale Lösung ermittelt werden, wenn man die Risikoeffizienzlinie bei gegebener Kapazitätsausstattung mit der Indifferenzkurve des Entscheiders in Verbindung bringt. Abb. 7-24 verdeutlicht den Zusammenhang.

Abb. 7-24: Zusammenhang zwischen Indifferenzkurve und Risikoeffizienzlinie

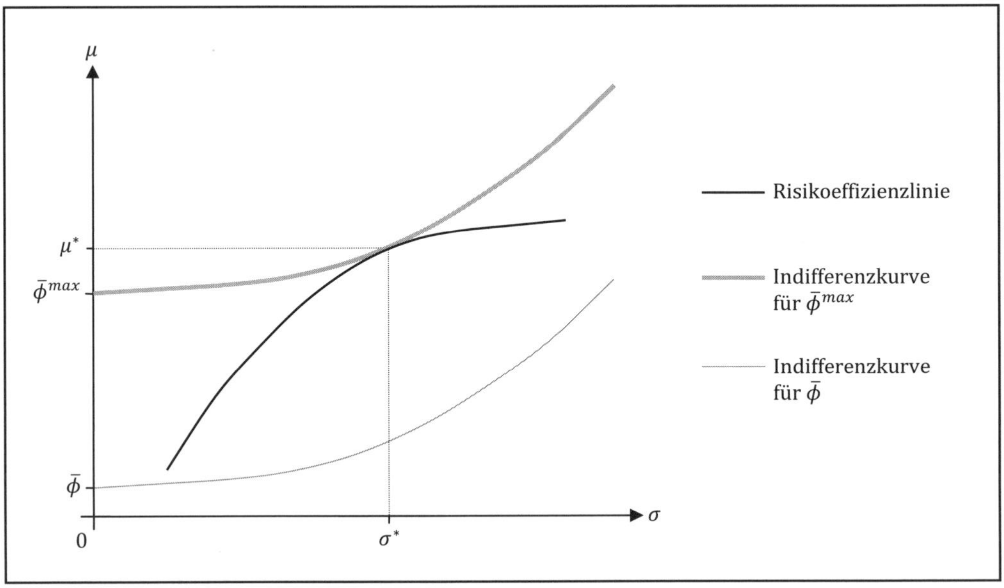

Die **optimale Lösung** befindet sich - bildlich gesprochen - an dem Punkt, der die am weitesten oben liegende Indifferenzkurve ermöglicht. Die für jeden beliebigen Nutzenwert und damit für jedes beliebige Sicherheitsäquivalent ohne Weiteres zu ermittelnde Indifferenzkurve wird also solange parallel nach oben verschoben, bis die Risikoeffizienzlinie gerade tangiert wird. Die Parallelen zur Bestimmung der optimalen speziellen Intensität eines Produktionsfaktors (vgl. Abschnitt 4.2) sind offensichtlich: Die Risikoeffizienzlinie kann man als Risikoproduktionsfunktion verstehen, deren Steigung der Grenzertrag einer zusätzlichen Einheit Risikos ist. Sie spiegelt letztlich die Entlohnung des Risikos in der physischen Welt wieder (physischer Tradeoff). Der Entscheider hat empfundene Risikokosten, die in der Indifferenzkurve zum Ausdruck kommen (entscheiderspezifischer Tradeoff). Das Optimum liegt dort, wo der Risikogrenzertrag gerade der Steigung der Indifferenzkurve und damit der individuell geforderten Risikoprämie entspricht.

Betrachten wir zur Verdeutlichung einen Marktfruchtbetrieb, der eine gegebene Ackerfläche $\bar{x}_{Fl}$ = 100 ha so auf die Produktionsverfahren „Weizen" und „Raps" aufteilen möchte, dass sein gewinn- und risikoabhängiger Nutzen maximiert wird. Eine Nichtnutzung von Fläche kommt nicht in Betracht, d.h. die gesamte zur Verfügung stehende Fläche muss für die Weizen- und/oder Rapsproduktion genutzt werden. Ackerfläche ist der einzige knappe Produktionsfaktor, den wir in diesem einfachen Beispiel berücksichtigen. Die Deckungsbeiträge des Weizens und des Raps sind unsicher. Auf der Grundlage entsprechender Zeitreihen wurde ermittelt, dass die Deckungsbeiträge beider Produktionsverfahren normalverteilt sind. Der erwartete Deckungsbeitrag des Weizens beträgt 1 000 €/ha und die Standardabweichung liegt bei 400 €/ha. Der erwartete Deckungsbeitrag des Raps beläuft sich dagegen auf 1 250 €/ha und seine Standardabweichung auf 500 €/ha. Die Korrelation zwischen den Deckungsbeiträgen der beiden Produktionsverfahren ist mit 0,5 positiv. Das bedeutet, dass in Jahren mit hohen Weizendeckungsbeiträgen auch eher ein hoher Rapsdeckungsbeitrag zu erwarten ist. Dies ist darin begründet, dass sich Witterungseinflüsse auf die Erträge der beiden betrachteten pflanzlichen Produktionsverfahren ähnlich auswirken.

Da wir es nur mit zwei additiv verknüpften und normalverteilten Zufallsvariablen zu tun haben, ist der Erwartungswert $E(GDB) = \mu_{GDB}$ und die Varianz $V(GDB) = \sigma^2_{GDB}$ des Gesamtdeckungsbeitrags unter Rückgriff auf Gleichung (7-41) und (7-42) einfach zu berechnen:

$$\mu_{GDB} = \mu_{We} \cdot u_{We} + \mu_{Ra} \cdot u_{Ra} \qquad (7\text{-}62)$$

$$\sigma^2_{GDB} = u^2_{We} \cdot \sigma^2_{We} + u^2_{Ra} \cdot \sigma^2_{Ra} + 2 \cdot u_{We} \cdot u_{Ra} \cdot \sigma_{We} \cdot \sigma_{Ra} \cdot \rho_{We;Ra} \qquad (7\text{-}63)$$

Dabei kennzeichnet u_{We} den Anbauumfang für Weizen und u_{Ra} den Anbauumfang für Raps. Die Symbole μ_{We} und μ_{Ra} beschreiben die erwarteten Deckungsbeiträge, σ_{We} und σ_{Ra} die Standardabweichungen der Deckungsbeiträge für beide Produktionsverfahren sowie $\rho_{We;Ra}$ die Korrelation zwischen den Deckungsbeiträgen beider Verfahren. Der Gesamtdeckungsbeitrag ist ebenfalls normalverteilt.

Es sollen folgende Fragen beantwortet werden:

- Wie sieht das risikominimale Produktionsprogramm aus?
- Wie sieht das zur Risikoeinstellung eines Entscheiders passende optimale Produktionsprogramm aus?

Onno Überleg wundert sich über die erste Frage. Er argumentiert, dass die Weizenproduktion weniger riskant sei als die Rapsproduktion. Außerdem sei die Korrelation zwischen dem Weizen- und Rapsdeckungsbeitrag positiv, so dass es zu keinem risikoreduzierenden Effekt komme. Wenn die Fläche voll ausgelastet werden muss, dann solle ein risikominimierender Entscheider also 100 ha Weizen umsetzen. Su Sidenkt wirft nach kurzem Überlegen ein, dass diese Argumentation nicht stimmt. Sie versucht das intuitiv wie folgt zu erklären: Die Korrelation zwischen dem Deckungsbeitrag eines Hektars Weizen und eines anderen Hektars Weizen ist Eins. Zwischen dem Deckungsbeitrag eines Hektars Weizen und dem Deckungsbeitrag eines Hektars Raps ist die Korrelation dagegen nur 0,5. Damit sind die Deckungsbeitragsentwicklungen nicht perfekt gleichgerichtet. Hier gibt es also eine gewisse Wahrscheinlichkeit, dass es im Weizenanbau schlecht läuft, während es im Rapsanbau besser läuft und vice versa. Damit ergibt sich durch die Aufnahme des riskanteren Produktionsverfahrens in das Produktionsprogramm ein risikoreduzierender Effekt.

Ein genauer Blick auf Gleichung (7-63) zeigt, dass Su recht hat: Obwohl Weizen das risikoärmere Verfahren darstellt, lässt sich die Varianz des Gesamtdeckungsbeitrags bei $\rho_{We;Ra} < 1$ durch die Mischung beider Verfahren im Vergleich zur Bewirtschaftung der gesamten Fläche mit Weizen reduzieren. Letztlich wirkt eine perfekt gleichgerichtete Entwicklung von Deckungsbeiträgen - wie dies beim ausschließlichen Anbau von Weizen der Fall wäre - stärker risikoerhöhend als nur eine teilweise gleichgerichtete Entwicklung. Dieser Sachverhalt wird gleich auch noch numerisch deutlich.

Im Beispiel kann die Umhüllende des Lösungsmöglichkeitenraums und damit die Risikoeffizienzlinie einfach bestimmt werden, weil bei nur zwei Produktionsaktivitäten und einer Kapazitätsrestriktion eine vollständige Enumeration der zulässigen Lösungen möglich ist. Man muss zur Bestimmung der gangbaren Programme nur den Weizenumfang u_{We} systematisch variieren und die jeweils nicht mit Weizen bewirtschaftete Ackerfläche für die Rapsproduktion nutzen. Für jedes Programm kann dann der Erwartungswert sowie die Varianz und - davon abgeleitet - die Standardabweichung des Gesamtdeckungsbeitrags gemäß Gleichung (7-62) und (7-63) berechnet werden. In Abb. 7-25 sind die Kombinationen von Erwartungswert und Standardabweichung der verschiedenen Produktionsprogramme dargestellt. Neben dem zunächst unterstellen Korrelationskoeffizienten $\rho_{We;Ra}$= 0,5 wurde zusätzlich mit $\rho_{We;Ra}$ = -1, $\rho_{e;Ra}$ = 0 und $\rho_{We;Ra}$ = 1 gearbeitet. Diese Variantenrechnungen werden durchgeführt, um die grundsätzlichen Auswirkungen des Korrelationskoeffizienten auf den Verlauf der Risikoeffizienzlinie zu verdeutlichen.

Abb. 7-25: Erwartungswert und Standardabweichung eines Portfolios mit zwei Komponenten (T€) [a)]

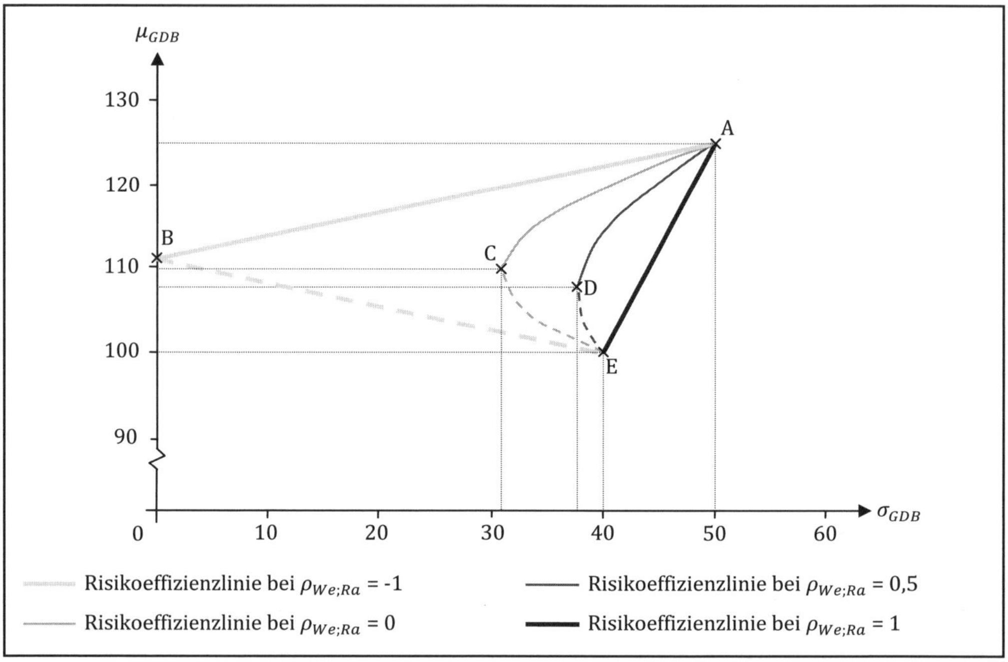

a) Die gestrichelten Linien kennzeichnen risikoineffiziente Bereiche.

Wir wollen mit dem gesamtdeckungsbeitragsmaximalen und dem varianz- bzw. risikominimalen Produktionsprogramm jeweils zwei Punkte der Umhüllenden des Lösungsmöglichkeitenraums explizit berechnen. Zur Bestimmung des **gesamtdeckungsbeitragsmaximalen Produktionsprogramms** muss man die Gesamtdeckungsbeiträge vergleichen, die die beiden Extremprogramme „100% Weizen" und „100% Raps" liefern. In unserem einfachen Beispiel wissen wir sofort, dass sich - unabhängig vom Korrelationskoeffizienten - beim Anbau von 100 ha Raps mit 125 000 € der höchste Erwartungswert für den Gesamtdeckungsbeitrag ergibt. Das gesamtdeckungsbeitragsmaximale Produktionsproprogramm hat eine Standardabweichung von 50 000 € und ist in Abb. 7-25 mit Punkt A gekennzeichnet. Das **risikominimale Produktionsprogramm** (Minimum-Varianz-Portfolio) kann bestimmt werden, indem man in der Gleichung für die Portfoliovarianz (7-63) zunächst $u_{Ra} = \bar{x}_{Fl} - u_{We}$ einsetzt, dann nach u_{We} ableitet, den sich ergebenden Ausdruck gleich Null setzt und schließlich nach u_{We} umstellt:

$$u_{We}^{V_{min}} = \bar{x}_{Fl} \cdot \frac{\sigma_{Ra}^2 - \sigma_{We} \cdot \sigma_{Ra} \cdot \rho_{We;Ra}}{\sigma_{We}^2 + \sigma_{Ra}^2 - 2 \cdot \sigma_{We} \cdot \sigma_{Ra} \cdot \rho_{We;Ra}} \quad (7\text{-}64)$$

Die Punkte B bis E in Abb. 7-25 kennzeichnen die risikominimalen Produktionsprogramme bei den unterschiedlichen Korrelationen:

- Bei perfekter negativer Korrelation $\rho_{We;Ra}$ = -1 (Punkt B) kann das Risiko durch ein Produktionsprogramm mit 55,56 ha Weizen und 44,44 ha Raps vollständig eliminiert werden (risikoloses Portfolio). Es liefert einen Gesamtdeckungsbeitrag von 111 110 €.
- Bei $\rho_{We;Ra}$ = 0 (Punkt C) besteht das risikominimale Programm aus 60,98 ha Weizen und 39,02 ha Raps. Es liefert einen Erwartungswert von 109 756 € und hat eine Standardabweichung von 31 235 €.
- Bei $\rho_{We;Ra}$ = 0,5 (Punkt D) ist das risikominimale Produktionsprogramm mit 71,43 ha Weizen und 28,57 ha Raps. Der Erwartungswert beträgt 107 143 € und die Standardabweichung 37 796 €.
- Nur bei perfekter positiver Korrelation $\rho_{We;Ra}$ = 1 stellt die alleinige Umsetzung des risikoärmeren Weizens das risikominimale Produktionsprogramm dar (Punkt E). Es ergibt sich ein Erwartungswert von 100 000 € und eine Standardabweichung von 40 000 €.

Es werden zwei wichtige Sachverhalte klar: Erstens, die risikoeffizienten Produktionsprogramme liegen - bildlich gesprochen - oberhalb des risikominimalen Produktionsprogramms. Die risikoeffizienten Produktionsprogramme bilden in ihrer Gesamtheit die Risikoeffizienzlinie. Produktionsprogramme mit einem geringeren Erwartungswert als das risikominimale Produktionsprogramm sind risikoineffizient. Letztlich würde ja bei einer Korrelation von 0,5 kein rational handelnder Landwirt die gesamte Anbaufläche mit Weizen bewirtschaften, weil Produktionsprogramme gangbar sind, die bei gleichem Risiko einen höheren Erwartungswert liefern. Die den Lösungsmöglichkeitenraum nach oben begrenzenden risikoeffizienten Produktionsprogramme bilden zusammen mit den risikoineffizienten Produktionsprogrammen, die den Lösungsmöglichkeitenraum nach unten begrenzen, die Umhüllende des Lösungsmöglichkeitenraums. Die risikoineffizienten Produktionsprogramme in Abb. 7-25 sind im Unterschied zu den risikoeffizienten Programmen durch gestrichelte Linien gekennzeichnet. Zweitens, der Verlauf der Risikoeffizienzlinie hängt wesentlich von der Korrelation zwischen den Portfoliokomponenten ab. Im Beispiel beinhaltet das risikominimale Programm mit abnehmender Korrelation einen immer höheren Anteil an Raps.

Die auf der Risikoeffizienzlinie liegenden Produktionsprogramme sind gegenüber den darunter liegenden Produktionsprogrammen stochastisch dominant zweiten Grades. Auf der Grundlage der Risikoeffizienzlinie können also effiziente von ineffizienten Portfolios separiert werden. Alle unterhalb der Risikoeffizienzlinie liegenden Produktionsprogramme sind ineffizient. Um zwischen den auf der Risikoeffizienzlinie liegenden Produktionsprogrammen das für den jeweiligen Entscheider am besten passende Programm bestimmen zu können, benötigt man Informationen bzgl. seiner Risikoeinstellung. Ein risikoneutraler Entscheider würde das gesamtdeckungsbeitragsmaximale Produktionsprogramm bestehend aus 100 ha Raps wählen. Für einen sehr risikoaversen Entscheider wäre bei einer Korrelation von 0,5 das varianzminimale Produktionsprogramm mit 71,43 ha Weizen und 28,57 ha Raps optimal.

Wir betrachten einen risikoaversen Entscheider, der folgende Risikonutzenfunktion hat:

$$U(GDB) = e^{-\lambda \cdot GDB}, \text{mit } \lambda = 0{,}00002 \qquad (7\text{-}65)$$

Nun stellt sich die Frage, welcher Punkt auf der Risikoeffizienzlinie seine Präferenzfunktion maximiert. Unter Rückgriff auf das EV-Kriterium lässt sich das Maximierungsproblem wie folgt fassen:

$$\phi = SÄ = \mu_{GDB} - 0{,}5 \cdot \lambda \cdot \sigma^2_{GDB} \rightarrow \max_{u_{We};u_{Ra}}! \text{ , mit } \lambda = 0{,}00002$$

unter den Nebenbedingungen: (7-66)

$$u_{We} + u_{Ra} \leq \bar{x}_{Fl}, \text{mit } \bar{x}_{Fl} = 100$$

$$u_{We}, u_{Ra} \geq 0$$

Der zu maximierende Präferenzwert ϕ ist eine Funktion vom Erwartungswert μ_{GDB} und von der Varianz σ^2_{GDB} der Zielgröße. Erwartungswert und Varianz des Gesamtdeckungsbeitrags sind ihrerseits gemäß Gleichung (7-62) und (7-63) Funktionen der Anbauumfänge u_{We} und u_{Ra} sowie der Einzeldeckungsbeiträge μ_{We} und μ_{Ra} für die beiden relevanten Produktionsverfahren. Aufgrund der bekannten Flächenausstattung und der Tatsache, dass es nur zwei Aktivitäten gibt, lässt sich u_{Ra} als Funktion von u_{We} ausdrücken: $u_{Ra} = \bar{x}_{Fl} - u_{We}$, so dass der Präferenzwert als Funktion der Weizenfläche formuliert werden kann. Der optimale Weizenanbauumfang u^*_{We} und damit das **optimale Produktionsprogramm** kann deshalb bestimmt werden, indem man Gleichung (7-62) und (7-63) sowie $u_{Ra} = \bar{x}_{Fl} - u_{We}$ in Gleichung (7-66) einsetzt, nach u_{We} ableitet, den sich ergebenden Ausdruck gleich Null setzt und nach u_{We} umstellt:

$$u^*_{We} = \frac{\mu_{DB(Ra)} - \mu_{DB(We)} - \bar{x}_{Fl} \cdot \lambda \cdot (\sigma^2_{Ra} - \sigma_{We} \cdot \sigma_{Ra} \cdot \rho_{We;Ra})}{\lambda \cdot (2 \cdot \sigma_{We} \cdot \sigma_{Ra} \cdot \rho_{We;Ra} - \sigma^2_{We} - \sigma^2_{Ra})} \tag{7-67}$$

Bei einem Korrelationskoeffizienten $\rho_{We;Ra} = 0{,}5$ und einem Risikoaversionskoeffizienten $\lambda = 0{,}00002$ liegt der optimale Weizenanbauumfang u^*_{We} bei 11,9 ha. Die verbleibende Ackerfläche von 88,1 ha sollte mit Raps bewirtschaftet werden. Dabei ergibt sich für den Gesamtdeckungsbeitrag ein Erwartungswert von 122 024 € und eine Standardabweichung von 46 611 €. Dies entspricht einem Sicherheitsäquivalent von 100 298 €.

Abb. 7-26 illustriert den Sachverhalt. Neben der Indifferenzkurve für $\lambda = 0{,}00002$ ist zusätzlich noch die Indifferenzkurve für $\lambda = 0{,}0002$ angezeigt.

Abb. 7-26: Risikoeffizienzlinie und Indifferenzkurven für unterschiedliche Risikoeinstellungen (T€) [a]

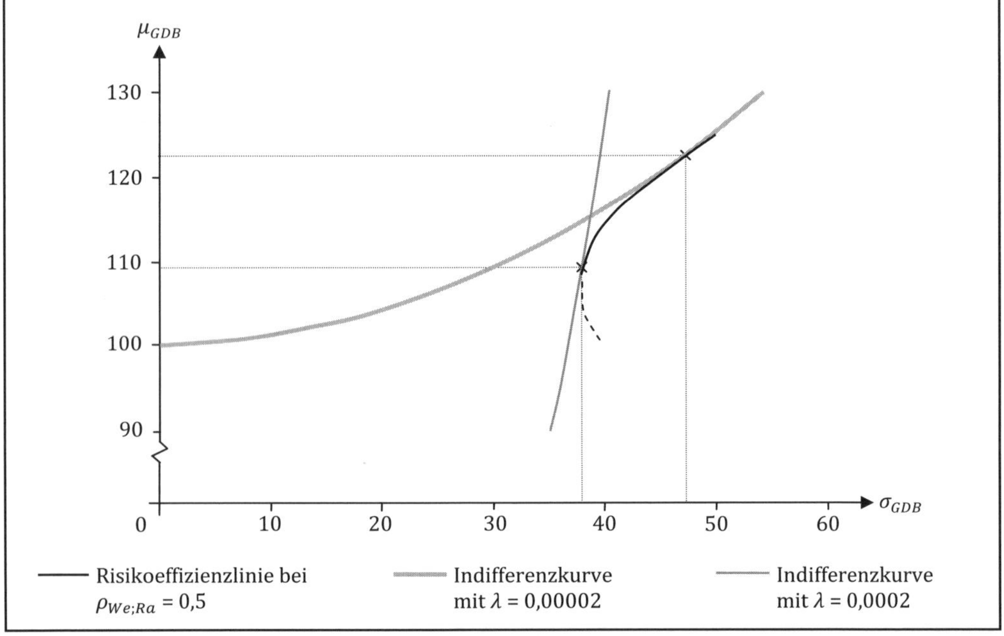

[a] Die gestrichelte Linie kennzeichnet den risikoineffizienten Bereich.

Für $\lambda = 0{,}0002$ ist ein Produktionsprogramm bestehend aus 65,48 ha Weizen und 34,52 ha Raps optimal, so dass bei einer Standardabweichung von 37 895 € ein Gesamtdeckungsbeitrag in Höhe von 108 631 € erzielt wird. Der Vergleich der optimalen Produktionsprogramme bei $\lambda = 0{,}00002$ und $\lambda = 0{,}0002$ verdeutlicht, dass der optimale Anbauumfang des risikoärmeren Produktionsverfahrens „Weizen" umso höher ist, desto größer der Risikoaversionskoeffizient λ ist. Für einen gegen unendlich gehenden Risikoaversionskoeffizienten wird das risikominimale Produktionsprogramm mit 71,43 ha Weizen und 28,57 ha Raps umgesetzt. Bei einem Risikoaversionskoeffizienten von kleiner oder gleich 0,00001666 würde im betrachteten Beispiel nur Raps angebaut und somit das erwartungswertmaximale Programm realisiert werden.

Optimierung des Sicherheitsäquivalents im EV-Modell

In einer Entscheidungssituation mit nur zwei Aktivitäten und einer Kapazität sowie bei bekanntem Risikoaversionskoeffizienten ist die Bestimmung des optimalen Portfolios analytisch möglich. Wenn **mehr als zwei Aktivitäten und/oder Restriktionen** zu berücksichtigen sind, dann muss im Rahmen des EV-Kriteriums die Präferenzfunktion mit Hilfe eines quadratischen Optimierungsansatzes maximiert werden:

$$\phi = \mu_{GDB} - 0{,}5 \cdot \lambda \cdot \sigma_{GDB}^2 \rightarrow \max_{u_k}!$$

unter den Nebenbedingungen:

$$\sum_{k=1}^{K} b_{i;k} \cdot u_k \leq \bar{x}_i \text{, für } i = 1, 2, \ldots, I \qquad (7\text{-}68)$$

$$u_k \geq 0 \text{, für } k = 1, 2, \ldots, K$$

u_k beschreibt die Umfänge der Portfoliokomponenten, $\bar{x}_i$ bezeichnet die zur Verfügung stehenden Kapazitäten der einzelnen Faktoren, und $b_{i;k}$ kennzeichnet die Faktoransprüche der einzelnen Portfoliokomponenten. Zu bestimmen sind die Umfänge der Portfoliokomponenten u_k, die unter Beachtung der Restriktionen zum maximalen Zielfunktionswert bzw. Sicherheitsäquivalent führen.

Die grundsätzliche Struktur von Gleichung (7-68) kennen wir bereits von der linearen Programmierung (vgl. Kapitel 5). Es handelt sich jetzt aber nicht mehr um ein lineares Programmierungsproblem, das mit Hilfe des einfachen Simplexalgorithmus gelöst werden könnte. Vielmehr ergibt sich ein **quadratisches Programmierungsproblem**, da zur Berechnung der in der Zielfunktion enthaltenen Varianz gemäß Gleichung (7-42) die Umfänge der Portfoliobestandteile im Quadrat zu berücksichtigen sind. Zur Lösung quadratischer Optimierungsprobleme stehen spezielle Lösungsprozeduren zur Verfügung, die auf dem iterativen Ablauf der Programmierung aufbauen und in die gängigen Tabellenkalkulationsprogramme integriert sind. Ein Problem bei der Berücksichtigung von Unsicherheit in Optimierungsmodellen ergibt sich allerdings dann, wenn die Zufallsvariablen keine Normalverteilungen aufweisen. In diesem Fall kann die Portfoliovarianz - bis auf wenige, kaum relevante Ausnahmen - nicht analytisch berechnet werden. Vielmehr müssen aufwändigere Methoden eingesetzt werden: Mittels stochastischer Simulation (vgl. Punkt 7.4.2c) kann mit relativ geringem Aufwand das Risikoprofil eines *vorgegebenen* Portfolios bestimmt werden, unabhängig davon, wie komplex die Verteilungen der Portfoliokomponenten sind. Allerdings beinhaltet die stochastische Simulation für sich genommen keinen Optimierungsalgorithmus. Eine Lösungsmöglichkeit für quadratische Programmierungsprobleme besteht aber darin, die stochastische Simulation mit heuristischen Suchverfahren, wie z.B. genetischen Algorithmen, zu kombinieren. Die aus dem Bereich der künstlichen Intelligenz entstammenden genetischen Algorithmen können zur Lösung verschiedenster Optimierungsprobleme angewendet werden, selbst dann, wenn keine algorithmischen Iterationsverfahren anwendbar sind. Dabei wird - kurz gesagt - durch Nachahmung der Prinzipien der natürlichen Evolution, d.h. durch „Ausprobieren" verschiedenster Portfolios, dasjenige bestimmt, das den maximalen Zielfunktionswert liefert.

Praktische Bestimmung der Risikoeffizienzlinie

Wie bereits mehrfach gesagt wurde, ist eine **quantitative Erfassung der Risikoeinstellung von Entscheidern praktisch kaum gangbar**. Ist der Risikoaversionskoeffizient nicht bekannt, lässt sich die optimale Entscheidung nicht modellendogen durch die Maximierung des Sicherheitsäquivalents gemäß Gleichung (7-68) identifizieren. Als Ausweg kann man im Rahmen einer Pareto-Optimierung zunächst die Risikoeffizienzlinie ausweisen und dem Entscheidungsträger mehrkriterielle Ergebnisse in Form risikoeffizienter Kombinationen von Erwartungswert und Risiko liefern. Er muss dann modellexogen diejenige Lösung auswählen, die er bei seiner Risikoeinstellung bevorzugt.

Technisch gesehen erfordert die Bestimmung der Risikoeffizienzlinie die wiederholte bzw. parametrische Lösung eines Optimierungsproblems, das sich als Maximierungsproblem und als Minimierungsproblem formulieren lässt:

- Man kann den Erwartungswert für eine vorgegebene Risikoobergrenze maximieren und diese Obergrenze in Variantenrechnungen parametrisieren, d.h. systematisch variierte Werte für die Risikoobergrenze wählen und das Optimierungsproblem wiederholt lösen.
- Man kann das Risiko für eine vorgegebene Erwartungswertuntergrenze minimieren und diese Untergrenze wiederum in Variantenrechnungen parametrisieren.

Beide Vorgehensweisen liefern risikoeffiziente Kombinationen. Wir beschreiben nachstehend lediglich die erstgenannte Vorgehensweise der **Maximierung des Erwartungswertes bei Parametrisierung des Risikos**. In Bezug auf die Frage nach dem optimalen Produktionsprogramm ist damit folgendes Optimierungsproblem zu lösen:

$$\mu_{GDB} = \sum_{k=1}^{K} \mu_k \cdot u_k \rightarrow \max_{u_k}!$$

unter den Nebenbedingungen:

$$\sum_{k=1}^{K} b_{i;k} \cdot u_k \leq \bar{x}_i \text{, für } i = 1, 2, \ldots, I \qquad (7\text{-}69)$$

$$\sigma_{GDB} \leq \bar{\sigma}_{GDB}$$

$$u_k \geq 0 \text{, für } k = 1, 2, \ldots, K$$

μ_{GDB} kennzeichnet den Erwartungswert des Gesamtdeckungsbeitrags, und μ_k den Erwartungswert des Deckungsbeitrags des jeweiligen Verfahrens k. σ_{GDB} steht für die Standardabweichung des Gesamtdeckungsbeitrags. $\bar{\sigma}_{GDB}$ kennzeichnet die in der jeweiligen Optimierung vorgegebene Obergrenze für die Standardabweichung des Gesamtdeckungsbeitrags. Zu bestimmen sind die Umfänge der Portfoliokomponenten u_k. Durch Parametrisierung der maximal zulässigen Standardabweichung $\bar{\sigma}_{GDB}$ und wiederholte Optimierungsrechnungen können risikoeffiziente Kombinationen von Erwartungswert und Standardabweichung bestimmt werden (vgl. Abb. 7-27).

Abb. 7-27: Vorgehensweise im EV-Modell

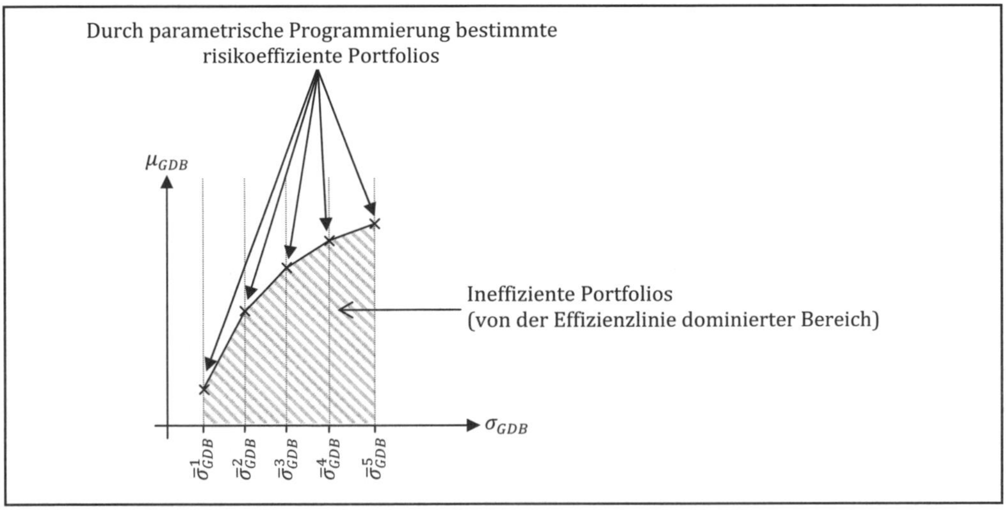

Revealed-Preferences-Ansatz

Möglicherweise fällt es dem Entscheider schwer, aus einer Vielzahl risikoeffizienter Produktionsprogramme eine Auswahl in Einklang mit seiner Risikopräferenz zu treffen. Eine Möglichkeit, zu einer modellendogenen Entscheidungshilfe zu kommen, besteht darin, das Risiko zu messen, das der Entscheider bei der Wahl eines Portfolios tatsächlich übernimmt oder übernommen hat. Man impliziert damit, dass die **tatsächlich durchgeführten Wahlhandlungen die subjektiven Präferenzen des Entscheiders „enthüllen"** (revealed preference). Zur Messung des übernommenen Risikos muss das vom Entscheider spezifizierte Produktionsprogramm hinsichtlich der Standardabweichung des Gesamtdeckungsbeitrags analysiert werden. Beispielsweise könnte man den Landwirt bitten, zunächst sein intuitiv geplantes Produktionsprogramm zu benennen. Aus diesem Produktionsprogramm könnte dann die implizit akzeptierte Standardabweichung des Gesamtdeckungsbeitrags berechnet werden. Berücksichtigt man diese Standardabweichung $\bar{\sigma}_{GDB}^{emp}$ bei der Optimierung als Obergrenze, erhält man das bestmögliche Programm, das die empirisch beobachtete Bereitschaft, Risiko zu übernehmen, nicht überschreitet. Abb. 7-28 verdeutlicht die Grundidee.

Abb. 7-28: Grundidee des Revealed-Preferences-Ansatzes

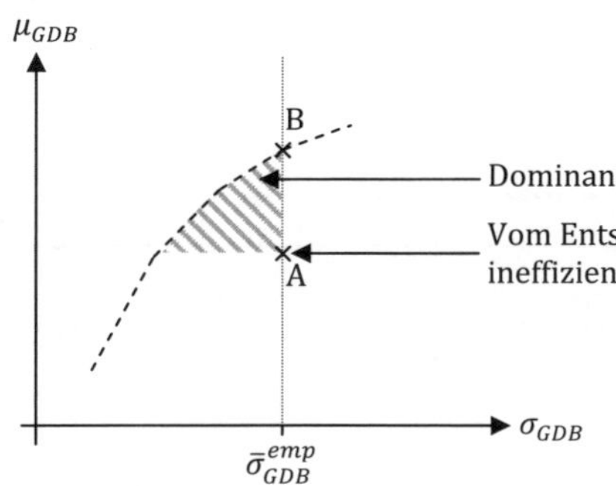

Im Vergleich zu einem vom Entscheider ohne Einsatz formaler Planungsverfahren gewählten Produktionsprogramm (hier symbolisiert durch Punkt A) würde sich im Ergebnis dieser Vorgehensweise **ein modellendogen bestimmtes Produktionsprogramm** (hier symbolisiert durch Punkt B) ergeben, das einen höheren (oder zumindest gleichen) erwarteten Gesamtdeckungsbeitrag bei gleicher Standardabweichung liefert.

Beispiel 7-7
Revealed-Preferences-Ansatz - Produktionsprogrammplanung

Im Folgenden bestimmen wir das optimale Produktionsprogramm unter Unsicherheit. Ein Landwirt, für den die Ziele „Gewinn" und „Sicherheit" relevant sind, steht vor der Entscheidung, Weizen, Kartoffeln und/oder Raps anzubauen. Die zu berücksichtigenden Produktionskapazitäten sind Fläche, Arbeit und Kapital. Die Deckungsbeiträge und die Faktoransprüche der einzelnen Produktionsverfahren sowie die Kapazitätsausstattung entsprechen den in Punkt 5.3.2 getroffenen Annahmen, also denen, die wir bei der MS-Excel-basierten Bestimmung des optimalen Produktionsprogramms unter Sicherheit getroffen hatten. In Tab. 7-19 ist in Erweiterung zu Tab. 5-14 die Standardabweichung und die Korrelation der Einzeldeckungsbeiträge angezeigt (vgl. Zeile 9 bis 12).

Zur Bestimmung der Kapazitätsausstattung „Standardabweichung" befragen wir den Landwirt hinsichtlich seines ohne Modelleinsatz geplanten Produktionsprogramms. Es umfasst 50 ha Weizen, 25 ha Kartoffeln und 25 ha Raps. Gemäß Gleichung (7-41) wird mit diesem intuitiv gewählten Produktionsprogramm ein Gesamtdeckungsbeitrag von 181 250 € erzielt. Außerdem kann unter Rückgriff auf Gleichung (7-42) berechnet werden, dass der Gesamtdeckungsbeitrag eine Standardabweichung von 66 380 € aufweist. Diese vom Landwirt akzeptierte Standardabweichung wird bei den Optimierungsrechnungen als Obergrenze berücksichtigt, so dass das mit Hilfe des formalen Modells bestimmte Produktionsprogramm nur eine maximale Standardabweichung in dieser Höhe aufweisen kann.

Tab. 7-19: GDB-Modell zur Berücksichtigung von Unsicherheit [a)]

	A		B	C	D	E	F
1	Aktivität		Weizen	Kartoffeln	Raps		
2	DB (€/ha)		1 000	4 000	1 250		
3	Umfang (ha)		30,8	23,7	45,5		
4							
5	*LHS*					*RHS*	*KN*
6	Fläche (ha)		1	1	1	100	100
7	Arbeit (Akh)		10	30	8	2 400	1 383
8	Kapital (€)		500	2 500	800	195 000	111 019
9	Standardabweichung (€)		400	2 000	500	66 380	66 380
10	Korrelation	Weizen	1	0,3	0,5		
11		Kartoffeln		1	0,4		
12		Raps			1		
13							
14	**GDB (€)**		**182 429**				

a) Alle Nebenbedingungen sind als Maximalrestriktionen definiert, d.h. die im Zellbereich F6:F9 berechneten Werte müssen ≤ den im Zellbereich E6:E9 definierten Werten sein. Zellen, die Formeln beinhalten, sind grau unterlegt.

Die Berechnungsweise in den Zellen F6 bis F8 sowie in der Zelle B14 wurden in Punkt 5.3.2 bereits erklärt. Die Nutzung der Kapazität „Standardabweichung" in Zelle F9 kann wie folgt berechnet werden (vgl. Gleichung (7-42)):

F9: *=WURZEL(B3^2*B9^2+C3^2*C9^2+D3^2*D9^2*

*+2*B3*C3*B9*C9*C10*

*+2*B3*D3*B9*D9*D10*

*+2*C3*D3*C9*D9*D11)*

Das so spezifizierte Programmplanungsproblem kann unter Verwendung des MS-EXCEL Solvers gelöst werden. Bei den Einstellungen ist zu beachten, dass es sich um ein quadratisches Programmierungsproblem handelt. Das optimale Produktionsprogramm umfasst unter den getroffenen Annahmen 30,8 ha Weizen, 23,7 ha Kartoffeln und 45,5 ha Raps. In den Zellen F6 bis F9 sieht man, dass bei diesem Produktionsprogramm nur die beiden Kapazitäten „Fläche" und „Standardabweichung" voll genutzt werden. Der im Lichte der Restriktionen maximal erzielbare Gesamtdeckungsbeitrag beträgt 182 429 €. Damit wird bei gleichem Risiko ein um 1 179 € höherer Gesamtdeckungsbeitrag erzielt als mit dem intuitiv geplanten Produktionsprogramm des Landwirts. Das heißt, wir haben ein Produktionsprogramm identifiziert, das auf jeden Fall zu den Risikopräferenzen des Landwirts passt und gleichzeitig ein höheres Einkommen generiert als das vom Landwirt geplante Programm.

Ob das in Tab. 7-19 angezeigte Produktionsprogramm nur besser ist, oder tatsächlich den Nutzen des Entscheiders maximiert, können wir nicht sagen. Aus Punkt 5.3.2 wissen wir bspw., dass das gesamtdeckungsbeitragsmaximale Produktionsprogramm 19 ha Weizen, 71 ha Kartoffeln und 10 ha Raps umfasst und einen Gesamtdeckungsbeitrag von 315 500 € liefert. Allerdings hat dieses Programm eine Standardabweichung von 146 630 €. Es könnte für den betrachteten Entscheider zu riskant sein. Es könnte aber auch sein, dass sein Tradeoff zwischen Risiko und Gewinn durch den physischen Tradeoff in Höhe von 0,6 € Standardabweichung pro € Gesamtdeckungsbeitrag (= (146 630 - 66 380)/(315 500 - 182 429) gedeckt ist und er das gesamtdeckungsbeitragsmaximale Programm oder zumindest ein - bildlich gesprochen - weiter rechts liegendes Produktionsprogramm akzeptieren würde.

Ende des Beispiels

Der in Abb. 7-28 skizzierte Ansatz **liefert nicht unbedingt die nutzenmaximale Handlungsalternative**. Er beruht vielmehr allein auf dem Konzept der stochastischen Dominanz. Man könnte sagen: Mangels Kenntnis der Risikoeinstellung wird die bessere Lösung nur in einer Teilmenge der besseren Lösungen gesucht. Ob nämlich ein Punkt auf der Risikoeffizienzlinie rechts von Punkt B noch besser wäre, wird nicht untersucht. Dies wäre ja nur möglich, wenn man die Risikoeinstellung des Entscheiders doch identifizieren könnte. Damit ist die hier als Revealed-Preferences-Ansatz bezeichnete Vorgehensweise „bescheidener", gleichzeitig aber praktikabler als die Maximierung des Sicherheitsäquivalents. Ganz unabhängig von dem Ausmaß der Risikoaversion werden nämlich alle unterhalb der Risikoeffizienzlinie liegenden Portfolios dominiert. Beispielsweise sind alle in Abb. 7-28 innerhalb der grau schraffierten Fläche liegenden Portfolios vorteilhafter als das ineffiziente Produktionsprogramm A, da sie bei gleichem oder geringerem Risiko einen gleichen oder höheren Erwartungswert besitzen.

Dem Revealed-Preferences-Ansatz liegt die Erkenntnis zugrunde, dass Entscheider i.d.R. überfordert sind, wenn sie ihre Risikoeinstellung angeben sollen. Wenn implizite Beobachtungen für die Risikoübernahmebereitschaft in Entscheidungssituationen vorliegen, kommt man hier ein gutes Stück weiter. Die grundsätzliche methodische Vorgehensweise mit Obergrenzen zu arbeiten, lässt sich durchaus auch auf Situationen übertragen, in denen zwar keine empirischen Messungen vorliegen, der Entscheider aber in einer für ihn zu beantwortenden Form nach seiner Risikoeinstellung gefragt wird. Ein Statement hinsichtlich der Risikoeinstellung eines Entscheiders könnte bspw. in Form eines akzeptierten Shortfall-Risikos erfragt werden (stated preference). Wenn er z.B. angibt, dass die Wahrscheinlichkeit, einen bestimmten Wert zu unterschreiten, nicht über 5% liegen dürfe, würde man nach dem Produktionsprogramm suchen, das bei Einhaltung dieser Restriktion den maximalen Zielfunktionswert bzw. Gesamtdeckungsbeitrag liefert. Eine Vorgehensweise, die auf Downside-Risikomaße bei der Portfolioauswahl fokussiert, entspricht dem Safety-First-Ansatz.

7.5.4 Entscheidungsfindung unter Ungewissheit

Auch wenn keine objektiven Wahrscheinlichkeiten für Unsicherheitsvariablen vorliegen, gibt es in aller Regel subjektive Wahrscheinlichkeitseinschätzungen, so dass die in Punkt 7.5.3 beschriebenen Entscheidungskalküle unter Risiko zur Entscheidungsunterstützung genutzt werden können. Zudem trifft man in Ungewissheitssituationen oftmals gar keine Ausführungsentscheidungen, sondern entscheidet sich dafür, zunächst weitere Informationen zu beschaffen. Trotzdem wurden in der Vergangenheit verschiedene **Regeln zur Entscheidungsfindung unter Ungewissheit** entwickelt, von denen die fünf bekanntesten kurz angesprochen und kritisch eingeordnet werden. Um zu verdeutlichen, wie die einzelnen Regeln funktionieren, wird wieder auf die in Tab. 7-15 beschriebene Frage nach der optimalen Betriebsorganisation zurückgegriffen. Allerdings wird nun angenommen, dass die Eintrittswahrscheinlichkeiten für die einzelnen Gewinne nicht bekannt sind. In Tab. 7-20 sind die Ergebnisse der Regeln unter Ungewissheit für das betrachtete Beispiel dargestellt.

Tab. 7-20: Vergleich unterschiedlicher Betriebsorganisationen unter Ungewissheit (T€) [a)]

	Spalte 1	Spalte 2	Spalte 3	Spalte 4	Spalte 5	Spalte 6	Spalte 7	Spalte 8
	Ergebnismatrix mit den Ergebniswerten $Z_{s;j}$			Entscheidungsregeln unter Ungewissheit				
Niederschlag	X_1: niedrig	X_2: mittel	X_3: hoch	Maximin-Regel	Maximax-Regel	Hurwicz-Regel $\omega = 0{,}25$	Savage-Niehans-Regel	Laplace-Regel
HA_1: viel Weizen	12	20	28	12 (3)	**28 (1)**	16,0 (2)	**4 (1)**	**20 (1)**
HA_2: viel Roggen	15	18	21	15 (2)	21 (2)	**16,5 (1)**	7 (2)	18 (2)
HA_3: Verpachtung	16	16	16	**16 (1)**	16 (3)	16,0 (2)	12 (3)	16 (3)
Wahrscheinlichkeit P_j	?	?	?					

a) In Klammern ist jeweils die Rangfolge der Handlungsalternativen benannt.

- Gemäß **Maximin-Regel** (Wald-Regel) wird zunächst jeweils das schlechteste Ergebnis einer Handlungsalternative bestimmt und dann die Alternative mit dem besten der schlechtesten Ergebnisse gewählt. Mit Blick auf die Ergebnismatrix muss also die Handlungsalternative mit dem maximalen Zeilenminimum gewählt werden. Im Beispiel nimmt die Handlungsalternative „Verpachtung" den Rang 1 ein. Die Entscheidungsfindung gemäß Maximin-Regel ist fragwürdig, da sie implizit eine *sehr* hohe Risikoaversion unterstellt. Es lässt sich bspw. eine Situation konstruieren, in der eine Handlungsalternative mit Sicherheit 1 000 € liefert. Eine zweite Alternative liefere in 99 von 100 Fällen 10 000 € und in einem Fall 999 €. Gemäß Maximin-Regel wäre die zweite Alternative unterlegen.
- Bei der **Maximax-Regel** wird zunächst das beste Ergebnis jeder Handlungsalternative bestimmt und dann diejenige Handlungsalternative gewählt, die das beste der besten Ergebnisse liefert. In der Ergebnismatrix wird also die Alternative mit dem maximalen Zeilenmaximum gesucht. Im Beispiel sollte die Betriebsorganisation „viel Weizen" gewählt werden. Die Entscheidungsfindung gemäß Maximax-Regel entspricht nicht der Annahme der Risikoaversion: So lässt sich bspw. eine Situation konstruieren, in der eine Handlungsalternative mit Sicherheit 999 € liefert, während eine andere in 99 von 100 Fällen Null und in einem Fall 1 000 ergibt. Nach der Maximax-Regel wäre die zweite Alternative vorzuziehen.
- Die **Hurwicz-Regel** kann als Verallgemeinerung der Maximin- und der Maximax-Regel aufgefasst werden. Nach der Hurwicz-Regel wird das beste und schlechteste Ergebnis der jeweiligen Handlungsalternative mit Hilfe eines sog. Optimismusparameter ω gewichtet, der die subjektive Risikoeinstellung des Entscheiders ausdrücken soll. Je kleiner der Optimismusparameter gewählt wird, desto risikoaverser ist der Entscheider. Mit Blick auf die Ergebnismatrix wird also das jeweilige Zeilenmaximum mit ω und das Zeilenminimum mit $1 - \omega$ gewichtet. Anschließend wird die Summe der so gewichteten Extremwerte gebildet und die Alternative mit dem höchsten Wert gewählt. Bei $\omega = 0$ entspricht die Hurwicz-Regel der Maximin-Regel und bei $\omega = 1$ der Maximax-Regel. Bei dem in Tab. 7-20 unterstellten Wert von $\omega = 0{,}25$ sollte die Betriebsorganisation „viel Roggen" gewählt werden. Problematisch ist bei der Anwendung der Hurwicz-Regel die adäquate Bestimmung des Optimismusparameters. Außerdem werden bei der Entscheidungsfindung von jeder Handlungsalternative zwar schon zwei, aber nicht alle möglichen Werte für die Zielgröße berücksichtigt.
- Die **Savage-Niehans-Regel** wird auch als Regel des geringsten Bedauerns (minimum-regret) bezeichnet, da die Handlungsalternativen auf der Grundlage ihrer „Schadenswerte" beurteilt werden. Hierfür sind drei Schritte notwendig. (1) Zunächst bestimmt man für jeden Umweltzustand die Schadenswerte, d.h. die Differenz zwischen dem jeweiligen Handlungsergebnis und dem besten Handlungsergebnis. Technisch gesprochen berechnet man also innerhalb jeder Ergebnisspalte die Differenz zwischen dem jeweiligen Wert und dem Maximalwert. (2) Dann sucht man zeilenweise, d.h. bei

jeder Handlungsalternative, nach dem größten Schadenswert (maximales Bedauern). (3) Zuletzt wählt man die Handlungsalternative mit dem geringsten der höchsten Schadenswerte (minimales maximales Bedauern). Im Beispiel sollte gemäß Savage-Niehans-Regel die Handlungsalternative „viel Weizen" gewählt werden. Bei der Anwendung der Savage-Niehans-Regel wird bei der Entscheidungsfindung - wie bei der Maximin- und Maximax-Regel - nur einer der möglichen Werte für die Zielgröße berücksichtigt.

- Die **Laplace-Regel** wird auch als Kriterium des unzureichenden Grundes bezeichnet. Da in Ungewissheitssituationen keine Eintrittswahrscheinlichkeiten für die Ergebnisse bekannt sind, gibt es - gemäß logischer Schlussfolgerung - auch keinen Grund, einen Umweltzustand als wahrscheinlicher einzuschätzen als einen anderen Umweltzustand. Deshalb sollte die Handlungsalternative gewählt werden, die den maximalen Erwartungswert bei gleicher Eintrittswahrscheinlichkeit aller möglichen Ereignisse liefert. Das bedeutet gleichzeitig, dass im Unterschied zu den zuvor genannten Regeln alle möglichen Ergebnisse bei der Entscheidungsfindung berücksichtigt werden. De facto wird bei der Laplace-Regel die Ungewissheitssituation durch die Annahme von (gleichen) Eintrittswahrscheinlichkeiten für die einzelnen Umweltzustände in eine Risikosituation transformiert und das Erwartungswertkriterium angewendet. In unserem Beispiel ergibt sich dadurch für die Handlungsalternative „viel Weizen" der Rang 1.

Neben den hier beschriebenen Regeln zur Entscheidungsfindung unter Ungewissheit wird eine Vielzahl weiterer Entscheidungsregeln für Ungewissheit diskutiert. Ihnen ist allen gemeinsam, dass sie ohne axiomatische Begründung sind. Das heißt, ihre Eignung und ihre Vorzüglichkeit kann gar nicht eingeschätzt werden, da sie von vornherein keine Aussagen darüber machen, für welchen Typ von Entscheidungsträger bzw. für welche Risikoeinstellung sie denn als Entscheidungsregel geeignet sein sollen. Man kann also letztlich nur konstatieren, dass die **verschiedenen Entscheidungsregeln zu ganz unterschiedlichen Handlungsempfehlungen** kommen können.

Trotz dieser schwerwiegenden Kritik ist aber festzuhalten, dass es in der Realität zwar grundsätzlich technisch möglich ist, Ungewissheit durch die Schätzung subjektiver Wahrscheinlichkeiten in Entscheidungen unter Risiko zu überführen. Man ist sich allerdings darüber im Klaren, dass dies wenig Entscheidungsunterstützung bringt, wenn die subjektiven Wahrscheinlichkeiten nicht verlässlich oder gar willkürlich sind. Einen Versuch der Lösung dieses Problems bietet die Laplace-Regel. Sie verzichtet auf die Einholung subjektiver Wahrscheinlichkeiten, leitet dann aber gleichverteilte Wahrscheinlichkeiten *logisch* aus der Tatsache der Ungewissheit ab. Problematisch ist, dass sie dann zunächst beim Erwartungswert stehen bleibt und damit implizit einen risikoneutralen Entscheider unterstellt. Dies ließe sich aber leicht beheben, da sich bei einer bekannten Gleichverteilung ohne Weiteres das EU-Prinzip anwenden lässt.

Einen anderen Ansatz zum Umgang mit dem Problem unzuverlässiger subjektiver Wahrscheinlichkeitsschätzungen stellen sog. **Nutzwertanalysen** dar, die man auch als Scoring-Modelle bezeichnet. Scoring-Modelle werden ganz allgemein für mehrdimensionale Entscheidungsprobleme angewandt. Die Grundidee dabei ist einfach: Die Entscheidungsträger selbst oder Experten weisen den verschiedenen Handlungsalternativen hinsichtlich der als relevant angesehenen Ziele Punkte (Scores) zu. Dazu kommen keine formal-quantitativen, sondern mentale Modelle zum Einsatz. Die Rangfolge der Alternativen wird abschließend mit Hilfe der Gesamtpunktzahl bestimmt, die als Summe der mit der Bedeutung der Ziele gewichteten Einzelpunkte berechnet wird. Wie sind nun Scoring-Modelle mit Blick auf die Entscheidungsfindung bei der zweidimensionalen Zielsetzung „Einkommen und Sicherheit" einzuordnen? Durch die Punktebewertung wird auf eine explizite Schätzung von subjektiven Wahrscheinlichkeiten sowie auf den Ausweis der individuellen Risikoeinstellung verzichtet. Stattdessen erfolgt direkt eine subjektive Einschätzung des Nutzens verschiedener Alternativen. Anders ausgedrückt: Die Einschätzung *und* die Bewertung des Risikos erfolgt simultan und lediglich im mentalen Modell des Experten. Es ist damit intersubjektiv in keiner Weise nachvollziehbar.

7.6 Dynamische Entscheidungsprobleme unter Risiko

In vielen Situationen geht es nicht um Jetzt-Oder-Nie-Entscheidungen, sondern um die Frage, zu welchem Zeitpunkt welche Entscheidung gefällt werden soll. Diese Frage kann nicht im Rahmen einer statischen Planung beantwortet werden, da diese von vornherein nur auf einen Entscheidungszeitpunkt schaut. Wenn Wahlhandlungen in der Gegenwart den möglichen Entscheidungsraum in der Zukunft beeinflussen, spricht man von **dynamischen Entscheidungsproblemen**, die auch mit den Begriffen „flexibel" oder „mehrstufig" belegt werden. Die grundsätzliche Struktur dynamischer Entscheidungsprobleme, bei denen es aufgrund zeitlicher Interdependenzen zu Opportunitätskosten über der Zeit kommt, haben wir bereits bei der Diskussion flexibler Investitionen unter Sicherheit kennen gelernt (vgl. Punkt 6.5.2c). Dort haben wir anhand des Kaktusbeispiels eine verschiebbare, aber nicht wiederholbare Investition betrachtet. Die zeitliche Interdependenz bestand darin, dass eine unverzügliche Investition eine spätere Investitionsdurchführung ausschloss. Wir wissen von dort, dass man mehrstufige Entscheidungsprobleme im Rahmen des sog. Entscheidungsbaumverfahrens durch die **dynamische Programmierung** lösen kann. Das Verfahren setzt zeitdiskrete Handlungsalternativen und diskrete Umweltzustände voraus.

Im vorliegenden Abschnitt geht es um dynamische Entscheidungsprobleme unter Unsicherheit. Zu ihrer Lösung nutzen wir die bereits bekannte dynamische Programmierung. Diese muss nun aber modifiziert und zur **stochastisch dynamischen Programmierung** ausgebaut werden. Zur Veranschaulichung der grundsätzlichen Vorgehensweise greifen wir auf unsere Kaktusinvestition zurück.

Der Anschaffungspreis für den Babykaktus beträgt a_0 = 1 000 € und der Kalkulationszinsfuß liegt bei i_{kalk} = 5% p.a. Der Aufzinsungsfaktor für ein Jahr ist damit q = 1,05. Der Kaktus liefert nach einer Nutzungsdauer von N = 2 Jahren einen Verkaufspreis. Der gegenwärtig zu beobachtende Preis für verkaufsreife Kakteen beträgt 1 500 €. Der zukünftige Kaktuspreis ist unsicher, es liegen aber Wahrscheinlichkeitsannahmen vor. Zudem handelt es sich um eine flexible Investition, die zwar nur einmal, aber *entweder* sofort durchgeführt *oder* in einem Jahr durchgeführt *oder* ganz unterlassen werden kann. Die potenziellen Durchführungszeitpunkte sind also das Jahr t = 0 und das Jahr t = 1. Kurz gesagt muss man zwischen zwei sich ausschließenden Handlungsalternativen wählen: (1) unverzüglich investieren oder (2) warten und nach einem Jahr erneut über die Durchführung entscheiden (= binäres Entscheidungsproblem). Da nur einmal investiert werden kann, erzeugt eine unverzügliche Investitionsdurchführung Opportunitätskosten in Höhe des diskontierten erwarteten Kapitalwertes der späteren Investition. Daraus ergeben sich zwei konkrete Fragestellungen:

- Erstens, welchen Wert besitzt die aufschiebbare Investitionsmöglichkeit, die man auch als Option bezeichnet, insgesamt? Oder anders gefragt: Welchen Wert hat die Investitionsoption bei optimaler Ausübungsstrategie?
- Zweitens, ab welchem Preis sollte optimalerweise investiert werden? Oder anders gefragt: Wie sieht die optimale Ausübungsstrategie aus?

Zur Beantwortung dieser Fragen muss man zunächst die Unsicherheit der Kaktuspreisentwicklung über den relevanten zukünftigen Zeitraum, d.h. den potenziellen Durchführungszeitraum zzgl. der Nutzungsdauer der Investition, modellieren. Wir müssen also für die Jahre t = 0, 1, 2, 3 Wahrscheinlichkeitsannahmen treffen. Wir haben eine Zeitreihenanalyse für die in den letzten Jahren beobachteten Verkaufspreise vergleichbarer Kakteen durchgeführt. Demnach ist ein ABP (vgl. Punkt 7.4.1) mit α = 0 € und σ = 500 € die beste Annahme für die Modellierung der Kaktuspreisentwicklung.

Im Folgenden nutzen wir die zeit- und zustandsdiskrete Version des ABP, die die eigentlich zeit- und zustandsstetige Entwicklung der Zufallsvariable approximiert, um die genannten Fragen im Rahmen des Entscheidungsbaumverfahrens beantworten zu können (vgl. Abb. 7-16). Es wird in Einklang mit den potenziellen Investitionsdurchführungszeitpunkten ein Zeitintervall für die Änderung der Kaktuspreise von Δt = 1 Jahr betrachtet. Dieses Zeitintervall könnte man feiner diskretisieren, um die eigentlich zeit- und zustandsstetige Entwicklung der Zufallsvariable besser zu approximieren. Das würde aber nichts an der grundsätzlichen Vorgehensweise ändern. Gemäß den Gleichungen (7-38) und (7-39) kann der Kaktuspreis also ausgehend vom jeweils beobachteten Wert im Folgejahr um 500 € steigen oder um denselben Betrag sinken. Die Wahrscheinlichkeit für einen Anstieg ${}^{h}P$ beträgt gemäß Gleichung (7-40) 50%. Die Wahrscheinlichkeit für ein Absinken ${}^{l}P = 1 - {}^{h}P$ entspricht ebenfalls 50%.

Abb. 7-29 verdeutlicht die potenziellen Entwicklungspfade des Kaktuspreises. Mögliche zukünftige Preise werden mit den zusätzlich linksseitig hochgestellten Symbolen h (high) und/oder l (low) gekennzeichnet, um ihre Entstehungsgeschichte deutlich zu machen. So ergibt sich bspw. der Preis ${}^{hhh}p_3 = 3\,000$ € dann, wenn es - ausgehend von dem aktuell beobachteten Preis $p_0 = 1\,500$ € - dreimal hintereinander zu einem Preisanstieg von 500 € kommt. Da der Anstieg gefolgt von einem Absinken zum gleichen Wert führt wie ein Absinken gefolgt von einem Anstieg, gilt z.B. ${}^{hl}p_2 = {}^{lh}p_2$. Aufgrund einer Driftrate von Null entspricht der Erwartungswert des Preises zu jedem Zeitpunkt 1 500 €.

Abb. 7-29: Unterstellte Kaktuspreisentwicklung über den relevanten Zeitraum [a)]

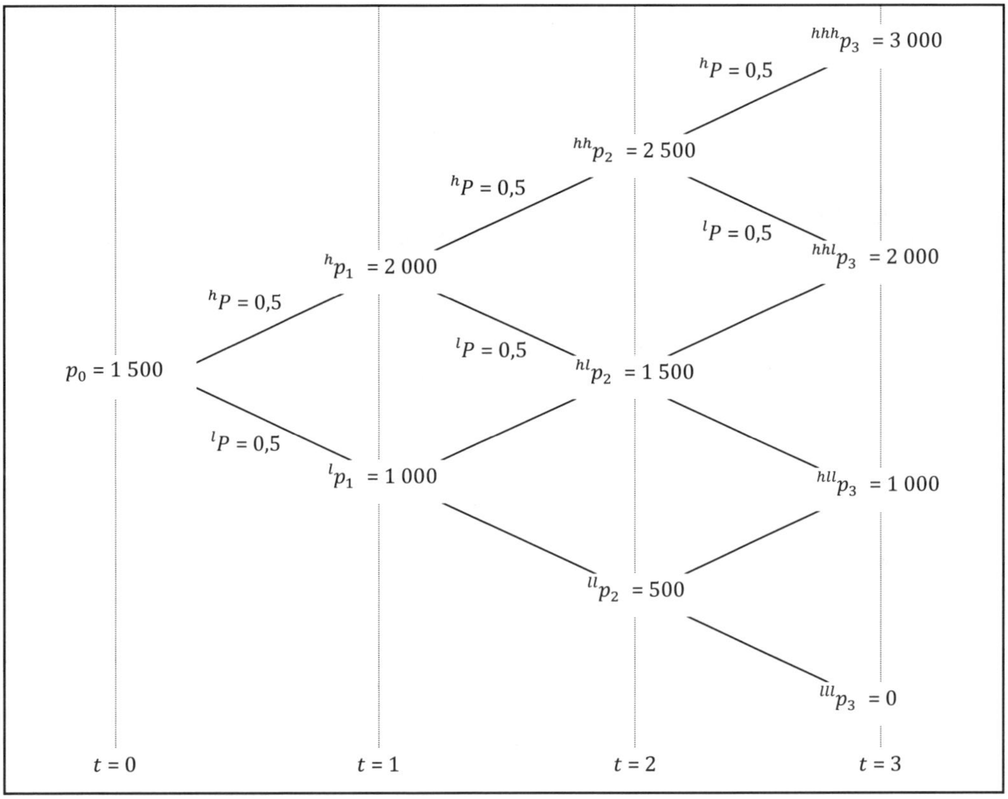

a) Zeit- und zustandsdiskrete Version eines ABP mit $\alpha = 0$ € und $\sigma = 500$ €.

Onno Überleg wundert sich über diese Ausführungen. Für ihn ist die optimale Handlungsstrategie längst klar: Er argumentiert, dass wir schon in Punkt 6.5.2c) gesehen hätten, dass die Kaktusinvestition bei einer Drift von 0 unverzüglich realisiert werden solle. Bei Investitionsdurchführung im Jahr 0 und im Jahr 1 betrage der im jeweiligen Jahr zu erwartende Kapitalwert jeweils 361 €. Weil der Kapitalwert bei Verschiebung der Investition erst später realisiert werden könne, sei er zu diskontieren und dann niedriger als der Kapitalwert bei sofortiger Investitionsdurchführung. Es lohne sich also nicht, die Durchführung der rentablen Investitionsmöglichkeit zeitlich zu verschieben. Su Sidenkt widerspricht und merkt an, dass man sequenziell entscheiden kann, d.h. Entscheidungen erst dann trifft, wenn sie getroffen werden müssen und die im Zeitablauf hinzu kommenden Informationen nutzt. Man werde im Jahr 1 ja nicht investieren, wenn der Kaktuspreis sinkt. Es ergebe sich eine Asymmetrie der relevanten zukünftigen Zahlungen, da man einen negativen Kapitalwert nicht realisieren muss. Mit anderen Worten: Kapitalwerte kann man bei Null „abschneiden". In einer stochastischen Welt sei es deshalb u.U. auch bei einer Driftrate von Null nicht notwendigerweise optimal, sofort zu investieren, auch wenn der dabei zu erwartende Kapitalwert positiv ist. Die Gedankengänge von Su Sidenkt, denen wir zustimmen, wollen wir uns im Folgenden genauer ansehen.

Wir berechnen zunächst für die beiden Investitionszeitpunkte $t = 0$ und $t = 1$ die erwarteten Barwerte der Investitionsrückflüsse $E(B_0)$ und $E(B_1)$. Zur Barwertberechnung greifen wir auf Gleichung (6-14) und zur Erwartungswertberechnung auf Gleichung (7-1) zurück. Bei sofortiger Investition ist der Barwert wie folgt zu bestimmen:

$$\begin{aligned} E(B_0) &= E(p_2) \cdot q^{-2} \\ &= [\,{}^hP \cdot ({}^hP \cdot {}^{hh}p_2 + {}^lP \cdot {}^{hl}p_2) + {}^lP \cdot ({}^hP \cdot {}^{lh}p_2 + {}^lP \cdot {}^{ll}p_2)] \cdot q^{-2} \\ &= [0{,}5 \cdot (1\,250 + 750) + 0{,}5 \cdot (750 + 250)] \cdot 1{,}05^{-2} \\ &= 1\,500 \cdot 1{,}05^{-2} = 1\,361 \end{aligned} \tag{7-70}$$

Der gemäß Gleichung (7-70) berechnete erwartete Barwert der Rückflüsse einer sofortigen Investition $E(B_0)$ beträgt 1 361 €. Wird die Investitionsentscheidung um ein Jahr verschoben, kann man die dann bei den einzelnen potenziellen Umweltzuständen zu erwartenden Barwerte der Investitionsrückflüsse ${}^hE(B_1)$ und ${}^lE(B_1)$ analog zu Gleichung (7-70) berechnen. Es kommt mit der Wahrscheinlichkeit ${}^hP = 50\%$ zu einem erwarteten Barwert von ${}^hE(B_1) = 1\,814$ €. Mit einer Wahrscheinlichkeit von ${}^lP = 50\%$ kommt es zu einem erwarteten Barwert ${}^lE(B_1) = 907$ €.

In Abb. 7-30 ist ein Entscheidungsbaum dargestellt, in den die erwarteten Barwerte der Investitionsrückflüsse einfließen. Mit Hilfe dieses Baums lassen sich die oben gestellten Fragen nach dem Wert der Investitionsmöglichkeit und der optimalen Investitionsstrategie beantworten. Grundsätzlich werden in einem **stochastischen Entscheidungsbaum** alle Entscheidungsalternativen und alle potenziellen Umweltzustände bzw. Ereignisse in einer baumartigen Struktur dargestellt. Dabei werden mögliche Wahlhandlungen als Entscheidungsknoten bezeichnet und als Rechtecke abgebildet. Mögliche Umweltentwicklungen werden als Ereignisknoten bezeichnet und als Kreise abgebildet.

Zur **Bestimmung des Wertes der Investitionsoption** bei Vorliegen zeitlich interdependenter Entscheidungssituationen findet die dynamische Programmierung Anwendung. Es wird **zuerst die zeitlich „letzte" Stufe optimiert**. Dabei werden alle Handlungen eliminiert, die niemals optimal sein können. Im Beispiel bedeutet dies, dass zunächst in $t = 1$ für jeden möglichen Umweltzustand gefragt wird, was die beste Investitionsstrategie wäre, wenn man zu diesem Zeitpunkt entscheiden würde: In $t = 1$ sollte man nur investieren, wenn der Preis auf 2 000 € angestiegen ist. In diesem Fall ergibt sich ein erwarteter Barwert der Rückflüsse von ${}^hE(B_1) = 1\,814$ € und damit ein erwarteter Kapitalwert von ${}^hE(KW_1) = 814$ €. Bei einer negativen Umweltentwicklung, d.h. bei einem auf 1 000 € gefallenen Preis, ergibt sich ein erwarteter Barwert von ${}^lE(B_1) = 907$ €. In diesem Fall sollte nicht investiert werden, da der erwartete Kapitalwert bei Investitionsdurchführung mit −93 € negativ wäre.

Auf der Grundlage der Kenntnis des optimalen Handlungskalküls im letzten potenziellen Durchführungszeitpunkt „hangelt" man sich rückwärts-rekursiv zum **zeitlich davor liegenden Entscheidungszeitpunkt**. Dort wird die Handlungsstrategie unter Berücksichtigung der optimalen Entscheidungsfolge zu späteren Zeitpunkten optimiert.

Abb. 7-30: Stochastischer Entscheidungsbaum zur Bestimmung der optimalen Investitionsstrategie und des Wertes der Investition a)

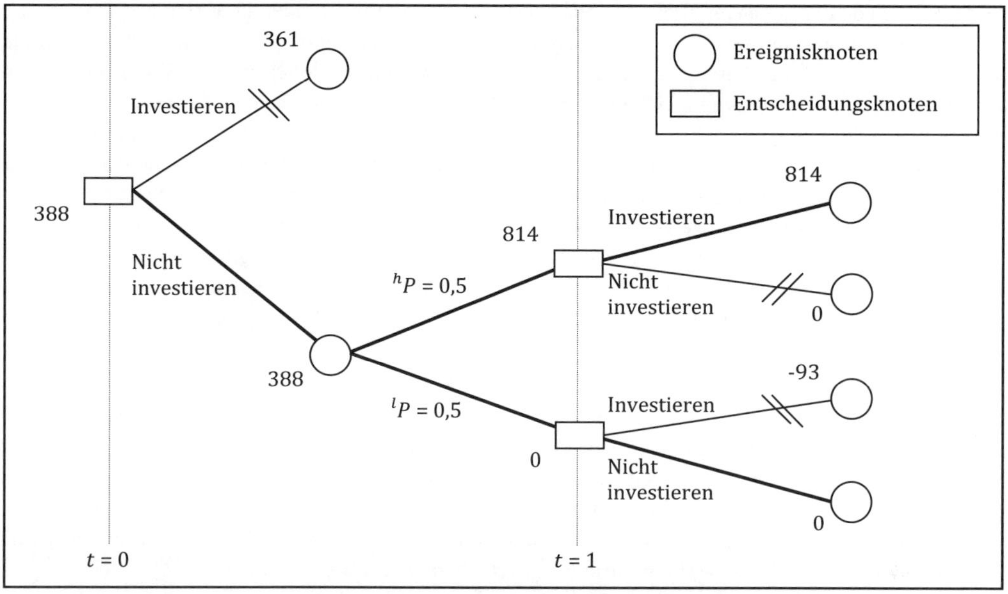

a) Es sind die Kapitalwerte bezogen auf den jeweiligen Betrachtungszeitpunkt in € angezeigt.

Im Beispiel wird bei sofortiger Investitionsdurchführung im Zeitpunkt 0 ein erwarteter Kapitalwert $E(KW_0)$ von 361 € erzielt. Der Wert der Alternative „Verschieben der Entscheidung um ein Jahr" entspricht dem Barwert des Erwartungswertes für den Kapitalwert im Jahr 1 $E(KW_1)$ unter Beachtung der eliminierten suboptimalen Strategien. Dieser Barwert ist wie folgt zu bestimmen:

$$\begin{aligned} E(KW_1) \cdot q^{-1} &= [\,^hP \cdot \,^hE(KW_1) + \,^lP \cdot \,^lE(KW_1)] \cdot q^{-1} \\ &= (0{,}5 \cdot 814 + 0{,}5 \cdot 0) \cdot 1{,}05^{-1} = 407 \cdot 1{,}05^{-1} = 388 \end{aligned} \tag{7-71}$$

Der auf den Zeitpunkt der Investitionsdurchführung bezogene Kapitalwert einer um ein Jahr verschobenen Investitionsentscheidung beträgt $E(KW_1) \cdot q^{-1}$ = 388 €.

Ein rational handelnder Investor würde mit der Investitionsentscheidung warten, da dies einen höheren diskontierten erwarteten Kapitalwert generieren würde als die unverzügliche Investitionsdurchführung. Mit anderen Worten: Der erwartete Barwert der Rückflüsse der sofortigen Investition reicht nicht aus, um neben den Investitionskosten von 1 000 € auch noch die Opportunitätskosten von 388 € zu decken, die aus der Verdrängung der zeitlich nachgelagerten Investitionsmöglichkeit resultieren. Der Wert einer Option mit einer zeitlichen Flexibilität zur Verzögerung der Investition um ein Jahr entspricht dem **Maximum aus innerem Wert und Fortführungswert**:

$$F_0 = \max\,[E(KW_0), E(KW_1) \cdot q^{-1}] \tag{7-72}$$

Der innere Wert bezeichnet den erwarteten Kapitalwert bei unverzüglicher Investitionsdurchführung und der Fortführungswert den diskontierten erwarteten Kapitalwert bei um 1 Jahr verzögerter Investitionsentscheidung und zukünftiger optimaler Ausübungsstrategie. Im vorliegenden Beispiel liegt F_0 bei 388 €. Dies zeigt, dass die Flexibilität, mit der Investitionsentscheidung warten zu können, auch bei einer Drift von Null einen monetären Wert besitzen kann. Dieser Wert, den man auch als „**Wert des Wartens**" bezeichnet, beträgt hier 388 – 361 = 27 €.

Unser einfaches Beispiel hat verdeutlicht, dass man bei dynamischen Entscheidungen unter Unsicherheit nicht ex ante angeben kann, welche konkrete Abfolge zukünftiger Handlungen optimal ist. Man kann allerdings eine von der zufälligen Umweltentwicklung abhängige optimale Handlungsstrategie ableiten. Im vorliegenden Fall mit nur zwei Entscheidungszeitpunkten ist diese bedingte Handlungsstrategie bereits klar: Beim aktuell beobachteten Preis von 1 500 € sollte man mit der Investitionsdurchführung warten und im Jahr 1 investieren, wenn der Preis dann bei 2 000 € liegt. Im Jahr 1 sollte dagegen nicht investiert werden, wenn der Preis bei 1 000 € liegt. Nun ließe sich die Frage stellen, wie hoch der heutige Preis mindestens sein müsste, so dass es c.p. optimal wäre, sofort zu investieren. Daran anschließend ließe sich fragen, wie hoch der zukünftige Preis mindestens sein müsste, damit es - bei verschobener Entscheidung - in einem Jahr optimal wäre, zu investieren. Diese kritischen Preise bezeichnet man auch als **Investitionstrigger**. Die Investitionstrigger zu unterschiedlichen Zeitpunkten in ihrer Gesamtheit werden auch **kritischer Ausübungspfad** oder optimale Ausübungsstrategie genannt. Bei der Bestimmung der optimalen Ausübungsstrategie kann im Rahmen von Break-Even-Analysen wie folgt vorgegangen werden:

1. Im ersten potenziellen Durchführungszeitpunkt $t = 0$ entstehen durch die zeitlich nachgelagerte Durchführungsmöglichkeit Opportunitätskosten. Der kritische Preis p_0^* entspricht dem Preis, bei dem der erwartete auf das Jahr 0 bezogene Kapitalwert der beiden Alternativstrategien „Investieren" und „Warten" gleich hoch wäre. Der kritische Preis p_0^* kann durch systematische Variation des anfänglichen Kaktuspreises bestimmt werden. Läge der Preis im Jahr $t = 0$ bei 1 557 €, entspräche der erwartete Kapitalwert der sofortigen Investitionsdurchführung mit 412 € gerade dem diskontierten erwarteten Kapitalwert der späteren Investitionsdurchführung. Der zu $p_0^* = 1\,557$ € gehörende kritische erwartete Barwert der Investitionsrückflüsse $E(B_0^*)$ beträgt 1 412 €.

2. Im letzten potenziellen Investitionszeitpunkt $t = 1$ bestehen keine Opportunitätskosten durch zeitlich nachgelagerte Investitionsmöglichkeiten mehr. Es handelt sich um eine Jetzt-Oder-Nie-Entscheidung. Demzufolge gilt das klassische Kapitalwertkriterium. Wenn die Investition nicht bereits in $t = 0$ durchgeführt wurde, sollte investiert werden, wenn der Preis so hoch ist, dass der erwartete Barwert mindestens die Investitionskosten deckt. Unter den getroffenen Annahmen beträgt der investitionsauslösende Preis $p_1^* = 1\,103$ €. Der dazu gehörende kritische erwartete Barwert $E(B_1^*)$ beträgt 1 000 €. Mit Blick auf den investitionsauslösenden Trigger, der gemäß klassischem Kapitalwertkriterium berechnet wird, spricht man auch vom Marshallian-Trigger.

Zu beachten ist, dass Investitionstrigger als kritische Werte bestimmt werden und deshalb auch unabhängig vom Ausgangspreis gelten.

Das Beispiel verdeutlicht einen allgemeinen Sachverhalt, der insbesondere bei mehreren zukünftigen Ausübungszeitpunkten zum Tragen kommt: Bei Vorliegen von zeitlicher Flexibilität und Unsicherheit **nehmen die kritischen Werte im Zeitablauf ab**. Zum letztmöglichen Ausübungszeitpunkt stellt schließlich der Marshallian-Trigger den relevanten Trigger dar. Bei mehreren zukünftigen Zeitpunkten hat die Bestimmung des kritischen Ausübungspfades auch eine große praktische Bedeutung: Man erspart sich zu den einzelnen zukünftigen Entscheidungszeitpunkten das erneute Durchrechnen der Handlungsalternativen „sofort Investieren" und „Warten". Man muss ja nur noch den jeweils beobachteten Preis mit dem kritischen Preis vergleichen. Die Berechnung des kritischen Ausübungspfades kann damit - ähnlich wie die Bestimmung des kritischen Unkrautdeckungsgrades (vgl. Punkt 2.4.4) - als „Vorratsplanungsrechnung für veränderte Umweltzustände" verstanden werden.

Einfache Entscheidungsbäume, wie der im Beispiel dargestellte Baum, erfordern eine gute Strukturierung des Planungsproblems. Wenn es tatsächlich gelingt, das Problem in einem einfachen Baum abzubilden, sind zudem zur Lösung nur wenige analytische Erfahrungen notwendig. Praktische Entscheidungssituationen erfordern aber in aller Regel methodische Anpassungen und aufwändigere Vorgehensweisen. Dafür gibt es zwei Hauptgründe. Zum einen besteht ein Anpassungsbedarf, wenn man die subjektive Risikoeinstellung berücksichtigen will. Zum anderen ist die Struktur praktischer Entscheidungssituationen in aller Regel weitaus komplexer als in unserem einfachen Beispiel:

- Bei der oben beschriebenen Vorgehensweise sind wir zunächst von einem risikoneutralen Investor ausgegangen, da es uns nur darum ging, die prinzipielle Vorgehensweise der stochastisch-dynamischen Programmierung zu beschreiben. Wir haben die erwarteten Rückflüsse der Investition mit dem für risikolose Anlagen relevanten Zinssatz diskontiert. Will man die **subjektive Risikoeinstellung des Entscheiders** im Rahmen eines stochastisch-dynamischen Entscheidungsproblems berücksichtigen, hat man natürlich wieder das Problem der Messung der Risikoaversion. Kennt man die Risikoeinstellung, gibt es prinzipiell mehrere Herangehensweisen (vgl. Punkt 7.5.1): (1) Man könnte die erwarteten Rückflüsse - analog zum Risk-Adjusted-Discount-Rate-Verfahren - mit einem risikoangepassten Zinssatz diskontieren, der die subjektive Risikoaversion des Entscheiders widerspiegelt. (2) Man könnte - analog zum Sicherheitsäquivalentverfahren - auch die Wahrscheinlichkeiten für das Ansteigen oder Absinken des Einzahlungsüberschusses in jedem Jahr der Nutzungsdauer der Investition gemäß der subjektiven Risikoeinstellung verändern, das Sicherheitsäquivalent jedes zukünftigen Rückflusses berechnen und mit dem risikolosen Zinssatz diskontieren. An der grundsätzlichen Vorgehensweise zur Lösung des Entscheidungsproblems im Rahmen einer stochastisch-dynamischen Programmierung würde dies aber nichts ändern.
- Hinzu kommt die **Komplexität realer Entscheidungsprobleme**. Im Gegensatz zu dem oben betrachteten Beispiel hat man es in der Realität in aller Regel mit mehr als zwei möglichen Durchführungszeitpunkten zu tun. Zudem gibt es zu jedem Entscheidungszeitpunkt i.d.R. nicht nur zwei, sondern eine Vielzahl möglicher Handlungsalternativen. Auch gibt es stochastische Prozesse, die es nicht erlauben, die Unsicherheit in einem schließenden Entscheidungsbaum auszudrücken. Aus Entscheidungsbäumen werden bei vielen zukünftigen Zeitpunkten und vielen Verzweigungen an den Ereignis- oder Entscheidungsknoten schnell unüberschaubare und schwer zu handhabende „Entscheidungsbüsche". Dies wird noch zusätzlich verstärkt, wenn man es nicht mit einer, sondern mit mehreren Zufallsvariablen zu tun hat. Aus diesem Grund sind für die Lösung stochastisch-dynamischer Entscheidungsprobleme in vielen Fällen flexiblere numerische Verfahren, wie z.B. Genetische Algorithmen in Verbindung mit der stochastischen Simulation, erforderlich. Die Darstellung dieser Vorgehensweisen sei weiterführenden Lehrbüchern überlassen.

7.7 Literaturhinweise

BRANDES, W. und M. ODENING (1992): Investition, Finanzierung und Wachstum in der Landwirtschaft. Ulmer, Stuttgart.

BRANDES, W., G. RECKE und T. BERGER (1997): Produktions- und Umweltökonomik. UTB, Stuttgart.

EISENFÜHR, F. und M. WEBER (2003): Rationales Entscheiden. Springer, Berlin.

HARDAKER, J.B., R.B.M. HUIRNE, J.R. ANDERSON und G. LIEN (2004): Coping with Risk in Agriculture. CAB International, Wallingford.

KREYSZIG, E. (1975): Statistische Methoden und ihre Anwendungen. Vandenhoeck & Ruprecht, Göttingen.

LAUX, H. (2007): Entscheidungstheorie. Springer, Berlin.

MUßHOFF, O. und N. HIRSCHAUER (2003): Bewertung komplexer Optionen - Umsetzung numerischer Verfahren mittels MS-EXCEL und Anwendungsmöglichkeiten der Optionspreistheorie auf Sachinvestitionen. PD-Verlag, Heidenau.

ROBISON, L.J. und P.J. BARRY (1987): The Competitive Firm's Response to Risk. Macmillan, New York.

SACHS, L. (2003): Angewandte Statistik. Anwendung statistischer Methoden. Springer, Berlin.

WINSTON, W.L. (1998): Financial Models Using Simulation and Optimization. Palisade, New York.

8 Corporate Social Responsibility - Über die Grenzen der einzelwirtschaftlichen Sicht hinaus

8.1 Vorbemerkungen

Der auch im Deutschen verwendete Begriff „**Corporate Social Responsibility**" (CSR) bedeutet ganz allgemein, dass Unternehmen freiwillig gesellschaftlich verantwortungsbewusst handeln und bei ihren Entscheidungen **externe Effekte** (external effects) berücksichtigen. Mit externen Effekten sind Wirkungen gemeint, die sich durch die Entscheidungen einzelner Wirtschaftssubjekte für unbeteiligte Dritte oder die Gesellschaft insgesamt ergeben. Man denkt in diesem Zusammenhang i.d.R. an die ökologischen, gesundheitlichen und sozialen Folgen unternehmerischen Handelns. Ein konkretes Beispiel wäre eine freiwillige Reduzierung der landwirtschaftlichen Düngung unter die optimale spezielle Intensität zur Vermeidung einer Stickstoffbelastung des Grundwassers. Ein Landwirt ohne gesellschaftliches Verantwortungsbewusstsein würde die mit einem belasteten Grundwasser verbundenen gesellschaftlichen Kosten nur berücksichtigen, wenn er für die Schäden haften muss. Ein anderes Beispiel wäre eine unternehmerische Beschaffungspolitik, die darauf abzielt, dass bei Zulieferern in anderen Ländern menschenwürdige Mindestsozialstandards eingehalten werden.

Die **bei der Diskussion über CSR eingenommenen Sichtweisen** lassen sich wie folgt beschreiben:

1. **Die Kritik am fehlenden Wollen der Unternehmer**: CSR wird oft als sozialethischer Imperativ verstanden. Das Problem wird darin gesehen, dass Unternehmer zu wenig CSR aufweisen, weil sie eigennützig sind und nicht ökologisch und sozial verantwortlich handeln wollen. Diese Problemsicht wird mit der moralischen Forderung verbunden, dass Unternehmen dies aber tun sollen. Dabei handelt es sich in aller Regel um einen zweifachen verantwortungsethischen Appell: Einerseits werden die Unternehmer selbst aufgerufen, „bessere Menschen zu werden" und altruistische Ziele bei ihren Entscheidungen zu berücksichtigen. Andererseits wird an den Staat appelliert, regulierend einzugreifen und die Rahmenbedingungen und Anreize durch staatliche Interventionen so zu verändern, dass sich das gesellschaftlich erwünschte Unternehmerverhalten ergibt, auch oder gerade wenn altruistische Ziele nicht Bestandteil unternehmerischer Zielsysteme sind.
2. **Die Kritik am fehlenden Wollen der Konsumenten**: Oftmals wird auch betont, dass CSR in einem marktwirtschaftlichem Wettbewerbssystem nur erfolgen kann, wenn die Verbraucher verantwortungsvolle Konsumentscheidungen treffen. Dem Markt wird also die grundsätzliche Funktion zugewiesen, Nachfrage und Angebot zu koordinieren. Gleichzeitig werden aber bestimmte Auswirkungen des aktuellen Wirtschaftens, wie z.B. die Umweltverschmutzung und der Klimawandel, als Missstände wahrgenommen, deren Abbau eine Verhaltensänderung erforderlich macht. Auch hier erfolgt ein moralischer Appell. Dieser richtet sich nun aber primär an die Verbraucher, die dazu aufgerufen werden, sozial verträglich zu konsumieren. Darüber hinaus ist wiederum der Staat der zweite Adressat. Dieser solle erstens für ausreichend Transparenz sorgen, so dass sich eine verantwortliche Konsumenteneinstellung auch in eine Nachfrage „übersetzen" kann, die am Markt eine Sogwirkung entfaltet. Zweitens solle er die Rahmenbedingungen so ändern, dass sich ein verantwortliches Konsumverhalten

ergibt, auch oder gerade wenn viele Verbraucher nur eine eigennützig-kurzfristige Bedürfnisbefriedigung anstreben.

3. **Die Kritik am fehlenden Können wirtschaftlicher Akteure**: Ein weiterer Aspekt ist, dass CSR nur erfolgen kann, wenn die Menschen das hierfür erforderliche Wissen und Know-How haben. Pointiert könnte man sagen, dass bei dieser Sichtweise die Hauptursache für fehlende CSR und für sozial unerwünschtes Verhalten nicht mehr im fehlenden Wollen, sondern im fehlenden Können verortet wird. Man sieht also das Problem vor allem in der begrenzten Rationalität der Akteure. Dementsprechend wird das sog. Capacity Building als Lösungsansatz vorgeschlagen. Dieses beruht auf der Idee, dass man Menschen und Institutionen durch Informationen, Aufklärung und Training dazu befähigt, ihre wirtschaftlichen Ziele in einer nachhaltigen Art und Weise zu verfolgen. Interessant ist, dass der Begriff „Capacity Building" in aller Regel nicht mit Unternehmen in den wirtschaftlich hoch entwickelten Regionen der Welt assoziiert wird. Vielmehr sieht man entweder wirtschaftliche Akteure in Entwicklungsländern oder Konsumenten im Allgemeinen als die begrenzt rational handelnden Akteure an, die es zu befähigen gilt.
4. **Die Marketingsicht**: CSR wird auch als Möglichkeit verstanden, externe Effekte für das Unternehmen nutzbar zu machen, indem man ggf. vorhandene Bedürfnisse der Konsumenten nach einem Zusatznutzen in Form einer umweltfreundlichen und sozial verträglichen Produktionsweise erfüllt (ökologische und politisch-soziale Qualitätsanforderungen). Ausgangspunkt dieser Sichtweise ist das Leitbild des modernen Marketings, nach dem Kunden nicht einfach Produkte kaufen, sondern Nutzenbündel, die am besten geeignet sind, ihre subjektiven Bedürfnisse zu befriedigen. Diese Nutzenbündel müssen im Rahmen des Marketings durch eine geeignete Produktkonzeption, Kommunikation, Distribution und Preisgestaltung zu beidseitigem Vorteil bestmöglich bereitgestellt werden, wenn man als Unternehmen am Markt erfolgreich um die Zahlungsbereitschaft der Kunden konkurrieren will. Dementsprechend wird CSR als ein systemimmanentes Ergebnis der Marktwirtschaft verstanden, das sich bei entsprechender Nachfrage (vgl. Sichtweise 2) automatisch ergibt, weil Unternehmen in einem Wettbewerbssystem immer versuchen, veränderte Kundenwünsche zu antizipieren und bestmöglich zu erfüllen.

Diese Sichtweisen haben trotz ihrer vordergründigen Unterschiede eine große Gemeinsamkeit: Sie sind eine Reaktion auf die zunehmende gesellschaftliche Wahrnehmung von Missständen wie Umweltzerstörung und soziale Ungerechtigkeit, die durch bestimmte Wirtschaftsweisen verursacht werden. In diesem Zusammenhang taucht eine Vielzahl strittiger Fragen auf: Einerseits geht es um die Frage, worin die Missstände und Probleme eigentlich bestehen. Dies ist durchaus keine triviale Frage. Es gibt vom Einsatz von Pflanzenschutzmitteln bis hin zur Gentechnologie und dem Klimawandel unterschiedliche Problemwahrnehmungen. Andererseits geht es um die Frage, wie man auf ein wie auch immer definiertes Problem reagieren soll. Auch die Beantwortung dieser Frage kann - sogar bei Übereinstimmung bzgl. der Problemdefinition - höchst umstritten sein.

Unabhängig davon, wie in der politischen Praxis die dringlichsten Probleme identifiziert und Entscheidungen gefällt werden, wird im Folgenden gezeigt, wie man aus ökonomischer Sicht die negativen Folgen des Wirtschaftens analysieren kann. Dazu wird in Abschnitt 8.2 zunächst auf die grundsätzliche Ursache des Problems eingegangen, nämlich das Auseinanderfallen von individueller und kollektiver Rationalität aufgrund externer Effekte. In diesem Zusammenhang legen wir auch die Grundlagen der Spieltheorie dar. In Abschnitt 8.3 wird dargestellt, wie die Entstehung externer Effekte mit den Eigenschaften von Gütern und den jeweils gültigen institutionellen Regeln zusammenhängt. Außerdem werden die grundsätzlich zur Verfügung stehenden Lösungsansätze für Externalitätenprobleme beschrieben. In Abschnitt 8.4 setzen wir uns kritisch mit der Geschwindigkeit auseinander, mit der sich gesellschaftliche Anpassungsprozesse an neuartige Herausforderungen, wie z.B. den Klimawandel, vollziehen.

8.2 Individuelle vs. kollektive Rationalität

8.2.1 Regeln des Wirtschaftens und Dimensionen sozialer Verantwortung

Wirtschaftliche Entscheidungen sind in ein Geflecht von institutionellen Regelungen eingebettet, die einerseits das Set der Handlungsmöglichkeiten definieren, die den Akteuren zur Verfügung stehen, und andererseits ihre Anreize bestimmen. Es lassen sich folgende **Herkunftsquellen institutioneller Regelungen** unterscheiden: Die Regeln des Marktes, staatliche Regelungen, privatrechtliche Regelungen und gesellschaftliche Normen.

- **Die Regeln des Marktes**: Der Markt selbst, d.h. die Tatsache, dass in einem Wettbewerbssystem wirtschaftliche Akteure im freien Leistungswettbewerb stehen und ihre Pläne durch das freie Spiel von Angebot und Nachfrage aufeinander abstimmen, stellt ein institutionelles Regelwerk dar. Es bestimmt die Wahlalternativen und die Ergebnisse der Handlungen der einzelnen Akteure.
- **Staatliche Regelungen zur Gestaltung der Eigentumsordnung**: Ohne die Möglichkeit, rechtlich bindende Kauf- und Verkaufsverträge zu schließen, ist ein marktwirtschaftliches System nicht möglich. Dies setzt zum einen das staatliche Gewaltmonopol sowie die „Institution" der Eigentums- bzw. Verfügungsrechte (property rights) voraus. Zum anderen muss ein funktionierendes Rechtssystem vorhanden sein, das insbesondere über das Vertragsrecht (Rückabwicklungsrecht, Vertragsstrafen) und das Deliktrecht (Schadensersatz- bzw. Haftungsrecht) Rechtssicherheit garantiert.
- **Staatliche Regelungen zur Gewährleistung der Wettbewerbsordnung**: Ohne eine hohe Anzahl unabhängiger Anbieter und Nachfrager sowie Markttransparenz können sich ein freier Leistungswettbewerb und ein funktionierendes Preissystem nicht entfalten. Ein wichtiges Beispiel für staatliche Regelungen zur Gewährleistung eines freien Wettbewerbs ist das als Kartellgesetz bezeichnete Gesetz gegen Wettbewerbsbeschränkungen (GWB) mit seinem Verbot von Absprachen und Kartellen. Auch das Verbraucherinformationsgesetz, das die Verbraucher durch eine Erhöhung der Transparenz vor Irreführung schützen und eine informierte Kaufentscheidung ermöglichen soll, lässt sich hier einordnen.
- **Staatliche Regelungen zum Schutz von Individual- und Universalrechtsgütern**: Unter Schutzgütern versteht man zum einen die durch Gesetze geschützten Rechte einzelner Personen, die man als Individualrechtsgüter bezeichnet. Beispiele sind das Recht auf körperliche Unversehrtheit oder das bereits genannte Recht auf Eigentum. Ökonomisch gesehen handelt es sich dabei um Verfügungsrechte. Zum anderen stellen auch die sog. Universalrechtsgüter, die nicht Einzelnen, sondern der Allgemeinheit zuzuordnen sind, Schutzgüter dar. Dazu zählen bspw. die öffentliche Sicherheit und ein betrugsfreier Rechtsverkehr. Die zum Schutz von Rechtsgütern geltenden Regeln begrenzen den Handlungsspielraum wirtschaftlicher Akteure. Beispiele sind der gesundheitliche Verbraucherschutz, der Arbeits- und Umweltschutz, aber auch die Straßenverkehrsordnung und das Korruptionsverbot.
- **Privatrechtliche Verträge und Regeln nicht-staatlicher Organisationen**: Neben staatlichen Regelungen unterliegen wirtschaftliche Entscheidungen auch Regelungen nicht-staatlicher Herkunft. Diese resultieren aus den privatrechtlichen Verträgen, die wirtschaftliche Akteure untereinander geschlossen haben. Beispiele hierfür sind Kauf- und Verkaufsverträge oder Arbeitsverträge. Grundsätzlich ergeben sich aber auch aus der Zugehörigkeit zu nicht-staatlichen Organisationen und den Verträgen zwischen solchen Organisationen Regelungen, die den Handlungsspielraum der einzelnen Akteure bestimmen. Ein Beispiel hierfür sind Tarifparteien und Tarifverträge. Die Mitgliedschaft im Arbeitgeberverband oder in der Gewerkschaft stellt für die Mitglieder einen Vertrag dar, der Rechte und Pflichten, inkl. der Einhaltung der abgeschlossenen Tarifverträge, regelt. Ein Beispiel aus dem landwirtschaftlichen Bereich ist die Zugehörigkeit zu einem ökologischen Anbauverband, dessen Richtlinien bei der

Erzeugung eingehalten werden müssen. Aber auch die Mitgliedschaft in einer Erzeugergemeinschaft oder einer Kapitalgesellschaft kann als Vertrag gesehen werden, der die Rechte und Pflichten der Beteiligten regelt.

- **Gesellschaftliche Normen**: Neben formalen Vorschriften gibt es auch informelle soziale Normen, die die Handlungsmöglichkeiten wirtschaftlicher Akteure zusätzlich beschränken. Besonders wirksam wird dies, wenn sich soziale Normen und formale Regeln wechselseitig stützen. Dies kann auf zweifache Art und Weise erfolgen: Erstens stellt der Bruch einer formalen Vorschrift (z.B. Betrug oder Korruption) oft auch einen Verstoß gegen internalisierte soziale Normen und Werte dar. Zweitens wird ein formaler Regelverstoß im relevanten sozialen Umfeld auch häufig durch soziale Ächtung und Exklusion geahndet. In beiden Fällen werden die Anreize beeinflusst, die aus Sicht des Einzelnen für oder gegen bestimmte Handlungsweisen sprechen.

Trotz dieses zunächst sehr engmaschig aussehenden Geflechts von Regeln kann es durch die wirtschaftlichen Aktivitäten Einzelner zu Externalitäten und Schadwirkungen kommen, die nicht vom Verursacher, sondern von Dritten oder der Gesellschaft insgesamt getragen werden. Mit anderen Worten: Gesellschaftlich erwünschte **Sozial- und Umweltbelange können nicht allein durch „wasserdichte" Regelungen erzwungen werden**. Deshalb wird CSR eine immer größere Rolle beigemessen. So wurde bspw. im Jahr 2000 die sog. United Nations Global Compact (UNGC) Plattform initiiert. Sie stellt einen Versuch dar, weltweit verantwortungsvolles Unternehmerhandeln durch freiwillige Selbstverpflichtung zu fördern. Die teilnehmenden Unternehmen verpflichten sich, eine Liste allgemeiner ethischer Prinzipien in den Bereichen „Menschen- und Arbeitsrechte" sowie „Umweltschutz" und „Korruptionsbekämpfung" einzuhalten.

Bei der gesellschaftlichen Diskussion über CSR ist festzustellen, dass neben den UNGC-Prinzipien eine große Bandbreite unterschiedlicher Ziele genannt wird, die Gegenstand von CSR sein sollen. Die wichtigsten **Ziele von CSR** lassen sich wie folgt systematisieren:

1. **Qualität der hergestellten Güter**: Bei der Gewährleistung von Qualität und Sicherheit ist die Bedeutung verantwortlichen unternehmerischen Handelns am offensichtlichsten. Es geht hier direkt um die Produkte, die von den Unternehmen für ihre Kunden bereitgestellt werden. Je nach Branche und Produktart sind spezifische Eigenschaften relevant. Dazu zählen bspw. die Nahrungsmittelqualität und -sicherheit, die Unbedenklichkeit von Arzneimitteln, die gesundheitliche Unbedenklichkeit von Kinderspielzeug oder die Sicherheit und Gefahrlosigkeit beim Gebrauch von Werkzeugen, Geräten und Fahrzeugen.

2. **Umwelt**: Beim Umweltschutz geht es um den verantwortungsvollen Einsatz von Produktionsfaktoren, die der natürlichen Umwelt entstammen. Dies bezieht sich auf die Erschöpfung natürlicher Ressourcen durch den Verbrauch von Rohstoffen sowie die Bewahrung einer lebenswerten Umwelt. Man unterscheidet hier zwischen der biotischen Sphäre (Flora und Fauna) und der abiotischen Sphäre (Luft, Wasser, Boden, Klima etc.). CSR bezieht sich mit Blick auf die Umwelt auf Themen wie Biodiversität und Artenschutz, Luft- und Gewässerschutz sowie boden- und klimafreundliche Produktionsweisen. CSR soll in diesem Zusammenhang nicht nur kurz- bis mittelfristige Auswirkungen berücksichtigen, sondern eine langfristige Perspektive einnehmen. Dies wird allgemein unter den Stichworten „Generationengerechtigkeit" und „nachhaltiges Wirtschaften" zusammengefasst. Nachhaltigkeit bedeutet, dass man die natürliche Lebensumwelt und die Ressourcen so nutzt und erhält, dass die Möglichkeiten der Bedürfnisbefriedigung künftiger Generationen nicht gefährdet werden.

3. **Arbeitsbedingungen und soziale Gerechtigkeit**: Im Gegensatz zum Umweltschutz geht es beim Thema „Arbeitsbedingungen und soziale Gerechtigkeit" um den verantwortungsvollen Umgang mit dem Produktionsfaktor „Arbeit". Da hier der Mensch im Mittelpunkt steht, ist CSR stark vom Diskurs über die Menschenwürde und die Menschenrechte geprägt. CSR beinhaltet damit insbesondere das Verbot von Zwangs- und Kinderarbeit, die Gewährleistung der Sicherheit der Arbeitnehmer durch einen adäquaten Arbeitsschutz, den Ausschluss jeglicher Diskriminierung bei der Einstellung und Ent-

lohnung von Mitarbeitern sowie die Gewährleistung der Versammlungs- und Organisationsfreiheit der Mitarbeiter. Darüber hinaus geht es um eine „gerechte" Bezahlung.

4. **Gesetzestreues Verhalten und Korruptionsbekämpfung**: Auch die Verpflichtung, keine Rechtsbrüche, wie z.B. Korruption, zu begehen, wird bei der Diskussion um CSR explizit benannt. So ist eine Anti-Korruptionsverpflichtung bspw. integraler Bestandteil der CSR-Prinzipien des UNGC. Man geht also implizit davon aus, dass der Bruch geltenden Rechts von einem Teil der Unternehmen als „normaler" Bestandteil des zur Verfügung stehenden Handlungsspielraumes angesehen wird.
5. **Tierschutz**: Ein eigenständiger Verantwortungsbereich wird auch im Tierschutz gesehen. Dabei geht es insbesondere um die Vermeidung von unnötiger Grausamkeit.

Die Auflistung der Ziele von CSR verdeutlicht, dass es dabei immer darum geht, negative externe Effekte zu vermeiden und/oder positive externe Effekte zu schaffen. Zu Letzterem zählt man auch häufig Aktivitäten, die nicht direkt mit der eigentlichen unternehmerischen Tätigkeit gekoppelt sind, sondern zusätzlich unternommen werden. Ein Beispiel hierfür wäre, wenn ein Industrieunternehmen soziale oder kulturelle Belange, wie die Resozialisierung straffälliger Jugendlicher oder die Durchführung von Kulturveranstaltungen, fördert.

8.2.2 Externe Effekte und ihre Wirkungsweise

Externe Effekte als Ursache unerwünschter sozialer Phänomene

Bei den im Folgenden gemachten Aussagen zur Entstehung externer Effekte wird unterstellt, dass man es mit eigennützigen Akteuren zu tun hat, die versuchen, individuell rational zu handeln. Gemildert werden Externalitätenprobleme immer dann, wenn wirtschaftliche Akteure im Rahmen von CSR aus gesellschaftlicher Verantwortung versuchen, negative externe Effekte zu reduzieren und positive zu generieren. In Abb. 8-1 sind die Ursachen für unerwünschte Folgen unternehmerischen Handels angezeigt. Dabei ist zwischen externen Effekten und begrenzter Rationalität zu unterscheiden.

Abb. 8-1: Unerwünschte Folgen wirtschaftlichen Handelns

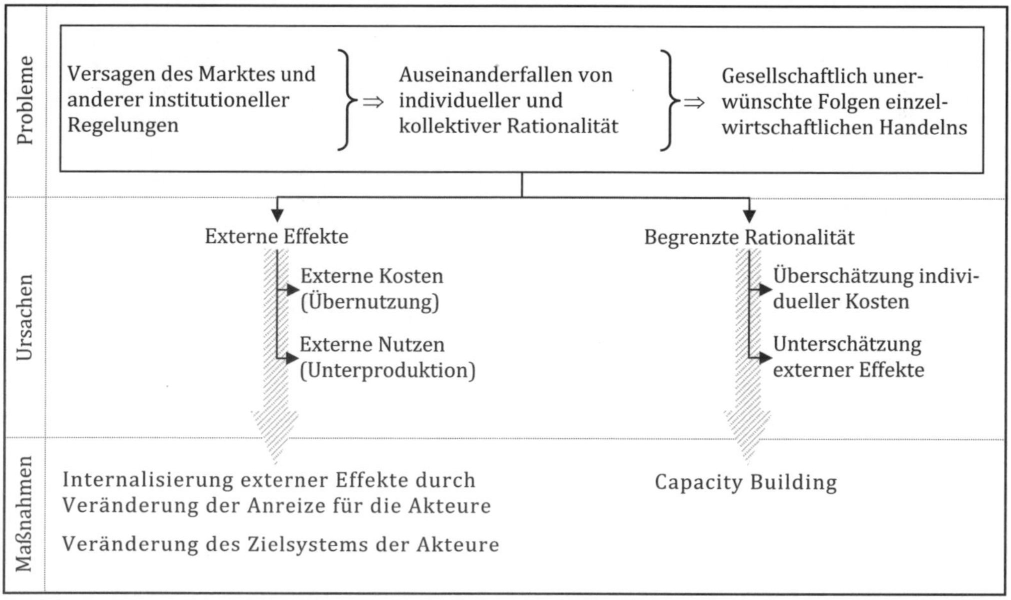

Ein möglicher Grund für das Auseinanderfallen von individueller und kollektiver Rationalität besteht in einer **begrenzten Rationalität der einzelwirtschaftlichen Akteure**. Mit diesem Begriff bezeichnet man Inkonsistenzen zwischen den verfolgten unternehmerischen Zielen und den Entscheidungen, die getroffen werden. Hierbei sind zwei Situationen zu unterscheiden: (1) Möglicherweise verursachen einzelwirtschaftliche Akteure unerwünschte externe Effekte, weil sie die Kosten überschätzen, die ihnen individuell durch die Vermeidung negativer externer Effekte oder die Herstellung positiver externer Effekte entstehen würden. (2) Möglicherweise haben einzelwirtschaftliche Akteure altruistische Präferenzen, unterschätzen aber das tatsächliche Ausmaß der unerwünschten Externalitäten, die durch ihr gegenwärtiges Handeln verursacht werden. Ist begrenzte Rationalität der Grund dafür, dass einzelwirtschaftliche Entscheidungen getroffen werden, die zu gesellschaftlich unerwünschten Folgen führen, liegt es nahe, auf Maßnahmen des **Capacity Building** zurückzugreifen, um kollektiv-rationale Lösungen herbeizuführen. Wir gehen allerdings auf das Capacity Building im Verlauf dieses Lehrbuchs nicht weiter ein. Es ist ein Gegenstand, welcher der Spezialliteratur zur (Unternehmens)Beratung und Kommunikation überlassen bleiben muss.

Neben einer möglicherweise begrenzten Rationalität der Akteure stellen externe Effekte die essentielle Ursache für das Auseinanderfallen von individueller und kollektiver Rationalität dar. Das **Konzept der externen Effekte** (Externalitäten) hat insbesondere in der sog. Umweltökonomie, die sich mit der Bewertung und Berücksichtigung der ökologischen Folgen wirtschaftlichen Handelns beschäftigt, Bedeutung erlangt. Obwohl man häufig zunächst nur an externe Kosten denkt, gibt es nicht nur negative, sondern auch positive externe Effekte.

Man spricht von **negativen externen Effekten** oder externen Kosten (external costs), wenn es durch einzelwirtschaftliche Entscheidungen bzgl. des Verbrauchs von Ressourcen und Gütern zu Schäden kommt, die nicht vom Verursacher getragen werden müssen. Ökonomisch formuliert entstehen externe Kosten, wenn die individuellen Grenzkosten der Nutzung eines Gutes geringer sind als die gesellschaftlichen Grenzkosten.

Es gibt **zwei Ursachen für die Entstehung externer Kosten**: Erstens, das von der Schadwirkung betroffene Gut ist nicht als Schutzgut kodifiziert, d.h. es gibt noch keine Regelungen, die dem unternehmerischen Handlungsspielraum in diesem Bereich Grenzen setzen. Ein Beispiel hierfür sind die CO_2-Emissionen. Vor Einführung der CO_2-Kontingentregelung wurde der CO_2-Gehalt der Atmosphäre nicht als Schutzgut betrachtet. Klimaschädliche CO_2-Emissionen konnten demzufolge frei, d.h. in unbegrenztem Umfang, ausgestoßen werden. Eine Beschränkung und Reduzierung erfolgte lediglich, wenn dies von Unternehmen freiwillig im Rahmen von CSR vorgenommen wurde. Zweitens kann es zu externen Schadwirkungen durch Verstöße gegen bestehende Regelungen kommen, die derartige Schäden verhindern sollten. Ein Beispiel wäre die Missachtung von Gewässerschutzvorschriften. Aus ökonomischer Sicht handelt es sich hierbei um eine eigennützige Externalisierung von Kosten. Man spricht in diesem Zusammenhang auch von opportunistischem Verhalten. Dies kann aus Sicht eines gewinnmaximierenden Unternehmers profitabel und damit individuell rational sein, wenn die Gesetze nicht ausreichend kontrolliert und durchgesetzt werden. Aus rechtlicher Sicht handelt es sich um eine Verletzung eines Schutzgutes. Ähnlich sind Verstöße wie Betrug oder Korruption zu werten. Dabei werden Kosten auf Dritte abgewälzt oder Vorteile von diesen erschlichen.

Die Wirkung externer Kosten lässt sich am Beispiel der Stickstoffbelastung des Grundwassers durch die landwirtschaftliche Düngung verdeutlichen. Solange keine wirksamen Vorschriften oder Verträge zur Vermeidung der Grundwasserbelastung bestehen, wird ein gewinnmaximierender Landwirt die Stickstoffintensität bis zu dem Punkt ausdehnen, an dem sein individueller Grenzerlös seinen individuellen Grenzkosten entspricht. Er wird also noch ein zusätzliches Kilogramm Stickstoff zum Preis von 1 € einsetzen, wenn der dadurch erwartete Zusatzerlös bei 1,01 € liegt (vgl. Abschnitt 4.2). Er wird dies auch dann tun, wenn der Schaden, den die Gemeinschaft der Grundwassernutzer durch die daraus resultierende Verschmutzung tragen muss, bereits ein Vielfaches seines Grenzgewinns beträgt. Aus seiner Sicht handelt es sich ja um externe und damit entscheidungsirrelevante Kosten, die er nicht zu tragen hat. Gerade darin liegt das Problem, das man auch als **soziales Dilemma** (social dilemma) bezeichnet: Da es bei den vorhandenen institutionellen Regelungen zu einer Externalisierung der Kosten kommt, fällt die individuell-rationale Entscheidung des Landwirts nicht mit der Entscheidung zusammen, die kollektiv rational ist. Man spricht deshalb auch von **institutionellem Versagen** (institutional failure). Im vorliegenden Beispiel ist das bestehende institutionelle Geflecht aus marktbasierten, staatlichen und nicht-staatlichen Regelungen nicht ausreichend, um die unerwünschten Folgen der einzelwirtschaftlichen Entscheidung zu verhindern. In einem Wettbewerbssystem lässt sich die Existenz externer Kosten als Unfähigkeit des Marktes interpretieren, die Knappheit von Ressourcen über den Preismechanismus abzubilden. Genauer gesagt: Der individuelle Preis einer Ressource ist geringer als er gemäß den tatsächlichen Knappheitsverhältnissen sein müsste. So kann der Landwirt die Ressource „sauberes Grundwasser" bspw. kostenlos nutzen, obwohl sauberes Grundwasser ein knappes kollektives Gut ist, das einen positiven Preis haben müsste. Infolge des zu geringen Preises kommt es zu einer **Übernutzung** (overconsumption), d.h. die Ressource wird mengenmäßig oberhalb des Optimalpunktes genutzt, an dem der gesellschaftliche Grenznutzen den gesellschaftlichen Grenzkosten entspricht. Einen derartigen Sachverhalt bezeichnet man als **Marktversagen** (market failure).

Von **positiven externen Effekten** bzw. externem Nutzen (external benefits) spricht man, wenn ein Gut zu einem Nutzen für Dritte oder die gesamte Gesellschaft führen würde, der potenzielle Produzent aber keinen oder einen zu geringen Preis für dieses Gut erhält. Ein externer Nutzen ergibt sich also, wenn der individuelle Grenznutzen des Produzenten eines Gutes geringer ist als der gesellschaftliche Grenznutzen. Auch positive Externalitäten sind das Ergebnis eines institutionellen Versagens, das zu einem Auseinanderfallen von individueller und kollektiver Rationalität führt. Im Gegensatz zu einer Kostenexternalität führt eine Nutzenexternalität nicht zu einer Übernutzung, sondern zu einer **Unterproduktion** (underproduction). Güter mit positiven externen Effekten werden durch die individuell-rationalen Produktionsentscheidungen in geringerem Umfang hergestellt als kollektiv rational wäre. Sie werden mengenmäßig unterhalb des Optimalpunktes produziert, an dem der gesellschaftliche Grenznutzen den gesellschaftlichen Grenzkosten entspricht. Auch hier sei ein Beispiel aus der Primärproduktion angeführt: Möglicherweise zieht die Gesellschaft aus einer bestimmten Form der Kulturlandschaft (z.B. einer Landschaft mit vielen Hecken, kleinteiligen Feldern und nicht begradigten Wasserläufen) einen Nutzen. Aus der individuellen Sicht eines gewinnmaximierenden Landwirts stellt dies eine Nutzenexternalität und damit eine entscheidungsirrelevante Leistung dar. Solange keine wirksamen Vorschriften oder Verträge zur Herstellung schöner Landschaft bestehen, wird er sie - sofern dies Kosten verursacht - nicht herstellen, selbst wenn es kollektiv rational wäre. Auch das stellt ein soziales Dilemma dar.

Beispiel 8-1
Wirkungsweise negativer externer Effekte - Landwirt und Fischer

Es wird angenommen, dass ein Landwirt auf einer 5 ha großen Fläche Winterweizen anbaut, in deren Mitte ein für den Fischfang genutzter See liegt (vgl. Abb. 8-2). Durch den Einsatz von Stickstoffdünger, von dem ein Teil in den See gelangt, beeinträchtigt der Landwirt die Fangergebnisse des Fischers. Die Gewässerverschmutzung kann als negatives Kuppelprodukt und damit als negativer externer Effekt der Weizenproduktion verstanden werden. Zwecks Einfachheit unterstellen wir, dass zwischen dem Einsatz anderer Produktionsmittel bei der Weizenproduktion und dem Fischfangerfolg keine weiteren Abhängigkeiten vorhanden seien. Sowohl der Landwirt als auch der Fischer sind Gewinnmaximierer und verfügen über vollständige Informationen, d.h. sie kennen sowohl die Produktions- als auch die Präferenzfunktion des jeweils anderen.

Abb. 8-2: Koexistenz von Landwirt und Fischer

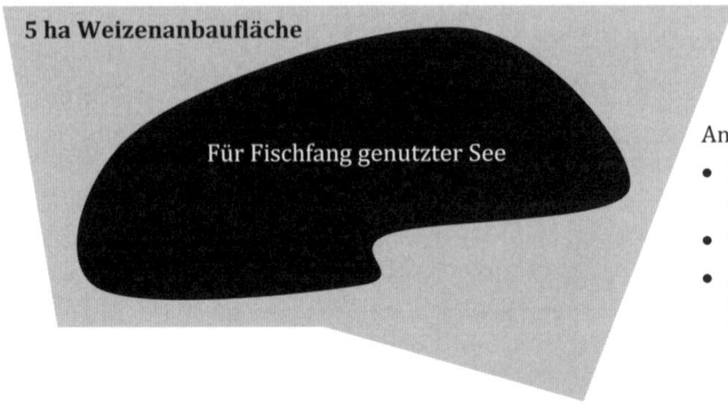

Annahmen:
- Landwirt und Fischer sind Gewinnmaximierer
- Vollkommene Information
- Stickstoffeinsatz in der Landwirtschaft mindert Fangergebnisse des Fischers

Es wird zudem angenommen, dass in dieser kleinen Volkswirtschaft aus Landwirt und Fischer die Verfügungsrechte beim Landwirt liegen. Er kann/darf also für seine Weizenproduktion die für ihn optimale spezielle Intensität des Stickstoffeinsatzes wählen. Der Fischer kann die damit verbundene Beeinträchtigung nur hinnehmen, d.h. er kann die Intensität der Gewässernutzung nicht an die Stickstoffeinsatzmenge des Landwirts anpassen. Gedanklich kann man sich vorstellen, dass die Vorrichtungen für Fangnetze irreversibel im See installiert sind.

Betrachten wir zunächst den Landwirt und fragen, welche Stickstoffintensität er als Gewinnmaximierer wählen wird. Die Bruttoerfolgsfunktion ist wie folgt definiert:

$$B_{We} = (p_{We} \cdot y_{We}(x_{St}) - q_{St} \cdot x_{St}) \cdot \bar{x}_{Fl} \qquad (8\text{-}1)$$

Dabei kennzeichnet p_{We} den Weizenpreis in €/dt, y_{We} den Weizenertrag in dt/ha, q_{St} den Stickstoffpreis in €/kg, x_{St} die Stickstoffeinsatzmenge in kg/ha und $\bar{x}_{Fl}$ die insgesamt mit Weizen bewirtschaftete Fläche in ha. Der Zusammenhang zwischen Stickstoffeinsatzmenge x_{St} und Weizenertrag y_{We} sei durch eine quadratische Produktionsfunktion gekennzeichnet:

$$y_{We} = a + b \cdot x_{St} + c \cdot x_{St}^2 \qquad (8\text{-}2)$$

Nach Nullsetzen der ersten Ableitung der Bruttoerfolgsfunktion (8-1) und unter Berücksichtigung der Produktionsfunktion (8-2) ergibt sich für die optimale spezielle Intensität x_{St}^*:

$$x_{St}^* = \frac{q_{St}/p_{We} - b}{2 \cdot c} \qquad (8\text{-}3)$$

Unter Maßgabe der in Beispiel 4-1 unterstellten Parameter (a = 45, b = 0,4 und c = -0,001) und Preisverhältnisse (p_{We} = 25 €/dt, q_{St} = 1 €/kg) setzt der Landwirt zur Erreichung des Bruttoerfolgsmaximums 180 kg Stickstoff pro ha ein. Bei dieser optimalen speziellen Intensität erzielt er einen Ertrag von 84,6 dt/ha. Bei einer Anbaufläche von $\bar{x}_{Fl}$ = 5 ha ergibt sich ein Bruttoerfolg von 9 675 €.

Die Bruttoerfolgsfunktion des Fischers entspricht den Erlösen aus dem Fischfang:

$$B_{Fi} = p_{Fi} \cdot y_{Fi}(x_{St}) \qquad (8\text{-}4)$$

Dabei kennzeichnet p_{Fi} den Fischpreis in €/dt und y_{Fi} den Fischertrag in dt. Der Fischertrag ist von der Stickstoffeinsatzmenge x_{St} des Landwirts abhängig. Die Produktionsfunktion lautet:

$$y_{Fi} = d + e \cdot x_{St} \cdot \bar{x}_{Fl} \qquad (8\text{-}5)$$

Unter Maßgabe der Parameter d = 60 und e = -0,02 sowie einem Fischpreis von p_{Fi} = 150 €/dt und einer Stickstoffeinsatzmenge von x_{St} = x_{St}^* = 180 kg/ha erzielt der Fischer einen Fischertrag von 42 dt und einen Bruttoerfolg von 6 300 €.

Der Produktionsparameter $e = -0{,}02$ führt zu Ertragseinbußen in Höhe von 18 dt Fisch, wenn der Landwirt die für ihn optimale Stickstoffmenge einsetzt. Ohne den Stickstoffeinsatz würde der Fischer einen um 2 700 € höheren Bruttoerfolg erzielen. Diese 2 700 € sind die vom Landwirt verursachten externen Kosten, die der Fischer zu tragen hat. Insgesamt erzielt die kleine Volkswirtschaft aus Landwirt und Fischer einen Bruttoerfolg in Höhe von 15 975 €.

Ende des Beispiels

Verursacher und Empfänger externer Effekte

Das ökonomische Problem der externen Effekte liegt - kurz gesagt - darin, dass die Verursacher negativer externer Effekte diese nicht zu tragen haben und dass potenzielle Produzenten positiver externer Effekte diese nicht als Leistungen entlohnt bekommen. Pointiert könnte man also sagen, das Externalitätenproblem bestehe bei fehlender CSR darin, dass negative externe Effekte existieren und positive externe Effekte eben nicht existieren. Tab. 8-1 fasst den Sachverhalt zusammen und zeigt auf, in welchen Situationen und durch welche Akteure es zu welchen externen Effekten kommen kann.

Tab. 8-1: Die Entstehung von externen Effekten bei Güterverbrauchs- und Güterproduktionsentscheidungen von Unternehmen und privaten Haushalten

	Güterverbrauch	**Güterproduktion**
Unternehmen	Der Preis einer als Input verbrauchten Ressource ist zu gering ⇒ *Negativer externer Effekt*	Der Preis eines produzierten Gutes ist zu gering ⇒ *Positiver externer Effekt*
Beispiele	Übernutzung des Gutes: - „Sauberes Grundwasser“ durch die landwirtschaftliche Düngung - „Atmosphäre“ durch die Verbrennung von fossilen Energieträgern	Unterproduktion des Gutes: - „Schöne Landschaft“ durch die Landwirtschaft - „Erhalt der Biodiversität“ durch die Landwirtschaft
Private Haushalte	Der Preis eines konsumierten Gutes ist zu gering ⇒ *Negativer externer Effekt*	Der Preis eines mit dem Konsum gekoppelten Gutes ist zu gering ⇒ *Positiver externer Effekt*
Beispiele	Übernutzung des Gutes: - „Strom“ und damit mittelbare Übernutzung des Gutes „Atmosphäre“ - „Atmosphäre“ durch die Verbrennung von fossilen Energieträgern	Unterproduktion des Gutes: - „Kontrolle der Wildtierpopulation“ durch die private Vergnügungsjagd - „Helle Stadt“ durch Hauseigentümer, der keine Haustürbeleuchtung anbringt

In der Matrixdarstellung von Tab. 8-1 werden zum einen **zwei Gruppen von wirtschaftlichen Akteuren** unterschieden, nämlich Unternehmen und private Haushalte. Zum anderen werden positive und negative externe Effekte sowie **zwei Arten von wirtschaftlichen Entscheidungen** unterschieden, nämlich Güterverbrauchs- und Güterproduktionsentscheidungen. Nachstehend fassen wir die wichtigsten Aspekte und Aussagen zusammen, die mit dieser Darstellung zum Ausdruck gebracht werden:

1. Die **Einteilung in Güterverbrauchs- und Güterproduktionsentscheidungen** ist mit der Unterscheidung in negative und positive externe Effekte gekoppelt. Der Verbrauch von Gütern kann mit negativen externen Effekten verbunden sein. Die Produktion von Gütern kann zu positiven externen Effekten führen.

2. Sowohl Güterverbrauchsentscheidungen von Unternehmen als auch von Haushalten können zu **negativen externen Effekten** führen. Das ist der Fall, wenn die Preise der verbrauchten Güter gemessen an den gesellschaftlichen Kosten zu gering sind. Bei Unternehmen resultiert daraus eine mengenmäßige Übernutzung einer als Input genutzten Ressource und davon abgeleitet eine Überproduktion. Bei Haushalten ergibt sich ein mengenmäßiger Überkonsum eines Gutes. Dabei sind **zwei Fälle zu unterscheiden**: Zu einer *mittelbaren* Übernutzung kommt es, wenn infolge eines zu geringen vorgelagerten Ressourcenpreises die Grenzkosten der Produktion eines Konsumgutes und damit sein Marktpreis zu gering sind. Dies führt dazu, dass private Haushalte dieses Produkt in einem Umfang konsumieren, bei dem der private Grenznutzen des Produkts zwar seinem Marktpreis entspricht, aber unter den sozialen Grenzkosten seiner Herstellung liegt (siehe Punkt 8.2.3). Ein Beispiel ist die private Nutzung von Strom, der durch die Verbrennung von fossilen Energieträgern erzeugt wird, bei denen die Kosten der Schädigung der Atmosphäre noch nicht eingepreist sind. Eine *unmittelbare* Übernutzung der Atmosphäre durch den Konsum entsteht dagegen beim privaten Verbrauch fossiler Energieträger z.B. für die Heizung oder die private Mobilität.
3. **Positive externe Effekte entstehen auf der Produktionsseite** und nicht auf der Verbrauchsseite. Daher denkt man hier zunächst an Unternehmen. Aber auch Konsumentscheidungen privater Haushalte können mit positiven externen Effekten gekoppelt sein. Mit Blick auf die Bereitstellung dieses Kuppeleffektes tragen dann auch sie den Charakter von Produktionsentscheidungen. Weder Unternehmen noch private Haushalte stellen Güter mit positiven externen Effekten in kollektiv sinnvollem Umfang bereit, wenn der Preis, den sie dafür erhalten, geringer ist als der gesellschaftliche Nutzen.
4. Auf den ersten Blick ist bei Externalitätenproblemen **selten offensichtlich, bei welchem Gut die ökonomische Knappheit nicht richtig abgebildet wird**. Dies liegt daran, dass wir es oft nicht nur mit zu niedrigen Preisen zu tun haben, sondern mit Gütern, die gar keinen Preis oder - besser gesagt - einen Preis von Null haben. Solche Güter sind noch gar nicht als Güter in Erscheinung getreten. Ein Beispiel stellt die Nitratbelastung des Grundwassers durch die landwirtschaftliche Stickstoffdüngung dar. Hier ist die „zu billige" Ressource gar nicht primär der Stickstoff. Vielmehr kommt der negative externe Effekt dadurch zustande, dass der landwirtschaftliche Produzent die knappe Ressource „sauberes Grundwasser", die bisher gar nicht als Gut und Produktionsinput betrachtet wurde, zu einem Preis von Null nutzen kann.
5. Die **Unterscheidung in negative und positive externe Effekte ist eine Frage der Perspektive**, auch wenn die Richtung des Effektes bei den Beispielen in Tab. 8-1 vordergründig offensichtlich erscheint. So kann man bspw. die Belastung des Grundwassers als Problem auffassen, das entsteht, weil der Landwirt einen negativen externen Effekt, nämlich belastetes Grundwasser, verursacht. Alternativ kann man das Problem auch darin sehen, dass der Landwirt einen positiven externen Effekt, nämlich sauberes Grundwasser, nicht bereitstellt. Die einzunehmende Sichtweise hängt davon ab, wer die Verfügungsrechte über das fragliche Gut hat. Wenn die Grundwassernutzer das Verfügungsrecht haben, entsteht ein negatives Externalitätenproblem. Der Landwirt wird das Grundwasser durch die Stickstoffdüngung verschmutzen, solange er die aus seiner Sicht externen Kosten der Grundwassernutzer nicht internalisieren muss. Eine Internalisierung könnte aber bspw. durch Schadensersatzansprüche erfolgen. Wenn dagegen der Landwirt das Verfügungsrecht über das Grundwasser hat, entsteht ein positives Externalitätenproblem. Der Landwirt wird sauberes Grundwasser nur bereitstellen, wenn er den aus seiner Sicht externen Nutzen der Grundwassernutzer über einen dafür gezahlten Preis internalisieren kann.

Wenden wir uns nach diesen allgemeinen Ausführungen etwas näher der land- und forstwirtschaftlichen Primärproduktion zu. Einerseits ist die **Land- und Forstwirtschaft von negativen externen Effekten betroffen** und muss sich an die Schäden anpassen, die von anderen Wirtschaftssubjekten verursacht werden. Ein Beispiel sind Waldschäden durch Immissionen. Andererseits ist die **Land- und Forstwirt-**

schaft selbst Verursacher von externen Schäden. So ist sie - neben Industrie, Energieerzeugung, Verkehr und Tourismus - einer der Hauptverursacher von Umweltbelastungen. Bei den abiotischen Ressourcen geht es um die Schädigung des Bodens (z.B. durch Erosion und Verdichtung), die Verschmutzung des Grundwassers und der Oberflächengewässer (z.B. durch den Eintrag von Dünge- und Pflanzenschutzmitteln) und die Belastung der Luft mit Schadstoffen und klimaschädlichen Gasen (z.B. durch Ammoniak- und Methanemissionen). Dazu kommen Belastungen der biotischen Ressourcen. Hier geht es um die Zerstörung von Naturräumen und natürlichen Habitaten im Allgemeinen und um die Reduzierung der Artenvielfalt bei Flora und Fauna durch den Einsatz von chemischen Pflanzenschutzmitteln sowie die mechanische Bodenbearbeitung und Monokulturen im Besonderen. Ferner können Schadstoffe in Nahrungsmitteln in Form von Dünge-, Pflanzenschutz- sowie Tierarzneimittelrückständen enthalten sein.

Bei Vorliegen externer Effekte gibt es **zwei grundsätzlich denkbare Lösungsansätze**, auf die ein gedachter, dem Gemeinwohl verpflichteter Akteur zurückgreifen kann, um das soziale Dilemma aufzulösen und kollektiv-rationale Lösung herbeizuführen (vgl. Abb. 8-1): Erstens kann er versuchen, eine Veränderung der institutionellen Regelungen durchzusetzen, so dass es zu einer Internalisierung der externen Effekte und damit zu einer Änderung der Anreize für die individuellen Akteure kommt. Anders gesagt: Er kann nach Regelungen suchen, die zu den als eigennützig unterstellten Akteuren passen. Im englischen Sprachraum ist dieser Ansatz unter dem Stichwort „Get incentives right!" bekannt. Zweitens kann er versuchen, die Präferenzen der Akteure zu beeinflussen, und zwar dahingehend, dass diese prosoziale Ziele in ihr Zielsystem übernehmen. Damit ist eine freiwillige Änderung des Verhaltens im Rahmen von CSR gemeint.

Um zu verdeutlichen, welche sozialen Effizienzgewinne möglich sind, wenn man das Externalitätenproblem behebt, unterstellen wir im folgenden Beispiel, dass der Landwirtschaftsbetrieb und der Fischereibetrieb fusioniert werden.

Beispiel 8-2
Beseitigung negativer externer Effekte - Landwirt und Fischer

Wir betrachten weiterhin den See, in den Stickstoff vom umliegenden Ackerland gelangen kann. Wir stellen uns jetzt aber vor, dass die Fischerei und die Landwirtschaft unter einheitlicher Leitung stehen. Die Bruttoerfolgsfunktion des fusionierten Betriebs, der die Betriebszweige „Weizenproduktion" und „Fischproduktion" umfasst, sieht wie folgt aus:

$$B = (p_{We} \cdot y_{We}(x_{St}) - q_{St} \cdot x_{St}) \cdot \bar{x}_{Fl} + p_{Fi} \cdot y_{Fi}(x_{St}) \qquad (8\text{-}6)$$

y_{We} ist gemäß Gleichung (8-2) und y_{Fi} gemäß Gleichung (8-5) definiert. Zur Bestimmung der optimalen Stickstoffeinsatzmenge des fusionierten Betriebs setzt man die erste Ableitung der Bruttoerfolgsfunktion (8-6) gleich Null und formt nach x_{St}^* um:

$$x_{St}^* = -\frac{1}{2} \cdot \frac{b \cdot p_{We} + e \cdot p_{Fi} - q_{St}}{c \cdot p_{We}} \qquad (8\text{-}7)$$

Setzt man hier die in Beispiel 8-1 genannten Koeffizienten ein, ergibt sich eine optimale Stickstoffintensität von 120 kg/ha. Im Vergleich zur isolierten Betrachtung von Landwirt und Fischer sinkt die optimale Stickstoffeinsatzmenge somit um 60 kg/ha. Die Weizenproduktion verliert 450 € und erzielt nun einen Bruttoerfolg von 9 225 €, die Fischproduktion gewinnt 900 € und erzielt einen Bruttoerfolg von 7 200 €. Dies liegt daran, dass der durch die Wasserverschmutzung entstehende Schaden bei der Fischproduktion jetzt bei der Weizenproduktion als Opportunitätskosten berücksichtigt wird. Das heißt, die bisher aus Sicht der Weizenproduktion externen Kosten werden internalisiert. Der geringere Bruttoerfolg in der Landwirtschaft wird durch den Mehrerlös in der Fischwirtschaft mehr als ausgeglichen. Insgesamt ergibt sich ein Deckungsbeitrag von 16 425 €. Er liegt um 450 € über der Summe, die in der kleinen Volkswirtschaft erzielt wurde, die aus dem getrennt wirtschaftenden Landwirt und Fischer bestand. Durch die

Internalisierung des vorher externen Effektes konnte im fusionierten Betrieb die Effizienz gesteigert und eine kollektiv-rationale Lösung erzielt werden.

Durch die Internalisierung wird die Verschmutzung des Gewässers zwar merklich zurückgefahren, sie liegt aber nicht bei Null. Würde die institutionelle Regelung in der Weise geändert, dass in der Landwirtschaft rund um den See gar kein Stickstoff mehr eingesetzt werden darf, so würde der Landwirt einen Bruttoerfolg von 5 625 € und der Fischer einen Bruttoerfolg von 9 000 € erzielen. Der Gesamtbruttoerfolg läge dann bei 14 625 €. Er wäre damit um 1 800 € niedriger als der Wert, der sich bei der Optimierung im fusionierten Betrieb ergibt. Bei der hier getroffenen Annahme, dass neben den direkten Schäden beim Fischer keine weiteren negativen Externalitäten entstehen, wäre die Variante „völlig saubere Umwelt" damit aus gesamtwirtschaftlicher Sicht nicht optimal.

Ende des Beispiels

8.2.3 Die wohlfahrtstheoretische Sicht auf externe Effekte

Der Begriff „kollektive Rationalität" deutet bereits an, dass es sich bei der Berücksichtigung externer Effekte um eine wohlfahrtstheoretische Frage handelt. Nachstehend veranschaulichen wir die Grundzüge einer wohlfahrtstheoretischen Analyse. In der linken Bildhälfte der Abb. 8-3 ist eine **Angebotsfunktion** (Grenzkostenkurve der Produzenten) sowie eine **Nachfragefunktion** (Grenznutzenkurve der Konsumenten) für ein bestimmtes Produkt dargestellt (vgl. auch Punkt 4.2.2c). Auf einem Gleichgewichtsmarkt wird sich ein Preis bilden, bei dem der Markt geräumt wird, d.h. bei dem die Angebotsmenge der Nachfragemenge entspricht. In Abb. 8-3 ist der Gleichgewichtspreis mit p^g und die Gleichgewichtsmenge mit x^g gekennzeichnet.

Wie ist die dargestellte Situation wohlfahrtstheoretisch zu interpretieren? Die Fläche ADEF, d.h. die Fläche unterhalb der Nachfragefunktion bis zur Gleichgewichtsmenge, entspricht der Zahlungsbereitschaft der Konsumenten. Die Fläche CDE, also die Differenz zwischen der Zahlungsbereitschaft der Konsumenten und ihren tatsächlichen Ausgaben (Fläche ACEF) wird als **Konsumentenrente** bezeichnet. Die Fläche ABEF, d.h. die Fläche unterhalb der Angebotsfunktion bis zur Gleichgewichtsmenge, entspricht den Grenzkosten der Unternehmen. Die Fläche BCE, die sich als Differenz zwischen den tatsächlichen Erlösen (Fläche ACEF) und den Grenzkosten ergibt, stellt die sog. **Produzentenrente** dar. Die Fläche BDE und damit die Summe aus Konsumenten- und Produzentenrente bezeichnet das sog. **Wohlfahrtsniveau**. Das Wohlfahrtsniveau erreicht im Gleichgewicht bei den üblichen Annahmen perfekter Märkte, d.h. insbesondere bei Abwesenheit externer Effekte, sein Maximum. In diesem Gleichgewicht ist die Allokation aller Güter und Faktoren optimal. Das bedeutet, dass die Ressourcen dort eingesetzt werden, wo sie ihre höchste Produktivität erreichen, und dass Güter dort konsumiert werden, wo sie den höchsten Nutzen stiften. Man kann kein Wirtschaftssubjekt mehr besser stellen, ohne gleichzeitig mindestens ein anderes Wirtschaftssubjekt schlechter zu stellen. Man spricht in diesem Zusammenhang davon, dass sich eine Volkswirtschaft in einem Pareto-Optimum befindet.

Schauen wir uns nun die rechte Bildhälfte von Abb. 8-3 an. Hier wird unterstellt, dass externe Kosten der Produktion vorliegen. In unserem Beispiel sind diese externen Kosten annahmegemäß unabhängig von der Produktionsmenge. Die soziale Grenzkostenkurve, die die richtigen Grenzkosten in dieser Volkswirtschaft widerspiegelt, ergibt sich als Summe aus den privaten und den externen Kosten. Danach sollte eine Menge x_{so}^g zu einem Preis von p_{so}^g angeboten werden (Punkt J). Die Produzenten berücksichtigen allerdings nur *ihre* Grenzkostenkurve ohne die externen Kosten. Was bedeutet das für die Wohlfahrt? Die Produzenten bieten weiterhin die Menge x^g des Gutes zum Preis p^g an (Punkt E). Weil ein Teil der Kosten extern ist, erhöht sich scheinbar die Wohlfahrt um die Fläche BHJE. Allerdings müssen die externen Kosten in Höhe der Fläche AGMF, die der Fläche BHKE entspricht, nachträglich von dieser Volkswirtschaft getragen werden. Per Saldo sinkt die gesamtwirtschaftliche Wohlfahrt durch externe Effekte um die Fläche EJK ab. Die **durch externe Effekte ausgelösten Wohlfahrtsverluste** werden dadurch verursacht, dass Gütereinheiten produziert werden, bei denen die gesellschaftlichen Grenzkosten höher sind als der gesellschaftliche Grenznutzen.

Abb. 8-3: Wohlfahrtsverluste durch externe Effekte

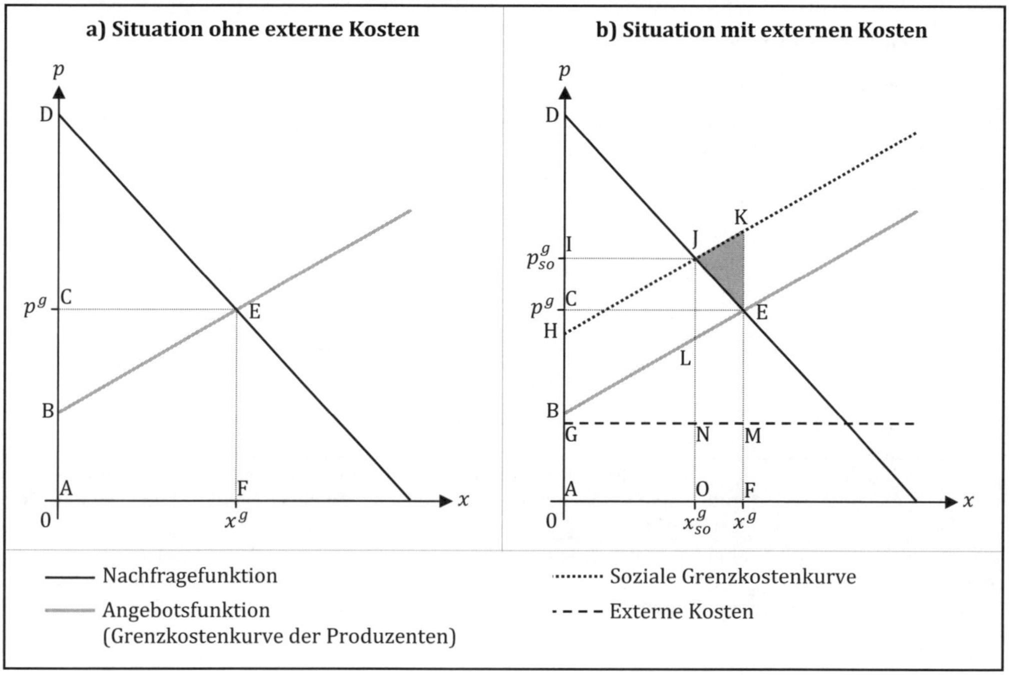

8.2.4 Die spieltheoretische Sicht auf externe Effekte

Die Spieltheorie als ökonomische Disziplin greift bewusst auf die Analogie zum Spiel zurück, um die grundlegenden Strukturen mehrpersoneller Entscheidungssituationen zu verdeutlichen. In diesem Sinne sind unter Spielern immer soziale Akteure zu verstehen. Das **Grundanliegen der Spieltheorie** lässt sich wie folgt beschreiben: Es geht um die Identifikation des optimalen Verhaltens eines Spielers, der sich bewusst ist, dass sein Spielergebnis (d.h. seine Zielerreichung) nicht nur von seinem eigenen Handeln und einer ggf. unsicheren Umwelt, sondern auch von den Gegenreaktionen seiner Mitspieler abhängt. Die Spieltheorie berücksichtigt, dass individuelles Handeln in einem sozialen Umfeld erfolgt, in dem sich zielorientierte andere Akteure befinden, die möglicherweise gegenläufige Interessen haben. Dabei wird zunächst die Annahme getroffen, dass die Spieler über **gemeinsames Wissen** bzgl. der Spielregeln sowie der Präferenzen der Gegenspieler verfügen (common knowledge of rationality). Das heißt, die Spieler kennen die Präferenzen des Gegenspielers und verhalten sich entsprechend.[16] Die explizite Berücksichtigung der erwarteten Gegenreaktionen beim eigenen Handeln bezeichnet man als strategisches Verhalten, die Abhängigkeit der Handlungsergebnisse vom strategischen Verhalten aller Spieler als strategische In-

[16] Darüber hinaus wird in den hier vorgestellten Spielen unterstellt, dass den Spielern auch die Strategiemengen und die Auszahlungsfunktionen der Gegenspieler bekannt sind. Man spricht in diesem Zusammenhang von vollständiger Information.

terdependenz. Die **Strategie** ist die genaue Beschreibung der Wahlhandlung(en), die jeder Spieler im Spiel trifft. Im Falle nicht-wiederholter einfacher Spiele mit nur einem Spielzug, entspricht die Strategie der in diesem Spielzug gewählten Aktion. Bei den sog. sequenziellen Spielen mit mehreren Spielzügen bezeichnet eine Strategie dagegen eine bestimmte Folge von Zügen.

Da im Folgenden viele spieltheoretische Spezialbegriffe verwendet werden, fassen wir die zentralen Begriffe - ohne sie an dieser Stelle ausführlich zu erläutern - in Tab. 8-2 kurz zusammen. Dies soll ein schnelles „Nachblättern" ermöglichen und damit die Orientierung im Text erleichtern.

Tab. 8-2: Zentrale spieltheoretische Begriffe

Begriff	Kurzbeschreibung
Auszahlung	[...] bezeichnet in der Spieltheorie den Nutzen, den der einzelne Spieler bei einer bestimmten Strategiekombination erhält.
Cheap Talk	[...] bezeichnet eine nicht vertraglich bindende Ankündigung. In Koordinationsspielen kann sie ausreichen, um pareto-ineffiziente Strategiekombinationen zu vermeiden.
Experimentelle Ökonomik	Die [...] untersucht das tatsächliche Entscheidungsverhalten von Menschen. Dazu werden Spiele mit freiwilligen Teilnehmern unter Laborbedingungen durchgeführt und analysiert.
Focal Point	Ein [...] bezeichnet eine Strategie, die den Spielern als überlegen sofort „ins Auge springt".
Gleichgewicht in dominanten Strategien	Ein [...] ist eine Strategiekombination aus dominanten Strategien für alle Spieler.
Gleichgewicht, Nash-	Ein [...] ist eine Strategiekombination, bei der keiner der sich rational verhaltenden Spieler einen Vorteil erzielen kann, wenn er einseitig von seiner Strategie abweicht.
Kaldor-Hicks-effizient, Kaldor-Hicks-optimal	Eine Strategiekombination ist [...], wenn es keine andere Strategiekombination gibt, in der ein Spieler mehr gewinnt als der andere verliert. Kaldor-Hicks Verbesserungen können durch Seitenzahlungen in Pareto-Verbesserungen überführt werden.
Mechanismusdesign	Beim [...] geht es darum, wie Spielregeln gestaltet sein müssten, um ein bestimmtes Ergebnis zu erzielen. Dabei werden die Präferenzen der Spieler (z.B. Gewinnmaximierung) als gegeben vorausgesetzt.
Pareto-effizient, pareto-optimal	Eine Strategiekombination ist [...] , wenn es keine andere Strategiekombination gibt, bei der alle Spieler besser gestellt wären.
Soziales Dilemma	Ein [...] entsteht, wenn das Spielgleichgewicht eigennütziger Spieler nicht Kaldor-Hicks-effizient ist.
Spiele, kooperative	[...] sind Spiele, in denen die Spieler bindende Absprachen treffen können.
Spiele, sequenzielle	[...] sind Spiele, in denen die Spieler ihre Handlungen nacheinander festlegen und somit auf den vorherigen Spielzug des Gegenspielers reagieren können.
Spieler	[...] können soziale Akteure, z.B. Unternehmer oder der Staat sein.
Spieltheorie, axiomatische	Die [...] trifft Voraussagen über die gewählten Strategien unter der Annahme, dass alle Spieler rational und eigennützig handeln und versuchen, ihre eigenen Auszahlungen zu maximieren.
Strategie	Eine [...] ist die genaue Beschreibung der Wahlhandlung(en), die die Spieler im Spiel treffen.
Strategie, dominante	Eine [...] führt unabhängig von der Strategie, die der Gegenspieler wählt, zur höheren individuellen Auszahlung.
Strategie, risikodominante	Eine [...] hat ein kleineres oder gleiches Risiko bei einem gleichen bzw. größeren Erwartungswert der Auszahlung.
Strategie, kooperative	Eine [...] liegt vor, wenn Spieler eine Pareto-Verbesserung erreichen, indem sie von den Strategiegleichgewichten eigennütziger Spieler abweichen.
Trittbrettfahrer	Ein [...] ist ein Spieler, der von einer kooperativen Strategie abweicht, wenn seine Grenzkosten geringer sind als sein Grenznutzen.

a) Das Gefangenen-Dilemma

Schauen wir uns zunächst das sog. **Gefangenendilemma** (prisoner dilemma) an, das oftmals genutzt wird, um in die grundsätzliche Denkweise der Spieltheorie einzuführen. Mit diesem Spiel lässt sich insbesondere zeigen, warum es zu einem Auseinanderfallen von individueller und kollektiver Rationalität kommt, wenn eigennützig handelnde Akteure sich in einer Situation befinden, in der externe Effekte eine Rolle spielen.

Tab. 8-3: Auszahlungsmatrix für zwei verschiedene Beispiele des Gefangenendilemmas [a)]

a) Anwendung: negativer externer Effekt

	Gefangener 2 kooperiert (leugnet)	**Gefangener 2 kooperiert nicht (gesteht)**
Gefangener 1 kooperiert (leugnet)	-1 ; -1	-10 ; 0
Gefangener 1 kooperiert nicht (gesteht)	0 ; -10	*-6 ; -6*

b) Anwendung: positiver externer Effekt

	Spieler 2 kooperiert	**Spieler 2 kooperiert nicht**
Spieler 1 kooperiert	5 ; 5 (15-10 ; 15-10)	-4 ; 6 (6-10 ; 6-0)
Spieler 1 kooperiert nicht	6 ; -4 (6-0 ; 6-10)	*0 ; 0*

a) Die Benennung der Spieler 1 und 2 entspricht ihrer Position in der Auszahlungsmatrix. Strategiekombinationen, bei denen die Ergebnisse für *beide* Spieler kursiv gedruckt sind, stellen Gleichgewichte in dominanten Strategien dar.

Tab. 8-3 zeigt an einem einfachen Zahlenbeispiel die grundsätzliche Struktur des Gefangenendilemmas. Die **Spielbeschreibung** zur Auszahlungsmatrix in Tab. 8-3a) lautet wie folgt: Zwei Gefangene sind wegen einer schweren Straftat angeklagt, die sie gemeinsam verübt haben, die ihnen aber mangels ausreichender Beweise nicht ohne Geständnis nachgewiesen werden kann. Sie haben keine Kommunikationsmöglichkeit untereinander, wissen aber beide, dass sie die folgenden Strafen zu erwarten haben: (1) Leugnen beide, erhalten beide nur eine Gefängnisstrafe von einem Jahr für eine minder schwere Straftat, die ihnen nachgewiesen werden kann. (2) Gestehen beide, werden sie als reuig eingestuft und erhalten beide eine milde Strafe von sechs Jahren. (3) Wenn einer gesteht und der andere leugnet, kommt der geständige Gefangene als Kronzeuge frei, der andere wird zu zehn Jahren Haft verurteilt.

Wir können nun die beiden Gefangenen als Mitglieder eines Kollektivs interpretieren, zwischen denen es zu strategischen Interdependenzen in Abhängigkeit davon kommt, ob sie miteinander kooperieren (d.h. leugnen) oder nicht. Ein Blick auf die Auszahlungsmatrix zeigt, dass das **Spiel für zwei eigennützige Akteure zu einem Dilemma führt**: Wenn beide Gefangenen leugnen würden, wären zwar beide im Vergleich zur Strategiekombination „Gestehen-Gestehen" besser gestellt. Diese kollektiv-rationale Lösung wird jedoch nicht erreicht, da das für beide Gefangenen nicht die individuell-rationale Spielstrategie darstellt: Wenn Spieler 2 leugnet (Spalte 1), dann besteht die beste Aktion von Spieler 1 darin, zu gestehen. Aber auch wenn Spieler 2 gesteht (Spalte 2), ist es für Spieler 1 am vorteilhaftesten, zu gestehen. Unabhängig davon, wie sich der andere Spieler verhält, ist es für Spieler 1 also rational zu gestehen. Dies gilt analog für Spieler 2. Das Spielergebnis „Gestehen-Gestehen" stellt ein Gleichgewicht in dominanten Strategien (dominant strategy equilibrium) dar. Eine Strategie ist dominant, wenn sie unabhängig vom Verhalten des Gegenspielers zum besseren individuellen Ergebnis führt. Hier ist also die beidseitige Nicht-Kooperation ein Gleichgewicht in dominanten Strategien.

Bei der zahlenmäßigen Darstellung auf der linken Seite von Tab. 8-3 liegt es nahe, das Gefangenendilemma als grundlegendes Modell für die Entstehung negativer externer Effekte zu verstehen, in dem man der Einfachheit halber zunächst nur zwei Spieler betrachtet. Ein Beispiel wäre die Übernutzung sog. **Gemeingüter** (common goods). Darunter versteht man Güter, die knapp sind, aber dennoch von wirtschaftlichen

Akteuren ohne Zugangsbeschränkung und ohne Kosten genutzt werden können. Ein Beispiel hierfür ist die freie Nutzung des Gemeingutes „Atmosphäre" zur Entsorgung von klimaschädlichen Gasen wie CO_2, das z.B. bei der Verbrennung fossiler Energieträger freigesetzt wird. Die Vermeidung der Übernutzung und damit die kooperative Verhinderung von negativen externen Effekten kommt nicht zustande, obwohl dies die kollektiv-rationale Lösung darstellen würde, Dies liegt daran, dass die gegebenen Spielregeln, die man als Modell institutioneller Regelungen interpretieren kann, nicht zu den Spielern mit ihren unterstellt eigennützigen Präferenzen passen.

Betrachten wir nun die Auszahlungsmatrix b) auf der rechten Seite von Tab. 8-3. Die formale Struktur dieses Spiels ist identisch mit der des klassischen Gefangenendilemmas. Durch die Verschiebung der Auszahlungen in den positiven Bereich kann man das Spiel aber nun als grundlegendes Modell für die Bereitstellung positiver externer Effekte in Form sog. **öffentlicher Güter** (public goods) ansehen. Eine dazu passende Geschichte ist wiederum schnell erzählt: Zwei Personen werden unabhängig voneinander gefragt, ob sie sich an den Kosten der Pflanzung eines Waldes für Naherholungszwecke in Höhe von jeweils 10 pro Spieler beteiligen. Die beiden Spieler haben keine Kommunikationsmöglichkeit untereinander. Sie wissen aber, dass in Abhängigkeit von ihren Handlungen folgende Auszahlungen zu erwarten sind: (1) Kooperieren beide, trägt jeder Kosten in Höhe von 10 und jeder erzielt einen individuellen Naherholungsnutzen im Wert von 15. (2) Kooperieren beide nicht, entstehen keine Kosten, das öffentliche Gut „Wald" wird aber auch nicht bereitgestellt. (3) Wenn sich einer an den Kosten beteiligt und der andere nichts beiträgt, kann nur ein kleinerer Wald gepflanzt werden, dessen Naherholungsnutzen nur noch einen Wert von 6 aufweist. Der kooperierende Spieler ist in diesem Fall „der Dumme" und hat einen Nettonutzen von -4. Der nicht-kooperierende Spieler hat dagegen einen Nettonutzen von 6, ohne sich in irgendeiner Weise an der Bereitstellung des öffentlichen Gutes beteiligt zu haben. Aufgrund der Strukturgleichheit mit dem klassischen Gefangenendilemma ergibt sich als Lösung wieder die beidseitige Nicht-Kooperation als Gleichgewicht in dominanten Strategien. Für jeden der beiden eigennützigen Spieler ist es individuell rational, nicht zu kooperieren, und zwar ganz unabhängig davon, wie sich der andere verhält. Anders gesagt: Wir haben es wieder mit einer als Dilemma zu bezeichnenden Situation zu tun, da die wechselseitige Bereitstellung von positiven externen Effekten, die die kollektiv-rationale Lösung darstellen würde, bei den gegebenen Spielregeln und den eigennützigen Präferenzen der Spieler nicht zustande kommen kann.

Beispiel 8-3
Gefangenendilemma - Landwirt und Fischer

Wir betrachten weiterhin das Beispiel mit dem Landwirt und dem Fischer. Im Gegensatz zu Beispiel 8-2 gehen wir aber jetzt wieder zu der kleinen Volkswirtschaft zurück, die aus den beiden *getrennten* Akteuren Landwirt und Fischer besteht (vgl. Beispiel 8-1). Wir unterstellen weiterhin, dass die Verfügungsrechte beim Landwirt liegen. Sowohl der Landwirt als auch der Fischer wissen, dass es kollektiv rational wäre, statt 180 kg Stickstoff pro ha nur 120 kg einzusetzen. Der Landwirt würde dadurch im Vergleich zur hohen Stickstoffdüngung aber einen Verlust von 450 € erleiden. Der Fischer hätte dagegen einen Zugewinn von 900 €. Durch die kollektiv-rationale Lösung entstände also ein sozialer Effizienzgewinn in Höhe von 450 €. Diesen Effizienzgewinn könnten beide untereinander aufteilen, wenn es ihnen gelänge, zu kooperieren. Kooperieren bedeutet für den Landwirt, die geringe Stickstoffmenge von nur 120 kg einzusetzen. Für den Fischer bedeutet Kooperieren, dem Landwirt eine Kompensationszahlung von mindestens 450 € zukommen zu lassen.

Wir gehen davon aus, dass der Fischer dem Landwirt eine Zahlung von 675 € verspricht. Dies würde bedeuten, dass der Effizienzgewinn von insgesamt 450 € zu gleichen Teilen dem Landwirt und dem Fischer zukommt. Diese Situation lässt sich als Gefangenendilemma abbilden (vgl. Tab. 8-4).

Tab. 8-4: Das Landwirt-Fischer-Beispiel als Gefangenendilemma (€) [a)]

	Fischer kooperiert (zahlt 675 €)	**Fischer kooperiert nicht** (zahlt nichts)
Landwirt kooperiert (Einsatz von 120 kg Stickstoff)	9 900 ; 6 525 (9 225+675 ; 7 200-675)	9 225 ; 7 200
Landwirt kooperiert nicht (Einsatz von 180 kg Stickstoff)	10 350 ; 5 625 (9 675+675 ; 6 300-675)	*9 675 ; 6 300*

a) Strategiekombinationen, bei denen die Ergebnisse für *beide* Spieler kursiv gedruckt sind, stellen Gleichgewichte in dominanten Strategien dar.

In der Auszahlungsmatrix von Tab. 8-4 wird unterstellt, dass der Landwirt und der Fischer zum gleichen Zeitpunkt über Kooperieren und Nicht-Kooperieren entscheiden, d.h. bei der eigenen Entscheidung kennt keiner die Entscheidung des anderen. Wenn eine Entscheidung gefällt ist, wird sie auch wirksam, und zwar unabhängig von dem nachträglich beobachteten Verhalten des anderen. Es ergibt sich ein sozial ineffizientes Gleichgewicht in dominanten Strategien: Egal, ob der Fischer zahlt oder nicht, für den Landwirt ist es auf jeden Fall individuell rational, die hohe Stickstoffintensität zu wählen. Für den Fischer ist es seinerseits rational, nicht zu zahlen, und zwar unabhängig davon, ob der Landwirt kooperiert oder nicht. Es kommt zu einem Auseinanderfallen von individueller und kollektiver Rationalität, wenn die beiden eigennützigen Spieler keine bindenden Vereinbarungen treffen können.

Ende des Beispiels

b) Das soziale Dilemma

Betrachten wir nun als wichtige Modifikation des Gefangenendilemmas das sog. ***n*-Personen-Gefangenendilemma**, für das auch der Begriff „soziales Dilemma" verwendet wird. Im Unterschied zum zweiseitigen Gefangenendilemma sind nun n-Personen am Spiel beteiligt. Tab. 8-5 verdeutlicht die Struktur. Dabei wird wiederum ein Spieler 1 einem Spieler 2 gegenüber gestellt. Dieser Spieler 2 ist hier aber ein Vertreter der Restgruppe, bei der unterstellt wird, dass entweder alle kooperieren oder alle nicht kooperieren. Die Nicht-Kooperation wird auch als „Defektieren" bezeichnet.

Tab. 8-5: Auszahlungsmatrix für zwei verschiedene Beispiele des sozialen Dilemmas

a) Anwendung: negativer externer Effekt

	Alle anderen kooperieren	**Alle anderen defektieren**
Spieler 1 kooperiert	-10 ; -10 (0-10 ; 0-10)	-109 ; -99 (-99-10 ; -99-0)
Spieler 1 defektiert	-1 ; -11 (-1-0 ; -1-10)	-100 ; -100

b) Anwendung: positiver externer Effekt

	Alle anderen kooperieren	**Alle anderen defektieren**
Spieler 1 kooperiert	90 ; 90 (100-10 ; 100-10)	-9 ; 1 (1-10 ; 1-0)
Spieler 1 defektiert	99 ; 89 (99-0 ; 99-10)	0 ; 0

Die linke Seite von Tab. 8-5 veranschaulicht eine Situation, bei der durch Kooperation negative externe Effekte vermieden werden könnten. Als Anwendungsbeispiel kann ein gemeinsam zur Verfügung stehendes knappes Umweltgut, wie z.B. die Luft, dienen, die verschmutzt wird. Kooperation bedeutet, dass sich jeder durch Umweltschutz an der Luftreinhaltung beteiligt. Bei einer Gruppe von $n = 100$ Spielern ergibt sich folgende Spielbeschreibung: (1) Wenn kein Umweltschutz betrieben wird und keiner kooperiert, sondern alle defektieren, erfährt jeder aus der Luftverschmutzung einen individuellen Schaden von -100. (2) Jeder, der individuell einen Betrag von 10 für die Luftreinhaltung aufbringt, verringert den Umweltschaden um 1. Wenn alle kooperieren und Umweltschutz betreiben, kann der Umweltschaden auf Null reduziert werden. Aufgrund der individuellen Kosten von 10 ergibt sich in diesem Fall sowohl für Spieler 1 als auch für alle anderen Spieler ein Nettoergebnis von -10. (3) Wenn nur Spieler 1 sich als sog. **Trittbrettfahrer** (free rider) verhält und defektiert, kommt er ohne jeglichen Eigenbeitrag in den Genuss des von -100 auf -1 reduzierten Umweltschadens. Alle anderen haben ein Nettoergebnis von -11, da jeder 10 für den Umweltschutz ausgibt. (4) Betreibt Spieler 1 als einziger Luftreinhaltung und handeln alle anderen als Trittbrettfahrer, erzielt er ein Nettoergebnis von -109 und alle anderen bekommen die Reduktion der Umweltbelastung um 1 (von -100 auf -99) umsonst. **Aus der Sicht jedes einzelnen Spielers ist defektieren rational.** Die Grenzkosten des Defektierens betragen lediglich 1 (individuell zu tragender Umweltschaden), der Grenznutzen des Defektierens beträgt dagegen 10 (individuell ersparte Kosten).

Wie die rechte Hälfte von Tab. 8-5 zeigt, gibt es das soziale Dilemma auch als **positives Externalitätenproblem**. Zur Veranschaulichung greifen wir auf das bereits genannte Beispiel des Naherholungswaldes zurück, der als öffentliches Gut genutzt wird. Wir unterstellen nun aber ebenfalls eine Gruppe von $n = 100$ Spielern. Damit ergibt sich folgendes Spiel: (1) Wenn keiner kooperiert, entstehen für niemanden Kosten, das öffentliche Gut „Wald" wird aber auch nicht bereitgestellt. (2) Jeder, der individuell einen Betrag von 10 für die Pflanzung eines Baumes leistet, leistet einen Beitrag in Höhe von 1 zum Naherholungswert. Kooperieren alle 100 Spieler, hat jeder Kosten von 10 und einen Naherholungswert von 100. (3) Wenn nur Spieler 1 als Trittbrettfahrer defektiert, erhält er den durch die Restgruppe bereitgestellten Naherholungswert von 99 umsonst. Die nicht-defektierenden Gruppenmitglieder haben wegen der individuellen Kosten von 10 ein Nettoergebnis von 89. (4) Pflanzt Spieler 1 als einziger einen Baum und handeln alle anderen als Trittbrettfahrer, erzielt er ein Nettoergebnis von -9 und alle anderen bekommen den Naherholungswert von 1 umsonst. Auch hier ist es aus der Sicht jedes einzelnen Spielers rational zu defektieren.

Sowohl in 2-Personenspielen mit der Struktur eines Gefangenendilemmas als auch bei n-Personenspielen mit der Struktur eines sozialen Dilemmas kommt es durch externe Effekte zu einem **Auseinanderfallen von individueller und kollektiver Rationalität**. Beim Gefangenendilemma wäre eine wechselseitige Kooperation und beim sozialen Dilemma eine allseitige Kooperation effizienter. Im Vergleich zur individuell-rationalen Lösung würde die Kooperation alle Beteiligten besser stellen. Bei den zugrunde gelegten Spielregeln und den als gegeben unterstellten eigennützigen Präferenzen der Spieler ist die kooperative Lösung aber nicht möglich. Diese Spiele stellen somit Grundmodelle für institutionelles Versagen in einer Welt mit eigennützigen Akteuren dar. Dies wäre auch dann der Fall, wenn die Spieler miteinander kommunizieren und gegenseitig Absprachen treffen könnten. Solange keine Autorität oder soziale Arrangements vorhanden sind, die die Einhaltung solcher Absprachen garantieren, hätte keiner der eigennützigen Spieler einen Anreiz, Zusagen einzuhalten. Man bezeichnet sie deswegen auch als **Cheap Talk**. Das Versprechen des Fischers in Beispiel 8-3 war bspw. auch Cheap Talk, so dass bei den getroffenen Annahmen der ineffiziente Spielausgang nicht verhindert werden konnte.

Die Erreichung kollektiv-rationaler (sozial effizienter) Gleichgewichtslösungen hängt bei Vorliegen externer Effekte wesentlich davon ab, ob vertragliche Vereinbarungen durchgesetzt werden können. Hierfür wäre die Einführung einer Spielautorität erforderlich, die dies garantieren könnte. In der Praxis wird in dieser Rolle i.d.R. der Gesetzgeber gesehen, der für die Gestaltung der institutionellen Regelungen zuständig ist. Die Einführung der Möglichkeit, bindende Vereinbarungen zu treffen, kann man als Änderung der Spielregeln betrachten, die in der Spieltheorie durch den Übergang von den bisher betrachteten nichtkooperativen Spielen zu den kooperativen Spielen markiert wird. Die allgemeine Frage, wie man - ausgehend von einer bestimmten, möglicherweise als unbefriedigend wahrgenommenen Situation, wie z.B. einem sozialen Dilemma - die institutionellen Regelungen ändern müsste, damit sich andere Gleichgewichtslösungen einstellen, ist Gegenstand des sog. **Mechanismusdesigns** (mechanism design). Wie der Begriff sagt, geht es dabei um ein grundsätzlich denkbares, besseres Design von institutionellen Regelungen. Die Frage nach der politischen Implementierbarkeit einer institutionellen Veränderung wird dabei zunächst außen vor gelassen.

Beispiel 8-4
Übernutzung von Gemeingütern - Fischer

Im Folgenden betrachten wir - nun isoliert ohne Landwirtschaft - einen See, in dem die Fischfangeinrichtungen nicht fest installiert sind, sondern erst eingebracht werden müssen. Die Netzfläche sei ein variabler Produktionsfaktor. Für einen Fischer, der den See besitzt, ist die Bruttoerfolgsfunktion bei einem Fischpreis p_{Fi} von 150 €/dt und einem Netzpreis q_{Ne} von 2 €/m² wie folgt definiert:

$$B_{Fi} = 150 \cdot y_{Fi} - 2 \cdot x_{Ne} \quad (8\text{-}8)$$

Dabei kennzeichnet y_{Fi} den Fischertrag in dt und x_{Ne} die eingesetzte Netzfläche in m². Für den Zusammenhang zwischen Netzfläche x_{Ne} und Fischertrag y_{Fi} sei folgende quadratische Produktionsfunktion plausibel:

$$y_{Fi} = 0{,}57 \cdot x_{Ne} - 0{,}002 \cdot x_{Ne}^2 \quad (8\text{-}9)$$

Die optimale spezielle Intensität der Netzeinsatzfläche kann ermittelt werden, indem die erste Ableitung der Bruttoerfolgsfunktion (8-8) unter Berücksichtigung der Produktionsfunktion (8-9) gleich Null gesetzt wird. Der Fischer wird bis zu dem Umfang fischen, an dem das Wertgrenzprodukt des Faktors „Netzfläche" dem Netzpreis entspricht: $150 \cdot dy_{Fi}/dx_{Ne} = 2$. Die optimale Netzintensität beträgt 139,2 m² Netzfläche. Dabei erzielt der Fischer einen Ertrag von 40,59 dt und einen Erlös von 6 088,20 € (vgl. Tab. 8-6, Spalte 2).

Nehmen wir im Unterschied zu den bisherigen Überlegungen an, dass sich der See in Gemeinschaftseigentum befindet und jeder dort fischen kann. Wie sieht bspw. die Situation eines potenziellen Fischers aus, wenn sich bereits 139 Fischer entschieden haben, den See mit jeweils 1 m² Netzfläche zu nutzen? Sollte der 140. Fischer aus individuellen Gewinngesichtspunkten das Fischen sein lassen? Nein! Der kollektive Grenzerlös aus dem letzten, d.h. dem 140. Quadratmeter Netzfläche ist zwar mit 1,80 € je m² kleiner als der Faktorpreis von 2 €/m² (vgl. Tab. 8-6, Spalte 3). Der negative *kollektive* Grenzgewinn ist aber für den 140. Fischer *individuell* nicht entscheidungsrelevant. Der Gesamterlös aus dem Fischfang im See teilt sich ja gleichmäßig auf alle Fischer auf. Mit anderen Worten: Der 140. Fischer bekommt nicht die Fische, die durch den 140. Quadratmeter Netzfläche zusätzlich gefangen werden, sondern 1/140 von allen Fischen. Der individuelle Grenzerlös des 140. Fischers entspricht also dem Durchschnittserlös. Dieser beträgt bei 140 m² Netzfläche 43,50 €/m². Da der individuelle Grenzerlös größer ist als der Faktorpreis, ist es auch für den 140. Fischer individuell rational, den Fischfang aufzunehmen. Man könnte auch sagen: Die Fangeinbußen der anderen Fischer stellen für ihn externe Kosten dar. Stellt der See ein Gemeingut dar, wird die Nutzung erhöht, solange der Durchschnittserlös den individuellen Faktorpreis deckt. Erst bei einem Faktoreinsatz von mehr als 278 m² Netzfläche wäre der zusätzliche Faktoreinsatz nicht mehr individuell lohnenswert (Spalte 5).

Tab. 8-6: Nutzungsintensität privater Güter vs. Nutzungsintensität von Gemeingütern

	Spalte 1	Spalte 2	Spalte 3	...	Spalte 4	Spalte 5	Spalte 6
Faktoreinsatzmenge: x_{Ne} (m²)	138,00	139,00	140,00		277,00	278,00	279,00
Ertrag: y_{Fi} (dt)	40,57	40,59	40,60		4,43	3,89	3,35
Erlös: $150 \cdot y_{Fi}$ (€)	6 085,80	6 088,20	6 090,00		664,80	583,80	502,20
Individuelle Grenzkosten = kollektive Grenzkosten = Faktorpreis (€/m²)	2,00	**2,00**	2,00		2,00	**2,00**	2,00
Individueller Grenzerlös = Durchschnittserlös: $150 \cdot y_{Fi}/x_{Ne}$ (€/m²)	44,10	43,80	43,50		2,40	**2,10**	1,80
Kollektiver Grenzerlös: $150 \cdot \Delta y_{Fi}/\Delta x_{Ne}$ (€/m²)	3,00	**2,40**	1,80		-80,40	-81,00	-81,60

Im Beispiel kommt es also durch das Gemeineigentum zu einer Erhöhung der Netzintensität auf ca. das Doppelte. Das Fischerbeispiel entspricht von seiner Struktur her dem berühmten Beispiel der Übernutzung einer Gemeinschaftsweide, der sog. Allmende (vgl. Punkt 8.3.1).

Ende des Beispiels

c) Das Konzept des Nash-Gleichgewichts und der Pareto-Optimalität

Wir sind bereits beim klassischen Gefangenendilemma (vgl. Tab. 8-3) der Frage nachgegangen, welches Ergebnis sich bei rational-eigennützigen Spielern einstellen wird. Wir erinnern uns: Dort war es ein Gleichgewicht in dominanten Strategien, das zu einer sozial ineffizienten Lösung geführt hat. In vielen Spielen gibt es aber kein Gleichgewicht in dominanten Strategien. Zur Strategiewahl muss der einzelne Spieler dann Erwartungen bzgl. der Strategiewahl der Mitspieler bilden. Damit stellt sich die Frage, ob es ein konsistentes Konzept in Form einer Gleichgewichtslösung gibt.

Als **zentrales Konzept der Spieltheorie gilt das sog. Nash-Gleichgewicht** (Nash equilibrium). Es bezeichnet ganz allgemein eine Strategiekombination, bei der keiner der sich rational verhaltenden Spieler einen Vorteil erzielen kann, wenn er einseitig von seiner Strategie abweicht. Man könnte auch sagen, dass die Strategien im Nash-Gleichgewicht die wechselseitig besten Antwortstrategien sind. Alle Gleichgewichte in dominanten Strategien stellen damit auch Nash-Gleichgewichte dar. Dies gilt aber nicht umgekehrt. Man kann Nash-Gleichgewichte im 2-Personen Spiel wie folgt bestimmen: (1) Man markiert für den ersten Spieler die Strategie, die für eine beliebige gedanklich fixierte Strategie des Gegenspielers das individuell optimale Ergebnis liefert, und wiederholt dies für alle Strategien des Gegenspielers. (2) Man führt diesen Vorgang auch für den zweiten Spieler durch. (3) Alle Ergebniskombinationen, die doppelt markiert sind, stellen Nash-Gleichgewichte dar.

Tab. 8-7 veranschaulicht das Konzept des Nash-Gleichgewichts sowie das Konzept der sozialen Effizienz anhand sechs verschiedener 2-Personen Spiele. Bei den mit $HA_{1;2}$, $HA_{1;2}$ etc. bezeichneten Strategien steht der erste Index für den Spieler und der zweite für die Strategie. Strategiekombinationen, bei denen die Ergebnisse für beide Spieler fett gedruckt sind, stellen Nash-Gleichgewichte dar. In allen Spielen ergibt sich jeweils ein Nash-Gleichgewicht, und zwar durch die Strategiekombination „$HA_{1;2}$; $HA_{2;2}$“, die sich im rechten unteren Quadranten befindet. Nur die Nash-Gleichgewichte der Spiele auf der linken Seite stellen auch gleichzeitig Gleichgewichte in dominanten Strategien dar. Die Gleichgewichtslösungen der auf den Ebenen a) bis c) dargestellten Spiele unterscheiden sich jeweils in ihrer sozialen Effizienz.

In Tab. 8-7a) ist zunächst links das bereits aus Tab. 8-3b) bekannte Gefangenendilemma mit einem Nash-Gleichgewicht dargestellt, das auch ein Gleichgewicht in dominanten Strategien ist. Rechts ist ein Spiel mit einem Nash-Gleichgewicht angezeigt, das kein Gleichgewicht in dominanten Strategien ist. Bei beiden Spielen sind die Nash-Gleichgewichte nicht pareto-effizient. Ein Gleichgewicht ist *nicht* **pareto-effizient**, wenn es eine andere Strategiekombination gibt, bei der beide Spieler besser gestellt sind. Dies ist hier jeweils mit $HA_{1;1}$; $HA_{2;1}$ der Fall. Bei den Spielen b-1 und b-2 sind die Nash-Gleichgewichte dagegen pareto-effizient. Hier gibt es zunächst keine Strategiekombination, die einen Spieler besser stellt, ohne einen anderen schlechter zu stellen. Allerdings zeigt der Blick auf die grau unterlegten Strategiekombinationen „$HA_{1;1}$; $HA_{2;1}$“, dass man sich auch hier mit Blick auf die kollektive Rationalität durchaus eine bessere Lösung vorstellen kann. In beiden Spielen könnte durch diese Kombination die Gesamtsumme der Auszahlungen gesteigert werden. Man spricht in diesem Zusammenhang - unter Vernachlässigung von Verteilungsaspekten - auch vom Wohlfahrtsoptimum oder von der **Kaldor-Hicks-Effizienz**. Um zu prüfen, ob ein Ergebnis Kaldor-Hicks-effizient ist, führt man den sog. Kompensationstest durch. Das Lösungsgleichgewicht „$HA_{1;2}$; $HA_{2;2}$“ in Spiel b-2 ist bspw. nicht Kaldor-Hicks-effizient, da es eine andere Lösung gibt, bei der der Gewinner mehr gewinnt als der Verlierer verliert. Der Gewinner könnte den Verlierer durch sog. Seitenzahlungen (side payments) kompensieren, so dass beide besser gestellt wären. Aus diesem Grund wird die Kaldor-Hicks-Effizienz gelegentlich auch als **potenzielle Pareto-Effizienz** bezeichnet. Bei den Spielen c-1 und c-2 sind die Nash-Gleichgewichte Kaldor-Hicks-effizient. Hier ist durch Seitenzahlungen keine Steigerung der Auszahlungen möglich.

Tab. 8-7: Verschiedene Formen von Nash-Gleichgewichten [a]

a) Pareto-ineffiziente Nash-Gleichgewichte

a-1: Dominantes Strategiengleichgewicht		
	$HA_{2;1}$	$HA_{2;2}$
$HA_{1;1}$	5 ; 5	-4 ; **6**
$HA_{1;2}$	**6** ; -4	***0*** ; ***0***

a-2: Nicht-dominantes Gleichgewicht		
	$HA_{2;1}$	$HA_{2;2}$
$HA_{1;1}$	**4** ; 2	-6 ; **3**
$HA_{1;2}$	3 ; -6	**0** ; **0**

b) Pareto-effiziente Nash-Gleichgewichte

b-1: Dominantes Strategiengleichgewicht		
	$HA_{2;1}$	$HA_{2;2}$
$HA_{1;1}$	3 ; -2	-6 ; **-1**
$HA_{1;2}$	**4** ; -6	***0*** ; ***0***

b-2: Nicht-dominantes Nash-Gleichgewicht		
	$HA_{2;1}$	$HA_{2;2}$
$HA_{1;1}$	**10** ; 3	0 ; **4**
$HA_{1;2}$	4 ; 0	**5** ; **5**

c) Kaldor-Hicks effiziente Nash-Gleichgewichte

c-1: Dominantes Strategiengleichgewicht		
	$HA_{2;1}$	$HA_{2;2}$
$HA_{1;1}$	7 ; 5	-6 ; **8**
$HA_{1;2}$	**8** ; -6	***6*** ; ***8***

c-2: Nicht-dominantes Nash-Gleichgewicht		
	$HA_{2;1}$	$HA_{2;2}$
$HA_{1;1}$	**10** ; 3	0 ; **4**
$HA_{1;2}$	4 ; 0	**9** ; **5**

[a] Strategiekombinationen, bei denen die Ergebnisse für *beide* Spieler kursiv (fett) gedruckt sind, stellen Gleichgewichte in dominanten Strategien (Nash-Gleichgewichte) dar. Die Kaldor-Hicks-effiziente Lösung ist grau unterlegt.

Was lässt sich aus dieser Übersicht ableiten? Erstens, **Pareto-Verbesserungen stellen immer auch Kaldor-Hicks-Verbesserungen dar**, aber nicht umgekehrt. Anders gesagt: Pareto-Verbesserungen sind eine Teilmenge der Kaldor-Hicks-Verbesserungen. Zweitens, **Spiele, bei denen die Nash-Gleichgewichte nicht Kaldor-Hicks-effizient sind, führen zu einem Dilemma**. Letztlich handelt es sich um Modelle für Situationen, in denen eigennützige Akteure zu einem sozial ineffizienten Gleichgewicht kommen. Dies bedeutet, dass unter Einbeziehung von Verhandlungsmöglichkeiten kollektive Lösungen denkbar sind, die alle Beteiligten besser stellen würden. Der Grund für die Entstehung eines Dilemmas ist das Vorliegen externer Effekte oder - anders ausgedrückt - das Versagen der Spielregeln, die angesichts der eigennützigen Präferenzen der Akteure nicht in der Lage sind, die kollektiv-rationale Lösung herbeizuführen. Abb. 8-4 veranschaulicht den Sachverhalt unter Rückgriff auf die Spiele a-2 und b-2 aus Tab. 8-7.

Bei Spiel a-2 stellt die Strategiekombination „$HA_{1;1}; HA_{2;1}$" (Punkt B) eine Pareto-Verbesserung und damit auch Kaldor-Hicks-Verbesserung gegenüber der Nash-Lösung „$HA_{1;2}; HA_{2;2}$" (Punkt A) dar. Bei Spiel b-2 sind die relevanten Punkte mit C, D und E bezeichnet. Im pareto-effizienten Nash-Gleichgewicht „$HA_{1;2}; HA_{2;2}$" (Punkt C) erzielen beide Spieler jeweils eine Auszahlung von 5 und damit in der Summe von 10. Im Vergleich dazu würde die Strategiekombination „$HA_{1;1}; HA_{2;1}$" (Punkt D) eine Kaldor-Hicks-Verbesserung von 3 bringen, da in der Gesamtsumme eine Auszahlung von 13 erzielt wird. Können die beiden Spieler - z.B. aufgrund eines verbesserten Mechanismusdesigns - zu einem kooperativen Spiel wechseln und vertraglich bindende Seitenzahlungen vereinbaren, ist diese Kaldor-Hicks-Verbesserung tatsächlich erzielbar und aufteilbar. Eine mögliche vertragliche Lösung wäre bspw. eine Vereinbarung, die zu einer Auszahlung von 6,5 für beide Spieler führt (Punkt E). Durch die Möglichkeit des Vertragsschlusses könnte im vorliegenden Beispiel also die vorher nicht realisierbare Kaldor-Hicks-Verbesserung in eine realisierbare Pareto-Verbesserung überführt werden. Zur Veranschaulichung des grundsätzlichen Sachverhaltes haben wir sowohl von den Kosten der Optimierung des Mechanismusdesigns als auch von den Transaktionskosten der vertraglichen Vereinbarung und ihrer Durchsetzung abstrahiert. In praktischen Anwendungen können diese Kosten durchaus höher sein als der erzielte Wohlfahrtsgewinn eines verbesserten Gleichgewichts.

Abb. 8-4: Pareto- und Kaldor-Hicks-Verbesserungen [a)]

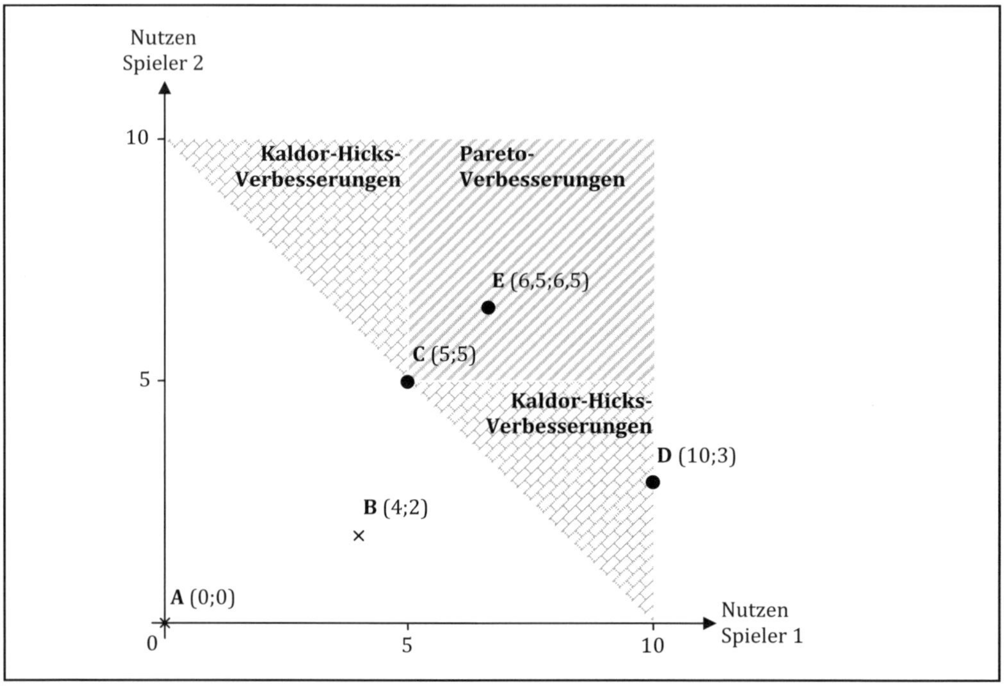

[a)] Die angezeigten Bereiche der Pareto- und Kaldor-Hicks-Verbesserungen beziehen sich auf den Referenzpunkt C.

d) Eine Übersicht klassischer Spiele

Konfliktspiele

Bei **Konfliktspielen** (pure conflict games) gibt es keine überlegene kollektiv-rationale Lösung mit sozialen Effizienzgewinnen, die verteilt werden könnten. Sie bilden vielmehr die Struktur sozialer Konflikte ab, in denen es um die Verteilung einer gegebenen Menge von Auszahlungen geht. Kommunikation bzgl. der eigenen Strategien ist in dieser Anreizkonstellation nicht nur sinnlos, sondern kontraproduktiv. Aus Sicht eines eigennützigen Spielers kommt es ja gerade darauf an, den Gegner zu täuschen. Man unterscheidet üblicherweise zwei Formen von Konfliktspielen, nämlich Nullsummenspiele und Konstantsummenspiele (vgl. Tab. 8-8).

Bei den sog. **Nullsummenspielen** (zero sum games) ist die Summe der Auszahlungsbeträge Null, d.h. der eine Spieler verliert, was der andere gewinnt. Das klassische Beispiel ist das Spiel „übereinstimmende Münzen" (matching pennies). Dabei werfen zwei Spieler eine Münze. Tritt bei beiden Spielern zugleich Kopf oder Zahl auf, muss Spieler 2 an Spieler 1 einen Betrag in Höhe von 2 € bezahlen. Wirft einer der Spieler Zahl und der andere Kopf, dann muss Spieler 1 an Spieler 2 einen Betrag in Höhe von 2 € zahlen.

Tab. 8-8: Konflikt- bzw. Verteilungsspiele [a)]

a) Nullsummenspiel

	Spieler 2: Zahl	**Spieler 2: Kopf**
Spieler 1: Zahl	**2** ; -2	-2 ; **2**
Spieler 1: Kopf	-2 ; **2**	**2** ; -2

b) Konstantsummenspiel

	Spieler 2: Blau	**Spieler 2: Weiß**
Spieler 1: Blau	**4** ; 0	**2** ; **2**
Spieler 1: Weiß	2 ; 2	0 ; **4**

[a)] Strategiekombinationen, bei denen die Ergebnisse für *beide* Spieler fett gedruckt sind, stellen Nash-Gleichgewichte dar.

Im Gegensatz zu den Nullsummenspielen gibt es bei den sog. **Konstantsummenspielen** (constant sum games) einen verteilbaren Auszahlungsbetrag. Ein Beispiel für ein Konstantsummenspiel ist das folgende Spiel: Zwei Spieler ziehen blind eine Kugel aus einer Urne, in der zwei blaue und zwei weiße Kugeln liegen. Nach jeder Ziehung wird die Kugel zurück gelegt. Ziehen beide Spieler eine blaue Kugel, bekommt Spieler 1 den Gewinn in Höhe von 4. Ziehen beide Spieler eine weiße Kugel, bekommt Spieler 2 diesen Gewinn. Wird eine blaue und eine weiße Kugel gezogen, wird der Gewinn geteilt, d.h. jeder Spieler bekommt 2.

Gehen wir nun über die hier als Glückspiele formulierten Spiele hinaus und interpretieren die Spielsituation als eine Konfliktsituation, in der nicht der Zufall bestimmt, sondern in der zwei Spieler ihre Strategien wählen können. Von ihren jeweiligen Strategien hängt es ab, wie ein „fester Kuchen" zwischen ihnen aufgeteilt wird. Nullsummenspiele lassen sich auch als Spezialfall von Konstantsummenspielen verstehen. Wie die rechte Seite von Tab. 8-8 zeigt, können Konstantsummenspiele ein Nash-Gleichgewicht haben, sie müssen es aber nicht (vgl. linke Seite). Für das hier auf der rechten Seite dargestellte Konstantsummenspiel existiert ein Nash-Gleichgewicht. Das Verhalten eigennütziger Akteure bei Null- und Konstantsummenspielen lässt sich mit Hilfe des Externalitätenkonzepts erklären. Da der Nutzen des einen der Schaden des anderen ist, versucht jeder Spieler möglichst viele Kosten zu externalisieren (d.h. dem anderen aufzubürden). Dies entspricht der Maximin-Regel (vgl. Punkt 7.5.4), die ebenfalls zum Nash-Gleichgewicht führt, wenn ein solches existiert.

Koordinationsspiele

Die klassischen **Koordinationsspiele** (pure common interest games) sind dadurch gekennzeichnet, dass es zwei Nash-Gleichgewichte gibt. Beide Nash-Gleichgewichte stellen gegenüber den Nicht-Gleichgewichtslösungen eine Pareto-Verbesserung dar. Die Spieler sind also daran interessiert, die für sie beide optimale Strategiekombination zu erreichen. Kommunikation wäre hierfür hilfreich und gleichzeitig glaubwürdig, da eine strategische Informationsverfälschung nicht zu erwarten ist. Falls vorherige Absprachen nicht möglich sind, ist aufgrund der Tatsache, dass es zwei Nash-Gleichgewichte gibt, allerdings ungewiss, ob die Spieler überhaupt zu einer Gleichgewichtslösung finden. Bei den Koordinationsspielen sind drei unterschiedliche Situationen zu unterscheiden: einfache Koordinationsspiele, reine Koordinationsspiele und Assurance-Spiele. Tab. 8-9 verdeutlicht die jeweilige Struktur.

Als Beispiel für **einfache Koordinationsspiele** (coordination games) kann man sich zwei Geschäftspartner vorstellen, die bei einem Essen wichtige Gespräche führen wollen. Sie haben die Wahl zwischen Lokal A und Lokal B. Keiner der Geschäftsleute hat eine Präferenz für das eine oder das andere Lokal. Sie haben nicht die Möglichkeit, sich vorher zu verabreden. Wenn sie sich in einem Lokal treffen, haben beide einen Nutzen von 2. Wenn sie sich nicht treffen, ergibt sich ein Nutzen von Null. Wenn keiner der beiden Geschäftsleute einen Hinweis darauf hat, wohin der andere geht, gehen beide nach dem **Kriterium des unzureichenden Grundes** (vgl. Punkt 7.5.4) davon aus, dass der andere mit einer Wahrscheinlichkeit von

50% zu Lokal A oder B geht. Die erwartete Auszahlung für jede Strategie ist demzufolge 1. Empfehlungen zur Strategiewahl können nicht gegeben werden und der Spielausgang ist ungewiss, obwohl die Wahl desselben Lokals eindeutig pareto-dominant ist. Bei Koordinationsspielen reicht die Möglichkeit zur Kommunikation in Form von Cheap Talk aus, um eine pareto-effiziente Lösung zu erreichen. In unserem Fall wäre das z.B. eine Nachricht von Spieler 1 an Spieler 2, dass er in Lokal A gehe.

Tab. 8-9: Koordinationsspiele [a)]

a) Einfaches Koordinationsspiel

	Spieler 2: Lokal A	**Spieler 2: Lokal B**
Spieler 1: Lokal A	**2 ; 2**	0 ; 0
Spieler 1: Lokal B	0 ; 0	**2 ; 2**

b) Reines Koordinationsspiel

	Spieler 2: Lokal A	**Spieler 2: Lokal B**
Spieler 1: Lokal A	**3 ; 3**	0 ; 0
Spieler 1: Lokal B	0 ; 0	**2 ; 2**

c) Assurance-Spiel (Stag-Hunt)

	Spieler 2: Hirsch	**Spieler 2: Hase**
Spieler 1: Hirsch	**3 ; 3**	0 ; 2
Spieler 1: Hase	2 ; 0	**2 ; 2**

d) Assurance-Spiel (öffentliches Gut)

	Spieler 2 kooperiert	**Spieler 2 defektiert**
Spieler 1 kooperiert	**8 ; 8** (17-9 ; 17-9)	-9 ; 0 (0-9 ; 0-0)
Spieler 1 defektiert	0 ; -9 (0-0 ; 0-9)	**0 ; 0** (0-0 ; 0-0)

a) Strategiekombinationen, bei denen die Ergebnisse für *beide* Spieler fett gedruckt sind, stellen Nash-Gleichgewichte dar. Strategiekombinationen, bei denen die Ergebnisse für *beide* Spieler unterstrichen sind, stellen risikodominante Gleichgewichte dar.

Bei den **reinen Koordinationsspielen** (pure coordination games) kommt hinzu, dass eines der beiden Nash-Gleichgewichte das andere Gleichgewicht pareto-dominiert. Aus diesem Grund bezeichnet man reine Koordinationsspiele auch als Pareto-Koordinationsspiele. Das pareto-dominante Gleichgewicht nennt man **Focal Point**. Dieser Begriff impliziert, dass beiden Spielern die beste Strategie „ins Auge springt" und sie deshalb auch ohne vorherige Absprache diese Strategie wählen. Um in unserem Beispiel mit den zwei Geschäftspartnern zu bleiben, müsste die Geschichte wie folgt modifiziert werden: Beide haben weiterhin einen Nutzen von Null, wenn sie sich nicht treffen, und einen geschäftlichen Nutzen von 2, wenn sie sich treffen. Darüber hinaus wissen aber beide, dass jeder aus dem gemeinsamen Essen in dem feinen italienischen Restaurant A einen zusätzlichen Nutzen von 1 zieht, während das Essen in dem einfachen Lokal B keinen Zusatznutzen generiert. Es ist deshalb bei dem skizzierten Informationsstand auch ohne Vorabsprache zu erwarten, dass sie sich im feinen italienischen Restaurant treffen, das für sie den Focal Point darstellt.

Eine weitere Form des Koordinationsspiels ist das sog. **Assurance-Spiel**, das auf eine Parabel des französischen Philosophen Jean-Jacques Rousseau (1712-1778) zurückgeht und deswegen auch als Stag-Hunt-Spiel bezeichnet wird. Die Parabel lautet wie folgt: Zwei Jäger können gemeinsam auf die Hirschjagd gehen. Diese dient als Analogie für soziale Kooperation, da ein Hirsch nur gemeinsam zu erlegen ist. Bei gemeinsamer Hirschjagd sind für jeden Auszahlungen von 3 zu erwarten. Wenn die beiden Jäger nicht kooperieren und einzeln auf Hasenjagd gehen, erwartet jeder für sich eine Auszahlung von 2. Wenn allerdings einer auf die Hirschjagd und der andere auf die Hasenjagd geht, ergibt sich für den Hirschjäger eine Auszahlung von Null und für den Hasenjäger eine Auszahlung von 2. Es gibt wieder zwei Nash-Gleichgewichte, nämlich „Hirsch-Hirsch" und „Hase-Hase". Es existiert ein Focal Point, da das Gleichgewicht „Hirsch-Hirsch" das Gleichgewicht „Hase-Hase" pareto-dominiert. Die Chancen, dass die beiden Jäger zum pareto-optimalen Gleichgewicht „Hirsch-Hirsch" kommen, sind jedoch geringer als beim reinen

Koordinationsspiel. Während Hirsch-Hirsch (auszahlungs)dominant ist, ist Hase-Hase nämlich **risikodominant**. Ohne Information bzgl. des Verhaltens des anderen Jägers liegt die erwartete Auszahlung der Strategie „Hasenjagd" nach dem Kriterium des unzureichenden Grundes bei 2 (= 0,5 · 2 + 0,5 · 2). Die erwartete Auszahlung der Strategie „Hirschjagd" liegt dagegen trotz größerer Streuung nur bei 1,5 (= 0,5 · 3 + 0,5 · 0). Eine glaubhafte Zusicherung (assurance) von einem der beiden Jäger, zur Hirschjagd zu gehen, würde die effiziente Hirsch-Hirsch-Lösung ermöglichen. Eine derartige Lösung bezeichnet man als „self-enforcing". Im Gegensatz zum Gefangenendilemma hat ja der eine Spieler keinen Anreiz zu defektieren, wenn er weiß, dass der andere kooperiert.

Tab. 8-9d) beschreibt ein weiteres, von der Struktur her identisches Assurance-Spiel. Durch die veränderten Auszahlungen kann es aber als Analogie für ein öffentliches Gut betrachtet werden, welches aufgrund technischer Gegebenheiten nur durch die Kooperation beider Spieler bereitgestellt werden kann. Wenn beide kooperieren und einen Beitrag von 9 leisten, wird das Gut bereitgestellt, von dem beide einen Nutzen von 17 haben. Wenn nur einer kooperiert, gelingt es nicht, das Gut zu erstellen. Der kooperative Spieler bringt dann vielmehr ergebnislos die Kosten in Höhe 9 auf. Ein Nutzen ergibt sich aber weder für ihn noch den dessertierenden Spieler. Auch hier wäre die pareto-effiziente Kooperationslösung „self-enforcing". Wenn ein Spieler glaubhaft signalisieren kann, dass er kooperiert, dann hat der andere auch einen Anreiz zu kooperieren.

Gemischte Motivationsspiele

Unter dem Begriff „**gemischte Motivationsspiele**" (mixed motive games) wird eine Vielzahl unterschiedlicher Spiele zusammengefasst, die eine Mischung aus Konflikt- und Koordinationsspielen sind. Die bekanntesten von ihnen sind das Gefangenendilemma, das Kampf-der-Geschlechter-Spiel und das Angsthasen-Spiel. Ihnen allen ist Folgendes gemeinsam: Einerseits gibt es - so wie bei den Koordinationsspielen - ein Potenzial für Pareto-Verbesserungen, wenn die Spieler kommunizieren und Informationen bzgl. ihrer Strategien austauschen könnten. Andererseits existiert keine kooperative Strategiekombination, die für alle Spieler die beste ist. Vielmehr bestehen - wie bei den Konfliktspielen - Interessenskonflikte und damit die Gefahr, dass eigennützige Spieler verfälschte Informationen liefern, um ihren eigenen Vorteil auf Kosten des anderen durchzusetzen. Bei gemischten Motivationsspielen ist deshalb die Glaubwürdigkeit der Information das zentrale Thema. Da in nicht-kooperativen Spielen keine glaubhaften und bindenden Absprachen getroffen werden können, werden pareto-optimale Lösungen von eigennützigen Spielern i.d.R. nicht erreicht. Am deutlichsten hat man dies beim Gefangenendilemma gesehen, bei dem das dominante Strategiengleichgewicht die pareto-inferiore Lösung darstellt (vgl. Tab. 8-3). Die Problematik gemischter Motivationsspiele tritt aber bspw. auch beim Kampf-der-Geschlechter-Spiel und beim Angsthasen-Spiel auf. Tab. 8-10 verdeutlicht die Grundstruktur dieser beiden Spiele.

Tab. 8-10: Gemischte Motivationsspiele [a)]

a) Kampf-der-Geschlechter-Spiel

	Spieler 2: Actionfilm	**Spieler 2: Liebesfilm**
Spieler 1: Actionfilm	**3 ; 2**	1 ; 1
Spieler 1: Liebesfilm	0 ; 0	**2 ; 3**

b) Angsthasen-Spiel

	Spieler 2 weicht	**Spieler 2 weicht nicht**
Spieler 1 weicht	0 ; 0	**-1 ; 1**
Spieler 1 weicht nicht	**1 ; -1**	-100 ; -100

a) Strategiekombinationen, bei denen die Ergebnisse für *beide* Spieler fett gedruckt sind, stellen Nash-Gleichgewichte dar.

Die namensgebende Geschichte zum **Kampf-der-Geschlechter-Spiel** (battle-of-sexes game) lautet wie folgt: Eine Frau (Spieler 1) möchte abends im Kino den neuesten Actionfilm sehen. Ihr Mann (Spieler 2) zieht dagegen einen Liebesfilmklassiker vor, der in einem anderen Kino gezeigt wird. Beide möchten aber am liebsten gemeinsam einen Film anschauen. Sie sind beide getrennt in der Stadt unterwegs und haben annahmegemäß keinerlei Kommunikationsmöglichkeit, kennen aber die Vorlieben des jeweils anderen, so wie sie in der Auszahlungsmatrix in Tab. 8-10 ihren Niederschlag finden. Nun stellt sich die Frage, wie sich die beiden verhalten. Das Spiel hat Ähnlichkeit mit dem einfachen Koordinationsspiel von Tab. 8-9. Auch hier ist es das gemeinsame Interesse der beiden Spieler, nicht an getrennten Örtlichkeiten zu landen. Allerdings haben sie jetzt unterschiedliche Präferenzen. Ohne Kommunikation beträgt die Wahrscheinlichkeit, dass sich beide im gleichen Kino treffen, nur 50%. Die Erfolgswahrscheinlichkeit für einen gemeinsamen Kinoabend kann aber gesteigert werden, wenn die Möglichkeit zu Cheap Talk besteht oder wenn es einen traditionell bedingten Focal Point gibt. Letzteres könnte bedeuten, dass es zu den Umgangsformen des Paares gehört, dass der Mann eher den Wünschen der Frau folgt. Wenn dies Bestandteil des gemeinsamen Wissens ist, treffen sich die beiden mit einer hohen Wahrscheinlichkeit in dem Kino, in dem der Actionfilm gezeigt wird.

Die namensgebende Geschichte zum **Angsthasen-Spiel** (chicken game), das in biologischen Zusammenhängen zur Erklärung von Tierverhalten auch als Hawk-Dove-Spiel bezeichnet wird, bezieht sich auf eine Mutprobe zwischen zwei halbstarken Jugendlichen. Um zu bestimmen, wer als Mutigster der Anführer der Gruppe sein soll, fahren sie in ihren Autos mit Höchstgeschwindigkeit aufeinander zu. Weicht keiner aus, sind beide tot (-100 ; -100). Weichen beide aus, bleibt die Mutprobe unentschieden (0 ; 0). Wenn einer ausweicht und der andere nicht, gilt der eine als Angsthase (chicken) und muss einen Reputationsverlust von -1 hinnehmen. Der andere gewinnt 1 an Reputation und wird der Anführer. Das beidseitige Nicht-Ausweichen und Sich-Umbringen, das man als Nicht-Kooperation interpretieren kann, wird von allen anderen Strategiekombinationen pareto-dominiert. Zwei der pareto-effizienteren Lösungen sind zudem Nash-Gleichgewichte. Es ist dennoch ungewiss, ob die Spieler zu einer Lösung kommen, die „das Schlimmste" verhindert.

Auch dieses Spiel kann als Analogie für eine ökonomische Situation interpretiert werden, bei der es um externe Effekte geht. Dazu ist die Geschichte wie folgt zu modifizieren: Durch die Kombination der wirtschaftlichen Aktivitäten zweier Akteure entsteht ein sehr hoher Umweltschaden, der für beide im Saldo zu negativen Auszahlungen von jeweils 100 führt. Wenn beide kooperieren und auf ihre jeweiligen Aktivitäten verzichten, könnte der Schaden vollständig vermieden werden. Wenn einer kooperiert und der andere nicht, entsteht ein geringer Umweltschaden von -1. Dieser stellt die Auszahlung des kooperierenden Akteurs dar. Der defektierende Akteur erhält dagegen eine Auszahlung von 1, weil seine fortgesetzte wirtschaftliche Aktivität den kleinen Schaden überkompensiert.

Im Gegensatz zum Assurance-Spiel ist die Ankündigung, zu kooperieren, beim Angsthasen-Spiel bei eigennützigen Spielern nicht glaubwürdig. Das heißt, die Kooperationslösung ist nicht „self-enforcing". Im Gegenteil, jeder Akteur hätte einen Anreiz, die Information strategisch zu verfälschen und zu defektieren, wenn er annimmt, dass der andere kooperiert. Die Lösung des Problems liegt in einer vertrauenswürdigen Kommunikation. „Vertrauenswürdig" bedeutet hier einerseits eine einseitig-glaubwürdige Drohung, nicht zu kooperieren. In unserer Geschichte könnte dies bedeuten, dass einer der beiden Spieler vor Beginn des „Spiels" sein Lenkrad offensichtlich so manipuliert, dass er nur noch geradeaus fahren und nicht mehr ausweichen kann. Die Spieler würden dann in einem der beiden Nash-Gleichgewichte landen. Andererseits meint die Lösung durch vertrauenswürdige Kommunikation aber auch die beidseitig-glaubwürdige Zusage, zu kooperieren und damit sowohl „das Schlimmste" als auch die beiden Nash-Gleichgewichte zu vermeiden.

Um einen Überblick über die charakteristischen Unterschiede der wichtigsten Spiele zu erhalten, sind in Abb. 8-5 vier ausgewählte Spiele grafisch dargestellt.

Abb. 8-5: Die charakteristischen Unterschiede der wichtigsten Spiele

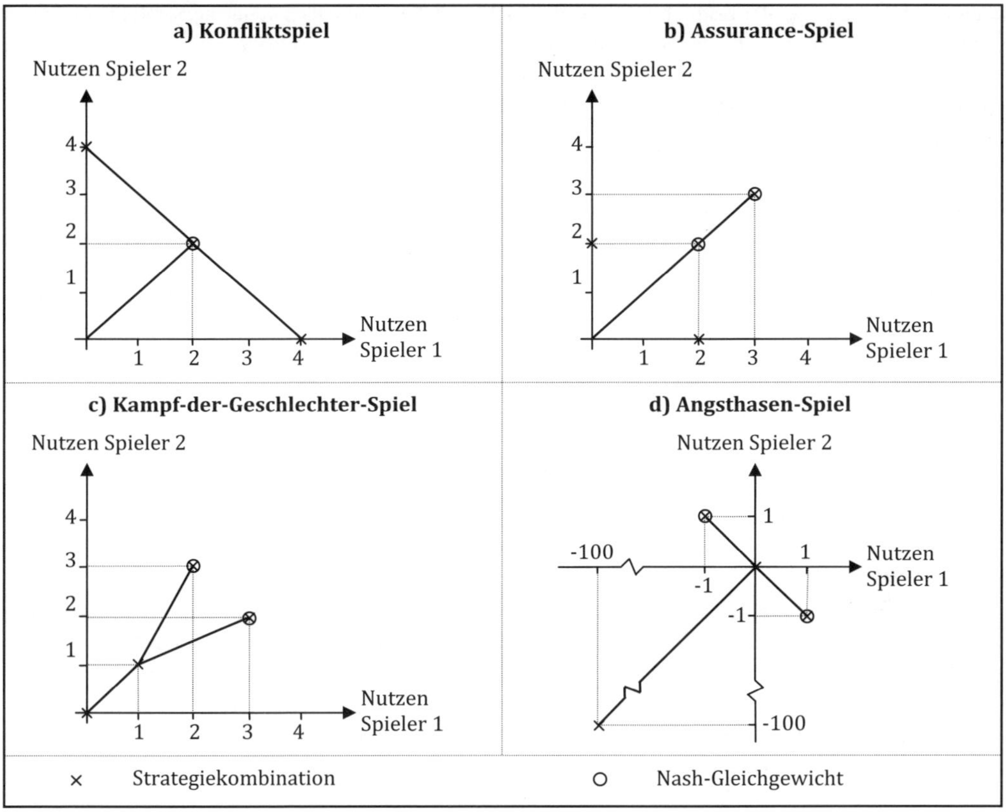

Spiele der experimentellen Ökonomik

Das tatsächliche Entscheidungsverhalten von Menschen und insbesondere kooperative und prosoziale Verhaltensmuster wurden in den letzten vier Jahrzehnten insbesondere im Rahmen der sog. experimentellen Wirtschaftsforschung (experimental economics) untersucht. Im Rahmen der **experimentellen Ökonomik** werden Spiele mit freiwilligen Teilnehmern unter kontrollierten Laborbedingungen durchgeführt, dokumentiert und analysiert. Um die tatsächlichen Präferenzen aufzudecken, wird dabei darauf geachtet, dass es für die Spieler - gemessen an ihrer Einkommenssituation - um Auszahlungsbeträge in einer relevanten Höhe geht.

Die zwei wichtigsten Spiele, die neben verschiedenen Modifikationen des Gefangenendilemmas in der experimentellen Ökonomik zur Anwendung kommen, sind das Ultimatum-Spiel und das Vertrauens-Spiel. Das **Ultimatum-Spiel** (ultimatum game) in seiner Urform ist sehr einfach. Es handelt sich um ein sequenzielles Spiel, das nur einmal gespielt wird. Die Spielbehörde stellt einen Betrag von bspw. 100 € zur Verfügung. Spieler 1 entscheidet, wie die Summe aufgeteilt werden soll. Spieler 2 kann den auf ihn entfallenden Betrag annehmen oder ablehnen. Wenn er annimmt, dürfen beide Spieler ihre Anteile behalten. Wenn der zweite Spieler seinen Anteil ablehnt, nimmt die Spielbehörde das gesamte Geld zurück. Welches Spielergebnis ist aus Sicht der axiomatischen Spieltheorie zu erwarten? Man braucht nicht ausführlich auf das Konzept der Rückwärtsinduktion und des teilspielperfekten Nash-Gleichgewichts (subgame perfect nash-equilibrium) einzugehen, dessen Beschreibung der spieltheoretischen Spezialliteratur überlassen bleiben muss, um den Spielausgang vorherzusagen: Bei Annahme vollkommen rationaler und ausschließlich gewinnmaximierender Spieler bekommt der zweite Spieler den kleinstmöglichen Betrag zugeteilt, also einen Cent. Warum? Er nimmt jeden Betrag an, der größer als Null ist, da er bei diesem nur einmal gespielten Spiel sonst seinen Gewinn auf Null reduzieren und noch schlechter dastehen würde. Da der erste Spieler dies antizipiert, bietet er dem zweiten Spieler den kleinstmöglichen Betrag an.

Eine Vielzahl von Laborexperimenten mit dem Ultimatum-Spiel konnten diese Vorhersagen der axiomatischen Spieltheorie nicht bestätigen. Viele Menschen in der Position des Spielers 1 boten dem zweiten Spieler deutlich mehr an als den kleinstmöglichen Betrag. Viele Menschen in der Position des Spielers 2 wiesen zudem ihren Anteil zurück, wenn er relativ klein war. Im Großen und Ganzen kann man sagen, dass nur Angebote, die dem zweiten Spieler mindestens zwischen 40% und 50% zukommen ließen, erfolgreich waren. Diese Ergebnisse werden i.d.R. dahingehend interpretiert, dass das enge **Modell des ausschließlich gewinnorientierten homo oeconomicus in vielen Situationen nicht das richtige Modell** für das menschliche Entscheidungsverhalten darstellt. Vielmehr haben Menschen möglicherweise Präferenzen für ein als fair und gerecht empfundenes Verhalten. Als internalisierte Norm führt dies einerseits dazu, dass in der Position des Spielers 1 mehr angeboten wird. Andererseits führt es in der Position des Spielers 2 dazu, dass als zu gering empfundene Anteile zurückgewiesen werden. Letzteres bedeutet, dass Spieler 2 ein Verhalten sanktioniert, das er als Bruch der Fairness empfindet, sogar wenn dies für ihn mit Kosten verbunden ist. Wird dieses Verhalten wiederum von Spieler 1 antizipiert, hat dieser einen zusätzlichen Anreiz, ein höheres Angebot zu machen, da er dadurch die Wahrscheinlichkeit eines eigenen positiven Gewinns erhöht.

Das sog. **Vertrauens-Spiel** (trust game) lässt sich als sequenzielles Gefangenendilemma verstehen und ist von seiner Struktur her ebenfalls einfach zu durchschauen: Die Spielbehörde stellt Spieler 1 bspw. 100 € zur Verfügung, die dieser behalten oder ganz oder teilweise an Spieler 2 weiterreichen kann. Der weitergereichte Betrag wird von der Spielbehörde bspw. vervierfacht. Im Maximalfall erhält Spieler 2 also einen Betrag von 400 €. Er kann den erhaltenen Betrag komplett behalten oder Spieler 1 wieder einen Teil davon abgeben. Die Entscheidung von Spieler 2 ist der letzte Zug dieses einmal durchgeführten Spiels. Kooperatives Verhalten von Seiten des Spielers 1, d.h. das Weiterreichen eines Betrages an Spieler 2, würde sich lohnen in dem Sinne, dass dadurch eine Kaldor-Hicks-Verbesserung erzielt wird. Aus Sicht des Spielers 1 ist allerdings nicht sicher, ob daraus auch eine Pareto-Verbesserung resultiert, die ihn im Vergleich zur Nicht-Kooperation besser stellt. Im Gegenteil, wenn der zweite Spieler defektiert und nichts zurückgibt, reduziert sich der Gewinn von Spieler 1 um den weitergegebenen Betrag. Aus Sicht der axiomatischen Spieltheorie wäre zu erwarten, dass Spieler 1 nichts weitergibt, da er antizipiert, dass Spieler 2, der als letzter am Zug ist, eigennützig handelt und nichts zurückgibt. Als Gleichgewicht ergibt sich demnach die sozial ineffiziente Situation, in der Spieler 1 einen Betrag von 100 € hat und Spieler 2 nichts abbekommt. Durch Kooperation und Vertrauen könnten die beiden Spieler aber bspw. ein Ergebnis von jeweils 200 € erzielen.

Die bereits beim Ultimatum-Spiel geschilderten Abweichungen von den Vorhersagen der axiomatischen Spieltheorie haben sich auch bei den Laborexperimenten mit dem Vertrauens-Spiel bestätigt. Kurz zusammengefasst kann man sagen, dass in vielen Experimenten mit dem Vertrauenspiel Spieler in der Spielposition 1 **umso erfolgreicher waren, je vertrauensvoller sie kooperiert** und Geld weitergegeben haben. Bei weitergegebenen Anteilen von 50% und mehr ergab sich i.d.R. ein positiver Kooperationsertrag für Spieler in der Position 1. Das heißt, dass sie mehr zurückerhielten als sie ursprünglich weiter gegeben hatten. Bei weitergegebenen Anteilen von deutlich unter 50% sind die Kooperationserträge dagegen i.d.R. negativ.

Noch deutlicher in Richtung Kooperation zeigen die Ergebnisse von Experimenten mit wiederholten Spielen (z.B. wiederholtes Gefangenendilemma). Hier zeichnete sich sowohl in Laborexperimenten als auch in Computersimulationen die sog. Tit-for-tat-Strategie als besonders erfolgreich aus. Die **Tit-for-tat-**

Strategie („Auge um Auge, Zahn um Zahn") lässt sich durch vier Aspekte charakterisieren. Die wörtliche Übersetzung vernachlässigt, dass es sich grundsätzlich um eine Strategie der (1) „Nettigkeit" handelt. Dies bedeutet, dass man im ersten Zug kooperiert (nett ist). Man lässt sich allerdings nicht beliebig ausbeuten, sondern handelt in den Folgezügen des wiederholten Spieles genau so wie der Gegenspieler beim letzten Zug. Diese unveränderte Antwortstrategie fasst man unter (2) „Klarheit" und (3) „Provozierbarkeit" zusammen. Immer, wenn der Gegenspieler kooperiert hat, kooperiert man. Aber immer, wenn er defektiert hat, defektiert man zur Vergeltung ebenfalls. Dies impliziert bereits den Aspekt der (4) „Nachsichtigkeit". Man ist nicht nachtragend. Unabhängig von der Spielgeschichte in der Vergangenheit antwortet man mit kooperieren, sobald der Gegenspieler kooperiert hat.

Fazit: Das zentrale Ergebnis der experimentellen Ökonomik lässt sich wie folgt zusammenfassen: In einer Vielzahl von Experimenten, die mit unterschiedlichen Spielern in verschiedenen Ländern durchgeführt wurden, entsprachen die gewählten Strategien nicht den sozial ineffizienten Nash-Gleichgewichten, die sich gemäß den Vorhersagen der axiomatischen Spieltheorie hätten ergeben müssen. So kooperieren viele, i.d.R. aber nicht alle Spieler, obwohl individuell-rational handelnde Egoisten defektieren müssten. Eine weitere wichtige Erkenntnis ist, dass die Spielergebnisse nicht nur von der Spielstruktur selbst, sondern auch von der Art und Weise abhängen, wie das Entscheidungsproblem präsentiert wird. Dies bezeichnet man auch als „Framing-Effekt".

8.2.5 Das rekonstruierende Verstehen der Präferenzen sozialer Akteure

a) Grundsätzliche Motivationsquellen menschlichen Handelns

Nicht nur die Ergebnisse von Laborexperimenten, sondern auch viele Beispiele aus dem täglichen Leben zeigen, dass Menschen sich in einer Vielzahl von Situationen nicht entsprechend dem engen Modell des eigennützig-rationalen homo oeconomicus verhalten. Einerseits brechen sie gelegentlich zum eigenen Vorteil bestehende Gesetze und Vorschriften. Dies verursacht in aller Regel externe Kosten. Ein Beispiel aus dem landwirtschaftlichen Bereich wäre die Nichteinhaltung einer vorgeschriebenen Wartezeit nach dem Einsatz von Pestiziden im Gemüsebau. Andererseits handeln viele Menschen aus eigenem Antrieb in gewissen Situationen auch prosozial und altruistisch. Man könnte auch sagen, sie vermeiden negative Externalitäten und stellen positive Externalitäten bereit. So entsorgen Menschen bspw. nach dem Picknick im Park ihren Müll ordnungsgemäß, auch wenn sie nicht beobachtet werden. Sie spenden auch ohne finanzielle Gegenleistung Blut. Sie unterstützen gemeinnützige Organisationen finanziell oder arbeiten selbst ehrenamtlich in Altersheimen, Hospizen und Menschenrechts- und Umweltschutzorganisationen. Sie zahlen als Verbraucher einen höheren Preis für fair gehandelte Produkte, um den Produzenten in Drittweltländern eine gerechte Entlohnung zukommen zu lassen. Sie demonstrieren - in manchen Ländern unter Lebensgefahr - für eine bessere Gesellschaft etc. Alle diese Verhaltensweisen lassen sich mit dem Überbegriff **prosoziales Verhalten** (prosocial behaviour) zusammenfassen.

Die Ergebnisse der experimentellen Ökonomik - im Einklang mit den Beobachtungen aus dem täglichen Leben - widersprechen der Annahme, dass alle Menschen ausschließlich eigennützige Ziele verfolgen. Das heißt, Menschen scheinen weder komplett eigennützig noch komplett altruistisch zu sein. Sie vermeiden es vielfach, Kosten zu externalisieren, und tragen zur Erzeugung positiver externer Effekte bei, auch wenn das bei den geltenden Spielregeln für eigennützige Spieler nicht rational ist. Bei Unternehmern sieht man diesen **altruistischen Motivationsanteil als Bestandteil von CSR** an.

Menschen haben in aller Regel eine mehrdimensionale Zielsetzung (vgl. auch Abschnitt 2.2), d.h. sie haben neben Gewinn und Sicherheit ein umfangreiches Bündel weiterer Ziele. Der Grad der Zielerreichung bei den verschiedenen Zielen bestimmt den Nutzen von Handlungsalternativen und damit die Präferenzordnung des Individuums. Man kann deshalb die von den Akteuren für bestimmte Handlungen erwarteten

Zielerreichungsgrade auch als Anreize (incentives) verstehen, die sich in der jeweiligen Situation aus den eigenen Handlungen und den vorgegebenen institutionellen Regelungen ergeben. Die mehrdimensionale Zielstruktur des Individuums und das Bestreben, eine bestmögliche (nutzenmaximierende) Zielerreichung zu erlangen, wird vielfach einfach unter dem Begriff „Motivation" subsumiert.

Zur Charakterisierung **verschiedener Motivationsquellen** werden häufig die Begriffspaare „materiell/immateriell", „extrinsisch/intrinsisch" und „egoistisch/altruistisch" herangezogen. Tab. 8-11 zeigt die Bedeutung und den Zusammenhang dieser drei Begriffspaare.

Tab. 8-11: Motivationsquellen menschlichen Handelns

	Materiell	**Immateriell**
Extrinsisch	Egoistische Ziele, wie z.B. Einkommen und Freizeit oder der „Fahrspaß" auf dem Mähdrescher und im großen Geschäftswagen	Egoistische Ziele, wie z.B. Ruhm und soziale Anerkennung oder die Vermeidung sozialer Geringschätzung und Exklusion
Intrinsisch	–	Egoistische Ziele, wie z.B. Selbstbestätigung oder die Vermeidung von Schuldgefühlen; Altruistische Ziele, wie z.B. das Wohlergehen anderer

Extrinsische Motivation bedeutet, dass es einen von außen kommenden Anreiz gibt, sich in einer bestimmten Art und Weise zu verhalten. Beispielsweise stellt das Einkommen des Einzelnen eine **materiell-extrinsische Motivationsquelle** dar. Es ist zu beachten, dass nicht alle materiell-extrinsischen Anreize monetärer Natur sind. Zu den materiell-extrinsischen Anreizen lässt sich bspw. auch der Fahrspaß auf dem Mähdrescher oder im Geschäftswagen rechnen, der möglicherweise außerhalb wirtschaftlicher Überlegungen dazu beiträgt, dass manche Unternehmer eine teurere Maschine kaufen. Bei **immateriell-extrinsischen Motivationsquellen** geht es um Ziele, wie z.B. das Streben nach Ruhm und sozialer Anerkennung. Umgekehrt geht es aber auch um die Vermeidung sozialer Geringschätzung und Ausgrenzung (Exklusion), die mit bestimmten Handlungsweisen verbunden sein können.

Das Gegenteil einer extrinsischen ist eine intrinsische Motivation. Intrinsisch bedeutet, dass man etwas ohne einen äußeren Anreiz - sei er materieller oder immaterieller Natur - aus dem eigenen inneren Antrieb heraus macht. Intrinsische Motivation stellt damit aus Sicht des einzelnen Individuums immer einen immateriellen Anreiz dar. **Immateriell-intrinsische Motivationsquellen** und das daraus resultierende Verhalten können aber durchaus materielle Konsequenzen für andere haben. Sozial verantwortliches Unternehmerverhalten im Rahmen von CSR ist bspw. ein Ergebnis intrinsischer Motivation, wenn es nicht durch eine entsprechende Verbrauchernachfrage und erwartete Vorteile am Markt induziert wurde.

Während alle extrinsischen Motivationsquellen egoistischer Natur sind, gibt es bei den intrinsischen Motivationsquellen sowohl egoistische als auch altruistische Anreize: Möglicherweise spendet jemand - ohne sich wirklich für das Wohlergehen anderer zu interessieren - für einen guten Zweck, weil er sich selber gern als wohltätigen Menschen sieht oder so Schuldgefühle vermeiden will. Dies wäre intrinsisch-egoistisch. Möglicherweise ist jemand aber auch tatsächlich am Wohlergehen anderer interessiert. Dies wäre intrinsisch-altruistisch. Eine der wichtigsten Forschungsfragen der experimentellen Ökonomie ist es herauszufinden, **durch welche Anreize kooperatives (prosoziales) Verhalten hervorgerufen wird**. Prosoziales Verhalten meint - kurz gesagt - ein Verhalten, das anderen hilft und dazu führt, dass ihr Nutzen gesteigert wird. Die Gründe für prosoziales Verhalten lassen sich aus Tab. 8-11 ableiten und in fünf Gruppen einteilen:

1. Das vom jeweiligen Individuum verfolgte Zielbündel beinhaltet genuin **altruistische Ziele** (altruistic goals). Das heißt, der individuelle Nutzen kann durch Handlungen, die zu einer Verbesserung der Lage von anderen führen, gesteigert werden.

2. Der mit einer bestimmten Handlung verbundene Nutzen hängt neben der eigentlichen Zielerreichung davon ab, ob die Handlung und das Ergebnis zum **Selbstbild** (self identity) des jeweiligen Akteurs passen und zu einer positiven Selbstbestätigung führen. Es geht also darum, wie sehr er mit dem, was er tut, „im Reinen ist". Bei einem entsprechenden Selbstbild kann sich eine intrinsisch-egoistische Motivation für prosoziales Verhalten ergeben.
3. Der Nutzen einer Handlung wird u.a. davon bestimmt, welche **soziale Anerkennung** (social reputation) dem Akteur aus verschiedenen Handlungsweisen erwächst. Mit anderen Worten: Das Zielbündel des Individuums beinhaltet neben extrinsisch-materiellen auch extrinsisch-immaterielle Ziele, z.B. in Form des Strebens nach sozialer Anerkennung für prosoziales Verhalten.
4. Der mit einer bestimmten Handlung verbundene Nutzen hängt nicht nur vom Ergebnis ab, sondern auch davon, wie dieses Ergebnis zustande gekommen ist. Man spricht in diesem Zusammenhang auch von prozeduralem Nutzen (procedural utility) und prozeduraler Gerechtigkeit. Dabei wird der **Reziprozität** (reciprocity) große Bedeutung zugemessen: Erfährt man von anderen eine wohlwollende Aktion, hat man einen Anreiz, freundlich zu antworten, auch wenn das etwas kostet. Allerdings kann es auch im umgekehrten Fall zu reziprokem Verhalten kommen. Man erzielt dann eine Nutzensteigerung durch eine kostenträchtige Vergeltungsmaßnahme.
5. Individuen erkennen, dass bestimmte Gleichgewichtslösungen, die sich bei eigennützigen Spielern ergeben würden, soziale Dilemmata darstellen. Insbesondere in wiederholten Spielen findet man deshalb kooperative Verhaltensweisen. Anders gesagt: Prosoziales Verhalten kann auch dann entstehen, wenn man aus „**wohlverstandenem materiellem Eigennutz**" nach einer Strategie oder einer sozialen Regelung sucht, die eine Pareto-Verbesserung ermöglicht, die alle Beteiligten besser stellt.

b) Empirische Analyse von Anreizsituationen

Durch die bisherigen Ausführungen ist deutlich geworden, dass die Spieltheorie und die experimentelle Ökonomik grundsätzliche Erklärungsansätze für das empirisch zu beobachtende Verhalten von Wirtschaftssubjekten liefern können. Dies gilt für ganz entgegengesetzt gerichtete Verhaltensweisen. Man versteht einerseits, dass es eigennützige Nutzenmaximierer gibt, die Kosten externalisieren und z.B. ihren Picknick-Müll im Park liegen lassen und bei entsprechenden Spielexperimenten defektieren. Andererseits versteht man auch, dass es Akteure mit einer Mischung aus eigennütziger und altruistischer Motivation gibt, die freiwillig positive externe Effekte bereitstellen und z.B. ehrenamtlich an der Parkreinigung teilnehmen und bei entsprechenden Spielen kooperieren. Dieses Verstehen beschränkt sich allerdings zunächst auf eine **ex post Erklärung beobachteter Phänomene**.

Eine nachgelagerte Erklärung der Tatsache, dass man im täglichen Leben und im Labor sowohl eigennützig-opportunistisches als auch prosoziales Verhalten beobachten kann, reicht jedoch für einen zukunftsgerichteten Abbau von sozial ineffizienten Verhaltensweisen nicht aus. Dies erfordert vielmehr eine ex ante Analyse, die Auskunft darüber gibt, mit welcher Art von Akteuren man es in den jeweils betrachteten Situationen zu tun hat. Für den gedachten, dem Gemeinwohl verpflichteten Akteur geht es ja letztlich im Rahmen des **optimalen Mechanismusdesigns** um die Frage, durch welche Änderung der institutionellen Regelungen das erwünschte sozial effiziente Ergebnis erzielt werden kann.

Für ein möglichst optimales Mechanismusdesign muss man die Präferenzen der Spieler und damit die Nutzenauszahlungen kennen, die diese in verschiedenen Situationen erwarten. Dies ist angesichts der Tatsache, dass man es mit heterogenen Akteuren zu tun hat, die komplexe und kontextabhängige Zielbündel verfolgen, nicht trivial. Eine Möglichkeit der Komplexitätsreduktion besteht darin, a priori von einem bestimmten Menschenbild (z.B. dem engen egoistisch-rationalen homo oeconomicus) auszugehen. Damit ist allerdings das Problem verbunden, dass man möglicherweise ein optimales Mechanismusdesign für Akteure entwickelt, die es gar nicht gibt. Solche „Lösungen" können in der Realität kontraproduktive Ergebnisse hervorrufen und die Situation im Vergleich zu vorher sogar verschlechtern. Dies liegt daran, dass dieselben Sachverhalte und Maßnahmen bei Akteuren mit unterschiedlichen Präferenzen ganz unterschiedliche Handlungsanreize entfalten können.

Aus Sicht des dem Gemeinwohl verpflichteten Mechanismusdesigners stellt sich die Frage, **in welchen Fällen welches Menschenbild** eine geeignete Modellannahme darstellt. Möglicherweise ist in einem Wettbewerbsumfeld das mit sparsamen Annahmen auskommende Menschenbild des traditionellen, allein auf Eigennutz bedachten homo oeconomicus eine hilfreiche Modellannahme. Dieses Menschenbild kollidiert allerdings mit der Annahme von CSR: Entweder stimmt das Menschenbild des traditionellen homo oeconomicus, dann kann es keine CSR geben. Wenn es aber CSR gibt, dann muss das Menschenbild des traditionellen homo oeconomicus in Frage gestellt werden. Die Annahme von CSR impliziert ja gerade, dass auch Unternehmer, die im Wettbewerb stehen, zu einem gewissen Anteil nicht-eigennützige Ziele verfolgen - oder dass zumindest Verbraucher dies tun und somit einen Anreiz für CSR schaffen.

Diese Ausführungen haben verdeutlicht, wie wichtig es ist, das bei den jeweiligen Fragestellungen verwendete Menschenbild kritisch zu hinterfragen und empirisch zu überprüfen und zu analysieren. Tab. 8-12 systematisiert die verschiedenen Komponenten, aus denen sich die Nutzenauszahlung zusammensetzen kann, die ein bestimmter Akteur erwartet. Der dabei unterstellte Hintergrund ist ein rationaler und potenziell opportunistischer Akteur, der gegen bestehende Regelungen verstößt, wenn es sich für ihn im Lichte aller extrinsischen und intrinsischen Anreize „lohnt". Durch die Dekomposition der Nutzenauszahlung wird klar, welche Verhaltensdeterminanten in einer Analyse berücksichtigt werden müssen, die das Ziel hat, die **Anreizsituation eines Spielers in einem bestimmten Kontext rekonstruierend zu verstehen**. Es ist zu beachten, dass es sich bei Tab. 8-12 um einen theoretischen Analyserahmen handelt. Er zeigt zwar systematisch auf, *was* man bei einer situationsbezogenen Analyse der Anreizsituation eines Akteurs grundsätzlich beachten muss. Der Analyserahmen kann aber keine Interdependenzen aufzeigen, d.h. er kann nicht aufzeigen, *wie* diese Anreize zusammenhängen und durch welche Maßnahmen sie in welchem Umfang verändert werden können.

Tab. 8-12: Ein Analyserahmen für die Verhaltensdeterminanten wirtschaftlicher Akteure

		Erwartete Nutzenauszahlung bei Regeleinhaltung	**Erwartete Nutzenauszahlung bei Regelbruch**	**Saldo**
Materiell-extrinsische Motivationsquellen				
1	Kosten	-200	-10	-190
2	Erlöse	+1 000	+1 000	0
3	Sanktionen	0	-10	+10
4	Arbeitsleid	-100	-60	-40
5	*Materiell-extrinsischer Nutzen*	*+700*	*+920*	*-220*
Immateriell-extrinsische Motivationsquellen				
6	Extrinsische soziale Entlohnung (z.B. soziale Anerkennung)	+5	0	+5
7	Extrinsische soziale Kosten (z.B. soziale Ausgrenzung)	0	-100	+100
8	*Immateriell-extrinsischer Nutzen*	*+5*	*-100*	*+105*
Immateriell-intrinsische Motivationsquellen				
9	Intrinsische psychologische Entlohnung (z.B. Selbstachtung)	+5	0	+5
10	Intrinsische psychologische Kosten (z.B. Schuldgefühle)	0	-60	+60
11	*Immateriell-intrinsischer Nutzen*	*+5*	*-60*	*+65*
12	**Gesamter Nutzen**	**+710**	**+760**	**-50**

Die zu Tab. 8-12 passende Geschichte lautet wie folgt: Es gibt eine bestimmte Hygienevorschrift, deren Einhaltung im Vergleich zum Regelbruch Mehrkosten von 190 (Zeile 1) und zusätzliches „Arbeitsleid" im Wert von 40 (Zeile 4) verursacht. Ein Regelbruch wird mit einer gewissen Wahrscheinlichkeit aufgedeckt. Bei Aufdeckung erfolgt eine Sanktion, deren Erwartungswert der Unternehmer mit 10 annimmt (Zeile 3). Er ist damit einer ökonomischen Versuchung von 220 ausgesetzt (Zeile 5). Dies könnte man auch als **fehlgeleiteten ökonomischen Anreiz** bezeichnen. Der betrachtete Unternehmer hält die Vorschrift ein, wenn die Regelbefolgung im Gesamtergebnis zu einem höheren erwarteten Nutzen für ihn führt. Wenn dies nicht der Fall ist, begeht er einen Regelbruch.

Der Unternehmer begeht aber nicht sofort einen Regelbruch, wenn sich dies für ihn materiell lohnt. Er hat möglicherweise immaterielle Motivationsquellen extrinsischer und intrinsischer Art, die als sog. **protektive Faktoren** wirken und ihn vor einem Regelbruch schützen. Im Beispiel wird unterstellt, dass protektive extrinsische Faktoren existieren, die Nutzenauszahlungen in Höhe von 105 verursachen (Zeile 8), die zugunsten der Einhaltung der Vorschrift wirken. Die protektiven intrinsischen Faktoren belaufen sich auf einen Wert von 65 (Zeile 11) zugunsten der Einhaltung der Vorschrift. In der Summe ergeben sich protektive Faktoren im Wert von 170. Im Beispiel reichen die protektiven Faktoren des Unternehmers im Wert von 170 jedoch nicht aus, den Unternehmer gegen die Versuchung von 220 zu immunisieren.

Mit Blick auf eine sinnvolle Interpretation von Tab. 8-12 sind mehrere Punkte zu beachten: (1) Der Unternehmer trifft seine **Entscheidungen unter Risiko**. Die in Tab. 8-12 beispielhaft dargestellten Werte sollen bereits den Nutzen widerspiegeln, den der Unternehmer unter Berücksichtigung des Risikos für die beiden möglichen Verhaltensweisen erwartet. (2) Der Unternehmer ist möglicherweise **begrenzt rational**. Wenn man ihn rekonstruierend verstehen und sein Verhalten beeinflussen will, muss man so gut wie möglich versuchen, seine Anreizsituation entsprechend seinen subjektiven Einschätzungen nachzuvollziehen. Diese müssen nicht notwendigerweise die objektiven Sachverhalte widerspiegeln. (3) Der Unternehmer im Beispiel hat **keine immateriellen Anreize**, die Regel zu brechen. Er sieht sich als „ehrbares" Mitglied der Gesellschaft, deren Regeln er einhält, wenn die Versuchung sie zu brechen nicht zu groß ist.

Immaterielle Anreize, die in Richtung eines Regelbruchs wirken, müssen nicht immer gleich Null sein. Ein immaterieller Nutzen aus dem Regelbruch kann auch bei ehrbaren Mitgliedern einer bestimmten Berufsgruppe entstehen, wenn es nach Regelverschärfungen oder einer Erhöhung der Kontrolldichte zu einem Gefühl des „Gegängeltwerdens" und in der Folge zu Reaktanz kommt. **Reaktanz** bedeutet, dass die Einschränkungen des eigenen Handlungsspielraums als illegitim wahrgenommen werden. In der Folge kommt es zu reaktantem Verhalten. Das heißt, der immaterielle Nutzen aus der verbotenen Handlung gewinnt an Bedeutung und diese wird nun trotz oder gerade wegen des Verbots vorgenommen, um sich die als legitim empfundenen Freiheiten zurückzuholen. Der Bruch einer Regel aus dem insgeheimen Gefühl heraus, „sich sein Recht trotz der von oben verordneten unsinnigen Regeln zu nehmen", wäre so ein Fall.

Die in Tab. 8-12 gewählten Auszahlungen sind rein didaktischer Natur. Sie geben einen Hinweis darauf, **welche Handlungsanreize im Rahmen des Mechanismusdesigns grundsätzlich gestaltet** werden können. Offensichtlich gibt es mit Blick auf den Abbau von sozial ineffizienten Lösungen ja nicht *den* richtigen Mechanismus, sondern nur einen Mechanismus, der angesichts der Präferenzen der Akteure bessere oder schlechtere Aussicht hat, das erwünschte kollektiv-rationale Ergebnis herbeizuführen. Angesichts der Heterogenität der Akteure und der praktischen Unmöglichkeit, für jeden Akteur eine spezifische Regelung festzulegen, wird dieser Mechanismus aber immer einen Kompromiss darstellen. Verstärkt wird dies durch die Schwierigkeit, die Präferenzen sozialer Akteure und insbesondere ihre erwarteten immateriellen Nutzenkomponenten quantitativ zu fassen. Um hier Abhilfe zu schaffen, kann man zunächst auf ökonomische Analysen für kleine, möglichst homogene Gruppen von Akteuren zurückgreifen. Dies ermöglicht eine risikobasierte Vorgehensweise und gibt erste Hinweise für ein geeignetes Mechanismusdesign: Ohne die Akteure genau zu kennen, ist anzunehmen, dass dort, wo die materielle Versuchung besonders hoch ist, auch viele Akteure dazu neigen, Regeln zu brechen.

8.3 Die Suche nach kollektiv-rationalen Lösungen

8.3.1 Externe Effekte, Gütereigenschaften und institutionelle Regelungen

Das Problem externer Effekte wird i.d.R. mit den Gütereigenschaften „Ausschließbarkeit im Konsum" (excludability) und „Rivalität im Konsum" (subtractability) in Verbindung gebracht. Was hat es damit auf sich?

„Ausschließbarkeit im Konsum" bedeutet, dass man andere von der Nutzung eines Gutes ausschließen kann. Dies ist bei einem privaten Gut wie einem Sack Kartoffeln, den man für einen gewissen Preis gekauft hat, der Fall. In einem Rechtsstaat, der das Gewaltmonopol innehat und die Eigentumsordnung garantiert, liegt das alleinige Nutzungsrecht für diese Kartoffeln beim Eigentümer. Von der Nutzung der Meeresfischgründe kann bei den bestehenden internationalen Regelungen dagegen niemand ausgeschlossen werden. Nicht-Ausschließbarkeit im Konsum liegt auch bei der öffentlichen Sicherheit vor.

„Rivalität im Konsum" meint, dass ein Gut knapp ist in dem Sinne, dass sich seine Menge verringert, wenn es von einem Wirtschaftssubjekt genutzt wird. Dies ist bei allen klassischen privaten Gütern der Fall. Man denke bspw. an den Sack Kartoffeln. Aber auch bei der gemeinsam zugänglichen Ressource „Fischgründe der Weltmeere" besteht Rivalität im Konsum. Durch den industriellen Fischfang nehmen die Fischbestände ab. Im Gegensatz dazu besteht bei dem Gut „öffentliche Sicherheit" keine Rivalität im Konsum. Die öffentliche Sicherheit verringert sich nicht durch die Nutzung.

Abb. 8-6 beschreibt den Zusammenhang zwischen dem Externalitätenproblem und den angesprochenen Gütereigenschaften. Dabei werden drei grundlegende Fallkonstellationen unterschieden: (1) Die Ausschließbarkeit in Verbindung mit der Rivalität im Konsum, also der Fall privater Güter. (2) Nicht-Ausschließbarkeit in Verbindung mit der Nicht-Rivalität im Konsum, also der Fall der sog. öffentlichen Güter. (3) Die Nicht-Ausschließbarkeit in Verbindung mit der Rivalität im Konsum, also der Fall der sog. Gemeingüter.

Ein Gut, von dessen Konsum andere ausgeschlossen werden können und bei dem Rivalität im Konsum vorliegt, ist ein **Privatgut**. Bei einem Privatgut hat ein einzelner gegen Zahlung eines Preises die Verfügungsrechte erworben. Wenn dieser Preis die kollektive Knappheit richtig widerspiegelt, fallen individuelle und kollektive Rationalität sowohl bei individuellen Nutzungs- als auch bei individuellen Produktionsentscheidungen zusammen. Es kommt also nicht zu sozialen Ineffizienzen; kurz gesagt, es entsteht *kein* Externalitätenproblem.

Ist dagegen der individuell relevante Preis (d.h. die Grenzkosten des Nutzers) für ein Privatgut im Vergleich zur kollektiven Knappheit (d.h. den sozialen Grenzkosten) zu gering, sind zwei Fälle zu unterscheiden: Bei natürlichen Ressourcen, die nur in einer bestimmten Menge vorhanden oder nur in einem gewissen Maß reproduzierbar sind, kommt es durch die individuell-rationale Nutzungsentscheidung zu negativen externen Effekten und damit zu einer Übernutzung. Ein Beispiel stellt die Nutzung fossiler Energieträger dar, bei denen die Klimaschäden noch nicht in ausreichender Höhe eingepreist sind. Wenn es sich dagegen um Ressourcen und Güter handelt, die wieder hergestellt und produziert werden können, führen zu geringe Preise nicht nur zu einer Übernutzung, sondern auch zu einer Unterproduktion. Dies liegt daran, dass der aus Sicht des Produzenten externe Nutzen nicht internalisiert werden kann. Anders gesagt: Der Grenznutzen des Produzenten ist geringer als der soziale Grenznutzen. Ein Beispiel hierfür sind staatlich verordnete Höchstpreise für Grundnahrungsmittel wie Brot. Dies untergräbt die Binnenproduktion und macht zur Deckung der Nachfrage erhöhte Einfuhren von Grundnahrungsmitteln durch den Staat erforderlich. Gleichzeitig kann es zur Ver(sch)wendung von Brot, z.B. in Form von Viehfutter, kommen, wenn es dieses kostengünstig substituiert.

Abb. 8-6: Der Zusammenhang zwischen externen Effekten einerseits und Ausschließbarkeit im Konsum sowie Rivalität im Konsum andererseits

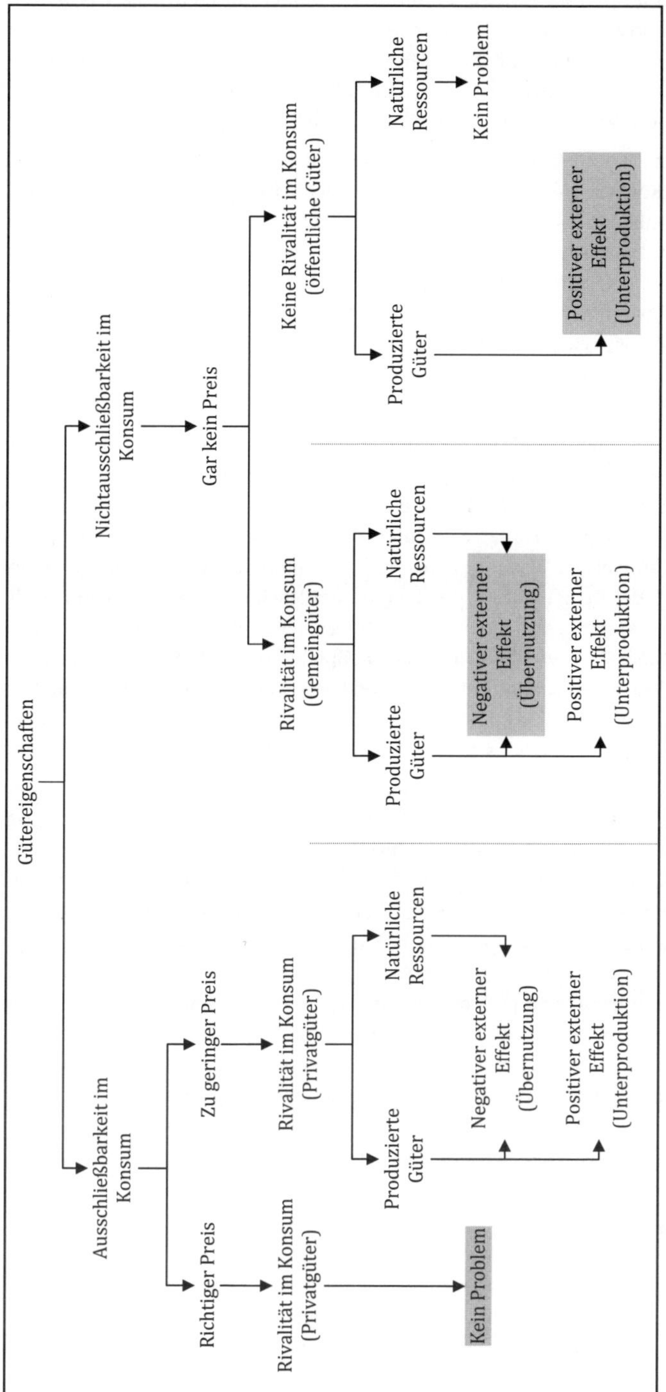

Bei einem Gut, von dessen Konsum andere nicht ausgeschlossen werden können, ist die Nutzung frei, d.h. zu einem Preis von Null, möglich. Ist dies der Fall und liegt gleichzeitig Nicht-Rivalität im Konsum vor, spricht man von **öffentlichen Gütern**. Wenn es sich dabei um natürliche Ressourcen handelt, entsteht kein Externalitätenproblem. Es sind ja Güter, die einen Preis von Null haben, weil sie nicht knapp sind, da die Nutzung durch Individuum A nicht mit der Nutzung durch Individuum B konkurriert. Ein Beispiel hierfür war die Ressource Luft - genauer gesagt, ein klimaunschädlicher CO_2-Gehalt der Luft -, solange die Weltbevölkerung gering war und auf einem vorindustriellen Niveau wirtschaftete.

Geht es dagegen um öffentliche Güter, die erst unter Kosten hergestellt werden müssen, entsteht trotz der Nicht-Rivalität im Konsum wegen des Preises von Null ein Unterproduktionsproblem. Genauer gesagt: Solange die Nutzer keinen Preis zahlen, werden öffentliche Güter durch die Initiative eigennütziger Akteure nicht bereitgestellt. Diese können ja den aus ihrer Sicht externen gesellschaftlichen Nutzen nicht in ihrem individuell-rationalen Kalkül internalisieren. Beispiele sind die bereits genannte öffentliche Sicherheit oder auch ein Hochwasserschutzdeich. Spieltheoretisch handelt es sich um ein soziales Dilemma mit positiven Externalitäten, wie wir es bereits bei dem Problem der Bereitstellung des Naherholungswaldes kennen gelernt haben (vgl. Tab. 8-5b). Für jeden einzelnen Spieler ist es individuell rational, zu defektieren, d.h. keinen Beitrag zur Herstellung des öffentlichen Gutes zu leisten, da sich dies individuell nicht lohnt.

Güter, die Nicht-Ausschließbarkeit im Konsum, aber Rivalität im Konsum aufweisen, bezeichnet man als **Gemeingüter**. Alternativ wird auch der Begriff „Allmendegüter" (common pool resources) verwendet. Das berühmte Beispiel der Allmende, d.h. eine von Landwirten gemeinsam genutzte Weide, die bei fehlender Zugangsbeschränkung übernutzt wird, dient hier als Namensgeber für knappe Güter, die ein Übernutzungsproblem aufweisen. Dies ist unter der Bezeichnung „tragedy of the commons" bekannt geworden. Wenn es sich bei Gemeingütern um knappe natürliche Ressourcen, wie z.B. die Fischgründe der Weltmeere, handelt, kommt es zu einer Übernutzung. Dies liegt daran, dass die Nutzung trotz der Knappheit frei, d.h. zu einem Preis von Null, möglich ist. Spieltheoretisch handelt es sich dabei um ein soziales Dilemma mit negativen Externalitäten, wie wir es bereits bei dem Problem der Luftverschmutzung kennen gelernt haben (vgl. Tab. 8-5a). Für jeden einzelnen Spieler ist es individuell rational zu defektieren, d.h. die Kosten des eigenen Handelns zu externalisieren und nichts zur Luftreinhaltung beizutragen.

Bei Gemeingütern, die erst hergestellt werden müssen, hat man - ganz analog zu den öffentlichen Gütern - das Problem, dass sie in einer Wettbewerbswirtschaft mit ausschließlich eigennützigen Akteuren nicht bereitgestellt werden. Wird ein Gemeingut - durch welchen Mechanismus auch immer - aber doch bereitgestellt, ohne dass dann für die Nutzung ein Preis bezahlt werden muss, tritt die bekannte Übernutzungsproblematik auf. Ein Beispiel sind saubere Straßen: Wenn jeder die saubere Straße nutzen kann, ohne zu zahlen, kann das Gut „saubere Straße" nicht durch gewinnorientierte Akteure bereitgestellt werden. Man hätte ja nur Kosten, könnte aber für die Leistung keinen Preis erzielen. Die saubere Straße kann aber durch eine staatliche Institution (z.B. die kommunale Stadtreinigung), durch altruistisches Handeln (z.B. die Spende eines Unternehmens oder eine ehrenamtliche Freiwilligenaktion) oder durch kollektives Handeln und eine nicht-staatliche soziale Institution (z.B. jeder ist einmal monatlich mit Fegen dran) bereitgestellt werden. Ist das Gut dann bereitgestellt, hat man wieder das Problem der Übernutzung. Anders gesagt: Wenn man es mit eigennützigen Akteuren zu tun hat, die keinerlei Zugangsbeschränkungen zu dem Gut „saubere Straße" unterliegen, wird die Straße bald wieder dreckig sein - ein Phänomen, das sicher jeder schon einmal beobachtet hat.

Die beiden Dimensionen „Grad der Ausschließbarkeit im Konsum" und „Grad der Rivalität im Konsum" ermöglichen eine **Klassifizierung von Gütern**. Dazu nimmt man i.d.R. bei den beiden Attributen „Ausschließbarkeit" und „Rivalität" eine dichotome Unterscheidung in „sehr hoch bzw. vorhanden" und „sehr gering bzw. nicht vorhanden" vor, obwohl es sich eigentlich jeweils um ein Kontinuum handelt. Die Extremausprägungen der beiden Dimensionen werden dann genutzt, um Güter in eine Matrix mit vier Kategorien zu unterteilen: Private Güter, Gemeingüter, öffentliche Güter und Clubgüter (vgl. Tab. 8-13).

Tab. 8-13: Güterkategorien nach dem Grad der Rivalität und dem Grad der Ausschließbarkeit

		Grad der Ausschließbarkeit im Konsum	
		Sehr hoch	**Sehr gering**
Grad der Rivalität im Konsum	**Sehr hoch**	**Private Güter** (private goods) Beispiele - Sack Kartoffeln - Auto - Haus - Kostenpflichtiger ÖPNV mit Nutzungsrivalität (Überfüllung)	**Gemeingüter** (common goods) Beispiele - Fischgründe der Meere - Saubere Atmosphäre im Jahr 2010 - Saubere Straße - Freier ÖPNV mit Nutzungsrivalität (Überfüllung)
	Sehr gering	**Clubgüter** (club goods) Beispiele - Golfclub - Gebührenfernsehen - Kostenpflichtiger ÖPNV ohne Nutzungsrivalität (keine Überfüllung) - (Staatlich bereitgestellte Güter)	**Öffentliche Güter** (public goods) Beispiele - Öffentliche Sicherheit - Hochwasserschutzdeich - Naherholungswald - Freier ÖPNV ohne Nutzungsrivalität (keine Überfüllung)

Die **Dimension „Ausschließbarkeit"** ist explizit mit „*Grad* der Ausschließbarkeit" überschrieben. Das hat drei Ursachen: (1) Bei dem Attribut „Ausschließbarkeit" handelt es sich nicht um eine originäre Eigenschaft eines Gutes. Die Ausschließbarkeit oder Nicht-Ausschließbarkeit ergibt sich vielmehr erst aus der Verbindung der physischen Gütereigenschaften mit bestimmten institutionellen Regelungen. (2) Bei allen Gütern lassen sich institutionelle Regelungen vorstellen, die das Externalitätenproblem lösen, indem sie Ausschließbarkeit herstellen. Beispiele hierfür sind die Meeresfischgründe oder die Atmosphäre. (3) Die institutionellen Ausschlussregelungen sind bei den verschiedenen Gütern unterschiedlich teuer. So sind die Verfügungsrechte, die andere von der Nutzung Ihres Sacks Kartoffeln ausschließen, relativ leicht durchzusetzen. Die Meeresfischgründe oder die Atmosphäre brauchen komplexere Regelungsmechanismen, um die Nutzung einzuschränken. Eine geringe Ausschließbarkeit oder gar Nicht-Ausschließbarkeit im Konsum bedeutet also, dass eine institutionelle Exklusionsregelung sehr hohe bzw. prohibitiv hohe Transaktionskosten verursachen würde.

Die **Dimension „Rivalität"** ist ebenfalls explizit mit „*Grad* der Rivalität" überschrieben. Auch hier besteht zwischen den beiden Extremausprägungen eigentlich ein Kontinuum. So war bspw. ein klimaunschädlicher CO_2-Gehalt der Atmosphäre vor 2 000 Jahren kein knappes Gut, um dessen Nutzung Rivalität entstanden wäre. Im Zuge der Industrialisierung hat sich diese Rivalität aber zunehmend eingestellt. Gleiches kann für herstellbare Güter gelten. Ein Beispiel ist ein kostenloser öffentlicher Personennahverkehr (ÖPNV). Solange es relativ wenig Nutzer gibt, ist er als öffentliches Gut zu betrachten, bei dessen Nutzung keine Rivalität besteht und für das sich in einer Wirtschaft mit ausschließlich eigennützigen Akteuren „lediglich" das Problem der Nichtproduktion ergibt. Wer soll die Kosten aufbringen, wenn für die Leistung nicht bezahlt wird? Wenn ein kostenloser ÖPNV jedoch bspw. durch den Staat bereitgestellt wird und es zu viele Nutzer gibt, hat man überfüllte Verkehrsmittel. Es ergibt sich also Rivalität im Konsum und ein Übernutzungsproblem. Kurz gesagt: Bei Übernutzung und dem damit verbundenen Einsetzen von Rivalität im Konsum werden öffentliche Güter zunehmend zu Gemeingütern.

Die Matrix in Tab. 8-13 ist eine **stark vereinfachte Darstellung des Externalitätenproblems**. Sie bezieht sich auf besonders prägnante Extremsituationen und greift lediglich drei der Fälle auf, die wir in Abb. 8-6 kennen gelernt haben. Diese sind dort grau unterlegt. Die Verbindung zwischen Abb. 8-6 und Tab. 8-13 lässt sich wie folgt verdeutlichen:

1. Die rechte Seite von Tab. 8-13 beschreibt Güter, bei denen Nicht-Ausschließbarkeit vorliegt, d.h. alle Akteure haben eine freie Nutzungsmöglichkeit (open access). Aufgrund der Nicht-Ausschließbarkeit kommen eigennützig-rationale Akteure nicht zu Kaldor-Hicks-effizienten Gleichgewichtslösungen. Aus Sicht der einzelnen Akteure geht es ja um Güter, bei deren Konsum oder Produktion die Kosten bzw. der Nutzen zu 100% extern sind. Man könnte auch sagen, die Matrix beziehe sich auf die **Teilmenge der externen Effekte**, bei denen der Preis des betroffenen Gutes nicht nur zu gering, sondern gleich Null ist.
2. Die **Externalitätenproblematik, die sich bei zu geringen Preisen ergibt**, ist in Tab. 8-13 nicht dargestellt, kann allerdings „hineininterpretiert" werden. Viele Situationen, in denen ein zu geringer Preis eines privaten Gutes vorliegt, können als Situationen verstanden werden, in denen die Produktion oder der Konsum eines privaten Gutes mit einem öffentlichen Gut oder einem Gemeingut gekoppelt sind. Man würde also bspw. nicht mehr sagen, der Preis von Braunkohle ist zu gering, da die sozialen Grenzkosten ihrer Verbrennung höher sind als die individuellen Grenzkosten des Nutzers. Vielmehr würde man das Problem nun darin sehen, dass die Verbrennung von Kohle mit einer kostenlosen Nutzung des frei zugänglichen Gutes „Luft" gekoppelt ist.
3. Obwohl Tab. 8-13 auf lediglich zwei Dimensionen fokussiert, wird mit der Gegenüberstellung von öffentlichen Gütern und Gemeingütern i.d.R. ein **Wechsel bei einer weiteren Dimension impliziert**: Man denkt bei öffentlichen Gütern an ein Unterproduktionsproblem und bei Gemeingütern an ein Übernutzungsproblem. Auch wir haben dies mit den gewählten Beispielen implizit getan. Diese Sichtweise ist allerdings nicht vollständig. Zum einen kann es auch bei Gemeingütern, also bei Gütern mit Rivalität im Konsum und fehlender Ausschließbarkeit, zu einem Unterproduktionsproblem kommen. Zum anderen gibt es öffentliche Güter in Form natürlicher Ressourcen, bei denen Nicht-Rivalität mit Nicht-Ausschließbarkeit verbunden ist, aber kein Unterproduktionsproblem besteht. Als Beispiel sei hier das nicht knappe Gut „klimaunschädliche Atmosphäre" vor 2 000 Jahren angeführt.
4. Die linke Seite der Tab. 8-13 beschreibt **marktbasierte Lösungen für die Externalitätenprobleme, die durch fehlende Ausschließbarkeit entstehen.** Indem private Verfügungsrechte vergeben werden, lässt sich Ausschließbarkeit herstellen. Im Fall der Gemeingüter gibt es ein bekanntes Beispiel, nämlich die CO_2-Kontingentregelung mit Versteigerung und Handelbarkeit der Zertifikate: Die Luft wird von einem frei zugänglichen Gut zu einem privaten Gut gemacht. Im Fall der öffentlichen Güter besteht eine mögliche Lösung darin, die Güter zu sog. Clubgütern zu machen. Alternativ findet sich auch die Bezeichnung „Gebührengüter" (toll goods). Dies bedeutet, dass die Nutzung eines Gutes - obwohl keine Rivalität im Konsum vorliegt - nicht mehr frei ist, sondern auf die Gebühren zahlenden Mitglieder einer bestimmten Gruppe beschränkt wird. Als Beispiel sei hier ein Golfclub angeführt, dessen Mitglieder eine Eintrittsgebühr bezahlen und damit den Betrieb der Golfanlage ermöglichen, dann aber unbegrenzt spielen können. Eine derartige Lösung für das Unter- bzw. Nichtproduktionsproblem stellen aber auch das Gebührenfernsehen oder Nutzungskarten für den ÖPNV dar, solange die öffentlichen Verkehrsmittel nicht überfüllt sind und keine Rivalität besteht.

Zur Vermeidung von Missverständnissen sei abschließend noch darauf hingewiesen, dass die **Güter oftmals unterschiedlich kategorisiert** werden. Mit anderen Worten: Die Verwendung der Begriffe „öffentliche Güter", „Gemeingüter" und „Clubgüter" ist uneinheitlich. Zwar wird als zentrale Definitionshilfe i.d.R. auf die Matrix in Tab. 8-13 zurückgegriffen, aber daneben finden sich auch die folgenden Verwendungen:

- Gelegentlich wird der Aspekt besonders betont, dass es sich sowohl bei der Ausschließbarkeit als auch bei der Rivalität eigentlich um ein Kontinuum handelt, von dem in der Matrix lediglich die Extremfälle dargestellt sind. Dies erfolgt, indem man die beiden bipolaren Extrempunkte als **„rein private Güter"** (pure private goods) und als **„rein öffentliche Güter"** (pure public goods) bezeichnet.
- Die rein privaten Güter mit eindeutigen Verfügungsrechten und Preisen, die sich über den Markt bilden, werden gelegentlich von allen anderen Gütern unterschieden, indem diese als **kollektive Güter**

(collective goods) bezeichnet werden. Zu letzteren zählt man dann die rein öffentlichen Güter, die Gemeingüter und die Clubgüter.

- Clubgüter und Gemeingüter, also alle Güter, die weder als rein private noch als rein öffentliche Güter zu klassifizieren sind, werden auch unter dem Begriff „**unreine öffentliche Güter**" zusammengefasst. Während die deutsche Übersetzung eher ungewöhnlich ist, hat sich der englischsprachige Begriff „impure public goods" als Fachterminus durchgesetzt.
- Gelegentlich wird mit der Bezeichnung „impure public goods" allein auf Clubgüter abgestellt. Das heißt, das Attribut der Nicht-Rivalität im Konsum wird als maßgebliche Eigenschaft angesehen, um ein Gut unter der Rubrik „öffentliches Gut" einzureihen. Dies führt zu der Aussage, dass es sich für die Clubmitglieder - wenn das betreffende Gut erst einmal bereit gestellt ist - um ein öffentliches Gut handelt. Im Gegensatz dazu wird mit „impure public goods" gelegentlich auch ausschließlich auf die Gemeingüter abgezielt. In diesem Fall wird also die Eigenschaft der Nicht-Ausschließbarkeit als maßgeblich für die Definition als öffentliches Gut angesehen. Dies führt zu der Aussage, dass es **öffentliche Güter mit Übernutzungsproblematik** gibt. Im Englischen findet sich dafür der Begriff „public goods with congestion".
- Manchmal wird ein Gut auch **als öffentliches Gut bezeichnet, wenn es durch die öffentliche Hand bereitgestellt** wird. Diese Begriffsverwendung sollte der Klarheit halber im Zusammenhang mit der Externalitätenproblematik vermieden werden, da sie nicht der ökonomischen Definition eines öffentlichen Gutes entspricht.

8.3.2 Lösungsansätze für Externalitätenprobleme

Die Quintessenz der bisherigen Ausführungen lässt sich mit Blick auf CSR wie folgt ausdrücken: Es gibt Situationen, in denen das einzelwirtschaftliche Handeln externe Effekte hat, die gesellschaftlich unerwünscht sind. Es gibt auch Situationen, in denen gesellschaftlich erwünschte externe Effekte nicht bereitgestellt werden. Derartige empirische Phänomene lassen sich entweder als moralisches Versagen und ungenügende CSR oder als Versagen der institutionellen Regeln verstehen. Institutionelles Versagen bedeutet, dass es zu sozialen Dilemmata kommt. Soziales Dilemma heißt, dass individuell-rationale gewinnorientierte Akteure in Strategiegleichgewichten landen, die sozial nicht effizient sind. Dies wird mit der Formulierung „Auseinanderfallen von individueller und kollektiver Rationalität" auf den Punkt gebracht. Aus diesem Problemverständnis heraus ergeben sich zwei Fragen: (1) **Welche Akteure sollen Maßnahmen suchen** und umsetzen, die zu einem Mehr an kollektiver Rationalität führen? (2) **Welche Maßnahmen sind geeignet**, um die unerwünschten Folgen des einzelwirtschaftlichen Handelns bestmöglich zu vermeiden oder zu reduzieren?

Abb. 8-7 systematisiert die grundsätzlich zur Verfügung stehenden Lösungsansätze. Zum leichteren Verständnis haben wir einige einschränkende Annahmen getroffen:

- Wir gehen nicht auf das Problem ein, dass es durch mangelndes Können zu unerwünschten externen Effekten kommen kann. Wir sprechen also nicht von Capacity Building.
- Wir setzen voraus, dass externe Effekte und soziale Dilemmata vorliegen, gehen aber nicht auf das Problem ein, wer festlegt, ob, wo und in welchem Umfang es zu einem Auseinanderfallen von individueller und kollektiver Rationalität kommt.
- Wir setzen einen Akteur voraus, der als Mechanismus-Designer dem Gemeinwohl verpflichtet ist und nach „Spielregeln" sucht, die zu sozial effizienteren Ergebnissen führen. Einem solchen Akteur - wer auch immer er ist - stehen die nachstehend beschriebenen grundsätzlichen Lösungsansätze zur Verfügung.

Abb. 8-7: Systematisierung von Lösungsansätzen für institutionelles Versagen

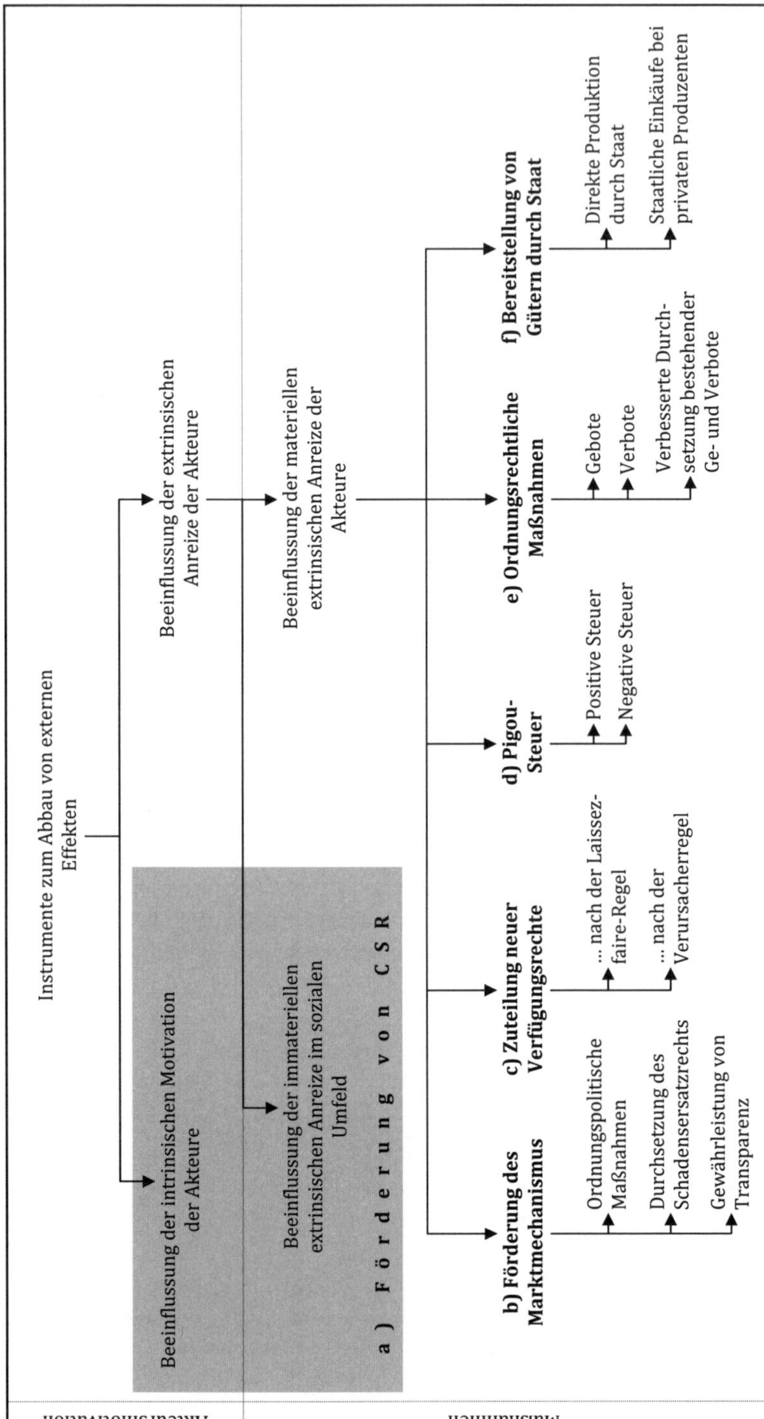

- Wir beschäftigen uns nicht mit der Frage, welche Arten von sozialen Akteuren es geben kann, die nach kollektiv-rationalen Lösungen suchen. Vielmehr beziehen wir uns von vornherein auf einen staatlichen Akteur als Mechanismus-Designer. Wir nehmen diese Perspektive der Übersichtlichkeit halber und aufgrund der besonderen Bedeutung staatlichen Handelns ein. Dies impliziert nicht, dass das kollektive Handeln nicht-staatlicher Akteure und die Suche nach einem besseren Design institutioneller Regelungen außerhalb von Staat und Markt keine Bedeutung haben.
- Das hier verfolgte Ziel ist es, die Suche nach einem grundsätzlich besseren Design von institutionellen Regelungen zu strukturieren. Es geht hier nicht um die Diskussion der Frage der politischen Implementierbarkeit einer institutionellen Veränderung.
- Fragestellungen, die spieltheoretisch reine Konstantsummenspiele darstellen und keine Kaldor-Hicks-Verbesserung ermöglichen, werden nicht betrachtet.

a) Förderung von Corporate Social Responsibility

Maßnahmen zur Förderung des gesellschaftlich erwünschten Unternehmerverhaltens bzw. von CSR **setzen an den Motivationsquellen menschlichen Handelns an** (vgl. Tab. 8-11). Dabei beeinflusst ein und dieselbe Maßnahme häufig gleichzeitig mehrere Motivationsquellen. Dies lässt sich anhand der UNGC-Initiative zeigen. Welche CSR-fördernde Wirkung hat denn die Möglichkeit, sich öffentlich auf einer Plattform der UN zur Einhaltung ethischer Prinzipien zu verpflichten?

1. Durch die UNGC-Initiative werden allgemeingültige gesellschaftliche Wertentscheidungen an hervorgehobener Stelle dargestellt und für einen Normappell genutzt. Das heißt, die Reputation der UN wird genutzt, um zu verdeutlichen, was richtig und falsch ist. Man erhofft sich davon, dass Menschen, die als Unternehmer tätig sind, diese gesellschaftlichen Wertentscheidungen verinnerlichen. Es geht also um die Veränderung des Unternehmerverhaltens durch die **Beeinflussung der immateriell-intrinsischen Motivation**. Durch die aktive Zustimmung, die ethischen Prinzipien der UNGC einzuhalten, soll die Wirksamkeit dieses Normappells zusätzlich gestärkt werden.
2. Neben der direkten Beeinflussung der intrinsischen Motivation des Einzelnen zielt der Normappell auch darauf ab, ein Umfeld zu schaffen, in dem ein sozial verantwortliches Unternehmerverhalten gesellschaftliche Anerkennung mit sich bringt. Im Gegenzug sollen Verstöße gegen Menschenrechts- und Umweltschutzziele sowie Korruption nicht mehr als „Kavaliersdelikte" angesehen, sondern sozial missbilligt werden. Das zweite Ziel der UN-Initiative besteht also in der Beeinflussung des Unternehmerverhaltens durch die **Beeinflussung der immateriell-extrinsischen Motivation**, die aus dem sozialen Umfeld resultiert.
3. Neben dem Normappell, der für sich genommen möglicherweise oft nicht ausreicht, um sozial verantwortliches Unternehmerverhalten hervorzurufen, werden durch die UNGC-Initiative auch die *materiell-extrinsischen* Anreize von Unternehmen in „die richtige Richtung" bewegt. Dies bedeutet, dass sich die Unternehmen aus wohlverstandenem Eigeninteresse sozial verantwortlich verhalten. Damit dies funktioniert, müssen zwei Transparenzvoraussetzungen erfüllt sein: (1) Die Unternehmen müssen aus dem öffentlichen Beitritt zur UNGC-Plattform einen Wettbewerbsvorteil erzielen können. (2) Die Unternehmen müssen mit einer gewissen Wahrscheinlichkeit am Markt ein Negativimage erleiden und sanktioniert werden, wenn sie gegen die Prinzipien verstoßen.

Die UNGC-Initiative stellt eine Maßnahme zur Förderung von CSR dar. Dabei geht es nicht nur um den Normappell, sondern auch darum, durch Transparenz und den Marktmechanismus die materiellen Anreize von Unternehmen zu beeinflussen. Üblicherweise wird bei der Diskussion um CSR aber nur auf die beiden immateriellen Motivationsquellen abgezielt. Zur Definition von CSR wird also nicht das unternehmerische Verhalten genutzt, sondern die Art der Motivation. Ein gesellschaftlich erwünschtes Verhalten, das aus „wohlverstandenem materiellem Eigennutz" entsteht, wird damit nicht unter CSR eingeordnet. Diesem üblichen Verständnis folgt auch die Graumarkierung des Feldes „Förderung von CSR“ in Abb. 8-7. Wohl wissend, dass moralische Überzeugungen auch im Wirtschaftsleben von großer Bedeutung sind, konzentrieren wir uns im Folgenden aber nicht darauf, wie man die moralischen Überzeugungen von Menschen am besten verändern kann. Vielmehr geht es hier im Sinne des klassischen Mechanismusdesigns darum, welche institutionellen Lösungsansätze es gibt, die gesellschaftlich erwünschten Ergebnisse zu produzieren, gerade wenn man es vielleicht mit eigennützigen Akteuren zu tun hat.

b) Förderung des Marktmechanismus

Unter dem Begriff „Maßnahmen zur Förderung des Marktmechanismus“ lassen sich drei unterschiedliche Arten von Instrumenten zusammenfassen: (1) ordnungspolitische Maßnahmen und Regelungen zur Gewährleistung einer funktionierenden Wettbewerbsordnung, (2) das zivilrechtliche Schadensersatz- und Vertragsrecht und (3) Maßnahmen zur Förderung von Markttransparenz. Man geht davon aus, dass es ohne den Einsatz dieser Instrumente zu Marktversagen und Externalitätenproblemen kommt. Die Instrumente sollen dazu dienen, auf bestehenden Märkten die individuellen Grenzkosten (den individuellen Grenznutzen) eines Gutes den gesellschaftlichen Grenzkosten (dem gesellschaftlichen Grenznutzen) anzunähern. Man könnte sie als „Schmiermittel“ für private Gütermärkte bezeichnen, die ansonsten stark unvollkommene Märkte darstellen würden.

Ein wichtiges Beispiel für **ordnungspolitische Regelungen zur Gewährleistung einer funktionierenden Wettbewerbsordnung** ist das sog. Kartellgesetz. Es beinhaltet eine Vielzahl von Regelungen gegen den Missbrauch von Marktmacht (z.B. das Kartellverbot und das Verbot des Missbrauchs einer marktbeherrschenden Stellung). Kurz gesagt soll vermieden werden, dass es durch monopolistische Preissetzungsspielräume zu einem Auseinanderfallen von individueller und kollektiver Rationalität kommt.

Ein funktionierendes **Schadensersatz- und Vertragsrecht**, d.h. die Möglichkeit, einen Ausgleich für einen erlittenen Schaden zu erhalten und Verträge durchzusetzen, gewährleistet die Durchsetzung bestehender Verfügungsrechte. Es ist die Voraussetzung, um die Externalisierung von Kosten zu verhindern, die durch widerrechtliche Eingriffe in die Verfügungsrechte des Einzelnen entstehen würden. Ein funktionierendes Schadensersatz- und Vertragsrecht hat damit eine Präventionsfunktion. Wirtschaftliche Akteure müssen ja erwarten, dass sie zunächst externalisierte Kosten später doch zu internalisieren haben. Wenn sie das erwarten, werden sie erst gar nicht versuchen diese Kosten zu externalisieren.

Neben Marktmacht und einer mangelnden Durchsetzung von Verfügungsrechten ist fehlende Transparenz ein weiterer Grund für das Entstehen von Externalitäten. Bei Qualitätsunsicherheit kauft ein Kunde möglicherweise ein Produkt, dessen Preis höher ist als der Nutzen, den er aus dem Produkt zieht. Er isst z.B. in gutem Glauben in einem Restaurant, in dem die Küchenhygiene unzureichend ist. Sind ihm diese hygienischen Zustände nicht bekannt, kann das Restaurant die Kosten, die durch das erhöhte Risiko einer Gesundheitsschädigung entstehen, externalisieren. Mehr Markttransparenz würde dies verhindern, weil die Qualität dem Kunden bekannt wäre. Zur **Erhöhung der Markttransparenz** bei Qualitätsunsicherheit gibt es eine Reihe unterschiedlicher Maßnahmen. Hier ist zunächst die **Zertifizierung** durch unabhängige und vertrauenswürdige Institutionen zu nennen. Beispiele sind das Bio-Siegel, das FSC-Siegel (Forest Stewardship Council) für Produkte aus einer nachhaltigen Waldwirtschaft, oder das Fair-Trade-Siegel für Produkte aus einem fairen Handel. Zu den Transparenz erhöhenden Maßnahmen gehören aber auch sog. **name-and-shame Maßnahmen**. Ähnlich wie beim Schadensersatzrecht zielt man dabei auf eine präventive Wirkung. Die Internalisierung der Kosten soll nun aber nicht über die Gerichte, sondern durch eine Sanktionierung über den Markt (reputational sanctioning) erfolgen. Ein Beispiel hierfür sind die sog. Smiley-Programme, durch die der Kunde über die Ergebnisse der staatlichen Lebensmittelüberwachung über Symbole informiert wird, die bspw. an den Eingangstüren von Restaurants angebracht werden.

c) Zuteilung von Verfügungsrechten und Coase Verhandlungslösung

Das sog. **Coase-Theorem** besagt, dass Externalitätenprobleme effizient gelöst werden können, wenn man für das bisher frei zugängliche Gut private Verfügungsrechte vergibt und dann dem Markt die Lösung überlässt. Dies gilt unabhängig davon, wem die Verfügungsrechte zuerkannt werden. Es gilt allerdings nur dann, wenn man davon ausgeht, dass keine Transaktionskosten entstehen. Dies ist genau die kritische Annahme, da die Transaktionskosten in der Praxis nie gleich Null, sondern oft sehr hoch sind.

Die Bedeutung des Coase-Theorems lässt sich am besten mit Hilfe eines Beispiels darstellen: Ein Fabrikbesitzer verunreinigt durch Produktionsabwässer einen Fluss. Eine Vermeidung der Verschmutzung durch eine Investition in eine Reinigungsanlage würde ihn 50 000 kosten. Dies ist weniger als der Gewinn seiner wirtschaftlichen Tätigkeit von 100 000, die zur Verschmutzung führt. Eine Verschmutzung des Wassers beeinträchtigt das Wohlergehen eines Landwirts flussabwärts, da dieser Wasser zur Beregnung aus dem Fluss entnimmt. Zur Bewässerung kann nur sauberes Wasser verwendet werden. Der wirtschaftliche Gewinn aus der Bewässerung ist mit 200 000 höher als die Reinigungskosten. Die nachträgliche Reinigung durch den Landwirt ist mit 80 000 aber deutlich teurer als die direkte Vermeidung der Verschmutzung durch den Fabrikbesitzer.

Was passiert nun, wenn man dem Fabrikbesitzer nach der sog. **Laissez-faire-Regel** das Verfügungsrecht über das Flusswasser und damit das Recht auf Verschmutzung zuerkennt? In einem Marktsystem, in dem private Güter handelbar sind, wird der Landwirt dem Fabrikbesitzer sein Recht zu verschmutzen gegen 50 000 (oder ein bisschen mehr) abkaufen und dieser wird dann das Wasser unter Aufbringung der Kosten von 50 000 reinigen (vgl. hierzu das ähnlich strukturierte Beispiel 8-3). Teilt man dagegen dem Landwirt gemäß der sog. **Verursacherregel** das Verfügungsrecht über das Flusswasser zu, hat er einen Schadensersatzanspruch gegen den Fabrikbesitzer, wenn dieser ihn durch die Verschmutzung in seinem Verfügungsrecht am Flusswasser beeinträchtigt. Was passiert nun? Der Fabrikbesitzer wird zur Vermeidung der Schadensersatzforderungen von 80 000 das Wasser ebenfalls reinigen. Unabhängig davon, wem die Verfügungsrechte gegeben werden, ergibt sich also die Kaldor-Hicks-effiziente Lösung. Diese besteht darin, dass die Verschmutzung dort behoben wird, wo dies am kostengünstigsten ist. Die Frage, an wen die Verfügungsrechte vergeben werden, hat also unter den getroffenen Annahmen keine Auswirkung auf die effiziente Lösung, sondern *nur* **Auswirkungen auf die Einkommensverteilung**.

Das Coase-Theorem gilt nur dann, wenn jede vertragliche Vereinbarung, die zu einem gegenseitigen Nutzen führt, auch geschlossen wird. Sie unterstellt damit - spieltheoretisch gesprochen - dass kooperative Spiele möglich sind, in denen soziale Dilemmata durch bindende vertragliche Vereinbarungen aufgelöst werden können. Man könnte auch sagen: Das Coase-Theorem gilt nur, wenn jede Kaldor-Hicks-Verbesserung ohne jeglichen Verlust durch Seitenzahlungen in eine Pareto-Verbesserung überführt werden kann, der dann alle beteiligten Marktpartner zustimmen. Tab. 8-14 bringt den Sachverhalt spieltheoretisch auf den Punkt.

Tab. 8-14: Auszahlungsmatrix für Fabrikbesitzer und Landwirt [a)]

	Landwirt reinigt nicht	**Landwirt reinigt**
Fabrikbesitzer reinigt nicht	**100 000** ; 0	**100 000** ; **120 000**
Fabrikbesitzer reinigt	50 000 ; **200 000**	50 000 ; 120 000

a) Strategiekombinationen, bei denen die Ergebnisse für *beide* Spieler fett gedruckt sind, stellen Nash-Gleichgewichte dar. Die Kaldor-Hicks-effiziente Lösung ist grau unterlegt.

Wenn der Fabrikbesitzer das Flusswasser verschmutzt und der Landwirt nicht reinigt, erzielt der Fabrikbesitzer einen Gewinn von 100 000. Der Landwirt erzielt keinen Gewinn aus dem Bewässerungslandbau.

Wenn der Landwirt reinigt, erzielt der Fabrikbesitzer weiterhin einen Gewinn von 100 000, der Gewinn des Landwirts reduziert sich aber von den potenziellen 200 000 auf 120 000. Diese Strategiekombination ist das Nash-Gleichgewicht. Wenn der Fabrikbesitzer das Wasser reinigt, bleibt ihm ein Gewinn von 50 000 und der Landwirt kann einen Gewinn von 200 000 erzielen. Wenn beide in Reinigungsanlagen investieren würden, verbliebe dem Fabrikbesitzer ein Gewinn von 50 000 und dem Landwirt ein Gewinn von 120 000. Das ineffiziente Nash-Gleichgewicht „Fabrikbesitzer reinigt nicht, Landwirt reinigt" wird von der effizienten Strategiekombination „Fabrikbesitzer reinigt, Landwirt reinigt nicht" Kaldor-Hicks-dominiert. Wenn der Landwirt und der Fabrikbesitzer ohne Kosten bindende Seitenzahlungen vereinbaren könnten, wäre die effiziente Lösung möglich.

In der Praxis entstehen allerdings für alle vertraglichen Vereinbarungen Kosten, nämlich **Transaktionskosten**. Transaktionskosten verhindern, dass Kaldor-Hicks-Verbesserungen 1:1 in Pareto-Verbesserungen überführt werden. Man stelle sich bspw. vor, dass es 100 000 Landwirte gäbe. Liegen die Verfügungsrechte bei den Landwirten, müsste jeder einen Schadensanspruch von 0,80 gegen den Fabrikbesitzer geltend machen. Aufgrund der Transaktionskosten für Verwaltungsabläufe, Rechtsanwälte, Richter usw. wird vermutlich gar kein Schadensersatzanspruch geltend gemacht und der Fabrikbesitzer verschmutzt weiterhin den Fluss. Zu dieser ineffizienten Lösung kommt es voraussichtlich auch dann, wenn das Verfügungsrecht beim Fabrikbesitzer liegt. In diesem Fall müssten sich ja 100 000 Landwirte organisieren und dem Fabrikbesitzer sein Verschmutzungsrecht abkaufen. Auch hierfür dürften die Transaktionskosten zu hoch sein, insbesondere weil die Landwirte untereinander ein soziales Dilemma zu lösen haben. Jeder einzelne ist ja versucht, sich als Trittbrettfahrer zu verhalten und keinen Beitrag zu leisten.

d) Pigou-Steuer

Der **Grundgedanke der Pigou-Steuer** besteht darin, dass man bei Vorliegen externer Kosten den Preis des verbrauchten Gutes durch eine Steuer bis auf das Niveau erhöht, bei dem die individuellen Grenzkosten den sozialen Grenzkosten entsprechen und damit die Externalität internalisiert wird. Was bedeutet das konkret? Vergegenwärtigen wir uns nochmals das Beispiel des Oberanrainers (Fabrikbesitzers) und des Unteranrainers (Landwirts) des Flusses. Der Gewinnausfall auf Seiten des Landwirts beträgt 200 000, wenn dieser keinen Bewässerungslandbau mehr durchführen kann. Nehmen wir an, der Staat würde dementsprechend eine Pigou-Steuer erheben, durch die der Preis der Flusswassernutzung für den Fabrikbesitzer von Null auf 200 000 ansteigt. Die Pigou-Steuer könnte man in diesem Fall auch als Umweltabgabe bezeichnen. Es ergäbe sich die bereits bekannte sozial effiziente Lösung: Der Fabrikbesitzer würde das Flusswasser nicht mehr zur Abwasserentsorgung nutzen, sondern die Reinigungsanlage für 50 000 installieren.

Das **Problem der Pigou-Steuer** ist, dass dem Staat die Höhe der externen Kosten bekannt sein müsste, um die richtige Steuerhöhe festzulegen. Das sind aber regelmäßig Informationen, die einem staatlichen Regulator nicht zur Verfügung stehen. Welche Konsequenzen hat das? In unserem Beispiel ist die vordergründig richtige Pigou-Steuer in Höhe von 200 000 falsch, da die externen Kosten der Verschmutzung lediglich 80 000 betragen. Um diesen Betrag verringert sich ja der Gewinn rationaler Landwirte, die sich schadensmindernd anpassen, indem sie das Flusswasser reinigen. In unserem Zahlenbeispiel ergibt sich zwar sowohl bei einer (zu hohen) Pigou-Steuer von 200 000 als auch bei einer (richtigen) Steuer von 80 000 die effiziente Lösung. Dies ist aber bspw. nicht mehr der Fall, wenn die Kosten der Flusswasserreinigung durch den Fabrikbesitzer c.p. von 50 000 auf 90 000 steigen. In dieser Konstellation führt eine (zu hohe) Pigou-Steuer von 200 000 dazu, dass der Fabrikbesitzer das Wasser reinigt, obwohl eine Reinigung durch die Landwirte effizienter wäre. Kostet die Vermeidung des Umweltschadens durch den Fabrikbesitzer c.p. mehr als 100 000, würde bei der zu hohen Pigou-Steuer die wirtschaftliche Aktivität sogar zum Erliegen kommen.

Neben der verbrauchsbezogenen positiven Pigou-Steuer lassen sich noch weitere **Formen dieser Steuer** unterscheiden. Tab. 8-15 gibt einen Überblick.

Tab. 8-15: Verschiedene Formen der Pigou-Steuer

	Verbrauchtes Gut	**Produziertes Gut**
Positive Pigou-Steuer	Umweltabgabe	Erzeugerpreisabgabe
Negative Pigou-Steuer	Faktorbezogene Subvention	Erzeugerpreisstützung

Verbrauchsbezogene Umweltabgaben wie in dem Beispiel mit dem Fabrikbesitzer sind ein klassisches Beispiel für positive Pigou-Steuern. Daneben gibt es aber auch das Instrument der negativen Pigou-Steuer. Bekannte Beispiele hierfür sind faktorbezogene Subventionsregelungen, wie z.B. die Gasölbeihilfe. Auch ein solcher Eingriff kann nur sinnvoll sein, wenn man anfänglich ein Externalitätenproblem diagnostiziert hat. Im Falle der Gasölbeihilfe müsste also die Tatsache, dass die Verbrennung von Diesel durch Landwirte erfolgt, mit einem positiven externen Effekt verbunden sein. Der Vollständigkeit halber sei erwähnt, dass eine Pigou-Steuer auch bei produzierten Gütern ansetzen kann. Hier führt eine positive Steuer zu einer Verringerung des Produktpreises und eine negative Steuer zu einer Erhöhung des Preises.

e) Ordnungsrechtliche Maßnahmen

Das Ordnungsrecht (nicht zu verwechseln mit der Ordnungspolitik; vgl. Punkt 8.3.2b) umfasst, vereinfacht gesagt, alle staatlichen Vorschriften in Form von **Ge- und Verboten**. Solche Vorschriften reichen von der Reglementierung des Straßenverkehrs über die Nichtraucherschutzgesetzgebung, Taubenfütterungsverbote und das Verbot der Kampfhundehaltung bis hin zum Waffen- und Sprengstoffrecht. Ge- und Verbote sind auch häufig die erste Assoziation, wenn es darum geht, wie den unerwünschten gesellschaftlichen Folgen des einzelwirtschaftlichen Handelns begegnet werden soll. In diesem Zusammenhang geht es dann um die ordnungsrechtlichen Vorschriften für den Umweltschutz, den Gesundheits- und Verbraucherschutz, den Tierschutz etc. Wie wir bereits gesehen haben, stellen derartige Vorschriften aber nur eine Teilmenge der möglichen Lösungsansätze dar, die für unerwünschte Externalitäten grundsätzlich zur Verfügung stehen.

Die Funktionsweise von Ge- und Verboten mit Blick auf die Lösung des Externalitätenproblems lässt sich am besten im Vergleich zur Pigou-Steuer erklären. Die Pigou-Steuer versucht, zumindest einen Teil der externen Kosten zu internalisieren und damit die private Grenzkostenkurve der sozialen Grenzkostenkurve anzunähern. Die mengenmäßigen Verbrauchs- und Produktionsentscheidungen bleiben aber weiterhin dem jeweiligen wirtschaftlichen Akteur überlassen. Ein Unternehmer wird also bspw. eine zusätzliche Einheit eines Produktionsinputs einsetzen, solange es sich für ihn lohnt, den durch die Pigou-Steuer erhöhten Preis zu zahlen. Demgegenüber bedeutet ein ordnungsrechtliches Verbot, dass bestimmte Entscheidungen absolut zu unterlassen sind. Ein Beispiel wäre das Verbot eines bestimmten Tierarzneimittels aus Gründen des gesundheitlichen Verbraucherschutzes. Aus ökonomischer Sicht bedeutet die Durchsetzung eines derartigen Verbotes, dass man die externen Kosten des Einsatzes dieses Arzneimittels als prohibitiv hoch ansieht. Man könnte auch sagen, die Durchsetzung eines Verbotes entspricht einer unendlich hohen Pigou-Steuer.

Der Vollständigkeit halber sei erwähnt, dass das Ordnungsrecht, obwohl es häufig in Gegensatz zu der privatrechtlichen Lösung des Coase-Theorems und der Pigou-Steuer gebracht wird, auch bei diesen Lösungsansätzen eine wichtige Funktion erfüllt. Während die Durchsetzung privatrechtlicher Verfügungsrechte zunächst in die Zuständigkeit der Zivilgerichte fällt, kommt dem Ordnungsrecht eine unterstützende Funktion zu. Zu den Schutzgütern der öffentlichen Sicherheit gehört nämlich auch der Schutz der Individualrechtsgüter (Eigentum, Leben, körperliche Unversehrtheit etc.), deren Verletzung nicht nur im Rahmen des Deliktrechtes nach dem BGB, sondern in schweren Fällen auch strafrechtlich geahndet wird.

f) Staatliche Bereitstellung von Gütern

Eine staatliche Bereitstellung von öffentlichen Gütern (hier verstanden als reine öffentliche Güter und Gemeingütern) kommt dann in Frage, wenn andere Lösungsansätze zu höheren oder gar prohibitiv hohen Transaktionskosten führen würden. Man denke nur an das Gemeingut „saubere Straße". Grundsätzlich wäre zwar bspw. die Vergabe von Verfügungsrechten nach dem Verursacherprinzip denkbar. Dazu müssten alle Nutznießer einer sauberen Straße gegen die Verschmutzer eine Schadensersatzlösung durchsetzen. Auch eine Pigou-Steuer wäre prinzipiell denkbar. Man müsste dazu für jeden Akt der Verschmutzung einen Preis verlangen, der den sozialen Kosten der Verschmutzung entspricht. Ohne das Transaktionskostenargument hier in voller Länge auszuführen, ist klar, dass es so wahrscheinlich nicht zu einer sauberen Straße kommen würde. Eine staatliche Bereitstellung eines öffentlichen Gutes ist sinnvoll, wenn der gesellschaftliche Nutzen des Gutes die mit seiner Bereitstellung verbundenen Kosten überschreitet und wenn andere Lösungen nicht existieren oder teurer wären.

Für den Staat bestehen zwei Möglichkeiten, wie er öffentliche Güter bereitstellen kann: Zum einen ist eine **direkte staatliche Bereitstellung von öffentlichen Gütern** möglich. Zum anderen kommt eine **staatliche Bereitstellung durch den Einkauf bei privaten Produzenten** in Betracht. Im Falle der Straßenreinigung wäre beides möglich. Der Staat kann selbst Personal für die Straßenreinigung einstellen. Er kann aber auch eine Straßenreinigungsfirma beauftragen. Bei den ökosystemaren Dienstleistungen „schöne Landschaft" und „Biodiversität", die als Kuppelprodukte der landwirtschaftlichen Erzeugung entstehen, kann der Staat das öffentliche Gut nicht selber herstellen. Will der Staat eine bestimmte ökosystemare Dienstleistung einkaufen, muss seine **Willingness-to-Pay** (und damit die der Gesellschaft) mindestens die **Willingness-to-Accept**, d.h. die betrieblichen Bereitstellungkosten der Landwirte, decken.

Die **staatliche Bereitstellung öffentlicher Güter** könnte man als Lösung des Unterproduktionsproblems durch Bereitstellung in Form von Clubgütern verstehen. Der Unterschied zu herkömmlichen Clubgütern besteht darin, dass diese Clubmitgliedschaft nicht freiwillig ist und die Zahlung der Gebühr in Form der Steuerpflichtigkeit erfolgt. Das Problem hierbei liegt in der Bestimmung der Menge, da sich diese - im Gegensatz zu dem Angebot an Golfplätzen durch Golfclubs - nicht als Ergebnis von Angebot und Nachfrage ergeben kann. Als Beispiel kann wieder die öffentliche Sicherheit dienen, die der Staat für seine Bürger gegen Zahlung von Steuern bereitstellt. Die richtige Menge an öffentlicher Sicherheit muss im politischen Prozess ausgehandelt werden.

8.4 Dringlichkeitsadäquates kollektives Handeln

Das vorliegende Kapitel mit seinem Anliegen, über die einzelwirtschaftliche Sicht hinauszugehen, hat möglicherweise mehr Fragen aufgeworfen als beantwortet. Dies ist angesichts der **Komplexität von Externalitätenproblemen** unvermeidlich. Die Umweltproblematik und der Klimawandel sind hierfür gute Beispiele: Wir haben ja bereits Mühe, die physischen Probleme zu identifizieren, die durch das Wirtschaften in einer Welt mit begrenzten Ressourcen entstehen. So hat es lange gedauert, bis man einigermaßen gesichert davon ausgehen konnte, dass es durch die Anreicherung von CO_2 und anderen klimaschädlichen Gasen in der Atmosphäre zu einem Klimawandel kommt. Inzwischen gilt dies als gesichert. Es bleibt aber weiterhin unklar, mit welcher Geschwindigkeit er eintreten und in welchem Umfang er die natürliche Lebensumwelt und damit die Grundlagen des Lebens und Wirtschaftens verändern wird. Es bleibt auch unklar, wie hoch die externen Kosten bestimmter wirtschaftlicher Aktivitäten sind, die zur Freisetzung klimaschädlicher Gase führen. Neben den Transaktionskosten müsste man aber diese externen Kosten kennen, um eindeutig diejenigen Regulierungsmechanismen identifizieren zu können, die zu einem kollektivrationalen Ergebnis führen.

Angesichts der Komplexität von Externalitätenproblemen im Allgemeinen und des Umweltproblems im Besonderen ist es nicht nur unvermeidlich, sondern richtig, dass in diesem Kapitel mehr Fragen aufgeworfen als beantwortet wurden. Die **unabdingbare Voraussetzung für Verbesserungsansätze ist die Fähigkeit, analytische Fragen stellen zu können.** Diese Fähigkeit ist „einfachen Weisheiten" - also dem, was im angelsächsischen Sprachraum bezeichnenderweise als „conventional wisdom" bezeichnet wird - auf jeden Fall vorzuziehen. In diesem Sinne hoffen wir, den Leser vor „zu einfachen Antworten" bewahrt zu haben. Dies gilt insbesondere für die zentrale Frage, wann und wie der Staat in das Wirtschaftsleben eingreifen soll, die auch innerhalb der Ökonomenzunft häufig als Glaubensfrage abgehandelt wird. Wir hoffen auch, dem Leser ein Instrumentarium an die Hand gegeben zu haben, das ihm hilft, Externalitätenprobleme zu strukturieren und so objektiv wie möglich zu durchdringen. Dies bildet nicht nur die Voraussetzung für ein eigenes Urteil, sondern erleichtert auch die Kommunikation und ggf. Absprachen mit anderen „Spielern". Zur eigenen Urteilsbildung gehört, sich klarzumachen, dass es in vielen Situationen geradezu irrational wäre, einfache Antworten und Lösungen einzufordern, die es angesichts der zur Verfügung stehenden Informationen sowie aufgrund der Komplexität der Fragestellungen nicht geben kann. In diesem Zusammenhang sei ein Zitat von H.L. Mencken (New York Evening Mail, 16. November 1917) angeführt: „There is always an easy solution to every human problem - neat, plausible, and wrong."

Angesichts der Dringlichkeit und Größenordnung von Umweltproblemen, wie z.B. dem Klimawandel, ist das **Fragenstellen aber nicht genug**. Die zukünftigen Kosten, die bei unverändertem Wirtschaften entstehen, sind ja möglicherweise enorm hoch. Verschärft wird dies, wenn diese Kosten nicht einfach stetig zunehmen, sondern bei Überschreitung eines bestimmten Triggers sprunghaft ansteigen. In dieser Situation drängt sich geradezu die Frage auf, wie die zugrunde liegenden Externalitätenprobleme in den Griff zu bekommen sind. Es ist zu fordern, dass eine frühzeitige Reaktion in informations- und dringlichkeitsadäquater Form erfolgt, die dem Vorsorgeprinzip (precautionary principle) entspricht. Die unsichere Informationslage macht hierfür über quantitative Analysen hinaus Expertenurteile erforderlich. Diese werden nicht den Anspruch erheben können, *die* Optimallösung zu identifizieren. Als Ergebnis eines ehrlichen Abwägens der Vor- und Nachteile verschiedener Maßnahmen können sie aber bestenfalls eine wohl begründete Vermutung (educated guess) liefern, welche Maßnahmen und Maßnahmenkombinationen von der Wirkungsrichtung her zu einer Reduzierung der Probleme beitragen. Dabei wird es sich um eine Mischung der hier dargestellten Lösungsansätze handeln müssen. Einfache Weisheiten in Form einer realitätsfernen Vorab-Festlegung auf bestimmte Arten von Lösungsansätzen sind nicht angebracht. So ist es zwar sicherlich sinnvoll, auf bestehenden Märkten die Transparenz zu erhöhen und das Potenzial von CSR zu stärken. Freiwillige Selbstverpflichtungen oder das Hoffen auf einen Bewusstseinswandel werden aber bspw. mit Blick auf den Klimawandel für sich genommen kaum ausreichen, um auf eine Änderung der Spielregeln verzichten zu können. Anders gesagt: Man braucht voraussichtlich eine Kombination von besseren institutionellen Regelungen *und* besseren Einstellungen im Sinne verinnerlichter Wertvorstellungen, um die Probleme rechtzeitig in den Griff zu bekommen.

8.5 Literaturhinweise

BRANDES, W., G. RECKE und T. BERGER (1997): Produktions- und Umweltökonomik. UTB, Stuttgart.

CORNES, R. und T. SANDLER (1996): The Theory of Externalities, Public Goods, and Club Goods. Cambridge University Press, Cambridge.

GUNNINGHAM, N. und P. GRABOSKY (1998): Smart Regulation: Designing Environmental Policy. Oxford University Press, Oxford.

HOLLER, M.J. und G. ILLING (2009): Einführung in die Spieltheorie. Springer, Berlin.

OSTROM, E. (2005): Understanding Institutional Diversity. Princeton University Press, Princeton.

PICCIOTTO, S. und D. CAMPBELL (2002): New Directions in Regulatory Theory. Blackwell, Oxford.

RASMUSEN, E. (2007): Games and Information: An Introduction to Game Theory. Blackwell, Malden.

Anhang

Anhang 1:	Aufzinsungsfaktoren bei unterschiedlichen Zinssätzen und Laufzeiten
Anhang 2:	Diskontierungsfaktoren bei unterschiedlichen Zinssätzen und Laufzeiten
Anhang 3:	Kapitalisierungsfaktoren bei unterschiedlichen Zinssätzen und Laufzeiten
Anhang 4:	Wiedergewinnungsfaktoren bei unterschiedlichen Zinssätzen und Laufzeiten
Anhang 5:	Durchschnittlich zu verzinsende Anlagewerte bei unterschiedlichen Zinssätzen und Laufzeiten
Anhang 6:	Rentenendwertfaktoren bei unterschiedlichen Zinssätzen und Laufzeiten
Anhang 7:	Rentenendwertverteilungsfaktoren bei unterschiedlichen Zinssätzen und Laufzeiten

Anhang 1: Aufzinsungsfaktoren $AF_{i;N}$ bei unterschiedlichen Zinssätzen und Laufzeiten [a]

N \ i	1%	2%	3%	4%	5%	6%	7%	8%	9%	10%	12%	14%	16%	18%	20%
1	1,0100	1,0200	1,0300	1,0400	1,0500	1,0600	1,0700	1,0800	1,0900	1,1000	1,1200	1,1400	1,1600	1,1800	1,2000
2	1,0201	1,0404	1,0609	1,0816	1,1025	1,1236	1,1449	1,1664	1,1881	1,2100	1,2544	1,2996	1,3456	1,3924	1,4400
3	1,0303	1,0612	1,0927	1,1249	1,1576	1,1910	1,2250	1,2597	1,2950	1,3310	1,4049	1,4815	1,5609	1,6430	1,7280
4	1,0406	1,0824	1,1255	1,1699	1,2155	1,2625	1,3108	1,3605	1,4116	1,4641	1,5735	1,6890	1,8106	1,9388	2,0736
5	1,0510	1,1041	1,1593	1,2167	1,2763	1,3382	1,4026	1,4693	1,5386	1,6105	1,7623	1,9254	2,1003	2,2878	2,4883
6	1,0615	1,1262	1,1941	1,2653	1,3401	1,4185	1,5007	1,5869	1,6771	1,7716	1,9738	2,1950	2,4364	2,6996	2,9860
7	1,0721	1,1487	1,2299	1,3159	1,4071	1,5036	1,6058	1,7138	1,8280	1,9487	2,2107	2,5023	2,8262	3,1855	3,5832
8	1,0829	1,1717	1,2668	1,3686	1,4775	1,5938	1,7182	1,8509	1,9926	2,1436	2,4760	2,8526	3,2784	3,7589	4,2998
9	1,0937	1,1951	1,3048	1,4233	1,5513	1,6895	1,8385	1,9990	2,1719	2,3579	2,7731	3,2519	3,8030	4,4355	5,1598
10	1,1046	1,2190	1,3439	1,4802	1,6289	1,7908	1,9672	2,1589	2,3674	2,5937	3,1058	3,7072	4,4114	5,2338	6,1917
11	1,1157	1,2434	1,3842	1,5395	1,7103	1,8983	2,1049	2,3316	2,5804	2,8531	3,4785	4,2262	5,1173	6,1759	7,4301
12	1,1268	1,2682	1,4258	1,6010	1,7959	2,0122	2,2522	2,5182	2,8127	3,1384	3,8960	4,8179	5,9360	7,2876	8,9161
13	1,1381	1,2936	1,4685	1,6651	1,8856	2,1329	2,4098	2,7196	3,0658	3,4523	4,3635	5,4924	6,8858	8,5994	10,6993
14	1,1495	1,3195	1,5126	1,7317	1,9799	2,2609	2,5785	2,9372	3,3417	3,7975	4,8871	6,2613	7,9875	10,1472	12,8392
15	1,1610	1,3459	1,5580	1,8009	2,0789	2,3966	2,7590	3,1722	3,6425	4,1772	5,4736	7,1379	9,2655	11,9737	15,4070
16	1,1726	1,3728	1,6047	1,8730	2,1829	2,5404	2,9522	3,4259	3,9703	4,5950	6,1304	8,1372	10,7480	14,1290	18,4884
17	1,1843	1,4002	1,6528	1,9479	2,2920	2,6928	3,1588	3,7000	4,3276	5,0545	6,8660	9,2765	12,4677	16,6722	22,1861
18	1,1961	1,4282	1,7024	2,0258	2,4066	2,8543	3,3799	3,9960	4,7171	5,5599	7,6900	10,5752	14,4625	19,6733	26,6233
19	1,2081	1,4568	1,7535	2,1068	2,5270	3,0256	3,6165	4,3157	5,1417	6,1159	8,6128	12,0557	16,7765	23,2144	31,9480
20	1,2202	1,4859	1,8061	2,1911	2,6533	3,2071	3,8697	4,6610	5,6044	6,7275	9,6463	13,7435	19,4608	27,3930	38,3376

[a] $AF_{i;N} = q^N$, mit $q = 1 + i$. Dabei kennzeichnet i den Zinssatz und N die Laufzeit.

Anhang 2: Diskontierungsfaktoren $DF_{i;N}$ bei unterschiedlichen Zinssätzen und Laufzeiten [a)]

N \ i	1%	2%	3%	4%	5%	6%	7%	8%	9%	10%	12%	14%	16%	18%	20%
1	0,9901	0,9804	0,9709	0,9615	0,9524	0,9434	0,9346	0,9259	0,9174	0,9091	0,8929	0,8772	0,8621	0,8475	0,8333
2	0,9803	0,9612	0,9426	0,9246	0,9070	0,8900	0,8734	0,8573	0,8417	0,8264	0,7972	0,7695	0,7432	0,7182	0,6944
3	0,9706	0,9423	0,9151	0,8890	0,8638	0,8396	0,8163	0,7938	0,7722	0,7513	0,7118	0,6750	0,6407	0,6086	0,5787
4	0,9610	0,9238	0,8885	0,8548	0,8227	0,7921	0,7629	0,7350	0,7084	0,6830	0,6355	0,5921	0,5523	0,5158	0,4823
5	0,9515	0,9057	0,8626	0,8219	0,7835	0,7473	0,7130	0,6806	0,6499	0,6209	0,5674	0,5194	0,4761	0,4371	0,4019
6	0,9420	0,8880	0,8375	0,7903	0,7462	0,7050	0,6663	0,6302	0,5963	0,5645	0,5066	0,4556	0,4104	0,3704	0,3349
7	0,9327	0,8706	0,8131	0,7599	0,7107	0,6651	0,6227	0,5835	0,5470	0,5132	0,4523	0,3996	0,3538	0,3139	0,2791
8	0,9235	0,8535	0,7894	0,7307	0,6768	0,6274	0,5820	0,5403	0,5019	0,4665	0,4039	0,3506	0,3050	0,2660	0,2326
9	0,9143	0,8368	0,7664	0,7026	0,6446	0,5919	0,5439	0,5002	0,4604	0,4241	0,3606	0,3075	0,2630	0,2255	0,1938
10	0,9053	0,8203	0,7441	0,6756	0,6139	0,5584	0,5083	0,4632	0,4224	0,3855	0,3220	0,2697	0,2267	0,1911	0,1615
11	0,8963	0,8043	0,7224	0,6496	0,5847	0,5268	0,4751	0,4289	0,3875	0,3505	0,2875	0,2366	0,1954	0,1619	0,1346
12	0,8874	0,7885	0,7014	0,6246	0,5568	0,4970	0,4440	0,3971	0,3555	0,3186	0,2567	0,2076	0,1685	0,1372	0,1122
13	0,8787	0,7730	0,6810	0,6006	0,5303	0,4688	0,4150	0,3677	0,3262	0,2897	0,2292	0,1821	0,1452	0,1163	0,0935
14	0,8700	0,7579	0,6611	0,5775	0,5051	0,4423	0,3878	0,3405	0,2992	0,2633	0,2046	0,1597	0,1252	0,0985	0,0779
15	0,8613	0,7430	0,6419	0,5553	0,4810	0,4173	0,3624	0,3152	0,2745	0,2394	0,1827	0,1401	0,1079	0,0835	0,0649
16	0,8528	0,7284	0,6232	0,5339	0,4581	0,3936	0,3387	0,2919	0,2519	0,2176	0,1631	0,1229	0,0930	0,0708	0,0541
17	0,8444	0,7142	0,6050	0,5134	0,4363	0,3714	0,3166	0,2703	0,2311	0,1978	0,1456	0,1078	0,0802	0,0600	0,0451
18	0,8360	0,7002	0,5874	0,4936	0,4155	0,3503	0,2959	0,2502	0,2120	0,1799	0,1300	0,0946	0,0691	0,0508	0,0376
19	0,8277	0,6864	0,5703	0,4746	0,3957	0,3305	0,2765	0,2317	0,1945	0,1635	0,1161	0,0829	0,0596	0,0431	0,0313
20	0,8195	0,6730	0,5537	0,4564	0,3769	0,3118	0,2584	0,2145	0,1784	0,1486	0,1037	0,0728	0,0514	0,0365	0,0261

a) $DF_{i;N} = q^{-N}$, mit $q = 1 + i$. Dabei kennzeichnet i den Zinssatz und N die Laufzeit.

Anhang 3: Kapitalisierungsfaktoren $KF_{i;N}$ bei unterschiedlichen Zinssätzen und Laufzeiten [a)]

N \ i	1%	2%	3%	4%	5%	6%	7%	8%	9%	10%	12%	14%	16%	18%	20%
1	0,9901	0,9804	0,9709	0,9615	0,9524	0,9434	0,9346	0,9259	0,9174	0,9091	0,8929	0,8772	0,8621	0,8475	0,8333
2	1,9704	1,9416	1,9135	1,8861	1,8594	1,8334	1,8080	1,7833	1,7591	1,7355	1,6901	1,6467	1,6052	1,5656	1,5278
3	2,9410	2,8839	2,8286	2,7751	2,7232	2,6730	2,6243	2,5771	2,5313	2,4869	2,4018	2,3216	2,2459	2,1743	2,1065
4	3,9020	3,8077	3,7171	3,6299	3,5460	3,4651	3,3872	3,3121	3,2397	3,1699	3,0373	2,9137	2,7982	2,6901	2,5887
5	4,8534	4,7135	4,5797	4,4518	4,3295	4,2124	4,1002	3,9927	3,8897	3,7908	3,6048	3,4331	3,2743	3,1272	2,9906
6	5,7955	5,6014	5,4172	5,2421	5,0757	4,9173	4,7665	4,6229	4,4859	4,3553	4,1114	3,8887	3,6847	3,4976	3,3255
7	6,7282	6,4720	6,2303	6,0021	5,7864	5,5824	5,3893	5,2064	5,0330	4,8684	4,5638	4,2883	4,0386	3,8115	3,6046
8	7,6517	7,3255	7,0197	6,7327	6,4632	6,2098	5,9713	5,7466	5,5348	5,3349	4,9676	4,6389	4,3436	4,0776	3,8372
9	8,5660	8,1622	7,7861	7,4353	7,1078	6,8017	6,5152	6,2469	5,9952	5,7590	5,3282	4,9464	4,6065	4,3030	4,0310
10	9,4713	8,9826	8,5302	8,1109	7,7217	7,3601	7,0236	6,7101	6,4177	6,1446	5,6502	5,2161	4,8332	4,4941	4,1925
11	10,3676	9,7868	9,2526	8,7605	8,3064	7,8869	7,4987	7,1390	6,8052	6,4951	5,9377	5,4527	5,0286	4,6560	4,3271
12	11,2551	10,5753	9,9540	9,3851	8,8633	8,3838	7,9427	7,5361	7,1607	6,8137	6,1944	5,6603	5,1971	4,7932	4,4392
13	12,1337	11,3484	10,6350	9,9856	9,3936	8,8527	8,3577	7,9038	7,4869	7,1034	6,4235	5,8424	5,3423	4,9095	4,5327
14	13,0037	12,1062	11,2961	10,5631	9,8986	9,2950	8,7455	8,2442	7,7862	7,3667	6,6282	6,0021	5,4675	5,0081	4,6106
15	13,8651	12,8493	11,9379	11,1184	10,3797	9,7122	9,1079	8,5595	8,0607	7,6061	6,8109	6,1422	5,5755	5,0916	4,6755
16	14,7179	13,5777	12,5611	11,6523	10,8378	10,1059	9,4466	8,8514	8,3126	7,8237	6,9740	6,2651	5,6685	5,1624	4,7296
17	15,5623	14,2919	13,1661	12,1657	11,2741	10,4773	9,7632	9,1216	8,5436	8,0216	7,1196	6,3729	5,7487	5,2223	4,7746
18	16,3983	14,9920	13,7535	12,6593	11,6896	10,8276	10,0591	9,3719	8,7556	8,2014	7,2497	6,4674	5,8178	5,2732	4,8122
19	17,2260	15,6785	14,3238	13,1339	12,0853	11,1581	10,3356	9,6036	8,9501	8,3649	7,3658	6,5504	5,8775	5,3162	4,8435
20	18,0456	16,3514	14,8775	13,5903	12,4622	11,4699	10,5940	9,8181	9,1285	8,5136	7,4694	6,6231	5,9288	5,3527	4,8696
30	25,8077	22,3965	19,6004	17,2920	15,3725	13,7648	12,4090	11,2578	10,2737	9,4269	8,0552	7,0027	6,1772	5,5168	4,9789
40	32,8347	27,3555	23,1148	19,7928	17,1591	15,0463	13,3317	11,9246	10,7574	9,7791	8,2438	7,1050	6,2335	5,5482	4,9966
50	39,1961	31,4236	25,7298	21,4822	18,2559	15,7619	13,8007	12,2335	10,9617	9,9148	8,3045	7,1327	6,2463	5,5541	4,9995
75	52,5871	38,6771	29,7018	23,6804	19,4850	16,4558	14,1964	12,4611	11,0938	9,9921	8,3316	7,1425	6,2499	5,5555	5,0000
100	63,0289	43,0984	31,5989	24,5050	19,8479	16,6175	14,2693	12,4943	11,1091	9,9993	8,3332	7,1428	6,2500	5,5556	5,0000

a) $KF_{i;N} = (q^N - 1)/(q^N \cdot (q - 1))$, mit $q = 1 + i$. Dabei kennzeichnet i den Zinssatz und N die Laufzeit.

Anhang 4: Wiedergewinnungsfaktoren $WF_{i;N}$ bei unterschiedlichen Zinssätzen und Laufzeiten [a)]

N \ i	1%	2%	3%	4%	5%	6%	7%	8%	9%	10%	12%	14%	16%	18%	20%
1	1,0100	1,0200	1,0300	1,0400	1,0500	1,0600	1,0700	1,0800	1,0900	1,1000	1,1200	1,1400	1,1600	1,1800	1,2000
2	0,5075	0,5150	0,5226	0,5302	0,5378	0,5454	0,5531	0,5608	0,5685	0,5762	0,5917	0,6073	0,6230	0,6387	0,6545
3	0,3400	0,3468	0,3535	0,3603	0,3672	0,3741	0,3811	0,3880	0,3951	0,4021	0,4163	0,4307	0,4453	0,4599	0,4747
4	0,2563	0,2626	0,2690	0,2755	0,2820	0,2886	0,2952	0,3019	0,3087	0,3155	0,3292	0,3432	0,3574	0,3717	0,3863
5	0,2060	0,2122	0,2184	0,2246	0,2310	0,2374	0,2439	0,2505	0,2571	0,2638	0,2774	0,2913	0,3054	0,3198	0,3344
6	0,1725	0,1785	0,1846	0,1908	0,1970	0,2034	0,2098	0,2163	0,2229	0,2296	0,2432	0,2572	0,2714	0,2859	0,3007
7	0,1486	0,1545	0,1605	0,1666	0,1728	0,1791	0,1856	0,1921	0,1987	0,2054	0,2191	0,2332	0,2476	0,2624	0,2774
8	0,1307	0,1365	0,1425	0,1485	0,1547	0,1610	0,1675	0,1740	0,1807	0,1874	0,2013	0,2156	0,2302	0,2452	0,2606
9	0,1167	0,1225	0,1284	0,1345	0,1407	0,1470	0,1535	0,1601	0,1668	0,1736	0,1877	0,2022	0,2171	0,2324	0,2481
10	0,1056	0,1113	0,1172	0,1233	0,1295	0,1359	0,1424	0,1490	0,1558	0,1627	0,1770	0,1917	0,2069	0,2225	0,2385
11	0,0965	0,1022	0,1081	0,1141	0,1204	0,1268	0,1334	0,1401	0,1469	0,1540	0,1684	0,1834	0,1989	0,2148	0,2311
12	0,0888	0,0946	0,1005	0,1066	0,1128	0,1193	0,1259	0,1327	0,1397	0,1468	0,1614	0,1767	0,1924	0,2086	0,2253
13	0,0824	0,0881	0,0940	0,1001	0,1065	0,1130	0,1197	0,1265	0,1336	0,1408	0,1557	0,1712	0,1872	0,2037	0,2206
14	0,0769	0,0826	0,0885	0,0947	0,1010	0,1076	0,1143	0,1213	0,1284	0,1357	0,1509	0,1666	0,1829	0,1997	0,2169
15	0,0721	0,0778	0,0838	0,0899	0,0963	0,1030	0,1098	0,1168	0,1241	0,1315	0,1468	0,1628	0,1794	0,1964	0,2139
16	0,0679	0,0737	0,0796	0,0858	0,0923	0,0990	0,1059	0,1130	0,1203	0,1278	0,1434	0,1596	0,1764	0,1937	0,2114
17	0,0643	0,0700	0,0760	0,0822	0,0887	0,0954	0,1024	0,1096	0,1170	0,1247	0,1405	0,1569	0,1740	0,1915	0,2094
18	0,0610	0,0667	0,0727	0,0790	0,0855	0,0924	0,0994	0,1067	0,1142	0,1219	0,1379	0,1546	0,1719	0,1896	0,2078
19	0,0581	0,0638	0,0698	0,0761	0,0827	0,0896	0,0968	0,1041	0,1117	0,1195	0,1358	0,1527	0,1701	0,1881	0,2065
20	0,0554	0,0612	0,0672	0,0736	0,0802	0,0872	0,0944	0,1019	0,1095	0,1175	0,1339	0,1510	0,1687	0,1868	0,2054
30	0,0387	0,0446	0,0510	0,0578	0,0651	0,0726	0,0806	0,0888	0,0973	0,1061	0,1241	0,1428	0,1619	0,1813	0,2008
40	0,0305	0,0366	0,0433	0,0505	0,0583	0,0665	0,0750	0,0839	0,0930	0,1023	0,1213	0,1407	0,1604	0,1802	0,2001
50	0,0255	0,0318	0,0389	0,0466	0,0548	0,0634	0,0725	0,0817	0,0912	0,1009	0,1204	0,1402	0,1601	0,1800	0,2000
75	0,0190	0,0259	0,0337	0,0422	0,0513	0,0608	0,0704	0,0802	0,0901	0,1001	0,1200	0,1400	0,1600	0,1800	0,2000
100	0,0159	0,0232	0,0316	0,0408	0,0504	0,0602	0,0701	0,0800	0,0900	0,1000	0,1200	0,1400	0,1600	0,1800	0,2000

a) $WF_{i;N} = (q^N \cdot (q-1))/(q^N - 1)$, mit $q = 1 + i$. Dabei kennzeichnet i den Zinssatz und N die Laufzeit.

Anhang 5: Durchschnittlich zu verzinsende Anlagewerte $f_{i;N}$ bei unterschiedlichen Zinssätzen und Laufzeiten [a)]

N \ i	1%	2%	3%	4%	5%	6%	7%	8%	9%	10%	12%	14%	16%	18%	20%
1	1,0000	1,0000	1,0000	1,0000	1,0000	1,0000	1,0000	1,0000	1,0000	1,0000	1,0000	1,0000	1,0000	1,0000	1,0000
2	0,7512	0,7525	0,7537	0,7549	0,7561	0,7573	0,7585	0,7596	0,7608	0,7619	0,7642	0,7664	0,7685	0,7706	0,7727
3	0,6689	0,6711	0,6732	0,6754	0,6775	0,6796	0,6817	0,6838	0,6858	0,6878	0,6918	0,6957	0,6995	0,7033	0,7070
4	0,6281	0,6312	0,6342	0,6373	0,6402	0,6432	0,6461	0,6490	0,6519	0,6547	0,6603	0,6657	0,6711	0,6763	0,6814
5	0,6040	0,6079	0,6118	0,6157	0,6195	0,6233	0,6270	0,6307	0,6344	0,6380	0,6451	0,6520	0,6588	0,6654	0,6719
6	0,5882	0,5930	0,5977	0,6024	0,6070	0,6116	0,6161	0,6206	0,6250	0,6294	0,6380	0,6464	0,6545	0,6625	0,6702
7	0,5771	0,5827	0,5883	0,5938	0,5993	0,6046	0,6099	0,6152	0,6204	0,6255	0,6355	0,6453	0,6547	0,6639	0,6728
8	0,5690	0,5755	0,5819	0,5882	0,5944	0,6006	0,6067	0,6127	0,6186	0,6244	0,6359	0,6469	0,6577	0,6680	0,6780
9	0,5629	0,5702	0,5774	0,5845	0,5916	0,5985	0,6054	0,6121	0,6188	0,6253	0,6381	0,6504	0,6623	0,6738	0,6848
10	0,5582	0,5663	0,5744	0,5823	0,5901	0,5978	0,6054	0,6129	0,6202	0,6275	0,6415	0,6551	0,6681	0,6806	0,6926
11	0,5545	0,5634	0,5723	0,5810	0,5896	0,5981	0,6064	0,6146	0,6226	0,6305	0,6459	0,6606	0,6747	0,6882	0,7010
12	0,5515	0,5613	0,5710	0,5805	0,5898	0,5991	0,6081	0,6170	0,6257	0,6343	0,6509	0,6667	0,6818	0,6961	0,7097
13	0,5492	0,5598	0,5702	0,5805	0,5907	0,6006	0,6104	0,6200	0,6294	0,6386	0,6563	0,6731	0,6891	0,7042	0,7185
14	0,5473	0,5587	0,5699	0,5810	0,5919	0,6026	0,6131	0,6234	0,6334	0,6432	0,6620	0,6799	0,6967	0,7125	0,7273
15	0,5457	0,5579	0,5700	0,5819	0,5935	0,6049	0,6161	0,6270	0,6377	0,6481	0,6680	0,6867	0,7043	0,7208	0,7361
16	0,5445	0,5575	0,5704	0,5830	0,5954	0,6075	0,6194	0,6310	0,6422	0,6532	0,6741	0,6937	0,7120	0,7289	0,7447
17	0,5435	0,5573	0,5710	0,5844	0,5975	0,6104	0,6229	0,6351	0,6469	0,6584	0,6803	0,7007	0,7196	0,7370	0,7531
18	0,5426	0,5573	0,5718	0,5859	0,5998	0,6133	0,6265	0,6393	0,6517	0,6637	0,6865	0,7076	0,7271	0,7449	0,7612
19	0,5420	0,5575	0,5727	0,5877	0,6023	0,6165	0,6303	0,6437	0,6567	0,6692	0,6928	0,7145	0,7344	0,7526	0,7692
20	0,5415	0,5578	0,5739	0,5895	0,6049	0,6197	0,6342	0,6482	0,6616	0,6746	0,6990	0,7213	0,7417	0,7601	0,7768
30	0,5415	0,5658	0,5895	0,6124	0,6344	0,6553	0,6750	0,6937	0,7111	0,7275	0,7568	0,7819	0,8035	0,8218	0,8376
40	0,5456	0,5778	0,6087	0,6381	0,6656	0,6910	0,7144	0,7358	0,7551	0,7726	0,8025	0,8268	0,8464	0,8624	0,8757
50	0,5513	0,5912	0,6288	0,6638	0,6955	0,7241	0,7494	0,7718	0,7914	0,8086	0,8368	0,8586	0,8756	0,8891	0,9001
75	0,5683	0,6261	0,6778	0,7224	0,7598	0,7906	0,8158	0,8365	0,8534	0,8675	0,8891	0,9048	0,9167	0,9259	0,9333
100	0,5866	0,6601	0,7216	0,7702	0,8077	0,8363	0,8583	0,8755	0,8891	0,9001	0,9167	0,9286	0,9375	0,9444	0,9500

[a)] $f_{i;N} = q^N/(q^N - 1) - 1/(N \cdot (q - 1))$, mit $q = 1 + i$. Dabei kennzeichnet i den Zinssatz und N die Laufzeit.

Anhang 6: Rentenendwertfaktoren $EF_{i;N}$ bei unterschiedlichen Zinssätzen und Laufzeiten [a)]

N \ i	1%	2%	3%	4%	5%	6%	7%	8%	9%	10%	12%	14%	16%	18%	20%
1	1,0000	1,0000	1,0000	1,0000	1,0000	1,0000	1,0000	1,0000	1,0000	1,0000	1,0000	1,0000	1,0000	1,0000	1,0000
2	2,0100	2,0200	2,0300	2,0400	2,0500	2,0600	2,0700	2,0800	2,0900	2,1000	2,1200	2,1400	2,1600	2,1800	2,2000
3	3,0301	3,0604	3,0909	3,1216	3,1525	3,1836	3,2149	3,2464	3,2781	3,3100	3,3744	3,4396	3,5056	3,5724	3,6400
4	4,0604	4,1216	4,1836	4,2465	4,3101	4,3746	4,4399	4,5061	4,5731	4,6410	4,7793	4,9211	5,0665	5,2154	5,3680
5	5,1010	5,2040	5,3091	5,4163	5,5256	5,6371	5,7507	5,8666	5,9847	6,1051	6,3528	6,6101	6,8771	7,1542	7,4416
6	6,1520	6,3081	6,4684	6,6330	6,8019	6,9753	7,1533	7,3359	7,5233	7,7156	8,1152	8,5355	8,9775	9,4420	9,9299
7	7,2135	7,4343	7,6625	7,8983	8,1420	8,3938	8,6540	8,9228	9,2004	9,4872	10,0890	10,7305	11,4139	12,1415	12,9159
8	8,2857	8,5830	8,8923	9,2142	9,5491	9,8975	10,2598	10,6366	11,0285	11,4359	12,2997	13,2328	14,2401	15,3270	16,4991
9	9,3685	9,7546	10,1591	10,5828	11,0266	11,4913	11,9780	12,4876	13,0210	13,5795	14,7757	16,0853	17,5185	19,0859	20,7989
10	10,4622	10,9497	11,4639	12,0061	12,5779	13,1808	13,8164	14,4866	15,1929	15,9374	17,5487	19,3373	21,3215	23,5213	25,9587
11	11,5668	12,1687	12,8078	13,4864	14,2068	14,9716	15,7836	16,6455	17,5603	18,5312	20,6546	23,0445	25,7329	28,7551	32,1504
12	12,6825	13,4121	14,1920	15,0258	15,9171	16,8699	17,8885	18,9771	20,1407	21,3843	24,1331	27,2707	30,8502	34,9311	39,5805
13	13,8093	14,6803	15,6178	16,6268	17,7130	18,8821	20,1406	21,4953	22,9534	24,5227	28,0291	32,0887	36,7862	42,2187	48,4966
14	14,9474	15,9739	17,0863	18,2919	19,5986	21,0151	22,5505	24,2149	26,0192	27,9750	32,3926	37,5811	43,6720	50,8180	59,1959
15	16,0969	17,2934	18,5989	20,0236	21,5786	23,2760	25,1290	27,1521	29,3609	31,7725	37,2797	43,8424	51,6595	60,9653	72,0351
16	17,2579	18,6393	20,1569	21,8245	23,6575	25,6725	27,8881	30,3243	33,0034	35,9497	42,7533	50,9804	60,9250	72,9390	87,4421
17	18,4304	20,0121	21,7616	23,6975	25,8404	28,2129	30,8402	33,7502	36,9737	40,5447	48,8837	59,1176	71,6730	87,0680	105,9306
18	19,6147	21,4123	23,4144	25,6454	28,1324	30,9057	33,9990	37,4502	41,3013	45,5992	55,7497	68,3941	84,1407	103,7403	128,1167
19	20,8109	22,8406	25,1169	27,6712	30,5390	33,7600	37,3790	41,4463	46,0185	51,1591	63,4397	78,9692	98,6032	123,4135	154,7400
20	22,0190	24,2974	26,8704	29,7781	33,0660	36,7856	40,9955	45,7620	51,1601	57,2750	72,0524	91,0249	115,3797	146,6280	186,6880

[a)] $EF_{i;N} = (q^N - 1)/(q - 1)$, mit $q = 1 + i$. Dabei kennzeichnet i den Zinssatz und N die Laufzeit.

Anhang 7: Rentenendwertverteilungsfaktoren $EVF_{i;N}$ bei unterschiedlichen Zinssätzen und Laufzeiten [a)]

N \ i	1%	2%	3%	4%	5%	6%	7%	8%	9%	10%	12%	14%	16%	18%	20%
1	1,0000	1,0000	1,0000	1,0000	1,0000	1,0000	1,0000	1,0000	1,0000	1,0000	1,0000	1,0000	1,0000	1,0000	1,0000
2	0,4975	0,4950	0,4926	0,4902	0,4878	0,4854	0,4831	0,4808	0,4785	0,4762	0,4717	0,4673	0,4630	0,4587	0,4545
3	0,3300	0,3268	0,3235	0,3203	0,3172	0,3141	0,3111	0,3080	0,3051	0,3021	0,2963	0,2907	0,2853	0,2799	0,2747
4	0,2463	0,2426	0,2390	0,2355	0,2320	0,2286	0,2252	0,2219	0,2187	0,2155	0,2092	0,2032	0,1974	0,1917	0,1863
5	0,1960	0,1922	0,1884	0,1846	0,1810	0,1774	0,1739	0,1705	0,1671	0,1638	0,1574	0,1513	0,1454	0,1398	0,1344
6	0,1625	0,1585	0,1546	0,1508	0,1470	0,1434	0,1398	0,1363	0,1329	0,1296	0,1232	0,1172	0,1114	0,1059	0,1007
7	0,1386	0,1345	0,1305	0,1266	0,1228	0,1191	0,1156	0,1121	0,1087	0,1054	0,0991	0,0932	0,0876	0,0824	0,0774
8	0,1207	0,1165	0,1125	0,1085	0,1047	0,1010	0,0975	0,0940	0,0907	0,0874	0,0813	0,0756	0,0702	0,0652	0,0606
9	0,1067	0,1025	0,0984	0,0945	0,0907	0,0870	0,0835	0,0801	0,0768	0,0736	0,0677	0,0622	0,0571	0,0524	0,0481
10	0,0956	0,0913	0,0872	0,0833	0,0795	0,0759	0,0724	0,0690	0,0658	0,0627	0,0570	0,0517	0,0469	0,0425	0,0385
11	0,0865	0,0822	0,0781	0,0741	0,0704	0,0668	0,0634	0,0601	0,0569	0,0540	0,0484	0,0434	0,0389	0,0348	0,0311
12	0,0788	0,0746	0,0705	0,0666	0,0628	0,0593	0,0559	0,0527	0,0497	0,0468	0,0414	0,0367	0,0324	0,0286	0,0253
13	0,0724	0,0681	0,0640	0,0601	0,0565	0,0530	0,0497	0,0465	0,0436	0,0408	0,0357	0,0312	0,0272	0,0237	0,0206
14	0,0669	0,0626	0,0585	0,0547	0,0510	0,0476	0,0443	0,0413	0,0384	0,0357	0,0309	0,0266	0,0229	0,0197	0,0169
15	0,0621	0,0578	0,0538	0,0499	0,0463	0,0430	0,0398	0,0368	0,0341	0,0315	0,0268	0,0228	0,0194	0,0164	0,0139
16	0,0579	0,0537	0,0496	0,0458	0,0423	0,0390	0,0359	0,0330	0,0303	0,0278	0,0234	0,0196	0,0164	0,0137	0,0114
17	0,0543	0,0500	0,0460	0,0422	0,0387	0,0354	0,0324	0,0296	0,0270	0,0247	0,0205	0,0169	0,0140	0,0115	0,0094
18	0,0510	0,0467	0,0427	0,0390	0,0355	0,0324	0,0294	0,0267	0,0242	0,0219	0,0179	0,0146	0,0119	0,0096	0,0078
19	0,0481	0,0438	0,0398	0,0361	0,0327	0,0296	0,0268	0,0241	0,0217	0,0195	0,0158	0,0127	0,0101	0,0081	0,0065
20	0,0454	0,0412	0,0372	0,0336	0,0302	0,0272	0,0244	0,0219	0,0195	0,0175	0,0139	0,0110	0,0087	0,0068	0,0054

a) $EVF_{i;N} = (q-1)/(q^N - 1)$, mit $q = 1 + i$. Dabei kennzeichnet i den Zinssatz und N die Laufzeit.

Sachregister

C

D

E

F

G

H

I

J

K

Q

R

S

T

U

V

W

Z